# 毛澤東演義

林豐

謹將此書獻給我的
父親，母親，妻子，女兒

# 目錄


開 篇 白

第一回　　　聊政治茅塞初開
　　　　　　講爭雄鐵血入心

第二回　　　怪學生惡練體魄
　　　　　　假乞丐徒步湘省

第三回　　　追根毛氏多武將
　　　　　　算命澤東位高官

第四回　　　鬥校長雄心乍起
　　　　　　戰潰兵渾身是計

第五回　　　列寧著手建中共
　　　　　　潤之勇闖安源礦

第六回　　　辦夜校智鬥縣長
　　　　　　鬧工潮力搏章彪

第七回　　　行運偏遇對頭星
　　　　　　禍至巧識大貴人

第八回　　　壯男兒詞抒百感
　　　　　　烈女子死表真情

第九回　　　義旗待舉多驚險
　　　　　　引兵鏖戰知進退

第十回　　　佔井崗得意綠林
　　　　　　取茶陵內奸謀反

第十一回　　　演遊擊紅染羅宵

當師長右字罩頭

第十二回　　狀元橋頭雙雄會
　　　　　　朱毛攜手振長纓

第十三回　　得名將捷報頻傳
　　　　　　抗上峰逆血倒流

第十四回　　王爾琢瀝血遺恨
　　　　　　彭德懷舉事救友

第十五回　　瞎指揮井崗告危
　　　　　　洋命令朱毛下山

第十六回　　忠烈拼死守井崗
　　　　　　叛賊負氣引外狼

第十七回　　極左潮錯殺袁王
　　　　　　過激派難得民心

第十八回　　前委軍委爭權急
　　　　　　請辭患病都是戲

第十九回　　假病痊癒重出山
　　　　　　肅反乍起多冤案

第二十回　　肅<ＡＢ>同志冤死
　　　　　　除內奸戰友入牢

第二十一回　　妄貪功丟盔卸甲
　　　　　　　巧用兵自立口碑

第二十二回　　功高難保烏紗帽
　　　　　　　年少幸攬中央權

第二十三回　　良將難求聘洋帥

庸才誤國是李德

第二十四回　　李德剛愎誤戎機
　　　　　　　博古釀禍大遷移

第二十五回　　血染湘江嘆悲壯
　　　　　　　兵入西土多奔波

第二十六回　　娃娃兵魂守青山
　　　　　　　臨時工盡失大權

第二十七回　　兵敗土城受新挫
　　　　　　　拒奪煙土犯眾怒

第二十八回　　計多善變渡赤水
　　　　　　　茅台加料大新聞

第二十九回　　老彭一腳換兩拳
　　　　　　　小林一信傷三人

第三十回　　　挖目療骨新關羽
　　　　　　　志堅智多紅諸葛

第三十一回　　明攻越西走安順
　　　　　　　結拜彝酋出涼山

第三十二回　　萬里征戰難舒眉
　　　　　　　小鎮鬥智會宿敵

第三十三回　　大會師變大分裂
　　　　　　　老冤家成新對頭

第三十四回　　比酒比辣鬥心術
　　　　　　　敬煙敬茶摸老底

第三十五回　　互批判搞臭彼此
　　　　　　　頻改制肅清異己

第三十六回　　　借敵計冤殺同志
　　　　　　　　認叔叔惹禍上身

第三十七回　　　鬥心術各顯神通
　　　　　　　　耍手腕難分伯仲

第三十八回　　　蠻橫爭官一場空
　　　　　　　　情急生智下戰表

第三十九回　　　密電欲殺老冤家
　　　　　　　　奪槍方識洋大俠

第四十回　　　　南下兵折百丈關
　　　　　　　　敢死不死許和尚

第四十一回　　　強奪權柴根陝北
　　　　　　　　住窯洞籌謀再起

第四十二回　　　志丹出牢定民心
　　　　　　　　海東捐助救三軍

第四十三回　　　西路軍血染荒漠
　　　　　　　　張國燾樹倒曲終

第四十四回　　　偏師三晉稱抗日
　　　　　　　　借步古剎知未來

第四十五回　　　膚施城小美女多
　　　　　　　　英雄難過色字關

第四十六回　　　康生暗授攀龍術
　　　　　　　　藍蘋邀寵求賜名

第四十七回　　　張楊兵諫抓蔣公
　　　　　　　　毛公運旺驅王明

第四十八回　　　　百團大戰振軍威
　　　　　　　　　　功蓋天下功變罪

第四十九回　　　　抗日戰場槍聲稀
　　　　　　　　　　骨肉相殘殺聲急

第五十回　　　　　倡學習將士換腦
　　　　　　　　　　選鷹犬人民遭難

第五十一回　　　　特務遍地有花戴
　　　　　　　　　　部下晉見受拷圢

第五十二回　　　　除異己驚動蘇共
　　　　　　　　　　呼萬歲喜煞老毛

第五十三回　　　　遵旨懸膽會冤家
　　　　　　　　　　試鞋試帽卜暗卦

第五十四回　　　　入虎穴險中有險
　　　　　　　　　　爭名份煩上添煩

第五十五回　　　　毛蔣爭雄鬧中原
　　　　　　　　　　皮匠引軍突重圍

第五十六回　　　　不計榮辱三抗命
　　　　　　　　　　真情感人三義士

第五十七回　　　　千思百慮求一戰
　　　　　　　　　　七仗七陣獲七勝

第五十八回　　　　知人尚需智多星
　　　　　　　　　　鬥勇欽點瘋將軍

第五十九回　　　　情種甘為情所苦
　　　　　　　　　　瘋哥帶出瘋弟弟

第六十回　　　　　宗南效忠攻陝北

德懷赤心衛延安

第六十一回　　命危河邊鬥心力
　　　　　　　貪睡窯洞險喪命

第六十二回　　瞎子不瞎心更明
　　　　　　　老頭不老是尊稱

第六十三回　　國共興兵搶東北
　　　　　　　蘇美暗鬥爭滿州

第六十四回　　林彪敗走四平街
　　　　　　　粟裕智取虎威軍

第六十五回　　群雄血戰漏汁湖
　　　　　　　中外用兵休假天

第六十六回　　中央軍誤攻坦埠
　　　　　　　張瘋子誓會小苑

第六十七回　　名將相逢鬥心智
　　　　　　　寶刀名酒增豪情

第六十八回　　病老虎心熱重義
　　　　　　　張靈甫自負喪身

第六十九回　　爭鋒急強弱易位
　　　　　　　假虎威江青弄權

第七十回　　　蝶亂舞夫婦失和
　　　　　　　議軍機師生述舊

第七十一回　　抒己見無私無畏
　　　　　　　護摯友秉公直言

第七十二回　　智粟裕義薄雲天
　　　　　　　病林彪稱雄東北

第七十三回　　　攻錦州異議叢生
　　　　　　　　戰東北電報如山

第七十四回　　　君臣樂喜得東北
　　　　　　　　抗軍令功蓋三軍

第七十五回　　　違二旨偷襲瀋陽
　　　　　　　　抗三命大戰德惠

第七十六回　　　智高最為上峰嫌
　　　　　　　　口直更惹明君棄

第七十七回　　　顧全局甘被圍殲
　　　　　　　　保自全罵名千年

第七十八回　　　獨輪車車小功大
　　　　　　　　陳布雷雷驚官場

第七十九回　　　扮傻瓜巧拒和談
　　　　　　　　費心智苦纏特使

第八十回　　　　施故技威攝遠客
　　　　　　　　展慧眼知能識人

第八十一回　　　領袖凡心說婚嫁
　　　　　　　　鬢白志得回舊京

第八十二回　　　假戲假唱卻成真
　　　　　　　　真打真殺也弄假

第八十三回　　　煞費苦心撫名流
　　　　　　　　龍顏一怒出冤民

第八十四回　　　崔鐸挾技鬧都城
　　　　　　　　科長巧思擒刺客

第八十五回　　初登皇城立新朝
　　　　　　　興國安邦留遺憾

第八十六回　　涉險首赴莫斯科
　　　　　　　壽星隆重待遠客

第八十七回　　話友誼屢生枝節
　　　　　　　玩權謀無分輸贏

第八十八回　　尋蹤覓跡巧破案
　　　　　　　烽火處處爭霸權

第八十九回　　東方紅頌大救星
　　　　　　　國際歌斥救世主

第九十回　　　疑心驟生彭替林
　　　　　　　鎮服群臣子赴朝

第九十一回　　中國揚威三八線
　　　　　　　間諜謀轟天安門

第九十二回　　軍事外交隱後患
　　　　　　　以權治國殺二貪

第九十三回　　信夫人是非顛倒
　　　　　　　學昏君指鹿為馬

第九十四回　　習研紅樓禍上身
　　　　　　　良言進諫坐牢房

第九十五回　　赤心虎膽鬥群諜
　　　　　　　睿智善謀立奇功

第九十六回　　表忠心身陷囹圄
　　　　　　　莫須有陪夫坐牢

第九十七回　　爬天梯身敗名裂

耍滑頭在劫難逃

第九十八回　　不讀馬列講馬列
　　　　　　　路走共產均貧富

第九十九回　　老右傾三抗三拒
　　　　　　　柯老怪妖言惑上

第一百回　　　齊鳴放放者遭殃
　　　　　　　搞陽謀謀陰無陽

第一百零一回　中招落馬赴煉獄
　　　　　　　挑戰聖上驚國人

第一百零二回　耍蠻逞能少實力
　　　　　　　謊話遍地戲領袖

第一百零三回　言真相直諫昏君
　　　　　　　護名位橫眉忠臣

第一百零四回　佞臣曝斃生疑心
　　　　　　　出氣大會響警鐘

第一百零五回　大字報信口雌黄
　　　　　　　紅衛兵造反亂華

第一百零六回　喪天良大興武鬥
　　　　　　　滅人性濫施割喉

第一百零七回　冤魂縷縷漫長空
　　　　　　　忠骨根根化黄塵

第一百零八回　貶伯達文革壽淺
　　　　　　　滅林彪舉國驚心

第一百零九回　不死鳥三落三起
　　　　　　　聯絡員權傾朝野

第一百一十回　　　　清明節萬眾報春
　　　　　　　　除﹂四害﹂曲終戲散

附錄和毛澤東的十八條特別語錄

# 開篇白

一位匿名的實業家曾經疾呼過：”一個善於忘卻的民族，前頭必有大災難！”歐州學者更為形象地說過：”碰了鼻子還不回頭，下次碰的肯定不是鼻子了！” 雖曾經歷過中國<文化大革命>的十年浩劫和毛澤東專制時代的中國人，卻不大在意這些警訓。近些年來，在北京及其它大城市的出租車的擋風玻璃窗上，時不時地可以見到懸掛著毛澤東的小相片。在被問及原因時，師傅們往往是說：毛澤東是土龍，是神，他的相片能逢凶化吉，不出車禍！另一些在現實生活中遇到困難或挫折的人，特別是退休後的老年人都會說，毛澤東那會兒，日子是苦了些，工資也太低，可日子也照樣過了下來，也不大見到貪官、妓女、賭博什麼的 …… 聽其口氣，大有懷舊之心，之情。

毛澤東其人，其事，其時代真就那麼值得國人如此這般地思念嗎？

我去過東西方一些國家。很多人間過我關於毛澤東的問題。我也順便反問過他們對毛澤東的看法。簡言之，有人依然在崇拜他。說他是宇宙中最偉大的人 ------ 一顆永遠不落的紅太陽。另些人，甚至人數比例更高一些，他們說毛澤東是有生命的魔怪，一個活鬼。是他把人世變成了地獄。壞得不能再壞了的大壞蛋！評價之間的差距真有天淵之別！

筆者生於毛澤東行運之年，目擊和偷生於毛澤東治理之下近二十五、六年。不誇張地講，是個身臨其境的証人和親歷者，飽嚐其酸甜苦辣。

歲月流逝，人漸老邁。忽一日，晨間醒來，躺在床上偷懶之時，猛地想起這許多年來的百般瑣事，萬端蹊蹺。起身之後，餘興不減，鋪紙捉筆，一一錄下。不成想，一旦開始，難以打住。資料不足，就跑圖書館。往事不確，就拜訪老革命家、老地主、老教授、老資本家…… 前前後後撰修多稿。閃渡光陰十餘年。近一二年感到體力、精力不遂人意了，祇好擱筆。明知所寫文字太多不妥，亦祇好請過目者自己揣摸一番了。更信萬事之先總要有人去當碎磚頭。

在此先謝謝了。

二0一二年六月二十三日

於加州舊金山

# 第 一 回

## 聊政治茅塞初開

## 講爭雄鐵血入心

　　話說公元一九一一年，正是中國農曆的辛亥年，俗稱豬年。老鄉們通常認為豬年是個碌碌無為、平凡而又安穩的年份。卻不料正是在這一年裡，在中國卻發生了天翻地覆般的大事 …… 孫文領導的同盟會在湖北省省會武昌鎮發動了旨在推翻清王朝的武裝起義，史稱<辛亥革命>。

　　同年的十月二十二日這一天，同盟會和新軍在湖南省省會長沙市聯合發起了武裝起義。起義指揮部派人在大西門正街放火焚燒賈太傅祠堂，做為起義的信號。大火一起，烈火熊熊，濃煙滾滾，遍街通紅，人聲涌動。瞬時間，埋伏在全市各地的同盟會會員和起義新軍，同呼炸路的炸路，炸橋的炸橋。槍聲連綿，炸彈頻響，長沙城裡鬧翻了天。清政府的撫台衙門、荷花池軍械局及第一監獄等要地均被攻陷。義軍向激進的民眾和獲釋的囚徒發放槍枝武器，長沙城巷變成了奪命的戰場。槍聲、爆炸聲、廝殺聲、混合著保命討饒聲，匯成了一部鐵血生死大合唱。一陣廝殺後，撫台大人的人頭滾落到院子當中的石板地上。旗桿上的大清龍旗飄落在屍首的旁邊。一面寫著斗方大字<漢>的方形白布，昇到了桿頭，頓時歡呼聲如雷鳴，似怒吼 …… 長沙起義大告成功！

　　義軍成立了湖南軍政府。同盟會首領焦達峰出任軍政府大都督，新軍排長陳作新出任副都督。軍政府通電全國，宣告湖南獨立。

　　奪取政權後的長沙市鬧得更歡騰了。老百姓叫喊著、怒罵著、爭著搶著擁上了街頭。他們手拎木棒、竹桿、鋤把、鎬頭、鐵耙以及一切可以打人殺人的傢伙，四處亂竄，到處尋仇。真是有仇的報仇，有冤的報冤。略有些宿恨世仇的官宦富紳人家，乃至平時仗勢欺人的門役小吏，被紛紛處死。相當多的人家被殺得滅門滿戶，斷了香火。街頭巷尾，庭前室中，散落著斷頭灑血的男男女女，大人小孩的屍身……

　　軍政府為鞏固新政權決定擴編新軍，招募新兵。市區設立了許多新兵招募站點。青年人把招募站點圍了個水洩不通，十分熱鬧。有些人是真想報名從軍，找個立身安命之處。而有些人純粹是圖個熱鬧看，尋些擺龍門陣時的話頭。被打敗了的清軍士兵也來報名，那是看中了新軍的兵餉十分豐厚，圖著賺些銀兩養家糊口。一句話，白花花的銀子一落到手上，個個樂得小嘴咧成了大喇叭。

就在此刻鬧得十分歡騰之時，一位名叫毛澤東的小青年，也擠進了人群之中。他此時正在湘鄉駐省中學讀書。他聽講當兵有銀子可賺的消息後，忍不住好奇心，就趕過來湊趣看熱鬧。他看見別人那副歡天喜地的樣子，越看越眼熱，心裡越癢癢。

這一年，毛澤東剛滿十八歲。他長得身高體壯，眼大面圓，真可稱得是天庭飽滿，地角方圓了。再加上他舉止沉穩，嗓門尖囔，乍眼看上去，頗像個成年大男人了。在周圍人們的哄鬧攛掇聲中，他心裡一熱就在報名紙上寫下了自已的名字，成了新軍中的一份子。他被編派到輜重營，當名列兵。毛澤東就此開始了自己的軍旅生涯。

輜重兵是件苦差事。整天都是搬搬扛扛的，出力氣流大汗的累活。然而，毛澤東卻應了那句 ˮ福大命大造化大ˮ 的古話。輜重營的管帶，相當於現今的營長，叫毛子奇，湖南省平江縣人氏。他一見毛澤東，就覺得這個小伙子挺投自己的眼緣。偏巧兩人又都姓毛。他索性認了毛澤東是個同宗，祖上是一家人，也就時時處處給予些關照。

講來也巧，營部文書叫毛煦生，又是個姓毛的。自然也給這位同姓人多些照顧優待。

毛姓不是個大姓，人數不會太多。大多姓毛的人都認為，彼此之間有些血緣關係，八百年前會是一家人，一個祖宗。這麼一來，毛澤東免去了出早操、出遠差、出勤務、幹髒活、幹力氣活等等苦差事，當上了一名自由自在的大頭兵。

當年當時，一名普通列兵每月的軍餉可以領到七塊銀圓。每月衹需交付兩塊銀圓的伙食費。毛澤東的手頭一下子變得大為寬綽了。他又是買書，又是訂報。完全不誇張地講，當年長沙市面上，書舖裡，凡能被他看上眼的新書、舊書、各類報章，被他一古腦兒買了個齊全。他差務少，空閑時間多，他就在營房中盡性地瀏覽被他搜集來的ˮ寶貝ˮ。

新軍士兵中，乃至中下層軍官中，文盲居多。閑暇之時毛澤東除了替他們寫寫家信報個平安之外，就是給大伙講些他從報章上看到的奇聞趣事，偶爾也講幾段小故事。

自打他進了軍營，一晃就是兩三個月過去了。在此其間，眾多大事見諸報端：南北議和、清廷遜位、孫文當選臨時大總統等等。這些大事把個毛澤東弄得昏頭昏腦，不得其中奧秘：例如，孫文剛剛得了大總統的寶位，卻又為什麼於四十四天後，他又來了個自動辭職呢？天大怪事！

毛澤東剛剛離開校門，未諳世事之險惡紛雜，單憑腦子硬想，那是根本不得要領的。至於營中的同伴們，更是（才幹）面杖子吹火 …… 一竅不通了。

這天吃過午飯後，同伴們又湊到了他的營房中聽他講故事。最近一些日子毛澤東在講<水滸傳>。毛澤東自幼就喜歡讀<三國演義＞、<說岳＞、<楊家將＞等歷史體裁的文藝小說。毛澤東對這些書不單單是喜歡，那簡直是如迷如癡一般，百讀不厭，甚至到了倒背如流，如數家珍的地步。他人到何處，這些書就帶到何處，絕不离開身邊半步。這些書被他讀得如同ˊ吃ˊ了一般。那是缺皮捲頁，斷角損邊，幾乎每一頁上都有粘著汗水印上去的大手印子。若是細細聞上一聞，有一股淡淡的酸溜溜的汗臭味兒。

為讀這些ˊ寶貝書"他多次遭到父親的責罵和處罰，甚至罰他幹重活。他寧願多幹活多受累，也絕不割捨半分毫對"寶貝書"的極端"愛情"。一旦遇上了知音同他扯談到了這些書，他渾身上下頓時涌上一種難名其狀的精神頭。那股興奮勁兒，比過年過節穿新衣服，吃大肉還強十倍、百倍……

新軍同伴們請他講書那算是真地撓著了他的癢癢肉，投合了他的心竅。完全可以講他講故事的熱情，比聽故事的人的熱情，不知高出多少倍去，真真做到，有求必應，不求也並的份兒上了。同伴們來的人多了，則多講上幾段。人少了，也照講不誤，直到聽書的人聽累了，方可為止。即使還有一個人想聽，他亦會照講下去，令其十分滿意。毛澤東一講起了書，那是少見的專注，難得的認真，自然也就把書講得又生動又風趣，叫人不愛聽都不行！

有一日，正當毛澤東講到＜三國演義＞中，諸葛亮火燒戰船，燒得那拾萬曹兵人死船毀十分熱鬧之處時，屋門"砰"地一聲被猛地推撞開來。

"毛澤東，有客人找你！"哨兵高聲嚷道。

毛澤東猛地收住口，抬眼望去祗見一位面膛黝黑、濃眉大眼、中等個頭，身穿一身新軍軍服，頗為氣派的小伙子，伴著一胖一瘦兩位學生衣著的小青年，跟在哨兵身側，咧嘴沖他微笑。毛澤東一下子沒能認出來者是何許人也。那位新軍青年人倒是急急地嚷叫出來了："石三伢子哥，是我！ˊ

"啊！是苦牛！！是苦牛弟弟！！！"毛澤東興奮地大叫一聲，猛地從床沿上蹦到地中間，跨前一大步，衝到苦牛面前，一把抓牢苦牛的雙手搖個不停。

"你在武昌打仗時沒傷著吧？武昌那邊怎麼樣了？好想你呀！你都好嗎？……"毛澤東像似開了機關槍一般，一疊聲地催問個不停。

"我也記掛著你呀，石三伢子哥！你也當兵了，那太好了！"苦牛咧著大嘴，憨憨地笑著道。

苦牛是來客的乳名。他的大名叫文連友。參軍後他自己改名叫文勇。他是毛澤東的娘系親戚，他自幼同毛澤東長在一起。再加上二人心性相投，是一對十分要好的玩伴和至交的密友。

自打毛澤東進了＜東山小學堂＞讀書，之後又再轉入省城念中學，一晃兩年多，二人沒見著面了。毛澤東壓根兒沒想到會在軍營裡見到好友，心裡是格外地驚喜快樂。他同文勇握過了手，就趕忙給營中伙伴介紹自己的好友。

"哈哈……我和老友久沒見面了！……咱們的書改在晚上接著講……對，對頭！要罰我多講兩段，哈哈！……"毛澤東又是道謙，又是許諾，又笑又哄，才算打發走了來聽故事的人。小傳令兵三祥子臨出門時，還狠狠地用白眼球瞪了瞪三位客人，嫌他們來得太不是時候了。這讓文勇感到十分不解。

文勇是奉命前來長沙押解新購到的軍糧。他從親朋口中得知毛澤東入了新軍和分在輜重營當差的消息，就趁著公務之便，抓了個機會，約上兩位新結識的大糧商的兒子，一道看望毛澤東。這兩位富商子弟又都是性情中人，最愛廣交天下朋友。他二人聽完文勇對毛澤東的介紹後，更是有興趣見見毛澤東了。

"石三伢子哥，你講些啥子嘛？他們听得這麼起勁呀？"

"講了段＜三國＞，給大伙長些知識。"

"哎呀呀，聽＜三國＞也這麼上癮？！瞎編濫造的玩應兒！哄小孩子的粗俗之物！幹大事業哪能……"那位同來的，長得瘦瘦的，身裁矮小得，如同一個尚未發育完全的小孩子似的客人，滿臉不屑地，尖聲尖氣地高叫道。他叫孫繼祖，是＜省立高等學堂＞的學生。其父是長沙城裡數一數二的大商人，又販賣糧食，又倒運藥材。不成想，高級營養加上高級補藥，卻把兒子喂成了隻瘦皮猴子。孫繼祖的外號也理所當然地被大家叫成了"瘦皮猴"。然而，孫繼祖卻從不輕看自己。他覺得自己正是才高八斗，學富五車，真知卓見，十分過人的大才子。在任何場合下，他都以大學問家、大人物的非凡氣派和姿態，與人交往。

"什麼？！你亂講些啥子麼？"毛澤東一聽瘦皮猴的話頓時變了臉子。毛澤東雖已十八了，但他上學晚。九歲才入私塾館。在私塾館裡老師祇教語文，不教地理數學等自然科學以及社會科學方面的功課。個別先生偶爾講講，也是一帶而過。會打算盤記記流水賬，就算完成了算術教育。雖然毛澤東十七歲時入了<東山小學堂>，但是他祇念了半年就轉入省城念中學。一年之後赶上了<辛亥革命>，他棄學當了兵。他受的新文化教育極少，根本分不清<三國誌>是歷史書，而<三國演義>是文藝小說，以及兩者的不同之處何在。他誤認為<三國演義>是歷史史實記錄。他把<三國演義>中的文藝人物當成了活生生的英雄偶像來崇拜。

"怎麼？我講錯了？哈哈，搞學問的人祇讀<三國誌>！那些演義小說，我才懶得去翻一下。我祇研究……"

"放屁！"毛澤東火了。他衝到瘦皮猴面前，高高地揚起了拳頭。嚇得瘦皮猴一個急轉身藏到苦牛的身後頭。

"你懂個屁！敢說<三國演義>是瞎編濫造的？你再胡講半句，看我不……"

"當真成了不打不相識，見面請吃大拳頭！哈哈……和為貴，和為貴嘛，哈哈……"那位長得白白胖胖，像尊笑咪陀佛的客人，嘻嘻哈哈地勸解著。單憑他的長相，人們就能猜到他的父親不是糧商，就是開飯館的。因為他的營養實在是太過剩了。"文世兄，還不快替我倆介紹介紹？毛世兄，你也別再罰我們的站啦，哈哈……哈哈！"

文勇聽此言後，連忙做了介紹。

這位胖客人叫姜建國，是省立專科的畢業生，專攻政治學。他畢業後自費去了美國留學，也曾去過歐州幾國旅遊考察。

毛澤東聽文勇這麼一介紹，立刻把瘦皮猴給忘光了。待瘦皮猴跨前一步，待要文勇介紹自己時，毛澤東卻伸出大手橫著一撥拉，把瘦皮猴給撥拉到一旁去了。毛澤東扯牢姜胖子的衣袖，拉他到床沿上併肩坐下來，嘴裡不住聲地問道："美國、法國、英國、還有德國，你都去過了？太好了，太好了！那邊怎麼樣？見到了些什麼？有些啥子新書新報？快講講看！快講講看，省報上沒有的，全都講個清楚！"

"哈哈！……哈哈……毛世兄真如文世兄介紹的一般無二。真地是求知如渴求學似饑呀！人才！大大的人才！哈哈……"姜胖子被毛澤東的熱情感化了，不由地先自恭維了幾句。其實，就算毛澤東不追問，他還正想在新朋友面前賣弄一番自己出國留洋的所見所聞。當然，還要特別談談自己的曠世高見。

"姜世兄咱們也共和了。咱們的共和同國外那邊的一樣嗎？他們是怎麼共和的？"毛澤東仍然追問不捨。

"都是共和，有什麼不一樣？哼，少見多怪！"瘦皮猴為自己受到的冷遇氣惱而不滿，忿懣地嚷道。他倒背著雙手，。踱著方步，仰面朝天，像在訓斥一個不懂事的小學生。毛澤東根本不理睬他，而是專注地、急切地等待姜胖子回答自己的問題。

"毛世兄如此關心政治，莫不是想從政嗎？哈哈……有這個意思吧？"姜胖子沒有急著立刻回答他的追問。

"不敢，不敢！見笑了！我祇是對近來發生的一系列大事，百思不得其解而已。孫文沒有參加武裝起義。他從美國一回來，就被選為大總統。為什麼他無功卻能獲得如此高位？他又為什麼祇當了四十四天的臨時大總統，又突然讓位給了袁世凱？袁世凱本是清廷舊臣子，一向反對新軍新黨，卻憑什麼當上了共和的大總統呢？這也太……太……"

毛澤東從床沿站起身來，扳著手指頭，一邊提問題，一邊踱步皺著眉頭，苦苦思索著。每當他朝著瘦皮猴走過去時，祇嚇得瘦皮猴又躲又藏，急急忙忙給他讓地方。毛澤東自己對此卻渾然不覺。他的整個心思已經到另外一個世界去了。

"這個嘛，很簡單！"姜胖子一顛屁股坐到床中間去了。他把胖胖的身子向後一仰，靠在土牆上。

他仍嫌不大舒服，又用粗短的手指頭解開領扣，扯鬆領口，喘了口大氣，清了清嗓門，也不再打乾哈哈了，鄭重其事地道："孫文是同盟會的一號人物，有他自己的眾多黨徒和會員。辛亥革命、武昌起義，是他主持和發起的，是在貫徹他的革命主張和口號。對於一個政黨的領袖來講，他用不著自己親自去舞刀弄劍，鳴槍放炮。他靠的是自己的思想、主義和口號。政權到手後，自然要奉他當總統！毛世兄知道，自古有道：結黨營私。到了今天：叫做結黨實現自己的人生大目標。對否？"

毛澤東聞聽後，心中大慟：原來奪取天下，不單單是興兵起義，結黨亦是良策！

"我也準備成立一個政黨！姜世兄，依你看，叫民主黨好，還是叫共和，，，，"瘦皮猴不甘心但己自己被冷落在一旁，就尖聲尖氣地嚷叫。他剛剛嚷了幾句，就被文勇生拉硬扯，強按在門口處一隻小木凳上坐下了。

　　"政黨？政黨有這麼大的力量？"毛澤東又追問道。姜胖子的結黨一說，對他來說是首次聽聞，也是太太重要了。

　　"當然囉！當今世界，整個地球，不論何人，若想從政，第一步就先要有一個自己的政黨！"姜胖子朝門口坐在小板凳上的瘦皮猴瞄了一眼，告訴他："：你自已成立政黨，嫌你的名氣不大，財力也不足。"

　　他接著對毛澤東提了個建議：最好是先參加一個已經成立的政黨。然後就像當兵一樣，熬足年頭，一步一步地向領袖地位攀昇。哈哈，不當苦媳婦，哪能熬成婆？等你當了領袖，有了黨徒，當個總統又有何難？"

　　突然，姜胖子住了嘴，收了聲，屁股向床沿邊上委了幾委，坐直了身子，仰面望著毛澤東道："那麼孫文又為什麼辭去了總統位子呢？"

　　他扭過臉去，又望了望文勇和瘦皮猴。隨後，他不待三人答話，胖手猛地在空中一斬，果斷而不容他人置辨地高聲嚷道："因為他沒有忠於自已的軍隊！一隻相當強大而又忠誠的軍隊！"

　　"啊！"瘦皮猴有些做作地驚叫了一聲："高見！姜世兄真是高人高見！佩服！佩服！！"

　　"姜世兄所言極是。我在報上也讀到了。孫文回國時，有位記者問他帶了多少軍隊回國。孫先生笑著回答他，自已祇帶了革命精神回來。孫先生确實沒有自已的軍隊……"毛澤東思索著說道。

　　"沒有軍隊是鬧不成革命的！"姜胖子索性站了起來，"沒有軍隊，即使有了權力也會丟掉權力，丟掉總統寶座，甚至丟掉腦袋！千萬別小看了槍杆子！孫世兄，你有軍隊嗎？沒有軍隊想當總統是白日做夢！記住，這是真理！起碼在現今的中國，這是不容置疑的！"

　　"槍杆子……槍杆子……"毛澤東凝注心神，如痴如迷地，反反複複地念叨著。

　　"光有這兩樣，還嫌不夠。"

　　姜胖子重又坐回到床沿上去。三人靜靜地等著他的下文。姜胖子見三位學子如此看得起自己，就來了精神頭。

　　他不嫌麻煩地，重又晃動著大塊頭的身軀從床沿站了起來，走到毛澤東面前，一字一板地論述道："不是不夠！是根本不成！做為一名職業政客，職業政治家，民眾的精神領袖，政黨的一號人物，必須要具有一股常人所沒有的心勁，就是要能毫無顧及地去攻擊和擊敗任何一個反對自己的人！不論這個人是反對黨的成員，還是自己的黨員；也不論此人是否是一直忠實於你的同志或戰友，乃至親朋故舊，甚至自已的老婆孩子。必須摧毀他們！毫不留情！不可心軟！必須！必須清除一切阻礙你，登上王位寶座的任何人！要不惜任何代價！要用鐵腕！要用刀！要殺人！要殺很多很多的人！……"
姜胖子說著說著，笑眯陀佛化成了門神爺，兩眼透出可怕的凶光。

"媽呀，姜胖子！你少嚇人行不行？看樣子你自已想當總統了？"瘦皮猴坐在小木條凳上，不安地問道。

"你少擔心！要咱姜世兄殺人？！他自己別叫人家當肥豬宰了就挺不錯了！"文勇直言直語地調侃道，

"哈哈，哈哈……"不等別人去笑，姜胖子自己倒是先笑上了。"文世兄講的太對了我不是當領袖的材料！我的心腸太軟了。我學政治是入錯了行。我應當去接我爸爸的班做生意。不過，我的話是真理！我的話全是真心話！"

"對頭！是真心話！"毛澤東接著道，"你那三條，三條……"毛澤東扳著手指頭數著，記著。數著數著，卻沒有了聲音，似乎那三條已被他連骨頭帶肉，連皮帶毛，半點不剩地，一口吞進了肚子裡。

"你瞧瞧，你快瞧瞧，他們倆想結伙殺人了！"瘦皮猴突然想起來什麼事，就把嗓門一提，朝著姜胖子喝斥道："姜胖子，咱倆可是定好的，今天打牙祭由你掏腰包，請大伙好好吃一頓，解解饞的。可倒好，你談上了政治，想賴賬不成？！"

"對，不興賴賬！"文勇幫起了腔，"他敢賴賬，咱倆先把胖子宰了！"

"哪裡，哪裡！我一時高興了，把正事給忘了。我今天特地來請毛世兄賞光的，豈會賴賬？咱們今天上<大三元>吃東坡肉、四喜丸子怎麼樣？"

"太肥了！太肥了！你就喜歡吃肥的油的。今天得好好罰你一頓。既然去了<大三元>，那就專吃廣東海鮮。我先點桂花魚肚、雞湯魚唇，還有冰糖銀耳燕窩盅！"瘦皮猴尖聲嚷道。"你可是會點菜！叫大伙去灌湯水，脹個肚兒圓！那些東西有名無實，沒滋沒味，不過癮！"文勇插了一嘴，"想吃得又香又解饞又過癮，待找家湖南館子，專點咱們長沙名菜中的紅油炸子雞、樟茶鴨子，還有紅油腊豬頭、紅油豬手，對頭，別忘了油炸臭豆腐！。嚇，那是又油又辣，又香又筋，真真過足好味喲！"

"那可便宜胖子了！"瘦皮猴仍是不饒不捨。

"哈哈，毛世兄你想吃點子啥喲？"

"對，對頭！三條，就這三條！三條……"毛澤東仍然沉醉在他自己的世界裡。對於沉迷於< 三國演義 >和 <水滸傳 >裡描述的舊式農民戰爭和農民起義的毛澤東來說，姜胖子一席話，讓他茅塞初開，讓他明白了必須搞新式的農民起義，才可以奪得天下稱帝，才能當上新式的真龍天子。他的心早已飛遠了。於是，他就驢唇不對馬嘴地胡亂應答上了！

"那三條可是不能吃喲！胖子，你自己瞧瞧！你可是做了大損事！東西還沒吃到嘴，倒是把人給弄傻了！"瘦皮猴的刀子嘴趁機報複上了。他的一番刻薄話，把姜、文二人逗得哈哈大笑。毛澤東回過神來，自己細細一品味，也不由地淡淡地啞然一笑。

姜胖子的一番話語，自是胡侃亂語，臭顯白，吹大砲。但在毛澤東的心中，卻打上了終生不滅的烙印，影響了他的一生一世，也影響了中國近代史和世界歷史：即紅色王朝和紅色皇帝也是可以出現在，科學和經濟十分發達的現代社會生活裡。皇帝不祇是可以穿龍袍，也可以穿上中山裝或者西裝的。

這正是：

男 兒 軍 營 侃 壯 志，

欲 奪 王 座 開 新 天。

立 黨 建 軍 心 如 鐵，

豈 念 神 州 人 鬼 怨？

欲知後事如何，請看下回分解。

# 第　二　回

## 怪學生惡練體魄

## 假乞丐徒步湘省

　　話說毛澤東自打同姜胖子談過從政之路以後，他整整苦思苦想了一個多月。他覺得姜胖子的話說得有道理。但他卻不能判斷，這是否就是全部的從政道理。一個月的苦思沒有白費勁。他明白了，這是由於自己的知識面不廣，才導致自己看不清楚自己該向何處走去，該走一條什麼樣的人生之路。他也想通了，唯有知識才會告訴自己這一切。知識，他最短缺的知識則來源於書藉和學校。他認定自己十分需要讀書和學習。

　　外省人講到湖南人的倔勁時，常把湖南人比做騾子，稱其為＇騾脾氣＇。湖南人自己也常常如此這般地嘲笑自己的壞脾氣。人們絲毫不認為這般比喻有什麼惡意。假如這種比喻成立的話，毛澤東則可憑著自己的倔勁被評為＂騾王＂。他一旦認定了要幹某種事，怕是天底下尚沒有誰能改變半分他的決定。

　　毛澤東決定不當兵了。他決定繼續去上學。他報考了幾所學校，最終進入了不收學費的<省立高等商業學校>。念了一個月後，他發現自己入錯了校門。這間學校不單教授社會科學知識，還開設了物理、化學和數學等自然科學方面的課程。他是私塾出身，對理化知識一竅不通，根本聽不懂老師講些什麼。偏偏老師又用英語講課。這使他更是如聾啞人一般，坐在課桌後面扮傻瓜，活受罪，白白地浪費時光。他轉而考入了<省立一中>。半年之後，他又退了學。此時此刻的毛澤東已經認定，學校的功課是無法讓他學到他自己渴求的從政知識。他決定自學。

　　設在定王台的省立圖書館成了他的新課堂。他整天泡在圖書館裡，遍讀館藏各類社會科學方面的書籍、刊物和報紙。他對自己的抉擇非常滿意。他父親對此則非常地不滿意。父親來信警告他，若他繼續在圖書館裡鬼混，就停止供錢供糧。無奈之下，他於一九一三年，年滿二十時考入了<省立第四師范學校>。第二年<省立四師>與<省立一師>合併。他成了<省立一師>的學生。

　　在當年，這所<省一師>在長沙市，乃至湖南全省，都是一座大名鼎鼎的高等學府，名氣大得很。

　　<省一師>座落在長沙南門外的書院坪。其前身叫做<城南書院>。校舍是座日本式小洋樓。前臨湘江，背依妙峰山。自然環境十分優美。讓毛澤東最為稱心的是，它有一間藏書十分豐富的圖書館。毛澤東這才算安心在<省一師>讀書了。

　　念了一些日子的書後，毛澤東想給自己另找些事情做做。他心想，一旦日後從了政，肯定會十分忙碌和辛勞。倘若沒有一個好體格，那是極難勝任政壇上的爭鬥，和戰場上的廝殺。於是，他開始鍛練身體，以增強體質，磨礪意志和毅力。

　　毛澤東的健身方法幾近"野蠻"，是惡練。

　　每日清晨，他起床後，就空著肚子去爬妙峰山。他跑步爬上去，再跑下來，然後，再爬上去。幾趟下來，累得他汗水淋淋，氣喘如牛。有時跑得他兩眼冒金花，站立不穩，常常一屁股跌坐在地上，動也不能動一下。對別人來說，若像他那種樣子爬山，能跑上一個來回，就算很不錯了，

　　他爬過山返校後就來到井旁，汲上冰涼的井水就一桶接一桶地從頭頂住下灌。他一連灌上它十幾桶後才能住手。對常人來講，就算是盛夏三伏天，這十幾桶水也能灌得人渾身上下起雞皮疙瘩。姑且不講，這一大早晨的井水又會格外地涼些。毛澤東不分春夏秋冬，一年四季照灌不誤。到了<三九>、<四九>的寒冬季節，他也從不馬虎行事。透心涼的井水直凍得他嘴唇烏青發紫。他倒抽著哈氣，跳著雙腳，打著哆嗦，依然認認真真地地記著次數："……八、九、十……直到全身的皮膚凍得發木了，發熱了，他才算是灌足了，也算洗完了晨澡。

　　校園裡的人們見了此情此景，都以為他在發神經。特別是同室的室友對他這種行為，更是百思不得其解。在同一間屋子裡住久了，人人都知道毛澤東是最不愛洗澡的人。他也不愛洗衣服和拆洗被褥。他那雙鞋子從新買回來直到穿破扔掉，不會涮洗一次。

　　長沙的夏天酷熱難當，是著名的長江沿岸四大火爐天氣之一。夏日中午時分，室外的氣溫經常高達三十七、八度以上，熱得人們坐在樹蔭裡，不停地搖著扇子，仍是汗流不止。人們每天至少洗上兩次澡。一是為了解解暑熱，降降溫。二是為了洗去汗臭味。

　　毛澤東則是除了游泳和清晨沖身外，其它時間裡，不去碰半滴水珠子。日子一長，他身上散發著一股又酸又臭的怪味兒。他那雙鞋

子三五步之外，就能聞到一股類似臭雞蛋的味道。室友們是從來不
到他的床上去坐坐，或是躺躺的。

　　毛澤東還有一個習慣：他每每買了新衣服、新鞋子，就硬逼著同
他身裁腳長差不多的同學互換穿用。他不喜歡穿新。他也從不嫌棄
別人的東西是否髒舊。

　　同學們本來就覺得他這個人行事怪怪的，現在見到他的野蠻健身
法，更加确信他的神經系統出了毛病。可是他自己對同學們的非議
和評論，是根本不屑一理，依舊故我，我行我素。祗有在他非常高
興時，才會跟很是談得來的同學聊上兩句：'大丈夫全心全意去想，
治理天下的大事，哪有功夫去管些，舖床洗衣服的囉嗦事！"

　　別人認為他怪。他卻嫌自己怪得不足份量。這年暑假他幹了一件
怪得讓別人無法理解的事：冒充乞丐，靠著乞討，漫遊湘省市縣區
鎮，看看自己沒錢時能否活得下去。此事大有緣故。

　　毛澤東自從有了從政的念頭以後，他就主動地同身邊的同學們親
近起來，頻頻增加交往，求得感情上的溝通、交流和聯絡。為此，
他曾寫過一紙<尋友通告>，貼在食堂門口的牆上。<尋友通告>貼出
的第三天下午，有一位身高比他矮兩頭還多的下兩班的小男生來見
他。這位小男生進屋後先報了自己的名字　。他叫羅小龍。羅小龍
拘謹地站在門旁，看樣子很是緊張，怕是頭一次出來交友。毛澤東
見有人上門交友，心裡自然高興，就自顧自地侃起了大山，他把讓
座奉茶等瑣事和禮節統統忘了個一乾二淨。毛澤東一張口就上至天
文，下至地理，前後五千年地侃起了種種宏觀大道理。直到他自己
覺得累了，該喘口氣歇歇了，這才住了嘴。到這功夫羅小龍方得機
會張口。他喟喟地咕噥道："你講演得很精彩，講得也很對頭，可
是我，我……我……一句也沒聽懂……"

　　羅小龍的話音剛剛落地，就引得毛澤東哈哈大笑不已。他邊笑邊
拍打著羅小龍的肩頭，把個羅小龍緊張得以為自己講了有失體面的
錯話，而更為拘謹和不安了。毛澤東笑完就送走了他。毛澤東轉身
回到屋裡，自己再一捉摸，不由又是哈哈大笑一通。但是，從此以
後，羅小龍成了他通過<尋友通告>找到的唯一一位忘年交。

　　夏天過了一半，校門口的告示欄上貼出了放暑假的通知。

　　這天，羅小龍正站在告示欄前專注地看告示時，一隻大手猛地從
他身後伸了過來，扯牢他的肩頭，拉住他便住校門外走。羅小龍嚇
了一大跳，愣了愣神，斜轉過半個臉來，認出拉他的人是毛澤東。

　　"小龍，放假了，你別回家了！"毛澤東直截了當地對他講。

　　'不回家？！一個人住在學校裡多沒意思！'

﹁我有個好主意，頂頂有意思的好主意！﹂

“真地？！快講囉！﹂羅小龍高興了。

﹂我想過一過討飯當叫化子的生活。咱們倆一文錢也不帶，全靠乞討要飯吃過日子。想想看，不花一文錢，遊遍全湖南！這既有趣，又十分有益處！”

“當叫化子？學生去當叫化子？”

“去年我當過一天叫化子。我想體驗一下人們對叫化子的看法。可是一天實在是有些太短了。你想想看，將來幹大事時，萬一身無分文，你怎麼活下去？”

“對，對頭！是該早些學學才成……不過，你去討飯，人家又肯給，可怎麼辦呀？我可是從未討過飯的……我想，挨餓的滋味肯定不會太好受……﹂

﹁你聽沒聽見過，別人在講：﹂叫化三年，有官都不去做！叫化子是最最自由自在的人。至於能否討到飯嘛……肚子一餓，自然就有辦法了，就能學會了。哈哈……餓上你三兩頓飯，怕你還會成為討飯的頂尖高手哪！說真地，我最想體驗一下餓上一兩天飯的滋味。人生一世，若不去領略一下餓飯的滋味，真是太遺憾了！將來，不一定會餓上整整一個星期呢！﹂

“虧你想得出來！”

“就這麼定了！你去剃個像我一樣的大光頭。要不，動手打架時，會被對方揪住長頭髮，要吃大虧。我小時候打架時吃過苦頭。記牢，一文錢也別帶！”他這番話搞得羅小龍服服貼貼，連連點頭稱是，嘴裡頻頻地答應下來，隨後便去準備了。

第二天，一大早晨，羅小龍便被毛澤東從床上拖了起來。羅小龍換上了短衣短褲。毛澤東不讓他洗臉刷牙，又眼瞧著他把衣袋裡的錢，全掏出來，鎖在抽屜裡。

毛澤東怕羅小龍不放心自己，就主動地解開了自己的小包袱。包袱裡除了一本<水滸傳>，一本<三國演義>外，祇有一副筆墨硯台和一本薄薄的記事本，連套換洗的衣服也沒有。羅小龍看過後信服地點了點頭。

兩人剛出室門，小龍突然提議道：”咱倆先去廚房找些吃食打打底。今天就算討不到飯食，也不怕了。這是個好主意吧？”

“不！餓著肚皮才有幹勁。吃飽了算什麼叫化子？不能打底！幹事情要講個徹底。從現在起，咱們倆就不是<一師>的學生了，是一對小叫化子。哈哈，記牢，一對真正的小叫化子！”

兩人到了校門口，小龍問毛澤東要朝哪個方向走。

"若往右走，走不多遠就是城外那片空闊地。路平好走。那太沒意思了。若是往左走，可以直通湘江江岸。過了江再往西走就進了山地。那段路十分難走。對，我們向左走好了！"

"過江要付船錢的。沒人肯白白送我們過江。"

"叫化子吃飯都不付錢，過江更不必付錢。到時候你聽我的指揮就行了。"

出了長沙小西門，再走幾分鐘的路，便到了湘江江邊上。湘江是湖南省的一條大河。流經長沙地段的這段江面寬約五、六百公尺。湘江江面上日夜行駛著大大小小的汽船、帆船和木船。江面上一派忙碌景象。

"哎，有了！"正走著，羅小龍突然嚷了一聲，"從這裡再往前走兩里來地就是公渡。公渡一向免費。我怎麼一下子就忘了！"

"不！乘公渡還叫什麼乞討？！那太容易了。誰都能辦得到。我們不乘公渡！"

"那我又不會游水……"

毛澤東站下來，站在岸邊上想辦法。

羅小龍坐在堤坡上，手托腮幫子，望著茫茫的江面和緩緩流去的江水，不知如何是好。

渡口上的小木船已開出去三個班次了。太陽也已從雲彩後面鑽了出來，斜斜地吊在遠處大山的山峰頂上。

"走，咱們硬闖！"毛澤東望著羅小龍一臉惶恐不解的樣子，又補充了兩句："到了渡口，你千萬別吭聲，祗管隨著人流上船。我們上了船就擠在人群裡，記牢，千萬別吭聲！到了江心船老板收錢時，由我來對付他。記牢，聽我的！"

擺渡的小木船很小。根本不設座位。等到船上站滿了十四、五位客人後，船老板就會高叫一聲："開船了！"他用力地把長竹竿了向岸堤上一撐，小船就會穩穩地向江心駛去。

到了江心，一個小姑娘托著木盤子向乘客收船錢。每位乘客要付兩枚銅圓。當小姑娘把木盤子伸到羅小龍面前時，羅小龍的臉"刷"地一下子紅了。他不好意思地側過臉去。站在他身後的毛澤東一聲不響地把羅小龍拉緊在自己的胸前。毛澤東仰面朝向藍天，似乎天底下根本沒有發生過任何與自己有關的事情一樣。換句話講，似乎在他面前不存在這個小姑娘，也沒人朝他討船錢。

"那兩位先生，請把船錢付清！每位兩文錢。請吧！"船老板客氣地催促著。

"很對不住！我們倆沒帶錢。"毛澤東沉穩而平靜地回答道。

　　"什麼？沒有錢？！"船老板不大相信地反問了一句，"沒帶錢去搭公渡嘛。上了我的船，就得付船錢！"

　　"我倆真地沒錢，一文錢也沒帶。"

　　"乘船付船錢，誰人不知道？想賴船錢嗎？"

　　"我們現在沒有錢。等我們一個月返回來時，會加倍付給你。行不行？"羅小龍提出了自己的建議。

　　"不行！一個月後誰認識誰？你們現在都不想付，到那會兒還敢回來？別廢話，馬上付！"

　　"實在不行，你把我們倆送回岸上去好了！我們不坐了！"毛澤東高聲嚷道。

　　船上的人先前乾看熱鬧，一聽見毛澤東的話馬上就起了反應。

　　"不成！不成！我有急事！"

　　"我們可是付清了錢的！別為了他倆坑了我們大家！"

　　……

　　一時間，船上吵開了鍋。眾怒難犯。船老板不敢開回頭船。但是船速明顯地慢了許多。乘客中一位留著長長的白胡子的老者，站出來想調停勸解一番。

　　"老板，我替他倆付上兩枚銅圓，你老板哥也讓一讓，減個半價，好不好哇？千萬莫開回頭船！"

　　船上的人齊聲幫著老者勸那船老板讓讓步減個半價。

　　"不，不成！"船老板正在遲豫不決之際，毛澤東自己先尖聲叫了起來。他表示拒納老者的援手，"我有個主意。現在船剛過江心。船老板累了。讓我們倆替他撐船好了。我們倆用做工付他船錢！"

　　"我不累！用不著你來頂工！"船老板也上來了侸勁，"我還怕你們倆……"船老板嚷了半句，就收住了口，沒嚷出後半句不吉利的話。

　　乘客們聽明白了他的氣話後也都來了火氣，叫的叫，罵的罵，嚷成了一團。小木船离岸邊已經不遠了。船老板停住了船。眾乘客一見此景，叫罵得更凶了。自髮老者掏出兩枚銅圓扔在小姑娘的木盤子裡，連聲勸船老板開船。

　　船老板回頭一看，有隻小木船已趁他減速之機，從後面追趕上來了。如果他再不加把勁靠上岸去，那麼岸上的乘客就會被後趕上來的船搶載走了，吃的虧就越發大了。

　　他十分不情願地加快了船速靠上了岸。

　　船老板一邊往木樁子上系纜繩，一邊高聲叫罵："強盜！狗強盜！該殺一萬刀的強盜！別人墊錢，你還不領情！存心跟我找麻煩，十足強盜……"

羅小龍跨上岸時，心懷謙意地對船老板保証道：「一個月回來時，我加倍還你錢！」「不要！不要！我才不稀罕強盜的臭錢！」船老板又叫罵了幾句難以入耳的髒話後，就忙著去招呼新上船的乘客了。

毛澤東同老者一道上了岸。羅小龍剛對老者道了個「謝」字，毛澤東就打斷了他，自己對老者說：”你不該替我們付錢！我們建議替他撐船，還保証一個月後還他兩倍的船錢。他全都不買賬。這種人完全用不著付他錢！

「這麼多人．．．．有人還有急事．．．．幾個銅圓犯不上……犯不上……”老者和靄地寬慰道。

“你算是講對了！若不是看在人多事急的面子上，我得好好同他吵一架。動手打架也不怕他，哼……”老者聽了毛澤東的話後，就莞爾一笑，兩手一揖，掉頭走去。「小龍，看明白了吧？做事就要找最難辦的事去做。與天鬥，與地鬥，都不如與人鬥快活。我要鬥它一輩子！”毛澤東講得十分霸氣，獨自一人仰面大笑起來。

毛澤東的這番話弄得羅小龍心裡”卡噔、卡噔”直跳。他想，若是如此這般鬥下去的話，一路上還會討到飯吃嗎？

一想到飯，肚子裡就”嘰哩咕嚕”地叫了起來。越叫越響。越叫越歡。

毛澤東笑完了，就邁開長腿，漫無目標的，卻又十分自信地朝前走去。

羅小龍祇好咬了咬牙，緊了緊褲腰帶，快步追了上去。

這正是：

年 少 欲 解 人 生 味，

甘 扮 乞 丐 吃 殘 剩。

心 中 何 來 不 平 氣？

誓 闖 紅 塵 鬥 一 生？

欲知後事如何，請看下回分解。

# 第　三　回

## 追根毛氏多武將

## 算命澤東位高官

　　話說毛、羅二人渡過湘江之後，一路向西，徒步穿越寧鄉縣、微山鎮、直奔益陽縣境。二人在益陽縣盤桓了幾日後，又折向東北方向，奔沅江縣境去了。

　　二十多天來，他們倆晝行夜宿，沿途討飯，嚐足了叫化子看人眼色的苦滋味。若是遇上好心人家，多少還能得到一些殘湯剩飯。若遇上心術不正的刁蠻人家，不僅討不到些微吃食，還要受些惡言穢語。進入山村之後，又要受看家惡犬的驚嚇，常被嚇出一身冷汗來。

　　由於不識路，很難算準里程，常常錯過了宿頭，找不到可以棲身的破廟或看山的草棚子，祇好在荒地河灘，就地一躺，合衣而眠，也算一宿了。

　　有一天，兩人進入安化縣境內。活該二人當天晦氣。歇過中午後，二人一口氣走了三十幾里路，討了四十幾戶人家，也沒能吃個半飽。兩人祇好咬牙再向前走，企盼能找到一家心善人家，討多些飯食填飽肚皮。不成想，這一走，就走出了居民區，進入了一處河灘砂石地。他倆順著河道逆流而上，越走越見不到人家。二人心裡頓感不妙。想打回頭路時，天色卻眨眼間就黑了下來。

　　“看來今天晚上又得蓋著藍天睡大地了。過過神仙的日子也不錯嘛。”毛澤東甩掉舊布鞋，赤著腳板在河灘砂石地上踱起了方步，讓磨得發燙的腳底板舒服一下子。

　　“這片河灘地真還挺乾淨。”羅小龍嘴裡說著，順手找了兩塊長條大卵石，並排擺放好，權充睡覺時用的枕頭。等他扭轉身子回頭去找毛澤東時，祇見毛澤東正蹲在河邊上，兩手相合做碗，暢飲河水充饑。羅小龍也趕緊跑了過云，喝了個肚兒圓。

　　雖然空著肚子不太好受，可是滿身的疲乏更是厲害。兩人頭一沾上石枕，就渾事不知了，憨然大睡起來。

　　這一覺睡到了什麼時候，誰也搞不清楚。羅小龍一睜眼，祗覺得天光早已大亮了。他揉了揉眼睛，就想去推醒毛澤東。他推了幾下也沒頂用。毛澤東依舊大睡不醒，羅小龍頓時童心萌發，想捉弄一下毛澤東。他剛剛欠起半邊身子，要去堵毛澤東的鼻孔，卻在一瞬間猛地看見，在距毛澤東頭邊不足兩步遠處，正盤踞著一條大花蛇。那條大蛇盤起來好似一隻小號油罈子。黑乎乎的蛇身上環著一道道金色的斑紋。尖尖的蛇頭高昂著，時不時地吐出長長的黑舌頭，情急之下，羅小龍顧不上去仔細辨認是蛇是蟒，是否毒蛇。他使出渾身的力氣來，一把扳牢毛澤東的身子，抱緊記連續翻動了五、六個滾，才停了下來。

　　被驚醒的毛澤東連聲嚷嚷：＂鬧個啥子喲！鬧啥子嘛？再睡一下子嘛……＂

　　等他聽清楚了羅小龍的話後，扭頭一看，便一個急挺身坐了起來，沒顧得上穿鞋子，站起身子，拖著羅小龍便歡跑起來。二人一口氣跑出去兩丈多遠。

　　"好險，好……"

　　"鬼知道牠是什麼時候爬過來的？虧我早醒了一點，要不，肯定咬你一大口！"羅小龍悻悻地說道。

　　＂哈哈，你搞錯了！我屬蛇，跟牠是同祖同宗。哪有一家人咬一家人的道裡？牠是見我睡熟了，替我站崗放哨。大者可驅豺狼虎豹，小者能驅蚊虫蠅蝎。昨夜沒有蚊子叮你吧？哈哈……哈哈……"

　　二人正嘻笑逗鬧著，祗見那條大蛇伸展開身子，迎著他二人爬了過來。二人一驚，奪路便逃，跑出去好遠之後才站住。

　　到這時候，誰也不講話了。他們兩人遠遠地望著那條大蛇，等了好大一陣功夫，直待大蛇爬走了好遠之後，二人才小心異異地返回原處，找到鞋子和小包袱，速速離開了河灘地。

　　自打這次遇險之後，二人便把宿頭放在第一位。看看天色不早之時，趕緊找處地方先住下來。就算肚子再餓，也斷斷不去管它了。這下子可倒好，讓這二位出身富家的學子嚐足挨餓的滋味。

　　羅小龍的家在長沙縣是數一數二的巨富人家。他家領有良田過千越萬，敢稱"羅半縣"。

　　毛澤東的家雖然沒有如此巨富，但也並非寅吃卯糧的貧寒之門，而是富可一方的富裕人家。

　　毛澤東家居湘潭縣韶山沖。

　　据家譜記載，他家遷居韶山沖已有五百年的歷史。

此前，其始祖毛太華系明朝吉州府龍城縣人氏，即現在的江西省吉水縣居民。當年，毛太華從軍後被編到西征大將軍、朱元璋的義子沐英的旗下當了名＜百伕長＞。這個官職約略相當於現今的連長。毛太華隨軍西征去了雲南省，並被留下戍邊。他娶了當地一位少數民族的姑娘為妻，生下了四個兒子。打此之後，毛氏一族的血管裡就流淌著邊疆異族的血液。

毛太華退役後帶著長子毛清一和四子毛清四，回到了湘鄉縣北門外緋紫橋居住。他把另兩個兒子永遠留在了雲南省。毛太華去世後，毛清一和毛清四舉家遷到了湘潭縣七都七甲定居。這就是現今聞名天下的韶山沖。

毛氏一家這一住下，就是五百多年過去了。在此五百年間，毛氏一族代代有人從軍，先後出了十七位相當於今日團長級軍官以上的將領人物。這在舊時已可算上是高級將領滿門了。毛氏諸位先祖傳下了能征慣戰的門風。

毛澤東的母親文素勤是民族英烈文天祥的二十四代嫡孫女。

在毛澤東的血脈裡頗能找到一些令他自豪的地方。

韶山沖，山青水秀，地杰人靈，一派好風光。

韶山沖居民至今仍流傳著，在毛澤東的爺爺那一輩上的故事。他的爺爺和爺爺自己的親弟弟上山砍柴時，在現今名叫滴水洞的那座小山的山頂上，遇上了一場大暴雨。兩人祇好在樹下避雨。雨後，二人突然發現，距大樹不遠處的一塊大石頭的附近，竟然有丈方地面過雨不濕。

按中國古代風水書上所述，這是一塊墳塋寶地。兄弟二人相約，先逝者得葬於此地。結果是毛澤東的爺爺安眠於此。

毛澤東登了大統以後，鄉間對此更是相信得不得了。

毛澤東本人一旦遇有為難之事或為難之時，總要來這滴水洞住上幾日，尋找靈感。也或許是在尋求先祖的庇護。

毛澤東甚少主動要自己的下屬為自己修造別墅。但他卻主動叫湖南省政府為他在滴水洞蓋了房舍庭院，自稱是供自己退休之用。於是，湖南黨政軍各大部門聯合動手，大興土木，建造了一座對外號稱＜一號＞的招待所。毛澤東一生十二次南巡，每次途經此處，總要住上幾日。有時則專程來此小住休息，籌謀大計。

毛氏一族，自毛太華七代孫始修族譜，並定下了二十代子孫名字中間的那個字，以排輩份尊長之序。譜牒為：立顯榮朝士，文方遠濟祥，祖恩貽澤遠，世代永承昌。

毛澤東的父親叫毛貽昌。他十五那年娶了比自己年長三歲的文家七女兒文素勤為妻。文七妹長得清秀端庄，圓臉盤，寬額頭，一雙大眼睛，顯得聰慧機敏。毛澤東的長相酷似其母。因她在家排行第七，故多喊她文七妹。

毛貽昌完婚後先去當兵。他雖然沒能昇上大官，卻積攢下了一些銀兩。他替父親還清了債務後，就用餘下的錢苦心經營祖傳的七畝水田。秋天收谷後他全部加工成白米，再挑到市集上由自己零售。如此一來，利潤甚豐。文七妹則用加工時余下的糠皮喂豬養雞，自然又是一筆進項。家中的日子漸漸富裕起來了。到了毛澤東十歲那年，家裡己有水田十五畝了。年收六十石稻谷。除去全家全年口糧之外，尚可富餘二十五石。

此時，毛貽昌從岳父手上借到本錢，購進稻谷，自行批量加工後運到縣城販售。他漸漸進入了商業貿易領域。毛家開始雇用長工了。水田又增加了五畝。毛貽昌向縣城的米店投資入了股。他印發了取號"義順堂"的銀票。毛家成為韶山沖的首富。

按解放前後評定家庭成份的有關規定，他家最低也可評為小地主或地主成份，甚至是地主兼小資本家。

毛貽昌由貧致富卻不忘根本。他對兒子們的管教十分嚴厲，但很不得法。過份地壓制，反倒激起了毛澤東血液中叛逆的火種。隨著年齡日大，毛澤東的對著幹，逆著行的性格，就越發地明顯了，以致發展成我行我素，天馬行空的放縱任性的怪脾氣。這次他邀上羅小龍假扮乞丐去品嚐討飯和餓肚子的滋味，又豈是常人之所能為？

毛羅二人曉行夜宿，跨州過縣，這一日進入沅江縣境。

他倆順著沅江江邊的大路邊走邊聊天。臨近傍晚時分在一處小旅店的門口停了下來，準備討碗剩飯充饑，順便借間柴房度它一宿。

二人進了旅店之後，沒有如同慣常的客人那樣，去揀副座頭坐下，再召喚堂倌上茶，而是站在門口處四下裡張望，尋找東家在何處操勞。二人正在打量之際，守在柜臺酒罈子後面的，一位年約二十二、三的俊俏女子開了口。

"二位客人，先請坐下！今天想吃點什麼？我家旅店兼有客飯供應。本店家釀老酒在近處還是小有名氣的，不妨嚐嚐。"

"不！不！我倆是討飯的。想向貴店討些剩飯剩菜什麼的……"羅小龍解釋道。

"什麼？！瞎講！別看俺家店小，可還沒人上這兒來編笑話的。二位，快請入座！"

“你真地看走眼了！我倆確實是討飯的。已經討了一千多里路了……”

“什麼？一千里？你們是哪兒的人？”

“莫非老板沒從我們的口音上聽出我們是長沙人嗎？”毛澤東扮出長沙口音反問道。

“對，對頭！二位確實不是我們沅江口音。可是……可是二位的長相、眼神、儀態，哪裡會是討飯的人呀？”

“怎麼？老板還會看相？哈哈，你憑什麼敢講我倆不像討飯的人呀？有意思！”毛澤東實在不希望老板高抬自己，否則，今天的吃住就會全部落空。

“英英，不要瞎鬧！是討飯的，就送碗米飯，請他們走路。若不是，就好好對待客人。千萬不許頑皮胡鬧！”從後屋傳來一位老婦人的話聲。

“娘，咱店來了兩位貴客。你不出來看看，開開眼嗎？”

毛澤東聞聽此句話後，心裡不由怦然大動。他心底深處的好奇心一下子浮了上來。他不再強求賞茶施飯了。他清了清嗓門，一字一板地自我介紹道：“女老板，我也會看相。依我看，你是位待字閨中的千金小姐。對不對？”

“噢！我看對了！二位真地不是討飯的！快請坐下！站客難打發嘛。先來四兩老酒怎麼樣？我保証二位越喝越愛喝，肯定下次還來喝！”女老板一見自己沒看走眼，就唱起了生意經。

“老板，我講自己會看相，那是開玩笑。我倆出來討飯，千真萬確不騙！”於是，毛澤東把兩人的想法和一路上的經歷細細地講述了一遍。驚得英英姑娘瞪大了眼睛，半張著嘴，實在無法弄明白，這兩個人是犯了什麼心病而如此胡來。毛澤東卻心急火燎般等她給自己相面和算命。

“我爺爺和爸爸都是讀書的人。爺爺是位詩人加雜家。是他老人家教會我看相的。他還教我拆字和八卦算命術。今天二位一進店門，我一眼就看出二位是未來的達官貴人。可是你們二位卻講，自己是討飯的。原來是這麼一回子事！”

“老板，那就麻煩你替我倆算算命，也算捨了兩碗飯。餓肚子我也心甘情願了！”羅小龍更是心急，半點也憋不住自己的好奇勁頭。

英英姑娘走出了櫃台，上上下下把毛澤東好一番打量，然後問道：”二位先生貴姓？”

“我姓毛，他姓羅。”

“哎呀呀，不好！你這毛姓太不好了。洪秀全叫長毛。袁世凱叫毛猴子。你也沾上個毛字。不好，太不好了。”

＂我的姓跟我的長相有什麼關係？你不是要給我相面嗎？＂毛澤東不大高興地反問道。

＂姓氏同面相大有關係。從你的面相上看，你將來的官位可能大到一品宰相或是國務總理。但是你的姓氏影響了你。你可能也像洪長毛或是袁毛猴子那樣反叛朝廷。當個山大王什麼的。你這個人自視甚高，野心勃勃，極缺少溫情和同情心。你可以不動聲色地殺死一萬人或十萬人。你很沉穩。在任何情況下都能沉得住氣，不會犯急。如果你在三十五以前（註：約為一九二八年以前）不給對手殺死，就逃過了一個大坎，過了一個大關。一過五十（註：約為一九四三年）你的日子一天比一天好。在五十五左右（註：約為一九四八年左右）簡直是逢凶化吉，萬事亨通，能成就一番大業，位就高官。你一生最少有六個老婆，但兒女不多。你的家庭不合睦。你不會有一個圓滿的家庭……＂英英姑娘十分自信，言之鑿鑿地說道。

＂老板，快給我算算！我能有幾個老婆？＂羅小龍又像是心急，又像是開玩笑地央求道。

＂你嘛，你沒有毛先生那麼好。你....會是一員虎將。也能幹出一番大事而名垂千。你的老婆也不會那麼多....孩子更少....你兒子比你過得好。（註：羅小龍的獨子移民美國）不過，你會終生跟在毛先生身邊，簡直是形影不离。可是，毛先生一旦出了省，你會留在湖南的(注：身亡湖南)……＂

＂太好了！我就是不願意离開湖南。毛兄，我就願意跟著你。＂

＂我結婚了，你怎麼跟著我？＂毛澤東故意刁難羅小龍。

＂那……那……你們住裡屋，我住外堂。行不行？＂羅小龍這一答一問把毛澤東和英英姑娘全逗笑了。三個人越聊越投合，越聊越親熱。堂倌見老板如此看重二位討飯的，就自做主張把剩菜剩飯熱好後端上了桌面。兩人邊聊天邊狼吞虎嚥地吃了起來。英英姑娘見了他二人那副吃相，心裡好一陣子笑，又悄悄打發堂倌再去找些吃食來。

正在此時，從店外急匆匆跑進屋幾個衣著似苦工模樣的人。

他們尚未站牢就大聲嚷嚷上了：＂不好了！發洪水了！淹死人了！……＂

三人大吃一驚。英英姑娘趕緊去給母親報信。毛、羅二人則不知如何是好。


　　　　這正是：

黃花女一言中的，

兩少年先知未來。

山大王入主社稷，

苦神州再添血災。


欲知後事如何，請看下回分解。

# 第 四 回

## 鬥校長雄心乍起

## 戰潰兵渾身是計

　　話說毛、羅二人聽到洪水警報後，當即決定不再前行了。第二天一大清早二人就趕到沅江碼頭準備乘船返回長沙。他倆站在碼頭上看見江對岸低洼處己被大水淹沒了。水深的地方己沒過了樹梢和房頂。江面上漂浮著垃圾、枯樹枝、碎樹葉以及被淹死的牲畜屍體，一派淒慘景象，令人目不忍睹。他倆爭著搶著混在人群裡搭上了第一班快船，用討得的幾枚銅圓勉強買下了兩張下等艙的站票，直奔長沙，回了學校。

　　經過這番歷練，毛澤東從政的心更鐵了。他和學校的幾位活躍份子辦了一所工人夜校。他被選為夜校的管事。不久之後他又被<一師>學友會選為總務部長。毛澤東開始步入政壇。

　　此時此刻的中國，正戰火四起，硝煙彌漫，軍閥混戰，搶佔地盤之際。一九一五年袁世凱做膩了大總統，突發神經病，想過〝天子癮〞，於一九一五年宣告自己是新皇帝。

　　日本政府趁機以支持他稱帝為條件，迫他簽定肢解中國的賣國條約。這引起全國一片反對聲。各地軍閥趁機擴張地盤，致使全國爆發了狗咬狗的軍閥大混戰。此次混戰，規模空前。戰火熊熊，槍炮轟鳴，神州受創，生靈涂炭。

　　一九一七年湖南督軍傅良佐被兩廣軍閥譚浩明擊潰。就在傅部退走而譚部尚未進駐的功夫，長沙及周邊地區陷於嚴重的無政府狀態。被擊敗的散兵遊勇，明目張膽地公然持槍搶劫，幹起了強盜生涯。

　　醴陵縣城距前線較近，首當兵禍之害。縣城裡八千間房屋被燒。火勢三日未熄。萬人被殺。幾乎家家都有屍體停床待殮。

　　消息傳到長沙以後引起了市民大逃亡。僅僅兩天的功夫，長沙成了一座空城。

　　<一師>校園裡人心惶惶。校長張干決定全校遷往阿彌嶺山區避難。毛澤東聽到這個決定後，苦苦思索了一陣子，決定趁機同張校長大鬥一場。

"張校長，我想同你談談搬往阿彌嶺的事情。"毛澤東走進校長辦公室，沒有半句寒暄，直截了當地道明了自己的來意。

張干抬頭一看，見是毛澤東，不由眉頭緊皺，心中頓時昇起萬丈無名火。他厲聲喝道："是你，又是你！小小年紀，整天搗蛋！你又要胡攪個什麼名堂？快快回去打點行李，準備搬家！"張干越嚷氣越大，聲音也越發響亮，嗓門也越發高亢。他不由站起身來，手指屋門，赶毛澤東滾蛋。他是在記恨著去年秋天毛澤東帶頭要求罷免他的校長職位一事。

去年秋天開學時，張校長幹了一件溜鬚拍馬的大醜事。他為了迎合全省議會委員們的歡心，擅自決定在新學期每名學生要交學雜費十塊現大洋。

這個決定一經公佈，主即遭到全校師生一致反對。毛澤東連夜赶寫了一篇<討張宣言>，歷數了張干辦學無能貽誤學生的二十條大罪狀。他和幾名同學又趕到印刷廠，印成傳單，在全市和各所學校，廣為散發。一下子，在全市掀起了驅張風波。全市各校還擬舉行總罷課和聯合大遊行，以示支援。

在此形勢壓迫之下，市政當局痛責了張干闖禍惹事。張干被迫宣佈無限期緩交新增學雜費。但隨後又宣佈開除以毛澤東為首的七名鬧事學生的學籍。

毛澤東自然不服。他立即聯絡各校學生，準備再鬧張干。<一師>開明教師楊昌濟、徐特立、王季范等人四處奔走，多方調停。張干本人事後亦怕再遭市政當局的斥責，就借梯子下樓，收回了成命，平息了風波。但是，他對毛澤東整他、鬧他，那是耿耿于懷，刻骨銘心。此時此刻，兩人見面，正是仇人相見，分外眼紅。

"張校長，你講得對頭！我的確比你年輕得很多。可是，你知道，常言道，有理不在年高，無理寸步難行……"毛澤東按照自己事先想好的戰術，不慌不忙地在拱張干的火氣。

"你，你，你！你想教訓我？！你也太，你也太狂了……滾，給我滾出去！"張干不識毛澤東的心計，一下子火氣更大了。他口不擇詞，直著嗓門，氣得尖聲叫喊起來。他的兩隻眼睛快要噴火了。

張校長的叫喊聲驚動了樓裡樓外的師生。人們蜂擁著奔向校長室。有來勸解的，有來看熱鬧的，也有來為張干添麻煩的……一時間，人越聚越多。毛澤東見此情景，忙用兩手分開圍著他的人群，幾大步闖出辦公室，登上樓門口左側的石台階。

"各位先生，各位校友：我今天找張校長談話，根本不是為了我個人的私事。我祇是想找他商量一下躲避兵禍的大事！"

毛澤東這兩句話一出口，人群立即靜了下來。

"我毛澤東不同意舉校遷往阿彌嶺！"

人群裡齊刷刷地發出"啊"的一聲。瞬間之後，人群變得更為安靜了。

"大家想一想，我們人在<一師>的大院子裡，身份是明确的：我們是學生。潰兵不敢加害學生，也沒藉口誣諂我們是敵兵。然而，我們到了阿彌嶺之後，情況就大不一樣了。沒人能証明你的身份。你自己的証明是無效的。你有理也講不清……"

"對，對頭！"

"講得有道理！"

……

許多人高聲表態支持毛澤東。

"如果潰兵誣諂我們是暗探，就會公開槍殺我們。我們不能去阿彌嶺！千萬不能

离開 <一師>！"

"對頭！留下不能走！"

"不走等著挨刀吃槍子嗎？"

"潰兵沖打<一師>，誰去抵擋？"

……

人們嚷成了一團。盡管認為毛澤東的話有道理，可是仔細想想，還有許多實際問題。

"先生們，學友們：我們可不能乾等著挨打，可也不能像他那個樣子嘛！"毛澤東用手一指，讓大家去看正挾著皮包，拄著手杖，急步邁出校門的張校長，"不能像他！一見困難，就挾著尾巴溜走！"眾人見了張干的狼狽相，再聽毛澤東這麼一煽動，全都笑了。

"先生們，學友們我們要靠自己！靠自己的兩隻手一顆心去鬥爭！敢於鬥爭，就能勝利！"

在他的鼓動下，青年人的心動了，熱了，勇氣上來了，齊齊為他喝彩叫好。

"學友們：兵是人。我們也是人！有什麼好怕的？我們能打敗他們！勝利一定屬於我們！"

"打敗他們！"

"勝利屬於我們<一師>！"

……

學生們興奮地喊上了口號。聚在樓前的人更多了。學友會主席也赶了來。他認為毛澤東有道理，又見到大家情緒這麼高，便決心支持毛澤東。他跳上樓門另一側的石台階，高聲喊道："校友會 支持毛澤東，支持大家，我們團結起來，同潰兵狗強盜拼它一場！"

學生和教職員工一齊歡呼起來了。

"我代表學友會推舉毛澤東當我們的總指揮。他當過兵。請他帶領我們去戰鬥！大家說，好不好哇？"

"好！"

"既然大家相信我，我就當仁不讓了。我建議以校友會為總指揮部，以各班為單位，組成一支衛校軍團。好不好哇？"

"好！"這一聲 ˇ好ˇ 比頭先那聲更響亮了。

學生們從體操館裡找出上操用的木槍、鐵棍子、標槍、棒球棍．．．．又從雜品倉庫找出救火用的工具，甚至還有農具如鐵鎬、鐵耙、鐮刀等等。老師和家屬找出各種色布，撕扯成各色指揮旗和信號旗。膽子大些的學生更是變著花樣，把自己打扮得更威武更英雄一些。幾乎每個人的頭上都系著一條紅絲帶，擺出拼命三郎的架式。毛澤東用紅絲帶扎在光頭上，在左臂上扎了一條白毛巾，顯出總指揮的身份。

<一師>，昔日書聲朗朗的學苑書府，現今卻彌漫著濃濃的火藥味，一派臨戰氣氛。

沒過兩天就有村民跑來報信，報告潰兵已到了學校南面二十里路程的猴子石村一帶，潰兵約有四、五百人。這部份潰兵尚摸不準長沙城裡是否進駐了廣東兵，暫時不敢往前走。

情況已萬分危急了。 ˇ狼ˇ 真地來了。

正在毛澤東找各班班長開會佈置任務時，文勇來了。毛澤東見到文勇真是樂不可支。兩片大嘴樂得久久合不攏。他用盡全身力氣大吼一聲："天助我也！"

毛澤東立即任命文勇為衛校軍團的最高顧問。文勇不但穿過軍裝，還著實在湖北前線真刀真槍打過幾次大仗，大大不同於毛澤東這個輪垂營的列兵。

文勇來見毛澤東的本意，是想帶走他逃避兵禍，擔心他孤身一人吃了虧。到了<一師>後，他見毛澤東正在組織人員衛校，心裡高興極了。文勇當了顧問，就建議毛澤東在軍團中挑選出一百名身強體壯，膽大心細的男生組成<敢死隊>，由文勇自己親自率領，擔負最危臉的任務。

學生們一聽<敢死隊>三個字，覺得太刺激了，紛紛搶著報名。被選中的敢死隊隊員們又在額頭上加扎了一條白布帶，大有壯士一去不回還的雄壯味道。

文勇見到羅小龍後，就建議毛澤東派羅小龍去同當地的警察局聯係。

　　盡管警察局祗有幾十名警員和幾十杆舊槍以及少許的手榴彈，但他們在名義上是官方代表，有合法的身份。槍再舊，也比木棍子好用；彈再少，也總比沒有要強。

　　羅小龍領得此項任務後，高高興興地去了警察局。

　　毛澤東思索了一陣子後告訴文勇："敵強我弱，死守不是辦法。也肯定守不住。不能死守！我想，咱們不妨……"他附在文勇耳邊，詳細地說出了自己的作戰計劃。不成想，他的一番話把個文勇樂得一蹦半尺高，對著他的胸口就是一拳頭把個毛澤東打得一屁股坐在地板上，疼得呲牙咧嘴，說不出話來。

　　"好！好！太好了！真有你的！那本<三國演義>真沒白看！"文勇連聲誇獎他的好計策。

　　按照毛澤東的佈署，全校師生分成三路人馬，佔領猴子石村通向<一師>這條大路兩側的全部山頭。他叮囑各路人馬要充分發動附近村民上山助戰。

　　隨後，又讓羅小龍帶著警察埋伏在潰兵一出猴子石村必經的第一座小山包上。

　　文勇帶著<敢死隊>隊員藏在公路兩側的深草叢中和大岩石後面。

　　毛澤東跑上跑下，跑前跑後，看到一切準備就緒後，尋了處頂高的小山丘，叫人堆起了柴草，到時燃起火焰，做為總攻擊的發起信號。

　　列位看官看到此處不知做何想法？

　　那<一師>師生，滿打滿算，也就千把來人，尚且無一真槍真彈。那幾十位警察老爺能出頭應付差事，一是看在羅小龍的爸爸"羅半縣"的面子上；二是毛澤東鴻運高照，自有天助其力，貴人亦肯助他一臂之力。若真地實話交底，警察原本派不上大用場。但是，若用好了，用活了，則是一張叫胡的好牌。

　　潰兵至少四、五百人。就算兩人一支槍，單這兩百五十支槍堆起來，會有多大一堆？若讓學生們去揹，怕他們也有不小的困難。而這會兒，不是揹槍，而是奪槍，拼著性命動手去搶！是拼命加玩命繳獲這些槍和治服這些槍的主人。而其主人則是些身著軍服的土匪、強盜加流氓。一句話，是喪失人性的人或是披著人皮的獸。能成功嗎？

　　天，漸漸地黑了下來。

　　潰兵出動了。他們想趁著夜色的掩護奔襲長沙城。

　　潰兵的先頭人馬進入埋伏圈之後，毛澤東立即下令點火發出攻擊信號。柴草堆燃成一個大火球。熊熊的火焰照亮了夜空。羅小龍一見到信號立即請警察開槍擲手榴彈。

　　在這伸手不見五指的漆黑一片的夜裡，槍聲聽起來是格外地清脆震耳。本已被打怕了的潰兵，一聽見槍聲頓覺冷風刺骨，渾身上下毛孔大開，心裡不由發了毛。

　　一陣槍礮過後，被盲目打中的傷員大聲哭爹喊娘，嚎叫不止。這讓潰兵們散了心勁。

　　潰兵們環首四望，祇見周圍一帶的山頭上，半山腰裡，大路遠處的田野谷地裡，皆是火光一片。他們還沒省過神來，又聽得漫山遍野的槍炮聲礮了起來。這是學生們在鐵桶裡燃放瀏陽鞭炮。學生們邊放邊喊：＂衝啊！＂、＂殺呀！＂……這些喊聲十分嘹亮，真是攝人魂魄。

　　潰兵一聽槍礮就習慣地趴伏在地面上。膽子略大一些的潰兵抬頭四望，粗略一估計，那火堆加火把，沒有一萬也有八千。自是心中不免暗暗叫苦，以為中了埋伏，全都慌了神。

　　就在這功夫文勇領著他的＂敢死隊＂從草叢裡，從岩石後面，從一切藏身處，貓著腰悄悄地鑽了出來，混進潰軍群裡，裝出攙扶傷員的樣子，手上卻使勁地去碰他們的傷口，疼得傷兵們殺豬般尖叫大哭。隨後，他們扔下傷兵，朝潰兵的來路跑去。他們一邊跑一邊大聲喊道不好了！傅良佐跑了！粵軍進城了！桂軍殺來了！逃命吧！……＂這一百多人這麼一跑一喊叫，潰兵更是亂了營。原本就人人自危，祇盼著搶些財物回家過日子。此時，全怕落下自己送掉小命一條，吃了眼前虧。於是，槍一扔，撒丫子就跑，跑得比＂敢死隊＂隊員快多了，喊叫得就更歡了。

　　後隊人馬一見先頭部隊吃了敗仗退下來了，也不問個明白，索性一轉身也跑上了。

　　瞬時間，前鋒變後衛，後隊昇前鋒；你爭我槍，你擠我擁；哭天喊地，喊爹叫娘，祇恨爹娘少生兩條腿。潰兵們一古惱兒跑得不見了蹤影。這四、五百人馬勢如一條洶湧的人河，排成幾路橫隊，擁進了猴子石村。幾名大官到了村頭也不敢停步，帶著衛兵和秘書繼續逃命。

　　正當潰兵聚在村裡不知如何是好之時，毛澤東、文勇、羅小龍等人陪著警察局長和＜敢死隊＞來到他們中間，要求他們立即投降。你們已經看見了，毛澤東大手一揮，指著遠處山頭的火光，嚴肅地聲明：＂你們已經被包圍了。不投降，粵軍、桂軍會要你們的命。

我是這一帶的民眾代表。我可以保証，你們投降後，一個不抓，一個不殺。每人四塊銀圓，自己返鄉回家。你們想想看，何苦戰場上打不死，落個行搶送命？都是湖南人，才會講這話……”

　　潰兵聽見此番話後表示願意領取銀圓投降。

　　天亮了。曙光從東天漸漸地透了出來。領到遣散費的士兵早已四散走光。他們扔下的槍械已被學生們捎回了校園，清點後交給出了錢的本地商會保存。商人是不做虧本生意的。

　　提心吊膽的一夜總算過去了。毛澤東累得，不，是緊張得一屁股坐在地上，久久不想起來。文勇見了，忙問道：＂我又沒再碰你，做嘛子賴在地上，不爬起來嘍？＂

　　＂是兄弟，你再踢我兩孤拐好了！我真不知道，這副身子骨還姓不姓毛了……”他這一席話把文勇逗笑了。卻讓羅小龍當了真。他抬高大腿準備上前就是一下子。毛澤東連忙急閃身子，讓他踢了個空。毛澤東大聲叫停：＂傻小子！真動手哇！＂這一踢一嚷，逗得大伙哈哈大笑。

　　這一仗打完後，毛澤東在校園裡的聲望雀起，名聲大噪，成了<一師>的學生領袖。


　　　　這正是：


取　勝　不　在　力，

用　兵　全　在　巧。

學　子　有　奇　謀，

秀　才　舞　大　刀。


　　欲知後事如何，請看下回分解。

# 第 五 回

## 列寧著手建中共

## 澤東勇闖安源礦

話說毛澤東在＜一師＞唱了一齣新版＜空城計＞，博得全校師生的好評。他本人邁向政壇的步子跨得更大了。不久之後，他又向直系軍閥張敬堯叫板挑戰，發動了波及全國的＜驅張運動＞。他通過這場運動，得以結識了幾位著名職業革命家如孫文、廖仲愷、李大釗和陳獨秀等人。

由於涉世不深，學業不精，雖然敢作敢為，才氣逼人，但他在思想上卻是混沌一片。例如：他崇拜孫文，也崇拜康有為和梁啟起。他就極力主張由孫文出任大總統，由康有為出任國務總理，再由梁啟超出任外交部長，組成新的革命政府。也就是說，他根本搞不清楚，反清反帝反封建的激進革命黨人孫文，同保皇黨人康有為、梁啟超等人，在政治上和信仰上是勢如水火的關係，是根本綁不到同一輛戰車上的轅馬。

恰在此時，他生平中第一大貴人出現了。此人給他指明了終生奮鬥的大方向和前進的目標，令他邁出了從政路上至為緊要和關鍵的第一步，此人姓蔡，名和森。

蔡和森，湖南省湘鄉縣人。他是毛澤東在＜一師＞的校友，也是同毛澤東共同創辦＜新民學會＞的發起人和組織人之一。蔡和森性格內向，最喜歡一個人默默地想問題。在＜新民學會＞的討論會上，他極少發言，然而，他一張口，必有驚人之聲。

＜新民學會＞發起留學運動時，他受學會委派帶領一批青年去了法國。

蔡和森一到法國眼界大開。在法國這塊資產階級大革命的發源地上，他的思想有了巨大的質的飛躍。恰恰又在此時，俄國＜十月革命＞成功的消息，源源不斷地流入了法國。原本激進的蔡和森興奮得無法入眠。一九二〇年八月十三日，他徹夜不眠，給毛澤東和＜新民學會＞寫了一封極長的長信。此處不妨略抄幾句。看看蔡和森是如何影響了毛澤東的一生。蔡和森在信中寫道：”……無政權不能改造社會，改造經濟制度……我以為要創立政權，必先組織政黨……應取名共產黨……我們要奉馬克思主義為宗旨……我意要學走列寧的路……我意中國於二年內，必須成立一個主義上和俄國一致的黨……”

這封信飄洋過海，飛向東方，於當年十一月二十六日才飄到了毛澤東的手中。

毛澤東一口氣讀完全信。他捧著這沓厚厚的信紙，大有如雷貫頂的感覺，頓時覺得自己爬上了一座高山之顛。由此極目遠望，可以筆直地望盡遙遠的天際。

他一拍大腿，猛喝一聲：”就幹共產黨了！”歷史証明：他是沿著蔡和森指明的道路，半步不差地走了一生。

蔡和森寫了一夜。毛澤東翻來覆去地讀了一夜。

毛澤東以自身獨具的政治靈性，正確地認識到，蔡和森之言，正是他苦苦求索而未能觸摸到的東西。

一九二一年一月一日，這是新的一年的第一天。

大雪蓋長沙。南國芙蓉城卻是一派北國風光。雪把長沙裝點成了銀光閃爍的晶瑩世界。

毛澤東平生愛好不多。細數起來，祗有四項：一愛女人；二愛書報；三愛游泳；四愛白雪。

他無論是在陝北住窯洞，還是住北京城中南海的菊香書屋。每逢大雪，他不允許勤雜人員掃去院裡地面上的積雪。休息時，他就倒背著雙手，踱著方步，在雪面上輕輕地踏來踏去。他的頭略略傾斜，側著耳朵去傾聽，傾聽雙腳踏在雪面上發出的極為輕微的”嘎吱”聲。聽著，聽著，嘴角不由地浮現出一種平時極為罕見的微笑。若是正趕上下大雪，他會圍上圍巾，光著頭，在漫天飛舞的雪花中散步。那會兒，任何會議，任何急電，就算上加急電話，也不能把他拖回屋去。這個愛好終生不變。

一月一日。

一大清早，他急急忙忙地起了床。

他居然顧不上在雪地裡漫步開心了。

他一溜小跑，直跑得滿頭大汗，氣喘吁吁地，赶往位於潮宗大街的＜文化書社＞。

由毛澤東提議，＜新民學會＞的主要會員，一共是十八人，在這裡召開一個至關緊要的會議。

會議的中心議題是如何改造中國。

會上，會員們展開了激烈的爭論。人人面紅，個個耳赤；慷慨陳詞，各抒己見；你有理論，我有主義，似乎在這裡進行著一場沒有刀槍和硝煙的戰爭。

最後，由毛澤東主持了表決。

當他問到是否支持蔡和森和他本人的見解時，祇有十二人舉起了右手。餘下的人同毛澤東分道揚鑣了。名噪一時，譽滿湘省，由毛澤東親手創立的<新民學會>自此解散。

這是他自已建，自己毀的例証之一。毛澤東一向如此。小至學會，大至國家。他都可以這般處理。更何況此時此刻他是要去創立一個全新的世界，他急著走上一條人生和事業的新路。

與舊的，習慣了的，已經獲得的東西分手時，他心頭确有眷戀之情，卻無半分惱意和悔意。

他邁出門坎，告別 <文化書屋> 時，彷彿剛剛看見了路面上及四下裡的白雪。他就專心一意地踏起了雪。

他腳下的雪，依然那麼純潔銀白。而在他的心裡，在心裡那條新的人生之路上，卻已是鮮血淋淋，一片赤紅了……

<新民學會>解體後，毛澤東立即聯絡陳獨秀。

因為陳獨秀此時正承<共產國際>的授意，擬在中國建立<共產國際中國支部>，實為列寧著手建立<俄共中國支部>，也即<中國共產黨>的前身。這是列寧欲把赤色革命浪潮席卷世界東方的戰略舉措。

陳獨秀同毛澤東見面時，要求他先在湖南省成立<社會主義青年團>，做為建黨前的過渡性組織。

由於俄國共產黨革命成功，<共產黨>一詞在中國變得十分嚮亮。在陳獨秀組黨之前，在中國自稱<共產黨>的組織，至少也有五、六支了。但是，都末被<共產國際>，亦即<俄共>和列寧承認是<俄共>在華的支部。

一九二一年六月，在莫斯科召開了<俄共第三次代表大會>。

自稱為"中國共產黨"的黨組織代表，並列席了大會的中國人有四位。他們四人代表著四支不同的"中國共產黨"。他們四人是張太雷、瞿秋白、江亢虎和楊和德。他們要求<俄共>和列寧承認自己的黨組織是<俄共>在中國的支部。但是均被列寧否定了。

據江亢虎講，在中國至少還另有三支自名為<共產黨>的組織。最早的是在一九二〇年年底，四川省的吳玉章和楊闇公，即楊尚昆的兄長，在四川省成立的<青年共產黨>。趙世炎，即李鵬的舅舅，也同周恩來、張申府、陳毅、鄧小平和蔡和森在法國成立了<中國少年共產黨>。後來，這幾支組織分頭併入中共。

早在一九二〇年二月列寧曾派<共產國際>代表魏金斯基(中文名字吳廷康）和楊明（旅俄華僑、俄共黨員到華考察成立中國支部的可能性。他二人經人介紹在北京拜訪了李大釗先生。

李大釗先生是正式同<共產國際>搭上關係的第一人。李先生介紹他二人去上海拜訪了陳獨秀。在這兩次會見時，李、陳二人均表示，末來成立的黨組織願意加入<共產國際>和<俄共>，接受列寧的領導和主義。俄共二位代表明確表示，接納<共產國際中國支部>，亦即<俄共中國支部>。

一九二一年六月列寧派<共產國際>和<俄共>代表馬林為專職駐華代表，會同<國際紅色工會>的代表尼可爾斯基來到中國。尼可爾斯基實為一名<契卡>，即後來的<克格勃>的高級特工。他二人聽了李、陳的匯報後當即決定馬上成立<俄共中國支部>。

一九二一年七月二十三日，八省代表十三人，其中湖南省代表之一是毛澤東。在上海市的法國租借地貝勒路樹德里三號，李漢俊的哥哥李書城先生家裡，舉行了建黨大會。會議議程很簡單：推選李大釗先生的私人代表張國燾為會議主席（註：李先生本欲赴上海，不料被密探偵悉和軟禁家中臨時改派張代行赴會）推舉毛澤東和周佛海二人為會議記錄。

會議開到三十日傍晚時分，突然有人拍門，自稱問路。尼爾可夫斯基憑自己的地下工作經驗，當即決定轉移會場。代表們剛從後門散盡，法租界的警察就從前門進了屋。

在李家女僕王會悟女士的幫助下，會場搬到了浙江省嘉興市。會議在嘉興南湖上的一艘大木船上舉行了閉幕式。會上推選陳獨秀為總書記，張國燾為組織主任，李達為宣傳主任。<俄共中國支部>就此正式成立了。

毛澤東總算有了自己的黨。這也正是蔡和森希望他加入進去的那個黨。

他在返回長沙的路上，激動地對另一位同省代表何叔衡表示：我確信，三十年，中國的共產黨肯定征服中國，獨佔天下！"

短短一語顯示了毛澤東的雄心壯志。他祇是沒有點明他本人將是未來中國和中共的第一人罷了。三十年，不，祇用了二十八年，他就實現了自己的大目標。

　　毛澤東雄心勃勃地回到長沙後，立即大規模地擴黨，以至於湖南省黨支部的黨員人數佔了全黨總人數的三分之一以上。

　　羅小龍和文勇二人由毛澤東介紹加入了共產黨。

　　羅小龍入了黨並領受擴黨任務後，去了安源礦務局。

　　這一天，毛澤東正在看書時，聽見房門"咕咚"一聲響，隨後羅小龍灰頭土臉地進了屋。

　　"毛兄，我……我……"羅小龍滿頭亂髮，一身髒衣，喘著粗氣，剛嗚咽了兩個字就抽抽搭搭地哭上了。

　　"你不是去安源了嗎？"毛澤東心裡十分納悶，不由問道。

　　"就，就，就是，就這個嘛……為這才……."羅小龍哭得更傷心了。

　　毛澤東讓他坐下來，喝了杯涼茶。等他平靜之後，才叫他細細地講敘事情的始末。

　　羅小龍說完之後，擦了擦淚水，靜等著毛澤東罵他一頓狠的。

　　"好！幹得很好！"

　　"好？！好個嘛子喲？啥子也沒搞成……"

　　"你能摸清了情況，這就很好了！你講到的安源那麼窮苦，這就說明你找對了地方去擴黨。至於群眾覺悟低，不買你的賬，，反動派凶殘，讓你吃了拳頭。那都是暫時的。是可以改變的。變來變去，安源肯定是我們的。你信不信？"羅小龍聽毛澤東這麼一說一問，住了。

　　"共產黨是窮人的黨。反動派不就罵我們是窮黨嘛！我們祇有到了窮人窩裡才能扎跟。安源正是這種地方。你要返回去！我也要去一下子……"

　　"我也去！算我一個！"沒等毛澤東把話完，文勇在門外就接上了話把。

　　"哈哈……你知道我們倆要上哪兒去呀？"

　　"你們上哪兒，我就上哪兒！討得飯來我先吃！"

　　"哈哈……那麼這一次我仨一道去討飯了，吃上幾天煤黑子吃的玩命飯！"

　　安源位於湘贛兩省邊界江西省萍鄉境內，盛產煤炭。安源路礦是安源煤礦和鐵路的合稱。這座礦山和鐵路是清末盛宣懷從德國借外債建成的。礦上有一萬三千多工人。其中八成以上是湖南人。鐵路員工近五千人，至少一半也是湖南人。

毛澤東三人到達安源一出火車站，就看見了一個處處是煤粉面子的黑色街市：空中飄浮著黑色的煤粉，房屋牆壁上沾滿了黑煤屑，街道上滿是大大小小的黑煤屑，樹幹、樹技和樹葉子上全似塗上了黑色油柒。若是穿戴著黑衣黑褲黑帽子，則永遠也搞不清楚，是布黑還是沾在布上的煤粉黑。人們的臉也是黑乎乎的。一眨眼時能見到兩隻白眼球。一流汗時方能見到皮膚的本色。一張嘴才顯出兩排牙齒是黃黃的。當汽車、馬車、人力車，從小馬路上急速行駛時，準會揚起彌天的濃濃黑霧。。那一刻，似乎地球掉進了一個大黑洞子裡，眼前一片漆黑，煤粉憋得人透不過氣來⋯⋯

他們仨正走著，一長串裝滿了煤塊子的馬車，迎面駛來。

說時遲，那時快，不知從何處突然冒出來一大群小孩子。年長者也就十二、三歲。年幼者也就五、六歲。有的還穿著開襠褲，有的乾脆光著屁股蛋子。他們個個身上沾滿了煤粉，像是剛從煤粉堆裡鑽出來的，真像一塊會走動的大煤塊。冷眼看去無人無法能分辯出誰是男孩，誰是女娃娃。

他們喊著、叫著，把碎磚頭、大石塊和爛瓦片朝路面上亂扔。急駛著的馬車一壓到這些障礙物上時，車廂就連連顛簸搖晃不已。大大小小的煤塊稀里嘩啦地掉落在路面上。孩子們立即一擁而上，用手揀，用簸箕收，裝進身後揹著的破布口袋裡。

車老板們又是甩鞭子，又是惡語臭罵，大聲喝斥。孩子們全然不去理睬這一套，自已忙活得倍歡實。孩子們爭著搶著拾揀落地煤，已經忙活瘋了。

突然，一大塊滾落下來的煤塊，正正當當地落在一個孩子的頭頂上。那個孩子連叫一聲也來不及，順勢跪倒在車輪子前面，他的身子軟綿綿地向車輪子底下滑去。。眼看著，小腦袋就要夾進車輪底下，碾成肉泥。

文勇見狀，大吼一聲，整個身子如撲食的獵豹一般，箭也似地向孩子撲了過去。祗見他身子尚在空中，卻已經伸出了一隻手，扯牢小孩的衣服，猛向自已身後拉拽，生生地把孩子扯出距車輪半尺不到地方，救了一條小命。文勇自已卻重重地撞在車沿板上，反彈回來，摔趴在路面上。

馬車車隊停也不停一下，繼續向前急駛。這種事已是司空見慣了。似乎窮人的孩子不算人！

幾個年齡略大些的孩子搶上前來，看望被砸傷的那個孩子。孩子仍昏迷著。羅小龍掏出手帕替孩子紮住傷口止住了血。文勇吃力地從地上爬起來，連身上的灰也顧不上拍打一下，抱起孩子問他的小同伴們：”有危險嗎？要不要去醫院？”

”上醫院？！他的兩個哥哥躺在家裡下不了床，才讓他來打替工。他們家今年倒大運了！”聽聲音是個女孩子甩著湖南土腔告訴毛澤東。

“啊？！”羅小龍不由自主地大叫了一聲。

“這算什麼！平常事。誰家沒出過這種事？沒死，算他命大，這己是好的了。”一個像似男孩子的小傢伙扮著大人的口氣滿不在乎地說道。他說的是萍鄉本地話。

毛澤東見此，聞此，長長地嘆了一口氣，說道：”小龍，苦牛，我們先赶路吧。這件事就先記在心頭好了！”

第二天，三個人去了西平巷，正巧又赶上了掌子面塌頂。一具具剛剛拖出來的屍身蓋著草蓆，排放在井口附近的空地上。

”地獄！活地獄！” ”我們一定要拆掉這座人間地獄！”

”我看，我們就不必再看下去了。”毛澤東緩緩地說道：”工作！立即工作！用我們的工作，盡早拆掉這座大獄！”

當天晚上他們找來了一些湖南籍工人聊天。聊得投機時，毛澤東用樹枝在地上寫下了<工人>兩個大字。

“大家都認識這兩個字。<工>字上面的一橫好比天，下面的一橫好比地。我們大家就是中間的那一豎。老天壓在我們的頭頂上，我們永遠不能出頭過好日子。一旦出了頭，這個<工>字就成了<土>字，就黃土蓋臉去見閻王了。

聽毛澤東這麼一講，工人們全瞪大了眼睛，互相望著，默無一聲。

“你們再看看，若把這個<工>字和<人>字上下連在一起，是個嘛字啢？”

”天！”

“對頭！是個 <天>字！我們工人一聯合，就成了老天爺，自己的老天爺！這力量就大極了。皇帝老兒自稱天子，是天的兒子。我們工人一聯合成了天。那是可以去給皇帝老兒當爸爸的了。你們講，這聯合好不好哇？”

工人們有的稱好，有的開懷大笑

”工友們，我們打算辦一間夜校。想請你們參加。你們講，行不行哇？”

文勇趁機做起了鼓動宣傳工作。

“行！”

”太好了！”

……

安源路礦第一間工人夜校即將開張。一場震憾全國的紅色風暴，就這麼平平淡淡地在蓄積著能量，靜待著噴發，總爆發。

　　這正是；

立黨本為辟新地，

鬥爭力換赤縣天。

安源路礦兩三日，

方知地獄在人間。

　　欲知後事如何，請看下回分解。

# 第　六　回

## 辦夜校智鬥縣長

## 鬧工潮力搏章彪

　　話說毛澤東等三人在安源路礦活動了幾日後，對工人飽受剝削和壓迫的情況有了更多的了解。

　　安源路礦施行把頭包工制。包工頭子貪得無厭，把工人們的工資扣去七成以上，仍嫌賺得太少，就吃空頭。強迫工人延長工時多幹活。即使如此，他們仍然肆意毆打和凌辱工人。他們為賺得更多利潤，不顧生產安全，致使塌方、穿水、瓦斯爆炸，頻頻發生。導致大批工人死於非命。

　　"這哪是人過的日子！這是把人往地獄裡推！祇能拼命了！"文勇怒不可遏地嚷道。

　　"我發動工人去鬥爭！去拼命！但是，工人怎麼也不願意伸頭去鬥爭。他們還講什麼，日子是苦些，但是總比在鄉間挨餓強多了。在鄉間遲早會餓死的。在這兒若不砸死，能多活幾天算幾天。聽聽！

死落後！簡直能氣死誰！"羅小龍一口氣吐盡了自己心中的不滿和委屈。

毛澤東聽後，沒有吭聲

"教育！首先要啟發工人的覺悟"毛澤東想了一陣子方才開了口。

"我試過了。我勉勉強強地湊足了七、八個人開了兩晚上的會，就叫工頭的狗腿子給攪黃了。我還挨了幾拳頭……"

"小龍，你要記住，不可強鬥力搏……"毛澤東壓低嗓門把自己的主意，細細地佈置了一遍，惹得羅小龍和文勇好一陣高興。

第二天傍中午時分，三人換上長袍禮帽青布白底鞋，帶上幾樣禮品，專程登門拜訪縣長章彪。

這章彪自小加入了"洪門"。他敢玩命，敢白刀子進紅刀子出。他崇拜關雲長，為人處事仗義爽快。時間久了，熬成了安源地區的龍頭老大。

清廷遜位前，革命黨人為了擴大地盤和勢力，紛紛拉攏和接納江湖幫派份子，開展革命活動。孫文領導的<同盟會>，後稱<國民黨>，在這方面最為活躍和主動。而江湖幫派份子也趁機向政黨靠攏，以求有個靠山。

<辛亥革命>成功後，大批江湖人士，各路龍頭大爺，都紛紛當上了革命政府的掌權人。

章彪即為其中之一。

在安源，章彪坐在公堂上是縣長；轉身入了後室，就是<洪門>的龍頭大哥。他白天審案時滿口禮義廉恥；天一黑他就是各處妓院、賭館……鴉片店的第一總老板。人們稱他"白天審賊，夜裡為匪"。

"哈哈……好講！好講嘛！"章彪一見毛澤東三人能主動投到他的門下拜訪，把面子給足了他，心裡十分受用。"你們讀書人能教教工人認字，寫寫家信什麼的，就算唱唱歌子，玩上一玩，找個樂子，也蠻不錯嘛！這也算得上是功德一樁嘛。本縣不會難為你們。本縣也是革命黨委封的，還是非常開明的嘛。哈哈……"

章彪手捧紫銅水煙袋，嘴裡打著乾哈哈，對毛澤東呈遞上去的<成立工人俱樂部事函>，瞧都沒瞧一眼，順手壓在了茶壺底下。他根本沒把成立工人俱樂部的事當成事。

"多謝縣長開明！久已耳聞，今日得見，果然名不虛傳。誠望縣長早日核准。"毛澤東口不對心地奉承了幾句，希望章彪在高興勁頭上立即簽字批准。

"好講，好講嘛！"章彪最喜歡聽好話，"在這安源地面上我不敢講自己是金口玉牙。可我打個哼哼，還沒有哪個小子敢不洗洗耳朵給我乖乖地聽著！哈哈…… 孫師爺，你去打個招呼就說我准了。哈哈……"

第一關，以禮相求，順順當當地過去。他們仨東跑西看，找妥了一處大屋子，掃了掃地，搬來一堆舊磚頭和木板子，再在門口掛上一塊白木板黑墨字的<工人俱樂部>的牌子，這"戲"就算開鑼了。

安源工人下班後實在沒什麼地方好去。上賭場，下酒館，吸鴉片，玩妓女，全都是要花大錢的營生。不是每個人，每一天都能去的玩場。工人聽講有個<俱樂部>，不收錢就讓聽唱歌聽評書，全趕了來湊熱鬧。工人進了俱樂部發現這裡還可以聊大天亂扯談聊聊心裡話，還可以認字和代寫家信。心裡就更高興了。一傳十，十傳百，俱樂部紅火了。來晚了都進不了屋子。沒幾天，那煙館、酒館、窯子、戲院子等玩處就稀落了許多，生意明顯地大不如先前了。這些地方的打手嘍囉們立即向章彪稟報訴苦。章彪一聽傻了眼這可是他自己批准開辦的呀！

'啊哈！毛頭小子敢跟老子我玩名堂！莫非他姓毛的就不知道馬王爺頭上長著三隻眼？來人哪！給我傳令：從今天起，在所有通往俱樂部的大小道口上，設卡子收捐。凡有通行者，每人每趟收現大洋壹圓。不服的，不交的，全抓起來！"

孫師爺一哈腰，道了一聲"遵命"，轉身就要去辦。

"慢著！俗話講得好，無毒不丈夫！你告訴<無毛猴>帶上三禿子和他的徒弟們，挑上十擔大糞，給我潑在俱樂部的正門口，就講這是給他們道喜祝賀，送上黃金十萬兩！哈哈……"章彪邊說邊樂。孫師爺也為他的陰損心甘折服。

俱樂部一下子冷了場。屋裡屋外祇有他們三個人。正門不敢開。窗子不能開。綠頭大蒼蠅踞滿了窗台。那一陣陣惡臭，時時襲來，讓人噁心不已。三個人正在愁眉不展之際，突見三、四個小伙子從鄰院後牆跳進俱樂部的後院。再從後門進了屋子。

毛澤東一見，頓時心中大喜。毛澤東一見，心中頓時大喜。幾個人搬些磚頭當座位，聚成一圈，低聲謀劃應對良策。

第二天早晨，章彪派出的哨卡尚未上崗，十幾個青年人臂帶寫有"俱樂部糾察隊"字樣的黃袖標，已經沿著俱樂部門口的小街小巷巡邏了。等那哨卡上崗時，雙方不免爭吵起來。正吵得熱鬧，毛澤東和文勇帶著一大群工人從屋裡衝了出來。他們三下五除二，把幾名哨卡掀翻在地，五花大綁捆了個結實，押往縣衙告狀去了。一到縣衙正門，文勇搶前兩三步，抓起擂天槌，敲響了震地鼓。口中大喊冤枉。

鼓聲驚動了章彪。他赶忙換裝昇堂問案。

　　毛澤東捧著厚厚的一沓狀紙，笑呵呵地走上前去。

　　“稟報縣長大人，承蒙大人鼎力相助，俱樂部順利開張，深受廣大工友擁戴，同口一聲誇獎大人愛民如子……”章彪已經吃過毛澤東的”糖衣炮彈”了，此刻又聞好言好語，早已大為警覺了，不由地皺起了眉頭，可又無話以對，祗好忍著聽了下去。

　　“……然而，這幾個大膽刁徒卻跑到俱樂部門口鬧事生非。這不是明明跟大人過不去嗎？這不是存心要敗壞大人您的官聲嗎？我等見此，實在心中不憤。為了維護大人的威名，特將他們抓捕。這群大膽刁徒卻將惡名推在大人的頭上，是受了大人的指令。大人明鏡高懸……”

　　“大膽！！！這……那,那個麼……”章彪又羞又怒,突然變結巴了。他心裡明白，姓毛的不是個好對付的刺頭。他本想給毛澤東一點苦頭吃,又一轉念,厲聲喝道：”大膽刁民,竟敢誣諂本縣,真是討打……”

　　不待章彪再說下去,幾名糾察隊員不由分分辯掄起扁擔就朝這幾個▼刁民▼身上招乎下去。又是扁擔打,又是繩子抽,打得”刁民”們哭爹喊娘,百般討饒。

　　“住手！住手！！我是說……我是說……先押下去！待我……”章彪急得站立起來，大聲喝止。

　　“稟報大人,他們還往俱樂部門口潑大糞,說是送黃金萬兩……”羅小龍鑽出人群,高聲嚷道。

　　章彪一聽這話,雙唇一咧，說什麼再也憋不住自己的那股笑勁了。他祗好雙手掩唇，扭過臉去樂了。

　　就在此時,二十幾名工友挑著二十多擔大糞湯子,急步走進縣衙大門。守門的衙役正想阻攔,打頭的工友高聲嚷道：”這是送給縣長大老爺的！讓開，讓開！黃金萬兩來了！”他們趁著衙役們同糾察隊員互相推操拉扯之際，把大糞擔子挑進了院子，放在正堂前，順手將糞桶掀翻。糞水散發著惡臭，四處亂淌。衙役們捂著鼻子奪路四散。章彪、、孫師爺,就連毛澤東自己和眾工友們也頂不住臭味,紛紛用袖頭堵嚴口鼻。眾人低頭細看時,祗見那半寸長的黑尾巴大蛆在青石板上，漢白玉台階上,不停地蠕動爬行,叫人更是噁心十分……

　　章彪本待再申斥幾句,抖抖官威,叫這惡臭一薰,早已無心戀戰了,扭身退回後屋去了。

章彪活到這個歲數，頭一回吃了這麼大的虧，丟了這麼大的面子。他惱了。他下令眾徒兒徒孫，夜裡用石頭磚塊去砸俱樂部和糾察隊員家的門窗。一夜之間，俱樂部壞損嚴重。工友家裡房損門壞，人員受傷也頗為不少。

章彪又得意了。

"鬥？我最喜歡鬥！與天鬥，與地鬥，都不如與人鬥更痛快！小龍，我記得再有幾天就是端午節了，是吧？"毛澤東恨恨地說道。

"還有八天。"

"足夠了！我們再忍它七天。"毛澤東的新主意又佈置下去了。

端午節是紀念中國古代的楚國詩人屈原的日子。在這一天，鄉間喜歡舉辦賽龍舟、包粽子等等。

毛澤東佈置下去的第二天，工友們向小河邊上聚集，又是搭建賽舟台，又是紮龍門，又是裝扮木船，真是熱鬧非凡。工友們手裡幹著活，嘴裡還一個勁地亂嚷嚷。

"不讓咱們夜裡玩，咱們就白天玩！"

"白天就不怕甩石頭了！玩個讓狗雜種們生氣去吧！氣死才開心哪！"

……

這些事，這些話，一點不落地全進了章彪的耳裡。從來不肯矮人一頭的<洪門>龍頭大哥，豈甘落敗？他把醜三和<無毛猴>二人找了來，好一番耳語面授。

醜三和<無毛猴>是礦區裡壞人堆裡最壞的兩個壞蛋。祇要有壞事，就落不下他們倆。他們倆又比著誰幹的壞事更壞。醜三賭輸了，就把親妹妹賣到了妓院裡。<無毛猴>憋瘋了，就強姦親姐姐。人們口頭上常說："你比丑三和<無毛猴>還壞不成？"這兩個人是礦區裡的萬人恨。

進了農曆五月份，湖南、江西等地區已經天熱了。一天之中，唯有早晨較為涼爽宜人。因此，端午競舟，也多安排在早晨或上午進行。

這天一大早，賽舟的人們紛紛向小河邊聚攏。裝飾一新的賽舟齊齊下到河裡。河面上頓時熱鬧了許多。槳手們喊著號子在做賽前熱身。

正當人們敲鑼打鼓吹嗩吶，玩得正歡時，突然，兩艘大型木船順流直下。大木船上的槳手們使勁地划動木槳。船速越來越快。大木船筆直地沖著小舟群衝了過去。船駛得更近了。人們看清醜三和<無毛猴>得意洋洋地站在大木船的船頭，不懷好意地獰笑著。他二人喝斥槳手們再划快些，向前猛衝。

等到大木船駛得更近些時，人們看清兩艘船的船頭包著鐵皮盔甲。很顯然，今天就是要闖禍害人的。

眼看著兩艘大木船漸漸地逼近了小舟群。就在船距僅僅剩有一丈來遠的功夫，小舟群裡突然一聲喊。眾槳手把小舟同時划向河邊，讓出一條河道。等那大木船陷入小舟群中之後，眾人又是一聲吆喝，數支小舟一齊沖著大木船撞了過去。到了此時大木船上的人才發現自己上了大當。原來，那些小舟的龍頭飾物的後面，藏著鐵犁頭一類的鐵制尖狀硬東西。大木船的船身一下子被撞出了許多大窟窿。河水猛往船艙裡涌灌。

大木船上的人又喊又叫，又用木槳胡亂揮打。醜三和＜無毛猴＞連聲惡罵，企圖嚇走眾小舟上的槳手。眾人似乎什麼也沒聽見。他們放下手中的短木槳，換上長行竿和鐵鉤子，連捅帶鉤，祗見醜三和＜無毛猴＞先後跌進河裡。

"救人哪！救人哪！有人落水了！……"小舟上的槳手嘴上大喊大叫，手上卻更用力抽打浮上水面換氣的醜三和＜無毛猴＞。他倆祗好再潛下水去躲避抽打。遺憾的是，水下早已有人在恭侯他們倆了。他們再也沒浮上水面來換氣了。

"胡鬧！！全是胡鬧！"章彪面對著大堂前的人群瘋狂般大聲咆哮。台階下擺放著工友們從河裡"搶救"出來的幾具屍體。

"稟報縣長大人，俱樂部的工友們見義勇為，奮不顧身，搶救落水之人，其精神可嘉可獎。這全是縣長大人您治民有方，育民有術，成績斐然，令人佩服。"毛澤東得意洋洋地調侃著。他心裡恨不得把章彪活活氣死才好。

自此以後，章彪和他的"洪門"弟兄心中方才明白俱樂部裡有能人。此人之心，更狠，更黑；手段則更毒，更辣。殺起人來，連刀也不用。

安源路礦工人夜校就此上了路。工人心氣也高了許多。大好形勢令毛澤東十分欣慰。

就在這時候，發生了一件令毛澤東怎麼也弄不明白的怪事：在幾節裝滿煤炭準備運住省城的列車車皮上，貼滿了"打倒資本家！"、"共產黨萬歲！"的大標語。這事肯定不是俱樂部幹的又是誰呢？

毛澤東的頭大了。章彪趁機去長沙見了省長兼督軍趙恆惕。趙恆惕正在長沙城裡大肆屠殺共黨份子。他聽了章彪的報告後，立即派出一團人馬，去安源抓共黨份子。

安源的形勢頓時惡化。

毛澤東的眉頭緊緊地攥成了兩塊肉疙瘩。他想，貼標語的罪名，肯定會硬栽在俱樂部頭上。乾坐著,祇有等死。他認定必須主動出擊，搞一場大罷工。

此時,敵強己弱。工人尚未發動起來。此刻罷工勝算極小。可是,毛澤東根本不想後退，甚至是妥協或忍讓。他的頭腦在發熱，發脹，認定革命就是拼命！

湖南省委從黨中央借調來了劉少奇和李立三這兩位專搞罷工，擅長罷工的高級幹部,幫助毛澤東搞安源路礦大罷工。黨中央要求毛澤東務必取得罷工的全面勝利。

毛澤東原本是個好鬥又不肯服輸的人。此刻對上級的不切實際，在中共黨內稱為＜左傾盲動＞的指令卻欣然接受，依命行事。

毛澤東把五個人分為明暗兩套罷工領導班子。一旦明班子犧牲了,暗班子立即頂上去。毛澤東做了最壞的準備。

五人議定,這次罷工祇提發還所欠工資事,不提任何政治口號和要求。罷工要見好就收。萬萬不可大張胃口。

"小勝也是勝。安源路礦頭一次罷工，萬萬不可胃口過大！"毛澤東還算聰明，沒有一錯到底。

"總要有個口號吧？"羅小龍問道。

"口號要哀而慟人,刺激情緒。但不可政治化。"劉少奇領略到毛澤東的心意。

"可不可以是＜先前是牛馬，現在要做人！＞李立三出了個主意。

"太好了！好唸又好記。"文勇立即表示支持。

十三日夜裡十二點整，一聲汽笛長鳴，機器全部停轉。

總罷工開始了。

十四日清晨,人們走出家門一看,全礦區的大街小巷的牆上貼滿了大標語。標語上全是一句話："先前是牛馬，現在要做人！"

章彪火了。一團兵丁佔領了全礦區的大街小巷,實行二十四小時戒嚴。可這一措施看不到什麼效果。因為礦工原本就躺在家裡不去上班,根本談不上阻攔不阻攔。

章彪一想,糾察隊把守著井口,不讓任何人下井。看樣子,井下大有文章，井下是關鍵。他命令從南昌和長沙兩地來增援的＜洪門＞殺手們,組成行刑隊,手執鬼頭大砍刀,硬是衝破了糾察隊的封鎖線,下到了井底。

"哈哈……哈哈……"毛澤東聽到此消息後,不由大笑三聲,"哈哈……莫非他們不知道,下去容易上來難嗎？苦牛弟弟，你去好好教訓他們一下子,讓他們永世不忘！"

文勇指揮工人糾察隊員把住井口，祗要一見有人住上爬，就往下面扔石塊；祗要一見有人的腦袋冒出井沿，就是狠狠一棒子。一扔一打兩下子，弄得井下的"洪門"殺手哭爹喊娘，大罵章彪是笨蛋加飯桶。章彪被整懵了。

礦井東主怕罷工時間拖久了影響了生意。東主更明白，拖欠的工資遲早是要發還的。於是，東主對工人代表允諾立即發放所欠工資。

孫師爺告訴章彪，如果請軍隊派兵救援井下"洪門"弟兄，那位團長肯定會獅子大張口要一筆大錢。章彪一聽此話，急忙請教師爺省錢的辦法。孫師爺及時地對章彪講了一通＇小不忍則亂大謀＇的處世韜略。章彪為了錢而決定＇忍＇。他決定立即同俱樂部代表談判复複工條件。

毛澤東立即派李立三、羅小龍二人會同工人代表一道去談判。

毛澤東喜孜孜地穩坐家中靜待好消息。不期，好消息還沒到來，卻從長沙傳來了一件大大的壞消息：剛剛加入社會主義青年團不到兩個月的，長沙第一紗廠工人黃愛和龐人銓依從黨中央和省委指示，發動了紡織界大罷工，遭到趙恆惕的血腥鎮壓。二人雙雙遇害身亡。長沙紡織界大罷工正陷於危急之中。<湖南省委>急調毛澤東回長沙去"救火"。

毛澤東自己心裡似乎著了大火一般。他不待談判有了結果，連夜返回長沙。


這正是：


巧 鬥 猶 如 斬 妖 劍，

三 戰 章 彪 顯 威 力。

搏 殺 鬼 魅 講 韜 略，

左 傾 激 進 害 自 己。


欲知後事如何，請看下回分解。

# 第　七　回

## 行　運　偏　遇　對　頭　星

## 禍　至　巧　識　大　貴　人

　　話說毛澤東回到長沙之初,原本是想放緩罷工勢頭,減少無謂的犧牲。在敵強己弱的形勢下,這種決斷是百分之百的正確。

　　可是,他一走進第一紗廠的大院,聽到的全是工人的哭訴,見到的是戰友們的屍身和靈位,年輕人的心頓時怒火中燒,火冒三丈,"湖南騾子"的脾氣勝過了理智。他硬要同趙恆惕鬥個輸贏,分出個高下不可。於是,他連連發動了手工行業、製鞋業和零售業的大罷工、大罷市。

　　這下子惹惱了趙恆惕。一道<必殺令>調動了十萬湘軍和憲警進駐長沙城。長沙的街頭巷尾,鬧市僻巷,無處不是持槍挎刀的軍警壯漢。趙恆惕聲言,一定要捉住毛澤東,活要見人,死要見屍。抓住毛澤東可以就地斬首。立功者有重賞。

　　一時間,城裡城外的牆頭上、電線杆子上,全貼滿了毛澤東的人頭畫像。暗探們四處搜捕。祗要見到高個頭的男人一定要盤問兩三個小時,方才罷手。嚇得大個子男人不敢上街出遠門。大搜捕把"騾王"毛澤東攆得東逃西竄,東躲西藏,幾乎無處可以安身。真有點上天無路,入地無門的味道。"左"傾冒險害得"騾王"命危旦夕,真是害人又害己。

　　就在這個時候,國民黨總裁孫文接受了國共合作的方針政策,同意共產黨員可以以個人身份加入國民黨,並可以在黨內擔負領導工作。孫文親點毛澤東出任國民黨中央黨部宣傳部部長一職。

　　在國共兩黨及江湖幫派人士和諸多友人的層層庇護下,毛澤東巧化裝妙打扮,方得以逃出了趙恆惕的掌心,保住了小命一條,真可謂大難不死,貴人滿天下了。

　　毛澤東到了廣州後,見到了孫文並依孫文之意在廣州開辦了<中國國民黨中央執行委員會農民運動講習所>。他自任所長。他一連辦了六期講習班。每班學員由第一期的十幾個人,漸漸地增至第六期的三百二十七人。他還開設了武漢分校。講習班培養了一大批農民運動的骨干力量。

　　對於國共合作，在中共內部存有嚴重分歧,乃至達到對立鬥爭的地步。首任中共中央組織主任張國燾是反對派的代表人物。為此，他竟同恩師李大釗反目成怨,自此決裂。

　　中共中央總書記陳獨秀十分支持國共合作,亦很賞識毛澤東的作為。由他提議免去了張國燾的組織主任職位，改任毛澤東擔負此職。毛澤東由此躋身中央領導核心。毛澤東因長沙之禍而得福於廣州，並步步高昇,真可謂逢凶化吉，吉星高照了。

　　從情理上講，毛澤東的昇遷提拔非他個人之所能為。但是,張國燾卻視此事為個人間的私怨恩仇,並從此與毛澤東結下了一世也沒能化解的"梁子"。

　　一九二七年國共合作破裂,張國燾捲土重來,在聲討陳獨秀的同時,亦赶毛澤東下台,搶回了中央組織主任一職,並改稱組織部長。張國燾為了狠整毛澤東，責令毛澤東留在上海,做永不過關，永無期限的自我檢討。換句話說,是去坐思想上的無期徒刑。

　　以後,在<長征>途中二人再次相逢共事,張國燾險些要了毛澤東的小命一條。而毛澤東得勢之後,連出重拳,把張國燾擊出國門,流亡海外,死亦不能回歸鄉土故地。此乃後話。

　　且說毛澤東此次前去廣州還結識了另一位大名人,即他一生一世也未能了結恩冤的頭號對頭星蔣介石先生。毛、蔣二人由初見握手言歡,直至刀槍相搏,兵戎相見,整整苦鬥了二十八個春夏秋冬。本書大半在講其間發生的事情。為此，不能不對蔣先生多做一番交待。

　　蔣介石,浙江省奉化縣禽孝鄉溪口鎮人氏。

　　據蔣氏族譜記載，蔣氏一族的遠祖為周公旦的第三子伯齡。伯齡封地蔣國,即今日的河南省固始縣境域。國人以國為姓,始有蔣氏一族。伯齡後人先遷西安。東漢初年再遷江蘇宜興。晉朝方遷居浙江台州。唐朝末年又遷明州,即今日的寧波。直到元末始遷至溪口現址。

　　蔣介石一生用名頗多。。乳名瑞元。族譜記名周健。四歲時改名周泰。學名志清。
他自已改名為中正,字介石。他一生多半時間裡是用自已改過的名字。

　　他改名中正,招致了許多人的猜疑。其中一說,認為<中正>二字是他模仿<中山>二字而成,是表示他追隨孫文從事革命的決心。

　　事實上,孫文從來未給自已起名為<中山>。一八九七年孫文流亡日本時,為避人耳目，改用日本姓名<中山樵>。親戚朋友乃至革命同志相互之間談及孫文之時簡略稱為<中山>。<中山>二字是他人的尊稱或暗語。孫文本人從未承認改用此名。

　　蔣先生自名中正，字介石，乃源於<周易>的豫卦。豫卦<六二>爻辭說："介於石,不終日,貞日"；"不終日,貞吉,以中正也"。意思是夾在石縫中間出不來，是意外的事故。不到一天就會被救出來,是凶可化吉之兆。卦辭還說："利建侯，行師"。意思是，遇上這種事的人，有望封侯拜將當大官，也有利於行軍打仗。青年時代的蔣先生，一心投入行伍軍旅,執掌兵權,以武力征服天下,自然會把此卦看成上吉好兆,也就給自己改了這麼一個合乎自己心願的名字。

蔣父名肇聰,乳名明火,綽號<埠頭黃鱔>。這是村裡人嫌他太滑頭了。蔣肇聰為人精明,擅於鑽營,巧於言辭,不多幾年,由他接手經管的祖業<永興行>鹽店日益興旺,並從單一鹽務擴展到日雜百貨,盈利越發可觀。

蔣父一生娶過三房妻室。前兩房均早年病故。蔣父於四十一時又娶了時年二十三的寡婦王采玉。

王采玉，原名彩玉,系嵊縣人，後嵊縣劃歸奉化縣。她於十七歲時嫁給竺家為婦。沒上二、三年的功夫,丈夫病故,幼子夭折。一連串的打擊令王采玉無心紅塵。她自投金竹庵做尼姑,帶發修行。

偶有一日,一相士路經庵門,一眼看見了她。相士告訴她若肯再婚,定可生一子，而此子十萬富貴，位比天子。聰明人一看到此處文字,定會莞爾一笑。自古以來，在爭奪皇位的鬥爭中，爭位之人都會編些故事，謊稱自己有異相、天生命好，是真命天子云云。故王氏故事一笑耳。

相士的一番話,說得王氏心頭如撞小鹿,徹夜難眠， 偏巧就在這時,她碰見了日久不見的一位遠房親戚。這位親戚一見面便給她提親作媒。她無半點遲疑便應下了這門親事,嫁給了年長自己十八的蔣肇聰為妻。

蔣介石九歲喪父， 由寡母一手撫養成人。

在母親的過份溺愛之下,少年時代的蔣介石十分頑皮。他不單單是淘氣,其行為幾乎近於無賴地步。他常常在同小朋友玩耍做遊戲時， 乘同伴不備之虞， 弄得同伴頭破血流， 啼哭不已。他卻站在一旁看笑話,樂不可支。街坊鄰里不斷地登門告狀。母親百般好話討饒。

奉化習俗， 每逢農曆正月初一那一天， 族人要到祠堂參拜祖宗。拜過祖宗再去領取麻糖餅。不論長幼,一人一份,均得排隊依序領取。由于人多，又擁擠，又要等很長時間。

蔣介石自幼體弱多病，骨架單薄。他擠不動，也不想去擠，心裡卻又盼著早點領到糖餅解饞。他眉頭一皺， 有了主意。他轉身去了祠堂後院。他在池塘沿上把衣服弄得濕淋淋的，又在地上打了幾個滾,搞得渾身沾滿泥土,十分骯髒。他尚嫌不夠， 又在頭上臉上淋上水， 再捧些土面面抹在臉上， 扮成個大花臉， 才往前院跑去。

他一跳一蹦地跑著，嘴裡不住聲地大叫大嚷："閃開！閃開！弄髒了你們．．．．．．"眾人怕弄髒了自己過年剛剛穿上的新衣服，就紛紛避開他，給他讓路。蔣介石趁機衝到最前頭領走糖餅．眾人指點著他，痛罵＜埠頭黃鱔＞。蔣介石用髒手捧著糖餅，狼吞虎嚥地吃著，得意地笑著。母親則含著淚水，為他洗淨熬夜縫製的新衣新褲。這年他剛滿九歲。稍微年長，他又常扮吊死鬼，在夜裡嚇唬路人。他打得雞飛不敢入窩下蛋，赶得鴨子跳著高亂跑。他的拿手好戲為蔣家賺足了臭罵。

在舊社會，一個孤兒寡母，處境本已很是艱難。他再這麼胡鬧搗亂惹禍，就更為鄰里，乃至族人所不齒。但是，少年不懂事理的蔣介石卻認為，是大伙歧視他，排斥他，冷慢他。他血液裡的叛逆本性，迅速上浮，籠罩了整個心竅。他立誓混出個名堂來，給自己出出胸中的惡氣。

他在中學讀書時從上海的報紙上得知，中國人可以去日本學習軍事。學成歸國則可以當個大軍官。蔣介石心想，若是自己當了大官，怕是沒人敢再欺悔自己了。他決定去日本留學，學習軍事。

當年的溪口鎮，還是一個封閉不開化的農村小鎮。族人無不反對他的抉擇，認為他是非為，是胡鬧，是個專會闖禍的祖宗。

他的個性已漸成型。他不向族人屈服，一怒之下，剪掉了自己的長辮子，送到祠堂，供奉在祖先靈位牌前。

在清朝，剪辮子是件大事。輕者，會被清政府視為反清犯了王法；重者，要被扣上革命黨的大帽子，注定要砍頭的。

蔣介石的這一招，嚇壞了族中的老老少少。誰都怕受他的牽連而禍及自己。於是，眾人一反原意，全都攛他离家出洋，留學避禍。

母親一心盼子成龍，心想，此去日本也好，或許借此一行，就能時轉運來，它日出人頭地，光宗耀祖了。於是母親想盡了辦法，湊足費用，送他去了日本。

蔣介石在日本先進了東京的＜清華學校＞，補習日語。他在這裡結識了陳其美先生，遇到了他一生中最為重要的一位大貴人，為他的終生事業舖平一條廣闊的大道。

陳其美先生是孫文領導的同盟會中元老級人物之一。其本人在孫文領導的革命活動中，是位舉足輕重的骨干份子。他和孫文甚為相投相知，幾乎是無話不談，無事不謀，彼此十分看重對方的見解和想法。

　　在陳其美的舉荐下，蔣介石才得以認識孫文，並為孫文接納和信任，越格提拔使用。

　　蔣介石返國後，先被委任為孫文衛隊的參謀長、團長等要職，後又提拔他出任革命軍總司令兼黃埔軍官學校校長。就此，蔣介石不僅取得了軍權，而且還可以打著孫文和陳其美的旗子，在政界、軍界、黨內任意佈雲播雨，催動寒暑。真可謂處處春風，好不風光。

　　沒用幾時，他就成了國民黨核心層中一個不可或缺的人物。孫文逝世後，<北伐>開始了，他又出任北伐軍總司令，一躍成為中國軍界的強人之一。

　　<北伐>初舉之時，北伐軍僅有二、三　萬人馬。但是，這支軍隊具有革命思想，其中、高層軍官懂得現代軍事技術。從戰士到主官，人人抱有遠大的革命志向。故而，在戰鬥中十分驍勇善戰。<北伐>出師不到三個月，就接連擊敗軍閥吳佩孚和孫傳芳。北伐軍的兵力也一躍擴展到二十二萬人，成為中國軍界人數最多。戰鬥力最強的部隊。蔣介石自然也成了軍界的泰斗、大腕。

　　蔣介石有了軍隊，就著手於政壇爭權。

　　他先挑起了黨爭，毀掉國共合作，把共產黨列入非法地位，也乘機把黨內傾向共黨的國民黨元老之一的汪精衛趕下台。接著，他又擠走了黨的地位僅次於孫文的另一位元老胡漢民。此前，他還曾買凶暗殺了孫文的左膀右臂之一的同盟會元老廖仲愷。蔣介石成功地成為黨的一號人物。

　　就在此時。毛澤東在湖南發起了<秋收起義>，率部上了江西省井崗山，正式向蔣介石叫板。

　　一位是白面書生般的小學校長，一位是手握重兵強將的總司令兼黨徒滿天下的黨總裁。這二人要來一場大決鬥，大廝殺。結果會是如何呢？


　　這正是：


頑　劣　不　經　兩　少　年，

交　惡　喜　鬥　鬧　政　壇。

胸　中　一　腔　霸　王　氣，

塗　炭　生　靈　為　爭　權。

欲知後事如何，請看下回分解。

# 第 八 回

## 壯 男 兒　詞 抒 百 感

## 烈 女 子　死 表 真 情

　　話說蔣介石手握重兵以後，做了兩樁大事。一為<驅汪>：驅走汪精衛,以便自己登上國民黨總裁的寶座。二為<清黨>：這就不僅僅是搞垮國共合作，擠走共黨份子了，而是要殺光天下的共產黨人,實現國民黨的一黨獨裁。

　　據國民黨中央組織部長陳立夫統計,清黨中大約殺掉了兩萬名中共黨員，其中有四千名中層幹部和三十八名中央委負。至於被扣上共產黨紅帽子的無辜百姓被錯殺了多少人，怕是沒法子統計了。

　　蔣介石如此殺害共黨份子，那中共為何卻忍氣吞聲呢？卻坐等砍腦殼呢？

　　在中共黨史上，一直把責任,把右傾投降主義的大帽子,扣在當時的總書記陳獨秀的頭上,讓他承擔歷史責任。

　　其實不然。陳獨秀等人是冤枉死了。

　　中共是＜俄共＞和列寧催生的˙政治嬰兒˙。中共是＜俄共＞的一個支部。列寧才是正牌的掌門人，即總書記。一名中共黨員可以在國內反對黨的任何一級黨領導，但若對＜共產國際＞亦即＜俄共＞或列寧，稍有不敬，就會被扣上˙對抗國際路線˙的鐵帽子,肯定命喪黃泉。

　　蔣介石清黨之際,正巧列寧剛剛逝世,斯大林登上俄共一把手的寶座。斯大林是積極倡導國共合作的代表人物。若國共合作失敗,他則必定會被黨的反對派追究他工作責任、路線錯誤、指揮失誤等等。這肯定有礙於其領導地位的穩定。

　　正是為了這一點，也僅僅是為了這一點,斯大林一再逼迫中共領導人,其中當然包括陳獨秀,對蔣介石要一忍再忍,一讓再讓，維系國共合作的破爛局面。中共吃了蔣介石的虧,受了國民黨的害,卻要反過來去向國民黨檢討自已的不當和失措。于是乎,蔣介石得寸進尺，步步緊逼，變本加厲地猖狂反共了。陳獨秀僅僅是替斯大林揹黑鍋而已。

　　然而，中共黨員中也有˙孫悟空˙。這些人就敢跳出來對抗˙紅色如來佛˙，即中國支部的掌門人斯大林的˙聖旨˙。

　　這些叛逆者中最有名望的是周恩來、張太雷和毛澤東。他們不買斯大林和蔣介石的賬，先後發起了＜南昌起義＞、＜廣州起義＞和＜秋收起義＞。

　　毛澤東早在武漢召開的中共＜八七會議＞上，就明確地提出＜槍杆子裡面出政權＞的口號，並且力主用紅色武裝擊碎蔣介石的白色恐怖。

　　在會上，毛澤東同張國燾公開撕破面皮，針鋒相對地叫罵起來，互指對方是錯誤路線。時任總書記的瞿秋白一再地合稀泥，亦未獲得二人的認同。氣憤之下，毛澤東以中央特派員身份，隻身返回湖南。

　　這年八月中旬，毛澤東攜帶妻子楊開慧和三個兒子回到了長沙。他立即成立了＜湖南全省暴動總前委＞，自已親任前委書記，並決定秋收時節舉行暴動。

　　八月下旬，他將妻兒送回板倉楊家老宅。他祗住了一宿。這一宿，夫妻二人足足相爭了一夜。夫妻二人各持已見，卻又無法降服對方。這次爭吵成了二人永訣前的絕唱。

　　楊開慧是毛澤東自己認可的元配夫人。

　　在毛氏宗譜上卻寫著，毛澤東的元配夫人姓羅，年長毛澤東四歲，屬虎。毛澤東十四歲那年，由父母做主，把羅氏娶進了家門。毛澤東心中不滿，藉口年幼，一直未曾圓房。毛澤東去了東山小學堂讀書後，羅氏於二十一歲那年患病謝世。毛澤東從不認賬羅氏是自已的元配。

　　楊開慧生於一九○一年，號霞，字雲錦。她比毛澤東小八歲。其父楊昌濟是毛澤東在＜一師＞讀書時的老師。楊先生為人開明。楊開慧自小得以讀書。她高小畢業那年，楊先生受聘赴北平＜北京大學＞任教。楊開慧隨父進京。楊家住在地安門外鐘鼓樓東側的豆腐池胡同九號院內。就是在這兒，她首次見到毛澤東。當時，毛澤東住在地安門內，景山東側的三眼井地區吉安所西巷八號院，距楊家較近。（此胡同寬約二點五米，十分狹窄。院對面是並排三所豪宅：一所是聶榮臻舊居；一所是其女儿聶力現住所；另一處是前副總參謀長彭紹輝舊居，現住副總長劉凱。不遠處是李鵬之子住所和前副總理田紀雲的家。）毛澤東在＜北京大學＞圖書館當管理員，經常去楊家求教。楊先生和夫人看中了毛澤東，就極力撮合。於是，二人談上了戀愛。

　　這是毛澤東，也是楊開慧的初戀。初戀總是甜蜜的。春天後海的垂柳，夏日北海的白楊，秋初香山的紅葉，冬深長城內外的古松，給他二人留下了無限美好的回憶。

　　不料，好事多魔。在毛澤東第二次進京上告張敬堯時，楊先生突然病故。毛澤東幫助楊家遷回長沙。楊開慧自此開始跟隨毛澤東參加各種社會活動：遊行、講演、印傳單、刻蠟板、辦夜校等等。

　　有一次，楊開慧歸宿過晚，被校長查出，隨即被＜福湘女校＞開除。恰恰此時，湖南掀起了男女合校的熱潮。在毛澤東的支持下，楊開慧聯絡了五名女生，衝破了重重阻力，硬是擠進了＜嶽雲男子中學＞，成為全湖南在男子中學裡讀書的首批女生。歷經磨難，二人更加心心相印。熾熱的感情導致二人終於一九二〇年的冬天正式結婚。

　　一九二一年冬天，楊開慧正式加入中共。

　　婚後，楊開慧陪著已成為職業革命家的毛澤東，時而長沙，時而上海，時而廣州，時而武漢，四處奔走，居無定所。在這幾年間，她生下了岸英、岸青和岸龍三個兒子。楊開慧是位賢妻良母，亦是位革命好伴侶。然而，楊開慧自有她與眾不同的性格，或叫脾氣。這也決定了她自己的命運。

　　現在，毛澤東要上戰場了。二人不是依依惜別，而是空前激烈的爭執。

　　楊開慧知道丈夫這一走，有多大的風險在前邊等著他。她知道這次分手可能是生死訣別。她想留在丈夫身邊陪伴他。不能同生，但求同死。因此，楊開慧執意帶上三個兒子，同毛澤東一道去搞秋收暴動。她認為，死則合家一道去赴死；生則全家共同去迎接勝利。

　　毛澤東則更理智些。他明白戰場意味著什麼，也更清楚，在敵強己弱的情況之下，此一去，死神離自己有多麼遠近。他不想把死分給自己的親人。他以一個丈夫的心，一個父親的愛，誠望愛妻和愛子能留在較為安全一些的地方。毛澤東堅決不同意楊開慧和孩子隨自己去出征。

　　兩人都是出於愛對方之心，在為對方著想。然而以己為尊的性格害苦了雙方。

　　楊開慧心堅如鋼，堅持己見，執意要毛澤東聽自己的。

　　毛澤東性倔如驢王。自己認定了的事，從來不容忍他人修改半分毫，從來不容忍別人敢不聽從自己的決定。

　　兩個懷著最深的愛，又互相摯愛著的人，都想在關鍵時刻把自己的愛獻給對方。

　　他們亦懷著同樣深度的不退讓和不妥協，各自牢牢地堅持己見。

　　碰撞，顯而易見，是不可避免的。一旦碰撞，就猶如火星撞在地球上了。誰都看得出來，這種碰撞帶來的結果，祇能是毀滅。在人生中是超級悲劇，是永久的遺憾……

　　一夜爭吵。二人言語均有出格過火之處。竟至聲言分手……

一夜無眠。昔日夢裡也在苦苦尋求戀人間的真愛。卻在此夜清醒不眠的時刻，演化成了橫眉相對，不讓分寸……

東方已經發白了。

天已大亮了。他連孩子也未敢去看一眼，拎起極為簡單的小包袱，頭也不回，推門而去。

楊開慧聽見腳步聲漸遠。她急忙抓起毛澤東剛才急就的詩稿，那頁重如千斤的詩箋。她讀著讀著，早已蓄在眼窩裡的淚水，順頰直下……

毛澤東走在板倉的石板小路上，越走越慢，越走步伐越小，越輕。他支起了耳朵傾聽身後是否傳來那早已熟悉了的腳步聲……側耳傾聽著，傾聽著……路，越走越遠了……

楊開慧呆呆地坐在屋中，企盼木門能猛地再被推開……推開……推……

她的心已經碎了。她的人已然麻木了。她知道，這就是訣別。她想追出去……她卻邁不開步。她祇能用心去呼喚……因為她是楊開慧。

毛澤東走後，楊開慧僅收到過他的一封家信。她立即回了信。此後音訊全無。在極其痛苦的思念中，楊開慧寫了七篇日記。她寫道：……他丟棄了我？……不至於丟棄我……他不來信一定有他的道理……

毛澤東走後，湖南的白色恐怖日益嚴重。國共兩黨明刀明槍地對著幹上了。湖南省委書記郭亮犧牲了。楊開慧的表弟、堂兄以及曾同他們一起工作過的幾個年青人，先後犧牲了。楊開慧的密友、楊柳坡小學女教師、楊柳坡黨支部組織委員鄭家益被捕後，慘遭重刑。白軍一刀一刀地割盡了她身上的肉……

見此情景，親友們紛紛勸楊開慧离開板倉去避避風頭。「不！不見他的親筆信，我誓不離開板倉。我等他……」

一九三〇年毛澤東率兵兩次攻打永新縣城。湖南督軍何健深怕蔣介石責怪和問罪。當他從叛徒口中得知毛澤東的夫人仍留在板倉時，就把一口惡氣全撒在了楊開慧身上。他出了一千塊大洋的賞格，不問死活，一定捉住楊開慧。

一九三〇年十月二十四日午夜時分，鏟共團區隊長范覲熙帶領八十多人包圍了板倉。

一陣劇烈的拍門聲，驚醒了楊家人。

鏟共團先闖進楊老夫人的臥室，開始了審問和搜查。

楊開慧聞聲起了床。她隔著窗子看見了密密麻麻的身影在院子裡晃動。她心裡全明白了。她穿上那件灰地紅格子旗袍，從容不迫地走進了楊老夫人的睡房。

"別難為老太太！你們也是有父有母的人。我是楊開慧。"

楊開慧被捕後，先頭關押在長沙警備司令部的監獄裡，由富有審訊經驗的清鄉司令部執法處李處長審問。

"哎呀呀，楊先生，讓你受驚了！塊鬆綁！請坐！請用茶！"李處長十分客氣，"楊先生，你是共產黨員嗎？"他單刀直入地問道。

"是！"

"啊？！"李處長沒成想楊開慧會這麼明確而痛快地回答了他。他想了想，又提出了另一個，他以為楊開慧定是十分難以回答他的問題，"那麼，你丈夫毛澤東，現在身在何處呀？"

"井崗山。"

"啊？！那麼，你們都是怎麼聯係呀？"

"全靠你們的報紙。

"哪一家報紙？具體些！

"所有的國民黨的報紙。看了你們的報紙，我才知道他搞成了秋收暴動，也才知道他上了井崗山。看了......"

"住嘴！地下黨名單在何處？"

"這是我黨的機密，哪能交給你們。"

"好哇！你還挺神氣，"李處長換了腔調，"就怕你硬不過去三天！給我用刑！"

拷打開始了。

從封建社會用了幾千年的舊刑，到資本主義、帝國主義時代，乃至法西斯時期，用過的數種刑罰。再加上國民黨軍警特務們自己創造的，非人道的新刑罰。

楊開慧死而活，活又死，吃足了一個人所僅能承受的超級痛苦和折磨。

三天後，她被釘上死囚專用刑具，轉送到清鄉司令部的地下室，秘密關押起來。耽心劫獄，她又被轉移到了陸軍監獄。

每換一處監獄，每過一次提審，都是一輪更為殘酷的拷打。楊開慧整個人被打得走了人型。

地下黨組織、親友、同學都在設法打救她。

全國各地的名流學者教授聞人紛紛致電致函湖南督軍府保釋她。

何健眼看一無所得，外界壓力又是如此之大，就給自已找了個下台階：祗要楊開慧登報聲明自己同毛澤東离婚就放人。

李處長到牢房傳達了何健的"大恩"。

"要打就打好了,要殺就殺…… 离婚?辦不到!永遠不……"楊開慧吃力地回答道。刑罰已快榨盡了她身上的最後一滴活力。

第二天,六舅媽獲准探監時,她囑咐六舅媽給自己縫製一套衣褲,再捎些胭脂水粉和梳子, 還要一面小鏡子。六舅媽明白:這是開慧鐵了心,要走了……

〞舅媽,別難過!請你……請媽…… 幫我, 幫潤之……看好孩子……不,不知……潤之他……他……〞楊開慧越講聲音越小。她的心, 已飛到那遙遠的群山峻嶺後面去了。

李處長把情況報告了何健。何健久久思索之後道:〝這個女人……這個女人……我敬你!給你留個全屍!"

何健下命令, 把砍頭改為槍斃。

一九三〇年十一月十四日,清晨六點鐘,天還黑著。看守長對著女牢房一聲長吼:"提楊開慧!"

楊開慧知道自己的時刻到了。

她從從容容地換上了新做的白布衣褲, 外面罩上她同毛澤東分手時穿過的那件灰地紅格子旗袍。旗袍的前襟上還沾著她為毛澤東滴下的淚水。潔白的布襪。黑絆帶布鞋。她把舅媽送來的岸英, 又交給舅媽。八歲的岸英已多少懂些事了。他知道在媽媽身上要發生不吉利的大事了。他死死地摟住媽媽的大腿, 跪倒在地上, 又哭又叫, 不讓媽媽走……

楊開慧很想抱起岸英。可是,她已做不到了, 她也跪坐在地上, 把岸英摟在懷中,貼在心口上。她吻兒子的臉蛋, 吻了一口又一口, 吻個不停….她貼在兒子耳邊, 嘶啞而無力地叮囑兒子:"兒子,媽捨不得……捨不得……見了爸…… 就講……就說……我沒……离……沒离……好想……好想……"

做為妻子, 她愛丈夫;做為母親, 她愛孩子;做為女兒, 她愛自己的媽媽。。可是,她又為什麼如此這般?這般……

楊開慧被帶到清鄉司令部特種刑庭。李處長笑臉相迎,又一次給楊開慧帶來了"好消息"。

"楊先生,何司令說了,你不用登報了, 祇要點一點頭, 做個樣子, 同意离婚, 就立即放了你。兒子在家裡等著你哪, 好可愛的孩子呀!楊先生, 怎麼樣呀?〞

楊開慧似乎什麼也沒聽見。她微微昂起了頭。 此刻, 她也祇有這麼一點力氣了。

刑警架著楊開慧上了刑車。行刑隊伍開出教育坪清鄉司令部, 從正北街到正南街。在學院路口停了片刻, 給楊開慧換了部黃包車,爬上天心閣，繞到了瀏陽門外，向識字嶺刑場走去。一路上楊開慧鎮定坦然，毫無懼色。打了兩槍，竟然未死。中午之後，又接到命令再補了一槍。親朋將其掩埋在棉花山上。到一九三〇年十一月十四日這一天，楊開慧尚不滿二十九歲。

楊開慧被捕後，毛澤東聞訊立即托付，他的茅坪房東的堂侄福壽，三次去長沙打探楊開慧的消息和設法營救。無奈白色恐怖十分嚴重。福壽不敢放手活動。白軍保密十分嚴謹。

福壽祇好無功返回。他根據自己的判斷，告訴毛澤東：＂你們很難相見了...＂毛澤東信了實，認為楊開慧已經犧牲了。

一個月後，身在井崗山的毛澤東，也是從國民黨的報紙上，知道了楊開慧的死訊。他寫道：開慧之死，百身莫贖。毛澤東一生對女人的態度令人不齒。但他對楊開慧的態度，說句心裡話，堪令人稱道。

　　這正是：

世 人 常 嘆 求 生 難，

辭 生 赴 死 更 辛 苦。

面 對 生 死 表 真 情，

烈 女 不 讓 大 丈 夫。

　　欲知後事如何，請看下回分解。

# 第 九 回

## 義 旗 待 舉 多 驚 險

## 引 兵 鏖 戰 知 進 退

　　話說毛澤東离開板倉後，立即定下心來。

　　他以＜中共湘省特別委員會＞的名義，在安源張家灣召集全省各路農軍的負責人舉行湘省總暴動動負大會。

　　會上，他把全省農軍五千人，編為三個團一個師，對外號稱＜工農革命第一軍＞。師長余洒度和副師長余賣民都是黃埔軍校二期畢業生。在＜北伐＞作戰中積有豐富的臨戰經驗。一團長鐘文、二團長文勇、三團長蘇先駿皆是虎將能戰之輩。從士兵素質上講，文勇的二團是以安源路礦工人糾察隊為主體擴編成的，軍紀較好。蘇先駿的三團是收編的土匪武裝，有一定的戰鬥力，但龍蛇混雜，匪氣十分濃重。

　　就在此時，中共中央把＜南昌起義＞失敗退下來的一個連，由盧德駿率領，調給毛澤東，參加秋收暴動。毛澤東看見這支正規訓練出來的部隊，軍容整齊，軍紀嚴明，心中暗喜，連連自慰蒼天有眼，助其大功告成。

　　中共中央軍委任命盧德駿為起義部隊總指揮。盧也是黃埔二期畢業生。他建議三路農軍分頭行軍，隱蔽在銅鼓地區待命。

　　九月六日，毛澤東、文勇和瀏陽縣委書記潘心源，從安源匆匆趕往銅鼓。

　　為防意外，一路上三人拉開距离，遠遠相跟著，快步急走。

　　潘心源熟悉地理，就由他在前頭引路。毛澤東居中。文勇殿後保護。

　　九月的湖南酷熱難耐。

　　烈日。

　　無雲。

　　腳底板踏在路面上，猶如踏在熱鍋底上一般。高崗低坡，格外地難爬吃力。沒走多久，三人的衣褲，全都濕了又乾，乾了又濕，反複過多次了。夏日趕路，苦不堪言。

　　不知走了幾時，來到一處大山跟前。祗見山高林密,顯得格外地蒼翠。小路沒入蒿草之中,難尋難辨。若是外地人，肯定誤認無可走了。

　　毛澤東揀了處大樹根底下，站住不走了。他用手抹去流淌不已的汗水,極目四望,思索著什麼。

　　走在後面的文勇狀,就緊走了幾步追了上來。

　　〞苦牛，你看這裡如何？〞文勇被問得愣得住了，一時不知該如何回答是好。他兩眼眨動不停,盯住毛澤東不放。

　　"打仗嘛,總會有勝有敗。"毛澤東認真地對文勇解釋道,"沒有開仗之前，一定先要想好退路。否則定會賠光老本。那可就不得了啦！你看，這山勢又高又險，這小路又陡又滑又隱蔽。古人曰：一夫當關,萬夫莫開。我想,這裡倒真是個好去處。"

　　"哎喲喲,是講這個！〞文勇憨憨地笑著回道：〞這算什麼！井崗山那邊,隨便揀處小山包,也比這山高多了，險多了！"

　　"什麼？井崗山？......"毛澤東一聽講<井崗山>三字,頓覺心頭一動,有種特殊的異樣感覺。他一把拉住文勇的袖頭,連聲催道："快，快講講！〞

　　〞急什麼！走,咱倆邊走邊說。等一下子,老潘見不到你就該犯大急了。

　　兩人相傍著邊走邊聊，朝前走去。文勇把自己去過井崗山的經歷,一五一十地講了個詳細。

　　文勇任安源路礦工人糾察隊總指揮時,曾應贛西南農軍總指揮王新亞的邀請,領兵去井崗山地區,幫助當地農軍以及賀敏學、袁文才等人的人馬，一道攻打過永新縣城,順便把井崗山的地勢摸了個大概。

　　〞......那井崗主峰高近千尺.......那小路簡直不叫路！它夾在兩石之間，一個人走,還得側著身子才成。有些地方,那得從岩石底下爬過去。一個放牛娃,有根木棍子就能守住。井崗山地處兩省四縣相交之處,是個<三不管>地帶。山高皇帝遠嘛,有刀有槍，佔山為王......〞

　　文勇一席話,給毛澤東留下了極為深刻的印象。<井崗山>三個字一下子刻在了他的心上。

　　兩人正聊得熱鬧，突然聽到前方有人大聲叫喊什麼。二人放眼望去,祗見三、五個人從山側斜坡的草叢裡衝了出來,持槍逼住了潘心源的去路。潘心源見勢不妙,連忙裝出驚慌失措的樣子,大聲地叫喊起來：〞哎呀呀，山大王老爺！我是趕路的！我沒錢呀！......"他是給走在後面的毛、文二人報凶信兒。

　　毛、文二人一聽，扭頭便走。不成想，為時已晚。一小隊鄉丁從沒頂深的草叢裡齊齊涌了出來，早已堵死了退路。鄉丁們氣勢洶洶地圍了上來。原來，這是本地民團的一支小分隊，接到縣總團的命令，在這裡設下埋伏，抓捕過路的共黨份子，自己也順便撈些油水。

　　"老總們，我們可不是共產黨！"文勇連聲解釋。

　　"哈哈，想騙老子不成？"小頭目訓斥道："三個人一起走路，還不是共黨？'

　　'哎呀呀，老總！我們先前也不認識。是怕土匪劫道，才伙著趕路......"毛澤東也祗好扮著笑臉去編故事。可是，鄉丁們根本不理這一套，把他們三人圍在隊伍中間，往隊部押送。

　　三人被裹在中間，邁著小步，無耐地走著，心裡卻如煮沸了的水一般翻滾不已。潘心源不停地舔著乾裂的嘴唇；文勇扭頭看看毛澤東的臉，再斜著眼望望潘心源，兩隻大手握成兩個大肉疙瘩，活像就要甩出去的兩個大鐵球。

　　一向沉穩的毛澤東，到了這功夫也不能不急了。各路農軍已向銅鼓匯集，正在等候自己一聲令下，發起秋收大暴動。可是，卻在這個節骨眼上，在這處無名的小小山溝裡被卡住了。這可如何是好？'嗨！"他長長地嘆了一口氣。

　　"隊長，這下子弟兄們該有十幾塊光洋花了吧？"一個小鄉丁笑嘻嘻地問小頭目。

　　'耶赫！想發外財討媳婦了吧？嘻嘻....."幾個人開上了玩笑.

　　"咋個會呀？老子昨天晚上手風不順，差點輸光了褲頭。今天得去翻翻本......"

　　"隊長！"一個老得鬚髮皆白的鄉丁，有氣沒力地向小頭目說恭維語，"你老人家是副菩薩心腸！你不會不救我那小兒子！我家老么害上了干血癆。聽人家講，吃人血饅頭肯定能治好。偏方治大病嘛。咳咳.....咳咳......你老菩薩心，多多關照，咳咳......"

　　"那還不容易！等陣子砍頭時，你自己找個盆去接血好了。三個人血保証用不光！不過，份子錢就沒你的了。"小隊長應允了他。

　　"我的媽呀！吃人血饅頭？可嚇死個人了......"一個鄉丁剛叫嚷了半句，就惹來一陣嘲笑加臭罵。

　　潘心源趁著眾兵丁嘻鬧之機，故意絆了一下，順便扯了文勇的衣襟一下。文勇立即明白了潘心源的心意：這是二人約定拼死保住毛澤東。文勇藉口系鞋帶，蹲下身子時，用手指按了按毛澤東鞋面，示意他準備開溜。

轉過了一個急轉彎，已隱約可見遠處的村落了。大概隊部就在那群屋舍中間。時間已經不多了。三個人的心越吊越高了。

再走了幾十步路面一下子開闊了許多。路的兩旁是一片荒草地。野草長得密密實實。稍遠處是一洼池塘。塘裡長滿了齊人頭頂的葦草。

"老總，打個商量好嗎？"毛澤東放慢了步子，緩緩地問道。

"快走！少囉嗦！"

"老總，我是到前面去討欠賬的。身上帶了一些光洋，但不多你們若是放了我，這筆光洋全送給你們去買碗酒喝……"

"光洋？有光洋？！"

"銀圓嗎？鷹洋還是袁大頭？"

眾鄉丁一聽到毛澤東的話就亂了營，七嘴八舌地嚷嚷開了。

"老總，這一到了隊部，光洋可就全歸了當大官的。不如在這裡大家分分……"毛澤東邊說著，邊從衣袋裡掏出一把銀光閃閃的袁大頭來，兩手倒來倒去，銀圓發出清脆悅耳的響聲。鄉丁們個個瞪大了眼睛，擠著爭著圍了上來，伸頭溜上幾眼。

"老總，"毛澤東捧著銀圓，遞到小隊長面前，大聲道"瞧瞧，全是真傢伙！"沒待話音落地，他裝出一個趔趄，把一捧光洋順手撒了出去，那些光洋叮叮噹噹地在路面上亂滾亂蹦。有的滾遠了；有的滾進了草叢裡……眾鄉丁一見，全都丟下槍械，哈下身子，爭搶著去揀地面上的光洋。毛澤東等三人沒用商量，連個暗號也不用打，趁此機會撒丫子就朝三個不同的方向跑了。三人一進了草叢，稍一哈腰，就不見了人影兒。

小隊長剛剛揀了兩塊光洋，猛然想起差事和"俘虜"。他直起身子，四轉圈一看，全然不見了三個"俘虜"的影子。他順手抄起了步槍，沖著天空，"呼呼呼"就是三槍，"給我追！誰他媽的再發洋財，看我不斃了他！"

眾鄉丁一面往衣袋裡裝光洋，一面去抄槍，可是兩眼仍戀戀不捨地在地面草叢間搜索散落的光洋。小隊長又朝空中開了幾槍，嘴裡叫罵著幾個鄉丁的名字，才算把這群部下轟去追人。

毛澤東身高腿長步子大。他冲著池塘幾大步猛衝，就跑到了塘沿。他一縱身就扎入了塘底。久久之後，他才把鼻孔嘴巴低低地露出水皮，輕輕地換了一口氣，接著又潛入水底。

毛澤東自幼喜愛游泳。游泳是他的一世所好。多少年後，一位高明的相士言之鑿鑿地胡侃道：＂毛澤東是條土龍，沾水不死，居土成霸。水是他的護身符。＂

夜深了。眾鄉丁們也跑累了。小隊長祇好放他們回家睡覺。鄉丁們散盡好久之後毛澤東見四周已了無聲息，才輕輕地從池塘裡爬了出來。他抬頭朝天上望了望，已見月掛西梢了。他赤著腳，不顧腳底板被葦根扎出的大大小小的血洞，順著來路，找了條小土徑，向左直拐了下去。他每走一步，都疼得他呲牙咧嘴。他強忍住，走了好大一陣子。他不知道自己走到了哪裡，也不知道走出了多遠。兩隻腳已經麻木，不聽使喚了。他正想坐下來歇上一口氣，猛抬頭看見，离路邊不遠處有一間又矮小，又破舊的泥草房。

他捉摸了一陣子之後，才湊近小草屋，輕手輕腳地去叩門。

房主人是位老實巴交的當地農民。他掏出衣袋中僅剩下的五塊光洋，買下了農民已穿舊的布鞋和一把破舊的雨傘，吃光了農民家裡的剩菜剩飯。他勉勉強強地把腳塞進了小了許多的舊布鞋裡，又請老農找了些破布，撕扯成布條子，胡亂纏了個結實，就起身告辭。他依照老農指點的一條小路，直奔銅鼓。

後來，毛澤東回顧這段經歷時，風趣地自嘲道：＂本人有幸平生頭一次，也是唯一一次纏了小腳。也總算嚐到了舊社會婦女纏足的苦滋味！＂此乃大實話。

纏足固然受罪，穿小鞋也不好受。若是上司給下屬穿另一種＂小鞋＂，就更苦了。

毛澤東出了屋門，咬著牙上了山道。翻過幾道山樑，過了排難鎮，又走十六里，趕到平安村，再向前行三里路，天已大亮了。他順利地到達銅鼓。

此時，各路農軍已經開始攻城了。<秋收起義>就此打響了。<秋收起義>是毛澤東開創的中國史上首次新式農民起義或稱紅色農民起義。在中國農民運動中開創了新篇章。

文勇的二團攻打醴陵縣城時，反被增援的白軍包圍。文勇祇好棄攻突圍。仗打得很苦。終因寡不敵眾，二團被打散了。大部份人犧牲了。文勇本人壯烈捐軀。

　　鐘文的一團主攻平江縣的長壽街。不料,兩軍剛一接火,鐘文自己陣前叛變降敵。群龍無首。兩個營自動散了伙。剩下的一個營向瀏陽縣方向轉移。

　　主力三團攻克瀏陽後,被增援的白軍圍在城裡。激戰了一天一夜,才藉助夜色的掩護衝了出去。

　　<秋收起義>終因雙方力量強弱懸殊而失敗。

　　毛澤東的雙腳紅腫發炎, 不能走路。他讓戰士找來一把木椅子,綁上兩根木槓子, 抬著他行軍。先是抬到了瀏陽,後又抬著衝出了瀏陽, 一直抬到湘贛邊界的文家市。

　　到了此時此刻,毛澤東才幌然大悟,似乎猛地從睡夢中驚醒。這才讓自已看清了自己是何等的糊塗,居然要把自已這只雞蛋硬往巨石上去碰,還深信自己這只雞蛋可以碰碎那塊巨石。他苦笑了笑,使勁把腳往地上頓了頓, 讓疼痛更強烈地去刺激自己的已發了昏的,甚至是發著高燒的頭腦。他想讓自已盡快而徹底地清醒過來。

　　就在這時, 湖南省委轉達下來中共中央軍委的命令,要求他立即率領部隊去攻打長沙,並要力保一戰即勝,爭取在湖南樹起第一面紅色布爾什維克的大旗。這道命令叫毛澤東哭笑不得。他無耐地搖了搖頭。他連苦笑也做不出來了。

　　沒過幾個小時,第二道命令又來了。這道命令要求他全殲湘省頑敵,在長沙成立第一個紅色革命政權。這一次, 毛澤東面對著命令連搖頭也搖不出來了。他心想,世界上還真就有比自己更熱昏了頭腦的人。

　　半夜裡,第三道命令又來了。此道命令全然不客氣了。命令上直言,如果毛澤東違令不去攻打長沙, 將對他軍法治罪,陣前斬首。

　　"告訴他們!" 毛澤東忍著劇痛, 下了地,高聲喊道:"不用他們問斬!我去打長沙,白軍的刀子也會砍下我的腦殼!兩個半團打散了。祗剩下這千把號人。拿什麼打長沙?告訴他們!全告訴他們!"喊完, 他大手用力一斬, 下達了他自己的命令:＇告訴盧總指揮, 按我們倆商量好的去辦, 明天凌晨出發, 向井崗山!＇

　　文勇犧牲了。再沒人走過進井崗山這條路。

　　路況不熟,敵情不明,沿途屢屢遭到民團和白軍的襲擊。行軍不久,在一次突圍戰中盧德駿不幸中彈犧牲了, 時年僅二十四歲。毛澤東淚如泉湧, 心裡十分酸楚。他和盧德駿剛剛交往和合作, 但是, 盧德駿處處支持他, 包括率隊上井崗山這麼大的舉措。否則中央軍委不會如此痛快地批准他上井崗山的。

這時候,部隊裡的湘籍戰士不願跨省去贛南作戰。行軍途中,不少人開了小差。部隊到達江西省永新縣三灣村時,人員已不足九百人了。這九百人中,官多兵少,槍多人少,老弱病號多,能征慣戰的少。毛澤東雙眉緊皺,腳上的疼痛也算不上什麼事了。

"毛委員,"三團團長蘇先駿哭腔哭調地找毛澤東發牢騷,"我看,是不是化整為零,各找生存之路好了……這像支隊伍嗎?像養老院!像群叫化子!"

"不!"毛澤東本能地回應道:"一不能散伙,二不能看不起這些人。"

"那你說怎麼辦?"蘇先駿叫上板了。

"怎麼辦?怎麼辦?……"毛澤東的肚子裡,腦子裡,全身每一處。乃至血管裡、神經網裡,都在想這個問題:怎麼辦?

他想啊想,突然心中一震。於是他拐著腿,走到一處曠地,高舉左手,大聲喊道:"同志們,我們現在來排隊!願意留下幹的,就來排隊!不想幹的,我毛澤東禮送光洋四塊。留下槍,就可以走人。以後,還歡迎你們歸隊。現在,開始排隊。我是第一個!"他說完,就強忍著劇痛,向前邁出了三步。

疼痛幾乎讓他摔了個大馬爬。他趔趄了幾下,才站穩了。

觀看的戰士們不由地替他倒吸了一口冷氣,心裡暗暗地為他叫好。但是,人群裡誰也沒有動窩。曠地一片寂靜。

"三娃!"毛澤東喊一個小戰士的乳名高聲道:"你還小。你爸爸又有病。你就帶上四塊光洋回家好了!你要替你爸爸治好病。你要替我向他向好。等你長大了,再來找我!"

三娃聞聽此話,心中一熱,淚如泉涌。他搶前幾步,一頭跪在毛澤東膝下,緊緊地抱住毛澤東的大腿,嚷道:"毛委員,我……我不走!"三娃直起身子,扭過臉來,面向大伙激奮地喊道:"我爸爸已叫白狗子殺了……我要報仇!毛委員,你別趕我走!我要報仇!替爸爸報仇!"

他講完,抹了抹淚水,轉身挨向毛澤東,挺起胸脯子,高聲喊道:"我是第二個!"盡管他一再挺胸脯踮腳跟,可是自己的個頭比毛澤東足足矮了一小半。當年當日當時,沒有哪個人,包括毛澤東和三娃自己能想到,這個小傢伙在建國之後。竟然會是頭一批開國上將中的一員。

聽了三娃的話後,黨員們、幹部們、戰士們,一個接一個,默默地排起了隊。

毛澤東見此情景,走到隊前,指名叫出當時的連黨代表、開國後的十大元帥之一的羅榮桓,對他說："你有文化水。你列個名單。凡是父子兄弟都在隊上的,祗留一人。四塊光洋不夠用的,盡我們的所能, 多給一些。一天在我們隊上幹過, 終生都是我們的自己人。我們做事要對得住他們。"他的這番真情話,無法不打動這群搏命漢子的心。

毛澤東又接著講："你們知不知道賀龍賀胡子的故事？他當年是用兩把菜刀起家的。現在當上了軍長, 領導了<南昌起義>。我們現在可比先前的賀胡子闊氣多了！有這麼多的槍,這麼多的大砍刀！是個大財主！"眾人聽了, 轟然大笑。

'你們是頭一批起義功臣。你們的前途要比賀胡子更好！祗要我們一頂十, 十頂百, 那幾個白狗子,真不夠我們殺的！'眾人瞪大了眼珠子, 齊齊看向毛澤東。

'看什麼？不用看！別看他蔣介石是上將總司令, 我毛澤東祗是個小學教員。最大的官職是小學校長。我還看不起他那個大禿頭呢......"眾人被逗得哈哈大笑。

'我相信, 你們將來一定有許多人,也會當上個上將、大將軍,有人更會當上個兵馬大元帥......'眾人驚喜地'啊'了一聲。

'啊什麼？你們若是穿上了將軍的官服、大禮服, 可比蔣光頭風光多了, 威風多了！是不是呀？'眾人轟然大笑。那個三娃顧不上擦淨淚水鼻涕, 就咧開大嘴巴,天真而嚮亮地大笑上了。

毛澤東見三娃笑了,就開他的玩笑："不過嘛,三娃子,你可別光著腳丫子去上任哪眾人一聽, 簡直笑瘋了群。

"真地嘛, 毛委員？三娃笑夠了, 反問道：'毛委員, 我打赤腳打慣了。我從未穿過鞋子。那腳指頭被鞋子一捂住, 好不自在嘮！到了夏天,肯定不涼快......"他的話還沒講完, 不單是戰士們, 連毛澤東自己都笑嗆了。

湖南人的倔勁天子聞名。湖南兵打起死仗來,更是頂著槍子兒往上衝。軍界有句話,叫做<無湘不成軍>。軍人對湖南兵是十分佩服的。殺紅了眼的湖南兵,個個真如戰神一般威風。

此刻, 毛澤東用幽默笑話,驅散了這群湘兵戰敗後的灰暗心情,讓他們見到自己的未來,是何等地榮耀,何等地光明。他把這群湖南驢子降服了,把他們重新編成了隊伍,一心一意跟著他打天下。

這事成了一段佳話。中共黨史、軍史上稱其為<三灣改編>。

這正是：

好鋼頂千斤，

精兵是戰神。

但憑一股氣，

指日霸乾坤。

欲知後事如何，請看下回分解。

# 第 十 回

## 佔井崗得意綠林

## 取茶陵內奸謀反

話說毛澤東整編好隊伍以後，就直奔井崗山。

井崗山位於江西省的西南部，在寧崗、酃縣、遂川、永新四縣搭界的邊緣地區。山高崖陡，道窄路滑。滿山參天古樹，株株可稱樹王。大樹枝葉茂密，遮得那正午時分的陽光，也難以穿透其間半絲光影。山林裡一片幽黑，就算白天進了林子，兩三步以外，亦難看清來人的面孔。歷史上，這裡一直是逃犯避捕的地方，也是土匪強盜作亂的窟穴之所，是綠林好漢們的快活世界。

毛澤東領兵上山，頓時驚動了兩個人。此二人本是盤踞井崗諸峰，為時多年的兩位綠林好漢。一個叫袁文才，一個叫王佐。斯時，袁、王二人同庚，剛滿三十八歲。袁文才讀過幾天中學。王佐是裁縫出身，斗大的字不識半升。兩人各領有三百人馬，六十多支快槍。

＜辛亥革命＞前前後後，兩人都曾經與當地的中共地下黨組織合作過，也曾把自己的人馬編入農軍幹過一陣子革命。在當地的中共黨員朋友的勸說下，袁文才於一九二六年加入了中共。袁文才對部下管理較為嚴格，軍紀較好。王佐則是一匹沒有戴上籠頭的野馬，為所欲為，十足匪氣，所轄隊伍同土匪沒什麼不一樣之處。

一打探到毛澤東引兵上山的消息後，袁文才立即派人下山向當地中共地下組織打探細情。王佐則密佈崗哨，加強防衛，以備不測。

毛澤東從當地黨組織那裡知道了他們二人的心態後，不由哈哈大笑了三聲，豪氣地講：〝來而不往非禮也！〞當即派人送去一百支漢陽造步槍，作為見面禮。袁、王二人一見步槍那是樂得嘴角快要扯到耳根子後面去了。他倆缺的就是槍。在井崗山上有了槍，才敢割地稱王。

袁文才在家裡，擺出盛宴款待毛澤東。王佐聞訊後風風火火趕來做陪。桌面上全是飛禽走獸，諸般野味。酒也是自家釀造的多年窖藏珍品。若換了今日，怕是甩下萬圓巨金，也難一飽肚腹，添些口福了。

菜香酒醇。幾杯過後，三人聊了起來。別看毛澤東是一介書生，偏偏最能和綠林豪傑談得攏，聊得來。他的對頭冤家們戲稱他是"紅色山大王"，怕是誤打誤中了。他身上天生就有一股濃烈的山大王氣質。

﹁毛委員，我王佐是個粗得不能再粗的大老粗。我的家底也沒有你那麼厚實。我就送你一句實活，保你在井崗山站穩腳跟！﹂王佐是個直腸子，爽快人。　他得了槍，不知送些什麼給毛澤東才好。他就把師父傳給他的一句話，自然是傳家密訣，向不外傳的，此時全盤托出，做為回敬的大禮送給了毛澤東。他講：﹁毛委員，在這山上不必會打仗，祗需會打圈：﹂

＜打圈＞是當地土話。意思就是繞山轉圈子。﹁敵人來打你，你路熟，就同他兜圈子，拖垮他！﹂

﹁好！太好了！﹂王佐話音落地，毛澤東連連擊案叫絕：﹁王世兄兄一言，千金不換！打今往後，我就叫你一聲老哥了！咱老哥倆先乾上它一杯！﹂毛澤東原本沒什麼酒量，飲過他二人敬的頭兩盅酒，已是面紅舌僵了。此刻，他聽了王佐的這一句話，竟然高興得主動端起酒盅，不待二人還禮，一飲而盡，哈哈大笑了六聲。他因缺乏將才難以應敵的一顆心，全然放了下來。

"二位老哥，那古書上講，戰無損。意思是，用兵打仗做生意，賠本的事不能幹，有賺頭才成。眼下，敵人比我們強大，就不能去硬碰。你打了來，我就躲你一下。保存實力嘛。這就是王老哥講的，要會打圈子，在我們的家門口，他們哪裡會轉得贏！"

"哈哈！毛委員真是神人！"　王佐見毛澤東一點就明，心裡對他佩服不已，亮開嗓門，由衷地讚道，"前幾回官兵來打我們，叫我把他們轉得頭昏眼花，簡直不知道東南西北了！哈哈……他們一懵懂，我就照準他們的屁股，狠狠幾板子。把他娘的狗縣長的褲頭都打掉了，光著屁蛋滾回了永新，哈哈....哈哈....哈哈....哈哈....哈哈三人開心大笑不已。毛澤東一人至少笑足了九聲。

這頓飯讓毛澤東吃得十分痛快，也大有斬獲。以後，他不斷地研究王佐的這一句話，又在朱德的合作下，共同總結出遊擊戰的十六字訣，填補了兵法上的一頁空白。遊擊戰也成了中共軍隊制敵必勝的法寶。

這一日，偵察員送來情報稱，寧漢戰爭爆發了。廣西桂軍李宗仁率兵討伐湖南湘軍唐生智。湘軍主力部隊全部開拔到前線去了。各縣鎮均已成了空城，無有駐軍防衛。

毛澤東決定攻打茶陵縣城，一要振振軍威士氣；二要奪些糧草銀餉，搞些軍需物品。毛澤東的腳傷尚未痊癒。他不能隨軍督戰。

　　他就指派整編後的新任團長陳浩、副團長徐恕和參謀長韓壯劍三人率領全團人馬下山攻城掠地，奪取茶陵。陳浩三人均是黃埔一期畢業生，很會打仗。毛澤東對陳浩很有好感。

　　茶陵城確實空虛。祗有幾名民團團丁守城。槍聲一響，團丁們就開始了逃跑比賽。陳浩不費吹灰之力輕取茶陵。

　　然而，好事多魔。

　　湘桂兩軍突然陣前媾和。湘軍得知茶陵失陷，立即回兵。以七個團的兵力向茶陵扑了過去。陳浩自恃才高藝精，面對七個團的強兵毫無怯意，巧佈戰陣，意欲立些奇功。

　　一場死保茶陵的硬仗打響了。

　　陳浩的部隊連挺機槍也沒有，全是單發步槍，火力薄弱，難以構成強大火力網阻敵前進。湘軍是野戰部隊，砲多械精，輕重機槍齊全，火力十分凶猛。交手幾個回合之後，雙方各有傷亡。但是，雙方兵力總數比是七比一，陳浩如何耗得起湘軍？打了兩天兩夜之後，陳浩被迫棄城撤退。

　　陳浩領兵撤到湖口休整。休整後，他命令部隊改變行軍方向，直向東南方向插了下去。全團人員均迷惑不解。

　　坐守井崗大寨的毛澤東聞聽不費一槍一彈，就取下茶陵城，心中自是十分快慰。接著，他又看到大批布疋、糧油和光洋送回山寨，更是喜上眉梢。他吩咐部下揀出幾樣能拿得出手的戰利品，送給王佐和袁文才，共同分享勝利果實。

　　不料，去送禮的人卻帶回來一個壞消息：陳團長正在堅守城池，仗已打了一天一夜，打得很苦，傷員很多，已經就近安排在袁文才的地盤上了。

　　毛澤東聽此消息後，心中大吃一驚，高叫一聲：「陳浩誤我！」

　　他命令部下綁了一副簡易擔架，抬上他，匆匆忙忙地奔向茶陵。

　　他們走了一天，遇上三名掉隊的傷員。這三人互相攙扶著正欲赶回井崗山，報告陳浩改變行軍方向一事。毛澤東再聽三人這麼一講，心裡更加連連叫苦不迭。他強扮笑臉，下了擔架，把傷勢較重些的那名傷員扶上去躺好。這一舉動令三位傷員和擔架員很是感動。他們又講了些陳浩平日裡，背著毛澤東幹出的一些勾當。毛澤東心裡更是冰涼了。他叫警衛員攙著他，抄了條小道去追陳浩。他們沒走多久，就追上了正在途中休息的陳浩和那個團。

　　陳浩一見毛澤東，臉色不由驟變。

　　毛澤東卻如無事人一般，滿臉是笑，主動上前握手問好。他拉住陳浩的兩手，握了又握，連聲問寒問暖，還用手背輕輕地觸摸陳浩受傷纏著紗帶的額頭。看他那副心疼人的樣子，叫陳浩無法不感動。

　　"陳團長，這傷不礙大事吧？要多吃幾隻雞補補身子骨了！"

　　"不，不……沒什麼大礙……我……我……我是怕他們……尾追我們上井崗……南邊……這南邊有他們的十三軍，他們不會往這邊追。這不，休息一下，馬上轉換方向回山。正巧你來了……"陳浩結結巴巴地做了解釋。他看見毛澤東直點頭，心情漸變平和，話也多了，也暢快了。

　　毛澤東聽陳浩講，此處距湘軍十三軍的駐防地，僅有兩個小時的路程，心裡卡登一跳。他知道十三軍軍長方鼎英，曾坦任黃埔軍校教育長，是陳浩的恩師。毛澤東心中把事全想明白了。他卻裝得更加親熱感人了。

　　"陳團長，你們繳獲的戰利品太多了！山上已經做好了吃喝，準備開大會歡迎你們。人人都誇陳團長會打仗！我看，就別讓山上久等了。你們也辛苦好多天了，也該休息一下，好好樂上一樂了！"

　　毛澤東弄得陳浩兩眼發酸。陳浩立即下令回山。部隊一進井崗大寨，毛澤東立即下令逮捕了陳浩三人，就地處決。三人大喊冤枉，已為時晚矣。毛澤東對天長長也嘆了一口大氣。文勇、盧德駿是他信得過的人，偏偏早逝了。連那個羅小龍也因為他毛澤東不服從命令攻打長沙，而冤枉獲罪替他揹了黑鍋，被黨中央點名批判並開除出黨。羅小龍回家自組隊伍搞暴動，失敗後陣亡。此時此刻，他最需要良將、戰將、虎將，天公為何卻偏偏做對呀？將，能征慣戰的將，你在何方？毛澤東心底連連苦喚，亦連連望空長嘆。

　　第二天，他把僅餘的兩百多人，編為三個營，任命農軍出身的張子清為團長，何挺穎為黨代表。

　　井崗山地區地貧人稀。招兵是件難事。毛澤東想了大半個上午，突然眉頭一鬆，想起了王佐和袁文才的人馬。他找來曾在法國留過學的何長工。他詳細地吩咐了好一陣子。何長工受命去王佐軍中做歸順轉化工作。不成想，何長工去了王佐那兒僅僅三天，卻領著王佐來見毛澤東求援。

　　王佐個頭不高，五短身裁，穿著一身黃緞子短衣，頭戴黑呢禮帽，足蹬高腰大皮靴，斜揹一支新式駁殼槍。這身打扮，在古今戲台上亦難找見。但在當年的井崗山上，卻是最為山上人叫彩的盛裝。

　　"毛委員，我來找你，有件大事求你幫忙。你肯定不會……"王佐一進門，尚未坐穩，就亮開大嗓門，嚷開了。

　　原來，王佐有一生死仇人叫尹道一。尹道一是井崗地區七縣民團的總指揮，兵多槍好，實力很雄厚。王、尹二人打了十幾年的仗。尹道一多次進山也沒捉到王佑。王佐屢屢下山去襲擊尹道一，欲連一根汗毛也沒拔下來。　王佐見毛澤東敢出兵去打茶陵縣城，就想借毛澤東之手，替他殺了尹道一，了結宿願。

　　毛澤東聽明王佐來意，心裡一涼：自己剛剛失利，人馬已經不多。正想打你王佐的主意，不料你倒是先打上了我的主意。毛澤東心頭湧動，臉上卻紋絲不動，嘴上講得更是叫人十分感動。

　　"王世兄，你的事就是小弟我的事。你的仇人自然是我毛澤東的大敵，理應殺掉。這事好辦！"毛澤東毫不含糊地答應幫忙。王佐自然更加高興。"王世兄，這些年，怕是吃了不少的苦頭吧？"

　　"那可不是！我叫那龜孫子整苦了！"王佐一屁股坐在木椅子上，又掏香煙，又摸火柴，又直著嗓子嚷嚷："我每每襲擊他，先頭是我佔便宜。等我回撤時，他仗著人多，狠狠咬住我不放，一直追殺到家門口。算下來，還是我吃虧多些。我真恨得牙根疼！我真想一刀劈他八半！"說到此處，他一握拳頭，把支剛吸了一口的香煙，握得粉碎，兩只眼瞪得欲裂。

　　"哈哈，王世兄莫動肝火。我有一計，定可為王世兄……"

　　"快講！快講！毛委員莫笑話我！我生來急性子，是娘胎裡帶來的，改不了囉……"

　　"莫要急！這回，你還得敗上一回，吃點小虧……"

　　"什麼？！不成！哪能還……"

　　"一定要敗！還得你自己親自去敗！"

　　王佐一聽，霍地一下子站了起來。毛澤東走過去，按著他的肩頭讓他坐好，又附在他耳旁，把自己的計謀，細細地解釋了一遍。王佐剛一聽就樂了。他越聽越樂。到了末尾，竟然樂得像個小孩子式地手舞足蹈起來了。他拿起煙盒，想給毛澤東敬煙，可是太高興了，兩手亂忙活，撒了一地煙捲。

　　毛澤東見此，忍不住樂了。

　　"王世兄，我的人馬不能單拉出去打。要混到你的隊伍裡。否則，殺了尹道一，人家也會講，那是毛澤東殺的。祗會講你王佐會借刀殺人。這就低了你的名氣，矮了你的身份。"

　　"那是，那是！毛委員想得周全。我聽毛委員的！"王佐哪裡想得到，這一混合編隊，毛澤東的人馬就不必去硬擋一面了。自然也就大大地減少了傷亡。這僅餘的二百來人是毛澤東的心頭肉，是他打天下的火種，豈肯白白地為他人做嫁衣裳？更為重要的是，這次為王佐報仇，有了兩軍混合編隊的先例。那麼下一次，下下一次，就會順理成章地一次接一次地混合編隊，也就不顯山不露水地收編了王佐的部隊。這才是毛澤東肯幫助王佐報仇的真正目的。

　　王佐手下三百多人,多是土籍人。無事在家務農,各養各的家。有事下山,搶擄歸己。這些人長年相處,死死抱團。好處均沾,死後有人代為理家。故此,戰鬥力較強。聽講去打尹道一, 根本不用動員。

　　這天, 黎明時分, 尹道一正在床上戀早覺, 睡得十分香甜。猛然間, 槍聲大作。尹道一側耳聽了一陣子, 翻了個身, 又去做好夢了。

　　"司令!尹司令!請醒醒!"他的參謀長站在窗外, 輕聲喊他, "王佐來了!"

　　"又是王佐!你去……"

　　"這回是王佐親自來了!"

　　"什麼?!他親自……他敢……"尹道一一聽來了勁,翻身坐了起來。

　　"他高聲叫罵。我能聽出他的嗓音……"尹道一不待他講完,趕忙穿衣下地, 從枕頭底下摸出短槍, 奪門而去。

　　尹道一登上寨樓頂樓時, 天光已然大亮, 他凝目遠望,看見王佐一身黃緞子打扮, 正在又跳又叫地罵陣。他嗓門一提, 大喝道:"參謀長, 傳我命令!打開寨門,全面出擊! 打死王佐,賞銀一萬,活捉王佐,賞銀兩萬!"

　　眾團丁見賞格高懸, 頓時來了精神頭, 一聲齊喝, 衝出寨門, 向王佐立身之處撲了過去。

　　王佐見此,立即帶上人馬撤退。

　　一個逃。一個追。追的又叫又打槍; 逃的時快時慢, 悶頭不響。追追打打。 打打追追。 說時遲, 那時快。一陣子惡鬥後, 天已過了正午時分。這一干人馬殺到了旗鑼凹。跟在隊尾的尹道一已跑得腿腳發軟了, 肚子裡也咕咕叫上了。以往他是不出窩的。今日見了大仇人親自來罵陣,為了臉面,不能不親自押陣衝殺。

　　"王佐你個龜孫子,今日先留你項上人頭一顆!咱們改日再來比試!" 尹道一傳令就地稍做休息,然後收兵回寨。

　　尹道一剛找了棵大樹墩子,準備坐下歇歇腿,就聽見四下裡響起了槍聲。尹道一側耳細聽,這槍聲可是密實多了, 不是王佐一班人所能為:自己中計了!

　　"不好!王佐鬧鬼!快撤!"他的話尚未完, 兩側山坡上軍號嘹亮, 殺聲震天。手榴彈紛紛落下,炸得一片人倒屍橫,血肉亂飛,塵土四揚,碎石滿地。

　　團丁們哪見過這等場面。不待尹道一開逃, 眾團丁先已自動轉身, 撒丫子朝來路狂奔上了。

　　尹道一喊過來兩名貼身衛士，架起自己朝山坡處一個小山洞跑了過去，想暫時避一避手榴彈。他們剛跑了幾步，山洞裡衝出來王佐的<四大金剛>。

　　仇人見面，分外眼紅。一陣駁殼槍速射。尹道一喊也沒喊上一聲，渾身冒血，倒了下去。

　　王佐折返回來，解下腰間佩刀，把尹道一的頭割了下來，用塊紅布包了起來。他仰天哈哈大笑，親自拎著紅布包包回了井崗山。

　　王佐殺了尹道一的消息不脛而走，瞬間傳遍了井崗大小五井。

　　王佐手提人頭各寨示威。吃過尹道一苦頭的人家，借去人頭祭奠死去的親人。晚上，王佐設晏請毛澤東和袁文才喝酒。晚上燈火，通宵不熄，比過年還熱鬧十分。

　　自此，王佐和袁文才服了毛澤東。何長工趁機巧動舌簧，勸服了袁、王二人，把兩處人馬編為一個團，由袁文才和王佐分任正副團長，何長工任黨代表。番號叫做<工農革命第一軍第一師第二團>。六百多人馬加槍支彈藥盡數歸了毛澤東旗下。

　　毛澤東略施小計，一箭而雙雕，心中自是十分得意。偏在這時，偵察員送情報上山，江西軍閥朱培德的師長要為岳父尹道一報仇，發來的大兵已到新城縣境。該師長揚言，不斬王佐人頭，誓不罷休。


　　這正是：


冤　仇　相　報　何　時　了，

平　和　人　間　舞　群　小。

神　州　劫　難　未　了　日，

最　讓　妖　魔　領　風　騷。


　　欲知後事如何，請看下回分解。

# 第 十 一 回

## 演 遊 擊 紅 染 羅 宵

## 當 師 長 右 字 當 頭

　　話說贛軍七十九團和八十一團共四千餘人，浩浩蕩蕩地殺向井崗山，到了新城紮下營寨,等候進山征剿的命令。新城位於寧崗縣境，西連礱市,南通茅坪，北扼寧崗通往永新的交通大道，是處為兵家一向看重的軍事要地。

　　贛軍佔據新城，等於在毛澤東的喉管上插下了一把尖刀。當時,毛澤東的主力團正在寧崗駐防，而他本人則住在茅坪當地一位土郎中謝家的一座小紅磚樓裡，就是以後聞名於世的茅坪八角樓。贛軍進駐新城把毛澤東和部隊，從中間一刀兩斷。永新又是毛澤東打糧 搞軍需物資的重要後勤基地。

　　贛軍的這一著棋,切斷了毛澤東的指揮部、野戰部隊和後勤供應三間之間的聯係，危及及存亡，是十分毒辣而致命的一著狠棋。

　　再有，贛軍的這個師，是地方部隊中的小王牌軍，訓練有素，裝備精良，在軍閥混戰中小有名氣。

　　面對強敵，毛澤東找來袁文才、王佐和張文清等人共商應敵良策。

　　"王世兄,這回可要看你的了，哈哈……" 毛澤東點上了一支煙，深深地吸了一大口,慢悠悠地說道 。毛澤東的這句話對於王佐來講,它可是字字都有千斤之重啊！這句話點明了這次事端是由於王佐殺了尹道一而引發的。毛澤東輕輕一句話，就把萬斤重擔放在了王佐的肩頭上。

　　"毛委員,你下命令好了！" 沒承想，一向慢郎中的袁文才卻搶先開了腔。上次打尹道一，不僅讓王佐報了宿仇,揚名立了腕兒,而且繳獲甚豐。單單各式槍支就有八十多支。毛澤東把這批武器全讓給了王佐。王佐的"腰"一下子粗了許多。這讓袁文才十分眼熱。再者,王、袁二人一向交好,此次贛軍指名道姓來找王佐尋仇。毛澤東又緊逼了一步。做為朋友,豈能袖手旁觀，當個縮頭烏龜呢？若他不先開口，王佐本人如何開口是好呢？

毛澤東聽了袁文才的請戰表態後，依然笑眯眯地望著王佐，不肯出聲。毛澤東又狠狠地吸了一大口煙。他左手按在桌沿上，兩指夾著煙頭，右手放在桌沿上，中指和食指輕輕地叩打著桌面，似乎在催促王佐發言。

王佐今天卻猛地改了脾氣。昔日的炮筒子，今天瞎了火，咋也打不響了。他紅著臉，裝出一副笑呵呵的樣子，似乎什麼也沒弄明白，任什麼也沒看出來。其實，他的臉色把他全都出賣了。他那張臉，紅了又白，白了又紅；那張嘴巴張了又合，合了又張，有話要諮講，可就是吐不出聲來。丕座的人都看明白了。他是有口難言哪。打吧，自己的實力太不濟了；再一次拖上毛澤東的隊伍一起打吧，損了兵，折了將，這天大的人情，日後可怎麼回報呀？不打吧，剛剛立名顯腕，人家一找上門來，自己先就坍了架子，天底下哪有這門子英雄好漢？

一向逞強好勝的王佐，此時此刻犯了大難，覺得自己在毛、袁等人面前矮了大半截子。

"嘿嘿⋯⋯"他謙意地，又似乎討好地，輕輕地假笑著，心裡卻在過刀子。

毛澤東早已看明白了。他裝出渾然不察的模樣，不緊不慢地諮講道："王老兄，這回，我要請你領兵掛帥了！當總指揮！全權指揮咱井崗兵馬，殺退贛軍。王世兄，你來講講看！"

"我？請我？⋯⋯"王佐一聽，心裡猛一合計，就更不是滋味了。他和毛澤東相交還淺，不大了解毛澤東，根本不明白毛澤東這話是何所指。他以為是讓他去打頭陣，獨力對敵廝殺。他霍地站起身來，把抱在胸前的匣子槍，往身後一甩，開了腔："毛委員，袁老弟，我王佐的人馬是沒他們多，可我這回就同他們拼了，你們別⋯⋯"

"哈哈⋯⋯哈哈⋯⋯"毛澤東放聲大笑，打斷了王佐的氣話。毛澤東這一笑，把王、袁、張等人全笑懵了。

"請坐，快請坐下"毛澤東用手比划著道。王佐乖乖地坐了下來。他支著半邊屁股，欠著上半截身子，兩眼直直地望向毛澤東，靜待他講些什麼。

"拼命有個啥稀罕嘛。我請你指揮咱井崗人馬，可不是叫你把他們全送到閻王殿去，給閻王爺添丁當兵，擴大他的衛隊，哈哈⋯⋯"毛澤東說著說著就笑了起來。別的人仍然大氣不出，小氣不進地靜待毛澤東自己接著往下講。

"打，肯定是要狠狠地打！"毛澤東收起笑容，扔掉煙頭，站起身子，嚴肅地說道："這四千多白狗子，要一個不留地全部吃掉！我們要借助這次戰鬥的勝利,把寧崗徹底紅透,建立以寧崗為中心的紅色割據。以後,我們再把紅區擴大到整個羅宵山脈中段。我早在等著這一天的到來!"

王、袁二人半懂半不懂地聽毛澤東講他自己的戰略構想。 他二人聽了一陣子後,啥也沒弄明白。更不知道毛澤東這一仗到底是想怎麼去打。但是,他二人心裡有了底:毛澤東肯定出兵去打這一仗。

"聽你的,毛委員,我豁出去了!"王佐來了勁。

"這就好嘛, 不過,不要你去拼命。我剛上井崗山那會兒, 你老兄教了我一個高招。這回,請王世兄當總指揮,給我演練演練, 好好繞上它幾個圈子,讓大家參觀學習,學上幾手,成不成哇,王總指揮?"

到這功夫, 王、袁二人才算弄明白, 毛澤東要唱哪齣大戲了。

"毛委員這麼說了, 就聽毛委員的!我們倆各領半個團陪同客人, 好好逛一逛咱們井崗山的風光。然後,再請他們飽餐一頓屁板子。就怕他們屁股不結實,挨不上幾板子,就要尿褲子!'王佐頗有信心地說道。'好!好!那就趕快準備紅燒大肉, 讓他們吃不了就兜著走!'毛澤東很是高興。

駐守在寧崗的張子清團奉命潛回井崗山隱蔽。王佐和袁文才拉上自己的那個團下山騷擾贛軍。兩軍接火之後, 王、袁二人立即兵分兩路,邊打邊撤,把贛軍引上了自己事先計劃好的路線上,同贛軍捉起了迷藏。

打這一天起, 在井崗群峰之間, 時不時地聽到陣陣槍聲。那是王佐他們隔一陣子打幾槍,引誘贛軍尾追自己轉山坡。贛軍正追得起勁,另一個方向又響槍了。他們掉頭就朝另一個方向追了過去,追了一陣子,卻不見半個人影。贛軍剛想撤走,卻突然遭到一頓冷槍急射,數名贛軍倒地不起, 稀裏糊塗地送了命。贛軍一怒猛追過去。不多久,另外的一個方向又響槍了……

如此這般, 贛軍忙了一整天, 人疲馬乏, 除了死傷乏外, 什麼也沒撈到。

到了夜裡, 盡是騷擾。不是東頭放槍, 就是西邊響手榴彈。想睡不敢睡。不睡又睜不開眼睛。正在猶豫的功夫,騷擾變成了襲擊, 虛的成了實的。整排整連的人馬被連窩端了。

五天下來, 贛軍人人腰酸腿疼,個個無精打彩;肥的跑瘦了,瘦的跑乾癟了。贛軍師長兩眼赤紅,嘴唇起泡, 心裡煩死了。偏偏部下又不懂事, 不是埋怨他指揮不當,就是嘲笑他領兵進山是燒包,是自討苦吃。這些臭話更讓他心裡躥火可是又沒處去發洩。無可奈何之下，祇好下令撤退。

遊擊戰的看點就在這個<撤>字上。<撤>，就是撥拉算盤算總帳的時刻。

毛澤東早已佈置井崗五縣的農軍,在贛軍回撤的路上,打冷槍,放鞭炮,挖陷阱,設路障,既弄得贛軍心煩神亂,又使其產生錯誤印象,誤以為井崗山上的人馬，祇會如此小打小鬧而已,沒什麼實力,自己先就從心理上輕敵麻痺了。

贛軍人睏馬乏地回到寧崗縣城。一進城,全軍上下大大地鬆了一口氣，紛紛自找樂子去了。兵家皆知,這部隊一旦渙散了軍心,根本就談不上戰鬥力了。

毛澤東把兵力分成三路：一部份主力部隊加上農軍攻打縣城。由主力部隊攻打正門。而農軍佯攻側門。留下後門，讓贛軍有路可逃。毛澤東把另一部份主力部隊埋伏在贛軍逃跑的必經之路上。這種打法叫做"圍而不死,網開一面；兩面設伏,務求全殲"。

深夜兩點,星光微弱,一道人流如一條巨型蟒蛇，直朝寧崗縣城衝了過去。

攻城指揮部設在城外的旗山嶺上。王佐和他的四大金剛，人人背插寬刃鬼頭大砍刀，兩手各拎一把鐵殼匣子槍,嘴裡橫叼著一柄短而鋒利的開槽匕首，腰間掛著手榴彈。

攻城的部隊屏氣凝神,靜等拼命時刻的到來。

東方剛剛泛出淡淡的青灰邑。天空一片灰濛不清。星星不停地閃爍著。突然，三顆紅色信號彈在旗山嶺的上空昇起。王佐頭一個跳上溝沿,手一揮,槍一甩，帶著大隊人馬遊蛇般滑向縣城城牆根底下。正在此時，佯攻側門的農軍放起了排子槍。剎那間,祇聽步槍、鳥槍、單響槍、老套筒、九連響等等洋槍土砲，一齊轟鳴。戰士們架好了登城竹梯,王佐快步奔了過去，順著梯級往上爬。他一登上城頭,左右開弓,兩把匣子槍一陣狂掃,打得守城贛軍東仰西歪,紛紛倒下。四大金剛尾隨而至,又是一陣手榴彈,一頓大刀砍。城頭上的守軍,非死即傷,能逃的全跑光了。

原定佯攻的農軍此刻卻動了真格的。他們堆柴禾放火燒開了城門。衝進城裡後,見了豪門大宅院,不問青紅皂白全是一把火。瞬時,整條街成了火龍一條。城裡一片火光沖天,煙霧彌漫。

自古以來,在農民軍眼裡，放火和打仗是一碼事。項羽不是一把火燒了阿房宮,煙火七日不熄嗎？諸葛孔明老先生一生擅長火攻，一把火燒了曹兵百艘戰船。曹孟德有樣學樣，回頭給劉備劉皇叔來了個火燒六百里連營。文人不也是常把<戰爭年代>寫成<戰火年代>嗎？打仗要放火。放火和打仗真地是一家人。就算不姓同一個姓，那也出不了娘舅姑丈這個近親圈子。

火勢一起，寧崗城裡立馬亂了營。人喊馬嘶，鬼哭狼嚎。正在夢中的贛軍將士，有的赤露著上身，有的光著腳丫子，有的抱著被子，有的拎著搶來的包袱，全朝沒有槍聲的那個方向逃去。贛軍師長在貼身衛士的保護下，跨上大洋馬，搶在士兵前頭，一溜煙地向城後門急馳而去。

大批潰兵涌出城門，順著官道，不問東西南北，悶著頭向前猛跑。看看己經出城二里多地了，這才穿褲子穿上衣，找鞋子找襪子，自然又是一番你爭我奪，好不渾亂。

正當贛軍官兵混亂擁擠之際，官道兩廂齊齊殺出井崗大兵。殺聲、槍聲、討饒聲、傷者的呻吟聲、驟馬的嘶鳴聲，全摻合在一塊了，譜成了人世間最不合諧，最不該有的一曲哀鳴大調……

不消多少時刻，喧鬧的戰場沉寂下來了。死的已經死了；傷者在呼救；降者舉著手盼能饒命；勝者在打掃戰場準備慶功。這一仗，贛軍傷亡近五百人，被俘者三千多。師長被打傷了。縣長張開陽被生擒。繳獲的武器堆成了小山包。寧崗城頭插上了紅旗。毛澤東對這三千俘虜仔細挑選，把其中的一千八百餘人編在張子清那個團裡，擴成了一個師。

袁、王二人一向不收編俘虜。

不成想，這批俘虜中的不少人，開國後成了名符其實的老紅軍。有的人官至將軍，有的人當上了部長、副部長。

毛澤東趁勢連連用兵，接連攻下了茶陵城和遂川城，建立了兩縣的紅色政權。以井崗山為中心的羅宵山脈紅色武裝割據的局面初步形成。

俗話常常講，人在屋中坐，禍從半天降。此話有時半點不差。

毛澤東正美得心裡猶如灌滿了蜜糖一般，不料一場大禍卻平空從雲間落下，不歪不斜，正正當當地落在了毛澤東的頭上。

三月的井崗山，依然是春寒料峭。

一位不速之客悄然走進寧崗的墟市小鎮。他板著個臉，緊鎖著雙眉。不知是天冷凍得，還是他本人就是用一塊寒冰雕刻成的，祇見他滿臉滿身都是冷冰冰的，離他三尺遠近，就能讓人感到陣陣寒氣從他身上襲來。

他叫周魯,時任中共湘南特委軍事部長。他沿著酃市破舊的街道,低矮的房屋, 黑黑的臭水塘,豬圈羊欄,巡視了一大圈。他路過小飯鋪時,小伙計滿面堆笑地招呼他進屋用餐,卻被他狠狠地白了一眼,嚇得小伙計一貓腰溜回店裡。他路過布疋綢緞店時, 正赶上賣布師傅在唱<賣布調>, 招徠顧客。他橫衝直撞地從圍觀人群中間闖過去, 把圍觀的人撞得幾乎摔跤子。他反倒嫌這些人攔了他的路。

周魯看什麼, 什麼就不對他的眼。他一肚子火, 直沖著工農革命軍一師的師部去了。

師部設在河西鎮劉德勝藥棧的舊宅院裡。毛澤東和張子清等師領導人, 早在此聚齊, 恭候貴客光臨。

"報告!"哨兵在門外大聲喊道, "來了一位特派先生, 他要毛委員出門迎接他!"毛澤東一聽, 心裡不由忽扇一動。

按常理講。就算湖南省委書記在黨中央的地位, 也比不上毛澤東這位建黨元老、前政治局委員、現任中共中央特派員兼湘省特委前敵書記, 的政治地位高, 何況一個湘南地委的軍事部長?

但是,周魯這次是打著中共中央特派員的旗號來檢查工作的。再有, 毛澤東自打上了井崗山, 半年多未曾見過省委和中央的人了,自己先前又在這些部門工作過,一聽娘家來了人,自有一種親切感,心裡自然特別高興, 也自然而然地提高了待客的規格。

還有一個原因,他上了井崗山, 任何報紙也見不到。他很想親耳聽聽特派員帶來的新聞。

"毛委員是中央領導, 怎麼迎接他?還得出門?……"不待張師長講完, 毛澤東舉手止住了他的話頭, 又順勢一揮手, 帶上眾人出門迎客。

"你是……"藥棧門口站著一位年方二十三、四, 身穿一襲舊藍布長袍的年輕後生。

他拖著長腔, 大擺高官架子。盡管他刻意模仿國民黨官員的穿戴打扮, 腳上穿了雙黃皮鞋, 脖子上圍了條綠格子毛圍巾, 戴著一副黑框平光眼鏡, 頭頂黑呢大禮帽, 可這些仍然抬不起他的官威。無論怎麼看,也不像個當官的,連個城裡人也不像, 倒是蠻像農村唱野台子戲的三流演員, 趁著主角休息的功夫, 溜出後台上街哄弄人, 吹牛皮, 充大腕的主兒。

周魯耷拉著長臉, 渾身透著傲氣和驕橫, 像是來討欠帳的閻羅殿上的鬼頭判官。他一張嘴,那每一個字都是橫著蹦出來的。他一出氣,就像往外面射石頭子,就怕傷輕了別人。此時, 此刻, 此地,此種身份,他就特別地愛甩著長腔說話。

"你們是……"

"湘潭毛澤東。"毛澤東彬彬有禮地回答道："不敢問，貴客可是周魯同志吧？"

周魯不答，祇輕輕地點了點頭。

"你好！請屋裡坐！"

"你們這裡滿不錯呀，活像些紳士！"周魯一張嘴就是一炮。

"這……這……這是臨時借用的。"張師長赶忙做了解釋。

"潤之，我在湘南就聽到，群眾對你有反映。認為你很右傾。起初嘛，我還是不大相信的嘯……"周魯坐也不坐，冷言冷語地說道，到這裡之後嘛……我一看，果然右傾！"他轉過身子，對屋子裡的其它人高聲嚷叫道："完全脫离中央的政策！" 張師長等人聽後大驚失色面面相覷，把充滿狐疑的目光，一齊投向了毛澤東。

"特派員，想必是……"毛澤東依舊笑眯眯地客客氣氣地回話，似乎打算解釋幾句，可是他的話卻被周魯打斷了。

"燒殺太少了！少得可憐嘯……這麼多的房子不燒，就不能使小資產階級變成無產階級嘛，就不能強迫他們革命的嘯！"

"你的意思是……"

師黨代表何挺穎試探地問道，

"這可不是我個人的意思嘯，是黨中央！我們湘南特委堅決擁護中央精神，貫徹中央精神！我們的口號是 ：燒，燒，燒！燒光一切土豪劣紳！殺，殺，殺！ 殺光一切土豪劣紳！你們太右傾了！是在對抗中央！"

眾人一聲不吭。

"這真地是中央的精神嗎？"毛澤東火氣上來了，有些耐不住了。

"對頭！中央已經召開了臨時會議，認為你沒有沒有在秋收暴動中，執行中央原定的決議，不去攻佔長沙，擅自帶隊上了井崗山。 這可是犯了單純軍事投機主義和流寇主義的錯誤。太危險嘯，你很危險哪……潤之，你已經被開除出黨了！"周魯惡恨恨地說道。

"啊？！"全屋子的人齊齊地叫了一聲。

毛澤東本人也愣住了。他掏出香煙，點上火，大口大口地吸著。

"省委決定，堅決執行中央決定，解散前委，另組師黨委，何代表任師黨委書記。" 周魯怕眾人沒聽明白他的話，又接著說道，

〝從今往後嘛,師黨委祗管軍隊,不再過問地方上的事情。地方上的事,由我們湘南特委領導!〞

〝我可幹不了!這......這......〞何代表喃喃地表示拒絕。

〝這是上級領導定妥的喲......是組織決定的喲......莫搞錯喲,何代表!〞周魯厲聲喝斥道,〞毛澤東祗任師長。潤之,省委還決定,你們一師開往湘南地區,協助朱德同志在湘南地區發起年關暴動。你要積極配合一下子嘍!〞

〞那這裡怎麼辦?部隊走光了,可就......〞毛澤東憂心重重地反開道。

〞不是剛剛講過了嘛......這裡的工作,由地方上的黨組織負責嘛......〞

幾天以後,工農革命軍第一師在礱市集結。毛澤東皺著眉頭,身挎手槍,隨軍出征。他一生當兵,卻一槍也沒放過。他是位不會放槍的軍人。可是,他卻是全中國人裡,全中共黨員裡,最知道<右傾>大帽子的份量有多重的人。他自己戴過。於是,他就頻頻地將這頂帽子,甩給他的政治對手,壓他們個人仰馬翻,永世不得翻身。


這正是


紅　遍　三　縣　捷　報　多,

不　期　雲　端　降　橫　禍　。

百　折　未　必　識　玄　機　,

福　禍　相　依　誰　人　說　?


欲知後事如何,請看下回分解。

# 第 十 二 回

## 狀 元 橋 頭 雙 雄 會

## 朱 毛 攜 手 振 長 纓

　　話說毛澤東為湘南特委所迫，前往湘南支援年關暴動。他們走後，各縣各鎮的民團紛紛涌了回來。被紅軍砍了頭的原寧崗縣長張開陽的老婆，從吉安帶過來一個營的白軍，攻下新城，大開殺戒。她要用一百顆人頭祭奠亡夫之靈。她下令放火燒毀中共新城區委機關的辦公樓。白軍士兵燒得性起，索性把一條長街盡數燒光。傾刻之間，一座城鎮化成了火城。濃煙滾滾，烈焰灸人。百姓哭天喊地，眼看著存身之處變成了瓦礫堆。

　　"燒得好！我要杷井崗山變成火焰山！"張開陽的老婆猶未解其心頭之恨。

　　尹道一的兒子在拿陽重組民團，殺回寧崗。沿途，他見屋燒屋，見村燒村，見鎮燒鎮，燒得一路上全是爛磚頭碎瓦片。寧崗蔡家田鎮共有四十七幢百年老屋，最早的建於明朝，被他一把火燒了個淨光。

　　寧崗成了火海。井崗成了瓦礫堆。紅白之爭，演化成了放火比賽，燒苦了黎民百姓。紅白互燒，大好家園被燒成了荒草野地。

　　行軍途中，這些壞消息一一傳進毛澤東的耳朵裡。無奈他頭上的<右傾>帽子沉重如山。他豈敢再輕易地胡言亂語發牢騷？他的頭腦，他的心，被這區區一個<右>字專了政，鎖上了鐵閘。

　　他悶頭前行，心裡也在思索著另一件事，就是這次去湘南可以見到朱德。毛澤東知道朱德是員名將。他思念領軍將才己非一日之苦了。他太希望有一員大將為他主持軍務，讓他的部隊早日擰成一股縛住蒼龍的長纓，以執牛耳，號令天下。大概，這是他去湘南的唯一之求了。

　　朱德，字玉階，四川省儀隴縣人氏。早年畢業於雲南講武堂。他濟身戎馬之後，戰功卓著，先後擔任過滇軍團長等要職。蔡鍔討伐袁世凱時，他曾任護國軍旅長。他亦曾去過法國、德國和蘇俄，或留學，或考察，見識頗豐。

　　一九二一年，朱德得知中共成立，就輾轉托人找到了張國燾，申請加入中共。張國燾推辭他是舊軍人，有軍閥嫌疑，回拒了他的入黨申請。他不甘心。他在德國留學考察期間，結識了周恩來和張府申二人。此時，周恩來已由張府申介紹加入了共產黨。當時黨名還叫做＜歐州社會主義青年團＞，亦稱＜中國少年共產黨＞。周、張二人介紹他加入了該組織。該組織於一九二五年集體併入了中共，更名為＜中國共產黨旅歐支部＞。朱德入黨後不久即奉命回國籌組軍隊。＜南昌起義＞前他已擔任南昌市公安局長，領有三個團的兵力。一九二七年八月一日，在中共中央軍委書記周恩來和中央特派員張國燾的領導下，朱德同葉挺、劉伯承、賀龍、聶榮臻等人發起了＜南昌暴動＞，時任暴動部隊的九軍軍長。

　　＜南昌起義＞失利後，朱德率領暴動殘部兩萬餘人，奔赴農民運動火爆的廣東潮汕地區。不幸，在廣東揭陽地區被數倍於己的，各路廣東軍閥團團圍住，最最終被打散了。朱德帶著突出重圍的兩千餘人，從廣東者北部向湘贛邊界轉移。

　　此時，朱德已耳聞毛澤東在井崗山上建立了紅色割據的消息。朱德贊成毛澤東的做法，心中也有向毛澤東靠攏的打算。

　　朱德帶隊路經湘南，被湘南特委留住了。湘南特委經中共中央批准，要朱德在湘南地區發動年關暴動。

　　鄰近的幾省軍閥探得此情報後，紛紛向湘南一線加派部隊，企圖在鎮壓湘南暴動的同時，也最後吞掉南昌暴動的餘部。朱德的兩千多人馬又陷入了重圍，情況很是危險。

　　毛澤東本已心情不好，又急著早日得見朱德。一愁一急，令他眉頭終日緊鎖，難見半個笑臉。

　　這一日，毛澤東正率軍急進，卻見打前哨的偵察連長，騎著一匹快馬，沿著山路逆著行軍隊伍，匆匆趕了過來。他騎到毛澤東面前，不及下馬，就氣咻咻地手指前方，結結巴巴地報告道："……報，報告……有人……見，見你……講，講，是朱……德……"毛澤東猛然間聽到＜朱德＞二字，心中不由狂喜。竟然被這突如其來的大喜事，樂昏了頭腦。他不待連長報告完畢，就一把扯過馬頭，順手將連長拽下馬，自己偏身認蹬上馬，連連就是幾大鞭子，抽得那馬如瘋了一般，狂奔起來。轉眼之間，毛澤東連人帶馬沒了蹤影。

　　偵察連長被他這十分突兀的一連串快動作弄懵懂了，稍稍緩過勁後，　朝著他的去向，連連大呼："哎，哎……毛委員，我是說……"他喊得很嚮，可惜為時晚矣。

毛澤東騎在馬上,又是揚鞭,又是刺馬,恨不得一下子就飛到隊伍前端,見到他久已神追的川中名將、軍旅驕子朱德。他口喘粗氣,不住聲地喃喃自語:".....好!太好了!好!朱德......好......"

毛澤東策馬狂奔了小二十分鐘,才趕到隊伍的前端。他翻身下馬,兩眼四下裡尋找朱德的身影,嘴裡還直勁嚷嚷:"快,快,快請朱德!快,快!"他嚷得正歡,猛地聽到背後一聲大喝:'大哥!是我!不認得我了?"

毛澤東回頭一看,原來是一年多不曾見面的小弟弟毛澤覃。他有兩個弟弟。他最疼愛這個小弟弟。

"哎呀呀,是二弟!朱德在哪裡?快帶我去見他!"

毛澤覃一聽笑了。

"大哥怕是想朱軍長想瘋了。連弟弟都不認了!那朱軍長人在湘南,想也沒用!不過,正是朱軍長派我找你聯絡。"

"太好了!你在朱軍長的部隊上?"

"是啊。我參加了<南昌起義>嘛!"

"快,快講講!'一向穩重,遇事不急的毛澤東,今天的舉止卻十分反常,變得很是急躁,直追莽李逵,敢比魯張飛,說話都成了急三槍。

毛澤覃把<南昌起義>前前後後的細情末節,一五一十地對兄長敘述了一番。

"朱軍長不同意湘南特委的意見?"

"那是!朱軍長根本不買湘南特委那伙子人的賬!朱軍長講,敵人這麼強大,硬拼祇會把部隊拼光。<南昌起義>就是因為硬拼死拼,才拼成這副樣子。朱軍長還講就剩下這兩千來七了,這是火種!必須留住火種。有了火種,就能燎原!"

"對頭!太好了!"毛澤東聞聽此話,心中極為驚喜。他向戰士要了一根自製的土煙捲,點上火,大口大口地吸了起來,彷彿要把弟弟捎來的話,全吞進肚子似的。

"還有,大哥,陳毅也帶上隊伍向你靠攏。"

"陳毅?他也來了?"

"他們倆已在湘南碰過頭了,約定了,一塊來找你。"

"好,太好了!"今天,不知毛澤東講了多少個<太好了>。提到朱德,是<太好了>講起陳毅,又是<太好了>。

陳毅,字仲弘,四川省樂至縣人氏。他早年赴法留學,在巴黎結識了蔡和森夫婦,並加入了<社會主義青年團>,成為早期共產黨人之一。蔡和森很是看重陳毅，在其與毛澤東的書信往來中，常常誇讚陳毅。故在毛澤東的心目中對陳毅早已存有良好的印象。

"陳毅說，你在井崗山佔山為王，是個紅色山大王！"

"啊！！"毛澤東一聽，高興得合不攏嘴，索性仰天大笑起來。看他的樣子，真似要狠狠給這位尚未謀面的知己，來上兩拳頭。

毛澤東邊笑邊撫著弟弟的肩頭，隨軍繼續前進。但是心裡已是另一番景緻了。

毛澤東連夜派出何長工和張子清二人，分率兩支小分隊，去聯絡和迎接朱、陳二人。他又命令部隊於第二天開始亮出所有的旗子，大搖大擺地行軍，還要專揀市鎮大路去走。走時要不慌不忙，猶如示威遊行一般。他仍嫌不足，就怕人家認不出自己是誰，就叫宣傳隊四處刷寫和張貼大標語，大造聲勢，宣揚自己。毛澤東肯如此地冒險暴露自己，一是為了讓朱德和陳毅知道自己的地理位置；二是為了把敵軍吸引過來，減輕朱、陳二人身上的負擔。

桂、湘、贛和廣東四省白軍，本來就遵照蔣介石的手令，正千方百計地尋找毛澤東及 其主力部隊。這時，便如黑雲摧城一般，數路白軍大隊人馬齊刷刷地壓了過來。

毛澤東不躲不藏，明刀明槍地同白軍周旋起來。打鬥了一陣子，就和白軍保持著适當的距离，在湘贛邊界的山區裡打起了圈子。他牽著白軍的鼻子，穿山越嶺，跨溝過河，時而出現在白軍兩側，時而出現在敵軍背後，捉上了迷藏。

白軍辛苦；紅軍更是辛苦。毛澤東為了早日見到朱、陳二人，在自找苦吃，甘心受苦。

這一日，毛澤東帶隊抵達龍溪洞，才算把白軍甩開大約一天半的路程，就抓緊時間稍作休整。

龍溪洞，不僅名字美，景色也真地十分優美誘人，真如一幅立體山水圖畫。 若在往常，毛澤東一定會對景抒情，好好寫上一首詩，也許是填上一闕詞，瀟洒一番。今日，部隊一停下來，衛士們剛剛找到一處平坦草地，他就搶著躺倒，合衣大睡。剎那間，鼾聲如雷。

他正酣睡之際，猛地感到有人在推操自己，耳邊是衛士長的話聲："......何長工回來了......"毛澤東是太累太睏了。他聽見<何長工>三字時，本擬起身，可是身不由己，一翻身又接著睡了下去。不知又過了多久，毛澤東彷彿又聽見在喊他："......何長工在等....."毛澤東不耐煩了，狠狠地嚷了一句什麼，又一翻身睡著了。毛澤東醒著的時候，甚少發脾氣。可是，在他睡覺之時，誰吵了他的覺,那肯定是會惹火他的。他肯定要大大地發上一通脾氣。他甚至會一連三、四天不去理睬你。為了吵醒他的覺,被他趕走了好幾個身邊的衛士和勤務人員。故而,祗要敵人的刺刀還沒刺到屁股上,是沒誰敢去打擾毛澤東的覺。

"叫他等一下……"

他迷迷糊糊地嘟噥了一句,連眼皮子也沒睜開半分,又是一個大翻身,接著睡了下去。

"是朱德……"

"朱德?!……什麼?……是朱德?咋不早說!"毛澤東一聽〈朱德〉二字,霍地一下子翻身坐了起來。他兩手使勁搓揉眼皮,嘴裡打著哈欠,連聲責怪衛士們喊他喊晚了。

"是朱德的部隊被打散了……"

"啊?!打散了!那朱軍長他….快,快,叫何長工!"毛澤東的睡意頓時消失得無影無蹤了。

原來,何長工找到了朱德的一名部下,就帶回這人先見毛澤東。此人叫蕭克。蕭克,湖南嘉禾縣人氏。一九二六年他參加了北伐軍,在葉挺的獨立團任連長。〈南昌起義〉失利後,他回到嘉禾縣老家又拉起了隊伍,準備參加年關暴動。

"……毛委員,後來形勢變壞了!"蕭克見到毛澤東後,就細細地述說起來,"湘軍加上廣東省狗軍閥有八、九個師一齊朝著湘南壓了過來。於是,湖南省委、湘南特委,硬叫我們搞什麼〈焦土政策〉,讓我們把郴州、永興、資興、汝城一帶,全都燒光……"

"胡鬧!太胡鬧了!"

"他們講,房子燒光了,群眾搬走了,白狗子來了,就沒房子住,沒東西吃,會餓跑的。奶奶的,他們忘了,我們再打回來,不也是沒房子好住,沒東西好吃嗎?根本是狗屁不通!"蕭克說著說著就氣得罵上了。"朱軍長、陳毅同志全都不同意……"

"好!頂得對頭!…那個朱軍長……"

"朱軍長講,一不能硬拼,二不要放火,三要保護好參加暴動人員的家屬。他還講,要馬上向北退去找毛澤東!"

"啊!!"毛澤東不由自主地啊了一小聲。聲音不大。但在這一聲裡,那真是含滿了千言萬語,透著找到了知己者的喜悅。中央撤了他的官職,摘走了他的烏紗帽,甚至開除了他的黨籍。然而,這位大名鼎鼎的軍中驍將,卻要趕來同他在一個鍋裡攪勺子,一個盆裡撈飯吃。他豈能心情平靜?危難之際,方識知己。

"毛委員，我……"蕭克一聲輕喚，把毛澤東的神思追了回來，"我帶來了人，就是槍支不足，大部份人用梭標。人家叫我梭標營……"

"好嘛！你在葉挺那兒幹過。又和咱們農家弟兄一條心，一個心眼兒。我們歡迎你！全部留下！"蕭克被編入紅二十九團。從此，他東征西戰，屢立戰功。開國後，被首批授予上將軍銜。

毛澤東望眼欲穿地企盼著與朱德早日見面。

朱德本人也心急火燎般地直向井崗山挺進。但是，大批傷員以及暴動人員的家屬，拖了部隊的腿。白髮老翁，小腳婦嫗，嗷嗷待哺的嬰兒……男男女女，肩挑背扛，竹筐木箱，猶如饑饉之年大逃荒的人群。 部隊祗能慢慢地前行。朱德不忍心讓他們留下來。 毫無疑問，白軍和還鄉團會把他們殺光殺盡。

這天朱德率部隊到達酃縣的沔渡。過了渡口，再翻過一座大山就進入了寧崗縣境。

朱德一到寧崗縣境，立即派出十幾個小分隊，四下裡尋找毛澤東。他自己在龍江書院住下，等候消息。

此時，毛澤東正在酃縣作戰。毛澤東打探到：朱德入了酃縣後，白軍已尾隨其後殺到酃縣。他火速領兵前往，攔住了追兵，解了朱德一難。

追趕朱德的湘軍第八軍是支野戰部隊。跟在第八軍後頭的是湘南民團，其中大多數人是要報家仇的亡命之徒。這伙人已在湘南殺紅了眼，還想追到井崗殺個盡興。

阻擊戰打響了。戰場就在接龍橋北山上。從清晨到傍晚，兩軍拼死相鬥。你來我往，如同拉鋸一般。在這座小小的山頭上，打了十幾個回合的衝鋒和反衝鋒，祗見殺得是遍野屍身。血水染紅了小河溝……

天黑以後，雙方各自掩旗息鼓，暫時停戰。

"必須打到底！"毛澤東下達了死命令，"不能讓敵人再前進一步！我就去找朱軍長，要把他們帶上井崗山！"

毛澤東連晚飯也沒吃，一陣急奔，於第二天清晨赶到了寧崗縣。接著，就拐向龍江書院。偵察員已探得朱德住在這裡。毛澤東的馬隊距書院尚有二百多米遠，他就命令戰士下了馬。他自己大步流星地朝書院奔去。

書院大門，猛地四開。朱德一行人，早已衣著整齊，滿臉欣喜地向書院門前的狀元橋走去。臨近狀元橋朱德竟然小步跑了起來。

〝跑在最前頭的就是朱軍長！〞何長工提示了一句。毛澤東連連搶出幾大步，踏上了狀元橋。橋上，兩人相距還有四、五步，就不約而同地伸出了四隻大手。四隻大手相握之時，兩人竟無一字相出。四目相對，祇是咧著嘴傻笑個沒完沒了。兩雙手越握越緊。

從此，在中國，不，在全世界的辭書上多了一個新名詞：<朱毛>。這個新詞不知耗費了印刷廠多少灰黑色的鉛字。

這一天，是一九二八年四月二十八日。<二十八>是毛澤東一生中最神秘最吉利的數字。

朱毛二人併肩走進龍江書院。他二人互相介紹了陪同人員。

" 這位是陳毅同志！"朱德把一位身著灰軍服，英姿勃勃的美男子向毛澤東身前一扯，樂呵呵他介紹道。

"久聞大名！久仰久仰！和森提到你的大名，怕有千八百遍了……"毛澤東樂得兩眼眯成了一條細線。

〝我哪裡有你的名頭響喲！"陳毅濃濃的川音、川腔、川調，宏鐘般的嗓門亮了開來，震得人們一愣神，〝我在法國巴黎大鐵塔底下，就聽到了你的大名！這不，我聞聲而動，一直趕到井崗山見你，哈哈……"屋子裡的人一同陪他大笑起來。

"哎呀呀，你做麼子這般打客氣喲？"毛澤東學著川腔川調，同他開玩笑，逗得大家又是一陣子大笑。

"哪裡有客氣好講？要多謝你的救命大恩喲！"朱德的川話也上來了。

朱德是位純樸而厚道的老實人，一向實話實說，從不打妄語誑言。兩軍會師之時，他一句話把功勞全記在了毛澤東的頭上。

毛澤東聞聽此話，不由哈哈大笑。朱德的人品更讓他十二萬分的稱心。

"聽講玉階兄把湘南那伙子人頂了一下子，頂得好！"毛澤東由衷地誇讚朱德。

"他們太不懂事了！〞

〝你來了，我把井崗部隊全交給你！〞

"你來做黨代表嘛！我們全聽黨代表的！"

毛澤東一聽這話，臉色驟變。

"玉階兄，我沒了黨籍……"

"亂彈琴！這件事，我知道。中央因為你沒去攻打長沙，撤了你的政治局候補委員。你還是黨員，還是中央委員。你當定了黨代表！〞

毛澤東眉頭一熱，鼻頭發酸，兩眼發澀。他一緊舌根，鎮定了心神，無耐地搖了搖頭。

"周魯那是假傳聖旨！"陳毅大聲嚷道，"那個毛腳蟹！我見過他。淨胡來！"

"人都犧牲了。不去罵他了。"朱德寬容地說道。

原來，湘南特委一班人見未能說服並留住朱德，就獨自率領機關幹部約四十幾人，挑著油印機、辦公箱子回了湘南，要去同白軍硬拼。在耒陽和安仁兩縣的邊界上被白軍俘虜。四十幾人全部遇害。<左>字旗下，枉送了四十幾條性命。

朱毛會師後，迅速整編了部隊，成立了<工農革命軍第四軍>。朱德任軍長。毛澤東任黨代表兼軍委書記。陳毅任政治部主任。王爾琢任參謀長。全軍下轄三個師九個團。到這會兒，才稱得上將帥和，兵員足了。

不幾日，連克數座縣城，擴大了地盤。於是，以井崗山為中心，以羅宵山脈中段各縣為幅員，誕生了中國革命史上第一個紅區，人稱<中央紅區>或<中央蘇區>或<江西紅區>。


這正是：

> 井　崗　星　火　照　神　州，
>
> 朱　毛　攜　手　改　春　秋。
>
> 多　少　名　揚　千　古　事，
>
> 盡　源　龍　江　一　橋　頭。


欲知後事如何，請看下回分解。

# 第 十 三 回

## 得 名 將 捷 報 頻 傳

## 抗 上 峰 逆 血 倒 流

話說蔣介石擔心朱毛合兵之後會勢大鬧事，以致不可收拾，就命令江西省督軍朱培德趁朱毛尚未成氣候之前,將其扼殺於搖籃中。於是,朱培德率兵討伐朱毛,欲決一雌雄。

朱培德同朱德原本是雲南講武堂的同班同學。當年，二人關係還很不錯。不期今日沙場相遇,竟然成了奪命死敵。

毛澤東笑著對朱德道：″玉階兄，朱培德的名字比你的名字,多了一個〈培〉字。這〈培〉和〈賠〉二字同音不同義。看樣子，朱督軍要讓朱軍長發個大吉利市。他要把自己那個〈培〉字改換成〈賠〉字,做做賠本生意了。你可得注意，別太佔了人家的便宜嘍......″一席話說得朱德、陳毅等人哈哈大笑。

朱德巧用兵，在五斗江打了一個埋伏，全殲朱培德的一個團,打散了兩個團，後又乘勝追擊,偷襲永新得手，差一點活捉朱培德，這是朱毛合兵後最大的一次勝仗,喜得毛澤東又設慶功晏，又通令嘉獎,為得名將十分歡喜。

蔣介石得知此情報後,大為震驚。他原本不把毛澤東放在眼裡,此時方覺得自己是有些太大意了。他主即嚴令朱培德限期消滅朱毛二人，以除後患。 朱培德剛剛受挫,正在火頭上,心裡亦十分不甘心敗給朱德。於是,他增調了三個整編師,進犯永新。

面對強敵壓境,朱德獻出新計。他建議主動撤出永新,隱蔽於寧井地區,等待戰機。

朱培德輕易地收複了永新，以為朱德到底還是怕他的。根本不識其中玄機奧妙。

這天,朱培德突然得到探報，說是朱毛的四軍主力欲先奔襲高隴，再取茶陵城。

朱培德同兵還是比較小心謹慎的，特別是剛剛吃過埋伏,不敢輕易妄動求功。

朱德見自己的老同學不肯出窩上鉤，並不心急。

　　他熟知朱培德身邊的情況。　他知道朱培德的參謀長楊池生慣以浮躁知名，且又貪功好勝。於是，朱德重新大造聲勢，猛攻茶陵，把仗打得如火如荼，十分熱鬧好看。茶陵頻頻告急。求援電報一份又一份地，擺到了朱、楊二人的案桌上，催得朱培德左右為難，催得楊池生抓耳又撓腮，如坐針氈一般。

　　"督座，朱毛二人見我大兵壓境，立即蒼促逃竄，實為不堪一擊鼠輩之徒。朱毛奔襲茶陵，是避我主力鋒芒，偷雞摸狗小人之舉。永新和茶陵相距甚近。不妨移師茶陵，狠狠教訓他二人一下，讓其知道督座的威名。"

　　"朱毛二人十分奸詐，萬萬不可粗心！"

　　"別人不知道那朱德，你我還不了解他嗎？現在，他一穿上叫化子衣服，就更像個鄉巴佬了，哈哈……督座，那朱德南昌鬧事不成，廣東連連遇伏敗北，有何可懼？"

　　"我在想，他為何棄永新而又攻茶陵……"

　　"督座，這幫赤匪就知道搶擄燒城。我親眼看見，永新幾家大戶人家，全叫他們給糟蹋了。眼下，怕茶陵的那些財東富戶也遭了難……這茶陵若在督座眼皮子底下被搶掠一空，蔣總裁知道了，怕是……"

　　"嗯？！"一提蔣介石的名字，朱培德心頭一震，此次進兵永新，差不多已是被蔣介石打著屁板子赶來的。

　　"茶陵若再失守，新賬老賬一起算，就……"楊池生故意不講完，用眼梢去看朱培德的臉色。

　　"依你……"

　　"祗要我們發兵去打了，無諂戰果如何，也不致於讓蔣……"

　　"不要講這些了！你想如何去打？進剿朱毛主力，你有什麼把握？"

　　"督座，若去部份主力的話，怕這朱毛熟知本地地理地勢，同你鑽來鑽去，難以奏功。與其如此，不妨全力出擊，伸出鐵拳，徹底擊碎它！"

　　"那……那……那永新不……"

　　"督座，兵家用兵，全在一個<險>字上做文章！祗要督座親自穩坐永新督戰，朱毛定會以為我主力尚在永新。他自然不敢前來冒犯找死。就算借給他八個膽子，諒他也不敢！三個師打過茶陵後立即返回永新。這是事半功倍！"

　　"那倒也是……"朱培德點點頭。

　　楊池生親率三個主力師，兵分三路，日夜兼程，齊頭並進，撲向茶陵和高隴，朱德得知後，忙從茶陵和高隴撤下全部主力，選定楊池生的第九師必經之路，在地理情況極為複雜的草凹村一帶，設下埋伏。朱德又下令重點打擊九師的腰部，把九師斬為三截。

　　槍聲一響，九師知道中了埋伏。首尾兩端，各自逃命。這下子就苦了中間的部隊。整整一個師被打成了散砂一盤。楊池生見此，還想把九師各部份重新組合起來，折返草凹村，殺個回馬槍，來個四面合擊。

　　楊池生正揮兵進擊草凹村，突然接到朱培德的告急電報，稱道朱毛主力正在猛攻永新縣城。這下子嚇得楊池生渾身冒冷汗。他不再去細想了，嚴令三個師掉轉頭回援永新。不料，部隊在七溪嶺前受阻。

　　七溪嶺，山高路窄，是個一夫當關，萬夫莫開的險要之地。

　　楊池生兵多，擠成一團，誰也走不動，祗能一個接一個排隊慢慢地走。楊池生祗能叫苦連天。

　　朱培德比楊池生更是叫苦不迭，苦上加苦。留守永新的一個警衛團實在抵擋不住朱毛部隊的強打硬攻。朱培德祗好棄城突圍，不幸腳部中彈。衛士們捨命救下了他。到此，楊池生不得不鳴金收兵，撤回南昌，等著挨罵降職受處份。

　　"玉階兄，你可真會款待老同學呀！哈哈……哈哈……祗是打傷了客人的腳可不應當！我老毛瘸過三個多月。那滋味太不好了！哈哈……" 毛澤東縱情大笑不已。

　　"這不算什麼！祗是讓楊池生多跑了些路，沒把他打疼。以後會有機會的……"朱德意猶未盡，又盡顯謙遜。

　　自此以後，毛澤東把戰鬥和戰役的指揮權全部交給了朱德。他自己則集中精力經營永新。

　　永新是井崗七縣最為富饒的縣份。

　　毛澤東任命譚震林擔任邊界政府的土改部部長。於是，永新掀起分田分地的高潮。分到土地的農民樂得心裡開了花，越發擁護紅色政權。

　　毛澤東發揮王佐人頭熟的長處，辦起了軍服廠和軍械修造廠，解決軍需上的兩大難題。

　　他找袁文才辦了一間銀圓鑄造廠，自鑄<花邊>。這是紅區的袁大頭。花邊含銀七錢二分，成色同袁大頭毫不相差。袁文才叫工匠在花邊底面刻上一個<工>字。這<工>字銀圓在紅區和白區搭界地帶廣為流通。

　　最叫毛澤東高興的是，他得到了<永新一枝花>賀子珍。二人在茅坪八角樓同居，出出入入形同夫妻。對毛澤東來這段時間裡，真是好事接踵來，喜上加喜。

　　然而，好事難長久，禍事難离身。

　　這一天,湖南省委特派員杜修經進了永新縣城。

　　這位杜特派員到永新城和井崗地區已有多次了。他每次都搞得毛澤東頭疼好幾天。不過，井崗山形勢一派大好,就算雞蛋裡硬是挑出了骨頭，那塊骨頭也大不到哪裡去，想無事生非,這<非>也飛不到天上去。

　　毛澤東一聽到＇欽差大臣＇又駕到的消息後,立即從西鄉鎮赶回永新城裡。

　　＂特派員光臨永新，恕我軍務纏身，未能遠迎！＂毛澤東強扮笑臉,同杜修經打招呼。

　　＂潤之，不必客氣嘛！這次我來永新是傳達省委給你的命令。你自己先看看文件。＇這位年僅十九的青年人，扮出成人的口吻，不，是上級的語氣，在吩咐毛澤東。

　　毛澤東展開文件，略為掃了兩眼，眉頭就加上了鐵鎖頭。

　　這份文件是湖南省委下達給四軍軍委的一封工作指示信。此刻，四軍的負責人朱德、陳毅、王爾琢等人相跟著進了屋。毛澤東把指示信的要點，對他們講述了一遍。指示信要求四軍＂殺出一條血路＂，直奔湘南地區，＂造成資興、耒陽、永興、郴州四縣的紅色割據，以包圍衡陽＂。

　　毛澤東講完,划了根火柴,點上了煙捲，大口大口地吸了起來。他的臉色十分難看。

　　＂特派員，信中不是提到，還要勞你大駕,給我們面授一番嘛？你就再指教一、二了！＂陳毅亮開大嗓門嚷道，懷著很大的情緒。

　　＂井崗邊界黨委要尊重湘贛兩省省委的意見。這很讓你們為難。湖南省委這次要你們發展湘南，可不單單是為了湖南本身。＂杜修經比周魯年輕，但比周魯聰明，其城府可就深得更多了。

　　＇做為黨員，要服從黨的領導。是沒有話好講。兩個省委都要聽。＂毛澤東把剛剛點燃的煙捲,順手在桌角上抿滅了。

　　＂那就好。湖南省委決定向湘南發展,是根據中央的意見。中央已經把湖南列為全國革命中心之一。湘南是湖南革命的中心。湘南搞好了，就會迎來全省，乃至全國革命高潮的總爆發！＇他像是背書一般,款款而談。

　　＂四軍主力去了湘南，井崗山根據地可怎麼辦？單靠地方武裝,能頂得住白軍的進犯嗎？再講，四軍也就幾千支槍，离開了大本營，孤軍深入，就不怕有全軍覆亡的可能嗎？"朱德語氣緩緩，聲音也不高，但卻字字鏗鏘。他率先提出了問題。

毛澤東的目光集中在在朱德那滿是皺紋的臉上。他心裡暗暗涌動著一股熱流：真是千金易得，知音難求！你玉階兄不僅在打仗上，助了我一臂之力；在政治策略上，也真是鑽進了我的心窩窩，講出了我想講的話。好你一個玉階兄！

此時此刻的毛澤東，在被周魯胡纏了一通後，心態大有轉變。他剛入黨那會兒，好比新嫁的小媳婦，事事委屈求全。祇盼能得到全黨的大力支持，助自己打得天下。

然而，實際中多未如願。他難以得到他想得到的全黨通力支持。周魯之後，他血管裡流淌著的叛逆之血，全然復活了。當他看到，憨厚忠直的朱德，居然在湘南敢頂敢撞，在這永新又開了頭炮，除了欽佩，他心裡更踏實了，更硬氣了。毫不誇張地講，他是鐵了心，要在黨內奮力抗爭一番了。

朱德的話讓杜修經十分尷尬。"我贊成玉階兄的意見！"陳毅發了言，"首先，各地的革命形勢並不像你們省委估計的那個樣子，看不出有總爆發嘛！湘南就比不上井崗嗦！別吹牛，別冒進嘛！"

"你......你......"杜修經惱恨地瞪了陳毅一大白眼。

"我看，是瞎指揮！"王爾琢又是一發重炮彈。他這一炮把屋子裡的人的逆反情緒引燃了。你一言，我一語，全都反對下湘南。

"潤之兄，"杜修經換了口氣"咱們先不討論省委指示的內容。請問，下級單位對上級的指示，要不要顧全一下呢？"他沒敢使用<照辦>二字。

"顧全什麼？省委想到了要顧全一下井崗山嗎？毛澤東的火氣爆發了，他氣沖沖地反問道。潤之兄，黨章規定，下級服從上級！你沒忘記吧？"杜修經也變了臉，"井崗山是個彈丸之地，去湘南才有大發展。這是大道理！祇講小道理，是典型的保守主義！"

"亂講！"王爾琢叫了起來，冒進湘南是送死主義！我是從那邊回來的，我清楚！"

"你清楚個什麼？如果不是你們，過早地從湘南撤退，形勢哪裡會壞到這種程度？你們對不住湘南人民！

"你.....你....."朱德氣得講不成話了。

僵住了。毛澤東等人堅持不去湘南。　杜修經死死咬住上級指示必須執行。毛澤東祇好應允，由他自己和朱軍長聯名寫報告，上報省委改變原決定。剛剛派人把報告送往省委，井崗地區的形勢，突然之間發生了巨變。

　　朱培德遭受挫敗之後，就向蔣介石大講特講朱毛紅軍何等強大等等。蔣介石一聽，急令湘贛兩省聯手，於七月開始進剿井崗山。

　　湘軍第八軍直撲寧崗。駐守寧崗的袁文才和王佐的三十二團被圍。寧崗危在旦夕。

　　毛澤東急派朱德親率二十八團和二十九團赶赴寧崗增援解圍。朱德見第八軍來勢洶洶就避開他的鋒頭,由永新直奔第八軍的軍部所在地酃縣城下,以期攻克酃縣,迫使八軍後撤。第八軍軍部見事不妙,就撤到了茶陵。朱德又領兵追到茶陵。這下子把第八軍逼急眼了，就召集全軍雲集茶陵,力求同朱德決一死戰。袁文才的三十二團趁機返回井崗山。 朱德見此,領兵班師。第八軍掉頭就追朱德,一直追到了永新。 朱德忙把二十八團和二十九團拉到了 永新郊外隱蔽起來了。不期,就在這個節骨眼上,一場嘩變發生了。

　　半夜時分，王爾琢急急地敲開了朱德的房門。他報告給朱德一條壞消息：二十九團士兵已經開過了士兵大會，藉口執行中央和省委的指示，決定明天開拔湘南！

　　"真地？！"朱德大吃一驚。

　　朱德邊穿衣服， 邊派人去找二十九團團長胡少海和陳毅、杜修經等人到他的住處開會。陳毅先跑了來。朱德問他,他是一無所知。隨後,胡少海、團黨代表龔楚、杜修經也相跟著進了屋。

　　"少海， 明天要去湘南？"朱德開門見山地追問胡少海。

　　"我剛剛才知道……"

　　"亂彈琴！軍人以服從命令為天職。我下過命令了嗎？ 你白跟了我這麼多年。真是亂彈琴！"朱德氣憤地責罵胡少海。

　　"軍長,我是團長,二十九團的事, 處份我好了。可這事……"胡少海欲言又止。他下意識地望了望龔楚和杜修經二人。龔楚和杜修經二人誰也不吭一聲。

　　朱德從胡少海的眼神裡,把一切全看明白了。杜修經說服不了四軍上層領導之後，擅自一杆子插到底，在士兵中間做遊說，鼓動士兵委員會開大會決定開拔湘南。朱德心裡有了底。

　　"少海，現在不談處份。眼下寧崗、永新吃緊，大戰在即。你是軍人，你是團長，要帶好兵，帶好二十九團，我們明天返回井崗山。我們不去湘南！"他又以命令的口吻，對龔楚和杜修經二人發出警示："你們倆要連夜去做工作， 特別是杜修經同志，要配合我們的工作！"

　　長夜難熬。朱德、陳毅、王爾琢等負責人一夜沒敢合眼。陳毅按朱德的意見寫了一封長信,向毛澤東做了報告,並連夜派人送走。

　　龔楚和杜修經二人也一夜未曾合眼。

　　龔楚是湘南人。杜修經找到他傳達了湖南省委關於鬧紅湘南的決定。龔楚認為可以借此機會回家了。杜修經又似不經意地暗示，湖南省委有意思調龔楚去湖南省委工作，主持省軍委，任軍事部長等等。這對龔楚本人來講，是個天大的高昇機會，心中自然歡喜。他對杜修經更加貼近，更加信任了。兩個年輕人越聊越投合，越講越親切。直到無話不談了。最後,龔楚滿口答應杜修經,一定把二十九團拉回湘南。

　　二十九團原本是湘南宜章縣農軍支隊擴編成的部隊。戰士們离家一年多了很是想家。經杜、龔二人一番挑唆，特別是聽講，中央和省委有決定，打回湘南去，又高興，又贊成。

　　杜、龔二人又進一步散佈，毛委員娶了江西婆姨,祇聽江西省委的話等等。

　　二十九團的官兵對毛澤東和賀子珍的新式戀愛，原本看法不齊。許多人不理解和不滿。他們甚至楊開慧生死不明，不應再找女人。思家加不滿情緒，加重了离心力，形成逆反對抗的心理狀態。在士兵大會上一致同意回湘南。就連二十八團也有人透出風聲,願意回湘南。

　　第二天,部隊依朱德的命令向永新方向出發,擬取道永新返回井崗山。部隊走得很慢。戰士們耷拉著頭,心緒很壞。朱德等負責人心裡更是忐忑不安,怕要出事。

　　杜修經見此,心中一動,又有了新主意。他快馬加鞭去見毛澤東。毛澤東去了茅坪,沒有見成。

　　杜修經正在無耐之際，湊巧遇見了邊界特委書記楊開明。楊開明是楊開慧的堂兄。杜修經花言巧語對不明真相的楊開明，講了一番黨中央決定打回湘南的話。 楊開明信以為真,就連連點頭,表示自己支持中央決定。杜修經大喜過望, 快馬加鞭趕回二十九團， 四處宣揚， 特委楊書記同意去湘南。到了此時， 朱德等人豈能再持反對意見？

　　這兩個團進入郴州地界後， 與當地駐軍交了火。守軍打了幾槍， 就迅速撤退了。 二十九團不知是計,就長驅直入,佔了郴州城。

　　部隊一進城就管不住了。大部份人棄槍回家探親去了,少數人上街遊逛看熱鬧。就在此時， 白軍殺了個回馬槍,把兩個團赶出了郴州城。這兩個團撤到資興後,朱德立即清點人馬。二十八團損失近半,二十九團所餘不足百人， 不足一個連。

　　朱德把剩下的人重新編隊,連夜趕回井崗山。

就在這最倒霉的時候，一場大禍又劈頭蓋臉地砸了下來，叫那朱德連聲叫苦不迭

這正是：

屋 漏 最 怕 連 天 雨，

船 破 又 逢 狂 風 浪。

大 禍 壓 頂 誰 人 知？

偏 巧 禍 至 排 成 行 ！

欲知後事如何，請看下回分解。


# 第 十 四 回

## 王 爾 琢 灑 血 遺 恨

## 彭 德 懷 舉 事 救 友


話說二十八團和二十九團的餘部，在朱德的帶領下，從郴州北返。

二營營長袁崇全打前站，為大隊開路。部隊正走著，袁崇全突然下令全營急行軍，甩開了大部隊。到達原定宿營地三江口後，他命令二營再前行三十里，把宿營地改到了新地圩。到了新地圩後他又傳令各連，明天早晨要提前兩個小時開拔，

這些異常舉動引起六連黨代表趙爾陸和四連連長粟裕的疑竇。此前，一營營長林彪槍斃了三名妄圖拉隊伍嘩變的連長。其中一名連長供出二營營長袁崇全也想拉隊伍開小差。袁崇全本人死活不認賬反倒咬他們三人是想拉好人墊背當冤死鬼。

趙爾陸同粟裕一商量，覺得應當找袁崇全本人去摸摸底,套套口風，別冤枉了好人。他二人走到袁崇全住的那個村子的村頭，碰上了二營設下的雙崗雙哨正荷槍實彈地盤檢過往行人。一名哨兵認識粟裕，就對他講："袁營長特別叮囑過，不論是誰，一律不准隨便在村裡走動。尤其要限制自己隊伍上的人,亂走亂闖。二位連領導，就請早回去早歇息了了"

趙，粟二人一聽，心裡就全明白了。他倆急急忙忙回到住地,又聯絡了另外兩個連的連長並且道明了細情。他倆一番話嚇得那二人直吐舌頭。這四個連悄悄集合，摸掉了村頭上袁崇全設下的雙崗雙哨,跑步去見朱軍長。

王爾琢得知詳情後氣壞了，連聲責罵自己瞎了眼，重用了這麼一個壞蛋老鄉當營長。一咬牙,請朱軍長批准他親手把叛徒抓捕回來。

"一個叛徒，追他何用？"陳毅勸止他。

"不行！不能讓他帶走咱們的血本！還有幾門迫擊炮，無論如何也得要回來！"

王爾琢命令一營營長林彪集合隊伍，跑步奔向新地圩。

隊伍趕到新地圩，已是深夜了。夜黑如漆。伸手不見五指。王爾琢站在圩子口的高坡上，高聲喊道："我是王爾琢，接你們歸隊來啦！"

五連和迫擊炮連的戰士聽出是王爾琢的聲音，紛紛起床下地跑來見他。

"你們營長在哪裡？"

"在這裡！找我嗎？"黑暗中透出袁崇全的聲音。看樣子，他早已藏在黑影裡觀察了一些時候了。

王爾琢和袁崇全是一個村子裡的人，從小一起長大。兩人的關係又較為要好。王爾琢憑藉話聲辨別出他站在何處，就大步朝他走了過去。他剛剛走了三、五步，槍聲就響了。王爾琢一頭栽倒在地上。槍聲消逝了.......夜色依舊那麼濃黑......夜空中滑過一串流星，似乎是把王爾琢接走了......

王爾琢，湖南石門人，黃埔一期畢業生,死時年僅二十五歲。五連和炮連的戰士抬著王爾琢的遺體,跟隨林彪返回軍部。

毛澤東、朱德等人聞訊後悲痛不已。

湘南一個月,丟了一個半團,折了一員虎將,真是黑運貫頂了。

好端端的局面，被又一位特派員給斷送了。朱毛二人終生難忘此事。

湘贛兩省的白軍趁機，日夜緊追猛打。朱毛二人忍怒含悲，苦苦拼死周旋。

這一天，朱毛二人從戰地回到八角樓，召開前委會議。

眾人剛剛入座準備開會，哨兵就趕來報告，省委特派員要見毛代表和朱軍長。朱毛二人不聽則已，一聽則怒火中燒。那真是萬丈怒火，從心底霍然昇起。

"不見，不見！不見！！告訴他，我不見！"毛澤東憤怨地喊道。

"潤之兄，先見他一下。若是再傳達狗屁南下命令，乾脆拉出去槍斃！"朱德道。

"別忙，別忙嘞！縣官不打送禮的！保不準是送好消息的喲！"陳毅把一位青年人帶進了屋。

這位特派員帶來兩個消息：第一件事，中央決定紅區部隊全部改稱<紅軍>。<四軍>改稱<紅四軍>，朱毛部隊稱為<朱毛紅軍>。

蔣介石稱自家的軍隊為< 中央軍 >，< 國軍 >，稱共產黨為<共黨 >、< 共匪 >、< 赤黨 > 等等。

中共則回應其為< 白軍 >、< 白匪 >。

自此紅白分明，勢如水火。

第二件事，彭德懷在平江發起暴動。時下他正帶領部隊進軍井崗山。省委要朱毛派人下山主動尋找和接他上山。

"彭德懷？玉階兄認識他嗎？"

"不認識。但是聽別人講起過他。講他是個打硬仗、惡仗、狠仗的鐵漢子，是個不怕死的拼命三郎！"

"我倒是曉得一些！這個人驍勇善戰，為人耿直，脾氣火爆，在指揮藝術上，兵法兵理上，不在王爾琢之下。真得恭喜二位，又得了一員虎將！井崗山添人添槍，可賀可賀！"陳毅雙手作揖，行了個大禮，逗得朱毛等人輕揚笑聲，一掃愁雲。

彭德懷，原名彭得華，湖南省湘潭縣烏石鄉人。他雖和毛澤東同縣，但烏石和韶山，卻被一座大山相隔，兩地來往很是困難。

彭德懷六入了私塾館，從<三字經>學起，一直念到<孟子>，就是沒有讀過<中庸>。所以後人講他，一生梗直，不媚權貴，是因為他沒有讀過<中庸>，不解中庸之道的緣故。

彭德懷的為人處事態度，是深受其親伯祖父的影響。他剛剛懂事時，這位伯祖父已經壽高八十了。伯祖父年青時當過太平軍。彭德懷從他那裡懂得了有飯同吃、土地平分、女人要放腳、殺富濟貧等道理。伯祖父常常教導他，做人要正，做官要清。

　　他剛滿十歲那年，父親同村裡一個人一道外出做生意。那人不幸暴病身亡。父親就揹著那個人的屍身，日夜兼程，半個月後才赶回烏石。屍身已發臭了。父親自己則因過度辛勞，口吐鮮血。從此不能再幹力氣活了。父親仗義為人的好品德，對他影響是很大的。

　　他十五那年，參加了村裡鬧糧。事後，被迫離家出走，去了湘陰縣做堤工。他十八歲當兵，在湖南陸軍第二師當二等兵，後昇至排長。

　　有一天，彭德懷上街買東西，正赶上姓姜人家上街告地狀。原來是，當地惡棍歐某，依仗其兄是督軍趙恒惕的少將參謀，欺侮姜家。當天晚上，彭德懷帶上班長等三人殺了歐某。趙恆惕傳令重辦彭德懷。看押他的士兵，出於行伍兄弟之間的同情心，悄悄放他逃生。彭德懷藏在朋友家裡避禍。他閑著無事，就整天看<三國演義>、<水滸傳>等小消遣時光。他哪裡去想，他自已早已成了如同<水滸傳>中的英雄好漢們一樣的人物了。

　　時過不久，歐少將得罪了趙恆惕而被撤職。彭德懷的官司也無形中被消了案。 他投考湖南陸軍講武堂，並由此起改名彭德懷。北伐開始後，他任唐生智部的營長。就在此時，他結識了師政治部秘書、共產黨黨員段德昌。不久，他因戰功昇為團長。同年他加入了中共，此為一九二八年。

　　師長命令他仿照黃埔軍校，辦一所隨營學校，培養自己的軍事幹部。他任命自己的朋友黃公略擔任校長去辦此事。

　　第二年春天，黃公略赶到南縣上任。他自然要去看望彭德懷、張榮生、鄧萍等老朋友。他們這幾個人都是早先秘密成立的<救貧會>的會員。好友相聚，無話不談。彭德懷等人講了自己帶領士兵鬧餉和與清鄉團搞鬼等等反政府活動的秘密。黃公略坐在一旁，靜靜地聽著，祗點頭，不說話。幾個人聊著聊著就扯到有關新軍閥的事上。

　　"誰是新軍閥？"黃公略突然問道。

　　"當然是蔣介石了！"彭德懷想也不想，脫口而出。

　　"他是我們的校長，怎麼會是新軍閥？"黃公略臉色一變，厲聲喝道。

　　黃公略這一反問，把三個人給問啞吧了。不，是全問傻了！彭德懷心裡暗暗叫苦：莫非自己的好友貼上了蔣介石？再看其它三人，見面時的滿面笑容也已消失得無影無蹤了。一種恨，難以銘狀的恨，悄然涌現在眾人眉間。

〝公略呀，你入黃埔才一年多，就跟定了蔣介石。看樣子,我們不是一條路上的人了。也祗有分手了！〞說罷此話，彭德懷一揮手，張榮生把條白毛巾捂在了黃公略的嘴上,另兩個人一起撲上前，勒住了黃公略的脖子。祗有幾秒鐘，黃公略的臉色由黃變紅,由紅變紫。他的兩條腿使勁地蹬蹭。按住黃公略兩條腿的鄧萍忽然看見，黃公略頻頻用手去指自己的皮鞋後跟。

〝鬆鬆手！他像是.....〞

眾人鬆了手。黃公略一陣大喘氣。他喘著粗氣，脫下了一隻皮鞋。眾人卸下了鞋跟,取出一張紙頭。原來是廣東省委開出的黨組織關係介紹信。

一場誤會差點傷了一條性命。彭德懷差點要了黃公略的命。時隔不久,又正是他自己救了黃公略一條命。

七月中旬，彭德懷到二營訓話。營長陳鵬飛在聊天時告訴彭德懷：〝昨天長沙破獲了一個共黨地下組織。警察在搜房間時，找到了咱們隨營學校黃校長簽發的戒嚴通行証。周師長已經驗看了筆跡，很像黃校長本人的字。大概這兩天就要抓黃校長......〞彭德懷聽了一愣。他強使自己鎮定下來，不動聲色地改口道："哎呀呀,你一提周師長，我倒想起來了。他正有事找我去見他。今天的訓話祗好改改期了......〞

〞我這裡有封打給周師長的電報，麻煩團長順便捎給他好了。〞

彭德懷出門上馬，一連幾鞭子，便駛离軍營好遠了。這時,他掏出電報和密碼本子，很快譯出電報。電報上寫明，中共南華安特委負責人在長沙被捕叛變，已供出黃公略是中共黨員。軍部命令周師長和李副師長立即逮捕黃公略。彭德懷把電報撕碎,嚼了嚼, 嚥到肚子裡。他赶回團部,立即找來鄧萍等人，還特別請來省委特派員藤代遠,舉行秘密會議，會上彭德懷詳細介紹了情況並建議立即舉事，發起暴動。

〝必須立即起義！抓捕黃公略祗是一個開始。我們不能等著被抓！〞

"以什麼名義？"鄧萍問道。

"鬧餉！最近又有兩個月沒發餉了。特派員，請你立即轉報省委，馬上批准我們的請求。"藤代遠聽後,點了點頭，並提了個建議:"起義部隊的番號，就叫個〈紅五軍〉。毛澤東的部隊叫〈紅四軍〉。我們排在他們的後面,向他們看齊！"眾人一致同意。

隨後，彭德懷佈署了起義細節和任務。他又給周師長發了一封電報，聲稱已抓到黃公略。這既穩住了師長，也給自己爭取到了時間。

七月二十二日上午，彭德懷用開會的辦法，扣押了不願參加起義的軍官。十一點鐘，全團官兵在天岳書院的大操場上集合。人人結上紅帶子，正式宣告平江起義。

起義部隊下午收繳了縣民團和清鄉隊的槍支彈藥，肅清了反動武裝。瞬間，滿城紅旗飄揚，到處是標語傳單。在鬥爭大會上，宣判和處決了一批有民憤的土豪劣紳。

平江起義後，湘、贛、鄂三省聯軍一起堵截圍剿紅五軍。蔣介石得知紅五軍要上井崗山的消息後，頻頻嚴令各省限期清剿。

紅五軍被迫在長壽街、黃金洞和萬載大橋等地同白軍苦戰。因兵力相差懸殊，作戰連連失利。兩千多人打得祗剩下六百餘人。

此刻，彭德懷為了早日上井崗山，他把部隊一分為二。小部份由黃公略帶領，在湘鄂邊界和銅鼓一帶打遊擊，吸引白軍的追剿。他自己則帶上大部份人馬，掩旗息鼓，悄悄地抵達萬載城下。

萬載守軍還以為紅五軍尚遠在銅鼓一帶，根本沒什麼防范。紅五軍如天兵突然降臨，殺得守軍倉慌逃跑。這一戰繳獲甚豐。單祗那布疋就讓這幾百人無法扛走。他們索性把布疋纏在腰間，裹在頭上，浩浩蕩蕩向井崗山奔去。

在茅坪，毛澤東和朱德會見了彭德懷。

＂你也打算落草為寇了？＂毛澤東風趣地問他。

＂沒有了梁山，咱就上井崗山！＂＂有，有梁山！井崗山是紅色梁山！＂

＂那就推老毛當個紅色山大王好了！＂彭德懷講完，兩手合揖一拜。這把毛澤東樂得眉飛色舞。

＂咱們都是山大王！一群紅色山大王！＂

＂德懷不才，甘當馬前卒！＂

由此，彭德懷一生榮辱同毛澤東緊緊聯在一起了，無形中也成了映出毛澤東人品的一面大鏡子。

這正是：

敢 在 陣 前 搖 戰 旗，

敢 闖 刀 山 踏 火 海 。

榮辱臨頭一笑之，

甘當革命馬前卒。

欲知後事如何，請看下回分解。

# 第 十 五 回

## 瞎指揮井崗告危

## 洋命令朱毛下山

　　話說彭德懷上了井崗山後，山上添人又添槍，更多了一員虎將。　這本是讓毛澤東高興的事，可是這時的毛澤東，就算再加多幾件此類喜事，他也無法高興半分。

　　俗話常講，人若背運，喝口涼水都塞牙，那是走路放個屁，也會把腳跟砸出個大個大血泡來。是不是有點邪門？若說不是，可這兩句話，全在毛澤東身上名了驗。毛澤東最討厭特派員。最近這兩位特派員，讓他先後遭到後來中共黨史、軍史上稱之為的＜二月失敗＞和＜八月失敗＞。他真是怕足了特派員。他越拍，還越不成。沒過幾天，特派員又找到他頭上了。

　　這一次，　不是省委，也不是黨中央派來的，而是外國，來自遙遠的蘇聯莫斯科，是洋特派。人家沒露面兒，一是路途太遙遠了；二是有無線電發報機，現代通訊工具，一按電鍵，就傳達了指令。自然，這種洋特派就更厲害了。厲害到可以叫毛澤東人頭落地，命喪黃泉。何等厲害！

　　這厲害得從中共＜六大＞講起。

　　中共＜六大＞是在蘇聯的首都莫斯科召開的。因為中共本就是俄共的一個支部。名義上的掌門人是陳獨秀，實際上是列寧，後為斯大林。

　　斯大林上台後，開始遙控中共的舉止言行。這回把會場設在莫斯科，更方便聽取斯大林的命令了。

　　閉幕式上，斯大林派布哈林做了長達九個小時的主題報告。雖然布哈林本人在後來的＜肅反擴大化＞中被斯大林殺掉了，可他此時的報告是代表蘇共中央的，特別是斯大林本人的心意的。

　　布哈林先是強調大知識份子，如瞿秋白、張國燾等人不能做黨的領袖。接著他又講道，朱毛紅軍祇在井崗山ˇ進行蘇維埃活動，是沒有前途的ˇ。他強調指出ˇ紅軍不能高度集中ˇ，這樣會ˇ吃掉老百姓手中最後一隻雞，從而引發老百姓的不滿。ˇ

　　這段文字直接從俄文翻譯過來，盡是洋腔洋調，難以理解。

　　用中國土話講，就是：你老毛不能學土匪，佔山稱王，搶吃搶喝，甚至連老百姓的雞也吃光了。而不去打白軍擴大地盤。

　　布哈林更以專家加上帝的口吻提出，"黨的高級幹部要离開軍隊"

　　他代表斯大林下達命令："毛澤東和朱德到蘇聯學習一段時期"。

　　不難看出：這是布哈林，不，是斯大林本人對井崗山伸出手，奪井崗山的權，要給朱毛二人洗洗腦，以便供斯大林任意驅使。

　　毛澤東沒出席中共<六大>。他仍被選為中央委員

　　他看完中共<六大>文件後是喜憂參半，更準確地講，是憂把喜全淹沒了。憂，則太多太多了。喜則少得可憐。

　　令他寬慰的是，張國燾不再可能登上黨的頭號交椅，去整自己了。要命的是，斯大林命令他和朱德率軍下井崗，而後再雙雙离開軍隊，再後，是二人結伴去莫斯科受訓洗腦，成為一隻乖乖聽命的哈吧狗。這太可怕了！

　　毛澤東要依照斯大林的成命向黨員們傳達會議文件。傳達之前，他找來朱德、陳毅、彭德懷和藤代遠等負責人開了個小會，先通通氣。毛澤東念罷文件，眾人靜坐不語。屋子裡祗見煙頭連連閃動紅光點，煙霧越來越濃，簡直能嗆死個大活人。

　　"看樣子，不下山，斯大林同志要彈我們的腦殼了，那可大事不好囉！"陳毅開了口。

　　"老毛，你和玉階兄真會去蘇聯？"彭德懷問道。

　　"共產國際要給我們倆洗腦子。這明擺著嘛……我們倆……"朱德見毛澤東臉色不悅，講了半句，便打住了。他連斯大林的名字，都不敢提半個字。

　　"石穿兄"陳毅喊著彭德懷的字，坦誠地道我敢打賭，誰若叫斯大林給恨上了，還沒有哪個人能逃出生天。我在法國聽人講，就算你唯唯諾諾，百依百順，也免不了吃他的板子喲：國際，國際，還不是他的……這洋特派嘛，可比土傢伙威風多了！"

　　彭德懷一時尚不清楚特派員們的厲害，但他相信陳毅，知道陳毅同自己一樣，是個講話不會拐彎的人。覺得他之所以這麼講，一定是真傢伙！

　　"玉階兄，咱倆怕是留不成了。井崗山也自身難保了！這白軍大兵壓境，共產國際又在敲我們的腦殼……"毛澤東眼望朱德，長長地"嗨"了一聲，幽幽地感嘆道。

＂那可不成！＂彭德懷先就不讓了，＂井崗山一定要保！這是中國革命的象徵嘛！＂

＂石穿兄，你仔細算算，近有湘、鄂、贛、粵的百萬大兵壓境，外有共產國際的一紙命令，就算我們是孫悟空，這斤斗又能翻出去多遠呢？＂毛澤東用反問做了解釋。

毛澤東這一反問，五個人啞吧了兩對半。

沉默。再沉默。

＂老毛，你們大家若是信得過我彭德懷和藤代遠，就讓五軍來守井崗山！＂

＂這也是沒辦法的辦法......＂藤代遠補充了半句，卻表明了自己同意彭德懷的建議。

＂我看，這是唯一的辦法！＂陳毅說道。＂

＂石穿兄，你來井崗山不久，人地兩生，困難不小哇.....＂朱德緩緩地講道。

＂你們下了山，失去依托，在敵群裡鑽來鑽去，不也存在全軍覆亡的危險嗎？幹革命，哪能老想著自己合适？！＂

＂好！好！講得好！＂陳毅一旦激動了，那大嗓門就全放開了，真如大喇叭一般，＂就憑你這句話，該找你交朋友！＂陳毅伸出大手，又要合掌作揖，又想去握握手，忙亂中出了錯，引得幾人好笑一場。

＂講老實話，昨天晚上，我和玉階兄商量了一個晚上。想來想去，怕是缺了你，還真沒人能勝任守山的重任。不過，死守井崗，危險也實在是太大了些。我毛澤東本人實在不願意在此危難之際，把守山的險活，強加在石穿兄的身上。你再考慮一下吧。＂

＂就這麼定了！五軍來守山！＂彭德懷義無反顧地講道，＂祗是請你老毛把井崗山上的老人留下幾個，有事也好商量一下。＂

五人會議一結束，就在紅四軍和紅五軍中層幹部的聯席會議上傳達中共六大文件。當毛澤東傳達到，要他和朱德離開井崗山，去莫斯科洗腦時，會場炸了鍋。

＂請同志們安靜一下子嘛！＂朱德敲了敲桌面，又慢悠悠地講：＂我們先不去評論＜六大＞，先來議議面對強敵，如何打好這一仗的急事情。這一次，敵人可是動了大本錢的喲，整整搬來了三十八個團，兵力相當於我們的八、九倍。這個仗是怎麼個打法，請大家出一出主意嘍！＂

＂我們既不能被敵人嚇倒，也要想問題從實際出發，實際一些才好嘛。＂毛澤東道。

〝打！三十八個團有什麼好怕的？大不了，多轉它幾個圈子，多磨破幾雙草鞋就是了。〞王佐大聲大氣地嚷叫道。

　　"對頭！咱們有井崗山做依托。這可是捉迷藏的天然好場所。怕他個龜孫子！" 有人附合道。

　　……

　　七嘴八舌，嚷得熱火朝天，甚是激烈。

　　〞同志們， 你們聽講過圍魏救趙的故事嗎？〞毛澤東抿滅了煙頭， 暫時把自己心裡的憂愁放在一邊， 全力以付地配合朱德去演戲。 也就是， 既不透露下山是斯大林的命令， 還得給下山找足令人信服的理由。

　　會場上靜悄悄。 大家等著聽他講故事。"敵人打來了。我們用一部份人抵抗，而大部份人迂迴到敵人屁股後面去，在外線攻打他的老窩。敵人被我們打苦了， 就會撤走他的進攻部隊去回援， 去救自己的老窩。這樣子，我們的井崗山才能保得住。你們議一議， 這種打法好不好哇？〞

　　〝這個打法也蠻新鮮的， 挺不錯嘛……"王佐思索著道。

　　〝我的意思是， 我們全山上的兵馬擠在一處， 死打硬拼， 是守不住的， 保不了井崗山。我們大家都不想丟掉井崗山。 我們必須用更巧妙的打法， 打退敵人的這次進犯！" 毛澤東講完，眉頭重又皺了起來。

　　"我有個問題。大部隊朝哪個方向進擊？〞

　　〝千萬別去湘、鄂、贛邊界！〞

　　〝湘南也不要去！〞

　　……

　　眾人各講各的，亂嚷亂叫，亂成了一團。

　　〝湘南不能去！〞何長工站起來大聲喊道：我們吃過苦頭了！〞

　　〝我看， 我們可以去贛南……"毛澤東見眾人意見實難統一，就引導了一下子。他的話聲剛剛落地，眾人齊喊贊成。

　　"誰來守山？"王佐急急忙忙地搶著問道。

　　〝怕是不能用五軍。五軍乍到， 人地兩生嘛。五軍去打贛南好了。"

　　"對頭！四軍守山！"

　　四軍和五軍的中層幹部， 還不知道斯大林要朱毛紅軍放棄井崗山這回事。因為毛澤東在傳達中共〈六大〉文件時，扣下了許多內容， 其中包括無論如何， 也不能讓袁文才和王佐二人知道的精神，

　　眾人亂嚷了一陣子，見朱毛二人沒有表態，也就淡了下來。會場也又冷清了。

　　"石穿兄，你來講幾句！"毛澤東點將了。他別無選擇。

　　"五軍的弟兄們，還在萬載，就心急火燎盼著上山。現在上了山，又嚷著下山了。這是做啥子事嗎？彭德懷稍微停頓了一下，穩定了一下自己的心緒，＇辦事情要從大局出發，要通盤考慮嘛。我的意見是五軍留守井崗山。我們五軍要為井崗山立些戰功。不流點子血，我們就對不住井崗山！"

　　"我同意彭軍長的意見！四軍去贛南也很危險。有被圍住的風險。但是，有毛委員，有朱軍長，四軍出征，定會成功！"五軍黨代表藤代遠一表態，五軍的幹部就再沒話講了。毛澤東、朱德和陳毅帶頭鼓起了掌。＇同志們都見到了，五軍就是硬漢子！全軍都要學習五軍！"毛澤東高聲喊道。其實他是想喊一句：彭德懷是條硬漢子。因為四軍一走，五軍和彭德懷就要面對於己二十五倍以上的敵人。這危險實在太大了！

　　毛澤東把王佐和三十二團留了下來。

　　朱毛二人帶上四軍的三千六百人，以及袁文才等一些本地幹部，被斯大林硬卡著脖子，戀戀不捨地，一步一回頭地，下了井崗山，直奔贛南。在戰爭年代裡，朱毛二人就再也沒有回過這座，讓他們二人的名字彪棄青史的翠山。

　　四軍一入贛南，就趕上了一場罕見的大雪。由於地皮溫度高，雪花落地便溶化。路面泥濘。一走一滑。戰士們的衣服全濕透了，凍得渾身打哆嗦。但是，最困難的是，沒地方住，沒食物可吃。

　　"左"傾思潮泛濫，加上白軍瘋狂鎮壓，贛南地區已被紅、白兩軍燒成了蠻荒之地。房屋泥舍全燒成了殘垣斷壁，遍地盡是瓦礫堆。當地大部份居民已遠走它鄉。偶爾能碰見幾個留下來的人，非老即殘。這些人的日子過得不如叫化子，想討碗剩飯，都沒個住戶好上門。這些人一見了當兵的，就兩眼一合裝死。任由喊叫推搡，硬是一聲不吭。

　　紅四軍在贛南找不別吃住。"繼續前進！"朱德果斷地下了命令。全軍已餓了一天了。毛澤東也已餓得前胸貼後背了。他聽了朱德的命令後，朝他點點頭。

　　走了兩天之後，紅四軍抵達贛粵邊界的大庾地區。他們還沒站住腳，贛軍第五師的兩個旅已追了上來。

　　大庾地區的老百姓聽到要來大兵，還沒見到軍隊的影子，全跑個淨光。讓你打聽個路，問問當地軍情，都找不到人去問。

　　四軍走進了贛軍第五師的包圍圈，自己都不知道，直到四面響起了密密實實的槍聲，才知道自己中了埋伏。

　　朱德下令全軍化整為零，分頭突圍，約定在廣東南雄縣匯合。已任團長的林彪率二十八團擔任阻擊任務，掩護全軍突圍。二十八團黨代表何挺穎和一營長張威率領戰士硬是在白軍陣中殺出了一條小縫隙，掩護朱毛二人衝出了包圍圈。何挺穎和張威以及全營大部份戰士壯烈犧牲。

　　毛澤東跑到大庾鎮才甩掉白軍。他一盤點隊伍，身邊除了賀子珍外，僅餘三名戰士。

　　毛澤東跑丟了鞋子。他見到朱德時，朱德脫下了自己的鞋子送給他穿。朱德身上多處受傷，渾身上下沾滿了血跡。陳毅腿上中了一槍，幸好沒打斷骨頭。

　　他們幾個人結隊繼續前行。天黑之後，又摸著黑再走了三十多里路，到了一處小山溝子。朱德把一路上遇到的戰士編成班排。大家就地合衣而臥，藏在這條小山溝裡過夜。毛澤東饑腸轆轆，就捧些泉水作為夜宵了。有的人餓得耐不住了，就嚼幾口野草哄騙肚子，弄得滿嘴的牙全成了綠色的。

　　第二天，到達南雄後全軍匯齊。全軍損失了近三分之一的人馬。部隊又是一整天的急行軍。傍晚時，剛吃過飯，就發現贛軍追了上來，祗好棄宿趕路。

　　走了一夜。到了尋烏縣的吉潭鄉。在一個叫圳下的小村子宿營。不料，一覺醒來，發現己被白軍四面包圍。

　　朱德再次下令分頭突圍。

　　毛澤東在特務營保護下，一路死拼，傷亡過半，方得逃出死地。

　　朱德率領獨立營和軍部機關從另一方向突圍。不期，突出重圍後又誤入白軍旅部防區。朱德等人，左突右衝，一路血戰，人馬大部份犧牲或被俘。朱德殺紅了眼，抱著輕機槍，邊跑邊射擊，一口氣衝出去二十多里地。他回頭一看，跟上來的人，僅有一名警衛員。朱德的愛妻伍若蘭在這次突圍時被俘。

　　伍若蘭生於富人家。她背叛了自己的家庭投身革命。一九二六年她加入了中共。湘南暴動時，嫁給了朱德。她長得高挑身裁，白淨皮膚，性格爽朗，為人仗義，能文能武，槍法極佳。她是朱德前後六房妻室中，最為朱德鐘愛的一人。

伍若蘭被俘之後，寧死不屈，百般受刑後壯烈犧牲。她死後，白軍割下她的頭，送到省城，掛在城門上示眾。

後來，朱德聽到了這個消息。他三日不飲不食，猶如傻了一般。從此以後，朱德特別地喜愛上了養植蘭花，曾達千盒之多。伍若蘭的身影在蘭花叢中，伴他渡過了餘生。

三天後，突圍人馬在尋烏縣羅福嶂匯齊。全軍僅存四百餘人。

斯大林的一紙，胡亂指揮的洋命令，基本上葬送了朱毛紅軍，蝕光了毛澤東的起家本錢。

朱毛二人帶隊，一路東行，過了會昌，到達了江西省瑞金縣的謝坊村。

這正是：

猛　虎　離　山　堪　比　犬，

神　龍　無　雲　困　淺　灘。

孤　軍　涉　險　生　死　地，

地　獄　門　前　覓　生　天。

欲知後事如何，請看下回分解。

（註：朱德先後六任妻室，一、沒留名字；二、陳玉貞，離婚；三、蕭菊芳，早亡；四、賀芝華，生女朱敏，叛變後遭周恩來派人暗殺；五、伍若蘭，犧牲；六、康克清，相伴白頭）

# 第 十 六 回

## 忠 烈 拼 死 守 井 崗

## 叛 賊 負 氣 引 外 狼

話說朱毛二人率紅四軍的人馬去了贛南，單留紅五軍和三十二團守衛井崗山。

不幾日，督軍何鍵秉承蔣介石的命令，指揮四省聯軍，六路兵馬，總計三十五個團，浩浩蕩蕩地殺向井崗山。這一眾人馬把個井崗山圍得如同鐵桶一般，真是裡三層，外三層，水洩不通，隻鳥難逃。

此次何鍵所督部隊非日前幾次所派的地方部隊，全是裝備精良，訓練有素的野戰部隊。南北軍閥已講和停戰，無有了後顧之憂，盡可以放心專一地進剿井崗紅軍。

井崗山的軍事局勢從未如此之險惡，如此之困難。這些全擔在了彭德懷一人的肩膀上了。

交戰雙方，磨拳擦掌。大戰在即，一決高低。

二十七日，湘贛聯軍從群峰的湖南一側發起了攻擊。白軍憑仗優勢兵力和強大的火力對黃洋界、八面山和桐木嶺三大哨口，狂攻猛打，急襲強擊，似乎不砸爛這三大哨口，死不罷休。

大雪紛飛。

寒風刺骨。

身上仍是單衣單褲的紅軍士兵臥在濕土凍地上，堅守著哨口陣地。

彭德懷四下裡奔走，又是檢驗工事，又做士兵的思想工作。他知道，在敵強己弱的時候，更需要膽量和勇氣。書上常講，兩軍相逢勇者勝。勝就勝在一口英雄氣上了。

彭德懷對戰士們講：〝弟兄們，大兵壓境，不要慌張！你們講，那牛牯力氣大不大？對頭，大得很呀！一條水牛少講五、六百斤重，力氣不會小了。可是，你在牛鼻子上拴牢一根細細的麻繩，那牛牯就乖乖地聽你牽著走。我們守山官兵團結起來，擰成一股繩，套在何鍵這條大牛牯的鼻頭上，牽著他走。把他牽到宰牛場上，給他一刀，剝他的皮，吃他的肉，哈……大家別笑我饞嘴想吃肉！何鍵這條老牛牯的肉，又酸又硬，太不好吃了……〞聽彭德懷這麼一逗，小戰士們笑瘋了，"你們也想嚐嚐？我們就活捉何健老牛牯！你們講，能不能？"

"能！"一口同聲喊道，喊完又是一頓大笑。就這麼一喊一笑，戰士們卻覺得自己的心裡踏實了許多，像是有股神奇的力道注入了身體，流入了血管，頓時覺得自己力增膽壯，真地躍躍欲試，想同何健老牛牯一比高下了。

湘軍兩個整編旅六個團主攻黃洋界。

密集的炮火狂轟紅五軍的正面陣地。隆隆的炮聲似乎能震碎陣地上空的烏雲。落地開花的炮彈掀起強烈的熱浪，把大塊大塊的山石泥土，連同剛剛覆蓋上去的白雪，猛地一下子從三尺多深的地底翻揚上來，甩向空中，炸出半人多深的大坑。

紅軍的簡易防守工事幾乎盡被摧毀。炮彈揚起的泥砂，把伏在地面上的戰士，整個身子全埋沒了。炮轟一旦稍停或做延伸射擊，戰士們立即從土層下面爬出來，連身上的灰土都顧不上抖落，就搶著搬石塊，填泥土，加固被炸塌的臨時工事。

六個團，近七、八千人，遠看好似一大群螞蟻，順著山坡往上爬，邊爬邊射擊。

紅軍把礌石和圓木段子順著山坡往下滾。碩大的圓木、石塊，隆隆地嚮著，跌跌撞撞地一路向下翻滾，把爬山爬得正起勁的湘軍士兵，砸得頭破血流，腿斷胳膊折。白軍士兵紛紛甩下槍，捂頭藏臉，不知藏身何處是好。無奈之下，攻山白軍被迫撤下山去

又是一陣炮轟。

又是一輪衝鋒。

又是一陣礌石滾木。

又是一場屁滾尿流的逃竄。

幾次反複後，礌石用光了，滾木用完了。攻山的部隊膽子大了。　白軍官兵漫山遍野地爬了上來。頓時，槍聲、手榴彈聲，在山半腰頻頻響起。

然而，白軍人數實在太多了，根本無法用這稀薄的火力，去阻擋白軍前進。白軍距山頭越逼越近了。　紅軍被迫屢屢發起反衝鋒。紅軍士兵憑借山勢往下猛衝，用刺刀攔住白軍。

雙方你來我往，又是幾陣血肉拼搏。各有傷亡，難分高下。山坡上，陣地上，擺滿了屍體，躺滿了傷員。

兩軍死戰到天黑，才掩旗息鼓，各自休息。

五軍官兵餓了一天，到這時候，才得空就著白雪，吃上幾把炒黃豆粒。

　　雪後,滿地泥濘。坐不能坐,臥不能臥。祇好靠在樹幹上合眼打個小盹。

　　彭德懷連眼也不敢合一下。他帶著參謀人員從這個山頭,爬到那個山頭,巡查各處陣地,探望傷員,鼓舞士氣,忙個不停。

　　四省聯軍輪番進攻;三十五個團交替攻山。然而,白軍大部隊面對井崗山,卻前進不了半步。

　　就在此時此刻,出了個大問題。

　　井崗山下斜坑村,有個村民叫陳開恩。他收了白軍的二百塊現大洋,就替七百名白軍敢死隊隊員引路,沿著他平日裡上山捉石拐雞,城裡人稱為山蛙,學名石蛙的羊腸小道,在山中轉悠了一夜,摸上了黃洋界側面的棍子凹,再翻過金獅面,從通往黃洋界後山的深溝幽谷裡鑽了出來,一下子插到了小井,像把尖刀扎進了守山部隊的後背!

　　頓時,戰局大變黃洋界告危!

　　彭德懷正在茨坪指揮戰鬥。他一聽到這個壞消息,迅即帶著教導隊和部份輕傷員,手拎輕機槍,跑步趕到了小井。王佐聞訊也趕到了。他已得知是陳開恩壞的事。井崗山人都知道,祇有陳開恩專走這條小道抓石拐雞去賣。

　　王佐邊跑邊罵:"你個陳開恩!你個客家鬼頭佬!等我捉牢你,一刀一刀剮了你!"

　　井崗山地區向來存在著土籍人和客籍人的矛盾。

　　客籍人是數百年以前從北方遷移來的居民,又稱客家人。從閩粵邊界起,沿湘贛兩省邊界,直到鄂南,大約分佈著幾百萬,甚至超千萬客籍人。客籍人有自己的文化傳統、獨特的生活習俗和方言。其方言自成体系,俗稱客家話。近年据人類學家考究,客家人實為較純種的漢族人。客籍人多住在山地。土地貧瘠,收獲不豐,日子自然艱辛。

　　土籍人是本地土生土長的居民。他們基本上都住在山下,佔有平坦而肥沃的土地或山間小盒地上的良田。其上層或成為本地地主或富農,或掌領本地的基層政權,為官為吏。當然,土家人也有窮人,甚至佔相當大的比例,與客籍人沒什麼區別。

　　歷史沿襲,兩家人仇怨頗深。有時會爆發激烈的血肉大拼殺和生死械鬥。在湘贛邊區,在已經實現了紅色割據的縣份,寧崗、遂川、酃縣和茶陵四縣,也依舊存在著土客之爭的老問題。其中尤以寧崗縣最為嚴重。

　　毛澤東上了井崗山後,也遇上了這個問題,令他十分頭痛。

毛澤東十分相信階級鬥爭理論。但是，他用階級鬥爭理論亦無法解釋清楚和具體解決這個問題。在毛澤東眼裡，人祗能以階級划分成不同的人群或階層。但是在寧崗則以土客相分。就算在當地的共產黨裡也是土客相分，一清二楚。一旦有了利害沖突，黨的原則頓化烏有，全然失效。

寧崗縣委中，從委員到書記，直到縣長，都是土籍人，唯有袁文才一人是客籍人。革命初起時幾個人尚能合睦相處。日子久了矛盾便顯現出來了。打土豪分田地時，土家籍領導人先頭是不積極，後來是從中干擾阻撓。　因為大土豪大地土基本上都是土家人。田地一分，就勢必要分給客籍人，甚至大部份要分給客籍人。這樣，客籍人就下山了。幾百年爭執鬥爭的中心矛盾，就是誰在山上，誰在山下的問題。在土籍人眼中，這是祖宗遺訓，千古之規，是萬萬不能把成規壞在自己這一代人身上。井崗地區實行紅色割據後，當地流傳著一句＜順口溜＞："客家人的槍，土家人的黨......"意思是說，客籍人拼命打天下，卻讓土籍人當官掌了權。

戰事頻繁，毛澤東十分忙碌，尚在其次。這階級鬥爭理論同社會現實，根本對不上號，才是毛澤東撓頭的主要原因。他在現實生活裡，見的越多，對自己的這套理論也就越撓頭。簡直成了毛澤東心上一道解不開的千載難題。

＜八月失敗＞以後，土籍人民團頭子大叫殺光客籍人。土籍人農會會員也紛紛掛起白帶子，反水加入了民團，帶領白軍和民團去燒客籍人家的房屋。後來，紅軍打了回來，這些土籍人全逃走了。客籍人農會會員就去搶這些土籍人家中的財物。在紅白相爭中，土客兩家的矛盾越發激化。

陳開恩沒有一點土地，是戶鐵杆貧農。他身體瘦弱多病，自己又很懶惰。平日裡僅靠上山抓些石拐雞賣掉換糧吃，生活很是窮苦。他看見客籍人的當家人袁文才隨同毛澤東去了贛南，就信了謠言："毛澤東帶走袁文才是一計，是讓土籍人佔山為王，客籍人連山頂也保不住了。土籍人王佐要當井崗山的大頭領了！"

王佐平時最看不上陳開恩，嫌他又懶惰又膽小怕死。

陳開恩也最恨王佐。平時，他賣石拐雞，全是王佐的部下打著王佐的旗號，拿走石拐雞又不給錢。

陳開恩見王佐領兵守山，就賭著一口氣，要找機會壞他的事，報報昔日舊仇。

白軍攻山敢死隊找他問路，並許給他二百塊現大洋時，他二話沒講，拄著木棍，帶領白軍士兵走了這條罕人知道的秘密小道。他坑了王佐,也害了守山的紅軍。他引狼入室當了井崗山的叛徒。全部原因祗為負了一口氣。土客恩怨讓白軍揀了一個大便宜,得以攻克井崗山。毛澤東的階級鬥爭理論也又一次泡了湯。

白軍敢死隊登上山頂,四下分兵,切斷了三大哨口的聯係。彭德懷的指揮立即癱瘓。

黃洋界最先失守。

八面山的後路被封死,彈藥送不上去了。守山紅軍打光子彈後,不得不墜崖逃生,僅存活十幾人,餘者或死或傷或被俘。八面山亦告失守。

白銀湖的那個營原本打得很好,戰士們越戰越勇。但是,黃洋界和八面山相繼失守後,白銀湖就處於被兩面夾擊的境地,傷亡驟然增多。主陣地被撕破後,守山的紅軍反倒是被逼下山去。苦戰片刻,全營傷亡過半,僅有少數幾人逃走。白銀湖終也失守。

三大哨口失陷,茨坪暴露在白軍炮火之下。五軍軍部已在步槍射程之內。茨坪亦將不保。

彭德懷已經三晝夜沒合眼了。五軍人馬僅餘下分散在茨坪陣地上的這五百來人了。他的心快要裂了,碎了……

"彭軍長,你快走!"王佐手拎砍捲了刀刃的鬼頭大刀,滿身滿臉是血,踉踉蹌蹌地進了屋,嘶啞著喉嚨嚷嚷：「客家人反水了!」

"快講講，怎麼了？"

"這些客家佬……全是狗娘養的!"

原來，跟了王佐多年，又深受王佐器重的客籍人張家駿,時任三十二團二營營長,見到井崗山守不住了，趁勢拉走兩個連投降了白軍。隨後他又引路攻山，沿著另一條秘密小道,抄到了茨坪後腰位置。這被王佐發現了。王佐帶著大刀隊迎頭殺了上去。一陣砍殺，他手刃了張家駿，自己也挨了一刀,幸不很重。為救彭德懷,他連裹裹傷也顧不上了,急忙跑來報信。他的三十二團也祗剩下一個警衛連了。

"王團長，這些傷員……"彭德懷十分犯難地問他。

"全交給我!"王佐又把自己最得力的兩名貼身衛士，推到彭德懷面前，大聲說道：「這是小狗子、二牙子。他們倆路熟,給你帶路。你快走吧!」一轉身，又吩咐兩人："出了事,刀砍了你們!"

這時,藤代遠走到彭德懷跟前講：「毛代表，朱軍長，臨下山時，以軍委名義留下一句話，讓我以軍委委員和黨代表的雙重身份，如大小五井失守，五軍可以衝下井崗山，取道贛南找他們。我看,該是執行軍委命令的時候。」

"嗯？有此……"

"毛代表還交給我一條繩子。說是,若你犯了牛脾氣, 叫我綁上你, 派人抬你下山。朱軍長還叫我轉告你:一個兵,一條槍, 就是一把火種,千萬要保留下來！"

彭德懷望著繩子, 嘴裡念叨著:" 火種……火種……" 他精神一振,狠狠地叫道:"不！不用綁！現在就走！傳令,立即下山！這五百火種,帶給老毛！"

在小狗子和二牙子引領下, 這五百人從白軍縫隙中間穿了出去, 下山後直奔荊竹山。

小狗子他倆引領的路,沒法叫做路,全是在石崖上和岩石表皮上爬行。他們爬了整整兩天兩夜,才爬到荊竹山。一到荊竹山, 迎面有兩營白軍一個民團大隊守著路口。

"弟兄們, 這是最後一道關口。我們必須衝過去！本軍長為你們開路！"彭德懷說完後,手抱機槍,衝在最前頭。這五百人闖過去四百多人。

茨坪失守。五井被佔。井崗山全面失陷。 陳開恩有罪。 張家駿有罪。最大的禍首遠在莫斯科。斯大林放棄井崗山的願望實現了。無一人指責他半分。他仍然偉大, 仍然是中國紅色革命的好朋友、好同志和導師。

督軍何健傳令:" 對井崗山, 石頭要過刀,茅草要過火,人要換種！" 井崗山立刻成為人間地獄, 閻王爺的殺人場,慘不堪言……

這正是:

槍 炮 殺 聲 罩 茨 坪 ,

血 雨 腥 風 鎖 五 井 。

石 頭 過 刀 草 過 火 ,

最 最 無 辜 是 百 姓

欲知後事如何, 請看下回分解。

# 第 十 七 回

## 極 左 潮 錯 殺 袁 王

## 過 激 派 難 得 民 心

　　話說彭德懷依照毛澤東的命令，下山後闖過荊竹山直奔贛南。一路上缺食少水，餐風露宿，十分困苦難耐。偏偏各路白軍和民團又時時截殺偷襲，人員損失慘重，進入贛南沒幾天，人員上已不足百人了。

　　彭德懷遭此困境，才算知道了瞎指揮和特派員的厲害了，更知道那洋特派一旦瞎指揮起來，其害人之深，是遠遠超過土特派十萬倍、百萬倍，讓你損兵折將，丟土失地，卻又不敢指責他半句。

　　客觀些講，就算沒有陳開恩的叛賣，沒有洋特派的指令，井崗山一塊彈丸之地，終久是守不住的，因為彈丸之地，如井崗山之方寸，是無法展開大型＂轉圈子＂的。對此，毛澤東心知肚明，才肯拉隊伍下山，以保存＂火種＂。彭德懷僅僅是毛澤東同斯大林角鬥中一枚小卒子而已。

　　這一日，彭德懷一行人馬來到了一座無名小山腳下。家家庭院清潔，像似剛剛打掃過的。孩子們雖然衣衫破舊，卻格外地歡鬧嬉戲。他們走近村頭時，碰見的人都雙手抱拳合揖，互道恭喜。這種景象在戰亂地區，實屬罕見。故令彭德懷等人心中好生納悶。

　　"今天是個嘛日子？"彭德懷問道。

　　"看樣子，不是臘月三十，定是大年初一。怕是過年了！"藤代遠幽幽地說道。

　　"啊？！過年了？"彭德懷吃了一驚。這些長年累月在死亡線上找生存的人，連白天黑夜都倒顛著使用，哪有心思去想什麼過年過節之類的事情。

　　彭德懷見了藤代遠的表情，心想，這位黨代表也算得上是一位硬漢子了，在閻王爺的生死薄上，他的名字也被紅判筆勾了又勾，抹了又抹，不知折騰過多少回了。不期，如今說及過年，也會如此兒女情長，思緒萬千。這俗人凡胎，總難離塵卻世，舍去一片凡心哪。當官的尚且如此，想必那戰士們祇會更加思念親人。祇是軍人常常會把七情六慾，藏得更深些罷了。念及於此，他有了主意。

"往後傳，步子大些！我們要走快些,找處大村大鎮,打個土豪,也過個肥年！"

彭德懷帶隊匆匆穿過幾座小村莊，來到一處大集鎮,就在附近停下休息。到了臨近午夜時光,年夜飯就要上桌之時,彭德懷率隊進了鎮子,幹那打土豪的樂事去了。

彭德懷等人過了一個肥年，吃足了財主家的年夜飯後，又大包小包地裝滿了敬神用的各樣貢品。彭德懷正要下令號房子住宿,突然聽見鎮子外面響了槍。他們祇好扔掉臘肉臘腸臘鴨子，拎起步槍,急忙突圍。幸好撤得快,沒有造成傷亡。

彭德懷長嘆了一聲：人若倒霉,那是放個屁,也會把腳後跟砸出個血泡來。

彭德懷一行人加速行軍，在离瑞金縣城不足三十里處，恰巧碰上了毛澤東派出來尋找他們的偵察兵。

彭德懷等人進了瑞金城,休息了兩天。朱毛二人也從閩西率隊歸來。

人若是在閻羅殿前打過轉轉後,再回到了人間陽世,那是見到什麼都會覺得倍感親切。這群摸過閻王鼻頭的人,再次相聚,那是格外地熱乎。

"石穿兄，受苦了！"毛澤東的一句平平常常的問候，把條血性漢子問得兩道熱淚順頰直下。彭德懷又是點頭,又是搖頭,,不知該如何表示才好。他抹了抹淚水，羞愧地講："老毛，軍長，怪我無能，把井崗丟了......處份我吧......"

"這叫什麼話！我和潤之下山後，原本想打下一個大縣城，吸引一些圍剿部隊，不成想，下山後被追得好苦,實在沒辦法......"朱德實話實講，講著講著，就講不下去了。

"我們乍到瑞金時，已不足四百人......"毛澤東一提起這些事，頓時諎然神傷。

"我祇有百十來人了......"

"玉階兄的愛人,不幸遇害......"彭德懷聽到這裡,不由痛叫一聲。他多次見過伍若蘭，對她的印象好極了。他默默地摘下了棉帽子,微微地低下了頭。朱德別過臉去,用手背抹去兩行淚水。軍人,哪怕是軍神,也自有自己的感情。

過了一小陣子，毛澤東掏出香煙來，一人一支,吞雲吐霧狂吸起來。三人默默無話。

"石穿兄，你留下來，在四軍軍部先幹著，先委屈一下你，給玉階兄當個副手。代遠到陳毅那裡幫幫忙，掛個副主任的名。那百十來人先編到大隊伍裡。你看如何？"毛澤東問道。

正在這時，陳毅拉著藤代遠的手，又講又笑進了屋。

"哎呀呀，我緊趕慢趕，還是遲了一大步喲！石穿兄，那就用不上我來解繩子了？哈哈......"陳毅這麼一攬合，屋子裡的氣氛歡快多了。"石穿兄，別怪我囉嗦。我還是要講，有了火種，就能燎原......"朱德仍想安撫彭德懷幾句。

"對頭！星星之火，可以燎原！"毛澤東打賭般道："天下......整個天下，一定是我們的！"毛澤東講完，兩眼直直地，望著彭德懷，似乎在問他，相不相信自己的這個判斷和預言。彭德懷點了點頭。眾人亦為毛澤東的自信所感染，頓覺心頭寬鬆了許多。

彭德懷剛剛當了三天副軍長就耐不住了。這<副">字看上去沒什麼特別的不好之處。若是後邊再加上個<師>字，<軍>字，也蠻氣派的，官位也算顯赫。然而，這個<副>字，是個有職無權，無足輕重的虛位。軍中有句順口溜，叫做"參謀不掛長，放屁沒有響；頭前加個副，說話不算數"。真是絕妙的寫照。

彭德懷之所以一心上井崗山，是想大幹一番，弄出些名堂來。結果敗得比平江更慘。盡管是大家都誇他能顧全大局，可是自己心中總認為自己是個敗軍之將，沒面子見人。毛澤東給了他個副職，看上去挺有面子，而實際上沒事好幹，整天歇著。他思前想後，想了又想，猛地一拍後腦勺子，起身幾大步，就到了毛澤東的住處。

"老毛，我得回井崗！"

正和朱德、陳毅一起商談工作的毛澤東，一聽此話，不先答話，而是神神秘秘地斜著眼，把朱德和陳毅兩人掃了一圈，突如其來地哈哈大笑起來。朱德和陳毅兩人也莫名其妙地跟著他笑上了。這一來，把個彭德懷笑懵了，愣住了。他一尋思，是人家三位早已料定了自己，會有這麼一天，要這副樣子，講出這句話的。想明白了，他自己也禁不住笑上了。

"坐，快坐下！何必這麼急喲？"毛澤東又是讓坐，又是遞煙，十分客氣。

"我可見多了急性子！和你石穿兄比，你是萬不挑一，無人可及喲！哈哈，......"陳毅開著玩笑，拉他在自己身旁坐下來。

"你們莫要笑我！我沒有你們的那般本事！可是我一向不服輸。輸了也不認輸。小時候跟人家摔跤子，按規矩，誰被摔倒了，誰就舉手投降。輪到我被摔倒了，我不光是不舉手，還死死抱住人家大腿不放手，摔疼了，來了火氣，就咬人家一口……"他還沒講完，就逗得三位一陣好笑。

"哪裡跌倒，哪裡爬起來嘛！"陳毅拖著川腔說道。

"想法蠻好嘛，我沒意見！玉階兄，是不是撥出一個營，讓石穿兄先帶上？"

毛澤東留彭德懷守井崗山，心裡的算計就多去了。他除了讓彭德懷守山替他解燃眉之急外，還想測測彭德懷的用兵謀略何等深淺。更重要的是，看看彭德懷對自己的忠誠程度。

其實，井崗失守，早在他的預料之中。再有，彭德懷重回井崗山，是毛澤東十分期望的，但也是毛澤東十分難以張嘴的事情。剛才彭德懷一走到屋門口時，毛澤東心裡就樂開了花。

"我沒意見！"朱德爽快地表了態。"眼下，瑞金人馬也不多。大家祗好將就一下了！"

第二天，彭德懷帶上隊伍直奔井崗山。走在路上，彭德懷覺得心裡總有點什麼東西壓著似的，可又搞不清楚，究竟是什麼。 是嫌朱毛二人沒有挽留自己？ 是嫌一營人馬太少了？是嫌……全不像！可是又能從中找到些微的影子。

走著，走著，他慢慢地想通了。事情得靠自己去幹。隊伍得靠自己去拉。隊伍打散了，得自己動手重新組織，不要指望別人白送禮。陳毅能講，哪裡跌倒哪裡爬的話，就表明，大家正在看自己是怎麼爬起來的。"我姓彭的就爬個樣子，讓你們瞧瞧好了！"

彭德懷重返井崗山時，正巧趕上蔣桂戰爭爆發了。何健領兵去攻打李宗仁。井崗山地區的白軍全撤走了。

彭德懷一到茅坪，早有王佐帶著一營人馬上門見他。

"彭軍長，你可回來了！想得我好苦……"這位綠林好漢十分義氣，"何健走後，我把打散了的人攏了攏，現下已有四百來人，兩百多支槍。特委叫我先使用營級番號。你一回來，井崗山還是咱們的天下！"

聽到彭德懷回山的消息後，藏在山林裡的何長工等人紛紛歸隊。五軍一下子拉起一千多人馬。

彭德懷自己也沒能料到隊伍能恢復得這麼快。在何長工、王佐這些井崗山老人的策劃下，五軍先後打下了永新、蓮花、酃縣等城池，不僅搞到了糧食和軍需物品，還擴充了隊伍。僅僅頭兩個月，隊伍已達五千多人了。這比平江起義時人馬還多。

井崗山又飄起了紅旗。彭德懷的臉上露出了笑容。

正在這時，袁文才從瑞金悄悄地回來了。他藏起來不見人，連彭德懷也不見。彭德懷聽到此事後，也不急著見他。彭德懷心中有數。

當初，毛澤東傳達中共＜六大＞文件時，沒有把全部文件傳達給中層幹部。在沒傳達的部份裡，包括共產黨和土匪隊伍的關係問題。文件上規定"……對土匪或類似的團體聯盟，僅在革命暴動之前宜加以利用。暴動成功後，應解除其武裝，並嚴厲鎮壓他們。……對他們的首領，應當做反革命看待，即使他們幫助了武裝起義，亦應如此。應當殺其領袖，爭取其群眾。……"

毛澤東本人，乃至五人核心領導成員，一致反對斯大林和中共中央的這一指示，並認為這是極左思潮，是激進派的過激主張。正是五人一致反對殺死王佐和袁文才，毛澤東才肯把袁文才帶下山保護起來，彭德懷守山時依舊重用王佐。

彭德懷見袁文才藏起來不見他，就猜到他是知道了 中共＜六大＞文件中那段規定了或是聽到了什麼風聲。

他心想，如果袁文才再把此事透露給王佐的話，那麼，王佐那個團很可能會反水。五軍剛剛恢復元氣，萬萬不能發生反水的事。彭德懷覺得還是找王、袁二人來談談，明明白白地告訴他倆，我彭德懷不同意＜六大＞文件精神，不同意殺你們。老毛、朱軍長全都不同意。讓他倆徹底把心放在肝上，別總是提心吊膽了。

彭德懷猜得很準。袁文才確實是知道了＜六大＞精神，並親眼看過了＜六大＞文件。

在毛澤東的衛士中有一人叫劉天林，是客籍人，是袁文才的死黨之一。此人身高力大，槍法極佳。袁文才派他保護毛澤東。他幹得很是盡心盡力很出色。幾次突圍，多虧了他生拉硬拽，才使跑不快也跑不遠的毛澤東和賀子珍脫了險。毛、賀二人把他當成家人看待，十分信任他。

一天，他和賀子珍一起整理文件時，看到了＜六大＞文件。他曾念過幾天書，自然看得懂＜六大＞文件。他吃驚之餘，偷走這份文件並交給了袁文才。

當初，袁文才要下山時，客籍人就紛紛勸他：'莫上了人家的當。叫人家調虎离了山。客家人命在山上。下山就沒有了護身符！'等等。袁文才一看文件，全信了這些話。

他喊上劉天林、劉輝宵等一幫子客籍人老部下，連夜逃离瑞金。

臨走之前，袁文才等幾人來到毛澤東的住處，對著毛澤東的住屋,深深地鞠了一大躬。劉天林把賀子珍給他特做的布鞋,留下一隻，放在了屋門口，把另一隻揣在懷裡帶走....

袁文才被找來後,彭德懷任命他為五軍副參謀長。他一口回拒了。彭德懷祗好打開天窗說亮話了。

▼袁老俵，我知道你看過了＜六大＞文件。我告訴你，那是亂彈琴！我、毛委員、朱軍長曾商量過,你們二人是有功之臣，怎麼能殺？殺了,還不讓天下人罵死我們共產黨！"

"這可是中央的精神！中央的話,敢不聽？"

"見他個鬼中央去吧！老子,還有老毛他們，信了他們的鬼吹胡,才吃了這次大虧！我操他八輩祖宗！"彭德懷越講，火氣越大，索性破口大罵上了。那伙子吃洋面包的人，哪裡懂得中國革命？全是它奶奶的瞎指揮！老子不聽！老毛不聽！你也別聽！▼

袁文才聽完他這番話後，心裡踏實了，又積極工作了。

彭德懷將情況寫信報告了毛澤東。毛澤東複信表示同意他的安排和處理。

袁文才也好，王佐也好，全是過慣了＜天不怕、地不怕、人不怕＞的＜三不怕＞生活的綠林漢子。盡管他們二人先後入了黨，但對共產黨的章程卻知之甚少甚淺。其實，早期的黨員，除了一些大知識份子，略為多知幾句馬列主義的名詞外，其餘的人對共產黨知之有限。特別是農民黨員,入黨僅僅是入了一個團體,宣誓則如同一項宗教儀式或是一門幫派的儀式一樣。這些斗大的字不識半升的老農民,對＜主義＞一類的名詞，祗是聽聽而已，聽過後全忘光了。如若細細追問,那是半句也沒聽懂。袁、王二人能和毛澤東共事,全是出於義氣。毛澤東本人又擅於駕馭這兩匹無韁野馬。換上了別的人,則全然是另外一碼事了。

邊界特委的負責人原本就同他二人矛盾重重。特委接到＜六大＞文件後，就認定必殺王、袁二人。僅僅是礙於毛澤東的權勢而未敢下手。毛澤東离開了井崗山，特委的人對他二人的殺意越來越濃了。

彭德懷重回井崗山後，大約也就三個多月的時候,有一天,特委書記朱昌偕跑來見他。朱昌偕一進門就大喊大嚷:"彭軍長,大事不好！王佐他倆反水了！▼

▼啥子嘛，亂講！▼

▼我們特委決定攻打吉安，就召集各地武裝到特委集合，準備重新編隊，統一指揮。到了特委開會時，袁文才卻講要把各縣的武

裝，全編到他的特務營去。我們特委不同意。王佐就把匣子槍往桌面上一擺，問我們是不是想死。他們倆帶了一個加強連。 特委人手少，打不過他們。我們氣得……氣得……"

朱昌偕把話講到這裡，彭德懷已經全聽明白了。他覺得朱昌偕的話，不大服人，有好多東西藏下了。他幾次想張口反問一句："真這樣嗎？"可是又張不開這個嘴。朱昌偕畢竟是特委書記。當年，中共有條紀律或是規定，部隊走到何地，必須得接受何地黨委的領導。故而彭德懷無權質疑朱昌偕的話是真是假。彭德懷祇好表示，由自己出面找他二人談談，打通一下思想。

此時，朱昌偕又講，袁文才到處嚷嚷〈六大〉上決定殺光土匪，弄得幾支收編了的土匪隊伍人心惶惶，怕是要生事了。

"這就嚴重了！"

"他們倆反水是遲早的事。〈六大〉精神總得要兌現執行。"

"倒也是……"

兩人正談著，特委派人送來中央特派員彭清泉的親筆信。彭清泉信中表示，王、袁二七確實要反水，並命令彭德懷處決王、袁二人。彭德懷並不在乎這些特派員，他剛剛吃過他們的苦頭，根本不把他們放在眼裡。 於是，彭德懷對朱昌偕講："你們先別著急，我明天就找他倆談話。"

"彭軍長，能否今天就談。事情很急。"

"那也好。你叫他倆來見我。"

"我可搬不動他們倆。最好叫你的警衛員去，他倆認識你手下的人。不過，他們倆架子大，派頭足，最看重面子。得去個連排長，再帶上幾個兵。他們也許會動動窩。"

"好吧。你們一道去。"

朱昌偕帶著警衛連的人，去了袁文才的住處。朱昌偕頭一個闖進了袁文才的屋門，不言一聲，掏出手槍，一連就是三槍，將袁文才打死在床上。

"你搞什麼名堂？警衛排長大聲喝斥他。

"你沒看見他正在掏槍嗎？土匪一出槍，哪還有你我的活路？"朱昌偕巧弄舌簧。

王佐聽見槍聲，帶著他的貼身衛士衝出院門，朝街上跑去。

"王佐反水了！王佐反水了！"朱昌偕大喊大叫，邊追邊喊邊開槍。

王佐跑到東門外小河邊上站下了。他不會浮水。他回頭一看，朱昌偕已經帶人追了過來。王佐祇好跳進河裡。幾天後，在小河下游的水面上浮起了他的屍身。

袁、王二人被殺後,特委著手接管他的部隊。幾天後,整個部隊跑得不足一個班了。特委帶人上山搜捕反水份子時,眼看見三個人進了村子,可是找遍了全村,不見三人的身影。他們見到一位白髮蒼蒼的老婆婆,就向她打問。

"沒看見。我眼瞎了。"老婆婆脫口而出。

"你聽沒聽講王佐他們反水了?"

"俺沒出門。俺光聽講五軍反水了"

追捕人員張大了嘴巴,講不出半句話。

最吃苦頭的是彭德懷自己。他率兵攻打永新縣城時,走到旗鑼凹,遭到白軍伏擊,一下子損失了七百多人和二十幾位連級幹部。這是他二上井崗山後最大的一次損失。而這旗鑼凹正是毛澤東和王佐聯手伏擊尹道一的地方。很明顯,是有人給白軍報了信,通了風。此後,五軍一舉一動,都有人給白軍送情報。井崗山已經呆不下去了。祇有撤离下山了。

斯大林和共產國際,以及中共中央的大員們,終於徹底實現了自己的終極目標:朱毛二人永遠不可能再"賴"在井崗山了。

俄共為中國支部製定的＜六大＞精神,得到了徹底的貫徹。左傾思潮佔了上風。 這陣狂風拔光了井崗山上的紅旗,也吹光了老百姓心裡對中共的信任。

對這檔子公案,老井崗山人則另有自己的看法:"袁、王二人不能合兵共事一主。袁、王兩字合在一起,就唸成了＜冤枉＞一詞了。豈能不吃冤枉官司,丟掉腦殼?"

毛澤東本人自有看法。 他通過黃公略差點被卡死和袁、王二人被錯殺兩件事,認定彭德懷是個翻臉不認人,不講義氣,不講情面,渾身是反骨的人。以後,一旦反目,必須搶先下手,否則吃虧的定是自己。

彭德懷因袁、王之死,自己被冤枉了一輩子。

這正是:


恩 恩 怨 怨 是 非 多 ,

到 頭 全 是 無 妄 禍 。

眾 人 皆 迷 君 醒 否 ?

茫 茫 紅 塵　誰 看 破 ？

欲知後事如何,請看下回分解。

# 第 十 八 回

## 前委軍委爭權急

## 請辭患病都是戲

　　話朱毛二人領兵進駐瑞金後，得到了暫時的喘息和休整的幾會。在當地的中共地下黨組織的支持下，部隊擴編迅速。先前被打散的幹部戰士紛紛設法歸隊。部隊的戰鬥力也逐漸恢復，並有所加強。正在這時，從福建省汀州城那邊傳來情報，當地的地頭蛇郭峰明，狂妄地向朱毛紅軍叫陣，氣焰十分囂張。

　　郭峰明是閩西世襲土匪的後裔,到了他這一代,他主動地投靠了蔣介石。蔣介石賞了他一個少將旅長的空頭銜。他身踞群山之中,幹上了土匪加軍閥的勾當，儼然是當地一個小皇上。

　　他聽講朱毛紅軍到了瑞金，就不知深淺也吹起牛皮，叫嚷："什麼狗屁朱毛！他若敢到本太歲頭上動土，我就殺豬拔毛了！"他叫手下的人，在他府門前面的一處曠地上，架起殺豬用的木案板，又擺上一口大煮鍋,燒了一大鍋開水,天天幹上了殺豬拔毛的營生。

　　屠夫們也狗仗人勢，甚為張狂，教人糊了一堆紙帽子，又高又大,寫上毛澤東、朱德等人的名字,宰剝好光豬後，在豬頭上戴上這些紙帽子，惹得圍觀的人們一陣又一陣地哄笑。當地中共地下黨組織受不了這種刺激,屢屢派人找到瑞金，向朱毛二人反映這一情況。湊巧此時的朱毛二人也正想打一仗，揚揚軍威，搞些軍需物品。自然而然，就選中了郭峰明。

　　正當大年三十晚上，郭峰明正與全家人一道，在宗祠裡拜過了祖宗，敬了神佛，討了平安保佑後,回到正房大廳裡吃年夜飯時,朱毛紅軍悄悄地摸了上來。

　　二十八團在團長林彪指揮下,以迅雷不及掩耳的神速,搶佔了長嶺寨周圍的各處製高點，又派出一個營，團團圍住了郭峰明的家院。

　　林彪一聲令下,戰士們上房的上房,爬樹的爬樹,翻牆的翻牆,燒門的燒門，一通手榴彈猛甩。頓時,郭家的大院小院,前院後院,門庭過道,庫房柴堆,是煙火彌漫,房倒屋塌,哭爹喊娘,亂成一團。正在划拳拼酒的白軍官兵，立時散了群,各自棄槍逃命，不敢稍作抵抗。駐防在縣城裡的白軍守衛部隊聽說，郭司令的家被端了老窩,槍還沒響,紅軍在哪兒都不知道,就各自作主,向城外撤退。這倒好,正巧鑽進了二十八團張開的口袋,三千人馬,舉起了六千隻手,一一投降歸順。

郭峰明在混戰中喪命。其屍身被紅軍戰士擺在他家門前,自設的殺豬用的木案板上,曝曬了三天,直到發出陣陣惡臭,才讓家人抬走埋掉。

打了勝仗,紅四軍官兵,人人喜氣洋洋。吃了年夜飯,喝了迎歲酒,又發了洋財:每人領到一套新軍衣和一頂灰布帽子。 紅軍部隊第一次在軍帽上,綴上了一枚紅布剪成的五角星。誇張點講,或者自己跟自己比,真算得上是軍容整齊,威風凜凜了。朱毛二人見此,自是笑在臉上,喜在心中。

講來也怪,毛澤東一高興,黨中央的高官大員們,一準會來找他的晦氣。盡管井崗山失陷之後的這一小勝,令毛澤東的欣喜並不很強烈。縱然如此,黨中央也還是要惹他不痛快,讓他連個小高興也高興不起來。

中共中央特派員送來一封工作指示信。 因為是陽曆二月份寫來的, 史稱〈二月來信〉。信上講, 黨中央業已知悉, 朱毛引兵下了井崗山, 但是, 仍未全部執行〈六大〉精神, 未能把把部隊化整為零,分散成小股武裝。還講, 朱毛二人仍需离開部隊。否則, 目標過大,會招致白軍圍剿。

這封〈二月來信〉讓朱毛二人如同鴨子吃了黃蓮一般, 那是有苦難分述。 ▼

▼亂彈琴!這也算得上大股部隊?再講, 連這都打不贏人家,若是再化成更小股, 敵人吃起我們來, 不是更容易了?這是在幫哪個人講話?"朱德喪偶後的不快,一下子來了個總爆發。他從未如此激烈地抨擊過黨中央的指示, 即使當年的黨中央的一些指示, 如同三孩童講夢話一般。兩三千人, 又大半是新兵, 算什麼大股子部隊喲!沒見過大世面, 也總是吃了洋面包嘛, 發個啥子神經喲?"陳毅也光火了, " 我個人意見, 不能分散!一個人也不能放!"

毛澤東口叼煙捲, 站在窗前思索著。湖南人的驢勁天下聞名。殊不知, 湖南人的心勁,工於心計的高超藝術水平,更是遠遠強過其驢勁, 大有水準。可以講, 神州大地, 東西南北中, 沒有哪省人在心勁上,在心計上,敢比湖南人。而毛澤東又是其中之皎皎者。

"仲弘兄, 不能來硬的,不能硬頂硬扛。我們是下級,硬不過人家。依我看……"毛澤東細細地敘述了一番自己的想法。朱、陳二人點頭稱是。

　　毛澤東連夜寫了一封回信，報呈中共中央。信中首先表明接受中央的批評。隨後,整篇信全是闡述下山後遭受的巨大損失，和當前局勢，並非如同黨中央某些人估計的那麼好,那麼樂觀，而是恰恰相反。他用棉裡藏針的爭辯方法，讓中央大員們和斯大林等人知道,紅四軍和紅五軍正是執行了，你們的下山指示,才令全軍幾乎覆亡。現在已經用不著化整為零了，紅四軍和紅五軍已經成了名符其實的小股武裝。話裡話外自然也透露出，這巨大的責任該由誰去承擔。

　　毛澤東還寫明,他本人和朱德可以离開部队。但是,必須由 "劉伯承來任軍事, 惲代英任政治"。也就是，在他們兩位來齊之後，朱毛二人方能走人。毛澤東出了一道題，請中央大員和斯大林動動腦子了。這一對接任人員的強烈申明。也就是表明，中央和斯大林都不能派自己山頭的人，名為接班實為奪取朱毛的軍權，朱毛二人對此舉不買帳！

　　此信一去, 杳無音訊。劉、惲兩位始終沒來赴任。問題自動消失了。

　　然而,就朱、毛二人本身而言, 問題卻更大了。問題的症結仍出在＜二月來信＞上, 出在要朱毛二人离開部隊這個環節上。

　　毛澤東自己常常講：▼黨外有黨， 黨內有派 ； 有黨無派， 千奇百怪▼。四軍亦是如此。

　　四軍是由各路起義部隊匯聚成的， 以後又陸續收編和改編了一批小股武裝,甚至收容了很多俘虜兵和土匪兵。因此,軍裡山頭林立,各有各的小頭目和偶像。

　　參加過＜南昌起義＞和湘南年關暴動的人,對朱德視為親生父親一般,言聽計從。

　　＜秋收起義＞的官兵則尊崇毛澤東,不容他人稍有不敬之處。

　　其它山頭, 大同小异。如此一來, 農軍出身的幹部視朱德是舊軍閥。行伍出身的人,見到毛澤東沒同他們一道挑米上山， 就指責他不能同士兵同甘共苦。

　　至於領導人的過失和私生活中的不檢點行為,更會成為其它山頭上的人嘲弄和批評的把柄。

　　朱毛井崗會師之初,大有相見恨晚的勁頭, 真是惺惺相惜,英雄惜英雄。相會之初, 互不摸底,又兼軍情危急, 誰也少不了誰。看上去,倒也像是蠻團結的。這也應了人們常講的那句話：人在困難時， 需要的是朋友；發達之後， 缺少的是奴才和走狗。

　　一封＜二月來信＞送到四軍時,正巧是四軍元氣恢復， 精神頭提上來許多的時候。幹部戰士一聽到中央要調朱毛离開部隊， 頓時浮想連篇，雜雜念齊涌。有人願意毛澤東离開；有人則盼著把朱德調走......而朱毛二位本身也有類似的念頭。自然囉，這是不能啟口的心中秘密。一句話，二人都想把自己留下來獨掌四軍。

  <二月來信>把原本深深埋在人們心底的私慾、雜念，甚至野心，猛地翻掘出來，把原本不為人注意的矛盾，激也成了明爭暗鬥。這些亂麻繩子一般的鬧心事，又恰巧被兩個好鬧事的人趁機一攬合，就更加亂套了，簡直沒法說清楚了。

  這兩個人，一位是新調到四軍工作的政治部主任劉安恭。他是四川人，直炮筒子一個。他早年曾留學德國。〈南昌起義〉後去了莫斯科學習軍事。他這個人的優點十分突出，缺點也同樣的明顯。他擔任四軍政治部主任後，工作上很積極主動，甚至主動的有些過火，該管的去管，不該管的也四處插手，胡言亂語，不拘小節。

  他這個人在軍事上有一套，很會打仗。他總是用蘇聯軍隊的東西對比四軍現行的管理辦法、軍紀等等。他批評毛澤東把黨支部建在連隊的做法不妥，根據則是蘇聯軍隊不這麼幹。他還建議前委書記毛澤東祗負責部隊行動的大原則，不必去管具體事務。具體事務應由軍委書記朱德負責。當然，這是毛澤東根本不能接受的。

  毛澤東堅稱，軍隊事務不論大小，都得無條件接受黨的領導，亦即應由他毛澤東這個前委書記一人說了算。否則， 就是反黨。

  劉安恭不買毛澤東的賬，不吃毛澤東的這一套，他就敢越過毛澤東，直接給黨中央寫信，批評四軍的前委和軍委分工不妥 ，是毛澤東獨攬大權。他建議中央撤消前委，其矛頭直指毛澤東，想赶毛澤東走人。

  毛澤東極為光火，認為劉安恭是替軍委書記朱德爭權力。因為朱德是受益人。毛澤東就懷疑朱德是劉安恭的後台，是朱德推出劉安恭向他叫陣。於是，毛澤東在各種場合，不顧群眾影響，，話裡話外影射朱德，講了許多既無根據，又無原則的話。

  朱德再老實厚道，也不能聽不出來毛澤東話中有話，全是沖著自己的。再說，這又是重大原則問題。朱德被迫表了態。他說，軍委和前委都是黨的領導組織機構，差別僅是不同的工作部門，上下領導關係。不能把工作上的矛盾，上綱上線到要不要黨領導的高度上去。

  這些道理不難說清楚，也不是非常難以理解的。對毛澤東來講，這些都太簡單了，是小菜一碟。可是，一旦牽扯到權力，甚至要讓位子走人，毛澤東的口和心就不能統一了。如此一來，不該爭論的問題，卻爭論個無休無止，不亦樂乎。很顯然，這種爭論是永無結果的。

在爭論中又跳出了另一位深有城府的年青人，就是林彪。

林彪，湖北省黃岡人氏，原各林育容，黃埔軍校四期畢業生。北伐戰爭時他曾任葉挺獨立團見習排長。他參加了＜南昌起義＞和湘南年關暴動，後來跟隨朱德上了井崗山。

朱毛二人把參加過＜南昌起義＞的部隊編為二十八團，作為主力團。毛澤東建議朱德本人挑選一名強手任團長。朱德就推荐參謀長王爾琢兼任團長。時任二十八團一營營長的林彪認為應由自己昇任團長，是朱德小看了他。從此，他恨上了朱德，乃至其一生一世都在找朱德的麻煩。

林彪性格內向，孤僻自傲，很少與人交往，又誰都看不在眼裡。他最喜歡一個人找個靜處默默地思索。他能一坐一想就是幾個小時不動地方。他是名老黨員，卻很少出席黨員會議。即使去了，也一言不發。

可是這次在前委和軍委問題上，他突然變得十分活躍，似乎就怕事情鬧不大，問題搞不復雜。他跳出來同劉安恭爭辯，成了對立面。他毫無保留地支持毛澤東。劉安恭攻訐毛澤東。林彪則點名道姓地批評朱德。林彪用攻擊朱德來暗保毛澤東。

雙方僵持不下。毛澤東突然使出了殺手個：他請辭前委書記職務。

毛澤東玩的這一手大大出乎全軍官兵的意料。大家認為，盡管毛澤東有著這樣或那樣的缺點，但他在軍內，在黨內，在根據地的威望，尚無人可比。朱毛紅軍不可能改為朱劉或是朱陳紅軍。因此，四軍大多數人不接受他的辭職請求。還進行了表決。結果仍是繼續挽留他，同時決定，免去劉安恭的政治部主任職務，調到二縱隊任司令員。

劉安恭不服輸。他到處宣揚散佈毛澤東的生活作風問題，甚至把祗有極少數人才知道的毛澤東同楊開慧、賀子珍的婚姻感情問題的細節，全部張揚出去。這下子引起了轟動，把毛澤東搞得臭極了。

在中國政壇上往往是，生活小節被對手抓住則會變成致命的一擊。毛澤東愛女人，也吃足了這一愛好帶來的苦頭。人生苦酒例來都是自釀自飲的。

林彪比劉安恭更忙。他把自己在會上攻擊朱德的發言，寫成書面材料，交給了毛澤東。毛澤東看後如獲至寶，就命令文書刻印成傳單式小冊子，發至全四軍。這一做法很不妥當,太過頭出格了。朱德忍無可忍,就找上門去,想同毛澤東理論一番。

"潤之兄，這是大家的意見，還是......"

"玉階兄，真理越辯越明嘛。反正林彪已在大會上講過了。印一下子有何不妥？我看,你也寫它一冊,反駁他嘛！"

"我這兩下子,哪裡寫得出！"

"那就講出來！能寫則寫，能講則講,各有所長嘛,哈哈......"毛澤東大耍賴招，偏袒林彪，欺侮老實人。朱德祇好乾吃啞吧虧。

朱德為人厚道誠懇,人緣關係較好。林彪所寫之事，固然屬實,但多是一些一時難以搞清楚的理論問題。再就是些屬於小缺點小毛病的雞毛蒜皮小事情。例如，朱德愛跟戰士講大話，胡吹什麼等我們打下了南京城, 大家全住小洋樓等等。無論是戰士,還是幹部，都不在意這種事。但對毛澤東的生活作風就看得很嚴重。

在紅四軍<第七次代表大會>上,黨員們"修理"了毛澤東，搞得毛澤東灰頭土臉,被狠狠整了一頓,整得很苦。

紅四軍的<七大>是在龍岩縣城內中山公園旁邊的一所中學裡召開的。會場是學校的小禮堂。當年，會議氣氛很民主。代表們對毛澤東、朱德、劉安恭和林彪都做了批評。山頭對山頭,誰也不想吃虧，誰也沒便宜好賺。但批評的內容，對毛澤東最不利,影響最壞。實際上, 毛澤東吃了大虧。

毛澤東知道會上要搞選舉投票。他就努力地克制自己，做了自我批評，承認自己某些做法不當,期望能以態度好,給自己多拉些選票。然而,他的期望落了空。

在選舉中,陳毅被選為前委書記。原來由黨中央指派的,自己請辭後又被挽留回來的毛澤東,祇被選為委員。

毛澤東的烏紗帽被民主選舉給選掉了。他被自己默許召開的民主選舉，打了自己一個大耳光。這是他平生中唯一的一次。他掌權以後再也不幹民主選舉這種大傻事了。

毛澤東因民主選舉丟了烏紗帽，卻讓陳毅戴上了一頂反對毛澤東的鐵帽子。此後數十年間，多次政治運動裡，陳毅做了無數次檢討,也難過關。

會後,四軍新前委安排毛澤東去龍岩考察。臨出發前,後勤部收回了他騎用的那匹黃驃馬。

毛澤東灰溜溜的走了。

毛澤東心裡窩火透了。在路上他聲稱自己的瘧疾病复發了。連著吃了幾天葯,病情剛剛好轉一些後,他又講自己患上了新病。幾位鄉間郎中，乃至隨軍軍醫，都搞不清楚，他得的是什麼病。賀子珍卻不住聲地抱怨，毛澤東這裡不舒服，那裡有毛病。總之，病得很重。毛澤東躺倒在床，兩眼一合，任誰來了也不理睬，更無話好講了。

紅四軍這邊也如患了大病一般。。四軍上層鬧矛盾影響到了下層官兵的士氣和團結。毛派山頭的人，特別是林彪，出工不出力,出力不出活，時不時地刁難一下朱德，給陳毅出上幾道難題做做。其它山頭的人，能坐山觀虎鬥,不給添麻煩，已算是好人了。如此一來,軍心渙散，指揮失靈，戰鬥力大減。

毛澤東离職後，中共中央軍委書記周恩來，連連下令催促陳毅、朱德發兵廣東，攻打東江地區的軍閥部隊，擬在東江一帶，掀起新的暴動高潮，促進全國革命形勢。

朱、陳二人遵令帶兵去了東江。不期，連戰連敗,幾仗之後就折損了兩千多人馬。朱、陳二人一看勢頭不對,祗好速速撤兵。

回到瑞金後，陳毅、朱德，又邀上彭德懷和藤代遠等負責人反复商量後，一致認為還得請毛澤東出山。

陳毅親自去請毛澤東。陳毅剛走到院子門口，就被賀子珍和警衛員給擋住了。

"陳書記，進不得屋子啲！"賀子珍急急忙忙地攔阻，＇老毛這兩天病更重了。連吐帶拉,大小便都弄到了床上。屋子裡又腥又臭。他又不讓開窗，實在沒法子待客呀！＇

＇啥子病，這麼厲害？＇

＇請遍了這個地方的有名中醫老大夫,都叫不出個名堂。開了葯，一吃便吐......" 警衛員顯得也很為難的樣子。

＇這......"陳毅犯難了。人家病得這個樣子，哪能去跟人家談工作？ 他囑咐了幾句就回了瑞金。朱、陳二人再一商量，覺得還是要把毛澤東請回瑞金來，不用他指揮，不用他工作，祗圖安定軍心,求個團結。

陳毅帶上軍醫和護士，又匆匆去見毛澤東。這回，賀子珍沒了話好講，總不能不讓軍醫和護士進屋了。軍醫診了又診，不見任何異常。 但是，毛澤東本人躺在床上，如同病危一般,眼不睜,口不張，有大氣出,沒小氣進,全身軟得如同一灘爛泥。軍醫無奈地向陳毅搖了搖頭。陳毅似乎全明白了，又實在是什麼也不明白。

　　朱、陳二人又是一陣子商議，決定派陳毅去上海請示黨中央和周恩來，由上級拿主意。

　　毛澤東自認病重，周恩來也沒招可想。陳、周二人抓耳撓腮，一番苦思苦想後，終於做出了一個極為大膽的決定。

　　這正是：

講團結專搞窩裡鬥，

稱戰友快刀互砍頭。

搞誣陷屎尿是武器，

爭大權豈管臭不臭。

　　欲知後事如何，請看下回分解。

# 第 十 九 回

## 假病痊癒重出山

## 肅反乍起頻喊冤

　　話說此時的中共總書記是李立三。周恩來是中共中央政治局常務委員、中央軍委書記、中央組織部長兼中央特別委員會主席，執掌中共黨、政、軍、諜、四大權力，是蘇共在中國國內真正的首席代理人。他同朱德、陳毅在法國相識相熟，一道籌建了中共海外支部。他又是朱德的入黨介紹人。故三人關係一直十分要好。在毛澤東的山頭派系賬本上，是把這三人記在一個山頭上的。

　　周恩來聽完陳毅的匯報後，二人商量了好一陣子後，一咬牙，一跺腳，決定陳毅主動讓賢，把前委書記一職還給毛澤東。辦法是由中央下達文件，否定選舉結果，重新任命毛澤東為前委書記。二人共同商定，在中央下達的文件上要對朱毛二人均做批評。但是一定要保護和顧全朱德在軍中的威望，絲毫不能削減他的軍事指揮權。

　　陳毅回到瑞金後，就邀上朱德一道去見毛澤東。

　　這一回，陳毅長了心眼，在离毛澤東屋子尚有三里多地的山拐角處就下了馬，沿著一條平時不大走人的小土路，從屋子後面進了院子。毛澤東正坐在小板凳上曬太陽。賀子珍正在屋裡忙活。。

　　"潤之兄，好久沒......"朱德喜孜孜地上前去握毛澤東的手。毛澤東一時間都沒省過神來。陳毅搶著打斷了朱德的問侯，亮開大嗓門，川腔川調地宣讀了中共中央和中央軍委關於毛澤東出任前委書記的命令。毛澤東仍托詞病重，不肯受命。朱德百般勸說。賀子珍聞聲從屋子裡面走出，滿臉尷尬相。陳毅見隨行人員已經牽著馬趕到院門口，就命令他們立即動手綁了一副簡易擔架，又叫賀子珍抱來被褥鋪在擔架上，方才兩手抱拳，朝著毛澤東深深行了一個揖，高亮大嗓門："潤之兄潤，趁你還沒上任，我就最後一次行使前委書記的權利，請你上擔架了。潤之兄知道俺老陳是個直腸子，做事從不打彎。今天是抬定你回瑞金了。我就不行使民主，不征求你的意見了！哈哈......"他說罷，大手一揮。眾戰士軟拉輕拽，生生把毛澤東按倒在擔架上躺好。賀子珍替他蓋好被子。眾戰士一聲輕喝，齊齊發力，抬起毛澤東就走。賀子珍跟在人群後面，兩手搗著小嘴，笑了。

毛澤東躺在家裡的床上時，還成日裡嚷嚷這裡疼，那裡不舒服，見了醫生又是一副求生不得,欲死不能的病危模樣。可是這會兒躺在擔架上,顛來晃去,他卻越折騰,臉色越好了。到了瑞金,居然能自己下擔架了，自己走路了。又過了三、五日， 他徹底痊癒了，滿面紅光地上任履新。這似乎是瑞金的空氣特別清新益人，是一副包治百病，專治無名疑難頑症,甚至能起死回生的靈丹妙葯。

朱毛和解，軍心劃一，軍威立顯。也是那天公格外地寵愛毛澤東，喜歡逢事助他三分力。毛澤東這邊剛一上任，那邊的蔣介石同閻錫山、馮玉祥二人一言不和，就打了起來。蔣、馮、閻三人在中原地區大動干戈。僅在河南省地面上，三家兵馬總數已超百萬。史稱<蔣馮閻戰爭>。

廣西軍閥李宗仁趁火打劫，從桂林出兵,攻擊蔣介石的大後方。一時間裡，諸軍閥殺得天昏地暗,難分難解,誰也顧不上朱毛紅軍了。

中共中央總書記李立三是位血性青年， 一心一意想搞一番大事業。他一旦大權在握， 就想一畫夜間,便把有著幾千年陳規陋習的舊中國,倒顛過去,來個舊貌換新顏。<六大>之後,斯大林的過激主張更叫他找不著北了。 他看到蔣馮閻李四人正在混戰， 便認為時機到了,就提出"中國革命到了總爆發的時刻"這一過激或"左傾"論斷，並下令各省掀起暴動的高潮， 要求紅區軍隊從農村遊擊戰， 轉入奪取大中城市的攻堅戰。

偏巧在這時候,彭德懷下井崗山，去湘鄂邊界擴展部隊和籌糧籌款,正巧趕上湘軍主力去攻打李宗仁。長沙成了一座空城。彭德懷靈機一動， 奔襲長沙成功。盡管是座空城， 但這畢竟是長沙城。

於是， 全國震動。李立三欣喜若狂。全黨上下高度讚揚彭德懷。彭德懷一下子聞名全國， 遠及莫斯科。

毛澤東見了十分眼熱， 心中上來了一股躍躍欲試的勁頭。他幾次主動找朱德商量,意欲取下南昌城。

好景不長。沒過幾天,湘軍三個正規師回撲長沙。彭德懷聞訊立即撤出了長沙。

李立三不肯服輸。他電催朱毛彭三人聯手再取長沙。

此前不久， 紅五軍改稱紅三軍團；紅四軍改稱紅一軍團。林彪在毛澤東的全力提攜下已昇任四軍軍長。李立三為了統一指揮打長沙，把紅一軍團和紅三軍團合編為紅一方面軍，毛澤東任總政委，朱德任總指揮，彭德懷副之兼紅三軍團長和政委。

朱毛彭三人再次合作。

長沙城高牆厚。步槍子彈，甚至重機槍和迫擊炮都奈何不了它個什麼。守城白軍老奸巨滑，扮了個縮頭烏龜，死守城池不外出。

紅一方面軍攻打了半個月，長沙城穩如泰山，固若金湯。

主攻長沙的四軍軍長林彪動開了腦筋。他日夜苦思。他忽然想起了古書上寫的"＜火牛陣.＞戰法。於是，他叫人買下兩千頭大水牛，在每隻牛角上綁牢尖刀和繩草，再淋上火油。又在牛尾巴掛上瀏陽鞭炮和煙花。戰士們把這群大水牛趕到城門前，一齊點燃鞭炮和繩草。此時，軍號齊鳴，紅旗揮舞，萬人齊吼，鞭炮轟襠，前頭是頭頂尖刀和火繩的火牛，後頭是手持大砍刀和梭標的紅軍戰士，朝向城門衝了過去。場面十分壯觀，十分雄偉，十分熱鬧......

城牆上的白軍一見不妙，便開動百挺輕重機搶，瘋狂般掃射。更有一些白軍甩下成束的手榴彈。大水牛不怕子彈上身，卻被手榴彈的爆炸聲嚇昏了頭腦，掉轉頭就向後跑。發了瘋一般的水牛群，把跟在後面的紅軍戰士們撞得頭破血流，四肢朝天，哭喊不已，倉慌逃命。城中白軍趁勢大開城門，凶猛追殺。

朱德下令撤退，一撤撤了三十里地才紮住陣腳。朱、毛、彭三人面面相覷，啞然失笑。

林彪面紅耳赤，連聲爭辯道：".......若是把幾頭水牛頭部用木棍子連在一起，使其不能掉頭回跑，就成功了！這......主意是好主意嘛....."

聰明的毛澤東立即省悟到，紅軍火力過弱，尚不到攻城拔寨的時候。他下令停止攻打長沙。

毛澤東擅自停止攻打長沙，惹惱了李立三。李立三立即電召江西省委書記李文林趕赴上海，面授機宜。

李文林，原名周金堂，一九二六年加入中共。＜南昌起義＞失敗後，他把散落在東江地區的起義人員聚攏在一起。以後，他又收編了幾支小股地方武裝，成立了第九縱隊。因為屢立戰功，他昇任省委書記。他的九縱隊被毛澤東編入了紅一軍團，番號為第二十軍。

李文林性情浮躁，為人處事十分過激。他在東固縣主政時就曾積極執行過紅色恐怖，力主殺光燒光。東固民眾視他為紅色魔頭。他堅定地贊成毛澤東提出的"黨領導一切"的主張。為此，他深受毛澤東的賞識，被毛澤東視為知己。毛澤東常常對人誇獎，李文林"青年有為"。

　　李文林手持上方寶劍，自上海回到江西後,立即向朱、毛、彭三人口傳"聖旨",限令紅一方面軍近日攻克長沙，再取南昌，直至奪取全國勝利。否則就是"能否和中央保持一致"的立場問題。

　　李文林也好,李立三也好,昔日都曾是毛澤東的部下。到了此時,毛澤東同這二位老部下不僅不能平起平坐,反倒是要上踞下腑,主從分明,處處受制於老部下了。這本身就令毛澤東心中有氣。更何況，往昔他連連吃過特派員們的苦頭，弄得損兵折將, 失地逃竄，差點搭上一條性命。

　　毛澤東打心眼裡往外，再也不想受這份罪了。

　　況且，他經歷了烏紗帽失而複得之後，心態上起了巨大的變化。他根本不曾想過,在關鍵時刻,自己從井崗山帶下來的人，居然會去投朱德和陳毅的票。

　　他躺倒裝病時，一合眼，眼前就會浮現眾人舉手反對他的場面。他恨死了這些"手"！他恨得牙根發疼。 他會永遠地記恨著這些轟他下台的"手"。他裝病時一直在捉摸如何去教訓和馴服這些"手"，把他們馴服得如同自己的左右手一般好用。

　　此時,現在，特派員又登場了。"手"又要舉起來了。"手" 和特派員聯合起來握著一柄鮮血淋淋的"上方寶劍"，同他叫陣。毛澤東好鬥的本性被激醒了。他決心拼搏到底。

　　不過,烏紗帽失而複得尚時日不長，尚不可魯莽行事。於是,他決定先忍住本性,大玩一場巧鬥。他伙同朱彭陳藤等人一合計，就打上了太極拳，練起了八卦掌。

　　他對李立三和周恩來兩位頂頭上司，謊稱要籌款籌糧等等作戰軍需物資，而對李文林則索性把籌措上述物資的任務，一古惱兒全推在他的頭上，並限時籌齊。他清楚，如此巨額巨量的物品錢鈔，豈是李文林一人一時間內可以辦妥的。若李文林辦不妥，他毛澤東還要倒過來責罵李文林不支持紅軍打長沙了。他想，在此巧計之下,打長沙的事就可以一拖再拖，拖了下去,直到拖黃了事。

　　日子拖久了，李文林斷定毛澤東是不想打長沙了。他派人把朱、毛、彭等一伙人叫到東固，向他匯報攻城計劃和作戰時間表。毛澤東等人祗好硬著頭皮去見李文林。

　　李文林的省委,己被李立三改成<省行動委員會>,比原省委的權限大了許多， 可以說是中央和中央軍委駐省的辦事處，而李文林則是李立三和周恩來的全權代表， 可不是特派員能比得了的囉。李文林的架子和派頭也隨著看漲，至少漲高了許多公里。

毛澤東等人走進他的辦公室，他竟然懶得不想站起來了，就更甭提讓座敬茶上煙的好事了。他懶懶地坐在扶手椅上，張口頭一句就是："毛政委，你們還想不想執行中央的命令了？"

"當然執行了！中央的命令嘛，沒話好講囉。"毛澤東立即一換上笑臉，裝出腑首聽命的樣子。"我們早已寫好作戰方案。今天特地送給李書記過目，請省行委上報中央批准。"

朱德遞上一份臨來之前編造的作戰方案。李文林看也沒看一眼，就講："就照這個辦！中央那邊由我負責。"

在回黃陂縣駐地的路上，毛澤東等人一路無話。

毛澤東回到家裡半句話也沒有。賀子珍見他拉長著臉，苦皺著眉頭，嚇得藏進裡屋不見他。一連三日，他茶不飲，飯不食，終夜不眠，祇是苦苦地在思索。煙頭扔得滿地都是。他的嘴唇上起了一層白皮，裂了無數細小的口子。

距假方案上的攻擊日期越來越近了⋯⋯

這一天，秘書報告，軍團除奸部正副部長李少九和余懷仁有急事匯報。他輕輕地嗯了一聲。這除奸部後來改稱肅反委員會。進了延安後，一分為二，分別稱為社會工作部和保衛部。進了北京城越分越細，分別稱為中央調查部、國家安全部、統戰部、公安部等等。當初，成立這個部門，僅僅是為了捕殺叛徒和變節份子。

一軍團除奸部部長李少九是<秋收起義>後跟隨毛澤東上井崗山的幹部。副部長余懷仁是湘南年關暴動後跟隨朱德上井崗山的幹部。

李、余二人進屋後，把近來軍中雜事說了一通。

"除奸部就不能想些大事嗎？"毛澤東心緒不好，說話總是挖苦人，"整天是逃兵，逃兵，逃兵算什麼？下次打仗再抓回來就是了！要抓大事呀，同志哥！"

"有，有大事！"余懷仁一見毛澤東不耐煩了，連忙改口："這裡有封信，請⋯⋯"

毛澤東見是一封普普通通的信，看也沒看，順手放在桌面上。等這二人走後，他才有一搭沒一搭地信手取出信紙來細看。

原來這是李文林妻子的遠房表妹，寫給李文林妻子的家信。這封信是部隊攻克吉安縣城時，在敵人的文件堆裡找到的。

毛澤東眼睛一亮，又叫人去把李、余二人喊了回來。

"家信嗎？怕不是⋯⋯暗語暗號什麼的⋯⋯這可是在敵人的檔案堆裡發現的⋯⋯"毛澤東語意頗深地說道。

李少九也是東固人。他熟悉李文林的家庭關係。他見毛澤東如此看重這封信，想了想後補充道："這個表妹的哥哥當年幹過<AB團>……"

"啊!是贛西南正在調查的那個<AB團>嗎？"毛澤東急忙打斷了李少九的話頭，反問道。

"正是！正是！"毛澤東聽李少九如此回答，差點沒笑出聲來。

他一口喝光了桌子上的冷茶，抹了抹嘴巴，叫道："秘書，添杯熱茶！子珍,告訴廚房,我有客人，叫他們加個菜！"

李、余二人見毛澤東要請他倆吃飯，心裡十分得意。平日裡，連朱、彭、陳、藤等人也難得在毛澤東家裡，吃上一頓南瓜飯，更別提加菜了。看樣子,毛澤東很看重<AB團>。

<AB團>原本是國共首次合作時,國民黨裡的江西籍右派人士,為了擠走加入了國民黨的共產黨員，搞起的一個小宗派或小圈子,參加的人員極少極少。一無机構，二無章程綱領,也僅僅存在了三、四個月就消蹤滅跡了。國民黨裡知道這碼事的人，亦非常有限。國內政界知道<AB團>的人是十分罕有的。

余懷仁是從贛西南特委除奸部通報一名副書記的父親有政治問題時，才知道<AB>團的。因為特委懷疑其父是<AB團>成員。他也祇知道<AB團>這個名詞。至於<AB團>究竟是個公的，還是個母的，他根本是一無所知。

當年的紅軍幹部文化水平有限。一見到同國民黨扯上干係的政治名詞，就認為統統有反革命味道或嫌疑,根本不去追究根底。例如,<改組派>、<第三黨>等等，也被拿過來胡用亂用,扣在存有政治异見的同志頭上,當成整人的政治棒子。而那些被錯扣上政治帽子的人,也同樣不明根底,無法爭辯,糊裡糊塗地當上了反革命份子而被殺害。

實際上, <改組派>是汪精衛要改組國民黨，聚攏了一些人策劃改組辦法，而被別人稱為<改組派>，不要講同共產黨以及老農民扯不上干係，就算國民黨裡的要員、大人物，也沒誰想擠就能擠得進去的。

那<第三黨>被列為反革命組織，更是笑話一椿。<第三黨>是鄧演達搞的中間路線黨。他既不同意共黨的主張，也不同意國民黨的主張。鄧演達被蔣介石暗殺後,該黨自動解散。原本也就沒幾個人加入過該黨。一九四七年,曾經加入過此黨的那幾個人,又扯起鄧演達的旗子重新立黨,改黨名叫個<中國農工民主黨>,是中共承認的愛國進步黨派之一，曾出席中共首屆全國政協大會。該黨壓根就不是反動組織。

無知對無知，以錯對錯。亂扣政治帽子成為爭權奪權鬥爭中一種致命的可怕武器。

毛澤東對李、余二人秘密佈署一番之後，把除奸部改名為肅反委員會。李、、余二人為正副主任。李、余二人又編材料，又造輿論，又號召開展學習運動，在紅一軍團大張旗鼓地抓起了＜ＡＢ團＞份子。幹部戰士被弄得人心慌慌，不知個所以然。因為誰也不清楚什麼是個＜ＡＢ團＞，誰是＜ＡＢ＞份子。

聲勢造足之後，毛澤東在紅一方面軍高級幹部會議快要散會時，突然宣佈："我接到肅反委員會的報告，李文林是江西＜ＡＢ團＞的總負責人。你們看，危險不危險呀？"

"操他奶奶，李文林！"彭德懷一聽就罵上了。

"怪不得讓我們去打長沙！沒按好心！"林彪尖著嗓子嗷嗷大叫。就是因為打長沙，才叫他這位常勝將軍丟了大面子，"明明是送死，偏偏要去打，這是幫誰？這是反革命！"

"知人知面難知心哪！"朱德萬分感慨地緩緩說道。

"這得早點動手！"陳毅著急了，直桶桶地嚷道："他再弄出個啥子鬼名堂，我們就又有得苦頭好吃了！"

"我已經上報中央了。石穿兄，李文林現在東固。那是你的防區。你要看牢些了。玉階兄，二十軍是李文林的舊部，是清＜ＡＢ團＞的重點，也要多麻煩你了。""毛澤東一一做了佈置。

"跑不了他個狗東西！我明天就......"彭德懷一拍桌面，起身走了。

人走光了。毛澤東長長地透了一口氣。

李文林被捕了。

＜ＡＢ團＞開肅了。

在善良人的心中，似乎覺得消除了一大隱患。他們哪裡知道，一場血肉橫飛的大屠殺，正在悄悄地拉開大幕。

冤案，基本上都是這麼開場的。


這正是：


以 錯 對 錯 錯 上 錯，

以 怨 報 怨 怨 更 深。

怨不當死增新鬼，

錯不當殺添冤魂。

欲知後事如何，請看下回分解。


# 第　二　十　回

## 肅 <Ａ Ｂ> 同 志 冤 死

## 除 內 奸 戰 友 入 牢


　　話說李文林被捕之後，毛澤東又派李少九以特派員身份，帶著一個連趕到東固省行委肅查<ＡＢ團>。毛澤東的這一著棋，著實出乎省行委意料之外。下級機關能派人到上級領導單位去巡視，並且領導上級機關的工作，這種事也祗有毛澤東才能幹得出來。

　　在毛澤東看來，既然你們能夠總是以特派員身份，來找我的麻煩，這回也請你們嚐嚐特派員的滋味。槍杆子裡面出政權。省行委無一兵一卒，一槍一彈，祗能乖乖聽喝。更何況李文林一被抓走，省行委早已沒了主心骨，洩光了底氣，想不服，也不成。

　　李少九到了東固，向省行委代理書記陳正人、省蘇維埃主席曾山，遞上了毛澤東親筆簽名的總前委指示信。信上寫明，省行委秘書長李白芳、軍事部長金萬邦、財政部長周冕，都是<ＡＢ團>的骨干份子，要立即解除他們的職務，並拘捕審查。

　　省行委也好，省蘇維埃也好，都弄不清楚這<ＡＢ團>是何方妖魔鬼怪。他們見有毛澤東的親筆簽名，也就不便再講多什麼。上述三人一被捕，李文林在江西的基礎頓告土崩瓦解。

　　沒過兩天，毛澤東又派余懷仁前往富田鎮，擔任專駐二十軍的特派員，開始整肅軍隊的<ＡＢ團>份子。李少九隨後也赶了過去。

　　李少九、余懷仁和一個連在富田鎮城關小學院裡辦公。

　　他們二人匯齊後，當天夜裡開始審訊李白芳等三人。

　　這三個人先前都是李少九的老部下。　他們自以為李少九是了解他們的，知道他們不是什麼反革命<ＡＢ團>份子。他們甚至覺得，雖然他們現在靠上了李文林，同李少九分道揚鏢了，　總也不會因為這一點就把自己打成反革命，硬把自己打成<ＡＢ團>。因此，審訊之初，他們三人根本不買李少九的賬，拒又認可自己同<ＡＢ團>有任何關係。

　　初審失敗了。

　　"李主任，這些<ＡＢ團>是最狡猾的反革命，不會有口供。我看，我們還得用老辦法，　走群眾路線，讓群眾去揭他們的老底。你看好不好？"余懷仁出了個主意。

　　"高！老余就是點子多。"李少九立即派人把李文林等人的家屬、老部下和勤雜服務人員，全都傳到小學校集中，連夜開會，動員他們揭發李文林等人的罪行。

　　"……李文林他們一伙人是<ＡＢ團>，是反革命！他們自己己經認罪。你們整天同他們打交道，都受到了壞影響。為了挽救你們，給你們一個立功的機會。立功有獎，包庇同罪！都聽清楚了吧？" 余懷仁的一席話讓這些人全傻了眼，個個目瞪口呆。余懷仁看看沒人吭聲，就開始點名發言。

　　"孫秘書，你先講！"

　　"我？我……我？我什麼都不知道。真的！我這才頭一次聽到<ＡＢ團>這個名字。我什麼也……"

　　"胡說！你想頑抗到底嗎？我一看，你就是個死黨！鄭連長，拉他下去，好好幫助幫助他！"

　　孫秘書被押到隔壁教室去了。沒用太長的功夫，那邊就傳過來殺豬般的嚎叫哭喊聲，頻頻高喊饒命。所有的被傳來的人徹底明白了"幫助幫助"的真正含意。

　　隔壁教室裡正哭天喊地求饒命，這邊余懷仁開始點第二個人的名字了。

　　"曲三柱！你來揭發！你是勤務兵，整天侍侯他們。知道的事少不了。快講！"

曲三柱剛滿十五，他的工作是打水掃地擦桌子，再多就是上街跑一趟腿，給首長買盒煙捲火柴什麼的。他更不懂什麼<AB 團>了。

余懷仁一喊他的名字，話音還沒落地，他就嚇得哇哇地大哭上了。

"曲三柱，你嚎什麼喪？！快講！"

"我，我講……我，我揭……上回，我地沒掃乾淨，他罵操你娘……還有，有一回，水沒燒開，他也罵，操你娘……"

"住嘴！都有什麼人去李文林那裡？"

"有，有！太多了！周部長天天都去……"

"講些什麼？"

"什麼也沒聽見……他們不讓聽……"

"是沒聽清楚吧？是不是講了打長沙的事？是不是講了叫紅軍去送死？快講！"

"真地沒……"

"好小子，你也不老實！你也想叫人幫助幫助了？來人呀，拉他過去！"

曲三柱一聽這話，嚇得立即尿了褲子。他兩腿一軟，癱坐在地上，大哭大叫，"我不去！我不去！！嗚嗚……我不……嗚嗚……"

"那我再問一遍，聽沒聽清楚？"

"聽清楚了！聽清楚了……"

"你重復一遍！"

"就是……就是……我，我沒記住……啊！別！別！我全想起來了……就是你剛才講的那些。"

"好！不錯！都瞧見了吧？就這麼揭發！下一個，警衛員曹雙河！"

就如此這般地審訊下去。一夜間充分發動了群眾，揭發了李文林等人，一大堆罪行。戰果异常輝煌。

又過了兩天，省行委的，省蘇維埃的，二十軍的科、營級以上的幹部，全集中到小學校的院子裡，在大操場上，排成幾列橫隊。

余懷仁帶著幾名"坦白徹底"的好幹部，在隊列中間指認<AB 團>份子。每走到一名幹部面前，余懷仁用木棍一指，問道："這人是不是？"如果坦白者回答個<是>字，那名被指認者立刻成了<AB 團>份子，當即被押走。如果坦白者連三遍講<不是>，他本人會被押下去再接受"幫助"一番。坦白者指來指去，操場上剩下的人，已廖廖無幾了。

　　幾天下來，<AB 團>份子人數驟增。幾天下來，審訊者累得連喊聲<拉下去>三個字都懶得喊了。他們祇消揮揮手，被審訊的人就下了地獄。

　　幾十年後，一位文化人訪問了當年曾身臨其境，被扣上過<AB 團>大帽子，僥倖逃生的一位老者，問及他當年受審的情況。那位老者久久不語。他猛地抬起頭來反問那位文化人："你聽見過鬼哭或是鬼叫嗎？"

　　"鬼哭？鬼叫？世上沒有鬼，上哪兒去聽呢？"

　　"你錯了！真有。我聽見過......是從審訊室裡傳出來的......人被打死已經三天了，還能聽見他在哭叫......不是鬼哭，不是鬼叫，又能是個啥呢？'過了一會兒，老者又慢悠悠地講：'那是求生不能，求死不得的人，才會那麼哭叫......"

　　被認定為<ＡＢ團>份子後，要被砍頭哉槍斃，或者塞進麻袋裡，墜上大石塊，沉在河裡淹死。所以沒有什麼人能說清楚真相。但是，曾有人抬過這些<ＡＢ團>份子的屍身。他們中間不少人尚活著。一提及此事，無人不搖頭嘆息......

　　"有個小伙子，是個新兵。入伍也就三個來月。他和周部長是一個村的。就為這個，他被牽連上了。我去抬他的屍身時，看見他的胳膊腿全被打斷了。頭上裂了個大口子......眼珠子吊在眼眶外面......腮幫子打爛了，能看見白牙根。屁股上......嗨，插著木棍子。他是硬被插死的......女人就更遭罪了！拔指甲、拔頭髮、拔陰毛，一根根全拔光......燒奶子，用鐵棍子插下身......嗨，別提了！......你千萬也別再問了......"

　　人，沒文化的人也好，有文化的人也罷，一旦失去了人性，還不如個野獸......

　　後來統計，在省行委，省蘇維埃，紅二十軍裡，在不到兩個月的時間裡，共計抓出了四千多名<AB 團>份子。公審時，一次槍斃了二百四十四名<AB 團>分團長級別及以上的反革命份子。在審訊時，熬不過酷刑而被打死的人，就不知有多少了。

　　上述三個省軍級機關裡，被抓得屋空舍淨，見不到個活人的影子。駐地的家屬、親戚被牽連上了，仍嫌不夠。又去嫌疑人員的老家，把一些八杆子都打不著的遠親故友，也網了進去。這些人死得更加稀里糊塗，真是冤出了大天。

　　在這些死者當中，有許多人是讓蔣介石、白軍高級將領十分頭痛的紅軍好漢。白軍想除掉他們，卻又實在是毫無亦辦法。毛澤東為了剪除政敵,小施騙術, 就輕易地把他們送上了西天, 幫了蔣介石和白軍一個天大的忙。

瘋狂地殺。殺得人人自危。殺得人人噤口吞聲。人們整天在盼望中過日子。早晨盼著日頭快些落山。這一天又算是平安地過去了。到了夜裡, 又盼著太陽早些昇起。這一夜又算是安全無虞了。多活一天算一天......度日如年。

有一天, 毛澤東沿著, 黃陂縣城的城牆根下的, 石板路散步時, 祗見城外押來一隊＜ＡＢ團＞。他剛想掉頭走開時,那隊中卻有人認出他來。

"毛代表!毛委員!是我......"

毛澤東站住, 卻沒有回頭。

"是我!苦牛的弟弟!"

"啊!?是鐵頭!" 毛澤東轉身回頭細看, 認出來那個被打得變了形, 走了樣的青年人, "你,你,你這是怎麼了?"

鐵頭一見毛澤東認出了自己, 就再也挺不住了, 一頭栽倒在地上。

毛澤東對押送人犯的排長說:"你們先走吧!"

"他是＜AB團＞!不能留下他!他會殺了你!" 那個排長神情十分緊張。

毛澤東沒吭聲。那個排長趁他遲豫之際,喊過來兩名戰士架起鐵頭,就要拖走。

"住手!我擔保。他不是......"

排長和兩名戰士見總政委放了話, 祗好敬了個軍禮跑回隊裡去了。衛士們把鐵頭抬走了。

這功夫,他的貼身衛士對他講:"隊尾那個女孩子, 是我一個村上的, 全家人都是烈士。祗剩下她一根苗了。你救救她吧!"

"嗯?" 毛澤東眉頭一皺。

"她就是講話隨便些, 好提個意見。閩西大會上沒舉你的手。事後她挺後悔......救下她吧,總政委!"

毛澤東聽到這裡,兩手一背,揚長而去。不久之後, 這名衛士被送到基層部隊去鍛練。

閩西那一幕,終生刻在毛澤東的腦子裡。他這次整肅＜AB團＞,一是要剷除李文林;二是要報復那些轟他下台的"手"。

他認為, 民心確實難收, 但民心卻可以馴服。辦法就是得先讓民知道、民明白、懂得＜順我者昌,逆我者亡＞的大道理。＜我者＞,毛澤東也。＜昌＞是用來騙人的幌子。順了毛澤東, 也未必能昌, 也很難昌。而<亡>是現實。誰不聽話，敢再不舉手選毛澤東，就定誰是<AB團>，就殺誰的頭。

沅江邊上的英英姑娘曾經預言過，他 ˇ殺死萬人，眉頭也不會皺一下ˇ。也祇有這樣的人，才能去幹那殺民、馴民、愚民、役民的霸王事。

毛澤東要ˇ亡ˇ盡天下的ˇ逆ˇ者。"逆"者卻不甘心被ˇ亡ˇ,於是就有了反抗。

這一天,李少九在瀏覽當天的抓捕名單時,見到寫有二十軍一四七團政委劉敵的名字。他和劉敵是同鄉。爺爺那輩上還有些姻親關係。平時二人尚談得來, 聊得攏, 難聽點講, 很是臭味相投。

李少九放下抓捕名單, 去找劉敵。他想顯示一下自己。

"劉敵,你他媽的壞菜了！不少人供出你來了！"

劉敵頓時驚出一身冷汗。他苦著臉,對李少九講：ˇ我是不是<ＡＢ團>，你還不清楚？別嚇我了。我可是膽小。"

李少九告訴他：ˇ供出你的人, 講你是分團長。我看嘛,你有什麼就坦白什麼, 免受皮肉之苦,方為上策。我這可是為了你好。"

劉敵見老朋友態度如此,心中方才明白, 閻羅王的勾魂使者已經找到自己頭上了,注定惡運難逃了。 但他又不甘心自己就如此輕易地下了地獄。俗話不是還講好死不如賴活著嘛。他想了想, 對李少九說："讓我想想, 老朋友幫幫忙了！"

李少九深知劉敵不是<AB團>聽他講了ˇ自己要想想ˇ的話, 人已服了軟, 也就不打算繼續嚇他了, 朝劉敵點了點頭, 與他分了手。

李少九一走, 劉敵當即把團長、營長、教導員們都找了來, 對他們講：ˇ李少九是反革命份子！他抓了許多好幹部。把我們二十軍政治部主任也抓了。這是幫蔣介石殺紅軍！現在又要對我們團下毒手。我看,先下手為強！"

幹部們聽到要抓自己了, 火氣就上來了。營長們集合好了隊伍做了動員訓話。戰士們原本就恨李少九到處亂抓入,此刻得知他是反革命,心裡就更恨他了。劉敵帶隊包圍了小學校和二十軍軍部,釋放了被抓幹部和家屬, 其中包括二十軍政治部主任謝漢昌。

李少九湊巧沒在小學校。他聽到劉敵鬧事的消息後,跑到一個同村人的家裡藏了起來。

謝漢昌出牢後,帶領二十軍的三個團佔領了富田鎮,釋放了所有的在押人員。

余懷仁乘人不備, 鑽了個空子, 跑回黃陂給毛澤東報信去了。

劉敵平安之後，就生了解甲歸田的念頭。他想，回家之前先同這裡的同鄉們告辭一番。不成想，李少九正巧藏在這同一老鄉家裡。於是，李少九乖乖就擒。

這就是聞名全黨，但幾十年間卻從未寫入中共黨史，甚至被中共黨史專家視為禁區的〈富田事變〉。

事變之後，劉敵提出："打倒毛澤東！擁護朱德、彭德懷、黃公略！"

毛澤東派陳毅去富田做工作，要求謝漢昌釋放李少九等軍團肅反委員會的幹部。

到這功夫，劉敵又不想回家務農了。他想除掉毛澤東，出口惡氣。不成想，反倒是幹了件天大的蠢事。

二十軍軍部文書叫叢充中。他平時十分敬佩毛澤東的書法。他經常在人們面前宣揚："毛潤之的字，現下中國無人能比。你看，他習學張旭的狂草，又得懷素的神韻，自成一體，自成一家，堪稱毛體！"他心慕手習，日子久了，竟學得倒也有幾分大模樣了，有了幾成的功夫。有時，連毛澤東本人也被他騙了過去。

劉敵找來了叢充中，叫他用<毛體>，用毛澤東的口吻語氣，給李少九和余懷仁寫一封工作指示信。信中內容是叫李、余二人盡早下手抓捕彭德懷和藤代遠。叢充中寫好後，劉敵又夾上一份他自己編寫的抓捕<ＡＢ團>的惡果和李少九等人的罪狀，裝在信封裡，派人送給彭德懷。彭德懷讀過信後，眉頭皺了起來。

二十軍搞<富田事變>時，提出"打倒毛澤東，擁護彭德懷"這個口號，他心裡就不大舒服。這是把暗中的東西硬是明擺了出來，讓大家知道毛、彭之間存有矛盾，至少是不一致吧。為此，他已有好些日子沒去見毛澤東了。此時，這封信中講，要抓自己。大敵當前，蔣介石的大兵已抵達省界，毛澤東會在這功夫鬧內哄？

彭德懷遲豫不決，又拿起信來細細翻看。他看過了傳單，挺信服。他也認為抓人抓多了些。在他的紅三軍團已抓了幾百人，而毛澤東仍嫌池他太右傾。

他端著信再細細看。突然被他找出了一個天大的破綻。他縱聲大笑不已，叫人把信和傳單，原封不動地，一併送交毛澤東。


這正是：

　　　　害 人 之 心 不 可 有 ，

防人之心不可無。

為人處事善為先，

何患天外鬼亂舞？

欲知後事如何，請看下回分解。

# 第 二 十 一 回

## 妄貪功丟盔卸甲

## 巧用兵自立口碑

話說彭德懷把劉敵送來的那封信，端詳了好一陣子，終於被他看出了破綻。

一般人看信,多注重信的正文。過慣了軍旅生活的老兵,卻養成了一種特殊的習慣。他們一拆開信封,抽出信紙,總是先看信尾寫明的日期,唯恐誤了日期，耽誤了軍機大事。

毛澤東寫起字來,是筆走龍蛇,漫天飛舞,讓人辨認起來十分困難，不得不多加小心,多花些功夫,多看幾眼，仔細地逐字捉摸，逐字辨認。毛澤東因習書法,寫日期也與常人大不相同。他慣用漢字書寫日期,而且是豎著寫。可是,此封信的信尾,卻是用阿拉伯數字橫著寫日期，大反毛澤東的習慣。

彭德懷看到這裡，心中頓時省悟，這是模仿毛澤東字體寫成的一封假信。他也知道，二十軍有位叫叢充中的人最善寫毛體字。前後諸般事項互相聯系起來去看,謎底自然也就有了。

彭德懷稟性鯁直,最恨背後玩陰謀耍鬼計去整人,去撥弄是非。他心想,你騙我去反毛澤東, 我偏偏不上你的當,偏不反毛澤東！

他把假信和傳單裝進原信封裡， 派人送交毛澤東。

毛澤東看罷此信,心裡涌起了波瀾,讓他折損了數億計灰細胞。

他想,人謂彭德懷辦事魯莽。但眼下這樁事他辦得卻十分高明。他送來原信,不加片紙只字的說明解釋， 讓我自己去猜。這本身就大有文章。他讓我猜什麼呢？原信原樣交給我， 表明他同我之間了無隔閡,也透著他對我的忠心不二。然而， 這後面也潛藏著一種無言而苦澀的批評。他把傳單也交上來,是讓我看的, 看外界對我的反應,自然是反面的東西。這是讓我反省自己,檢討自己啊！他暗暗地在心裡叫了一聲。這彭德懷倒也蠻厲害， 蠻夠斤兩哇！

如果毛澤東僅僅想到這些就打住了， 那麼他就不是他自己了。

他又想， 你彭德懷肯送這些傳單讓我看， 顯然暗含著你本人對抓＜ＡＢ團＞有看法,至少是嫌我搞大了,搞過火了,同時也在點撥我， 要我想想後果。否則以後還會有新的＜富田事變＞和新的离間信等等。你彭德懷倒是很關心愛護我老毛哇！知道世界上有人在為你操心照看後路,那心裡就寬鬆多了。

一個聰明人能想這麼些,也算有份量了。毛澤東卻嫌想得不夠多。

他繼續往下想。

他再一想， 既然彭德懷是如此去看抓＜ＡＢ團＞， 那麼旁人呢？特別是上邊,中央那邊,其它中央委員和政治局委員們,更遠些的莫斯科斯大林那邊， 尤其是斯大林本人,會不會同彭德懷一樣看法呢？若是這些人有了同樣的看法，並以此為由頭大做文章，事情可就大大地不妙了，有大苦頭等在前邊了。剛剛揀回烏紗帽，尚為時不久的毛澤東，一想到這些，想到這裡，心裡不禁陣陣發涼。

於是，他繼續苦苦思索下去。他就開始一步一步地去想：如何收場，如何挽回影響，如何找好托詞，如何向上邊那些人去解釋，去應戰，等等，等等......

事實証明，毛澤東料想的完全準確。在中共中央裡，對抓＜AB團＞一事，已有了不同的看法和分歧，甚至是完全對立的觀點。

在此之前，蘇共大反托洛茨基。負責中國事務的人已換上了米夫。米夫一上任，撤掉了中共中央總書記李立三,把王明扶上了台。王明一掌大權，立即成立中央長江局,任命項英為長江局代理書記。項英幹的頭一件事,就是獨自決定成立長江局軍委,自任軍委書記,免去了毛澤東的前委書記職務,獨攬軍隊大權。

王明和項英都反對抓＜AB團＞，認為＜富田事變＞不是反革命事件,而是黨的內部爭執。但是,當王明得知李文林是李立三的死黨後,他為了徹底打倒和搞臭李立三，搖身一變，極力支持毛澤東大抓＜AB團＞，指令毛澤東嚴厲鎮壓李文林一伙人，並且糾正了項英對＜富田事變＞的定性。這是王明和毛澤東最為合拍的一次合作。

王明這一鬧騰,不僅沒打擊得了李立三，反倒是給毛澤東添了亂，幫了倒忙。當時,軍政兩界加社會上，已經對抓＜AB團＞十分反感，人們更是同情＜富田事變＞。王明越鼓厲毛澤東大抓＜AB團＞，人們對毛澤東就越發不滿意，越發反感、厭惡乃至敵視。這導致毛澤東的聲望直線下降,甚至低過閩西那段時間。

到了這極為關鍵時刻，為了保住烏紗帽,毛澤東鼎力支持王明及其"極左"路線。到了後來,毛、王二人對立分裂，毛澤東不惜一切手段大整王明,狠批王明,可就是對這個歷史時期的事，特別是抓＜AB團＞和＜富田事變＞,那是隻字不提,害怕人們想起他的劣績。

就在此時,天公又助了毛澤東一臂之力。蔣介石興兵進剿江西紅區。熊熊的戰火轉移了人們的視線,也給了毛澤東一個挽救自己名聲的機會。

此時,紅一方面軍,亦稱中央紅軍，其實力已非昔日可比了。紅一軍團和紅三軍團合共超過三萬多人,人人有槍有彈,亦受過較為正規的訓練。所佔地盤已擴展到三十個縣的地面。戰法上也已不再單純地依賴遊擊戰了。可以打小規模的阻擊戰和運動戰。毛澤東甚至提出多打殲滅戰,因為"傷其十指,不如斷其一指"。

　　蔣介石對紅軍的看法，仍舊還是井崗山的那支半民半匪的雜牌農軍。

　　故而第一次大規模全面進剿紅區的時候,他竟然任命根本不會打仗且又膽小如鼠的魯滌平為總司令,負責整個軍事行動。魯滌平就任命張輝瓚為前線總指揮,負責前方一切軍務,自已則在南昌悠哉悠哉地觀山景了。

　　這次進剿動用總兵力有十萬之眾,為十一個師加兩個獨立旅,但其中多為地方部隊和雜牌軍。其戰鬥力自然是稀鬆加平常,裝裝樣子嚇嚇老百姓倒是挺管用的。

　　前線總指揮張輝瓚時年三十整。此人胖得出奇。腆著個大肚子，走一步得晃動好幾下子。秤一秤，三百三十斤還高高的。他坐在八人抬的綠呢大轎子裡，壓得八個轎伕呲牙咧嘴，壓得轎杆嘎吱嘎吱響個不停。別看此人生得肥頭大耳，一笑起來，像個大和尚。其實他為人心腸又狠又毒，是個殺人不眨眼的混世魔王。人送他綽號<張屠伕>。他一進紅區就下令燒光公路兩側的民房。農民家中一人是紅軍,則滿門抄斬,不分男女老幼一律砍頭。

　　張輝瓚自恃兵多械精,就把十萬人馬一字擺開,齊頭併進,像用一把梳子，把中央紅區,梳它一遍，連根拔掉中央紅軍。

　　毛澤東見此,計上心來。他把三萬紅東藏在地勢複雜、遠离公路的丘陵地區,靜觀其變,等待戰機。毛澤東算定,十萬人馬行軍,肯定會因為地形、河流、道路諸般因素的影響，難免有快有慢,出些差距是件平常事。這本不足為人看重。毛澤東卻要在這上頭做足文章,一顯身手。

　　張輝瓚督軍急行。一晃之間,已是六、七天過去了。這一日,他親自統帥的這個師,遇上了一條壞路，十分難走,部隊行軍速度慢了許多。臨近東固地區時,恰巧碰上黑霧漫天。迎面五步之外，難辨來人面目。行軍速度不免又慢了許多。而與他相鄰併進的四十七師公秉藩部,因路況通暢又早起程了一個時辰，就先他小半天的功夫進了東固。縣城已被紅軍放棄。公秉藩部不費一槍一彈就進佔了。

　　張輝瓚的這個師趕到東固城下時，看見霧影裡有士兵荷槍巡邏，誤認做紅軍，就搶先開了槍。公秉藩部以為是紅軍在殺回馬槍,就急忙還擊。雙方打了四個來小時,損失嚴重。直到張輝瓚聽出對方槍聲不像紅軍的槍械裝備時,派偵察兵上去偵察，方知是大水沖了龍王廟。

　　張輝瓚是總指揮，幹了這種丟面子的事，那是既不便同公秉藩理論一番，甚至不便見面。他祇好含羞下令部隊向右拐，沿著山路向龍崗進發。龍崗是個四處環山，中間略微低些的小盆地。一旦生霧則是十分緩慢地散盡。

　　毛澤東得知這一情報後，立即下達命令。全軍三萬人馬，輕裝急進，直撲龍崗，那真似餓虎下山撲羊一般，把張輝瓚的一萬人馬，團團圍在了龍崗。三萬打一萬，猶如三人打一人。張輝瓚的這個師略有還手，就被殲滅掉。張輝瓚本人被活捉。

　　朱、毛二人傳令帶上張輝瓚相見。

　　"潤之先生，玉階先生，久違了！"張輝瓚是倒驢不倒架，腆著個大肚子，一搖一搖地晃動著身子，踱著方步，聲音不高不低，不卑不亢，一如故人相見一般，笑眯眯地向朱、毛二人問好打招呼。

　　"你被俘虜了。是求生還是待死？"朱德冷冰冰地問道。

　　"自然是生。不知要用多少錢？"

　　"錯了，不用錢！我們想辦一所紅軍隨營學校。你願意留下來當教官嗎？"毛澤東問他。

　　張輝瓚心裡是一百個不願意。他兩隻眯眯眼一打轉悠，連聲應道："願意！願意！"

　　"那好！依你之見，我軍下一步，該向哪個師進擊？"毛澤東又問他。

　　"進攻十九路軍，乃為上策。"張輝瓚不慌不忙，信誓旦旦地回答。接著，他自己主動地把十九路軍的詳細情況做了介紹。他介紹得真實而準確，同紅軍偵察部門摸到的情報完全一致，叫人不能不相信他的話。

　　朱、毛二人認真地聽完之後，吩咐連長道："押下去！看好他。不要殺他。"

　　待張輝瓚走遠了，毛澤東對朱德講："玉階兄，他叫我們打十九路軍，想保存他自己的二十八師和五十師，是吧？"

　　"等我們一打十九路軍，他的二十八師和五十師就去堵我們的後路，包抄上來，想包我們的餃子。他當了俘虜，還想尋求戰場上的轉機，真是反動透頂！"

　　"總指揮嘛，要有點總指揮的樣子囉。他叫我們打十九路軍，我們偏偏去打五十師。等下子叫人帶他去看我們打五十師！"

　　很遺憾，張輝瓚永遠看不成了。在押送他去俘虜收容站的途中，遇上了一連戰士。戰士們聽講，他就是張屠伕，生生用刺刀把他那胖大的身軀，捅成了馬蜂窩。戰士們尚嫌不解恨，用刺刀割下了他的腦袋，找到一塊刻有<張氏宗祠>字樣的黑木金字牌匾，把他的頭拴牢在木牌匾上，再插上一幅布標語，上面寫著："送交魯滌平，這是張輝瓚的腦袋！"然後放入贛江水面上，讓其順流向北漂去。

駐守在吉安南郊的哨兵發現後，揀了回去，交到團部，再轉送至魯滌平。

魯滌平一看見張輝瓚的首級，嚇得面色如紙，神經頗受刺激。他叫人用楠木做了個假身子，把張輝瓚的腦袋縫上去，入殮後葬於南昌市郊。

打此以後，魯滌平一合眼，就是張輝瓚的人頭影像，徹夜不能入眠。他向蔣介石請了病假，從此不敢再沾軍旅的邊了。

蔣介石見總司令辭了職，總指揮掉了腦袋，顯然進剿準備大有問題。於是，蔣介石下令收兵，草草結束了第一次大圍剿。

過了三個月，蔣介石任命陸軍一級上將、軍政部長何應欽統率二十萬大兵，再次進攻中央紅區。蔣介石指示何應欽要步步為營，穩紮穩打，集結重兵，全面封鎖中央紅區。

新任職的中共中央長江局代理書記，兼長江局軍委書記項英，不懂軍事，看見蔣介石派了名將何應欽指揮，兵力又比上一次多了一倍，有二十多萬人；再看看自己，僅有三萬多人，況且槍舊彈乏，實難抵禦。

於是，他就提出紅一方面軍應當撤出江西，轉移到四川省重建根據地。他的依據是中共〈六大〉召開時，斯大林和共產國際表示過："四川將是中國革命最理想的根據地。

朱、毛二人苦苦相勸，項英不為所動。無奈之下，朱、毛二人商量了一個晚上。毛澤東想出了一個好主意。

第二天紅一方面軍全體高級將領一起去見項英，其中包括彭德懷、陳毅、藤代遠、黃公略、林彪、葉劍英、羅榮桓、譚震林等諸多虎將。這群武將一致擁護朱、毛二人的主張，並表示堅決不去四川。項英原本對去四川也沒多少把握，祇是膽怯時的一時之念。一看局面如此，祇好讓步妥協。

朱、毛二人兵諫得手，就著意佈署，迎戰強敵。

何應欽奉蔣介石的命令，將二十萬人馬撒在七百里長的戰線上，以師為單位，前後犬牙交錯，擺成鋸齒狀進攻陣形，緩慢地推進，步步封鎖，地毯式地搜索紅軍主力決一雌雄。

朱、毛二人對這二十萬人馬仔細地加以研究後，發現其中的第五路兵馬，雖然人數最多，卻全是雜牌軍，戰鬥力最弱。

　　朱、毛二人用兵一向講究"雷公打豆腐，專挑軟的欺侮"；也叫"王老太太吃柿子，先揀軟活的下嘴"。朱毛紅軍再次在東固地區龍崗周圍隱蔽。

　　白軍第五路共四個師，主攻東固及周邊的各縣城。四個師裡包含上次被打散了的二十八師。師長已改為公秉藩。公秉藩知道張輝瓚是怎麼送命的，故而十分小心緩慢地向前推進，不肯去挨紅軍的當頭第一棒。他派出大批偵察兵，先部隊兩日出發，四下裡打探前面有無紅軍埋伏。

　　公秉藩率二十八師到東固後，恰巧有一名紅軍逃兵向他投誠，要求面見公秉藩，有重要情報相告。公秉藩暗自慶幸，心中不由念道："蒼天佑我,這是天意！"他忙派人找來這名逃兵。

　　▼我在紅一軍團林彪手下當排長。我被抓了＜AB團＞，關押一個多月了。我趁著看守疏忽才逃了出來。我求師長給張路條,讓我回家種田過日子，再也不鬧紅了！▼

　　▼紅軍主力在什麼地方？▼

　　▼就在你們的步哨線前頭十里遠的地方。　林彪他們在那裡等了好幾天了。單是你們這個師前方正面就有七、八個軍。"

　　"朱德、毛澤東在什麼地方？"

　　"在東固。彭德懷、黃公略，還有很多首長……不，不，是當大官的，全在東固！"

　　公秉藩一聽，可真嚇壞了。若是自已碰上紅軍主力，那是難逃生天。但是，他一轉念頭，興許這名逃兵是被派來施＜苦肉計＞的，想嚇一嚇我，阻我前進。

　　兩難之下,公秉藩給自己想了個兩全的辦法。一是停止前進；二是給在南昌的何應欽發急電，請總司令派出偵察機進行空中偵察。他自已亦增派偵察兵，更廣泛地進行地面偵察。到了第四天頭上，何應欽答複他，空中偵察了二日，未發現任何可疑目標，更未尋到紅軍有在東固集結的徵象。何應欽命令他加快行軍速度，與側翼部隊併齊,以防落單被襲。

　　公秉藩一聽＜落單＞二字，心裡猶如三九寒冬喝下了一碗冷冰水，渾身上下起滿了雞皮疙瘩。他定了定神,再細看電文，要他趕上兩翼部隊，那就是表示，兩翼部隊已經通過東固並且平安無事。這使他認定，東固地區肯定沒有紅軍大部隊。　於是,他令全師排成一字長蛇陣，全速奔向東固。

　　公秉藩的師部從固圩出發，抵達山坑鎮。他乘坐的綠呢大轎，一抬進鎮中心的十字路口處,就聽見一聲炮響。在周邊的山頭山坡上，全是一片清脆的槍聲。

伏擊公秉藩的是黃公略的第三軍。

二十八師遇伏，官兵死傷不計其數。活著的，或降，或逃，或被俘，整個師頓化烏有。

公秉藩藏在一處略為堅固的民房裡。他急忙同先頭旅聯絡。先頭旅講自已己被紅四軍圍在了橋頭鎮，正在苦戰中。

他再聯系後衛旅。後衛旅講自己給紅五軍困死在了中洞地區，無法向山坑增援。

他又向側翼八十二旅求援，這是他的老部隊。可是，接他班為四十七師師長告訴他，自己亦是泥菩薩過江了。到了此時，公秉藩才恍然大悟了。是自己誤了天意。

朱毛紅軍一戰告捷，乘勝追擊，連場老老戲新唱，吃掉了四十七師、五十四師和二十七師等雜牌部隊。

俗話講，打倒一個，嚇跑一群。這原本是小孩子打群架的制勝法寶。在軍事上也是這麼個道理。朱毛紅軍吃掉了第五路白軍，把七百里封鎖線硬是生生地撕破了一個大口子，早讓其它各路兵馬不戰而慄了，把主動尋找紅軍主力決戰的那一顆膽子，悄悄地藏了起來。換上了不能送死上門的新主意。

中共中央長江局代理書記項英，看到朱、毛二人確實知兵善戰，連戰連勝，而那諸位將領壓根就沒把他放在眼裡，甚至敢當面嘲笑他撤退入川的主張。他自己想想，覺得如此這般呆在長江局裡，實在也太平淡無味了，就主動辭了長江局代理書記兼軍委書記兩項職務。

毛澤東接任長江局書記。他上任後立即解散長江局軍委，恢複了紅一方面軍總前委，自任總政治委員。這更使毛澤東確信：槍杆子裡面出政權。對蔣介石是如此，在自家人的圈子裡，亦是如此。到底是黨領導槍，還是槍領導黨，也就不言自明了。

毛澤東的心氣更旺了。將士們連連獲勝，也打上了癮頭，就又打掉了雜牌部隊中最弱的五十六師。何應欽見此，帶罪向蔣介石請辭。蔣介石思索了三、五日後，認為自己的用兵策略有漏洞，需要再探討和彌補。於是，他下令收兵，結束了第二次大圍剿。

蔣介石也算得上是中國現代史上一位大軍事家了。他掃平吳佩孚、孫傳芳，打敗閻錫山、馮玉祥，收服張學良、楊虎城，又把鬼精鬼靈、無人能制服的李宗仁和白崇禧二人招致麾下，基本上統一了中國。其帳中足可以稱得上兵多將廣，械精糧足了。但是，他一和朱、毛二人過招，就顯得笨手笨腳，總是棋差一招。誠然，他在井崗山一戰中，佔了大便宜。可也別忘了，人家斯大林的作用是至關重要的。

　　蔣介石也是位不大肯認輸的人，是位不佔足便宜不鬆手的人。蔣介石通曉權術和內鬥。他深信，在中共內部怕是無人能與毛澤東爭其項背。毛澤東肯定是同自己爭奪天下的唯一之人。因此，他要在毛澤東羽毛未豐之際，早日除去此人。倘若一旦令毛澤東成了氣侯，則為時晚矣。

　　於是，他又發動了第三次大圍剿。

　　這一次，蔣介石親自披掛上陣，是御駕親征，兵馬自然更多些。在上次的二十萬基礎上，又調來嫡系部隊十萬餘人，共計三十萬大兵，是朱毛紅軍的十倍。蔣介石聘請了英、日、德等國的軍事專家任顧問，隨軍征戰。

　　他仍嫌不足，又頭一次調用空軍五個大隊去紅區作戰。與此同時，他在其國統區對中共地下黨進行了空前的大清除，把中共中央直屬機關，赶得雞飛狗跳牆，差點被連窩端掉。中共一把手王明嚇得去了蘇聯避風。周恩來、劉少奇、陳雲等大員以及代理王明的博古，先後撤到瑞金，進入中央紅區。

　　這批中共大員一進入中央紅區，便下馬伊始，哇里哇啦地指手劃腳起來，弄得朱、毛二人灰頭土臉，軍政大權盡釋。毛澤東的運氣似乎已黑到了頂點。而那蔣介石坐在南京得了天大便宜，卻渾然不知一二。

　　這正是：

運 到 紅 時 步 步 順，

黑 運 罩 頭 躲 不 及 。

雲 中 降 禍 自 古 有，

慚 愧 無 人 識 天 機 。

　　欲知後事如何，請看下回分解。

# 第 二 十 二 回

## 功 高 難 保 烏 紗 帽

## 年 少 幸 攬 中 央 權

話說朱毛紅軍經過頭兩次大圍剿，其主力部隊已折損了五、六千人馬。

兩軍交戰，猶如二虎相鬥，難免一死一傷。這也正應了"殺人一千，自損八百"那句老俗話了。朱、毛二人祇好從地方部隊抽調兵員，甚至是整團整營地調上來，可是總兵力仍然湊不足三萬大數。

頭兩次反圍剿時，白軍兵力分別為十萬、二十萬人，。朱毛紅軍都不肯同白軍生拼硬打。這一次是三十萬人，其中又有嫡系部隊在內，況且均是野戰方面的強手，豈是一般雜牌軍可比。朱、毛二人也自然不肯去吃這眼前虧。

於是，他二人把從井崗山上學來的<打圈子>戰法，加以歸納提高，得出十六字口訣：敵進我退；敵駐我擾；敵逃我追；力求全殲。朱毛紅軍按此口訣，靈活調動，同四處尋找他們的白軍，大玩捉迷藏遊戲。

雖然此時紅區所佔地盤已有三十多個縣了，比井崗山彈丸之地寬敞了許多倍，但是，對於幾十萬人馬會戰的戰場來講，終歸小了一些。一旦雙方人馬奔波流動起來，就更顯得地面太狹窄了。人馬過密，迫使雙方時不時地得打上幾陣遭遇戰。再講，三萬人馬不是隨便一處小山洞或小村鎮，就可以藏身防敵的。

長話短說，這一日，蔣介石指揮三路進剿部隊，共六個師，把朱、毛二人親率的主力部隊，約一萬多人馬，逼趕到興國縣高興圩一帶，將其東、南、北三面死死封鎖住了，而西面又臨贛江，有大水相阻。四面無一出路。紅軍情況十分嚴峻。

朱毛二人把彭德懷等眾將領找來研究對策。朱德講："我們被堵在這兒了。我們必須鑽出去，轉到蓮塘方向才有生機。我提議，三十五軍偽裝成我主力部隊，今夜先期突圍，突圍成功後，向萬安和良口方向運動，把敵人引開。一定引開！"

　　毛澤東點頭表示同意。他坦率地道："三十五軍突圍後，千萬可真逃！你們一真逃，我們全完蛋了。要演戲，要演得好，演得逼真，要比梅蘭芳還好才行！"

　　三十五軍領命跳出包圍圈後，向南急行，然後再折向東，又拐向北，一路猛進。白天，白軍偵察機飛過來時，部隊立即拉開間距，亮出紅旗，大搖大擺地行軍。走到塵土厚些的路面時，故意蹦跳，故意趟起塵土，弄得滿天塵土飛揚，似乎真有千軍萬馬在行軍趕路。偵察機飛回南昌報告，發現了紅軍大部隊。

　　為了把戲演得比梅蘭芳更好，在行軍岔路口上，用白灰畫上箭頭，再寫上："三軍由此向前！"、"四軍由此左轉！"等等。到了宿營地，祗要會寫個字的人，全抄起白灰刷子或黑炭塊子，四下裡去號房子。見門就寫："X團X營X連連部"等等。祗要紅軍有的部隊番號，那是隨意去寫好了。

　　這些情報源源不斷地到了南昌大本營。

　　位於高興圩附近的白軍嫡系部隊共有四個王牌師。它們幾乎同時向南再轉東，呼嘯而去，急急忙忙追趕紅軍主力。

　　趁此良機，朱毛二人率軍速轉蓮塘，隱蔽起來，等待戰機。

　　朱毛二人恭侯的是白軍第三路進剿部隊中的四十七師和五十四師。這兩個師重編不久，新兵較多，戰鬥力不強。這兩個師由上官雲湘統領，下含六個步兵旅，正向良村一帶匯集。上官雲湘擬人馬到齊後，向北開拔，搜索紅軍。

　　上官雲湘不是蔣介石的嫡系，全靠這兩個師混個官做，是小本買賣，本錢不大，輸不大起。他深知，一旦這兩師人馬打光了，他肩頭上的中將軍銜的金牌牌就會飛走了。到了良村，他派出先遣部隊在前頭探路。他自己整日裡端著大煙槍，吞雲吐霧，過著神仙般舒服日子。

　　這一天，他剛剛吸完兩個大煙泡，想去解個小溲時，先遣部隊少將旅長來了急電，自己在蓮塘中伏，四面被圍，急待救援。上官雲湘一聽犯了急，尿也沒了，茅房也不用去了。

　　恰在此時，五十四師一六二旅行軍穿過良村，而被打散了的先遣部隊一六〇旅正慌不擇路一窩蜂涌進了良村。兩個旅頂頭相遇，人擁馬擠，頓時良村亂了套。

　　上官雲湘傳令，兩個旅各自向後退。他的命令正往下傳，他那泡尿又來了勁，有些急。他就快步朝茅房走去。他尚未邁出門坎，祗聞村頭槍聲大作，號聲嘹亮，一陣比一陣強烈的"活捉上官"的口號聲，頻頻傳了過來。

衛士們見他人已到了門口，不由分說，架起他就跑，全然顧不上軍長大人尚有一泡急尿在憋著。

須臾之間，一個半旅和軍部機關再加上警衛團，全部覆滅，單單跑了上官雲湘。

接著，朱毛二人命令十二軍羅炳輝再扮主力向南急進。蔣介石派出兩個師尾隨追趕。

待這部份紅白兩隊人馬走遠了，朱毛命令主力部隊從東固殺了出來，奔襲正在卸甲駐守的五十四師兩個旅，全部沒收了上官雲湘的做官本錢。待蔣介石的王牌師追過來時，早不見了朱毛紅軍的蹤影。

六十天裡，雙方玩膩了捉迷藏，跑酸了腰腿。白軍始終沒打上一個正經仗，過過癮，卻白白折送了四個雜牌旅。

朱毛 紅軍雖然連勝兩仗，但殲敵人數不及上兩次反圍剿中殲敵人數的一半。而自己人馬的損失卻是前兩次大戰的總合。最叫毛澤東惋惜的是，在敵機轟炸時，三軍軍長黃公略頭部中彈身亡。黃公略能文能武，心計甚多，是一代將才。他在毛澤東眼裡，比林彪更被看好，比彭德懷更被信任。怎奈無常一到，毛澤東也衹能對空長嘆了。

紅白兩軍捉了六十天迷藏，卻讓兩廣軍閥抓住了佔便宜的機會。兩廣軍隊乘虛攻克衡陽市，矛頭直指南京。當時，南京僅有衛成部隊守城，極難抵擋兩廣大兵，形勢危急。

後院失火嚇壞了蔣介石。他從南昌飛回南京，急調各路兵馬進京護駕。在江西紅區征戰的蔣家嫡系部隊紛紛鳴金東進。各省的地方部隊和雜牌軍唯恐落下自己吃了大虧，就火速各奔家鄉保平安了。

朱毛紅軍趁機攔路打劫，追殺了一番，頗有收獲，非常值得大開慶功大會。

蔣介石的第三次大圍剿，因軍閥內部火拼而半途中斷。

毛澤東肩頭上的軍事壓力，暫時卸了下去，可是心頭上的政治壓力，卻從黨內源源而來，越壓越重。這種壓力，很有戲劇性，就像他在戰場上同蔣介石對陣搏鬥時，讓蔣介石老打空拳一模一樣。他想用解釋或分辯來減輕對自己的壓力，可是找不到對象傾聽自己的解釋或分辯。他想鬥爭，卻找不到對頭。他揮起了拳頭卻不知該去打誰，根本就別提能否打中了。他衹能默默地承受壓力，有苦也衹能扮著笑臉往肚子裡嚥。聰明過人的毛澤東一向認為，自己擅長看清問題或事物的本質。此時此刻，他面對壓力卻變得兩眼昏花了。

實際上，個中細情十分繁雜，豈是簡單一想，就真相大白那麼容易。

此話要從蔣介石準備第三次圍剿中央紅區，就在上海大肆肅清中共地下工作機關那時談起。

當時李立三尚為中共一把手。李立三是個耿直求實的人。他逐漸覺得斯大林和共產國際製定的中國政策，特別是＜六大＞精神，有些失當，不大符合中國革命的實際情況。他開始變得不大聽話了，不再是處處唯斯大林之馬首是瞻了。

正當此時，托洛茨基下台。米夫上台。斯大林趁機指令米夫，到中國改組中共中央，撤掉了李立三的中央總書記職務。

當年米夫也就三十出頭。他到了上海，大權獨攬，一手遮天。在半數以上中央委員未能到會的情況下，他居然召開了中共＜六大四中＞全會。表決時，他一改中共黨章章程，擅定凡是到會的人，不論是否中央委員，都有表決權。以往的中共代表大會，就連會場也被搬到了莫斯科的＜六大＞，好歹也是中共黨員中國人主持大會。這一次可倒是好，米夫親自赤膊上陣主持大會。他創下了一項世界赤色革命的新記錄。他獨自一人確定了中共中央政治局委員和中央委員的人選，就連候補委員人選也由他一手包辦到底。他親自起草了中共＜六屆四中＞全會的全部會議文件，再由翻譯從俄文譯成中文。

由於他實在是不會講中國話，祇好找了位中國人，姓王名明，去宣讀大會決議。而王明連個中央委員也不是。一個蘇聯人，一名蘇共黨員，大包大攬了中共黨的一次全國代表大會的大小事務，聽起來是個笑話，但是卻是歷史真實。

此事看上去十分荒唐，其實十分簡單。中共僅僅是蘇共的一個支部。叫什麼總書記，什麼中央委員，是哄弄外人。真正的掌門人一到，聽掌門人吆喝，是再正常不過的事情了。近年，專家們稱此種黨關係為＜ 老子黨 ＞和＜ 兒子黨 ＞，實在太貼切了。

米夫趕走李立三，把王明扶了起來。他一到中國，就先任命王明為江蘇省代理書記。沒過幾天，又任命王明為江南省委書記。江南省委的工作面覆蓋了浙江、江蘇、上海地區和南京地區，是當年中共黨內權勢最大的一個單位。其書記一職，一般是由中央政治局委員，甚至是常委出任。王明當時既非中央委員，更非政治局委員。王明擔任此職，表明斯大林信任他，在超級提拔使用他。

由於斯大林在中共＜六大＞上講過，中共一把手要由工人出身的黨員擔任。米夫不敢有違斯大林的旨意。斯大林已經欽點工人出身的向忠發任一把手。米夫祇能讓向忠發任總書記，王明任常委。由於向忠發是個大草包，沒有工作能力，而王明有米夫做靠山，其個人能力又遠遠超過向忠發，名為二把手，實際上執掌了中共一切大權，是實際的一把手。

王明，何許人也？

王明，安徽金寨縣人氏，出生於一九〇四年，比米夫小三歲，比李立三小五歲，比毛澤東小十一歲。他原名陳紹禹。因出走蘇俄，亡命它鄉，故借取＜亡命＞二字的諧音，自名王明。以後，則以此名闖世，並寫入中共黨史，也自此在神州大好山川之間多了一條赤色走狗。

國共首次合作時，許多中共黨員以私人身份加入了國民黨。王明則不然。他於一九二四年先加入了國民黨，然後以私人身份再加入了中共，乃中共高層中唯一之人。故而毛澤東罵他是藏在中共內部的國民黨員，也還算是十分實事求是的。建國後，毛澤東本人強令全黨提名他為中共中央委員，顯然十分不妥。他應當劃入宋慶齡領導的，中國國民黨革命委員會任職，當個委員什麼的。

王明自幼聰慧，确有過目不忘之才。王明於一九二五年進入莫斯科＜中山大學＞。他憑借自己的聰明和好學，三個月後已能講得一口流利的俄語，博得了米夫的欣賞和好感。在＜中山大學＞反托洛茨基風潮中，以及隨後的鎮壓留學生風波中，王明緊跟米夫，並屢屢立"功"。米夫反托洛茨基有功，被斯大林從普通教員超級提拔為副校長兼共產國際東方部部長。與此同時，王明拉起了自已的小幫派＜二十八個布爾什維克＞，稱霸於＜中山大學＞中國留學生圈子裡。

王明先於米夫到達上海。他寫了許多文章吹捧李立三。米夫一到，王明發覺自已捧錯了臭腳，立即大殺李立三的回馬槍。他晝夜苦幹，迅速赶寫出＜兩條路線＞這本小冊子，給李立三捏造了許多罪名，列舉了無數罪狀。這本小冊子成了米夫整李立三的殺手劍。

王明剛剛走紅，蔣介石就要開始第三次大圍剿，並在上海著手大肅中共中央地下機關。

中共政治局委員顧順章被捕後叛變，供出了中共中央在上海的一切秘密，致使中共中央在上海的地下機關和組織被破壞殆盡。因為顧順章不單是政治局委員，更重要的是他兼任周恩來負責領導的中央保衛局特科科長，熟知黨的全部秘密，乃至極密。他供出了總書記向忠發。向忠發被捕後叛變得更快。蔣介石知道他是個草包加傀儡，就連審訊也省了，下令於第二天槍斃了。

王明嚇壞了。他連自己轉正當上了名副其實的總書記都不敢高興半分鐘，更別提慶祝一番了。他整天東躲西藏，曾經一天連搬六次家，換了六個藏身地。中央保衛局依照周恩來和康生的指示，秘密地把他安排進了上海郊區一間療養院藏匿。他仍嚇得睡不成覺。他強令保衛局花了天價，租下療養院整整一層樓的全部房間。到了夜裡他隨意變換房間過宿。就算如此這般，王明也不敢合眼安眠。康生拍他的馬屁，不僅一一從命去滿足他的奢求，而且晝夜不離他身邊半步曲意侍奉。從此，王明對康生另眼相看，視為死黨。

王明忙於保命，黨內大小事務一概不予過問，任由二把手、黨、政、軍、諜四大實權在握的周恩來隨意操辦。自李立三到王明，黨的實權一直在周恩來手中。

王明略微放鬆了三、五日後，重又緊張如故。他想來想去，覺得祗有去了莫斯科，才能確保生命安全。可是，他又捨不下剛剛到手的王座。

然而，他聰明。他想出了一個頂好的好主意。就是莫斯科照去，但是先要找好一個可靠的＂臨時工＂替他把困難時期頂過去。革命成功了，安全了，他及時回國，把＂臨時工＂一辭退，自己則官複原職，萬事大吉。

他想來想去，想起來一個人，一個青年人，時年二十四歲，小他自己三歲。此人化名博古，原名秦邦憲。他的俄文名字叫波古良。他取了俄文名字的前兩個字，漢化了一下，寫成<博古>二字，做為自己的化名。

博古，江蘇省無錫縣人氏。書香世家子弟。北宋著名詞家秦觀的嫡傳后裔。據秦氏家譜所載，有清一代，自順治到乾隆四朝之中，秦氏一族中舉人者三十七人；進士者二十二人；授翰林職者十人。到了咸豐年間，因鬧太平軍鬧事，家道敗落。他父親任過宣統時期滿洲地方審判廳刑事庭庭長，民國時期任職縣統捐局局長。博古出生時，家造已完全敗落。他於一九二五年加入中共，二六年赴蘇，比王明早一個月進入<中山大學>。

在<中山大學>，他同王明相識相熟，並加入了王明的小宗派，成為<二十八個布爾什維克>之一。他於一九三〇年回國，一直在基層工作。王明想起他來，他就官運猛然走紅。在不到一個星期的時間裡，他彷佛乘上了火箭，連昇三大級，一躍成為中共團中央總書記。

王明之所以選中博古，一條是二人思想上有共鳴，有基礎。二條是博古年青，肯聽他的話，容易指揮，甚至是隨意擺佈。三條是博古有激情，有活力，幹起工作來不要命，會堅決完成交付給他的一切任務。

王明決定去莫斯科時，正赶巧是慶祝蘇聯＜十月革命節＞前夕。既然去見斯大林，總要向斯大林獻上一兩件像些樣子些的 "禮物"。他決定立即在中央紅區，成立中華蘇維埃臨時中央政府。此事發生在向忠發被殺之前，中共中央已有成案。此刻由他監督實施，煮成熟飯。他還決定攻打下來一兩座大中型城市，算做是自己指揮有方，見了米夫，既有面子，又有牛吹。於是，在療養院裡，有周恩來、康生、任弼時、博古等人參加，舉行了他主政後首次政治局會議。會上，他委派項英和任弼時為中央全權代表赶赴中央紅區，在瑞金召開中央紅區第一次黨代會。史稱＜贛南會議＞。

＜贛南會議＞通過了一個政治決議。決議的文件內容很有點 '味道'。從字面上看，字字句句都在批判李立三。但是，若從舉的事例上看，卻件件事都是毛澤東幹的。這項決議把毛澤東和李立三綑綁成了冤家夫妻。言外之意，是說毛澤東是立三路線的忠實執行者。會上會外，無人不知，無人不曉，這次大會主要是清算毛澤東。決議上講，大抓＜ＡＢ團＞打擊面過大，有肅反擴大化的錯誤。

決議得到與會者一致通過。全紅區是一片叫好聲。乃至從不過問黨內爭執的劉伯承，也寫文章批評大抓＜ＡＢ團＞。這在軍內引起更為強烈的震動。這也叫毛澤東記下了劉伯承一筆秋後賬。

毛澤東被人們罵了個特臭。 挨過他整的人，對他更是恨之入骨。毛澤東的威望一落千丈，幾至谷底。此時，誰也不念他的軍功，而是沖著他破口大罵，罵他比李立三還李立三，是壞透了腔的李立三。

會上表決決定，撤消毛澤東的長江局書記職務。此項職務又還給了項英。增選任弼時為副書記兼組織部部長。項英一上任就撤消了紅一方面軍總前委，也不再恢複中共長江局軍委。這弄得毛澤東差不多是無官一身輕了。

三次反圍剿，毛澤東領兵退敵，就算沒有功勞，也有辛勞。再退一步講，沒有辛勞，也還是有些疲勞吧？不成想，立功沒有獎，不提職，反倒賺了個罷官免職加臭罵。

三次反圍剿中，毛澤東領兵殺了張輝瓚，捉放公秉藩，追赶得上官雲湘屁滾尿流，逼得何應欽辭職丟官。那時的毛澤東簡直是騰雲駕霧，呼風喚雨，八面威風，不可一世。然而，一回到黨內，他就成了甘受婆婆千般氣的小媳婦。堂堂毛澤東豈能捨下這口氣？而那幾個靠上了斯大林，唇上茸毛未硬的毛頭小青年，卻是一路春風，洋洋得意，手握中央大權，為所欲為，好不霸道！

天地間，人人說真理，講道理，可這真理、道理又在哪裡？

這正是：

自 古 臣 子 凌 辱 多 ，

功 勞 苦 勞 難 避 禍 。

誠 望 革 命 有 新 政 。

豈 知 掌 門 賽 惡 婆 ？

欲知後事如何，請看下回分解。

# 第二十三回

## 良將難求聘洋帥

## 庸才誤國是李德

話說毛澤東挨了一通批判，又丟了軍權，惹得他萬分苦惱。偏在此時，又請他吃了一顆甜棗，也算小小安慰。

在蘇聯<十月革命節>十四週年那天，中央紅區召開了中華蘇維埃第一次全國代表大會，大會選出了中央執行委員會。毛澤東任主席，項英和張國燾任副主席。從此以後，毛澤東不再被人們稱為毛代表或毛委員了，一律改稱毛主席，直到他逝世。

毛澤東能揀到這顆"甜棗"，還真得謝謝向忠發這個大草包。

向忠發主政時，王明提議由向忠發本人擔任這項職務。向忠發鬧不明白蘇維埃主席是怎麼個差事。他以為當上了蘇維埃主席，就得去紅區工作。可是他捨不得离開上海去過苦日子。於是他一口回拒了。王明又提議調張國燾去中央紅區任此職。向忠發故做高明地反駁道：＇不成！張同志和毛同志一向合不來的。你把兩隻老虎關進一個籠子裡，還不成天咬死仗？我可不能整天價給小孩子勸架玩。我可是忙得很哪！就讓張同志去鄂豫皖紅區好了。這事先讓毛同志去弄弄好哉了。＂

向忠發一句話既成全了毛澤東，也免去了毛、張二人的磕磕碰碰。

毛澤東得了這個頭銜後，政壇對手們想扳倒他時，看看這個頭銜，萬事都得三思了。這蘇維埃主席相當於今天的國家主席或西方國家的總統一職，是國家的象徵，輕易碰不得。<長征>開始前，博古想把毛澤東留下。眾人一討論，還得把他帶上。毛澤東的小弟弟毛澤覃等人反對王明，則被留了下來。名義上，留下來是堅持鬥爭的需要，實際上是白白送給敵人殺害，是借刀殺人，除掉政敵的一種卑鄙手段。博古還想把賀子珍留下來。毛澤東面見周恩來，發了一通脾氣，才獲准帶賀子珍同行。

蘇維埃<一大>之後，又成立下屬的人民委員會。這相當於今天的國務院或西方國家的內閣政府。毛澤東又任主席。他提名王稼祥任外交人民委員，即今日之外交部長。陳毅找到毛澤東，拉著他的手講：＂潤之兄，　做嘛不叫我幹幹外交委員？這回就算了！打下南京後,我可是要當當外交部長的！＂毛澤東聽後,哈哈大笑,連聲答應道：＂一定，一定！＂陳毅一句玩笑話,不料幾十年後成了真的。毛澤東連得兩個主席頭銜,霎時名揚四海，成了紅色政權和中國革命的象徵。然而,毛澤東自己心裡十分明白,這些頭銜是空架子,好看不好用。自己已被徹底奪去了軍權,而軍權是實權,是奪取天下的至寶！

毛澤東去葉坪村為他準備的官邸赴任。他到了那兒一看，屋子裡除了幾隻盛稻谷用的空竹筐外,別的一無所有,是百分之一百地空空如也。

毛澤東半晌無聲。他兵權在握時, 何人敢如此待他？空屋子像是在對他講,你頭上的兩個主席頭銜同我一樣, 咱們是一家人了, 你就將就一下吧！

賀子珍一見毛澤東的臉子變了色, 就叫警衛員去老鄉家借來兩塊門板, 架在空竹筐上, 當副床用。她鋪上被褥和竹涼席,家就安好了。毛澤東也就算是上任了。

毛澤東剛一上任,就接到了公文, 是個通知。中央決定周恩來出任長江局書記,統一領導中央紅區黨政軍的各項工作。毛澤東看罷,長長地嘆了一口氣,順手把通知扔到地上。他的中央紅區一把手的時代,就此,徹底地劃上了一個句號。他心裡徹底明白了：是誰玩了他！是誰奪去了他的軍權！是周恩來！！！

他的腦子裡一片空茫茫,一片渾沌沌,卻又像是塞得滿滿的, 擠得水洩不通。他似乎明白了,自己是吃了誰的悶棍,可是又了無証據。這又讓他覺得自己是任什麼也沒弄明白, 任什麼都不清楚。他麻木了......他翻來覆去地自己跟自己對話。

盡人皆知,自己是反李立三的,特別是反對李立三的政治路線。這次批判李立三時, 點了李立三的名字, 卻沒有實際東西好批；沒點自己的名字, 講的全是自己幹的事。自己若開口解釋,人家就會指責你替李立三開脫, 坐到李立三的板凳上去了。那祇好不開口。不開口就祇好乾吃啞巴虧。這讓人實在難嚥這口氣。自己活了這麼大,又整天同別人鬥來鬥去, 這回是真地開了眼,有的人那才叫真會整人, 整了你, 又叫你不知道是誰整的, 好厲害！是整人高手。是高手中的高手！

自己更不能對外人訴苦抱怨。若是講, 罷了自己的官是錯誤的, 人家就會講, 你老毛高升了,弄了兩個主席去幹,還嫌少？還講吃了虧？嗨......

毛澤東丟了兵權，掛了個虛名，吃了大虧，卻要扮出笑臉迎人。哭，祗能在心裡哭。淚水祗能往心底流。＜周恩來＞三個字整天在他腦海裡打轉轉。

他上任遭到了冷遇。表面上看，是某些人的勢力眼所為。實際上，這冷遇背後卻隱藏著一種仇恨。他抓＜ＡＢ團＞，殺害了那麼多的人，牽連了那麼多的人，這些人和其親屬能不恨毛澤東嗎？能不伺機報複嗎？冷遇背後不僅僅是仇恨，還有反抗。冷遇本身就是一種隱形反抗！

毛澤東把這一切想了個遍。他並不怕什麼。他喜歡鬥，敢於頂風上。可是眼下，他找誰去鬥呢？整他的人比他高明多了！這個周恩來！！！

毛澤東病倒了。這回是真地病了。

毛澤東的一世仇敵蔣介石雖沒病倒，處境亦很窘迫，種種煩心事也快把他壓死了。這全是日本侵華造成的。

一九三一年九月十八日，日本軍隊進攻瀋陽市，拉開中日戰爭大幕。

從此，蔣介石被迫抗戰，可是他還想進剿中共在各地的紅區，還得防范和應對時不時地同他叫上一陣的新軍閥。 俗話常常講，隻手難托兩片天。如今，蔣介石面對著的是三個對手。豈可掉以輕心？

蔣介石自有辦法。他玩起了祖傳家技：耍滑頭！他打打這個，又打打那個：似打非打，非打又沒閑著。他認為這是神仙計。但是，國人卻不認同，罵他消極抗日，真心內戰，一頂賣國賊的大帽子便扣在了蔣介石的頭上。

蔣介石大兵在握，又會怕了誰？但這罵賊聲卻實在難以入耳，令人尷尬。國民黨元老、孫文先生的左右手廖仲愷先生遺孀，何香凝女士不單口頭上指責他，還把一件舊女裙寄了給他。何香凝在裙子上題了一首詩，詩云：枉自稱男兒，甘受敵人氣。不戰送山河，萬世同羞恥。吾儕婦女們，願往沙場死。將我巾幗裳，換你征衣去。

蔣介石是在上海灘上混過來的人，十里洋場打過滾的爺們，豈會怕了一首小詩？他怕的是，共產黨的軍隊日後真地成了氣侯，那才難辦了。他在擊退兩廣軍閥之後，又見日本軍隊尚無大舉入關的征侯，立即第四次揮戈江西，重興討伐征剿。史稱＜第四次大圍剿＞。

　　蔣介石飛抵南昌指揮戰事，尚不知毛澤東在黨爭中落敗，並被遞奪了兵權的事。他征來剿去，依舊尋不到紅軍主力，不能決戰，討不到些許便宜。

　　此時，中央紅軍的總參謀長是劉伯承。劉伯承同周恩來、朱德私交甚好，合作密切。三人同心協力，各揚巳長，且又諳熟遊擊戰法。偏偏那周恩來為人謙讓和平，處事圓通，打仗上的一應事務聽憑朱、劉二人做主。這麼一來，中央紅軍在劣勢之下未吃大虧。紅白兩軍曠日持久地打上了圈子。

　　蔣介石天生自有幾分聰明。他更有一個人所不及的長處。他思考問題時，常常能否定自己先前所做所為，不大為己護短，不大死硬地為自己找藉口開脫自己。他想，頭兩次進剿不能得手，軍中皆講，是因地廣兵稀，紅軍有空隙可鑽，吃了遊擊戰的虧。可是這後兩次進剿兵力各達三十萬之眾，又多是嫡系野戰部隊，不能再講是兵稀了吧？那又為何仍然找不到紅軍的影子呢？看來，症結不在兵力多寡上面。

　　蔣介石又想，是單兵作戰能力問題嗎？但他掐指細細一算，現下紅軍裡少講也有三分之一兵員是被俘虜去的己方人員。同樣的人，同是一個兵，為何其表現卻大不一樣呢？

　　問題顯然出在將帥指揮官身上了。既然自己手下的將軍們成不了大事，又為何不在洋人身上找找辦法呢？

　　蔣介石派人去國外尋求良將名帥，同時下令鳴金收兵，自己中斷了第四次大圍剿。

　　沒過多久，蔣介石居然聘到了一位德軍名帥。他十分高興。但他萬萬沒有料到，連做夢都夢不到，真正幫了他的大忙的，確實是德國人，但卻不是他自己聘來的這一位德國人，而是斯大林派給紅軍的另一位德國人。真是天大的陰差陽錯。可謂一大奇跡。

　　斯大林派出的這位德國人叫奧托·布勞恩。一九００年生於慕尼黑郊區，十八歲時服兵役，當了名列兵。隨後參加了第一次世界大戰。他十九歲時加入了德國共產黨。不久，被捕入獄。他二十八時趕上獄中暴動，趁機逃跑，去了蘇聯。他在蘇聯受過一系列的培訓後，進入<伏龍芝高等軍事學院>深造。畢業後，他立即被派到中國，進了中央紅區，被斯大林任命為中共中央軍委和中央紅軍的高級顧問。

　　博古陪同布勞恩到達瑞金。博古給他起了個中國名字叫<李德>，音同<利得>，含意十分吉利。布勞恩給自己起了個中國名字叫<

華夫＞。　　因為博古剛介紹給他的中國妻子叫蕭月華。＜華夫＞一名含有愛情的意味，很是浪漫。但大家都叫他＜李德＞。

博古十分尊重李德，幾乎是無話不聽，無言不從。因為李德是斯大林的欽差大臣。在歡迎李德的小會上，博古向中央各位領導人介紹了李德，也向李德介紹了各位與會者。介紹項英時講他是中央紅軍軍委代理主席。介紹朱德介紹時，祗講朱德是中央紅軍總司令。到這時，朱德本人才知道，剛從毛澤東手上接過來的中央紅軍軍委主席一職，已被免掉了。他同毛澤東一樣，被靠邊站了。朱德一聲沒禣。他哪裡知道，這是周恩來在執行莫斯科方面斯大林，要朱毛二人離開紅軍的命令。

蔣介石自己聘來的德國將軍叫馮·賽克特。這＜馮＞字表明他出身德國貴族之家。第一次世界大戰時，他已官至德軍某軍團少將參謀長，而布勞恩則肩扛步槍當名列兵。以後，因戰功累累，晉升為德軍陸軍總參謀長，軍銜為一級上將。

賽克特建議蔣介石動用一百萬大兵，同時清剿各省紅區，從而切斷各紅區之間的聯係和支援，而對中央紅區至少要派五十萬兵力。

進攻中央紅區的白軍五十萬人馬分為三路，直插紅區腹地，硬要把紅區切為四大塊，以防止紅軍進行戰略移動和奔襲。賽克特主張打堡壘戰和持久戰。他建議，白軍要步步為營，穩紮穩打，逐漸地縮小紅區根據地。這就像似把池塘裡的水，一桶一桶地淘光，魚兒則自然在塘底露了出來，也較比容易捕捉了。

賽克特的用兵方略十分狠毒，透著一股十足的德國人講究實效，強調實用，注重結果的求實精神和作風，讓人難以應付。

李德面對強敵則提出〝禦敵於國門之外〞的動人口號。他主張堅守陣地，以堡壘對堡壘，以陣地對陣地，不讓敵人前進一寸土地。他下達命令，要狠打陣地戰、坑道戰和白刃戰，進而再打街市戰、巷井里弄戰，用鮮血保衛中華蘇維埃。若用一個字概括他的打法，就是一個＜拼＞字。李德要紅軍戰士去拼命，一拼到底，拼光完事。

賽克特是德國人，李德也是德國人。不難看出，同為德國人卻有顯著的高下之分。稍有軍事常識的人就能看得出來，李德的應敵策略是下策中的下策，是被動中的被動。槍聲未禣，敗局已定。

李德的打法及其戰略思維尚是中古世紀歐州騎士的打鬥傳統和風格。中古世紀，歐州騎士十分講究玩命要玩得有風度。二人決鬥時，不論用刀還是用劍，直到後來用上了單發火藥槍，都得先找好一個仲裁人，選妥決鬥地點，決鬥者準時赴會，背對背地站好，一聲令下，向前邁出三大步，再一齊轉過身子，同時互相劈刺砍殺或射擊。

決鬥中間肯定沒有哪個人賣個破綻，巧施回馬槍，騙對手上當，要了對手的命。

中國人則不然。從古時算起，自孫武、孫臏，直至以後的諸葛亮等人出世，甚至以後的以後，戰法百變，花樣翻新，真是令人叫絕，令人目眩。但是，中心意思祇有一個，就是講究用<計>。就連中國的尋常百姓也都知道，計有三十六之多，計計可以騙人上當，保護自己。毛澤東、朱德、劉伯承、白崇禧、林彪、粟裕等當代名將，在國內戰爭中皆是用計的行家里手。

中央紅軍第五次被圍剿之日，正是紅白兩軍實力最為懸殊之時，亦是中共積極貫徹斯大林左傾政策最為賣力之時，內爭頻頻，團結脆弱，領導無能，簡直到了不堪一擊的地步。

斯大林尚嫌不足，又為多災多難的中國紅色革命，選定了一個不諳世事的毛頭小伙子博古，當舵船的掌舵人，進而又物色了一個大有歐州騎士劍客風度的應屆軍校畢業生，指揮紅軍作戰。這位紅色洋鬼子居然就能命令紅軍戰士用土製小匕首，同德軍一級上將的洋槍洋炮加飛機，來一場明刀明槍的君子式決鬥。就算人們真地會用膝蓋骨去想像，去猜測決鬥的結果，也會百分之百地猜中結果會是什麼。

斯大林幫蔣介石拿下了井崗山。這一次又要幫蔣介石什麼忙呢？

第五次圍剿與反圍剿的殊死戰鬥打響了。

兩個德國人的較量開哨了。

血，人的血，從肉體上流出，涓涓地浸紅了中華大地的寸寸熱土。養育出無數民族兒女的母親大地，又一個接一個地把自己的兒女，接了回去，攬入懷中，藏於地下，化做新的泥土.......

賽克特見到紅軍戰士的武器主要是步槍和長銃，火力十分薄弱，就派人用鋼筋水泥做了許多型狀好似大鐵鍋的掩體，又在ˋ鍋ˋ的側沿裝上木輪子，可以推著行進。紅軍戰士把這種活動盾式掩體稱做烏龜殼。然而，烏龜殼十分管用。白軍士兵推著它衝鋒，紅軍的步槍子彈打不穿它。烏龜殼逼近紅軍防禦工事後，白軍士兵才從它後面殺出來。許多陣地被攻破，都是烏龜殼搞的亂。

李德見此，束手無策。

李德祇會催逼戰士們搶修簡易工事和土碉堡。紅軍沒有建筑水泥和鋼筋，就用舊房木加泥土湊付著修土堡。這種土堡一旦被炮彈擊中，立即坍塌。反倒是把藏在下面的戰士，活活地壓死或者乾脆活埋了。土堡成了預先修好的墳坑。

紅白兩軍最先交手的頭一仗，是在黎川打響的。進攻黎川的是周渾元的部隊。守軍是閩贛軍區司令員蕭勁光的部隊。蕭勁光是毛澤東的同鄉。<秋收起義>後，他跟隨毛澤東上了井崗山，是個鐵杆毛派。不湊巧，戰鬥打響的前些天，他的主力部隊被彭德懷調去福建執行任務。槍響時，他手上僅有兩個警衛排，總共也就七十餘人。周渾元進攻黎川時動用了三個主力師，計有三萬多人。七十對三萬，就算原有的主力部隊沒去福建，蕭勁光這仗也辦法打，根本守不住黎川。

蕭勁光不能坐著等死，就撤出了黎川。這下子惹火了博古和李德。他二人連聲責罵蕭勁光，為什麼不用自己的身體和鮮血去阻擋白軍的進攻？為什麼不執行"禦敵於國門之外"的戰鬥口號？……責問夠了，也罵累了，就把"右傾逃跑路線"的政治帽子，扣在了蕭勁光的頭上。蕭勁光被軍事法庭判處五年監禁和開除黨籍、軍籍。

坐在家中養病看閑書的毛澤東聞知此事後，大叫一聲："完了！全完了！這回可輸慘了！"他心中當然明白，蕭勁光下獄，主要是受他的牽連。

博古和李德懲處蕭勁光完全是殺雞給猴看，是警告毛澤東的老部下，現在打仗要按新命令辦事，要去拼命，若是仍聽毛澤東的老一套，則一律是蕭勁光的下場。毛澤東當然明白，若按李德的<拼>用兵方略去應強敵，中央紅軍的三萬人馬，一定是拼個淨光。

他不能瞪眼看熱鬧。他得鬥！他想了想，就叫賀子珍帶些吃食，去獄中探視蕭勁光。這事在紅軍高級指戰員裡立即傳開。

此事不久之後，博古免掉洛甫的中央書記處書記職務，任命他擔任人民委員會主席。博古自以為這是個一舉兩得的好主意。其一，減了毛澤東的一個主席頭銜，也是再次向主張打遊擊戰和運動戰的紅軍指揮員示警；其二，把好提意見的洛甫趕出書記處，自己行事下命令可以更隨心所欲了。他萬萬沒有料到，自己這是弄巧成拙幹蠢事，硬把洛甫推到了毛澤東的山頭上去。結果是在<遵義會議>上，洛甫支持毛澤東把他博古轟下了台。博古幹了件大蠢事，反倒沾沾自喜。

李德在十九路軍一事上，幹得更加愚蠢，簡直是愚不可及，簡直是把自己推下了懸崖，墜入了萬丈深淵，也等於是在賭場上輸光了自己的最後的遮羞布：褲衩！

十九路軍是蔣介石手下非嫡系部隊中，戰鬥力最強的部隊之一。該部隊一慣擅打死仗硬仗。朱、毛二人也畏他三分。

＜九·一八事變＞後，十九路軍總指揮蔣光鼐、軍長蔡廷鍇積極主張抗日。他二人不顧蔣介石的命令在上海阻擊進犯的日本軍隊。事後，蔣介石調十九路軍去福建進剿紅軍。蔣、蔡二人認為，這是蔣介石借刀殺人，便在福建宣佈起義，並迅即派人到中央紅區聯絡，表明自已誠望與紅軍聯手對付蔣介石，期盼得到中共和紅軍的支援。

這原本是天外飛來的大好事。一旦合作成功,福建將被辟為新戰場,會分散蔣介石的兵力和拖蔣介石的後腿，自然會大大減輕紅軍本身的壓力。但是，李德不同意與十九路軍聯手打蔣介石。博古則認為十九路軍打過紅軍,反過中共，是新軍閥，是反革命。他們二人甚至期望蔣介石，早點打敗十九路軍，自己趁機收容十九路軍的潰兵，補充隊伍。

蔣介石調動正在江西的嫡系部隊去打十九路軍。

紅軍指戰員擬趁機阻截追擊，以討些便宜。李德下令不准阻擊。他認為，軍閥相鬥，不能偏袒其中任何一方，否則就是站到新軍閥的立場上去了。李德堅守自已的俠客風格,要當決鬥者的仲裁員。博古自然完全贊成李德的徹底革命論，即使自已不是俠客劍手，也想聞聞騎士留下來的氣味。

蔣介石打平了十九路軍，重整軍威，調轉頭打紅軍，企圖一個接一個地吃掉戰場上的對手。

李德認為，這很正常，也很公平，十分地公平。

王明出於私心，把博古拉上台。

斯大林為了遙控中國革命進程，把李德派到了中央紅區。

博古趁機建立自已的山頭，就肆意排擠异己。

這一切,這一切的一切,完全是以＜私＞字為圓心,以＜ 利己＞ 為半徑,在劃自己的天方地圓。世間萬事萬物,若盡以＜私＞字為出發點,大則亂國、亂黨、亂民、亂軍,小則害家、害己、害親人。至于抱著＜私＞字死死不放手的人,幹出的一樁樁，一件件蠢事,僅僅是自我完蛋的催化劑。

當蔣介石重新向紅軍發起全面進攻時，博古、李德的好日子也就到了盡頭。


這正是：


風 水 輪 流 轉，

惡 運 屆 時 來 。

萬事皆人為，

荊棘自家栽。

欲知後事如何，且看下回分解。

# 第 二 十 四 回

## 李 德 剛 愎 誤 戎 機

## 博 古 釀 禍 大 遷 移

話說四月十日這天，白軍集中了十一個師的兵力，猛攻廣昌城。

廣昌是瑞金的門戶。俗話講，戶破而堂危。博古提出了"為廣昌而戰！"、"勝利或者死亡！"等等盡是洋味的口號，激厲將士,死守廣昌。

廣昌沒有城牆。李德指令搶修半永久性工事。就是在戰壕的頂部, 架上一層又一層的,碗口粗細的松原木,再蓋上厚達二、三尺的泥土, 這就算是建成了半永久性工事。李德又下全在陣地前沿埋上土制地雷。地雷引信拴上繩子, 繩子穿過打通了的竹杆子埋在土中,一直拉進戰壕裡。如果敵人攻到前沿陣地，就拉響地雷。還命令戰士在前沿陣地重要地段全埋上竹簽,做好偽裝。這些竹簽事先在火裡煨過,又尖又硬。李德想憑借這些,擋住敵人的飛机大炮和＜烏龜殼＞。

博古從莫斯科帶來的新任總政治部主任顧作霖，發出了＜廣昌保衛戰政治命令＞。命令要求：'......要毫不動搖地，在敵人炮火與空中轟炸之下，堅持住。以便用有紀律之火力，射擊和消滅敵人的有生力量......"在博古等人眼中,紀律同步槍一樣,可以射死敵人。如果這不是詩歌,一定是瘋人的誑語。

不用多想，這位顧主任是在莫斯科洗過腦，受過訓，並深受斯大林信任的人。

在李德的影嚮下,留蘇歸來的博古、顧作霖等人,想出了這些滿是俄語味道的口號,想讓多半是文盲的紅軍戰士,既能聽得懂,還得付諸於行動。若說這是笑話，誰聽了都得哭。

廣昌之戰打了十八天。 紅軍失守。

廣昌上空飄起了青天白日滿地紅的十二角星國民黨旗。

這一仗, 紅軍傷亡五千五百多人。差不多是兩個師打光了。 李德的半永久性工事出了大問題。白軍炮火一轟, 木斷土墜。戰士們不是被炸死的,而是被壓死的， 或者悶死在裡邊。這種半永久性工事不但沒能防住白軍,反倒幫了白軍的忙,當然也出了李德的丑。勉勉強強能記上李德一小功的是,不必為陣亡官兵另挖墳坑了。

廣昌戰鬥後,彭德懷的脾氣越來越壞,張口就罵娘。不罵娘,不開口。毛澤東托人捎給他一本小冊子。是列寧著的＜論"左"派幼稚病和小資產階級性＞。毛澤東在書皮上寫了一句話：你看了這本書,才會知道"左"與右有同樣危害性。

彭德懷看完這本書後,脾氣越發壞了。他搞不清楚,博古等人是ˇ左ˇ還是右。若講他們"左",他們又挺怕死；若講他們右,他們又口口聲聲嚷著去拼命。一想到拼命,彭德懷的火氣更大了。他的紅三軍團一萬二千多人,一下子拼光了一半。他一想到戰士們死時的慘狀,他的火氣就會直穿腦門而出,見誰燒誰,見誰噴誰。

撒出廣昌後,博古和李德召集紅軍高級將領開會。他倆想穩一穩軍心,統一全軍的思想。將領們到齊後,李德率先哇里哇啦地大講了一通。翻譯是伍修權。大概是他覺得李德的話太傷人了,就擅自偷了一些ˇ稅",減了一些ˇ料ˇ,用較為緩和的語氣和用詞,慢條斯理地翻譯道：ˇ顧問認為,是你們沒有組織好反衝鋒。火力不強大。應當加強火力掩護......"

彭德懷一聽就跳了起來：ˇ加強火力？奶奶的,上哪兒去找子彈？根本沒有子彈！你問問他,翻譯同志,在敵人這麼多烏龜殼面前,這麼猛烈的火力下,怎麼衝鋒？奶奶的,你問問他？"伍修權又減了些ˇ料ˇ,才翻譯過去。

"這麼講,你就一點責任也沒有？"李德問道。

"講到責任,你們第一步就錯了！你們坐在瑞金,靠地圖指揮。連迫擊炮放在哪裡,你們都要標上。你們知道不知道,你們用的地圖根本沒有實測過！有些地方是瞎畫上去的！這次廣昌死了多少人？真是崽賣爺田心不疼！"彭德懷如同一挺打瘋了的重機槍,把自己心中的火氣,傾盆大雨般全部洩了出來。伍修權怕李德聽了受不住,小小地ˇ偷偷減減ˇ也不頂用了,就大劈大砍,整段整段全刪去了,輕描淡寫地翻譯了幾句。李德不懂中國話,自然沒什麼反應。博古聽得明明白白,驚得目瞪口呆。

彭德懷見李德沒什麼反應,就猜到是翻譯走了私,就請楊尚昆重新翻譯。楊尚昆用俄語對李德解釋：ˇ彭司令是講,如果把中央紅區搞丟了,把部隊拼光了,我們會很心疼。你卻像個不孝順的兒子,把父親留下來的田產全賣光了,而不知難過。ˇ

這次李德全聽明白了。他火了。一米八〇的大個頭從凳子上站起來，探出半個身子，似半截黑鐵塔，隔著桌子壓向彭德懷，對著他大聲吼叫："封建！封建透頂！"

"老彭，太過份了！就憑你對顧問的態度，也該給你個處份。"博古講這句話時，自己心裡很虛，話也就軟綿綿的，顯得底氣不足。

"開除黨籍、公審、殺頭，我早準備好了！"彭德懷仍然火氣十足地頂撞。

散會以後，李德仍不捨不饒。他對博古說："不把彭關起來，我就沒面子了。今後怎麼指揮作戰？"

"這事弄得大家都不愉快，"博古安撫李德，"彭德懷在軍中的地位，僅次於朱德，是二號人物。把他關起來，震動可就太大了。上次把蕭勁光關起來，毛澤東馬上叫他夫人去探望。如果把彭關起來，毛澤東一定會出頭替他說話。朱德、周恩來等人都會反對我們。內部會亂套！"李德沒話了。

"波古良"李德喊了一聲博古的俄文名字，大聲叫道："我提議把毛澤東送到蘇聯去養病！"

"這真是個好主意！"博古樂了。

他二人馬上起草了一份寫給共產國際和王明的電報，並請轉呈斯大林。這是五月份的事。

共產國際的答複卻大大出乎他二人的意料。共產國際認為，毛澤東在紅區人民和軍隊中有重大影嚮，不能輕易調動。李德很是沮喪。

博古倒拎著那張薄薄的電報紙，兩眼直直地望向洛甫，想對洛甫講些什麼，可就是想不出合適的一句話，或是一個單詞，來掩飾自己的尷尬和失落感。他們心中全明白，是斯大林不同意調開毛澤東。

"我早就對你們講過"洛甫用俄語說道，共產國際不會放棄毛澤東，今後也不會！"

自打廣昌失守，在半年左右的時間裡，紅白兩軍多次交手，大大小小的戰鬥打了不下七、八十次。紅軍越打，根據地越小。從佔有地盤三十多個縣到僅僅剩下兩個較完整的縣，即瑞金和興國兩縣，幾乎到了無立足之地的份上了。而白軍氣勢越打越旺，大批部隊如餓狼般，正從四面八方向這最後兩個縣撲來。中央紅區形勢已十分危機。

在這種形勢壓迫之下，中共中央書記處，即政治局的四位常委，在瑞金舉行了會議。會上決定,紅軍撤离中央紅區，向中國西部大遷移。後來,中共黨史稱為<長征>或<二萬五千里長征>。但在世人眼中，這是一次名符其實的大逃亡。

會上決定,將此決議上報共產國際。六月二十五日,共產國際複電批準<瑞金會議>的決定。政治局常委立即開會，決定由博古、李德、周恩來組成<三人團>，負責大遷移的一切工作。

毛澤東得知共產國際批准戰略大遷移的消息後，飯吃不下,茶不思飲,祇是吸煙。想想看,他怎麼能捨得腳下的這一切......毛澤東想了又想，足足想了一天一夜......突然,他覺得全明白了,徹底看透了整個世界。古話云：小不忍則亂大謀！眼下失掉的，將來再找回來。又何必英雄氣短呢？

一旦想通了,毛澤東頓時覺得兩雙眼皮子, 如同墜上了千斤重的大鉛坨子一般。他實在睜不開眼了,就昏昏睡去。這一睡,足足睡了三天兩夜,嚇壞了賀子珍和警衛員。他倆又請醫生又灌葯。毛澤東在睡夢中渾身發高燒,額頭熱得燙手,用冷毛巾降溫解熱已不頂用了。賀子珍借來金屬散熱器給他降溫。

到了第四天，毛澤東徹底退了燒，睜開了眼。

"有文件嗎？有電報嗎？"他醒過來頭一件事,頭一句話，就是打聽大遷移的事。賀子珍再三勸他休息。 他全然聽不進去。 他強掙扎著提筆寫信， 給黨中央和中央軍委獻計獻策。他建議中央軍委集中兵力向湖南省中部地區快速推進,造成威脅長沙的態勢,調動白軍增援長沙。紅軍變被動防守為主動進攻， 在運動中尋找戰機。

"老一套！又是老一套！"博古不耐煩地叫喊道。

李德早已有了自己的主張。他不僅不集中兵力,反而兵分六路,分頭迎戰白軍的六路進攻， 拼個魚死綱破。日耳曼人中的頭號大白痴， 真地是想把西洋劍客的論劍決鬥， 搬進中國戰場,一決高下了。

毛澤東聽完這一排兵佈陣的消息後, 拍打著大腿， 絕望地自言自語道：`完了......完了......"話沒講完， 人就軟癱在床上了， 連下地解小溲， 也要別人攙扶一把了。

洛甫來看望他。 他強掙著坐了起來。 他喘著粗氣對洛甫說： "......不能......硬拼了......不能......"

"我也靠邊了......現在是<三人團>說了算......"洛甫喃喃地道。

`......不能......不能......同蔣介石， 打陣地戰......叫花子......怎麼敢跟， 龍王爺比寶......"毛澤東摸清了洛甫的心思, 吃力而緩慢地給他講道理。洛甫連連點頭稱是。他告訴毛澤東, 已派周恩來帶著潘漢年等人去了廣東，找廣東軍閥陳濟棠借路，減少大遷移時的阻力。目前尚無把握能借出路來。

過了幾日，周恩來也來探望毛澤東，說是已同陳濟棠談妥了借路的事。

毛澤東講，若是中央聽了自己的建議去圍長沙，然後尋機西進，何必今日腑首他人屋沿之下。周恩來聽罷，莞爾一笑。他告訴毛澤東，那朱德、彭德懷、陳毅都找過他，對李德分兵應敵的打算提了意見。而他也將這些意見轉告了博古和李德。

"意見對頭，李德還是能聽得進去的。他放棄了分兵的主張，哈哈，外國人還是蠻有趣的……哈哈，別生氣，別太急了，事情總會解決的……哈哈……"

他又告訴毛澤東，<三人團>決定，近日全軍向湘西移動，擬與賀龍、蕭克的二、六軍團會合，並準備在湘西建主新紅區。

周恩來建議毛澤東先去雩都縣察看地形，為全軍大遷移做些準備工作。毛澤東點頭應承下此事。

毛澤東心裡明白，這是周恩來見自己病得下不了床，讓自己提早動身，先走一步。他僱好了擔架，一直被抬到雩都。隨後，他同周恩來力爭，賀子珍才得以隨軍大遷移。

賀子珍去雩都前，把孩子托付給了毛澤覃。毛澤覃秘密托給一家農民。毛澤覃犧牲後，斷了線索，孩子永遠留在民間了。

十月十八日白軍佔領瑞金。

蔣介石得到情報，紅軍不是戰術移動，而是戰略大遷移；不是南下，而是西進。

馮·賽克特聞知這個情報後，堅定地，甚至是固執地認為，這是紅軍在耍花招，應對他的堡壘戰。如果离棄堡壘去進攻，就又走了以前的老路。賽克特的這番話，搞得蔣介石三心二意，不能速下決心，去追擊紅軍。真沒成想，蔣介石請來的德國人，反倒是幫上了紅軍的忙，平白送給紅軍一大段時間。這段時間可不算短，足足有一個多月。這也算是對李德幫了蔣介石的忙的回謝。兩個德國人的君子風度，實在可以寫入道德君子史冊，以訓後人。

紅軍這次大遷移，如同大搬家一樣。不足三萬人馬的紅軍主力部隊，加上遊擊隊、赤衛隊、梭標隊、童子團、後勤單位、地方機關、紅軍學校、紅軍醫院、挑伕大隊等等，人員總計竟達八萬七千多人。

這一大群人帶著發電機到成綑的電線、縫紉機到大批軍服及布料、兵工機械到子彈殼和手榴彈彈坯、印鈔機到鉛字銅板，再加上大大小小的各種文件櫃、圖書資料以及成籍的銀圓和金條......真可謂應有盡有。此外還有行軍路上吃的六十萬石軍糧。人力擔子三千副,人扛馬馱車子推,浩浩蕩蕩,隊伍排出一百多里地.......

這是戰略大轉移嗎?這分明是大搬家,世界上頂大的大搬家!是紅區大挪窩!

秋末冬初的江南,淫雨綿綿。山地行軍非常困難。

最苦的是運輸大隊。肩挑的,背扛的,全是重傢伙。一個人空著手爬山已十分吃力了。此刻,要負上重物,很垂的垂物,該是何等辛苦了。有些大機器又笨又重又不能分拆開來,祇好十幾人抬著走。遇上了一個人轉身都困難的羊腸小道,就得現開山造路;遇上了小河或山澗,又得現架橋造舟。這些麻煩事,件件比搬運本事更困難。為了避開白軍的空中轟炸,祇能夜裡趕路,還不能點火把照明。挑伕們就摸著黑,深一腿,淺一腳地,向前挪動。稍不留神,就會滑落崖下,連個屍身也沒留下.....

搞運輸的人們太辛苦了。草鞋穿碎了,祇好打赤腳,腳磨破了,叫雨水一泡,化膿發炎,疼得不敢踏地面。大批民伕以及士兵實在吃不住苦了,就紛紛開了小差。路途中很難或者是說根本僱不到民伕。於是紅軍一路行軍,一路減員,一路扔東西。

從桂岩鎮到湘江渡口是一百六十里路程。如果輕裝急行軍,一天就能趕到。這龐大的輜重隊伍,足足走了四天四夜,還掛個零頭。賽克特將軍贈送的禮物,又被紅軍毫不珍惜地浪費掉了,如數還給了蔣介石。

紅軍從瑞金出發,順利地渡過了雩都河。經過兩廣邊界時,陳濟棠明打暗送,讓紅軍平安通過。這兩段路的平安無事,鬆懈了全軍的戒心,自然也包括毛澤東。

蔣介石通過各種偵察手段,終於摸清了紅軍的動向,認定紅軍正沿著十個月以前,蕭克的六軍團的足跡,渡過湘江,奔向鄂西,找賀龍去會師。蔣介石心裡有了底,就不再聽任賽克特將軍送"大禮"了。他調動嫡系部隊,在湘江兩岸設下了<銅網大陣>,張開了<收龍袋>,等待紅軍自已乖乖地鑽進去。

湘江,養育了湖南兒女的母親河,正敞開懷抱,在等著擁抱自己的親人.......

一場大血戰,一場大屠殺,正在一秒鐘,一秒鐘地逼近......


這正是:


芸 芸 眾 生 多 辛 苦 ,

莫非蒼天絕人路？

蒼天自有蒼天情，

宵小蟻民難領悟。

欲知後事如何，請看下回分解。

# 第 二 十 五 回

## 血 染 湘 江 嘆 悲 壯

## 兵 入 西 土 多 奔 波

話說紅軍先遣部隊抵達湘江東岸時，蔣介石早已派何健和薛岳二人率兵在西岸等侯多時了。紅軍戰士在幾艘大木船上堆放好砂袋，架上機槍，準備強渡湘江，奪下西岸的灘頭陣地。木船駛到江心處，西岸的白軍齊齊開火。守軍的火力十分密集。船上的紅軍戰士大半被擊傷擊亡。過不多時，木船的船底船幫，均被炮彈擊穿。江水涌入船艙。幾艘木船先後沉入江底。祗有極少幾名戰士泅水回到了東岸。

搶灘部隊又試了兩次，均告失敗。

博古一聲不響地摘下眼鏡去擦厚厚的鏡片。他用衣襟擦了又擦，擦了再擦⋯⋯

李德沮喪地坐在一塊大岩石上，腿上已攤開自己隨身攜帶的地圖。他端起來看，舖平了看，湊近鼻尖看，看了又看，看了再看⋯⋯

博古也好，李德也好，心中均是極為明白，過不去湘江，就意味著全軍覆亡。

李德怎麼找也找不到，他想在地圖上，要找到的東西。他問了伍修權一句什麼。伍修權苦笑著臉，搖了搖頭。李德盛怒之下，把地圖揉成了一個大紙球，順手就要扔出去。可是，手已揚過了頭，又停住了。他收回地圖，重又攤平舖好，繼續去找。他离不開地圖，盡管他知道這張地圖上錯誤漏洞百出。否則，他更一無所知了。

洛甫倒背著雙手，默默地看著他倆的一舉一動。

王稼祥躺在擔架上，一動也不敢動。他腹部的彈片取不出來，已發炎化膿了。

湘江，依然故我地，似乎什麼事也沒發生過似地，緩緩地，緩緩地，向前流淌著。

朱德、彭德懷、劉伯承等人騎著馬從後面趕了上來。他們一見渡江遇上了困難，赶緊聚在一起，商量渡江辦法。

　　″奶奶的，一定要過去！大家分散開，多頭搶渡，不用船，趟過去！″彭德懷嚷道。

　　″多找些小船。不會泅水的戰士，可以扶一下船幫子嘛！不過，這些擔子，挑伕，怎麼處理？擔子是擔不過江去的。伯承，工兵營什麼時候能上來？″朱德同劉伯承低聲商量著。

　　″我看，可以多頭渡江。正面要繼續搶渡做為掩護。其它部隊再向上游移動一些，找找水淺的地方搶渡。我馬上再催工兵營趕上來架浮橋。″劉伯承的中央軍委總參謀長職務，已被博古和李德給解除了。他這會兒祇任紅三軍團參謀長。他同朱德一樣，看見博古、李德沒了辦法，祇好挺身而出了。別的，先不去管那麼多了。

　　渡江又開始了。紅一師和紅二師共計五千多人，一齊跳入江水裡，揀那水淺處，又泅又趟，不會泅水的扶著別人，長短武器同時開火，朝著西岸猛撲過去。西岸的白軍火力點，明堡加暗碉，各式輕重機槍加步槍，吐出長串長串的火舌，把江面上的人頭當靶子，猛掃狂射。霎時間，江面上空一片槍炮聲加衝殺聲。

　　水面上不時飄起一具又一具的屍身。這些失去了魂靈的肉體，順著水流，飄浮了一會兒，直直地沉入江底……

　　死亡，似乎就是這段江面的代名詞。死神，似乎就懸在半空中，或許藏在水面底下，任意地抿滅著年青的生命……

　　終於，有幾個人，幾十個人，幾百個人，踏上了灘頭砂地。這些人一躍上西岸，就展開隊型，向碉堡群撲了過去。又過了片刻，龐大的登陸群涌上了灘頭。灘頭陣地被紅軍奪下了。

　　工兵營的浮橋尚未架好，大隊人馬已排山倒海般擁到了江邊上。眨眼間，江邊上擺放滿了挑子、木箱子、機器、各種山炮等重物。馬伕用力扯住騾馬的籠頭。大騾子大馬又尥蹶子又昂首嘶鳴。大牲口怕水。見了水就如見了鬼，死活不肯下水。不會泅水的幹部和戰士，急得在原地打轉轉……

　　一時間，幾萬人擠成了一團，在幾塊打谷場那麼大小的岸邊空地上，你推我擁，爭著搶著，找塊立足之地。

　　″散開！全散開！奶奶的，扔炸彈就糟了！″彭德懷高聲叫喊著。人們跟本聽不清他在喊些什麼。就算聽清楚了，也挪不動身子。擠進來難，擠出去就更難了。

　　突然，一陣刺耳的″隆隆″聲，由遠而近，傳了過來。幾架白軍的飛機自湘江下游方向飛了過來，飛到了人群上空，一側機身，把一串串炸彈，扔了下來。

頓時，江面上，江沿上，荒灘地上，一片爆炸聲。隨後，驚叫聲、呻吟聲、哭爹喊娘聲、罵天怨地聲響遍了曠野。到處是濃煙、碎石、殘肢斷臂和橫躺豎臥的屍身……剛剛搭好一半的浮橋，被炸成了數小段，在水面上晃動著。

轟炸剛剛過去，毛澤東乘著擔架赶到了江邊。他指著挑子、箱子等物品，對洛甫和王稼祥嚷道："這些勞什子，快快甩掉！人先過江！"

"東西怕是保不住了……"洛甫喃喃道。

"恩來不在。這是他管的那攤子。"王稼祥有氣無力地回答道。

"扔！一定得扔！恩來那邊，由我去講！"毛澤東心情不好，講起話來，火氣大了許多。他讓警衛員跑步去向劉伯承傳達他們三人的意見。

警衛員回來時，帶回來一個壞消息：朱德發現白軍已從後面追赶上來了。他讓五軍團三十四師狙擊掩護，戰況十分激烈。

警衛員剛剛報告完畢，彭德懷的警衛員跑來傳話：請中央首長立即過江。因為隔江西岸兩側，薛岳和何健的大部隊已包抄上來了。彭德懷正率隊攔阻。可是，白軍人多戰鬥力強，彭德懷擔心自己的部隊頂不了太長的時間。

"這前堵後追，能有多少人？"洛甫緊張地問道。

"估計有三十萬。我們像是鑽進了人家的口袋裡。先前，這是我們的老法子。"毛澤東不無惆悵地感嘆道。

"少共國際師也上去了吧？"王稼祥關切地問道。

"早上去了！伯承對我講，他讓這批娃娃兵守衛二線，狙擊廣西兵。看樣子，形勢很不妙了。不然的話，伯承豈能用這些娃娃兵去打狙擊……這群娃娃……"毛澤東吸了一口煙，煙還沒吐盡，又吸了一大口。

"在路上……我和這群娃娃，拉扯過，許多事……我最擔心他們……"

王稼祥話沒完，敵機又來轟炸。飛機還扔下幾麻袋傳單。警衛員揀回來幾張，遞給他們仨人看。毛澤東看了兩眼，快快地道："真叫我料對了！蔣介石很清楚我們的行軍路線，是事先張好了口袋的……這麼指揮……"他邊講，邊用眼角溜了兩下子洛甫和王稼祥二人的臉色，沒再往下講。毛澤東大口大口地連連吸煙。突然，他腦子一轉，忙派警衛員去翻找壓在擔架枕頭底下的軍用地圖。

"潤之兄，你要……"洛甫不解地問道。

＼我們不能再往口袋裡頭鑽了！要鑽出去！過了江，不能直接朝西走！要改道！同二、六軍團會師的事,要暫時往後推一推……"毛澤東向洛甫和王稼祥做解釋,想勸服他倆。他攤開地圖，細細地看了一陣子，高聲嚷道：＼對頭！就走這邊,先向北,去老山界,然後再向西拐！"他大聲而堅定地嚷道。

"啊！"洛甫和王稼祥齊齊叫了一聲，不知是驚還是喜。但是,毛澤東的堅定和自信,似乎讓他們二人看見了一條生路。

趁著敵機轟炸間歇的空檔，工兵營快速搭起了幾座臨時浮橋。部隊跑步通過浮橋，過了湘江。

博古黑著個臉，仍在沒完沒了地去擦自己的瓶子底厚的眼鏡片。他沒去阻止扔掉笨重的物品。

李德在林間空地上踱來踱去。地圖早已成了碎紙片，散落在雜草中間。他時不時地神經病般地咕咕上一陣外國話，伍修權不去聽,也不翻譯，更不看他一眼,獨自站在一旁生悶氣。

這時,朱德的警衛員跑來催促博古等中央首長過江。他告訴大家，朱總司令已經過了江，正指揮九軍團鞏固西岸陣地。

到了後半夜，中央紅軍的兩個主力軍團，已全部過了江。

八軍團和少共國際師被廣西白崇禧的桂軍死死纏住，撤不下來。八軍團傷亡過半。少共國際師祇剩下不足三分之一的人了。

紅軍被湘江一分為二了。湘江兩岸的每支部隊都在拼死戰鬥。

渡江已經停止了。浮橋上見不到什麼人了。

朱德又從西岸返回東岸。他見到八軍團和少共國際師的陣地已被桂軍撕裂了，分割開來,無法再守下去了，就命令最後一道狙擊線上的部隊和中央縱隊立即過江。

此時,彭德懷正同桂軍的另一支部隊在玩命。廣西兵身裁矮小,但很靈活，在山地戰中饒勇難比。紅三軍團碰上了它,吃足了大苦頭。彭德懷想盡了辦法。他命令新兵守住陣地,派老兵迂迴到桂軍背後打包抄。這辦法很有效。但是,廣西兵實在太多了,打也打不完。桂軍屍體疊成了小丘。桂軍士兵仍源源不斷地往前衝。紅三軍團的兵力在顯著地減少。戰後統計,到一九三三年,紅三軍團已經擴充到了五萬人。這一次反圍剿中保衛廣昌和湘江大血戰,把五萬人中的連排長級軍官打光了百分之九十五。整個軍團已不足一萬人了。彭德懷焉能不紅眼？

西岸，林彪的紅一軍團打得也很苦。

林彪打仗素來講究一個<巧>字。眼下,卻是硬碰硬地拼消耗。他把李德恨死了。是李德逼他去幹這種祇有傻瓜才去幹的頭號大蠢事。林彪平素不大愛言語，會上甚少發言。現在，這會兒，他終於

給撩撥火了。他整天不住嘴地罵德國蠢豬,罵博古不是近視了眼,
是瞎了狗眼,找頭豬當爺爺供奉著。他的陣地上處處是屍體,難得找
見一個不負傷的活人。而白軍卻仍在進攻, 衝鋒……

到了傍晚, 他同聶榮臻政委商量後, 決定向中央打報告, 如果
白軍明天繼續發起進攻,紅一軍團已難守住陣地。朱德回覆他:"
堅守陣地!否則, 全軍覆滅!"可是,他拿什麼守呀?他的紅一軍團
剩下的兵力比彭德懷還少,祇有幾千人了!

十二月一日,戰鬥到了白熱化程度。

紅軍在西岸始終沒能打出一條通道來。西岸的主要道路全被白
軍控制住了。三十萬白軍從四面八方把不足兩萬五千人的紅軍, 緊
緊地圍在一處月芽形的峽谷中間。西岸的紅軍真地已瀕臨絕境了。
朱德把專門保衛中央首長的中央縱隊, 全部投入一線作戰。各級幹
部,祇要會打槍, 全都發給武器。 女同志每人分到兩顆手榴彈: 一
顆扔給敵人, 一顆留給自己……

毛澤東甩了擔架。他飄動著一頭長髮, 東奔西跑,磨破嘴唇子
般講述自己的主張, 苦苦勸服別人按他自己的主張突圍。

東岸的情況更差。

挑伕、民伕、機關後勤人員、年紀大的人、身體差的人, 早已
散盡,各求生路去了。

灘頭、江岸、林間曠地、低崗洼地, 處處躺滿了屍體和重傷
員。

八軍團和少共國際師剩下不多的將士仍在浴血苦戰

西岸。紅軍內部正進行著另一類的苦戰惡鬥。

朱毛二人站在通往老山界的岔路口上, 指揮中央縱隊和九軍團
向老山界方向前進。

正在此時,博古和李德急步趕了上來。

"你們要把部隊開到哪裡去?"博古氣勢洶洶地責問朱毛二人。

"翻過老山界,向通縣開進!"朱德說道。

"什麼?你這個總司令, 連紅二方面軍在哪裡也不清楚嗎?"博
古毫不客氣地訓斥責問朱德。

"前面是敵人的口袋底!我們不能再往裡面鑽了!部隊先脫險,
會師另找機會嘛。"朱德耐心地對他解釋。

"這是擅作主張!軍委的決定,是經共國產際批準了的!你有什
麼權力擅自改動?是誰讓你這麼幹的?"博古聽了朱德的解釋後,
火氣小了許多,但仍不甘心地祭起了共產國際, 亦即斯大林, 這塊
大招牌去嚇人。

〝依我看，是紅軍將士們的鮮血，是紅區根據地千百萬人民的生命，讓我們這麼幹的！"毛澤東搶前幾步，十分激動，十分氣憤地反駁道。他瞪視著博古，像教訓一個頑皮不聽話的孩子,朗聲嚷道："你們拿紅軍戰士的生命開玩笑！你自己也看見了，湘江的水，都快染紅了！你想把紅軍的老本全送給蔣介石？我倒是想問問，是誰讓你這麼幹的？是誰讓一個顧問，能有這麼大的權力？〞

毛澤東的話語一向尖刻，滿含油炸辣椒時的嗆人氣味。此時,他彷彿把一大鍋剛剛炸好的紅辣椒,連油帶鍋,劈頭蓋臉地扣到了博古的頭上、臉上。

博古給他的這一番話噎住了。他環顧四周，看見的是一雙雙噴著怒火，滿含仇意的眼睛。

戰士們把手按在腰間的手槍把上。讓他從心底昇起一股涼氣，一種恐懼。他一聲也沒敢再響。

李德聽不懂毛澤東的話,就讓伍修權翻譯。伍修權白了他一眼,默默地走開了，鬧了個小罷工。

洛甫和王稼祥一起勸著博古。

正在這功夫,警衛員跑來報告, 打前鋒的九軍團已把白軍防線撕開了一道口子,打通了道路。朱德一聽,喜上眉梢。他跳上一塊大岩石，高聲下達命令："全軍跑步前進，翻越老山界！〞

周恩來聽講朱毛二人同博古吵翻了,急忙趕來勸架。毛澤東走近周恩來,同他耳語了一番。周恩來聽後,連連點頭道:〞好,好,先這樣。突出包圍圈,到了雙江,再坐下來慢慢談。彼此同志,要注意團結。〞接著，他轉過身子問朱德通知一、三軍團了嗎？東岸的部隊,誰去通知？〞

〞已經派人了。老山界口匯合。〞

毛澤東、洛甫、王稼祥先後躺回到擔架上,擔架員抬起他們急忙奔向老山界。

博古默默地望著這群人的背影。他似乎意識到了什麼，心裡不免酸溜溜的。


這正是：


江 水 不 辨 赤 白 ，

陣 前 方 顯 真 假 。

敢 在 人 前 高 聲 ，

卻怕索命夜叉。

欲知後事如何，請看下回分解。

# 第 二 十 六 回

## 娃 娃 兵 魂 守 青 山

## 臨 時 工 盡 失 大 權

話說少共國際師的一群娃娃兵在湘江東岸，浴血苦戰狙擊白軍，掩護紅軍主力部隊成功轉移。這群娃娃兵寫下了中國軍史上罕見而又獨特的一頁，可歌可泣，引人掩卷長思。

少共國際師是＜共產主義少年先鋒團國際獨立師＞的縮稱。一九三三年五月在江西和福建等紅區，選拔了一批優秀的少年先鋒隊隊員，先組成各軍區的少年先鋒團，後於八月在寧都匯合。又從部隊裡抽調一批老兵當骨干，正式建立了這支少年部隊。成員多在十二、三歲。最大的也不過十四，小一些的也就十一歲。

少共國際師隸屬於紅一方面軍。毛澤東最初成立這支少年部隊的本意，在於從小開始培養少年軍官。希望他們長大後成為紅軍部隊的骨干和中堅。但是，由於戰事頻繁，紅軍減員嚴重，兵源十分匱乏，無奈之下，就把這群娃娃編成紅一軍團的十五師。大家仍舊習慣地稱其為少共國際師。今天聽起來，實在令人難以接受。但是，這是歷史。戰爭往往就是如此這般地扭曲指揮者們的心靈。為了取勝，做出樁樁怪異得，為世人所唾罵所不齒的醜事。為了自己，他們可以不顧一切。

這群娃娃兵的身高僅比步槍略高出一點。他們揹上步槍走不上半里路，就氣喘吁吁了，滿身滿臉，汗水淋淋了。

紅軍戰士中卻無人敢小視這支部隊。第一，他們的軍風紀好。第二，鬥志旺。打起仗來，不顧生死，祇知服從命令。第三，特別擅打狙擊戰。他們槍法好，動作靈巧，眼尖手快。成人部隊不一定打得贏他們。朱毛二人常在關鍵時刻把他們頂上去。

仗一打響時，桂軍根本沒把他們放在眼裡。打了一陣子後，桂軍發現對手十分難纏。廣西兵素有不怕死的美譽。不成想，對面山坡上的這支部隊是死不怕，甚至是怕不死，真有股子把腦袋別在褲腰帶上玩命的勁頭。待等他們撕破了一、二處陣地後，發現這支部隊居然是一群娃娃。他們又震驚，又佩服，又想再比比，大人總不能讓小孩子給蓋了面子。

　　苦戰一天一夜後,廣西兵的屍首擺滿了山坡。山坡陣地依然在娃娃兵手上。廣西兵的眼珠子紅了。長官開出的賞格加了幾倍,翻了幾個滾。敢死隊垮了一茬又一茬。這是桂系軍旅在混戰中,從未遇上過的。

　　又一個黎明到來了。白崇禧的＜必殺令＞也來了。督戰隊架起了重機槍,打的不是敵人,而是怕死不賣力的桂軍士兵,是在限期不能攻破敵陣的自家人。無疑,蔣介石光火了。白崇禧的火就更大了。

　　八軍團的陣地被攻破之後,娃娃兵的側翼暴露無遺,壓力陡然增大,而自己的兵員已折損了三分之二。五道散兵線,已丟了四道。

　　娃娃兵已經一天一夜沒吃沒喝了。子彈也不多了。簡易工事已經全然無了蹤影。山坡上的灌木叢早已燒焦炸碎了。綠草成了黑灰。戰友的遺體斷肢已被炮彈翻起的浮土,深深地埋在下面了。活下來的人,祇要輕輕蹭動幾下,就能把瘦小的身軀藏在浮土下面。這已是唯一的遮掩物了。

　　戰友"光榮"了。活著的人就拖過他們的子彈袋,繼續射擊。他們似乎是在想,自已已是在替兩個人、三個人打仗了。於是,準頭更足了。祇見小小的手指頭不停地勾動,進入他們的準星的人,就一個接一個地倒下去,再也爬不起來……

　　在一陣炮火狂轟之後,活下來的人趕緊從浮土裡揚起頭來,察看伙伴們的生死。

　　"野貓子,你還活著嗎？'二班長秦大山輕聲呼喚。

　　"活著,活著哪！班長,你也活著吧？"野貓子從浮土中,抬起頭,朝身後那邊看了看,"班長,部隊過江了吧？"

　　"還沒有……要是過完了,會來喊我們……"

　　"那水好深吧？那魚肯定小不了！我會扎猛子抓魚！"

　　"吹牛！待一會兒過江時,你抓一條,我看看！"

　　"抓就抓！我……"

　　"野貓子,你小子會吹牛,命也大。要是我光榮了,你有空去俺家看看……"

　　"那還用你講！咱班的鐵柱、胖墩、沒牙佬、連勇,他們的家,我全得去看看！我掙錢了,我養活……"

　　野貓子話沒完,白軍大炮又開始轟山了。

　　'野貓子,野貓子！你還活著嗎？"炮火剛停,二班長又輕聲呼他,"野貓子！野貓子！你講一聲嘛！……"

　　野貓子從一陣劇痛中蘇醒過來。他手上的槍不見了。他再一打量,自已被炸出去好遠了。他肚子疼極了。他弓身勾腰一看,祇見一團腸子染著血水吊在肚臍下邊。他惊呆了。他下意識地用雙手捂住腸子往回塞，疼得他兩眼冒金花。他突然聽見班長在喊叫找他，他就一隻手支著地，一隻手捂著肚子，想往班長身邊爬過去。可是他支地的那隻手，已無力支起他的身子了。他栽了下去。他用盡全身最後一點力氣，喃喃地呻吟著："……我……我不想……死……不能……媽……媽，媽……"他的頭猛然一垂，就跟著大地媽媽走了……

陣地上的槍聲漸漸地，漸漸地停止了。殘存的紅軍撤走了。

廣西兵爬上了山坡，又湧別江邊，默默地望著江水，緩緩流去，一點也興奮不起來。

少共國際師，或叫十五師，在紅軍建制裡消失了。

八軍團的番號也消失了。

來年春天，山坡上的草，還會綠。若是站在遠處，向那漫山遍野的綠色海洋望過去。在那綠中，細細地看，細細地尋，一定會找見一絲絲，或一點點血紅。那是杜鵑花嗎？不，不一定。其中的某一絲絲，或者某一點點，怕不是從野貓子，或者他的娃娃兵伙伴身上，流出來，乾涸了的血嗎？……

紅軍主力部隊翻過老山界，向北折西，一路西進，十幾天後來到遵義城下。林彪用一個連化裝成湘軍，偷襲成功，攻取了遵義。

中共中央在遵義城裡召開了名貫黨史的<遵義會議>。

會場設在子尹路上黔軍二師師長柏輝章的公館裡。柏輝章一聽槍禍就溜走了。

出席會議的共計二十人。博古是主題發言。周恩來是副發言。洛甫是反發言。毛澤東則是為洛甫的發言做補充發言。幾個人的發言針鋒相對，唇槍齒劍，很是激烈。

其實，博古是在做無效掙扎。當他決定撤出中央紅區的那一刻，也盡管這個決定是為政治局成員集體通過，又為共產國際，即斯大林本人，所批準。然而，這個決定本身，已宣佈了他的政治生命的"死刑"。想想看，一片含有三十個縣的中央紅區丟掉了。出發時的八萬六千人，僅餘下不足兩萬五千人。這若沒有一個人去承擔責任，去頂罪，或者說是去為斯大林替罪，何以向全黨作交待？更何況他同李德在軍事指揮上有著明顯的失當之處。

湘江大血戰的那一幕，讓所有的中央大員，特別是軍隊高級將領，對他二人恨之入骨，可以說，已經到了人皆曰殺的地步。甚至連他自已也在恨自已。渡過湘江後，博古曾把手槍槍口對準自已的額頭。幸虧了聶榮臻及時阻攔，才沒幹下丟人大醜事。他的身心理智早已崩潰了，解體了。他的抗爭僅僅是在形式上，對遠在莫斯科的王明，還有斯大林，做個姿態，有所交待，表明自己做完了＇臨時工＇該做的工作，僅此而已。

在<遵義會議>上，逼迫博古先交兵權後下台，是毛澤東進行黨內政治鬥爭的得意之作。他故意不去追究博古的政治路線問題。原本黨內鬥爭一向是以政治路線的對錯分出勝負的。在這次會議上，毛澤東專講軍事路線問題。這是毛澤東要的一個花招。他不提政治路線而專講軍事路線，就把洛甫、王傢祥和周恩從博古的山頭上分化出來，減小了阻力和抵抗力量。他專講軍事路線，又得到了朱德、彭德懷和各主要將領的支持，甚至於無形中成了眾將領的代言人。這就增加和加重了自已發言的打擊力度。

毛澤東剛剛被遞奪了黨權和軍權，沒有實力一次就把丟失的兩權全奪回來。他祗能慢慢地，一步一步地從頭幹起。況且，他堅信槍杆子裡面出政權。他還認為槍是能指揮黨的。於是，他先從奪取軍權開始自己複出的第一步。策略對頭，他獲得了成功。

<遵義會議>決定：一、增選毛澤東為政治局常委。毛澤東返回了中央領導核心層。二、撤消由博古、李德和周恩來組成的三人團，收了博古和李德的軍權。同時決定由周恩來和朱德兩人指揮全軍，而周恩來為＂最後決定者＂。又決定毛澤東為"配合周恩來的人"。實際上，這是一種特殊的文字遊戲。為的是保全各方面，特別是周恩來的面子。若是刪去保面子的多餘文字，即呈現出< 新三人團>的真面目了。朱德為人和善、慣於忍讓、不貪名爭功。周恩來不懂軍事。在打仗的事上，一向是聽別人的。雖然名列首位，實則是挂個虛名，佔個虛位。毛澤東則事事擅斷自定，大小事均由他自己出主意，成了<新三人團>的軸心。紅軍長征二萬五千里，基本上是由毛澤東指揮作戰的。

這次會議在決定上大玩文字遊戲的另一個原因，是要暗示或警示毛澤東，別忘光了<贛南會議>上敗走麥城的憾事。當然也含有一點意思，是繼續宣洩全黨全軍對毛澤東的不滿情緒。

中共也好，紅軍也好，到了這種境地，到了這會兒，是既需要毛澤東，又討厭他先前的劣行惡績。又想給他權力指揮作戰，又怕他濫用權力去幹抓<ＡＢ團>那類壞事。無可耐何之下，就用文字修理了毛澤東一番。

毛澤東忍怒含羞全盤接了下來。但他既不自譴，也不保証今後不再犯這些錯誤了，更沒有止步不前，就此罷手。<遵義會議>之後，毛澤東的病奇跡般地好了。毛澤東高興極了，心裡猶如灌滿了槐花蜂蜜一般，打個飽嗝，都能讓人覺得香噴噴，甜蜜蜜的。

攻下遵義，全軍休整五天。

這一天，毛澤東把單身漢洛甫請到自己的住處打牙祭。

"來，來，快下筷子！這是子珍的手藝。就是辣了一點。"

"我不怕辣。辣些還能開胃下飯。"

"那你討個湖南老婆好了！"

"有誰能看中我呀？"

"你看劉英如何？"毛澤東把洛甫問了個大紅臉。原來，湖南妹子劉英是洛甫在莫斯科教書時的學生，是一個活潑漂亮小巧玲瓏的姑娘。他二人很是投合，互有好感。不知毛澤東是從何處得到了這些消息。洛甫被他戳破了心中的窗戶紙，又樂，又不知該講點子什麼才好。

"子珍，你可得幫幫洛甫的忙，去活動一下了！"賀子珍自然滿口應承下來了。

洛甫更樂了。洛甫正在興頭上，毛澤東挑明了這次請他吃飯的主題洛甫，咱倆講點子工作上的事。李德是共產國際派來的。博古是斯大林和共產國際同意了的。現在起了變化。我們應當主動去向斯大林和共產國際聯絡，取得他們的支持。"

"對，太對了！祗是電台聯絡不上......"

"派人去一下嘛！我看潘漢年這個同志可以。這個人腦子好用。嘴巴又會講話。他這次陪周恩來去做兩廣軍閥的工作，起了很大的作用嚕。他去了莫斯科，肯定會把斯大林哄得團團轉，哈哈......"

"我同意。讓他盡早出發好了。"

"還有，"毛澤東又亮出了他請飯的主題之二："我個人有個想法。我想提議由你接替博古的工作，做黨的總負責。"

"我的威望和能力都不成。還是由你或是恩來出個人負總的責任嘛！"

"我和恩來、朱總司令要集中精力領兵打仗。當務之急，還是甩掉敵人，突出重圍，我們也才有生路。最好由你多抓抓黨務工作。大家信得過你，就更放心打仗了。如果你沒意見，由我出頭找恩來、總司令和稼祥他們幾個人交換一下看法，通通氣。"

洛甫沒有再推讓。

毛澤東一餐飯奪了博古黨的一把手的大權，徹底擊垮了博古。他為洛甫做媒娶老婆，又替洛甫奔走，捧他登上黨的一把手的寶座，洛甫能不謝謝他毛澤東？能不聽他毛澤東的話？在關鍵時刻能不舉他的手？投他的票？為他執言？這麼一來，毛澤東离黨的掌門人的位子還會遠嗎？

毛澤東之所以選中洛甫，是因為洛甫為人的品行極佳。洛甫在待人接物上心地公正，謙遜忍讓，不謀權，不徇私，甚至有些書生氣。這讓毛澤東對他很放心。在找"臨時工"上，毛澤東比王明要高出幾手。

<遵義會議>過後不久，紅軍來到雲南、四川和貴州三省交界的一處小山村。村名被文化人叫做<雞鳴三省>。意思是講，大公雞站在這個村子的竹籬笆牆上，引頸一鳴，高聲一唱，那麼周邊三省的村民皆能聽清公雞的報曉聲。多麼富有詩情畫意的名子。

此村真名叫做威信縣水田寨花房子。就在這裡，毛澤東施出了一記重重的勾手拳，把博古擊倒在地。中共中央在村裡召開了政治局臨時會議。會上，經毛澤東提議，眾委員一致推選洛甫為黨的總負責人。雖然名義上尚沒有明確洛甫是總書記，但在政治局委員排名上列首位，有權召集政治局會議。眾人皆喊他總書記。洛甫就這麼名不正地一直幹到中共<六屆六中>全會以前。在中共<六屆六中>全會上毛澤東才解聘了自巳的"臨時工"，自己出任政治局主席和書記處主席。

雞鳴三省，詩意醉人。<一唱雄雞天下白>，更是毛澤東經常用來自喻的名句。毛澤東從這處小小的山村邁步，要從頭越，踏上自己事業的新征途。

這正是：

金 鳴 沙 場 萬 家 哭 ，
綠 染 荒 山 掩 白 骨 。
雄 雞 聲 聲 啼 不 斷 ，
鐵 血 鑄 就 偉 丈 夫 。


欲知後事如何，請看下回分解。

# 第 二 十 七 回

## 兵 敗 土 城 受 新 挫

## 拒 奪 煙 土 犯 眾 怒

話說毛澤東出任中共中央常委之後，又被指派為周恩來的軍事助手。 故在黨、軍兩界都有了話語權，有講話的份兒了。他心中自然高興。

人，心中一高興，就愛管閑事。毛澤東去找自已的小同鄉、鐵杆心腹、中央紅軍總政治部代理主任李富春，把洛甫看中劉英一事，講了個詳細。沒過幾天，李富春就把劉英調到黨中央秘書局工作。劉英接替鄧小平當上了秘書長。

劉英一到洛甫身邊工作，整天同洛甫打交道，把個洛甫樂得咧著大嘴，笑個不停。他二人到延安後，終於結成伉儷，相愛相伴一生。

僅此一著棋，毛澤東在政治局裡得到了一位盟友。這確是高招，並且是高招中的高招。不料正當毛澤東在事事得意之時，偏偏又出了差錯。

蔣介石得知紅軍佔領了遵義後，立即在長江上游沿岸佈署了重兵，以防紅軍北上，直出川陝。

蔣介石等了一些日子，不見紅軍有北上的意思，就命令四川軍閥周渾元和吳奇偉率部進擊遵義城。

中央紅軍佔領遵義前，毛澤東曾在小鎮黎平提出過，要在貴州省和四川省的邊界地帶建立新根據地。佔領了遵義後就不肯再走了。中央領導核心有意以遵義為中心，開創新紅區。蔣介石進攻遵義，使毛澤東等人的設想落了空。毛澤東看看大兵壓境，不走也不成了，就建議周恩來北進，跨越長江，直奔鄂豫皖紅區，同紅四方面軍張國燾匯合。到那時侯再議根據地問題。對此，周、朱二人欣然同意。洛甫更是滿口贊成，因為他一直主張北上抗日。

毛澤東深知，北上的戰略意圖，萬萬不能走漏風聲，讓蔣介石摸了老底去。眼下，必須先給進犯遵義的白軍當頭一棒，再虛晃一槍，主動撤出遵義，悄悄地北上。毫無疑問，這是一個非常理想的戰略構想。

　　豈料，紅軍情報部門鬧出了大錯誤，坑苦了毛澤東。情報部誤把川軍吳奇偉部報成黔軍王家烈的雙槍煙鬼兵。

　　王家烈是貴州省主席兼警備司令。他手下的將和兵，個個都是鴉片鬼。每人一支步槍外，還有一支大煙槍。故得雅號雙槍兵。行軍途中，一旦休息，不論官兵，人人掏出大煙槍，噴雲吐霧，吸個暢快，圖個渾身舒服。這種兵最怕打仗。王家烈用他們祇是要去鎮嚇手無寸鐵的黎民百姓。

　　毛澤東派彭德懷去應付一下雙槍兵，並向他交待，打散即止，不可窮追，北上才是正事。

　　彭德懷聽講是雙槍兵，更不以為然。他對毛澤東保証，頂多用兩、三個小時，就可以返回來追趕大部隊。哪裡想得到，一打就是五、六個小時，也沒把敵人消滅光。

　　白軍反倒是越打越多，火力越打越猛，甚至擺出三面夾擊，四面包圍的態勢。彭德懷覺得不大對頭，叫人抓了個俘虜一問才弄清楚，這根本不是雙槍兵，而是川軍野戰部隊。

　　彭德懷弄明白真相後，立即派人飛馬馳報毛澤東。毛澤東一聽可真嚇壞了，偏在此時，被毛澤東派出為北上打前站的林彪和紅一軍團也遇上了大麻煩。林彪也立即火速派人向毛澤東報告凶信。

　　原來，林彪率紅一軍團北進中，在赤水河上架好浮橋，跨越了深水急流，直撲赤水縣城。就在半路上，走到黃陡洞村時，遭到川軍伏擊。兩軍就地接上了火。戰況十分激烈。

　　毛澤東得知彭、林兩邊的軍情後，眉頭馬上擰成了一塊死肉疙瘩。他思索了一陣子後，下命令給彭德懷，無論如何也要頂住。他親率中央縱隊和紅九軍團前去增援林彪。他率兵走到土城時，川軍增援部隊已先期趕到了土城。

毛澤東當即命令紅一軍團、紅九軍團和中央縱隊火速撤退。但是，為時已晚。川軍已經從四面八方圍了過來。

　　毛澤東被迫更改命令。他要求各部隊就地抵抗。幸好紅九軍團和中央縱隊所處地勢佔優，略為佔上風。

　　好事難成雙，壞事接踵來。毛澤東還沒喘過氣來，林彪又送上更壞的壞消息，嚇得他連喘氣也不敢用大氣喘了。

　　紅一軍團接到撤退的命令後，立即行動，卻誤入一個葫蘆形狹谷裡。地窄人多，無法施展戰術動作和火力，更無法組織有效的進攻和防守。下屬各部隊被迫各自為戰。擔任前衛的主力三團，其連、排長級幹部已基本上全部陣亡，損失極為慘重。

毛澤東的心，有如幾千把刀子在他心窩亂砍亂殺，又如萬把烈火在他身上燒灼。

牛事未完，馬事又來。壞消息咬住毛澤東不鬆口。中央保衛局收到情報，蔣介石已獲知紅軍北上意圖，正急令劉湘率領四個正規旅，向土城急進。這支人馬也屬川軍野戰部隊。

到了這火侯，毛澤東已搞不清自己是不是還會喘氣了。他面色如土，雙目無神。

彭德懷派通訊員急報毛澤東，他的狙擊線祗剩一道了，希望中央縱隊或九軍團能前去增援。否則，守不住多久了。

毛澤東實在無半字可回答彭德懷。

中央縱隊和九軍團的傷亡越來越多，彈藥越來越少了。

朱德和劉伯承的警衛員全上了第一線作戰。

林彪又給毛澤東送上了第三個壞消息。林彪說，既然中央縱隊無法救援他，他祗好自行突圍了。若紅一軍團沿著山崖向西移動，可以找到一條林間小道逃生。林彪還講，待他突圍成功後，再同中央聯係。

紅一軍團這一突一撤，等於撤掉了毛澤東臉上的＂紗巾＂，使他赤裸裸地暴露無遺，一無遮擋。

毛澤東的手全涼了。

已經到了兵臨絕境的地步了。每每到了這種時候，這種境地，毛澤東反倒是能迅速穩定情緒，令自己冷靜下來。

他問自己，既然知道強敵擋在前面，何苦一定要去拼個魚死網破呢？又何苦一定硬逼自己北上呢？他又想起了自己先前從王佐那裡學到的＜打圈子＞戰法：不必會打仗，要會打圈子。一句話，要會逃生！冠冕堂皇些講，就叫＂打得贏就打，打不贏就走＂。總而言之，好漢不吃眼前虧！

主意既定，驚魂複位。他同朱德一商量，朱德連連點頭認同。

全軍人馬趁著夜色撤出了陣地，從古藺縣向南急拐彎，趕到赤水河邊。林彪先前搭起來的浮橋尚未拆掉，周恩來叫工兵營加寬一些。紅軍大隊人馬迅速渡過赤水河，向南急行軍。

毛澤東騎在黃驃馬上，思緒萬千。剛剛複出，連吃敗仗，這是為何？若世上真有運氣的話，那麼自己剛剛轉運，卻又為何惡運接踵而至呢？他正想著，警衛員來報告，賀子珍生了一個女兒。毛澤東聽後淡淡地對警衛員講：＂告訴你賀大姐，把孩子留在老鄉家裡就行了。＂講完，揚手揮鞭，匆匆去追隊伍了。

　　七天之後，毛澤東率隊進入了雲南省北部的邊陲小鎮扎西城。在扎西他把不足兩萬人的紅軍，重新進行了整編。

　　蔣介石給了毛澤東當胸一拳之後，沒有再派兵去追趕。他不願意在運動中同毛澤東過招。他重新佈署兵力，嚴防紅軍跨江北上會合二、六軍團和紅四方面軍。

　　毛澤東在扎西城得知，川軍已撤离遵義，前往長江沿岸修建工事，防禦他北上渡江的消息後，不由笑出了聲。他決定同蔣介石開開玩笑，捉一番迷藏。於是他突然掉頭，揮師東進，沿著來路，向回急返，再渡赤水河，撲向遵義城。

　　紅軍先頭團攻克了遵義城西面的小鎮桐梓。白軍被迫撤至婁山關。

　　婁山關，位於大婁山主峰，海拔一千四百多公尺。關隘四周，群峰插天，陡壁千仞，飛鳥難過。是個一夫當關，萬人莫開的險要之地，亦是兵家必爭之地。

　　彭德懷率領從紅一、紅三軍團中抽調出來的六個主力團，正待要向婁山關主峰上的關口城樓，發起總攻擊的時候，突然間，彌天大霧，滾滾而來。瞬時間，群山眾峰淹沒於一片雲海之中。幾步之外，難以看清楚人臉上的鼻眼。

　　彭德懷笑了。他把六個團分為六路：有的團擔任主攻；有的團擔任副攻；還有佯攻、側攻、迂迴包抄等等。他要求各團盡可能多搞些進攻點，要借助大霧做掩護，猛打猛衝，迅速靠近城關。平素原本不可能在白軍火力下直衝直進的關前大道，慌張張清芳今天在濃霧裡可以放開膽子，勇往直前，一衝到底。

　　軍號吹響了。群山諸峰和澗底迴蕩著戰士們的衝鋒吶喊聲。六千人馬在霧海裡時隱時現。大砍刀的光影在雲霧裡閃動。雙槍兵何曾見到過這等陣勢。他們先就慌了神，亂了群盲目地射擊，用槍聲給自己壯膽。聽見紅軍官兵的吶喊聲离自己不太遠了，雙槍兵乾脆扔下步槍，抄起大煙槍，慌慌張張從關後大道，一溜煙逃走了。紅一軍團的三個團乘勢追擊，先後攻下黑神廟、板橋、觀音閣等小鎮子。毛澤東帶領六千人馬向遵義城節節逼進。

　　坐鎮遵義的王家烈自知雙槍兵難守城池。他打算趁著紅軍的包圍圈尚未封口，早點帶上家眷溜之乎也。

　　然而，蔣介石比他棋高一著，提早派了兩位督察專員坐在他的指揮部裡，監軍守城。兩位督察，一位叫路道邦，一位叫潘朝飛。鑒於此，王家烈知道不打上一仗就溜號，怕是交不了賬。可是他實在不想拿性命開玩笑。

　　王家烈抽足了大煙，腦子就好用多了。他把自己的六個團分為六路佔據城外六處險要之地。又把一個營留在城裡陪二位督察守城。王家烈給每個將士發了二兩大煙土。這些雙槍兵离了大煙土就如斷了魂。若真抽足了鴉片煙,精神頭提上去了,再能以大煙土作賞金,到了那功夫,他們也不比川軍弱到哪裡去,甚至還可能出現奇跡,比那川軍強上幾分。二位督察見王家烈如此賣力守城,自然滿口稱贊,十分滿意。

　　紅軍展開攻擊後,黔軍藉助地形優勢頑強抵抗。

　　王家烈聽到槍響了,就主動邀請二位督察一道同往前線督戰。二位督察卻百般推託,聲言督軍不督戰，執意不肯同往。王家烈也就不再勉強。王家烈一出城門,不是去了前線,而是尋到早已潛出城外的家眷親隨,人不知鬼不覺地直奔貴陽,要了一把督察,自已先溜號了。

　　指揮守城的副軍長聽到總指揮已經走人了，自己也不想當傻瓜，更怕損了自家兵馬,折了做官的本錢，急忙命令三個嫡系團撤回城內。林彪見有機可乘，命令部隊尾隨著這三個團一擁進了城,再次攻下遵義。

　　蔣介石把王家烈臭罵了一頓後，另命令川軍吳奇偉率部從烏江南岸馳援遵義。川軍趕到遵義,城池已失,即向城南的老鴨山紅軍陣地發動猛攻。

　　彭德懷率紅三軍團在老鴨山頑強抵抗。雙方傷亡嚴重。毛澤東一咬牙，做了孤注一擲般的決定：動用紅軍精幹部團，直插奇偉的身後，來個反包抄。

　　這個幹部團，人人是軍官。他們不但打得猛,又懂得打,打得巧。他們下手極凶狠，幾下子打到了吳奇偉的指揮部大門口。吳奇偉見大事不妙，帶上衛士連，越過烏江大橋向南逃走。　他擔心紅軍過橋追上他,就下令炸掉了烏江大橋。炸斷大橋的確是擋住了紅軍的追擊，可也把他自已的幾千官兵留在了江北岸,全當了俘虜兵。

　　紅軍自湘江大血戰後,直到長征結束,這次抓的俘虜最多,也是唯一的一次大批補充兵員。這批"新兵"一點不比老兵弱，個個都是強手。這可樂壞了彭德懷和林彪。這批"新兵"中間的不少人在建國後成了老紅軍，甚至當上了將軍。

　　紅軍打了強渡湘江後第一個大勝仗，全軍上下無不高興。　最高興的人自然是毛澤東了。周恩來代表中央軍委發佈命令，宣佈成立前敵指揮部,朱德任司令員,毛澤東任政委。周恩來進一步向毛澤東放權。毛澤東朝向昔日的朱毛紅軍又邁出了一大步。

俗話往往講得很對,好事總是多魔。林彪的一封電報,又給正在興頭上的毛澤東找來了麻煩,令毛澤東又心煩又苦惱。

原來,打下遵義後,有一天,林彪從一杆大煙槍上突發靈感,想出了一個好主意,急忙以紅一軍團名義,向黨中央打了一個報告。報告上講,這黔滇北部山區,甚至整個黔滇兩省,在舊社會都普遍種植嬰粟花,煉製大煙土。那時候,人們口頭上說的雲煙,可不是指現在的名牌香煙的<雲煙>,而是指雲南生產的大煙土,也稱為雲土。文化人統而稱之為鴉片煙。

在舊社會,種鴉片,吸鴉片,販賣鴉片,十分平常。人人皆知,這事犯法。但是,官家對這事是睜一眼閉一眼,似管非管。況且許多達官貴人,黨國要員,都是人人皆知的鴉片鬼。那時,在城市裡,甚至小集鎮上,一到了傍晚,該上燈的時候,若走在窄街小巷,常常能嗅到一陣陣奇異的香氣味。這是鴉片鬼或稱癮君子們,在燒大煙泡時散發的氣味。在大城市,特別是明令禁吸地區,鴉片煙價格很貴。販賣鴉片煙,利潤很可觀。

鄰近遵義有個小地方,叫打鼓鎮,是處鴉片交易的小小中心。為此,該鎮很是富有。守衛該鎮的是沒什麼戰鬥力的民團,自稱為自衛隊。林彪想打下這個小鎮子,既可撈得大批銀圓金條,又可弄到大量大煙土,準發大財。全軍一年的吃喝穿用,就全部解決了,北上也有了物資保障。

林彪的建議得到黨中央大多數領導人的贊同。當年的紅軍在後勤供應上,沒有任何保障。特別是在撤離老紅區後,幾乎已是兩手空空了,成了真正的"無產"階級。打下這個小金庫,對於一貧如洗的紅軍來講,真是一場望眼欲穿的救命春雨。

對林彪的建議,唯獨毛澤東一人不贊成。

毛澤東認為,從遵義到打鼓鎮,快走也得兩天時間。而滇軍或黔軍從別處出發,不用兩天就能趕到。一旦川軍野戰部隊聽到消息極有可能趕過來"湊熱鬧"。那時,將會出現三打一的局面,很可能,極可能,是偷雞不著蝕把米,自找虧吃。現下,紅軍最需要的是休整,而不是發大財。

實際上,毛澤東心裡真正的想法是,紅軍一旦毀了煙東主、煙販子和煙民的金飯碗,必將招致黑兵兩道歹徒,乃至種植嬰粟花的農民的群起而攻之。眾怒難犯,自古至理。彭德懷誤殺袁、王二人,惹翻了山上的土匪及親眷,而不得不放棄井崗山。這黑社會是輕易惹不起的。毛澤東的看法，遭到大家一致反對。他成了〝孤家寡人〞。他怕煙民的眾怒，卻先在自己家裡犯了眾怒。

平日裡極聽毛澤東話的朱德，也嫌毛澤東膽子變小了，責怪毛澤東大概是叫土城失利嚇壞了。

毛澤東再三解釋也沒人聽他的。毛澤東急了，叫板道，若是眾人不聽他的主張的話，他就辭去前線指揮部總政委職務。大家卻以為他在鬧著玩，編笑話。洛甫抓了蝦，沒了主意，隨便講道：〝咱們來個民主表決，少數服從多數，好不好哇？〞

一表決，眾人樂了。毛澤東火了。他丟了大面子。不過，誰也沒把這些當成個事看。然而這事卻讓毛澤東深受刺激。他感到自己在眾人心目中的份量，仍是無足輕重。人們僅僅是在危難關頭才需要他。一旦平安無事了，他就成了微不足道的小卒子一個了。毛澤東越想越覺得自己在這件事上應當挺住，並要藉此強化自己在眾人心目中的地位。他去見周恩來。兩人長談到深夜。

周恩來雖然不大懂得用兵之道，但很擅於緩和矛盾。周恩來好說歹說，總算讓眾人不再堅持攻打打鼓鎮了。毛澤東反敗勝，卻勝得眾人心中不服氣，講什麼怪話的都有。毛澤東圖謀強化自已在眾人心目中的份量，卻適得其反。毛澤東又動上了腦筋。他是不達目的，死不罷休的人。

毛澤東要朱德同他聯名下達命令，主動撤出遵義，開向楓香坎，遠離打鼓鎮。

紅軍到了楓香坎，毛澤東找周、朱和洛甫三人反複談話，把他們三人說服後，成立了＜新三人團＞。成員是周恩來，毛澤東和王稼祥。名義上，周恩來名列首位。但他本人在軍事上萬事以毛澤東為準，實乃掛了個虛名。王稼祥本是政治理論家，對軍事問題既不懂，也沒興趣。況且身負重傷，根本不能工作。連王稼祥自已也鬧不明白，為什麼毛澤東偏偏會選中了自己。毛澤東自然對他了如指掌。毛澤東祗要王稼祥在表決時舉一舉手就行了。王稼祥舉手的力氣還是有的。他舉了手，全黨、全軍，還有誰敢不聽＜三人團＞的？當然，大家都知道，從此，新＜三人團＞即毛澤東；毛澤東即新＜三人團＞。

至此，毛澤東在軍中的地位，已經恢複到他在＜贛南會議＞前的水平。


這正是：

天上不會落糖餅，

萬事全靠自努力。

心巧也要勤思索，

死灰複燃不足奇。

欲知後事如何，請看下回分解。

# 第 二 十 八 回

## 計 多 善 變 渡 赤 水

## 茅 台 加 料 大 新 聞

話說蔣介石這幾年多次同毛澤東交手過招，對毛澤東的用兵方略已經略知一、二。現下，他從遵義的得得失失幾次反複過程中，認定毛澤東已經東山複出，重掌兵權。盡管他一時三刻，尚無法証實這一點。即使如此，也已使得蔣介石食不甘味，臥難成眠了。

令蔣介石頭疼的另一件事，是自己的總參謀長何應欽惹起的。

何應欽在北平同日本人的談判了無進展。這就讓蔣介石總覺得，日本人拿著刀子站在自己的背後，不知何時就會給自己一刀子。談判了無進展已經很頭疼的了。更糟的是北平的學生以此為題，在中共地下黨的煽動和組織下，把抗日反蔣的學潮搞得越來越厲害，攪得全國各地紛紛仿傚，搞得國家全無寧日可談了。偏偏那何應欽不僅不能促成日本政府盡早簽下和約，他本人反倒為避學潮，飛返南京，賴在醫院裡裝病。蔣介石一再催促。何應欽就是不去北平。蔣介石想把他換下來，卻又無人能替代他。日本人直言不諱地講，日本方面就"相信何君一人，否則，和談不必舉行"。這些事不能不令蔣介石氣惱心煩，整日覺得頭昏。

兩者權衡之後，蔣介石覺得毛澤東比何應欽加日本人更令他頭痛。他決定還是先來對付毛澤東為妥。蔣介石飛抵重慶召開最高軍會議，研究追剿毛澤東的用兵大計。他特邀了澳大利亞軍事專家端納做顧問。

這一天，他請來端納一敘。代總參謀長陳誠做陪。夫人宋美齡又是女主人又兼翻譯。侍從室主任晏道剛破例列席兼待客。幾人寒暄過後，就上了正題。

"我看，共軍主力未曾減弱多少，萬萬不可輕敵。"陳誠望著蔣介石的臉色，試探地說道，"不過嘛，貴州偏居西南，地瘠人窮，糧草難籌，不是養兵成事的所在。現在，共軍卻在這一帶打轉轉不走。想必是大計方針尚未敲定，走向也未定準，很大程度上是在窺探我軍的意圖，尋找機會。不當之處，請校長點撥。"

蔣介石聽後，頻頻頷首。

　　侍從室主任晏道剛見蔣介石心情好轉,便趁機越權發言,講了自己的見解。晏道剛原任國防部作戰廳副廳長,是個軍事里手。此人為人處事機敏圓通,最會討蔣介石和宋美齡的歡心。他晉昇為侍從室主任後仍嫌不足,還想向上爬。

　　"總裁,陳上將所見極是。黔貴一帶,多是山區。山高嶺峻,路陡難行。大部隊移動起來十分困難。共軍祇能化整為零,分成小股,四下遊擊。鑒於以往,我軍萬萬不可輕易地同共軍打運動戰。還是採用總裁在江西己十分成功的老辦法,筑路修堡壘,長困久圍,步步為營。到那時,共軍,毛匪,祇能再走麥城 。"

　　"好!好!好!"晏道剛話聲剛一落地,蔣介石一連叫了三聲<好>。宋美齡也不由喜上眉梢,樂滋滋地把這番話翻譯給端納聽。端納聽了,也誇獎這個辦法好。蔣介石連下三道命令, 嚴會雲、貴、川三省各部隊速速修筑碉堡, 不可輕易出擊, 要全面拑制共軍的運動戰, 違令者軍法制裁。

　　蔣介石的這三道命令很得軍心。沒有哪一個蔣家兵願意去撞紅軍的槍口找虧吃。 誰也不會跟自己過不去。當兵是為領軍餉喂肚子養活家小,保命是根本。於是,川軍、滇軍和黔軍, 紛紛撤到便於修碉堡的地帶, 屯兵施工, 大修碉堡。

　　紅軍為調動白軍出窩离巢, 就頻頻出擊。白天冷槍偷襲, 夜間騷鬧不斷。白軍硬是縮在堡裡, 不肯出擊追殺。紅軍火力單薄,對付碉堡是一籌莫展。兩軍僵持住了。

　　兩軍僵持時日稍久, 紅軍的劣勢就顯露無遺。紅軍沒有根據地, 缺乏後勤供應。長期僵持等於坐以待斃。毛澤東感到十分撓頭。

　　毛澤東的煙量又在見長。 夜間失眠的老毛病複發了, 便秘也犯病了。 那幾本<三國演義>、<水滸傳>, 翻了個臭遍, 也沒尋到半絲靈感和啟迪。他知道,他必須在最短的時間裡,找出最佳破敵方案。

　　這一天,他信手抄起了放在身邊, 已多日不讀了的那本 <孫子兵法>。毛澤東看書不同常人。他喜歡幾本書,甚至十幾本書一齊看。這本書看厭了,就把書頁先折上,放在一旁,再去看另外一本。看煩了,再折上,再......所以他屋裡,床上,書架上,桌子上,窗台上, 全是翻開了,又沒看完, 但已經折上記號的書。

<孫子兵法>一書,他已有幾日沒去讀了。他信手拿了過來，一看,就愣住了。 書上的五個字，拴住了他的目光。書上寫道：〝凡戰，以奇勝……〞

〝對頭！就是它！〞毛澤東高興了。

凡是陷於重圍的一方,原本已是敵強己弱。經過長困久圍之後， 弱上加弱,已處險境。此時此刻此種境地， 弱方祇能是出奇,制敵於不備， 尋機逃生為制勝,這是上策中的上策,妙計中的妙計。用計的要害或是關鍵之處,全在一個<奇>字上。若是所用之計能奇得不能再奇了,甚至能讓對方看不出奇來,才是真正的<奇>,才達到了<奇>的最高境界。

毛澤東走到地圖前面,開始構想自己的<奇>謀大計。他對著地圖看了又看,端詳了再端詳。終於， 他把手上的煙蒂往地上狠狠一捧， 興奮地嚷道："小李， 去請總司令！告訴他， 我有急事！快！"

"主席,"警衛員小李兩手搓揉著眼睛, 打著哈欠, 小聲道， 現在是半夜三點半， 頭遍雞剛剛叫過， 都在睡……"

"叫你去, 你就去！快！快！"毛澤東不大耐煩了,打斷小李的話頭， 催他快去請朱德。他心中的那個計劃燒得他心中好似開了鍋一般,那是既不容他自己,也更不容他人有半點耽擱。

從紅軍駐地到赤水河邊的茅台渡口,中間夾著一個叫魯班場的小鎮子。紅軍欲渡赤水河,必須通過魯班場。周渾元的川軍用八個團守在魯班場。通過魯班場,不比登天難， 怕也是天下第二難了。

魯班場當年是個僅有百十家居民的山間小小鎮。三面環山,一面是開闊地。一旦在山頭築起堡樓， 看死開闊地， 比那一夫當關的險關不相上下。

川軍在開闊地的四周圍， 每隔十公尺， 栽上一根粗木椿， 在木椿之間拉上鐵刺網。鐵刺网的兩側是兩條深可沒人頭頂的大壕溝。在這一网兩溝的遠處,約一百多米的山坡上,遍佈大堡小壘,明碉暗堡。一處小鎮成了歐州中世紀式的古堡群。堡壘的槍眼裡伸出各式武器,專等紅軍來做活靶子。

紅軍對魯班場的攻擊開始了。

紅軍攻得很猛。白軍防守得很穩健。兩軍交手打了三個多小時不分勝負。紅軍幾次後撤。白軍一步也不去追。周渾元認定這是毛澤東在引蛇出洞,要玩運動戰。

突然,遠處天空中傳過來飛機的轟鳴聲。一大隊轟炸機從天邊直奔魯班場交戰陣地。

　　白軍看見自己的轟炸機飛來了,就揮動白旗打信號, 指揮飛機扔炸彈。那群飛機一側翅膀,轉了一個小圈,調正機頭,對準紅軍陣地俯衝下來。就在這千鈞一髮之際,一個小戰士看出了門道。他忙解開背包,掏了塊白布, 沖著飛機, 模仿白軍的樣子, 左一下子,右一下子,上上下下舞動那塊白布。

　　飛機沒扔炸彈, 拉起機頭, 又轉了一圈飛走了。

　　沒過幾分鐘, 這群飛機折返回來。

　　白軍陣地上, 壘樓頂上, 霎時舉起了無數面白旗, 齊齊搖動。

　　紅軍戰士看明白白布頂用, 也紛紛掏出自己的白布來, 亂揮亂舞動。有的戰士連白包袱皮、白小褂、白蚊帳,總之,一切能同白布套上親戚關係的物品全用上了,朝著天上的飛機,有模有樣地舞動。祗見紅白兩軍的陣地上, 是白花花的一片。似乎這裡正在進行一場白色大賽, 比一比誰的最白。

　　白軍士兵氣不過, 就川腔川調加川話,胡亂罵了起來。紅軍戰士見自己佔足了便宜, 一個個喜笑顏開, 也信口開河,亂潑髒水。足可以稱得上是湖南、江西、四川、貴州和雲南五省的, 方言土語講髒話超級罵娘大賽。罵仗比打仗有趣多了。兩軍越罵越歡。

　　空中的飛機不知趣地飛了來, 又挺知趣地飛走了。

　　飛機一走, 兩軍又真刀真槍地幹了起來。似乎剛才的陣前惡罵嬉戲,從未發生過似的。這一打, 一直打到天黑, 方才住手。

　　夜幕漸漸降落之後, 紅軍迅速撤出陣地, 順著鎮前大道開拔。不過不是朝著來時的方向, 而是逆向,朝著赤水河方向, 快步如飛般奔了過去。

　　白軍堅守堡樓不出窩, 認認真真地執行蔣總裁的軍令。

　　一連三天,紅軍如此這般地, 全部安全地通過了魯班場, 抵達赤水河邊。

　　毛澤東玩了一招＜奇＞字,巧施明修棧道, 暗渡陳倉的新版妙計,似攻魯班場, 不取魯班場, 巧過魯班場, 實渡赤水河。在魯班場守軍的眼皮子底下, 太平無事地突了圍, 解了難, 不謂不奇。此奇,更是奇在走光了所有的紅軍之後, 周渾元和自己的白軍弟兄們, 還以為是毛澤東在玩引蛇出洞之計,他們不上當,讓毛澤東玩砸了鍋,騙不成了, 祗好灰溜溜地撤兵了。

　　紅軍順利地渡過赤水河, 抵達天下聞名的酒鄉茅台鎮。

　　茅台酒的名氣大得很。茅台鎮卻是個僅有七、八百戶人家的小村庄, 或是小渡口。鎮上三家酒廠較大較有名氣。村裡家家也都在釀酒, 其酒的品質不在名廠之下,均亦暢銷國內市場。飲家祗認＜茅台>二字。一九一五年在巴拿馬國際博覽會上,茅台酒獲得了白酒類金獎。

鎮上三家酒廠中，有間叫<怡成老燒坊>,是間百年老廠。廠房宏大,工人眾多,明暗兩窖,陳有特號大缸百餘口。每缸可裝二十多擔水。現下全裝滿了陳年好酒。

<怡成老燒坊>的東主是當地民團的名譽團長。民團所用武器和開支糧餉,均由他個人資助。東主本人堅決反對共產黨。紅軍進鎮之前，他帶上全家人逃走，去了台灣。

一群紅軍小戰士走進<怡成老燒坊>，看見院子裡、地窖裡、庫房裡全是特號大缸。他們好奇地掀起缸蓋，酒味沖鼻子，再品上一口,辣得嗓子裡，火燒火燎地痛，連聲咯漱不止,鼻涕眼淚全流出來了。面對這些大缸和烈酒，這群紅小鬼不知如何處理是好。

"反動份子跑了。咱們燒他的房子！"

" 不，不行！"紅小鬼班長嚴肅地喊道："朱軍長講了，以後不準燒房子。保不準哪一天，咱們還會打回來的。這房子早晚歸紅軍！"

"那也別便宜了反動份子！"

"我有法了！"一名紅小鬼，年約十四、五。他講完，又擠了擠眼睛。若不是戰爭,似他這般年紀,還正在鄉間淘氣，打群架，逗狗玩。他解開褲腰帶,就是一泡臭尿，淋進了大酒缸。眾小鬼一見，齊聲哄堂大笑。仿傚者接二連三。酒窖成了公共廁所。 酒缸成了小便池子。尿水終究有限。祗能在短時間裡用上一次，而大缸實在太多了。

那個淘氣包紅小鬼又有了新主意。他往缸沿上一坐，把自已那雙沾滿臭汗爛泥的腳丫子，連帶破草鞋，一古惱兒直直地插進了缸中酒裡。

"啊,好舒服！"他兩腿在酒裡晃動，嘴裡高興地嗷嗷直叫。紅軍戰士曉行夜宿。走路頻繁,腿腳上多有浮腫。用酒一泡,活了血脈,化腫又消炎,自然很是舒服。

有樣學樣,一人一缸。大小戰士,新兵老兵,眾多髒腿加上草鞋。一齊入缸。給名酒又加上了第二味新佐料。尿水加臭腳，可謂雙加料陳年老窖茅台酒了。

眾小鬼正在缸裡泡腳，門口傳來報告聲。原來是顧問李德來了。李德被解職後,安排在紅一軍團任參謀。

李德沒跨進門坎，先就聞到了濃濃的酒香氣味。他是個酒鬼。他一聞到酒味，連聲贊道："好！好！好！"。

李德伏身在缸沿上吸氣一聞，胃裡的酒蟲子就爬到了嗓子眼。平時，他的酒膽就比酒量大。到這會兒，酒氣一熏，越發是膽大包天了。他抓過來窗台上的那只大土碗，往缸裡一舀就是一滿碗。他一仰脖子全灌了下去。眾小鬼一見，齊齊跳腳鼓掌，大聲叫好猛起哄，猛拱火。李德是個人來瘋，人越多，越熱鬧，越起哄，就越來勁兒。他伸手又是一大碗。這次喝得慢了些，祗見"咕咕咕"三大口，大土碗就見了底兒。這碗酒一喝光，他就變了樣。臉紅脖子粗，眼直大喘氣，站在原地亂晃悠。別看他腿腳已經不大聽使喚了，心裡還挺明白，嘴裡不住聲地誇讚那酒："......好，......好............好....."誇著誇著，抖動著大手，捏緊碗沿，又朝大缸伸去，還想再添一大碗。紅小鬼們越發地起哄加拱火，鼓動他去舀自己洗過腳撒過尿的那缸酒。

他的警衛員見事不妙，叫上兩名老戰士，把他連拖帶拽地架走了。

他一走，紅小鬼們再也憋不住了，頓時哄堂大笑上了。笑那黃頭髮大鼻子喝了尿水加洗腳水，還連連誇讚酒的味道好。

那個出餿主意的小傢伙，又玩起了新花樣。他端著大土碗，模仿李德的醜樣子，扮出醉鬼扭來扭去的怪樣子，逗得同伴們笑得肚子疼。

紅軍醫院正缺酒精，就派人取走了幾大缸。

消息傳到了周恩來的耳裡。他本是酒中高手，能有一斤多，快二斤的酒量。他久聞茅台大名。今日到了茅台的故鄉，豈肯白白放。他派人買了幾小瓶陳年老窖茅台隨身帶走了。後來，他當上了國務院總理，仍然沒忘茅台酒。經他推荐，茅台酒上了人民大會堂國宴桌，成了國酒。

紅軍過酒鄉，茅台有佳話。曾任政務院副總理的黃炎培先生寫詩佐証：

宣 傳 有 客 過 茅 台，
釀 酒 缸 中 洗 腳 來。
是 真 是 假 吾 不 管，
天 寒 且 飲 三 兩 杯。

紅軍渡過赤水河，立即分散隱蔽起來。毛澤東又生一計。他命令林彪派出一團人馬，偽裝成紅軍主力的樣子，向古藺進軍，並要盡可能地虛張聲勢，扮出北渡長江的態勢。

白軍偵察機抓住了這支部隊的動向。蔣介石接獲此情報後，沒有派出部隊尾追，反而是調動部隊進駐川南，大修碉堡，加固工事，等候紅軍送上門來。

毛澤東見白軍不肯上當，便和朱德一番商量，又生新計，決定再渡赤水河。此次渡赤水河不同以往，是在極其秘密的情況下渡河的。不僅白軍不知真情，就連紅軍高級將領中，也僅僅有彭、林二位主將知道，朱毛二人此次渡赤水的真實戰略意圖。

紅軍渡過赤水河，直逼遵義城。

正在貴陽的蔣介石，得知紅軍主力部隊，又到了遵義時，那是根本不相信。因為代總參謀長陳誠上將剛剛向他報告，情報也一再証明，朱毛二人正引兵北上，準備強渡長江，奪取川南。豈會有紅軍出現在遵義周邊？

蔣介石正在納悶之時，貴陽市警備司令又來報告，貴陽郊區發現大批紅軍，其先頭部隊已經抵達水田壩和天星寨一帶。實際上，這是毛澤東派出來的另一支疑兵。

"水田壩距這裡有多遠？在哪個方向上？"蔣介石仍然不相信警備司令的報告。他一再追問詳細情況。

"在市郊東北角方向。距貴陽有三十里路。"

"啊？！"宋美齡聽後，大惊失色。她橫了陳誠一眼。陳誠默默地低下了頭。

蔣介石仍然疑心重重。這實在叫人難辨，哪個是真，哪個是假。蔣介石用兵一向謹慎為上，從不草率行事。

"陳誠，你告訴雲南的孫渡，叫他率三縱隊速來貴陽。"蔣介石打算，既不動用長江江防上佈署的兵力，又要加強貴陽的防衛，這就得動用雲南的部隊，臨時機動一下了。在蔣介石看來，這是兩不吃虧的事，穩而又穩的謹慎措施。

不料，蔣介石這一求穩，恰恰上了毛澤東的大當。

原來，毛澤東早已料定蔣介石同他過招，必然抱定小心行事的態度和穩中求穩的心理。於是，毛澤東使用連環疑兵之計，四下裡出疑兵，東一刀，西一槍，弄得蔣介石疑心疊起，狐疑不定，采取"一疑二穩三守"的保守被動方針，死死按住百萬大兵，不敢擅動。

蔣介石的＂一疑二穩三守＂策略，恰似三枚定海神針，牢牢地釘死了自己的手腳，不最妄動半分。

等了幾日，毛澤東探知滇軍孫渡已率兵出了雲南省界，雲南境內一片空虛。他下令在貴陽郊區的那支疑兵部隊，真地對貴陽打了起來。蔣介石此時真地信了實，急令川、滇、贛三省嫡系部隊趕到貴陽會戰。 在蔣介石的急令催動下，孫渡不敢有誤，晝夜急行軍開赴貴陽。到了這時，毛澤東率隊逆著滇軍入了雲南。

毛澤東領兵入滇，以一天一百二十里的速度，直插滇西。他這一去，真如蛟龍潛入東海，雲間無了蹤影。

蔣介石耗費巨資和大批人力，精心修築的堡群，成了歷史陳跡。這把蔣介石氣得不住口地大罵娘個希批，罵自己的部下個個是蠢豬。

這正是：

奇 計 奇 謀 是 奇 才，

鬥 勇 鬥 智 論 成 敗 。

笑 飲 茅 台 渡 赤 水 ，

逃 出 牢 籠 最 開 懷 。

欲知後事如何，請看下回分解。

# 第二十九回

## 老 彭 一 腳 換 兩 拳

## 小 林 一 信 傷 三 人

　　話說朱毛紅軍自打一渡赤水河起，直到四渡赤水河後,徑向雲南開拔,前前後後長達兩個月之久。在此期間，是不停地行軍跑路。紅軍不衹裝備差,連雙草鞋也供應不上。在山石路面上長時間赤腳跑路,幾乎人人腿腫腳爛，痛癢難忍。部隊裡開小差的人，掉隊不歸的人,日漸增多。部隊領導迫不得已緊守隊尾，監智隊伍行軍和收容掉隊的傷病人員。

　　彭德懷的三軍團素以打惡仗著稱。可若一提一提到行軍，則人人愁眉苦臉。彭德懷的性格一向好勝，偏偏又脾氣火爆。他最容不得開小差當叛徒一類事發生。他嫌連排長們督軍不嚴，就親自押陣。

　　這天,部隊從凌晨出發，一直走到靠近中午時分,尚未趕到毛澤東指定的休息地點。戰士們是實在走不動了。彭德懷自己也覺得抬腿邁步，很有些吃力了。他硬強咬緊牙關，一步一步地朝前走。

　　他走過一株大樹底下，看見一名戰士正躺在樹根旁。他走近那人,用足尖輕輕地碰了碰那名戰士。那名戰士一動沒動。他又加了點勁去碰。戰士依舊不動。正在他擔心這名戰士是否累昏了或者累死了的時候,那名戰士猛地翻了一下身子,又去睡了。彭德懷這下子火了，抬腿就是狠狠一下子，踢得那名戰士＂哇呀＂一聲大叫，從地上霍地一下子蹦了起來，連眼睛也沒顧得上去搓揉一下，掄起拳頭，照準彭德懷的胸脯子,就是狠狠的兩拳頭，打得彭德懷幾個踉蹌，一個屁墩跌坐在地上。警衛員赶忙扶他起來。彭德懷怒眼橫掃了一眼那名戰士一下，二話沒講，扭身朝前走了。

　　彭德懷沒走多遠，幾名戰士綁著打他的人，來到他的面前。

　　＂軍團長，是不是斃了他？＂

　　＂胡鬧！打兩拳算個屁事！奶奶的，放了他！！"

　　那名戰士聽了此話，頓時淚流滿面。繩子解開後,他連行個軍禮也忘光了，扭頭便跑，快跑如飛一般，去追趕自己的連隊。建國後，這名戰士榮昇少將軍長。他在朝鮮戰場上見到彭德懷時,對他說:"我還欠你兩拳頭......"彭德懷笑著回答他:'我那一傢伙也不輕，走累了,誰都心煩！"

毛澤東聽講彭德懷挨拳頭的事後，仰面大笑，連聲叫道:'真有人敢打彭軍長？！不信！不信！哈哈......不信！"他笑夠了，對站在他面前，正嘟嘴生悶氣的林彪講:'你呀，就缺少彭德懷的這兩下子，就會耍娃娃脾氣！"此時,林彪早已任軍團長了。毛澤東照舊稱他<娃娃>,猶同今天稱呼<小林>、<小張>、<小劉>一樣的。

林彪對一個勁地跑路行軍十分不滿。他到處講:'這哪算是個兵？是挑伕！不打仗,光跑路,能把蔣介石跑敗了？"他屢屢找毛澤東提意見，發洩自己的不滿。他氣鼓鼓地問毛澤東:"你是指揮打仗,還是指揮走路？"毛澤東一聽樂了，給他解釋:'走路是為了打仗,打好仗嘛！你真是個長不大的娃娃！永遠的小林！'

毛澤東正在勸慰林彪，總政治部一名幹部騎馬趕來向毛澤東報告，賀子珍在敵機轟炸時，為了掩護一名重傷員，她伏在傷員身上，被碎彈片崩傷，全身中了四十多處彈片,傷勢很危險。已經搶救了幾個小時,賀子珍仍處於昏迷狀態。毛澤東呆住了。他祇會'啊，啊，啊....連煙捲燒了手指頭，也不知疼了。'我先去看看！'林彪翻身跨上來人騎的大白馬,眨眼間跑遠了。

紅軍中聽到過賀子珍的名字的人很多。真見過她的人就不多了。如今聽講毛澤東的堂客捨命救傷員，人人感動且佩服。以前流傳的誹聞頓時消失得無影無蹤。自此以後, 祇要是在長征路上揹過槍的, 受過傷的, 無不對她豎大姆手指頭。被她救了命的重傷員, 建國後，被評為首批中將之一,叫鐘赤兵,人稱<獨腳將軍>。這不久之前，發生在賀子珍身上的另一件事,也曾震動過全軍。

賀子珍有個排行最小的弟弟,叫賀敏仁。他在部隊裡當號兵,年僅十六歲。部隊路經一座藏族寺廟時,有人揭發賀敏仁拿走了，廟上的一千塊銀圓。該部隊立即將這件事上報了黨中央和中央軍委。部隊上的人都知道賀敏仁是毛澤東的小舅子。

當時,部隊正在大撤退大轉移之中，聯絡很困難。毛澤東見到該項報告已是幾天後的事情。毛澤東批示：依法處理。周恩來批示：送交軍委處辦。 等此批示轉送到這個部隊時,賀敏仁已被殺掉了。

賀子珍十分傷心。她不相信弟弟會拿走一千塊銀圓。當年，一個最壯健的挑伕一次也祇能挑得動,裝在木箱裡的八百塊銀圓。弟弟年少瘦弱,這一千塊銀圓如何拿得走？ 又放在何處藏起來？賀子珍再三調查才搞清楚。原來，賀敏仁看見廟上供佛用的銅板，擦得又光又亮，十分招人喜愛。有人說是真金打造的。他信以為真，順手拿走了不到一百枚銅板。別人一揭發，他全交了回去。在當年，一百枚銅板僅合一塊銀圓。為了一塊銀圓就殺掉了毛澤東的小舅子，全軍上下無不震惊。

毛、賀二人自是難過了一陣子。他二人再沒追問此事。這一高姿態傳到部隊裡，得到一片讚譽聲。

毛澤東此時正忙於軍務，正當解救部隊突圍的關鍵時刻。就算他心中明白，殺他小舅子是在找整肅＜ＡＢ團＞的舊帳，他亦無精力，無時間，無心情去過問這類事了。

中央紅軍入滇後直奔金沙江。

左路部隊由林彪率領，最早趕到了金沙江的龍街渡口。可惜仍嫌為時過晚。蔣介石搶先了一步。他已經命當地駐軍，燒光了所有的船隻。林彪派出大批人馬，四下尋找，也沒能找到一隻船。

金沙江水流湍急，根本無法架橋。無船就無法渡江。

白軍的轟炸機成群地追了上來，頻頻投彈。

林彪心急如焚，急電毛澤東討救。

彭德懷是右翼。紅三軍團打下洪門渡口後，祇找到了兩隻小木船。一隻船可以一次運兵四十人。這萬多人馬何時能運完？彭德懷忙叫工兵營架設浮橋。屢試屢敗。他祇好再派人去找船和買船。彭德懷站在金沙江邊，望著洶湧澎湃的江水，心中百般滋味都全了，就是無招過江。

這些壞消息傳進毛澤東的耳朵裡，真好比三冬嚴寒之時，給他身上，不，是給他心上潑了一大桶冰水，讓他裡裡外外全涼透了腔。他把全部希望和最後的生機，全放在了中路的劉伯承的身上。他命全通訊班每隔十分鐘，同劉伯承聯絡一次，並將聯絡結果火速報告給他。

劉伯承率領幹部團給中路的大部隊打前站。他們以一晝夜行軍二百里路的惊人速度，趕到皎平渡渡口時，已是深夜兩點鐘了。

皎平渡歸當地彝族金土司管轄。金土司接到縣裡插著雞毛和火炭標記的信函後，心裡實在捨不得燒光這些木船。這可全是好端端的銀子換來的！他叫手下人把船全部划到江對岸，藏在一處石崖下的岩石洞裡。

劉伯承一趕到皎平渡，就立即派出幹部，四下裡找船。

有位排長找到了碼頭前大車店的守門人。這位更夫告訴他，江邊蘆葦叢裡沉著一隻舊木船，就是不知道還能不能用了。

　　就在排長帶上十幾個人，把沉船打撈上來的功夫，從江對岸划過來一隻小木筏子，當地人俗稱二葉子。排長忙叫眾人藏好。等二葉子一靠上了岸，十幾個人一齊搶上前去，抓住了筏子上的人。原來是金土司的二管家。金土司藏在石洞裡已有好幾天了。隨身帶的大煙土全抽光了。晚上犯了大煙癮，眼淚鼻涕一齊往外湧。金土司實在扛不住了。他半夜裡叫起來二管家划船回家取煙土。

　　劉伯承讓二管家帶路，連夜趕到石岩洞，搶回來所有的船隻，一下子搞到了兩大四小，共計六隻木船，一次可運三百人過江。

　　毛澤東騎在馬上讀罷劉伯承的電報，不由得獨自一人仰天哈哈大笑。他心中念道：果然是人算不如天算。你蔣介石再能算計又如何？你怎麼也沒算計到，一個小土司不聽你的燒船命令。 也更沒算計到，他為了一口大煙癮，白白送我毛澤東平安過江吧？一個蠢土司讓你蔣介石終生遺憾！

　　毛澤東急電林彪和彭德懷星夜趕赴皎平渡。中央紅軍渡過了金沙江 。暫時逃出了牢籠。

　　中央紅軍一路急行軍，來到會理城下。黨中央擬在會理開會。部隊亦在這裡休整。

　　會理城城池雖小，但其歷史則很悠久，是座名符其實的古城。早在雲南大理王稱帝時，據講已有此城了， 約有千年歷史了。會理城牆經歷朝歷代反覆加修加固， 業已建成兩道磚砌厚牆。"雲南王"龍雲在紅軍抵達之前，再次加高加厚加固城牆。明裡是奉蔣介石之軍令增修防禦工事。暗裡是增修防禦工事對付蔣介石的吞併。防備紅軍倒在其次。

　　龍雲的兵也吸大煙，人人都是雙槍兵。與黔軍相比，滇軍的地域觀念更強， 遠非其它省份可比。祇要一有外省人進攻雲南，那是全省老少爺們齊上陣。就算不發大煙土，也肯玩命保衛雲南。

　　彭德懷帶領紅三軍團日夜攻打會理城。打了三個晝夜，未能攻破城池 。自己的傷亡倒是挺嚴重。

　　朱德換上林彪的紅一軍團再攻會理城。攻了一天，不見效果 。林彪動上了腦筋。他決定挖地道，一直挖到城牆底下，然後裝好炸藥， 進行爆破。但是，城牆炸塌後，沒有向裡面倒，而是朝外面塌了下來，把埋伏在城根底下，等待衝鋒的將士，全部活埋。林彪吃了虧，又丟了面子，真真氣紅了眼。

　　毛澤東下達命令停止攻城。由九軍團圍城戒嚴。全軍撤到郊外遠處休整。

　　這一天，毛澤東正在洗頭搞衛生。周恩來急匆匆趕來見他。周恩來進屋後遞給毛澤東一封信。

　　信是林彪寫給三人團的。信上講，毛澤東在近期指揮不當，多有失誤，行軍多走弓背路、繞彎子、走回頭路，光走路，不打仗，致使士兵過份辛苦，導致部隊開小差增多，掉隊不歸的增多。因此，他建議三人團祗做戰略上的指揮，把前線指揮權交給彭德懷。信的末尾寫道："……毛、周、王的領導會失敗的。你們下台吧！"

　　林彪是個有了意見，張口就講的人。他提意見時，不大講究場合和對方是否有傷面子。他提意見時也從不避諱是否有第三者在場。他想說什麼，張口就講什麼。有一次，屋子裡正坐著聶榮臻、左權等人，林彪接聽電話時，直著嗓門，對著話筒大喊大叫："……我們的軍隊是黨的軍隊，不是個人的！你若擅自下命令，我也可以以政委的名義，下命令叫部隊不執行你的命令！"事後才知道，他接到毛澤東長距离行軍的命令後，心中有意見，就對毛澤東大發脾氣。

　　他在寫這封信之前，也曾口頭上多次給毛澤東提出類似的意見。

　　林彪寫好這封信後，曾讓聶榮臻政委簽名。聶榮臻沒有簽。聶榮臻不同意他的觀點。

　　毛澤東本人對林彪的做法和觀點，實在想不通。在〈贛南會議〉上，在闢面大辯論時，全會場幾乎祗有林彪一人挺身而出支持他毛澤東。也正為此，毛澤東一直把他林彪視為自己人，屢屢破格提拔他。在中共中央和中央軍委高層領導中間，無人不知林彪是毛澤東的人。既然他二人的關係已達到這種地步，為何林彪還要跳出來大反自己呢？林彪建議由彭德懷任前線總指揮。是否他二人已商量好了，才由林彪出面叫板呢？毛澤東不能不這麼去想。他自己就曾用這種方法拉攏過洛甫和王稼祥，整掉了博古和李德。

　　毛澤東對周恩來講了自己的猜疑。周恩來表示不同意他的猜疑，並一口咬定這不關彭德懷的事。

　　"不，不行！我們倆一道去找洛甫談談！這可不是小事。"

　　洛甫對這類事根本不入門，既不清楚來龍去脈，也不深諳其中的恩怨淵源。他祗會和稀泥，再加上打打圓場。他提議開個會，大家當面講個清楚，解開誤會。

　　毛澤東自己心裡對這一切十分清楚。最近他在用兵中過於講究一個〈奇〉字。若想用好這個〈奇〉字，必須要百詐不厭，多處佯動，把對方搞得暈頭轉向，不辨真假，才能收到〈奇〉的效果。

　　但是一旦大搞多處佯動、聲東擊西，勢必有些部隊要多跑些冤枉路，多吃些苦頭。

　　在用〈奇〉計之時，最讓一般人難以接受的是詐敗。跑了幾天路，累得要死，卻要打個敗仗才成。

　　這是戰略要求。林彪是高級指揮員，又擅於巧攻，應當理解這些。怎麼他卻率先跳出來反對呢？為什麼？

　　周恩來又為何如此堅決地替彭德懷開脫呢？

　　對如此大事，洛甫卻講是誤會。又是為什麼？

　　吃過失去權力苦頭的毛澤東，對一切大事小事都不敢再掉以輕心了。他滿腦子畫問號。原本就多疑的毛澤東，此時此刻的毛澤東，活像得了疑心病。

　　其實，林彪寫這封信的動機根本不複雜。他是看見戰士行軍受苦，又被官兵央求，才肯站出來代言一番，屢屢給毛澤東提意見。這次兵敗會理城下，讓他丟了面子，十分窩火，就想找樋出火。於是，寫了這封信。他性格一向激進，致使口氣上頗多過份。他自己根本不曾去想，他這封短信，害苦了三個人，傷了三位無辜戰友。

　　頭一個是毛澤東。毛澤東天生工於心計，遇事想個沒完沒了。屁大點小事，也能捉摸它幾天幾夜。這封信涉及到了領導權的大問題，他的大腦就忙歡了，簡直到了不大夠用的地步。他失眠加重了。連續吃上三次安眠藥，仍然無法入夢。牙疼病也犯了。他又不肯吃止疼藥，打消炎針。疼得他飯吃不下，茶不思飲，連吸口煙都疼。真苦了毛澤東！

　　第二個受到傷害的人是彭德懷。他受的自然是暗傷。彭德懷壓根就不知道林彪寫信的事，更不知道信上寫了些什麼。也更沒想到一向看不起他的林彪，居然能提議他任總指揮。到了會上，他才知道了事情的本末。在會上，他祇要站出來講▼我不知道這事▼，毛澤東對他的猜疑，就全然冰化雪消了。可是，他坐在那裡一聲不吭，心想，這不關我的屁事，你們想吵，就吵個盡興好了。他的不吭聲，越發加重了毛澤東對他的猜疑，甚至結成了一個鐵疙瘩。三十年後，到了廬山會議上，毛澤東扔出了這塊鐵疙瘩同他清賬時，他仍不做解釋。還是林彪本人講了，這不關彭德懷的事，才讓毛澤東明瞭真相。但是，一切都太晚太晚了。林彪一封信讓彭德懷揹了三十年黑鍋。在這三十年間，毛澤東在大會小會上先後四次提及這檔子事。彭德懷一言不發，一句不辯。也算創下了愚直方面的一項記錄。毛澤東懷怨不忘，一記三十年。在記仇方面自然也是一項記錄了。

　　第三個被傷害的人是洛甫。他更無辜。這件事從頭到尾都扯不上他的任何干係，卻僅僅因為他講了一句▼誤會▼就上了毛澤東的黑名單。三十年後，硬把他同彭德懷綁在一起，打成反黨集團。

　　在毛澤東的強烈要求下,洛甫主持了談心會。眾人把林彪狠狠地修理了一頓。 林彪低著頭,紅著臉, 一聲不吭, 瘦小的身軀, 快要縮縮成個小兒童了。

　　毛澤東的火氣一下子消去了許多。又過了幾天, 牙也不疼了。

　　這正是：


明 槍 易 躲 ，暗 箭 難 防 。
箭 槍 凶 煞 ，最 怕 誤 傷 。
一 旦 誤 會 ， 終 生 掛 腸 。
且 記 且 記 ， 補 牢 亡 羊 。


　　欲知後事如何， 請看下回分解。

# 第 三 十 回

## 挖目療骨新關羽

## 志堅智多紅諸葛

　　話說林彪在古城會理自了一場沒趣。雖然毛澤東對他寬容無度，僅僅略施輕責，他本人仍是快快不快,終日獨坐靜思 。這一日紅軍大隊人馬來到了大渡河邊。林彪心緒不佳 ， 以往的主動請戰要任務的積極性也消失了,似乎過不過大渡河,跟他沒什麼關係似的。

　　林彪不來請戰，毛澤東是全看在眼裡，心裡亦早有打算。過這大渡河嘛，不能用彭德懷這樣的勇夫，也不能用林彪這樣的一心用巧的滑頭，這得找位智勇雙全又肯博命赴險、屢經風波的大將之材。毛澤東心裡早已捉摸了千兒八百遍了，也看中了一個人。此人就是劉伯承。

　　劉伯承，四川省開縣人氏,生於一八九二年。他祖父為了能讓全家人多吃幾口飽飯,就不顧族人和家人的反對，學了吹嗩吶，當上了<優人>。

　　吹嗩吶， 北方人叫吹喇叭。優人俗稱吹鼓手。每逢紅白喜事,吹打上一兩天, 就能討些賞錢養家糊口。但在舊時, 吹鼓手屬於下九流。不單自巳被人瞧不起,子弟也受社會和官府的歧視。清政府明文規定, 優人子弟不能參加科舉考試， 自然也不能做官了。

　　劉伯承的父親出生的那一年， 祖父錯把早稻種子， 當做普通種子種了下去。不料， 當年夏天大澇。劉家稻子早熟， 避過了雨災。災年谷貴。劉家的餘糧賣上了好價錢， 發了一筆小財。接著， 又碰上了一件百年不遇的奇事。割完的早稻茬上又長出了新苗。劉家沒用撒種又多了一季收成。兩者相加,劉家糧谷大豐收， 日子一下變好了。

　　俗話常常講， 一步順， 步步順。接下去的幾年裡， 糧谷年年豐收。到了父親六、七歲時， 家道已經在村裡， 排為上等富裕人家了。祖父見兒子給家裡帶來了好運氣,認定兒子將來能有出息， 就早早送兒子入了學。

　　父親聰慧， 學識長進很快。他十六那年參加鄉試， 三榜過後中了秀才。祖父一高興， 給兒子披紅插花， 騎馬遊鄉誇官。沒成想，有人上縣裡告發祖父當過吹鼓手, 該受滿門問斬之罪。祖父嚇壞了。他傾家當產行賄縣太爺，才換了個免去功名，下不為例的結局。

因錯致富，因貴獲罪。祖父遭受打擊後，一病不起。祖父去世的當年，生下了劉伯承。父親給他取名孝生，字明昭。

劉伯承少小聰明。父親就在家裡教他識字。

有一天，一位流落開縣的乞丐到劉家討飯。父親見此人像貌偉岸，虎背熊腰，面目堂堂，雙目有神，非尋常乞丐。很有可能是位落難的英雄好漢。父親留下那人在家當雜工。

日子久了，父親發現此人學識淵博，品德優良，又兼熟諳兵法，精通武術。父親一再追問，那人硬是不肯道明身世來歷。村裡人也視他是位奇人。眾人商議請他開館辦學。劉伯承隨村裡二十幾個孩子，拜他為師進了館。

這位啟蒙老師叫任賢書。青年時代曾是兵敗大渡河邊的石達開營中一名中軍驍將，在太平軍中小有名氣。任賢書教書不單單教些書本上的知識，還講些岳飛、文天祥、鄭成功的故事，以及<三國演義>、<水滸傳">上綠林好漢們的故事。他教學生背誦<滿江紅>、<正氣歌>等等。偶爾也講講自己當年參加太平軍南征北戰的故事。課餘，他教學生們使槍弄棍，習練拳術劍法。劉伯承的一身好武功，是早年打下的根基，身手自然不凡，在軍中有些名氣。

劉伯承十二那年，參加了清王朝最後一屆科舉考試。父親送兒子應試時，不免手癢，也就順便試了一下自已的功底。結果，父子二人雙雙頭輪上榜。偏偏又在此時，又有人揭發祖父當過吹鼓手的舊事。父子二人雙雙被趕出了考場。

兒子不解地問道父親，為何當了吹鼓手就不能當官了。父親感慨萬端。他感嘆道：'若論家世，我劉家還是皇族之後。漢高祖劉邦有兩個哥哥，一叫劉元，一叫劉仲。我們四川開縣劉家是劉仲的后裔。漢高祖曾封劉仲為頡羹侯。"

經過此事的打擊，父親也病倒了。

劉伯承見從文不成，就改心習武。他苦讀兵書，習研兵法。他十九歲參加護國軍，討伐袁世凱，開始了軍旅生涯。

作戰時，腿部中彈。養傷時，結識了吳玉章和楊闇公二人。此位楊先生乃後來的國家主席楊尚昆的親大哥。一九二〇年吳、楊二人在四川創立<中國青年共產黨>，曾邀劉伯承加入。劉伯承道：'不能見了旗幟就拜。我得研究明白了再參加。"否則，他就成了中共元老之一了。

劉伯承於二十五歲時（一九一七年）在上海加入了孫文改組後的國民黨。當時稱為中華革命黨，成了國民黨元老之一。他奉孫文之命返回川東，創立護國軍第一支隊，自任隊長。首戰酆都城呼時，頭部受了重傷。子彈從頭頂貫入，又從右眼眶飛出。他當即昏倒在地。

劉伯承醒過來後，看見身邊全是屍體。他明白自己已被誤做死亡而被送到了亂墳崗。他硬強挺著爬出了墳地。一位好心青年人路過時發現了他，把他揹到醫院。在醫院裡，四川袍哥會的龍頭老大認出了他，就百般幫忙。這家醫院太小，沒有眼科大夫。四川袍哥會把他送到重慶臨江門外一所教會醫院：寬仁醫院。

這所醫院的眼科大夫是位德國人，人稱阿大夫。他醫術高明，脾氣卻很壞。

由於時間耽誤得太久了，眼眶裡面的肌肉已經壞死腐爛，必須摘除眼球和剔除眼眶周圍全部腐肉。阿大夫要給劉伯承施行全身麻醉。

劉伯承先前聽人家講過，一旦全身麻醉，大腦神經會受到嚴重損害。劉伯承就想問問阿大夫是不是這麼回事。阿大夫卻用鼻子重重地"哼"了他一聲。於是，他對阿大夫講：＂不用麻醉！＂

＂不，不可以！不麻醉，我不能手術！"

"阿大夫，請放心！一切後果由我自負！"

"那麼，改用局部麻醉。"

"不用！我能挺得住。"

阿大夫一再勸解。劉伯承執意不從。一向脾氣不好的阿大夫，這次沒倔過劉伯承，勉強同意不做麻醉。但他心裡在想：我等你疼得挺不住了時再求我。我相信你會求我的！咱們走著瞧！

幾位袍哥看穿了阿大夫的心思，又紛紛勸劉伯承。劉伯承給他們解釋道：＂麻醉若是弄壞了大腦，我就成了廢人一個。就算活著，對國家民族無半些貢獻。我不能那樣活著！"

手術前，阿大夫對劉伯承講："你是我手術史上，不用麻醉取眼球的第一人！＂

劉伯承沒講什麼。

手術開始後，阿大夫用手術刀把腐肉割掉，再把破碎了的眼球剜掉取走。清洗後，再一根一根地接好血管用肉線縫合......

手術台上，劉伯承死死握住台沿邊上的木棍支撐立柱，咬緊牙關，任汗水肆意地流......臉上的肌肉不停地抽動、抖動、扭動......面色如臟如紙......渾身上下如同淋過大雨一般，汗水濕了個透......沒人知道他疼得流了多少汗水。

〞若疼得厲害,哼一哼會好過些。〞阿大夫看不下眼去了,就輕聲勸著劉伯承。

〞不……不……不……〞

三個小時無麻醉手術,劉伯承硬是一聲沒吭,祗有這三個＜不＞字。

手術後,阿大夫小心地扶正劉伯承的頭,關心地問道:〞還好嗎?〞

〞區區七十二刀,不算什麼!〞

〞啊?!你在數著?〞

〞你割一刀,我記一下。不會錯的。我腦子沒出問題!〞

〞了不起!男子漢!真正的軍人!〞

半個月後,阿大夫給他裝上了假眼。中國軍界多了一位獨目將軍。

出院後,孫文任命劉伯承為團長,率兵討伐軍閥曹錕。

戰鬥中,他被一顆子彈打中了右腿主動脈。血流如注。止血藥和止血針全然無效。他失血過多昏了過去。團裡派人把他送到成都北門外,法國人開設的瑪麗仁愛醫院。這時他已昏迷了一整天。艾玉梅院長給他打了強心針,他才醒轉過來。

艾院長給他診斷時,看見傷口嚴重感染,大腿全部紅腫,就建議他施行截肢手術。否則,會因血液中毒而危及生命。劉伯承聽後,執意不從。艾院長勸到最後,幾乎同他吵了起來,甚至威脅不再給他治療了。

劉伯承依然堅持祗接受打針吃藥的保守療法。不成想,打針吃藥後,傷口居然很快就癒合了,腿部也消了腫。

劉伯承出院時,艾院長送他一副拐杖。劉伯承坦率地告訴艾院長:〞多謝好意,可是戰士不能一條腿,更不能拄著拐杖去打仗。你知道,我是戰士!〞

傷口雖已痊癒,但是右腿卻伸不直。大夫對他講,做牽引可以幫助恢複伸直。牽引是醫生用語。用老百姓的話講,就是生拉硬拽扯直它,把接錯了或長錯了或粘連在一起的肌肉、骨胳乃至神經,用外力強行拉正複位。這種痛苦,除非病人自己,外人是根本不能體驗到的,難以理解,難以描述的。

劉伯承每天堅持做牽引。過了一陣子,足尖可以著地了,但膝蓋仍不能打彎。

這一天,劉伯承坐在椅子上,把傷腿抬高,架在一張小方凳子上,擺平後,就叫警衛員坐上去,去壓這條傷腿的膝蓋。警衛員不肯。劉伯承掏出了手槍,對他下達了命令:〞我命令你,坐上去!

＂警衛員被迫慢慢地往上坐。他又命令警衛員兩腿懸空。突然,祗聽他＂啊呀＂大叫一聲,手槍摔落在地板上,他人已昏了過去。

這下子可倒好，整條傷腿全部紅腫。腫得又紅又亮，像是要把皮膚脹裂似的，十分嚇人。一位老中醫給他敷上了中藥,又讓他一天三頓,把中藥湯子當飯吃。不久,腫全消了。傷腿可以走路了。膝蓋屈伸打彎十分自如,如好腿一模一樣。

艾院長聽到此話後，跑過來問他,是哪位大夫用什麼方法治好的。

＂我自己治的。＂劉伯承詳細一敘述，驚得艾院長合不上嘴。＂活著，就要活得像個人樣子！否則，不如死了好。＂劉伯承認認真真地對艾院長講。

＂我到中國後，就聽中國同行告訴我，你們中國古時候,有個叫關雲長的人,不用麻醉就刮骨療毒。你的表現，不比他差！我很佩服！＂

＂我們團長,不麻醉,就摘去了眼球。挨了七十二刀。你看看,他這隻眼是假眼！＂警衛員驕傲地說道。

＂啊！＂艾院長的嘴張得更大了。

劉伯承傷癒之後,仔細地研究了國內形勢，果斷地退出國民黨。再由吳玉章和楊闇公二人介紹,加入了中共,時為一九二六年。他是國民黨元老級黨員中，唯一退黨後加入共產黨的人。

別看劉伯承給自己治病，如同莽張飛魯李逵一般，手段近似野蠻粗魯。 但他打仗用兵,卻是心細如麻,惜兵如子,專門講究奇巧。

劉伯承不喜歡惡鬥死拼。他追求智鬥。他用<計>解決遇到的難題，用<計>渡過各種險關。<順瀘起義>之前，他奉孫文之命，隻身潛入瀘州城，等人接他去指揮部指揮起義。

不料,他一入城,就被密探和警察圍在一處大宅院裡，日夜監視他,使他不能出院子一步。警方得到密令，祗要發覺他要逃跑，立即抓捕或就地處決。

劉伯承重任在肩卻命危旦夕。幸運的是，對他尚僅僅是懷疑。懷疑他就是名聞四川的劉伯承。警探們沒人認識他。

劉伯承被＂軟禁＂在宅院裡，心裡自然焦急。這天,他支使女僕上街買菜。行前,他俯在女僕耳邊詳詳細細地囑咐了一番。女僕唯唯領命而去。

第二天一大早,天尚未破曉。瀘州城的糞戶已經走街串巷清理各家的茅房廁所,收集放在門前便盒便桶裡的糞便。這在瀘州城是司空見慣的平常事，天天如此。

　　有一個糞戶擔著兩隻空糞桶，穿著一身散發著臭味的破衣服，叫開了劉伯承住的那座大宅院的大門，進院子擔糞。十幾分鐘後，女僕包著圍巾，提著菜筐，低著頭，神神秘秘地急步出了院門，慌慌張張地向菜市場走去。密探們見此情景，心中頓時生疑，就派出二人尾隨其後跟上，緊緊盯住。過了一小會兒，祗見一個穿著長褂，戴著禮帽的人走出了院門。眾警察和密探一見此人要出門外走，就一擁而上，不由分說，扯住他就往囚車上推，猛開快車回了警察局。又過了幾分鐘，先前進院擔糞的糞戶，挑著裝滿糞便的糞桶，自院中走了出來。

　　糞桶裝得太滿了，幾乎快溢了出來。挑子一顫動，糞水亂濺，臭味四散。糞戶走近密探時，換了換肩。糞桶離密探更近了些。密探們一見糞桶靠近自己，很怕弄髒了自己的衣服，忙朝後讓，兩眼盯牢糞桶，越發加足了小心。糞戶慢慢悠悠，一步一顫地走遠了。

　　警察回到局裡審問抓到的那人時，方知他不是劉伯承。他一個多月前就住在這院子裡，清理帳務問題。警察祗好放他走人。

　　警察們返回大宅院，加強監視。過了兩天仍不見動靜，再也奈不住了，就進院搜查。除了女僕，再無他人。審問女僕。女僕一口咬死自己從未見過劉伯承，也不認識劉伯承。警察們祗好認倒楣了。

原來，劉伯承用計騙開警探，自己扮成糞戶逃走了。那位糞戶是革命黨人扮成的，劉伯承一走，他也尋機走人了。

　　劉伯承逃出之後，一出城門扮成了一個布販子，與來接他的幾位同志一道去起義指揮部。他們正走著，迎面來了一伙巡察隊。帶隊的是縣偵緝隊隊長。警民相逢，互不言語，彼此陌生，擦肩而過。偵緝隊長官職在身，就對劉伯承等人多打量了兩眼，也沒說什麼。

　　巡察隊剛剛走出視野，劉伯承忙叫眾人捨棄大道，拐向山坡草叢間的羊腸小道，沒命般跑了起來。眾人正在納悶不解，猛聽見身後人喊槍響。原來是巡察隊追上來了。

　　劉伯承等人跑出很遠才甩掉巡察隊。他們也實在跑不動了。

　　歇了一會兒，劉伯承指著一個毛頭小伙子道："哪裡有頭戴禮帽，身穿常袍，還腳穿草鞋，又光著腳丫子的布販子？"眾人低頭一瞧自己的草鞋裝扮，頓時後怕不已。他們這伙人慶幸自己，闖過了鬼門關，心裡十分歡喜。邊聊天邊開玩笑就進入一處高山深澗。他們打算翻過一個小山頭，抄些近路。

　　他們正走著，祗見一隻吊睛白額，黃皮毛，黑斑紋的華南大虎，蹲坐在草叢間，怒目凝視著朝牠靠近的這群不速之客。華南大虎張開血盆大嘴，噴著腥氣，伸出赤紅的長舌頭，亮出尖利的巨牙，輕輕地吼叫著，時不時地呲牙咧嘴，叫人好不害怕。眾人嚇得止步不前。劉伯承又來了主意。

　　這正是：

文　臣　武　將　本　無　種，

吹　鼓　隊　裡　有　孔　明。

智　多　人　稱　紅　諸　葛，

挖　目　療　骨　自　英　雄。

　　欲知後事如何，請看下回分解。

# 第 三 十 一 回

## 明 攻 越 西 走 安 順

## 結 拜 彝 會 出 涼 山


話說劉伯承等人剛剛逃脫偵緝隊的追捕，卻又在深山裡碰上了一隻華南大虎。一見大虎，有人嚇得轉身掉頭就要跑。

〞不，不成！〞劉伯承果斷地喝道：〞要繼續往前走！別快也別慢！千萬別看牠！跟上我......〞劉伯承輕聲叮囑道，〞稍稍繞遠些走！〞他鎮定地領頭朝前走。

大虎踞伏著，依舊有滋有味地舔著自己的黑鼻頭。大概是舔得太滿意了，就輕聲吼上幾嗓子。

劉伯承等人提心吊膽地走出去多半里地，才敢回頭去看那隻大虎。見牠踞伏不動，眾人方長長地出了一口大氣，抹了抹額頭上的冷汗珠子。

〞......差點叫虎吃了......〞有人心有餘悸地咕噥道。

〞不會的！〞劉伯承氣喘吁吁地回應他道：〞牠嫌我們又窮又瘦，全身淨是骨頭，味道太差了......〞話沒講完，眾人笑成了一團。

＜順瀘起義＞失敗後，他加入了中共。劉伯承奉中共中央軍委命令參加了＜南昌起義＞和＜廣州起義＞。之後，他才進了中央紅區，任紅軍總參謀長。由於他贊成毛澤東不肯攻打長沙、南昌等大城市的做法，被王明解職。後被博古下放到紅一軍團給林彪當參謀長。他巧渡金沙江後，始為毛澤東看重，就委派他率兵先行，給大部隊打前站。這次又委派他指揮全軍搶渡大渡河。

　　受到毛澤東如此重託之後，劉伯承不敢稍有怠慢。他和聶榮臻率領一團兵馬，曉行夜宿，一口氣趕到了冕寧縣的瀘沽鎮。

　　劉伯承進了瀘沽鎮大吃一驚。鎮上靜悄悄，如同死城一般。全鎮無一兵一卒把守，見不到一點點打仗的架勢，就更別提打大仗了。

　　這種反常，讓劉伯承心中頓生疑點。他赶緊吩咐團長楊得志派出大批偵察兵，四出摸淮情況。他又請聶榮臻政委盡快同當地的中共地下黨組織搭上線。

　　忙活了好大一陣子，才搞清楚：一是瀘沽鎮守軍已於前幾天全部撤走了。去向不明，無人知曉。二是，由瀘沽鎮去大渡河邊有兩條路可走。其中一條路由鎮子出發，照直前行，再過兩個小鎮，即到河邊。渡過了大渡河就到富林鎮。這是一條大路。路面寬敞平坦，便於大部隊急行軍。另外的一條路是，穿越冕寧縣境，抵達安順場，到大渡河渡口。這是一條崎嶇山道，路窄坡陡，十分難走，而安順場又是不祥之地，為軍旅之士頗為顧忌。

　　劉伯承凝眉一想，這定是蔣介石判定紅軍急於脫險，會走大路，直奔富林。於是，蔣介石在富林設下重兵，欲打埋伏，就等紅軍自己往▼口袋▼裡頭鑽。瀘沽鎮之所以不設防，是想麻痺紅軍，讓紅軍防寬了心，照直前行。瀘沽鎮的不設防，偏被劉伯承看出了破綻。

　　劉伯承滿心打算建議毛澤東和<三人團>，改變全軍的行軍路線：甩下富林，改走安順場。但是自己卻又顧慮重重。全部原因出在安順場古時的一場生死之戰上。

　　安順場古稱紫打地，是石達開當年全軍覆亡之地。當前，蔣介石口口聲聲要讓毛澤東當一回石達開第二。如此之下，毛澤東會走安順場嗎？劉伯承自己可以不講封建迷信，豈又能保証別人也不講封建迷信嗎？

　　劉伯承小的時候曾多次聽任賢書老師講他自己當年，跟隨石達開血戰紫打地，全軍覆亡和自己漏网的故事。那可全是任老師的親身經歷和親眼所見，是他自己親口講的真事。他一合眼，似乎就能看見七十二年前的那幕慘劇。石達開的三萬人馬被清軍圍了兩個月後，彈盡糧斷，死傷無計。最後，石達開的身邊僅餘不足兩千人馬了。石達開一咬牙，把兩名妻妾扔下了大渡河，又命軍士將自己綁上，押送到清軍大寨請降。清軍統帥曾國藩不肯受降，將他押解到成都凌遲處死。隨後，兩千軍士均被殺害。大渡河的河面上漂滿屍身。劉伯承一想到這裡，豈敢輕言全軍改變行軍路線，去走安順場？但是，直奔富林，就是走向墳場，就是下地獄！

劉伯承決定建議改走安順場。他還建議派出一股部隊，冒充主力，仍向富林前進，將計就計，迷惑和牽制白軍，以便搶出更多時間做渡河準備工作。

劉伯承的建議火速傳至中央紅軍前線指揮部，把朱、毛二人樂得合不攏兩片大嘴。朱德連聲讚道："好計，好計！伯承是個人才！潤之也真算得上慧眼識人了！"

"川中出名將！言之有理，有理！"毛澤東把四川人全表揚了一通。

"四川人能吃辣子，是辣出來的嘞！"

"玉階兄也信不辣不革命？我就信！特別信！找上一天，我代表江西老俵和湖南佬，同你個四川號子比拼一番，分個高下，哈哈......"毛澤東一高興，話也多了許多。

"那我就捨命陪君子了，哈哈......"朱、毛二人開心地笑了一大陣子，似乎已經看見了全軍將士，順利地渡過了大渡河。

朱、毛二人立即覆電劉伯承，要他下令全軍分為兩路人馬，徑往安順場，準備渡河。毛澤東亦照準劉伯承的建議，派出一股小部隊冒充主力部隊行事。

劉伯承離開瀘沽鎮，順著那條小路，趕到冕寧縣城時，見到又是一座空城，越發確信，蔣介石是真地認定紅軍要走富林那條路了。他心中這才安然無慮了。

蔣介石能如此判斷紅軍動向，亦是自有其道理所在。

安順場地處三面高山，一面臨河。河水流速湍急。河床上奇石林立，崎嶇不平，故多漩渦亂躥。不要講過人，就算是扔下一羽鵝毛，那鵝毛也會立即被漩渦捲進河底，如同被吸了進去一樣，那是再也浮不上來了。自古至今，尚無一人能游水過河。船工駕船過河也得有多年的駕船經驗和熟知河道才行。否則，這船不是被捲入河底就是沖撞到岩壁上，鬧個船毀人亡。安順場是死亡之谷。大渡河是奪命之水。蔣介石深信，沒有哪個人願意身入險境，自尋死亡。他堅定地認為毛澤東斷斷不會去仿傚石達開，做石達開第二。

蔣介石能如此判斷，另有第二層理由。

冕寧縣古稱生番地，是彝人世代居住的地方。彝人刀耕火種，山地土壤格外貧瘠，一年收獲甚微，難以果腹。彝人沒文化少知識，尚處在奴隸制社會階段。在當地，奴隸被稱為娃子，多是部族之間交戰時抓到的俘虜或是路過的途人。娃子沒有衣服穿，不論冬夏，不分男女，一律赤身裸體。就算不是娃子的彝人，身上的衣著，也不比娃子強多少。頂多能多上一塊破麻袋片子或草蓆片子，前面不露著，後面肯定光著。想來也是，人若是連吃飯都保証不了，哪還有心思在穿著上？哪裡還顧得上講究禮儀和優待俘虜！

歷史傳承下來，各朝各代的官吏都認定彝人是生番，不單是輕看彝人，而是根本就不把彝人當人看。甚至是認為彝人是沒有進化好的人類，是半人半獸。故而對彝人嚴加壓迫和管制。彝人則反目相對，極其仇恨官府。並由仇恨官府，進而仇恨漢人。在彝人眼中，官府和漢人連野獸都不如，比虎狼更凶殘。他們一旦有了機會，抓住了漢人，那是十有八、九要殺死的。

到了軍閥混戰和國民黨政府時期，為了制服彝人，官員們強化了輪班坐質制度，就是把各部落各家支的頭人，抓到縣城監獄裡坐牢，做為人質。這些被關押的頭人坐了一段日子監牢後，可用其兄長胞弟或父子來替換，輪班坐牢，繼續充當人質。如果某個山寨的彝人謀反或不聽話不服管理，不按時交納賦稅，就用酷刑折磨監獄中的頭人。一旦發生部族暴亂，則殺掉獄中頭人。

這個制度自清朝以來一直在執行。到了國民黨時期則越發地嚴屬。很自然，漢彝之間的仇恨也更深了。據此，蔣介石深信毛澤東無法闖過生番地，也深信任何一支彝人都不敢違抗命令，擅自放紅軍通過生番地。

劉伯承探聽到這些情況後，決定採用諸葛孔明老先生的民族和解政策，攻心為上，不動干戈，和平而友好地通過彝人區。

劉伯承進了冕寧城，下令打開大牢，一壞百年陳規，開釋全部在押彝人頭人。發恰每位頭人三塊銀圓，放其自回山寨。在被釋放的頭人中間有紅軍必定經過的沽基、羅洪和猓伍三個家支的頭人。
。

劉伯承命令紅軍，在任何情況下，不許對彝人開槍。違令者軍法論罪。他告訴幹部戰士，娃子是天下最苦的人，是奴隸。彝人和漢人是兄弟民族，一律平等。

劉伯承選派蕭華率領工作組，前往彝人區，做宣傳和團結工作，用民族和解政策為全軍開路。

蕭華，時年十九歲，曾任少共國際師政委，現任紅一軍團組織部長。他年僅十四就參加了紅軍。其人辦事幹練，為人聰明機伶。據傳，他自學書法，可以左右兩手同時握筆同時行書。其書法自成一體。他深受毛澤東賞識。後為開國上將之一。

蕭華帶上通司（翻譯）、警衛員等一千人馬，火速奔往彝人區。他們越往前走，那山越高，那山越大。路也變得越窄、越陡、越滑。林子越來越密、越暗、越潮濕。天空說陰就陰，說雨就雨，變化迅捷而無常。地面上的腐草爛葉，散發著刺人口鼻，極其難聞的霉臭氣味。大概，這就是古典小＜三國演義＞裡面提及的，可以危害人們性命的瘴氣或瘴癘。

通司指著遠處的一個小村寨，告訴蕭華，那就是諸葛孔明老先生當年的中軍大帳所在地,現名孔明寨。他又指著前頭不遠處的一片稍微開闊些的地方，告訴蕭華，這就是諸葛孔明老先生連設七計降服孟獲的地方。

在彝人區，自古至今，唯有一位漢人受到彝人的百般尊敬，乃至崇拜，視如神佛。他就是諸葛孔明老先生。即使蠻橫到不可一世的大頭人，一提到＜孔明＞二字，亦會立刻肅然起敬。

蕭華一行人正在急急行走，山頂上猛地跳出來二百多名彝人娃子。他們人人赤身裸體，手持長矛、鐵刀和棍棒，嘴裡吼叫著："哦呼呼，哦呼呼....."雖然他們又喊又叫,卻站在原地不朝前來。

蕭華帶隊繼續前行。彝人越來越多。呼喊聲越來越高。 他們一會兒在半山腰鑽出來，一會兒又出現在山腳處，行蹤令人難辨。

走了約有三十來里地時，前頭的路被堵死了。彝入全擠在路中央。通司忙上前問話。一個小頭目討要二百塊銀圓。蕭華給了。他們剛剛走了一里多路，又有彝人出來要錢。蕭華又給了。戰士們一拿出錢來,眾彝人就亂搶亂奪。蕭華正耽心錢不夠用時，跟在他們後邊架設電話線的，通訊班十二名戰士,光著身子追趕上來。他們沒錢，被彝人剝光了衣服，連件褲頭也沒給留下。蕭華祇好叫他們先藏在一處山洞裡，等著送衣服來。

彝人越聚越多。一聽到沒錢分了，立即變了臉。長棍短刀直往蕭華臉上比划。警衛員打開了保險栓以防萬一。

"劉司令有命令,不准開槍！"戰士們聽蕭華一說，祇好收起了槍，等著自己也被剝光豬，搶走褲頭。

正在這時,一個高大的中年彝人漢子走了過來。他長髮披肩，赤裸上身,腰間圍了一塊麻布片子。他打著赤腳，身後跟了一隊手持長矛的青年人，個個腰間圍著一圈樹葉子。

"我是沽基家的小葉丹。我是你們劉司令從大牢裡放出來的。我想見見他。我們不打仗,要講和。"

蕭華聽他提到劉司令，又是沽基家支的頭人，靈機一動，解下自己的手槍,雙手捧著遞給小葉丹，告訴他："這是劉司令送給你的見面禮！"一看見槍，小葉丹的臉上放了光,欣喜异常。

"劉司令這麼看得起我？！"

"漢彝是一家兄弟嘛！"

"兄弟？漢人肯認我小葉丹是兄弟？"

"當然了！我們是漢人中的紅軍。劉司令是紅軍的司令。祗有紅軍看得起彝人。"

"劉司令肯和我喝血酒對天盟誓？"小葉丹不大相信地反問道。

"我回去報告劉司令。明天答覆你。"

小葉丹高興極了。他大手一揮,山頂上,大樹上,岩石上,道路兩邊的彝人，一哄而散。

第二天,在大涼山群峰之間的一個淡水湖邊，學名叫彝海,土名叫袁居海子的地方,舉行了一個非比尋常的結拜金蘭的儀式。一位是紅軍總參謀長，另一位是尚處於奴隸時代的小小家支的頭人。他們兩人今天要在這裡結為異姓兄弟。

小葉丹頭纏黑布，肩披黑布大披風，一派盛裝。劉伯承一身灰軍服,打著綁腿,足穿黑布鞋。兩人神情肅穆地跪在湖邊大石頭前面。

畢摩彝人專門供祭神佛的大巫師，抓過一隻大公雞，唸了一通咒語，告過天帝，謝過諸神，一刀斬落雞頭,把雞血滴進擺在大岩石塊上的,兩個大土碗裡。碗裡盛滿了水酒。畢摩雙手捧起大土碗,一一遞給跪在地上的劉伯承和小葉丹。

劉伯承雙手把大土碗高高地舉過頭頂,大聲許下誓言："上有天,下有地,劉伯承願與小葉丹結為兄弟。如有反悔，天誅地滅！"發過誓，將雞血酒一飲而盡,不留半滴。

小葉丹聽後,也舉起了大土碗,對天立誓："我小葉丹和劉司令結為兄弟,如有三心二意,同這支雞一樣死！"他把結盟酒一口喝個淨光。

兩人手挽手一同站起來。眾彝人和娃子們一擁向前,解下頭上黑帕,齊齊跪下,行晉見大禮。按他們族中規矩,在他們心目中,自此以後,劉司令就是自己家支的頭人了。

劉伯承赶忙把他們扶起來,嘴裡連聲嚷道："免禮！免禮！"

紅軍大部隊路過彝人區時,沽基家的娃子紛紛帶路,或是站在山頂上"嗚呼,呼呼！"地喊叫,表示親熱和敬意。

紅軍走了七天七夜,順利走出了彝人區。

毛澤東、朱德、周恩來、洛甫和王稼祥等中央領導人趕到冕寧縣城時,劉伯承和聶榮臻向他們匯報情況。

"劉參謀長，你真地跪在地上發誓？" 毛澤東尚在路上，就聽到劉伯承同小葉丹結拜的事了。

▼彝人習俗，不敢馬虎。▼

〝聽講你還喝光了一大碗雞血酒。你當真有那麼大的酒量？〞毛澤東又問道。

〝哪有什麼酒味呀？全是湖水！那種酒，若叫恩來去喝，能喝上它三十，不，三百大碗！〞

〝那不把肚皮撐破了！周恩來一語，惹得眾人齊聲大笑。

〝若是我去喝，一定得放上一大把辣椒粉，去去雞血的腥味，對吧，玉階兄？〞聽毛澤東這麼一講，眾七又是一陣大笑。平安闖過一大險關,焉能不笑個盡興？

就在劉伯承義闖生番地時，那支冒充紅軍主力的團隊，直奔越西縣城。他們攻克城池,活捉了縣長。又打開大牢,放走全部輪班人質。這個消息轟動了越西周圍的大、小涼山十幾個縣。彝人各寨頭人帶上娃子遊山走寨，歡慶新生。到處是一片"紅軍卡沙沙(感謝紅軍)！"、"紅軍瓦瓦苦　(紅軍萬歲）的歡呼聲。

紅軍趁勢召開了群眾大會，公審越西縣縣長。聲勢鬧得很大。紅軍宣傳隊四下裡張貼佈告。後勤部門到處張揚和採購木材，準備造船渡河,派人上山伐竹子，僱人打造竹筏，又出高價僱用船工和划筏子高手。……這齣大戲演得太逼真了。白軍各級參謀部門和情報部門,百分之百地確信,紅軍要從大樹堡鎮渡河,然後攻打富林,直奔雅安,沿著大道,進逼成都。

蔣介石命令成都周邊一帶的白軍，包括地方雜牌軍，以急行軍速度向富林靠攏。蔣介石在大渡河下游撒開了一張大网,等待抓捕"大魚"。

劉伯承率兵走出彝人區,搶佔了安順場，找到了一隻大木船,重金催妥老船工，準備試渡大渡河。


這正是：

神 斷 智 取 安 順 場 ，

結 義 平 步 生 番 地 。

河 水 滔 滔 流 千 載 ，

浪 擊 石 裂 寫 奇 跡 ！


欲知後事如何,請看下回分解。

# 第 三 十 二 回

## 萬 里 征 戰 難 舒 眉

## 小 鎮 鬥 智 會 宿 敵

　　話說劉伯承在安順場弄到了一隻大木船，又用重金僱到了好船工，立即組織了十七位紅軍勇士衝破白軍的防守。搶佔了安順場對岸的灘頭陣地，成功地渡送了第一船戰士。

　　毛澤東趕到安順場，欣喜萬分，正欲好好誇獎劉伯承一番，不期，卻被劉伯承自己的一席話，把他那顆高興得上了天的心，又一下子跌進了十八層地獄最底下的那一層。劉伯承告訴毛澤東，這隻大木船一次能渡四十人。往返一次，最快也要一個半小時。要把全軍都送過去，怕是最少也要一個多月。〝啊！〞毛澤東尖叫了一嗓子。聲音之大，嚇得周圍的人以為他發作了心臟病。毛澤東這一嗓子也嚇壞了劉伯承。劉伯承鎮定了一下心緒，又平靜地對毛澤東講：〝主席，上游有座鐵索橋......"

　　"啊！！〞毛澤東又是一聲尖叫。在這猛叫聲中，卻盡是難以掩蓋的萬分喜悅，似乎他那顆心又從地獄飛回了天堂。

　　〝玉階兄，我看，一部份人從這裡渡河。大部份人從鐵索橋上走過去。蔣先生不會給我們留下太多的時間。現在，時間就是勝利！"

　　"主席，搶奪鐵索橋的任務，交給我吧！"站在朱德身後的林彪，跨前一步，迫不及待地主動請戰。劉伯承屢立奇功，名震三軍，威名四揚，刺激得林彪再也不甘沉寂下去了。

　　"也好。一軍團慣打前站。就讓一軍團去奪鐵索橋！"朱德太了解林彪的脾氣和為人了，也深知毛澤東不會不同意林彪的請戰，就索性由自己戳破這層窗紙，落個順水人情也好嘛。三百二十里.....三天走下來.....一天一百多里路......路又不好走....."毛澤東不去接朱德的話把，自己一人自言自語起來，卻又偏偏讓那每句話，乃至每一個字，都叫林彪聽得一清二楚。

　　"行！我們能行！"林彪爭搶著回答道。

　　"主席，"劉伯承插了進來，" 你剛才講得很對頭。現在，時間是關鍵！依我看，蔣介石不會給我們三天時間。他不會不知道，我們在安順場祇弄到了一隻船。他會算得出來，我們要用多少時間才能渡完全軍。在越西演的戲，頂多也就能再拖上一天半天。我判斷，蔣介石近兩天可能會去炸橋......" 話到此處，劉伯承硬是把後半截話，吞回到肚子裡去了。因為他知道，所有在場的人都會自己添上那後半截子話：我們就將成為石達開第二！

"兩天！頂多兩天！這可是三百二十里地,真要走得好苦哇！" 毛澤東依然自拉自唱，慢悠悠地嘮叨。他不去正視林彪半眼，卻時不時地，有些故意地直視著彭德懷，似乎想要彭德懷回答他些什麼。彭德懷卻似局外人一般,彷彿什麼也沒聽見,仍舊板著個臉看熱鬧。

"兩天就兩天！我派楊成武去。他是個一旦逼急了，不要命的傢伙......"

"對頭！要橋不要命！有橋就有命！就讓楊成武去！"毛澤東見把林彪逼到這個地步了，就痛痛快快地准了他的請戰。

楊成武真地是要橋不要命。兩天，正好是兩天，趕到了瀘定橋頭。一到橋頭，他連撒泡尿也沒顧得上，立即挑選出十九名戰士，加上連長廖大珠、連指導員王海雲和黨支部書記李友林,共計二十二人,冒死搶奪瀘定橋。

瀘定橋是用十三根鐵鏈橫跨東西兩岸系在岩壁上，鐵鏈上舖上木板建成的。在橋面半人高處又加多兩根鐵鏈當做扶手。人一踏上去，猶如乘坐風浪中的小木船。左右上下亂晃悠。由於年久失修，木板早已爛掉了許多。守橋白軍又撤走一些木板。橋面上幾乎祇有光禿禿的鐵鏈子了。

橋下，河水野馬般地奔騰咆哮著，湍急地滾滾流去。鐵索無風自動，搖來晃去，似乎在嚇誰。其實，用不著它去嚇誰。不用上橋面,祇要站在橋頭上,往橋面上或者往河裡,輕輕地撤上一眼，兩條腿就會不由自主地亂哆嗦。那心，早已不是自己的了......

楊成武集中了全團的號手。他一聲令下,幾十把軍號同時吹嚮。瞬時間,攻守雙方的輕重機槍一齊歡叫上了。二十二位勇士一手揮動著紅纓鬼頭大砍刀，一手平端步槍，邊跑邊射，足踏鐵索，頭頂彈雨，猛衝猛打，直撲敵陣。

單是這勇氣,單是這膽量,單是這氣勢，就嚇壞了守橋白軍官兵。兩軍相遇勇者勝,正是此時此刻最為逼真的寫照。百米長橋,不用十分鐘，就換了主人。四名勇士連自己的名字也沒來得及留下來，就把自已的英魂永久地系在鐵索上了。世間傳頌著留下名字的十八位勇士的英雄事跡。

劉伯承一趕到橋頭,就去察看這十三根大鐵鏈子。這可是全軍的生命鏈!他望著長橋,又望了望河水和高山,感慨萬分地呼吁:〝應該在這裡修一座英雄紀念碑!〞

毛澤東走到橋中央時,站住了。他望著河水,深有所思,放聲喊道:〝應該,太應該了!一定修座紀念碑!〞他知道,正是這十三根鐵索,正是這二十二位勇士,改寫了一部中國現代史,也助他成就了自己畢生偉業。

湘江、赤水河、金沙江、大渡河,全都沒有能幫上蔣介石的忙,攔擋住紅軍。

終年積雪,嚴寒逼人,空氣稀薄的夾金山,也沒能絀住紅軍的手腳。紅軍損失慘重,但是仍在拼博奮鬥。

毛澤東下了大雪山後,紅四方面軍九軍二十五師師長韓東山趕來迎接他。

中央紅軍抵達茂功東南的達維鎮的這一天,是一九三五年六月十二日中午時分。中央紅軍已踏過萬里長路。其汗水可溢滿江河。其鮮血足足能染紅天外雲霞......

當天,中央紅軍同紅四方面軍開了個聯歡會。

周恩來上台講話。他開口第一句是:〝今天,我要謝謝四方面軍的同志們了.....〞坐在台底下的人,一聽全笑了。因為台上就坐的,沒有一位紅四方面軍的負責人。於是,周恩來祗能〝謝謝四方面軍的同志們〞。他是實話實說。

毛澤東拿著紅四方面軍前線總指揮徐向前,代表紅四方面軍主席張國燾和政委陳昌浩,打來的歡迎電報,反反複複地看了好幾遍。他越看,心裡就越不是滋味,甚至覺得挺別扭,不大對味。他心裡想,就算你老張事多人忙,不能來接我們,也就算了。難道連句歡迎話,掛個虛名,發一下電報也沒功夫嗎?也得找個人代表你掛虛名,發電報嗎?真就這麼忙?還是署上了你老張的大名,就顯得你小了誰三輩兒?這是為個啥?

這些問號加在一起,就不能不讓毛澤東想起先前二人的種種恩怨和過結。毛澤東又一想,現在帶領中央紅軍的是洛甫和周恩來呀,不關我毛澤東的閑事!張國燾他這麼幹,怕是...

晚上,毛澤東找洛甫和周恩來商量了一陣子後,回了張國燾一封由洛甫、周恩來、朱德、毛澤東四人聯名的電報。電報高度評價紅軍兩大主力會師。電報末尾寫道:〝......弟等意見如此,兄意如何?乞覆為盼。......〞

　　第二天，一大早，就收到了張國燾的覆電。有兩處電文的文字，讓毛澤東皺起了剛剛舒展了一個白天加一個晚上的雙眉。在頭一處電文裡，張國燾明確地表示，他不能同意四人聯名電報中表明的紅軍佔領陝、甘、川的進軍方針。他本人主張向川、康邊發展，或者向青海、甘肅和新疆發展。

　　在第二處文字裡，張國燾講他"本人將在茂功恭侯"。

　　洛甫、朱德和毛澤東輪番看過電報後，才遞給了周恩來。周恩來看完電報，長長地嘆了一口氣，悠悠地道："人還未曾謀面，先就開始打上嘴巴官司了，嗨....."他似乎已經意識到了什麼東西。

　　毛澤東的想法就更多了。

　　他在草擬四人聯名電報稿時，在電報末尾處故意以兄弟相稱呼，原本就是一種試探。他想看看張國燾對新上任的洛甫，以及他本人，是否當做領導人看待，是否承認尚未經共產國際和斯大林認可的這撥新中央領導人。

　　張國燾在覆電中，處處是兄弟長，兄弟短相稱呼，沒有半點買賬的意思。茂功距离達維鎮很近。張國燾完全可以趕過來。何況又祇是他同陳昌浩、徐向前三個人的事，根本不要興師動眾。張國燾卻講："本人將在茂功恭侯"。這完全是上級對下級的口吻和姿態，連平級都扯不上。

　　毛澤東已經意識到，同蔣介石的打鬥尚未結束，自家人的窩裡鬥，卻要開鑼了。他更明白，此番爭鬥，同以往的內哄相比，完全是一場以性命加權力為輸贏的大決鬥！

　　毛澤東一生當中最為忌恨的共有兩人。其中一人便是張國燾。

　　張國燾何許人也？

　　張國燾，又名張特立，生於一八九七年。祖籍江西吉水。其先輩於明末清初遷至江西萍鄉上栗村。其曾祖父做過幾任道台。其祖父出身翰林，亦曾做過幾任知府。父親是位孝廉公。叔父在民國初年做過國會議員。張家是世代官宦的書香門第。吉水張府在省裡早已甚有名望。待搬至萍鄉以後，更是名震鄉里。到了他父親這一代，家有良田千頃，山林十幾處，是著名的客籍大地主。

　　張國燾完全可以依仗萬貫家財，過著紈褲子弟的富貴生活。但他稟性迥異，自幼同情窮人，厭惡富貴人家，從不與富貴人家的子弟交往。然而，富有的家庭使他輕鬆地受到了充分地教育。中學畢業後，他進入<北京大學>理工系預科學習。

專讀理工的張國燾卻偏偏十分崇拜文科學院院長陳獨秀,尤為喜愛陳獨秀創辦的<新青年>雜誌。在陳獨秀的影響下,他於一九一九年元旦之日獨自創辦了<國民雜誌>。他用這本雜誌團結了許多有為青年,形成一個小團體,成為<五四>運動中一支骨干力量。與此同時,他與李大釗先生接觸頻繁。李先生對他很賞識,很喜歡,很信任。

一九一九年爆發了反帝愛國的<五四>運動。張國燾是最為活躍的學生領袖之一。運動期間,他被推舉為演講團團長,幾乎天天帶頭上街演講、鼓動和宣傳民眾。他多次被捕,又多次被校方保釋出來。全國學聯成立時,他被選為總務部負責人。北京學聯成立時,他被選為主席。一九二〇年他到上海拜見孫文先生,被孫先生委任為中華全國總工會幹事。也就是在這個時候,李大釗先生同他探討成立中國共產黨的可能性。一九二〇年五月,共產國際代表維辛斯基來華時,李大釗先生派他先去上海,聯絡陳獨秀,商談組建中共的事情。之後,李大釗奉列寧和共產國際的指示,成立了共產國際北京支部。李大釗任書記,張國燾任組織主任。在籌建中共的過程裡,張國燾是立了汗馬功勞的,是名符其實的元老人物。當年他僅有二十四。

張國燾棄學投身革命活動,又屢屢入獄,引致父親對他的強烈不滿。父愛母愛畢竟是天倫常理。父親趕到北京勸阻他。這令張國燾極為反感,甚至厭惡。

有一日,父親來到學生宿舍找張國燾。張國燾甚為不滿,喊著父親的名字,大吵大嚷:"張嘉銘,你來想幹什麼?"

父親是位孝廉公,素以孝悌之道馳名鄉里。不期自己的兒子竟然如此無禮,頓時怒火中燒,揚起巴掌,劈面抽了過去。張國燾一見父親敢打自己,立即揮拳相還。父子二人拳來拳往,打成一團。父親年老,經不住久鬥,被張國燾打得眼青面腫,落敗返鄉。 父親在萍鄉登報申明,同張國燾永遠脫離父子關係。就此,張國燾徹底背叛家庭,投身於共產主義革命。

一九二四年,他因反對國共合作,丟掉了中央組織主任一職。毛澤東接任此職。

一九二七年,蔣介石大屠殺共產黨人。張國燾夫婦一道去了莫斯科。他的性格令他無法忍受共產國際領導人和斯大林的肆意指揮和擺佈。日子久了,他同共產國際負責中國事務的負責人鬧僵了,無法工作了。他同在莫斯科的中共代表們也極不相投,根本無法相處。無奈之下,於一九三一年,他攜了妻兒回到中國。

在當年,從事共產革命的人, 無論官職高低, 沒誰敢同共產國際公開叫陣, 公開頂牛的。張國燾可算是鶴立雞群, 唯一中的唯一之人。

張國燾一生為人, 祗求自己順心暢意, 從不經心和介意他人的看法、想法和造成的後果。如果他覺得住的屋子不合自己的心思了, 他就會一怒之下拆掉這間屋子。而不會去想想拆掉之後,自己住在哪裡。也更不去想,自己不愛住了,就換間屋子另住,或者留住屋子給別人去住。他對退路是從不考慮的。對他人的痛癢利害,更是不聞不問。

張國燾歸國途中, 被中共<六大四中>全會選為政治局常委。據此, 他完全可以留在上海, 在中共中央機關裡工作。但是, 他瞧不起向忠發和王明, 也惹不起周恩來。他要求去鄂豫皖紅區工作。他是個寧做雞頭不做鳳尾的人 。他不甘心跟在別人屁股後面聞屁味,就是太上皇斯大林的屁味也不聞。在這一點上, 他和毛澤東極為相似。

張國燾與毛澤東相比,有一點極不相同。無論是組織暴動,還是建立革命軍隊, 乃至籌劃紅區建設等等大事、苦事、危險事, 毛澤東都肯自己動手去搞。

張國燾則不同。他喜歡吃現成的。別人做好了飯菜,他就不管三七二十一,奪過飯鍋, 搶過飯碗, 甩開腮幫子,掄起大槽牙,大嚼特嚼,狼吞虎嚥, 自己先吃個痛快, 吃得比做飯的人, 吃得還多,甚至不給做飯的人, 留下半口飯菜。

張國燾到了鄂、豫、皖紅區, 見到黨裡、軍隊裡, 山頭林立,各有盟主。他就藉口反立三路線, 和肅清<ＡＢ團>等等, 開展一系列政治運動, 推行高壓政策, 搞掉一切不甘聽命於他的人。他把創建紅區的功臣, 撤的撤, 換的換,抓的抓,關的關,殺的殺,搞了個連根拔。

張國燾搶去了別人的飯碗, 駕馭了一支紅軍隊伍和一塊紅區,成了紅區的又一個紅色山大王。甚至可以稱其為紅色土皇上或是紅色軍閥。一句話以概之,他在紅區可以為所欲為,能去管連玉皇大帝和閻王爺都不過問的大事小事。

一九三二年底,紅四方面軍在蔣介石的第四次大圍剿中失利,被迫撤出鄂、豫、皖紅區,向川、陝邊區做戰略撤退 。入川之後,他展示了自己的才華和能力 。在徐向前的配合下,在十個月裡,收編了多支地方部隊和土匪雜牌軍，由入川時的四個師一萬五千多人，發展到八萬來人，達到紅四方面軍發展史上的巔峰。

　　蔣介石命令川軍劉湘調動全川主力部隊,分為六路兵馬,向紅四方面軍進攻。

　　川北原本是塊貧窮落後地區。經過兩年多的混戰,更加千瘡百孔了。田地荒蕪,顆粒無收。已到了民窮財盡的地步。紅軍要糧沒糧,要錢沒錢，要兵源沒兵源 。 張國燾自己講：″....川北是塊擠乾了果汁的檸檬皮......″張國燾主張放棄川北,向甘肅省南部發展。徐向前則主張返回並依托老區,收縮戰線,發展新的川、陝、甘邊區。紅四方面軍的高級將領多數人同意徐向前的觀點。張國燾趁著徐向前去指揮〈嘉陵江戰役〉，就擅自決定全軍撤离川北。紅四方面軍失去了最後的根據地。

　　張國燾率軍進駐茂縣。他要在這裡成立西北聯邦及政府,然後″向川西北、甘南、西康東部發展,形成川康根據地″，簡稱西進方針。就在此時,毛澤東等人到達了達維鎮。

　　兩個在性格上同樣霸道專橫的人，一旦碰撞上了，真地像似火星撞在地球上，其結果隨你怎麼去想好了。紅軍內部的一場你死我活的大決鬥，就此開始了。


　　這正是：


煮 豆 燃 萁 人 人 嫌 ,

為 爭 權 位 常 相 煎 。

蠻 橫 鬥 狠 比 奸 詐 ,

天 良 全 無 最 凶 殘 。


　　欲知後事如何。請看下回分解。

# 第三十三回

## 大會師變大分裂

## 老冤家成新對頭

　　**話說**中央紅軍抵達了達維鎮之後，在紅四方面軍三十軍軍長李先念的努力幫助下，總算是約好了同張國燾在茂功見面。但時間卻未定妥。

　　李先念把中央首長們暫時先安排在茂功河邊的天主教教堂裡住下，靜待張國燾的回覆，給個見面時間。一住下來，就是三、五天過去了。張國燾那邊仍是音訊全無。這可是急壞了李先念。各位中央首長倒是神態安然，一副悠閒自得的樣子。實際上，他們心裡比李先念更急，想法更多，想的甚至更壞。

　　"周公，想當年，那劉皇叔住在孫仲謀處，怕也住不上這麼好的房子吧？"毛澤東樂呵呵地問道。他話裡有話。不論是誰，一聽到他話中提到的那兩個人名，就會想到一句成語：寄人籬下，也就全然明白了，他比喻中所含的褒貶之意了。

　　"這得多謝紅四方面軍同志們的熱情款待嘍！"周恩來似乎根本沒聽明白毛澤東話中的弦外之音，也似乎全都聽明白了，卻又不想洩露自己的真實想法，就用外交辭令或是官腔，胡亂地搪塞了一句，調侃完事，他兩手抱胸，瀟灑地一笑，弄得毛澤東沒法再往下說了。

　　李先念聽到他他二人的對話，心裡很不舒服。書生氣十足的洛甫滿肚子學問，一聽就明白話中喻意。頓覺一種莫名的苦澀襲滿全身。年輕又不諳世的博古趕忙搶著反駁道："這，這，這哪能.....這麼比？劉備當年是寄人籬下，迫不得已，身不由己嘛！我們同紅四方面軍同志們，是戰友重逢，兩大主力會師。自家人大團圓，是吧？"

　　"博古同志講得對頭！就是一家人嘛！"李先念接住博古的話頭，忙打圓場。別看這位湖北佬脾氣暴躁，張口甩髒字，但自幼心智極為過人，念書不多，處世本領很高，尤以圓滑見長。這年他才二十五歲，講出話來，有斤有兩，斤兩分明。

　　又是幾天過去了。仍然不見張國燾露面。

　　幾天靜養之後,人人精神煥發 。中央首長們精神頭一提上來,想的事也自然多了許多，不免就把毛澤東關於劉皇叔閑養東吳的那個比喻想了起來，仔細一捉摸，覺得自己倒也確實像些劉皇叔了。

　　李先念成了大忙人。他不怕忙。他也不是真忙。他是在找忙。他用忙來壓壓心裡的火　氣。他已經連著給張國燾發了六、七次電報，一次比一次催得急。卻就是不見張國燾覆電,更不見他人影。他是個下級,話又不好講得過重了。然而，這些遠方來客，全是黨中央的領導人，怎麼好意思把大首長們，如此這般地晾在這裡呢？又一晾就是好多天呢？他也覺得張國燾做得太過份了，太失禮了。

　　李先念祇好強扮笑臉,百般招待,又是問寒，又是問暖,盡自己之所能,去寬解這些高級客人的心。

　　同時,他也趁機觀察、了解和認識這些上級領導人。每逢他去毛澤東住屋時，總能碰見洛甫、周恩來和朱德等人也在那裡 。似乎毛澤東才是這些高級領導人的核心。每逢這種場面，毛澤東的問話，又特別的多。李先念初識毛澤東,對他很陌生 。可是李先念知道坐在毛澤東身旁的洛甫,是張聞天的化名，是中共中央總書記。在黨的一把手面前，毛澤東問什麼，他就答什麼，不敢有半句謊話,不敢攙半點假。毛澤東問他紅四方面軍現下有多少人槍時,他如實報告,對外宣傳十萬人馬,實有八萬四千人,其中僅有一年兵齡的新兵,能佔一半左右。主力部隊在三萬到四萬人。毛澤東聽他回答有八萬四千人時，眉頭猛地跳了幾跳，連連吸了幾大口煙。

　　"這八萬四千人都有槍嗎？"周恩來問道。

　　"好哇！太好了！四方面軍人多槍多,日子就好過多了,哈哈......"洛甫不待李先念答話,連聲叫好,放聲大笑。

　　毛澤東悶著頭吸煙,自想心事。

　　當李先念講到 ▍肅反 ▍中，殺了老軍長許繼慎，關押了老政委曾中生時，周恩來連聲追問："曾中生同志認賬了嗎？還活著吧？張主席透過話如何處份他嗎？......" 關切之情,溢於言表。

　　李先念搖了搖頭，長長地嘆了一口氣。

　　毛澤東還問過許多問題。眾位中央首長對紅四方面軍的情況,和現在的動態已了如指掌,心中有了底。自然，他們對李先念的印象頗佳，頗為深刻。

　　毛澤東等人在茂功等候張國燾，等得心急氣浮，心裡很不愉快。而張國燾本人在他的駐地雜古腦鎮，費盡心思，絞盡腦汁,思來想去,就是拿不準主意,心裡亦是十分煩躁。

雜古腦,又稱理縣,隔著邛郲山，與達維鎮東西對稱，各在大山一側的山腳下。岷江的支流古腦河繞城而過。四周環山，林木蒼翠，河水清涼透澈。這裡的景色很是秀麗恬靜,十分宜人。

雜古腦是一座古老的邊陲小商鎮。鎮上僅有幾百戶人家。多是藏、羌兩族的百年老居民。居民屋舍亦是藏羌民族風格，充滿了西域异邦情調 。大石塊疊成的平頂小房，在藍天、白雲、綠草地、大雪山的映襯之下，令人陶醉，心神如臨仙境。

雜古腦是走私鴉片密秘通道的必經之地。此地的老百姓沾足了走私毒品的好處，生活較為富裕。鎮上的商貿百業，與旺活躍，一片繁榮氣象。

張國燾喜歡這座小鎮,視它為邊陲遠土上的一塊風水寶地。他自己住下以後,又索性把他剛剛成立的西北聯邦政府,也遷到了雜古腦。小鎮一下子又熱鬧了許多。

張國燾不肯去茂功同洛甫等人見面，不是他連幾天的功夫，也捨不得离開雜古腦。實在是他的想法太多了，心思太重了，壓得他連腿也抬不動了。

若論資歷和資格，在現有的政治局委員裡，僅有毛澤東一人可與他相比。細比之下，亦差他半分。一九二一年召開中共＜一大＞時,他代表李大釗主持會議。會上他被選為政治局常委兼組織主任。毛澤東僅僅是與會代表兼會議記錄員。

若論實力，他已掌有八萬多人馬。如果中央紅軍不從江西撤退，他也不從鄂豫皖紅區西遷,那麼,他與洛甫這伙子人能會是平分秋色,鬧個平起平坐。眼下,中央紅軍大遷移中人馬損失肯定會是相當嚴重,怕是已經沒有了先前的實力了。終究剩下多少人馬,他一時尚拿捏不準。可以肯定，祇會少，不會多。一句話，中央紅軍的實力已經比不上他張國燾了。

在這種情況下，他去茂功，以什麼身份呢？

洛甫是黨內一把手，實際上的總書記；毛澤東是中華蘇維埃共和國主席；朱德是中央軍委主席兼紅軍總司令；周恩來是中央軍委書記兼紅軍總政委，實際上的中央紅軍負責人。這四位的名頭都排在他張國燾的前面。他祇能以下級的資格去晉見上級領導。這叫他太不情願了。

最為可怕的是，一旦這些上級張口要他交出兵權，調他去中央幹個掛名副職,他能又如何呢？黨的紀律是下級必須服從上級。他十分、百分、萬分地不情願交出這八萬多人馬。這是他好不容易才搶來的老本、血本、命根子，豈能輕易捨予他人？

再有，他一接到四人聯名電報，心中頓生反感。電報上大談特談要北上松潘,開拓川、陝、甘根據地,而這一主張在紅四方面軍,一年前就有人提出過，已被他張國燾否定了。他本人主張南下四川,佔據川西北地區。這北上和南下兩大方針,猶如這兩個字本身一樣,是根本上對立著的。張國燾心想，你們四人為何就不事先向我老張討教一番呢？

張國燾最討厭別人逆著自己的心思行事！就算是親生父親逆了他，他也讓父親飽嚐拳頭。何況他人！對斯大林和共產國際他張國燾照樣叫板罵陣,黨內有第二人乎？張國燾想到這裡,冷冷一笑,心裡平靜了些許。他咬定，既然敢同俺老張相逆,那就多讓你們坐幾天冷板凳，好好檢討自己！

他妻子楊子烈見他派出李先念去接中央領導後,自己卻蹲在雜古腦不肯動窩,就猜到他是為心思所累而抬不起腿了。楊子烈是張國燾在〈五四運動〉時的戰友、獄友、紅顏知己和生活伴侶。兩人多年南來北往，國內國外漂泊，甚為相知相投。別看張國燾在外面如同混世魔王一般,回到家裡，見了楊子烈,則溫順得如同一隻，祇會咩咩叫的小綿羊。不論妻子說句什麼，他都祇會"是，是"地應聲附合。

"特立,該動身了吧？"

"就走,就走！這兩天事多了些。別太失禮了。人家是官高一級。這邊的事，先讓昌浩主持著 。前線上打仗有向前頂著。你自己先去......"

"對，對，太對了！我自已先去。問我什麼，我就推，要回去同大家商量嘛。對，我一人先去！"

在紅四方面軍裡，張國燾任總指揮,陳昌浩任政委,徐向前任前線總指揮。張國燾心想,三人同去,容易被人家"一窩端"。他決定隻身前往茂功。

正在這功夫,秘書長王超送來兩份黨中央的電報。

一份是〈為反對日本吞併華北和蔣介石賣國宣言〉。另一份是洛甫、毛、周、朱四人聯名的 〈今後戰略方針研究計劃書〉。

張國燾接過電報，沒看內容，先看落款署名。排首位的自然是共和國主席毛澤東。次位是共和國副主席張國燾和項英。其後依序是朱德、周恩來、王稼祥。洛甫祇有黨內身份，不便署名對外。張國燾看過之後,心裡略覺寬慰：我算第三位,還是承認我的元老位子......他再細看了一遍四人聯名的計劃書,覺得四人的語氣比上次大為軟化，既沒有強烈地反對南下，也沒特別強調北上，而是"尚待研究和商量"。

張國燾心緒好轉，心中十分得意。他一高興，立即吩咐王超安排出發事宜。他特別囑咐王超要選出三十匹清一色的白馬，匹匹要膘肥體健骨架好。然後，再選出三十名精壯的小伙子，個個要面貌英俊，還得個頭一般高，要全部配上嶄新的二十響快慢機匣子槍和新式蘇聯製造的衝鋒槍。一言以概之，這是一支特別衛隊加儀仗隊。不單有護送任務，還要抖足威風，顯示實力。

張國燾又把陳昌浩專門找來，仔細地叮嚀了一番，這才放心地去了茂功。

陳昌浩是在莫斯科認識張國燾的。陳昌浩原本是王明的＜二十八個布爾什維克＞小集團的成員之一。他被張國燾硬拉了出來。他對張國燾很是崇拜，達到了言聽計從，馬前馬後甘為僕從的地步。張國燾見他聽話，一再越級提拔他。陳昌浩官職垂直上昇，直到居於張國燾一人之下，凌紅四方面軍萬人之上。

一得知張國燾從雜古腦出發的消息後，毛澤東同朱德、周恩來三人會心地笑了。

"這得謝謝周公的兩封電報哇！"毛澤東是進了茂功後才這麼稱呼周恩來的。

"還不是潤之兄的主意高人一籌！"朱德咧開大嘴，露出白淨的牙齒，由衷地哈哈大笑。

"主席算是鑽進特立的心窩裡去了！"周恩來回讚了毛澤東一句。

"二位莫要太高興了。古話說，來者不善，善者不來。他此次前來，怕是......"毛澤東祇講了半句，就打住了。

"你是說....."周恩來也祇應了半句，也算是問了半句。

"既然來談方針大計，為何祇來他一人？姑且不論中央領導全在這裡，單憑一個洛甫總書記，他就應當帶齊黨政軍各方面的頭面人物，前來參拜一番。這是最起碼的上下級禮節。他單槍匹馬而來，怕他不會是不懂禮節吧？"毛澤東侃侃而談。那二人全神慣注地在聽著。

"太胡鬧了！怎麼也得給洛甫一個小面子嘛！總得有個上下級之分喲！"朱德十分不滿，語中盡含批評味道。

"依主席之見，他會是來探口風，摸我們老底的了......是個蔣幹？"周恩來果真是位一點就明的聰明人。

　　"是個大蔣幹，高級蔣幹，赤色蔣幹！"毛澤東把煙頭往鞋底子一捻,正色說道："蔣幹可是搞不成聯邦政府喲！這麼大的事，連我這個共和國主席也不知曉一聲。是他那個政府大, 還是我這個政府大？是不是想平起平坐？我毛澤東可以不管不問。那麼,黨中央,洛甫總書記， 也不報告一下嗎？"

　　"太目中無人！不過, 他這次遲遲不肯前來, 是不是他自己覺得,在這個問題上不大好張口吧？我們也別太為難他才好。"朱德如長者般寬慰眾人。

　　"玉階兄， 他若是能同你這般想問題， 他就不會去搞什麼聯邦那個鬼東西了！他可是沒你那麼寬厚喲......"

　　三人一時無話。都在默默地想心事。

　　"周公， 是不是讓一軍團和三軍團分做兩路， 先期往松潘方向北移， 在一百里方圓的地面上散開， 擺好陣形， 在那邊等我們。總部、軍團的頭頭暫時先留在這裡。這是絕密。我們以後的行動， 要滴水不漏。至於歡迎會嘛, 要搞熱鬧些囉！請周公同李先念打個招呼。我看,這個人挺會辦事。"

　　朱德和周恩來互相對瞅了一眼。熬過多年軍旅生涯， 在生死線上打個無數滾的這些人,立即明白了毛澤東話中的含意,一齊點了點頭。

　　"主席,你的頭髮太長了些吧？"周恩來笑著指了指毛澤東的頭髮。

　　"是該整裡一下軍容了：我也得去理理頭了。這副模樣真跟叫化子差不多 。別叫人家以為我們是來討飯的。"朱德摸著滿臉鬍鬚自侃自嘲。

　　"哎呀呀， 周公光是批評我們兩人。你也瞧瞧自己嘛,哈哈......周公， 玉階兄， 講得對頭。叫全軍， 特別是總部， 抓緊時間， 搞搞衛生,搞搞軍容。周公要特別關照一聲那位小劉英， 請她幫幫總書記的忙， 找副眼鏡換上。總書記的缺腿眼鏡,可不能用條細線一綁就戴出去。總書記嘛, 得像個總書記的樣子！玉階兄講得太對了！不能讓人家把我們當成叫化子看！就算是演戲, 也別去演叫化子的角色！"毛澤東的一席話， 弄得朱、周二人， 又想笑， 又笑不出來。

　　西北邊陲地區， 山高林密， 氣候變化無常。一天裡四季全有。村東下雨,村西曬太陽。

　　接到哨兵的報告後,幾位中央負責人結隊走出茂功大寺, 前往二里地外的撫邊村官道迎接張國燾。

　　出門時還是晴天大太陽，萬里長空了無雲絲。沒成想，眾人剛一走到到官道旁邊站住腳，那傾盆大雨，連個招呼也不打，迎頭撲面地潑了下來，淋得眾人從外到裡，濕了個徹底，如同剛從河裡撈出來的一樣。

　　周恩來忙叫李先念找人找東西，搭個簡易小棚子。他正張羅著，張國燾一行人馬，也冒著大雨，飛也似地奔了過來。

　　三十多匹白馬猛地一下收住了韁繩。群馬又是甩尾巴又是揚蹄子，嘶鳴不已，泥水四濺，氣勢嚇人。中央紅軍衛隊的小戰士見了十分羨慕，十分眼紅。幾名小戰士正在私下裡竊竊私語，不料被毛澤東聽見了。他低聲斥責道："別眼紅人家的東西！我們將來也有！"

　　沒等馬背上的人跳到地面上，歡迎隊伍就迎了上去，兩伙人擁擠成了一片。又是握手，又是寒暄，親熱得如同失散多年的兄弟們，今日又重逢了。

　　"同志們，我們經受了傾盆大雨的戰鬥洗禮，是不是也該進屋子，換上出席盛大晏會的禮服了？"周恩來這麼高聲一嚷嚷，逗得眾人齊聲大笑。於是，這一群人手拉著手，或者搭著肩頭，說說笑笑，向茂功大寺走去。

　　毛澤東一邊走著，一邊用眼角仔細地打量張國燾。祇見張國燾身材魁梧，比自己高出去小半個頭。他眉濃臉方，儀表堂堂，皮膚紅潤，滿面紅光。先頭聽李先念說張國燾現在胖得很。此時見到，他那身軍衣已被身上的肥肉撐得快裂開了似的。兩隻大手，又厚又寬，又肥又軟。毛澤東覺得他變得太胖了，幾乎身上每個'零件'都加了尺碼，換成特大號的了。但是那雙眼睛仍同以前一樣，透著一股蠻橫的凶光，一副桀傲不馴的神色。

　　張國燾也正忙著打量毛澤東等人。

　　張國燾毫不掩飾地打量著他身邊的人。總書記洛甫离他最近，身高個頭也同他差不多，祇是臉色著白，一副貧血病態。等他笑起來的時候，藏在瓶底厚眼鏡片後面的一雙大眼睛，就會閃動著一種，叫人看了不能不信任他的，攝人心魄又極為誠懇的目光。張國燾覺得這位同姓氏的五百年前本家，若是去當個教員，一定會深受學生們的喜歡和信賴。可是，他偏偏當上了總書記。他是怎麼當上去的呢？

　　周恩來一路走，一路講笑，惹得戰士們笑聲又斷。緊緊地圍著他走。

　　張國燾看了一眼周恩來，又一次想不通：一個美男子卻偏偏留著一副大鬍子幹什麼？在上海、廣州、南昌見到他時，那會兒他真帥氣！張國燾討厭鬍鬚。他每天都刮鬍子。在莫斯科時，找片刮鬍子刀片或刮刀十分困難。他能想出一切辦法刮淨鬍子。

他真想告訴周恩來刮去自己的大鬍子。久別相逢，先忍一忍，以後有機會……

馬克思、恩格斯都是大鬍子。他照樣看不順眼，祗是沒法子好想而作罷。但他從不去掛這兩人的畫像，省得看了心煩。

斯大林的小唇鬚也讓他不舒服。但他知道，若是自己敢建議斯大林刮去唇鬚，那麼斯大林肯定會下死命令，叫他張國燾留一部同自己一模一樣的唇鬚。否則，就去集中營等死。

張國燾的部下，沒人敢留鬍子，哪怕是小鬍子。

他覺得朱德沒怎麼變樣，同先前在南昌和莫斯科見面時，幾乎一模一樣，依舊是副老農民的模樣。一個老農民再變，也還是個老農民。他真不明白，那些記者，特別是洋記者，居然稱他是紅軍之父。這簡直是胡說八道！如果講起＜南昌起義＞來，當年我老張還是以中央特派員的身份領導起義。往小裡說，可以同周恩來平起平坐。大著點講，遠遠高於葉挺、賀龍、朱德這群武將。他們的起義軍職都是經俺老張的手任命的。單講你朱德，是我任命你當起義部隊三十軍軍長的！

張國燾著意地端詳了一番毛澤東。他早在中共＜一大＞和中共＜三大＞見過毛澤東。開中共＜二大＞時，是毛澤東自己忘了會場地址，找不到會場門了，兩人才沒見著面。中共＜三大＞上毛澤東搶走了自己的烏紗帽。他永遠忘不了這件事和這個人！他準確地知道毛澤東長自己四歲。可是現在，若是有人講毛澤東長自己十歲、二十歲，準會有人相信。他嫌毛澤東新理的頭，把頭髮留長了。他還嫌惡毛澤東那口被香煙薰黑了的牙齒。若不是毛澤東換上了新軍衣，他一定認為毛澤東討了兩年飯，來找親戚幫襯的。張國燾一想到毛澤東當年曾經故意去做叫化子的舊事，心裡就想笑。看來，毛澤東就是叫化子的命。祗是不知道，此時此刻的毛澤東，是否過夠了叫化子的生活？

張國燾正打量著毛澤東，不期，毛澤東也正朝他投過來一撇。兩人四目相對了一下子，稍一停頓，迅速扭過臉去。毛澤東咧嘴微微地一笑，瘦瘦的臉頰上，似乎還浮現出淺淺的小酒窩。張國燾眉頭一皺。張國燾記得一句古話：男長女相，入朝拜將。毛澤東根鬚全無，又有兩個淺酒窩，十足一副女相，前途難料。〝呸！〞張國燾在心裡罵了一句，〝十足老太婆相！〞

正在這時，周恩來高聲嚷道："到了,到了！請貴客入席！"
張國燾祇好放下心思，換上笑臉，依序進了喇嘛大寺的廟門。

這正是：

同志相逢扮歡顏，

千般笑語無真言。

殺意長寄心底處，

心黑手辣為爭權。

欲知後事如何,請看下回分解。

# 第三十四回

## 比 酒 比 辣 比 心 術

## 敬 煙 敬 茶 圖 摸 底

話說毛澤東等人把張國燾接進喇嘛廟正殿，祇見大殿的矮腳長桌和跪拜神佛用的條案上、臺階上、甚至地面上,凡是能擺放東西的地方,全擺好了盛滿肉和雞的大碗、小盆,幾隻木桶裡滿滿地裝著大米乾飯。白酒罈子已經剝去封泥，揭開了蓋子，陣陣濃烈的酒香,溢滿佛堂正殿的每一處角落。這全是李先念想盡了辦法,從方圓幾十里地面上，或者更遠一點的地方弄來的。

洛甫和朱德雙雙居了正座。張國燾謙讓了半句，就緊挨著洛甫坐下。毛澤東順勢坐在了朱德身旁。周恩來硬是擠在幹部群裡，笑話滿嘴，笑鬧了一番方才坐好。賓客和主人全是席地就坐,連張席子也沒有。

毛澤東剛坐好便高聲嚷道："先念同志,有沒有辣子哇？烤辣子,炸辣子都行嘍！"

"先乾一杯！"張國燾緊緊接著毛澤東的話聲,以主人身份大聲地說道，他右手舉起了裝酒的大土碗,"歡迎中央紅軍！我先乾了！"他抿了一小口,就放下了大碗。眾人各自隨意了。毛澤東竟然喝了一大口，咳嗽了兩聲，清了清嗓子眼，大聲地對朱德嚷道："哎呀呀！不得了！比茅台還厲害！"他順手抓起剛端上桌面的油炸紅辣椒，一連五根進了肚皮。他嚼得又脆又脆，又香又甜，彷彿吃了世間最甜最甜的糖果。紅四方面軍的幹部戰士，包括張國燾本人，全都瞪大了眼珠子，看毛澤東喝白酒吃辣子。喝辣酒就辣子，辣上加辣。毛澤東眉頭不皺半下，那嘴是緊著忙活，吃得十分開心。真叫在場的人，開了眼界。博古頭一回見此場面,不由連聲稱奇。毛澤東成了宴會上的中心人物。

"不吃辣子，光是讓燒酒燙一下喉管，怕是不能成為徹底的革命家。一定要多吃辣子,好好辣一下腸胃，受多一些考驗，那才成嘛！"毛澤東悠悠然高談闊論自己的辣椒革命論。

"我們江西人不乏革命家，乃至大革命家，他們可不一定像你這麼愛吃辣子！"

博古雖然祖籍江西人，但他自已生長在江蘇省，是個怕吃辣的人。他率先站出來反對辣椒革命論。

"你們老俵差多了！"毛澤東一見有人接他的話茬，更來了勁頭，就歡侃起來："江西人　不怕辣，湖南人辣不怕，四川雲南怕不辣，是不是呀，玉階兄？"

朱德、劉伯承、聶榮臻等四川人一聽此話，不由轟然大笑。

"多謝潤之兄高抬，我們可是比不過你！"朱德邊笑箸，順手也揀了一支紅辣椒，慢慢地嚼著。毛澤東趁興又是五支紅辣椒下肚。眾人想不瞪圓了眼珠子，也不成了，心裡那個佩服，就別提有多大了。

劉伯承伸手抓起一根又紅又油的辣椒，一口咬去了小半根，邊嚼邊道：˝我們老家的堂客，見了小孩子哭鬧，就在孩子嘴上抹一口辣子醬。孩子就眼含淚花，笑著品味辣子醬，像吃蜜糖，吃得好甜喲˝

˝啊！˝屋裡的人齊齊叫了一聲。他們中間大多數人是川滇湘贛黔五省人氏，平日裡都是用糖果哄孩子。就連其中的川籍人士，也沒見過用辣子哄孩子。聽劉伯承這麼一調侃，都覺得稀奇新鮮。他們怎能料得到，這是劉伯承一見毛澤東上了晏席就點辣子，就大嚼辣子，就胡侃辣椒革命論，頓時識破了毛澤東的用心用意，立即就胡吹亂侃配合毛澤東演戲。

˝瞧瞧！我講得半點不差吧！你們數一數，四川出了多少名將？那可都是用辣子喂出來的喲！˝毛澤東侃完，自己先就笑出了聲。他稍一歇口氣，又是五支紅辣椒進嘴。隨後，他左手一抹嘴巴，笑了兩聲，告訴他的聽眾們：˝我這是大放謬論，千萬別當真！我們博古同志一向不吃辣子，不也是很革命嗎？哈哈……˝

博古一聽此話，心裡十分受用，忙用兩根手指扶了扶眼鏡框，看了一圈，得意地笑了。

土生土長的江西老俵張國燾，眉頭皺得更緊了。他幾次想插話，想把話題引向自己感興趣的問題上去，卻找不到半點機會。

"不過嘛，博古同志還是要抓緊學習吃辣子喲。聽說你愛人在爬雪山時，一天能吃三根辣子暖和身子。你若是不快點學會，耽心人家不跟你過了！"毛澤東把大殿裡的人，包括哨兵，全都逗樂了。

"特立兄，你喜歡吃辣子嗎？"博古為了掩飾自己的尷尬相，就用問話來擋擋面子。其實，他也看出來了，毛澤東是在成心侃大山，胡吹神聊，把張國燾晾在一旁。他認為這也太掃主人的面子了，這才主動同張國燾搭話。

　　張國燾沒有接腔。他卻更使勁地皺了皺眉頭。別說吃辣子，就算是吃肉吃雞，他也全沒放在心上。他此次能來見見面，是想找個機會，摸摸紅一方面軍的老底，也炫耀一番紅四方面軍的盛況。可是，毛澤東、朱德、劉伯承等人在這裡胡侃亂侃，把他的如意算盤拆了個七零八落，整個兒一個大砸鍋！

　　趁著張國燾凝神靜思的空擋兒，周恩來又侃上了喝酒拼酒，比酒量比酒膽的酒經來了。他把紅軍路經茅台鎮時，一群紅小鬼在酒缸裡撒尿洗腳丫子，而洋顧問喝了雙加料茅台酒後，連聲叫好的趣事，細細一講，逗得四方面軍和一方面軍的幹部戰士們笑瘋了。當他講到洋顧問現醜時，特意捲著大舌頭，扮做洋人的洋腔洋調，裝成醉鬼的樣子，又嚷又叫："好！好！！好！！！"時，有人笑得摀住肚子，直不起腰來 。至於笑岔了氣，喊肚子疼的，就不知有幾人了。

　　"諸位不必耽心，我已問過先念同志了，今天的酒基本上沒有雙加料！就是不知道有沒有一加料了。 請大家放心喝個痛快。"周恩來仍在調侃不休，" 祗是聽講，先念同志錯用了喇嘛的尿壺，當成酒壺了，不知讓誰給攤上了，是吧？"他這一問，眾人又是一陣大笑。李先念站起半邊身子，結結巴巴地連連否認："沒,沒,沒有！......" 眾人更樂得歡了。

　　"徹底坦白一下嘍,坦白從寬嘭！"毛澤東又加上了一句。眾人想不笑,也不行了。笑鬧夠了，眾人抄起了筷子，吃的吃，喝的喝，好好給自己解解饞。

　　張國燾是酒沒暢飲，菜沒胃口，心裡真是煩死了。那笑聲,巴打嘴聲,更添了幾分煩意。他呆呆地坐在一旁，顯得又寂寞又無聊，很有點孤家寡人的味道。

　　毛澤東探頭看了張國燾一眼，然後同眾人一起，向自己面前碗裡的大肥肉發起猛攻。毛澤東吃肉專愛吃大肥肉。祗見他挾起大肥肉片子，一片接一片地猛往嘴裡送，撐得腮幫子圓鼓鼓的,嘴角直流油。他這一手活，又教博古瞪大了眼珠子。博古本人就算餓昏了,也嚥不下半片肥肉片子。

　　"肥肉補腦子。這回要好好補補才行！"毛澤東看了博古一眼，也順便溜了溜張國燾，"補足了腦子，才能寫出好文章。吵嘴罵陣也有詞兒。快，試它一口！"博古聽了此話，又明白又不明白。他覺得肥肉比辣子更可怕，寧肯辣死也不願吃一口大肥肉。

　　張國燾聽了毛澤東的這句話，趕忙傾身斜眼去看毛澤東。

毛澤東正忙著把一大片肥肉加上兩根油炸紅辣椒,一起放進嘴裡,大嚼特嚼,嚼得特歡。看了毛澤東吃得那個香勁兒,任誰都要忍不住嚥口水。

"我就知道這肥肉能解饞,還能補腦子?"朱德半信半疑地喃喃道,說罷揀了一大片半肥半瘦的肉片填進嘴裡。

大殿裡的人忙著給自己喂肚子,眼珠子全長在肉碗上了似的。沒用多大功夫,就似風捲殘雲一般,衹見杯盤狼藉,罈翻桶空。肉碗裡沒了肉,雞碗裡全是碎骨頭。喝高了的人,臉紅舌頭大;吃多了的人偷著揉肚子。人人解了饞,個個心滿意足。

晏會結束了。

張國燾送客時,再也忍不住了。他扯住周恩來的衣袖,走到門口旁邊,似乎無意地,隨隨便便地問道:"想給中央紅軍找些衣服。不知你們還有多少人馬!"

周恩來聽此一問,沒有急著回答他,而是神秘地莞爾一笑:"衣服的事,就別給特立兄添麻煩了。特立兄,你們現在有多少人馬呀?"

"我們……我們對外宣傳是三十萬。實際上有十萬。"張國燾把八萬四報成了十萬。周恩來聽後咧嘴一笑,不鹹不淡地回道:"好大一般力量!今後兩軍合在一起,擰成一股繩,教蔣介石領教一下紅軍的鐵拳頭!想當年,你我在南昌吃過他的苦頭。這回一定要找回來!特立兄,現在可是英雄大有用武之地的時候了,哈哈……"張國燾支起耳朵,聽他講了好大一陣子,就是沒能找到自己極想知道的那個數字。

正在此時,毛澤東手拿兩條老刀牌香煙,走到張國燾面前揚了揚,"我這兩天正鬧煙荒,多謝特立兄惠賜。"說罷,托詞找周恩來有急事,硬把周恩來拉走了。張國燾無耐地沖著他二人的背影,長長地嘆了一口氣。

"特立兄,今天可得好好謝謝你了!讓我解了頓饞。"不知什麼時候,朱德已站在他的身後了。看樣子,"老農民"多吃了幾杯,臉上粉紅粉紅的,嘴裡直噴酒味兒。張國燾一見朱德這副神態,心裡猛地一喜,立即來了精神頭。

張國燾轉正身子,緊緊握住朱德雙手,說道:"總司令,今天沒喝好吧?走,我送送你。"他半攙半扶地傍著朱德,走進朱德的住室。兩人一坐下,王超已和勤務員端著茶壺和茶碗兒隨後進了屋。

"總司令,這是雨前茶。打茂縣時,從一個大土豪家裡找到的。我一聞,地道的雨前春茶。"

朱德往茶碗裡一看,祇見茶湯清亮, 透著淺淺的翠綠,一葉一梗的茶片, 像一面面小旗子,在茶湯裡豎立著, 飄飄浮浮,似乎在旋轉。

"哎喲喲, 是旗槍!好東西!多年沒見到這寶貝茶了, 哈哈......"朱德愛茶, 尤喜名茶。他見了旗槍春茶,喜不自禁,端起茶碗,湊到鼻前, 深深地吸了兩口濃郁的茶香,連聲讚道:"好茶,好茶!"

張國燾聞此, 猶如誇獎自己一般,不由仰面大笑。他吩咐王超多給朱德包上一些,讓總司令慢慢品鑑。他還趁機送上兩套新軍衣, 請朱德換下乞丐服。朱德一一笑納。

朱、張二人敘談了一陣子往事。茶也續了兩次水。張國燾見朱德酒後睏勁也上來了些許, 就開門見山地問道:"總司令, 你們這回大轉移, 人馬損失了不少吧?"

"可不是嘛! 那個洋鬼子瞎指揮, 犧牲了好多人嘍!出發時十幾萬人, 現今祇有三萬多了。"朱德確實喝了酒,但並沒有醉。當時中央紅軍祇有九千人。洛甫、周、毛、朱、王五人開會時, 統一了口徑。對外宣稱三萬人馬。有些誇張, 不算太大。無意中同張國燾多報的那兩萬人, 暗暗相合,也算是天意。

張國燾聽到<三萬>兩字時, 心中暗暗叫了一聲好。他心想,這三萬部隊不及我的一半,你們還跟我稱兄道弟,平起平坐,真是瘦驢拉硬屎,硬裝架子強。你們哪有討價還價的本錢!

張國燾暗自慶幸自己沒有白跑一趟。他也很得意自己有眼力,找上了一個大老實人,才掏出了實話。他豈料到,在朱德的數字裡,早已被毛澤東等人摻上了水。他又豈會料到, 今次是朱德奉眾人之託, 按毛澤東之計, 主動找"蔣幹"送信的, 是將計就計,驅張國燾上當。

"三萬人馬, 是少了點......要不要我調撥些過去......" 張國燾意猶未盡,仍在試探。

"大家合在一起了 , 用不著調不調了。不過, 這三萬人馬是個骨頭架子......"

"骨頭架子?"張國燾重複了一句 , 反問道。他心中自然又是一個驚喜。他想,既然是骨頭架子了, 怕是空殼了, 虛空了, 沒有戰鬥力了。

"是啊, 肉, 暫時沒有了。但是,俗話道, 有骨頭不愁長肉。條件一轉好, 營養供上了,肉會生出來的。你瞧瞧, 這三萬人, 走了萬多里路, 打了大大小小上百仗, 真像軍校畢業生一樣了。人人都是幹部。可以以一頂十地使用。一旦把他們撒出去, 依我看,用不了三幾個月,就會拉起十萬, 二十萬人馬....."

"啊！這麼快!"

"骨幹就是這個樣子嘛。他們一不是新兵, 二不是俘虜兵。全是老紅軍, 有覺悟啲！南昌失利後,祗剩下我和陳毅領著二十八個人,衝出了包圍圈。你猜不到, 一到了湘南, 黨組織命令我搞年關暴動, 呼啦啦, 一下子拉起了五、六萬農軍......"

張國燾聽到這裡, 再也聽不下去了。他相信朱德的話。他自己不也是從撤離鄂豫皖的兩萬人, 猛增到現在的八萬四嗎？他自己有過同樣的經歷。因此, 他對"老農民"的話, 無半點懷疑。

張國燾再仔細一想,自己手上的八萬四, 有戰鬥力的老兵, 就是"老農民"講到的那種 ˋ骨頭架子 ˋ, 也就三幾萬人, 頂多不過四萬人。這就和中央紅軍的三萬人馬,彼此相差無幾了。他一想到這裡,自己先洩了氣。原有的驕橫勁頭全泡了湯。他覺得再談下去, 實在也沒什麼必要了,於是起身告辭。

張國燾一出門,朱德的酒全醒了。他派警衛員去向毛澤東報告,自己完成了任務。此時他全然顯示了 "老農民" 的本色：他把那碗泡得已經無色無味的旗槍春茶,重又續上水, 悠然自得地享受起了品茶的無窮樂趣。

這天晚上, 張國燾失眠了。

他今天得到了一些東西, 不枉此行。但他得到的東西, 卻半點不能讓他高笑。朱德對他交了底,也給他心頭壓上了一塊巨石。"老農民" 講得對, 三萬人馬, 不能算多, 但這是骨幹......張國燾徹夜捉摸對付骨幹的辦法。

毛澤東聽了朱德那邊傳來的好消息後, 晚上好早就入睡了。 睡得好香好甜。他不失眠了。

第二天,洛甫主持召開了政治局會議。會上就南下和北上問題,展開了激烈的爭論。爭了一上午,互不妥協,不歡而散。

吃過午飯, 張國燾依自己的老習慣,想回到住處打個盹,再加上昨夜晚沒睡好, 頭有些發木。他想補補缺的覺。不成想,他前腳進屋。周恩來後腳就追了過來。

ˋ特立兄, 有份軍委電報要發出去。請你看一下。 ˋ

張國燾接過電報一看, 是中央軍委通知全軍, 任命他張國燾為中共中央軍委副主席,名列周恩來之後, 位於王稼祥之前。他對周恩來說：" 我服從命令, 沒有意見。" 周恩來藉口急著發電報,匆匆走了。

　　張國燾回屋倒頭躺在床上，心想再睡一會兒，卻怎麼也睡不著了。第一，爭了一上午，爭了個副主席。這表明，讓我繼續執掌四方面軍。第二，毛澤東上午的發言令他百般不解。毛澤東講："......我還是那句老話，打得贏就打，打不贏就走。我們不是走了好幾千里了嗎?搞不好，搞不好，已有上萬里了......"張國燾在想,毛澤東要同誰打?他要往哪裡走？他還記得,毛澤東又講:"......你強大,我讓一下嘛,忍著點嘛......"毛澤東是指蔣介石強大,還是指我張國燾強大？讓一下。這<讓>字又好又不好。好在眼前就有實惠可得。不好則是以後人家還會再收回去的。毛澤東想忍。他會忍到什麼程度？......

　　張國燾合上眼，又睜開；睜累了，再合上，就是睡不著。後來，他跟自己火了，索性披上衣服,在屋子裡踱起了方步。他每邁一步，就問自己一次："毛澤東到底要幹什麼？"

　　在下午的會上，張國燾突然改變了態度。他不堅持己見了，而是讓了一大步，可以先北上。到了北邊,看看情況，再定進退。

　　洛甫見此，大喜過望，忙命朱德排兵整隊出發。朱德把兩個方面軍分為三路北上。左路為紅一方面軍，林彪為司令員，彭德懷副司令員。中路為紅四方面軍,徐向前為總負責。右路亦為紅四方面軍，由陳昌浩總負責。眾人無話，一一遵命。

　　"潤之兄，你太過慮了！"散會後,洛甫對毛澤東談了自己對張國燾的看法："特立還是懂道理的。當上了副主席，眼界也高了許多嘛。"

　　"未必吧！這叫<贈之以瓊瑤,報之以瓊桃>,有來有往嘛。至於是不是<為好也>,可就難講了。往北走了,還可以再折轉回來。總書記，我敢打賭，他未必看重副主席這頂帽子。祗怕是把你的總書記的烏紗帽送給他，他也未必見得有多歡喜。"

　　"啊！"洛甫大吃一驚，"言重了，言重了......" 洛甫自言自語著走了。洛甫剛走到自己住處的門口,看見張國燾和王超兩人已站在門前等他。

　　"總書記，特地來見你。有些事要向你報告。" 張國燾用詞挺客氣,可是口氣裡卻透著一股討伐問罪的味道。

　　"請進,請進！"洛甫再書生氣,也感覺到麻煩臨頭了。

　　"總書記，請看看，這是什麼意思？"張國燾遞給洛甫一張<前進報>。報上刊登了中央紅軍總政治部宣傳部部長凱豐的一篇文章。文章題目是<列寧論聯邦政府>。

　　"這是不是指桑罵槐？ 是不是講我辦聯邦政府搞錯了？有意見可以明說嘛！我不怕拿大帽子壓人！更不怕拿列寧說事！在莫斯科

吃了幾天洋麵包，就以為自己了不起了！我也吃過！我還見過列寧哪！"張國燾越說火越大。在當時的中共中央裡，他是唯一見過列寧的人。

"這個……這個嘛……這是個人意見,不代表黨中央。希望你能從正面理解。凱豐的為人你是很了解的。他不搞暗的。"洛甫、張國燾同凱豐在莫斯科就認識，是同事加同學。然而私人關係很不好。

"總書記，這是一方面軍一個戰士交給我的一張傳單。" 王超開了口，據這名戰士報告， 一方面軍有命令，祗准一方面軍自己人傳看和議論。同是紅軍,為什麼搞封鎖？"

"這個……這個……"

"這是有人要搞臭我們,搞臭我張國燾!若是這個樣子,今後怎麼合作？"

"不會的,不會的！不要叫人家挑撥了！個別人信口雌黃，不要上當……"洛甫渾身是嘴，在事實面前，根本沒法交待。

"總書記，會師以後， 一方面軍紀律有些鬆洩。有人用牛肉去換四方面軍戰士的子彈。有人上貧苦牧民家裡搶牛,自己還稱是打土豪。該整頓一下了！"王超又告了一小狀。

你反映的情況很好。我馬上解決。

我建議， 一、四方面軍統一指揮。朱德仍任總司令， 徐向前任副職， 陳昌浩任總政委， 周恩來改任總參謀長。組織上變動一下,是為了管好全軍。請總書記考慮。"

"正在考慮， 正要考慮……" 洛甫不由想起了毛澤東剛才的話。卻又不解地望著張國燾：為什麼沒有安排你自己呀？

　　這正是：


龍　虎　相　逢　惡　鬥，

兄　弟　自　殘　更　急。

爭　權　稱　霸　為　己，

團　結　本　是　演　戲。

欲知後事如何，請看下回分解。

# 第 三 十 五 回

## 互批判搞臭彼此

## 頻改制肅清異己

　　話說洛甫見張、王二人走遠之後，就飛步去見毛澤東。他一推門，看見一屋子人正在說笑，似乎出了什麼熱鬧事。

　　"怎麼，開會嗎？"洛甫問了一句。

　　"不得總書記批准，哪個敢開會？開小會，鬧宗派，是犯紀律的事。"毛澤東逗了一票。

　　"若不開會，我先……"

　　"哎喲喲，總書記同志，不開會，你可發的什麼言哪！發言那是要先舉手報告的嘛！"周恩來一起哄，逗得滿屋子人哈哈大笑。

　　"樂不成了！凱豐把張國燾惹翻了……"洛甫把整個事情一五一十地講給大伙聽。

　　"總書記用不著操心過慮。他和凱豐都是老同學了，相熟得很，彼此看法不一致，吵個天翻地覆，也不是今天才有的。他們倆在莫斯科沒爭論完，讓他們倆接著往下爭吵去好了。"毛澤東似乎早已知道會有這門子事情發生，故而對此事很冷靜，冷靜得出奇。"不過嘛，也有好事。張國燾要請客，給大伙解解饞。你都看見了，他們簡直樂翻了天！很遺憾，敵人祇能隔牆聞聞香味了……"眾人又是一陣笑鬧亂起哄。

　　原來，張國燾要晏請左路軍負責人，一起吃頓晚飯。

　　"我不去！"左路軍司令員林彪頭一個表態。

　　"我也不去！"楊尚昆緊隨其後。楊尚昆在莫斯科就同張國燾翻了臉。

　　"人家是以新領導的身份犒勞新部下。都不去怕是不大好吧？"毛澤東問道洛甫。

　　"人家怎麼就不請請我呢？請我，我就去！弄頓紅燒肉吃吃，那是越肥越油越補腦子，是吧，尊敬的主席同志？"周恩來開上了玩笑。

　　"人家哪裡是給你補充營養！ 是要摸你的老底。這叫< 鴻門宴 >！ 這酒，這肉 ,這飯，就算上紅燒肉，可是不大好嘛嘟！"聶榮臻說道。

　　"我們就不會也去摸摸他的老底？去！ 老聶，咱們倆一道去！你們就等著聽好消息吧！我就不信他那個鬼話胡！"彭德懷若不是聽聶榮臻講什麼<鴻門宴>,他根本就沒打算去。 他和張國燾初次見面時，就對他很反感，覺得張國燾太牛氣，太目中無人了。彭德懷最不服氣這號人。

　　彭德懷和聶榮臻二人, 應邀準時到了張國燾的住處。三人寒暄過後, 賓主相偕入座。

　　"彭司令, 你的大名好響呀！聶政委,南昌起義那時,我記得你好像是在十一軍任黨代表,對吧？一晃八年了！日子過得好快。"張國燾以主人身份，滔滔不絕地侃了起來。

　　兩位客人怕被人家摸了老底去，就盡量少講話多吃菜，多聽多記多扮笑臉，心裡時刻提醒自己,千萬別走漏了自家的軍情秘密。

　　一桌筵席，頗為豐盛。比上次大會餐,自是精細了許多。桌面上居然有一大盤子熱氣騰騰的白面饅頭。聶榮臻輕聲對彭德懷打趣道：〝老彭，這白面饅頭，咱倆至少也有五、六年沒見面了,是吧？等一下子,我至少幹掉兩個！〞

　　〝我全幹光！〞彭德懷一逗，三人全笑了。張國燾笑得尤為開心。

　　張國燾又是斟酒，又是勸菜，招待得十分熱情。這倒是弄得彭、聶二人摸不著頭腦了。眼前的張國燾跟政治局會議上那個霸氣沖天的張國燾,判若兩人。

　　酒過三巡,菜過五道,主人就扯上了正題。

　　〝你們到達遵義的消息，我還是從蔣介石的報紙上知道的。<遵義會議＞的細情,到如今這功夫， 也沒人給我這個政治局常委講講。我成了丈二和尚了， 哈哈！我這個人又不喜好亂打聽事,討別人心煩。二位都出席了那次會吧？〞

　　彭、聶二人一聽是這個問題， 心裡頓感輕鬆了許多。彭德懷就讓口齒比自己伶俐許多的聶榮臻介紹了個詳細加清楚。聶榮臻是吃喝講三不誤， 直把那張國燾弄得頻頻點頭， 十分上心， 簡直聽得入了迷。

　　〝現在好了！那個藍眼珠高鼻子的鬼佬， 總算滾他娘的蛋了。我在莫斯科時， 就看不順眼這些鬼佬！動不動就訓人，就熊人一頓。我就不吃他那一壺！來,乾它娘的一盅！打下成都, 天天吃大米,頓頓吃饅頭！我先乾了！"張國燾"吱溜˙一聲，把滿滿一盅酒喝了個滴酒不剩。

˙張主席，成都有蔣介石的三十萬部隊，正等著我們去上鉤。可是去不得喲！"聶榮臻乾掉酒後，一面替張國燾斟滿酒，一面緩緩說道。

˙還是北上好些。軍委有了決議。當兵的祗能服從命令。˙彭德懷這幾句話是硬梆梆地倒出來的。

張國燾見他二人是如此這般態度，就把肚子裡已經準備好的˙演講稿˙，全部在胃裡˙焚毀˙了。

"會師宴上，我聽周公講，你們這次損失不小。我答應周公撥些部隊給你們。 周公太忙了。你們是做具體工作的。你們先給個大概數，需要補進多少部隊？˙張國燾立即換了個話題，滿面正經地問他二人。

˙韓信點兵，多多益善。張主席能給多少？˙聶榮臻反問了一句。

˙先給兩個團，怎麼樣？"張國燾張嘴就是一句，繼而奸詐地一笑。

˙行，行！˙彭德懷痛快地應了一句，憨厚地笑了。

張國燾也笑了，笑得很是得意。他連聲叫人熱酒加菜，上湯端飯。三個人都沒了心腹事，就敞開肚皮歡吃起來。

這頓飯把張國燾吃得非常高興。他終於把一方面軍的老底摸清楚了。依他自己的眼光，就憑著一個方面軍，連兩個團，總共三千來人都看得上眼，那就表明，一方面軍的人馬不是三萬，肯定不是三萬，而是少得多！換了他張國燾，送給自己兩萬人馬，也不會這麼痛快地接下來。誰若是送我老張兩個團，我就罵他的娘！想著想著，越想他越開心。這餐飯吃得他太開心了。

張國燾确實有兩手。他對一方面軍的老底估計得挺準。當時，彭德懷的紅三軍團僅有三千來人。一下子進來三千人，翻了一番，豈能讓他不高興？

洛甫聽到張國燾主動撥兵給一方面軍，心裡很是激動。他提議派個中央慰問團，去紅四方面軍慰問幹部戰士和傷病員。

中央慰問團由總政治部代主任李富春帶隊，一行共計二十餘人。一方面軍的文工隊也同去，做慰問演出。

文工隊演了一場又一場，場場受到四方面軍幹部戰士的熱烈歡迎。中央慰問團分頭下到基層連隊和去醫院慰問。

從外表上看，慰問也好，歡迎也好，很熱鬧，很熱烈，很熱乎，沒什麼可挑剔的。但是，在這些"熱"的下面，卻有些異樣的，令人不舒服的味道。例如講，到了晚間，慰問團的人或是文工隊的人，走到哪裡，哪裡就有崗哨勸止前行。再不，就是發現有人尾隨著自己，走一步，跟一步。想不講這是監視，卻又想不出更合适的詞兒來。他們想同四方面軍的戰士們個別聊一聊，準會被一口回絕。這讓慰問團的人，文工隊的人，對表面上的熱乎勁什麼的，都有些反感了。因為，人家越熱，自己心裡就覺得越冷。這些熱的下面是冷，十足的冷，從頭髮梢冷到腳指尖。

這一天，李富春的警衛員去茅房解小手，在一塊磚頭下面發現了一張字條。他取出來一看，嚇了一跳，赶緊回屋交給了李富春。

字條上寫道：張主席正在駐地附近的一座喇嘛廟裡召開師以上幹部報告會，傳達政治局會議的精神。還點明，張主席的講話要點，是批判一方面軍北上右傾逃跑主義的路線錯誤。張主席號召四方面軍的幹部戰士要提高警惕，不要上了"北上"這條賊船等等。從字條的筆跡和措詞造句上看，寫字條的人文化底子不薄，政治眼光不低。這不是普通戰士所為。那又是誰呢？能知道師以上幹部會議的精神，又能接觸到中央慰問團，就絕非是一般幹部。由此也可推斷出，他的話有來頭，有準頭。

李富春讀過字條，認為此事非同小可，就撕碎字條吞進肚子。然後主動同中央軍委聯係，講明任務業已完成，請示早日歸隊。

一個小時後，周恩來通知李富春立即返回，但又要他通知隨團的李維漢暫時留下。黨中央決定，調李維漢去四方面軍工作，擔任縱隊政治部主任。張國燾已表示同意。

李維漢留下後，張國燾口頭上答應立即派他去縱隊上任，實際上卻沒有行動。他等了幾天，閑得發慌，就主動去軍團政治部幫忙，印刷小冊子，書寫傳單等等。

大約是第四、第五天，李維漢正在裝釘宣傳材料，意外地見到了來送蠟紙的廖承志。

廖承志是著名革命家廖仲愷先生的兒子。他母親何香凝女士是國民黨元老之一。何香凝女士堅定地支持國共合作。在國民黨裡，唯有她一人敢指著蔣介石的鼻子，責問他為什麼殺共產黨人。蔣介石挨了她的罵，還得笑嘻嘻地勸她別生氣。

廖承志自幼受到父母薰陶，二十那年加入了中共。他自日本歸國後，歷任全國總工會宣傳部長和全國海員工會黨團書記等職務。一九三三年被叛徒出賣入獄。何香凝找上蔣介石的家門，大吵大鬧。廖承志才得以獲釋。出獄後，他被分派到紅四方面軍政治部任宣傳部部長。

李維漢同廖家和廖承志個人都很熟悉，關係也相當地好。李維漢一直聽人講他工作幹得很好，受到好評。不期今日二人相遇，卻把李維漢嚇了一跳，簡直讓他不敢相信自己的眼睛了。年僅二十五的廖承志，看上去，像個病弱的小老頭子。人已瘦得走了人形，簡直是副骨頭架子披上破爛衣服一般。他蓬頭垢面，一身破舊軍裝，到處是洞洞，袖筒子祇剩下了大半截子，膝蓋裸露在外面⋯⋯

李維漢和廖承志曾在上海一道幹過地下工作，都有較豐富的地下工作經驗。這次意外相遇，誰也沒動聲色，僅用眼色交換了一下聯絡和見面的信息，沒有引起屋裡任何人的注意。

當天夜裡，李維漢想盡辦法，避開監視，依照廖承志的暗示，悄悄地溜進了政治部後院一間十分隱秘，又十分陰暗潮濕的刻字房裡。黑暗中，廖承志一把摟住了李維漢，大哭道："漢兄，你得救我呀⋯⋯"

廖承志聲聲泣血，向李維漢講述了，發生在鄂豫皖紅區和他本人身上的，令人髮指的一樁又一樁慘事

一九三一年三月，由於總書記向忠發亂點"鴛鴦譜"，二把手王明想擠走反對派，張國燾得以以中央代表的身份，攜帶著助手沈澤民和陳昌浩進入了鄂豫皖紅區。沈澤民乃著名作家茅盾之胞弟。

張國燾一到鄂豫皖紅區，立即宣佈撤消省委和邊界特委，成立中共鄂豫皖中央分局，自任書記。然後，改組鄂豫皖軍委，自任軍委書記兼主席。這樣一來，他集黨政軍諜四大權力於一身，成了鄂豫皖紅區的土皇帝。他又特別規定並宣佈，鄂豫皖中央分局是黨中央的派出機構，直接對黨中央負責。因此，地方各級黨組織，不僅不能領導他的紅四方面軍，也不得超越中央分局直接同黨中央聯絡、上送文件和反映情況。張國燾一手遮住了鄂豫皖紅區的天。在自我獨裁上他比毛澤東高出了幾招，這幾招，招招是絕招。

張國燾借著紅區肅反之機，把省政治保衛局，改制為政治保衛總局，從省委劃出來，上調為省級單位，同省委平級，歸他自己直接領導。隨後，他把總局人員編制擴大到三百多人。他命令各縣市依例辦理，把縣政治保衛局提昇為政治保衛分局，直屬總局領導，縣委不能過問。張國燾在其頻頻改制過程裡，把自己的親信安插到關鍵崗位上去，也順勢換下了异己份子和不甘心臣服於自己的人。這既控制了肅反大權，也使自己的權限無限止地膨脹。

張國燾給政治保衛總局和各分局下達的工作任務，是全力而無情地打擊和鎮壓＜改組派＞、＜第三黨＞和＜ＡＢ團＞，而這些組織是三個根本不存在的組織。於是一切异己份子和反對張國燾的

人,全被他扣上了這三頂鐵帽子,被一一劃除。在這一點上, 張國燾同毛澤東基本持平, 彼此彼此。

張國燾深知自己是半道上來到鄂豫皖紅區的, 是搶了別人的飯碗吃肥了自己。他深信那些創建鄂豫皖紅區的老人,有功之臣們是不會甘心的,不會買賬的。張國燾一貫奉行"順我者昌,逆我者亡"的執政論世哲學,豈能會放過這些老人,這些有功之臣?

在鄂豫皖紅區裡有三個人, 不僅功高資深,人望頗佳, 而且手握大權,又各領有自己的山頭派系人馬。這三個人對張國燾本人及其所行所為, 是完全看不順眼,既不服氣,更不買賬。這三人就是紅四方面軍軍長鄺繼勛、政委曾中生和主力十二師師長許繼慎。

張國燾把這三人視為眼中釘,肉中刺,決心除掉這三人。於是張國燾開始無事生非了。蔣介石兩次圍剿鄂豫皖紅區後, 紅區糧食十分匱乏。曾中生提議,集中主力部隊出擊嶄黃地區去搶糧食。這個建議合情合理, 無可厚非。張國燾卻硬是扣上〝立三路線〞的大帽子, 不予批准。他命令曾中生去商城地區搶糧, 並順手殲滅當地民團。然而,商城民團勢力強大, 作戰能力很強,其民眾基礎也較為鞏固。紅軍所到之處,不僅見不到糧食, 連老百姓的影子也見不到, 人全跑光了。民團熟悉地勢地形,到處伏擊紅軍。曾中生大吃苦頭。部隊傷亡嚴重。

在六月份召開的中央分局會議上, 曾中生和鄺繼勛一道向張國燾開了火。張國燾玩命般反攻。可是中央分局的大多數委員, 支持曾、鄺二人。張國燾敗走麥城。這令張國燾更加仇視這三個人了。

曾中生再次提議去嶄黃搶糧。張國燾卻以軍委主席身份命令曾中生等三人,去英山縣執行任務。曾中生等三人自然不服。張國燾就以鄺繼勛不服從上級命令為理由, 解除了鄺繼勛的軍長職務,代之以徐向前任軍長。徐向前奉命去了英山,沒有搶到糧食。徐向前同曾中生私交很好, 就採納了曾中生的建議, 轉頭去了嶄黃, 搞到了大批糧食。張國燾不僅不高興,而是更加仇視曾中生等三人。自此, 曾、鄺、許三人殺身大禍從天而降,鄂豫皖面臨著一場內部大屠殺, 真是令人目裂心碎神傷。


這正是:


蕭 殺 異 己 無 須 罪,

唯我獨尊是梟雄。

民賊當道綱常亂，

鄂皖四野盡冤聲。

欲知後事如何，請看下回分解。

# 第 三 十 六 回

## 借 敵 計 冤 殺 同 志

## 認 叔 叔 惹 禍 上 身

　　話說張國燾鐵了心腸, 要除掉曾中生等三人後, 合著這三個人走背字兒,讓張國燾從蔣介石那兒揀到了一個下手的機會。

　　當時,在蔣介石手下, 主管對鄂豫皖紅區進行策反和間諜活動的大特務叫曾擴情, 是蔣介石的親信幫派＜十三太保＞之一。曾擴情是複興社的大頭目。此人十分奸詐狡猾。且詭計多端,是個擅用攻心計的智慧型特工人員。他向蔣介石獻策, 要在武力征剿的同時,必須輔以策反工作,要多施离間計挑起共產黨的內哄, 則可達到借刀殺人的目的。這同派遣特務或派員暗殺相比, 能更好地提高效率,是項一本萬利的買賣。當然囉, 共產黨不是十幾歲毛孩子, 不會輕易上當。但是, 俗話常講, 皇天不負苦心人。多下功夫, 廣種薄收, 日久天長,總會見效。

　　蔣介石對此計謀十分欣賞。曾擴情指使手下門徒, 寫了大量的信件, 以各種名目, 不問熟識與否, 一律扮做老朋友的樣子, 把這些偽造出來的東西寄給他們。信中的內容, 或是勸降, 或是拉關係, 或是乾脆派任務。曾擴情經常利用來往紅白兩區跑生意的小商販夾帶信件。

　　有一天, 一名布販子帶著十幾封, 專門寄給黃埔軍校老校友的策反信進了紅區。夾帶的這批信中有寄給十二師師長許繼慎的信。布販子一入紅區即被查獲。這批策反信被政治保衛分局拿走, 隨後幾經轉換,進了張國燾的辦公室。張國燾一見是給許繼慎的策反信, 真是有點大喜過望了。

　　"好！太好了！天助我也！"張國燾高興地大叫大嚷。講實話,憑他張國燾的智商, 一眼就可以看出這是蔣介石的策反信。他的親信死黨亦曾多次收到過類似的信件。他從未去追查。在保衛總局的倉庫裡, 足有幾麻袋這樣的信件等著銷毀。

　　此時此刻的張國燾殺心已動，正在雞蛋裡面找骨頭，豈能放過這封策反信？他下定決心，明是精神，硬裝糊塗，以假充真，借用敵人的詭針，除掉異已，甘當敵人的殺手。

　　張國燾專門把陳昌浩找了來，同他密謀了好一陣子。陳昌浩連夜策馬起程。天還沒亮，他已經趕到了軍部。他從床上叫醒了軍領導人，召開緊急會議。會上，陳昌浩代表鄂豫皖中央分局，宣佈免去曾中生的政委職務，由他本人擔任此職。當年，共產黨有個規定，肅反是垂直領導。軍隊裡祗有政委一人有權過問肅反上的事情。

　　第二天夜裡，陳昌浩以政委和保衛分局局長的雙重身份，下達命令逮捕了十師參謀長、二十八團團長和副團長、一師師長等人，並連夜審訊。

　　一師師長李榮桂是一九二四年的中共黨員。他是奉中共中央軍委命令和徐向前一道來到鄂豫皖紅區指揮部隊作戰。他是位軍事專家。他雖然不是黃埔出身，但同許繼慎私交甚好，也深受曾中生的信任。在幾次會議上，他都全力支持曾中生，根本不買張國燾的賬。此人性烈口直，他的話令張國燾深受刺激，恨得張國燾能咬碎大槽牙。張國燾要想除掉許繼慎，必須先奪一師的兵權，方能釜底抽薪。殺了李榮桂，等於砍去曾中生和許繼慎的"右手"。

　　陳昌浩對李榮桂動了大刑，把李榮桂折磨得死去活來。李榮桂是條硬漢子，罵聲震天，卻無半句口供。打了一夜。直到把陳昌浩自己打累了，實在揮不動鞭子了，才停止審訊。

　　張國燾深知李榮桂等人戰功卓著，人望甚高，於是就動用一切宣傳手段，大肆宣揚和刊登白軍的策反信件，拼命製造<AB團>、<第三黨>和<改組派>已在紅區結成聯盟，準備反水的輿論，搞得幹部戰士心慌意亂，人人自危，不知身邊何人就是那個潛藏著的反水份子。

　　就在陳昌浩動手抓捕將領們的同時，張國燾命令政治保衛總局，將這批將領的家屬孩子、親朋鄰里、部下故舊，不論長幼，一律逮捕。接著又集中起來這批將領的勤雜人員、馬伕、警衛員等人，動員他們廣泛揭發。誰不揭發，則嚴刑拷打。

　　陳昌浩無法從李榮桂口中拿到口供，就把李榮桂的部下、三十六團團長、三十五團團長、三十團團長相繼逮捕。逮捕他們的理由，是李榮桂已經親口供出，他們這些人是<AB團>骨幹成員。陳昌浩抓得一師沒了團長，由他本人直接指揮到營裡。

　　酷刑加誘供，有些家屬親友部下實在頂不住了，就亂講胡編一通。陳昌浩不論真假，甚至完全是以假充真，一律照登在黨、政、軍的宣傳刊物上，大肆室傳。假的成了真的，不由你不相信。宣傳刊物上甚至報導，蔣介石已經允諾＜ＡＢ團＞的大頭目，事成以後，官昇上將師長，另外還賞給銀圓十萬等等。話裡話外處處暗示,大頭目就是師長許繼慎。

僅僅過了一天，刊物上登出寫給許繼慎的那封策反信。白天登出，夜裡就逮捕了許繼慎等人。經過這次逮捕，許繼慎管轄的這個師，從師長到團副參謀長,共計十四人，無一遺漏,全部入獄。

陳昌浩親自審訊。自然是大刑侍侯。這批鐵漢子是經受蔣介石的飛機大炮考驗出來的英雄豪傑，盡管酷刑難熬,卻根本沒法令其屈服。張國燾見陳昌浩黔驢技窮,就傳令將許繼慎等人移送到中央分局，由他親自刑訊。

這一天，徐向前帶兵路經商城縣余家集，突然看見遠處有一小隊人馬匆匆而行。走到近處，才看清是陳昌浩領著三十幾個人，抬著兩副擔架。擔架上蒙著白布床單。徐向前以為有人陣亡了。他出於擔心和敬意就下了馬,走了過去。

"誰出事了？"

陳昌浩看了徐向前一眼，然後不陰不陽地道："沒誰，是許繼慎和周維炯兩個反革命。抓起來了。"

"師長、副師長全成了反革命？怎麼抓師級幹部也不打個招呼？"徐向前不安地問道。陳昌浩白了他一眼球,話也沒回，帶上小隊人往前走了。

豈止是抓了師長不同他徐向前打招呼，就連抓了他徐向前的老婆，又打成反革命，直至重刑拷打致死,也沒同他徐向前講過半個字。

徐向前的夫人叫程訓宣，黃安縣貧農家的女兒，一九二八年加入中共，一九二九年經人介紹同徐向前結婚。她家姐弟五人都參加了紅軍。其中兩人在戰場上犧牲了。程訓宣被捕後,逼她承認自己是＜ＡＢ團＞的成員,並要她交待＜ＡＢ團＞在紅軍中的活動情況，暗示她去咬徐向前。程訓宣明白了抓她審她的意圖後, 閉口不語一聲。吊打了七天七夜,被活活打死。事隔三年, 到了延安後，徐向前去問當時擔任省政治保衛分局局長的周純全後, 方才得知詳情,也才知道, 張國燾亦曾捉過自己的小腳。程訓宣是為了保護丈夫含冤去世。

許繼慎被帶到了中央分局駐地光山縣白雀園後，張國燾開始審他。仇人相見，分外眼紅。任憑張國燾吼叫惡罵,許繼慎怒目圓睜，閉口不言一聲。許繼慎心裡非常明白,不管自己講什麼，全都

　　沒有用，乾脆不講最好。他也不想去責罵誰了，自己心裡對這一切，現在徹底明白了。

　　灌涼水、灌辣椒水、灌屎尿湯子、坐老虎凳、壓槓子、夾手指、用鉗子夾小便、用鐵絲穿透睪丸、用木棍插肛門……凡是能想得出來的刑罰，全用遍了。許繼慎依舊一聲不吭，不吐一字。

　　張國燾越審越火。他嗓子吼啞了，眼珠子氣紅了，兩手亂抖亂哆嗦，大喘氣都沒有了節拍，怎麼拍打後背，也喘不勻活了。他仍然不相信，憑他張國燾就撬不開一名小小師長的嘴巴！他命令把許繼慎拖到曹河岸邊的砂石灘上。

　　"姓許的，你不是愛騎馬嗎？今天，我讓你騎個飽！就這麼好地對待你，你也不打算張張口，謝謝俺老張！？"許繼慎已處於昏迷狀態了，想道謝，也謝不成了！更何況他根本就沒開過口。

　　張國燾叫人牽過來許繼慎最喜愛的那匹棗紅色戰馬。他下令把許繼慎的兩腳綁在馬尾巴上。張國燾怒不可拒地揚起鞭子，狠狠地抽在馬屁股上。戰馬受驚，揚蹄疾馳，拖得那許……

　　這位馳騁疆場，令敵人聞風喪膽的一代紅色名將，沒有死在敵手的刀槍之下，卻被自己的上司，被自己心愛的戰馬，拖死在砂石灘上。戰馬是畜牲。張國燾呢？

　　沒拖多大功夫，許繼慎的屍身肉綻骨折，腦漿四迸，渾身血濺，慘不忍睹……

　　"姓許的，你裝死……你裝死！"張國燾已是黔驢技窮了。但他從不認輸。他很聰明。於是他就誣稱死人在裝死。這自然是世間奇聞一椿。

　　張國燾本想轉身走了。可是他太火了，簡直是氣瘋了。張國燾真若動了火，就同野獸一般，足可以同任何食肉動物，稱兄道弟，認叔叔，叫親娘。他吼叫著命令他的死黨，把繩子套在許繼慎屍身的脖子上用力地勒。"勒！狠狠勒！勒下他的頭！"用＜吼叫＞這個詞去形容張國燾的叫喊聲，已經過時了，形容他是狂叫，嚎叫，嘯叫吧，可借找不到依據，祇好稱做驢叫了。不知何故，那脖子就是勒不斷。就算張國燾把自己的驢叫換成公驢加母驢的合叫，怕也無濟於事。因為這是英雄的脖子，是許繼慎的脖子！

　　這一年，許繼慎僅僅三十歲。建國後，稱他是共和國第一烈士。不知這是因為他受刑最重，還是因為親手殺他的人，黨的資歷、地位和職務最高的緣故。沒人能知道。但人們都知道，別的烈士是死在敵人槍刀之下，而許繼慎則死在了自家人刀下……

　　張國燾殺了許繼慎，恨意未消,殺心越發濃了。他下令押上來副師長周維炯。　張國燾手指著許繼慎的屍身，問道："看見了吧？我殺個師長,和捵死一隻臭蟲一樣。你招不招？"

　　周維炯早已被打得重傷滿身了。他見張國燾的這副模樣，知道自己的最後時刻到了。他硬強掙扎著，撕掉身上已被打爛，成了碎布條子的軍衣，指了指自己的心口，用盡全身最後一點力氣,嘶啞地,呻吟道："張國燾，你敢摸摸你的心口嗎？你不敢！你沒長心！告訴你，二十年後，我還要革命！可你哪，死得不如條狗！......" 張國燾聽到這裡，兩眼欲裂,大吼一聲,下命令用刺刀把周維炯刺死。周維炯身上被捅成了馬蜂窩。全身到處鮮血流淌，　氣斷人亡......

　　張國燾仍在嘶叫: "捅! 捅！狠狠捅!....."

　　周維炯遇害時，年僅二十八......

　　張國燾也算是個政治家了。但是，他同別的政治家們，如斯大林、蔣介石、毛澤東等人，有所不同。上面述及的政治家是用嘴巴、文字、權力、政治運動以及打手奴才們去殺人。張國燾則事必躬親。殺人也要親自到場。若不親眼看著，就難消心頭之恨。若是他特別忌恨的政敵,他是一定親自動手的,其手段又格外地殘忍。

　　張國燾殺了許、周二人之後,又下令殺了許繼慎的妻子王望春，同時處死了李榮桂等十四名團以上軍官。

　　張國燾殺紅了眼。他有點控制不住自己了。他亦左右不了自己掀起的肅反狂潮。在他的一再宣傳鼓勵不,整個鄂豫皖紅區捲入了殺自己人的狂熱中去。越殺越狂熱,簡直殺瘋了。

　　紅四方面軍為了培養自己的基層軍事指揮員，成立了<彭(湃)楊(殷)軍事學校>。從部隊中選拔一批忠誠、勇敢，機靈的小戰士或紅小鬼入校學習 。　大部份學員約在十四歲上下。畢業後分配到部隊任排級幹部。

　　張國燾聽獲知這所學校是曾中生主辦的，校長又是許繼慎 。這兩人又經常去講課或者講話。他憑此認定這所學校是曾、許二人的<黃埔軍校>，其學生肯定中了曾、許二人的流毒,將來會掉轉槍口殺他張國燾。於是,張國燾下達"必殺令"。省政治保衛分局於半夜時分,派出一百七十二名肅反幹部，一個盯一個,秘密抓捕殺掉這一百七十二名小學員。被殺者沒有任何罪名，更無罪行。被殺者更不知道自己為何被殺。

　　肅反一發瘋,怪事連連出台。殺人居然有了指標和定額。縣委、縣政府、農會、赤衛隊、兒童團、婦女會等等,全都有自己的除奸任務,即具體殺人數字。誰完不成任務, 就殺誰頂任務。殺來殺去,殺人竟然是為了湊足數字。鄂北一帶的村子,有許多村子被殺得一個幹部也沒有了。有個村蘇維埃主席兼區委常委,忙著巡視各村執行任務情況, 以至於自己的那個村子動作慢了一點, 沒能湊足殺人指標, 他自己被定為＜第三黨＞。一夜之間, 全家十五口人,被殺得一人不剩,湊足了數字,頂了任務。

共青團、少先隊、童子團, 聽聽名稱就知道, 這是些孩子們的組織。當年, 其成員的年齡, 遠遠低於建國後同類組織的成員的平均年齡。他們也有自己的肅反任務數字。張國燾強調指示：

〝......不僅在黨、政、軍裡, 發現了大量的＜改組派＞、＜ＡＢ團＞、＜第三黨＞, 在共青團、少先隊、甚至童子團裡, 一樣地發現不少！......〞

於是, 開始在孩子中間大抓反革命。被殺的童子團小隊長熊小炳僅有九歲。他的罪名是"跟蔣介石有聯係"。蔣介石答應他,頓頓飯有蒸南瓜吃。想吃多少吃多少。吃得肚皮鼓脹脹......"活下來的熊小炳的親姐姐說：" ......我弟弟以為蔣介石就是鎮頭上賣菜的跛子老蔣頭,以為老蔣頭的大名叫蔣介石。娃子被打懵了。順嘴亂講胡講了。〞孩子亂講, 大人就亂信。因為有殺人指標和任務在那裡等著, 誰完不成, 就拿誰本人頂數。

要殺的人太多了。每天都有一、二百人被送到光山縣白雀園中央分局政治保衛總局的大院子裡。屋子裡關滿了,就關在院子裡。院子裡也實在盛不下了, 就一排排地躺在路邊田頭的壚台上。

一個一個地殺, 實在殺不過來了。到了晚上, 就把大批人轟到河灘地裡, 排成人牆, 用機槍掃射。在戰場上不到緊要時刻,都捨不得使用機槍。可是,殺自家人時, 就變得大方多了。到後來, 子彈打光了,就用大刀砍,長矛刺。殺完後, 就把屍身扔進河裡,任其漂浮......

沈澤民是隨同張國燾一起自莫斯科歸國, 又為張國燾看中, 點名要到鄂豫皖紅區工作的。沈澤民被任命為邊界省委書記。肅反開始後, 他的邊界委機關被抓得祇剩下他一個書記了。他身體不好,經常臥床養病。他見了這種瘋子般大屠殺後, 實在看不下去了,就抱病給上海的黨中央寫信反映情況。不期,他的信轉了一圈,又回到了張國燾的桌子上。張國燾雷霆般暴怒。沈澤民進了死牢。但是,沒等動刑, 沈澤民因病加重嚥了氣。他老婆改嫁給了陳昌浩。

當年,當時,鄂豫皖紅區的小山上,河坪裡,堆滿了死屍。野狗吃紅了眼睛。後來, 國民　　　黨白軍佔領了這一帶。當官的當兵的實在都看不下眼去了, 就僱人把屍骨收埋在一個個大坑裡。當地老百姓給這些大墳坑起名叫<萬骨墩>。堆成了大墳包的叫<肉丘墳>。這墩，這墳，比比皆是,舉目可見......

　　......

　　廖承志一字一泣,一聲一血,向李維漢控訴鄂豫皖紅區肅反擴大化的真相。

　　廖承志擔任紅四方面軍政治部秘書長時,看見一批又一批革命戰友、著名紅軍將領，甚至紅小鬼、童子團,紛紛被扣上<第三黨><AB團>、<改組派>等罪名，慘遭殺害，覺得十分荒唐可笑。他的家庭背景，令他對國民黨派系鬥爭情況了如指掌。他十分清楚，這<第三黨>、<改組派>、<AB團>都是國民黨自己的事,而且是黨的上層領導人之間的事，全加起來也沒幾個人能扯上關係。況且,這些派別早已消失 。在國民黨那裡都不算事了,豈會是特務間諜組織？

　　可是,現在的紅區,把這些芥豆般小派系，當成了滲入紅區的大型反革命組織，怎麼殺也殺不完了。當年，他實在太年輕了,根本不懂得,黨裡爭權時，祇要能幹掉對手，那是任何大帽子都可以拿來一用的。至於路線呀，主義呀，那都是御用文人後來給勝利者臉上抹的粉。政治帽子是當權者誅殺異己的借口,無須真假。祇要順手好用,祇要能掩人耳目,就全ＯＫ了。

　　廖承志一家人都同張國燾相識相熟。若從父母輩上論起，他得稱張國燾為叔叔。他想了想，決定去見張叔叔，把真情實況講個清楚。

　　"張叔叔，我有些情況想......"廖承志在張國燾面前一站，十分靦腆，講話時都不敢放高聲。

　　"好,好哇！承志,聽講你來了，一直沒得空見你。你媽媽好嗎？"張國燾顯得挺親切。

　　寒喧之後，廖承志一五一十地講述了真相。他祇顧著去講了,沒有，也根本不懂,去看看人家張叔叔都成了什麼眼神了。

　　第二天,一大清早，廖承志還在夢中,就被一根繩子綁走了。罪名是蔣介石派遣的潛伏特務。

　　廖承志總想解釋清楚。他的解釋換來更加殘酷的毒打。他被打得小便尿血。幸好，他自幼從母親、國畫家何香凝那裡學得一手好書法。正巧政治部出版小報缺人刻蠟板。為此,也僅僅為此,才沒有立即處決他，留他活著專門刻蠟板。

　　李維漢聽完了這些情況，嚇呆了，久久講不出半句話來。李維漢在中央紅區經厲過肅反和抓<AB團>。他相信廖承志講的每一個字。他立即給黨中央發了電報，要求回去。他嚇得夜裡睡不成個安穩睡,嚐足了長夜難眠的滋味。就在李維漢心驚膽跳，長夜難熬之際，就在那個朦朧無月的夜晚，一隊騎兵押解兩個人，在一處林間空地上停了下來。

"你們……你們這是……"曾中生問道。

"不是早告訴你們了嘛，張主席要見你們。你們的問題該解決了！"政治保衛局的頭子喝斥道。

"走吧，老曾！全是鬼話……"鄺繼勛沒再講下去，徑直朝著林間空地的端頭，大步走去。

夜風低咽。霧靄繚繞。陰沉沉的樹林裡，真如地獄裡的閻羅大殿一般暗無天日，籠罩著逼人的鬼氣。

這伙人又朝前走了幾步。曾中生站下了。鄺繼勛也站下了。

"差不多了，動手吧！"鄺軍長一如往昔下達戰鬥命令般，威嚴地說道。

"我們是執行任務。對不住了！這是兩位紅軍名將，在人世間聽到的最後一句話：對不住了……

話音落地，倏地飛出兩條繩子，緊緊地套在兩人的脖子上……

蔣介石笑了，連做夢都想除掉的人，就這麼輕易地得手了。曾擴情得了獎金昇了官。他怎麼想，怎麼不明白，自己這種連尿褲子娃娃都難騙過的伎倆，居然就成功了？！

大概，祗有歷史才會公正地，永久地記住這兩員虎將的英名。他二人是張國燾冤殺的紅軍將領中職位最高的人。建國之後，同他二人資歷軍功相彷的人，當上了開國元帥或大將。徐向前元帥昔日曾是他們麾下的師長兼副司令員。也正是這位徐元帥娶下了曾中生的遺孀，相伴終生，以誌永遠不忘這磨難重重的歲月。

李維漢對洛甫、毛、周、朱、王、博古等人詳細地匯報了情況。眾人聽完，默無一聲。他們能講什麼呢？他們自己先前都幹過相類似的事，手段幾乎雷同到不能區分的地步。頂多是張國燾更為不加掩飾地，把他們幹過的事，又重幹了一遍。僅此而已。

毛澤東聽後，想的就太多太多了。張國燾幹的，正是自己掀起的，大整自家人的運動。是自己給了張國燾殺自家人的籍口，是自己幫了張國燾的忙。難聽點講，二人是一丘之貉。但是他想得最多的是，今後該如何防范張國燾。他進一步地認清了，張國燾下起手來，不遜於自己半分毫。以後要小心又小心了。

這正是：

萬 骨 墩 埋 父 老 骨，

肉 丘 墳 掩 兄 弟 魂。

人 皮 獸 心 不 如 獸，

豈 止 張 屠 一 個 人 ！

欲知後事如何，請看下回分解。

# 第三十七回

## 鬥心術各顯神通

## 耍手腕難分伯仲

　　話說張國燾擔任中央軍委副主席之後，三路紅軍依循中央軍委製定的松潘戰役計劃，揮戈北上。就在大軍要開拔的頭天晚上，陳昌浩突然以個人名義致電黨中央，提議由張國燾出任中央軍委主席，朱德改任前敵總指揮，周恩來改任軍委副主席兼總參謀長。他還建議自今以後，中央政治局祇決定重大方針，其餘應辦之事皆由中央軍委自斷自行。

　　洛甫看罷電報後，忿忿地指責道得寸進尺，得寸進尺！'

　　'我這個軍委主席的空位子，他也眼紅？我看就依了他。由他去做好了！"朱德倒是樂呵呵地回應道，一副滿不在乎的樣子。

　　'不成！'毛澤東立即表示不同意。"他哪裡是要你的位子？他讓周公當總參謀長才是真心話。'

　　"啊！你認為，他自己想當總政委？"洛甫扶正了眼鏡，反問道。

　　事情明擺著，周恩來做了總參謀長，必然不能再兼任總政委。總政委的位子一空出來，自然是非張國燾莫屬了。

　　"人家握有重兵，人家就要說了算！"毛澤東如此一講，眾人都不出聲了。

　　'不知周公這兩天怎麼樣了？"毛澤東又像是自言自語，又像是在詢問，口吻是十分關心周恩來的病情。

　　原來，三天前，周恩來突然病倒了。高燒、昏迷、不省人事，十分危險。軍委忙把一軍團的著名軍醫接來給他診病。這位名醫斷定是黃疸型急性肝炎加肝膿腫，病情很重。

　　'總政委的位子，絕不能給他！太過份了！太過份了！" 洛甫沒去接毛澤東的話頭，忿忿不平地指責張國燾。他本人向來不爭權。見到別人爭權，他就仗義執言，從不示弱。

　　"眼下這種情況嘛……眼下……總書記，你不覺得張國燾是摸到了我們的底牌嗎？否則，他不會痛痛快快地答應北上，也不會一再地得寸進尺。他是安排好了的，算計得很仔細，跟我們一步步地攤牌！"毛澤東分析道。

"你的意見是....."洛甫反問毛澤東。

"北上還可以南返嘛。頂多是多跑兩天路，根本不算什麼。但這卻是談判桌上的籌碼。一面裝樣子北上，一面伸手要官做。你來講，給不給他個大官做做喲？"

"這.....這.....恩來病情這麼重，偏偏又去叫他交權。這話嘛，這話，可是不大好張口啊，是吧？"洛甫是憂心忡忡，百般為難。

"我看，可以讓給他總政委的位子。反正我們還有你這位總書記，持有最後否決權。決定權仍舊留在我們手上嘛！"毛澤東想了一會兒，猛地拿定了主意，就開始勸洛甫，"周公是重病，不是短時間可以痊癒的，可以工作的。不論是否交權，都幹不了工作，還讓人家抓到了把柄，非議我們是佔著茅坑不拉屎。我看，就讓他張國燾先幹著，也好看看他下一步棋是個什麼花樣子？！"

"祇好先這麼對付著了。我看，到了毛兒蓋再通知他。通知早了，他還要得寸進尺。能用官職哄他，就當對付小孩子，哄哄也好。北上是大事！"朱德在旁邊聽了一陣子，也表示同意讓位子。

"那就先答覆他，我們正在研究。"

三路大軍剛剛走到蘆花鎮，洛甫又收到川康邊省委書記周純全的電報。他建議黨中央應統一指揮紅軍。若能這樣的話，他在省委工作就好幹了。否則，一個省委應付多頭，實在吃不消。周純全還提出了自己的改組軍委的名單，實際上同陳昌浩提出的名單一模一樣。無疑，這全是張國燾一個人的主意。張國燾為人從不裝假，連掩飾一下都不用。他認為，槍就能指揮黨。此時此刻，黨中央就應該聽他的。在如何指揮黨這方面，他要遜於毛澤東一大截子。

周恩來得知張國燾的要求後，表示自己可以讓出總政委的位子。於是，中共中央和中央軍委聯合發出通知：張國燾出任紅軍總政委，主持軍委的常務工作。周、毛、王和陳昌浩為軍委常委。一個月後又增補朱德為常委。

這次改組，明眼看去，一人受損，三人得益。

受損的不言自明，是周恩來一個人。這次改組把他幹了幾年的紅軍最高負責人的名頭給抹了去，失去了軍中當家人的地位。

受益的有三人。張國燾自己出的主意，自然大有進益，成了紅軍最高領導人。但就權力的大小而言，這次提昇僅僅是一種心理上的安慰而已。因為在六名常委裡，他和陳昌浩祇有兩票，仍然得少數服從多數, 尚不能為所欲為地呼風喚雨。用張國燾自己的話講, 　他尚是個提線木偶。

朱德是受益者之一。他擔任中央軍委主席雖有多年, 卻一直不是常委。在博古和毛澤東這兩屆三人團中, 都沒有他。他的軍委主席一職一直是個虛名, 祇做發佈文件時署名蓋印之用。這次他進入常委之列, 有了發言權和表決權。他結束了徒有虛名的時代。

若是從長遠看, 從戰略高度去看, 這次改組的最大受益者, 實際上是毛澤東。這是張國燾自己無論如何也沒有想到的。他自己揹上個爭官的惡名, 卻幫了老冤家、死對頭一個天大的忙。

<遵義會議>上恢復毛澤東的軍事指揮權時, 給毛澤東的頭上加了一個緊箍咒, 規定他僅是"周恩來的幫助者"。隨後, 在毛澤東進入<三人團>時, 又明文規定周恩來是"軍事上最後決定人"。總之, 周恩來一直在軍權上制約著毛澤東, 猶如壓在孫悟空頭上的萬仞高山一般。這次改組, 周恩來僅為一般常委, 失去了決定者的特權, 自然也就免去了＇幫助者＇的限制條款, 等於給毛澤東鬆了綁, 解除了毛澤東額頭上的緊箍咒。脫了毛澤東頭上的緊箍咒。一句話, 孫悟空解放了, 自由了。大鬧天宮僅僅是個時間問題了。毛澤東之所以會積極去勸洛甫和周恩來讓位子給張國燾, 這才是根本原因和基本動力 。毛澤東是在給他自己幫忙。他确實是個祇要有一線可能通向成功, 他就會緊緊抓牢這小小的可能, 把它擴大成通天梯, 全速跨向成功的頂峰的那種人。就像人們常講的那樣, 給點陽光就燦爛！

這次改組, 還算稱張國燾的心意。接著在北上問題上, 他的新戲又開場了。

張國燾命令紅四方面軍的三個主力軍奔襲松潘縣城。明裡嚴令攻城部隊晝夜攻打, 暗中囑咐三位軍長, 祇可佯攻, 不可入城。弄得三位軍長瞪直了眼珠子也想不出來, 張主席吃錯了哪一味葯。

當時, 松潘城裡祇有胡宗南和隨身警衛營。松潘幾乎是空城一座。胡宗南看見紅軍祇攻城卻不入城, 心中亦十分困惑。他趕忙急電召集增援部隊。白軍援軍一到, 張國燾立即下令撤退。 他告訴陳昌浩：＇我早就知道, 這北邊不好打！偏偏讓我們四方面軍上去送死。他們根本不懂軍事指揮。你去找洛甫提意見！＇

陳昌浩奉命大鬧洛甫。

毛澤東知道真相後, 恨得咬牙切齒, 卻又無可奈何。

張國燾唱的又一齣戲是改番號。 他下達命令取消一、四方面軍原番號, 　改為九個建制軍。原一方面軍領有四個軍的編制。原四方面軍有五個軍的編制。

　　張國燾的這著棋把一向聰明過人的毛澤東也給弄懵了。毛澤東想了又想，也摸不清楚張國燾的真實用意何在。

　　洛甫更是如入十里霧中，想問一問，都找不著個明白人去問。

　　張國燾不做半個字的解釋，順著自己的心意玩瀟灑。

　　他騎上馬去了蘆花鎮，拜訪新一軍和新三軍。按照新番號，一軍軍長是林彪。三軍軍長是彭德懷。張國燾決定去看望自己的新部下。由於彭德懷去了維谷河見徐向前。張國燾祇見到了林彪和楊尚昆。

　　三人一見面，張國燾緊緊握住，林彪那雙纖弱得如同女孩子一樣的手，滿面堆笑，親熱又親切地寒暄著："嚇，鐵軍名將，果不虛傳！果不虛傳！！一員虎將！前途無量！"

　　"張主席過獎了......"這些話讓林彪十分害羞。他站在身高體胖的張國燾面前，顯得越發矮小和瘦弱了，就如同一個大孩子一般。這一害羞，更像是個小女孩了。

　　張國燾臨來之前，對林彪以往情況和表現，做了一番了解，清楚他在＜會理會議＞上各種細情和表現。他知道林彪對毛澤東有意見，鬧過毛澤東。這正是他這次登門拜訪林彪的目的和原因。

　　三人坐下後，張國燾仍然對林彪讚揚誇獎個不停。林彪依然是覥腆地笑著，靜靜地聽著，頭也不輕易地點上一下，更不插話搶話頭。張國燾不清楚林彪的性格，更不知道林彪是個十分工於心計的人。寡言少語是他應付官場上爾詐我虞的一種防禦性獨門兵器。

　　張國燾講累了。他也覺得光是自己一個人單練，也太沒勁了，就喝了兩口淡茶，起身告辭。至於他和楊尚昆早在莫斯科就翻了臉，多講甚麼都是浪費時間。

　　張國燾沒見著彭德懷十分不甘心。他派王超趕到維谷河去見彭德懷。鑒於上次請彭德懷吃飯大有斬獲，他就一再叮囑王超，要在彭德懷身上下足功夫，撕開口子，要找到毛澤東身旁的反對派。

　　王超帶上了幾斤牛肉和大米，以及兩百塊銀圓，當做見面禮。沒成想，這兩百塊銀圓惹了禍。彭德懷一見袁大頭，立馬伻倏地變了臉。再往下，那是怎麼說，怎麼不對勁了。王超一見事情要砸鍋，急得抓耳撓腮。他忽然想起了送給彭德懷兩團人馬那檔子舊事來，就有了主意。

　　"老彭，我臨來時，張主席特地交待我，你的部隊從打出了江西省，一路上打後衛，全是惡仗，損失最嚴重。張主席打算再調三個師由你指揮！"王超言罷，哈哈大笑三聲，靜待彭德懷的回話。彭德懷的眉頭，快捧成一大塊死肉疙瘩了。

　　"請王秘書長轉告張主席，他如此瞧得起我彭德懷，我謝謝他了。不過，我沒有那麼大的本事，去指揮那麼多的部隊喲。"他的拒絕弄得王超徹底抓了瞎。王超坐也不是，站也不是，連飯也沒吃，赶緊回去報告，等著挨罵。

　　張國燾費盡了心機，白忙活了一場，一無所獲。

　　毛澤東也沒閑著。他也動了一番腦筋。他沒有牛肉大米，更缺銀圓。他用了他擅長的拿手絕活，四川人管這叫擺龍門陣；山東人叫瞎吹胡；東北人叫忽悠，也叫瞎扇乎；北京人叫侃大山等等，恁著一張嘴，三寸不爛之舌，卻大有收益。

　　這一日，他帶著助手騎馬去了維谷河，接見徐向前、王樹生、李先念等四方面軍的高級將領。毛澤東以中華蘇維埃共和國中央政府主席的身份，代表國家給徐向前，頒發了紅星獎章。在當年，這可是極了不起的殊榮。林彪、彭德懷等人屢立奇功，尚且無份，足可見紅星獎章份量之重了。

　　徐向前以前不認識毛澤東，對他基本上不了解。他祇知道蔣介石把毛澤東率領的部隊叫做朱毛赤匪，其中那個<毛>字就是毛澤東。他還知道，蔣介石要花二十五萬塊現大洋收買他的人頭，標價甚高，同朱德相等。這在當時已是天價了。至於毛澤東上井崗山，閩西走麥城和大遷移中恢復權力等等，則是道聽途說，僅僅略知一二，真真假假，很不準確。

　　毛澤東請諸位將領吃過晚飯後，單單留下了徐向前促膝長談，直至夜深星移。

　　徐向前出身<黃埔軍校武漢分校>，熟諳兵法兵理。近些年來又積累了許多實戰經驗，是位難得的戰將、軍事上的行家里手。毛澤東就偏要同他侃一侃打仗上的事。

　　毛澤東給他講了井崗山上的得失教訓、五次反圍剿的典型戰例和打圈子的戰法、大遷移途中的奇巧打法和挫折等等。徐向前像個聽老爺爺講故事的小娃娃，簡直聽得入了迷。毛澤東越侃越上勁，侃到關鍵之處，又總能恰到好處地，非常準確地引用一兩句孫子兵法上的名言名句，講清用兵大道理。

　　"……那李德不是個笨蛋無能之輩。他學過軍事理論，還有些研究。但是，他完全不懂得在中國如何作戰。這就好比，把國際象棋冠軍拿來，讓他去參加中國象棋比賽一樣。就算你是冠軍，可是你不懂得中國象棋怎麼個下法，怎麼能贏棋？李德祇知道歐州人的猛衝猛打，根本不懂中國人的<揚長避短>，不懂得<聲東擊西>，更不懂得<欲奪之，故先予之>的大道理。李德對<三國演義>中關雲長的<

拖刀計>,趙子龍的<回馬槍>,更是不懂。你看，中國人就懂，就會虛晃一槍，賣個破綻給對手，等他上了當，再殺回去，瞬時間,刀起槍挑，刺對手於馬下，要了他的性命，哈哈....."

"……神兵非學徒,自古不留訣。戰法千變萬化,乃至無窮,既不能按死規律,以不變應萬變,還得會見機行事,靈活多變,以奇為上。……"毛澤東侃的這些軍事理論,多己被他摻上了哲學理論,應該叫軍事哲學理論更為合适 。對於專攻軍事理論和軍事技術的徐向前來講，覺得毛澤東用通俗的語言和道理，深入淺出地闡述了大道理，既新鮮，又深遂，自然愛聽。

"主席,胡宗南在松潘大修堡壘，這事....."

"這是蔣介石從德國人賽克特那裡學來的。這叫<步步為營,穩紮穩打>，企圖長困久圍,卡死我們。蔣介石幹的就是<以己之長，擊彼之短>。我們要針鋒相對：以己之長，掩己之短。他們修好了堡壘，我不去硬攻，而是打運動戰，頻繁地轉移。你在松潘,我就北上。你那烏龜殼就派不上用途了！你再修，我再走。你修得沒有我走得快。你的<長>成了<短>。我的<長> 壓住了你的<短>。我還可以乘你不備,集中兵力,狠狠它個淨光。▼

"主席的意思......"

"現在敵強我弱，不能決戰。叫化子不跟龍王爺比寶貝。我們要退卻,要隱蔽。等敵人的弱點暴露出來時,我們就集中兵力,殲滅其中的一部份。一定要完全徹底地消滅這一小部份，這叫傷其十指,不如斷其一指。"

"萬一戰局有了變化，就是攻不下來,如同松潘那樣。那時如何辦？"

"用一部份兵力鉗制敵人，主力部隊迅速撤到适當的地方隱蔽起來,尋找和等待戰機。絕不可死打硬拼。"

徐向前傾身側耳細聽 。他很喜歡聽這些帶哲學味的軍事理論和思想。

"聽主席一席話,勝讀十年書。"

"戰場上的事，沒有一廂情願的事。特立主張南下。這可能會解決一時的糧草困難。但被人家圍在人家自己的院子裡，終究不是個辦法。人家若是設下了麻袋陣，我們又硬往裡頭鑽，那麻煩可就大了！"

徐向前聽後頻頻點頭。

這一夜，毛澤東侃服了張國燾手下的頭號戰將。

由於張國燾假攻松潘玩把戲而貽誤了戰機，使戰場局勢發生了大轉折。這把洛甫氣壞了。這位書生連夜揮筆寫了一篇長長的文章，題目叫做<南下還是北上>。文中矛頭直指張國燾。

洛甫擔心此文若登在一方面軍的刊物<前線報>上，可能會引起兩支部隊的矛盾。他就拿著文稿去找陳昌浩，想登在四方面軍的軍報<幹部必讀>上。沒料想，陳昌浩一看題目就火了。他再細看文字，那是越看火氣越大，沒看幾行字，火氣就騰空而起,直衝九天,再也憋不住了破口大罵總書記。

陳昌浩時年二十六，湖北人，是世人通稱<九頭鳥>湖北佬中佼佼者。雖然他在莫斯科留學多年，吃了洋麵包，學了洋人的禮節，卻始終改不了張嘴吐髒字的惡習，嘴頭上總是少不了家鄉人罵人粗話<狗卵子>三個字。

"你這是什麼狗卵子文章？什麼狗卵子兩條路線鬥爭？如果你敢發表這篇狗卵子文章,我就號召四方面軍起來,反對你那個狗卵子中央！"洛甫氣得沒話好講，一把奪回文稿，扭頭走了。

張國燾得知此事後,覺得該動動洛甫的寶座了。在軍內已是老大了。黨內也應該是老大。於是, 張國燾又掀起新的爭官風波。

這正是：

顯 神 通 互 挖 牆 角，

搞 內 鬥 不 讓 分 毫。

講 實 力 知 進 知 退，

爭 權 位 各 有 高 招。

欲知後事如何，請看下回分解。

# 第 三 十 八 回

## 蠻 橫 爭 官 一 場 空

## 情 急 應 變 下 戰 表

　　**話說**一、四方面軍三路兵馬這日到達川北的毛兒蓋地區。 毛兒蓋是松潘七十二土司之一的索朗的地盤。它位於大小金川之內。當地藏民稱其為＜毛革阿按＞，是藏民群居之地,方圓約八百里地。部隊進駐毛兒蓋之後，開始大休整。

　　張國燾再也不想往北走了。他想在這裡同黨中央和一方面軍攤牌。這也就是，若能滿足他爭官的要求的話。他則可以拿到黨權和軍權。那樣一來, 自己就能名正言順地下達命令南下,合理又合法。誰若不服， 軍法問罪。倘若洛甫等人不買他張國燾的賬, 不肯讓位給自己的話, 自己就有胡鬧的理由,自管南下。反正自己兵多將廣,胳膊粗,拳頭大, 誰也攔不住。毛兒蓋是他張國燾北上的最後一站地。張國燾要在這裡解決一切問題。

　　到了毛兒蓋, 洛甫就赶來找毛澤東談話。他倒不是因為陳昌浩罵了他, 想找毛澤東幫自己出出氣。早在莫斯科時 ,他就聽多了陳昌浩用湖北腔罵這個人狗卵子, 罵那個人狗卵子。大家都知道＜狗卵子＞三個字是陳昌浩專用驚嘆號。每逢他講話激動時, 一張嘴準是一個＜狗卵子＞。

　　洛甫所以急著找毛澤東, 那是因為張國燾指使部下屢屢打電報給他， 要求改組黨中央, 且口氣十分強硬。洛甫認為,張國燾得寸進尺, 胃口越來越大,態度越來越蠻橫。該是給他收縮一下胃口的時侯了。可是， 又如何收縮呢？他拿不出來主意。

　　"怕是你這位總書記收縮不成人家的胃口囉， ▼毛澤東望著洛甫， 不無警告般地告訴他：▼怕是人家要你收拾行李， 打道回老家了喲！▼毛澤東滿以為洛甫聽他這麼一講， 準會習慣性地大大▼啊▼上一聲。不料， 他猜錯了。

　　"分裂就分裂,就是不能再讓權了！"洛甫平靜、堅定、認認真真地回覆毛澤東。

　　"啊？！"這次倒是輪到毛澤東自己大吃一驚了。他原本就知道有一句老俗話， 是講木有木性, 水有水性， 兔子逗急了,也會咬人的。洛甫為人再溫和， 他也有他自己的脾氣, 自己的原則。但是,毛澤東怎麼也沒想到，在他那書生氣底下，倒是潛伏著一股如此不畏邪惡的骨氣。這自然讓他大吃一驚了。一驚之餘，更是一喜。毛澤東十分清楚，自己再有本事，若是沒有這位名義上的總書記的支持，自己還真難對付得了張國燾。

洛甫一表態，他腰桿立馬硬實多了。兩人談了一夜 。簡直是無話不談 。二人細細密密地商量妥當對付張國燾的辦法。

幾天之後，洛甫見萬事俱已備妥，就下達通知，在沙窩村召開中央政治局會議。

沙窩，當地藏語稱為俄燈寨子，是毛兒蓋十八寨之一，距毛兒蓋大鎮有二十里地遠近。此寨子祗住藏民。藏民稱謂村莊為寨子或寨。中國西南邊疆少數民族大多如此稱謂。

張國燾接到會議通知後，叫上陳昌浩，帶上十幾名衛士，騎馬趕赴沙窩村。他們一行人馬進入沙窩，看見四下裡崗哨林立，警衛森嚴。這裡是四方面軍十一師的駐地。張國燾連聲誇獎十一師，讓自己很是放心。

會場設在寨裡喇嘛廟正殿大堂。張國燾和陳昌浩剛要抬腿邁入廟門，卻被門衛擋住了。這裡是中央縱隊的警衛團的崗哨。張國燾心裡不由火氣上躥。他正要揚聲訓斥。洛甫已聞聲從廟裡走了出來。

"今天是政治局會議。昌浩同志還不是政治局成員，就先不要進去了。好吧？哈哈……"洛甫和顏悅色地解釋道。

張國燾的臉色很不好看，但也無可奈何。他祗好叫陳昌浩在門口等他。他氣哼哼地對陳昌浩下命令昌浩，通知十一師撤崗！這兒警衛得好極了。用不著我們鹹吃蘿蔔淡操心！"張國燾在北京住了很多年。北京的歇後語讓他學了不少。一旦運用起來，滿口京腔京調京味，還真是那麼回事。祗不過，他的語氣裡怒火衝天，又夾著酸不溜丟的臭味，那每個字眼兒，都像似橫著從他嘴裡蹦出來似的，若掉在地上，一彈起來，少講也有三尺高。洛甫像沒聽見似地，微微一笑，轉身進入廟內。

會場裡連把椅子也沒有。戰士們在廟堂裡鋪上了厚厚一層乾草。 政治局委員們席地盤腿大坐。出席會議的共計十一位委員和候補委員。

洛甫先做中心報告。他講完之後，是與會人員自由發言。往常，毛澤東都是最後一個發言。今天，他一反常態，搶先頭一個發了言。

　　毛澤東發言時，張國燾彷彿用木棍支起了耳朵，傾注整個心神，一字不落地聽著。聽到幾處地方，他想大吼一嗓子，打斷毛澤東的話頭，與他爭辯一番。他張國燾從不容許任何人，敢當著自己的面，肆無忌憚地指責鄂豫皖紅區和四方面軍的任何事情，哪怕是芝麻粒般的小事也不行！可是，他一抬頭，滿目都是人家的人。而自己的人，离他最近的是陳昌浩，也還站在大門外面，進不來。俗話道，好虎難鬥群狼。他把躥到嗓子眼的話，又全嚥回肚裡去了。

　　毛澤東東發完言後，又有幾名委員相繼發言，均一致同意毛澤東的觀點，與會人員全在指責張國燾南下的主張，紛紛批評張國燾不服從中央領導的做法。凱豐則舊話重提，對張國燾擅自成立西北聯邦政府展開猛烈地抨擊。

　　張國燾再也憋不住了。他趁著凱豐喝口水潤潤嗓子的功夫，硬是搶過話頭發言。

　　"梁山泊好漢，不打不相識。爭爭吵吵亦無傷大雅。不爭論就不會催生理解！"張國燾出身＜北大＞，又是＜五四運動＞講演團的團長，是個極為能言善辯的職業講演家。　他先用了個引子，開了個頭，靜靜場子，然後話鋒一轉，就引上了正題：＂撫邊開會，大家全都沒講個痛快。事情沒能搞清楚，自然會有一些不應該有的言論。凱豐著文批判西北聯邦政府，洛甫寫文章批評南下方針。更有人散佈我老張是軍閥，是憑借武力要挾黨中央！"講到這裡，他提了提嗓門，又馬上打住，惡狠狠地瞄向毛澤東。這一方面是為了加強演講效果，另一方面是警告毛澤東：你姓毛的背後講老子的壞話，俺老張全知道！可是，毛澤東卻似渾然不覺，彷彿是別人的事，與自己毫不相干，依然如故地，笑呵呵地望向屋頂，自得其樂地吞雲吐霧，大過煙癮。毛澤東的這種挑戰式的神態令張國燾動了真火。他繼續提高嗓門嚷道："有人潑俺老張的髒水，罵俺老張倚老賣老，擺老資格，蔑視洛甫同志，看不起政治局！"他把目光甩向博古和凱豐兩人。這兩位年青人被張國燾一叫板，馬上挺胸揚頭運氣，要同他爭辯一番。張國燾卻用更高的嗓門去鎮唬他們倆，喊叫道："這全是謬論！俺老張不怕！你不就是罵俺老張是個白臉曹操嘛……"

　　"這種流言蜚語真是太多了，多得不得了！有人也罵姓毛的是曹操，洛甫是漢獻帝嘛，哈哈……"毛澤東手捏煙頭，慢悠悠地說道。他的話，令張國燾一愣神，嗓子眼似乎被噎住了。這可是張國燾在軍級幹部小會上講的話，怎麼竟然讓毛澤東知道了？　自家後院可也太．．．．．．張國燾一想到這裡，心神一片震蕩，似怒，似恨，似怨，似．．．．．．張國燾畢竟是張國燾。他迅即按住心頭上的不安和怒火，接著發言。然而，詞兒找不到了，邏輯全亂了套，演講家的風度和感覺，那是無論如何也尋不回來了。一股火氣往自家後院洩去了一大半。張國燾仍在頑強地堅持著往下講，但是，這已是在向別人做解釋，是在洗刷自己，沒有了討伐，更談不上攻擊了。

性格也好，脾氣也罷，畢竟是多年形成的東西。從不認輸的張國燾為了証明自己正確，轉而指責黨中央和政治局的現行政治路線是錯誤的。他徹底地失算了：他同整個政治局對立上了。

不待張國燾發言結束，與會委員紛紛打斷他的話頭，爭搶著發言，批判他的觀點。會場一片渾亂。眾人七嘴八舌地圍攻張國燾一個人。張國燾陷入十分孤立的境地。

單此一點，毛澤東又比張國燾高明。毛澤東在＜遵義會議＞上祗批判軍事路線，繞開政治路線不談。團結了大多數人，取得了關鍵性勝利。

張國燾也自非一般人可比。他在政界翻過跟斗打過滾，靠著一張面皮加兩半嘴皮討生活，又是這方面的高手大能人。他一看事頭不妙，迅即改換話題："．．．．．．依我之見，中央裡應增加工農出身的同志。斯大林同志和共產國際都有這方面的指示。"他聰明地搬出這些紅色鬼佬，來對抗這幫用莫斯科的洋麵包喂壯了的人。

"增加政治局委員必須要由黨的代表大會決定和選舉．．．．．．"洛甫沒多加思索，張口來了一句。

"在座的博古、稼祥、總司令，包括洛甫你自己，哪個人是＜六大＞選出來的？"張國燾一下子就抓住了洛甫的失言，一針見血地當場揭穿和駁斥："不是俺老張賣弄老資格，現有的政治局委員，祗有我和恩來、毛澤東是＜六大＞選出來的。你們諸位不都是會後補選的嗎？這可不是俺老張的新發明吧？"

毛澤東深知，張國燾為了爭權爭位，已做了充分準備。當然，他的話也全是實話。不做些讓步，怕是無法收場。

"政治局裡增加四方面軍的幹部，我沒意見！"毛澤東乾脆把事挑破了。"但是，不宜過多。我提議，可以增補陳昌浩和周純全兩同志。周純全是川康邊界省委書記。他入選以後可以方便工作。紅軍不單是一、四兩個方面軍。不能由這兩個方面軍，把政治局的位子全占滿了。要想想別人嘛！至於中央委員，可以多一些四方面軍的幹部。"毛澤東的一席話取得了多數人的支持和贊成，也堵住了張國燾的嘴巴。

張國燾原本想把四方面軍的九個人塞進政治局，好歹在政治局裡能佔個半數。豈能想到今天犯了眾怒，再叫毛澤東這麼一攪合，奢望全部落空。雖不是零蛋，可自己想當一把手的那步棋，今天是全然沒法下了。

張國燾不服輸。他腦子一轉悠，以紅軍總政委的身份，提議一、四方面軍混合編隊行軍，以增強兩個方面軍的團結。混合編隊後，紅軍將以兩路縱隊向北開拔。

張國燾剛一住嘴，朱德的眉頭就皺了起來。這位老軍人的警惕性是他人所不能比的。他心裡細細一算，一方面軍的人編進四方面軍的大隊裡去，等於八、九個人夾住一個人。一旦有個風吹草動，則會是八、九個人打一人。諒你不服也得服。張國燾想動用實力壓人了，朱德望向毛澤東。毛澤東微微點了點頭。

張國燾緊閉上嘴，兩眼朝屋頂一翻，雙臂環抱，等待答覆。祇要有一個人講出半個＜不＞字來，他就翻底牌。若是你們被迫而無奈地，接受我的提議，那麼，在下一次會上，我就提出四方面軍，至少要有九名政治局委員。看看到了那會兒，誰人還敢對俺老張再有半點不敬。就連＜是＞字聲音小了，俺老張都不買賬！平分秋色，是下輩子的事了！請俺老張當一把手，你們全得跪下來才成，哼！

大殿裡靜極了。

洛甫、王稼祥、博古、凱豐......一位接一位，先後把目光投向毛澤東。

毛澤東大口大口地猛吸早已熄了火的小半截煙頭。

張國燾把目光也投向了毛澤東。那目光中盡是驕橫、狂妄、得意和挑釁，是在無聲無形之中明目張膽地挑戰。

那種目光實在叫人受不了。毛澤東深深地吸了一口煙，把煙頭往鞋底子上狠狠一抿，用一種難以描述的目光迎向張國燾，果斷地答覆道：＂我同意！特立同志剛剛講過，梁山泊好漢，不打不相識。那水泊梁山，是逼上去的嘛！逼上梁山，逼上梁山，不逼就上不去。就不想上！逼急了，就開打。打一打有什麼了不起的喲？看樣子嘛，今後大家是打算好好相識一番了，哈哈......＂毛澤東自己先笑上了。那笑聲，不用細聽也能聽得出來，又苦又澀，像是用黃蓮水混合辣椒水浸泡過的一般。聽完他的笑聲，眾人毫無笑意地長長嘆了一聲。

張國燾聽到＜我同意＞三個字後，不由自主地一皺眉頭，接著又聽到＜逼上梁山＞那段說詞，就覺得不大對味了。他想了想，這是應戰！是宣戰！是在向俺老張下戰表！

　　張國燾也還另有他自己的理解。他心中暗暗地想,逼上梁山也好,逼下梁山也罷。總之,你姓毛的能懂得一個<逼>字了，那就好嘛！打今往後，俺老張就讓你好好地品嚐ˇ逼ˇ的滋味！看看俺老張把你逼成個啥模樣？俺老張要逼得你跪著討饒！

　　張國燾再一想，他毛澤東憑仗什麼敢混合編隊？ 他下一步棋怎麼走法？他若有狠著、鬼著、毒著，會是什麼？自己的一連串大問號令自己鎖起了眉頭。他不能不去多想想。他不傻。他太知道自己的這位老對頭、老冤家的份量了。

　　ˇ特立同志，混合編隊後，在你親自督促下，行軍速度怕是會大大加快了吧？ˇ毛澤東又恢復了笑容，軟中含硬地問道。

　　張國燾被這突如其來的一問驚醒了,追回了神思。他略一穩神就明白了,這是給他出題目做文章,是張開口袋,請他自己往裡面鑽。

　　張國燾咧嘴一笑，泰然地回應道：ˇ那我就宣佈一道命令。請總司令任前敵總指揮,劉伯承任總參謀長，葉劍英任副總參謀長，全權指揮部隊北上。俺老張帶頭服從命令聽指揮。各位也要大力支持。好了,請新官明天上任就職,哈哈......"張國燾輕輕一側身,就從毛澤東張開的口袋邊上滑了過去。他把行軍快慢的責任，一古惱兒全推給了毛澤東和他的伙伴們。

　　張國燾匆匆出了廟門，正巧撞上陳昌浩牽著馬來接他。 陳昌浩的頭一句問侯請安還沒吐出嘴， 張國燾就搶先開口罵上了：ˇ姓毛的， 大惡霸！大獨夫！哼......"陳昌浩聽得心頭亂跳。

　　望著張國燾急匆匆走出廟門的背影，毛澤東不無憂慮地自言自語道：ˇ我們的困難日子就要到了！日子會更困難了......"會場上的人聽了, 不免心頭小鹿亂撞,把一顆心高高地吊了起來。

　　混合編隊的兩路紅軍幾乎同時抵達無人區薩格蘇海。

　　薩格蘇海, 藏語的意思是天使一般美麗的死亡之海。它實際上不是海。它是一片大草地。俗稱毛兒蓋大草原。也有人叫它松潘大草地。它縱橫六百里， 面積一萬五千多平方公里。其地勢由東南西三面向北傾斜。傾斜度極微小,肉眼幾乎看不出來。草地一望無垠,河岔曲流橫佈， 暗流暗溝比比皆是。那水,幾乎長年不曾流動一寸長， 叫做一潭死水,更恰如其分一些。排水不暢,形成大面積沼澤地面。水草盛旺,盤根錯節,結絡成大片草甸子。

　　松潘大草地， 一年之內大部份時間是眇無人煙。祗有在夏天,也僅僅是短短的幾天時間裡， 在其近處放牧的牧人,會到草地邊緣地帶， 尋找失散了的馬匹和牛羊。他們一到這裡， 望上幾眼， 找不見牲畜，就急匆匆地策馬离開。誰也不願意多停留一分鐘,多前進一步路。

薩格蘇海，是死神招手的地方！

紅軍整整走了七天七夜，才走出了死亡之▼海▼。但是,卻有那麼多的人，永遠地永遠地留在了死神的家中。离開大草地時，一方面軍已不足九千人。

右路紅軍終於走出草地，到達草地北端的班祐和巴西地區 。胡宗南奉蔣介石的命令,在包座佈署部隊阻擊剛剛走出了草地的紅軍 。毛澤東提議主動出擊包座,給胡宗南來一個冷不防。徐向前贊同毛澤東的想法,調動四方面軍的四軍和三十軍擔任主攻任務。經過一晝夜激戰,攻克了包座。

仗打勝了。路打通了。毛澤東的心頭卻更加沉重了。第一，蔣介石知道了紅軍已到達包座,肯定要派重兵圍剿。大戰在即。第二，張國燾率兵出了草地後,並不向右路軍靠攏。張國燾停住不動。

大敵當前。大戰在即。兩路部隊卻不合攏。這就潛伏著被白軍分割圍殲的危險。陳昌浩急了,頻頻發電報催張國燾向右路軍靠攏。張國燾不予置理,依舊按兵不動。右路軍催得更急了。突然,張國燾盜用前敵總指揮朱德的名義,電告徐向前和陳昌浩："右路軍即刻南下"。張國燾終於攤牌了。

到了此時此刻此種形勢之下，毛澤東縱有千條妙計，也無可奈何張國燾半分毫。毛澤東使用最後的一招,把洛甫搬出來，讓他行使總書記的否決權。張國燾覆電洛甫："一方面軍也必須一同南下"。毛澤東徹底傻眼了，洛甫就更別提了。

陳昌浩略一遲豫，就表態同意南下。

徐向前不想看見紅軍一分為二，兩支兄弟部隊對立，就服從了張國燾的命令，同意南下。

毛澤東的頭真地大了。他再一次認識到槍比黨頂用。槍桿子的确能指揮黨。

九月九日上午，一個極為平凡的早晨。張國燾給陳昌浩發了一封絕密電報。

陳昌浩正在前敵指揮部召開政治工作會議。機要員送電報給他時，他正在講話。機要員就把電報給了副參謀長葉劍英。葉劍英見是給陳昌浩的密電，看也沒看，順手遞給陳昌浩。陳昌浩正講得起勁，對電報看也沒看一眼，一回手又推給了葉劍英。這時，葉劍英才有一搭沒一搭地去看電報。葉劍英這一看不要緊,嚇得他渾身冒冷汗。

這正是：

> 陰差陽錯時時有，
>
> 有時吉來有時凶。
>
> 危難關頭救星現，，
>
> 仇人刀下僥幸生。

欲知後事如何，請看下回分解。

# 第 三 十 九 回

## 密 電 欲 殺 老 冤 家

## 奪 槍 方 識 洋 大 俠

　　話說葉劍英看見密電上寫道，要陳昌浩立即率兵南下，若有人不服從命令，可以＂徹底開展黨內鬥爭"。這〈徹底〉二字盡露殺意。再明白點講，〈徹底〉等於槍斃。

　　葉劍英頓感大事不妙，事情已鬧到〈徹底〉的地步，人頭落地將是須臾之間的事了。他借口上廁所，悄悄地离開會場，偷著去見毛澤東。一路上，他提心吊膽，右顧右看，一旦被陳昌浩發覺，他將第一個被〈徹底〉了。

　　最近這段日子裡，毛澤東頻頻給張國燾發電報，催他合兵北上。這批電報有的是幾個人聯合署名，有的則以黨中央的名頭，有的則以中央軍委的名份。但是，全是肉飽子打狗，有去無回。毛澤東深知，張國燾這個人不是三言兩語，幾紙電報就可以使其改變主意，幡然悔悟的人。毛澤東卻依舊電報照發。這是為了立此存照，以待秋後算賬用的。屆時，怕你張國燾賴賬不成？然而，屢屢相催，一無反饋。毛澤東自己心中也打起了小鼓，有種快要分手的預感。

　　他正在盤算著分手的事，彭德懷忽然趕來見他。

　　"老毛，你也沒睡？"彭德懷見毛澤東坐在門口吸煙，順嘴問了一句。自打在井崗山與毛澤東相識，這〈老毛〉二字被彭德懷叫了一輩子。

　　就算建國之後，他依然老毛長，老毛短地叫著。在老一輩革命家中，僅剩下他唯一之人如此稱呼毛澤東。他身陷囚籠，挨批挨鬥，依舊如此稱呼。為此，他多吃了不少苦頭。

　　與他同時期的老同志，如林彪，場合不同，叫法不同。有時叫毛代表、毛委員，以顯親切；有時稱毛主席、毛政委以顯敬重；文革中他苦動腦筋發明了〈四個偉大〉以及〈最〉字的最次開立方，更顯其無限忠誠。就算林彪發火了，給毛澤東提意見，甚至爭吵鬥嘴時，用到〈同志〉二字，已到頂天地步了。

　　到了周恩來身上，對毛澤東的稱謂則複雜得多了。隨著毛澤東的官職屢屢變更， 而自己則由上級變為下級,那是該叫什麼就叫什麼。讓人想不滿意一下都不成 。 管保叫你聽起來,猶如往耳朵眼灌蜜糖。

　　朱德對毛澤東的稱謂， 顯示出自己為人忠厚本份的性格， <潤之兄>三個字叫了一輩子。

　　"睡不著哇......"毛澤東淡淡地回了一句， "你也沒睡？都想些啥子喲？'

　　'林彪已經到了俄界鎮。我擔心萬一聯絡不上,就派人給他送去一本我的電台密碼本子。出了急事,也好用用。"

　　"老彭呀,有人講你粗。我講他們全看走眼囉， 哈哈......"

　　"我這幾天怎麼聞著張國燾身上的味道不大對頭......"

　　毛澤東默默地苦笑了一下。

　　"老毛,他張國燾仗著人多槍多， 萬一先動了手, 我姓彭的可不會乾瞪著眼， 叫他繳我的械， 抓我的俘虜！我想......."

　　"哎呀呀， 這可不成！老彭,萬萬不可！"

　　"我想， 一旦有個風吹草動， 我搶先抓他的幾個頭頭當人質。他姓張的心再黑， 有了人質還怕他張狂不成？"

　　"你太不了解他了！他一向殺人如麻。死幾個人質， 他根本不在乎。跟他鬥,要用軟功夫。要像牛皮糖一樣！他想扯斷,就是扯不斷。黨內鬥爭,一定要先佔住個<理>字。生打硬拼,眼下吃虧的肯定是我們。一抓人， 就被動了。"

　　"好,聽你的！我已經派了十一團隱蔽在你的附近。我會天天去哨位看一眼。你放心好了！我已告訴過他們了， 不惜一切， 保証你和黨中央的安全。"

　　毛澤東仰起頭， 從上到下,仔細地打量著這位猛張飛， 心中想， 他敢殺我的朋友王佐和袁文才。他也敢鼓動林彪轟我下台。但是,在要命的節骨眼上， 卻又如此忠勇義氣， 活像個千里走單騎,送嫂見皇兄的關雲長......毛澤東默默地望著他， 像是不認識他了， 頭一回見面似的。

　　正在此時,葉劍英急匆匆地進了院子,連聲報告也顧不上喊了。

　　毛、彭二人看完密電， 大吃一驚。他二人互相望了一眼， 沒言語一聲。彭德懷立即告辭， 飛身上馬,趕回部隊， 主持應變。臨出院門,他又來了一嗓子："老毛， 記住， 赶快去三軍軍部找我！"

　　毛澤東用鉛筆把電報抄在一個紙煙盒背面， 就連聲催葉劍英赶緊回去。

不到午夜時光,陳昌浩找到毛澤東家裡來了。他通知毛澤東：張政委來命令了，命令我們右路軍立即南下！"

"昌浩，你是政治局委員，自然知道政治局的決定。你講，該怎麼辦？"

自打混合編隊後，毛、陳二人接觸多了，溝通多了，關係已不像先前那般緊張了。在毛澤東眼裡，陳昌浩祇是個急於上進，貪圖眼前小利的青年人。這些毛病又有哪一個年青人能沒有呢？毛澤東沒把他列到自己的冤家對頭名單上去。故而，遇到問題時總想開導他。

陳昌浩犯難了。他知道＜理 ＞在毛澤東這一邊。可是他的一切，他之所以能有今天的飛黃騰達，全靠張主席的扶持。他並不覺得北上和南下，有什麼天大般差別，乃至對立到必須捨棄其中一方的嚴重程度。為著不辜負張主席的恩情，他選擇了南下。但從思想上講,他並不反對北上。

毛澤東見他猶豫不定,換了副笑臉。

"昌浩，我不想讓你犯難。這樣吧,我馬上去一下三軍軍部。總書記、周公、王稼祥同志都在那裡。我們幾人商量一下。總政委确實想南下，看看能不能就南下一趟。南下吃了虧，還可以再掉頭北上嘛。是不是這個道理？"

陳昌浩聽毛澤東講得絲絲入扣，十分有道理，不由咧嘴笑了："還是毛主席度量大,看得遠。我等你的消息！"

毛澤東連忙策馬趕到三軍軍部的駐地小鎮巴西。

半夜時分，召開緊急會議。

會議內容不是研究南下,而是決定甩開張國燾，紅一方面軍單獨北上。

會上還安排了一方面軍如何脫离危險區。會上決定由彭德懷指揮撤离危險區，並通知林彪以及留在四方面軍工作的一方面軍的幹部，要自己想辦法溜出來北上。大家約好在俄界匯合。會議僅開了十幾分鐘。在中共黨史上稱這次會議為＜巴西會議＞。

在四方面軍紅軍大學任職的韋國清和宋任窮二人接到通知後，立即帶上一方面軍的學員跑步趕往三軍軍部。他二人貪圖多拉走一部份人，就把不明真相的四方面軍的學員也拉了出來。他們二人帶隊找見毛澤東後，就在夜色的掩護下，找了一條山間小道，準備翻越一座小山崗，走些近路，去找彭德懷的大部隊匯合。

這批學員隊伍剛剛爬到半山腰，突然，一隊傳令兵騎馬追了上來。他們繞到隊伍前頭,堵住了去路。帶領馬隊的傳令兵頭頭大聲

喊道　："原地站住！陳昌浩主任有命令！命令你們立即返回學校，等侯處置！"

　　不明真相的四方面軍的學員紛紛圍上前去，打探個究竟。一方面軍的學員圍在洛甫和毛澤東的四周，也是不知個所以然。洛甫剛對他們解釋了幾句，紅軍大學教務長李特帶人追到了跟前。

　　李特是留蘇幹部。在莫斯科時，他同洛甫，凱豐，博古等人十分熟悉。李特是個熱血青年，很容易沖動。他小有聰明。在莫斯科上學時，成績最為優秀。為此，蘇聯軍校校長、一名老將軍把自己佩戴的一支大號左輪手槍送給了他，做為獎品。李特仿傚蘇聯秘密警察契卡人員的樣子，把這支手槍斜揹在腰側。他自己覺得十分威武雄壯，十分自豪。歸國後他也是分秒不离身地佩戴著這支手槍，向人炫耀。

　　他是跟隨張國燾從上海進入鄂豫皖紅區的幹部之一　。在紅軍大學整肅<ＡＢ團>時他審訊中動了怒，犯了急，拔出左輪手槍就是一傢伙。不知有多少人冤死在他的槍下。

　　李特聽到章、宋二人把四方面軍的學員拉走了，就怒不可扼地帶隊追了上來。他衝到洛甫和毛澤東面前，氣哼哼地大聲責問："總政委命令你們南下，你們為什麼不執行命令？為什麼要拉走我們的人？你們想反水嗎？......"他嚷著嚷著，火氣就往上躥，易沖動的勁頭就上來了。他習慣地伸手就去拔腰間的大號左輪手槍。

　　就在這千鈞一髮之際，一隻大手從他身側伸出，牢牢地卡住了他的手腕子。那隻大手的力道太大了，壓在他的手腕上，如同給他的手腕子，加上了一把特號的，又大又重的鐵鎖一
般，以致他整條右臂都動彈不得。他試著扭動了幾下。白扭！全沒用！李特這才側過臉去仰面一看，驚呆了。是李德！

　　李德見他望向自己，就用俄語對他嚷道："你懂不懂軍隊的紀律？你怎麼敢在上級面前拔槍？你在莫斯科是不是白學了四年？我要報告共產國際和斯大林同志處份你！"李德講俄語，別人多半聽不懂。李特聽了，那是全明白。他最明白 共產國際和斯大林同志的<處份>意味著什麼。留蘇學生是天不怕，地不怕，人不怕，鬼不怕，就怕共產國際和斯大林這二位"洋爸爸"。李特傻了。聽得懂李德這番話的洛甫、博古、凱豐等人樂了。毛澤東見到眾人的表情，心裡那塊大石頭落地了。

　　"你們為什麼要溜走？"李特不服氣地用俄語對著洛甫等人嚷叫。

　　"胡扯！黨中央有權指揮一切！下級要服從上級，明白嗎？"凱豐用俄語回答他。

　　"李德同志，你別忘了<遵義會議>！我指的是<遵義會議>！"李特面對著李德聲嘶力竭地嚷叫。他想煽起李德心中的怨恨，乃至仇恨之火。

　　<遵義會議>這幾個中國字，李德是太能記得住了。他終生難忘這幾個中國字。這是他的恥辱柱。這是他的政治生涯和軍旅歲月的死亡座標。李德一聽到這幾個中國字，大手緩緩地鬆開了。他迅即鎮定住自己的情緒，朗聲道我同他們在遵義有分歧。我現在也不同意他們的觀點！可是現在，北上是正確的。我支持北上！黨中央高於一切！你要勸服張國燾，叫他服從黨中央！"

　　在李特的心目中，李德的話，如同共產國際的命令。在當年的中共，在紅軍裡，不祗高級幹部，就是普通幹部，對共產國際也都是奉若神明，不敢稍有違抗。

　　李特聽了此話，徹底洩了氣，手也鬆開了槍柄。

　　毛澤東站在一旁默默地看著。他聽不懂俄語，完全不明白他們彎著舌頭亂嚕嚕些什麼。但是此刻，聽聽他們的聲調高低，看看他們的一舉一動，該明白的就全明白了。讓他最明白，也最難明白的，則是李德這個人。在戰場上，他同敵人明刀明槍，明打明鬥，如同歐州中世紀的劍客鬥士，騎士遊俠一般。在中國人的眼中，特別是在謀士智者的心目中，則如同傻小子差不了多少，少了一個乃至幾個心眼。此刻，下了戰場，在窩裡哄時，他不記前仇，趁機報復，而是恰恰相反，路見不平，拔刀相助，如同中國古時候，或是武俠小說中的義士俠客一般，懲惡勸善，替天行道。真可稱得上是峨嵋論劍，天山試刀，武當比巧，崆峒鬥奇的一方洋大俠！一位黃頭髮，藍眼珠，祗會一個中國字<好！好！！好！！！">的混血大俠！毛澤東彷彿此刻才認識這位舉止坦蕩，表裡如一，透明得如同水晶一般的李德。

　　毛澤東收回思緒，對李特講："四方面軍的學員，願意回去的，你可以帶回去。我要告訴你，彭德懷同志馬上就帶領大部隊趕到這裡。他若是見到你敢拔槍，他的鬼頭大砍刀就該喝血了。他的脾氣你是知道的！"

　　李特見過彭德懷，聽別人講他的故事就更多了。他非常懂得毛澤東話中的暗示。他怕彭德懷。真若惹怒了彭德懷，大概十八年後才能再摸摸心愛的左輪手槍了。李特快快不樂地帶領一部份學員往回走了。他邊走邊罵。罵得上了火，就習慣地去拔腰間的紀念品。

這件紀念品可是十分了不起！差點壞了洛甫和毛澤東的性命，差點改寫了中國革命的歷史進程。也正是這把槍要了李特自己的小命。兩年以後，他佩戴著這把槍去了莫斯科。那位老將軍被斯大林定為托洛茨基份子槍斃了。李特受到了牽連，被定為托派份子逮捕入獄。罪証就是這把手槍。李特病死在獄中，成了异邦冤魂。

李特見到陳昌浩後，添油加醋地匯報了一番。氣得那陳昌浩七竅生火，八竅冒煙，不知他又罵了多少個狗卵子。他氣恨自己被毛澤東騙了。更氣恨葉劍英盜走了密電和唯一的一張，從敵人手上繳來的甘肅省軍用地圖。他如何向張國燾交賬？他能不罵狗卵子嗎？但是，他一個狗卵子也沒敢甩給李德。

陳昌浩罵累了，派人找來徐向前。

"一方面軍個狗卵子全溜了。我們打不打他個狗卵子？"

"哪有紅軍打紅軍的道理？無論如何不能打！"徐向前十分果斷地對陳昌浩講。毛澤東用一夜長談，換得了這句話，怕那張國燾再做十夜大夢，也夢不到！

"那也得想個辦法，總不能一走了之吧？"李特仍在怒火中燒，不肯息事寧人。

"走就走了吧。"徐向前淡談地回了一句。

身在阿壩的張國燾得知此事後，竟然比徐向前更為冷靜。他投入全部精力大造輿論去消毒。他懂得消毒比罵狗卵子頂用。他要在四方面軍裡徹頭徹尾，徹裡徹外地搞臭毛澤東。

張國燾以川康邊界省委的名義召開了省委擴大會議。能來的全上了會。張國燾盡可能地找來更多的人上會。這就是著名的〈阿壩會議〉。

張國燾在台上講話。陳昌浩在台下領頭喊口號，活躍空氣，製造氣氛。張國燾每每講到關鍵之處，得意之時，都要嗓門一提，稍做停頓。陳昌浩心領神會，馬上振臂亂揮，張開嗓門大運氣，狂喊口號："堅決反對洛周毛王逃跑主義！"、"北上抗日是大騙局！"、"緊跟張主席，南下吃大米！"……會場上一片討伐聲，聲聲震耳。南下吃大米，令人向往，涎水橫流，振奮軍心。

張國燾講累了，一側臉看見了坐在桌子端頭的朱德和劉伯承二人，猛然心生一計。朱、劉二人因在阿壩前敵指揮部工作，得不到溜號的通知，被迫留下。

"總司令，你給大家講幾句！"

朱德是紅軍的象徵。紅軍官兵深深敬重他。他的話在軍中很有影響。張國燾認為，在人屋檐下，不能不低頭。你在我手心裡捏著，你總得來它幾句讓俺老張高興，愛聽的好話吧？總而言之，祇要你總司令能講出＜同意南下＞四個字來，就等於在官兵心目中，把洛甫、毛澤東這伙死對頭統統槍斃了。退一步，就算你姓朱的不肯講＜同意南下＞之類的話你也不敢公開表態反對南下吧？張國燾為自己這一計暗暗叫好，就連聲催逼朱德發言。

"你都講那麼多了，我再講什麼也沒用了。"

"表個態嘛！"陳昌浩在台下不住聲地敲邊鼓。在大會上,他還是挺能自律的,一般不使用他特有的驚嘆號。

"在政治局會議上大家都舉了手......"陳昌浩剛聽完這半句話,心中就全明白了，對朱德的期望，徹底涼透了腔。瞬間,心裡昇起萬丈怒火,就揮拳舞胳膊，瘋也似地亂叫亂喊："打倒大軍閥！"、"打倒老保守！"......朱德不動聲色,穩坐如山,聽見眾人喊叫累了，吵叫膩了，該歇口氣了，他這才憨厚地，長者般寬容地淡然一笑了之。

"請劉參謀長講幾句！張國燾心想，你姓劉的總不會像老朱頭一樣吧？你沒有他那種資歷、資格和威望。

"沒啥子好講的。北上抗日嘛，哪個人敢講反對喲？"劉伯承川腔川調地講了兩句。

"你個劉瞎子，也敢反對張主席？！"王超一步搶上主席台,衝到劉伯承面前,指著劉伯承的鼻子,破口大罵,出口極為不遜。

"我這隻眼是反動派搞掉的。你很開心嗎？"劉伯承問了一句,問得王超啞口無言,問得台上台下一片靜悄悄。

劉伯承摘眼球不用麻醉葯， 連割七十二刀的故事, 如同賀龍一把菜刀鬧革命的故事一樣,在紅區婦孺皆知， 是紅軍官兵心頭的教科書。劉伯承不動火氣, 不吐髒字， 就這麼一問, 搞得張國燾坐不住了， 會也不想開下去了， 好聲沒好氣地嚷叫："散會！散會！！"

一、四方面軍合兵三個月，就此分手。大會師終成大分裂。

此次會師,毛澤東吃了大虧。混合編隊時編入左路軍的五軍和九軍， 全扣在張國燾手上。兩員大將朱德和劉伯承成了人質。一方面軍在俄界匯齊時, 毛澤東清點人數， 全軍不足六千人。蔣介石把他的八萬六千人，搞得不足一萬人。在他最困難時,張國燾又咬了他一口。他把這兩人視為死對頭,讓他終生最為忌恨。

毛澤東沒有氣餒。他聽從了彭德懷的建議，把一軍和三軍合編為一個支隊,取名＜中國紅軍北上抗日支隊＞,彭任司令員,毛任政委。

毛澤東下令成立了編制委員會， 主任是李德。要求李德按外國軍隊的軍令軍規， 把這支由中國農民組成的部隊,操練成一支精

兵。李德接到任命後，十分高興，咧開大嘴巴，兒童般笑了起來，連聲嚷道：＂好！好！好！＂

　　＂你們外國人很有胸懷，直來直去，明刀明槍。我十分佩服！＂毛澤東誇獎李德。

　　＂中國人的計謀什麼的，我完全不明白。我得好好學習才行！＂毛澤東聽了此話後，比李德笑得更兒童，直引得洛甫、周恩來等人笑了個飽。

　　張國燾造足了輿論，就在卓克墓縣的卓木鎮，一座喇嘛廟裡召開了紅四方面軍高級幹部會議。中心議題是學習列寧脫离＜第二國際＞和創立＜第三國際＞的徹底革命精神。

　　張國燾講了一番大道理，罵了一通洛甫和毛澤東，勾畫出一幅南下吃大米的美麗圖畫後，宣佈成立＂中共中央＂、＂中央政府＂和＂中央軍委＂。他自任這三個中央的主席。他又宣佈撤消洛甫、周、毛、博古四人的黨政軍一切職務，並開除這四人的黨籍。他還宣稱，要對這四個人通緝抓捕歸案，給予法律制裁。

　　會後，張國燾以＂中共中央主席＂的身份和名義，通知一方面軍可以成立北方局。該局歸張國燾個人直接領導，有事直接向他報告。

　　張國燾哪裡知道，這恰恰是毛澤東所企盼的。張國燾自立中央無异於給自己戴上了反黨大帽子。張國燾這一鬧，把那些反對毛澤東的人，全推到毛澤東的陣營中去了。他更沒料到，他的南下，把白軍吸引到自己身上去了，揹上了一個幾乎把自己壓死的大包袱，從而讓毛澤東喘了一大口氣，順利北上。

　　　　這正是：

　　　　　　　　　　李　德　硬　拼　李　特，

　　　　　　　　　　好　漢　好　漢　好　漢　！！！

　　　　　　　　　　國　燾　自　立　中　央，

　　　　　　　　　　傻　蛋　傻　蛋　傻　蛋　！！！

　　　欲知後事如何，請看下回分解。

# 第 四 十 回

## 南 下 兵 折 百 丈 關

## 敢 死 不 死 許 和 尚

話說張國燾終於同洛甫、毛澤東等人分道揚鑣,各奔前程。

張國燾率領八萬大兵,一路南下,二過雪山草地,直奔四川省成都市,要打下成都,天天吃大米乾飯了。

蔣介石在南京獲知四方面軍八萬人馬正向成都地區移動,立即調動二十萬大兵,迅速地在川西廣大地區散開,結成一面大網,專等張國燾前來自投羅網。

蔣介石自打在江西、湖南連連獲得大勝之後,用起兵來越發講究方略和技巧。在應對張國燾這支大兵之前,他反反復復地捉摸,自已的嫡系部隊,雖然裝備精良,能征慣伐,但對地方上的情況,則是人地兩生,兩眼一抹黑,無任何優勢。

常言道,強龍難壓地頭蛇。在兩軍對陣中更是如此。地利、人和是取得勝利的重要因素,是忽視不得的。於是,蔣介石提拔川軍中實力最強的劉湘為川軍總司令,允許他把手下的一個軍擴編為三個軍。又嚴令全省各家兵馬,統歸劉湘節制,違令者軍法處置。蔣介石擬用地頭蛇打頭陣,死拼紅四方面軍。

同時,他在戰略要地,咽喉之處,佈署了嫡系部隊,做為大網的聯接點和支撐點。一方有事,主力部隊立即馳援奔襲。如此以來,充分發揮出中央軍和地方部隊的各自優勢。戰鬥力顯著強化。

四川軍閥,向來難惹。

其一,川軍擅打爛仗。川軍隊伍的武器配備,極為平常。但其慣用牛皮糖戰術。一旦被它粘上,那是扯不斷又甩不開,又韌又硬,能磨得對手精疲力竭,敗下陣去。人稱此等打法為爛仗。

其二,川軍又很能打死仗。若是外地部隊祗是借道路過,不在川省地面上搶地盤,奪飯碗,川軍不會舍下性命與人相鬥相拼。縱然為了向蔣介石做個交待,也是假打假鬥,激戰一晝夜,雙方無傷亡。川軍管這種仗叫做"祗聽槍聲響,沒人見閻王"。但是,倘若有誰來搶地盤,奪飯碗,賴住不走。這準會惹翻四川各地軍閥。他們會聯合起來,一致對外。槍一響,翻臉不認老祖宗,豁出老命,同你一拼到底。不死光，決不收兵。祇見屍首，不見俘虜。人稱為死仕。

故此，川軍粘韌凶狠，很難對付。蔣介石一向不輕易用兵四川，不給自己找"病"。

張國燾的部隊一入川西，就四下裡張揚"打下成都吃大米"。讓四川軍閥全都緊張起來了。由於川西是川軍中雜牌小股武裝的地盤，兵力甚為單薄，頂不住張國燾大兵的強烈衝擊。四方面軍連戰連捷。張國燾十愜意。"打下成都吃大米"的口號越喊越響。似乎成都的大米已下在鍋裡，就等他們去吃了。

殊不知，這頭幾仗都是擊潰戰。這些小股雜牌軍亦皮毛未損。摸清了張國燾的進軍動向，蔣介石暗地裡又調來十萬人馬。一色是訓練有素的正規野戰部隊。蔣介石是做打持久戰和消耗戰的準備。而這正是四方面軍的致命點，或<命門>之所在。

紅白兩軍在邛郲山兩側的平原地帶，擺下了戰場。

劉湘把入川的二十多萬中央軍，全部集中安置在雅安、名山和邛郲三縣的地面上，構成一道弧形防線。劉湘計劃，若紅軍停止前進，駐紮下來，他則把弧形防線向裡收縮，形成包圍態勢。如若紅軍繼續向前移動，那是自動陷入重重包圍之中。劉湘的這一陣式形如一張大網，足可稱為鐵網陣。

略有軍事常識的人，就能看得出來，四方面軍的處境十分危險。八萬硬碰三十多萬，實力對比上已處劣勢。客地作戰，人地兩生，沒有後勤保障，劣上加劣。如何應戰？

想一口吞天的張國燾就偏不信這個邪。他偏要用自己這枚雞蛋，去碰劉湘這塊大石頭，並且要把石頭碰得粉碎，創造個人英雄史上的奇跡。

一場空前罕見的惡仗，便在成都西面的要塞重地百丈關打響了。

百丈關，座落在名山山跟下的開闊小平原上。它是雅安通往成都的必經隘口。它北倚邛郲山，南臨岷江。其地勢平坦，僅有極少的小丘陵，幾乎沒有任何天然的戰鬥屏障和掩蔽物。

劉湘下令白軍搶先修建了一些水泥工事和小堡壘。紅軍匆匆趕來，祇挖了些散兵坑權充工事。

紅軍的武器，向來以步槍為主，重型武器幾乎沒有。就兵家而言，配備步槍為主的部隊擅打遊擊戰、運動戰和破襲戰。最最打不得陣地戰和消耗戰。李德在江西吃足了靠步槍打防守的虧。張國燾硬不汲取教訓。雖然口號是"打下成都吃大米"，像是在運動中作戰。實際上，劉湘先擺好了陣形，逼你打陣地戰，你別無選擇，祇能去打陣地戰。在兵理陣法上，張國燾未戰已敗。

紅軍的散兵坑尚未全部挖好，劉湘就命令薛岳率領其王牌部隊<武威軍>，搶先下手，發起了猛攻。紅軍被迫防守還擊。

陣地戰打響了。

白軍幾輪衝鋒未能得手，就動用了飛機。轟炸机編好隊形，輪番投彈。飛機投光炸彈，剛一飛去，各種類型各種口徑的大炮一齊轟擊，數以萬計的砲彈傾瀉在幾乎沒有任何工事的紅軍陣地上。頓時，成頓的泥土灑向天空。泥土剛剛落下來，又被重新揚起。眨眼間，石塊被擊碎再擊碎，成了灰粉。地毯式轟炸和炮擊後，前沿陣地上的紅軍官兵十有九亡。屍身狼藉，血肉橫飛。預備隊頻頻替補，祇是增加了屍身的密度。

紅軍前沿陣地上，一個小土堆的側後方，臥伏著一員虎將，他手舉望遠鏡，嘶啞著嗓子指揮戰鬥。灰土面子厚厚地揚了他一頭一臉一身，弄得他活似個剛剛捏好的大泥人，祇是還沒摳好鼻子眼睛，看不出他的長相，更看不見他的神情。他是軍長許世友。

四方面軍一碰上惡仗，準是叫他在第一線上頂著。這一次，仍是把他拱在最前邊，同薛岳一決高下。他的主力團已經拼光了。團級幹部一個也沒剩下。一千多具屍身躺在炸得坑坑窪窪的陣地上。陣地已經互相易手十幾個回合了。主陣地三次失陷。他自任敢死隊長三次硬從白軍手中奪了回來。他的大刀砍捲了刃。大刀已換了三把。他粗重地大口大口地喘著氣，噴著濃烈的酒味。多年的生死拼搏，養成了打衝鋒前，先喝一瓶老酒的怪習慣。

許世友生於河南湖北兩省搭界處大別山腹地的許家洼村。大別山腹地有一風俗，就是孩子十八以前祇有乳名。奶奶給起了個乳名叫<又得>。孩子滿了十八，老師起個名字，叫學名。又得的學名叫<仕友>。入黨後他自己去掉了<仕>字的立人旁，改名叫<士友>。攻打包座時，他見到了毛澤東。毛澤東有個愛幫別人改名字的習慣。毛澤東問了他的名字後，問他：〞我幫你改改名字好不好哇？〞

〞好，太好了！做夢都夢不著的好事！〞

〞把那個<士>字，改成世界的<世>字，叫個<許世友>。你要做世界人民的朋友！〞毛澤東嘴上如此解釋，實際上他把祇有三筆劃的<士>字，換成了有五筆劃的<世>字，按<易經>的數理，做了姓名三個字<數>上的重新組合，能給他帶來好運。他一聽，樂得合不攏嘴。就此改名許世友。

在紅軍官兵中，許多人練過武術。名氣最大的是<北許南譚>。人們流傳這二人中，一人是北少林寺弟子,另一人是南少林寺弟子,二人皆是小和尚。實際上,<南譚>确為南少林寺的和尚。建國後官至副省長、省政協主席。<北許>正是許世友。為此傳言而得外號<許和尚>。 他的武功確實超群，但不是少林寺的和尚。他的一身好功夫卻偏偏又是少林武功正宗嫡傳，某些招式路數已在少林寺失傳。

許世友小的時候十分好動貪玩。由於他小有聰明，在體育運動方面很有些天賦。他的玩法不同於一般孩子。他總能玩出個新花樣怪名堂出來。沒人教他，他就能翻斤斗、拿大頂、學猴子爬樹、兩腿倒掛在橫樹幹上打秋千……

他六歲那一年，家裡收下一個過路人當長工。此人骨架不凡,走起路來透著武功架式，一舉一動都有點門道。有一天，半夜時光,又得叫尿給憋醒了，去茅房撒尿。 他走到房身後,聽見牆外有窸動聲。淘氣慣了的小又得爬到牆頭上,探身往外看,見是有人在習武。他一高興，把尿撒在牆頭上,提著褲子跳到地上,看人家練武。

原來，這是那位長工在練拳。小又得一動不動地看了小半個時辰。待那位長工收式要回屋了,小又得跑上前去,一把抱往長工的大腿,央求長工教他拳法。其實,小又得一跳下牆頭,長工就知道是他來了。在這段時間裡,小又得以為自己一動不動，也沒被人看見。實際上，他眼望著長工打拳，自己則早已不由自主地，或叫下意識地模仿著長工的一招一式比劃起來了。雖然是初學乍練頭一遭，可是他比划得有模有樣，滿是那麼回事。對於一個六歲大的孩子來講，實在已是難能可貴了，充分顯示了他的天份。

那位長工原本早該收拳了,祗是為了看看他的天份,有意延長了一段時間。長工越觀察，越是打心眼裡喜歡上他了。就算他不央求,長工也想教教他了。長工問了他三條：一,不許對外講；二,不許中斷；三，不許以武傷人謀財。小又得立馬應下了這<三不許>。

自此以後,小又得天天臨睡前灌下半瓢涼水,到了半夜時光一準叫尿給憋醒了。他撒完尿就去學武。五、六年下來，他學得了少林武功真傳。他自已卻渾然不知自己練的是哪門功夫。長工師父更是半點也不透露。小又得祗知道自己長了本事。一人多高的牆頭,他一蹬地一縱身，一蹭牆壁，就如一隻飛燕掠過牆去。刀法業已很是純熟。刀功亦有幾分犀利強勁。碗口粗的柳樹,他一刀斬去，斷為兩截。大約斬人頭,祗消一半力道就足夠用了。掌功是用砂箱練出來的。一塊薄石板擔起來，一掌下去，肯定裂成兩半。每次練武以前，長工師父都要他盤坐地上，吐氣養神。多少年後他才知道，這是師父教他練氣功。習武的人，若沒有氣功墊底，永遠是花拳繡腿樣子貨。

入伍以後，部隊行軍途經河南省登封縣少林寺。他與寺裡眾武功和尚交流拳法。他一起式出手，剛剛用了三招，就把和尚們驚呆了。他這才知道自己練的是少林拳，習的是少林功夫。他會的這套拳法中的某些招數，已在寺中失傳。老主持坦言，看他的功夫套路，若他是和尚，其輩份應在自己之上，少講也得高出兩三輩。故而，和尚們對他十分恭敬。

到了此時此刻，許世友方才省悟，自己的長工師父原來是少林武門中的高手。長工師父的名字，許世友從不外露。他推說沒問過。自己那時太小了，不懂事。但是，自此以後，欲生生被人硬是塞給他一個外號〈許和尚〉。他的上級、部下、熟人，全都叫歡了，甚至白軍也是這麼叫他。日子久了，幾乎忘了他的大名。一張嘴就是許和尚團長、許和尚師長......連介紹老婆娶媳婦時也是＇給許和尚介紹個對象吧！＂、＂許和尚娶媳婦了！＂弄得外人聽了直發愣。

他作戰勇敢功，從一個普通士兵，逐級昇至軍長。其間，不知有多少敵人死在了他的鬼頭刀下。兩軍交戰的關鍵時刻，都組織敢死隊。許世友從打他當兵那天起，就是敢死隊隊員。昇官以後繼續當敢死隊隊長。當了大官以後，照舊當敢死隊隊長。從士兵到軍長，祇要打衝鋒，他一準是帶領敢死隊衝在最前頭。他不怕死。他敢去死。死神反倒被他的勇氣嚇跑了。認識他的人開他的玩笑：＇閻王爺可惹不起許和尚，害怕收了他去地獄，他一火了，把閻羅殿給拆了！＇他聽後哈哈大笑：＂打死俺的那顆槍子兒，還沒造出來呢，哈哈......＂戰場上就是這麼怪，越不怕死越不死，越是向後縮，那子彈頭、碎彈片越是找他，專往身上要命的地方鑽。

許世友上陣前必先喝上兩口烈酒。日子久了，就成了習慣，乃至愛好。他一喝，就是兩三斤下肚。他有酒量，也有酒膽，就是酒德上不怎麼樣。酒一上了桌，他喝，你就得喝。他根本不管你會不會喝，愛不愛喝，能不能喝。他讓你喝，你就得喝，不喝不行。有一回，新來的副司令員拜見他時，正巧趕上他在喝酒。他勸副司令員喝一盅。副司令員是向來不沾酒的人，喝上一口酒，肯定就醉。然而，新來乍到，又是上級領導，總得講個客氣勁面子事，就硬著頭皮，勉勉強強地抿了一小口。不料，這下子壞了事。許世友接二連三地勸了起來。副司令員是說什麼也不喝了。許世友就扯住人家的耳朵硬灌。一灌就灌了大半瓶子。弄得這位副司令員一醉，醉了個死。

足足睡了三天三夜。醫生又是打強心針，又是灌解酒藥，差點出了人命。張國燾把他叫去，狠狠地臭罵了一頓。他自己倒是挺寬心，"嘿嘿"一笑，孃孃上了當兵的，哪有不會喝二兩的？半斤酒算個

　　有一次，打衝鋒時，他跑得太快了些，竟然鑽到敵人堆裡去了。一下子被四名白軍用刺刀逼住了。他不驚不慌，哈哈一聲冷笑，一捧身子，不見了人影。待那四名敵兵反應過來，剛想抬頭往上看時，祗覺眼前刀光一閃，脖子跟底下一涼，連骨頭斷裂的聲音都聽見了，四顆人頭也一齊落了地。人頭上的眼睛還在眨巴眼皮，似乎在問：怎麼搞的？咋掉地上了？四周圍的白軍官兵一見此情此景，嚇得媽呀一聲怪叫，拔腿就跑，四散逃命。打此以後，白軍一見他揮動紅纓鬼頭大砍刀，領頭往上衝，就會不約而同地大喊大叫："許和尚來了！ 許和尚來了！"紛紛扔槍逃跑。他在敵人圈裡的名頭，比在自家人這邊都亮多了。有人逗他："老許，你有老婆兒子，怎麼白狗子一見了，就大喊許和尚來了！"他一本正經地答道：" 打不過俺，就把俺往廟裡轟。看俺不把他廟也拆了！" 惹得眾人一場好笑。

　　他負過三次重傷。三次全是被炮彈皮崩傷的。

　　有一次，彈皮打在他頭頂上，把他打昏了。警衛員守了他一天一夜，也沒見他蘇醒過來，以為他完蛋了。就把他搬到擔架上，蒙上了白布單，準備抬走挖坑埋了。白布單蒙好了沒過兩分鐘，警衛員聽見他在布單下面，輕聲叫喚："……酒，…… 酒……"警衛員一喜，拖過軍用水壺就給他灌酒。一壺酒灌光了，他就能坐起來了。他逢人愛說，酒比藥頂用。在平日生活中，酒比飯更頂用。他可以不吃飯，不喝水，但不能不喝酒。 他的行軍壺裡，永遠灌滿了酒。這次百丈關大戰前，張國燾派王超給他送來整整二十壺烈性川酒。他喝了個淨光。可是，仗仍然沒能打下來。他的心卻快急瘋了。他照舊當敢死隊隊長，可是隊員上哪去找？……

　　一個白天接著一個白天。一個黑夜接著另一個黑夜…… 百丈關前的浴血大戰，已經打了七天七夜。許世友睏得站不住了。平時，祗要炮彈不在他鼻子底下爆炸，他合上眼就能鼾聲震天，猶如重機槍在掃射。可是，此刻，他怕睡覺，不敢睡覺。

　　他的兵已經整連整排地打光了。團級、師級幹部在一個接一個地倒下去……陣地上已全然不見工事的蹤影。焦土半掩著殘缺的屍身。滿目盡是斷手、斷腿、斷胳膊……數不清的目眥口裂的面孔，僵僵地朝向天空……尚未燃燼的衣衫，冒著縷縷青煙，泛著焦糊的臭味……彎曲的刺刀粘著變成黑褐色的血污. 斷裂的槍托上泛著白花花的腦漿……到處亂扔著捲了刃的大砍刀、未來得及

甩出去的手榴彈、一堆堆的空彈殼……在這曾經滿是野草野花的綠色原野上，找不見一根草、一朵花、一丁點兒綠色，即使是痕跡……

交戰雙方，兵也好，官也罷，全都打瘋了。他們甚至不再避開對方射過來的子彈，而是麻木地、機械地、失去人的理性和理智，一群群，一團團，一齊往前蠕動。似人海，似人牆，似用人肉，砌成的新式卻又最為原始的防禦工事。雙方就用肉身去吸收對方的子彈、炮彈片、刺刀……用自己的身體拖垮拼垮對方。肉體上遍佈鱗傷，慢慢滴盡最後一滴鮮血。

紅軍防棄了己不存在的工事，迎著白軍衝了過去，展開了一刀換一刀，一人換一人的肉搏戰。

許世友的駁殼槍早已扔掉了。他一手一把大砍刀，吼叫著，衝在最前頭。戰士們蜂擁著跟在後面。

衝，衝，衝，全然不顧是衝向生，還是死……

眼珠子紅了。人已經打瘋了。彷佛此時此刻在天地之間，祗有一件事，那就是殺，殺，殺……

刺刀彎了，就用槍托；槍托裂了，就用雙手去卡；手臂折了，就用頭去撞，用牙去咬……這嘴，這牙，原本是食肉動物的武器，而今，卻被人用上了。

飛機又飛來了。飛機也瘋了。扔炸彈時，已不再辨識區分敵我，祗管一串串往下甩。沒人去抱怨，去避開。戰爭把人弄瘋了。徹底瘋了。他們頭腦裡僅僅剩下了一個字：殺！殺死那些一不認識二無仇恨的陌生人。

炮彈也瘋了。它們直截了當地往自家人堆裡鑽……

大地被血水紅化了。血，在澆灌著原本不該由它去澆灌的土地……

大地，以往是由大地掩埋靈魂昇天後遺留下的屍身。此刻，大地卻用自己的胸脯托舉著直到死後還敵對著的肉體。大地無法分清誰是誰非，誰在反對誰。

七天七夜，就這麼過去了……

百丈關一仗，白軍陣亡一萬五千餘人。四方面軍犧牲了一萬二千多人。在這不足零點一平方公里的土地上，躺滿了二萬七千多具屍體。蔣介石還有二十八萬多人。張國燾還有二萬五千多主力。還敢拼嗎？還想吃大米嗎？

"打下成都吃大米！"這句口號，張國燾連想一想也不敢了。他怕死大米了。

百丈關一仗之後，四方面軍一撤再撤，幾成喪家之犬。

這正是

     驕 狂 能 惹 百 般 禍 ，

     蠻 橫 豈 能 充 刀 槍 ？

     山 窮 水 盡 方 知 悔 ，

     無 耐 天 傾 落 夕 陽 。

欲知後事如何，請看下回分解。


# 第 四 十 一 回

## 強 奪 權 柴 根 陝 北

## 住 窯 洞 籌 謀 再 起


　　話說一、四方面軍分裂之後，中央紅軍一路北進。雖有幾陣小仗，已無大礙，順利地到達哈達舖。

　　哈達舖是回民聚集地區。物產富饒，物價便宜。社會秩序較為安定。又餓又乏的紅軍官兵，到了哈達舖，似乎一步邁進了天堂。

　　中央軍委發給每人兩塊銀圓。這兩塊銀圓在當年當地非常頂用。可以買到許多好吃的食物。五塊銀圓可以買下一頭一百多斤的大肥豬。兩塊銀圓可以買到一隻又肥又大的活羊。 於是，紅軍官兵大碗吃肉，整隻整隻地吃雞。真地好解饞。大多南方戰士頭一次看見回民烙的大餅———一鍋盔，竟有洗臉盆那麼大小。幾個紅小鬼試著合伙買了一個。聞著香噴噴的，摸著硬邦邦的，翻過來，掉過去，就是不知如何下口。他們去問店老板。把那老板、伙計、看熱鬧的人笑彎了腰。他們嚷嚷：＂天底下還真有不會吃鍋盔的！＂毛澤東吃著手把羊，興奮地又嚷又叫；＂御宴！御宴！秦始皇那會兒就是這麼煮著吃的！他用大銅鼎煮。我們用大鐵鍋。彼此彼此。怕是椒鹽醬料還比不上咱們。這羊肉用清水煮熟了，蘸著佐料吃，太好吃了。御宴！＂

毛澤東吃手把羊吃得蠻香。可是他心裡卻滿是問號：紅軍下一步往哪裡去？

毛澤東也好，洛甫也好，其它中央領導人也好，雖然口頭上大喊大叫北上，似乎誰不北上誰是反革命，北上有理等等。倘若細問，為何一定北上？到了北方在何處落腳？怕是問誰 誰晃頭。當初提出北上這個口號的原因有兩個。主要原因是叫蔣介石逼得無法在南方存身立足，不得不北上。次一個原因，純屬同張國燾頂槓子，掰腕子，對著幹。看看誰是老大誰講了算。所有的人全算上，心裡根本沒個準譜。洛甫提出北上抗日僅僅是文人靈機一動，為打嘴巴官司找的托辭。想想看，若能打得了日本兵，就不怕蔣介石了。十幾萬人時連蔣介石都打不過，被蔣介石追得雞飛狗跳牆，性命難保。剩下六千人了，拿什麼去抗日，去打日本人？

毛澤東整日裡苦苦思索紅軍北上的去向，卻又沒有答案。他覺得自己的腦子出了大問題，或許是生了銹。他想吃頓紅燒豬肉補補腦子。部隊住在郊外，想吃什麼隨便吃。可是住在回民聚集的鎮子上，吃豬肉就是件麻煩事了，連煮肉的鍋都借不到。費了一番周折，找到了一位漢族商人，就在他家裡炖上了一大鍋紅燒豬肉。

毛澤東以及饞豬肉的人全都趕了過來。他們聚在一起，鼻子聞著燉肉的香味，嘴裡又侃大山又擺龍門陣。正在這功夫，聶榮臻派人送來一份剛繳獲的山西省＜晉陽日報＞。聶榮臻囑托來人報告，日報上有一條新聞，報導了山西大軍閥閻錫山正興兵圍剿赤匪劉志丹的部隊。

毛澤東讀完這條消息，簡直樂瘋了。連紅燒肉也不用吃了，腦子的銹全消了。他同洛甫一打招呼，立即在他的住處召開了政治局會議。

＂告訴大家一個天大的好消息：陝北有紅軍！有紅區！有一萬多人馬！徐海東、劉志丹都在陝北，正跟山西的閻錫山打仗⋯⋯＂毛澤東太興奮了。越講越興奮越來勁。他東一句，西一句嚷嚷歡了。他提議把＜北上抗日支隊＞改名為＜陝甘支隊＞。彭德懷仍任司令員，他本人仍任政委。紅軍行軍的目的地就定為陝北。全軍將在陝北安家落戶。

天大的好消息振奮了全軍上下每一個人。漫長的，似乎無休無止的行軍，走了將近一年，終於有了盼頭。周恩來的病一下子好了一大半。他可以甩開擔架騎馬了。博古最為興奮、激動、快慰，肩頭上的重壓似乎全消失了：中央紅軍沒有毀在他手上！六千人雖然少了一點，但是，有毛不算禿。

中央紅軍一路疾進。途中卻屢屢遭到甘肅寧夏白軍騎兵的襲擊和騷擾。

黃土高原，地勢平坦，疆域遼闊，極為適宜騎兵作戰。騎匪猛然撲來，打完就跑。大有來無影去無蹤的味道。匪首是寧夏"二馬"，馬鴻達和馬鴻賓兄弟二人。他們哥倆是當地伊斯蘭的"土皇帝"。蔣介石派來的一個騎兵旅與二馬的騎兵配合作戰，像條尾巴似地，緊緊跟在紅軍隊伍的後面，時不時地奔襲紅軍。紅軍吃了大虧。紅一方面軍的人馬原本就不多了。如此減員下去，真是雪上加霜了。林彪和聶榮臻二人想了許多辦法，頂多能擊潰騎兵，欲不能根本解決問題。

毛澤東的眉頭又皺了起來。如此下去，走不到陝北，人也就打光了。

"老毛，我去搞它一傢伙！"彭德懷主動請命。毛澤東點了點頭，也沒抱太大的指望。

在黃土高原上，河流、暴雨沖刷出無數的深深淺淺的水溝和峽谷。行人又在峽谷、水溝和乾涸了的河床子上，踏出縱橫交錯的大道小路。 彭德懷利用了高原地形的這一特點，在一處河流交匯，道路距峽谷較近的地方，把部隊分散開，各自隱蔽好，圍成新月形埋伏圈。然後，派出小股部隊誘敵進入峽谷。

毛澤東親臨第一線觀戰。他找了塊高處，遙望戰場。馬家騎兵揮動著馬刀，嘶喊著，像群餓狼般追逐著"誘餌"進入了伏擊圈。彭德懷立即命令山砲、迫擊炮、擲彈筒一齊發射。炮彈在馬群裡開了花。馬匹怕砲不怕槍，吃驚的群馬四散狂奔，根本不聽使喚了。騎兵或中彈斃命，或被甩落馬鞍遭亂馬蹄子踐踏至死，或被單腿挂在馬蹬子拖死。馬家騎兵頓時亂了套。乘此良機，山谷兩側的伏兵，伴著衝鋒號，殺了出來。騎兵見勢不妙，掉頭就跑。無奈道窄路狹，實難任意馳騁。有的落入山澗，有的滾入大河，有的被水溝車轍折斷了馬腿，自相踐踏......紅軍大獲全勝。紅軍自創建以來，頭一次繳獲了幾十匹軍馬，順勢成立了紅軍的第一支騎兵偵察隊。偵察連長、外號<梁大牙>梁興初任隊長。此<梁大牙>即後來的林彪手下三隻虎之一的三十八軍的中將軍長。在朝鮮戰場上彭德懷曾因三十八軍立了巨功，高喊過＜三十八軍萬歲！＞，＜梁大牙＞時任軍長。

毛澤東親眼看見尾巴被割掉了，大喜過望，順口詠詩一首。

詩曰：

山　高　路　遠　坑　深，

大　軍　縱　橫　馳　奔。

誰　敢　橫　刀　立　馬，

唯　我　彭　大　將　軍。

毛澤東吟畢，久久不肯离去。他望著綿延無垠的淺褐色黃土高坡，被雨水沖刷形成深谷大澗，似乎能穿透眼前的一切，看到了遠在天盡頭的萬里長城和奔騰咆哮的母親河。黃河日夜奔流，直入東海，涌向天邊外。這一切，在他眼前，在他心底，在他腦海中，編織成了一個夢。一個黃燦燦的夢，如金子一般。他要在這片黃土地上，著手鑄造自己的霸業。雖然他現在祗有這微不足道的三千人馬。

毛澤東懷著雄心壯志，率軍東進。這一天，當他騎著馬爬上高高的山頂時，看見一座高大的界碑。界碑上刻著三個斗大的字：分水嶺。他欣喜地對戰士們喊了一聲："我們到家了！我們已經走過了十個省，二萬五千里地。下了山，就是第十一個省，陝西省。我們終於到家了！"聽他這麼一喊，戰士們立刻歡呼起來："到家了！到家了！"似乎分水嶺三個字，把毛澤東的惡運也隔斷了。往前再邁上一步，他就會步步高陞，紅運當頭了。

人逢喜事精神爽，兩腿生風步子快。沒用幾天，部隊到小鎮吳起鎮。毛澤東和林彪騎著馬聊著天緩緩而行，剛能望見遠處集鎮的屋頂時，突然看到一彪人馬迎面急馳過來。人數不太多，也就有七、八十人的樣子。人人頭纏羊肚子白毛巾，身揹駁殼槍，身高體壯，剽悍威武。林彪忙下命令，派人上前攔擋。

"喂，我們是陝北紅軍！"

聽見來人自報是陝北紅軍，樂壞了毛澤東。林彪又下命令用軍號聯係對方："告訴他們，我們是中央紅軍。"軍號立即嘹亮地響了起來。

在吳起鎮，洛甫和毛澤東等人聽取了當地中共黨組織負責人的匯報，确認這裡已是紅區了。他們告訴洛甫，陝北紅軍正在由此往東南的方向上作戰。他們也談到陝北的大肅反，抓了許多＜ＡＢ團＞、＜第三黨＞和＜改組派＞。已經殺過十幾批人了。還特別提到陝北紅軍創始人劉志丹，已被捕入獄，可能在最近幾天裡砍頭處死，罪名是潛入紅軍的國民黨特務。

眾人聽後，臉色驟變。

"陝北紅軍有多少人？"毛澤東依舊十分坦然地詢問他自己最感興趣的事情。

"徐海東的二十五軍，加上劉志丹和高崗的二十六軍、二十七軍，怕會有一萬二千多人。"

"哦，"毛澤東低低地 哦"了一聲。他心裡暗暗一算，比自己的人馬多了快三、四倍。他的心不由地又吊高了許多。

"陝甘晉省委誰在負責？軍委主席是誰？"洛甫掏出小本子上邊問邊記。

"省委書記是朱理治同志，副書記是郭洪濤同志，軍委主席是聶洪鈞……"

"太好了，潤之！朱理治和聶洪鈞兩人，我都認識。恩來，你也該認識吧？"

"是〈左聯〉的那個朱理治嗎？若是他，在魯迅家中見過一面。這人能寫。 理論上有一套。那位聶同志，就沒見過。"

"你那會兒，是軍委書記，當然記不得小兵小卒了嘛！"洛甫想開個玩笑，可惜本事不強，祗能自己逗自己樂一樂了。

毛澤東站在一旁聽他二人對話，自己的心又猛地吊高了更多。他猜測，這朱、聶二人一準是王明安插的人，也極有可能是在莫斯科吃過洋麵包，緊跟〈共產國際〉的風頭人物。或許比張國燾……毛澤東滿腔心腹事，沒心去聽當地負責人的匯報了。

在吳起鎮住了一夜。陝北紅軍派人把黨中央大員接到了瓦窰堡。陝甘晉省委一班人早在鎮中心小學校門口等侯多時了。

洛甫、周恩來、楊尚昆、博古、凱豐等人，或在上海，或在莫斯科，早已與朱理治和聶洪鈞兩人相識。故友相逢，自然十分熱鬧。毛澤東經洛甫介紹，同他二人一一握手問好。當毛澤東聽見這兩人又是上海話，又是蘇聯話，聊得非常開心時，心裡很是別扭。

寒暄過後，眾人走進一間大教室。屋裡已用學生課桌拼成了一張長條形會議桌。賓主一一落座。

"我們熱烈歡迎，堅決支持一方面軍的同志們北上抗日！"朱理治頭一個開了腔。他确實被毛澤東猜中了。他是王明臨去莫斯科之前，才被安排來陝北工作的。他深受王明的信賴和影響。他也自以為有了王明這座大靠山、大後台，根本無須把他人放在眼裡。他暫時還搞不清，在黨中央和紅軍裡都發生了些什麼事情。他祗好當做什麼事也沒發生，依然故我，傲然行事。

　　他同張國燾很相像，架子大，口氣大，派頭足，一副傲世鄙俗的神態，似乎他面前的這些人，是來朝拜他的。他這句貌似熱情的歡迎詞，卻透著他根本沒把這伙子中央大員當成上級領導，頂多能算是平起平坐的過路客人。

　　"抗日是我黨目前重大戰略方針。你們有些什麼打算？"洛甫沒有實權，可是在大場合，他一向以總書記的身份第一個亮相或發言，其口氣很符合自己的身份。

　　"你們現在手頭有多少部隊去打日本鬼子呀？"陝甘晉軍委主席聶洪鈞扶了扶眼鏡框，避開洛甫的垂問，單刀直入地反問洛甫。他這句反問，整個地暴露出陝甘晉省委一班人，要趕客人走路的心思。

　　在中國，在舊社會，豈有臣子敢轟皇帝老兒滾蛋的？對皇上白白眼珠子都不行！那叫<大不敬>，是死罪。若是正趕上皇帝心煩，那是要誅連九族的。這句反問更為明白地表明，在陝甘晉省委一班人的心裡，根本沒有這伙子人是上級領導的概念，或者是不承認他們是自己的上級領導。這比<大不敬>的罪可重多了。這叫<逆上>。這也叫<謀反>。犯了這種罪，砍頭都是便宜事。那是要誅連九族扒祖墳的！

　　"一、四方面軍匯合後，總兵力超過十萬。大部隊將陸續到達陝北。到那時，可得大大地麻煩你們安排接待了。"周恩來亦非常外交地答覆了他的反問。周恩來祖籍浙江省紹興縣，一個歷朝歷代盛出師爺的地方。他本人出生於江蘇省，成長在天津，念書在瀋陽，工作在上海、南京、廣州、南昌、武漢以及法國巴黎、蘇聯莫斯科等地。於是乎，在他身上兼有各地的人文特色，更磨練了他的交際能力和辭令上的應對技巧。周姓，一千多年前，與蔣介石的蔣姓，還是同室手足，遠祖則為同宗叔伯近親，同屬皇族，血統十分高貴。周恩來聰明過人。在百般歷煉中，上交達官貴人，下結三教九流、黑白兩道統吃。故而任何扯皮胡攬的煩心事和亂麻事，均能應付得了。聶洪鈞一問，他就看透了他們的心思。他索性直講中央紅軍就是要進駐陝北。至於所報部隊人數嘛，也還算是老實話。祇不過講的是會師時的事，省去了分裂。這正是周公的不凡之處。

　　毛澤東聽了朱、聶二人的話後，心中略有眉目的那個計劃，徹底成熟了。他先哈哈一笑，伸手捻滅了香煙，指著洛甫，對陝甘晉省委一班人做了特別介紹："諸位在莫斯科就認識了我們的總書記。這可太好了！以後工作起來方便多了。"他似乎無意地，卻是著意地點明了洛甫此時黨的領導地位，為實現自己那個計劃，打了第一槍。

〞洛甫，你這總書記一職，共產國際批准了嗎？王明同志知道和同意嗎？博古，你現在忙些什麼？"朱理治連聲問道。看樣子,他和洛甫是從同一間書庫裡鑽出來的,渾身全是書生氣。

"長途行軍作戰，又沒有國際電台,一直聯係不上莫斯科。但是，早已派陳雲和潘漢年兩人先後去了莫斯科。估計他們現在已經到了那裡。"

"張國燾同志哈嗎時辰來俺屋坐坐，瞅瞅俺們？"郭洪濤是本地人,一口陝北話，讓這些南蠻子半句也聽不懂。聶洪鈞祇好當了一次翻譯。眾人才弄明白，他是問張國燾什麼時候，率兵到達陝北。

周恩來先是看了毛澤東一眼，然後，不慌不忙地回答道朱總司令和劉伯承總參謀長去接他們了。"這時,眾人猛然省悟,覺得缺了個人，原來是朱德。朱毛,朱毛,缺了朱,咋看也不像個紅軍的樣子。

眾人東拉西扯又聊了一陣子,就開完了歡迎會。

吃過晚飯，毛澤東扔下飯碗，也沒跟賀子珍打聲招呼，就自顧自地悶著個頭,直奔洛甫的住處去了。

毛澤東一進門,看見周恩來正跟洛甫、劉英二人又聊又笑，很是高興。

" 你們手上有多少部隊去打日本鬼子呀？ " 毛澤東甩著湖南腔， 卻硬要模仿聶洪鈞的上海調。他這一學，引得屋裡那三個人哈哈大笑起來。劉英笑著道：周公剛才一進屋，就拿腔拿調地學朱理治的那句， <歡迎你們北上抗日>，我們還沒笑完，又來了你這個聶洪鈞第二。這下子可好了,人家要送你們上前線打日本鬼子了！"

"我們這回可不走了！ 總書記要在陝北渡蜜月，我們又要保駕， 又得鬧洞房搶吃喜糖了！"毛澤東講了句玩笑話。這句話,不得了。陝甘晉省委就被這句話奪了權。洛甫、周、毛三人密謀了小半夜後，又叫來彭德懷和楊尚昆去安排具體事宜。

第二天， 中共中央政治局召開擴大會議，特邀陝甘晉省委領導人列席。

會場仍設在那所小學校。桌子仍是那麼佈置的。祇是在有窗戶那面牆的牆根底加多了一排學生用的長條木凳子。這是給列席人員和工作人員坐的。劉英是中央秘書長，坐在了首位。其它人員依次是朱理治、聶洪鈞、郭洪濤等人。

"現在開會！"洛甫主持會議," 今天專門研究陝甘晉省委和軍委在<肅反擴大化>問題上所犯嚴重錯誤！"洛甫一張口,驚得朱理治等人怎麼也合不攏嘴巴了。他們扭過頭望望窗外,祇見院子裡站滿了中央警衛團的戰士。他們無奈地低下了頭。

"現在請毛澤東同志做主題報告。"

毛澤東把中央紅區和鄂豫皖紅區"肅反擴大化"的情況講了一大通。他把擴大化的惡果描繪得淋漓盡致,十分淒慘, 似乎他本人早已反對<肅反擴大化>了, 而大抓<ＡＢ團>之類的壞事,不僅不是由他親自掀起的,而且同他毫不相干, 他甚至是反對者、受害人。

毛澤東的發言被政治局委員一致通過。陝甘晉省委、軍委的三位要員根本不敢站出來反駁半句。 周恩來宣佈了處理意見: 省委書記朱理治停職反省; 副書記郭洪濤留職檢查,視檢查結果再予以處份。軍委主席聶洪鈞降職使用, 黨內給予嚴重警告處份; 省政治保衛局局長戴季英予以逮捕法辦, 並開除其黨籍和軍籍。

會議同時宣佈成立中共中央西北局和西北軍事革命委員會。毛澤東任主席兼書記,周恩來和彭德懷任副主席兼副書記。這兩個單位統管陝甘晉邊區黨政軍一切事務。

細心看官一定看出來了,朱理治等三人被查辦處份了,卻無半點罪証和犯罪事實, 祇有一頂空空如也的大帽子。在當年,他們三人整別人時,也是如此。就憑一頂帽子去砍別人的脖子。他們自已覺得這很正常 。被砍者也不覺得有什麼不應當。在這一片稀里糊塗之中,有人昇官晉職,有人掉了腦袋下了地獄。毛澤東利用了這種糊塗, 佔了人家的地盤,奪了人家的軍隊, 搶了人家的黨政軍警一切大權。同張國燾別無二致。受害者窩火憋氣寫檢討, 卻不爭辯半句。

散會之後, 毛澤東以仁者口吻, 對他們訓斥道:肅反, 還是要肅的。但是, 不能隨隨便便,像割韮菜似地,割去人家的頭。韮菜割了, 還會再長。那人頭砍了,就長不出來了!"三人聽了,唯唯稱是。三人心想,是你中央讓幹的,你中央又處份我們,為什麼?心裡一塌糊塗, 越想越糊塗。毛澤東訓過話後, 命令中央政治局保衛總局局長王首道, 帶上一干人馬抓捕戴季英, 釋放牢裡全部<ＡＢ 團>一類"罪犯"。

這正是:

糊 塗 人 蓋 糊 塗 廟 ,

糊 塗 廟 裡 糊 塗 神 。

燒 的 是 那 糊 塗 香 ，

拜 的 全 是 糊 塗 神 。

嗑 破 稀 里 糊 塗 頭 ，

幹 下 一 堆 糊 塗 事 。

誰 也 別 說 誰 糊 塗 ，

稀 里 糊 塗 過 日 子 。

欲知後事如何，請看下回分解。

# 第四十二回

## 志丹出牢定民心

## 海東捐助救三軍

　　話說毛澤東使用了<三十六計>之外的第三十七計<糊塗計>,收拾掉陝甘晉省委一班人,獨攬陝甘晉邊區大權。

　　毛澤東釋放了牢中<AB團>冤案被捕的人,包括劉志丹等陝北紅軍創始人。這件事轟動了整個陝北。伸了冤,平了反的人們及家屬親朋故舊, 四下裡宣傳中央紅軍的好處。他們打心眼往外感謝中央紅軍, 特別是毛澤東。把毛澤東傳的神乎其神。三傳兩傳, 全傳走了樣, 成了神話。人們相傳, 毛澤東是包公包青天再世。他掐指一算,算準陝北出了天大的冤情,就從江南走了兩萬五千里地,趕到陝北。毛澤東帶來了轉世後的張龍、趙虎、王朝、馬漢四大金剛。其中一人轉世沒轉好, 托生成了外國人的怪樣子。長上了黃頭髮、藍眼睛、紅皮膚,渾身是毛。誰若問他：「你怎麼轉世沒轉好哇？」他就連聲大嚷："好！好！！好！！！"講故事的人, 一講到這兒, 不光逗笑了聽故事的人, 自己也憋不住大笑起來。更有人到處傳, 他親眼看見, 毛澤東帶來了三口大鍘刀, 全用白布蒙著。就等著抓回戴小鬼, 午時三刻開鍘。眼下, 就是鬧不準, 是用虎頭鍘,還是用狗頭鍘。不過嘛, 祇要鍘了戴小鬼,就能睡個太平覺了。

　　戴小鬼是戴季英的外號。他走到哪裡, 哪裡準有人頭落地。他路過何處, 何處定有抬棺材出殯的。人們風傳, 他是閻王爺殿前勾魂使者的肉體凡胎, 來到人世間, 要勾走九千九百九十九條人命,再加上他自己,湊足一萬,就修成正果,再回到閻王爺眼前當差。戴小鬼看上了劉志丹的命值錢, 就想勾走劉志丹的命。遇上毛青天告了他的陰狀。看來, 閻王爺打算叫他提前回地獄當差了。傳的越神越離奇, 人們就越信得緊。想來也是, 吃了冤屈, 又沒法報仇解恨,祇好編個故事, 騙騙自己,解個心寬。

　　局面基本平穩之後, 洛甫等領導人接見了劉志丹、高崗, 習仲勛等陝北紅區創始人。陝北內鬥的真相也明瞭了許多。

　　劉志丹是土生土長的陝北人。一九二五年, 他加入中共後, 旋即被選送到<黃埔軍校>學習, 屬第四屆畢業生。他參加了北伐, 也在馮玉祥的隊伍上任過團長、旅長等職。一九二八年他發動了＜渭華暴動＞。失利後，他用家裡的錢，在陝北拉起了一支一千多人的隊伍。此即紅二十六軍的前身。當時的省委書記受立三路線影響，一味要攻打大城市。

劉志丹不同意這麼幹。為此，省委免掉他的軍職。另派人帶上隊伍攻打太原。幾仗下來，一千人馬拼了個淨光。省委書記被捕後叛變。

劉志丹收集殘兵殘將，再上王屋山。幾年下來，恢復了紅二十六軍。但因武器不足，缺乏訓練，再加上敵人過份強大，而連吃敗仗。紅二十六軍又被打散。

此時，劉志丹決定混入白軍，掌握兵權，走兵暴這條險路。他當上了國民黨軍隊的團長。一九三二年他奉省委命令，退出國民黨軍隊，任陝甘遊擊隊總指揮兼黨委書記。後改編為四十二師，自任師長，同時兼任陝北工農民主政府主席和西北軍委主席。隊伍越拉越大，重又恢復紅二十六軍，並且新成立了紅二十七軍。

劉志丹一向殺富濟貧，除暴安良，是個羅賓漢式的遊俠人物，深受廣大貧苦百姓和城市市民的擁載和崇拜。故而到處流傳著他為民除害、扶貧助弱的傳奇般故事，甚至用信天遊這種陝北民歌調子，填上歌頌劉志丹的歌詞，到處傳唱。在陝北，不論大人孩子，不分男女老少，全會扯著嗓子唱上幾句信天遊"自然也喜歡唱唱自己敬愛的劉志丹。

朱理治任省委書記後，看到劉志丹民望如此之高，且又掌握兵權，認為劉志丹是自己逞威陝北，獨霸紅區的最大障礙。他同聶洪鈞多次密謀如何除掉劉志丹。

不久之後來了一個不是機會的機會。二十五軍俘虜了一名國民黨軍官，叫張漢民。張漢民講自己是被劉志丹派到國民黨軍隊裡做兵運工作的自己人。他講自己的組織關係在劉志丹手上，一問劉志丹便清楚了。軍敵工部的幹部聽他這麼講，就把他轉送省政治保衛總局審理。

戴季英接案後先請示了朱理治。朱理治卻不向劉志丹核實，而是命令戴季英嚴刑審訊張漢民。酷刑之下，張漢民仍不改口。戴季英一怒之下把張漢民槍斃了。事後，戴季英向朱理治報告張漢民是來聯絡劉志丹反水的。朱理治不僅不向劉志丹再去核實一下，反倒認為抓住了劉志丹的罪証，心中大喜。戴季英趁機加油添醋道："二十六軍政治部主任高崗多次反映劉志丹出身大地主家庭，當過白軍高級軍官，有特務嫌疑等等。朱理治要求戴季英進一步找劉志丹的罪証。

　　戴季英提到的高崗這個人，原名高碩卿，陝北榆林縣人，初級師范學校畢業生。一九二七年大革命失敗後,他回到老家搞遊擊隊。劉志丹創建紅二十六軍時，他帶著自己的人馬投奔劉志丹，任政治部主任。

　　高崗為人豪爽,辦事能力強 ,個性明顯,不拘小節。他不祇沒出過國，沒出過省，甚至連省城也沒去過,一直躥在山溝裡打轉轉。這搞得他土裡土氣,土頭土腦。可是他又上過初級師范學校,當過小學教員，有些文化，斷文識字，小有知識。如此一來，他渾身上下透著農民式的精明和狡猾，又加上能講會道，很會耍嘴皮子。平日裡他上交官府軍隊，下結三教九流，人際關係上混得有頭有臉。若從另一方面看,人的缺點他全有，是個典型的多棱角,多重性格的江湖類型人物。

　　在他身上最突出的一點,或者是惡習劣行，就是他瘋狂般喜歡女人，或叫好色。每天晚上他都不能少了女人。行軍打仗离開了老婆，他就憋得上躥下跳，揪心撓肝，渾身發燒。實在憋不住了,就強姦婦女,甚至強姦女兵女幹部。為了這類事，劉志丹沒少批評他。他嘴上保証改，一見了女人，忘個淨光。他指揮打仗很有兩手。部隊上一時三刻尚缺不了他。劉志丹祇好稍做遷就,湊合著讓他領兵打仗。

　　高崗挨了劉志丹的批評，心裡也不痛快。一旦喝上幾口酒,幾個酒肉朋友一挑唆,他就借著酒勁耍酒瘋,破口大罵劉志丹："......什麼狗雜種羊蛋蛋！我不比他強？他個大地主狗崽子，扯他娘個羊蛋蛋！"再不就說：" 劉志丹幹過白軍，當過大官,為何不幹個羊蛋蛋了？有問題！有大問題他個羊蛋蛋！他見過蔣介石！他再惹我,我扯碎他那羊蛋蛋！ "

　　這些話傳進戴小鬼的耳裡就全上了敵情檔案。

　　朱理治找高崗談話，讓他寫出檢舉劉志丹的書面材料。

　　酒勁一過去，高崗的明白勁又全回來了 。他一口否認他的那些醉話。反倒是追問朱理治："劉軍長可是個大好人！你整他做啥？"

　　"不是你自己罵他是特務嗎？還罵他認識蔣介石嗎？"

　　"不假！我是罵過他。他也罵過我！不打不罵算啥男子漢大丈夫？打是親，罵是愛,不打不罵是禍害！懂不懂你個羊蛋蛋？"氣得朱理治把高崗列為劉志丹的死黨。

　　有一天，劉志丹騎馬去二十五軍軍部，見徐海東軍長。半路上碰上了一個騎兵通信兵。通信兵見是劉軍長，立刻下馬敬禮，並把一封急信遞給劉志丹。劉志丹把信打開一看，不禁大吃一驚。原來這是省政治保衛總局下達的，逮捕他和其它幾位軍領導人的命令。劉志丹把信重新封好，交給通信兵，囑咐道把這封信交給徐軍長。告訴他，我去瓦窰堡找戴小鬼了。"

　　劉志丹到了瓦窰堡找到戴季英後，解下自己佩戴的左輪手槍，朝桌面上一放，十分坦蕩地面對戴季英："戴局長，你下的命令我看過了。我今天找上門來，專為請你講清楚逮捕我的罪証。我認為自己是個革命者，不是反革命！"

　　"劉志丹，你別狂！你以為，沒人敢收拾你，是不是？你用槍逼我，就是罪証！來人哪！給我把劉志丹抓起來！"

　　若按劉志丹的官職、地位和威望，就算他抄起了槍打死戴季英，也是小事一椿。劉志丹沒有這麼幹。他很平靜，淡淡地告訴戴季英："心中沒有虧心事，不怕小鬼半夜來叫門。你姓戴的，盡管去審好了！"他主動伸出雙手，讓戰士戴上手銬。

　　"上鐐子！給他戴腳鐐子！揀最重的！"戴季英大聲狂吼，順手把劉志丹的左輪手槍放進自己的抽屜裡。

　　劉志丹的妻子和五歲的女兒也被抓了起來。劉志丹的警衛員、勤務員、馬伕、廚師全進了牢房。高崗、習仲勛、馬明方等老部下一一入了大獄。二十六軍和二十七軍的軍、師兩級主官，幾乎被抓了個淨光。

　　徐海東聞訊後火了。他騎上快馬趕到省保衛局，質問戴季英，憑什麼逮捕劉志丹等人。戴季英反倒問他："你為什麼不執行保衛局下的命令？你為什麼不殺光保衛局點了名的人？要全部殺光！他們全是反革命！你的政治部副主任郭述申，是皖西＜第三黨＞的頭子。你為什麼不抓他？"

　　徐海東不待他說完，氣得一拳砸在桌面上，把茶碗震落在地上，摔了個粉碎。徐海東破口大罵："操你娘！老郭若是＜第三黨＞，大家全都是老三！現在，敵人天天在屁股後頭追，你們不上前線，還整天老三、老四地抓這個，抓那個！敵人上來了，都它娘的當俘虜！"

　　徐海東，湖北省黃陂縣人，二五年中共黨員，＜黃麻起義＞領導人之一。他是燒炭工人出身，性暴似火，寧折不彎，為人正直，豪爽似俠。打起仗來，異常驍勇，如獅如虎，人贈外號＜徐老虎＞。敵人懼他怕他。黨裡的這伙子肅反狂、秀才公也恨他三分。雖然暗中處處同他對著幹，但在明裡盡量不招惹他。然而，這一次，他這一吵一鬧一罵娘，沒能救得了劉志丹等人，反倒是讓朱理治、聶洪鈞加了小心，擔心夜長夢多，半路上殺出個程咬金，救了劉志丹等人，留下後患，於是決定立即殺掉劉志丹等紅軍戰將。正當此時，中央紅軍到了陝北，奪了他們的權。

這一天，賀子珍在住處外屋，正用開水燙殺毛澤東衣褲上的蝨子，猛地聽到門外有人叫門："毛大帥，開門！"賀子珍被這種稱呼法，被如此大嗓門，嚇了一哆嗦。紅軍裡還沒誰這麼亂來的。她忙催促警衛員小李跑出屋去開院子大門。原來是劉志丹和高崗二人來拜會毛澤東。

"毛主席好！來看看你！"一位俊俏的年青人敬了軍禮後，文質彬彬地說道。

"歡迎了！歡迎！子珍，快過來見見，他就是劉志丹！你仔細看看，像不像唱戲的小生！"賀子珍緊忙擦乾手過來握手問好，注目端詳，把個劉志丹鬧了個大紅臉。

"毛大帥，可別看俺！" 那位大嗓門，亂稱呼，個頭比毛澤東高出多半個腦袋的關西大漢，伸出雙手，緊緊握住毛澤東的右手。

"高崗？你這名字起得好！你們陝北全是黃土高崗！那高崗多得看也看不完，數也數不盡，是吧？哈哈......"毛澤東笑著說著。看樣子，他正捉摸如何替這位新相識，改個吉利些的名字。

"毛大帥，你若嫌俺的名字不大好記，你就喊俺高麻子好了！他們全是這麼叫俺。"高崗一這麼介紹自己， 全屋子的人，包括站在門口的警衛員和端茶抹桌子的勤務員，一齊哈哈大笑。毛澤東都笑嗆了，把改名字的事也忘光了。

這位高麻子的臉上，确有幾粒淺白麻子。然而，他臉上的青春疙瘩，也叫青春痘，比起那麻子坑，可就多得多了。那是密密疊疊，高低不一，大小相錯，擁擠互壓，佈滿了全臉，勢如高崗低坡，丘陵平原，處處起伏不平，卻又難尋高山大澗。他自名<高崗>，那是太形象了，是給自己的臉部，來了個大特寫。

毛澤東一面打量他，一面在心裡悄悄地樂。他很中意這個高麻子。

"請坐，快請坐！"賀子珍忙給客人讓座。

"二位蒙了冤，受了苦，別往心裡去！這是王明、張國燾他們搞的鬼。我是一向反對和抵制的！怎麼能殺自己的同志呢？必須糾正！"聽毛澤東這麼一講，劉、高二人連連點頭稱是。

〝毛大帥，俺早盼晚盼，沒成想，從上海盼來了一身大禍！聽別人講，外國人更狠。他們來了，更沒俺的好了！天老爺生些洋鬼子幹什麼？純是吃飽撐的！〞高崗忿忿不平地嚷嚷。

〝不用擔心！中央自有對策。誰也不能胡來！〞毛澤東欣賞高崗對洋人的反感和憎惡，聽了高崗這套孩子般胡言亂語，心裡美滋滋的。眼中，眉梢上，嘴角邊，盡是笑影。

〝毛大帥，俺土生土長在山溝溝裡，文化也提不上個什麼文化，更不會吹洋話。你救了俺的命。俺的命就算是歸了你！你咋個下命令，俺就咋幹！俺願意當個跑腿的！準叫你一百個滿意！吹瞎話，叫俺嘴上長大瘡！〞毛澤東一踏上黃土高原那一天，就盼著有人，能用西北腔講出這樣的，一叩打就掉土渣的貼心話。眼下，他最缺這樣的人。

"大家一同幹革命！你們倆都很年青，大有作為，大有前途哇！

〝俺不成！俺毛病多。劉軍長沒少刮俺的鼻子。俺他奶奶的，一見了女人就全忘光了個羊蛋蛋。嘿嘿……毛澤東一聽又樂了。他真沒想到，天底下竟然還有這麼爽直的漢子。他走南闖北，結識過多少人了，但是，敢當面直言自己好色，喜歡女人的，高麻子是頭一人！高崗不留心眼，快人快語，真讓毛澤東喜歡他。

三人正聊著，門外又是一聲報告。隨後進屋來的是徐海東和郭述申二人。

〝報告主席，來晚了，早就想來見你。〞徐海東再三地表示謙意。

〝你打仗忙嘛！我也早就想見見你這頭大老虎！看看你是怎麼咬蔣介石的，哈哈……"

"毛大帥，俺們都叫他大哥。他沒架子。俺一叫他軍長，他就罵俺個羊蛋蛋的了！"

"那就好，那就好嘛！打今往後，我也喊你一聲大哥！我也算是入了你們的伙，哈哈……

" 今天真是個大吉大利的好日子。又是大麻子，又是大哥，全都大得很，哈哈……" 毛澤東太高興了。他縱情大笑。別的人也被感染了，一同笑上了。劉志丹像個小姑娘似地，用手捂著嘴巴，輕聲笑著。賀子珍見他這般模樣，噗哧一笑，手上一抖，把茶水潑撒了一桌子一地。

"報告主席，我們十五軍團有三個軍。我的二十五，小劉的二十六、二十七，以後全歸黨中央，全聽主席的。就算拼個頭破血流，也不叫苦。"徐海東坦誠交了底，'我這回來看主席，把庫房裡的糧食、彈藥、衣服、布疋、藥品全帶來了。我手頭祗剩下一萬塊現大洋了，也帶來了，聽主席用好了。"毛澤東猛地眼眶一熱。這番實實在在的話，實實在在的事，教那縱然是鐵石心腸的人，也無法不為之感動。當時，中央紅軍真地到了吃了上頓沒下頓的地步。毛澤東最懂得，喂飽肚子，紅軍才能站穩陝北，才能東進南下，同蔣介石爭鋒。徐海東、劉志丹的援助是及時雨！是雪中炭！是危亡病人的救命仙丹。

毛澤東呆呆地望著天上掉下來的救命恩人，不知該說句什麼才好。從上井崗山至今，沒誰這麼關照過他。今天在黃土高原上遇上了，他居然找不到表示謝謝的詞兒了。

他喜歡高崗。這人渾身毛病，卻不討人厭惡。他信任徐海東。這位燒炭工人出身的將軍太樸實了。教你沒法不信任他，不依賴他。他高看劉志丹。這麼一個俊小伙，一舉一動如同小姑娘一般文靜，但他在陝北人的心目中卻如救世主再世。

不可思議，太不可思議了！陝北，滿目盡是單調的黃褐色的黃土大地，如同一團謎，實在太令毛澤東捉摸下去了。劉志丹簡直是謎中謎！

信天遊是陝北民歌的一種曲調。陝北人最愛吼上幾句信天遊，唱出心裡的話。當地人把唱叫成＜吼＞。外地人聽了，全都同意當地人的叫法。陝北人一旦吼起來，那是扯直了嗓子，運足了全身的力氣，命也不要了的去喊叫。山頭上，高坡上，平川地，河灘邊……放羊人、庄稼漢、挑伕、縴夫、車伕……一旦興起，就自己編詞自己吼。吼出心中的歡樂，痛苦，思念，离愁，崇拜……想到啥吼啥，真叫無拘無束，淋漓痛快。他們崇拜劉志丹，就四下裡吼他："……陝北出了個劉志丹，劉志丹來真勇敢，他帶上隊伍上老王山，人人都稱贊……" 在行軍趕路時，毛澤東一聽到信天遊，就想起來劉志丹："他的威望确實太高了！在這陝北，他太……"

"毛大帥，你們來了，咱們胳膊腿粗了，咱們打他蔣介石個羊蛋蛋，鬧些吃喝咋個樣？"高崗見毛澤東沒了話，就揀起自己的特殊形容詞加驚嘆號羊蛋蛋，出了個主意。毛澤東一時沒弄懂羊蛋蛋是個什麼意思。後來才知道，高崗的羊蛋蛋，同陳昌浩的狗卵子一樣，都是雄性動物睪丸的土名。毛澤東不免心中好樂，你張國燾有個狗卵子。我毛澤東白揀了羊蛋蛋。扯平！大家扯平！毛澤東心裡好一陣子樂。

　　"主席，我們打算把鄜縣西南的張村驛、羊泉原、東村和套通幾個民團據點拿下來。都是些土頑。他們囤了大批糧食物資。打下來,就解決了部隊過冬的問題。"劉志丹提了個建議。

　　"好主意！打下張村驛，把陝北紅區聯成一大片！"毛澤東嘴裡說著，眼睛望著這個不愛開口，一旦張口就語出驚人的年青人。

　　"主席同意了，我馬上回去佈署。"徐海東說道。

　　"給你一部電台帶上！"

　　"我不會用。"徐海東沒見過電台,為難地說道。

　　"不要你自己動手！"毛澤東見了比自己還土氣的土包子,開心地笑了,"有電台工作人員跟著你。你想辦什麼事,對他們講一聲就行了。毛澤東趁熱打鐵，同他們四人商量妥當，把十五軍團併入紅一方面軍,徐、劉、高、郭等人原職務不變, 一切照舊。

　　"毛大帥，你等著看熱鬧吧，俺全滅了它個羊蛋蛋！"

　　至此，毛澤東在陝北,得權, 得兵, 得地盤,得糧,得將才,在陝北真正報上了戶口。恰恰在此時刻, 一個不速之客,突然乘軍用飛機跳傘,找中央紅軍來了。


　　這正是：


福 大 命 大 造 化 大 ，
千 年 枯 木 自 開 花 。
　盼 啥 來 啥 隨 意 用 ，
豈 怕 天 崩 和 地 塌 。


　　欲知後事如何， 請看下回分解。


# 第 四 十 三 回

## 西 路 軍 血 染 荒 漠

## 張 國 燾 樹 倒 曲 終

　　話說百丈關一仗,四方面軍元氣大傷。這之後連戰連敗, 在川西已無藏身之地,被迫循來路倉慌回逃,三過雪山,三過草地, 祗好北上了。四方面軍的兵力也由八萬四千人猛減到四萬一千人。主力部隊減少了三分之一。全軍幹部戰士情緒低落。張國燾的個人威信急劇下滑。簡直可以用一落千丈這個詞去形容一下了。連他最為倚重,對他也最為崇拜的陳昌浩,背後也不住聲地罵他狗卵子了:"這叫什麼路線?這是哪個狗卵子出的鬼主意?"

　　此類大不敬的穢聲髒語, 源源不斷地傳進了張國燾的耳裡, 他僅僅搖了搖頭。他來了個自嘆自嘲自解心寬:「勝敗仍兵家常事。劉邦百敗一勝取天下。不信我姓張的, 就走不出這背運的勁兒來!虎落平陽遭犬欺。牆倒眾人推嘛。千古一理,千古至理!責任全記在我一個人頭上好了, 嗨....."

　　上回書提到, 從莫斯科來的一位客人, 用跳傘的辦法進了陝北紅區。 此客人先乘客機飛到外蒙古的烏蘭巴托, 再換乘軍用飛機,跳傘降到陝北瓦窯堡郊外。此人化名張浩, 真名林育英, 是林彪的堂兄和革命引路人。其胞兄林育南. 在中共黨史上更是大名鼎鼎。

　　林育英於一九三二年擔任中共駐＜共產國際＞屬下的勞工聯盟總會首席代表。他同張國燾、王明一道工作過多年。陳雲、潘漢年二人抵達莫斯科後, ＜共產國際＞曾幾次派人赴華身聯絡中央紅軍。不幸, 這些人均在途中不明失蹤。迫不得已,才用跳傘的辦法把林育英送到瓦窯堡。他帶有斯大林和＜共產國際＞的秘密使命。

　　張浩會見洛甫等人時, 傳達了＜共產國際＞和斯大林的指示。鑒於德國納粹和希特勒的崛起, 以及德、意、日已結成同盟國的新國際局勢, 斯大林為了對付日本, 想同蔣介石建立統一陣線。這首先就得停止中共同蔣介石的內戰。斯大林甚至決定, 為避免同蔣介石磨擦, 中共軍隊可以先退入外蒙古。很顯然, 斯大林更不同意中共內部再有派系亡爭。

　　張浩認為毛、張之爭不是原則性的路線鬥爭, 而是個人之間的權力之爭, 故應和解。毛澤東心裡明白, 這不是張浩的個人看法。這是斯大林在借用張浩的嘴巴。

　　張浩應允毛澤東, 他肯定能把張國燾勸服, 讓他率軍北上抗日。張浩給張國燾發了電報。

　　接到電報後, 張國燾好一陣子高興。 一是有了藉口, 可以堂而皇之去陝北。既不用向毛澤東低頭認錯,也解決了目前無立足之地的窘境。其二, 張浩從二二年起一直在張國燾手下從事工人運動。張國燾認為，張浩會念及昔日舊關係,天秤會向有利於自己這邊傾斜。張浩手持＜共產國際＞和斯大林這兩柄上方寶劍,祇要他稍助自己一臂之力， 自己就肯定會制勝於毛澤東。張國燾立即覆電張浩表示,歡迎他來華指導工作,而自己立即率軍北上。

為了完成斯大林交付的任務,早日在華建成統一陣線,張浩大合稀泥。他既力勸張國燾放棄第二黨中央， 又得去哄毛澤東摘下戴在張國燾頭上的反黨搞分裂的政治大帽子。 張浩還建議成立西北局和西南局， 由毛、張各領導一個局 。 他本人則充當兩局之間的聯絡人。以後，兩局彼此不得以黨中央口吻對待另一方。

就個人本願而言,毛澤東根本不可能接受這種調和 。但這是斯大林的指示 。 誰敢不從？他雖然口口聲聲譏諷張浩是和事佬、和稀泥， 卻絲毫不敢公然抗命。祇是心中對斯大林的不滿和怨恨又加重了一重。

張浩也讓張國燾"熱臉貼了個冷屁股"。張國燾原以為自己必勝。不成想， 祇弄了個平局。而且是在自己必須解散第二黨中央的先決條件下的平局。這是逼平。張國燾心裡自然很不是滋味。但他亦十分清楚,完全明白， 在此等大事上, 是萬萬不能有些微的不滿或不服從表露出來。若被斯大林恨上了， 上帝也是無能為力的。對斯大林除掉政治對手的手段,他太了解了。於是, 張國燾借坡下驢自動取消第二黨中央, 成立了西南局。

雙方都不滿意。雙方都得接受仲裁結果 。這就注定了毛、張二人會繼續鬥下去 。當然是暗鬥！

先前， 毛澤東挾黨中央名義百般逼壓張國燾北上， 但那全是做戲,是爭權鬥爭中打出去的一手牌。現在， 張國燾真地統領大兵北上,進駐陝北,卻又讓毛澤東顧慮重重和不安,乃至恐懼。

第一， 瘦死的駱駝比馬大。即使四方面軍實力大減， 也還有四萬多人。毛澤東加上徐海東、劉志丹的部隊， 總和僅有一萬五千人左右。若與張國燾硬頂硬撞硬碰硬， 自己仍處弱勢。張國燾若再翻臉,這陝甘晉紅區怕是還得姓張。

第二,陝北地貧人窮, 缺乏糧食。若再加多四萬張嘴,必然鬧糧荒。昔日， 朱德上井崗,彭德懷上井崗, 鬧得山上沒糧吃， 被迫下山打糧。這是井崗不保的主因之一。窮山惡水養不了大兵。張國燾一來 ,這吃飯問題立馬成為最讓人撓頭的大難題。如何是好？若再遷移, 更向何處？愁人哪......

第三,四方面軍到達後， 二方面軍也將趕到。如此一來, 蔣介石會把打擊重點全放在陝北。自己的新窩尚未完全壘好， 又要被打個稀爛。更可怕的是實力的消亡 。江西紅區第五次圍剿後,八萬四千人剩下不足三千人。現在這三千也好,一萬五千也好,再遭受一次重創後,能剩下幾人?想一想就能讓人愁吐血……

張國燾不來陝北,毛澤東有一萬種理由攻擊他。張國燾真來陝北,毛澤東則將一無所有,一貧如洗。毛澤東實在太怕張國燾進陝北了。可是,一時間又沒招可想。毛澤東好不犯難。

有句百年老俗話, 天無絕人之路。

＜共產國際＞打來一份急電, 有一批援助軍火物資,已經由外蒙古走綏遠和寧夏, 近期將運抵寧夏的定遠營。蘇聯方面要求中央紅軍自己派人去接貨。

毛澤東見此大喜,不由計上心來, 腦子一轉悠,草擬了十月作戰綱領。其中要點是讓四方面軍西渡黃河, 打通國際運輸路線, 接回這批軍火。

張國燾接到十月作戰綱領更是大喜。這正巧順了他不願意北上的心思,也暗合了他想去新疆發展的念頭。兩好歸一好, 也無心去多想這個綱領可是老冤家安排的了。張國燾立即覆電表示堅決執行命令。他又命令木匠出身的李先念任政委、程世才為軍長,率三十軍督造大木船, 準備在靖遠城西側的虎豹口渡過黃河。毛、張二人從末如此密切協調的合作過。各懷心腹事, 暗中比高低。是百分之百的同床異夢。

三十軍渡河成功。毛澤東又下命令九軍和三十一軍渡河。張國燾欣然從命。然而, 徐向前不同意。他建議三十一軍暫不渡河。毛澤東要求徐向前堅決執行命令。

正在僵持之際, 彭德懷密電毛澤東, 稱已有証據, 張國燾似有"西出涼州自立"的嫌疑。於是, 毛澤東急電徐向前, 同意他暫停三十一軍渡河的建議。但是毛澤東仍然命令一方面軍的紅五軍團渡河。從此, 四方面軍一分為二：三十軍、九軍、五軍在徐向前、陳昌浩率領下, 活動在河西。四軍、三十一軍留在了留在了河東,歸彭德懷指揮。

不料, 西渡不久, ＜共產國際＞又來電報, 那批軍火已被馬家騎兵搶走了。

到了此時此刻,毛澤東的主意既定。他下達命令,成立了由三十軍、九軍、五軍組成的西路軍。又命令西路軍自此執行中央軍委戰略方案的第二階段任務, 即由河西走廊一直向西, 打通通往新疆的道路, 溝通對蘇聯的運輸渠道。這恰巧正是張國燾西渡黃河後, 日思夜想的另一計劃。

　　張國燾這個人,祗要順了他的心思,他總是一百零一個地贊成。他根本不再去多想想別的什麼了,祗是一心一意盼望著，能早日順著這條通道，前往蘇聯吃洋麵包，住在蘇聯指揮中國革命。

　　毛澤東摸著了張國燾的心思,下達命令,一步一步地實現自己的計劃。

　　張國燾見毛澤東學得如此會辦事了，還以為他怕了自己。他豈知道，他正沿著一條鮮花似錦的大道走向政治生涯的斷頭台。

　　西路軍的對手是盤踞在甘肅中部和西部的馬家騎兵和民團，以及蔣介石的小股正規野戰部隊。其兵力約有三萬騎兵、十萬團丁。

　　馬家騎兵凶猛剽悍，能騎善射。他們人人頭纏羊肚子白毛巾，配有美製快射卡賓槍，個個都會用馬刀劈殺。所騎戰馬均為能跑長途的蒙古種短腿馬。士兵清一水是濃鬚大眼的伊斯蘭信徒。馬家騎兵是一支宗教軍隊,人心較齊,很有戰鬥力。西北地區多為較比平坦,砂石硬地面沙漠，地域又十分廣闊,較利於騎兵移動或作戰。

　　西路軍渡河後,頻頻遭受馬家騎兵的大規模攻擊。在不到一個月的時間裡，就有五次大血戰：一是涼州城西北的四十里舖之戰；二是永昌縣城東南的八壩之戰；三是永昌縣城西側的水磨關之戰；四是永昌之戰；五是山丹之戰。五場血戰全是步兵對騎兵，步槍對卡賓槍加馬刀。兩者在火力上的差距太懸殊了。五戰下來，西路軍減員六千多人 。西路軍主力三十軍減員過半。若此時立即停止西進，為時尚不過晚。

　　恰在此時，＜西安事變＞發生了。國共兩黨暫時和平相處。

　　中共不能東進和南下作戰了。於是決定全力西進 。毛澤東電令西路軍加快西進速度，盡快打通國際運輸路線，同蘇聯接軌。

　　進入陽曆十二月份，西北地區天已經很冷了。夜間室外氣溫已是攝氏零下幾度了。紅軍官兵還是身著單衣在外露宿。

　　一九三七年元旦那天,五軍攻克高台縣城。高台糧食很多。陳昌浩和徐向前認為,該地容易被包圍，準備帶足糧食，繼續西進 。突然，毛澤東來了加急電報：＂西路軍全軍駐節高台地區休整。＂歷史和事實証明，這不是電報，而是一道奪命符！

　　二馬見西路軍停留在高台休整,就趁機集中了四個旅和三個騎兵團，把高台密密實實地包圍起來。五軍官兵苦守高台七天七夜,終於彈盡人亡，城池被攻破。轉入巷戰後,兩軍拼刺刀，又打了十幾個小時......軍長董振堂以下三千餘人，大部犧牲，小部被俘。五軍全軍覆亡。

　　徐向前派出一個騎兵師增援。該師在途中就被馬家騎兵死死圍住。苦戰之後，亦告覆亡。

到了這種地步，毛澤東仍舊下達命令，催促西路軍繼續快速西進。

徐向前有些想法了。他對毛澤東的命令開始劃問號了。他不明白，深諳兵法兵理的毛澤東，為何連連做出這種狗屁不如的命令，胡亂指揮作戰，把紅軍戰士往地獄裡送呢？

徐向前收攏了各部隊的殘部，約一萬人左右，準備突圍，自尋生路。二馬又增調了八萬騎兵、步兵和民團，將西路軍團團圍住。兩軍血戰了二十天。西路軍終成強弩之末。

依照常理，孤軍被圍之後，應當允許被圍部隊自行尋找機會突圍，自定進取才是。毛澤東在這方面積有豐富的親身體驗和經歷。但是，毛澤東下達的作戰指示電報上卻是："......
你們在南下時已犯了政治上的錯誤。現在是考驗你們的時侯。希望你們奮力殺敵，將功補過，以行動改正錯誤......"部隊危亡之際，毛澤東卻在翻舊帳，大抓政治辮子。這才真真是催命符。面對毛澤東的第二道催命符，西路軍將士們猶如啞巴吃黃蓮了，祇好拼命苦鬥，接受考驗。

徐向前奈不住了，發了火。他指揮部隊向東突圍。突圍成功。然而，陳昌浩一想到毛澤東電報上的那番話，馬上停止東進，掉回頭去往西走，帶著部隊重又鑽進了敵人的包圍圈。

此時此刻，毛澤東的第三道催命符又下來了。電報上命令："...堅守五十天...."這已是追魂令了，是一紙真真正正的，如假包換的地獄通行証！

西路軍又苦鬥苦捱了三、五天後，實實在在挺不到五十天了，被迫突圍。

九軍在突圍中被打散，全軍覆亡。

三十軍所餘不足兩千人。李先念決定分散突圍。分開後，有一千多人，或犧牲，或被俘，或另尋生路離隊不歸。李先念帶著另外九百餘人突圍後，沿著祁連山西進。到達新疆時不足四百人。後為中共新疆辦事處送回延安。這是三萬西路軍僅存下的一點點人馬。

陳昌浩和徐向前突圍後向東撤退。走到半路上，陳昌浩借故不走了。稍後，他孤身一人回到湖北老家藏了起來。他一直藏到抗日戰爭全面爆發後，清算張國燾的風浪也平息了，才回了延安。

徐向前同陳昌浩分手後，帶隊繼續東行。幾經磨難，幾經生死。到了延安，祇剩徐向前　這位光桿司令了。

西征失敗了......

西路軍覆亡了......

張國燾的血本蝕光了。

毛澤東的心病治好了。

……

國共兩黨搞成了統一陣線。內戰全面停止。

毛澤東有了充足的時間和精力，去徹底清算張國燾了。政治局召開了擴大會議。會議的後五天全部用來清算張國燾。在超高壓之下，張國燾不得不檢討了幾句。在張浩的斡旋下，毛澤東不得不放張國燾一馬。張國燾雖然過了關，心中卻根本不服氣。盡管他心中也已明白自己是中了著，上了當，做了傻瓜，遭了暗算。

無罪無錯的四方面軍的將士們可就遭了大罪。四方面軍全軍大搞肅清張國燾的流毒。四方面軍將士們人人過關做檢討。但是，人人難過關……

一開始時，毛澤東在動員大會上講話講："……一個同志落到井裡，我們不能向下扔磚頭，而是應當把他救上來！……"

四方面軍大部份高級幹部被召到<抗日軍政大學>學習。<抗大>校長是林彪。<抗大>是肅清張國燾流毒的主陣地。

在共產黨的路線鬥爭中，就是爭權鬥爭中，往往是把自己的政治對手罵得很壞，壞得超過戰場上的敵人。張國燾曾在大會上公開罵毛澤東是挾持漢獻帝的曹操。毛澤東回罵張國燾是白臉奸臣。這還是很客氣了，完全是互諒互讓。一般情況下，是要扣上特務、叛徒、內奸，甚至於扣上胡造出來的<ＡＢ團>、<第三黨>等等政治大帽子，予以殺害。而且還要大揭其生活隱私、家庭醜聞等等，搞得對手很臭，臭不可聞。對敵人尚有繳槍不殺，優待俘虜的政策，對政治對手則完全不講政策。既使口頭上，文件上也會規定幾條政策，但那是廣告，是宣傳，能看不能用。明知政治對手或政治觀點不一致的人，原本是自家人，是同志，那也不成，全無寬恕仁愛之心。

憑此傳統的路線鬥爭方法，成了鬥爭對相的四方面軍高級幹部，被鬥爭的比張國燾本人還凶狠十倍、百倍。

被鬥爭的人自然不服氣。最不服氣的是許世友。鬥爭會上，他高聲嚷叫："老子為窮人打天下，受你鳥氣！"審問他時，他一挺胸脯，反問道："那張國燾是俺自己找來的嗎？他當主席，你不也是句句都聽嗎？光俺自己聽？"鬥爭他的人火了，就喊口號轟他。他更火大了，一梗脖子，對著喊道："告訴你們，再鬥我，老子進山打遊擊去，照樣革命！"

星期天下午，<抗大>政治部副主任莫文驊正在寫文章。有人向他報告，王建安主動坦白交待出了，許世友等人準備於四月四日午夜逃走,進山打遊擊。人員共有五個軍級、六個師級、二十多個團級原四方面軍的幹部。王建安本是其中之一，但他后悔了，怕把事情鬧大，成了反黨份子。

莫文驊一聽嚇壞了，立即跑步找林彪報告。林彪比他還急，沖進毛澤東辦公室報告凶信。毛澤東正在開會，聽完後苦著臉自言自語："這個許世友為啥子要逃走 ？"

"批判張國燾嘛，連同他一道批了。聽說還押上了台，吃了鬥爭。他心裡很不服氣！"朱德插了一句。

"<抗大>的批判大會,已經超出批判張國燾的范圍,擴大了……"周恩來剛講了半句，看見毛澤東臉色不對，就住了口。

"看樣子，是過了些頭。不過嘛，矯枉必須過正。不這麼搞，張國燾的錯誤，清算不好,達不到教育別人的目的！"毛澤東侃侃而談。

"下一步怎麼辦？"林彪問道。

"先抓起來！要抓為首的。別抓太多！"

毛澤東一下令,許世友、王建安、洪學智、詹才芳、吳世安被抓了起來。關在邊區保安處的班房裡。

第二天,許世友的妻子、剛剛提昇為延安市委婦女部部長的雷同志送來了离婚書。

"去你娘的！"許世友把那張薄情紙往地上一扔，破口大罵："算我瞎了眼！你不要俺,俺還不要你哪！"他越罵越火，見誰罵誰。鬧得班房裡猶如唱大戲一樣熱鬧。

康生奉毛澤東指令，來審訊許世友。康生擺足了架子，喝問許世友："你們南下逃跑，是反黨行為……"

"去你娘的，你才逃跑！打不過人家，不先躲躲，等著找死嗎？你們從江西一直跑到延安，也是逃跑嗎？毛主席瞎了眼，誇你懂馬列主義。你連他自己說的，打不贏就跑也全就飯吃了！？你沒本事審我！我得見主席！"不等康生把話說完，許世友一挺胸脯大聲喝道。說完，兩眼一閉，大嘴一合，死活再問不出第二句話了。康生只好去向毛澤東交白卷了。毛澤東皺著眉頭思索著。

過了兩天，毛澤東派警衛員給許世友送去一條哈德門牌香煙。許世友吃了一驚。又遇了兩天，毛澤東帶上警衛員進了許世友的囚室。許世友更吃驚了："是你！"

"煙不夠吃吧？"

　　＂有人送。陳賡送我一條。＂毛澤東看了他兩眼，對他講：＂張國燾有錯誤，不能一批判他，你們就有氣……＂毛澤東講了一通他自己的大道理。許世友一聲不吭。他仰著個臉，望向屋頂，似乎在數屋頂天花板上趴著的蚊子或是蒼蠅。

　　毛澤東知趣地又無奈地告了辭。

　　又過了兩天，毛澤東又進了許世友的囚室。一進屋門，毛澤東便摘下帽子，立正站好，深深地鞠了一個大躬，謙意地道：＂許世友同志，你打了許多的仗，吃過苦，受過傷。這一次又吃了委屈，我來道個謙……＂

　　許世友一聽此話，不由大怒。心想：老子坐班房，老婆打離婚，你倒有心思跟俺演戲看！

　　＂操你娘！＂許世友嘴裡罵著，從床沿上跳起身，掄起巴掌就朝毛澤東搧了過去。幸虧毛澤東的警衛員擋得快，巴掌搧在警衛員身上。毛澤東只得落荒而逃。

　　當天下午，抗大參謀長、中央保衛部副部長羅瑞卿來找許世友。

　　＂你犯了錯誤不說，毛主席來看你，你不謝謝，還動手打人！像個兵嗎？＂

　　許世友一聲不吭。

　　＂告訴你，大家知道你要打主席，都說要槍斃你！你知道不知道，還是主席替你說人情，說你因為老婆離婚，心情不好。聽清楚，主席不怪罪你！你，你怎麼還有臉笑？！＂

　　＂嘿嘿……我在笑你想騙我！我還沒笨到那個份上！說吧，是殺頭，還是吃槍斃？＂

　　＂亂彈琴！毛主席叫我帶你去見他！＂

　　＂真格地？＂許世友的眼珠子瞪圓了。他吱吱唔唔不知該回答中還是不中。突然，他一變臉，嚴肅地對羅瑞卿講：＂俺是當兵的。不管見誰，俺都得帶上槍。沒槍算啥當兵的！＂

　　＂你……你……太過份了吧？＂羅瑞卿結巴上了。不知是氣的，還是嚇的。他轉身走了。臨出房門，他大聲地罵了一句：＂你它奶奶的太狂了！＂

　　沒過多大功夫，羅瑞卿又回來了。他沒好氣地告訴許世友：＂主席同意你帶槍去見他！＂

"真格地？！"許世友真地吃了一大驚。可是，他很快平靜了，慢悠悠地接著提條件："槍是有了。子彈有嘛？空著槍，裝樣子，算啥兵？"

這回輪到羅瑞卿大吃一驚了。他驚訝到連一句話，一個字，也說不出來了，兩眼直直地瞪視著他。

"給他！給他上好子彈！"毛澤東大步邁向囚室房門，嘴裡還給警衛員下著命令。

許世友接過上了子彈有的手槍，僵住了，傻眼了。兩行老淚順頰而下。他朝毛澤東面前邁半步，"噗通"一聲，跪在了毛澤東面前："主席……主席……俺……俺……"

第二天，許世友等人被放了出來。這批虎將官降半級，正職成了副職，上了戰場照舊殺敵立功。沒幾時，紛紛官複原職。

在張浩的斡旋下，張國燾只被降了半級，當上了陝甘寧邊區政府副主席，成了張副主席。

毛、張之爭，到此清帳。但是，在毛澤東人生征途上卻冒出來一個新對手——他自己。

這正是：

文臣鬥心，
武將角力。
又打又拉，
全沒脾氣。

欲知後事如何，請看下回分解。


# 第 四 十 四 回

## 偏 師 三 晉 稱 抗 日

## 借 步 古 剎 知 未 來

　　話說瓦窯堡鎮僅是個住戶不足三百，人口不過兩千的小村鎮，卻因為中共中央於一九三六年年初在這裡舉行過政治局會議而聞名於世。此次會議被稱為<瓦窯堡會議>。會上決定東進山西,抗日救國,討伐賣國賊、狗漢奸閻錫山。

　　一九三六年,日本強佔東北三省後，又在圖謀華北地區。中華大地又將丟城失地。中華民族將遭受新的蹂躪。抗日成了全民族一致的呼聲。

　　先前,紅軍被蔣介石追趕得無處棲身,自身難保，何談抗日？

　　中共站穩陝北後，<西安事變>促成了第二次國共合作，建立了抗日統一陣線。斯大林立刻命令中共既要向蔣介石示弱,促其抗日，還要積極開闢新戰場，打擊日軍,吸附日軍主力,以確保蘇聯大後方西伯利亞的安全。

　　在這種形勢下，若不抗日，若沒有些許的表示，在方方面面，中共都不好向斯大林交帳了。更何況，對付張國燾時曾揚言北上抗日。到了如今，總得兌現一星半點。

　　抗日勢在必舉。但是，萬事萬物一到了政治家們的算盤上,就不可能會是一加一等於二那麼簡單 。每個政治家都有自己的<小九九> 。其算法各有千秋 。 有的人是三九二十六；有的人就是三九二十八。若是能正常地得出個二十七來，他肯定不是政治家。像抗日這種大事,到了毛澤東的算盤上，其算法讓你長出一百個腦袋，也弄不明白三乘九到底該得多少。

　　在抗日策略上, 蔣介石提出"攘外必先安內"。意思是, 要先滅了中共和毛澤東，再去打日本人，蔣介石怎麼想的就怎麼說出來。實話實說是傻瓜政治家。為此他戴上了" 假抗日,真反共"的賣國賊的大帽子。

　　毛澤東提出了"全民族統一對外,組成抗日統一陣線",然後打"獨立自主的山地遊擊戰"。這一提法極其高明, 簡直是三乘九得五十四了。其一, 讓斯大林看著高興。中共正在執行他交辦的任務。其二，國人看了高興。中共要加入到抗日潮流中去了, 要給日本人點顏色看了。其三,給中共自己嫌足了面子。抗日是愛國標誌。聲言抗日就等於給自己貼上了愛國的標籤。其四,是毛澤東提出這個口號的關鍵之處。當時,中共三個方面軍加起來，主力部隊也僅五萬人左右。蔣介石握有一百二十萬大兵，都抵擋不住日本軍隊的凶狠打法。中共這五萬人馬能幹些什麼呢？但是，既然聲言抗日了，就不能不打仗 。如何打呢？毛澤東要打<獨立自主的山地遊擊戰>。<獨主自主>四個字，明白無誤地宣示,中共軍隊不聽蔣介石的號令,自己想怎麼打仗就怎麼去打。<山地>二字告訴世人,中共軍隊祇在山地同日軍作戰。囉嗦點講,就是日本軍隊來到山地,我才打。日本軍隊不到山地來,我則不必打了。

日本軍隊永遠不來,就全省事了。至於日本軍隊喜歡攻佔大城市、甚至中小集鎮,那就請蔣先生去打好了。<山地>二字表明中共不承擔正面抗擊日本軍隊的任務。中共軍隊不上正面戰場作戰。

毛澤東這一策略,既表明了自己是抗日的,卻不承擔正面應敵重負,避免了人馬的損失。既順應了民心民意,又不消耗自己的實力。一句話,毛澤東佔足了便宜,卻不吃虧,連小虧都不吃。想想看,這三乘九在毛澤東的算盤上該得多少呢?

在當年,不僅蔣介石和國人看不透毛澤東的把戲,就連中共上層也不甚了了,沒有幾人能參透其中的玄機奧妙。毛澤東身邊的兩位軍事專家也被他瞞過了。彭德懷建議把"山地遊擊戰"改為"運動遊擊戰"。劉伯承建議改為"遊擊運動戰"。看來,軍事家的算盤珠就是比政治家的算盤珠少上一些。中共軍隊在<山地>抗戰八年,其軍隊由五萬左右發展到一百多萬人,這全是<山地>二字的功勞。

廣告再好,終歸是虛貨。

真若打日本人,又沒那個實力。不打日本無論如何算不上抗日。

毛澤東腦子一轉,想起了自己看家高招。俗話叫ˇ雷公打豆腐,專揀軟的欺侮。"跟人家大人打架,打不過時,就找機會打人家的小孩子。日本人是打不過了,那就打日本人的奴才、走狗、小爪牙。總之,能跟日本人掛上鉤就成。實在掛不上,就硬掛。謊話重複三遍,也能成真理。於是,毛澤東先給山西軍閥閻錫山的腦門子上,貼上賣國賊、狗漢奸的標簽,然後東進討伐。誰人敢講這不算抗日?

毛澤東要欺侮的閻錫山,人送外號<閻老西>,簡稱<老西子>,是個土得掉渣的老滑頭,還沒幾個人要得了他。

閻錫山,字百川,是個百分之百的土包子,是位十足十的土皇帝。

他這個土包子自從<辛亥革命>後,直到大陸政權易手的三十七、八年間,除了太原城被日軍攻佔後,他被迫去了陝西省避難而外,餘下時間裡從未离開山西省半步。他把自己牢牢地"囚禁"在三晉大地上。

閻錫山出身商人世家，為人處事十分圓滑,也同樣地保守，是個典型的死不吃虧。他怕外省人插足山西，就把鐵路修成窄軌的，以防外省火車直接開進山西。當然，他也不想自己的火車直接開進別人的地盤。夠自己用,他就心滿意足。他用人十分保守，保守到非親勿用的地步。他的祖籍是山西省五台縣。確實是五台人，方能被重用。當年太原有句順口溜：''會講五台話，就把洋刀挎。''

他是名符其實的土皇上。<辛亥革命>後，他就任山西都督，後改稱省長兼晉軍總司令，山西省軍政大權一手抓，稱霸三晉。不僅省裡沒人管得了他，連蔣介石也不能過問山西省的任何大事小事。閻錫山是一手遮天，金口玉牙，一人講了算。山西人稱他是個沒登基，沒坐上龍椅，沒穿上龍袍，沒自封皇帝老兒的省級小皇帝，或土皇帝。

閻錫山極為講究排場。可是沒人指責他貪圖享受。人們都知道，他是在刻意地模仿皇家宮廷的排場。他每次外出，除了衛隊人馬外，還要跟上一大群侍從秘書、侍從參謀、侍收副官、侍從醫生、檢點參事、值日官等等，人數過百近千。

他率領著偌大一隊伍，隊伍中有牽毛驢的，有拉人力車的、有抬八人大轎的、有扛遮陽傘的、還有抱著暖水瓶的、提著火爐的、捧著座墊的，等等、等等。真比大搬家還熱鬧。似乎他去的那個地方，連個座墊靠背也沒有似的。批評他講究奢侈，指責他喜好這一套，罵他太土氣，是個大號土包子，還真有點冤枉他。

閻錫山的這一套,全是擺擺樣子,給別人看的,叫人別小瞧了山西省。至於他本人嘛,人家能誇上一句'威風'他就十分心滿意足了。

閻錫山鬧騰了這麼一大套,沒給自己帶來些許的舒適、輕鬆、暢意和享受。他的飯食簡陋得令人難以置信。當家飯食一貫是刀削面拌老陳醋，鍋盔燒餅夾燒羊肉。這種東西吃上一回，覺得挺新鮮,給自己換換口味。若是連著吃它三、五頓，聽聽都叫人倒胃口。閻錫山一吃,吃了一輩子。天天如此,頓頓如此。家裡如此,晏客如此。平安時如此,避難時也如此。如此這般吃了一輩子。若有輪迴轉世,相信他下一輩子肯定會接著吃下去。

在對外關係上,閻錫山一直是四面討好,自保其身。到了抗日時期,他仍然希冀能隔岸觀火，穩坐釣魚船。既不得罪日本人，也不得罪蔣介石。既不跟著日本人當漢奸，也不和蔣介石結盟,讓蔣介石趁機插手山西。他事事採取和談第一，和為貴，君子動口不動手的滑頭政策。這麼一來，倒是讓毛澤東覺得，在閻錫山身上大有文章好做。

中央紅軍到陝北紮根之後，面臨的最大難題是軍需物資的嚴重短缺。若要養活三個方面軍的五萬人馬，則需要大量的糧食、軍火和服裝。若再擴軍，需要更多。

陝北，乃至整個陝西省，當年是塊窮地方，實在拿不出這麼多的東西來養活大批軍隊。鄰省山西卻是塊大肥肉。

閻錫山閉省自營，搞得山西猶如"五臟俱全的麻雀"，而且是隻又肥又大的老家賊。山西廣積錢糧，物資豐富，可稱富甲一方。誰也不能眼看著大肥肉，乾流涎水。何況冬天馬上就到了。若此時再不動手，可就真要"凍"手了。

毛澤東心中細細地一算計，雖然閻錫山有晉軍八萬，數量上多於紅軍數倍。但其分佈在全省各地。若紅軍集中兵力，擊其一部，形成局部上的優勢，則勝算極大。於是，紅軍兵分南北兩路，東渡黃河，進兵山西，開始了攻城掠地，不打日本鬼子的"抗日戰爭"。

洛甫和毛澤東隨軍出征。他二人騎著馬，帶著警衛和電台，沿著黃河河邊，向渡口行去。

陝北高原，時值隆冬。雪後北國，一派人間月宮景象。

毛澤東一生愛雪，是個雪迷，幾近狂熱。每逢走到一處雪景較為靚麗之地，都要下馬觀賞一番。遇上那雪更深更厚更是潔白之處，索性駐足觀賞一陣子。洛甫也是文人書生，對雪景亦很喜歡。他二人指指點點，緩步而行，引經論典，議論不休。半點不像是在行軍要去打仗。倒是更像遍訪山川，飽賞美景的雪迷旅遊團。

他二人走近一處窯洞。抬頭細看，是一處古剎。廟宇雖然僅是幾間山窯，卻也香火燎繞，鐘磬齊鳴，自有一派佛門氣象。

"老方丈，安泰否？"毛澤東邁入廟門，同廟上老主持打個招呼。老主持見洛甫、毛澤東身後親隨馬匹甚多，心知此二人非富即貴，非同小可，不比一般，忙請就座。

"老師長，寶剎法名如何稱謂？"洛甫饒有興趣地問道。

"步難寺"。

"噢？步——難——寺！高僧可有解語否？敬請賜教。"

"看來二位貴客來自遠方寶地，不知俺陝北風土習俗。陝北原高崖陡，又少雨水。故林木稀缺，又多不成材。建房造屋，極缺木料。老百姓就因勢用勢，在崖側峭坡，挖窯造屋。挖窯之日，貪圖窯大堅固，又得順應山勢，也就顧不上道路是否行走方便了。人口越來越多。窯洞越挖越多越密。就出了路的難題。人在黃土高原上行

走時，有時就正踩踏在別人家的屋頂上。看見道路在前面有處急拐
彎，等到一轉彎，往往就進了人家的院子，或是乾脆進了屋……"
毛、洛等人聽到這話不免笑上幾聲。

"俺這西北高原，道路雜沓，忽高忽低，忽上忽下，東拐西彎，
南通北堵。若想抄些近路，可能就得蹬人家的牆頭，爬上人家的屋
頂，十分困難。老人、孩子、婦女、病弱者是抄不了近路的。他們
得走大路，走官道。路雖好走些，卻要多繞出去三、五里路都不
止。這正是，上也難，下也難，進也難，出也難，步步艱難！"

"好個步步難！抬腿生難，不謂不難！"洛甫頗有感概地發議
論。

"難是難，踏下腿，邁上去，一步之後，就解決了大難題。
就成了不難！這＜步難＞二字，以諧音道出的不正是＜不難＞二字
的隱意嗎？步難亦即不難。不難卻因步難而來。難與不難，相依相
伴，互生互克，共存於足下。妙，實在妙！"毛澤東思索著大發議
論。

"潤之兄，你還懂得參詳佛禪？"

"阿彌陀佛，善哉善哉！"毛澤東兩手合掌，唸了一聲佛號。

老主持見他二人有如此一番議論，就問道："二位貴客，談吐不
凡，令老衲佩服。依老衲管見，二位此次遠行，定有要事去辦。也定
可馬到成功！"

"多謝吉言！老方丈此話，非同一般，還請指教一二！"毛澤東笑
呵呵地說道。

"老衲才疏，不敢妄言。廟裡有個籤桶，倒是靈驗。二位不妨一
試。"

洛甫一聽，連連搖頭。毛澤東哈哈一笑道："走吧，去看一下子
嘍，入鄉隨俗嘛！他接著打問老住持寶刹供奉何種神數？"

"南極神數。"

"思美兄，這神數共有五種。就是邵子神數、南極神數、北極
神數、鐵板神數和紫微斗數。佛門多供奉南極神數。"

"潤之兄真乃雜家，什麼都懂！"

"過獎，過獎！我是什麼書都翻翻。祇知皮毛，不究細裡。"

二人隨同老住持走到神台跟前，老住持取下台上的那隻細竹
桶。竹桶裡倒插著一大把竹籤子，整整一百枚。每支籤上各寫有
彼此不同的讖語。

毛澤東見洛甫尚猶豫不動，就先伸手抽出一支竹簽。讖語是：
運行乙未又重新，重興家業換門庭。桃花開放逢春雨，胸中志氣滿
乾坤。

老住持看過讖語，又向毛澤東問了生辰時刻，大為驚詫地嚷
道：'百年不遇，百年不遇！對於旁的人，此簽已是上吉簽了。對
貴客你就不一般了，這是支上上大吉的好簽！此讖語正合你的生辰，
越發大吉大利了！每天，每月，每年，來這裡討簽的香客，難計其
數。但是能讖語合上自己生辰的，僅老衲所見，貴客為唯一之人！百
年一奇，可賀可賀！"

毛澤東生於一八九三年。按卦家之說，人為兩歲起運。一八九
五年乃毛澤東起運之年。讖語明示,從毛澤東身上起,家族將重新崛
起。他本人將功成名就，實現自己的宏大志願。這樣的吉利話,焉能
不令毛澤東樂得大嘴咧到耳根後面去了。不過老住持沒解釋＜桃花
開放逢春雨＞那一句。桃樹開花怕風怕雨。一旦遭風雨，花落無
果，是果樹欠收的小年。這句讖語影射家族後繼乏人也。

"這位貴客願否？"老住持問道洛甫。

"好！試它一下。我的運氣可比不上他！"

洛甫得的讖語是：紅鸞天喜在初冬,偶配良緣正相達。碧桃枝
上琴瑟配,定主十月喜重重。讖語是講，冬天得到這支簽的人，碰
上了主管婚姻大事的吉星，必定明年十月結婚。

"哈哈……哈哈……"毛澤東念過讖語，不由哈哈大笑不
已。他知道洛甫和劉英婚事的全部秘密，心中暗暗服了這南極神
數。

洛甫嘴上不說,臉上微笑,心裡就樂開了花。劉英已經答應下來
明年秋天成婚。想到這些，真叫美死個人了。

二人得了吉簽,再次謝過老住持，繼續東行。

'思美兄，我有了一首新詞。趁著你我高興，我就念念，全當
美酒祝興。"

毛澤東騎在馬背上,甩著湖南腔,一句一句地念了起來。這首
詞令洛甫讚佩不已。

是夜，毛澤東豪情不減，舖紙捉筆，記下了自己詞中佳作：


<<沁園春>>　雪　　一九三六年二月

北國風光,千里冰封,萬里雪飄。望長城內外，惟餘茫茫。大河上下,頓失滔滔。山舞銀蛇,原馳蠟象,欲與天公試比高。須晴日,看紅裝素裹,分外妖嬈。

江山如此多嬌,引無數英雄競折腰；惜秦皇漢武,略輸文采,唐宗宋祖,稍遜風騷；一代天驕成吉思汗,祇識彎弓射大雕。俱往矣,數風流人物,還看今朝。


此詞剛一填成之日,知者甚少。毛澤東去重慶同蔣介石談判的時侯,將此詞先後在"新民報"和"新華日報"上發表，方始震動了神州文壇。步其韻者有，合其調者甚多，填製新詞者,更比比皆是。可是，就算詞曲兩界的高手巨匠,亦無一人敢自認其作能高於此詞。細細究來,就差在一個氣魄上了。茫茫神州，焉能人人都會有皇家氣度呢？人頭億計，焉有雪迷如潤之者？久痴雪白，日久自有光彩噴發之日。

世人皆知，人逢喜事精神爽。又豈知道,精神爽者喜自來。紅軍東征大軍一路攻克榆林縣等地，打得晉軍一敗塗地。閻錫山坐不住了。他匆匆調兵增援。見此，彭德懷心生一計，調紅十五軍奔襲石樓鎮。閻錫山再急忙調兵去援救石樓。如此一來，晉南、晉西南地區頓為空虛。彭德懷立即揮兵長途奔襲,連克晉南五縣。閻錫山傻眼了。不到一個月，山西丟了一小半。他不再顧及蔣介石的厲害了，急電蔣介石求援。蔣介石派陳誠率十萬中央軍入晉。山西局勢驟變。三晉大地轉眼之間，成了毛蔣爭鋒的新戰場。全山西一片戰火硝煙。

恰在此時,左路軍總指揮劉志丹不幸犧牲。左路軍無人主持,節節後撤。右路軍獨臂難撐千斤力,面臨被包圍的危險。毛澤東當即決定撤兵，西渡黃河。

雖然這次東征抗日，一個日本鬼子沒見著，但是著實發了一筆大財，弄到大批糧食布疋和軍用品,還擴軍八千人。

在毛澤東的算盤上，三九得了五十四後，仍嫌不足。他覺得還沒把老西子耍弄夠。他捉摸了一陣子，派人找來被俘的晉軍團長郭登瀛。

"郭團長,我想給你一個立功的機會。"

"毛先生,敗軍之將,豈敢求功？有什麼事，盡管吩咐，願效犬馬。"

"我放你回去。你帶封信給閻長官。麻煩你捎話給他。敝軍進入山西，祇為抗日。不過，抗日得有塊地盤。打仗不能沒睡覺的地方。希望閻長官給我劃出一塊地面，或者讓出一條通道，或者搞統一陣線......"

閻錫山看罷信，聽完郭團長的捎話，思索了幾日。

他眼下最為頭疼的是中央軍賴在山西不走人了。陳誠多方收買晉軍將領，大挖閻錫山的牆角。蔣介石甚至派人去晉南活動，趁機要搞河東道獨立。對此，閻錫山十分後悔。他正面臨不亡於共，即亡於蔣的局面。兩難之下，他召集心腹智囊開會。他提出三種方案，征求大家意見。三個方案為：一為"聯共抗日"；二為"聯蔣剿共"；三為"聯日反共"。

"如今我是站在三顆雞蛋上跳舞了。哪一顆也不能踩碎！"閻錫山是這麼認為的。

毛澤東這一打一拉，算是把老西子折騰苦了，令他左右不討好，三面為難，還得在雞蛋上跳舞。老西子慣於四面討好。眼下這三伙人全不買他的討好，全想一口吞掉他。他可如何是好？

這正是：

事　急　祗　圖　眼　前　寧　，

豈　想　新　愁　在　以　後　。

莫　講　遠　慮　耗　心　力　，

福　禍　難　測　時　時　有　。

欲知後事如何，請看下回分解。

# 第 四 十 五 回

## 膚 施 城 小 美 女 多

## 英 雄 難 過 色 字 關

話說閻錫山同幕僚們一陣子磋商後，訂出＜三不靠三親和＞的滑頭政策，也可稱做＜三面討好＞政策，即：一不投降日本；二不歸順蔣介石；三不依服共產黨。但是要：一對日本親善；二對蔣介石親熱；三對共產黨秘聯絡。務求共產黨別再進犯山西或在山西省鬧事。毛澤東立即回覆閻錫山，如果閻錫山在山西省不反共，取締反共組織，紅軍則保証不再進攻山西。

毛澤東還應允閻錫山， 取下扣在他頭上的賣國賊、狗漢奸等政治帽子。之後又共同組成抗日統一陣線，共同組建抗日組織， 取名為＜山西各界犧牲救國同盟會＞,簡稱＜犧盟會＞,由雙方都能接受的中立人士薄一波負責。實際上,薄一波是中共地下黨員。＜犧盟會＞自然也就歸了共產黨。毛澤東又把老西子耍了一把。

毛澤東把閻錫山玩弄於股掌之間，把山西省搞成紅軍的防護牆和安全通道。防護牆免使紅軍同日軍和蔣軍直接碰撞。盡管這道牆不太牢靠。當然,安全通道也不太安全。但是紅軍進出山西和向東聯係, 著實方便了許多。

中共中央見自己的東側變得較比安全一些之後, 於一九三七年一月遷往延安市辦公。

延安, 古稱膚施,是一座小小的高原古城。城外四面環山。山, 是光秃秃的土山,長年裸露出黃褐色的地表皮。鳳凰山、清涼山、嘉嶺山,似乎赤著身子, 千年不變地蹲坐在遠處。祇有嘉嶺山的那座石塔略有特色。人們索性給嘉嶺山改了名字,叫它寶塔山,期盼著它能給小城居民帶來好運氣。寶塔山下緩緩流過延河。延河裡水不多, 經常乾涸。但是, 人們十分喜歡它, 愛到河邊走一走, 涮涮腳 ,洗洗臉。

中共中央一遷入延安城, 小城頓時熱鬧起來。延安瞬間成了全國各地革命青年心目中的一方聖地。他們從四面八方冒著風險奔向延安。通往古城的那條塵土飛揚的大路上, 忙碌著數不清的外地人。

他們的衣飾是老延安人，自古以來從未見過的。穿著旗袍的成年女子，燙著卷頭髮的夫人太太，抹著口紅的姑娘小姐，手挽著手，緩緩地走著、聊著、笑著、甚至還輕輕地哼唱著不知名的流行小調。這可真叫老延安們飽了眼福，開了眼界。先前，生活在這裡的人們，祖祖輩輩就是黑衣黑褲白土布小褂子。這一歷史可以上百年地追厥回去。

天南地北聚攏起來的這群人，把延安大變了模樣。

城市在變，人也跟著變。其生活方式、生活內容，也同時在變化，甚至是劇變，變得人們眼花瞭亂。

在毛澤東的身上，某些東西也在靜悄悄地變著。

擊敗了張國燾，他在黨裡、軍裡的地位，已牢固地樹立起來了，成為實際上的延安老大。他不必再去聽命於別人了。而別的人則全得看著他的眼色行事說話了。那幾位有資格同他平起平坐，甚至可以一決高下的元老重臣，紛紛自動退讓。這也更把毛澤東突顯出來了。

毛澤東熟讀古今歷史，懂得如何獎勵有功之臣，也學會如何安撫敗將降兵。他知道，那些反對過自己的人，一旦站到自己這邊來，其作用是巨大的。

他安排一貫打擊和排斥自己的博古，擔任中央政府駐西北辦事處主任。這項官職有些像今天的首都市長。博古統管延安及其周邊紅區的大小事務，實權極大。

毛澤東安排了在＜遵義會議＞上，唯一一票反對過自己的凱豐任團中央書記。

原四方面軍的武將們，如許世友、王建安、洪學智等人一一重用。

如此一來，毛澤東為眾人一致擁護，成了延安無冕之王。

東征之後，延安物資供應情況大為好轉。紅軍官兵穿上了新冬衣，頓頓吃上乾飯了。中央首長的菜中頓頓見著葷腥了，甚至早上有鮮牛奶喝了。

男人有錢就開始變壞。女人變壞就開始有錢。男人肚子一飽就動色慾。女人肚子一大就天下大亂。這些市井俚語，講得不完全都對。可也還有幾分道理。

毛澤東沒錢，但是他有權。有了權就可以有一切，包括錢。毛澤東如今手握黨政軍一切大權，自然會有他所需要的一切。有了一切，變得就比別的人快多了。他自己不覺得。他自己也不想去覺得。可是,他身邊的人, 特別是妻子,全能覺得出來, 甚至覺得他變得太厲害了, 簡直讓人難以忍受了。

賀子珍已經生過五個孩子了, 正懷著第六個寶寶。 她業已察覺到丈夫對自己有了先前從未有過的變化。了解丈夫莫過於妻子 。妻子心裡有杆"秤"。這杆秤專門用來秤量丈夫對自己的感情。

賀子珍, 綠林好漢們她送雅號 <永新一枝花>。此時, 剛屆二十七歲。正當女人一生中最美好的年華。然而,戰爭年代艱苦的軍旅生涯,頻頻懷孕生孩子後嚴重營養失調, 使她的身體過早地垮了下來。自打她於一九二八年和毛澤東同居後, 在不到九年的時間裡,她六次懷孕,五次生產, 這豈能不加快她衰老的過程?毫不誇張地講, 她比農村裡那些同年紀的村婦, 還要顯得蒼老憔悴。講她四十七, 沒人會搖頭的。甚至覺得這是出於客氣而小報了她的實際年紀。

賀子珍失去了昔日<永新一枝花>的俏麗面容。但她的性格脾氣仍如當年那個女中豪傑一般無二, 依舊潑辣倔強。殘酷的戰鬥生活, 甚至使她變得更加強悍不訓, 更加火辣辣了。

當年, 為了同毛澤東相愛, 她不顧旁人的眼色和眾人的指指點點, 在楊開慧生死未明的情況下, 就勇敢地, 不計後果地獻出自己的童貞和一切。無人不為她驚嘆。那時她祇有十七歲。

在戰鬥的年月裡, 毛澤東祇說了聲要看敵人的報紙, 她就挺著個大肚子, 闖進敵人佔據的縣城搶報紙。白軍圍追堵截。她單槍匹馬, 左突右闖,硬是殺開一條血路,身負多處槍傷,把報紙送到毛澤東手上。她豁出性命去搶報紙, 與其說是為了得些情報, 不如坦誠地承認, 她僅僅是想哄毛澤東高興。祇要能讓毛澤東高興, 祇要是毛澤東想讓她幹的, 她就會不顧惜自己的性命去拼搏, 似乎她活著就是為了一個人——毛澤東!

昔日,毛澤東下野,心情不快。有時裝病,有時真病。她明知裝病,也百般侍奉, 甚至幫毛澤東講假話。賀子珍是個說謊就臉紅心跳的人。為了毛澤東, 她也就變成了另外的一個人。這全是為了她心中至愛的毛澤東!

賀子珍對毛澤東的愛, 難以用筆墨描述。為了毛澤東安心打仗,, 她就毅然割捨母愛, 送掉一個又一個孩子。莫非她不知道,孩子一旦寄養出去,就是永別嗎?母親, 祇有做過母親的人, 才知道那是股什麼滋味!她卻接連有四次經歷。還是為了她的毛澤東!

可是，自打她生下嬌嬌之後，她就覺得毛澤東的眼神不對了。她正在坐月子的時候，就＂秤＂出丈夫的心的份量不是原來那麼足了。女人心上的那杆秤，是世界上最敏感的儀表。就算進入了電子時代、原子時代、中子時代、時代的時代，也沒有哪種儀表能同它相比。

產後，賀子珍聽到了無數流言。她不去相信。她不敢相信。她怕這些流言是真的，盡管在這個人世上她還從未怕過什麼。她太愛丈夫了。為了愛，她不能不信任丈夫。

她寧肯不相信自己的眼睛，也得信任丈夫。她看見丈夫坐在燈下，忽喜忽狂地寫詩，準備送給一個大名鼎鼎的女詩人時，她覺得心裡頭很不對味兒。她寧願責備自己疑神疑鬼，也不願懷疑丈夫半點。丈夫回到家後，飯也懶得吃了，話也懶得講了，口口聲聲抱怨自己渾身不舒服。轉眼間又坐在燈下為那個女詩人改詩，讀女詩人的詩，滿面春風盪漾，哪有不舒服的影子？如痴如狂的勁頭，根本和懶字扯不上任何關係。見此，賀子珍心裡如群鹿亂撞，秤已離了砣。她強迫自己堅決不去相信，街面上關於丈夫同女詩人的流言是真事。賀子珍的自信消失得全然無蹤影了。而毛澤東對她的溫度卻直逼零度，零度以下……毛澤東在家裡的笑聲幾乎聽不見了。毛澤東對妻子的溫存差不多絕跡了……

警衛員和勤務員背著賀子珍竊竊私語。他們替賀子珍忿忿不平。他們一見賀子珍走過來，立即閉口不語，祇剩下憐憫的眼光。其實，做為人妻的賀子珍根本無須去聽清楚他人的一個字眼，也無需去看看他人的半絲目光。她心中的儀錶，早就把這一切都測量和顯示出來了。

賀子珍看見毛澤東再為那個女詩人改詩改文章，開始變得反感了。她捧椅子敲打桌子，掄起條帚打掃勤務員剛剛掃過的地，擦抹剛剛擦淨的桌面，鬧得毛澤東不得安生。毛澤東氣得，不，是驚詫地瞪圓了眼珠子，默默地轉移……

就在賀、毛二人默默地爭執時，一個大美人走進了延安城。她叫吳光偉。

吳光偉，洋名莉莉。由外國作品返譯回中文的名字叫吳廣惠。在港澳台中文書刊中多用吳廣惠三字。一九一一年出生於河南省。其父親在北洋軍政府裡擔任鹽務官員時，舉家遷至北平市。她大學畢業後，在中華戲劇學校當教師。她二十三出嫁。丈夫張硯田是＜北大＞畢業生。婚後，她去了日本＜帝國大學＞留學。＜西安事變＞後，她通過一名中共黨員朋友的介紹到了延安。她嚮往革命，追求真理，狂熱崇拜紅色革命的領袖人物。吳光偉人很聰明，且又多才多藝，懂講英語和日語，還會演戲唱歌。她人長得漂亮，很有風度，待人接物,彬彬有禮。在她那文靜的表面下，藏著一顆富有激情、感情和浪漫情調的青年女人特有的心。她是延安城裡，革命人群中間，唯一一個留著披肩長髮，天天塗抹唇膏，身著西服洋褲的女人。中共中央組織部知道光偉英語水平較好後，就安排她擔任書記處和毛澤東的英語翻譯。毛澤東同馬海德醫生談話時，一向由她做翻譯。毛澤東還特聘光偉擔任自己的私人英語教員 。

毛澤東一生都在學習英語,一生也沒什麼長進。不過，他的私人英語女教師個個貌美如花,風度翩翩，年輕而有教養和學識。很自然，他也從這群仙女般的教員身上誕生了不少誹聞。

起初，賀子珍對光偉印象很好。特別對她能講英語和日語尤為欽佩和羨慕。每次見面都喊她"小吳妹妹"或者"光偉妹妹"，還時不時地叫勤務員給她送些時鮮蔬菜。

沒過太久，賀子珍就聽見警衛員和勤務員在議論她，一提及＜吳光偉＞三個字時，全都帶上髒字眼兒。賀子珍卻沒當成一回事。

有一天,賀子珍上街去辦點小事,路過馬海德家門口，看見毛澤東和光偉二人肩並肩從馬海德家走出來，卻沒看見馬海德出來送客。賀子珍見他們兩人又說又笑,十分親切，甚至連賀子珍就站在小街的斜對面，正兩眼怒視著他倆，他們也沒看見。賀子珍扭頭回了家。

賀子珍回家進了屋,氣得不知該做什麼才好。正在這功夫,毛澤東回來了。

"開飯，開飯！肚子餓了！"毛澤東一進屋門就嚷嚷上了。

賀子珍怒氣沖沖地瞪了他一眼,沒理他。

"吃個啥子嘛？吃完還有事。"毛澤東催促了兩聲，見賀子珍扭著個臉不理自己，心理也覺得挺淡的慌，自己去了外屋灶頭，掀起鍋蓋看了看。

"怎麼搞的嘛？又是燉雞！"

賀子珍氣鼓鼓地回了一句："不愛吃我做的東西，上外頭另找人嘛！"

"你．．．．你．．．．你．．．．"毛澤東聽得一愣神，心中不由一驚。這是賀子珍頭一回當面頂撞他,而且話中有話。他強自鎮定了一下心緒,故做姿態地和為自己開脫道，"你這個同志，怎麼搞的,給你提個意見，你也不接受。還像個黨員嗎？"

毛澤東講完，一抬腿就走了。臨出屋門，像是自言自語地輕聲來了一句，「誰不想在我這兒幹了，誰就走人嘛……」

賀子珍猛聽此話，捂在心底的火山爆發了。她二話沒講，抄起牆根邊上的長條木凳子，對準毛澤東，狠狠地掄了過去。毛澤東急忙用手一擋，"媽呀"一聲大叫，跌坐在地上。警衛員在院子裡猛聽怪叫，趕忙進了屋。他看見賀子珍拾起凳子還要下手，連勸架也顧不上，用身子護住毛澤東，連攙帶架，把毛澤東拖到院子裡。

第二天，毛澤東小胳膊上包紮著白繃帶，吊在脖子上。一吊十幾天。紅軍老戰士們見了，忙問主席怎麼了。毛澤東笑笑說："摔了個跤子。沒啥子大事。周恩來聞訊後，忙找賀子珍談話。

事後，賀子珍知道打重了，心裡很是後悔。她向周恩來認了錯，又主動去找毛澤東賠了不是，拉他回家。毛澤東沒再多講什麼。此事就此了之。

延安熱鬧起來以後，多了一項跳舞活動。露天舞會設在王家坪。倡議人是美國女記者史沫特萊。她到延安後提出辦舞會的倡議。光偉也給她做翻譯。兩人住在隔壁，十分要好，簡直是形影不離。

史沫特萊出生於美國南部的一個窮苦人家。她從小同情窮人，幻想參加激烈的工農革命。一九三七年春天，她以外籍記者身份到了延安，時年二十五歲。

史沫特萊為人熱情，浪漫，富於幻想和冒險精神。她追求感情刺激，不拘小節，生活上很是隨隨便便。她一到延安，就換上了灰軍裝，喝小米稀粥，吃窩窩頭就著大頭鹹菜。她能同大伙打成一片，給人印象頗佳。她認為延安太嚴肅了，建議辦個舞會。她的這個建議，得到中央領導人一致贊同。

周末一到，吃過晚飯，人們不再去延河邊上或老城牆根散步了。仨一群，倆一伙，去參加舞會，或是看熱鬧。毛澤東等中央領導人幾乎全部參加舞會。

"史沫特萊小姐，你很會搞嘛！"毛澤東咧著大嘴笑著，拉著光偉的手走進舞池。

樂曲聲中，史沫特萊同朱德一道跳了起來。周恩來、洛甫、博古等人紛紛下了舞池。彭德懷不跳。他坐在一旁當看客，看得也挺高興。

賀子珍擠了個功夫趕來湊熱鬧。她藏在人群裡，靜靜地看熱鬧。她看見自己的丈夫同光偉摟得那麼緊，肚皮貼緊肚皮，胸脯壓著胸脯，兩手使勁握著，笑得那麼開心，那麼專注，那麼惹火。她覺得別扭極了。她，一個來自江西山區的農家女，根本不能接受這一套。何況她的心,已經有了某種感覺,心中的秤已在工作了。她祗看了幾眼，一扭身，噘著嘴巴回了家。

有一天旁晚，到了吃晚飯的時候了，賀子珍在家裡左等右等，也不見毛澤東回家。起先,她還以為是會議開長了。後來，到了九點多鐘了，延安人家早已入睡了，仍不見毛澤東回家。

她問秘書和警衛員，毛澤東幹什麼去了。他們都吱吱唔唔，不講實話亂打岔。

女人特有的直覺，那杆秤，驅使她出了院門，直奔光偉的住的窯洞。

"賀大姐,我陪你去！警衛員緊跟上來。

"不用！把手電筒給我用一下了！

吳光偉和史沫特萊住在相鄰的兩間窯洞裡。

賀子珍走到窯門口猶豫上了。她的心在激烈地自我大辯論 。她害怕看見她可能看見的場面。她明白，一旦看見了那種場面，祗有离婚一種結局。她猶豫一陣子後，決定先回家。她正要抽身离開之際，突然間，她聽到了一聲令人作嘔的，嬌里嬌氣的笑聲。她的腦袋一下子 "炸" 了 。她什麼也不顧了。她拼命地用力推門。門，從裡面扣著。她像擂鼓般搥打著木板門。

門，紋絲不動。

"再不開門,我就開槍了！" 她大吼一聲，嚇屋裡的人。她手裡祗有手電筒。

門一閃,開了一條細縫。賀子珍大吼一聲闖了進去。坐在光偉炕沿上的毛澤東，對著賀子珍尷尬地笑著，似乎要解釋一番，可又吐不出半個字來。怒氣衝天的賀子珍二話不說，撲到毛澤東身前，就不管三七二十一地胡亂抽打起來。毛澤東祗招架躲閃，絕不還手。吳光偉站在一旁，急得亂喊亂叫。賀子珍就轉過身子，撲向吳光偉，又抽耳光又扯頭髮。吳光偉大喊大叫。她哪裡是賀子珍的對手。

此時，住在隔壁的史沫特萊突然聞聲赶到。她摟住賀子珍往一旁拽。賀子珍一見這個黃頭髮鬼婆娘，更是火上加油，越發瘋了起來。二人摟住抱住，滾在地上打成一團。賀子珍用手電筒把史沫特萊砸得又哭又叫。趁此機會毛澤東和光偉赶緊溜走了。

勸架的人進屋看見,賀子珍把屋子裡一切能砸爛的東西,全砸爛了。史沫特萊躲在屋子角落裡，嘴裡不住聲地咕噥著什麼洋話,偶爾尖聲怪叫一兩下……

　　賀子珍去見周恩來，提出离婚。周恩來再三勸阻。賀子珍根本聽不進去。

　　事過三、五天後，李德跑來告訴周恩來，自己剛才去見馬海德時，碰上賀子珍正在同史沫特萊、光偉二人吵架 。吵得很凶。"賀子珍這個樣子……"李德用手比劃拿槍的樣子。這一比劃可就把周恩來嚇壞了。他知道事情已經無法挽回了，憑＜永新一枝花＞在綠林好漢中間的名頭，事情極有可能鬧大。周恩來立即去找洛甫、朱德商量此事的解決辦法。三人決定,先把他們夫婦暫時分開一段時間,等他們冷靜下來以後,再做工作。

　　賀子珍準備行裝去武漢工作一段時間。周恩來同他一道出發。

　　"子珍，別耍小孩子脾氣了！"毛澤東赶來讓賀子珍別去武漢。他對賀子珍解釋我這個人平時不大愛落淚。祇有三件事落了淚：一是聽不得窮苦百姓的哭聲。我一聽，就陪著哭。二是跟過我的警衛員和勤務員調走時，我捨不得离開他們。有的警衛員犧牲了。我也落淚，騎過的馬老了，用過的鋼筆舊了。我全捨不得丟掉。三是在貴州時,聽到你負了重傷,要不行了。我落了淚……"一向不承認自己有什麼錯誤的毛澤東，也祇能話不對題地如此這般神侃神吹乎了。想想看，一個根本沒有愛情細胞的人，又能說點什麼呢？

　　賀子珍聽罷，頭也不回地走了。

　　賀子珍出身綠林，是個非比尋常的女子，但她也同其它女子一樣，需要愛情，需要丈夫愛她。她不是老馬,不是鋼筆，不是手電筒，不是她拒絕憐憫，也不需要戀舊的情愫。她祇需要愛。沒有了愛，她也就沒什麼好留戀的了。

　　賀子珍先到了武漢，又因治病去了莫斯科。

　　史沫特萊走了。吳光偉走了。她二人是被禮貌地逐出延安的。

　　這就是延安城盡人皆知的＜光偉事件＞。

　　後來，去了西安的吳光偉，一再向中共中央要求返回延安。她認為自己太委屈了，自己沒做錯什麼事。中共中央欲始終沒有松口。毛澤東成了單身漢，光棍一條，過上了苦日子。不過，他福大命大造化大，苦日子沒有過上多久。不到半年，延安來了一位更美的大美人。


　　這正是：


　　　　　　　色 字 頭 上 一 把 刀 ，

採花戲蝶把禍招。

傷風敗俗萬人恨，

氣得閻王鬍子翹。

欲知後事如何，請看下回分解。

# 第四十六回

## 康 生 暗 授 攀 龍 術

## 藍 蘋 邀 寵 求 賜 名

　　話說賀子珍到了莫斯科後，做了手術，取出了身上的大部份彈片。不久生下了一個男孩子。她從國際孤兒院領回了楊開慧所生的長子岸英和次子岸青，以母親身份撫養他們哥倆。兩個孩子都喊她媽媽。她用少得可憐的一點津貼，每次買兩塊糖給這哥倆吃。看見孩子吃糖時高興的樣子，她心中充滿了親情帶來的欣慰。

　　這時，毛澤東給賀子珍發了一封電報，要她立即回國。賀子珍覆電，自己的學習剛剛開始，待兩年畢業後再回國。此時的賀子珍口氣大為軟化，不再堅持离婚了。

　　這時，就在這時，上海的一個三流的電影明星到了延安。

　　此人藝名藍蘋，本名李雲鶴。又自稱李進、峻嶺，乳名李進孩。大概，李進一名就是從其乳名派生出來的。一九一四年生人。原籍山東省諸城縣。

　　其父是個開木匠鋪的小業主，略有家業。其生母是父親的小老婆。父親是個酒鬼，一旦醉酒，他就對其母百般虐待毒打。李雲鶴也常常跟著挨打挨罵。

　　無奈之下，其生母帶著她到諸城首富張發祥家當女佣，自謀生路。因此，李雲鶴自幼相熟張家的四少爺。四少爺加入中共後化名趙蓉。去莫斯科時起了個俄國名字叫康斯坦丁。他又借此洋名的諧音，取了個名字叫康生。李雲鶴同康生關係自幼就甚為親密，可稱至友加紅顏知己。

　　李雲鶴人長得确有幾分姿色，甚至稱得上標緻二字。她很有些演戲的天份，十六歲開始登台演出。

　　她的婚姻生活十分不如意。她十六那年出嫁，一連四嫁，均不稱心如意。每次离婚都是她主動提出來的。時間較長一些的丈夫叫俞啟威。俞啟威是中共地下黨員。黨內用名黃敬。他是國民黨政府國防部長俞大維的兒子。該人建國後歷任天津市委書記、國家科委主任等要職。後因遭毛澤東親自點名批評而跳樓自殺。李雲鶴同魏鶴齡、唐訥、章泯等人的婚姻生活時間甚短，也就個把月時間。另有兩位男友則同住幾日，便分手作罷。

相聲演員譏諷她是「中午登記，晚上結婚，第二天早上离婚。到了中午又有了新男友。晚上再入洞房......結婚快，离婚快，淨給婚姻登記處和派出所添麻煩。

李雲鶴自有幾分聰明，但其天性卻是一萬分地高傲自負。她自幼深受家庭不幸的挫傷，心靈深處積蓄下對人世間的怨恨，這種本已偏激的怨恨，又令她的性情和處世哲學產生了可怕的扭曲。她主誓要做人上人，去報複令她有切齒之恨的人世。

任何一個青年女子要做人上人，都不是件容易事。李雲鶴文不能著書立說，武不能領兵征戰，又沒有任何專業和特長，唯一的本錢就是自己的容顏和肉體。李雲鶴正是打定主意憑著這點小本錢去闖世界。一旦女人知道了自己的容顏和肉體，可以做為一種特殊的資本去闖世界，去換得社會地位和財富時，這時的女人就變得可怕和危險了。李雲鶴頻頻出嫁又离婚，正是要用這種可怕和危險的資本，尋找可以扶她登天的雲梯，也就是要找一個能使她成為人上人的丈夫，而不是一般意義上的丈夫。

李雲鶴到了上海後，改名藍蘋。在電影界討生活。她拍過幾部當時還算是進步的小電影，也曾被那些閑雜小報硬捧成影星明星什麼的。她對自己的表現和成績，很不滿意。又試著從政，於一九三三年加入中共。一九三四年被捕入獄。不久獲釋。她認為，從政的風險太大了，是要掉腦袋的。她對從政十分失望。

紅軍到達延安後，延安成了青年人尋夢的天堂。也成了冒險家和野心家試試運氣的大賭場。李雲鶴輾轉托人求幫，終於如願以償，到了延安。

延安的一切同上海相比，在李雲鶴眼中，恍如兩個世界。她祇好一切從頭開始。她先進了黨校學習，然後被分配到魯迅藝術學院當教員。她脫掉旗袍，收起項鏈，換上灰色幹部服。看上去，她很有點像個革命者的樣子了。

李雲鶴出身演員，又有幾分聰明，就算與人同樣的衣裝，都是不甚雅觀的灰色土布軍服，經她稍一加工，例如，腰間加上一根布腰帶，能充分襯托出纖細的腰身和豐臀，就和別人大不一樣了，招惹來一群群男人獵艷的貪饞的目光。沒用幾天功夫，她就結識了許多黨政幹部。就連剛從莫斯科養傷歸國的王稼祥，也對她格外地關注。

　　她自己挺看重這一機遇，很是主動。無奈緣份不給勁，使其諸多努力盡付東流。王稼祥終與毛澤東的小師妹朱仲麗結為連理。為了這一段瓜葛，李雲鶴同朱仲麗結下了仇，二人鬧了大半輩子。

　　李雲鶴並沒有為此挫折灰心喪氣。她可不是個輕易地就放棄自我追求的人。

　　當年當時，延安演藝界有四大美女：孫維世、馮鳳鳴、郭蘭英、張醒芳。這四大美女在延安成名已久。李雲鶴單憑著演技很難超越她們。她很明白，若想走紅延安，單靠演技是玩不轉的，必須另找別的路子。

　　蒼天不負苦心人。

　　這天，她在延河邊上散步，突然碰見許多年不見面的昔日張家四少爺、時任中共中央社會工作部部長的康生。

　　"啊！是你！"李雲鶴驚喜盡露，不由喊了一聲。

　　康生一見當年的黃毛小丫頭，竟然出落得這般標緻俊美，心裡亦是格外地歡喜。

　　兩人邊散步邊敘舊。他二人是對非比尋常的異性知己，自是無話不講，無事不談。李雲鶴講了自己的境遇和心中計劃。她在康生面前用不著隱瞞什麼，也不想隱瞞什麼。她甚至提出同康生重續舊好。李雲鶴非常清楚，中共中央社會工作部是個不一般的部門，握有生殺大權。在延安尚無人敢對這個部門不生畏懼感的。盡管康生己年屆四十，比她大出許多。李雲鶴並不計較年歲。她看重的是地位和權勢，更看重自己孜孜以求的大目標。

　　然而，康生這邊卻不熱情。有了妻室和情婦尚且小事一樁。關鍵在於康生剛從蘇聯歸國。他是靠著出賣老上級、老朋友王明之後，才換得這頂烏紗帽，位子並不很牢靠。他還沒有同延安的掌門人、實力派大腕扯上關係，找妥後台。就算他康生再喜歡李雲鶴，此時此刻亦不宜過於放肆，免得授人把柄。他康生尚不夠格，也不想當一個不愛江山愛美人的超級情種和色鬼。

　　幹過多年肅反工作和兼做馬屁精的康生，心中猛地冒出一個天大的鬼主意。他想把這位小美人送到毛澤東那兒去。他最清楚近來發生在毛澤東身上的種種桃色誹聞。他深知毛澤東是個色鬼，喜歡漂亮的年輕女人，尤為喜歡風流貨。黨中央命令他驅逐史沫特萊和吳光偉時，他一拖再拖，不肯輕易動手。他深怕把毛澤東的女人碰重了，要倒霉的。況且，他本人又太想靠在毛澤東這棵大樹上了。

　　康生堅信,若他獻美有功，能投毛澤東所好，定能得到毛澤東的歡心、信任和賞識。於是他給李雲鶴介紹了毛澤東的地位和近況。

　　李雲鶴是一百個願意。二人主意即定 。康生再細細地告訴李雲鶴，毛澤東何時何地何處做何種演講，以及何時去何所學校給學員們講課。

　　康生一再叮囑李雲鶴一定要去聽這些演講、報告和授課。她還得必須早去搶座位，一定坐在前三排，越靠前越好。她必須積極地提出問題，搶著舉手發言。但是，所提問題，即或是小問題，都要事先想好，要有點水平……

　　就像一個特工諜報人員，在臨出發前，由大首長交待工作任務一樣，康生仔仔細細地，一條條教給李雲鶴如何行事。那真算得上是耳提面命，不厭其詳了。李雲鶴在這方面本非平凡之輩，再由如此高師指點，親授攀龍術，焉愁不手到擒來，馬到成功？別看李雲鶴演戲演電影的表演技巧僅能算是個二、三流水平。倘若讓她在生活裡，自己演自己，那就大大地不能小視她了。何況這又是以自己的容貌和肉體為賭本的特殊表演呢！

　　沒用多久，甚至沒有幾次，毛澤東就注意到了這個聽講專心，發言踴躍，提問題又總是恰到好處，很有分寸的漂亮小女子了。

　　李雲鶴更是注意到了，毛澤東講演講課時，投到她身上的目光，越來越多了，那目光的溫度也越來越灼熱逼人了。於是，她進一步＂入戲＂，開始新的一輪表演。她裝出什麼也沒覺察到的樣子，甚至有點冷漠的模樣，不再發言和提問。她連一眼也不去瞅毛澤東。課一講完，她頭一個站起來，扭頭就走。毛澤東想同她搭個話，都找不到機會。毛澤東哪裡想得到，這是李雲鶴故意逗他動火。李雲鶴要用欲擒故縱的手法，用不理睬做為手段，把毛澤東更拉近自己。這些主意更是康生攀龍術的精要之處，康生要她千萬千萬掌握好火候。

　　李雲鶴在延河邊上又碰見了康生。

　　＂我現在能跟他單獨談一談嗎？＂

　　＂可以了。我看夠火侯了。找他的女孩子不在少數 。別誤了時機。但是，憑你的級別，你的職位，見他可不容易。門衛、警衛員、秘書，不會買你的賬。這樣吧，你先準備一下。摸摸同學們和身邊同事們的動態，聽聽他們都有什麼議論。我也找找時間，去摸摸下面的動態和反映。我有了底。我再找你。你可以以匯報群眾動態的名義去見他。毛主席很喜歡知道下邊的情況、想法、意見什麼的。他愛聽真東西。你得記住，話，千萬不可過火！萬萬不可弄虛摻假。還有，多少要有點能震動他的東西……對了，他在政治局講話時，多次提到過理論學習的重要性。我看見，委員們沒什麼反響。

他像是不大高興。你下回見了他，就談理論學習的重要性。就談這個！他準會高興的。就這麼定了！你去多準備準備。我聯絡好了，叫人通知你。"

與其說是李雲鶴主動，倒不如說是康生更想靠上毛澤東這棵大樹。一旦有了康生的主動，李雲鶴就走了大紅運。李雲鶴能得到一位政治局委員兼中央社會工作部部長的支持，萬事都會好辦多了。

在康生的一手安排下，李雲鶴順順當當地走進了毛澤東的辦公室。李雲鶴連件稍微花哨一點的襯衣也沒穿，祇穿了一件白襯衣，洗得乾乾淨淨，樣子極像一位純樸無華的女大學生或年輕的女教師。

"打扰主席了。想匯報匯報。不知怎麼匯報才好。" 李雲鶴扮出靦腆羞澀的樣子，笨嘴笨舌地先道了謙意。

"坐，請坐！李雲鶴同志，康部長對我講，你很注意社會上的思想動態。這太好了！我若是能多了解群眾的反映，下次演講時，就有了針對性。請你多講講，講多一些嘍。不要有什麼顧慮！"

"同學們，老師們，還有我認識的人，都覺得主席的馬列主義水平真是太高了....."千穿萬穿，馬屁不穿。李雲鶴先灌上了一杯蜂蜜水，讓毛澤東甜甜地品上一口，心裡美滋滋的。

"你們喜歡就好嘛。你們最愛聽什麼？"

"理論！理論方面的東西！在白區根本聽不到。沒有理論，哪有方向？戰士有了槍，可以給任何人打仗。但是，用理論武裝了頭腦的戰士，永遠為無產者打仗....."

"啊！"毛澤東瞪大了眼珠子。這番話，在當年的延安，在當時的黨裡，甚至沒有幾位中央委員，可以講得出來。毛澤東在政治局會議上多次強調，高級幹部要好好學習理論，不要光是會罵娘。沒人肯聽。可是，這位漂亮而年輕的女子，竟然如此看重理論學習。這令毛澤東看重李雲鶴，對李雲鶴的印象極佳。毛澤東做夢也夢不到，是自己的情報部長洩露了天機，伙同這位"演員"在戲弄他。

"你再談談，還有些什麼？"

"大家希望你，能搞個理論專題講座，系統地給我們上課。"

"對頭！學習理論嘛，一是要聯係實際。二是要系統。好，這事我來辦！李雲鶴同志,你下次來個中心發言，談談對學習理論的看法。我來記一下，你這〈李雲鶴〉是哪幾個字呀？"

"雲彩的雲。白鶴的鶴。主席,這個名字太俗氣了吧？"

﹁不是俗氣，是仙氣！仙氣太重了。太脫离群眾了。聽講，你在上海時叫個藍蘋？藍色的大蘋果。哈哈......﹂毛澤東高興地大笑，似乎藍色的大蘋果最好吃。他吃定了。

﹁那是為了演電影用的。一點都不好。是我隨便亂起的......請主席幫忙，起個革命者的好名字。求求主席了！﹂

﹁就是嘛！革命者要有點革命幹勁、闖勁。〈唐詩別裁〉裡有錢起的一首五言律詩，叫〈湘靈鼓瑟〉。詩的最後兩句是〈曲終不見人，江上數峰青〉。我很喜歡這兩句。我看就取它前後兩個字，叫個〈江青〉好嗎？﹂

﹁江青？李江青？主席，要改，就徹底一些！就叫個〈江青〉好了！﹂李雲鶴扮出十分高興的樣子，又是歡叫，又是拍手，咧開嘴丫子笑瘋了。

﹁那我更喜歡了，江青同志！﹂毛澤東又來了一句。不知道他是喜歡這兩個字，還是喜歡叫這兩個字的人。也許全喜歡。其實，都怪李雲鶴的古漢語知識太差了。如果她古文基礎較好，一聽毛澤東點出這首詩的詩名〈湘靈鼓瑟〉時，就能明白毛澤東的暗示。這是一首描寫楚王同神女偷情幽會的情詩。毛澤東自比楚王，靜等小神女投懷送抱，來個自我表白。很遺憾，李雲鶴聽不明白，不入港。毛澤東又不甘心，就一再重複。可惜加遺憾，全是對牛彈琴。

﹁哈哈,江青同志太好了！歡迎江青同志以後常來談談動態。你就別去麻煩康部長了。我和門衛打個招呼就行了。哈哈......﹂這一笑洩了天機。毛澤東對康生的用心，早就心領神會了。

江青起身告辭。毛澤東緊緊握住江青的手,就是不放，兩眼直直地望著江青的眼睛，得意地笑著。江青扮出害羞的樣子，微微低了低頭，偏著個臉，直往後縮手，可又不使勁。她這副神態更叫毛澤東喜歡她了。正巧此時,門衛報告,加急電報到了。江青這才款款离去。江青邁著輕盈的步子，嘴裡哼著無名小調，滿臉全是笑。她笑得迎面走過來的人，忍不住也陪她笑上一笑。她成功了！第一步全然成功！

江青走後，毛澤東手裡端著電報，卻著實看不下去。眼前老是晃動著江青剛才那羞人搭搭,嬌滴滴的,惹人憐愛的小模樣......

康生聽完江青的匯報，又給江青出了新主意。

﹁毛主席喜歡聽京劇,不喜歡洋歌洋曲。你去學上幾句，湊它一齣。我一定把毛主席拉出來聽你的戲。﹂

江青小時侯最先學的就是京劇，到了上海才改電影。她的嗓子不能算好。但在當年的延安還稱得上數一數二。江青邀了延安著名京劇票友符律衡合作，排練了<打漁殺家>等幾個折子戲。在<打漁殺家>中江青扮演蕭桂英，符律衡扮演蕭恩。<打漁殺家>這樣的戲，很受革命者歡迎。除暴安良正是他們響往的正義之路，很容易引起共鳴。這齣戲的難度不大。比較適合業餘演員演出。

正式上演的那天，中央首長大部份人都赶來看戲 。毛澤東真被康生請了來。其實，毛澤東一聽是江青演<打漁殺家>，就算不請，也肯定會自己來的。他一直都在想法子見見這個羞搭搭的小女子。

江青演得十分賣力 。 憑著江青的水平，她拿出八成氣力去演，就可以穩拿延安前八名。她用了十二分氣力去演，肯定贏得掌聲。她一出場，那亮相，那走場，那叫板，那唸打唱做，一招一式，不敢稍有鬆懈，博得滿場喝彩。毛澤東帶頭鼓掌。康生領頭叫好。真地樂壞了台上的江青。

謝幕時，中央大首長上台接見和慰問演員。毛澤東握著江青的手,連聲說道："歡迎你再去我那兒坐坐嘛！再聽你講講理論學習的重要性嘛 。你戲唱得這麼好，哪天請你給我清唱一段嘛！你一定要來喲！"

江青笑了。康生笑了。毛澤東自己也笑了。

江青第二次見毛澤東時,按康生的點撥,不談理論學習上的事,專拉家常話。她把自己的身世和遭遇，特別是母親的不幸婚姻，以及自己在上海受排擠的情況，詳詳細細地講給毛澤東聽。毛澤東頻頻點頭。他用插話的方式,也斷斷續續地傾訴了自己受打擊，走麥城的情況。兩人一聊就是三個多小時。

朋友之間，若是兩個人對著吹，牛皮越吹越大。看著倒是挺熱鬧。吹完了，互不服氣,互相看不起。

若是兩個人對著哭，越哭越傷心。哭了個天昏地暗，眼腫嗓子啞,下次都不敢見面了,怕再惹起傷心事。

若是兩人互述心曲，共享悲喜，那是越聊越上癮,越聊越熱火,越愛往一塊堆湊，直到互相溶化在一起，成為生死朋友。

大人物祇是官職高一些罷了。他們在感情方面也和常人一樣，也想找個知心朋友，掏掏心窩子裡的貼心話。然而，職位越高官越大，就越發遠離人群 。找個人聊聊知心話，也成了大難事。

康生是個超級陰謀家。他一天到晚能有二十三個半小時加三十分鐘，去研究世人的心理狀態。而對於毛澤東，他二十四小時裡能捉摸他千遍、萬遍。故而康生出的主意講的話，總能打中毛澤東的點子上。

"我這窯門，對你全天開放！你隨時可以進來！"毛澤東戀戀不捨地把江青送出大門口，又特別吩咐警衛員多送一程。

　　江青趁機細細地打聽了毛澤東的生活習慣、脾氣、愛好等情況。她聚精匯神地又聽又記。她暗下決心,在下一個回合裡,一舉"攻克"毛澤東。

　　自打下一個回合後,江青就沒白天,沒黑夜地往毛澤東的窯洞裡跑。一進去, 就不見出來……

　　一個爆炸性新聞在延安城炸開了花：毛澤東找上野婆姨了！

　　在延安,不僅在部隊裡,就是社會上認識賀子珍的人, 也不在少數。他們全都知道賀子珍同毛澤東吵了架和上莫斯科等事。毛澤東趁賀子珍不在家亂搞女人, 在中國人眼裡, 特別是在農村小地方,是件頂頂丟人的大事, 被人瞧不起。人們傳來傳去,又加上了楊開慧的事。毛澤東被人們, 特別是女人們, 給罵苦了, 罵慘了, 直罵到下輩子都夠用了。

　　人們對江青的態度就更不友好了, 弄得江青連門也不大出了。男女偷情的事一旦被曝了光,被罵得最苦的必定是女人。

　　朱德一回延安, 就聽講了這件事。他認為這可能是蔣介石的美人計 。他去找毛澤東,　　　　　　　　　　直截了當地問道："潤之兄, 聽說你要和江青同居, 這是真事？"

　　毛澤東點了點頭, 嘆道："玉階兄, 賀子珍跟我動了手槍。她出去也快一年了。我寫信打電報叫她回來。她就是不聽。我們的感情破裂了。她走時給我留下了离婚信。江青是個文化人。關於她的閑話, 我也聽了不少。祗要她政治上沒有問題,她以前生活上的亂頭事,我也不去計較了。再講, 我也不是頭婚。玉階兄, 我也是肉體凡胎, 也得有個老婆呀！ 你和政治局的同志們通通氣, 議一議,調查一下江青的歷史。我服從中央的意見。"

　　朱德去找了周恩來。周恩來打電報請中共江蘇省委調查江青的歷史情況。

　　中共中央江蘇省委書記劉曉, 沒有查到江青被捕後的表現, 和叛變的証據。但是卻查到了江青生活醜聞一大筐, 實在太臭了, 臭不可聞。於是,他提請中央, 不要批准毛、江結婚。

　　劉曉的電報落到了康生手上。康生馬上找周恩來發脾氣, "江蘇省委有問題！一個女人為了爭取婚姻解放, 离過婚,就是生活腐化？我認為這是封建餘毒在黨內的反映。對於黨員來講, 是個政治問題！康生張口就是一棒子, 弄得周恩來沒法往下講了。

　　"不好這麼講吧？"

〝沒有証據，不能亂講人家不清白！這是不允許的！我不同意江蘇省委的意見！〞

康生是政治局委員兼中央社會工作部部長。他的意見，政治局是要認真聽取的。中央表決後，同意毛、江二人的結婚申請。

江青一步登天。

做為一個女人，用自己做代價，實現了宿願，難言對錯。

但是，毛澤東對自己歷次婚姻的態度，則惹人深思了。

這正是：

男 歡 女 愛 不 是 戲，

悲 歡 离 合 淚 淋 漓。

忽 起 妖 風 盪 紅 繩，

情 天 恨 海 添 悲 曲。

欲知後事如何，請看下回分解。

# 第 四 十 七 回

## 張 楊 兵 諫 抓 蔣 公

## 毛 公 運 旺 遂 王 明

話**說**自打中央紅軍達陝北之後,不知不覺已經到了一九三六年。在日曆本上, 這一年照例是三百六十五個日日夜夜, 五十二個星期天。實在很一般。其實這一年, 實在多災多難。是個多事之年。

日本軍隊侵華已有五個年頭了 。 日寇鐵蹄肆意踐踏神州大地 , 百姓飽受奴役之苦。蔣介石決心先清剿朱毛紅軍, 然後再抗擊日本鬼子。

然而, 國民黨中少數愛國將領卻與蔣介石的意見相逆, 自己奮不顧身, 勇敢殺敵, 保衛國家, 終因勢單力薄而捐軀沙場。

共產黨中的仁人志士也多是力不從心, 難挽大局。雖血染戰袍, 亦難有作為 。 東北抗日聯軍司令員楊靖宇戰死之後, 日軍給他剖腹驗屍。在其胃中未見一粒糧食, 全是草根樹皮。日軍官兵見此,肅然起敬, 頓生敬佩之心,認為楊將軍是真正的軍人。

然而, 單純的犧牲換不來勝利。

似乎是在萬般無奈之下,文人墨客想起了清朝末年, 八國聯軍入侵京城時,一位名叫賽金花的妓女, 用身體哄住德軍主帥瓦德西,使其少幹殺人放火等壞事的故事。一時間, 賽金花的故事被改編成戲劇、電影、話劇, 演了又演。似乎是在責罵那些手握重兵,而不抗日的國共兩黨的高官們,實在不如一位妓女。於是, 高官大員們下令禁演此類戲劇。

不幸, 賽金花本人也於一九三六年, 合上了她那雙風流眼, 走完了自己的奇異人生之路 。慣以尖口利舌罵遍天下惡人的大文豪魯迅, 也於這一年永遠地擱下了自己的筆, 閉上了嘴巴, 撒手人寰。中國人想罵罵賊骨頭, 消消心中的惡氣, 也沒了指望。

就在此刻, 有一支雜牌軍舉辦了一個別開生面, 又盡含嘲諷的抗日誓師大會。此為原屬西北軍, 後被國民黨湯恩伯拉走的一二八師師長王勁哉, 搞的出師動員大會。

王勁哉是位李逵式的武將, 人稱〈王老虎〉。他在江蘇省北部的仙桃鎮, 一個小村莊裡的村頭上,搭起類似比武打擂用的木台。台子兩側的木柱子上掛起兩幅畫像。一幅是危襟正坐的總裁蔣介石；另一幅是他自己，怒髮衝冠、兩目圓睜的王勁哉。他找村上的小學老師,用斗大的字,寫了兩幅對聯,襯在畫像旁邊。上聯是：你蔣委員長若能抗戰到底；下聯是：我王勁哉誓死不做漢奸。誓師會上,王勁哉拍著自己的胸脯子，直著嗓門，大喊道："官兵弟兄們,今天我一二八師要挺進沔陽, 抗日救國......我王勁哉是中國娘養的, 要為咱中國人做事！方今天下英雄, 毛澤東是一個。蔣介石是一個。我王勁哉算是半個。我這半個要打日本......" 講完話後, 這半個英雄真地上了前線, 屢屢打擊日軍, 殺傷日寇甚多。他用中國娘養的血肉之軀,在抗擊外侮的史冊上， 如同張自忠、趙登禹、孫立人、楊靖宇、趙尚志、包森、呂正操、馬本齋齋、白已化、彭德懷、林彪、聶榮臻等等， 等等英雄一樣, 留下了自己的一頁。他實在是一個英雄， 不是半個。

那麼另二位， 被王勁哉奉為完整無缺、囫圇個的英雄， 又各是如何呢？

二人之中， 倒了大霉的是蔣介石。張學良和楊虎城發動了<西安事變>,把蔣介石扣柙在了西安。他大有生命危險。

張學良， 東北舊軍閥張作霖之子， 民國時期四大公子之一。日軍佔領瀋陽後， 他率東北軍撤入關裡， 退到西安駐防。蔣介石提昇他為中央軍副總司令。可是， 他卻被國人， 特別是被東北人給罵慘了。張學良是否聽見了這些罵聲， 業已無法考証。但是， 憑著他的學問才識,他肯定知道, 史冊上將如何記下他的醜行。到了今天， 涌出了大批史料， 佐証不是日本人， 而是蘇聯間諜炸死了他父親。其目的是製造誤會， 誘使張學良報父仇去攻打日軍， 确保西伯利亞大後方的安全。也有証詞， 不是蔣介石下命令他才撤退的， 正是他自己決定的。張學良因為自已消極抗日， 自譴自責， 心裡十分痛苦。

就在這當兒，蔣介石飛抵西安， 命令東北軍和西北軍討伐進剿陝北紅軍。

對於紅軍, 張學良知之甚微。但是, 張學良卻十分清楚蔣介石的用心。蔣介石的用心有二。其一, 東北軍和西北軍在與紅軍的火拼中, 最終是落個實力大損或拼光, 張、楊二人勢將成為光杆司令。這叫借刀殺人。其二, 倘若張、楊不去進剿陝北紅軍或進剿不得力, 蔣介石會辦他二人<違抗軍令> 或<通匪>的罪名。這些都是殺頭大罪。總之, 張、楊二人, 打不打紅軍, 最後全是死路一條。

俗話講, 螻蟻尚且貪生。何況過慣了紙迷金醉快活日子的張大公子呢？既然蔣介石把　　他往死路上逼, 手握重兵的張、楊二人豈能束手待斃？再有，張學良何嘗不想找個機會，摘掉自己頭上的賣國賊等等罵名呢？

張、楊二人密商之後，打起兵諫蔣介石抗日的旗號，軟禁了蔣介石。史家稱這一事件為<西安事變>。

<西安事變>帶來三個後果。其一，蔣介石被搞得聲名狼藉，幾乎送掉老命。其二，張學良多活了一陣子，被囚在金絲鳥籠裡，耗光天年，虛度此生。楊虎城全家慘遭殺害。其三，大大地便宜了毛澤東和中共，乃至總後台斯大林，進而改寫了中國現代史。

毛澤東初聞蔣介石被囚，十分開心，就算笑上千百聲，也發洩不盡心頭的快活。第一大仇人的人頭，已按在刀口上，祇消他一句話，甚至不吱聲，張、楊二人自會割下蔣介石的八斤半。他豈能不開心？

毛澤東樂足了，笑飽了，又靜靜思索起來。

斯大林明令他同蔣介石搞抗日統一陣線，以确保蘇聯遠東地區的安全。 如果因<西安事變>殺死蔣介石，國共兩黨重新開仗，誤了牽制日軍的戰略任務，這必將惹惱斯大林。斯大林決不會饒恕他毛澤東。毛澤東將受到萬分嚴厲的懲處，十分可能丟掉腦袋。毛澤東實在不想殺了蔣介石，自己落個陪斬。為此，他真不希望蔣介石喪命。保蔣介石的命，就是保自己的命。蔣介石萬萬死不得！

毛澤東再一想，殺了蔣介石，還會有李介石、劉介石等大大小小的介石冒出來。甚至是層出不窮。若是這批小介石比老介石更難對付，豈不是搬起石頭砸自己的腳嗎？世上有誰樂意自己跟自己過不去呢？

毛澤東很清楚地知道，蔣介石是個知恩圖報的人。蔣介石在上海灘上混了那麼多年，深知<義>的份量。否則，無人肯替他賣命。他也當不成領袖 。紅軍名將陳賡在北伐時曾救過蔣介石一命。後來，陳賡在上海搞地下工作時，被國民黨特工抓獲。同時被捕的陳賡的部下均被處死。蔣介石念及舊情和救命之恩，下令特赦了陳賡，在蔣介石身上，此類事屢見不鮮。毛澤東斷定，若是中共能蔣介石一命，蔣介石肯定會知恩相報。

於是，毛澤東打出調停人的招牌，由周恩來和潘漢年等人四下奔走，打救蔣介石。

在是否殺掉蔣介石的問題上，張、楊二人意見不一，猶豫難定。周恩來等人巧動三寸不爛之舌，總算勸服了張、楊二人不殺蔣介石。蔣介石全身回到南京後，則酬以國共第二次合作，使得中共軍隊合法化。

　　國共第二次合作，給中共帶來了巨大的實惠。

　　蔣介石應允停止內戰，把紅軍改編為國民革命軍第八路軍，簡稱<八路軍>。又把中共的江南遊擊隊改編為國民革命軍新編第四軍，簡稱<新四軍>。中共在歷史上頭一回可以名正言順地掌有軍隊了，可以領有地盤，可以擴軍，不再是匪了。總而言之，中共的部隊有了休養生息的機會，可能另圖來日了。

　　國共第二次合作是蔣介石感恩圖報，大講義氣的結果，最終害了自己。這好比自己挖了個坑，自己跳下去，叫自己的仇人幫忙把土填滿，活埋了自己。這是句成語，叫做<自掘墳墓>。

　　自從國共第二次合作之日起，蔣氏王朝的大廈日見傾斜。蔣介石最終去了台灣虛度殘年。被王勁哉冊封的大英雄，成了大狗熊。

　　被王勁哉冊封的另一個英雄毛澤東，卻是鴻運當頭，貴人盈門，吉星高照，萬事順遂。真令毛澤東萬分高興，高興得不辦東西南北了。想不高興都不成了！

　　<西安事變>給足了共產黨休養生息的時間。毛澤東就抓緊時間清理家門。

　　一九三六年召開了中共<六屆六中>全會。在這次會上，改選了政治局委員。取消了常委制。設立了書記處，由書記處主持中央日常工作。免去了張國燾的政治局委員頭銜。

　　張國燾不服氣，私自出走投靠了蔣介石。蔣介石卻不賞識他，祗給了個中將空名頭，在戴笠那兒拿薪水混日子。張國燾有了大把空閑時間，就寫書立傳，表揚自己。到了晚年，為生活所迫，去加拿大投奔兒子，老年因大降溫，凍死在福利養老院裡。

　　在這次會上，書記處選出五位書記。洛甫舉賢讓權。毛澤東名列首席書記。雖然沒有明确他是總書記或是主席。他名位首位，已同前任洛甫一樣，有權召開和主持中央會議了。但是他又不同於洛甫。毛澤東握有兵權，是紅軍的總政委。他是一號人物了。

　　<遵義會議 >以後，毛澤東在黨內的地位大為改觀。眾人對他雖然言聽計從，很是尊重。但若有了大事，一定要在常委會上討論決定。有討論，自然可以爭辯异見。黨的常委制限制了毛澤東，使其不能為所欲為。

　　此刻，< 六中>全會選他當了一把手，並且取消了常委制，他就把黨權、軍權、政權，三權集於一手，沒人能再拑制他了。中國歷史上，中共黨史上，從<六屆六中>全會開始，誕生了首位紅色秦始皇。

毛澤東之所以能一步登天，卻是因禍得，全虧王明回國同他爭權，一番惡鬥後，他贏得了這頂皇冠，助他坐上了"龍椅"，登上"九五之尊"。

王明於一九三一年溜到莫斯科避難。一晃五年功夫過去了。王明一看，國共有了第二次合作，國內大環境安全了，紅軍也在陝北建成了新根據地，日子好過多了，於是他就請命於斯大林派他回國專搞抗日統一陣線，以確保蘇聯遠東大後方的安全。對此，斯大林自然是照准照辦。王明捧著上方寶劍，帶上陳雲等人回到了延安。

王明和毛澤東相逢，正如一句成語描繪的那樣，那真叫仇人相見，四眼血紅，恨不得喘口氣的功夫，就把對手一口吞了。可是，誰也奈何不了誰。雖然在一起工作，一個飯鍋裡攪勺子，這兩個人咋也尿不到一隻尿壺裡。就算在<統一陣線>這四個字上，二人也是各有千秋，各搞一套。

王明搞統一陣線完全是替斯大林服務的，是為了討好斯大林的。王明哄著蔣介石抗日，凡有爭執，不分是非，統統向蔣介石妥協。挑明了講，王明是扛著愛國大牌子，聯合蔣介石，趕走日本人，把中國變成斯大林的遠東前線屏障，給蘇聯人擋槍子兒。繞了一個大圈子，還是把中國賣了。祇是賣的對象變了。日本人換成了蘇聯人；小鼻子換成了大鼻子。他本人與傳統的白臉漢奸大不相同。他是紅臉漢奸。

毛澤東的統一陣線那就比較複雜了。斯大林交辦的事，不能不辦。有王明在這兒比著，辦差了還不行。但是又不能全辦。全辦了，就沒自己的什麼好處了。他想在同蔣介石的交道中，討價還價中，給自己撈足油水。給自己抓實惠是毛澤東的一大特點。毛澤東辦統一陣線，有應付差事的味道，亦有搞自摟的味道。

王明見在延安鬥不過毛澤東，就帶上周恩來和林彪去了武漢，成立了<長江局>，暗設黨中央第二指揮中心，要同毛澤東唱對台戲，抗爭一番。

毛澤東自然不買他的賬，更是處處拆台，事事添麻煩。凡是王明的事，能辦的拖著不辦；必辦的能拖多久拖多久，拖荒了最好。二人整天對著幹，對著吵，鬧得地覆天翻，一塌糊塗。這一切終於傳到了<共產國際>和斯大林的耳朵裡。

此時，<共產國際>正當改組整頓之後，由保加利亞人季米特洛夫主持工作。他通過多種渠道瞭解到，王明雖有工作能力，但理論上的東西多，實踐太缺乏。他本人則同毛澤東頗為相似，起步於基層。有豐富的實踐經驗 。經過權衡,他把砝碼加在了毛澤東這一邊。

斯大林的態度也起了變化 。他見抗日統一陣線業已建成 , 國共第二次合作已經開始,也就不想多生枝節了, 不想強硬地支持一方,開罪另一方了 。 於是, 他對季米特洛夫的抉擇, 採取了不問不聞不管不干涉。他採取睜一眼, 閉一眼的放任態度。

也恰恰是在這個節骨眼上,毛澤東任命了曾去莫斯科養病的王稼祥, 接替王明, 任職中共駐<共產國際>首席代表。用老百姓的話講, 這位王稼祥是毛澤東天生的大貴人。王稼祥總是在關鍵時刻幫毛澤東的大忙。一次是在<遵義會議>上, 投了毛澤東決定性一票。另一次, 就是這一回。季米特洛夫接見王稼祥時, 問起了毛、王二人鬧不團結的事。王稼祥就把中央紅軍被迫撤离江西紅區以來的大事小情, 所見所聞,如實地匯報了一通。他又盡自己所知,把毛澤東的能力、學識、經歷以及特有的軍事指揮才能,做了詳細地介紹。

在季米特洛夫眼裡,王稼祥來自第一線。他的話是第一手材料,可靠性很大。王稼祥是中共駐<共產國際>的首席代表。他的話有其權威性。況且, 王稼祥本人曾是王明的<二十八個布爾什維克>小集團的成員之一。他不會中傷自己的老上級。

據此, 季米特洛夫做出最終的決定, 並立即通知了中共中央。電報中寫道："....中國共產黨要團結在毛澤東同志周圍......王明不要再爭吵了......" 單單這兩句話, 就足以決定了毛、王之爭的勝負。

中共中央傳達了王稼祥帶回延安的, 季米特洛夫的書面指示後不久, 就召開了中共<六屆六中>全會。這次大會在處份張國燾的同時 ,也嚴厲地批判了王明。在黨內鬥爭中毛澤東大獲全勝。

兩個最令他頭疼的黨內老冤家, 一併靠了邊。毛澤東走了紅運中的紅運。毛澤東稱霸全黨的時代開始了。

毛蔣爭鋒的新一輪臨近了。就如同棋盤上已擺好了棋子, 就等裁判員下令了。

這正是：

一心做官戴烏紗,

日夜都盼烏紗大。

烏紗越大越是重，

壓折脖子非笑話。

欲知後事如何，請看下回分解。


# 第四十八回

## 百團大戰振國威

## 功蓋天下功變罪


　　話說正當全國民眾奮起抗日救國之時，在一九三八年年底，國民黨爆出了一椿大丑聞：國民黨副總裁、元老汪精衛叛國降日，成了天字第一號大漢奸。此事震動了全國全世界。

　　汪精衛叛國投敵令蔣介石十分尷尬，實在難以解釋交待。撤兵東北，蔣先生解釋為保存實力；退出上海，蔣總裁托辭敵強我弱；<西安事變>蔣總司令稱自己人鬧誤會，耍小孩子脾氣等等。不管聽的人信還是不信，這總是一種能掩蓋面子的解釋。如今這二號人物叛國降敵，可如何粉飾呢？不能解釋那就臭罵好了！這又不行。汪精衛對黨的秘密知道的太多了！一旦惹翻了汪精衛，他翻了臉，抖落出蔣介石不能見人的東西，又如何是好？

　　蔣介石擔負著正面戰場的作戰任務。在武士道精神武裝起來的日本侵略軍面前，蔣先生先前在軍閥混戰中擅長的取勝手段，如封官許願、金圓美女、挖牆角等等，全然失效。

　　但是，愛國的國民黨官兵就用死拼硬打的戰法，同鬼子兵展開一場又一場的大血戰。從一九三七年<蘆溝橋事變>到一九三八年<武漢保衛戰>約一年左右的時間裡，中央軍損失了六十萬人馬，日軍傷亡四十五萬人。一大批有血性的中華兒女魂散沙場，眾多愛國將領以身殉國。中央軍二十九軍副軍長佟麟閣、一二三師師長趙登禹、九軍軍長郝夢齡、五十四師師長劉家其等名將，壯烈捐軀,永垂青史。<淞滬戰役>中謝晉元團長率八百壯士,堅守四行倉庫, 以死報國,全團官兵英勇獻身。<武漢保衛戰>一打四個半月, 殲滅日軍二十多萬人。中央軍亦有四十多萬英雄兒女為國犧牲。中央軍廣大愛國官兵在抗日戰爭中做出了巨大貢獻。

日軍為了發動<太平洋戰爭>,想盡快結束對華作戰, 就把華中派遣軍司令部改為中國派遣軍總司令部 , 增加投入七十二萬日軍精銳主力, 大規模進犯中國。駐紮在東北地區的一百多萬關東軍對抗日聯軍進行毀滅性圍剿 。 在四個多月的時間裡,日軍侵佔了江西、廣東、廣西、湖北等省的主要城市。中國又一次面臨亡國之危。中華民族又一次到了最危險的時刻。

面臨如此險惡的局面, 蔣介石确實有兩難:一、接著打下去, 自己的軍隊會全部拼光。自己也就完蛋了。二、投降日軍。汪精衛已先走了一步。自己後去的 , 頂多混個二奶。他實在不甘心。蔣介石舉棋不定,難下決心。

毛澤東面臨著三難:一難來自斯大林。由於汪精衛降日, 搞得斯大林失眠症加重。斯大林實在擔心日本人打平中國後, 整個西伯利亞大後方, 就赤裸裸地暴露在日軍槍口之下了。斯大林一想到蔣介石可能會步汪精衛的後塵, 就更難入睡了。於是,斯大林頻頻電催毛澤東必須扼制蔣介石降日, 必須對蔣介石妥協再妥協 。 這些電報搞得毛澤東心煩意亂,坐臥不宁。

二難, 難在自己實力上。三年抗戰下來, 八路軍已近二十萬人。新四軍有十多萬人。這同日軍相比, 不單火器不行,兵員數量上也是小巫見大巫, 差的太多了。真若硬碰,用不了幾下子, 就會重演第五次圍剿前後的慘相,就會步東北抗日聯軍的後塵。

三難,, 毛澤東深怕斯大林嫌他抗日不賣力, 趁機把王明扶上台, 那就太可怕了。一想到這些, 毛澤東牙也疼了, 便秘加重了, 失眠得整夜不能合眼。這一日,毛澤東躺在床頭翻看<孫子兵法>、<三國演義>,想尋找些靈感,減去心中的壓力。突然,窯門一響,江青笑嘻嘻地走了進來。他立馬大喝一聲: '不是講了嘛,別來打攪我!赶快出去! '

江青卻依舊沖著他嬌滴滴地笑道:"我的大主席喲,瞧瞧給你燒的東坡肉!這可是我新學來的手藝!"

毛澤東支起來半邊身子一看,勤務員正把一大土碗,香噴噴的又油又香的大肥肉,擺在飯桌上。這香味逗得他涎水橫生心中的火氣頓時洩光了一半。

"主席常講,這紅燒肉能補腦子特別能幫人想出好主意!都怪我不好!我失職!我就赶緊去飯館......"

毛澤東起身下床鞋子去了飯桌他邊走邊說:"不怪你,不怪你!我怎麼也忘了這檔子事啦!"嘴裡說著,坐下身子就是一大筷子大肥肉。

"主席補好了腦子,準有好主意打日本鬼子!"

"啊!?"毛澤東嘴裡含著大肥肉楞用鼻子哼了一聲,並抬起頭來,斜眼瞪視著江青。江青依然嬌聲嬌氣地說:"日本人不打可不行,一定得打,狠狠地打!康部長說了,要打得比蔣介石還狠才行!"

毛澤東聞聽此話更是大吃一驚,不由自主地放下筷子,半張著嘴,任由肥油順著嘴角往衣襟上滴。他能不知道從蘇聯回來的康生同斯大林的關係嗎?這是借江青的嘴,傳達斯大林的'聖旨'呀!

江青不理睬毛澤東的吃相,接著胡侃亂指責道:'你那位彭大將軍快閑出懶病了,朱老頭也胖得抬不動腿了。你供錢供糧,是想讓.....'

"亂嚼舌頭!誰講我不管了'毛澤東邊發火,邊站起身來,喊道:'小李,你進來一下嘛!'

江青卻攔住他,一把拉他坐下,順勢拿起他的筷子,把一大塊肥肉喂進他嘴裡:'急什麼!吃足了紅燒肉,才有好主意嘛,我的大主席喲!'

朱德和彭德懷正率領八路軍總部駐紮在河北省王家坪村。他二人接到毛澤東的命令後,立即著手研究作戰方案,真心實意想打好幾場仗,重創日軍,報效祖國。

日本侵略軍在華北地區實施囚籠對策。囚籠對策就是在鐵路和公路的重要地段上,修了大量堡樓。企圖用堡樓群和深溝寬壕,編織出一隻大型鳥籠,迫使八路軍在鳥籠子裡不能自由活動,打不了運動戰和遊擊戰。日本人稱鳥籠子為囚籠。這種辦法叫<囚籠對策>。這種防守手段可使日軍減少守備部隊,把兵力用於<太平洋戰爭>。

朱德突然接到命令調回延安工作。八路軍總部的日常工作由彭德懷主持。

毛澤東指示彭德懷必須破掉日軍的<囚籠對策>,爭取到軍事上的自由活動權。否則,無法施展八路軍和新四軍最擅長的運動戰和遊擊戰。

　　彭德懷遵命派左權參謀長帶人下到正太鐵路兩側各戰區，找到劉伯承、林彪、聶榮臻、鄧小平等戰將，征詢對付<囚籠對策>的辦法。左權在廣泛地征詢和搜集辦法後，製定了破襲囚籠的作戰方案。彭德懷將此方案上報了中央軍委。中央軍委副主席王稼祥當面報告了毛澤東。毛澤東當場沒表示不同意。王稼祥認為這就是毛澤東認可了，照准了，忘了或疏忽了請毛澤東在方案上簽名畫押。於是，王稼祥以中央軍委的名義批覆下去照辦。彭德懷接到中央軍委的命令，發動了震驚全世界的，名垂中外戰史的<百團大戰>。

　　<百團大戰>分為三個階段。

　　初期階段，嚴格執行作戰方案，投入了二十二個團。在正太鐵路、同蒲鐵路和平漢鐵路兩側的一部份地段展開了破襲戰。

　　槍響之前，毛澤東看了看錶，知道彭德懷就要動手開打了。他突然莫名其妙地給聶榮臻打了個電報，開玩笑總攻擊時間以聶榮臻的手錶走時為準。聶榮臻心裡一愣：毛澤東早就知道自己的手錶壞了。這支壞錶，時走時停，根本沒個準頭。大概這是毛澤東提醒自己，不要因為錶沒準頭誤了總攻時間，要多加小心了。

　　八月二十二日二十點整，在三條鐵路干線兩側，長達六百公里的地面上，八路軍匯合民兵以及廣大愛國百姓，準時發起了總攻擊。

　　五十年後，當年參加了<百團大戰>的老兵們回憶起那個夜晚依舊十分激動。老人們爭著搶著說："……祗見鐵路兩邊，一串串紅顏色、綠顏色、白顏色的信號彈，騰空而起，就像現在過年過節晚上放的焰火禮花一樣槍聲，有步槍，有輕機槍，肯定還有重機槍，震耳地響起來，好像炒豆粒一般。更嚇人的是手榴彈、炸藥包的爆炸聲。接著就見炮樓一個又一個坍塌，滿天塵土飛揚。把人嗆得連聲咳嗽，又是鼻涕又是痰。可心裡就提多高興了！那一夜，根本不像往常打仗時，心裡或多或少總有點緊張。那一晚上就像送神後要吃餃子了，打心眼往外地痛快！等把碉堡裡，崗樓上，據點村裡的日本鬼子和偽軍漢奸全打死了，全俘虜了，全消滅光了，心裡的悶氣全吐光了真能樂死個大活人！大伙正高興著，猛聽見軍號四響，早已埋伏在鐵道線兩旁的民兵和群眾，扛著鋤頭、鐵鍬和擡棍，從四面八方一齊鑽了出來。大群大群的人，蜂擁著，叫罵著，一陣亂刨狠挖，把條大路毀得大坑套小坑，大洞靠小洞。不用提，過車子了，就算是過人，也十分困難。最叫人忘不了的是，成千上萬的人站在鐵道的同一側，喊著號子，一齊發力，把鐵軌帶枕木掀翻到路基下面去。長蛇似的鐵道線成了一動不動的死長虫。深溝寬壕被填成平地。老百姓又跳又喊，盡興地歡呼大笑。真沒看見過中國人那麼團結，那麼能幹！小日本鬼子贏不了！打敗小日本是早晚的事......"

第二天，三條鐵路全部癱瘓。公路上不見了汽車的影子，失去了昔日的嘈雜。孩子們忙歡了，有了新玩應，新玩場。他們成群結伙跑到先前不能靠近的碉堡、崗樓跟前，撿子彈殼、破鋼盔、彎刺刀等等。他們拎著扯裂了的日本太陽軍旗滿街亂跑，又撕又扯，直至撕扯成了一堆花布條子。八十多歲的老爺爺惋惜地說，不扯碎可以當包腳布；九十歲的老婆婆心疼地叫罵：'全讓小王八蛋給糟踏了！不扯碎可以給曾孫子當尿布，接屎接尿都成。'

第一階段的輝煌戰果轟動了紅區，震動了國統區，全國一片歡呼聲。

毛澤東樂得合不上嘴，逢人就誇彭大將軍。他最中意這種宏大的群眾場面。他不用合眼，也能想像出那個夜晚，該是何等地宏大、壯觀，氣魄。

沒能參加此次作戰行動的八路軍、新四軍、各地方部隊和遊擊隊，紛紛請戰。

一個月後，開始了第二階段作戰行動。

這一次，連大後方的山東、江蘇、上海和南京郊區，也捲了進去。除了照舊炸炮樓碉堡和破毀鐵道公路外，還新增加了鋸電線杆子，割電線和電話線，搗毀火車車站等，名堂越鬧越多。參戰人員成倍上翻。最後，粗略地統計了一下子，投入的兵力正一百零五個團，約二十萬人。參戰的民兵和群眾超過百萬人次。是一場全民大抗戰。

紅區的報刊大量報導宣傳。國統區也衝破蔣介石政府的禁令，破例地普遍報導。全國軍民，直到老翁和學童，人人皆知<百團大戰>。<百團大戰>成了中國人的驕傲。毛澤東在政治局和書記處辦公會上表揚彭德懷：'老彭真有兩手！一下子投入了一百個團！百萬人參戰，真了不起！一百萬人，嚇嚇，這叫一百萬人！站到一處，是個海，人民的汪洋大海！哈哈......"

經過這兩次破襲戰，整個華北、華中地區及山東半島和江蘇省的部份地區，交通和通訊完全中斷。有些地區，一年後仍處癱瘓狀態。這是日軍侵華以來，遭受的嚴重挫折之一。日軍被迫重新調整對東南亞地區的作戰日程計劃，拖延了<太平洋戰爭>的發動時間。中國派遣軍總司令部被罵了個狗血噴頭。責任人紛紛受到降級降職處份。於是，中國派遣軍總司令部集中了在華日軍的半數以上兵力和大部份的偽軍向八路軍和新四軍發起了長達三個半月之久的全面進攻，軍史上稱之為<大掃蕩>。

<百團大戰>的第三階段就是<反掃蕩>作戰。全軍進入反掃蕩的時間不一，但同為十分殘酷艱苦。中共部隊創造的各種作戰方式，如遊擊戰、地道戰、地雷戰、麻雀戰等等相繼問世，大鬥日本鬼子，顯示出中華民族不畏強敵，敢於和擅於抵禦外寇的氣節和智慧

中共部隊在<百團大戰>的三個作戰階段中，共損失一萬七千餘人，殲滅日軍和偽軍約四萬四千多人，含日軍主力二萬一千多人。單是割掉的電話線足可以繞地球赤道一整圈。這是八路軍、新四軍抗日戰爭史上，前所未有的勝利。

蔣介石對此笑在臉上，冷在心上。他扮出笑臉致電嘉獎八路軍和新四軍。他在心裡卻暗萌殺機。八路軍和新四軍的戰鬥力讓他寒氣透骨，再不敢小視中共的實力了。

毛澤東本人很是看重蔣介石的嘉獎令。這是物証。証明他毛澤東在執行斯大林的指示，而且有了成績。<百團大戰>和蔣介石的嘉獎令讓毛澤東在斯大林那裡能交賬了，讓王明更靠邊站了。於是，毛澤東在政治局會議上得意洋洋，信誓旦旦地說道："……擁護蔣委員長的口號，過去是對的，現在是對的。祇要蔣介石領導抗日一天，我們還是擁護的。"

這是毛澤東在向斯大表忠心，同蔣介石扯不上狗屁關係。

功高震主。這是中國歷朝歷代的一個頑症，亦是為臣為將的一大忌諱。在需要這些文臣武將衝鋒陷陣的時侯，那是立的功越多越好，不怕功高。一旦這些功勞被世人全記在文臣武將的頭上，沒有主子的份兒了。主子則醋性大發，忌心頓起，就開始沒事找事，沒詞找詞，全合上了那句成語：無事生非了。

經過如此殘酷激烈的大掃蕩後，紅區注定要受損失，軍隊一定會減員。

自古以來，從有戰爭的那一天起，在任何戰爭中都是殺人一千，自損八百。殲滅四萬多日本鬼子兵，自己折了一萬多人馬，不是虧本生意。何況從道理上講，戰爭不是一廂情願的事，哪有天上掉餡餅的好事。歐州人全明白，沒有免費的午餐。

但是，當毛澤東看到、聽到全黨全軍，大江南北都在稱讚彭德懷時，想到斯大林在抗日問題上會對彭德懷另眼相看時，心裡就不是滋味了。每逢這種時侯，那些專門研究毛澤東心思的人，那些專愛火上澆油，就怕不冤枉死好人的人。總會及時地跳出來表演一番。本來用不著挑唆，都想生非的毛澤東，這下子更來勁了。於是，

毛澤東在大小會議上，在親信朋友面前，開始對＜百團大戰＞吹冷風了，說不滿了，接著就是批評變批判，對事變對人，普通問題成了路線鬥爭。毛澤東胡說什麼＜百團大戰＞暴露了八路軍的實力，什麼吸引了日軍重點打擊八路軍和紅區，便宜了蔣介石。

講這些話時，他似乎糊塗了，沒有實力能打得贏嗎？打勝仗能不顯示實力嗎？在毛澤東的高壓之下，打了勝仗，立下蓋世天功的彭德懷，只好違心地做了檢討。從此，他檢討了一輩子，也沒過關。

＜百團大戰＞在中華民族反侵略鬥爭史上寫下了光輝燦爛的篇章，永垂青史！

這正是：

> 有功無賞反蒙冤，
> 檢討一生難過關。
> 歷史自有照妖鏡，
> 最知羞恥落誰邊。

欲知後事如何，請看下回分解。

# 第 四 十 九 回

## 抗 日 戰 場 槍 聲 稀

## 骨 肉 相 殘 殺 聲 急

話說一九四一年正當國共兩黨二次合作之際，突然發生了震驚中外的＜皖南事變＞。王明為此寫了一首詩。詩曰：毛家詭計蔣家兵，主要目標殺項英。舉國勞工哭柱石，全民抗戰損干城。

當真如此？

成立新四軍之初，蔣介石提出軍長人選由國民黨委派。共產黨自然不肯。雙方幾經協商，一致同意由葉挺出任軍長。共產黨指派自家人項英擔任副軍長，暗下裡兼任全軍共產黨的總政委。

葉挺是北伐名將，曾任孫文的警衛營營長、獨立團團長。其團被譽為鐵軍。此後又任北伐軍四軍軍長。＜南昌起義＞時，任起義部

隊總指揮。失利後，他主張部隊應撤向廣東。＜共產國際＞不同意
他的主張，而是要他死守南昌，堅決打街市戰，一拼到底，顯示革
命者精神。一切都要如同歐州革命者舉行武裝起義時一模一　樣。
葉挺不服，自己拉上隊伍退出南昌，直奔廣東。不幸，途中遭遇兩廣
軍閥部隊的伏擊，全軍潰散。＜共產國際＞把全部責任推到葉挺身
上。葉挺憤而退黨，隻身旅遊歐洲，一去十年。蔣介石認為葉挺已不
是共產黨員了，又同＜共產國際＞結有恩怨　，可以接受葉挺。毛澤
東則認為，葉挺退黨是一時氣憤之舉，其思想照舊是革命的，亦同
意他出任軍長。

　　新四軍成立後，在江南地區十分活躍。抗戰四年，已由數千人
馬擴展到四個支隊近五萬人了。葉挺於一九四〇年派粟裕率領一支
小分隊到蘇南地區開拓新地盤。由於蘇南鄰近南京，中央軍堅決驅
逐。粟裕被迫改赴蘇中和蘇北地區，幾經努力，終於站穩了腳跟，人
馬亦擴展到兩萬有餘。隨後，毛澤東先後調陳毅和劉少奇前往蘇北，
成立了新四軍第五支隊。

　　新四軍在江蘇省連續擴大地盤和擴展部隊惹惱了蔣介石。八路
軍人數雖多，但是遠在陝北。新四軍這五萬人馬就在蔣介石的眼皮
子底下，离心臟南京祗有咫尺之遙，實在令蔣介石放心不下。＜百團
大戰＞之後，原本祗恐日的蔣介石，這功夫又添了八路軍和新四軍
一塊心病。兩者權衡之後，蔣介石決定學習毛澤東的"雷公打豆腐，
專揀軟和的欺侮"這手絕活，先對較弱的新四軍開刀。這也吻合他自
己的排外先攘內的指導思想　。　蔣介石剷除新四軍是必然的事。

　　蔣介石下令新四軍北移，渡過黃河，另尋新地盤駐防。蔣介石
這道命令是他深思熟慮的結果。他是總司令，有權命令任何部隊調
防。若新四軍服從命令北移，也就解了南京的城下之危。更為要害
的是內中藏著一招殺棋。即，新四軍一旦北移，勢必在移動過程裡
暫時處於無工事依托狀態，防守十分脆弱。此時下手，勝算極大。
蔣介石光佔便宜不吃虧。如果新四軍不服從命令　，他則以違抗軍令
為理由　，重重懲處新四軍，甚至取消新四軍的番號，使其成為非法的
赤匪部隊，再進行圍剿。

　　萬萬沒有想到　，蔣介石這一道命令，卻先在毛澤東 、項英、
葉挺三人中間激活了久已存在的個人矛盾和私人恩怨。

　　在新四軍裡，對外和名譽上，葉挺是軍長，是一軍之主。然而，
新四軍是共產黨的部隊，凡事皆由總政委講了算。總政委才是真正

的一軍之主。項英是總政委，一切得聽他的號令。稍後，項英出任新成立的中共中央東南分局書記和分局軍委書記兩項職務後，更在新四軍裡唯我獨尊了。如此一來,葉挺在軍裡指揮失靈,成了對外的活招牌,對內的活木偶。葉挺豈願當個提線木偶？他曾四次遞交辭呈。周恩來巧弄舌簧,憑他三寸不爛之舌,硬是留住了葉挺。葉挺祇好看在周恩來的面子上，強逼著自己同項英共事。就他本願而言，他是十分,百分、萬分地討厭項英的性格、為人和工作方法,甚至認為項英不單不懂軍事指揮，在那裡瞎鬧騰,而且有野心搶他的軍長位子。

項英又如何看葉挺呢 ？ 項英比葉挺討厭他本人,更要嚴重十倍、百倍、萬倍地討厭葉挺。

項英，一九二一年參加工人運動，一九二二年加入了中共,是黨內年輕的元老之一。他本人是工人出身, 無任何歷史污點。他是個一紅到底的中共重點栽培對象。在他眼中, 葉挺退黨就是叛黨, 根本沒來由同自己好比。他壓根瞧不起葉挺。項英為人正派, 心地光明,心裡容不得半點歪門斜道, 見了不對的事,不論是誰幹的,該批評的,一律批評, 不留情面。這是從好的一面去評價他。若從另一面去看，則是令人極難與他共事。故而他的人事關係極不融洽。凡是與他相處過的同事都指責他, 整天板著個臉， 一副萬事沒商量的樣子，逢事一言堂， 老虎屁股摸不得。

項英看見葉挺整天身穿從歐州帶回的皮夾克,高筒大皮靴,揹著照像機, 手拎文明棍, 夏天再戴副墨鏡, 牽著大狼狗, 四處巡視,覺得極其不順眼。葉挺給官兵講話時， 一張嘴就是："弟兄們,敝軍長葉挺......"項英一聽就心煩, 就想摀住耳朵。如果葉挺不是國共兩黨選定的軍長,他早就下令把他抓起來了。眼下， 他還不敢這麼幹,就祇能在心裡暗暗罵道："軍閥！狗軍閥！"

項英看不慣的人很多， 不單是葉挺一人。他連毛澤東、周恩來等人也看不順眼， 特有看法。

在江西紅區時， 他看見毛澤東、賀子珍二人同居， 就十分鄙視毛澤東。每逢別人對他提及此事, 他張口就是一句: "楊開慧還沒离嘛,也沒死嘛！哼！"他事事處處同毛澤東頂牛。 不分正确與否,均以個人感情用事 。 毛澤東反對王明的軍事路線 。 他就來個擁護王明。他是軍委主席兼中央分局書記時， 他就利用職權罷免毛澤東的一切官職, 頻頻整他。毛澤東抓<ＡＢ團>。他挺身而出, 堅決反對抓<ＡＢ團>， 支持<富田事變>, 為<富田事變>中受冤的人平反,恢復名義。總之，在思想意識上，處事哲學上,工作方法上，與毛澤東是天敵。

在毛澤東的眼裡,項英是繼王明、張國燾後第三顆眼中釘,政治上潛在的對頭星。

項英在莫斯科學習時，曾受到斯大林單獨接見。斯大林得知他是工人出身後，對他百般鼓勵。斯大林當即贈送一支鋼筆和一支手槍。手槍柄上刻著斯大林的俄文簽名。這在蘇軍高級將領中亦是少見的獎賞。在中共派往莫斯科的高級幹部群裡，如王明、洛甫、王稼祥等人,亦無份得此厚賞。毛澤東認為，一旦斯大林對他毛澤東厭惡了,一紙命令拿掉他時，接替他的第一人選，肯定是項英！這太有可能了！

毛澤東不僅是從理性上這麼看待項英,從性格上、感情上,也令他咬牙切齒地恨項英。他之所以沒對項英下毒手，則是因為他尚未登上權力的頂峰，權勢不足。二是沒有合適的機會。自打中共＜六屆六中＞全會之後，他在全黨全軍的行情大漲權勢猛增，對付任何一個對頭星都是小菜一碟， 不在話下了。特別是在狠整王明的過程中, 有了一個新幫手， 就是劉少奇 。劉少奇有本事, 也心甘情願幫他去整任何一個人。再說,項英出身工人運動在軍內既無山頭, 也無派系,比王明、張國燾容易下手得多,也不必存有什麼顧忌。

蔣介石殺項英滅掉新四軍,是戰場上兩軍相爭的必然結局。

毛澤東除項英是黨內爭權鬥爭的必然結果。

真正令項英走上死路, 真正殺了項英的， 卻恰恰是他自己！

項英走背字兒, 是從王明倒台開始的 。

毛澤東擊敗王明後 ， 就撤消了中共中央長江局, 另設中央中原局和東南局,統歸中央直接領導,就是歸毛澤東自己領導。先前,項英的東南局歸王明的長江局領導。王明不惹他 。他自然萬事順心 。以前, 東南局主管長江下游南北兩岸的廣大地區。現在, 有了中原局, 書記是劉少奇,主管長江下游的北岸地區 。東南局主管長江下游南岸地區 。長江南岸是國民黨的天下 。中共在這一地區幾乎是沒有什麼地盤, 東南局是個空架子, 形同虛設。項英幾乎沒有了立足之地, 特別是幾年間苦心經營的蘇北根據地和新擴展的新四軍第四、第五兩個支隊, 全劃給了劉少奇。這兩個支隊是新四軍各支隊中兵員最多,戰鬥力最強的支隊。

毛澤東把"大肥肉"全盛到劉少奇的碗裡去了。劉少奇吃了偏心飯卻又得了便宜賣乖, 說什麼中原局是新單位， 請項英調撥幹部和部隊支援新單位的工作。這把項英氣得潑口罵娘, 自然不會滿足劉少奇的無理要求。毛澤東就給項英扣上"反對黨中央發展蘇北的戰略意圖"。這簡直把項英氣炸了。蘇北是項英領導開拓的新區，卻賺了個反對的罪名。這就激怒了項英的倔脾氣。項英決心同毛澤東對著幹，頂牛到底。

毛澤東根本不理項英的鬍子，利用職權發出兩封電報給項英。這兩封電報習慣上被稱之為<五四電報>。

第一封電報上寫道：中央軍委要你們在一年之內在江浙兩省擴大力量十萬人馬。你們做了沒有？"同一天又來了第二封電報。電報指出："……歸項英指揮的一、二、三支隊的主要發展方向，不在溧陽地區，而是蘇南江浙廣大敵人後方直至海邊……"電報明令項英向南，向敵佔區的縱深後部發展，並有硬指標：擴展十萬人！

第二天，毛澤東發電報給彭德懷和劉少奇，寫道："……派黃克誠的一一五師三四旅和彭明治支隊即一一五師六八五團南下，配合新四軍在隴海鐵路以南，創立根據地。整個行動歸劉少奇指揮……"劉少奇有了四、五兩個支隊，人馬已強過項英。毛澤東卻偏偏給他加人加槍，還不規定硬指標。而項英勢弱，卻命令他孤軍深入敵人大後方。

戰爭年代上過戰場的人全都知道，孤軍深入敵後，是件把腦瓜子別在褲腰帶上的危險事兒。

毛澤東一面給劉少奇吃"大肥肉"。另一面用棍子打著項英去賣命。

脾氣剛直不阿的項英焉能受得了這口窩囊氣？項英氣大了。直氣得他火冒三丈，幾乎發了心臟病。他心中自然明白，這是擠他，逼他，請他自動走人。項英連續給黨中央發電報，要求公開撤職，不要暗招子整人。

毛澤東立即覆電項英。電報標題是<關於項英錯誤的性質及東南局軍分會仍由項英領導的指示>。電文大意是：項英犯了錯誤，但不嚴重，仍留項英工作，不准辭職。

這封電報把項英氣了個天地倒懸，昏天黑地。自己挨了一悶棍，不僅不許喊疼，而且還得向棍子道謙，檢討自己碰疼了棍子。天底下還有道理好講嗎？毛澤東是想把項英活活氣死！

軍令如山。項英祗能幹下去了。

正在此時，國民黨提出中央提示案，其中規定，新四軍全部開拔到黃河以北，併入第二戰區。如此一來，新四軍再不北移，是肯定不行了。

　　國共雙方多次談判，總算是達成了妥協。雙方議定，中共同意將江南的新四軍，即葉挺和項英所率領的一、二、三支隊移至江北駐防。國民黨保証，若新四軍按照指定的路線行軍，中央軍保證不動武。於是,毛澤東簽發了中央軍委命令，成立華中地區新四軍和八路軍聯合總指揮部。葉挺任總指揮，劉少奇任政委，陳毅任副總指揮。在葉挺未到任之前，陳毅任代理總指揮。此項任命名單中沒有項英的位子。而這正是項英最關心的事情。項英發了電報詢問。答覆是："項英同志在皖南部隊移動事宜就緒後，經重慶來延安，參加七大。

　　勿庸贅言,明眼人看得出來,這是毛澤東要收回項英的飯碗。

　　若項英是個豁達大度的人,完全可以把兵權向葉挺一交,自己提早走人,也就萬事大吉了。然而,項英偏不是這種人。他已經決心同毛澤東頂牛頂到底,叫走偏不走。有句俗話: 性格決定命運。項英的性格釀成了項英式的悲劇。

　　項英回覆毛澤東聲稱,新四軍眼下困難重重，自己不能离開新四軍，新四軍短期亦難移至江北。看樣子,項英想玩一著<拖>字,又拖又賴,死乞白賴，就是不去延安見你毛澤東。

　　無疑,這是一著臭棋。新四軍移不移至江北,不是毛澤東, 也不是他項英能決定了的。是人家蔣介石逼你走的，不走是不成的。毛澤東僅僅是趁機賣私貨，收回項英的飯碗。項英錯把兩件事混為一談。他這著棋更臭在，新四軍若不迅速移動,就給了蔣介石充足的理由和時間，調動佈署兵力，把新四軍包圍起來。這是一著送掉自己老命的大臭棋。

　　毛澤東不會買項英的賬，同時也看清了部隊不迅速移動的嚴重後果，就給項英發了個相當於最後通牒的電報,限令他立即北上。

　　無奈之下，項英召開軍委會議研究北撤事宜。北撤有兩條路可走。一條是從軍部所在地雲嶺鎮出發向東走，北渡長江到蘇北。這是新四軍各部隊調防時常走的老路。新四軍沿途設有兵站。這條線路周邊的群眾基礎也比較好。最為緊要的，這是國民黨顧祝同和上官雲湘同意了的行軍路線。走這條路，沿途條件好，合理又合法，是上佳路線另外一條路是從雲嶺鎮直奔茂林鎮，再往南走，繞上一個大圈子,到達溧陽北渡,途中經過天目山路很難走。顧祝同也不准許走這條路。他怕新四軍進入天目山生事。為此，顧祝同一再警告項英千萬莫走這條路。

　　項英卻偏偏看中了這條路。為此，他同葉挺吵翻了天。項英是一把手。葉挺拿他沒有辦法可想。

　　凡是同項英打過交道的人都知道，在他的性格中，有一種讓人實在難以理解的逆反心理。越是不讓他幹什麼，他越是幹什麼。他是絞盡腦汁，挖空心思，拼上性命，也非幹不可。那才叫邪興哪！

　　　　項英之所以選上了這條線路，他自有一套理由。自從讓他北上，他就在捉摸南下。他認定要去三座大山：天目山、四明山和黃山，是為了進山打遊擊。他認為三座大山位於各省邊界，是處〝三不管〞地界。他想，到了天目山就賴住不走,在三座大山開創新局面，省得去延安，參加＜七大＞受批判了。然而,項英防了毛澤東，卻忘了蔣介石。毛澤東可以置他於死地蔣介石的刀砍在脖子上，也是一樣要掉腦袋的。而且,掉了就再也接不上去了,也再長不出來了。

　　蔣介石最怕新四軍去三座大山打遊擊，開拓新紅區 。他嚴令顧祝同, 如果項英走南線,要堅決地就地圍剿。

　　早在新四軍成立之日，顧祝同就在葉挺身邊佈下了特工間諜，名為聯絡參謀,實為監視新四軍的一舉一動。這兩名聯絡參謀，一人叫聞援,是中央軍少校情報官；另一人叫陳淡如,是名中校特工。這二人收買了新四軍作戰處處長趙凌波。這麼一來, 項英的一切,都百分之百地到了顧祝同手裡。

　　項英決心走南線後,又拖了四天，才上報毛澤東。他告訴毛澤東,聲稱南下是為了掩護北上。項英的這一著棋是他的送命棋。

　　毛澤東三逼宮。項英應了三著臭棋。新四軍的無辜官兵被送上了不歸路。

　　項英率軍行至茂林鎮，四面山上響起了密密麻麻的槍聲。葉挺大喊："中伏了！" 項英仍然嘴硬："線路是對頭的嘛！晚了一步，晚了一步......"

　　一萬人馬鑽進了顧祝同八萬人馬的口袋陣，逃命如同登天一般。新四軍僅有不足兩千人突圍成功。八千軍旅健兒，沒有倒在日本人槍下，卻死在同胞手上，進了同胞的大牢。

　　項英帶著七十幾人逃到一個叫赤坑山蜜蜂洞的地方。他烤衣服時，被副官劉厚聰看見他穿的背心上縫滿了金條。劉厚總趁項英睡熟之機，朝他頭上連開三槍,搶走了黃金，一去再沒蹤影項英為自己的牛脾氣，提早去見了馬克思。倘若馬克思開辦了黨校,他實在應該去進修三年,好好改一下自己的牛脾氣。

　　＜皖南事變＞就這麼過去了。


　　這正是：

江南奇冤，冤魂八千。

錯在項英，罪在相煎。

太急太急！與急何干？

砸釜賣鐵，換酒同歡！


欲知後事如何，請看下回分解。

# 第 五 十 回

## 倡 學 習 將 士 換 腦

## 選 鷹 犬 人 民 遭 難

話說一九四一年夏天，希特勒德國突然對蘇聯發動進攻。蘇聯＜衛國戰爭＞開始。斯大林疏於防備，節節敗退。戰爭的重壓迫使斯大林宣佈解散共產國際，即第三國際。

同年秋天，日本近衛內閣總辭職。原陸軍大臣東條英機出任新首相。東條英機是個＜鷹＞派人物。他主張以強大的武力征服中國。他上台以後，便把汪精衛的偽政府甩開，並單方面中止同蔣介石政府的秘密談判。日軍展開對華空前猛烈的進攻。冬天，東條英機派遣海軍大將山本五十六率領日本海軍艦隊偷襲美國珍珠港。日美兩國進入了戰爭狀態。直到此時，蔣介石才代表中國政府對日宣戰，加入蘇、英、美、法陣營，成為反法西斯陣營中的一員。

國際大環境發生了劇烈的變化。這些變化對中共，特別是對毛澤東個人十分有利。這讓毛澤東有充分的時間清理家門，鞏固王座。

當時毛澤東已是中共實際上的一把手了，但是他尚未從思想意識上和政策理論上，真正地駕馭這個大黨。距离＇金口玉牙，令出如山＇地指揮全黨，尚欠很大的火侯 。

多年來，中共一直是臣服於斯大林及其共產國際的。斯大林及其共產國際為中共製定一系列的政治路線和政策方針，乃至具體的人事組織安排，如同一張＇天羅地網＇綑綁著中共領導人和普通黨員手腳頭腦，對斯大林及其共產國際唯命是從，不敢擅越雷池一步。

如今，斯大林撤去了天羅地網。但是，在＇天羅地網＇時期造就的黨中央大員們，卻現任政治局成員，已習慣了先前的一切。腦子裡灌滿了斯大林的洋教條洋理論洋政策等等。一旦遇事，就用這些東西去衡量，去對照，去遵照辦理。如若有人超越了他們習慣了的東西，他們就依仗人多勢大，極為輕易地廢掉變異者。

頭頂上的天羅地網是沒有了。但心頭上的天羅地網依然存在著。這是毛澤東成為強勢天子的第一道險關。

險關再險，終究是要過的。毛澤東不想硬闖。硬闖要吃眼前虧。那麼如何除掉先前的那張架在心上的 天羅地網呢？簡單些表示，就是洗腦和換腦。洗腦是洗去斯大林的舊東西。換腦是換上毛澤東自己的東西。洗也好，換也好，第一步從何著手？

在共產黨內，黨魁的最高權力表現在他對黨的基本理論的解釋權上。斯大林也好，列寧也好，均是以自己對馬克思主義的基本理論，握有最終的解釋權，故而才能統領整個共產黨世界。

解釋權也可稱為對號入座權。把現實中的具體政治路線、政治理論、思想等等同馬克思主義基本理論進行比對。

由於中共的誕生，是在俄共和列寧的催生下問世的，是俄共的一個支部，先天不足，既沒有自己的基本理論，也缺少權威的領袖人物。故而祇能俯首聽命於斯大林及<共產國際>的。斯大林的話成了紅色聖旨，違者要被"斬首"。

一批聰明人不肯冒著殺頭之風險，在國內搞武裝鬥爭。而是跑到莫斯科去，學上幾天俄語，找上一個後台，然後回到中國，裝扮成ˇ紅色聖旨ˇ的ˇ宣旨太監ˇ，則可以在中共黨內呼風喚雨了。

毛澤東心裡不服氣。但是，不服氣又如何？毛澤東一不懂俄文，二沒讀過馬列原著作，就連中譯本也沒翻過幾冊。三沒見過列寧和斯大林，親耳聽聽他們都講了些什麼。他是土包子一個，是鑽山溝的山大王。

現在機會來了。毛澤東寫了一篇文章，題目是<論改造我們的學習>。

這篇文章是毛澤東駕馭全黨的宣戰書，是他一人勝全黨的開場鑼鼓。這篇文章給毛澤東帶來了一個屬於自己的政黨，或者是如大學者說的，幾十年後，受國人盲目崇拜的那顆ˇ紅太陽ˇ正是從這裡昇起的。毛澤東亦正是從這裡開始把一場紅色革命轉化為一場現代農民起義，或曰由政黨領導的新式農民起義。

毛澤東在這篇文章裡，就如何改造我們自有一番說詞，但那是講給黨徒們聽的。毛澤東心裡怎麼想的，才是最重要的。

當毛澤東還是個七歲的學童時，曾遵師命寫了一首言志詩。童言無欺，全講真話。詩名<詠蛙>。

詩曰：

　　　獨坐池塘如虎踞，
　　　綠楊樹下養精神。

春來我不先開口，
哪個蟲兒敢作聲。

這首小詩，文字通俗易懂，合轍押韻。但詩中字裡行間透出和顯露的氣魄非常人可比。這簡直是皇帝的心胸和口吻。幾十年後讀起來，仍感咄咄逼人。

毛澤東七歲時就立志要做天下第一聲音。盡管那時他還不知道共產黨內有個解釋權的事情。他那時祇知道，皇帝是金口玉牙，一音定天下。

毛澤東要通過學習把全黨改造成蟲兒黨。毛澤東不開口，全黨就不能隨便作聲。

毛澤東在文章裡張口閉口講學習，說理論，還號召全黨開展學習運動。就連江青同他吊膀子時，從康生那裡弄到情報，也同他開口理論，閉口學習，滔滔不休。但若有誰就愛刨根問底，真去問毛澤東，到底學些什麼？學哪本書？學哪篇文章？毛澤東自己也不十分清楚。因為他提出的"改造我們的學習"這句口號中，有虛有實。學習為虛，是廣告，是幌子，故而不用叫真。

改造我們是實，是核心，是關鍵，是終極目的。要做個蟲兒是用不著看書讀文章的，更不必多動腦筋去學習。祇要今後對毛澤東唯唯諾諾，俯首聽命就成了，祇要把毛澤東奉為解釋權最高享有人就成了。學習則自動畢業，連考試也省了。

實際生活當中，沒有哪一個人天生願意把自己改造成蟲兒。誰都樂意當蛙兒。那些冒著生命危險，奔赴延安尋求真理的男女青年，也並非人人都願意自覺地改造自己。他們中間的大多數人是剛剛掙脫束縛，來尋求自由的，根本沒想過再找個教主來訓誡自己，紅色教主也不行，更別提皇帝了。

當年，到延安尋找新生活的青年實在太多了。

僅僅在兩三年間，就把一個戶不足兩千，僅有三家小商鋪，兩家小飯館的古舊小鎮，擠得人滿為患，吃糧都供應不上了。

在延安郊區住著五萬青年。

各種學校和短訓班的學生多達三萬人。

青年人發現除了生活上有許多不適應的東西外，在內心裡，在頭腦裡，對許多東西，也看不慣，看不順眼，實在難以接受。

生活上的不適應，主要是氣候。南方學生覺得這裡的冬天奇冷無比。北方學生卻認為這裡的夏天是座大火爐子。

提起窯洞，沒往進去時，覺得挺新奇，還挺有點浪漫的味道。甚至是含有詩意，含有异邦情調。一旦住了幾天，就討厭它三面沒窗戶，根本不通風，窯裡老是一股酸溜溜的汗臭味兒，實在體會不到它有冬暖夏涼的好處。

一到了刮風天，滿天黃砂飛揚。祇要身上有處縫隙，砂面子就從縫隙處鑽進去。人們的嘴裡、耳朵裡、鼻孔裡、都能鑽進砂面子。一進屋，先漱口，後張嘴說話。

這風一年刮兩次，一次刮六個月。刮得人們沒處躲沒處藏。這風刮得延安四周圍的山，光禿禿的。

氣候不好，延安人卻住了成千上百年。青年人覺得自己要去適應才是。

令青年人失望的是，在延安不存在夢中的平等和自由等理想。

在中國人眼中，平等似乎比自由更重要。經過幾千年壓迫的中國老百姓傳統觀念是 <不患寡，患不均>。意思是窮到任何份上，分到少至難以活命的一點點東西，都可以忍受，但不能有半點不平均。一旦不平均，就要鬧事，就要起義暴動。<長征>路上已是窮到了極點。煮皮鞋底子和皮腰帶吃，燒烤腐爛生蛆的肉骨頭充饑，沒人有意見，不想幹紅軍了。災荒之年可以吃觀音土，甚至人吃人，也能煎熬下去。但是煮鞋底子、烤骨頭、烤皮腰帶若被一個人獨吞了，那麼這個人就罪該萬死了。一人一口方能顯示平等。災荒之年搶大戶人家的糧吃，沒人講不可以搶。不搶反倒是不正常了。老百姓的血液裡、骨子裡，早已打上了一個烙印，世世代代，祖祖輩輩都在追求一個<均>字。故而，在古代，鬧事起義時，提出的口號大多都帶有<均>字的成份。例如，均田畝，均貧富、有福同享，同富貴，打土豪分田地、天下大同等等。

在追求革命的青年人心目中，延安應該是<均>的天堂。實際上，延安很不均。

學員吃不飽。首長有牛奶喝。戰士住露天。首長有舞跳，有戲看……最令女青年看不順眼的是，一旦哪個漂亮的女孩子嫁給了大首長，她就一夜之間進入了天堂，過上了貴夫人一般的日子。

她們原本是一道來尋求<均>的。她們和他們在心理上無法接受這些事實。先是小聲議論，然後開始講牢騷話，再後來有人動了筆，寫了文章。比較出名的文章是丁玲的<三八節有感>、王實味的雜文系列<野百合花>等等。

王實味的文章登在中央文藝研究院的牆報上。想看一眼的人實在太多了。研究院的大門都擠不進去。毛澤東想看看，也祇能在夜深人靜時，打著手電筒去看。院領導派人把貼在牆報上的文章揭下來，重又貼在木板上，擺放到大街十字路口，供大家欣賞。人太多時。乾脆找人念給大伙聽。

王明也寫了篇文章，題目是<論布爾什維克化>。其用心則是要同毛澤東對著幹。王明號召全黨要強化對斯大林和<共產國際>的崇拜。 其目的則是确保和鞏固他本人的紅色宣旨太監在黨內的領導地位。

王明很能耍幾手滑頭把戲。他在文中順應青年人的心思，把他們的不滿上昇到理論高度，把自己的批判再逐一貼上馬列主義紅標簽。如此一裝扮，王明就很像握有解釋權的紅色教皇了。

面對如此形勢，毛澤東決定反擊。他到處演講做報告，宣傳和強調，學習的最終目的是改造我們，改造我們頭腦中的洋垃圾，而不是王明倡導的更加蘇俄化。也更不是同首長們在生活上搞<均>字化等等。但是 毛澤東的要求和解釋，同青年人、黨員群眾、普通幹部，乃至部份黨內大員對不上心路，不受這些人的歡迎和認同。結果反而造成，學習成了空談。政治學習時全在混時間，應付差事。毛澤東很著急。他磨破了嘴皮子,也沒人肯聽他半句。毛澤東乾瞪眼沒法辦，眼瞅著換腦的大手術要做不成了。

毛澤東有個本事，一旦犯了急，發了火，他會給自己滅火降溫。火滅了，溫降了，他會變得超常地冷靜。在冷靜中，好主意、壞主意，全會自己蹦出來。

毛澤東拿定主意後,立即行動，開始了改造我們的第二步學習計劃。他宣佈成立中共中央學習委員會，簡稱總學委。他自任主任。中央社會工作部部長康生任副主任。

人們頓生問號：一個學習，怎麼找個特務頭子當老師呢？學習和特工警察有什麼關係？……問號一大推。誰也解不開。但心裡發毛，覺得不大對頭，有種大事不妙的預感。

人們的預感很準。毛澤東見人們軟的不吃，就準備動硬的了。他要硬性推動"學習"，硬性"改造我們"，硬性洗腦換腦了。要動硬的，就得有個硬人去幹這種硬活。他想都沒用想,就選中了康生。 這可不全是對康生獻美表忠的獎賞，而是因為康生確實能幫上他的大忙，是隻難得的鷹犬，一隻毒鷹，一隻惡犬。也有人稱他為龍爪。

康生比毛澤東小五歲。康生本姓張，名字很多：張宗可、張裕先、張叔平、張耘。參加革命後化名趙蓉。他比毛澤東遲一年加入中共。 康生這個名字是從自己的俄語名字音譯成中文後取了前頭兩個与,是個中外混血的雜種名字,卻令他名揚四海,也遺臭萬年。

康生先到上海專搞工人運動。他參加了周恩來領導的三次＜上海工人武裝起義＞。自此,他結識了周恩來。起義失敗後,為了鎮壓和阻嚇黨員叛徒的出賣活動,周恩來創建了特別行動科,簡稱特科。周恩來僱佣了一批殺手,組成暗殺小分隊、人稱＜紅隊＞。其任務是專門暗殺叛徒及其家屬。由於＜紅隊＞專以殺人為業,又被外人稱為＜打狗隊＞或＜鋤奸隊＞。後來,＜紅隊＞的總負責人顧順章被捕後自己也叛變了。周恩來就任命康生負責＜紅隊＞。從此,康生開始了黨的監軍生涯,幹了一輩子肅反工作。

康生是隨同王明.一道回到延安的。他先是在中央黨校任副枚長兼延安評劇院首任院長。後又出任中央社會工作部部長。康生一回到延安就看清了王明的時代已經結束,自己到了反戈一擊的時候了。可是,這得先要有人信任他,維護他,捧他。他的反戈才會被視為鬥爭,而不是投降、叛賣等等。由於他走狗頭運,令他成功地安排了毛、江二人的婚事,而被毛澤東視為自家人。

毛澤東抱得美人歸,正要好好地謝他一番之時,他又遞交給毛澤東一大批揭發檢舉王明的材料,就更令毛澤東喜歡他,高看他了。毛澤東想要什麼,康生就送什麼。毛澤東豈能不喜歡他?想不喜歡都不行!

真若憑著毛澤東的聰明勁兒,還有他從古書堆裡弄得的豐富宮廷鬥爭知識,他不可能看不出康生的獻美和賣主的卑鄙伎倆,不會看不透康生的為人。早在莫斯科時,王明一做完報告,他總是頭一個跳起來,振臂高呼:"王明烏拉!"＜烏拉＞一詞的俄語意思是＜萬歲＞。這樣一個人,一個黨的高級幹部,怎麼會在短短的二、三個月裡,政治立場就能發生天翻地覆般的根本性變化呢?怎麼會搖身一變,就從忠僕變成了死對頭呢?在親信和死敵兩者之間,一定有一真一假。或者兩者都是假的,而不可能兩者全是真的。倘若兩者全是假的,康生的人品則是最為下流的了。

毛澤東的聰明,不是常人所具有的聰明。他的聰明在於,既能認清康生是什麼樣的人,又能從目前自己的實際需要,去安排他為自己所用。

他看清康生又獻美,又賣主,是個地地道道的大奸。目前,他正需要一隻搖頭擺尾供自己驅使的"狗"。這隻"狗"必須善解人意,能無限忠誠地,不顧忌他人的眼色,去咬主人指點的任何人,任何目標,甚至是一堆馬糞。這種"狗"祇能由,也必定由大奸出任。洛甫也好,王稼祥也好,像他們那樣的人,可以在工作上支持毛澤東，在私生活上也能對其网開一面，但若讓他們當"狗"，他們是絕不會幹的。

毛澤東深信，康生能幹自己叫他幹的任何混蛋事。如果主人認為，雞蛋是帶把的。康生一定會對天發誓，自家喂養的雞，天天蹲在樹上，去生帶把的雞蛋，又一只一只地全掛在樹上，那真叫絕了！毛澤東知道康生是這種人。

當然了，康生也並非是個一無是處的大笨蛋。他的古漢語基礎不在毛澤東之下。毛澤東所做詩詞中的相當一部份，在定稿問世之前，是由他潤色審核定稿的。他的書法相當好。曾被當年書法界評為四大家之一。毛澤東先前一手東風壓倒西風的醜字，據說是在他和郭沫若先後指點下，苦學狂草後才修煉成名的。他懂得鑒賞古董文物,是個行家里手，文革期間他以審查的名義，把大批擬燒毀的珍貴字畫文物留存下來。他死後，倒台之後，罵他貪污等等。不論罪名如何，文物是保存下來了，這就比燒毀好。這些特長也是吻合毛澤東的愛好的。好壞混合，讓他在毛澤東帳前大大地走了一把狗屎運，卻也害苦了別人。康生本人也相當看得起自己。他有個書畫專用筆名，叫<魯赤水>，意欲同<齊白石>併肩比美。

毛澤東選中康生後就提拔他兼任中央情報部部長，後又兼任黨內高級幹部調查委員會主任。康生成了中共特工第一人，牢牢地執掌著肅反、鎮反、治安、情報、審幹等特種工作的全部大權。康生自此揚威延安城。他穿著從莫斯科帶回的契卡式或克格勃式黑皮長大衣，足蹬高腰大馬靴，四名貼身保鏢前後護衛著，自己手牽德國灰背軍犬,遊蕩在延安大街小巷，各種場所，顯示自己的威風。康生還嫌自己神氣得不夠勁兒，派頭也不足份量，就在唇上鼻下留了一撮牙刷鬍，更像蘇聯秘密警察頭子或日本特務了。當年，在延安，沒有任何一位大首長敢如此招搖，更別提平頭百姓了。

康生開始幹"硬活"了。他相繼抓了兩名國際女間諜，頓時震得延安城自上到下，人人自危，人人談康色變。


這正是：


權　奸　非　天　降，

妖　種　在　人　間。

但　得　君　王　愛，

無　賴　變　神　仙。

欲知後事如何，請看下回分解。

# 第 五 十 一 回

## 特 務 遍 地 有 花 戴

## 部 下 晉 見 受 拷 打

　　話說康生得到毛澤東的重用之後，同江青的來往也頻繁多了。康生是想從江青嘴上多瞭解一些毛澤東的想法和意圖，而江青則想借助康生的淫威，捂住延安城裡上上下下對她的貶評。

　　這一天，兩人正坐在康生的辦公室裡閑聊天時，聯絡秘書領著一名女子進屋見康生。這名女子叫李寧，是東北人。她在中共滿州地下省委特科工作，是康生下屬機關的鋤奸幹部。她本人的具體任務是把定時炸彈，送到指定的地點。由於她是女人，長得又是一副弱不禁風的嬌氣模樣，沒人多去注意她。她每次任務都執行得很出色。有一次，她居然把一枚定時炸彈送進了日本關東軍軍部的會客室裡，把會客室炸得一塌糊塗。這類事多了以後，引起了日軍的注意。滿州地下省委決定把她送到延安，一為避避風，二為學習和深造。李寧戰功累累，百分之百是自己人。若從工作關係上論，她是康生的部下。李寧到了延安順便晉見上司。

　　康生收下工作關係介紹信，讓李寧先去休息，等侯談話。

　　"喲，康部長，這個女人長得倒是蠻標緻的，細皮嫩肉，高鼻樑，大眼晴，可不像東北人傻大黑粗的！"江青見李寧走遠了，隨便地亂扯了一句。

　　"依你看，她像個什麼人？"康生故做高深，滿臉嚴肅地問道。

　　"你的部下能是什麼人？還不同你一個樣！"

　　"哈哈！我一眼就看出她不是個好東西！是個國際女間諜！"

　　"啊？！"

　　"你沒看見她走路，一搖三晃悠，像個日本娘們嗎？關東軍的軍部誰能進得去？炸個會客室是掩人耳目。你再看看她穿襯衣，全是日本名牌貨！"

　　"滿州國，奉天城裡，哪家商店都賣和式襯衣。不穿，穿什麼？你看見人家扭腰晃屁股，是想佔人家便宜吧，康大部長！哈哈……"

　　"你真不信？三天後，讓你見口供！"

　　"真地？！'江青瞪大了眼晴，似乎不認得張四公子了。

李寧一天也沒撈著休息,就被拷上手銬子帶走了。百般刑訊,李寧無半句口供。 別看這名女子長得瘦小纖弱, 骨頭卻比鋼硬。

康生決定親自審訊。

"真還看不透,你嘴巴倒是挺緊的, "康生手拄著下巴, 怒氣沖沖地對李寧說道, " 你很有吸引力嘛!很性感嘛!我見多了!你這樣的不是特務, 那麼誰是特務:"康生的濃重山東諸城口音, 咬著舌根, 一句一頓, 一聲一揚, 更令人感到他極端地粗魯無知。

李寧本以為見了最高領導人,可以把原委說個明白, 洗清自己。她甚至以為, 先頭的重刑拷打是對她的一種考驗。現在, 她親耳聽見最高領導人的這番野孩子般的說詞, 徹底失望了。她明白,同渾小子扯不清道理, 話多了祇能多吃眼前虧。她決定暫時先認下來, 保住性命,等待機會, 碰上青天大老爺時再做理論。於是,她信口開河, 胡編亂造,給康生編了一本超級間諜偵探小說。康生十分滿意。康生令江青服了自己。一樁大冤案就如此這般地產生了。

康生抓的第二個女間諜, 就更不得了嘍, 是個川島芳子級別的超級女諜。這就不僅僅震動了延安, 而是轟動了整個紅區。

這名" 女諜"叫王俊潔, 是華北地區頭號漢奸王克敏的姪女兒。王俊潔憎恨自己的漢奸家庭, 憎恨叔叔出賣祖國的可恥行徑。她千方百計地結識了共產黨員, 如同江青一樣, 經過中共地下黨組織的介紹, 如願以償地到了延安。但她沒有江青那麼走運。她在填寫履歷表時向黨組織申明, 王克敏是她親叔叔。她豈知道, 她就此上了特嫌人員的黑名單。一個月後, 她被秘密逮捕了。

沒用過多地刑罰她。她太不經打了。一打就昏死過去。然而,王俊潔口頭死硬,堅不招供。康生看重口供,一定要得到王俊潔的口供。

康生的打手們逼迫王俊潔靠牆根立正站著, 一站就是三天三夜。不給吃, 不給喝, 不讓上廁所。屎尿全拉在褲子裡。王俊潔站了不大功夫 , 就站不住了。 打手們 一齊上前,生拉硬拽把她強按在牆壁上站著。她仍然沒有口供。她是一個大戶人家的嬌小姐,离開家門進校門, 對間諜特務之類的事, 從來沒有興趣,向不過問,自然也就一無所知了,想編點什麼, 都不知從何編起。她除了哭,還是哭。康生叫打手們捉來兩條蛇, 幾乎都有一米來長。康生叫打手們把王俊潔的褲腳、袖頭和領口全都紮緊, 然後把兩條大蛇塞進王俊潔的褲襠裡。王俊潔當即被嚇瘋了。她又唱又笑, 又哭又叫,成了廢人。

康生再沒辦法了，就叫秘書編寫了一個口供，硬按上了王俊潔的指印，結了案子。如此一來，康生的名頭叫得更響了。

據曾在延安時期的中央社會工作部供職過的幹部，後來洩露出來，康生常用的刑罰有八種。這八種刑罰，每一種都是鬼見愁。閻王小鬼見了,也會自嘆不如。分列如下：

一、竹刺：把竹針釘進指甲裡。

二、馬鬃穿眼：用馬鬃穿入男人的尿道。

三、穿女人：用水槍把水射入女人的陰道。

四、喝一杯：把大量山西老陳醋灌入被審者胃裡。被審者就噁心不止，狂吐不已,直到吐黃水、綠水、胃痙攣、疼得滿地打滾。

五、定向滑輪：在受刑者大姆指上系上繩子,高高吊起,再用皮鞭抽打受刑者的身體,直到受刑者姆指扭斷，墜落地上。

六、焚香：把人吊在房樑上，用香頭灼腋窩。

七、拖馬路：把受刑者的雙手系在馬尾巴上，策馬狂奔，直到把受刑者拖死。

八、生產自助：叫受刑者自己挖好墳坑後、把受刑者推落墳坑，一邊填土一邊問口供。

這些逼供的手段全是鄉間和山裡的土匪強盜使用的害人手段。康生拿過來殘害革命同志。毛澤東重用他，就是看中了康生敢不擇手段地殺害自家人這一點。人們罵康生老賊時，常常把毛澤東忘了。

毛澤東大張旗鼓地號召和提倡學習。康生就用這些土匪手段在具體人身上落實和檢查學習成果。康生的口號是"先整風後審幹，審幹當中抓特嫌"。就是誰不好好地改造自己，一頂特嫌的帽子就在等著誰。為此，康生傳令全黨幹部填寫履歷表、小廣播登記表、反省日記等等。

小廣播，今稱小道消息。這本是群眾對官方新聞的補充、反証或是反駁的一種傳播形式。官方新聞喜歡表揚自己，愛講自己的好處，往往水份大，假的多。小廣播專揭老底、愛揭瘡疤。俗話說，背地裡可以罵皇上。這似乎是中國人歷朝歷代的民權之一。 在毛澤東這裡，卻是此路不通。背地裡也不准罵他。誰罵了他，誰就得填寫小廣播登記表，或是寫反省日記，再由康生來收拾誰。

到了這功夫,延安的幹部、群眾、學員方才猛地明白，何為改造我們的學習了，也明白了，為何由康生出任總學委副主任，更明白了學習和整風的關係。整風是整頓作風的簡稱。人們私下裡說："＜整風＞和＜學習＞，重點在整,不在學上 " 。如此一來，學習得人人挨整,學習得人人噤舌, 個個擔心, 生怕天上掉下來橫禍, 砸在自己的頭上。

　　這年秋天, 毛澤東在西北局高幹會議閉幕式上發表了講話。他聲言：〞不僅要清革命與反革命的兩條心, 還要查清無產階級與非無產階級的半條心......〞

　　康生一聽此話,全然明白了主人的心思,即：單抓特務間諜是不夠的, 還要抓"半條心",並且要大抓特抓。"半條心"自然是指廣大群眾、學員、普通幹部的不滿情緒了。或者是要把對敵人火力轉移到人民群眾身上去。毛澤東明目張膽地要搞肅反擴大化。

　　康生主即行動起來。他用一名十九歲的青年〞特務〞的坦白, 做為樣板 , 掀起了一場被康生稱為＜搶救運動＞, 被人民群眾稱為＜坦白運動＞的鎮壓人民的黑色狂風浪, 中共黨史專家稱之為＜延安時期的肅反擴大化＞。

　　這名青年"特務"叫張克勤 , 原名樊大畏 , 時年十九, 先是＜陝北公學＞的學生, 後轉入＜西北公學＞接受訓練 。＜西北公學＞的校址在棗園。其前身為 中央社會工作部直屬保衛幹部訓練班。學員約五百人左右。中央社會工作部兼中央情報部副部長李克農任校長。局長李逸民、汪東興、吳德等人都兼任學校的領導職務。張克勤原擬畢業後做為情報幹部使用。

　　在康生眼中, 張克勤是個標準的〞特務〞。第一、其父樊執一, 曾任中共甘肅省委副書記, 被捕後叛變。第二、其妻朱方蘭, 中共黨員, 被捕後叛變。第三、白區曾給張克勤寄過一份＜中央周刊＞。這表明他同白區有聯係 。第四、西安三青團的報紙上登過一批中共黨員自首者名單 。其中有一人名字叫張克勤 。雖然搞不清楚, 是否就是這個張克勤。但是,也有可能就是這個張克勤。同名同姓, 不能簡單處理, 不能輕易放過去。寧信其有, 不信其無。第五, 延安＜魯藝＞曾有人寫過檢舉信, 檢舉張克勤是特務。但是, 信中光有帽子,沒有半點証據。康生認為, 有了帽子, 就有嫌疑。否則, 怎麼不把這頂帽子送給別人戴上呢？ 以上五條,全是康生的斷案原則和定罪準則。憑著這五條, 張克勤被康生認定假定有罪。下一步是取得口供來証實這種假定。於是, 張克勤被逮捕了。

　　康生、李克農二人根據毛澤東剛剛發下來的審幹秘密指示, 組成了"西北公學審幹小組"。小組成員汪東興和吳德二人, 具體負責張克勤的案子。汪東興的辦公室是一間普通的窰洞, 臨時用做審訊張克勤的法庭。

＂你是怎麼來延安的？＂

＂甘肅省委保送來的。有組織介紹信。＂＂你來延安幹什麼？＂

＂學習來的。學好了回省委保衛部工作。＂

＂有人揭發你是來延安幹特務的。你談談你的看法。＂張克勤被這突如其來的問題嚇呆了。他還不知道父親和妻子被捕叛變的事情。他堅決不認罪。

審訊了一白天。到了晚上十一點，審訊的人全審累了。汪東興要求繼續審下去。於是，分成兩撥輪流審訊。審別第三天天快亮時，蠟燭全用光了。審訊的人想休息一天再接著幹。他們電話請示康生。康生把他們罵了個狗血淋頭，派人送來了蠟燭。審訊繼續進行。審到第五天凌晨五點鐘左右，張克勤的體力實在頂不住了，表示願意＂繳械投降＂。 張克勤在答應保留他的黨籍的前提條件下，完全依照審訊者的授意，編造了一套口供，承認他自己是國民黨派來的。揭發甘肅省委是打著紅旗反紅旗的＜紅旗黨＞.....

康生指示他的手下人要用好這個典型去教育別人，要給張克勤披紅戴花，騎馬遊街，大造輿論攻勢。後來，又派他去各單位宣講自己的自我改造和坦白從寬的過程。

特務成了勞模。延安出了新鮮事。

典型引路，現身說法。＜坦白運動＞搞得有板有眼，有聲有色，十分熱鬧。一時間裡，鬧得人人都在坦白。大學習變成了大坦白。幾十萬人一齊坦白。人人都在認罪，贖罪，悔罪，服罪。有罪心態籠罩著延安的人們。毛澤東的目的達到了。康生立了大功。

康生見人就說：＂楊家嶺有三個剃頭的自首了！多危險呀！我們的頭在特務的刀子底下滾來滾去。不知什麼時候，就人頭落地！＂剃頭刀可以當鬼頭刀用，正是康生此時的一大發明。

不到三個月，延安已有近五百人承認自己是特務。對五百人這個數字，毛澤東嫌太少了。於是又開始了更大規模的＜坦白運動＞。四月份的一個夜晚抓了四百多人 。 經過刑訊，大多數人都坦白了，爭取到了從寬。經過種種努力，延安又搶救了各種特務二千四百六十多人。中央軍委電訊學校共有學生二百來人，挖出特務一百七十多人。中共中央秘書處六十名幹部，挖出特務十幾人。＜西北公學＞共計學生五百來人，僅餘下二十人不用坦白，也不用搶救，因為他們都是現任的中央領導人的子女。

＜坦白運動＞連娃娃也沒落下。在綏德初級師范學校裡，主動坦白者二百八十多人，被揭發者一百九十多人。此外，尚有一百六十多人正在覺醒中，已經表示願意交待問題。一個十四歲的小女孩，叫劉錦梅，走上台去，僅比講桌高出一寸多。她坦白自己隸屬於國民黨複興社。十六歲的男孩馬逢臣懷裡摟著塊大石頭，坦白自己是軍統特務石頭隊隊長。他手上的石頭是蔣介石發給他的秘密殺人武器。這所學校的坦白大會開了九天。在這群十幾歲的娃娃中間，挖出潛伏特務二百三十人，佔全校人數的三分之二。這些坦白從寬的娃娃"特務"，人人披紅戴花，排隊上街遊行，又喊口號又唱歌，比當了勞模還高興。誰也弄不清楚，這是好事，還是禍。也更鬧不明白，在南京的蔣介石和陳氏兄弟知道了在延安有這麼多的潛伏特務，是憂是喜？很可能，喜則喜在中共白白送給他們幾所特務學校；憂則憂在這些學校的特務水平太低了，根本不知道特務是個什麼玩應兒。反過來講，毛澤東對這事又怎麼去想呢？

事情越搞越荒唐，越鬧越离譜。<坦白運動>也好，<搶救運動>也罷，實在沒法再鬧下去了。人人心裡都明白，哪個也不是特務。人人心裡也更明白：這是有人純心在整人！明白歸明白，膽子都被鬧小了，誰也不敢再背地裡罵皇上了，一聽見小廣播，耳朵馬上聾得連打雷都聽不見了。先前還敢怒不敢言的人，現在是不敢怒不會言了。

政治局五大書記之一的任弼時憋不住了。他找毛澤東談話，反映了這些情況。毛澤東從任弼時身上看到了黨員們的情緒不太對頭。他不再堅持"矯枉必須過正"了。可是，他還想鬧下去。康生就是聰明，一見主人撅屁股，就能猜透主人是想放屁還是拉屎，甚至連大便乾燥也能猜得到。康生創造性發明了<自救運動>。這回是群眾自覺自願地自己救自己，不干上邊，特別是毛澤東的閑事。康生用<自救>二字去堵任弼時這些人的嘴。

正在此時，劉少奇從白區調回延安工作。他被任命為<總學委>副主任，排名在康生前面。同時劉少奇還兼任中央除奸委員會主任。劉少奇一上任，<坦白運動>、<搶救運動>、<自救運動>鬧得更紅火了。先前，特務者，多少還算是自己坦白的，真假還有幾句口供。到了劉少奇主持總學委時，則完全是撲風捉影了。什麼都能和特務拉扯上親戚關係。連姓氏也成了特嫌的一大証據。

在投奔延安的人群中，有位女同志叫江英。她父親是一九二二年老共產黨員，時任中共西安日報社社長，不在延安工作。有一天，老革命曾三同江英開玩笑："江英，你本名叫蔣家英。姓蔣嘛，若排一下輩份的話，你不是蔣介石的姪女兒，就是蔣鼎文的女兒。姓蔣的八百年前是一家嘛！"

不知怎麼搞的，這個玩笑傳到了康生耳裡。他在楊家嶺大禮堂做鋤奸告時，煞有其事地聲言："……延安幹部隊伍鑽進了許多壞人。甚至地委書記、軍區司令的老婆、妻弟都上了特務名單。你們說情況複雜不複雜？……"

江英睜大了眼睛靜靜地聽著．她也為敵情如此嚴重而擔心。正在這功夫，她突然聽見康生說: "有個江英，她原名蔣家英，是蔣鼎文的女兒．有人還說她是蔣介石的姪女兒。我說，她是蔣鼎文的女兒。不然，她為什麼來延安？她來延安是有目的的嘛！我手上有她的材料……"

江英驚呆了。一名政治局委員、一名黨中央部長，竟然敢當著上千人的面，大說謊話！

會一結束，江英被人群圍住了，紛紛要搶救她。江英氣得說不出話來：怎麼了？！全瘋了！！全信康生的謊話？？？

"我不認識蔣介石！不認識蔣鼎文！"江英索性大喊大叫上了。

"你為什麼改姓？"

"我恨蔣介石！我不樂意跟他同姓一個〈蔣〉字！"

搶救了小半天。肚子都餓了。眾人放了江英，各自回家喂腦袋去了。

江英騎上馬，連連幾鞭子，直奔毛澤東的窰洞疾馳而去。

"怎麼了，江英？跟誰生這麼大的氣喲？當心氣壞了自己喲！"毛澤東早就認識江英和她父親。江英的丈夫葉子龍是毛澤東的機要秘書。

"康生在大會上胡說八道，說我是蔣鼎文的女兒! "

毛澤東聽後，哈哈大笑道: "牆壁是白的，不要往上面抹黑。白就是白，要實事求是嘛……"毛澤東詞不達意地東拉西扯了一通。

"你不管管康生? 他硬要給我抹黑! "

"江英，要相信組織嘛!相信自己嘛!你去找中組部長李富春。請他解決。"

李富春一聽,也是哈哈大笑: "你的歷史我清楚。你父親我早就認識。影都不沾邊的話。你聽他幹什麼? "

江英的問題還是解決不了。李富春哪裡管得住康生。江英去找安子文告狀．安子文聽了照例一通哈哈大笑,說道: "別人說了,我還聽上一聽．康部長說了,左耳裡進,右耳裡出嘛! "

然而,江英的頂頭上司不敢得罪康生。江英被送到中央黨校學習，叫她一面學習，一面交待問題。

　　江英同王若飛的夫人李培之住在一間窰洞裡。李培之悄悄地告訴江英：" 康部長很不放心。你要多加小心了"

　　江英聽後，急得哭了。自己的父親遠在西安，搭不上手救助自己。她本人認識這麼多大人物，卻無濟於事。自己的父親是二二年老黨員。 自己的丈夫是毛澤東的大秘書。全都不頂半點用……這康生確實太可怕了！他一句話就把 中共二二年老黨員的親生女兒， 送給了蔣鼎文當女兒，贈送給蔣介石當姪女兒。事情如此荒唐， 全黨竟無一人敢站出來，說半個<不>字， 當然也包括毛澤東 。毛澤東就是要康生指鹿為馬。他自己則要看看，有誰敢站出來給予糾正,講句真話。毛澤東一看，沒人吱聲。他自然哈哈大笑了。這是他倡導學習的最佳成果。

　　江英祇能哭了,任淚流滿面……

　　全黨全軍全延安人, 卻祇能無聲地哭， 任淚水在心底流……

　　這正是：

指　鹿　為　馬　學　昏　君，

依　姓　論　女　太　新　聞。

山　東　漢　子　遍　天　下，

羞　認　康　生　齊　魯　人。

　　欲知後事如何,請看下回分解。

# 第 五 十 二 回

## 除 異 己 驚 動 蘇 俄

## 呼 萬 歲 喜 煞 老 毛

　　話說毛澤東伙同康生演了一齣新版指鹿為馬的醜劇，硬把自己黨的元老的女兒說成是蔣介石的姪女兒、蔣鼎文的女兒。他想看看黨的高級幹部裡，有沒有人敢強出頭予以駁斥。毛康二人見無人敢吭聲，心中大喜。

　　古語說："上有所好,下必甚。"意思是:皇上喜歡什麼,下邊的人就會加倍地表示喜歡什麼，並且加倍地去做討皇上歡心的事。平時,人們也常常講:"上行下效"。民間甚至有句流傳很廣的話："上樑不正下樑歪"。毛澤東敢指鹿為馬。他下邊的人就敢指馬為鹿。

　　為了討毛澤東的歡心，綏德初級師范學校又放了一顆衛星，在其直屬小學校裡抓了一名,年僅六歲的國民黨中統系派遣特。這位六歲的大特務直接同蔣介石聯係。蔣介石密令他用洗腳盆打水盛飯毒害同學。自然囉,抓了蔣介石親自派來的大特務，更得披紅戴花,騎馬遊街。小娃娃稀溜著兩筒大鼻涕，咧著換牙缺齒的小嘴,笑嘻嘻地叫老師扶著騎馬。他光顧著騎馬玩了，心裡一高興，忘了上茅房，一泡大尿,尿濕了褲子和馬鞍子，叫老師好一頓訓斥，叫他爹好一頓臭罵，差一點沒用鞋底子打屁股。

　　這件事傳遍了延安城大街小巷。人們議論紛紛。有人說："他爹敢掄鞋底子打屁股？俺可不信！若是打了,人家蔣介石不找上門來,？毛主席也不答應！那可是毛主席的典型！誰敢打典型？"也有人講：'剛上一年級的尿褲子娃娃，咋個跟蔣光頭聯係？ 人家蔣光頭不嫌他髒？毛主席真是天底下頂頂聰明人！他是怎麼想得出來的呢？"自然也有人反問："洗盆再髒，也不是毒藥桶，咋個能害死個人？了……

　　議論歸議論。可沒人敢公開站出來講一句。

　　老百姓如此。中央大首長們就聰明多了。他們揣度著毛澤東的心思，看看毛澤東真地喜歡什麼，就往他面前送什麼。洛甫、周恩來、博古、王稼祥、凱豐等人在政治局的大小會議上，那是一再二，再二三地做自我檢查。他們檢了自己自從＜六大＞以來所犯的政治錯誤和路線錯誤。毛澤東想要他們檢討的，他們全檢討了。毛澤東沒要求的，他們也主動地做了檢討 。一句話，徹底洗了洗腦，把從莫斯科帶回來的， 斯大林親口傳授的，統統退貨。然後靜靜地等著毛澤東給他們安裝上一個新的腦。

這一洗一換的過程本身，就意味著他們已在心裡承認，毛澤東是中共黨的行動指導者、馬列主義理論同中國實踐的對號入座的總負責人、全黨最高解釋權享有人。先前，他們同毛澤東平起平坐，是同志加戰友。到了這會兒，一洗腦，一換腦，相互之間的關係全然變了。已經變成教皇同信徒，皇上同臣子之間的從屬關係了。

毛澤東並不滿足。他認為，空口無憑，必須立據為証。毛澤東搬出了一個黨內黨外、有文化沒文化的、大知識份子加小知識份子全都弄不懂的新名詞，叫做＜甩石頭＞。

旁人不懂，康生全。他糾集了一幫馬屁文人和狗屎秀才，大刀闊斧地修改中共黨史並重編了一部新黨史，書名叫做＜六大以來＞。

這一日，康生正在窯洞裡聽收音機。康生習慣每天午飯後，靠在牛皮面大沙發上，架起二郎腿，口叼正牌英國煙斗，吸上一陣子哈瓦那煙絲，過過神仙日子。自然，這些在延安城裡獨一無二的物件全是部下"進貢"的戰利品。那台收音機是美國軍用鐵殼收音機。

突然，窯洞門一響，江青扭腰甩臀地進了屋。"哎喲，我的康大部長，這好日子全叫你一個人佔全活了！"

"這也值得你眼紅！你這＜第一夫人＞的王冠才能把人眼珠子饞得掉在地上！瞧瞧我，真是饞糊塗了！快請第一夫人下達工作指示！我是洗耳恭聽，立馬就辦，絕不過夜！哈哈，哈哈！"

"這會子哪輪到我嘍！我還沒有資格。這是主席讓我交給你的，自格兒瞧瞧吧！"江青將一沓子文稿遞給了康生。康生接過文稿，看了一眼，見是任弼時審定的＜中央蘇區第一次黨代表大會政治決議案＞。

康生自有他人不可及的小聰明，拿過文稿一過目，沒用江青解釋半句，伸手拿起鉛筆就將成文日期"三一年十一月"改寫為"三一年三月"，提前了八個月。康生邊改邊嘮叨："怨我，全怨我！該好好罵我一頓了！"

江青聞聽此話，嚷道："康部長，你還會算命呀！你全算準了！主席讓我告訴你就是這麼改！半點不差！我真服了你！"康生咧嘴一笑，附在江青耳邊低語。把個江青聽得瞪大了眼珠子，就差沒叫上一聲了。

原來，毛澤東於三一年四月主持紅區＜土改＞工作，完全執行了王明路線。大反王明路線就跑不了毛澤東。毛澤東只能耍賴招保自己。任弼時原本於三一年十一月才主管＜土改＞。現今改為他三月主政。這表明四月主持＜土改＞的毛澤東是執行任弼時的指示，是反王明的。毛澤東是一貫正確的。

毛澤東用同樣手法篡改了自己寫的文章，把以前所寫文章中同王明觀點一致處，全部刪掉，搞得整篇文章滿是＂天窗＂、＂補丁＂。如＜論聯合政府＞一文，到處是斧鑿刀砍，塗塗塗抹抹的痕跡。毛澤東為了顯示自己一貫正確，也祗好請這些筆墨流氓、文章騙子幫忙了。故而，毛澤東大講＜甩石頭＞時，搞得大知識份子、著名大文人，甚至連紅色大首長們全都暈頭轉向，懵懂一片了。直到讀完＜六大以來＞這本冊子，才如夢初醒，佩服毛澤東如五體投地一般。原來＜甩石頭＞就是把錯誤和罪過全甩給別人，証明自己一貫正確。小孩子稱這種玩法叫＜耍賴皮＞，是孩子們眼中頂頂下流的東西。這豈是常人用常識能搞懂的呢？

毛澤東的另一土發明，是在幹部使用上的＜摻砂子＞。

毛澤東不敢全部棄用那些曾經反對過或排斥過他的中央大員，特別是從莫斯科歸國的大大小小的紅色宣旨太監。毛澤東清楚，斯大林目前正忙於＜衛國戰爭＞，暫時無暇問及中共事務。但是，總有一天他會不忙的。到了斯大林清閑之時，他知道了自己培養的畢業生全部靠邊站了，憑斯大林的性格，他肯定要秋後算賬的。毛澤東實在不想招惹斯大林。

留下老對手和不受信任的人，就毛澤東本願而言，他是十分不情願的。於是，他頻頻重組機構。重組之時，毛澤東硬把自己的親信、打手或老部下塞進新機構，掌握實權。給老對手掛個虛名，以掩人耳目，堵人口舌。這原本是官場上爾詐我虞的老套子。毛澤東重又起了個讓人一下子鬧不明白的土名，叫做＜摻砂子＞。

毛澤東用這種辦法提拔了劉少奇和陳伯達等人。

劉少奇比毛澤東小五歲，原名劉紹選，字渭璜，出身大地點家庭。中學畢業後，他自費赴俄國留學，進了＜東方大學＞。他於一九二一年加入中共，一九二二年奉命回國，專搞工人運動。他曾和毛澤東一起搞過安源路礦大罷工。他長期在白區工作，亦曾多次被捕入獄。他同毛澤東私交很好。在毛澤東同王明的爭權鬥爭中，他堅定地站在了毛澤東一邊。他指責王明六大以來在白區工作上犯了路線性錯誤。這一指責幫了毛澤東的大忙。王明揹上了在紅區和白區工作上都犯了路線性錯誤的罪名，令其篤定敗北。

毛澤東同劉少奇組成新領導班子，則意味著紅白兩區正確路線的結合，是正確路線的象徵。劉少奇在黨內的威望和職務低於洛甫、周恩來和王稼祥等人。這一點尤為令毛澤東滿意。毛澤東同洛甫等人的關係，完全是同志式的平起平坐。毛澤東需要的新伙伴則是能把他奉為上級的人，最好能拜他毛澤東為師長，而自己甘當徒弟、學生、參謀、秘書類型的人。如能甘做奴才則令毛澤東更是喜歡。劉少奇适合並且樂意扮演這樣的角色。實踐証明，毛、劉聯手二十年，一直是毛澤東指揮，劉少奇點頭承辦。直到劉少奇想平起平坐了，兩人才告分手。當年,毛澤東需要劉少奇，就超出常現地提拔他。先是讓劉少奇進了總學委，排名在康生前面。不久之後，又提拔劉少奇任中央軍委副主席,掌了軍權,超過紅得發紫的康生，成為黨二把手。劉少奇紅得太紫了,近乎黑紫了。

劉少奇知恩圖報，建議改組書記處和政治局，並提名毛澤東為政治局主席兼任書記處主席。這些名義上的變動，對實際上已成為一把手的毛澤東來已算不上什麼了。但這仍是毛澤東通往權力頂峰，凌駕全黨之上的，在形式上不可或缺的一步。書記處改組之後，拿掉了周恩來和洛甫二人，祗剩下毛、劉和任弼時三人。洛甫這名"臨時工"到此徹底下崗。這次改組的另一後果，直接導致了毛澤東無所顧忌，毫無阻礙他大搞＜延安時期的肅反擴大化＞。細細品評，劉少奇要負相當大的責任。事後，劉少奇既無自責，亦無被指責。挨罵受罰的全是康生一人。不料，二十年後，毛、康聯手,讓劉少奇足了指鹿為馬，甩石頭的苦頭，自己成了工賊、內奸、叛徒。也算是補上了延安缺的課。

陳伯達是福建惠安縣人。一九二七年加入中共,同年赴莫斯科＜中山大學＞學習。畢業後回國專門搞地下黨務工作。他曾被捕入獄。出獄後,任中共北方局宣傳部長。一九三七年秋天到達延安，在馬列學院講授古代哲學。陳伯達是私塾出身，古漢語造詣頗深,還鑽研過中國古代哲學。留學蘇聯時，學會了俄語，通讀過馬、恩、列、斯的著作。是個貫匯中西哲學理論的筆杆子。毛澤東能看中他,最重要的是其為人。陳伯達能做到十分、百分,乃至千萬分地聽毛澤東的話。毛澤東命令他甩石頭，他就肯黑著良心,閉上眼睛，去胡編亂造一番,根本不管什麼天在上地在下,是爸爸生了他,還是媽媽生了他。他祗知道媚主。在主人面前，他永遠是條"狗"。若說康生是條狼種狗，會咬人吃人,咬瘋了還會給主人一口。陳伯達則是寵物狗，十分溫順聽話，就算吠上幾聲，也十分姑娘腔。毛澤東安排陳伯達任自己的辦公室主任兼政治秘書,又兼黨中央副秘書長。陳伯達一步登上了中共領導人的核心圈子,不能不令人瞠目結舌。

正當毛澤東統領劉少奇、康生和陳伯達三人施威延安城的時候，從北方飛來了三位稀客。一位是蘇聯塔斯社軍事記者彼得；一位是軍醫奧爾洛夫；另一位是電台報務員里馬爾。毛澤東、任弼時加上王稼祥會見了這三位客人。會見時,毛澤東習慣地想替彼得起個中國名字。王稼祥說在俄國，彼得是個非常普通的名字。叫這個名字的人非常多。有點像中國人起個名字叫做王小二，李小六似的。毛澤東說那就叫＜孫平＞吧。平平常常的孫子嘛！"毛澤東一說完，聽的人全笑了，包括三位客人。毛澤東心知三人來歷不一般，一時之間尚不摸其底細。客人倒也爽快,孫平直截了當地斯大林同志知道王明同志病了，就派醫生來給他看病，也順便給其它中央首長檢查身體。

毛澤東一聽此話，不由心中大震：王明有病，居然驚動了斯大林。此事怕是非比一般。

王明的病，的确也不一般，病得很蹊蹺。

前面已經過，王明從蘇聯回到延安後，就與毛澤東展開了激烈的爭權鬥爭。二人各施己長,互不相讓,真如劍來刀去，棍撥盾擋，殺得不可開交。王明見延安城裡毛家人多，就自去武漢,成立長江局,來個第二指揮中心。毛澤東豈肯容他如此妄為，就頻頻召他回延安參加政治局會議。

在一次會議上，毛、王二人爭吵得很激烈。王明一激動，就昏了過去。經延安的中外名醫馬海德、傅連暲、金茂岳的診斷，确診為扁桃腺炎引致高燒，帶累心臟病突發。他們三位名醫建議先給扁桃體消炎，然後割掉扁桃體。王明吃了兩天消炎藥後，就覺得肝區疼痛。他自己決定停止服藥。第三天上,王明的眼角膜發黃，面色泛黃，出現了黃疸症狀。金大夫診斷後認為,這同王明便祕有關,決定服用甘汞清泄腸道。王明吃了幾天甘汞後,病情反倒是加重了,面色黃得更厲害了，肝區更疼痛了，以致下不了床了。

王明的妻子是位細心的女人。她問王明："你是哪一天得病的？我記得像是你在毛澤東家裡吃過飯回來,就生了病！"

"可不是嘛！就是那天！我回家吐了一地......" 兩人越說疑心越大，商量了一陣子後，決定上告金茂岳陷害中央首長。金茂岳，一九三五年山東齊魯醫科大學畢業，學的專業是婦產科，自學的是外科，對於內科基本不懂行。他到延安後一直在中央醫院婦產科工作。王明的狀一告上去，書記處立即下令調查。經馬海德複診，是金茂岳誤用液體甘汞,且劑量過大，造成輕微汞中毒。金茂岳負有醫療事故責任。甘汞，俗名和中藥名叫做硃砂，學名氧化汞，是水銀的氧化物。過量服用和長期服用，能導致中毒死亡。於是，金茂岳被拘留審查。沒過多久,金茂岳被釋放回原醫院照舊工作。

王明自然不肯就此罷休。他再次上告。特別是當他得知金茂岳是婦科大夫，卻被毛澤東的親信李富春派來給自己診病，又誤用甘汞，且劑量過大時，心中疑問更大了。

王明鬧來鬧去也鬧不個名堂。王明就要求去莫斯科看病。毛澤東堅決不肯。就在這個節骨眼上，孫平等三人到了延安。奧爾洛夫醫生給王明做了全面檢查，驗了尿，發現尿中含有汞。王明的病情比馬海德和傅連暲兩人講的要重多了，已呈中度中毒反應。必須立即送莫斯科搶救。到此,毛澤東祇好放王明走人。

王明走後，過了一段時間，季米特洛夫突然給毛澤東寫來一封長信。信上的口氣和措辭均十分強硬，完全不像先前的季米特洛夫的口吻了。毛澤東很明白,這是斯大林借用季米特洛夫的名義，寫出的指示信。毛澤東本人就慣用這種手法發表文章。

毛澤東仔細地看完全部內容之後，更是大為吃驚。信中有兩點內容十分重要。第一、莫斯科認為，現下的延安整風已屬＜肅反擴大化＞了,是嚴重的政治路線問題。必須立即停止。第二、對王明和周恩來二同志的批判, 已無同志氣氛,純屬整人,亦是錯誤的。共產國際和斯大林同志本人，是信任這兩位同志的。

多年以後,毛澤東才知道，自己賜名孫平的那位記者，是蘇聯克格勃的高級特務，並深受斯大林的信任。他到延安是替斯大林調查延安整風的真相。他很懂漢語，卻裝做不懂。另兩人也是克格勃,祇是職位略低一些。他二人也懂漢語。斯大林一聽奧爾洛夫報告，王明是中度中毒，立即就全明白了：毛澤東想用肉體消滅的辦法，幹掉政治對手。在這方面,斯大林本人可謂此中高手的高手。如此一來,王明成了受害人，受打擊者。王明得到斯大林的同情和信任。王明趁機狀告毛澤東不積極對日作戰，消極同蔣介石搞統一陣線等等。一句話,毛澤東不服從斯大林的指揮。如在蘇聯，憑著這一條罪名，槍斃三次也不止了。斯大林盛怒之下，把原定援助八路軍的大批軍火物資，白白送給了新疆軍閥盛世才。斯大林和蘇聯外交部在國際場合公開批評中共和毛澤東是非正統的馬列主義政黨。

美國總統羅斯福的私人代表赫爾利在訪華之前，順路先去了莫斯科，會見了蘇聯外交部長莫洛托夫。莫洛托夫代表政府和斯大林發表了對中共和中國政局的四點意見。

一、所謂"中共"，事實上不是共產黨。

二、蘇共不再支持中共。

三、蘇聯不願看到中國有紛爭或內戰。

四、蘇聯政府不滿中國政府對在華的蘇聯公民的待遇。

這四點意見,是赫爾利面報國務卿的。美國國會有記錄在案。四點中頭兩點說的是中共。態度已至極點。故,赫爾利抵華後,直言美國政府支持蔣介石政府。

當年彼時，毛澤東尚不瞭解這些內中細情。但從孫平到訪的本身和署名季米特洛夫的長信之中，毛澤東徹底看清楚，斯大林再忙，也仍然站在遠處密切注現著延安的一舉一動。他想,既然惹不起斯大林，祇能萬事收歛三分為上。 眼下，先得讓斯大林消消火氣。

於是,毛澤東著手＜坦白運動＞的收場工作。一九四三年夏天,他先下令停止搶救。秋天，又提出"一個不殺,大部不抓"的政策。他的話音剛一落地，王實味等一百多名"托派分子"就人頭落地了。毛澤東的話，是專門用來哄斯大林消火氣的。斯大林看不見的,他照舊去幹。

毛澤東主持召開了＜六屆七中＞全會。會期一個多月。做了兩件事。一件是給王明路線做結論並寫入中共黨史另一件事，是讓來自莫斯科的布爾什維克們，再一次地做自我檢討，並保証永不翻案。

一九四三年的冬天，北風格外猛烈地呼嘯著，掠過延安光禿禿的山頭，似乎把人們的淚水,也一併帶走。然而,風兒哪裡知道，真正的淚水早已流到心底去了。就拿＜坦白運動＞的典型單位————＜綏德初師＞來說吧，二百三十名"特務"，經過甄別，無一人是真特務，祇好全部予以平反。那個六歲娃又長了一歲，仍然是渾事不曉，祇知傻笑，祇記得頭一回騎馬，就尿了褲子。連老師和爸爸的臭罵，也忘了個一乾二淨。大概等他長大了,才能明白發生在他身上的砍頭大罪,該是多嚇人了。

到了這"一風吹",全部平反的日子，理當是應該笑的日子,可是,誰也笑不出來。想哭吧，這又不是哭的日子。於是,淚水含著怨恨，一滴又一滴地流到心底去了。

這年冬天，雪下得又白又厚實。毛澤東忙得實在沒功夫去賞雪了。找他伸冤的人，太多太多了，比那雪還多……他聽煩了。他的道謙話也說煩了。毛澤東在延安大學演講時，一上台，先就聲言："……<整風>是好的。<審幹>也做出了成績。僅是在<坦白運動>中，做得過份了些，打擊面寬了一些，傷害了一些同志，戴錯了帽子。現在，我給大家行一個脫帽鞠躬禮！毛澤東把帽子摘下來，向大家鞠了一躬。第一，這是鞠給遠方的斯大林看的。表示自己還是服從斯大林的指揮。第二,是鞠給那些捧他當上中共最高解釋權享有人寶座的"善男信女們"看的,表示自己就是謙遜。整苦了人家,還知道賠個不是。真真一貫正确。

一九四五年春末，中共<七大>在延安楊家嶺中央大禮堂召開了。一條橫幅上寫著：在毛澤東旗幟下勝利前進！"橫貫主席台正上方，格外引人注目。

在這次大會上,開始喊毛澤東萬歲了。頭一個喊的是彭真。第二個是劉少奇。他敞開嗓門高喊："我們黨的領袖，中國民族與中國人民革命鬥爭的舵師——毛澤東同志萬歲！

朱德也喊了。他振臂高呼："我黨領袖毛澤東同志萬歲！"

周恩來是後來者居上。他喊道："讓我們團結起來,高舉毛澤東同志的旗幟,勝利前進！毛澤東同志萬歲！萬萬歲！"

有一個與會者後來回顧道："乍一聽見喊萬歲，看見周副主席舉著拳頭喊萬歲，心裡很不舒服。"

劉、朱、周這三個人一喊，全黨全軍全紅區就喊開了……"
中國是個有五千年封建文化傳統的國家,有幾億農民的國度。在廣大農民心目中， 一喊上<萬歲>了，就標誌真龍天子出現了，標誌著一代新皇帝登基坐上龍廷了。

毛澤東終生期盼的正是這個 。對一個革命政黨來悲劇也正是從這一呼聲開始的。雖然僅僅是開始。任何戲劇都有開始，或叫做第一幕,接下來是第二……直到閉幕。

<七大>上,毛澤東榮任中共中央委員會主席、中央政治局主席、中央書記處主席、中央軍委主席。再固執的人，也得喊他一聲主席了。他本人似乎成了<主席>這個詞的化身。

毛澤東集眾權於一身下一步就是得天下了。 從此神州大地烽火連天,煙雲滾滾，生靈塗炭。似乎要天翻地覆了。

這正是：

心思挖空為爭權，

休提惡名留人間。

最喜群臣呼萬歲，

端坐龍椅笑開顏。

欲知後事如何，請看下回分解。

# 第五十三回

## 遵旨懸膽會冤家

## 試帽試鞋卜暗卦

　　話說一九四五年四月三十日這天，在德國柏林市納粹黨總部地下室裡,希特勒和情婦伊娃布朗雙雙自殺身亡。當天下午蘇軍紅旗插上德國國會大廈的屋頂。五月八目德國正式宣佈戰敗投降。八月六日、九日這兩天，美軍在日本廣島、長崎兩市各擲下一枚原子彈。兩市均被毀掉,死人無算。與此同時,蘇軍出動一百五十萬兵力, 分三路直插中國東北地區。當時, 在東北地區尚有一百一十萬日本關東軍駐防， 但是, 已經是兵無鬥志， 將心崩潰， 幾成絕望狀態。八月十日， 日本天皇"聖斷"投降。八月十五日， 東北光複。九月二日在日本東京灣美軍旗艦<密蘇里>號上舉行了日本投降儀式。八年來，日軍死亡一百三十三萬人。中國軍民傷亡多達二千一百多萬人， 佔第二次世界大戰參戰國傷亡總數的百分之四十， 損失十分慘重。

　　抗戰勝利了。

　　勝利來得太突然了。蔣介石對勝利的到來無半點準備。他的主力部隊都在大後方避難。路途遙遠， 運力不足， 無法接受日軍的投降和接管大城市。

　　毛澤東也是對勝利毫無心理準備。雖然离前線近一些， 無奈兵力太少， 實在是力小難舉千斤鼎， 力不從心。心有餘而力不足。毛澤東缺少實力去接受日軍投降

　　但是,毛、蔣二人卻都想自己獨吞日本投降這塊大肥肉。無奈，一個伸嘴夠不著；一個嘴小吞不下。兩個人， 四隻眼， 瞪圓了， 乾著急，

　　蔣介石需要時間搶運兵力。毛澤東需要時間發展和壯大自己。二人都缺少時間。

　　蔣介石的智囊、文官長吳鼎昌給蔣介石出了個主意， 讓他邀請毛澤東前來重慶談判。他解釋道毛澤東若肯前來重慶， 則己方可以隨意拖長談判時間， 也就有了時間趁機運輸兵力， 搶占他盤；若是毛澤東不肯前來重慶談判， 仍是維持現狀， 也不吃虧。但在一個<理>字上,自己卻是佔足了便宜。那麼一來全中國、全世界都知道

是毛澤東不肯談判的。一旦**內**戰爆發，罪責罪名就會全扣在毛澤東的頭上。**吳鼎昌**強調，這是個保贏不輸的萬全之良計，祗佔便宜不吃虧。

蔣介石立即表示同意。在八月十四日到二十三日的十天功夫裡，他連續給毛澤東發出三封加急電報，邀請毛澤東到重慶舉行和平談判。蔣介石通令國統區大小報紙，盡數刊登這三封電報，宣傳蔣總裁提倡和平，力主和談。一時間全國沸揚，高呼和平。蔣介石大造和平攻勢。

毛澤東接到首封電報後，草草地看了一遍，便放到一邊去了。他心中自有成見在胸。他知道蔣介石找他去重慶談判，必定心懷一片歹意。自己剛剛搶到黨**內**老大的位子，豈會輕易上當，白白去送死？他怎麼去想，也想不出來，蔣介石會在談判桌上，送給他一寸地盤。地盤祗能動刀動槍去搶去奪。＜第二次國共合作＞讓他弄到了軍隊番號。共產黨也合法地擁有了軍隊。但是,蔣介石一個＜皖南事變＞就收回去了一半。基於這種判斷,毛澤東認為去重慶僅僅是徒勞而已，且有生命危險。取自己的項上人頭，才是蔣介石的本願。他豈會去送上門去找虧吃？眼下，問題祗有一個，他用什麼理由回拒蔣介石，而又不在天下人面前失理呢？這是一個大難題。

毛澤東正思索著。博古來了。這位年輕人此時擔任中共中央宣傳部長。抗日戰爭的勝利讓博古好高興，把在＜七大＞上做檢討挨批判的愁腸一掃光，革命幹勁又上來了。他手持蔣介石的電報，逢人便講，又有了好消息。

"主席蔣介石找我們談判，是件好事吧？"博古也學乖了，先探探毛澤東的口風。

"嗯？！你是怎麼看的？"

"＜西安事變＞後，一場談判，把咱們的軍隊談合法了。這次邀主席去談，若是談成了，換來了和平，咱們就贏得了時間，可以發展壯大自己。目前我們有四十萬人，比蔣介石的四百萬人,差得太多了。我們需要時間發展軍隊！"

"你的意見是去重慶？"

"是的。不過,此去重慶風險極大。我願意跟隨主席同去，見見世面,學些真東西。"

毛澤東瞅著博古樂了。他心裡想，這位年輕人心地不壞,沒有城府,孺子可教也。毛澤東歷來認為,右派說真話,左派講空話、假話、哄人的大話。在會上,在大廳廣眾面前,他愛聽左派發言。私下裡，他願意同右派聊聊天，談些私房話。一個人，不論他是誰，總不能老是生活在虛假的環境裡，整天聽人家講假話過日子。特別是當他想起博古在整風學習會上,自我檢討時講過的那段話，就憋不住要笑。博古說："我一進中央紅區,就知道自己的水平低,幹不了總負責人的工作。可是又捨不得放掉手中的大權。我在開會時問大家,誰來幹一把手的工作。大家謙讓了一下，說是，還是由你幹吧！我赶忙接上一句，我幹就我幹，我來幹"

毛澤東想到這裡，笑呵呵地說道："是啊，應當去。去爭取些時間回來……"毛澤東話沒完，朱德、劉少奇和周恩來結伴進了窰洞。

"潤之兄，我看不去為好 。蔣介石這個人壞得很！一進重慶,就進了人家手心裡，也把老命交給人家嘍！"朱德道出了自己的顧慮。

"主席，蔣介石是個言行不一的小人。我還記得一九二七年那年，頭一天他把<共同奮鬥>的大錦旗贈送給我們,第二天就搞了<四·一二>大屠殺！<西安事變>中，他讓張學良送他回南京。一下飛機就把張學良抓了起來……"周恩來回顧一樁樁往事,勸毛澤東不要去重慶。 "

"李濟深、胡漢民不是也上了他的當：?不去, 是肯定的事情。問題在於如何向全國人民有個交待。這個文章是不大好做的喲。"劉少奇最懂毛澤東此時此刻的心思。

幾個人聽他如此一講，都不吭聲了。

"主席，我看，去的好處會更大一些……"博古仍然堅持去重慶。

剛剛一條腿邁進窰洞門坎的彭德懷，祇聽了半耳朵，就走到博古身前，用教訓小孩子的口吻道："不能去！萬萬去不得！蔣該死在騙咱們老毛上當！知道不知道？蔣該死動用幾十萬部隊抓老毛，懸賞幾十萬現大洋買老毛的人頭,都白費了心思！現在, 一封電報就信了他？做夢！"他一扭身，走到毛澤東身前，十分認真地說："老毛，我看這傢伙可是去不得喲！赶快回個電報，明明白白告訴他，死了他的心嘛！"

"那又怎麼向全國人民交待呢？"劉少奇追問彭德懷。

"交待什麼？全中國人，誰看不出蔣該死的鬼畫符？還用交待？"彭德懷向來以己之心度他人之腹，是個心懷坦蕩的男子漢,"要不 ，讓他來延安談。讓他也吃上幾頓延安的黑豆扁扁飯，看看他吃了打不打屁！"彭德懷一句粗話，逗得滿屋子人哈哈大笑。

延安缺糧。祇好把黑豆壓扁了，煮一煮，當飯吃。吃完了，肚子裡亂響。屁就一個接一個地放個沒完。有一次，彭德懷陪毛澤東去看望傷員。毛澤東信口問道："你們吃得慣黑豆扁扁飯嗎？"他這一問，把大家問住了。心裡的真話說不出口。謊話又不肯講。屋子裡的人，誰也不吭聲，一片寂靜。正巧這時，有人放了個響屁。毛澤東趁機說道："有人表示了自己的意見......"這下子逗得人們笑瘋了。

"石穿兄，蔣介石比不得你。他嗓子眼細，嚥不下去。他不敢來延安，吃你的黑豆扁扁飯。"周恩來借著逗笑話，道出了自己的看法。

"石穿兄，聽講，你也大大進步了一下子，是嗎？"毛澤東笑夠了，慢悠悠地問道彭德懷。這讓大伙全聽愣了。毛澤東吸了一口煙，仍然慢悠悠地給大伙解釋道："我聽警衛員講，昨天晚上延安舉行秧歌火把大遊行，慶祝勝利。咱們彭大將軍去參加了，還好好扭了一通陝北大秧歌。高水平呀！沒把腰扭疼？"講完，自己先樂上了。眾人皆知，彭德懷從不下場跳舞，祇站在一旁看熱鬧。

"都在扭嘛......我也鬧不清，咋就手腳比划上了......不像個樣子......就是高興了嘛.回到家裡還被老婆糾正了一通......."彭德懷羞羞答答，吞吞吐吐地一解釋，逗得大家好一通樂。

"主席，大家的意見，是不去重慶。我建議，先拖它幾天，別急於答覆他。"周恩來出了個主意。眾人一口贊同。

然而，蔣介石不贊同。過了三天，蔣介石發出了第二封邀請電報。

"哎呀呀，這個蔣介石的脾氣變壞了！急得火燒屁股一般，是不打算讓我們仔細地想一想了。"毛澤東被迫召開政治局會議專門討論這件事。

他朝著委員們揚了揚手中的電報，大聲道："我看我去一下！"
""啊！"委員們不由自主地"啊"了一聲。

朱德正要張口，毛澤東又接著說道："近幾天內地報紙全是蔣介石的輿論。壓力不小哇。蔣介石也是很會大造輿論的 。他想通過製造輿論 ， 把內戰的罪名推給我們。當然囉，去重慶,有風險，而且很大。去闖闖也好嘛！也許馬克思還不同意我去報到。中國革命還沒有勝利嘛......哈哈......祇有去一下子嘍。你們議一議是不是這個樣子？"

委員們很瞭解毛澤東的講話藝術。他嘴上講自己要去，心裡想的正好相反。毛澤東的這番話的真正含意或用意，是讓大家湊足不去的理由。他嘴上充英雄當好漢，他坐轎子，但轎子卻是一定要由別人去抬的。

"我還是那個意見，讓他來延安！"彭德懷堅持自己的意見："他不來，自然有了不去重慶的理由。"

"要得！要得！石穿兄的意見要得！"朱德說道。

"如果蔣介石講，你不來重慶，我不去延安。咱們去上海談，怎麼辦？"周恩來确實老謀深算，城府極深。他這麼一問。眾人沒了話語。周恩來的設想是極有可能的。而上海，一點也不比重慶安全多少。

"可不可以由周副主席去談？或者，讓我去談......"博古提了個建議。

"哈哈......蔣介石要的是我的腦袋。你們的，怕他還不大喜歡，哈哈......"

毛澤東把話說到這個地步，眾人的心裡全透了亮。誰都不講話了。博古也不堅持去重慶了。

"我看，還是一個＜拖＞字。另外，是否給斯大林同志一個電報，看看他的想法。我們也好有個參攷。"周恩來提了個新建議。

"對頭！這個主意不錯！共產國際解散了。但不能冷落了斯大林同志。周公，你起個稿發給斯大林。"毛澤東立即表示同意。自從斯大林寫信批評延安整風和派人專程給王明看病之後，毛澤東真地看懂了斯大林的心思。周恩來的建議及時地彌補上他的一大疏漏。

斯大林的電報和蔣介石的第三封邀請電報，幾乎是在同一個小時傳到了延安。斯大林明確地表示，毛澤東應當去重慶。並且要不惜妥協，最終達成和平協定，停止內戰。斯大林的口氣，如同下"聖旨"一般，完全不存在商量的餘地。

斯大林幹得實在太露骨了。他希望在中國也出現一分為二的局面。第二次世界大戰之後，世界上出現了兩個德國、兩個朝鮮、兩個越南，同時也就形成了以蘇美為首的東西方兩大陣營及相互對峙的局面。兩大陣營對立，得實惠的是蘇美兩大強國。

如果中國一分為二，肯定會各投其主。並且要臣服於蘇美兩大強國之下。這是斯大林的戰略思維。他不情願毛澤東擅領一方領土，肆意專權，為所欲為。故而，他根本不去考慮毛澤東的死活，讓毛澤東，不，是硬逼著毛澤東去重慶談判。難聽點說是卡著毛澤東的脖子往地獄大門口送他。

　毛澤東見了斯大林的電報，心裡萬分惱火，卻也同樣地無可奈何。他祇能心不甘，情不願地"遵旨"去重慶,同自己的頭號老冤家見見面了。毛澤東還沒長硬翅膀去抗旨。

　他嚴囑周恩來聯絡美軍參謀長魏德曼將軍，請美軍派飛機接送毛澤東，並聯絡美國總統私人代表赫爾利，要他親自陪同毛澤東去重慶談判。

　即使如此這般，毛澤東心裡仍是十五隻水桶打水,七上八下,亂成一團麻,更如萬頭小鹿，在心坎上歡蹦亂跳。有句成語叫做<提心吊膽>。如果此時去形容一下，毛澤東的心臟安放狀態，最好就使用這句成語，那是最為貼切不過的了。

　蔣介石一接到毛澤東的確認電報，自己反倒先亂了手腳。他本人從一開始就沒想過,毛澤東敢來重慶談判。也更沒去想，一旦毛澤東來了，大家談些什麼。他的邀請僅僅是政客玩的外交手腕而已。特別是他見到頭兩封電報一去無答覆，他就更是堅信，毛澤東絕對不敢來重慶。現在，不該來的,真來了。談什麼呢？

　美國總統羅斯福見蔣介石連發三封電報邀請毛澤東來重慶談判，就用他們西方人的腦袋和思維方法去推斷，斷定此事當真。他趕忙下令給赫爾利和魏德曼將軍要百分之百地滿足毛澤東的全部要求,並且加多一條：動用美軍在華的憲兵部隊,一路保護毛澤東。

　這麼一來,毛、蔣會談成了東西方兩大陣營的對話。全世界的目光一齊投向了重慶。

　毛澤東一面吩咐周恩來和王若飛等人準備談判方案，一面也急匆匆地打點自己的行裝。因為美國人已來了通知，明天就派飛機到延安。

　毛澤東找出先前在北平定做的一套藍灰色卡其布中山裝 。毛澤東特別不喜歡穿新衣服新鞋子。不到非穿不可的時候，他肯定是不會讓新衣服上身的。他讓勤務兵刷洗自己的那雙黑布便鞋。他自己也覺得那雙鞋子太臭了,可能令同機的赫爾利聞不下去。於是,他祇好打破鞋子一旦上腳,直到丟掉，不洗涮一次的自家<世界記錄>了。

　▼哎呀呀，我的大主席！這麼大的外交活動，也穿舊布鞋？"江青不滿了,尖聲叫道。

　"叫他們見見布鞋，也算開開眼嘛！▼

＂你當了主席，要注意自己的形象了！＂

＂你沒聽人家說嘛，男人不怕衣服舊，就怕鞋子破。鞋破窮半吊呀！鞋子是向來馬虎不得的！你試試恩來從武漢捎回的這雙黑皮鞋。再不穿，放壞了，也得扔！＂江青摸透了毛澤東的脾氣，故意說要扔。

＂別扔！好多錢買下來的嘞！＂毛澤東接過皮鞋一看，心裡樂了。這雙黑皮鞋底子上印著皮鞋的品牌：＜順風牌＞三個金字。太吉利了！ 是個上上好卦！毛澤東睹字打暗卦，得了好彩，心裡自然高興。

＂接受你的批評，改穿皮鞋。小李子，你來一下！給你個緊急任務。從現在起，趕緊替我穿一天皮鞋！多走走路！＂

＂帽子！再試試帽子！＂江青乘勝追擊，又下了命令。毛澤東把自己的兩頂舊帽子以及身邊工作人員的新、舊帽子，統統試了一圈。他和江青均不滿意。江青叫秘書騎馬去找周恩來想辦法。正巧周恩來從武漢帶回來一頂盔式貝蕾帽。秘書就帶了回來。

毛澤東一戴上貝蕾帽，惹得身邊的人全樂了。都他像個大資本家大華僑了。江青一聽 火了，尖著嗓門一吼，把大伙全嚇跑了。

毛澤東一見如此光景，那是無論如何也不肯戴了。

＂你呀你，我的大主席！也不想想，這可是恩來花了大價錢才買回來的。很可能，蔣介石、赫爾利，以致羅斯福、斯大林他們，全戴這種帽子。你不戴能對等嗎？為了工作，為了革命，一定要戴！＂

＂對等還是要對等的嘛。＂毛澤東的口氣大為軟化。

＂你總不能戴蔣介石發的船型帽去重慶吧？你又不是給蔣介石當兵去！自己照照鏡子，嘛，多氣魄！多帥氣！他們一群土包子，懂什麼？！＂江青又哄又勸又誇獎，把個毛澤東整暈菜了。

毛澤東想去照照鏡子，一拿帽子，無意間看到帽裡子上印的那個英文字，心裡又是一喜，又得了個好兆頭。毛澤東學了一輩子英語，雖不能用，但是個別單字，還是認了一麻袋。那個英文字是帽子的品牌：＜王冠牌＞！ 此時 ，就是不照鏡子，也戴定這頂＜王冠＞了。


這正是：


鞋 子 是 順 風 ，

帽 子 為 王 冠 。

吉 兆 顯 好 運 ，

老 婆 會 把 關 。

欲知後事如何，請看下回分解。

# 第 五 十 四 回

## 入 虎 穴 險 中 有 險

## 爭 名 份 煩 上 添 煩

話說正當毛澤東對自己的皮鞋和盔式貝蕾帽感到十分滿意之時，又聽見江青在嚷叫："哎呀呀，我的大主席！差一點忘了一件大事！你這全身新了,頭髮就不剪一剪了？"

"剪頭？！你這個人怎麼這樣子囉唆？"

"主席呀，你聽我一句，好不好？人家美國人每次談判前，都要理髮吹風刮臉什麼的，整好髮型，又端庄又体面。這叫外交需要！對外無小事，全是原則問題！小李子，你騎上馬去叫王師傅！叫他騎馬赶過來，有緊急任務！要快！" 江青見毛澤東沒堅持不剪頭，正在遲豫著，就擅自下了命令。

自打上了井崗山，生活條件實在困難，毛澤東的頭髮長了，就讓賀子珍用剪布的剪子,隨便剪剪短。戰事吃緊了,兩三個月也不剪一次。毛澤東的髮型就成了難以名狀的款式，直率些講，猶如一捆黑色稻草，倒過來，一分兩半，往頭頂一搭，一模一樣。他自己覺得沒什麼。別人看了，實在有傷大雅。江西紅區講究無產階級化，以窮為革命，以醜為進步，沒人敢打扮自己。到了延安以後，生活條件好多了。毛澤東的頭髮依舊像個亂草把子。祗是兩邊分得匀了一些，剪得短了一些，還是很難看。如今叫那貝蕾帽一比襯，短處盡顯。江青叫他理髮，那是太對了。

理髮師傅老王從西安退職,回到延安老家安度晚年。他閑得荒了，就開辦了個剃頭攤子，連個門面也沒有。他是沒事找忙，圖個自得其樂,打發時間。他的手藝在延安城一周圈,算得上是一等一的好手,名氣很大。名聲令他對自己的活越發看重。他做起活來更加講究。

"老王,來上兩下子就成了。不必多費事！"毛澤東往凳子上一坐,白披布尚未圍好，就盼著王師傅一剪子就理完。他滿肚子都是令他不安的重慶事。

"請主席坐高些！"老王就像根本沒聽見毛澤東的話似的，祗管忙活自己的。可能是出於一種習慣，也許是提醒理髮的人注意，注意自己要動刀動剪子了，千萬別亂動了。祗見王師傅在毛澤東的後脖梗子上，不輕不重地拍打了兩下子 。這兩下子拍打得毛澤東一愣。這是他好久以來，頭一遭挨拍，又拍得不明不白。這兩下子拍打，也弄得警衛員渾身一機靈，心想，這老王頭不想活了，敢打主席！江青真地嚇呆了。這可是她叫來的人呀！她自己平時說話時聲音的大小高低，都得看著毛澤東的臉色，控制好＇音量開關＇。這可倒好，闖下了如此大禍！王師傅卻如無事人一般，依然故我，不慌不忙地用流子梳理毛澤東的滿頭亂髮，慢悠悠地撒著陝北腔侃起了大山：＇你的頭，可不一般！是咱全陝兆，是咱全中國的一號頭！跟過去皇上的頭一個樣子！那叫一個斤貴！我得給你理個全國第一才行。理不好，也折了我的名聲。我可不幹那樣子的傻事！＇

　　老頭子推子剪子一齊忙活，嘴上一個勁地自言自語侃得蠻歡實。毛澤東的火氣反倒是一點也沒有了，去重慶的事似乎也忘了個一乾二淨，安安穩穩地端坐著，平心靜氣地任憑王師傅給他理個＇全國一號頭＇。以後，毛澤東再沒改過髮型，直到他逝世，都保持著這種大背頭髮型。

　　赫爾利押乘美國軍用飛機到達延安機場。

　　毛澤東一身新裝，平生頭一次打扮得像個新郎倌式地，要离家去會老冤家了。他前腿剛一邁過門坎，猛地想起了他自己的一件頭等大事。他急忙轉身小聲地問警衛員：＂小李子，咱們的茅房帶上了嗎？＇

　　＇啊！＇警衛員一驚，急忙去了窰洞側身，把那柄長把大鐵鍬，一捧兩斷，揀起帶鍬頭的前半截子，找件舊衣服一包，塞進皮箱裡，緊趕了幾步，登上了延安城唯一一部救護用小汽車，陪同毛澤東去了臨時飛機場。

　　＇全弄好了！都帶齊了！＇聽見小李子這麼一說，毛澤東才放了心。

　　原來，毛澤東有個習慣：他從來不進茅房或廁所大小便。要小便了，就去房後或窰洞側身，對著牆根撒個痛快。想大便了，就叫警衛員扛上大鐵鍬跟著他走，找塊菜地或淺草地，挖個坑一蹲，徹底解決問題。便後用土一埋，不留痕跡又肥了田。日子久了，小李子問他：＂主席，你為什麼不進茅房？＇毛澤東沒有直接回答他，反倒是問他：＇什麼時候想問題最好？＂

　　小李一想，毛澤東整天躺在床上看書，一定是躺著最好了。就說道：＂那還用說，躺著唄！＂

〝不對！是拉屎的時候最好。可是，茅房裡臭氣熏天，沖鼻子地惡臭，哪能想個痛快？這大野地裡，空氣清新。在這兒一蹲，自由自在，想什麼都來勁兒你試試就知道了。〞

毛澤東的這番話，也許有他自己的道理。但不科學。實話實說野地拉屎是他自幼養成的習慣。他終生不改。有了警衛員後，警衛員就揹著槍，扛著大鐵鍬，保衛和侍奉他拉屎。他絕不進茅房去聞別人的屎尿臭味，也不聞自己的屎臭味。天下一大奇人也！

毛澤東乘坐美國軍用運輸機，飛了七個半小時，到達重慶九龍機場。

接機大廳裡擠滿了人。有國民黨的黨國要人，各民主黨派，無黨派人士及各界名流，還有八路軍駐重慶辦事處的工作人員。來人之多，身份之雜，名頭之高，皆出乎重慶軍警兩界的意料之外。於是，一連加多了三道警戒線，添崗加人。美軍駐華憲兵營守住重要通道口，比警衛美國機場還森嚴幾分。

飛機剛一停穩，不知從何處一下子涌出來那麼多的記者。又是照像，又是錄音採訪，把迎接儀式衝得七零八落。毛澤東的機場講話，祗講了幾句，就沒法往下講了，被迫改成書面講話。歡迎儀式倉促地結束了。可是，記者們仍是不捨不饒，追著趕著採訪錄音。

……

〝潤之先生，你來重慶，沒有危險嗎？〞

〝毛先生，請談談，有何防范措施？〞

〝毛先生，你相信蔣先生的承諾嗎？〞

……

記者們的問題好似傾盆大雨，一齊潑了下來。無數的問題，無數種提法，祗有一個內容：你毛澤東的性命有保障嗎？似乎這個問題比談判本身，更為引人注目萬分。其實，毛澤東自己也在心裡問自己同一個問題。

〝諸位，謝謝你們的關心！你們一定聽到過＜朱毛＞這個詞的。那個朱德才是打仗的好手！人家怕的是他！我是個秀才公，哈哈……我還沒本事讓蔣先生睡不著覺嘛，哈哈，哈哈！〞毛澤東剛開了個頭，記者們就忙著打電話，發電報去了。他們要把毛澤東的自我評價，當做天下第一新聞，搶先發稿。於是，朱德的名字就傳遍了重慶：朱毛，朱毛，原來朱毛是兩個人。毛澤東敢來重慶，自有朱德在家領兵保駕。八路軍才不傻……

毛澤東、張治中、赫爾利、周恩來一眾人員先去國民黨談判代表之一的張治中公館飲茶小憩，然後去國民黨安排好的，由美軍憲兵護衛的林園下榻。

　　林園，原是國民政府主席林森的公館。林森去世後，國民政府遷到重慶辦公時，蔣介石夫婦經常住在這裡。這次是專門騰出來，安排毛澤東和中共代表團住在這裡。

　　毛澤東等人進住林園不到半小時，就聽到門外傳來一陣雜踏而急促的跑步聲。瞬時間，一大群人，不問也不理，擅自闖進了屋裡。看模樣，像是一伙便衣隊。毛澤東的警衛人員立即迎了上去。但是，人少力單，被這伙子便衣硬是給推擠到旁邊去了。警衛人員又吵又嚷。這伙子便衣全像似聾子，根本不予理睬，依舊各自行事，散開來，站到屋角、牆根、窗子底下和屋門兩側，個個目光逼人，眼神凶狠，盛氣凌人，不可一世。

　　毛澤東正坐在沙發上看報紙，猛地看見這群如狼似虎的彪形大漢，惡狠狠地闖進屋子，心裡忽悠一顫，心想，這蔣介石真地要不客氣了？這麼快！他……＂當毛澤東看清了這伙子人並沒有拔槍，祇是惡狠狠地站在原地不動，真地弄不清楚，蔣介石的葫蘆裡要賣什麼藥了。

　　毛澤東的衛士長龍飛虎，走到一個模樣作派像是個小頭目的人面前，喝問道：＂你們是什麼人？＂

　　這個像是小頭目的人往前一邁步，岔開八字步，不僅不回答龍飛虎的問題，反倒是大聲吼了一嗓子：＂給我聽著，除開毛先生，其它的人，全出去！快！快走！＂

　　＂你敢！＂龍飛虎火了。他一拔槍，其它幾名衛士緊跟著也亮出了槍，打開了保險。

　　那群便衣訓練有素，幾乎是在同一時間，也拔出了槍。清一色鏡面速射連發二十響快慢機，正牌德國造匣子槍，其火力不比輕機槍差上多少，是短兵器之王。

　　雙方對峙上了。橫眉豎眼，劍拔弩張。誰也不言語一聲。誰也不敢妄動一下子。誰都知道，誰先略有些微表示，誰就會頭一個挨上幾十槍，整個身子準被打成篩子眼。

　　空氣幾乎凝住了。沒人肯稍稍喘大一口氣。

　　毛澤東又對這伙子人掃視了一圈，再看了兩眼自己的衛士。他明白了，抵抗毫無用處。毛澤東無可奈何地道：＂你們先出去一下！＂

　　正在這功夫，房門緩緩四開。蔣介石、張治中等人在一群軍官簇擁下，走了進來。

　　蔣介石進了屋，站下，三面掃視了一圈，一面摘下白手套，一面順勢一揮手。那群便衣比進來時更快、更靜地＂滑＂了出去。

〝誤會，誤會！他們就會虛張聲勢，哈哈……毛先生是大人不見小人怪嘍，哈哈！〞蔣介石打著乾哈哈，走近毛澤東，同他握手寒暄。

〝蔣先生教導有方,訓練有成。毛某大開眼界，不勝佩服，哈哈！〞毛澤東也打著乾哈哈,用眼角向衛士們一撇，衛士們會意地提起足跟，退到屋子外面去。此時，周恩來、王若飛等人聞聲後飛速從樓上奔了下來，進了屋。

蔣介石同毛澤東、周恩來等人都是老相識了。此時見面,彼此打著乾哈哈,聊些不輕不重的閑話，兩眼都不停地打量著對方，仔細地尋找自己感興趣的地方。俗話總是講，仇人相見，分外眼紅。此時此刻，兩個爭奪天下的人相見，反倒像是兩個毫不相干的人一樣。大概，祇有他們二人的心裡才知道,對方是怎麼去想自己的。

蔣介石邀毛澤東到重慶來,祇有一個目的，就是拖足時間運兵搶地盤。

毛澤東則是遵〝聖旨〞為斯大林所迫,來重慶應付差事，多少也應付一下社會輿論。

故而，此次國共和談，雙方全是做戲。同和談二字本來的含意，毫無關聯。周恩來同張治中談來吵去,演足了〝對手戲〞，倒也演得逼真熱鬧，演出了政客們勾心鬥角的精髓。

正當和談鬧得紅火之時，毛澤東突然聲稱自己不住林園了，要去紅岩村的八路軍辦事處去住。

這下子把蔣介石，特別是把張治中鬧糊塗了。他們二人都知道,美軍憲兵營守衛林園。林園該是最應放心的住處了。毛澤東為什麼偏偏要去軍警密探特務四佈的紅岩村呢？是擔心不發生麻煩？是怕自己吃不著黑槍黑彈？

看在美國人的面子上,蔣、張二人百般挽留。毛澤東執意离去。

實際上，是他二人不知道毛澤東有難言的苦衷：江青擅自來重慶找毛澤東了。江青一到重慶就住進了紅岩村八路軍辦事處，並報告了周恩來。

毛澤東一聞聽此事後,火速趕往紅岩村。他剛邁入紅岩村那座二層小樓的大門口,就衝著周恩來發了脾氣。

〝誰叫她來的？怎麼也不招呼一聲？〞

〝我也是剛剛知道的是康部長安排的。聽江青同志自己講，是來治牙病的。〞

〝要他多管閑事！姓康的也太……〞毛澤東一語未了,李訥已張著小手,喊著爸爸，跑了過來。江青跟在後頭，笑著，直望著毛澤東的臉,看個不停。毛澤東抱起了李訥，板著個臉,一聲不響,徑自上了二樓。江青一見他這副樣子,就扯住要告辭的周恩來, 死活非讓他上樓坐坐不可。周恩來祇好咬了咬牙,硬著頭皮上了樓。

"我牙疼病犯了......都講重慶看牙看的好， 每天有飛機來回送公文......機艙裡空得很......"江青解釋看。毛澤東抱著孩子,坐在一旁生悶氣。

毛澤東到重慶是逼上梁山， 是斯大林卡著他脖子,讓他拎著自己的腦袋來逞英雄的。 全是無可奈何之下的臭顯白。

若是江青一旦住進林園， 蔣介石會立即知道， 也肯定會抓住不放， 大做文章。

若是再讓重慶的地方小報,特別是專登緋聞隱情的黃色小報或雜誌， 得知今日之江青即昔日之藍蘋。 可以說, 重慶人就不再議論和談的事了。全重慶都要議論江青先前的生活丑聞和風流韻事了。真若如此， 毛澤東的重慶行, 全部泡湯了， 沒法向任何方面交待。

江青此次來重慶之前， 她同康生是萬事商量了個全， 就是沒商量， 萬一毛澤東發了火,可又怎麼辦。康、江二人認為,和談若是成功了,就是中國歷史上的一件大事。雙方簽字時,宋美齡肯定要出席簽字儀式。根據對等原則， 江青有機會以夫人身份出席簽字儀式。如能借此機會亮亮相,江青就能一夜成名, 名揚全國。

江青就盼著這一刻， 盼了好久好久了。

康生想的就實際多了。他知道毛澤東喜歡女人, 簡直离不開女人。是個大色鬼, ＜老花匠 ＞。此時能再送一次江青, 定是新功一件。

康生偏偏忘了,一個同死神相伴的人,一個站在地獄大門口的人,已經沒心去想女人了。

康生致命的疏忽是， 一旦惹惱了毛澤東, 他會有什麼苦果子吃。

江青到重慶, 逼得毛澤東搬出林園, 住進紅岩村, 把本己風險重重的毛澤東更加推向了死亡線。

毛澤東乘車子進入紅岩村時， 看見樹下、牆根、屋後， 處處是特務的蹤影。他很後悔搬出林園。 可是他又不能不住進紅岩村， 讓自己這條老命又靠近了閻王爺一大步。

毛澤東一想到事關生死之時， 就越發恨江青不懂事, 越發恨康生太愛管閑事， 惹是生非了。

重慶城裡本己殺機四伏。 無常小鬼隨時都會進屋拉人。勾魂使者就在房頂和頭上徘徊巡視。 這全是能把人煩死的煩心事。偏偏就在這不開胡的時刻， 康生送來個累贅加麻煩， 不是成心給他毛澤東煩上添煩,活活煩死他嗎？毛澤東怒眼圓睜， 一言不發 。 江青最怕毛澤東沒有話。毛澤東一旦不講話了，就意味著他已經有了殺人之心。

江青連連用眼色向周恩來求救。

"主席，我就去安排飛機。明天上午送江青同志去看牙，下午就回延安。"

毛澤東哼了一聲。他悶著頭抽煙。連逗弄李訥的心都沒了。他心裡是太煩了。

站在地獄大門口的人，全都心煩。

特別地煩那些給自己添麻煩的人……

總算順利地送走了江青，沒有節外生枝。

然而，毛澤東的自身安全，真地成了大問題。蔣介石見毛澤東執意入住紅岩村，認定他另有圖謀。於是，加派特務密探，日夜監視紅岩村。紅岩村幾乎快成了軍警密探特務的集中地了。紅岩村快要改名特務村了。

毛澤東在村裡度日如年，苦受煎熬。

十月八日，雙方談妥協議，並議定十日簽字。晚上六點鐘，張治中舉行招待酒會和觀看演出。毛澤東等人剛進到劇院不多功夫，＜新華日報＞營業部主任慌慌張張跑來找周恩來，報告八路軍重慶辦事處副主任李少石，酒會後回紅岩村時，被特務槍擊，送醫院不治身亡。

李少石當時乘坐的轎車，正是毛澤東用的專車。這件事更叫毛澤東坐臥不寧，提心吊膽了。他不能不想：李少石是替死鬼嗎？蔣介石要在他回延安之前動手嗎？換了誰，也都要緊張幾分的。毛澤東焉能例外？

他後悔沒住林園。他痛罵康生。

毛澤東回到延安之後，下令免去康生的中央社會工作部部長和中央情報部部長的雙重職務。由副部長李克農昇任部長。不久之後，康生的其它職務也一一被解除，祇剩下個政治局委員了，後來又降為政治局候補委員。他從這會兒起，坐了冷板凳，一直坐到＜文革＞。

當年當時，延安人都猜測，他是頂了肅反擴大化的缸。這略欠準确。

殊不知，主人養狗，就是咬人用的。狗咬了人，不論主人嘴上說什麼好話壞話，到頭來，仍會扔塊骨頭給狗。這是必要的獎賞。否則，狗以後就不去咬人了。可是，狗若討了主人的心煩，準會挨上一腳。狗則嗷嗷地叫著，去舔自己的黑鼻頭，去好好地閉門思過。

走狗和狗，祇差在一張皮上。其它道理，則甚為相近相同相通。

這正是：

虎穴自有凶險在，

腥風時時耳旁生。

被逼一逞英雄氣，

三更過後夢難成。

欲知後事如何，請看下回分解。

# 第 五 十 五 回

## 毛 蔣 爭 雄 鬧 中 原

## 皮 匠 引 軍 突 重 圍

　　話說美國總統私人代表赫爾利,聞知八路軍辦事處副主任李少石,乘坐毛澤東的專車,遭槍擊身亡一事後，大為光火。他主即打電話給宋美齡，除了氣話外，還要求宋美齡轉告蔣介石,若是毛澤東出了事，美國政府要追究責任人的。宋美齡受了鬼佬的氣,就全盤"轉口"給了蔣介石。蔣介石一聽,美國人若是如此態度，那祇能小心為上了。正值此時，國民黨元老于右任和蔣介石的結義兄弟馮玉祥，先後打電話給蔣介石，表示已經聽到蔣介石要軟禁毛澤東的風聲，那是大加痛斥。蔣介石連連否認,才算平息此事。

　　蔣介石接了這三個電話之後，心中欲殺毛澤東的念頭,頓化雲散了

　　這蔣介石邀毛澤東赴渝談判之初，僅僅是政客的外交伎倆而已，並無殺毛之心。真讓蔣介石動了殺機的,倒是毛澤東自己找的。毛澤東到重慶後，在報上發表了一首舊日所填之詞,引起蔣介石的殺心,險些壞了自家性命。

　　有一天,老友柳亞子登門拜訪毛澤東。柳亞子能書擅畫又愛作詩。他想表示一下對毛澤東身入虎穴的欽佩之情,當面賦詩一首,贈給毛澤東。他又向毛澤東索要詩章，做為紀念。毛澤東就把自己十年前, 即一九三六年在陝北清澗縣雪後填製的一首詞寫了出來,送給了柳亞子。詞名<<沁園春·雪>>>。柳亞子把此詞拿給<新民報>負責人、著名作家張恨水欣賞。張恨水立即在<新民報>上發表了此詞。接著<新華日報>、<大公報>等報刊雜誌紛紛轉載，引起了江城的轟動和讚譽,稱其為絕世佳作。

　　蔣介石讀罷此詞,亦十分震驚。他立即找來自己的文膽陳布雷先生。

　　"這能是毛澤東自己寫的嗎？"

　　"有人親見毛澤東當場一書而就。"

　　"先前的歷史上有沒有雷同的？是否翻版貨？"

　　"不是。學生從未見過。重慶的詞家好手也不在少數。柳亞子、于右任也都是文壇大家了。若是有假，早就指了出來。何況他姓毛的也怕爆醜於江城。學生想，該是真貨。"

　　"你能寫這樣的東西嗎？

　　＇不能！＇

　　＇你手下的人如何？都不能！學生問過幾位才氣自負的人，沒有一人敢提筆唱合。這首詞的氣魄，不是誰都有的。詞中有一種攝人心魄的霸王氣。是皇帝的口吻……"

　　"哈哈，毛澤東想當皇上？想當霸王？海霸王？天霸王？地霸王？哈哈……姓毛的膽子可不小！娘個希匹，找死！"蔣介石邊狂笑，邊怒叫，兩眼盡閃凶光，就此方生殺心。

　　俗話常講，天不滅曹。三個電話一響蔣介石就成了洩了氣的皮球。

　　國共 ＜雙十協定＞ 簽字幾天後，美國總統羅斯福突然病故。

　　鷹派人物代表杜魯門就任總統。他主張建立一個以國民黨為主，共產黨為輔的兩黨聯合政府。

　　實在搞不成，則要蔣介石赶走東北地區的中共軍隊，以阻止蘇軍和中共獨佔東北，更要防其南下入關。

　　他任命總參謀長馬歇爾為特使赴華貫徹他的主張。他又任命艾森豪維爾接掌總參謀長。 杜、馬、艾三人皆是鷹派中鐵腕人物，力主掃除全球赤色勢力。他們三人一上台，國共之爭，必用武力解決，已成既定。

　　馬歇爾抵華後，以美援為手段，鼓動蔣介石動武開戰。

　　六月二十五日這一天，蔣介石神秘地通知馬歇爾將軍，明天，中國將有大事發生！＇

　　＇什麼？！"馬歇爾一愣："你所指的大事，我的實在無法想像。＇

　　" 明天，我的三十萬部隊，在中原地區，包圍李先念的六萬部隊。重演＜皖南大捷＞。哈哈……以後，還會有第三次，第四次！"

　　"在什麼位置上？"

　　"宣化店！"

　　在宣化店駐守的中共部隊，是新四軍五師李先念部和八路軍三五九旅一部份改編成的抗日南下支隊王震部，共有六萬多人。

　　蔣介石在重慶和談上 ，一再逼迫毛澤東退讓和妥協，在搶佔地盤上照樣給中共部隊施壓。在斯大林的重壓下，毛澤東本人亦為求得早日簽成和約，離開地獄大門口，中共代表團在談判中是步步退讓，在地盤爭奪上，也是一忍再忍，一讓再讓。這自然就不斷地縮小了自己的地盤。宣化店就是一個典型。中央軍已把五師防區壓縮成，東西不足二百里，南北僅五十里的，一個狹長的長方形，且又位於盒地中央，極不利於作戰。此刻，蔣軍正從四面八方壓了上來，企圖圍死這六萬共軍。

部隊突圍已勢在難免。

李先念經歷過西路軍遠征和領導了最後的突圍。生命和鮮血換來的經驗教訓告訴他，應該如何同毛澤東打交道。李先念代表五師和王震部致電毛澤東。在電報上李先念用詞明確，直截了當地請示毛澤東："……這次突圍，是由中央直接指揮，還是由我們自行突圍？請明示。"到了生死存亡的緊要關頭，李先念的性格全然盡顯。

毛澤東一看電報上的用詞，就明白了李先念心裡想的下一句話是什麼。心中有鬼，最怕半夜敲門。毛澤東立即覆電李先念："如何突圍由你們自行決定。但要抓緊時間立即突圍。"若是當年西路軍突圍時有了這句話……

當時，劉峙指揮三十萬蔣軍，分為三路，從宣化店的南面、東面和北面，齊刷刷地壓了過來。劉峙的意圖很明顯。他想把李先念逼到西面去，逼進人少糧缺的桐柏山區，長困久圍，令李先念糧草斷供不攻自破。

面對如此形勢，李先念決定採取四面開花，分散突圍的對策。他自己率五師主力向北突圍後再折向西北方向，直奔陝北。王震部亦先向北突圍，與五師平行推進，突破包圍圈後，另行尋路，自回陝北。王樹生率五師餘部先向南面突圍，然後西拐，進入鄂東地區打遊擊，自求生存，另圖發展。全軍突圍時，將留下一個旅。該旅偽裝成主力迷惑蔣軍，掩護全軍突圍。這個旅還要在全軍突圍後，繼續向東面開拔，迎擊東面的蔣軍，至少要吸引和拖住十萬蔣軍主力部隊，使其不能追擊已經突出重圍的大部隊。不難看出，在整個突圍作戰中，這個旅的任務是最為艱難而危險的，極有可能被徹底圍死而全旅覆亡。

兵家，乃至會下棋的人，都知道棄車馬保將帥的道理。這是被迫採取的顧全大局和整體利益的最後的有效戰術手段。在突圍戰中，無論是棄"車馬"，還是棄"兵卒"，這些被棄的部隊連九死一生的概率也沒有。往往是全部覆亡。因此，部隊一領到這類任務時，全體指戰員都會明白，既然自己已被首長信任了，自己也就很快就要"光榮"了，也將"割"命進行到底了。這次突圍戰中，被棄的"車馬"是一旅的七千官兵。旅長是皮定均。皮定均接到任務後，沒有認定自己一定要玩完。他想，壞事有時候還能變成好事。他更相信，惡運後面可能就是人生光輝的頂點。他就是一個如此自信的人，自信得教人喊他＜老頑固＞。

皮定均，安徽省金寨縣人。窮苦農家出身。因其姓氏，終生綽號＜臭皮匠＞。客氣點時，簡稱＜皮匠＞。他的部隊也沾了他的光。他當團長時，部隊被稱為＜皮團＞；他當上了旅長，部隊也跟著昇級為＜皮旅＞。毛澤東也這麼稱呼他和他的部隊。

皮定均十六那年參加了鬧糧暴亂後，立即參加了紅軍。他被編在紅四方面軍裡南征北戰，開始了戎馬一生。他個頭不高，骨架也略顯單薄。略微上翹的嘴唇，顯得門牙有些外露。在他的相貌上，整個身上，找不到半點大將風度。祇有他的眼睛，兩隻不大的眼睛，讓人一望生畏。每當他那雙眼睛定定地望向某一個方向的時侯，一場好戲準定又要開鑼了。

皮定均是個內秀型人物。他十分追求完美。他是軍人，卻從不以武示人。他追求心靈上的東西。在土包子和文盲居絕對多數的紅軍人群裡，他的這些追求可謂是鳳毛麟角了。他的婚事本身最能體現這些追求，幾近一部傳奇故事。

一九四〇年，經過＜長征＞的皮定均，以團長頭銜被任命為豫北遊擊支隊司令員兼軍分區司令員。他到任後指揮了一場伏擊戰，消滅了三百多日本兵，而自己的損失不足三十人。這在二換一的抗日戰爭中實屬少見。他的名聲雀起。開完慶功會後，他和涉縣縣長一起研究下一步工作。正在這功夫，門外走進來一位中等身裁，年約十七、八歲的姑娘。這位姑娘的一雙眼睛特別有神，身上有股凜然不可侵犯的勁頭。這位姑娘叫張烽，是縣婦救會的主任。

皮定均祇看了她一眼，身上就觸了"電"。三十多了，尚未成家的皮定均對姑娘頓生好感，兩眼定定地對張烽看個不停。張烽卻像是不知道屋裡還坐著位老紅軍加抗日英雄似的，專注地向縣長匯報工作。皮定均自降身份，放下架子，又給張烽端茶，又是續水。張烽卻連個＜謝＞字也沒有，談完工作扭頭就走了。

皮定均忙向縣長打聽張烽的情況，並拜托縣長玉成好事。縣長連聲許諾，口稱保証沒問題。當年，像皮定均這樣年輕能幹的團長，找哪個姑娘都不會有問題。結果縣長沒能完成任務。人家張烽不樂意。縣長保証道好姑娘多得很！就她這長相，我再找幾個隨你挑！"

"不，我就要張烽！"其實，在此之前，給皮定均介紹對象的，不知有多少人了。他一概搖頭，連姑娘的面也不去見上一見。他對熟人說，他不用人介紹，一定要自己去找。他不會像某些首長，隨便點個女人，把被褥搬到一起一擺，就成了夫妻。更不會像某些大首長，朝三暮四，見一個愛兩個，離婚比吃飯還隨便。結婚一禮拜還不知道老丈人姓什麼。皮定均一定要找個自己看上眼的姑娘。他認為，夫妻一場一生一次，那可不能打馬虎眼。

張烽回拒了他。他沒有灰心。兩年以後，反掃蕩成功。他帶著部隊又路過涉縣。他一打聽，自己的意中人還沒處對象，已調到太行黨校學習去了。皮定均利用部隊休整的空檔兒騎上馬去了黨校。黨校門衛問他找誰。他說，自己有可能到這兒來學習。先來"看看地形"他進了黨校院子，見門就拉，也沒找見張烽。正在他灰心洩氣之時，猛見張烽從院子的另一端迎面走了過來。

"你好！"皮定均主動問好張烽點了點頭，一側身，進了自己的教室。皮定均跟了進去。張烽自己默默地翻書看書。

"學點子什麼？介紹，介紹！"

"黨史。"張烽說完又低下頭看自己的書。皮定均見此，沒有再逼下去。他靜悄悄地走了。

皮定均人走了，心沒死。他得知老熟人劉大姐也正在黨校學習。劉大姐先前當過涉縣縣長，跟張烽還挺熟。皮定均就去請劉大姐幫忙。劉大姐又給頂了回來。皮定均還是不死心。正巧師文工團在涉縣演<孔雀東南飛>。他搞了兩張票，去見劉大姐。劉大姐笑著罵他鬼頭，並連聲答應幫忙到底。

張烽拿到劉大姐送的票，非常高興。她早早地去了劇場。她剛坐下，皮定均也在她身旁坐了下來。"噢！你也來了！學習忙嗎？"

"忙黨校生活挺緊張吧？"

"嗯。"

"老師講課講得很好吧？

"好。"

皮定均一百問，得到了一百個單字的回答。張烽是不管問什麼，專揀一個字回答。

看完了戲，皮定均也不知道演的都是些啥。幾天後，劉大姐轉過來一封張烽寫給他的信。信上寫道：黨校有規定，學習期間不准談對象。皮定均對此，大為失望。但他又一想，學習期間不可以，沒講畢業後不可以。

"我等！"

一年過去了。

　　皮定均被調到另一個軍分區任司令員。有一次，他去見劉伯承司令員。劉伯承問起了他的婚事。他如實地講了情況。最後他表態，非張烽不娶，自己等到什麼年頭都可以。劉伯承見他如此鐘情張烽，就托涉縣地區地委書記幫忙。

　　無巧不成書。在軍分區，皮定均和張烽的哥哥、姐姐在一起工作。皮定均百般努力地去討好未來的娘家親戚，搞得張烽的哥哥和姐姐，都樂意幫皮定均的忙。如此這般一來，張烽的娘也深受感動。

　　張烽一回家，她娘就對她嘮叨："你想找個什麼樣的人？咱家一不圖錢，不去找富人家拉親戚。二不戀官，沒指盼找個當大官的。不就是圖個心眼好，圖他對你好嗎？人家皮司令，一等三、四年，心上可真是有了你你可別看花了眼。

　　女兒聽了娘的這些細細一捉磨，皮定均不像是個朝三暮四的人。若細論人品長相、工作能力，在整個地區也是能數上數的了。這時，地委書記又找她談話做思想工作。她就借坡下驢，同皮定均談上了對象。

　　有了一段交往後，她倒是有些後怕了。如果失去了皮定均，真要後悔幾輩子。皮定均正是她想要找的內秀型丈夫。二人結婚後相愛終生。令那些薄情郎、輕佻女眼饞得不得了皮定均接下任務後就動開了腦子。七千人對十萬人。若是硬打硬拼，就如同雞蛋碰石頭。這叫傻到家了！俗話道，半兩頂千斤，全靠一個<巧>！他決定，以巧制勝，以巧求生存。

　　皮定均留下一個團堅守陣地。自己帶上兩個團在宣化店四周遊動，扮成主力的樣子，吸引蔣軍主力向自己撲過來。經過三天苦戰，完成了掩護任務後，他率領全旅朝著主力北進的方向，向北疾進了半天，又向西拐，做出向西突圍的樣子。

　　劉峙見李先念已率主力突圍走遠了，若能抓住<皮旅>也算有個交待。他就調動原先擺放在東面，準備堵截共軍東進突圍的十萬人馬，分做兩路，日夜急行軍，向<皮旅>追了過去。

　　豈料，<皮旅>向西走了一天，在夜裡迅即悄悄地藏到一條小山溝裡。全旅一不准明火，二不准走動，連咳嗽也得捂緊嘴巴。七千人頂著瓢潑大雨，不吃不睡也不動，藏了一整天。十萬追兵，就從他們頭頂上的山崖公路上，身子下面的河床砂灘上，追了過去。<皮旅>官兵連中央軍官兵聊天都聽的清清楚楚。

　　皮定均估計蔣軍已走遠了，足在五十里地開外了，就命令全旅掉頭南下，再回宣化店，裝出向南直渡長江的態勢。

　　劉峙領兵追了兩天沒見<皮旅>的影子。他突獲情報，<皮旅>已由宣化店向南去了。於是，蔣軍又沖著宣化店猛追了過去。

　　<皮旅>離開宣化店向南真走了半天，又突然東拐，直奔商城。

　　一路上，皮定均根據行軍這一實際需要，重編了行軍隊形：各團首長編在前衛營裡。全旅最前頭設有偵察連，並在偵察連上附有採購連。這兩個連全部換上國民黨中央軍軍裝，既能方便偵察敵情，又能快速採購。後面的大部隊一赶到就能吃上飯。吃完飯立即走人，爭取到了大量的寶貴時間。全旅行軍專走兩縣或兩鎮的交界地帶，減少許多攔擋和阻截。一旦遇上險關要隘，則以優勢兵力猛打強攻，快速解決戰鬥，快速通過。

　　一路上，<皮旅>同劉峙的追兵玩起了捉迷藏。<皮旅>先頭總是裝傻，按照中央軍判定的方向和路線，走上一小段路，令蔣軍以為<皮旅>上了當。正當蔣軍在前方擺好隊伍等<皮旅>中伏時，<皮旅>早已悄悄改變了行軍方向，不見了蹤影。等蔣軍反應過來時，<皮旅>早已走遠了。

　　一路上，<皮旅>一連四、五天不睡一覺。戰士們走著走著就睡著了。甚至跌倒在河溝裡時，連爬也不用爬起來，就著跌勢，繼續睡了下去。慈不掌兵乃兵家至理。到了這時候，皮定均自己也睏得不行了。他硬強支撐著。他先頭用手一個又一個地拉起睡下的戰士，大聲喝斥他們前進。沒喊兩天，嗓子全喊啞了。他祇好解下皮帶，朝那些睡鬼狠狠抽下去。再往後，他祇能改用棍子了。就靠著這皮帶，這棍子，不知救了多少掉隊戰士的性命。屁股疼，心裡卻謝不盡皮司令的救命之恩。

　　一路上，皮定均不知扯了多少"謊話"。一旦皮帶抽，棍子打，全都不頂用了。皮定均就四下裡宣揚："到鐵道邊上了！到鐵道邊上了！"戰士們都知道，到了鐵道邊上，就算突出了包圍圈。戰士們一聽旅長這麼嚷嚷，立即精神大震，全力前進。"到家了！到蘇北了！"他大吵大叫再讓戰友們來頓<精神會餐。

　　就這樣，二十四天，扣去三天打阻擊，三天藏在山溝裡，實際行軍十八天，行程兩千里。大小戰鬥一百一十多次。全旅出發時共計七千人。到達目的地仍為七千人，還多了兩名"特小兵"。這是隨軍家屬新生的倆胖娃娃。

　　<皮旅>從此被譽為<鐵流千里>。皮定均本人被譽為<鐵血丈夫>。毛澤東知道此事後，連聲稱讚。朱德誇獎道："小皮有出息！"

　　一九五五年授軍銜時，毛澤東親批：皮有功，少晉中。他被授予了中將軍銜。獲此殊榮全軍唯一一人。其實，毛澤東當時心裡想的

是：皮有情,我不如。在感情世界上,皮定均追求完美,也做足了這一點。也正是無限地追求完美人生,他才把一枚被棄的<車馬砲>用人格、理念、智慧、毅力和情愫,煉成了鐵流鐵軍。

　　這正是:

　　　　　　險地逢生書上有,

　　　　　　毫髮不損實罕見,

　　　　　　世人誰不求完美?

　　　　　　齊贊皮匠寫新篇。

　　欲知後事如何,請看下回分解。

# 第 五 十 六 回

## 不 計 榮 辱 三 抗 命

## 真 情 感 人 三 義 士

話說宣化店一戰,蔣介石先下手,自然佔足了便宜,搶得一大塊地盤。毛澤東為斯大林所逼,不敢硬頂硬抗,致使李先念丟掉了立足之地。幸好在突圍戰中,<皮旅>鐵流千里給毛澤東挽回了一點面子,未被指責他右傾妥協,扣上<右傾機會主義>的帽子,重走陳獨秀的老路。蔣介石佔了便宜,還想得寸進尺。一是自己兵多將廣有實力,可以仗著胳膊粗拳頭大,欺侮毛澤東。二是為美援所誘惑。祗要聽美國人操縱,就可以有美圓入賬。

既得天下,又得美圓,何樂而不為?

蔣介石左思右想後,決定在毛澤東的軟肋上來它一拳頭。這就是重兵進擊共軍兵力較弱的新四軍老窩蘇中、蘇北一帶,也來它個"王老太太吃柿子,先揀軟和的下嘴"。

蘇中地區是指江蘇省中部以及稍北一點的大片河网平原地帶。這裡地緩水多,無甚山岳丘陵,是處易攻難守的戰場。共軍在該地區活動的部隊,是<皖南事變>以前,葉挺和項英派到這裡的新四軍第四、五兩個支隊。<皖南事變>後重又支起新四軍第一、二、三支隊的架子,招募了一批新兵。旗號雖老,新手居多。其戰鬥力明顯不如老新四軍,更不如八路軍,連蔣介石都視它為"軟柿子"

蔣介石欲用兵蘇中的消息一經見報, 全國一片轟動。輿論普遍認為, 這將是<皖南事變>的繼續或<皖南事變>第二。不知新四軍又將有多少冤魂白骨四撒荒野了。

毛澤東得到關於此事的情報後,亦十分憂慮。抗戰八年,羽毛漸豐。但是, 尚不能同蔣介石硬打硬拚。特別是蘇中根據地, 兵新人少, 實難獨臂去抗蔣軍的千斤撞擊。

毛澤東日夜苦思。其參謀人員也建議頻頻, 各有主張。經多方面權衡之後,提出了一個外線作戰方案。其中心思想是 "打得贏就打,打不贏就走",以運動戰避開蔣軍進攻的鋒芒,不去硬打死拚。

這是毛澤東一慣用兵主張和基本軍事思想。

毛澤東自己對外線作戰方案很是欣賞。總參謀長彭德懷寫成一紙命令,下達蘇中軍區, 要其在近日將主力全部撤离, 會合山東軍區陳毅部和大別山區劉伯承部，聯手攻擊淮南地區的中央軍，攻佔淮南，割斷蚌埠市與浦口之間的鐵路運輸。這一作戰方案若能成功，一可搶得淮南地盤　；二可阻止蔣軍北進威脅陝北根據地，把淮南變成陝北的第一道防線。蘇中地區暫留些許地方武裝，開展遊擊活動，騷擾中央軍。

彭德懷在命令中強調　，祇准按此照辦，不得延誤，否則軍紀處份。彭德懷治軍之嚴，全軍知名，尚無人敢不從。

抗戰勝利後，新四軍的番號不再用了。中共中央軍委把原新四軍的部隊一分為二，成立了華東和華中兩大軍區，所轄部隊稱為華東和華中野戰軍。陳毅任華東軍區和野戰軍司令員。因其部隊駐紮在山東省南部，故又稱為山東部隊。

華中軍區司令員一職　，毛澤東原本擬用軍中小將粟裕擔任。粟裕不從。　粟裕認為正在軍中供職的張鼎丞是黨的元老，人望又高，應由張鼎丞坐上正位，自己甘任副職。張鼎丞聞訊後急電毛澤東，極力推舉粟裕任一把手，並例數了粟裕種種優點和戰功。心意十分竭誠。粟、張二人互謙互讓。毛澤東裁斷時順了粟裕。張鼎丞接下委任狀時，坦言在先：自己僅掛虛名。軍事指揮仍由粟裕一人負責。故而一旦有了軍事任務，中央軍委第一個先找粟裕說話。張鼎丞慧眼識後進；粟裕敬長不貪官職，在軍中傳為佳話。

粟裕接到撤離蘇中的命令後是百感交集。

這蘇中根據地可是他當年拼著性命開發創立的。

想當年，新四軍成立後，葉挺軍長和項英副軍長命令時任二支隊參謀長的粟裕帶上一、二、三支隊各一小股人馬，直插蘇南敵後，擬在蘇南開創根據地，以做為進擊南京和上海的依托。

孤軍深入敵後，又是小股武裝，真是一件"腦袋瓜子別在褲腰帶上"的玩命遊戲，風險概率為九點九九九死，零點零零一生。粟裕自己頗有這方面的經驗和經歷。紅軍時期，他曾跟隨方志敏孤軍北上抗日。結果，全軍陷入重圍而覆亡。從此紅軍沒有了第三方面軍的番號。粟裕自己身負重傷，手臂上的子彈頭，是二十七年後才取出來的。進入蘇南後，他率隊苦戰三個半月，人馬損失過半。但是他摸清了敵情，帶上小分隊歸回軍部。葉挺伸出大姆指誇獎他：＂佩服！十分佩服！＂

項英副軍長產生在天目山等三山一帶開創新根據地的念頭後，又委派粟裕深入敵後偵察情況。他百死一生，方得完璧。

粟裕通過兩次敵後實地偵察後,建議軍部在蘇中地區和"蘇北地區創建新根據地, 並自荐帶隊當個開路先鋒。葉挺和項英均支持他的建議並上報了毛澤東。

毛澤東見報告後, 連聲誇獎粟裕, 並指令陳毅和粟裕二人共同負責此事。然後從新四軍第一、二、三支隊中,抽調部份骨幹和部隊, 進入 蘇中和 蘇北 , 創立了第四、五兩個支隊,建立了蘇中和茅山兩個新區根據地。在<皖南事變>的沉重打擊下,新四軍能軍旗不倒, 並迅速恢復成軍, 粟裕是立了大功的。這令粟裕沒理由不深深地愛戀這蘇中大地。

粟裕不是感情至上的人。他是個一見到難題,就一頭扎進去,不弄明白, 那是不會鑽出來的。

他太愛想問題了。他一想上了問題, 可以幾天幾夜不睡覺不休息, 真同林彪一般無二。這同一習慣, 也使他落下了類同林彪一樣的病症。一旦想事想多了, 就頭痛難忍,且又無藥可醫。醫生診斷, 這是用腦過度所致, 祇有休息為上。周恩來去香港公出, 給林彪和粟裕各帶回來一個電動震盪器。粟裕一帶上就再也摘不下來了。 一直戴到离開這個世界。

粟裕因愛思考而患上了怪病的事, 他的親友和老部下、老同事都知道, 就經常勸他保重身體。他坦言道﹕"我這個人出身一名小兵卒, 沒有進過軍事院校, 就祇能以勤補拙了, 多下些功夫, 多想上一想了。"

粟裕是開國大將十人中的第一人,也是唯一一名從普通士兵,沿著班、排、連、營、團、旅、師、軍, 諸級臺階, 一級不落地昇上去的高級指揮官,最後直至總參謀長兼國防部副部長。他是一位士兵將軍。

粟裕, 湖南會同縣人氏,侗族, ( 粟裕本人直至逝世不知自己是侗族人。他逝世多年後族人才揭出其族之隱秘。)一九二六年入團, 一九二七年入黨,<北伐>開始時入伍, 當了名列兵。< 南昌起義> 時已昇任葉挺的警衛班長。起義失利後, 他跟隨朱德、陳毅撤往湘南,是七十二人之一。在湘南的年關暴動中任排長。上了井崗山後任偵察連長。就在這個小小的連長任上, 他卻幹了一件大事,引起了毛澤東對他的注意,差一點把他的名字寫入自已的詩詞中去。

第一次反圍剿後,毛澤東填了一首詞。詞名叫<<漁家傲>>。詞的上半片最後一句<齊聲喚,前頭捉了張輝瓚> 。張輝瓚是白軍前線總指揮。毛澤東想打張輝瓚的埋伏,但先得知道張輝瓚的行軍路線和時間。毛澤東同朱德一商量，朱德就提名派偵察連長粟裕前去摸清敵情。

　　粟裕帶上兩名戰士，換上白軍軍服，自己裝扮成排長模樣，大搖大擺地上了路，直奔張輝瓚的大本營。粟裕在北伐軍中幹過，對白軍的那一套十分熟悉。在白軍心臟裡轉悠了一上午，摸清了敵情，又未露出任破綻和馬腳在回來的路上又順手牽羊，抓了一名通訊連長當舌頭。　張輝瓚的老底被粟裕摸了個門清。

　　粟裕意猶未盡，他主動向朱、毛二人請命，由他帶人去＂勾引＂白軍進入埋伏圈。朱、毛二人交給粟裕一個營。粟裕出色地把張輝瓚這頭＂肥豬＂引進了＂屠宰場＂，又從俘虜堆裡認出了張輝瓚。

　　毛澤東詞中<前頭>二字　，就是指粟裕和他的戰友們。

　　若毛澤東筆頭一動，改寫為：<粟裕捉了張輝瓚>，就更符合史實了。當年的紅軍，幾乎人人知道此事。毛澤東曾就這件事同朱德講道："還真虧了聽粟裕的。他心眼倒是蠻多的嘛！"自此，粟裕的名字被毛澤東記住了。

　　大敵當前。軍令如山。粟裕的腦子全速轉動起來了。他終於想出了一個可以保住蘇中根據地的好主意。可是，自己的這個主意，同給自己的命令是針鋒對麥芒，截然對立加頂牛，可以稱做內線作戰方案。其核心思想，可以用一句話概括，即留下不走，對著幹。

　　粟裕認為，盡管蘇中"軍區僅有三萬一千人馬，比不過蔣介石的三十萬大兵。但是，蘇中是自己的"家"。在＂家＂門口打仗，地熟人頭熟，後勤有保障。反之，蔣軍則是入了"險"地。

　　再回過頭去看，如果粟裕率兵去了淮南地區，搞外線作戰，就失去了在蘇中的現有優勢，失去了後勤保障。

　　他再進一步地想，劉伯承部加上陳毅部，再加上粟裕自己的人馬，　總共有二十幾萬人。若是蔣介石一見中共的軍隊全集中在一起了，肯定會調動百萬大兵，給你來個層層包圍，全力決戰，那不等於重演江西紅區的那一幕嗎？不等於自己聚到一處去送死嗎？三軍匯聚淮南，不言自明，是下策中的下策！

　　粟裕想不明白，毛澤東、彭德懷都是戰場上的老手了，怎麼會看不出其中的隱患呢？

　　他想了再想，反複想過之後，他決定抗命！

　　他又一想，若是自己硬梆梆地抗命，肯定會惹惱毛澤東。自己吃苦頭是小事。若是打了敗仗，丟了<蘇中>，可就大事蓋天了。

　　他想了想，決定先找陳毅商討一番。

陳毅是他的老上級這次又是陳、粟合兵，不能不找他商量。

他了解陳毅，陳毅也了解他。紅軍大遷移時,他和陳毅一道被博古、李德留下來打遊擊，堅持鬥爭。當時, 全黨全軍無人不知, 無人不曉 堅持鬥爭祇是句漂亮話而已。實際上是把對博古不滿的人, 留下來送給敵人殺掉。陳、粟留下後 , 吃盡苦頭。三年敵後生活, 在艱苦的年代裡, 共同的命運讓兩人心脈相通。有時, 祇需一個眼色, 便能彼此明白對分的心意。真如一個人一樣。彼此的信任,更是到了不存在任何阻礙的程度。

陳毅一聽完粟裕的主意，立即亮開了他特有的大嗓門："不成！你鬧個啥子名堂喲？這是黨中央和毛主席的命令嘛！你是個老兵了。還要我講個嘛子喲。"

粟裕剛剛解釋了幾句,陳毅又打斷了他："你再能解釋,就算把我陳毅講通了,那毛澤東會聽你的？彭德懷會聽你的？他們倆的腦子會比你差？你立即執行命令！"

粟裕無可奈何地掛上了電話的聽筒。他在老朋友身上就碰了壁別人又會如何？,

他又繼續去想，直想得頭已經開始疼了。

粟裕反複想過之後，決定直接去找彭德懷。他一連給彭德懷發了三封電報。彭德懷連半個字也沒回覆他。他知道這是彭德懷根本不買他的賬。

粟裕忍住強烈的頭痛，拿起筆給毛澤東寫信。他要抗一下毛澤東了。這封信一寄出去,信的本身就表明,他不僅抗了陳毅的命令, 抗了彭德懷的命令，這次還要抗拒毛澤東的命令了。

他這三次抗拒命令，是為了保衛＜蘇中＞。＜蘇中＞比他粟裕自己更重要。 粟裕豁出去了。

粟裕寫完信,請來了張鼎丞、副政委鄧子恢和政治部主任曾山。

"......我這次給毛主席寫信,是建議改變中央軍委和總參謀部已經下達的作戰命令。事關重大。我心裡明白。我說想的是, 有了責任, 由我一個人去承擔。

"哪裡讓你一個人負責任？"鄧子恢是位硬骨頭、鐵漢子,"實事求是反映情況, 不能算是抗拒命令！挨板子,吃批判, 算我一個！"

"分我一半！"曾山一拍胸口,高聲嚷道。這位真可算是關雲長第二了," 粟副司令坦蕩無私,和你一起受處份是光榮！我提議用＜華中軍區＞的名義發信！"

"對頭！"張鼎丞表了態，"你們的意見，我都同意！我祗建議，在信的末尾，口氣可否緩和一些。要講一講，我們先在＜蘇中＞地區打幾個勝仗，然後再開拔淮南。免去硬頂硬抗，免得激化矛盾嘛！"

"謝謝！太謝謝了！我一定這麼改寫一下！"粟裕眼裡泛起了淚花。那頭，也真是奇怪，居然一點也不疼了。都說真情能感天動地。看來，還能治病。

於是乎，一封膽大包天的建議信飛到了延安城。

在延安的黨中央和中央軍委的主要負責人，輪番看過了粟裕的建議信。大多數黨中央大員們吃了一驚：粟裕敢在當今的毛主席頭上挑毛病，還想不想幹下去了？怕是粟裕沒參加＜坦白運動＞，沒被搶救過，不知被搶救的滋味，腦子太髒了，或許真地出了毛病吧？

毛澤東看罷粟裕的建議信，眉頭緊皺。他點上一支煙，吸了幾大口，再拿起那封信，又從頭到尾仔細地看了三遍。他喝光了己放涼了的茶水，用兩根手指掏出茶葉片，塞進嘴裡，邊嚼碎茶葉片，邊端起信來，再次捉摸信上的每一句話，每一個字。

他早已經過了睡覺的鐘點了。他不吃安眠藥，也不叫人捶背按摩。他伸了個懶腰，打了個哈欠，又埋頭研究粟裕的建議信。又過了好一陣子，他派人請來了劉少奇、周恩來、朱德、任弼時、彭德懷等人。

"你們全看過了吧？毛澤東一問，眾人齊齊點了點頭。'有個啥子想法，擺一擺好了。'

'粟裕在搞名堂！彭德懷首先開了腔，一張嘴就是一砲。窯洞裡頓時充滿了火藥味。"他這個人一向小里小氣！遇上大的計劃，他就羅里羅索，一副娘娘腔，哼！"彭德懷就差沒吐髒字了。

"粟裕愛動個腦子，愛捉摸個問題，也好嘛！多想想是件好事嘛！"朱德緩緩地寬解道我在新四軍時，常見他低個頭，皺個眉頭想心事。把個腦子想出了病。老毛病也不改一改。毛主席同意了的事情，命令也已經下達了，還提什麼意見嗎？要堅決執行黨中央的決定嘛！"劉少奇的話裡，也盡是責怪的味道。

"周公有何高見？"毛澤東點將了。

周恩來笑眯著眼，看了看毛澤東。重慶歸來之後，毛澤東看中了他的外交能力和處理雜亂事務的能力。周恩來掃了彭德懷一眼，順便也看了一眼桌子對面端坐著的，嚴肅得像課堂上的好學生一般，危襟正坐，雙目直視的劉少奇，然後才老練而油滑地哈哈一笑

道：〝主席已經有了主意，何不攤個底牌，讓我們全都學上幾招，長長見識也好嘛，哈哈，哈哈……〞

〞石穿兄是不打算買他的賬了？〞毛澤東又問了彭德懷一句。

〞我聽你的！〞

〞那我可要聽粟裕的了。〞

〝啊！〞劉少奇和彭德懷兩人幾乎同時地叫出了聲。〝

"石穿兄，你再下個命令，修改一下先頭的命令。讓他先打幾仗看看。粟裕是個直實人，也是個有屁就放的傢伙。這好哇！再多幾個就更好了！"

毛澤東看好粟裕，而且是很看重他。自打到了延安之後，特別是執掌了政治局之後，毛澤東的官派越來越大了。他的下屬見他時，他一概不接不送，連讓座的意思都沒有。就連朱德、周恩來、任弼時等人，以及後來走紅的劉少奇，去見他時，也祇有赶上他心情特別好時，才會站起身來握握手，寒暄幾句。

陳毅同毛澤東自打瑞金一別，十年未見。陳毅在延安整風時，擠了個時間去看望毛澤東。毛澤東站在窯門口迎接他，臨別時又送到窯門口。這讓秘書和警衛員吃了一驚，忙問這位貴客的尊姓大名。

林彪在蘇聯養傷歸國時，毛澤東親臨機場迎接他，足足叫延安人議論了小一個月。

毛澤東接見粟裕時，給了他很高的禮遇。

那是在這次抗命之後，<淮海戰役>之前，對淮海大戰方案進行構想的時候。毛澤東電招粟裕來延安當面討論作戰方案。當警衛員通報粟裕到來時，毛澤東急急忙忙從辦公桌後站起身，快步搶出窯門，赶到院子外頭的空場上，拉住粟裕的手，緊握不放，問寒問暖。

這讓毛澤東的秘書和警衛員看傻了眼，就連住在另一間窯洞裡的江青也受了驚動，跑出窯洞門口觀山景，嘴裡不住聲地向戰士們打探，這個小個子兵的名字，是勞模，還是戰鬥英雄。毛澤東同粟裕暢談後，又把粟裕送到了院門外，看著他上了馬，又連聲叮嚀："要加小心，慢些騎，這路不好走！"此後，無人能破這項記錄。

粟裕接到修改過的命令後，沉下心來，苦思苦索了一陣子。豈料一下子連打了七仗，七戰七捷，喜煞了毛澤東，也上了軍史和軍事教科書。


這正是：


物　有　重　用　顯　其　貴，

帥尋良將方知缺。

知人善任大道理，

逢到用時少伯樂。

欲知後事如何，請看下回分解。

# 第 五 十 七 回

## 千 思 百 慮 求 一 戰

## 七 仗 七 陣 獲 七 勝

　　話說毛澤東為了同蔣介石爭奪東北三省的廣大地盤，幾乎同時抽調了華中軍區黃克誠師和山東軍區羅榮桓師，北上出關去東北搶地盤。如此一來，華中和華北兩軍區的共軍兵力明顯地削弱了。

　　蔣介石見此，立即在南京召見了中央軍＜華中戰役＞前線總指揮李默庵和中央軍主力八十三師師長李天霞二人。

　　這＜二李＞在中央軍裡非同一般等閑之輩。

　　李默庵是蔣介石在 ＜黃埔軍校＞的高足和親信。

　　李天霞所率八十三師是蔣介石手中五大王牌軍之一。 八十三師在抗戰時期的原番號為一百軍 。那時李天霞就是一百軍軍長 。李天霞曾率該軍進入緬甸對日作戰。李天霞同美軍聯手， 連戰連捷， 打得日軍屁滾尿流。可謂打遍緬甸無敵手。李天霞曾創下全殲日軍一個建制師團一萬一千人的輝煌戰績。就連眼睛長在眉毛上頭的美國人， 也不得不誇他幾句， 並主動向蔣介石保舉他晉昇中將軍銜， 後來又給一百軍配備了全新的美製陸軍裝備，派出顧問和軍事訓練專家，對一百師進行美式陸軍訓練。一百軍改番號為八十三師後， 兵員總數反倒是增加了許多， 戰鬥力大有增強。

　　八十三師自官到兵，無不驕橫逼人， 其霸氣之旺可謂乞衝斗牛。這個師的官兵走在大街上無人敢惹。老百姓自不在話下。就是其它兄弟部隊的官兵稍有衝撞時， 他們抬手就打，張嘴就罵，再急了，就掄槍把子，嘴裡胡嚷嚷："長了眼珠子沒有？老子是八十三師的！原先叫一百軍！"叫罵者凶橫 ，聞者也自減脾氣，乖乖地遠离這群活閻王般的兵大爺。

　　蔣介石接見＜二李＞的時候，李天霞居然就敢搶在李默庵前頭，高聲大氣地嚷叫道："報告校長， 學生李天霞晉見！"

　　"哈哈……哈哈……"蔣介石鮮有地大笑了幾聲， "天霞，默庵，你們二人是我最為看重的黃埔學生你們這次不會讓我這個校長失望吧？哈哈……"

　　"報告校長， 默庵不才，既蒙校長垂愛， 豈敢不在軍前立功……"

　　〝校長！〞李天霞不待李默庵講完就搶前一步，高聲嚷道：〝校長不必派去這麼多的人！就憑我八十三師，祗需五日定可提粟裕人頭來見校長！〞

　　"當真？"蔣介石故意反問了一句。

　　〝敢立軍令狀！〞

　　〝果然？〞

　　〝有此為証！〞李天霞拔出手槍，退出子彈，僅留一粒，〝不勝，以此為押！〞

　　〝好，好，好！我軍將士若能如李將軍之神勇，焉有不勝之理？默庵，你明天舉辦個記者招待會。把你們的雄心宣告天下。一則壯我士氣，振我軍心；二則也讓毛澤東看看，二次〈皖南大捷〉是怎麼開場的！哈哈……〞

　　〈二李〉執行了蔣介石的命令，如期舉辦了記者招待會，宣佈了進攻〈蘇中〉的具體日程。當然，也宣佈了大捷到來的日子。

　　對於這一切，粟裕紋絲不動，穩如泰山，依然故我地靜靜地思索著。他是絞盡腦汁地苦思苦想，瘋狂般屠殺自己大腦皮層中的灰細胞。他曾經對毛澤東、彭德懷以及陳毅等人談過在〝家〞門口作戰的優勢。然而，細細一想，這種優勢僅僅是同外線作戰相比較而言。真打起仗來，那還是要比人數，比槍炮質量的。如今他同進犯的中央軍人數比為一比十。這就喪失了"以多打少"的傳統打法的優勢。八十三師是美式陸軍裝備。粟裕的兩個主力師，每個戰士僅有十發子彈。所用步槍，最好的是從日軍手中，繳獲的三八大蓋槍，而且數量有限。其餘的步槍全是漢陽造、老套筒。手榴彈全是自辦兵二廠造出的土貨。十個中準有一半炸不響。

　　擺在粟裕面前的難題，任誰都能看個清清楚楚。對粟裕自己來說，更如一碗清水，一眼見底。但是粟裕就敢憑著這種條件，敢給自己立下了軍令狀：先在內線打几個勝仗！粟裕是說打幾個！不是一個勝仗！

　　粟裕久久思索著。他在靜思中找出了進犯的中央軍的弱點，或者是命門。這就是二李在南京記者招待會上宣佈的開仗和勝利時間表。在別人，甚至在軍事專家，更特別在二李心目中，這都不是問題。

　　〈蘇中〉地區，地窄河多，極為不利於運動戰和遊擊戰。在如此狹小的區域裡中央軍三十萬大兵，一字排開，齊頭並進。加上強大火力開路，見誰滅誰，勢不可擋。到了那時，任何人都可以代替粟裕指揮部隊了。因為能幹的事祗有一樁了，就是撤退。退慢了都不行。一退再退，直到被消滅光為止。

在如此弱勢之下,何時開打,打上幾時,當然由二李說了算。對這二人來說,時間僅僅是報數用的,記錄用的。跟打仗的勝負沒什麼關係。而粟裕卻要利用這一為常人常疏忽的,被人視為不是問題的問題,不是弱點的弱點。他緊緊抓住這一點,把它變成敵人的致命點。

粟裕製定了作戰三原則:一、要頂出去打。絕不後撤。二、搶在中央軍動手之前開打。三、撇開兩翼,專揀中路的王牌軍八十三師開刀。粟裕的三原則中就有兩原則與中共軍隊的傳統打法相悖。甚至是中共軍隊極力避緯的打法。毛澤東用兵一向是"雷公打豆腐,專揀軟和的下手"。毛澤東還提倡"打得贏就打,打不贏就走的原則。粟裕這次是反其道而行之。

粟裕之所以先打王牌軍,是因為八十三師過於狂妄,搶先行軍,甩開了與兩翼的配合和協同,成了出頭的椽子,不能不先爛。兩翼的中央軍都借助城防工事或自修臨時防禦工事,唯有八十三師,以為沒人敢招惹自己,竟然身處空曠地上,不修工事,成了無殼的蝸牛。優勢盡失,劣勢盡露。粟裕豈會放過它?

粟裕抓住機會,立下殺手,下達命令,在八十三師最後一次移動完畢休息時,發起總攻擊。

八十三師擬於十六日晨發動進攻,故於十五日晚到達集結地後,不做任何防禦工事,搭起帳篷入眠養神。就在八十三師官兵美美地睡大覺的時候,粟裕的部隊鋪天蓋地從四面八方殺了過來。三萬人打一萬五千人。沒用幾下子就把八十三師打懵了。整個師散了架子,成了散砂一盤。

八十三師的兩翼部隊見八十三師挨打,遲遲不予增援。一則同八十三師積有宿怨。八十三師挨打,他們心裡偷著樂,就怕八十三師被打輕了。二則,八十三師是強手。人家都敢打。諒自己更不是對手。何必跟自己過不去,硬找虧吃呢?兩個側翼得到蔣介石和李默庵的增援命令後,再去增援八十三師時,已是"黃瓜菜早就涼了"。八十三師的兩個主力團和山砲營以及另一個旅的步兵營全部被殲,約三千來人。八十三師餘部倉慌撤退。

粟裕的兵一見美式衝鋒槍扔得遍地都是,就扔下手中的土傢伙,任挑任揀,換上了新玩應兒。可是,槍雖到手,全不會使用。就去請教跪地舉手投降的蔣軍官兵。動作稍慢些的,祗能揀些美式手榴彈、軍用行軍壺了。這一仗,好多人是鳥槍換炮抖了起來,用上了美式槍械。全軍首次有了山砲營。

戰鬥一結束，毛澤東就接到了粟裕的報喜電報 。毛澤東一是大喜過望； 二是猶存疑慮。他親手起草了一封僅有十四個大字的電報：是否确為八十三師？殲滅多少？

"三千！"粟裕祗回覆了兩個字。

粟裕這充滿傲氣和自豪的答覆，不僅沒惹毛澤東生氣， 卻讓他覺得更過癮，更刺激，更浪漫。他把電報交給朱德看時，笑著說道："瞧瞧， 吃了美械王牌軍！哈哈⋯⋯玉階兄，這可全是美國裝備，哈哈⋯⋯"

朱德更是樂得合不上嘴，沒看電報，先就誇上了粟裕："這小子，就是有股子神勁！"

在軍史書上， 稱這一仗為 〈蘇中戰役〉之〈宣泰戰鬥〉。戰士們戲稱這一仗是 〈殺雞嚇猴〉。意思是這一仗好比殺雞給猴子看的。若從兵理上解釋， 叫做"出其不意,一反常態， 和先發制於人"。

第二仗是 〈蘇中戰役〉 之 〈如皋戰鬥〉。戰士們戲稱為 "專打偷嘴賊" 。若從兵理上解釋， 叫做〈捨近求遠,攻其不備〉。

這第二仗早在第一仗開打以前， 已為粟裕算計到了。是第一仗的延續。粟裕知道,八十三師一挨打， 蔣介石和李默庵必然下令增援。至於如何增援, 如何調動部隊， 一時尚難準確預料。

增援的中央軍共計兩路。 一路是整編六十五師加九十九旅。此路援軍的意圖是援救泰興, 攻擊黃橋鎮, 把粟裕的主力拖牢在黃橋和泰興地區， 然後用群狼鬥虎的辦法， 吃下粟裕。

另一路援軍是整編四十九師， 意欲趁粟裕正在泰興一線作戰,就長途奔襲如皋滅。

粟裕面對著兩種選擇：其一、就近打六十五師和九十九旅。這麼打,不必跑遠路,是一種以逸待勞的打法。其二、長途奔襲四十九師。這就要在剛剛打完仗後， 官兵尚很疲勞之時， 再跑上一百多里路去打仗， 犯了兵書上講的〈疲兵求戰〉的大忌。

粟裕又開始轉動大腦了。不過， 這一次不必想得太多太久。因為他事先已有心理上的準備。略加思索後,就決定長途奔襲四十九師,打他個冷不防。粟裕之所以這麼打， 是他看出了六十五師加九十九旅的用心, 不去上當。 四十九師又想不到粟裕會長途奔襲自己。

粟裕電報請示毛澤東。毛澤東覆電全文僅一個字："行！"這比粟裕的二字電報又少了一個字， 創下電文最短的世界記錄。

粟裕留下一個團偽裝成主力, 並在泰興地區四處張揚,要同六十五師決一死戰。他又佈署民兵在泰興縣城加修工事， 扮出死守泰興的樣子。粟裕把主力部隊秘密撤出泰興， 急行軍奔向如皋城。粟裕下達死命令：一天前進一百二十里！這命令到了部隊裡，就變成了"誰走不動，就把美式衝鋒槍，交給走得動的人！"戰士們剛剛得了寶，豈肯交給他人。祇見那些小戰士緊緊摟住自己的衝鋒槍，像是救火搶銀行似地，三步併作兩步直奔如皋城下。

粟裕用兵一向謹慎周密。在大部隊動身前，他急令如皋民兵在城牆內外上下，構筑工事。這令四十九師誤以為是民兵在守縣城。整編四十九師兩路主力急行軍趕到如皋城附近時，天已大黑，快近三更天了。人疲馬乏，兩眼發澀，有些暈乎了。師長看到是民兵大隊在筑工事守城，就下令全師就地休息，明天吃過早飯後，十點整，準時攻城。十二點整，在城裡大會餐，慶祝勝利。

不成想，臨近五更時分，粟裕率軍業已趕到。粟裕的部隊一向擅打夜戰，特別是夜間偷襲。在夜色掩護下，又是分割包圍，又是穿插聚殲，忙活到天大亮時，四十九師一萬多人馬被全殲。俘虜們大部份人穿著褲頭，披著床單，鞋襪都未來得及穿上。

粟裕的兵，人人累得大汗淋漓，滿面赤紅，喘著粗氣。戰士們卻越累越高興。祇見小戰士們身後揹一支，身後揹一支，胸前挎一支，手裡拎一支，全是美國鐵把衝鋒槍。個個樂得全是見牙不見眼。

毛澤東、朱德加上彭德懷，聯名發電報向粟裕表示祝賀。然而，粟裕連看一眼電報的功夫也沒有。

蔣介石的六個旅一齊向他猛撲了過來。這六個旅，兵分兩路，合擊<蘇中>重鎮海安縣城。

海安是<蘇中>根據地的中心縣城。固守，肯定保不住海安。放棄，又會挫傷廣大幹部和群眾的信心。粟裕決定在海安唱一齣"大戲"，既能安民，又為打勝仗做個伏筆。

粟裕下達命令：主力師、地方部隊和縣政府全體人員，一律放假七天，到附近的一處風景秀麗的小鎮休息療養。祇准吃喝拉撒睡，不准幹別的。

這道命令叫所有的人全是"丈二金剛，摸不著頭腦"了。不知粟司令葫蘆裡要賣什麼藥。

粟裕從各地方部隊緊急抽調了一批精悍機伶的年青人，把他們編插到剛從遊擊隊提昇為正規部隊的第七縱隊裡去。新兵們，老兵們，又納悶，又糊塗。粟司令又不講個明白，祇講了一句話：這是為了保衛海安。

　　守城部隊兵少火力弱，但是機動靈活。攻城部隊人多火力猛，但是人生地不熟。殺來殺去，互有傷亡。到了第三天上，守城部隊節節敗退，直到退出了縣城。

　　中央軍拿下了縣城，自然十分高興。慶功的慶功，提官的提官，晏會跟著晏會，嘉獎跟著嘉獎，中央軍大肆慶賀，一片喜氣洋洋。

　　海安一戰，雙方傷亡都不多。但是粟裕的用心之苦，就太多太多了。

　　粟裕深知，"氣可鼓，而不可洩"的至理所在。若是動用主力部隊守城，而城又肯定保不住 。那時，再撤退，對官兵心理上的打擊則太沉重了。影響太深遠了。直接影響到以後的大仗。

　　若是全用新兵守城，肯定堅持不了多大功夫。慘敗是必然的。折了隊伍，又重重捶傷新兵的鬥志。

　　眼下，粟裕用骨幹帶新兵，打了幾天，新兵有了作戰的鍛煉。及時撤走，既減少了自己的損失，也麻痺了敵人，喚起中央軍的輕敵心理，助其驕嬌二氣上昇，必定疏於防守。

　　這在兵理上叫做<示弱驕敵，養兵待戰>之計。

　　粟裕用心良苦地當了一把"總導演"，用敵對雙方將士當演員，真地唱了一台大戲。演員是觀眾 ，觀眾即演員。祗是他們誰也不知道自己正在人生的大戲之中。

　　中央軍攻下海安休整了兩天後，李默庵來了命令：換防。於是，海安城裡一派忙亂景象。城裡城外缺少統一的調度，搞得軍紀混亂，指揮失靈。就在這個節骨眼上，休養好了的粟裕主力部隊突然殺了出來。雙方在城外李堡村殺得天昏地暗，日月無光。一場惡鬥，打了一天一夜二十多個小時。中央軍一個半旅被殲於李堡村一帶。

　　海安一戰，中央軍前後相加折了九千多人馬。粟裕勝了海安這一仗。

　　粟裕剛想喘口氣，歇歇腦子。毛澤東打來了急電找他。電報上寫道：蔣介石要在廬山召開軍事會議，商討內戰事宜。為此，毛澤東要求各部隊打些大勝仗，滅一滅老蔣的士氣。毛澤東特別點了粟裕的名字，叫粟裕給蔣介石送份"大禮"。

　　粟裕迫不得已，又動上了腦子。

　　粟裕決定攻打丁堰、林樟二鎮。

　　從當時中央軍排兵佈陣的位置圖上看，這丁堰、林樟二鎮的守軍位於隊型的"後院"位置上，或叫處於中央軍大部隊的下腹部。若是單從兵家用兵的觀點去看，一般不會去攻打這一部位的。 因為攻擊部隊很容易陷入重圍被殲滅。但是，粟裕見到丁堰、林樟二鎮的守軍是雜牌軍交警大隊。其戰鬥力較弱。可以在短時間裡將其全殲，結束戰鬥。粟裕率領部隊急行軍一天一夜，在中央軍的防線縫隙之間，跑了二百多里路。戰鬥打響之後，用幾個小時將三千守敵全部消滅。兵書上管這種打法叫做＜猛虎掏心＞。戰士們笑著說，這叫＜品嚐我們的窩心拳＞。

粟裕原本還有個想法，想以自己攻擊丁林二鎮，調動中央軍來包圍自己，尋機打一場運動戰。蔣介石不肯上當。

蔣介石仍按自己的計劃行事，攻打淮陰城。中央軍先頭部隊迅速抵達邵伯鎮。淮陰城危在且夕。

粟裕見蔣介石不肯上當，就用地方部隊守衛邵伯鎮，自己率軍繼續向蔣軍腹部挺進，攻打黃橋鎮。

蔣介石和李默庵見後院起火，黃橋告危，祗好在對邵伯鎮猛攻四天後，退出戰鬥，回援黃橋。邵伯鎮，乃至淮陰城保住了。這一仗的打法叫做＜圍魏救趙＞。黃橋鎮是老根據地。戰士們戲稱自己長途奔襲黃橋是＇打回老家去＇。

粟裕智勝此仗後，見中央軍回援黃橋，於是分兵兩路，一路阻擊回援的中央軍，一路猛攻黃橋，大打阻援拔寨之戰。在黃橋這塊老根據地，處處受到老區群眾的支援。黃橋守軍被迫開城投降。粟裕又勝一仗。此仗被戰士們戲稱＜拔釘子＞大戰。

拔了黃橋這顆釘子後，粟裕迅速回兵嘉利村和謝家甸村，把被阻擊在此地的中央軍包了餃子，予以全殲。順手牽羊勝了第七仗。

以上七仗，包括了現代戰爭中的遊擊戰、運動戰、伏擊戰、阻擊戰、遭遇戰和防禦戰等等。在戰術上有長途奔襲、聲東擊西、圍點打援、兩面夾擊等等。粟裕用兵，既謹慎小心，又膽大包天；既服從命令，又不盲目服從；既遵循常理，又大膽創新；既學習舊例，又能反其道而用之。他是一位自學成材的現代軍事家。

＜蘇中戰役＞，七戰七捷，殲滅中央軍五萬一千多人，自家傷亡不足三千。真真技驚天下，威攝沙場，被自家人和對手共同譽為＜常勝將軍＞。


這正是：

兵　書　有　法　無　定　法，

戰　陣　有　形　無　定　形。

將 軍 百 戰 常 用 兵 ，

自 古 幾 人 能 常 勝 ？


欲知後事如何，請看下回分解。

# 第 五 十 八 回

## 知 人 尚 需 智 多 星

## 鬥 勇 欽 點 瘋 將 軍

　　話說在＜蘇中戰役＞中蔣介石吃了虧,可是他並沒有服輸認熊。蔣介石用兵從不計較一戰之得失。他祗追求能換到最終勝利的致命一擊。在江西紅區四次征剿失利後，第五次得手，終將朱毛紅軍逼得西走川滇,北上陝甘,全境收復江西。在鄂豫皖紅區的征戰中也是如此。因此,他常常以劉邦屢敗屢戰而最後於垓下一戰,擊敗楚霸王項羽，盡得天下的事例教訓和激厲自己的部下。

　　＜蘇中戰役＞後不久,蔣介石調動大軍,把毛澤東剛組建的晉冀魯豫野戰軍，堵截在山東省西南部的定陶地區，欲以全殲。蔣介石這次派出了他的心腹愛將、前次在宣化店戰鬥中赶走李先念部，搶得一大塊地盤的二級上將劉峙領軍。劉峙奉命組織了二十萬中央軍精部隊，幾經週旋，終將劉伯承和鄧小平統率的，僅有五萬人馬的一支新兵部隊，堵在定陶。

　　劉峙出身＜黃埔軍校＞教官。在抗日戰場上,在軍閥混戰中，是一名勝多負少的戰將。他為人處事小心謹慎，甚至給人一種膽小怕事的印象。然而，他的對手政敵幾乎全吃了他這個虧。劉峙是個有謀不露謀，有勇不露勇的深藏不露機鋒的人。蔣介石深知他的這一長處，才派他統兵挑戰毛澤東的＜智多星＞劉伯承，一比高下。

　　中央軍第三戰區司令長官、一級上將顧祝同很知道劉峙的厲害。這次與他共事征剿劉伯承,是處處小心,事事謹慎,免得中了劉峙的著。可是, 在他指揮的＜蘇中；一役之中, 粟裕搞得他灰頭土臉,面上無光，簡直無法見人。他心中實在是想借助此仗，在蔣介石面前多少找回些面子。於是,他不顧親姐姐的執意反對,也不計較劉峙的陰詐, 派出外甥、整編第三師中將師長趙錫田為正印先鋒,企盼他能第一個撕破劉伯承的防線,立個頭功, 為當舅舅的撈些顏面回來。

　　趙錫田,＜黃埔軍校＞一期畢業生。此人長得十分英俊威武,風度亦很瀟灑。他能講一口流利的英語，深得美軍高層的賞識。在宋美齡的眼中, 他是中央軍裡當代趙子龍。也正因為博得了蔣夫人的垂愛,趙錫田的整三師的裝備,要比別的師好出了許多, 居然掌有一個坦克車團。當年, 祗有蔣介石的次子蔣緯國領有另一支美式裝甲坦克車團。有了蔣介石夫婦的寵信,靠了親娘舅撐腰, 再加上強悍的戰鬥力，以及無人敢小視的資歷，趙錫田自然是，不想＜春風得意馬蹄疾＞，都不成了。他見了同行,遇到上司,就自覺不自覺地流露出自己的優越感，顯得傲氣凌人,自然得罪了不少人。其實,就算他謙遜忍讓,妒嫉他的人還能少嗎？

兩軍剛一在定陶對上陣趙錫田在親娘舅的嚴囑下，怕頭功為他人搶得，就帶著整三師和坦克車團，快速逼近劉伯承的前沿陣地。

趙錫田坐在坦克車裡隨軍指揮。整三師的官兵得知對手是新組建的"農民軍"，誰也沒把土八路當成一回事，膽子不由大了許多。

定陶前線情況危急。毛澤東在延安坐臥不寧。劉伯承、鄧小平、李達等野戰軍首長在前線指揮部日夜研究對策。最為擅長用計的劉伯承此刻是英雄無用武之地。對手已陳兵陣前，面面相覷，四眼相顧，能如何施計？

"看樣子，祗能一拼了。" 劉伯承打破了眾人的沉默，幽幽地感嘆道。劉伯承這句話,搞得眾人不由地，齊刷刷地抬起頭來望向他。所有在座的人都知道，劉伯承用兵最為反對死纏爛打,硬去拼命。

"兩軍相遇勇者勝嘛！" 劉伯承又補上了一句。他看看沒人接他的話頭,就繼續講道："這次要主動去碰趙錫田！"劉伯承的這句話更讓眾人吃驚。劉伯承清楚大家的心思，又淡淡地趙錫田是塊硬石頭。碰他，不符合我們一慣的打法。可是,俗話常講槍打出頭鳥把趙錫田碰了回去，劉峙的陣地就出了缺口。把趙錫田打掉了，別的中央軍就會失去心氣,沒誰敢往我們的槍口上撞了。雖然我們的總兵力不如劉峙多。　我們可以集中六個師打它一個整三師嘛。不過,一定得找一個，在霸氣上能壓倒趙錫田的人來領軍，來打頭陣才成。這得是個拼命三郎！是個真李逵,掄起板斧，就是三傢伙,把趙錫田打懵，打趴下......"劉伯承講著講著，聲音越來越小了，似乎是自言自語了。祗聽他喃喃道："祗許成功,不許失敗。否則......"

"劉司令員的打法,可以考慮。"鄧小平政委先表了態，"我們馬上就上報毛主席。可是,選哪個人去領軍打頭陣呢？大家再議一議。"說完，他深深地吸了一大口煙，自己先就開始尋找答案。眾人似乎同他一樣在想，也似乎在等待他的答案。

沉默。更久的沉默。靜靜的沉默。令人不安的沉默。

"王近山！"劉伯承猛地,十分堅決地吐出了這三個字。

"王近山？"眾人齊齊地回應了一問。這一問，似反問，似疑問，更似否定的代用語。

　　"他一打瘋了，誰能收伏得住他？"參謀長李達遲遲豫豫地問道。

　　劉伯承沒答覆他，把眼光轉向鄧小平。鄧小平把大半截子香煙往桌沿上一抿，高聲道："放在一起，請示中央！"

　　一份特急電報擺在毛澤東、劉少奇、周恩來、朱德、任弼時的面前桌子上

　　"王近山就是那個外號叫＜王瘋子＞的毛頭娃娃。我見過他。"朱德說道。

　　"怎麼偏偏叫個＜瘋子＞？叫個什麼都好過瘋子嘛！"毛澤東不悅了，卻又似好奇地追問道。

　　"小伙子長得挺俊氣，像個大姑娘......"朱德剛補充了半句，毛澤東就急忙打斷了他，搶著反問道："像個瘋Ｙ頭？"他這麼一反問，把幾個人全問樂了。

　　"他這個人平時不愛吭聲。一打起仗來，敢打敢衝敢拼命。第四次反圍剿時，他擔任連長。子彈打光了。大刀砍禿了刃。他就摟住一個白狗子排長滾下了山崖。自己的頭撞在山石上，撞了個大血洞洞！"

　　"啊！他血流滿面，擦也顧不上去擦一下，抓過身旁的大石塊，硬把那個排長砸死。自己也昏了過去。我見他時正躺在擔架上往回抬。這是擔架員告訴我的。擔架員還告訴我，把他往擔架上擺時，人昏迷著，手裡還死死攥住石塊不放！"朱德停了一下，又講道："打這以後，他頭頂上少了一塊骨頭。洗澡時不敢用力去搓頭皮。頭頂上成年捂著棉帽子。"

　　"啊！"

　　"倒像許世友。就是不怕死。"毛澤東說。

　　"他可沒有許和尚那身武功。他的大刀耍得還不如我。"朱德淡淡地一笑道。他察覺到眾人眼中露出疑惑的眼色，就又接著做了些補充和解釋："他打瘋了，就搶過旗手手裡的紅旗，自己扛著往上衝，比敢死隊長跑得還快......"

　　"好，好嘛！旗子上去了，那就是勝利！"毛澤東嚷了一句，霍地一下子站了起來。似乎他看見了王近山打衝鋒的情景，自己也想跟著往上衝似的，"就用他！周公，你回覆劉、鄧，我同意用他！就用王瘋子！真想不到，哈哈，我老毛手下有個＜瘋Ｙ頭＞，不，是瘋將軍！仗打急了，要用上瘋子了！哈哈，我老毛也打瘋了！我們全打瘋了！哈哈......哈哈......"他笑得那麼自信和開心，引得全屋子人都跟著笑了。

　　王近山，湖北紅安人。一九三○年，他十四歲時參加了紅軍，十八歲當上了團長。二十歲當師長。三十當縱隊司令員，這相當於後來的軍長。三十九歲任大軍區副司令員。四十歲那年被授予中將軍銜。是軍中一顆年輕的將星。

　　生活當中，常常因為某個人在人多時好出風頭，就喊他＜人來瘋＞。有些小孩子見客人多了，就格外地耍歡，要上一把＜人來瘋＞。

　　王近山是個不折不扣的＜仗來瘋＞。祇要槍一響，一見了血，聞到了血腥味，他的"瘋"勁兒就全上來了。他的"瘋"勁兒一上來，他似乎就全忘了，子彈也會在他的血肉之軀上，穿上幾個窟窿，也會把他的腦殼兒打個開花。他打起仗來，祇知道衝，衝，衝！殺，殺，殺！軍中老兵都知道虎將許世友一旦打瘋了，是敢死隊的高級隊長。＜王瘋子＞若是打瘋了，是敢死隊中的高級旗手。不論他的軍職昇到哪一級高官，他都會扛著軍旗，衝在最前面，永遠是衝鋒線上第一人。他一衝，沒有哪一個官兵不服了他的，全跟著往前衝。

　　上級領導怕他出了大問題。弄得整師整團沒了領軍人物，就加派警衛員保護他。一派就是一個警衛班十幾個戰士。而別的師長、團長頂多能派給三、五人，就已經很不少了。警衛班的任務很特別，保護他倒在其次。主要任務是一見他打瘋了，要玩命了，要往上衝時，就一齊上前，能摟住則摟住；能抱住則抱住。實在不成，就把他按在地上，壓住他，讓他光用嘴下命令指揮戰鬥。到了那會兒，急得王近山像要挨刀子的肥豬一般，尖著嗓子又叫又罵。罵天罵地，罵爹罵娘，罵光了活人，罵死人。可惜，警衛班是"聾子班"，什麼也聽不見。等他收了瘋勁，才解放他。他連身上的灰土也不拍打一下，就又吵又叫地指揮戰鬥。

　　戰後休整時，警衛班開他的生活會。他靜靜地聽著大家的批評意見，不好意思地咧開嘴笑了。他說："你們別擔那個心！我準保沒事。擔心白擔心。我真地沒事。嘿嘿，真沒事！"

　　這功夫，人們見到的王近山，完全是另外的一個王近山了。他，中等身裁，長得白白胖胖的濃濃的短眉毛下面，是一雙又和善又親切，又總帶幾分羞澀的眼睛，他臉上那隻蒜頭鼻子，給他增添了些許的幽默感或是滑稽的味道。平時，誰見了他，都忍不住要咧嘴一笑。憑他的長相，不能不對他報以友好，乃至友誼。他本人更是逢人三分笑，不笑不張口，笑了也不一定有那麼一兩句閑話。他說起話來，慢條斯理的，頗像一個沒見過大世面的農村大姑娘或者小媳婦似的。平時的他，跟打仗時的他，反差那是太大了。根本對不上號。

　　王近山打了無數次的仗，身上也留下了無數的傷疤。他自己不知道準確的數字。當上將軍後，有了定期體檢。醫生和護士數了幾次，也沒數出個準數。有些傷疤是彼此重疊的，甚至重疊了幾次。受了那麼多的傷，那麼重的傷，他居然活得好好的。看來，死神不是跟他有交情，就是特別討厭他。　但有一點是肯定的，戰場喜歡他，戰場缺不得打仗迷。

　　一九四三年是抗戰最困難的年份　。日寇瘋狂大掃蕩。這時，王近山任三八六旅旅長。他奉命帶上主力團去延安保衛黨中央。日軍華北方面軍正在太岳地區大掃蕩。王近山帶團還必須穿越掃蕩區。

　　快要抵達延安時，部隊路經韓略村，遇上了一長列日軍軍用大卡車，車上滿載軍用品。如果換個人，一想到自己的任務是保衛黨中央，則會強迫自己忍一忍這事也就過去了。可是，在打仗迷王近山的眼皮子底下，就肯定不會饒了鬼子兵不去打！

　　王近山趴在草坡上捉摸打法。

　　他正捉摸著，卡車車隊後面又冒出來三輛小汽車，再後面跟著坐滿鬼子兵的帶篷大卡車。王近山看明情況心裡有了譜。他一扭身藏到大岩石後面，換了衣服，下了山坡。

　　日軍車隊正平穩地行駛著。突然，公路上迎面走來一位挑著柴禾擔子的農民。司機連連鳴喇叭那農民不肯讓路。車隊被迫減速。農民仍不讓路。眼看著人車就要相撞了，司機被迫踩剎車。車輪子拖著尖叫聲向前滑行。說時遲，那時快，祗見那位農民丟掉柴禾擔子，拔出腰後的匣子槍，甩手就是一梭子急射。日軍司機不明不白地送了命。接著又是兩顆手榴彈甩了出去。爆炸聲後，車隊全停下了。八路軍勇士們搶上公路，一陣廝殺，公路變成了戰場。活鬼子變成了死鬼子。農民原來是王近山扮成的。

　　打掃戰場一清點，擊斃日軍二百二十人。其中少將旅團長一人。相當於副師級、正團級軍官的大佐六人。其餘全是中佐、少佐的營級軍官。王近山到了延安後才知道，這是日軍岡村寧茨大將組織的<戰地參觀團>。其成員是<支那派遣軍步兵學校>的校長、教官和優秀學員。

　　岡村寧茨大將聞訊後大為光火。他派兵反複搜索，也沒找見八路軍的影子。他就懷疑是內部奸諜出賣了情報。在韓略村周邊一帶駐防的日軍六十九師團和偽軍，被"大甄別"。六十九師團中將師團長清水被解職查辦。別的倒霉蛋就更慘了。

　　朱德接見了王近山並要把那把鑲嵌著少將金星的指揮刀獎給王近山。可惜，王近山不會耍刀，也不識貨，沒有接下這把刀。這事讓許世友知道了，足足地給王近山吃了一頓後悔藥："你呀你，真是個瘋子！那金星寶刀，俺可是想盼了好幾年了。你要了來，俺用一萬發子彈跟你換。兩萬發也中！"王近山聽後，咧嘴一笑："下回弄著，準換！"後來，許世友想盡了辦法，從朱德手上永久性地˙借˙去了那把金星寶刀。

　　且劉鄧二人接到毛澤東的覆電後立即召集陳再道陳錫聯、楊勇王近山等縱隊司令員和參謀長開會。參謀長李達介紹完了敵情後，眾人臉色十分凝重。這批摸過閻王鼻子的人，知道地獄的大門，又打開了。有句革命話，叫做＜最後的時刻＞，看樣子又快到了。不知是誰要˙將革命進行到底"了，或者"徹底光榮"了。在座的人，個個心中明白，在生死抉擇之際，每人僅有一次機會。

　　˙請首長下命令吧！我頭一個上！"楊勇搶著說。

　　"這回該輪到我了！"臉上沒有半粒麻子，外號卻被叫成＜陳大麻子＞的陳再道爭著表態。

　　˙這回還輪不上你們倆，"劉伯承威嚴地嚷道：˙王近山，你傻笑個嘛子呀？到這功夫了，你不爭不搶，還傻笑，做個啥子唦？！"

　　"嘿嘿，我怕搶不上手……嘿嘿……搶不過他們，那，那，多不好意思，嘿嘿……嘿嘿…… "

　　鄧小平站起身來，嚷了一嗓子，高聲叫道：˙平時嘛，你吵著鬧著要個大任務。小了都不行。這會子，有了大任務，你又縮回腦殼，裝做不聽見，亂搞個啥名堂，不像個樣子嘛！˙

　　˙報告首長，我想嘛，派任務，前頭的，大不了。我想等等看，興許在後頭，會是個燙手的活……嘿嘿……輪上一回，怪不容易……"

　　"你個鬼頭腦唦！趙錫田還不燙手？你可是傻到冇藥救了！"鄧小平慢悠悠地說道。

　　"真地？"王近山猛地大聲問道。

　　鄧小平沒理睬他。劉伯承沖著他苦澀地一笑。

　　"這任務，我包了！誰也不用爭了！誰……誰……爭也白爭……" 王近山一急，話也不成句了。眾人同他爭得越發歡了。屋子裡亂成了一團。

　　"慢著！"劉伯承擺了擺手，讓大家全坐好，然後宣布：˙毛主席、周副主席、朱老總已經批准了野戰軍總前委的作戰方案！打趙錫田的任務，由王近山的六縱去完成！要完成得好上加好！"

　　王近山領到任務後快馬加鞭,旋風般回到縱隊司令部,立即召集師、旅長們開會。

　　"……這一仗,不好打。得玩命打了。要是輸了，不光是丟了魯西南，最少後撤三百里地。甚至扛起背包上太行山打遊擊。我立下了軍令狀，祗許贏，不許輸！我輸了，就叫警衛員拎上我的人頭，送給劉鄧首長好了。我再多嘴一句，軍令狀也有你們的份。我是替咱們大伙兒立的,打輸了,咱們六縱,排著隊去見馬克思……"這功夫，劉伯承拄著拐棍進了屋。劉伯承一來,師、旅長們更加清楚地意識到,這一仗該有多難打了。

　　"同志們，我老了,腿腳跑不動了。今天,是來給你們看行李堆的……" 劉伯承想開開玩笑，緩和一下屋裡的緊張氣氛。可是,他開玩笑的技術水平有限，更主要的是他太清楚眼下面臨的局勢了。沉重的心理壓力，使他的玩笑話走了型，變了味,反倒是加重了緊張氣氛。見此，劉伯承長長地嘆了一口氣道：〝我是極不願意硬打硬拼的。可是今天,我要號召大家向王近山同志學習，打出瘋勁來！一定要打垮整三師！活捉趙錫田！"

　　這正是：

生 死 場 上 比 高 低 ，

勝 負 多 仗 一 口 氣 。

目 張 膽 裂 吞 山 河 ，

踏 平 崑 崙 不 足 奇 。

　　欲知後事如何，請看下回分解。

# 第 五 十 九 回

## 情 種 甘 為 情 所 苦

## 瘋 哥 帶 出 瘋 弟 弟

　　話說王近山率領六縱進入了前沿陣地,準備同趙錫田的整編第三師決一死戰。 整編第三師的主陣地是大楊湖村。

　　大楊湖村是個住著二百多戶人家的村莊。莊子四周圍地勢平坦,盡是開闊空地。村外有一道大溝,深約三米左右。看樣子, 是條久已乾涸的老河道。村南頭有一洼大水塘。塘裡葦草茂盛。這種地形地勢幾乎是一道天然屏障, 對進攻一方十分不利。

　　整三師進莊之後,又加修了許多工事,並築起多處暗堡。趙錫田下令把莊裡所有民房的房山牆打通, 又在房脊上架設了重機槍莊外天然大溝的兩側, 拉起丈多高的兩道帶刺的鐵蔾蔟綱。他利用甥舅關係調來轟炸機, 在楊湖村的前沿外側扔下汽油燃燒彈,把妨礙射擊視線,和能被進攻一方作為前進掩護物的房屋、小樹林和柴禾垛全部燒光。 使原本已經十分空闊的地帶,更加光禿平坦, 黃土黑壤,寸草不留。 趙錫田把坦克團藏在莊後頭的小松樹林裡。莊裡的村民早已被遷走了大楊湖村的上空, 籠罩著一片殺機。

　　王近山把自己的指揮所設在了距敵方陣地僅有三百米的一個臨時掩體裡。

　　深夜。

　　伸手不見五指的夜空裡, 昇起了三顆信號彈。

　　攻擊大楊湖村的戰鬥打響了。

　　六縱動用了一切可以動用的重火力, 轟擊整三師的防守工事。爆炸聲中, 大溝兩沿的鐵刺網被撕開了一道大口子。村屋祗剩下了殘牆斷壁聳立著。 院子裡的大樹,枝斷葉落,樹幹在燃燒,冒著縷縷青煙。 砲火延伸後,戰士們端起步機, 喊著, 叫著, 蜂擁著, 向前衝去。

　　整三師師長傲氣。整三師的老兵們也沒把剛剛放下鋤頭的土包子農民兵, 放在正眼裡瞧瞧。他們施展出多年練就的槍法, 使用美式衝鋒槍和輕重機槍, 肆意掃射起來。真可謂彈無虛發, 直穿人的前胸, 彈彈吃人肉, 喝人血。轉眼間, 陣地前已躺滿了屍身。

　　六縱的進攻, 嚴重受阻。

在王近山的指揮所裡,彈片橫飛,彈頭嘯叫著亂飛, 在壕壁上留下了一排排彈坑。炮彈在指揮所前前後後連連爆炸。參謀、秘書和警衛員的軍衣已多處被彈片劃破, 鮮紅的血漿在外滲, 不大一會就浸透了一大片衣服。衛生員還沒來得及給傷員包紮妥當, 自己也負了傷。擔架員跑過來, 剛把傷員擺上擔架, 一起身的功夫, 自己也中彈倒下了……

王近山聞到血味了。他的眼睛紅了。他扯直了嗓子, 對著話筒猛喊狂叫。他自己也搞不清楚, 對方是否聽到了或聽清楚了他的呼喊聲。血, 已分不清是從他身上哪一處傷口,流淌出來的了。他根本不讓包紮。他怒喊道:"沒用!"确實沒用。這裡剛包紮好, 一眨眼功夫,那裡又被彈片劃破了。他全副精神都在話筒上, 萬分用心地聽清話筒另一端傳過來的半句話, 一個字母。

……

"敵人在打反衝鋒!……"

"…….我們佔領了大院!我們被包圍了!請團長快……"

"……團長……負傷……副團代……"

"……營長光榮了……教導……"

"…….二連……祇剩……九個了!……要快……快……"

"…….報告!報告!……團長、政委、參謀長……全上去了…….司號員、衛生員也上去了! 請師長增援,增援!

……

打到拂曉時分, 王近山已有六個團突破整三師在村東頭的前沿陣地, 並攻佔了幾處屋舍。兩軍展開逐院逐屋的爭奪戰。差不多每個院子裡都躺滿了攻守雙方留下的屍身 。 血,到處是血坑坑,血道道,血印子……到處都是炸塌的房木、磚瓦和碎土塊, 到處都是煙火薰黑的斑斑痕跡……

趙錫田一見村東陣地被攻破了,頓感大事不妙。他傲氣慣了,一向不曾服過輸。他叫傳令兵和勤務兵搬出十幾箱銀圓,組織敢死隊。每個隊員一百塊"袁大頭", 並許諾成功後再加兩百塊頭。老兵油子一見成箱的"袁大頭", 眼睛立馬紅了。頭一支敢死隊上去了。轉眼之間打光了。第二支……第三支……滿滿的十幾箱子銀圓也全光了。

趙錫田看看祇剩下特務團和警衛營了,自己的架子立馬變小了尺寸,終於向前敵總指揮官劉峙請求援手了。劉峙十分友好, 百分禮貌, 千分關懷, 萬分贊許地送給他幾十大筐官調官腔加官話:"……我相信趙老弟有辦法頂住的!趙師長, 我最佩服的人就是你呀!你年輕有為嘛, 給我們這些老頭子做表率啦! 趙師長, 你頂住, 頂住！我立即調兵，我從不扯謊,最多三天,大兵準到！好,好,一天總可以了吧,你可要多保重......"

趙錫田氣得不知用英語罵他好，還是用中國話罵他好。他哪裡還能頂住一天呀！他腦子一轉悠，憑自己舅舅的地位，別的師或許會賣給舅舅一點面子，伸手拉自己一把。不料,他剛一張口，別的師反倒向他哭窮求幫。趙錫田氣得摔碎了電話聽筒。他仍不想動用坦克團。他決定先換個更安全的地方指揮戰鬥。他的警衛營剛貼上六十六旅陣地的邊沿，就叫六十六旅一陣狂掃猛射給擋了回來。

趙錫田徹底失望了。他脫下了將軍服，換上了士兵裝。他要最後一搏了。

王近山突然聽到話筒裡傳來了帶著驚喜的叫喊聲："一號！一號！ 我們收到了整三師的明碼呼救信號！看來,他們是頂不住了！"

"好！太好了！"王近山這<好>字還沒叫足，就聽到前沿陣地上傳來一陣震耳的機器轟鳴聲。地皮似乎都在顫動。

"報告！報告！敵人坦克出動了！有幾十輛！一大群！一大群！"話筒裡在喊。參謀、秘書也跑來報告。在最後的關鍵時刻,趙錫田動了真招。他真不愧是黃埔一期畢業生。

王近山一聽，立即"瘋"了。他二話不說，扔下話筒，兩大步躍到掩體入口處，拎起一個炸藥包,就往外面衝去。

"不行！"僅餘下的兩名警衛員和一名女衛生員，一見王近山犯了"瘋"病,齊齊大叫一聲,一起撲了上去，執行劉鄧首長交付的特殊任務。連男帶女三個人,摟腰的,抱腿的,搶奪炸藥包的 ,攔住王近山不放。誰也不承想,王近山的瘋勁有那麼大的力氣，弄得三個人跟跟蹌蹌,差點被他掙出去。他們祇好不客氣了，下死力氣了。四個人拼搏得那麼凶，絲毫不遜於同敵人的打鬥。

正在此時,已經負了傷的營教導員朱輝回到縱隊指揮所,代表營長請求援兵。他一進掩體，一看見四個人扭成一團，就明白是怎麼回身了。他二話不講看準一個機會，趁王近山不防備自己，一伸手就奪下了炸藥包，轉身朝外跑去。他跳上溝沿,直朝"隆隆"駛近的坦克群衝了過去。

坦克上的重機槍朝著朱輝猛掃狂射。朱輝跟蹌了幾下子，腰間流出一長流子血水。他跌倒了。但那祇是那麼短的一瞬間。朱輝重又爬了起來。他就那麼直著身子，摟著炸藥包,搖搖晃晃地迎著坦克走去。機槍叫得更響了。他又中彈了。他用最後一點力氣拉響了炸藥包。一股白煙,嘶叫著,噴了出來。坦克上的人全看傻了， 嚇呆了，不由自主地猛剎車，就在這時，朱輝把一切，包括新婚才一個月的妻子，全抛在了身後，不知哪來的力氣推動著他，他突然快跑了兩三步，一哈腰，就鑽到坦克肚子底下了。轟然一聲巨響。坦克一動不動了。

"弟弟！我的好弟弟！"站在掩體入口處，緊望著朱輝一舉一動的王近山，扯破了嗓子狂喊狂叫。他忘情地喊叫……

戰士們一個接一個，抱著炸藥包和手榴彈束，衝向坦克車群。一聲接一聲地巨響，震撼著大地，也震疼了王近山的心。

後邊的坦克車嚇得掉頭就跑。特務營、警衛營，跟在坦克後面攆跑上了。

俗話常講，軟的怕硬的，硬的怕橫的，橫的怕愣的，愣的怕不要命的。兩軍交戰，也是這麼個道理。不要命的，誰見誰怕。要不要命，全在一口英雄氣！

趙錫田的"牌"全打光了。他退縮進鄰村一處高高的磚砌碉堡樓裡藏身。

炮連連長胡勝才是名老紅軍，也是名神炮手。面對高高的堡樓，他的迫擊炮就「英雄無有用武之地」了。迫擊炮是曲線炮，射中目標要有弧度。胡勝才打量了一陣子後，叫戰士們退到斷牆後頭藏身。他自己以接近九十度的角度，把迫擊炮架好。戰士們急得大喊大叫："胡連長，你瘋了？你真瘋了！"誰都知道，若是炮彈直上直下，極有可能炸死自己。胡勝才聽見戰士們喊自己瘋了，他難得一見地咧嘴笑了。似乎在告訴戰友們："瘋"司令下邊多個"瘋"連長，有新奇的。他一發接一發地連打了兩發炮彈。那炮彈筆直地往上穿，落下時又稍稍地偏了那麼一點點，全落在堡樓頂上，炸得裡邊的人大聲討饒。沒來得及殺身成仁的趙錫田和他的部下全當了俘虜。

王近山的身上又多了幾處傷口。他不讓包紮。他扛著把鐵鍬去挖墳坑，去向自己的"弟弟們"告別。他一邊挖坑一邊哭，淚水和著血水，任情地流淌……

王近山有無數個瘋弟弟同他一樣地「瘋」。他們一旦「瘋」起來，那真是無人敢與倫比。也正是這股子「瘋」勁，讓戰場上平添了一股英雄氣概，創立了一樁又一樁豐功偉績。

對這一切，毛澤東自是歡喜不已，越多越好了。

若是在私生活中也如此大「瘋」特「瘋」，就全然變味了，极可能是自釀自飲的毒酒一杯，又苦，又辣，又毒、、、、、、王近山有個小姨子,解放後生活安定了， 被他老婆接進北京並送入大學念書。小姨子進城開了眼界,長了見識,看中了姐夫和姐夫的一切,想跟姐姐來個取而代之。於是, 姐夫落進了不該落進去的情網裡。妻子知情後光火了, 向組織上告發了王近山。王近山立即"瘋"了。他不聽勸告, 不顧警告,執意同老婆离婚。朱德、鄧小平、周恩來紛紛出面找他談話, 各位大首長強調, 祇要他肯收回離婚申請, 就由組織上去做動員工作, 讓他老婆和他重歸舊好。否則, 一定給予處份。幾位中央領導人還特別提醒他, 毛主席對這件事很不高興, 批評他不能隨隨便便地离婚結婚, 要講點愛情。

當時, 全國解放為時不久,山大王、土包子進城後, 經過一段時間的參觀學習後,都跟王近山的小姨子差不多, 眼界大開。同時,他們眼見毛澤東、劉少奇等高級首長在紅區和延安就很看重自由戀愛, 反複結婚离婚, 一心找個理想一點的老婆。先前自己級別不高, 職位不高想自由戀愛沒條件。進了城, 今非昔比, 紛紛赶走黃臉婆, 找自己的女秘書、女部下, 甚至女演員, 重組"革命家庭", 一時成風。這在國內老百姓心目中影響很壞。

黨中央決心煞一下這股腐敗之風。這倒不是因為毛澤東見了皮定均的鐘情, 有所感悟悔改之心了。他自己還想赶走尚不能算是黃臉婆的江青哪。這是政治需要。

當王近山拿到离婚証書時, 處份也同時到了。開除黨籍、撤消現有職務、軍銜從中將降為大校、發配到河南一地方農場當掛名副場長。王近山對這一切毫不在意。他有了"愛情", 還要別的幹什麼?一覺醒來, 小姨子卻不辭而別了, 永久性"失蹤"了。

沒了愛情,打擊是太沉重了。王近山冷靜了。他反複的間自己, 怎麼會愛上這麼一個女人呢?他一下子蒼老了十幾年。

他打點好簡單的行裝, 準備去農場。他剛要出房門, 家中的小媬姆小黃扯住他的衣袖對他說, 要陪他一道去河南, 甘願受苦, 永不後悔。

"不,不!你太年輕了......我犯了錯誤......不能牽累你......我謝謝你了......謝謝!再見!"

"不, 不!我就要跟你去!" 小黃也 "瘋 "了。 她拎起自己早已準備好的, 更為簡單的行裝, 直奔火車站。

人, 富有理智。卻常常會「瘋」上一回。一個僅僅二十歲的女孩子竟然在王近山人生旅途大滑坡時,"瘋"上一把, 去尋找自己感情的歸宿。

　　這個世界太奇妙了。大概就是因為辭典上有了一個<瘋>字的緣故

　　這正是：

　　　　　　你瘋我 瘋她也瘋，

　　　　　　瘋遍戰 場 論 英 雄。

　　　　　　一 遭 瘋 進 情 場 裡，

　　　　　　苦 頭 吃 盡泣 餘 生。


　　欲知後事如何,請看下回分解。

# 第 六 十 回

## 宗南效忠攻陝北

## 德懷赤心衛延安

　　話說國共內戰轉眼之間已打了八個來月。忽有一天,蔣介石想起了<擒賊先擒王>的古訓, 立即決定集中兵力, 向陝北發起重點進攻。他特別指派自己最為信賴的門生為總指揮, 統帥二十萬大兵, 力圖一舉成功。這位天子門生叫胡宗南。

　　胡宗南, 字壽山, 浙江孝豐縣人氏。<黃埔軍校>一期畢業生。他勤奮好學, 生活儉樸, 對人友善, 自律甚嚴。一生戎馬, 可謂兢兢業業。故深受蔣介石賞識, 官授一級上將。

　　胡宗南對蔣介石是十二分地忠心不二。他最聽蔣介石的話, 一向是不遺餘力地完成, 蔣介石交辦的大小事務。他甚至因為忙於公務, 而耽誤了自己的婚事 。他已經五十二歲, 還是一個王老五, 正牌單身漢一條。他青年時代曾由家裡包辦過一次婚事。結婚不久, 妻子一病不起, 魂歸西天。此後, 雖有多人介紹, 他都推以軍務繁忙, 一一婉拒。也正是由於他一心忙於南征北討, 才能屢立軍功, 官運走紅。抗戰之前, 戴笠給他介紹比他年輕十幾歲的容貌又十分嬌美的葉小姐, 兩人一見鍾情, 十分相投。遺憾的是, 正當二人熱戀之際, 抗戰爆發。胡宗南二話不說領兵上了前線, 對日作戰。葉小姐祇好孤身一人赴美留學。一晃八年過去了, 婚事依舊未辦。

　　這一天, 胡宗南突然心血來潮, 就往葉小姐家打了個電話。正巧葉小姐歸國探親。兩人越談越親熱。於是雙雙決定立即辦理婚事。蔣介石見他已是五十二歲的人了, 兩個鬢角已毛髮稀疏了,就大發慈悲,放他婚假舉辦婚禮。蔣介石委托宋美齡代表自己打話恭賀新郎新娘百年偕好。這把胡宗南感動得心血沸騰。婚後三日,他就告別愛妻,飛赴西安, 排兵佈陣, 擬進攻陝北。如此盡心盡力為蔣介石效命的人, 滿朝文武, 實不多見。

　　胡宗南到了西安的司令部, 立即把自己的機要秘書熊向暉找了來, 要他起草一份<告陝北民眾書>, 並把已獲蔣介石批准的進攻陝北, 佔領延安的作戰計劃書交熊向暉保管。

　　胡宗南萬萬沒有料到，這熊向暉居然是中共打入中央軍的高級特工人員。

　　當年，中共特工有六人最有名氣。被世人稱為〈前三傑〉和〈後三傑〉。〈前三傑〉為紅軍時期的李克農、錢壯飛和胡底；〈後三傑〉為內戰時期的陳忠經、申健和熊向暉。由此可見，熊向暉其人确非等閑之輩。

　　熊向暉一見是進攻陝北的作戰計劃書，心頭不由大吃一驚。他倒鎖房門，背下了整個作戰計劃。他的記憶力過人，連日期和具體鐘點都不差半分毫。然後，通過地下聯絡員把計劃書送到了延安，使得毛澤東比胡宗南手下的軍長、師長們，還早一個星期知悉全部作戰計劃槍炮未響，胡宗南先就輸了半陣。

　　毛澤東接獲情報，心中又驚又急。

　　驚的是蔣介石對陝北真要動手了。先前，毛澤東對外宣傳蔣介石要進攻陝北，那僅僅是政客們一種宣傳伎倆和輿論手腕。其實，自己說了，自己都不信。這下子可倒好，喊："狼來了"！結果真地把狼給喊來了。

　　急的是，延安沒有防禦準備。因為不相信蔣介石會進攻陝北，主力部隊全撒在了外線作戰，爭搶抗戰勝利後日軍留下的地盤。整個陝北地區的兵力不足三萬人。這三萬人多非主力部隊，槍舊彈乏每人不足六、七發子彈。這三萬人長年吃黑豆扁扁飯，半饑半飽，逃兵屢見不鮮，其戰鬥力可想而知。想把主力部隊調回來一些，怕是時間上來不及了。再有，陝北地域狹小，不刮於大部隊打運動戰。打防禦戰，又不是中共軍隊能耗得起的。

　　毛澤東犯難了。令他十分為難。

　　毛澤東想來想去。延安既然守不住，又何苦死死地苦守呢？打不贏就走嘛！毛澤東決定放棄延安。一想到要放棄延安，心裡又十分不是滋味。想想看，搬搬家還依戀舊居哪！在延安畢竟住了十年，是住慣了的地方。重要的是延安是象徵是招牌。砸了招牌，有百害而無一利。不放棄又能如何呢？

　　大兵壓境，不容遲豫。毛澤東召開政治局會議。他提議把政治局分成兩部份。一部份由劉少奇和朱德帶領，東渡黃河，在山西或河北找一處棲身之地，主持全黨全軍的日常工作。另一部份由他自己帶領，周恩來和任弼時輔佐，留在陝北，同胡宗南周旋，減少放棄延安造成的巨大政治震盪和衝擊。祗要他毛澤東不离開陝北，就可以把丟失延安，解釋為戰術需要，就可以安撫軍心民心，招牌就沒砸！

"我不能走。我得留下來。延安一丟,謠言還能少嗎?我留下來,謠言不攻自破!"

"潤之兄的話有道理。你是我們的象徵。不過,這三萬人馬嘛,總得有個會打仗的人指揮才好……"朱德憂心忡忡地說道:"一要能吃苦。二要有能力。三得會打仗。這可不好找哇!"

"賀龍正在搞土改實驗,他太忙。林彪去了東北。那邊又少不了他。劉伯承正在開闢新區,全是苦仗。總司令要求找個能主持全面工作的人。這人可……這人嘛……"周恩來扳著手指頭,逐一數了一遍他心目中的全能戰將,卻也沒明白地點出,誰可以勝任督年陝北的重任。

"我看,就是我了!"彭德懷來了個毛遂自薦,實話實說。他一張嘴,把眾人的視線,全引到他身上去了。毛澤東和朱德兩人相互對望了一眼,同時哈哈大笑起來。很明顯,他二人早在等他這句話了。

"老彭,全國戰場的指揮工作,也是一框大事! 朱老總哪能离得了你呢?我的意見, 不能留下你。"任弼時為人直實。他知道朱德年齡日高,熬夜的苦活,連續幾天幾夜不睡覺的疲勞戰,已不是朱德能承受得了的工作了。這幾年, 指揮全軍作戰的工作, 實際上已漸漸轉移到了這位副總司令兼總參謀長的肩頭上了。況且, 也祇有他這位〈湖南驢子〉的火爆脾氣,才能夠鎮得住手下那些渾身長刺,頭上長角的"綠林好漢"式的武將們。在軍中,還沒人敢講自己不怕彭大將軍的。

〝就這麼定了!〞這是彭德懷的口頭禪 。他若是這麼一講,那是閻王老子也挽不回頭的。" 老周的病,已經好了,總參謀長的工作讓他先幹著。若是老周一時上不了任, 先由聶榮臻或是葉劍英頂一陣子。胡宗南個狗娘養的, 能狂多久?"聽他這麼一說,眾人的目光又回到了毛澤東的身上。

"石穿兄的話, 講得很實在嘛。我同意周恩來代理總參謀長的工作。看樣子, 胡宗南要吃大苦頭了。井崗山上最危險的時候,是石穿兄領下了守山的任務。〈長征〉途中, 是石穿兄打阻擊攻險關, 救了全軍。張國燾搞鬼, 也是石穿兄押陣嘛!這會兒, 延安告危,陝北告急,又要把擔子交給石穿兄挑了。我毛澤東, 代表全黨, 全軍, 要給你鞠一個大躬了!"毛澤東站起身來, 面對彭德懷, 規規矩矩地行了一個日本式的九十度大躬。這下子,急得彭德懷站起身來就要去攔擋無奈隔得遠, 又讓周恩來一把拉住了。眾委員報以熱烈的掌聲。

"石穿兄, 人馬不多, 槍支又不好,你要多加小心喲! "朱德笑眯眯地叮嚀了一句。

彭德懷的眼圈子紅了。他忙用袖頭去抹淚水。

"哎喲喲，彭大將軍也會哭鼻子......"周恩來一起哄，大伙全笑了。

毛澤東當卻宣佈成立西北野戰軍。彭德懷以八路軍副總司令兼任西北野戰軍司令員和政委。習仲勛和劉景范，即劉志丹的胞弟，等老陝北留下來，協助彭德懷。

從這一天起，在陝北黃土高原上由彭德懷率領著三萬人馬，做為大目標，吸引著胡宗南的主力部隊。毛澤東則由三個半連的兵力保護著，做為蔣介石心目中的特殊目標，在這有限的范圍內，東南西北四下裡遊動著，開始了一場以生命為賭注，以天下為賞金的"老鷹捉小雞"般的捉迷藏遊戲。

三月十六日，胡宗南派了五十多架飛機轟炸延安。一座空城，頓時化做一片火海。中共中央的駐地楊家嶺和毛澤東的住地王家坪，也遭到甚為猛烈的轟炸。有兩顆重磅炸彈落在了毛澤東的窯洞前面的空地上，炸出了兩個大深坑。窯洞的窗玻璃全被震碎。窯洞大門口的那棵大樹，祇剩下了一半。強烈的氣浪夾雜著辛辣的硝煙味，衝進了窯洞裡，嗆得人們睜不開眼，喉嚨裡火燒火燎地難受。

窯洞裡，毛澤東和周恩來正在討論行軍路線。任弼時從外面跑了進來。

"主席，該走了！"他一面吹掉眼鏡片上的灰土，一面急腔急調地催促毛澤東動身。

"客人走了嗎毛澤東沒有抬頭，嘴裡問著，兩眼仍在看地圖。

"哪位客人？大老實人任弼時不解地問道。

"飛機嘛！"毛澤東來了一逗，把周恩來逗笑了。

"主席，是該走了！"周恩來帶著笑意也勸毛澤東早些動身，"延安城裡的居民、學生全都走光了......"周恩來的話還沒講完毛澤東衛隊副指揮汪東興跑進了屋。他喘著粗氣向毛澤東報告敵情："胡宗南的大部隊已經到了七里舖，先頭部隊到了胡家棗園。延安機場發現了敵人的偵察兵。再有二十分鐘，就該摸到我們這裡了。"

"喲，來得好快！胡宗南倒是個急脾氣喲！"毛澤東沉著地把地圖交給汪東興，向他交待行軍路線上的事。

"報告！"猛地一聲，把屋子裡的人嚇了一大跳，忙抬頭去看來人是誰。原來是中央軍委的通訊員。祇見他一身灰土滿臉鮮血，跌跌撞撞，站也站不穩，顯然傷勢不輕。"報，報告......主席......敵人......一里......地......快.....快......阻擊線......不.....不....."話沒講完他就昏倒在地上了快！快！快搶救！周恩來張羅著搶救通訊員。

　　"周公, 弼特, 咱們吃飯好了,喂飽了肚子, 看看胡宗南的兵, 是個嘛樣子嘛, 吃不吃人？哈哈......" 接著毛澤東連聲催著擺飯。戰士們祗好把已經裝進飯盒裡的飯菜,再倒在碗裡, 擺在桌子上。

　　戰士們正在忙活著。彭德懷進了院子。他對著站在院子裡的哨兵, 大聲嚷道:" 你們搞些什麼鬼名堂？!不知道戰士們正在前邊流血犧牲嗎？ 他們是在用生命給你們爭取時間！還不赶快動身！" 彭德懷嘴裡嚷嚷著, 人已進了窯洞。

　　"老毛,要快些了！敵人离這裡祗有半里來地了！阻擊線隨時會被突破......"彭德懷正嚷嚷, 一低頭瞅見了桌面上的飯菜, 頓時火冒三丈。他猛提嗓門, 大吼一聲:" 汪東興！你搞啥子鬼名堂？!收起來！全收起來！"彭德懷這一嗓子,嚇得汪東興和戰士們,連向毛澤東請示一下, 也忘光了,乖乖地重將飯盒裝好。

　　"哎呀呀,你個彭大將軍, 連飯也不讓吃飽,這肚子......" 周恩來還想把"戲"演得更瀟灑一些。可是, 他一看見彭德懷的瞳孔裡正在"噴火", 忙把後半截台詞嚥回肚裡當點心吃了。

　　"不吃了！不吃了！咱們誰也惹不起彭大將軍。我是乖乖投降了。出發!出發！"

　　毛澤東笑著出了窯洞門, 繞過那兩個大坑, 登上吉普車, 离開了延安。他這一去, 再沒回過延安。

　　"你真行！"任弼時走在隊尾, 悄聲對彭德懷誇獎道:"老毛就怕你一個人！"他調皮皮地擠了擠眼睛, 急匆匆地上了第二輛吉普車。

　　任弼時講得很對能叫毛澤東打心裡往外真有點恐懼感的, 終生唯有一人,就是彭德懷。無論你是誰, 彭德懷是半點面子也不給。一點妥協也沒有。就是拼上老命, 也不成！

　　毛澤東一行人馬离開延安, 一直朝東行去, 經過青化砭鎮, 到了延川縣的劉家渠村。

　　第二天他們一大早就离開了劉家渠村。車隊走了沒有五里地,中央軍的四架戰鬥偵察機就追了上來。四架飛機輪番轟炸掃射。車隊拉開距离, 忽慢忽快, 以防被飛機的炸彈和子彈打中。可是, 沒有多大功夫, 一串機槍子彈打到了毛澤東乘坐的那輛吉普車的擋風玻璃上, 坐在司機旁邊的警衛員當即犧牲。

　　"快！要快！衝過去！"周恩來大喊大叫。司機猛打油門, 提高車速。

　　第二輛吉普車的水箱被打漏了。周恩來、任弼時等人上了戰士們的大卡車。

　　車隊到了清澗縣又遇上了敵機的轟炸。毛澤東乘坐的那輛吉普車，前後輪胎都被打壞了。毛澤東扯著江青下了車，跟著司機朝一棵大松樹底下跑過去。他們還沒跑出去二十公尺遠，一枚大炸彈不偏不斜地落在車身上，把輛吉普車炸開了花。破銅爛鐵撒得到處都是。司機看見心愛的車子報了銷，心裡很難過。

　　"你得謝謝汽車！它救了大家！周公，我看咱們連卡車也別坐了。汽車招惹飛機。"江青十分後怕的提了個建議。

　　從此，這支小隊伍時而騎馬，時而步行，掉頭去了瓦窰堡。

　　毛澤東一到瓦窰堡，見到了等他來開會的劉少奇等人。劉少奇告訴他，彭德懷發起了〈青化砭戰鬥〉。僅僅一個小時，就殲滅了胡宗南的三十一旅的一個團，繳獲了很多美式裝備。

　　"這下子好了。彭大將軍要神氣一下子了。他聽說粟裕得了美國製造的槍械，羨慕得眼紅。胡宗南要當他的供應部長了，哈哈……"毛澤東開心極了。

　　"那個旅長李紀雲，是胡宗南的四大金剛之一，也是黃埔生。這次叫石穿兄活捉了，怕要氣壞了胡宗南喲！"朱德插了一句。

　　"胡宗南哪裡是彭德懷的對手！主席點將點對了！"周恩來來了一句大恭維。

　　"哈哈！哈哈……"毛澤東聽周恩來這麼一恭維，大笑起來。他從彭德懷主動請命的那一起就知道陝北保住了。

　　他那一躬可不是白鞠的。


　　這正是：


將 軍 統 兵 百 萬，

馳 騁 沙 場 如 風。

無 視 身 家 性 命 ，

可 為 道 喜 鞠 躬？


　　欲知後事如何，請看下回分解。

# 第 六 十 一 回

## 命 危 河 邊 鬥 心 力

## 貪 睡 窯 洞 險 喪 命

話說＜青化砭戰鬥＞祇是個小仗。胡宗南雖然受了損失吃了虧，但是千兒八百人對他來講，是小菜一碟，實在不算什麼。

然而，胡宗南聞訊後，茶不飲，飯不思，整天悶悶不樂。他怎麼也想不明白，自己是洋槍洋炮加飛機，而對手是三八大蓋槍、漢陽造加上七、八發子彈；自己是二十萬人，人家不足三萬。怎麼比，自己怎麼都強。可是一交火，淨是自己吃敗仗。打下的延安是座空城、棄城。國統區和蔣總裁一個勁地宣傳，那是造聲勢，搞政治。他胡宗南分得清，哪是實，那是虛。若是仗都這個樣子打下去的話，如何是了？

繼＜青化砭戰鬥＞之後，彭德懷又發動了＜羊馬河戰鬥＞和＜蟠龍戰鬥＞，共殲滅胡宗南部一萬七千多人，活捉了胡宗南的另一員金剛李昆崗。

胡宗南急了。他飛到南京見蔣介石。蔣介石對他講：＂你再丟三個師，我也不會怪你。但是，你一定要捉到毛澤東來見我！我重拳出擊延安，攻佔延安，全是為了活捉毛澤東！你記住，擒賊要擒王！＂

胡宗南遵循蔣介石的這條訓示，全面調整打法，重新佈署兵力，不再把打擊彭德懷做為出擊的重點，而是全力以赴追捕毛澤東。胡宗南使用美國人提供的最新式電台測向儀，測到陝北靖邊縣王家灣一帶，有一個強大的電台群。胡宗南斷定，毛澤東和他的指揮機關就設在王家灣。於是，他派劉戡帶上四個半旅一萬五千餘人，輕騎輕裝，快速奔襲王家灣。

王家灣肯定是呆不住了。必須立即轉移。到哪裡去呢？在轉移方向上，毛、周、任三人的分歧甚大。周、任二人一致主張向東走。若再不行，就東渡黃河去山西。毛澤東力主向西走。三人爭論得還挺激烈。

＂不成！絕不能向西走！＂任弼時針鋒相對地駁斥毛澤東，＂這是冒險！簡直是開玩笑！敵人正從西邊來，我們朝西走，與敵人走了個頂頭碰，往敵人懷裡鑽，不是送死嗎？我的意見，向東走，再

　　向東，實在不行了，就先過黃河避避風頭。形勢好了，再回來。反正腿是我們自己的。"

　　"主席，我記得你常常講的那句話，"周恩來和顏悅色地講道，"打不贏就走嘛。我們這一個營是打不過劉戡的四個半旅。我們就先躲一下。不去硬碰吃眼前虧。我們朝西走，即使不與敵人相碰，僥倖從敵人縫隙間鑽過去，也會進到寧夏馬家騎兵的防區。我們吃過了騎兵的苦頭。主席是知道的。主席肯定不會這麼幹，是吧？"

　　"哪裡就會鑽過去！劉戡一萬五千多人，搞的是地毯式搜索。一旦闖進這張大地毯裡，怕是凶多吉少！我還是堅持，堅決向東！"任弼時態度十分明朗。

　　"其實，不是這麼回子事！"毛澤東見他二人說法上有軟有硬，意見卻是一致的。時間又不容許自己詳細解釋，祇好簡單籠統地一帶而過，"我們迎著敵人走，這是敵人萬萬想不到的。這會冒些風險。古書上寫道，置於死地而後生嘛！至於鑽不鑽得過去嘛，不是常講，大路通天，各走一邊。我鑽山溝，哪裡就會讓你捉到？彭德懷看不起胡宗南，我毛澤東更看不上劉戡！走，我們偏偏向西走！"

　　由於毛澤東一再堅持，周、任二人又拗不過他，祇好朝西走了。

　　隊伍出發約三個小時後，天空一下子被烏雲罩住了。天色頓時轉黑。瓢潑大雨撲頭蓋臉而下。這大概就是常講的＜關門雨＞。通常會下一整夜。天亮時分才能停。

　　西北風越刮越大。抬腿邁步已感到有些吃力了。雨借風力打在臉上，叫人睜不開雙眼。

　　毛澤東等人全都成了落湯雞，卻絲毫不敢慢走半步。他們一伙人頂風冒雨，吃力地向山梁爬去。四名警衛員抬著江青就格外地辛苦了。

　　突然，山下響起了零零落落的槍聲。透過枝葉，凝目細看，可以模糊不清地見到山溝裡有手電筒的光柱掃來掃去。凝神靜聽，在雨聲中，可以清晰地分辨出人的吆喝聲和騾馬的嘶鳴聲。

　　是追兵！劉戡的四個半旅已經趕到了！此刻就在這支小部隊的腳下方。他們正急匆匆地趕向王家灣。偶爾響起的槍聲，可能是走火，可能是聯絡，也可能是火力偵察。

　　毛澤東站住了。他一把拉住身旁的警衛員，叫他傳令：隊伍停止前進，就地隱蔽。"不許抽煙！不許打手電！不許咳嗽！……"任弼時輕聲下達了補充命令。

眾人默默地或站著，或蹲著，或依靠在樹幹上。在茫茫的大雨裡苦熬著。沒誰不提心吊膽。沒誰不心亂如麻。人人都在心裡暗暗地祈禱蒼天：雨下得小點吧！風刮得輕些吧！劉戡快些邁步子吧．．．．渾身上下已經沒有不濕的地方了。濕衣服貼在肉皮子上，叫風一吹，那股滋味實在是太難受了。想不哆嗦，牙卻自動地上下連續不停地叩打上了。叩打得腮幫子發酸發澀，直到發麻再發痛。

小隊伍的人們多半數已站不住了。蹲也蹲累了。乾脆坐在濕濕的地面上。反正地皮不嫌衣服太濕了。衣服也不嫌地皮太涼了。他們把一顆心全放在期盼上了。期盼著無論如何也別被敵兵發現。

站呀站，等呀等，一直熬到大天亮。

"報告主席，敵人全部順著山溝走過去了。我們向前偵察了十多里路，沒發現敵人。"偵察排長詳盡地報告道。

"好！該我們走了！"毛澤東興奮地高聲嚷道。真如卸下了千斤重擔，又如闖過了鬼門關一般。他剛一抬腿邁步，才覺出大腿不聽使喚了。他使了使勁，才抬起半寸來高，站得太久了，蹲得太久了，坐也坐得時間太長了，腿已麻木了，僵硬了。

他們翻過了三道山梁，到了小河村時，已近中午時分。早已餓得前胸貼在後背上了。肚皮下面好像藏著一窩小動物，在不停地嘰哩咕嚕亂吵亂叫。米下了鍋，不待翻水花，戰士們就爭搶著伸勺子舀出來吃。他們大口大口地吞嚥，還告訴毛澤東："好吃！好吃！又香又甜！"

毛澤東捧著衣服笑道："我在北平吃過涮羊肉，可還沒聽講有涮小米的！"

劉戡率領四個半旅到了王家灣後，在一間窯洞裡找到了一個信封。信封上寫著＜李得勝親啟＞一行墨筆字。劉戡認為這＜李得勝＞就是毛澤東的化名或代號。這表明毛澤東在此住過，也還沒有走遠。於是，他撒開一萬五千人馬，東南西北四下裡追捕。其中一個主力旅順著自己的來路，一直向西，逐個山頭，細細地搜索，直奔小河村。

毛澤東等人趕緊離開小河村，朝榆林縣城方向走去。榆林地區是西北野戰軍的駐地。

不湊巧，就在毛澤東等人出發後名第二天，彭德懷發起了＜榆林戰鬥＞攻打榆林縣城。榆林城內外三道城牆，十分堅固。彭德懷先前打過一次，沒能成功。這一次打榆林，彭德懷是為了調動敵人，尋找戰機。胡宗南不知是計，立即調動十二個旅，北上增援榆林。

胡宗南的增援部隊從彭德懷背後猛撲過去，無意中，這十二個旅擋住了毛澤東的去路。

毛澤東等人被夾在了黃河以西，無定縣城以東的狹小地面上了。身後是劉戡的追兵步步緊逼。向東有河水滾滾，惡浪滔天的黃河；向西有重重疊疊無法翻越的群山險峰和十二個旅中央軍。前阻後追，兩側不通，毛澤東等人陷入危境之中。

毛澤東坐在大石頭上，一口接一口地吸著煙。別人見到他這副樣子，誰也不敢開口了。誰都能看得出來，毛主席這回是有些緊張了。不像上一回，撤出延安時，還敢撐著膽子吃飯玩瀟灑。上一回有戰士捨著性命替他打阻擊。這一回可....

天黑前後，又是一場瓢潑大雨。雨點打在臉上麻乎乎地疼。人們很難睜眼。

"出發！搶渡葭蘆河！"毛澤東大喝一聲，拄著木棍，抬腿就走。

"主席，這雨..."周恩來追上前去，似問非問地講了半句。

"我們睜不開眼睛，敵人也睜不開眼睛。這雨幫了我們的大忙，給了我們機會！告訴後面的人要走快些！"在暴雨和夜色中，這支人馬卻似救火一般，拼掉性命小跑著奔向河邊。天快亮時，他們精疲力竭地趕到了。

雨，仍在狂下。似乎天漏了。下了一夜暴雨後，河水陡然暴漲。還有里多地，就能聽見河水的轟鳴聲。走到近處一看，能把膽子小的嚇死幾個。祇見那渾濁的河水似匹脫韁野馬，肆意奔騰咆哮。波濤擎空，巨浪拍岸。驚天動地的轟鳴聲如雷貫耳，令人望而生畏。這河，看樣子，是渡不過去了。

任弼時不肯善罷干休。他派戰士找來十幾隻羊皮筏子，又挑選了十幾名水性極好的戰士，拖著皮筏子下了水。戰士們在波濤裡拼命划動木槳。沒划出去多遠，眨眼間，連人帶筏子一起捲進急流波濤裡，不見了蹤影。

就在此時此刻，子彈嘯叫著，從耳邊擦過。幾名戰士應聲倒下。中央軍的一支馬隊衝上臨近河邊的一座小山的山頂。他們站在山頂朝著河邊的毛澤東等人頻頻開槍。毛澤東，此時的毛澤東真地靈魂脫殼了，魂飛天外了，魄散漠宇了。他呆了。完全呆了...

血水從倒下去的戰士的戰士身上，一絲絲流了出來，又一絲絲地溶進了沒腳脖子深的濁水中去。沒多大功夫，已經染紅了一大片。

人們低下了頭，什麼也不想了。毛澤東緊鎖雙眉，呆呆地望向山頂。呆呆地望著。

槍聲，仍在響著。

戰士，又有人倒下去。

......

"走，跟我走！"毛澤東手一甩，扔掉了早已濕透熄火的半截子香煙，拄著木棍，順著河邊，向北，向山頂那個方向，迎著成百支槍口，大步流星地走了過去...

大家傻了。看傻了！

空氣似乎凝固了，它也被毛澤東這不可思議的舉動嚇呆了，嚇傻了。就連那河水也平靜了少許。

警衛員們猛醒過來，追上前去，要攔住毛澤東。毛澤東怒吼一聲，嚇得警衛員們乖乖地陪著他一起往前走。毛澤東像頭發怒的，不，發了瘋的雄獅子，不時地揚動手上的木棍子，迎著槍聲，更快，更大步地朝山頭走去。

這時，就在這千鈞一髮之時，一個奇跡，一個實實在在的人間奇跡出現了：槍聲猛地停住了！大群中央軍靜靜地望著這伙子人從遠處向自己走過來。三百米。二百米。一百米...毛澤東大搖大擺地向山根逼近。小部隊的人們屏住呼吸緊緊地跟在後面。

山頭的那群中央軍騎上馬，急馳而去。待那馬蹄聲消失後，似乎這裡沒有任何事情發生過似的。

河水依然故我地轟鳴。這一幕，讓在場的人，活下來的人，留下了終生不滅的記憶，也是終生不解之謎。

"簡直懸胡了！沒法子相信！"副衛士長小李在三十年後回憶道，"不知是什麼緣故，敵人突然住了槍。若是再打槍，那可就壞事了！就那麼怪，敵人在這要命的節骨眼上住了槍。當時，我是傻眼了。大伙全傻了。怕是敵人也傻了。就是毛主席沒傻。不過也是，若沒傻，怎麼就敢往敵人槍子上撞呢？怪了，真怪事了！"小李想不明白。大概沒誰能明白。

毛澤東等人到了山根前。毛澤東望著遠處雲山霧罩的群峰，近處奔騰著的葭蘆河，下了命令："上山！"這時候，沒誰再跟他爭執了，服服貼貼地往山上爬去。任弼時囑咐偵察員把鞋印抹去，以防敵人順著足跡追上來。"消滅痕跡是不可能的！依我來看，你倒是不如找個木牌牌，寫明＜毛澤東由此上山＞這麼幾個大字，那些人反倒不會上山追了。"

"不行！太冒險了！好不容易..."任弼時不肯這麼去幹。

"聽主席的！較量過了心力，再鬥一鬥心智嘛！"周恩來吩咐秘書寫牌子。可這會兒，在這荒山野外，大河沙灘，上哪兒去找木牌牌和筆墨硯臺呀？

　　〝看我的！啊呀呀，不成！我一寫，這戲法就全變漏了。那就請周公用樹枝做筆，山坡為紙，表演一番周體書法，讓大家開開眼了！不過，別寫得太漂亮了。中央軍裡保不準也有懂書法的。哈哈！〞周恩來遵命在地上一揮而就。眾人蜂擁著毛澤東上了山頂。雨，仍在下個不停。

　　幾十年後，香港一位高人點評道：〝毛澤東是條土龍。龍遇水豈會死？雨越大，河水越洶湧，他越平安。到了毛澤東老年時，乾脆住進游泳池。按此解釋，當年應當把毛澤東扔進葭蘆河，就萬事大吉了。此一笑也。

　　到了這年八月，彭德懷打響了＜沙家店戰鬥＞。他用數倍兵力團團圍住中央軍三十六師。把三十六師六千人全部殲滅。

　　半年之後，胡宗南率軍退出延安。

　　毛澤東沒有回延安。毛澤東不喜歡走回頭路。平時散步，他來去從不走同一條路。毛澤東東渡黃河，橫穿山西，到達河北省平山縣西柏坡村。

　　在去西柏坡村的路上，路經河北省阜平縣城南莊時，毛澤東差一點就被馬克思接走。

　　一天早晨，城南莊山頂上響起了防空警報聲。衛士長小李一聽見拉警報，就往毛澤東住的那間窯洞快步跑去。他知道毛澤東工作了一夜，剛剛入睡。但是，若不叫醒他，萬一被炸，如何交待？可是若吵了毛澤東的覺，是件比不叫醒他，更令人為難十二萬分的事！

　　毛澤東入睡很困難。有時，吃過兩三次安眠藥才能入睡。因此，他一旦入睡，是萬萬不能吵醒他。若是有誰敢吵醒他的覺，他會大發特發脾氣，粗暴得無人可以忍受。輕則趕你走人。重則會被判刑關禁閉，甚至開除軍籍。故而，沒人敢去打擾毛澤東的覺。就算收到十萬火急的電報也不行。

　　正在小李萬分犯難之際，三架偵察機在天空盤旋了一陣子後向北飛走了。小李心裡更急了。通常都是偵察機一走，接著就是轟炸機來炸。十有十準。從未空過。

　　晉察冀軍區司令員聶榮臻聽到警報後，扔下飯碗，快步趕到了毛澤東的住處。他看見小李、江青以及幾名工作人員，正站在窯洞前犯難。

　　聶榮臻忙派人去找了副擔架，擺放在窯洞門口。正在這時，十幾架轟炸機來了。一到阜平上空，就把一串串炸彈甩落下來。

　　小李一見大事不好，猛地想起了撤離延安時，彭德懷給自己下的軍令：〝我命令你，衛士長，在危險的時候，不管毛主席同意不同意，你們要架起他來就跑。到了安全的地方再講道理。出了麻煩，就講是我彭德懷下的死命令。你記住，我彭德懷是副總司令。凡是個兵，就得聽我的！"

小李一想起這番話，心裡就來了勇氣。"主席，主席！有情況！"他跑到毛澤東床頭，推搖毛澤東。

"哪個？！"毛澤東醒來，怒沖沖地對小李喝斥道。

"敵機來..."小李連句話尚未講完，毛澤東一翻身又睡去了。聶榮臻一見如此這般，心裡真急了。他走上前去，重又推搖毛澤東，"報告主席，開始轟炸了，十多架...聶榮臻正講著，就聽院子裡有人大喊："快散開！飛機衝下來了！""三架！衝下來三架！"聶榮臻一聽，立馬對小李和其它衛士們大喊："抬走！"

"慢！慢！"小李又不急了。不是他不急，是他知道毛澤東睡覺向來不穿睡衣睡褲，自幼習慣赤裸著身子睡覺。在這光天化日之下，抬出一個裸體毛澤東，以後如何見人？

小李順手扯過一條棉被，又拽過來一件棉大衣，把毛澤東從頭到腿捂了個嚴實。幾個人一齊動手，抬頭的抬頭，抬腿的抬腿，抱腰的抱腰，舉屁股的舉屁股，硬是把毛澤東搬到了擔架上擺好，抬起來就往外跑。

剛出窯洞門口幾步遠，頭頂上傳來一陣尖嘯聲。

"炸彈！丟炸彈了！"江青嚇得大喊大叫。

戰士們飛步把毛澤東抬進防空洞裡。擔架還沒放下來，就聽見劇烈的爆炸聲，震得人們頭昏耳聾，全身酥麻。防空洞頂上落下的灰土面子撒了一擔架，撒了人們滿身滿臉，嗆得大家咳嗽不止。

毛澤東依呼呼大睡。

飛機走了。毛澤東睡醒了。毛澤東回到住處一看，嚇得吐了吐舌頭。他的那間窯洞和左右相鄰的窯洞全不見了，祗剩下一處光禿禿的崖壁。

"看樣子，馬克思想念我了，要我去匯報工作了，哈哈！"

聶榮臻十分疑心，敵機怎麼會炸得這麼準？他赶忙派人去調。


這正是：


命 大 更 須 造 化 大，

迎 著 子 彈 鬥 虞 詐。

刀 槍 不 傷 福 命 人，

千 古 之 謎 成 佳 話 。

欲知後事如何，請看下回分解。

# 第 六 十 二 回

## 瞎 子 不 瞎 心 更 明

## 老 頭 不 老 是 尊 稱

　　話說毛澤東在城南莊險些被炸死，致使聶榮臻心生疑竇。查了很久。未能破案。直到大同市和保定市相繼被攻克後，在中央軍的檔案裡才查明真相。原來，晉察冀軍區司令部辦了一間＜大豐煙捲廠＞，其副經理孟建德是國民黨潛入中共的諜報特工人員。他利用工作之便，把司令部的司務長劉從文收買到拉入自己的間諜小組。司令部在大廚房裡另設立了小灶，專給軍政要員做高檔飯菜。劉從文有機會從飯菜定單上，得知高級幹部的來往情況。毛澤東一到阜平縣，劉從文立即將此情報上報給保定軍統分局。保定方面派專人送來無聲手槍和毒藥，命令劉從文伺機幹掉毛澤東。

　　聶榮臻為了讓毛澤東更享受一點，吃點更高檔的飯菜，便臨時從一家大飯館請了一位名廚專給毛澤東夫婦燒菜。這無意中使劉從文沒有了下手的機會。劉從文從司令部幹部的隻言片語中，猜到毛澤東住在城南莊。保定方面逐級上報此情報後，就出現了轟炸城南莊的險情。真相大白後，孟、劉二人均被槍決。

　　蔣介石出兵陝北是為了除掉毛澤東。除此主因外，還有些小算盤。他幾次到西安，總是聽當地人唸叨：＂得關中者得天下＂。久而久之，蔣介石聽多了，也將信將疑，常常在想，這關中竟是如此重要？蔣介石沒去查查這句話的來歷，是誤把劉邦項羽的＜先入關中者王天下＞的約定，當做了奪天下的基礎。以為有了關中就有了奪天下的支柱。蔣介石誤解了關中，但他卻朦朦朧朧地意識到了經濟在戰爭中的重要性。在這一點上，他比毛澤東走早了半步。

　　蔣、毛爭鋒，打了這麼多年的仗，僅僅是在搶地盤和擴展軍隊。再就是從各自後台那裡多弄點錢和武器而已。二人尚無一人認識到，祇有在經濟的支持下才能贏得戰爭王天下。故而日本人退出東北地區後，他二人根本認識不到東北地區在經濟上的重要地位，仍把東北地區看成一塊單純的地盤。

古詩曰：世人皆醉我獨醒。乍聽此話，覺得有點太高看了自己。但是在生活裡，在一些大問題上，常常真就有那麼一兩個人，看得就比別人長遠些，高出一籌。

在中共軍人群裡有個人叫黃克誠。日本人一退走東北後，他立即看中了東北。而且不是把東北看成單純的一塊地盤。他在寫給毛澤東的信中，論述了東北工業的重要性後，一針見血地告訴毛澤東：▼得東北者得天下！▼

當年的東北，除了現今的遼寧省、吉林省、黑龍江省外，尚包括內蒙古的一小部分。東北地區約佔全國的十分之一左右。比歐洲好多中型國家還大一些。

東北地區的地理位置偏北，天氣寒冷。在歷史上一直是少數民族居住地，僅有畜牧漁獵的蠻荒之地。

一九三一年日本侵佔東北三省後，日本人為了掠奪東北的物資，更想長期霸佔，乃至劃入日本國的版圖，便積極開發東北的經濟。這使得東北地區的工業有了較快較全面的發展。到了一九四三年，東北地區生產的水泥、生鐵、鋼材、發電量分別占全國的百分之七十到九十。年產糧食多達二千萬噸，其中一半以上運回日本本土。簡言之，東北經濟支持了日本侵華戰爭、東南亞戰爭、太平洋戰爭，養活了駐紮在東北的一百多萬日本關東軍。東北地區已不再是蠻荒世界了。

抗戰勝利後，蔣介石搶地盤，祇重數量，不重質量。東北遙遠，他運力不足。更主要的是他對東北缺乏認識，不看好東北。故而，用人不力，行動遲緩。

毛澤東兵少勢弱，祇求保住陝北和蘇中兩塊根據地。至於發展，也祇求在這兩大塊根據地的周邊地區打打主意。限於實力毛澤東不敢多想。談到對東北的認識，那是幼兒園小朋友水平。

黃克誠卻是自有主見。他三番五次地給毛澤東發電報寫信，全面論述東北的重要性，力主盡快盡早挺進東北，堅決創建東北新根據地。

這些建議似早春的響雷，震撼了毛澤東的慧心。

毛澤東強硬地從各戰區抽調了八萬部隊，兩萬名幹部，派出他的親信▼林娃娃"掛帥。於是，林彪率領二十二位中央委員、六名政治局委員，浩浩蕩蕩地去了東北。這比蔣介石早走了幾大步，佔盡了先機。若從戰略大局上看，這是為埋葬蔣家王朝，挖了第一鍬土。而這僅是黃克誠傳奇生涯的一個章節。

黃克誠傳奇處處關聯毛澤東和彭德懷。人稱黃克誠是毛、彭二人的一面 "鏡子"。從黃克誠的身上可以見到毛、彭二人的人品優劣等等。在中共的十次爭權鬥爭中，黃克誠十次被批評，挨鬥爭。黃克誠在部隊裡五次被罷官免職，每次一降就是五級。這在軍中昇官圖上都是專項記錄。而這些又全是毛澤東一手包辦。又全是彭德懷獨家打救，出手解難。

黃克誠生於一九○二年，比彭德懷小四歲。在＜廬山會議＞上，毛澤東發動全黨全軍聲討彭德懷。此時，彭德懷下台已成定局。毛澤東找黃克誠談話，問他："人家講你同彭德懷猶如父子關係，怎麼回事？"兩人僅差四歲，怎麼會是父子關係？話外之音，是彭、黃之間關係太親蜜了，要劃清界限了，要去揭發彭德懷了。這是毛澤東對黃克誠的最後嚴重警告。此時，黃克誠完全可以借梯子下樓，趁機來個自我批評，或者是反戈一擊，爭取立功寬大。最低限度，黃克誠也得講個＜不＞字，或者是＜不是那麼回事＞，都可以減輕毛澤東對自己的處罰。黃克誠偏偏不這麼幹。他淡淡一句："就讓人家講去好了。"言外之意，他承認自己同彭德懷的親蜜關係。這讓毛澤東大吃一驚。更令毛澤東吃驚的是，甚至火冒三丈的是，在第二天的大會上，他公開表態支持彭德懷。在毛、彭二人翻臉一事上，原本與他無任何干係。祗因為他贊同彭德懷的正確看法，死也不買毛澤東的帳，而被定為反黨集團的二號人物。自此被囚禁，一囚整整二十年！

毛澤東去世了。黃克誠出了囚籠。在活下來的挨整人群之中，他最有權力，最有理由去批判毛澤東。然而，在人們搞臭毛澤東之時，他站出來仗義執言："不要全盤否定毛澤東！沒有他，我們的勝利，不知要推遲多少個年頭。"此話，震動了中共上下。在中共全黨清算林彪，並徹底否定林彪，搞臭林彪之時，林彪的老部下、狂熱吹捧過林彪的人，全都紛紛同林彪劃清界限。黃克誠又冒天下之大不韙，挺身而出，講了公道話："林彪在戰爭中有功，還是不要抹殺。他還是有功的。"

這就是黃克誠！

想了解黃克誠，得先知道他的兩個外號。一個外號叫＜黃瞎子＞，另一個外號叫＜老頭＞。

先講講頭一個外號。

黃克誠，湖南永興縣人。二五年加入中共。他參加過＜北伐＞和湘南＜年關暴動＞，隨後上了井崗山。

在井崗山上，他先後擔任過紅四軍黨代表，五師政委等要職。他官職雖高，卻待人親熱，視同志如親兄弟一般。故而，他手下的大小官兵，誰也不以他的官大而疏遠他。從不張口喊他＜黃黨代表＞，或是＜黃政委＞，而是喊他＜黃瞎子＞。他樂呵呵地答應。這＜黃瞎子＞是當面對他的稱呼。背地後裡，都稱呼他＜老頭＞。黃克誠不瞎，也不老，何故這般叫他？

原來，他自幼雙目視力不好。長大後一檢查，是高度近視，在千度開外。他配了副眼鏡，鏡片像瓶子底那麼厚，一個光圈套著一個光圈。就算他戴上這副眼鏡，十步開外，他還是辨別不清來人的真面目。他認人全靠兩耳去聽。人們習慣了，十幾步以外就喊＜黃瞎子＞，他就知道是誰了。

夜裡行軍他就苦了。他擔心摔碎鏡片不好買，就收藏好眼鏡，叫警衛員用毛巾加繩子拴在脖子上，在前面拉著走。白天行軍，則找根木棍，讓警衛員在前頭牽著走。

有一回，是夜間行軍。他正走著，突然前邊不走了。他站著等了好大一陣功夫，前邊也不走。他低聲問了兩句，也不見回答。他祇好伸出手往前頭去摸。一摸卻摸到了驢子的屁股。原來，警衛員拉肚子，屎急了，就把牽他的繩子往驢子背上一搭，忙找地方拉稀去了。

還有一回是白天行軍。天熱人乏。行軍不准閑聊天，十分枯燥無味。黃克誠走得滿臉大汗，掛不住眼鏡，就叫警衛員找根木棍在前頭拉著他走。這位警衛員就是後來官封上將，榮任志願軍政委的王平。

當年的王平僅有十四。十分頑皮淘氣。他走著走著就想鬧一鬧尋開心。他發現，每逢過溝和坑坑窪窪時，他一蹦跳，黃克誠也跟著跳躍。於是乎，走在平地上，他也三一蹦，兩一跳。弄得黃克誠也跟著他又蹦又跳，忙活得不得了。惹得戰士們捂著嘴樂。王平還嫌不熱鬧，就在原地繞圈子，歡蹦歡跳。黃克誠跟在他身後有樣學樣，很像扭秧歌。這下子，逗得戰士們笑瘋了。黃克誠這才知道，是王平小鬼頭在捉弄他。他不生氣，祇是嚷嚷：＂不要你了，不要你了！換個人拉！＂偏偏王平死活不肯換人，非得自己拉。

有一次衝鋒時，黃克誠跟隨隊伍往前猛跑。跑著跑著，警衛員和他跑散了。他祇好一個人悶頭往前跑。他跑累了，就又走又跑。忽然間，他覺得有些不大對頭。他又慢跑了幾步，這才看清楚，是七、八支黑乎乎的槍管正一齊對準了自己。原來他衝進潰兵堆裡去了。他沒有慌亂，猛地大吼一聲：＂不許開槍！＂趁著潰兵一走神的功夫，他就往山坡上的樹木草叢間，猛撲過去，又順勢滾下了山坡。這功夫，眾槍齊響。黃克誠心想，這下子全完了，革命到底了。等槍聲過去後，黃克誠兩手全身一摸，居然沒有一星血花。再一摸，手槍和皮包不見了。眼鏡卻奇跡般地插在頭髮裡，鏡片居然沒碎，鏡腿也沒折斷。他樂了。

戰鬥結束後，王平找見了他。黃克誠囑咐王平：＂回去以後，對誰也別提這事！＂當年部隊裡有紀律規定，若是警衛員把首長保衛＂丟＂了，不管警衛員幹什麼去了，抓了多少俘虜，繳獲了多少槍，也算是嚴重失職，輕地關禁閉，重者可能槍斃。

黃克誠不僅不處份王平，還出主意包庇他。王平一聽，哭了鼻子。回到師部，眾人都問黃政委出了什麼事。黃克誠哈哈一笑：＂樹根把我絆了一跤子。小鬼嚇哭了。沒事！屁事沒有！＂聽的人，誰也不信他的解釋。他們心裡明白，＜老頭＞在扯好心謊。

正是因為黃克誠心腸好，大家才喊他＜老頭＞，＜老頭＞二字，是同志之間議論或談到有關黃克誠的話題時，才使用的代名詞。同志之間一旦起了爭執，假若一方講：＂這是老頭講的！＂或者"這是老頭讓幹的＂。那麼另一方準會無條件投降。

毛澤東對此很不理解。有一天，他問黃克誠：＂你今年幾歲了？＂

＂二十八了。＂

＂怎麼喊你老頭？＂

＂亂叫一通，嘿嘿...＂

"還喊你黃瞎子。你不批評他們？＂

＂就是個睜眼瞎嘛。隨他們叫去好了。＂＂你是個首長嘛！要和群眾打成一片，可也不能太慣壞了他們。要講究個分寸！＂

＂嘿嘿...嘿嘿...＂

人們嘴上喊他＜黃瞎子＞，可是心裡卻非常清楚，他看問題又長遠又清楚。後來，毛澤東也信服了。人們喊他＜老頭＞，那是因為他在人們的心裡高出自己一輩，是長輩，是父親級人物。黃克誠一向以慈父般的心腸對待每一個人。不論這個人官職比他高，還是比他低；不論這個人是反對過他，乃至傷害過他，還是一向尊重他。他祗有一顆善意待人之心。他被罷官免職不是因為自己犯下了什麼大的過錯，常常是因為他出於善意幫助了別人，而給自己招惹來禍患。

黃克誠第一次被罷官撤職，是在三一年九月。他反對毛澤東大抓＜ＡＢ團＞。毛澤東把他從正師職的師政委降為司令部秘書，相當營級幹部，一下子降了五級。

當年當時李少九奉毛澤東之命令，給紅五師送去該師＜ＡＢ團＞份子名單，要求黃克誠按照名單抓人。黃克誠看到名單上所列的人，全是李文林原來的部下。雖然李文林同毛澤東過不去，被毛澤東殺了。但是這些部下，一不反對中共，二不反對毛澤東，三肯拼命給窮人打天下，一心幹革命，四無過錯。他們不應當受牽連揹黑鍋。黃克誠根本不認為紅軍裡有這麼多的＜ＡＢ團＞份子。黃克誠甚至在懷疑毛澤東搞錯了。

黃克誠知道，硬頂，頂不過毛澤東。他不抓，李少九會自己動手去抓。於是，黃克誠把名單上的團、營、連、排級幹部集中起來，送到一處較偏僻的小山溝裡藏了起來。他每天派人準時送水送飯。有了戰鬥任務，就去叫他們出來參戰。仗打完了再送他們回來。這些人知道自己一旦被抓性命不保。但是他們依舊勇敢作戰，屢立戰功。黃克誠期盼著，毛澤東會改變主意，給他們平反。

不巧，一位連長打仗負了傷。在救護站被李少九撞見了。李少九報告了毛澤東，指責黃克誠＂上驅領導＂。於是，黃克誠被抓了起來，等著吃槍斃。

彭德懷打仗回來後，知道了事情的始末。他找到毛澤東的家門，又拍桌子又罵娘，把毛澤東鬧得實在受不住了，祗好放了黃克誠。但是不准黃克誠帶兵了。彭德懷安排黃克誠當自己的秘書。

抓＜ＡＢ團＞的風波平息後，彭德懷恢復了他的師政委職務。

到了年底，在＜寧都會議＞上毛澤東被趕下台。在會上，黃克誠堅定地支持曾要槍斃他的毛澤東。為此，黃克誠開始吃批判。黃克誠既不認錯，也不檢討，誓不向王明及其打手屈服，並且一再聲言：＂整毛澤東是錯誤的！＂

於是，黃克誠第二次被罷官免職。上一次受罰是因為抵制毛澤東。這一次，恰恰相反，是因為支持毛澤東。他先被降為軍團政治部宣傳部長。沒過幾天，又被下放到營裡當營政委，即現在的營教導員。又是降了五級。

三三年春天，在彭德懷的干預下，黃克誠被調回到軍團，代理政治部主任。此時，正當第五次大圍剿。在這關鍵時刻，黃克誠又講話了。他建議黨中央把毛澤東請回來指揮紅軍作戰。

博古和李德二人一見黃克誠的建議，怒火頓生。周恩來、項英和任弼時都連連搖頭，嫌黃克誠太不知趣。洛甫和王稼祥連聲冷笑：＂小小一個黃克誠，又想興風作浪！＂

黃克誠面對如此巨大的對立面，等待他的會是什麼呢？

這正是：

心　直　口　直　一　生　直，

終生不做虧心事。

不戀瓦全效玉碎，

瞎子老頭入軍史。

欲知後事如何，請看下回分解。

# 第六十三回

## 國共興兵搶東北
## 蘇美暗鬥爭滿州

　　話說正當蔣介石大兵犯境征剿江西紅區的關鍵時刻，黃克誠提出了恢復毛澤東的兵權，這一令黨中央高層領導，極為憤怒的建議。殊不知，正是這些當權的高層領導自己挖空心思遞奪了毛澤東的兵權。故而，黃克誠的建議是針鋒相對地同黨中央對著幹了。了解內情的人，特別是彭德懷，都為黃克誠捏著一把冷汗。黃克誠隨時都會被定罪為反黨份子被處決。

　　＇你再提意見，就會被赶出紅軍了。＇彭德懷善意地開導黃克誠。彭德懷太知道中共鬥爭時，會用最狠毒的手段對付異己份子和異見者。

　　＇我又不是啞吧，豈能有意見不講？＇

　　＇暫時不講，少講，是為了爭取以後多講。這樣子吧，你少講幾句，我來多講一些。你若是不停地講下去，很快，人家就一句也不讓你講了。＇彭德懷的暗示太明顯了。

　　＇如果照這樣子打下去，必將斷送中央紅區和一方面軍。他們的想法不對頭。不能搞硬打硬拼的鬼防禦！紅軍會全拼光的呀！＇黃克誠預見到了結局，痛心疾首地感嘆道。

　　還算好，黃克誠聽從了彭德懷的勸導，沒把事情鬧大。後來，毛澤東巧鬥博古和李德，重掌軍權。黃克誠的壓力也冰消雪融了。彭德懷找了個機會，提拔他任團政委。

　　三五年，在＜長征＞途中，黃克誠第三次被處罰。處罰他的人正是他自己力言出來主持軍務的毛澤東。

　　毛澤東重主軍務後，為了甩開追兵，祇好讓部隊多跑些路，甚至是跑冤枉路。軍中大多數官兵對此很不理解，怨聲載道。林彪和黃克誠同時站出來為官兵代言。林彪找毛澤東當面提了意見。黃克誠找周恩來反映官兵的抱怨情緒。周恩來將黃克誠的話轉告了毛澤東。毛、周、洛、王等人一致認為，這是悲觀情緒。黃克誠不能再帶兵了，也不能搞政治工作了。毛澤東決定＇殺雞給猴看＇，先拿黃克誠＇祭刀＇，免掉了黃克誠的團政治職務。到了會理縣，在政治局會議上，毛澤東不去處份具有同樣觀點和行動的林彪，而是繼續處罰黃克誠，公開點名批判黃克誠卸去團政委職務後講過的一句話。

部隊行軍休息時，有人問黃克誠：＂這麼走下去，要走到哪兒去？＂黃克誠答道：＂大概要走到喜馬拉雅山上去。＂這是一句半情緒半玩笑的話。洛甫認為是右傾機會主義言論。毛澤東下令免去黃克誠的偵察科長職務，降為隨軍軍事法庭的審判員。稍後又免去了這一職務。黃克誠成了普通一兵，一名光榮的紅軍戰士。這是他第四次被降職。別人是由兵開始，一步步昇為高官。黃克誠則是由高官越幹越小，最終成了兵。

＜長征＞結束了。人們的思維正常了。黃克誠依靠自己的努力和軍功，又蒙彭德懷的厚愛，官職漸漸恢復。到了四六年，他任新四軍師長兼政委。也就是，從打上了井崗山到四六年，近二十年間，他一級官也沒昇。他的老同事陳毅成了他的頂頭上司。他的老部下粟裕亦由連長昇為他的上司。建國後，全黨全軍對他的看法和評價驟然巨變。他被授予大將軍銜，任職總參謀長。

黃克誠這四次昇降職均涉及到毛澤東：他反對毛澤東受罰；他支持毛澤東也受罰。對此，黃克誠淡然處之，依然故我，當講則講，該說則說。

四五年日本投降後，黃克誠看到曾克林等人去東北探路後，寫給中央的工作報告。他獲知東北地區物資豐富，工業發達，交通便利等情報，他頓生一種異感，覺得東北地區是塊超級優質根據地，可以養大兵，可以支持大戰，進而取得天下。他同時也得知日軍留下大量軍火物資，而蘇軍又不喜歡這些日本貨等等情報。他深深覺得，一定要趁蔣介石尚未動手之前，盡早盡快搶佔東北。這既有眼前的實惠，更有長遠的好處。想到這些，他很是興奮。

黃克誠先去見中央華中分局書記饒漱石，向他匯報自己的想法和看法。

＂我軍去東北，要得到斯大林同志的批准。如果蘇軍不同意，怎麼辦？＂饒漱石反問道。

＂不管斯大林是否同意，我們都要獨立自主，自己決定自己的戰略方針。我們進去了，蘇軍祗能同意。斯大林也就不好再多講什麼。＂

＂胡鬧！這是政治問題！是同蘇聯的國際關係的大問題。不可胡來！我不同意以華中局名義發你的電報。我勸你收回這些烏七八糟的想法。多用心打蔣介石就行了。你要努力克服自己愛提意見的毛病。多管閒事可是個大毛病！你也是四十出頭的人了吧？＂當年的饒漱石也是這麼大小的年紀。他故意擺出大首長的架式，把黃克誠訓了一頓。

黃克誠決定以個人的名義，給黨中央和毛澤東發電報。他寫道："...我建議中央立即派大部隊到東北去，不管蘇聯紅軍同意與否。要下決心進駐東北...既然派部隊進去了，應盡量多派。至少應有五萬，能去十萬人更好..."

這封電報擺到了毛澤東的辦公桌上。毛澤東看完了電報全文，又特別看了看電報末尾的署名：黃克誠。毛澤東莞爾一笑，心想："好你個黃瞎子，誰講你瞎？"他又將電報一連看了幾遍。

毛澤東具有一種天生的稟性。他能一眼斷定出事物的本質和價值。他覺得黃克誠的這份電報，把一個國家送給了自己。黃克誠的建議若實現了，自己則會在最短的時間裡，一統神州山河。他似乎透過這封電報，看見了近在咫尺的那個光輝燦爛的未來。他想著想著，越想越開心，不由自主地放聲笑了起來。

江青被他的笑聲搞得十分莫名其妙，好奇地從裡間屋走了出來。"主席今天怎麼這樣高興呀？"

"黃瞎子！黃老頭！你張烏鴉嘴，今天可算講了個一字千金，一字萬金的吉利話！哈哈！哈哈！"

"一個怪傢伙，有什麼好笑的？"

"哈哈！哈哈！"

"瞧你！今天怎麼啦？樂成這個樣子？！"

"哈哈！快去通知炊事員，今天得吃紅燒肉了。我得補補腦子了。這腦子出了大問題。教黃瞎子想到我前頭去了。不補補不成了！給你燒條魚。普天同慶嘛！哈哈！"笑著笑著，他猛然一停，悄聲對江青耳語道："得東北者得天下！"他這話弄得江青又懂又不懂。她祇覺得這話挺吉利的。

毛澤東立即召開中央政治局會議和一系列進軍東北的專門工作會議。他派八萬部隊、二萬名幹部，日夜兼程去了東北。

黃克誠也接到了命令。他率領自己的新四軍第三師的三個主力旅，計三萬二千餘人，開赴關外。

此時的蔣介石仍在處心積慮地籌劃討伐中共的解放區，搶奪共軍現已佔有的地盤。他任命的東北行轅公署主任熊式輝，仍坐在重慶上清寺的辦公室裡，封官許願，鬻官賣爵，忙著籌組"內閣"，連去東北的想法都沒有，更不用提日程表了。國民黨人，軍政兩界，都認為，蘇軍佔據著東北。東北的事是一時半會兒提不到日程上，遠著哪！

　　直到蔣介石接到情報，毛澤東的大部隊已經到了東北，他才著了急。正巧在這個時候，已就任美國國務卿的馬歇爾打電話給宋美齡，催促蔣介石務必佔領東北全境，不能把東北交給蘇聯和中共，並答應提供運輸機和大型運輸艦艇。馬歇爾如此著急，是讓斯大林給逼出來的。

　　蘇聯紅軍佔領東北以後，斯大林就開始捉摸，如何玩好東北這張〞牌〞。他早已對中共，特別是毛澤東，不信任了。他認為中共不是正統的共產黨，毛澤東是鐵托第二。斯大林的這些看法有受王明的影響，也有毛澤東本人的一系列做法令他十分反感。斯大林甚至認為，欲制服毛澤東，令毛澤東臣服於自己，祗能借助中國國內的另一力量與毛抗爭。

　　這就是說，斯大林想在國民黨和蔣介石身上做文章。拉攏蔣介石，令蔣介石傾向蘇聯，可以收到＜一箭三雕＞的效果。俄語叫做＜一塊石頭打了三隻兔子＞。第一，有了新盟友；第二，要挾了毛澤東；第三，踢了美國人一腳。

　　美國人也有自己的打算。他不能接受和容忍中共和毛澤東。也不能眼睜睜看著蔣介石投向斯大林的懷抱。他祗能孤注一擲地支持蔣介石。美國人相信，美援會在蔣介石身上發生作用。眼下，在東北一事上，蔣介石正盼著美援。

　　既然美蘇都想獨吞東北這塊〞大肥肉〞，也就不免各自做些手腳，搞些小動作了。

　　四五年秋天，斯大林命令蘇軍遠東地區總司令馬利諾夫斯基元帥邀請蔣介石派人去東北晤談。蔣介石立即派大兒子蔣經國押陣，熊式輝為代表團團長飛到了長春。蘇軍少將卡利洛夫到機場迎接。馬利諾夫斯基元帥代表斯大林，對蔣、熊二人正式表態：列寧同孫文的友誼是萬古長存的兄弟友誼。斯大林是列寧的繼承人。蔣介石是孫文的繼承人。蔣介石的政府是中國正統政府，中央軍是正統的政府軍隊。馬利諾夫斯基元帥還同意中央軍可以在蘇軍防區的營口市乘坐美軍艦艇登陸，可以接管長大鐵路沿線的大中型城市。

　　蔣介石聞此，心裡樂開了花。有美蘇兩大國的支持，有日軍的暗中配合，接管東北已是〞煮熟了的鴨子〞〝就等著下嘴大嚼特嚼一通了。

　　毛澤東原本以為，斯大林會支持中共接收東北。不成想，人家支持了蔣介石。這等於蘇、美、蔣三對一挑戰毛澤東。用個比，是兩個大人加一個半大小伙子，一塊去打一個十二、三歲的小孩子。結果如何？

八路軍和新四軍進東北之前，聽講日軍倉庫裡存有大批槍支彈藥。曾克林等人先期到達瀋陽市時，蘇軍一名中尉軍官曾經打開倉庫大門，讓他們進去參觀過。十萬大兵出關時，滿以後蘇聯老大哥會全力支持中共的，一交鑰匙，日軍武器就到手了。故而，有的部隊是空著手去的。老傢伙全扔給民兵用了。滿以為這回要鳥槍換炮了。誰也沒想到，他們進了瀋陽市後，蘇軍緊緊鎖牢倉庫大門，派上崗哨，不准八路軍接收日軍武器。還講，這批武器全交給中央軍。

八路軍先遣團團長的頭腦十分機靈。他見蘇軍官兵一到天黑，就跑到街上去，在酒館飯舖喝得酩酊大醉，惹事生非。有的官兵醉酒後，就把飯館門外的紅紅綠綠的紙幌子摘下來，頂在自己頭上，又唱又跳，耍酒瘋，滿街拉女人，見了女人又摟又抱。蘇軍紀律十分糟糕。甚至是惡劣。這位團長有了主意。

他叫部下買了十幾箱子東北地區用高粱釀造的烈性燒酒。這種酒多是私人燒鍋剛剛蒸出來的頭道和二道流子的混合酒。其酒精含量高達七十度以上。低者也在六十度開外。一般會喝酒的人，喝上一口，也感到舌頭發麻，嗓子眼噴火。若用火柴一點，酒杯口上會躥出一寸多高的藍色火苗。蘇聯人最喜歡這種烈性白酒。對他們來講，酒是越烈越好，越辣越愛喝。就算喝得站不住了，坐著，躺著，也依舊口不離杯，嘴唇不離瓶子口。一直喝得不省人事了，方才罷休。一醒過來，再接著喝，再接著醉。

團長帶上幾名幹部，扛上幾箱烈酒＜燒刀子＞，進了蘇軍司令部大門。一進大門口，早有幾名蘇軍校官、尉官迎了上來。

﹁哈拉少，哈拉少！大大的上高！﹂蘇軍熱情地嚷道。頭兩句是俄語＜好＞字。後面那句是中日混合語。是俄國人自己發明創造的，也是＜好＞字。東北人全都聽得懂。這些蘇聯軍官不用勸，也不用請，一人一瓶，用牙啃開瓶蓋，不用酒杯，對著酒瓶嘴，來了個嘴對嘴，歡灌上了。這叫＜吹喇叭＞。等到每人吹光了半瓶子，那態度就變得見了親爹娘一般。要簽命令，就簽命令。要鑰匙，就把一大串鑰匙全交給你。自己隨後挑。他們祗管喝酒。

這位團長留下二、三人侍奉喝酒，帶上其余的人，拿著命令，帶上鑰匙，直奔軍火倉庫。

一到倉庫大門口，崗哨見了命令也不讓進。這下子急壞了團長。此時，忽見那個哨兵用食指和中指連連叩擊自己的下巴。他們看了一陣子，也沒弄明白，是個什麼意思。直到哨兵掏出了空酒壺，讓他們去聞。這才明白，哨兵剛才的動作，是要酒喝的意思。他們祗好就近買了幾瓶。

那哨兵一見了酒，連轉盤槍也不要了，雙手捧著酒瓶，扭身進了屋，同班長等人一道＜吹喇叭＞。

團長一見形勢大好，就叫來全團戰士，又出重金僱了好多輛膠皮車輪馬車，整整搬了一天一夜，把個倉庫搬了個淨光。用這些武器足足武裝了三個建制軍。

經驗一傳開，八路軍和新四軍就打起了＜酒戰＞，把大連市、錦州市、長春市、哈爾濱市等地的大型日軍軍火倉庫，逐一˅酒˅開。

毛澤東聽完匯報後，氣得又想罵娘，又想笑。他咬著牙根惡狠狠地來了一句：˅老大哥，好你個老大哥！˅

毛澤東還想往斯大林的身上，潑點髒水，洩洩自己的火氣，又一想，忍了下去。

黃克誠的部隊沒有這番精彩的經歷。他估計蘇軍不會那麼好辦事。就帶足了棉衣和槍支彈藥物品。他的部隊隨時可以投入戰鬥。

到了東北，黃克誠看見的情況，比他自己想像的情況，還要混亂。就算都是八路軍和新四軍，也都是奉了毛澤東的命令到東北來的，但是，互不認識，互不摸底。東北的土匪又趁機夾在中間生事、行騙，鬧了不少亂頭子事。於是，各支部隊各行其是，各謀其政，甚至到了誰也不聽誰的，誰也不買誰的帳的地步。

東北地區被日本人佔領長達十五年之久。東北地區的中共地下黨組織，被破壞得幾乎等於零。開進東北的部隊真是兩眼一抹黑，耳聾眼又瞎。這群來自農村的土八路，對大城市一無所知，根本談不上管理。

黃克誠看到這一切，想了想，又拿起了筆和紙，給毛澤東寫電報。


這正是：


忠　臣　報　國　不　為　私，

心　中　祗　裝　天　下　事。

日　思　夜　想　得　一　計，

五 更 提 筆 報 君 知 。

欲知後事如何，請看下回分解。

# 第六十四回

## 林彪敗走四平街

## 粟裕智取虎威軍

　　話說黃克誠看見中共出關部隊的混亂情況後，立即建議毛澤東把進入東北的部隊集中在幾個地區，並且要退出城市，佔領農村，建立以農村為基礎的根據地。方能在東北站穩腳根。

　　在中共獨佔東北的歷史上，黃克誠立了兩大功勞。其一，他最先倡議部隊出關；其二，便是他建議佔領農村的主張。

　　毛澤東聽從了他的主張，又吸納了其它人的意見，在當年年底給中共中央東北局發了份極為重要的電報，做為指導東北全面工作為綱領性文件。後來，此電報編入毛澤東選集時，加了個標題，叫做＜建立鞏固的東北根據地＞。

　　一般來講，做為一名師長，根本用不著他去考慮這些大事。然而，黃克誠一見到問題，特別是有關全黨全軍利害的大問題，那就非得講講自己的想法不可。別人罵他是烏鴉嘴也好，給他處罰也罷，他是依然故我，盡其本份。自紅軍創立，直到解放軍進了南京城，乃至今天，在千軍萬馬中，能做到這一點的，毫不誇張地講，唯有一人，就是黃克誠。

　　黃克誠提了建議後，又立了第三功。他帶著部隊去見林彪。林彪是個從不輕言苟笑的人，甚至連自己的微微一笑，都不大捨得讓他人看見。此時此刻此地，當他見到黃克誠的時候，竟然哈哈大笑了三聲。差不多是他自己一年大笑的總和。

　　當時，林彪剛從蘇聯養傷後歸國。毛澤東任命他為東北人民自治軍總司令。可是他兩手空空，祇有一個警衛排。從關裡過來的部隊分散在東北各地。各自找地盤，各圖發展。東北原有的抗日聯軍，已經人數很少了。其裝備差，缺乏訓練，多居偏遠的山林地帶，乃至蘇聯朝鮮境內。更糟糕的是，這些部隊很難指揮，個別的甚至反水暴亂。用林彪的話去講，指揮這些部隊，比指揮聯合國部隊還難。

林彪同黃克誠在井崗山就相識，是一對老老戰友。林彪一高興，兩人聊了一整夜。林彪很少很少這麼興奮。黃克誠對他講：＂我的一師人馬，共計三萬二千人。一個不留，全交林總指揮。你指揮，準打勝仗。＂

＂哎呀呀！黃瞎子，誰再喊你瞎子，我就槍斃了他個兔崽子！＂林彪一激動，忘了自己頭一個該吃槍斃。林彪依靠這一個師三個旅，強制性聚攏了進入東北的各路部隊，又將一批有戰鬥力的小股武裝，逐個編入這三個旅，擴大為三個軍，約六萬人馬，初步形成以後的＜四野＞三隻虎的雛形，進而演變成打遍國內外無敵手的三大王牌軍，再往後又進一步發展成每個軍十萬人馬的三大集團軍，成為中共國防力量的中堅。這一切的＂種子＂就是黃克誠的一個師三個旅。

林彪本人遂以這三個旅重又東山再起，一統東北，進軍江南，成為軍中驕子，位及元帥，進而步入政壇，成為接班人。林彪的上馬石之一就是黃克誠。黃克誠自己在交出部隊後，被林彪任命為西滿軍區司令員，去了北國冰天雪地，發展部隊剿匪了。他自己上任時，僅有一個警衛排。

林彪剛剛完成對部隊的整編，蔣介石就發起了＜四平戰役＞。

四平市，舊稱四平街，位於東北大平原的中部偏北，吉林省境內。當年是個不足十萬人口的大集鎮。

它位於＜中長＞、＜四兆＞、＜四梅＞三條鐵路線的交岔點上，是通往東南西北的交通咽喉要地，是東北鐵路的中轉樞紐。在軍事上，是處戰略要地，兵家必爭之地。

＜四平戰役＞是國共軍隊爭奪東北的首次大會戰。

與以往大不相同的是，毛澤東硬逼著擅打運動戰的林彪，去打防禦戰。而死守硬拼的打法，恰恰又正是毛澤東本人和林彪一向最為反對的打法。林彪不願意，也更不理解。他心中是一萬個困惑加一萬個反感。他一再請示毛澤東改換打法。毛澤東卻下了死命令，要他死保四平街！林彪深信，毛澤東一定是吃錯了藥，在發一萬度的高燒，否則，不會下什麼鬼命令，去死守一個小集鎮般的鬼四平。

若按林彪的老脾氣，他會帶上部隊扭頭便走。但是，大病一場後的林彪，心理上起了許多變化。更主要的是，隨著自己政治地位的攀升，他已不再是單純的軍人了。他成了軍人加政客，會打政治仗了。從自己的政治前途考慮，他實在沒必要去得罪自己的恩師毛澤東。對毛澤東的 ˋ聖旨ˊ 再不滿意，也會跪地三叩九拜，高呼謝主隆恩。

按常理，毛澤東根本不會拼死拼活去保一個小市鎮。就算比四平街大上一百倍，他也不會去死打爛拼，走昏招，下臭棋。打開天窗說亮話，這全是叫斯大林給逼的。斯大林攏絡蔣介石而壓制毛澤東，讓他怒火中燒，不能自制，想爭口英雄氣，給斯大林上一課。毛澤東打這一仗的基點，是想臭顯白，給斯大林開開眼，在新戰區新戰場上，誰家是第一英雄？但是毛澤東忘了一句老俗話：英雄氣短！英雄氣是萬萬爭不得的！有位外國哲學家講過一句大實話。自然，凡是實話，總讓人覺得不高雅，太粗魯，太暴露，太難以入耳。但是那句大實話太生動，太形象，太有哲學味了。實話是：每當孔雀開屏，顯示她那美麗非凡的羽毛時，也在後面把肛門露了出來。這＜肛門＞二字是譯者改寫的。怕有人太受刺激。原文是＜屁眼＞！

為了在斯大林面前臭顯一番，去重演被自己批評過上千遍的＜拒敵於國門之外＞的鬧劇。若不是發神經，肯定是要玩上一手孔雀開屏，給斯大林開眼了。

四平街一仗，打得極其慘烈。蔣介石前前後後動用了十六個師，其中包括一個王牌軍。林彪用上了七個主力師。兩軍在人數上已相差懸殊。中央軍有飛機、坦克、重炮，更非林彪能比。

這仗打了一個月。

前半個月，林彪部隊是用肉體同中央軍的飛機大砲相對抗。有的營一連換了三屆領導班子。有的連，打得僅剩下不足半個班。有的團，連排級幹部全拼光了。前沿陣地上用屍體堆成 ˋ人肉工事ˊ，鮮血把布鞋鞋底子泡透了...

黃克誠不在現場，他一聽到這種戰況，就坐不住了。他拿起筆，先是給林彪寫電報，卻不見回覆。他又給毛澤東發電報，電報一去無蹤影。五九年＜廬山會議＞上，他問毛澤東為什麼打四平街保衛戰？毛澤東回答是自己叫打的。權勢薰天，位及人君的毛澤東想用這種口吻鎮住黃克誠。黃克誠卻連小彎也不拐一下，直桶桶地批評毛澤東：ˋ你叫打的也不對！ˊ惹得毛澤東瞪圓了眼珠子。

雙方打了近一個月時，斯大林在莫斯科看膩了毛澤東的孔雀開屏，也猛然想明白，一旦中共軍隊被打散了架，國共相鬥，蘇聯得利的 ˋ牌ˊ 就玩不成了。於是，蘇軍馬利諾夫斯基元帥通知毛澤東，中共軍隊必須立即退出東北各大城市，並且不得在中長鐵路沿線與中央軍作戰。如果中共軍隊敢違抗他的命令，蘇軍將訴諸武力解決。毛澤東一見自己的頂頭上司斯大林發火了，祇好忍氣吞聲收起了羽毛。

四平街一戰，是常勝將軍林彪的恥辱之戰。戰後他病倒了。在以後的大戰中，他又犯了老病，不大聽毛澤東的指揮了。

毛澤東平生頭一次想玩個孔雀開屏，就出了大醜。其實，換上誰，就算是斯大林、蔣介石敢玩玩孔雀開屏，也一定會把祇能在廁所和被窩裡亮相的地方露出來。可是，中央軍裡，就有人不信這個邪，覺得自己玩孔雀開屏時，保証不會露屁眼。此人叫馬勵武，是中央軍整編二十六師師長。

馬師長敢牛氣沖天，是他覺得自己有這個本事，部隊有這個實力，不是空口講白話。

整編二十六師，號稱＜虎威軍＞，是蔣介石的嫡系部隊，是五大王牌軍之一。蔣介石曾經誇獎它是＜金剛鑽＞和＜南京的長城＞。該師自創立以來，百戰百勝，向無敗績。紅軍＜長征＞途中，毛澤東重掌兵權後，首戰大敗於土城，就是敗在＜虎威軍＞手下。

抗戰勝利後，全師換上了美式裝備。由美軍教官訓練。蔣介石給它配備了一個快速縱隊。擁有八十多輛美製坦克和一個裝甲車營。這個裝甲車營是蔣介石從他二兒子蔣緯國手裡，硬要出來的。此外，二十六師進口了軍用卡車三百多輛，組成了一支汽車運輸團。一旦臨戰，可以快速移動。二十六師的作戰能力顯著提高。蔣介石還為這支機械化部隊，調來兩個步兵團，一左一右，充當＂警衛員＂，防備遊擊隊襲擊。

像二十六師這樣的部隊，蔣介石自認共有五支。其實祇有兩支。二十六師是老大。二十二師為老二。被蔣介石看好的另外三支部隊，若同二十六師相比，差的就不是一星半點了。

文人在形容某人極其高傲時，常常會講，某某人的眼珠子長在了眉毛上頭等等。若論起二十六師師長馬勵武的高傲勁頭，用上面的形容或比喻，就太差勁了。馬勵武的眼珠子全長在腦門上頭，比楊二郎還多一隻。馬勵武從來不怕別人議論他高傲什麼的。他公開講：＂沒本事，你傲個屁！傲，是老子本事大的招牌，是自己用本事賺來的金字招牌。不服？你傲一個我看看！怕你不敢！＂

二十六師調到蘇中前線作戰前，照例在南京舉行了記者招待會。

會上，馬勵武拍拍胸脯子高聲嚷叫：＂兄弟這個師，從頭髮梢到腳指尖，全都是鋼！粟裕，土包子一個！一拍打，全身掉土渣。他想打敗我，一百年以後再講吧！＂

二十六師一到蘇中，粟裕就想打掉這支機械化部隊。他同陳毅、譚震林等人一商量，決定以打二十六師做為開場鑼鼓，掀起蘇中、蘇北、魯南地區戰鬥小高潮。

當時，正是陳毅在漣水城下新敗不久，兵力十分缺乏。粟裕就借了山東部隊王建安和郭化若領導的魯中獨立師前來助陣。

王建安是原四方面軍的一員虎將，和許世友是十分要好的朋友。他二人性格脾氣一模一樣：一是愛喝酒，二是愛打獵。兩人一見面，就像兩個十二、三的小朋友一樣，又是動拳，又是動手，摟著抱著就要摔一跤。誰被摔倒了，誰掏錢買酒喝。那一次，在延安整張國燾時，二人被批判，不服氣，就商量著逃跑，上山打游擊。後來被弄到大牢裡去了。那回鬧事，他倆全是主謀。出獄後，二人大飲一通。邊喝酒，邊罵娘，把林彪、謝富治和莫文驊罵了個狗血淋頭。毛澤東委托劉少奇找他倆談話。

劉少奇先講了三大紀律八項注意，又講了領導幹部要高標準要求自己，然後讓他們倆做自我檢討。他們倆卻異口同聲揚言，喝醉了酒，罵人不算數。氣得劉少奇勵聲斥責道："喝醉了，為什麼不罵自己？"

王建安回嘴道："誰個不罵？我老是罵他偷酒喝，他罵我偷了他的酒喝還不認賬。"這一番無賴話，直氣得劉少奇干翻白眼，說不出話來，坐在椅子上喘粗氣，不知拿他倆如何是好。

許世友照舊笑嘻嘻地說："老劉，你可別真生氣！跟俺倆生氣不值當的！這麼著，下回喝酒時，俺倆各罵自己一百句，你就不吃虧了吧？"

劉少奇氣得一揮手赶他倆走人。劉少奇找毛澤東訴苦。毛澤東聽後，哈哈大笑："兩個直實人，肚子裡不鬧鬼。能打仗就好嘛！"劉少奇祇好認倒霉了。

王建安和許世友略有些不同之處。王建安是個竹筒子，但凡見到什麼不理解的，不明白的新奇事，就大嚷大叫，問個底透，保準不會留在肚子裡過夜。

王建安先前祇聽講粟裕的大名，沒見過粟裕本人。這回一見粟裕的面，就又嚷又叫："哎喲喂，粟司令！你怎麼會是這副樣子？"

"哦？"粟裕大為不解。

"什麼意思嘛，講個痛快喲。"陳毅也覺得挺奇怪。"剛才一進屋，我見陳軍長身後跟著一個又瘦又小的戰士，穿著件舊棉衣，帽沿軟塌塌的。還以為是陳軍長的勤務兵。原來是七戰七捷的粟裕呀！你咋這副樣子？佩服！佩服！我他奶奶的淨出洋相！"

眾人一聽，哈哈大笑。

"別笑，別笑！我王建安就佩服粟司令這樣的樸實人！誰它奶奶的架子大，我就恨誰！粟司令，我佩服你，我聽你的！這回跟著粟司令打馬勵武兔崽子，你說咋辦就咋辦！就是得快點。一聽講去打馬勵武的機械化，我這幾天做夢，全是跟汽車賽跑..."

王建安話沒完，就逗得大伙笑個不停。

"人家講我陳毅有屁就放。沒想到，你也是個不打招呼就打屁的傢伙！好嘛，咱們一道打它個鬼話胡二十六師！"陳毅高興了。失利的陰影一掃而光。

"陳軍長，除了我這個大老粗外，你們可全是大老細，得讓著我點！以後，我罵娘吐髒字時，你們就假裝沒聽見，也省得捂耳了，行不行？"王建安這麼一逗，大伙更融合了。

眾人又聊了幾句，就入座開會。

粟裕先請郭化若談談他自己的想法。郭化若是＜黃埔軍校＞一期畢業生，後在莫斯科高等軍事學院進修過，是研究＜孫子兵法＞的專家。他參加紅軍後，一直擔任毛澤東的軍事參謀兼紅軍副總參謀長。在井崗山上，他的軍職比陳毅、譚震林和粟裕都高。他因身體不好，來膠東養病，臨時在軍分區和獨立師任職。他是個有學識，有實踐經驗，足智多謀的人。

郭化若見粟裕先讓自己發言，覺得粟裕太尊重自己了。這次一到蘇北，看見粟裕同在井崗山時一樣，衣著樸素，心境容人，謙遜而坦誠，身上全無名將的傲氣蹤影，真是應了＜名將傲骨不傲心＞的古話，心裡甚是高興。

他坐定之後，慢聲細氣地說道："我看此仗祗能智取。粟司令是智取的高手名家。更是理該智取。"他這麼一講，先就贏得陳毅的高聲喝彩。陳毅亮開大嗓門，嚷道："就是這個主意嘛！英雄所見略同，所見略同！"


這正是：


人　生　百　年　轉　眼　間，

待　人　道　理　萬　萬　千。

傲　人　傲　物　不　可　取，

傲　骨　在　身　天　地　寬。

欲知後事如何，請看下回分解。

# 第六十五回

## 群雄血戰漏汁湖

## 中外用兵休假天

話說郭化若見粟裕謙遜好學，就盡其所知，詳細地介紹了歐洲戰場上打機械化部隊的辦法。

當年，機械化部隊在歐洲戰場上已不是新鮮事了。但在中國戰場上，就連日本軍隊算上，其機械化程度亦十分有限。美式裝備進入了中國戰場，今後免不了要碰上幾回，粟裕等人自然喜歡聽他多講講了。

"坦克也好，裝甲車也好，就連汽車全算上，有優點，自然也就有缺點。其缺點往往是致命的！"郭化若侃侃而談，"攻其致命點，其優點就全消失了。我們自然就打贏了。"

"郭司令，你是來給我們打氣的吧？"王建安趁郭化若稍一停頓的功夫，冷冷地來了一句。他見郭化若大談理論，不沾打仗的邊，以後郭化若是個賣狗皮膏藥的，心裡不大耐煩了。

"汽車的弱點在油箱上。坦克的弱點在履帶上。"郭化若沒聖理王建安的茬，自己接著往下講，"蘇軍打坦克用手雷。手雷就是大型手榴彈。我們可以把三枚手榴彈綑起來，同時拉火，塞進坦克履帶的連接處。炸斷了履帶，坦克就成了死烏龜。"

"郭司令的意思是，先把坦克放過來，然後從側面打。這樣的話，要增加防線的寬度和厚度，是吧？"粟裕問道。"對頭！如果防線厚度難以加厚，可在防線前沿地帶，加設散兵坑，設下埋伏，派專人打坦克。至於汽車嘛，從側面打好一些。擊中油箱，汽車會自行爆炸燃燒。"郭化若進一步做了解釋。

"好！"陳毅聽明白了，就高聲叫好，"王司令，粟司令，得讓軍需部門多搞些手榴彈上來！三枚手榴彈換一輛大坦克，這種買賣，要得！"陳毅高興得又喊又叫。

粟裕一字不漏地在小本本上猛寫快記，活像個認真聽課的好學生。"郭司令，聽你這麼一吹呼，我可就手癢癢了！"王建安捋胳膊挽袖子，亮開了粗嗓門，"它奶奶的！這回不能便宜了它個狗日的。我得炸上它兩輛過過癮！龜兒子的，這兩年一見坦克，頭皮就發怵，吃虧不在少數！"

　　＂我養病的這些日子，翻了翻魯南、蘇北這一帶的地方誌，大有收獲．．．哎，我的郭司令，那些老古董有什麼用？寫的全是誰當了什麼大官，誰家養了個孝子。你可真有閑心理它！來，再講幾段有用的！＂王建安又來了一棒子。

　　＂地方誌可不簡單喲！講講也好嘛。郭司令請介紹介紹！＂陳毅同王建安的看法正好相反。陳毅知道郭化若的老底，心中自然明白郭化若不會閑話三百六，而是必有大用處，就催他快講講。＂這魯南蘇北一帶，每逢陽曆新年前後，定是陰雨連綿。到了那時候，道路泥濘，路面翻漿，十分不利於汽車坦克行駛。機械化部隊若是遇上了這種鬼天氣，它的缺點就更明顯了。＂

　　＂郭司令的意思是．．．"粟裕眼睛一亮，猛地插了一句，又赶忙收住口，自己笑了。

　　＂特別是漏汁湖一帶，更是爛泥路遍佈。在古代，這裡曾是一片海洋。明朝還是個小湖。到了清末才湖水退盡，露出地面。但是，一下雨，又變成一片低窪沼澤地。雨水泡上兩三天後，成了爛泥塘。坦克汽車若是開進去．．．"

　　"明白了！明白了！好你個郭司令，這回算你沒白看！哈哈！哈哈！"王建安高興得要跳了起來。他打斷郭化若的話頭，同粟裕商量：＂粟司令，咱倆聯手，把狗日的坦克汽車全逼進漏汁湖它娘個蛋的！就是不炸它，也夠他老小子喝一壺的！郭司令，你再來幾段，你那寶貝地方誌，還有什麼牛黃狗寶沒亮出來。不興留後手！＂王建安也服了地方誌。

　　"別，先別忙！＂陳毅嚷道，"這回得讓王司令先叫一聲＜先生＞，認個老師也行！誰叫他瞧不起地方誌．．．陳毅嘴上數落王建安，心裡更盼著郭化若多講講才好。他太盼望打勝這一仗了。＂我動員民兵，把路全它娘挖壞！全是大坑套小坑。叫那雨水一泡，就成了大大小小的漏汁湖！陳軍長，我的主意挺好吧？＂王建安粗歸粗，也是個聰明人，也是盞一點就著，一撥拉就亮的好燈。＂好！記你一功！你這個學生蠻不錯喲！是不是喲，郭先生？＂陳毅一高興，就愛開玩笑。＂不過嘛，王司令，可別全挖壞！要留下一條好的，讓快速縱隊自己乖乖地開去漏汁湖。全挖壞了，客人就去不成漏汁湖了＂粟裕半開玩笑半認真地說道。＂耶赫，粟司令，你那顆腦不也是十來斤嘛，怎麼就比我王建安多一保筋？好，聽你的！＂王建安很是佩服粟裕，＂哎，郭司令還有什麼夜明珠，快亮出來！我這個人沒什麼大毛病，就是性子急了點！＂

　　郭化若見大家靜待他發言，就提了一條建議：ˇ我提議，總攻時間要放在陽曆新年前後一兩天裡。中央軍肯定要放假的。當官的要離隊進城探親友、看戲、吃館子。值班人員也是晝夜打麻將、賭牌九。全軍處於軍心渙散，戒備鬆懈狀態。就選這種時候，打它個冷不防！ˇ

　　ˇ聽明白了吧，王司令？人家郭先生可比咱們土包子多好幾條筋！二次世界大戰，希特勒就是利用星期天，偷襲蘇聯的。一下子打進去幾百里地！哎呀呀！不得了！"陳毅頗有感觸地發了一通議論。

　　ˇ日本偷襲珍珠港，也是假後頭一天剛上班，趁著美軍官兵的心，還沒安定下來，就開了火。ˇ粟裕補充道，ˇ節假日是個機會。用好了，能頂上十個八個團好用！ˇˇ我的娘喲！跟你們這些精猴子一起打仗，比上學還熱鬧！我王建安算是開了眼界！什麼破爛閑貨，全能用上。怪不得，叫你們是軍事家，喊我是玩命的，沒冤枉！ˇ

　　ˇ過去多是打遊擊，全是小打小鬧。今後，仗是越打越大了。得學學兵書兵法了。就算當不了軍事家，也得混在軍事家的大堆裡，聞聞軍事家的氣味嘛...."陳毅把大家全逗樂了。

　　ˇ真該好好謝謝郭司令！ˇ粟裕心裡十分感激郭化若。ˇ這是天滅二十六師！一個粟司令就有他瞧的了。如今再加上一個郭先生，他馬勵武可是要馬陷漏汁湖了！ˇ陳毅像似在為馬勵武算命了。ˇ陳軍長，光顧著扯大天了，這肚子有了意見。給弄點什麼喂喂腦袋吧！ˇ

　　ˇ要得！要得！今天我特意去弄了兩瓶＜雙溝大麴＞。這是我們蘇北的名酒！ˇˇ不！不在你這裡喝酒。吃飽了肚子就行了。ˇ王建安一口謝絕了。

　　ˇ聽講王司令是海量，哪能不喝它二兩？別讓人家笑話我陳毅小家子氣嘛！ˇ

　　ˇ不，不！不是這話！我的意思是，跟你們一塊喝沒大有意思！不喝！不喝！ˇ

　　ˇ啥個意思嘛！？跟哪個喝有意思？講講看，我去把他請了來！ˇ

　　ˇ我喝酒祗跟許和尚一塊喝。要不，就一個人悶頭喝。瞧瞧你們，又是勸，又是讓，光動嘴皮子，不見酒杯乾。勸了一上午，讓了一下午，就用舌頭尖舔了舔杯子沿。你們瞧瞧我跟許和尚，那才叫喝酒！我們倆是爭著喝，搶著喝，趁他一走神，偷他的杯子喝。使勁喝，就怕喝少了，吃了虧...他的話沒完，就逗得眾人哄堂大笑。

「我這裡菜好！我見過許世友喝酒。一根辣椒也能喝，半截大蔥也算是個菜。聽講，有時弄兩瓣大蒜，也能對付一頓。今天，我特意準備了我們的淮揚風味。保你酒足菜香！」陳毅亮了亮待客的老底。

「陳軍長，又搞錯了不是？」

「啊？！」

「喝酒，若是會喝的，講究的是酒，不講究菜。」王建安也挺能神聊幾句。

「許和尚跟小田乍一結婚，我頭一回去見小田，在他家喝酒。"王建安接著侃山小田做了一桌子菜。你猜怎麼著？那是怎麼端上來的，又怎麼端了下去。一筷子也沒碰。有一回，我跟許和尚喝酒，什麼菜也找不到了。警衛員弄來一個鹹雞蛋。我們倆一下子喝了五斤<老白干>。」「哎呀呀，半個雞蛋每人下了二斤半酒，要得！真真要得！」陳毅大吃一驚，不無贊嘆地嚷了一句。

「你講什麼話？吃了半個蛋？又搞錯了不是！那太浪費了！我們倆是瞅一眼雞蛋，喝一杯酒。喝一杯酒，再瞅一眼雞蛋。五斤酒下了肚，它奶奶的，那隻雞蛋連皮都沒剝開，連聞聞味都給省了...
"這下子可把陳毅笑瘋了。

「光喝酒，就不怕喝醉了？」郭化若問道。

「喝酒怕醉還成？喝的就是那個醉勁。真它奶奶的糟糕，我快兩年沒醉過了，沒嚐到那種滋味了...許和尚喝不醉時，就怪他老婆往酒裡摻水，氣得他老婆不幫他買酒了..."

"王司令，聽這話的意思，你那位內當家的，可沒少給你摻水，

是吧？王司令還是挺讓著內當家的，有這回子事吧？」粟裕也跟王建安來了一逗。「哎呀呀，什麼讓著？你就罵我怕老婆多省事！怕倒不是怕。我可沒許和尚那麼傻！他把老婆罵得不替他打酒了，多吃虧！咱可不罵老婆。咱罵酒館老闆摻水..."

"哈哈！哈哈！"眾人一聽全笑了。站在門口的警衛員、馬伕、哨兵全被他逗得笑個不停。"聽王司令一席話也長見識。」「算了，算了！這些屁話，不值一聽。真怕髒了你們的耳朵！」

「亂彈琴！沒得那個話！你是酒中仙，沒人比嘞！」「我可不當酒中仙！你們也別罵我是酒鬼。我是個頭號大酒缸！」

　　〝哈哈！哈哈！〞又是一陣大笑。
　　〝王司令的＜酒經＞別有見地。〞粟裕認認真真地感嘆道，〝別人怕醉，你反其道而行之，是求醉！這同打仗一樣。總是同別人一樣地打仗，老是照書本上寫的去打仗，想贏怕輸，那太沒意思了。要不怕輸，要敢於變陣，別具一格，甚至是超出常規，那才叫打仗。喝酒，打仗，道理是一樣的。〞
　　〝好你個粟司令！我把你的話，對許和尚一講，準樂瘋了他！他真會樂得跳進酒缸裡洗個澡不行！真得謝謝粟司令高看我們這些酒蟲子。我這邊敬禮了！〞王建安站起身來，規規矩矩地給粟裕敬了個軍禮，又讓大家一陣笑。
　　＜魯南戰役＞發起的總攻時間是四七年一月二日，元旦的第二天。這天傍晚時分，原本晴朗的天空，突然烏雲密佈。不大功夫，狂風暴雨，舖天蓋地而來。傾盆大雨，打得枝斷葉落。地面上流水四溢，泥濘不堪。低窪處瞬間就已積水沒膝，能走小船了。看見這種景象，陳毅和粟裕二人對視一笑。
　　晚上十點整，粟裕下達了總攻擊命令，各路人馬，潮水狂浪般向二十六師陣地撲了過去。
　　華東野戰軍集中了全軍炮火，猛轟二十六師駐地馬莊。雨點一般密集的炮彈，一批又一批地傾瀉在馬莊及其周圍的營房和工事上。在震耳欲聾的爆炸聲中，正在呼呼大睡的中央軍官兵，有的在夢中直接昇入天堂或是下了地獄，有的疼醒了，發現自己，或是少了胳膊，或是少了大腿。沒有負傷的人，在一片黑暗中，摸著上衣當褲子，抓條床單就往頭上套。鞋和襪子根本就不去理它了。沒喊一、二，全都爭先恐後地往門外跑去。一人跌倒了，絆倒一大片。罵聲、嚷叫聲、哀告聲，種種人間才有的悽慘聲，同地獄裡才可能有的鬼哭聲，混雜在一起，在二十六師駐地上空迴蕩著...夜色裡，當兵的找不到當官的。班長找不到排長。排長叫不齊自己的部下。誰也不知道該怎麼辦。連級以上的軍官全進縣城找樂子去了。
　　炮轟仍在繼續。馬莊一帶成了靶場。
　　師長馬勵武年三十下午就進了城。他一連看了兩天大戲，還沒過足戲癮。這天晚上又去看情婦主演的＜西廂記＞。正看得興起，他的親信參謀神色慌張地跑到他座位旁邊，結結巴巴地報告：〝師...師座，不，不好了！共軍，總，總攻擊...馬莊，完，完了...〞
　　"放你娘的屁！"馬勵武一聽就火了。一是討嫌壞了他的興頭；二是根本不相信參謀的話是真的。共軍土包子敢來找二十六師的晦氣？那是老耗子舔貓鼻樑，自己找死！他真想給參謀一個耳光子。

他兩眼圓睜，惡狠狠地問道："謊報軍情是死罪，你不知道嗎？"參謀一個立正，再做解釋："師座，我不敢，不敢！我，我親眼看見，參謀長已乘車走了..."

"啊？！快備車！"馬勵武這才信了實。這才急了。他連大衣也沒披，幾大步跑出戲院，找到自己的吉普車，一把拽下醉酒的司機，自己開車瘋子般向馬莊駛去。

他開快車駛了一個來小時，猛然看見遠方一片火光沖天，隱隱約約能聽見遠方傳來的爆炸聲。他渾身冒冷汗，嘴裡連連念叨："完了，晚了...他掉轉車頭向嶧縣駛去。

正忙著打麻將賭牌九的營團長們，一見師長駕到，急忙站起身來迎接。馬勵武理也不理，幾步奔到電話機旁邊。他撥拉了一陣子，無半點聲音：電話線斷了。他用美製步話機同薛岳聯絡上了。

"...薛主任，我求求你了！快給我解圍吧！請你高抬貴手，我永世..."傲氣得不可一世的馬勵武，在露出"屁眼"後，覺得太冷了，也祗好收攏羽毛了。此時，他真像一隻小綿羊，一隻要挨屠刀的小綿羊。恭順，無助，可憐，絕望，乞求饒命。

"馬師長，你喝醉了吧？哈哈！"薛岳渾身輕鬆地開他的玩笑，"若是不夠喝，叫她再多買幾箱子嘛！替我向她問好，哈哈！""我沒醉！薛主任呀，你是知道的，我滴酒不沾，不沾！"馬勵武急得哭了起來。

薛岳聽見了哭聲，忙收起玩笑話。他心想，這二十六師一旦覆亡，蔣介石豈能輕饒了我薛岳？想到這裡，薛岳一改腔調，怒斥道："馬勵武，你身為師長，倍受蔣總裁信任。但是，你玩忽職守，貽誤戎機。早不向我報告。太傲氣了！簡直目中無人！目無上司！我要重重懲處你！我命令你，立即組織反攻！不成功，便成仁！"馬勵武一聽這話，手一鬆，聽筒摔落地上，先"成仁"了。

　　　這正是：

善　戰　總　嫌　兵　書　少，
決　鬥　豈　厭　虞　詐　多。
杯　中　能　見　風　雲　會，
隻　言　片　語　識　韜　略。

欲知後事如何，請看下回分解。

# 第 六 十 六 回

## 中 央 軍 誤 攻 坦 埠

## 張 瘸 子 誓 會 小 苑

話說二十六師駐馬莊的部隊，由於沒有指揮，被粟裕的部隊全部殲滅。

馬勵武的機械化部隊見步兵被殲，無心戀戰，三十六計走為上，掉頭後撤。冒著大雨，頂著狂風，上了公路，直奔南走。

不料，開出去也就十幾里地，公路路面盡被挖毀，完全無法行車。偵察連和眾司機祗好下車，分頭尋路。找了一陣子，總算找到了一條不算太寬的用碎砂石舖成的小路。路面還算硬實，勉強可以走車。

眾司機一見，十分歡喜。原本急於逃命，此刻不做它想。眾司機爭先恐後上了車，猛踏油門，一陣快車，沒用多大功夫，先後開進了漏汁湖地區。

車隊正在行進中，突然間，萬炮齊鳴。雨點般的砲彈在車前車後連連爆炸。司機們為了避開砲彈，汽車、坦克和裝甲車紛紛下了小路，向兩側散開，進了荒野地。

那大片大片的荒草野地，看上去，平平坦坦，秸草枯黃，隨風微搖，和別處的荒原野地沒什麼不同之處。可是，大批車輛一開上去，車輪一碾一壓，車子全陷進爛泥地裡。越是踏油門加大馬力，車輪陷得越深。祗見車輪子飛快地打空轉，吃不上力，甩得爛泥四濺，車子卻是一動不動。

炮聲一停，軍號齊鳴，大批新四軍戰士和民兵，廝喊著，挾著手榴彈束和炸藥包，從四面八方圍了過來。先頭，坦克兵還用車上的機關炮打上幾下子。後來，見到新四軍和民兵越來越多。自己那幾炮根本沒用。有人縮回車裡，有人下車就跑。沒跑幾步，爛泥過了膝蓋，還越陷越深。可能要了小命。祗好一動不動，等著敵人來救命了。

到了四日下午，二十六師的步兵旅、快速縱隊、汽車團、裝甲營，全部報銷。三萬多人，或死，或傷，或降。粟裕趁勢揮兵搶攻嶧縣。眾將士一鼓作氣，不用一天的功夫，拿下了嶧縣，生擒馬勵武。

就在這功夫，那風，突然停了。那雨，突然住了。

　　泥濘的公路上，一支四排併行的俘虜隊伍正踩著爛泥，一趑一滑地朝前蠕動般慢慢地行走著。

　　粟裕的馬去運傷員了。他察看過傷員後，和警衛員步行著，從馬莊趕回嶧縣縣城，正巧趕上了俘虜大隊。粟裕正悶頭走著，猛然聽見兩名俘虜在聊天，引起了他的興趣。

　　"...這鬼天氣，真它娘的掉蛋！打完仗，它也不下了..."

　　"人若倒霉，喝上涼水也塞牙！誰成想會在這裡翻了船！"粟裕聽到這裡，故意放慢了步子，仔細打量了一眼這兩名俘虜。他一瞧肩章，都是連級軍官。

　　兩名軍官俘虜看見一名又矮又瘦的老兵，在打量自己，就顯得很是無可奈何的樣子長嘆了一聲。其中一人掏出來一合淋濕了的火柴，對粟裕打招呼："老哥哥，能賞根煙，解解癮嗎？多謝了！"

　　粟裕不吸煙。他站下，回頭張望了一圈，就踩著泥水，一趑一滑地緊走了幾步，從押送俘虜的排長手裡，要了兩支香煙和一合乾火柴，又緊走了幾步，追上了他們倆。

　　"多謝！多謝老哥哥！"兩人趕忙接住煙，點上火，急匆匆地狠吸了幾口。

　　"老哥哥，你在隊伍上混了不少年頭了吧？"其中一人問道。

　　"是呀，有些年頭了。"

　　"老哥哥是搞糧草的，還是管車馬廚房的？"

　　"幹些雜活。給大伙管管雜事。"粟裕含含糊糊地回答，又順口問了一句，"二位當了官，混得蠻不錯嘛。出國打過仗吧？"

　　"別提了！這回活該倒霉，碰上了粟裕。別提了！"另一人插了一句。

　　"若不是這鬼天氣，若不是過新年，就算碰上了天王老子，我們也能碰它個頭破血流。便宜不了誰！真倒霉到家了，怎麼就叫我們碰上了這..."

　　"聽你這話，好像粟裕不怕刮風下雨？連個年節也不想過？是吧？"

　　"說得也是。"其中一人吸了口煙，怏怏不樂地說道，"大家都是一樣的人嘛，是人，哪個不圖快活？再說，人家那麼大的官，那麼有名氣！人家當然要比我們這些跑腿打旗的人，更會自找快活了！當大官的，不用粟裕那麼大的官，那也沒人比得了！咱們下一輩子再想吧。哎，老哥哥，你見過粟將軍嗎？瞧我問的，那粟將軍可不是誰想見，就見得成的！咱們這輩子算是沒那眼福了！"

˅你可真會白日做夢，吃了敗仗，當了俘虜，還想見粟將軍？！
˅

˅粟裕也是個人嘛，沒什麼稀罕可看的！˅粟裕淡淡應了一句。
˅老哥哥，這就是你的不對！怕是你老哥哥沒見著，才故意這麼說的！圖個心裡安穩。想想看，自古至今，打了三千年仗，不就出了五位常勝將軍嗎？粟將軍算老六！誰不想親眼見見？連美國人都想採訪他，跟他站在一塊照張相。人家粟將軍不理他那份髒子！不見！哈哈！不見！牛不牛？...那人吸了口煙，正準備接著替自己心中的大英雄，好好吹上一吹，卻被粟裕打斷了話頭。

˅打仗要靠大家勇敢作戰。單靠一兩個人是不成的。你們馬師長不就挺能打嗎？中央軍裡也是能排前幾名的吧？˅˅老哥哥講得極了。我們馬師長在緬甸傲氣著哪！能打著哪！連美國人的帳都不買！˅

˅傲氣人遇上傲氣人，誰勝誰負就很難講了。若是遇上了不傲氣的人，則必敗無疑！你們二位想想看，是不是這麼個道理？˅

二人聽後，沉默無語。粟裕又看了他們倆一眼後，快步走遠了。這時，其中一個人猛地想起來，那合火柴還沒有還給老哥哥，就把火柴交給押送他們的排長，請排長轉交給瞧得起他們的老哥哥。

˅不必了！留著用好了。˅

˅這位長官，借問一句，剛才那個老伙伕，說起話來，挺有水準的。你們當兵的，全能這個樣子嗎？˅˅老伙伕？˅排長不解地反問了一句，細細一回味，不由哈哈大笑，˅像他那樣的老伙伕，能沒有水準嗎？˅排長十分洋洋洋得意，˅百萬人中也沒第二個那樣的水準！全國僅此一位。當兵的上哪兒去找這樣的水準？"

"啊！不知...不知當不當問，他是誰呀？" "有句古話：遠在天邊，近在眼前。還有一句：有眼不識泰山。想必都聽過吧？哈哈！˅排長見他二人仍是一頭霧水，就又暗示了一下，˅你們倆剛才還一個勁唸叨一個人嘛。˅

˅啊！！！！˅他們倆，以及他們倆身前身後身旁的俘虜們，齊齊的驚叫了一聲，爭著搶著踮起腳跟，伸長脖子，朝著粟裕走遠了的那個方向，翹首望去，心裡很是後悔，剛才怎麼不看個仔細。那個手攥乾火柴合的俘虜連長，驚訝地張大了嘴巴，好半晌才冒出一句話：˅他就是粟將軍！像個伙伕的將軍！肯替俘虜找煙抽的將軍！他豈能不百戰百勝！˅

五十年後，那合乾火柴仍被陳放在重慶市一家普通市民家裡的一個玻璃盒子裡。家人用它警示族中的子孫後代。人們也還流傳著，那天見過〝老伙伕〞、〝老哥哥〞一眼的俘虜們，事後紛紛加入了粟裕統率的野戰軍，參加了＜淮海戰役＞，一直打過長江。其中的許多人立了軍功。

此後，粟裕又發起了＜萊蕪戰役＞殲滅了李仙洲部。＜華野＞連勝，激怒了蔣介石。他派出新七軍和整編七十四師兩隻勁旅雄師攻打＜華野＞，欲一舉打敗粟裕。

整編七十四師，原稱七十四軍。整編後，換上了美式裝備，又加多了五千人馬。聽名字變成了師，若論人員編制，比原來的軍大了許多。

七十四師是蔣介石五大王牌軍的老三。師長張靈甫，人稱＜小希特勒＞，自稱＜張瘋子＞。張靈甫一舉一動，張口閉口，衣著打扮，髮型髯式，無不彷傚希特勒，為入處世事，皆以希特勒自比。其人的粗暴蠻橫，殘忍無道，也就可想而知了。

新七軍和整編七十四師出發之前，也依照蔣介石的老套子，舉行了記者招待會。張靈甫彷傚前人，當場解下腰間的佩槍，留下一粒子彈，然後莊嚴宣稱：〝我輸了，這粒子彈歸我！"中央日報的記者依例公式般提問：〝張將軍，你要多久才能打敗粟裕？〞張靈甫想也不想地朗聲回答：〝三個半月，消滅華野！〞

大敵當前，＜華野＞召開軍事會議，商討應敵良策。會上，有人主張先打新七軍。因為新七軍相對弱些。另有人則主張先打七十四師。特別是陳毅，更是力主打七十四師，報昔日一箭之仇。

粟裕聽完兩種意見，開始苦苦思索。他想了又想，想得頭疼病都犯了。陳毅一天到晚地催他，早點下決心去打七十四師。他告訴陳毅，還得再想想。

正在這時，偵察科抓到了一名七十四師的營長。粟裕不由心頭一動，計上心來。

粟裕親自提審這名營長。審訊之前，他吩咐秘書、警衛員以及哨兵等人，要當著這名俘虜營長的面，直接稱呼他粟司令。一定要讓俘虜聽清楚，他就是粟裕本人。審了一通，把營長押了下去。粟裕又吩咐看守的士兵，裝做疏忽，忘了鎖門，故意放營長逃跑。一切如料，營長成功地逃走了。

僅僅過了兩天，偵察參謀向粟裕報告：〝已有情報，七十四師正在加緊擴修垜莊駐地通往＜華野＞駐地坦埠之間的公路。粟裕聽後大喜。他趕緊告訴陳毅：〝定下來了，先打七十四師！〞隨後，他又把前前後後的細情末節，一一告訴陳毅，聽得陳毅哈哈大笑。

〝陳軍長，這個張靈甫非同他人。他為人十分凶殘，其驕橫亦非馬勵武可比。七十四師的裝備不如二十六師，但是，軍紀和管理則遠遠超過二十六師，是中央軍裡管理最嚴格的部隊。實際上，它比二十六師難打多了。這要請軍長同政治部打個招呼，做好做足戰前思想動員工作。我想，若能把張靈甫的畫皮剝下來，讓戰士們知道張靈甫是條人狼，激起對他的義憤，打他就有了動力。這對打贏這一仗，十分關鍵。＂＂對頭！要得！我來幹好這檔子事！＂粟裕把打七十四師的作戰計劃書上報毛澤東。毛澤東回覆他：照你的辦。你要特別小心張靈甫！

在毛澤東以中央軍委名義批覆各部隊作戰方案時，包括林彪在，一向都是再三囑咐，再三指示，不厭其煩，講個沒完沒了。然而，毛澤東對粟裕上報的東西，一向是照准照辦，有求必應。有時還開玩笑，回覆一個字：＜行＞！僅僅這一次對張靈甫一戰，毛澤東是格外的重視，格外關照了幾句，語氣亦十分凝重。

張靈甫系何方神聖？竟能令毛澤東對他另眼相看，重視三分？

張靈甫，原名張鐘靈，字靈甫。陝西省西安郊區三十里處的大東村人。其祖父和父親都是一字不識的農民。他自幼十分聰明，村裡私塾館的老先生見他生得相貌清秀，天資過人，就免費收他入館讀書。張靈甫沒用幾年的功夫就讀完了全部私塾課程，以優異的成績考入陝西省第一師范學校。

西安市是座歷史文化古城。一座碑林更是令文人學子神魂顛倒，愛慕不已。張靈甫進城後，每天放了學便去碑林，靜心臨摹碑文。三個月的功夫，就把一千二百塊碑文臨摹了一遍。隨後，日日研習，天天模仿。兩年以後，學校為他舉辦了個人書法展覽。國民黨元老、大書法家于右任參觀過這個展覽，並與他成了忘年交。

＜黃埔軍校＞在開封秘密招生，張靈甫通過考試，被分配到第四期步兵科學習。學習期間，他讀了希特勒的＜我的奮鬥＞一書，自此崇拜上了希特勒。

張靈甫狂熱地模仿希特勒，時時以小希特勒自喻。同學們就喊他＜小希特勒＞。

畢業後，正巧趕上了＜北伐＞。他在北伐軍裡任排長。因作戰勇敢昇任連長。他認為，既然重賞之下必有勇夫，那麼重罰之下，亦會有勇夫。他施行＂重罰求勇致勝＂的帶兵方法。他對膽小怕死的士兵，輕則重罰，重則槍斃。士兵對他怕得要死。故而，他連戰連勝，屢立軍功，官致團長。

張靈甫把法西斯這一套也搬回家裡，殘害家人。他對待妻子是十足的虐待狂。他的頭兩任妻子遭他打罵虐待後，又被他拋棄。他第三任妻子是蘇州人，生得漂亮嬌艷，人稱蘇州城裡一枝花。結婚之初，張靈甫待她還算可以。日子一久，張靈甫舊病複發，任意毒打虐待妻子。

有一天，他出差歸來。一個愛胡鬧，十分無聊的同事，尋他的惡作劇，神神秘秘地對他講：＂哎呀呀，大事不好了！你不在家，你老婆有了外心！我親眼看見，她在大街上跟一個小白臉，手挽手，逛商店...＂

張靈甫一聽此話，根本不辨真假。回到家裡，一槍把妻子打死。

此事轟動了全軍，震驚了全國。時任國民政府婦女部長的宋美齡，直闖蔣介石的辦公室，要求嚴懲張靈甫。蔣介石見夫人動了怒，就滿口答應處份張靈甫。他給胡宗南打電話，立即派人押解張靈甫到南京，嚴加法辦。

胡宗南很欣賞張靈甫的書法，成心放他一馬，就沒有派人押解，而是讓張靈甫手持介紹信，隻身獨行，前往南京，領受處份。不料，張靈甫視死如歸，逕行南京奔去。

當年沒有直通車。途中須多次轉車。張靈甫路費沒帶足。到了鄭州，已身無分文。他就在鄭州街頭賣字。賣了半個月的字，湊足了路費，繼續趕往南京。

到了南京，蔣介石早忘光了這檔子事。他見張靈甫似文弱書生，不像犯罪之人。就問也不問，大筆一揮，判他十個月監禁。監獄長一見蔣介石親筆手書，自認為此公大有來頭，便安排他在招待所服刑。張靈甫一天到晚，看看書報寫寫字，十分逍遙。

＜七七蘆溝橋事變＞之後，國民黨政府特赦全體服刑官兵。張靈甫回到部隊依舊當團長。他在＜上海保衛戰＞、＜南京保衛戰＞、＜武漢保衛戰＞中屢立戰功，官昇師長。

在＜武漢保衛戰＞中，他身中七塊彈片，右腿被炸斷，以致留下殘疾，走路有些跛。他自稱＜張瘸子＞。

後來，張靈甫又同南京的王小姐結婚。婚後不久，昇任七十四軍軍長。

他上任軍長時，正趕上和平時期。他同其它中央軍高級軍官一樣，整日裡進出南京繁華之地夫子廟。他聽別人講，夫子廟側秦淮河畔有位名妓叫哈小苑。其人長得羞花閉月，是一代天人尤物。張靈甫想見見這位傾國傾城的大美人。他到了哈小苑的家，見到大門上掛著一塊木牌子，上面寫道：＂非上將莫進＂。張靈甫當時的軍銜是中將。他很受刺激。他指天發誓：三年之內，我必為上將！發過誓，瘸著腿，恨恨地走了。

國內戰火一起，張靈甫主動晉見蔣介石，要求上前線，並聲稱；＂三年，封平蘇、魯二省，生擒陳毅粟裕！＂蔣介石立即表示：＂

能建如此功勛者，當為一級上將。ˇ蔣介石本人是一級上將。張靈
甫大喜。他率領七十四師奔赴蘇魯戰場，期望官昇上將後，再去見
小苑，好好羞辱她一番。

　　這正是：

　　　　　　虐　兵　殺　妻　求　美，

　　　　　　心　神　變　態　發　霉。

　　　　　　人　性　獸　性　全　無，

　　　　　　魍　魎　鬼　魅　同　類。

　　欲知後事如何，請看下回分解。

# 第六十七回

## 名將相逢鬥心智

## 寶刀名酒增豪情


　　話說張靈甫在蔣介石面前立下了軍令狀後，就率兵殺向蘇魯戰場。也該當他姓張的走運，他到達蘇北時，正逢上毛澤東把＜華野＞一分為二不久，陳毅首次掌兵攻打漣水縣城。正當陳毅攻城打得難分難解之際，張靈甫領軍突然從陳毅背後殺了出來，打了陳毅一個冷不防，以致陳毅大敗。其中王必成的六縱隊受創最重。此次大敗主因是毛澤東用人不當造成的。他讓一直主管政治工作的陳毅，獨擋一面去指揮打仗，豈能不出麻煩？此後不久，毛澤東又來了個合二為一，恢復了老＜華野＞。

　　張靈甫揀了個大便宜，心中自是十分得意。他對副師長蔡仁傑吹牛：＇這一次，我打了陳毅一拳頭。下一回，我再給他一刀子，徹底解決陳毅。然後，北進山東省。再後，進軍東北，同林彪分個高下。＇他和林彪是＜黃埔軍校＞的同學。在校時一向互不服氣。

　　＇那這邊的粟裕...＇

　　"粟裕...粟裕嘛...張靈甫感情複雜地唸叨著粟裕的名字。他板起面孔，連連吸了三大口煙，也沒接著講下去。

　　＇師座，這國內國外，能和師座相提並論的人，可有幾位？"蔡仁傑問道。他見張靈甫沒吭聲，就半問半拍馬屁地試探張靈甫：＇怕是沒人了吧？＇

　　＇不！＇張靈甫又吸了口煙，＇不過不多就是了。唯有一人。此人是我心頭大患！＇

　　＇啊！誰？是誰？＇

　　＇粟裕！＇張靈甫把煙頭往地上一摔，用腳掌狠狠地把煙頭碾得粉碎，＇等我官晉上將之後，我再收拾他。來日方長！＇

　　俗話說，冤家路窄。張靈甫不想招惹粟裕，粟裕偏偏選上了他。這也叫哪壺不開提哪壺。真叫邪興到家了。

　　前頭提到過，粟裕故意放走了那名營長。營長逃回之後，向張靈甫報告，自己親眼看見了粟裕，還見到了粟裕專用吉普車等等。他發誓賭咒地肯定，粟裕的指揮部就設在坦埠鎮上。

　　張靈甫聽罷，心裡一動，轉而又想，這可能是詐計一椿。他想，若是粟裕真地住在坦埠鎮上，其警衛必定十分森嚴，豈會讓一名營長俘虜輕易地逃走？他又一想，也許粟裕正住在鎮上，兵力十分單薄，怕我襲擊他，就跟我唱上一齣新版＜空城計＞。可惜呀，我姓張的不是司馬懿，我祗知前進，不知後退。我就來個將計就計，闖闖你坦埠鎮。

　　正當張靈甫胡思亂想之際，中央軍參謀總部情報局來了一封加急電報，空軍偵察機發現了一支共軍部隊，正在七十四師北面移動，有向北開拔的跡像和可能。

　　稍後，蔣介石打來電報，命令張靈甫＇快速推進，追上華野主力，以求決戰＇。

　　於是，張靈甫命令工兵部隊和民伕，搶修垛莊至坦埠之間的那段公路，以利機械化部隊快速推進。

　　中央軍三戰區司令長官顧祝同為人處世一向老奸巨猾。他接到蔣介石要求快速向北推進的命令後，心中打起了小算盤。他深知粟裕的厲害。若是全面推進，粟裕會如何應對呢？他左思右想，拿捏不準粟裕此時的動向。

　　正巧此時，張靈甫連個招呼也不打，擅自決定攻打坦埠，顧祝同心裡冷冷一笑，決定故意地不追不問。若張靈甫成功了，自己就下令其餘五個師一哄而上，有了功勞，自己有份；若是張靈甫吃了虧，自己在蔣介石面前有話好講。於是，顧祝同命令其餘五個師＇充分準備北進，伺機而動＇。五位師長一點就明，一齊瞪圓了眼珠子看張靈甫＇唱戲＇。

　　張靈甫滿以為，他的七十四師一發起衝鋒，共軍肯定不敢正面還手，祗能像陳毅的部隊一樣往後撤退逃生，他則借助共軍的退勢，猛打猛追，把共軍壓迫到山東半島的尖端，或是北部海濱地區。不論共軍退到這兩處地方的哪一處，都會因為地面狹窄而難打運動戰。那時，他張靈甫就會大顯身手了。

　　倘若粟裕不肯後撤，敢於正面交手，想在太歲頭上動土，那麼他的機械化部隊就在這塊小平原上，狠狠地咬他粟裕一口，咬得他傷筋動骨，七癆八癱，就算不死，也是廢物點心一塊。

　　粟裕同張靈甫相比，則是滑頭多了。粟裕不僅知道自己同張靈甫之間各自優勢和劣勢，而且看到了顧祝同和張靈甫之間的面和心不和，桌子下面踢腳，背後捅刀子的緊張的上下級關係。就猜想，顧祝同可能會想"借刀殺人＇，假自己的手除掉張靈甫這個刺頭。

粟裕進一步推想，有了顧、張二人這種矛盾，其餘五個師必定一是自保，二是站在顧祝同一邊，看熱鬧。

故而，粟裕設計引誘張靈甫貪功冒進，在張靈甫遠遠脫离其它五個師後，自己則用分割包圍的打法，吃掉七十四師。

毛澤東曾誇獎粟裕心眼多，算是誇對了。現代軍事家不僅要懂軍事技術，還要懂心理學和社會關係學等等，得是一個雜家。

粟裕用兵一向追求與眾不同、與史不同、與書不同。自然常常與中共軍隊慣常使用的打法出入極大，甚至相悖。中共軍隊自紅軍時代起，打仗應敵一向是 ˇ 王老太太吃柿子，專揀軟活的下嘴 ˇ 。而這一次，粟裕選中的卻是最難啃的，最霸氣的中央軍王牌部隊，與中共常規大唱反調。

粟裕認為，面對中央軍六個師，其中含兩個王牌師時，同時與他們一齊廝殺，自己沒那個實力。必須將這六個師分開，逐一殲滅。而最可能被調出來單個相搏殺的，唯有七十四師。因為張靈甫驕狂過人，根本瞧不起＜華野＞農民土八路，同時他也最急於立功晉上將，去羞辱哈小苑。

這些不被一般軍事家重視的枝節小事，卻是粟裕用兵的出發點。粟裕用兵敢與常規相悖，甚至 ˇ 膽大包天 ˇ ，同時也 ˇ 膽小如鼠 ˇ ，一舉一動，細密超常。這一次，開仗之前，他就留了後手，或者叫 ˇ 埋釘子 ˇ 。

粟裕派出一個縱隊，來了個大迂迴，插到張靈甫軍部後側。若是張靈甫不上鉤，反而後撤，這個縱隊就打張靈甫的埋伏。若是張靈甫肯上鉤，總攻開始後，這個縱隊就 ˇ 踢張靈甫的屁股 ˇ ，從張的後側發起攻擊，硬逼七十四師爬上孟良崮。

粟裕計劃把張靈甫調出來之後，用四個縱隊正面迎擊，四個縱隊分開從兩側突破穿插分割，陷七十四師於 ˇ 天羅地網 ˇ 之中。七十四師想突圍，祇能上孟良崮。

粟裕下的這盤棋，是好棋，甚至是高棋。高棋往往是險棋。

兩翼突破要冒險。這一次，險就險在中央軍六個師彼此相距太近了。突破縱隊突進了中央軍的陣中，必須在很短的時間裡，完成分割。一部份部隊阻擊增援敵軍，另一部份部隊則包圍七十四師，展開攻擊。這就要求參戰部隊動作迅速，準時準刻完成任務。稍慢半拍子，就極有可能，被中央軍 ˇ 包了餃子 ˇ 。全軍覆亡是正常結果。兩翼突破變成了自投羅網。

大計既定，陳毅和粟裕召集九個縱隊的司令員來＜華野＞總部領任務。 ˇ 哈哈！今天我可是省事了！打張靈甫還要動員？打張靈甫不用動員！＂陳毅的話音未落地，九路諸就嚷歡了。誰都沒想到，是去碰張靈甫。誰都想在王牌軍身上搶個頭功、大功。

＂陳軍長，你省事了！俺也省事！主攻是俺的！誰也不用爭！爭也白爭！＂許世友一亮大嗓門，滿屋子就聽他一個人了。

＂粟司令，我可是早就掛號了。我葉飛不打主攻，睡不著覺！＂

＂陳軍長...＂

＂粟司令 ...＂

眾司令"圍攻"二司令。司令一多亂了營。陳毅一見如此場面，樂得合不上大嘴。粟裕眯著眼，心裡偷著樂。譚震林臉上笑成了花，嘴裡卻不停地罵娘，一個勁嘮叨：＂狗娘乖乖，沒紀律了，全亂套了！比赶大集還熱鬧，狗娘...＂

＂停一下子嘛！停一下子嘛！陳毅站起身來，擺了擺手。眾人靜了下來。陳毅收起笑臉，高聲喊道：＂不想當將軍的兵，不是好兵！我今天想講，不敢打七十四師的部隊，不是好部隊！誰英雄，誰好漢，孟良崮上見！＂陳毅這幾句話，讓眾司令攥緊了拳頭，＂下面，請粟司令詳細講一講作戰的具體要求。打張靈甫可來不得半點馬虎！＂

瞬時間，那十八隻眼睛，一毫不偏地全盯在粟裕的嘴上了。

＂嘿嘿...＂粟裕輕聲一笑，笑眯眯地環視著眾人，＂打張靈甫是件燙手的活。你們搶的倒挺歡實。這很好嘛。大家不怕燙手，那就肯定能吃上熱山芋。這次打張靈甫，最撓頭的事，是時間！一是要快，二是要準時。動作慢了半步，不祇吃不上山芋，怕是要被人家包了餃子吃了。有願意當餃子的嗎？請舉手！＂

粟裕平時不大講笑話，就是偶爾侃上幾句，也沒什麼水準。但是，今天這會兒，他這麼淡淡地一問，眾司令全樂上了。

＂許司令，你的...粟裕張口點許世友的名字，卻被陳毅搶去了話頭。＂別，別！等一下嘛。許司令，這回你帶了幾把寶刀去打張靈甫？講講看，要不要得嘛！＂

＂一把！＂許世友＂嗖＂地站起來，順手從刀鞘中抽出一把寒光四濺的戰刀。他順勢手一揚一劈，揮向身後側的木凳子背，瞬間又收刀入鞘。木凳子輕微一震。他的警衛員走過來，雙手輕提，各拎起半片木凳子，向在座的各位首長展示。祇見齊刷刷的刀口，如同用木鉋子鉋過一般。眾人不由＂啊＂了一聲。

＂宰它狗日的張瘋子，一刀就成！＂

　　＂刀是寶刀。＂粟裕接著問許世友，＂許司令有刀沒酒，怕是少了一寶吧？＂

　　＂有！有！那還能忘了？你問問警班長，這回帶了幾箱子？＂許世友一＂坦白＂，大伙全笑上了。

　　＂許司令，知道你要來，我特意搞了一瓶名酒。十年窖藏＜雙溝大麴＞。想給你助陣...＂粟裕一語未了，跳出來一個人。眾人一看，是九縱司令陶勇。

　　＂粟司令，可不能偏心眼！這瓶酒，你先放著！誰先上崗，誰喝頭一口！＂＂要得！一言為定！先上崗者，先喝第一口，要得！我陳毅自掏腰包，買下它一大缸，大家排隊喝個暢快！不過，別喝高了，下不來崗。那就麻煩了！＂眾入又是大笑。

　　＂寧吃仙桃一口，不吃爛杏一筐。＂譚震林慢悠悠地說道：＂諸位請看！＂他從桌子底下掏出一個黑乎乎的土罐子。土罐子泥胎窯燒，紅紙貼標，罐面上沾滿了紅泥，其貌十分不揚。

　　＂這叫＜女兒紅＞！我老家有個風俗。生下女兒時，一定要做一缸黃酒招待親朋好友。在晏床上，當著客人的面，由娘舅灌好一罐埋在地下，女兒養大出嫁時，用此酒晏客。＂

　　＂哎喲，那至少有個十七、八年了！好酒！佳釀！＂陳毅連聲讚不絕口。＂我手裡這瓶，是生我奶奶時，她父親晏客埋下的...＂

　　＂那更不得了囉！一代人，算它十七年，三代人算它五十多年。啊，不對頭。這瓶酒怎麼說，也得有小六十年。真是一寶！＂陳毅又掐手指頭又心算，連連讚嘆，＂今天，見了寶刀，又見了寶酒。不枉虛度，大開眼界！＂＂我今天做個貢獻，拿出來當獎品。誰第一個登，送給誰做女兒的嫁妝！＂

　　＂好！＂一聲齊呼。

　　＂那要生的全是小子怎麼辦？＂許世友喊叫道，＂不如趁早喝了省心...＂又是一陣轟堂大笑。


　　這正是：


　　　　　英　雄　上　陣　顯　本　色，

　　　　　寶　刀　名　酒　兩　相　得。

　　　　　大　戰　在　即　膽　氣　壯，

血 染 戰 袍 向 天 歌 。

欲知後事如何，請看下回分解。

# 第六十八回

## 病老虎心熱重義

## 張靈甫自負喪身

話說散會之後，粟裕正要離開會場時，卻見六縱隊司令員王必成找他。

"粟司令，你看...你看..."

"有什麼事嗎？"粟裕故意問他。

"九個縱隊，四個主攻，四個穿插。就剩下我蹲山溝，看人家唱戲。這...這也太...上回在漣水..."王必成原本不擅長言辭，此時又是滿肚子委屈，更顯得拙嘴笨腮，語不成句了。他在漣水吃了虧，他自認丟了大面子，出了醜。

王必成，外號＜王老虎＞。

不過，他這頭老虎可大不一樣。別的老虎多是戰友送的。他這頭老虎是敵人贈送的，是那些吃了他的大苦頭，怕了他，卻又從未見過他的面的敵人給他起的代號。是王必成三個字的代名詞。敵人一見六縱攻上來了，就會驚叫："王老虎上來了！"久而久之，敵方高級將領也習慣地稱呼六縱為＜王老虎那個軍＞或是＜王老虎那伙人＞等等。＜王老虎＞三個字是名牌，而且是個大名牌。但是專利權卻在敵人手裡。

老戰友、新部下、老熟人，凡是認識王必成的人，沒誰會用＜老虎＞二字去稱呼他。這倒不是因為別的什麼，而是他的身裁、相貌、風度和氣質，怎麼看也不像隻老虎。自然也就叫不出口。如是實在非要用＜老虎＞這個詞去形容他，頂多也祇能說他像隻病老虎。

王必成生得又矮小，又瘦弱，比原本就不算高的粟裕，還矮小半個頭。從他背後冷眼看過去，覺得像個發育不充分的中學生。他自幼體弱多病，臉色總是蒼白泛青。講起話來，少氣無力，甚至還有些羞答答的。根本沒有軍人那種威武彪悍的樣子。平日裡很少見他笑容滿面。

　　說他是個怪人吧，他的脾氣那是半點也不怪。他辦事待人一向是以＜理、禮＞二字為先，從未講過出格的話，從不罵人講粗話。也全無市俗俚井那些客套虛偽的老一套。

　　王必成手下有兩位團長，是他小時候的玩伴。十五歲那年一道參加了紅軍。其中一名團長於四三年反掃蕩時犧牲了。這位團長的老婆孩子皆由王必成供養。一直到孩子們工作成家後，才算罷手。

　　另一名團長是四零年犧牲的。這位團長的警衛員拿著一床毯子對王必成講：＂這是團長的遺物。他指示過，要留給你用。他講你身體不好，怕冷．．．＂

　　從此，王必成一蓋就是五十多年。

　　這期間，他官做大了，錢也越來越多了。換上多少條新毯子也不成問題。公家曾要出錢替他買床新的。他不肯。小女兒結婚時，收到婆婆家送的一條進口毛毯，就拿來孝敬父親。王必成說什麼也不肯用這條高級毛毯，換下那床舊得禿了毛，殘了邊的老毛毯。

　　＂這是老戰友留給我的。見到毯子，就又見到了他。不能換！＂

　　這番話既不驚天，也不動地。但是，任誰聽了，都會無言地嘆上一上氣。

　　而這會兒，王必成見了粟裕的面，想提點要求，想找粟裕幫幫忙，那張本不擅言辭的嘴，更找不著詞了，祇會吱吱唔唔，也道不明白自己的心意。

　　＂王司令，你的心思，我都清楚。肯定會有個大任務讓你去辦。我記著你哪！＂

　　＂真地？！＂王必成眼睛一亮。

　　粟裕心裡有數。他壓根兒就不想為難大老實人王必成。若說他存心憋一憋六縱隊副司令員＜皮匠＞皮定均，倒還有幾分可能。他知道皮定均是個精猴子，猴招極多。不憋不出活。一旦憋急了，他什麼猴招都敢用。粟裕深信，皮匠這陣子肯定不會老老實實蹲山溝的。

　　王必成回到縱隊司令部，碰見了政委江渭清。江渭清見他情緒不高，也就沒有上前打聽情況。倒是王必成自己，似乎發現了什麼地方不大對勁兒。＂哎，對了！皮子哪？＂

　　以往王必成若去＜華野＞總部開軍事會議，領取軍事任務時，皮定均不是半道上去接王必成，也肯定會蹲在大門口等王必成歸來。總是想頭一個從王必成射身上，打聽出來是什麼任務。可是這一回，他沒見到皮定均的人影，叫王必成好生納悶兒。

皮子帶上偵察連，說是到孟良崮上先去轉轉，看看地形認認路，摸摸情況。看樣子，他挺舒心，挺有幹勁。他到處嚷嚷，粟司令肯定不會叫六縱在山溝裡歇病假，一準有大任務在後頭等著哪！

到了五日中午，皮定均領著偵察連回來了。皮定均一臉高興的樣子。＂王司令，我這回可算是把孟良崮摸了個底透！我對你說說吧！＂＂不著急。你先歇一歇。你累壞了。＂王必成看了看皮定均的鞋子，囑咐道，＂該換雙鞋了。＂

＂嘿嘿，什麼鞋也抗不了崮上的硬石頭。叫個崮，比山還難爬！＂

崮，是山東人對山的另一種叫法。是指那些四周陡峭，頂部平坦，形狀猶如平地一般的高山。魯南一帶，這種平頂高山經常可見。兵荒馬亂之年，土匪橫行鄉里，農村百姓就會成群結隊爬上崮頂避難。到了崮頂，把險要之處略加修整，輪流把守，土匪很難爬上去。是處易守難攻的老百姓的天然防禦陣地。

孟良崮系魯南群山眾峰之一。崮頂較為寬闊。東西約二十多公里長。東南方向有蘆山擋著。北面是直入雲霄的千丈群峰。崮口地形十分複雜。石質十分堅硬。

十三日夜裡，王必成被一陣急促的敲門聲驚醒。

＂誰呀？＂＂王司令，快醒醒！十萬火急電報！＂王必成點上煤油燈，看完電報後，樂得大聲嚷道：＂哈哈！通知全縱隊，＜華野＞命令我們立即趕赴垛莊。哈哈！＂他一高興，都樂忘了屋子裡就他一個人。

夜深人靜。有點響動，一定會驚動四鄰。王必成在自己的屋子裡一嚷嚷，把江渭清等滿院子的人全吵醒了。人們在想，這個王必成想仗打，想瘋了！連做夢說夢話都這麼大的嗓門。準是夢到了大任務！

皮定均和參謀長披上衣服，跑到王必成窗子跟下，連聲問他：＂王司令，這半夜三更的，你鬧騰個什麼勁呀？是身子不舒服了？＂

王必成應聲出了房門，把電報內容跟他們一說，滿院子的人齊聲喊好。皮定均擅自下達了命令：＂去個人，叫醒司號員，十分鐘內出發！＂

一聽講，要去打七十四師，全縱隊的動作快了許多。官也好，兵也罷，全上來了精神頭。報仇心切，步子就快。不用催，不用比賽，什麼時候的急行軍，也沒這一次走得快。

六縱隊日夜兼程，走了一天一夜。於十四日夜裡趕到垜莊附近，迅速搶佔了山頭制高點，截斷了張靈甫的退路，完全了＜華野＞戰略大包圍的第一步，也是最重要的一環，把七十四師牢牢地裝進＇鐵籠子＇裡。

正是從這一刻起，中央軍的四十萬人馬，＜華野＞的三十萬人馬，在九處地方，擺下了九處生死場。兩軍殺得天昏地暗，日月無光，鬼哭狼號，屍身遍野...黃泉路上，擠滿了新鬼...

張靈甫聽參謀長說，自己的七十四師被＜華野＞重重包圍了的時侯，不僅不驚慌，反倒是仰天哈哈大笑了三聲：＇哈哈！哈哈！哈哈！我盼的就是這一天！蒼天助我！蒼天助我呀！＇

＇師座請明示，此話怎講？＇副師長不安又不解地問道。

＂我要來個將計就計，明白嗎？我要裝出被包後突圍逃生的樣子，趁機登上孟良崮。然後死守孟良。然後再由顧祝同調動四十萬，不！要一百萬大兵，從四面八方反包圍粟裕的三十萬人馬，屆時，我們衝下山去，來它個內外夾攻，打它個中心開花！我要一舉殲滅粟裕！你們評一評，這天下第一功，是不是非我張靈甫莫屬了？哈哈！＇

＇師座，這孟良崮，一旦四面被圍，又守不成...＂

＂放屁！若不是看你是個副師長，我準它媽的一槍斃了你！魏參謀長，記下我的話，起草個電報，發給南京蔣總裁和顧祝同，把我的中心開花大計，講個清楚。各路兵馬務必配合我，以我為軸心，不得偷懶，不得惜命，要保我一舉成功！＇

＇是！＇參謀長怕挨罵，赶緊去發電報。

＇回來！＇張靈甫大喝一聲。＇是！＇參謀長不知所措地應聲回來。＇傳令各旅團，立即輕裝急行軍，搶登孟良！＇

＇是！＇

＇回來！要行動迅速！務必全部丟掉戰車、汽車、大砲和彈藥！違令者斬！快去吧，站在這裡幹什麼？＇

＇是！＇

張靈甫的七十四師之所以被稱為王牌軍，除了管理和訓練較為優秀之外，更重要的一點，他的部隊配備了先進的美式武器裝備。可是，如今，張靈甫竟然異想天開，丟掉這些＇護身盔甲＇，要光著勝子，去跟＜華野＞老農民打交手仗，去死纏爛打一通。＜華野＞的莊稼漢豈會怕了他？豈不笑他是天字第一號大傻瓜？人世間往往奴如此，聰明人老是幹傻事。天底下最大的傻事，又常常是頂頂聰明的人幹的，張靈甫把自己的優勢全部揚棄後，等待他的，不言自明。

性格決定命運。張靈甫自己給自己刨墳坑，卻以為是為自己建立豐碑挖第一鍬土。

蔣介石接到張靈甫的電報後，祗看了幾行，就覺得胸口透不過氣來，一陣陣隱痛，眼前金花一閃，身子不由自主地軟癱在座椅上了。額頭頓時浸出了冷汗。宋美齡一見，嚇得花容失色，忙叫人去找醫生，自己忙給蔣介石倒上一杯溫開水，讓他喝下去。沒過幾分鐘，人稱＜小諸葛＞的參謀總長白崇禧手持電報，急匆匆地走進蔣介石的房間。

＇總裁不必過慮！依我之見，這封電報，是憂中有喜，喜中含憂。不見得全是壞事。＇

＇嗨...＂蔣介石長嘆了一聲，白了他一眼珠子，慢悠悠地嘆道：＇也祗能是死馬當成活馬醫了。你代我發個電報，讓顧祝同他們，以及在孟良崮戰區的黨國人士，精誠團結，協同作戰，為黨國效力。你去忙吧，我要歇歇了。＇白崇禧剛走到門口，又被蔣介石叫住了。＇你再加上兩句。凡不出力者，出力不出成果者，消極應戰者，一律按私通共匪論處，格殺勿論！＇

蔣介石的電報到了張靈甫的手上的時候，正是粟裕征求陳毅的同意，準備提前發動總攻擊的時候。

＇陳軍長，現在，打阻擊的部隊傷亡很大。敵人的代價也很大。我們把七十四師打掉了。增援的中央軍也就沒了指望。他們會自己撤下去。我的意見把總攻時間提前。＇

＇要得！反正張靈甫自己乖乖地上了崮嘛。他自己想死，我們又不想他多活。我們就幫他一傢伙了。這個壞東西也有今天！＇

＇那我就下通知了。下午一點整，開始總攻擊。＇正在這時，毛澤東的電報來了，是八個字：動作要快，快則大勝。

粟裕一聲令下，三百多門大砲對準孟良崮上上下下，連續炮轟四遍。把個孟良崮炸得光禿禿的。地窄人密，發發炮彈落在人群裡開花。空中血肉橫飛。到處是人肉垃圾。

　　砲轟過後，成百上千隻軍號同時吹響。人頭攢動，殺聲震天，紅旗滿谷，槍聲不斷。以連以排為單位的小股衝鋒，滿山坡散開了，似一張孔眼細密的大網，罩向孟良崮。

　　七十四師居高臨下，依托岩石，狂射狂掃。彈頭如蝗，彈丸似雨。正在爬山的＜華野＞人群，一片片倒下去。一灘灘血水，在點染著黃土黑泥碎石塊的荒山野坡。人挨著人，槍挨著槍，山上山下，都是人的海洋，槍的森林．．．刺刀在見紅，腦漿在四迸。屍體鋪滿山地。傷員在痛苦地呻吟．．．

　守崮的在步步退逃。攻山的在步步緊逼。失去了先進裝備的七十四師，到了這功夫才猛然省悟，在人與人的直接博殺中，自己是無法應付老農民的。

　　下午三點鐘，皮定均帶著特務團，已經沖到踞離張靈甫的師部，僅有三百米的地方。皮定均已經探過路，打起來是輕事熟路，得心應手。張靈甫面色鐵青。可齒被他咬得＇格格＇作響。他恨兄弟部隊根本不做配合，甚至是見死不救。他怪蔣介石和顧祝同為什麼有權不用。指揮打仗如同兒戲。他遺憾自己的妙計被自家人給泡了湯。他永遠不明白，怎麼別人跟自己就弄不到一塊去呢？

　　張靈甫看了看手錶。他心裡明白，自己的時間快用完了．．．

　　＇師座，我想出去偵察一下，找找空隙，然後送你突圍，可以嗎？＇蔡副師長小心翼翼地筒問道。

　　張靈甫一聲沒吭，微微地點了點頭。蔡副師長走出山洞掩蔽所門坎，還沒一步遠，一聲槍響，他就永久地倒了下去。魏參謀長見此，試探地勸導張靈甫：＇古話講，留得青山在．．．＇

　　＇不行＇張靈甫用毫無商討餘地的口氣一口回拒了他：＇我是黃埔軍校出來的人。我是蔣總裁的學生。現在，我祇有一條路，祇有殺身成仁！＇他命令參謀長給蔣介石發了一封成仁電報，又給老婆寫了告別信。然後他命令掩體洞裡全部官兵，整理好衣冠，面向南京方向，恭恭敬敬地敬了軍禮，再把槍口對準太陽穴，準備集體自殺。

　　就在這時，一排手榴彈投進山洞裡。洞裡官兵被炸得亂了營。六縱特務團的戰士們一窩蜂地衝進山洞裡。洞裡還活著兩名參謀和一名女報務員。他們舉起了雙手戰戰競競地說：＇我們投降．．．我們投降．．．"

　　三連張排長問："張靈甫在哪裡？＇

　　女報務員小聲回答：＇他死了。＇說罷，她用手指了指地上的一具屍體。

　　張排長把那具屍體翻轉過來，摘下了他的胸符，上面寫的是：中將師長張靈甫。張靈甫手腕上的瑞士金錶，還在滴滴答答地走著。指針指在五點零三分上。

　　六縱戰士抬著張靈甫的屍體下了孟良崮。這時，下起了大暴雨。戰士們抬著他走了三天。到了沂水縣野豬旺村時，太陽出來了。屍身發出臭味。六縱請示＜華野＞。＜華野＞請示毛澤東。毛澤東下了命令，共是八個字：以禮相待，厚重殯葬。

　　王必成叫人花了四百塊大洋，買了一口十分講究的棺木。因為找不到乾淨的中央軍軍裝，祗好給他穿上一身嶄新的＜華野＞軍服入了殮。被俘的一名少將旅長和八名上校要求最後見見他們的師長。

　　王必成、江渭清和皮定均三人一商量，看毛主席指示裡的意思，認為他們九人的要求是可以同意的。

　　這九位高級俘虜走到一株大樹底下，見到了張靈甫的屍身。

　　臉，已被擦乾淨了。下鄂的傷口也被縫合整飾過了。清瘦骨突的臉，真像熟睡著的教書先生。一旦合上蠻橫蓋世的雙眼，去了那份凌人的霸氣，怎麼看也沒了將軍的派頭。

　　他們九人在棺材前門圍成半月型，齊齊跪下三叩首。全都哭了。

　　六縱特務團走到沂南縣董家莊，找了片林地，將張靈甫的棺木埋下去。

　　陳毅和王必成執行了毛澤東的命令，厚葬了自己的死對頭，也算得上好漢子。

　　幾天後，中央軍整編二十六師路過此地時，師長黃伯韜命令士兵四處尋找張靈甫的棺木，卻一無所獲。蔣介石祗好在南京空設靈位了。他親自吊唁，悲不自嗉。


　　這正是：


將　軍　身　亡　稱　忠　骨　，

士　兵　捐　軀　棄　荒　原　。

江　河　灑　淚　問　蒼　天　，

生　死　拼　搏　為　哪　般　？

欲知後事如何，請看下回分解。

# 第六十九回

## 爭鋒急強弱易位

## 假虎威江青弄權

　　話說張靈甫死後，毛澤東和蔣介石二人均為他盛殮厚葬，一時間成了國內大新聞，惹得國人議論紛紛。蔣介石為愛將作後事，無論他本人用心何在，人們都能理解。偏偏是那一向自詡為紅色革命領袖的毛澤東，卻要去厚葬一個被中共視為混世魔王的張靈甫呢？而且還嚴囑部下要以<禮>相待呢？

　　細講起來，此中大有玄機。

　　自打毛、蔣交鋒以來，蔣介石就在毛澤東頭上扣上了一頂<匪>的帽子，稱其為<朱毛赤匪>。對其軍事行動稱為<剿匪戡亂>。對自己則謂之<正統>。軍隊叫<中央軍>。政府叫<國民政府>。本人則是蔣總裁，天下事均由他一人裁定。權勢之大可比皇上老兒。外國人，包括毛澤東的頂頭上司斯大林亦奉他為<中國代表>。蔣介石自號<中正>，似乎他本人就是<正>的象徵。

　　當初，毛澤東剛剛舉事興兵，力單勢微，想<正>也是空想。祇好任由他人以匪稱呼。是件不得已的事情。隨後，黨內爭權又屢走麥城。壓根兒沒心去想匪不匪，正不正的事兒了。再以後，軍事上連連失利，連塊落腳之地都難找到。成日裡四下逃命，就如同土匪一般，誰還去管它什麼匪不匪了，活命第一。

　　但是，到了四七年底，情況就大不一樣了。在內戰之中，蔣介石的中央軍被殲總數已達一百七十萬人之多。真被打死的和重傷致殘失去戰鬥力的人員約有五、六十萬人，其余一百多萬人成了中共俘虜兵。其中大部份人被中共編入到自己的部隊裡。到了毛澤東把部隊改稱<中國人民解放軍>時，兵員已由抗戰之初的不足五萬人，猛增到二百萬人。蔣介石的軍隊則由內戰開始時的四百萬人下降到不足三百萬人。兩軍兵員人數正在接近。蔣介石的兵力近乎減半，半壁江山已經易名改姓。但在名義上，他仍佔著一個<正>字。

　　毛澤東開始有點不大服氣了！此時，他有了實力摘掉頭上的<匪>字高帽子。有了實力，萬事自然好辦多了。他先是在用詞語氣上稱蔣介石為＜匪＞。蔣介石為＜蔣匪＞。其部下總稱為＜蔣匪幫＞。中央軍為＜蔣匪軍＞等等。毛澤東把＜匪＞字帽甩給蔣介石自己去戴。

要坐上王者正統的寶座，單單去了些＜匪＞氣，還是很不夠的。還得長氣。大長王者之氣。要有些正義之師的官家樣子。胳膊粗，拳頭大，能長霸王的威風，卻難得民心，難成國人認可的＂王者＂或＂官家＂。若想在神州蟻民心中立下＂真命天子＂的口碑，就得做些＂替天行道＂，伸張正義的大事，以正名聲。

試問，普天之下，中外朝野，哪一個土匪盜賊會在行凶殺人後，還會給被殺的人，盛殮厚葬一番呢？沒有，絕對地沒有！祗有官家、官府才做這種善事。反過來看，做這種事的也是官家了。

一具棺木洩露了毛澤東欲爭正統之位的玄機。毛澤東哪裡是看得起張靈甫？他是在擺官府的架子，表明自己才是正統！

毛澤東正在洋洋得意地大長王者之氣，要佔中國正統之位時，不料後院起火。家裡有人要同他爭奪＜戶主＞的名頭。

現在，稱這個是＜氣管炎＞。氣管炎是＜妻管嚴＞的諧音詞。意思是，妻子要嚴格看管丈夫。妻子是一家之主，是戶主，家中大小事宜，要由妻子做主。丈夫祗是勞動力。具體地講，江青要對毛澤東＜妻管嚴＞，強制毛澤東臣服於自己的石榴裙下。江青想當戶主。

毛、江新婚的開頭幾個月，江青演足了小媳婦的角色。她事事處處都看著毛澤東的臉色行事說話。日子久了，她看出毛澤東喜歡有膽氣，有性格，甚至是脾氣暴烈的女人。賀子珍打傷了他的事，他並不反感和記恨在心，反倒是一提起這事他津津樂道，頗以為榮似的。這是江青根本不曾想到的。於是，江青長了膽，看到機會合適，就又哭又鬧，無事生非，無理取鬧一番。毛澤東是一一順從一一忍受，甚至好言相勸，好話哄弄，直到把她哄樂了，逗笑了。

江青心裡有了底。她有康生做高參，就巧構思，細安排，準備全面地有深度有廣度地修理一番毛澤東。

江青決定搬家。她告訴毛澤東她想換個住處。就這麼簡簡單單的一句話。毛澤東立即指示後勤部門給他搬家。

毛澤東的搬家可非比尋常。他的搬家是件天搖地動般的大事。中央政治局和書記處要開會通過。中央辦公廳再開會討論，要研究製定出搬家方案和保衛事項，然後下達通知。於是乎，凡是和搬家這件事沾上邊的大小單位，全得一層層開會，一層層動員。單是那會就能把人開得七顛八倒，個個暈菜。和搬家沾不上邊的，市政、交通、衛生、防疫等部門，也得開會，開少了都不行。要從嚴格預防著眼，認真察看在哪些地方，有可能妨礙毛澤東的新居新生活。至於毛澤東新住處附近的機關、單位、企業、學校、部隊等等，更得翻天覆地折騰一番。有的要搬走，有的要改建門窗，免得看見毛澤東的進進出出。毛澤東身邊的工作人員，為了搬家忙得團團轉，真能到了廢寢忘食的地步。

毛澤東的搬家可謂一人動，一群人不得安生，一大批人忙得昏頭轉向，一城人鬧得雞飛狗跳牆。

毛澤東住在楊家嶺。這裡是塊好住處。毛澤東本人也很習慣住在這裡。可是，江青要搬家。毛澤東以及了解底細的人都猜測，這裡是賀子珍住過的地方。鄰居們都熟識賀子珍，自然也都知道，毛、江二人，以及毛澤東和別的女人的隱私緋聞。搬了家，換個陌生人多的地方住，也免了讓人家指著後脊樑講閑話。

其實，出身演員的江青早在上海灘上就習慣了被他人評頭論足的生活。她要搬家純屬折騰毛澤東。她出題，看看毛澤東如何應戰。

江青聽別人常常提到一個叫棗園的地名。江青一聽這個地名，就想入非非了。她想，棗園嘛，一定十分幽靜，綠樹成林，滿目蒼翠，陰涼宜人。入秋之後，葉綠棗紅，就算沒有棗香，想想棗味，嘴裡也發甜。真如一幅出塵离世，天堂般美麗的自然圖畫。

可是，搬到遠離延安城的棗園一看，棗樹連大帶小共有三、五棵。別的樹不及楊家嶺的一半。光禿禿的土地，是一大片灰褐色連著一大片黃褐色，盡是寸草不生的野嶺荒山坡。西川河不及延河的一小半，除了名字外，根本不像條河。

江青大為失望。勉勉強強地住了幾個月，就哭哭涕涕地對毛澤東訴怨：「這兒砂土太大，肺病要犯了。」毛澤東二話不講，下令後勤部門搬家。眾人又是一場臭忙。這次搬到了離延安城很近的王家坪。

在王家坪住了幾個月，江青又要搬家。這回，她連一句話也免了，就是一個勁地哭。毛澤東猜了好幾天，才猜到她是想念楊家嶺了。他就去問江青。江青一聽，破涕為笑，在毛澤東的腮幫子上狠狠地親了一口，嚇得毛澤東一機靈，閃身就要躲開，還以後是自己猜錯了，江青要咬自己。

於是，眾人又是一通歡忙活。周而復始，轉了一圈，又回了老家。江青在家中的地位卻上了幾個台階。江青如此胡鬧，如此折騰，毛澤東一點也不嫌煩。毛澤東是言聽計從，一一照辦。毛澤東全沒了脾氣。比頭號＜妻管嚴＞還＜妻管嚴＞。這令人大跌眼鏡。

　　江青連戰連捷後，又在飯桌上發起了＜肉魚戰役＞，也可稱為＜紅燒魚大戰紅燒肉＞。

　　毛澤東的吃喝拉撒睡，非常人可比。每一樁事都是特殊又特殊，個別又個別，盡顯其個性。

　　他睡覺不分日夜。特別是當上了高官之後，他睏了，吃上安眠藥就睡。他吃飯不分早、午、晚，肚子餓了，他一聲令下，擺上飯菜就吃。二十四小時作息制度對他不生效。

　　但是，有些事，終生不能改變一絲一毫。他要求每頓飯必須要有：一碟烤辣子；一碟素炒豆豉，一碟青椒炒苦瓜。時令不對，這後一碟苦瓜青椒可以改為一缽子紅辣椒醬。＜老三樣＞終生不變。官當大了，條件高了，高級佳餚增加了許多。＜老三樣＞還是一樣不能少。辣味湖南菜，仍是他飯桌上的主導菜。

　　毛澤東吃辣，吃得舉世聞名。有一次，他招待美國記者斯諾吃西瓜。偏巧西瓜不熟不好吃。場面很尷尬。毛澤東叫人端來一大碗紅辣椒醬，就蘸著辣椒醬吃西瓜。斯諾曾就此事寫過一篇報導。於是，毛澤東吃西瓜是蘸辣椒醬的，天下盡知。

　　這事可能是偶然一為，是個唯一。但是他吃東西自有一套，倒是真的。毛澤東一感到心力不支，腦子不好用了，就必定吃紅燒豬肉補腦子。是否真有科學道理，且不去管它。毛澤東自己是堅定不移地相信。

　　毛澤東吃紅燒豬肉，那是肉越肥越香越可口，肉塊越大越爛越過癮。吃得滿嘴丫子流油，順著下巴滴淌，就又解了饞，又補了腦子。

　　江青祗看不吃，一口也不吃。先頭二人一直是″和平共處″，″互不干涉內政″。現今，江青準備修理毛澤東了，就主動地掀起了飯桌風波，發起了＜肉魚戰役＞。

　　有一天，毛澤東餓了，就下令擺飯。他一上飯桌，頓時傻了眼。他嚷嚷了好幾回，盼了一整天的紅燒豬肉，居然沒擺上桌。心裡這個不痛快勁兒，就別提有多大了。他再低頭細看，面前正正當當地擺著一大盤子紅燒大鯉魚。他頓時全明白了。″這是我的手藝！我最拿手的紅燒黃河大鯉魚。嚐嚐我們家鄉的名菜！嚐嚐，嚐嚐我的手藝！″江青扮出笑臉，眼睛牢牢地盯在毛澤東的臉上，嘴裡滔滔不絕地介紹這道名菜。

　　這盤魚根本不是她燒的。江青得知毛澤東吩咐廚師做紅燒肉的消息後，就強逼著廚師改做紅燒魚。她之故意講是她自己燒的，那是想看看毛澤東給不給她一個面子。若是給了，自己則一舉完成了對毛澤東的飯桌改造工作。

毛澤東歪著頭瞪著她，一雙眉毛往一塊堆兒死擰。

"紅燒肉哪？我得補補腦子了！""大肥肉有什麼吃頭？又肥又..."

"亂講！"毛澤東不待她講完，大吼一聲，一扔筷子，去了書房。廚師見事不妙，跑步去延安一家稍大些飯舖，買了一大碗燒好的紅燒肉，再添加佐料熱好後，送到毛澤東的書房裡，才算平息了這場"改造與反改造"的鬥爭。

"以後不准聽她的！"毛澤東氣哼哼地對廚師吩咐。

江青瞪視著香噴噴的紅燒黃河大鯉魚，一筷子也沒去碰，一口也不想吃。她對著盤子"相面"，足足相了一個來鐘頭。相面相夠了，主意也拿定了，她起身騎馬去找周恩來。

"周公，你得管管了，那個廚子太壞了！他把主席的菜燒錯了，惹得主席生氣不吃飯了。這不是存心陷害主席嗎？周公，你得做主，立即把廚子給換走！"周恩來聽完江青的話，心裡十分納悶。這名廚師是湖南湘潭人。毛澤東從打＜長征＞後，一直用到現在。他能做得一手非常地道的湘潭家鄉飯菜。毛澤東對他很滿意。怎麼會突然出了岔頭？他覺得其中定有蹊蹺。"這位湖南老廚師的手藝蠻不錯嘛！我吃過他做的東西。口味很地道。若是輕易換了人，主席那邊..."

"你不管閑事，我去找康部長。江青見周恩來不買自己的賬，又去見康生。康生一聽，事情鬧到毛澤東動了怒的地步，心知此事非同小可。他嘴裡光是答應著，卻不敢拿主意。他從江青的眼神和口氣裡，已經料到事情不會是換換廚子那麼簡單。

康生又是勸，又是哄，才讓江青如實地全盤講出了事情的起因和經過。康生直率地告訴江青，眼下還沒到她可以任意擺佈毛澤東的地步。她還得當一陣子"小媳婦"。

江青聽從了康生的指點。回家後，向毛澤東認錯做檢討，緊著賠不是。

一個多月後，是個小節日，也差不多是毛澤東打牙祭的日子。毛澤東依照自己的老習慣吩咐廚子燒碗紅燒豬肉。

到吃飯時，桌面上是一碗紅燒肉和一盤蔥姜清蒸魚。

"哦？！"毛澤東有點納悶。"我有孕了。醫生叫我多吃魚，補補鈣。醫生講，這是為了孩子。"江青裝出病歪歪，弱不經風的嬌氣樣子，有氣無力地說道。"好嘛！母肥子壯。我的伙食金，撥一半給你，好好保養身子。"

江青一聽樂了。她就左一筷子右一口地歡吃上了清蒸魚。看上去，那清蒸魚能香死個大活人。毛澤東無意中一抬頭，看見了她的吃相，不由笑了。"主席，你嚐一口！這魚蒸得很是火侯，又甜又脆，味道好極了！"江青嘴裡說著，就似順手般，挾了一筷子魚，放到毛澤東的飯碗裡。

"好吃！是挺好吃的！"毛澤東嚐了一口後，自己又挾了一筷子魚。江青見了高興極了。她赶忙說道："吃魚有營養。那些肥東西，對身體很不好。這是醫生．．．"

"哦？！"毛澤東頓時警覺到了什麼。他把紅燒肉碗往自己這邊拖了拖，又把盛魚的盤子往江青面前推了推，"各有所好，各有所好嘛！"江青見毛澤東如此頑固不化，祇好在＜肉魚戰役＞中先自退兵了。

延安當時的物資條件很差。普通幹部戰士連黑豆扁扁飯，也祇能吃個七、八成飽。毛澤東是一號人物，一個月能沾上一回肉腥，已是很難得的了。江青原本就是強忍著過這種苦日子。懷孕之後，她實在難以忍受下去了。她見了小米乾飯是一口也嚥不下去。

窮則思變。餓則思盜。江青用不著當小偷。她的辦法可比小偷高明多了。

江青找到中央辦公廳后勤部門的大總管，半點不客氣地發了火："你們還知不知道，愛護一下毛主席的健康了？最近，他的身體可是差多了。營養太不足了。主席若是病倒了，我去黨中央告你們！我找康部長查你們的政治立場！"他說完，扭頭便走。她的這番話，嚇壞了后勤部門大大小小的負責人。即使他們不怕黨中央，可是不能不怕康部長。

三天之後，西安有的各種水果、罐頭、奶粉，以及各種乾鮮海味，源源不斷地流進了毛澤東的廚房。自然囉，全進了江青的"五臟廟"。

毛澤東祇吃自己的那一套。可是他也不去追問江青吃的好東西是怎麼來的。他知道這是超標準供應。他想，他自己沒吃，就心安理得。

毛澤東的不干涉，讓江青摸到了底：祇要不傷及毛澤東本人，不妨礙他的老習慣，毛澤東就睜一眼，閉一眼。於是，江青拉大旗做虎皮，大搞狐假虎威。

女兒李訥出生後，江青故意讓孩子哭給毛澤東聽。哭得毛澤東坐立不安。江青見機立馬向毛澤東訴苦，自己不會侍弄孩子，要求派予個媬姆來幫忙。

毛澤東犯了難。當年，延安高級幹部的生活待遇按等級供應，相當嚴格。還沒有哪一位中央領導人敢使用媬姆給自己的老婆侍弄孩子。江青見毛澤東沒有說＜不＞，就一溜煙地去找周恩來和康生。

當天下午，就派來了一位女兵，給毛澤東做醫療保健工作。毛澤東心裡全明白，但是一聲沒吭。於是，這位女兵就由給黨中央主席醫療保健，發展到給他的孩子喂奶洗尿布，然後再由侍弄孩子發展到侍弄孩子她娘，給她娘洗衣服，疊被掃床，直到洗內衣內褲和例假用血棉花血紗布。

江青又贏了。膽子跟著長，脾氣跟著壞。昔日小媳婦，今日刁婆婆。毛澤東身邊的工作人員變得整天噘著嘴，盡量躲著江青。

說來也巧，江青用的這位小女兵，名字也叫江青。同名同姓，一字不差。祗不過，人家是真姓江，名字也是生下來時起好的。從未改動過。

江青初見她時，一聽她的名字，心裡就老大一個不高興。可這是耍了手腕，好不容易弄來的。先就暫忍了下來。日子久了，脾氣刁了，訇問題就來了。

她找來衛士長。

＂小李子，你的警惕性叫狗吃了！＂小李聽得一愣神，滿頭霧水，不知江青又要唱哪一齣＜宇宙峰＞。

＂那個小媬姆在街上惹了禍，叫別人指名道姓地罵江青。沒罵你們是不是？我可是替主席臉紅！＂＂沒，沒這回子事呀！＂＂敢說沒有！警惕性太差了！我找康．．"

"別，別．．．這用不著嘛！"小李知道，這事沾上了康生的邊，那名女兵就得下地獄了。

"改改名字不就行了嗎？小事一段。說改就改。我去辦。＂小李剛走了兩步，又一想，改成個什麼江青才會不生事呢？

＂你看怎麼改好？叫個江什麼才中？＂

＂要改全改！一個江字有什麼好姓的。學學我！我是一字不留，徹底革命。就叫王小妞吧。她哥哥是王小二，哈哈！＂江青哈哈大笑。

　　小李祇好照辦。那名小女兵再不樂意，也得服從上級的命令，接下這個代號。她離開江青後，改回了姓氏。但她死活不再用那個＜青＞字了。她不想同那個臭婆姨同名。自己改名叫＜江晴＞。

　　這正是：

驕 橫 非 天 成 ，

蠻 霸 亦 非 種 。

百 禍 蠻 橫 起 ，

惡 運 伴 終 生 。

　　欲知後事如何，請看下回分解。

# 第 七 十 回

## 蝶 亂 舞 夫 妻 失 和

## 議 軍 機 師 生 述 舊

話說胡宗南退出延安城，陝北形勢大有好轉。

毛澤東沒有返回延安。他帶領小部隊繼續在陝北四處遊動。這一日來到了米脂縣城。米脂縣是明末起義軍首領李自成的老家。毛澤東一到米脂派人借來米脂縣誌，反複閱讀，晝夜思考。想來想去，想個不停。他認為，是內亂導致李自成失去了已打下來的天下。那麼，為何內亂呢？怎麼辦才能避免內亂呢？他找出了許多條原因，但他對外祗講了一條，就是驕傲自滿。

在米脂縣的這幾天，毛澤東過得很開心，對米脂的印象好極了。米脂縣在陝北，在整個陝西人心裡，地位可不一般。

一提到米脂，沒有哪一個男人，不支起了耳朵，不心有所動的。米脂是美女之鄉。米脂的女人長得俊美。陝西有句順口溜：米脂的婆姨綏德的漢，榆林的小米瓦窯堡的炭。榆林的小米和瓦窯堡的炭是陝西省的名牌貨。綏德的小伙子，身高體健，又帥氣，又英俊，是關中漢子的象徵。米脂縣的大姑娘小媳婦則是陝北的西施女，人人長得貌美如花，不是天仙，勝似天仙。紅軍到了陝北以後，不少高級將領和幹部，都找了個米脂姑娘做老婆。林彪的第二任妻子就是米脂姑娘，生了個女兒叫小琳。

這些事一件件傳進了毛澤東的耳裡，不免令他對米脂姑娘也非非了，浮想連翩了。一想到米脂天仙女，心裡就猶如藏著一群花蝴蝶，在萬紫千紅的百花之中飛舞。米脂城的西施女令毛澤東眼界大開。那身前身後，來來往往的大姑娘小媳婦們，又是一個比一個俊美，真如掉進美人堆裡一般。毛澤東是打心眼往外，恨不得也能娶上一位米脂佳人，一了心願。摸了摸大腿，捺了一把，才清醒了些許。

毛澤東不祗是個凡人，還是個色中餓鬼。故而，一腔色慾得不到滿足時，就化做忿懣和怒氣，首先發洩在江青身上。似乎是江青壞了他的好事。昔日還是淡淡的不滿，此時轉化成了嫌惡。看不順眼的地方，就比比皆是了。

轉戰陝北，四下裡逃亡時，毛澤東把江青帶在身邊，一是他自己少不了女人。二是期盼江青也能立些軍功，立個好口碑。不成想，江青祇完成了性服務這項任務。別的全砸鍋。

其實也不全怨江青。江青少小在家時，正赶上婦女纏足的壞時代。幸虧＜辛亥革命＞早來了幾天，兩足得到解放。但是兩足已變形，走路十分困難。人稱＜解放足＞。憑此＜解放足＞，如何爬山越嶺？赶上平地行軍，江青尚可騎馬。一旦山地急行軍，或是淌河過大溝，就祇能人抬人揹了。江青成了行軍的負擔，何談立功？在陝北「捉迷藏」，一捉一年。戰士們抬她揹她，天長日久，能不出怨言？這些話能不傳進毛澤東的耳裡？毛澤東拿她跟賀子珍一比較，那是一文不值了。

毛澤東到了米脂後，環境安定了，就成日裡在外面追蜂逐蝶，逍遙自在。江青被甩在家裡面壁閑坐。江青是情場上的老手了。就算她睜著兩隻眼，也能想得出毛澤東在外面忙些什麼。對這種桃花事件，她一不用，二不想去捉姦。她太怕賀子珍式結局。她嫁給毛澤東不是出於感情。她對毛澤東的出軌，完全可以視而不見。

但是，再理智，再淡定，心裡也還是酸溜溜的。心情不好，脾氣能好得了？此時她的脾氣比在楊家嶺時更壞了。

住進米脂城後，衛士們在毛澤東的臥房和書房裡裝上了電鈴。有事時，毛澤東一按電鈴，衛士們就能及時知道。

有一天，鈴聲大響。一名衛士急步進了屋。原來是江青按電鈴，叫人去揀掉在地上的一條毛巾。江青不老不病。毛巾不髒不重。江青完全可以自己一哈腰拾起來。衛士忍住氣，揀起了毛巾。他一出屋門，就把這件事報告了衛士長小李。眾衛士更是忿忿不平。他們心裡對江青的火氣全上來了，就唆使小李告江青的狀，想趁著毛澤東起了花花腸子的時候，轟走江青。

小李把這件事報告了毛澤東：「形勢剛剛好轉她就裝腔作勢擺架子，拿同志不當人待。等全國勝利了，她還要怎麼樣？」毛澤東一聽，立即火了，命令拆去電鈴。

毛澤東的這一舉措真比當面給江青一個大耳光還令江青難堪。當然，小李不知道，這是毛澤東在借題發揮，赶江青主動走人。

有一天，毛澤東處理了一夜的公文。天色大亮後，他回到臥房睡覺。一進窯洞門，看見江青正在等他。毛澤東理也不理，自顧自地吞了安眠藥，冷冷地對江青吩咐道：「你去自己的窯洞休息。我得好好地睡一覺了。」

往常，江青一聽見這話，就會乖乖地走開。這一次，江青像沒聽見似的，沒有動窩。她自管自地從炕頭拿起一件毛衣，嬌聲嬌氣地對毛澤東說道：〝剛給你織好的，你來試一下嘛。〞先前，在延安時，每逢這種時候，毛澤東都會酬以一場溫存。

〝放那吧！起床再試！〞毛澤東臉色陰沉，毫無興致地拒絕了江青。江青心裡一陣波動：姓毛的真要絕情了！到了分手的日子了？她在心裡不停地問自己。

妻子有一種潛能，能從丈夫身上，找到外人永遠不能感覺到的東西。在情變上，像江青這種老手，不需要任何明確的表示，祇要一個眼神就夠了。

江青百分之一千地不願意分手。江青忍住自己。她替毛澤東鋪好被褥。按毛澤東的入睡習慣，他還要服第二次安眠藥。二次服藥前，他躺著看書。

〝老板，你翻個身，我給你按摩按摩！〞在陝北輾轉中，不准稱呼原來的名字。江青嫌毛澤東給他自己起的代號＜李得勝＞太土氣了，像個中央軍兵油子的假名字。她給毛澤東起了個自己專用的代號＜老板＞。不論是在延安，還是輾轉途中，都是毛澤東自己主動央求江青給自己按摩。這次江青主動要給毛澤東按摩，是哄毛澤東高興，討他的歡心。

〝你回你的窰洞。叫小李來給我按摩。〞

〝老板，你，你...〞江青的心全涼了。她鼻頭一酸，眼圈就紅了，淚珠子就刷刷地滾了下來，〝你今天是怎麼啦？〞

〝別囉嗦，快點去！〞毛澤東極不耐煩地又來了一句。

這一次，江青再也忍不住了。她大哭起來。〝...嗚嗚...嗚嗚...你討厭我...嗚嗚...當初又何必...〞

毛澤東見江青哭了不但不勸，反而吼得更凶了。〝我要睡覺了！快滾！〞

〝好，我滾！我就滾！〞江青突然止住了哭泣，高聲嚷叫上了。她邊嚷叫邊下地穿鞋，〝我給米脂婆姨讓炕頭！我去跳河！我...〞江青哭著跑出了窰洞。

一見江青要尋死，毛澤東慌了。他朝門口追了兩步，又停下了。他大聲叫喊：〝小李！小李！你來一下子嘛！〞小李應聲入屋。〝你去追她一下嘛！別搞出了大事！快，快！〞

〝主席別著急！不會出事的，嘻嘻...〞

〝你，你還笑？出了人命...〞

˝主席，她不會跳河。跳河也死不了人。門前那條河，水還不到腳脖子。早晨我們去洗臉，還得挖個坑，積下水才成。主席不用慌。˝

˝那她...˝˝我看她不會去死。要尋死的人，那得鬧騰一大陣子。還早著哪！˝

˝你講個什麼喲？˝

˝俺娘說過，女人全會一哭二鬧三上吊。這才剛要到第二個階段。˝

˝喲，沒瞧出咱們小李還有大學問！沒娶媳婦倒有一套對付媳婦的好本領。來，坐下聊聊。我不睡了。˝˝主席，我還得去找找她。你還是睡吧。你沒聽人家都講，小倆口打架不記仇，白天砸鍋又摔碗，晚上睡覺一個枕頭嗎？˝

˝哈哈！哈哈！˝毛澤東聽樂了。他趴在炕上，讓小李給他搥背，自己默默地想心事。

˝小李，江青是我老婆。她若是名工作人員，早把她趕走了！˝小李依舊專心地搥打脊背，沒去接話。他知道，毛澤東也像普通人一樣，有苦有甜，有歡樂，也有煩惱。當他憋足了一肚子話時，也會找個對心路的人訴訴苦衷。這是一種發洩。不需要安慰他。

小李更知道，在這種時候，不要去回答他什麼，也不必替他出謀畫策，祇需要傾聽。

˝我現在有些事情很難辦。我剛剛講了＜三查三整＞，就有人寫來檢舉信，檢舉江青有歷史鬧問題。偏偏又有人特意拿來給我看。他們自己去查就行了。這不是向我毛澤東示威嗎？要我的好看嗎？˝毛澤東沒把自己懷疑，有人要奪自己的大權的念頭和看法，全講出來。

˝江青今天主動找我們講她自己沒有歷史問題。當時，搞得我們好生奇怪。是不是她自己也聽說了這件事了？˝小李已經聽過＜三查三整＞。他根本沒有想到會查到毛澤東的家裡，會查到他老婆頭上。˝當初結婚，我沒搞好，草率了，太草率了！˝毛澤東叫小李先停一下手，翻身下了地，點上一支煙，慢悠悠地吸了起來。

˝小李，江青還胡說了些什麼？˝在毛澤東一生當中，真正令他信得過的外姓人中，僅有兩人，一男一女。男的就是這位小李。女的則是後來大名鼎鼎的張大姐。

＂江青還說，這是為了攻擊你，要奪你的權。我勸她別再亂嚷嚷了，省得淨給你添麻煩。＂

＂這張臭嘴，全是放屁！＂毛澤東又續了一支煙。他皺著眉頭，在想什麼。他想了一陣子，又長嘆了一聲，＂嗨，我現在的情況，我的身份，離婚也不大好。江青本人沒有什麼大的過失，也沒犯大錯誤。在就要勝利的關頭上，跟她鬧離婚，人家會講話的。沒話不還是要找話嘛。沒辦法呀，揹了個政治包袱...＂

＂主席，你再吃片藥，就先睡吧。我這就去找找她，再勸勸她。＂

毛澤東吃下藥片上了炕。可是他無論如何也睡不著。藥片也不頂用了。

光陰似箭。歲月如梭。轉眼之間，就到了四八年的秋天。毛澤東在河北省阜平縣城南莊召開中央書記處工作會議。劉少奇、周恩來、朱德、任弼時都從西柏坡趕了過來。

這次會議的中心議題是決定陳毅粟裕兵團的動向。毛澤東建議粟裕率三個縱隊，約十萬人馬，南渡長江，經江西和湖南，去福建和廣東兩省接界地帶，開創新解放區。粟裕有不同的看法。粟裕認為，應當在淮河和黃河之間的地區作戰，盡可能多的在這塊地面上殲滅中央軍部隊，迎接全國勝利的早日到來。

由於事關重大，毛澤東決定陳毅粟裕二人也要赴會。當面討論，當即拍板定案。

開會這天，粟裕比陳毅早到了一些時候。當警衛員向毛澤東報告，粟裕同志已經到達大門前邊了，毛澤東起身離座，緊趕了幾大步，迎出大門外。這令在座的各位中央大員甚感意外，也紛紛離座跟了出去。

粟裕見了毛澤東，赶忙立正敬軍禮。毛澤東點點頭以示還禮後，又搶著邁出幾步，緊緊握住了粟裕的手，熱情問好：＂一九三一年在瑞金見過一面。這一別，竟有十七個年頭了！＂

＂十七年沒見主席，很想念主席。我還記得十七年前，在天子洞那裡，天天向你學習帶兵打仗的道理！＂

＂這麼講，我是老師嘍！＂毛澤東高興得笑出了聲。

＂你當然是我的老師！＂粟裕認真地回答道。＂粟裕啊，你這幾年，仗打得蠻不錯啦！我這個老師替你高興。現在，我這個老師又要仰仗你了，你要好好地打上幾個大勝仗！＂

＂主席千萬別這麼講！打勝仗，上靠主席、黨中央英明指揮，下靠指戰員們英勇作戰。我祇是把從主席和總司令身上，學來的本領，用到實踐中去，出了一份自己應當出的力量。"這時，站在一旁的周恩來對毛澤東說道："請主席和粟裕同志進屋裡談吧！"

他們進屋後，一看都是老領導、老部下、老熟人、老同事，一見面就聊上了往事，種種趣事，十分熱鬧。正聊著，陳毅、李先念、薄一波、聶榮臻等人先後進了屋。會議開始後，先由粟裕詳細地說明了自己不同意去江南的理由和在江北作戰的初步設想。

毛澤東聽了粟裕的發言，點上了一支煙，猛吸了幾大口，站起身子，在屋子裡來回踱步。他突然停下來，轉過臉來，盯著粟裕問道："你說的仗，有多大？"

"殲敵十萬，二十萬，甚至更多些。"

"甚至更多些？你是想把蔣介石的幾百萬正規部隊，全部殲滅在長江以北嗎？是這個樣子的嗎？"毛澤東眼裡閃動著奇異罕見的光點。

"不！"粟裕坦率地回答道，"我沒敢去想一下子會消滅這麼多。但我設想過，一次殲滅他五十萬到六十萬主力部隊後，下邊的仗就好打了。四百萬也好，三百萬也好，他蔣介石就保不住了。"

毛澤東微微點了點頭，肯定道："這確實需要時間。而現在，＜劉鄧大軍＞在大別山的日子相當艱難哪！"

"主席講得對頭。＜劉鄧大軍＞在大別山非常困難。"周恩來補充了一句，"我們指望你下江南之後，能吸引中央軍的一部份主力，減輕壓在＜劉鄧大軍＞肩頭的重擔。想派你去，也是對你的信任。"

粟裕依然沒有同意下江南。毛澤東再次把目光盯在粟裕的臉上，嚴肅地說道："如果你感到率兵南下有困難，我們可以考慮另換統帥。"

毛澤東的這句話，重如萬鈞之石，壓向了粟裕的頭頂。就連劉少奇等大員們都有些緊張。他們一齊把目光投向粟裕，又再轉向毛澤東，再轉向粟裕...

粟裕有些激動了，他下意識地解開了領扣。他已經不是頭一次不服從毛澤東的命令了。但這一次，非以往可比。確系事關大局。想到此，他重新扣好風紀扣，十分自信地回答毛澤東："現在，我們已經具有大戰中原的基本條件，就應當力爭在江北殲滅敵人的主力部隊。如果從中原抽走十萬人馬，也不一定能減輕＜劉鄧大軍＞的壓力，祇會削弱我們的中堅力量。我們會為此，失去早日勝利的時間，推遲奪取全國的勝利。"

陳毅激動得坐不住了。他高聲嚷道：'另換統帥？換誰？為什麼
能在江北打勝仗，偏偏要跑到江南去挨打？我不同意去江南！'

陳毅的一番話，令會場上的氣氛更為緊張。眾人紛紛發表意見，
各執一詞，所見各異。毛澤東見眾人這番樣子，大手一揮，闔問
道：'還有不同的意見嗎？'

沒人吭聲。'如果沒有新的意見，休息十分鐘。'毛澤東說完，
頭一個走出了會議室。其它的人出了屋，四下裡散散步，透透空
氣。屋裡祇剩下陳毅和粟裕兩個人。陳、粟二人乾坐著，沒動窩，
等待著最終的決定。

這正是：

武　將　通　韜　略，

文　臣　計　謀　深。

君　王　意　難　測，

苦　煞　聰　明　人。

欲知後事如何，請看下回分解。

# 第 七 十 一 回

## 抒 己 見 無 私 無 畏

## 護 摯 友 秉 公 直 言

　　話說毛澤東宣佈暫時休會後,就同書記處各位書記來到隔壁小房間, 商討粟裕抗命不肯率兵下江南的重大問題。

　　與會的其它中共要員在院子裡, 有的散步, 有的三三兩兩聚到一起聊閑天, 說些與會議不沾邊的狗零雞碎般雜事 。他們似乎對會上商討的南下用兵大計 , 沒有太多的興趣,更不想過深地涉入到有關, 由毛澤東來決定可否的爭議中去。他們每個人都有極為豐富的政治門爭經驗, 特別是黨內高層爭權的門爭經驗, 極有可能會因為自己多說了某人一句好話, 或者少說了某人一句壞話, 就被捲進了政治門爭的是非窩裡, 而大吃苦頭, 甚至身敗名裂,遺憾終生。他們都是名哲保身, 深知進退, 見風轉舵的名家高手。故而, 每每逢到這種要命般的關鍵時刻, 他們就故做深沉, 凝眉靜思,或吸煙, 或散步, 或閑扯,或獨坐, 扮出慎重而不輕言妄動的嚴肅神態, 耐心地等著看粟裕和陳毅的"熱鬧"。

　　屋子裡衹剩下陳毅和粟裕二個人, 以及滿屋子的臭煙味和汗酸味。他們兩人坐在原座位上, 一動也沒動窩。兩人相對無言, 猶如兩隻在暴風雨到來之前, 尚找不到避難窩巢的海鳥。誰都看得出來, 二人在內心深處正忍受著非同一般的,為常人難以想像出的煎熬。他們本來可以躲開這一煎熬, 但是他們都選擇了去挑戰這一煎熬。盡管以往他們多次親歷過這種痛苦,並深知這種痛苦是何等的殘酷,讓人在睡夢中也會猛然嚇醒,冒出一身泠汗。

　　陳毅是個樂天派, 大爽快人。他給人一種印象, 似乎他從不知道苦悶和苦惱是個啥玩應似的,似乎在他的人生字典上, 沒有<苦>這個字似的,甚至連同與<苦>字有關係的詞語也不存在。

　　其實不然。生活中,那些表面上很是歡快的人,並不是沒有愁苦煩惱的一面, 而僅僅是他們擅於把一切不歡快的情緒藏得更巧妙更隱蔽一些罷了。單拿陳毅來說, 他一見到毛澤東時, 不管他臉上顯示出多麼高興的神采, 嘴頭上講出多麼風趣的笑話, 嗓子裡發出多麼開朗而響亮的哈哈大笑聲 ,在他的內心深處, 在他腦海的神經網上, 都會不由地浮現出來,當年他同毛澤東在瑞金,在龍岩進行過門爭的種種往事。盡管他陳毅是出以公心，百分之百地秉公處理，問心無愧。但是毛澤東可不這麼去想。特別是毛澤執掌了黨內大權後，就一口咬定陳毅反對過他，整過他，犯了路線上的嚴重錯誤，簡直比蔣介石還壞，還可恨。一九四二年 延安整風時，毛澤東把陳毅從前線叫回延安，足足把陳毅整了三個月，逼著陳毅承認自己犯下了反對過毛澤東的政治路線錯誤。站在他人屋檐下，豈敢不低頭？

陳毅違心地認錯後，毛澤東並沒有罷休，沒有放過陳毅。毛澤東派饒漱石去陳毅那兒工作，並領導陳毅。名為工作，又是領導，而實際上是讓慣打小報告，搞小動作的饒漱石整天找陳毅的小腳。饒漱石一謊報軍情，毛澤東就立即批評陳毅。

陳毅實在忍不下這口窩囊氣了，就去延安找毛澤東評理伸冤，甚至準備大鬧一場，把面子撕破。沒成想，毛澤東一見到陳毅，就笑嘻嘻地搶先說道："小饒的事，你就不要講了！ 要學會團結人， 特別是要會團結那些反對過你的人。你要團結出水平來嘛！"毛澤東的這番話把個陳毅搞得， 想哭都沒了感覺，想笑不知怎麼咧嘴， 想罵找不到髒字，祗能高呼毛主席万歲， 毛澤東永遠正確了。想想看，毛澤東的這番話不就等於告訴陳毅："小饒打了你的右臉，你再轉過左臉去，讓他打個高興嘛！ 你臉是疼了。可是人家小饒的手不也是很疼的嗎？你不要喊疼嘛，你要更多些關心小饒的手囉！"

偏巧此後不久， 陳毅走 背字兒，漣水城下吃了敗仗 。古今兵家皆知 ， 勝敗乃兵家常事。毛澤東自己就吃了許多敗仗。何況七戰七勝後， 就不能有一敗嗎？毛澤東說， 他自己可以敗，別人也可以敗， 甚至可以二敗，三敗。唯有陳毅不能敗。一敗也不行！

於是，毛澤東通報全黨全軍點名批評陳毅。罪名是 "驕傲"。這明明是張靈甫背後打了個偷襲。若論錯誤， 至多是想的不周全 ，指揮水平有些低，也就差不多了。同驕傲根本扯不上任何親戚關係，連八杆子都打上的親戚也不是 。毛澤東卻說是驕傲。

因為在當時， 驕傲能和反黨反革命叛徒特務賣一個價錢。毛澤東仍嫌不夠， 不解氣。他把華東和華中兩個軍區和野戰軍又重新合在一起。這等於在全軍將士面前， 特別是在華野將士面前， 狠狠地給了陳毅一個大耳光。

毛澤東想了想， 覺得自己還是不夠本，吃了虧。他又下文， 明確地申明， 陳毅是華野的司令員兼政委， 但不能指揮軍隊作戰。打仗的事由副司令員粟裕說了算。這簡直是不吐髒字的罵人。這是罵陳毅是個不會打仗的軍人， 混飯吃的司令員。這對任何軍人來說，都是奇恥大辱， 勢同刨其祖墳，姦污其母一般。

　　故而，陳粟合兵後，在魯南、萊蕪、孟良崮諸戰役取勝後，從不以驕示人的陳毅，都會情不自禁地仰天大笑，朗聲高喊："格娘老子！誰講我陳毅不會打仗？讓他睜大狗眼來瞧瞧！"陳毅絕不是驕狂之輩。他的這幾聲嚷叫，是發洩！是喊冤！是奇恥大辱壓得他的心在哭！是他專為喊給毛澤東聽的，是一種特殊的反抗！

　　陳毅多才多藝，自幼酷愛文學，擅長古體詩歌，一生寫了許多首古體詩。他在古漢語上頗有學識。但是時勢卻令他穿上了軍衣。平心而論，他的性格不大適合參加戰爭。陳毅很有自知之明。他重用粟裕和手下的幾員虎將，給他們創造了發揮軍事才能的廣闊天地。因此，他手下有一大批生死與共，同心協力的部下。特別是和粟裕，兩人從戰友發展到心心相印的摯友、知音、同性知己。不是兄弟，勝似兄弟。

　　這一次，粟裕有了"生死之難"。陳毅先是勸阻粟裕，別同毛澤東唱反調。他自己沒唱反調，就已吃足了毛澤東的苦頭。到了會上，他卻挺身而出，秉公直言，亮開大嗓門喊道："換統帥？換誰？！"當時，或許還有些沖動的成份在內，然而此時，冷靜下來了，他能不去想想，毛澤東又該如何"修理"他了嗎？不論他陳毅是一個多麼豁達大度的人，他也是肉體凡胎，也是爹娘所生，七情六慾一樣不多，也一樣不少。何況他比別人更知道毛澤東的厲害。

　　粟裕是這次"鬧事"的主角。他沒有陳毅那些挨整的經歷。在以往的政治鬥爭中，他還是一名中高級指揮員。萬般爭鬥都同他扯不上干係。但一說到打仗，特別是孤軍深入敵後，開創新根據地，他就特別有發言權。他經歷過的這種事特別多。全軍之中，不是第一，也絕不會第二。若是他自稱第二，怕那敢稱第一的人，在百年之內，尚不敢出生問世。粟裕不畏懼孤軍深入敵後作戰。他不贊成這一次率兵南下渡江去福建廣東作戰，直率地講，是他認為這是毛澤東指揮失當，或者是說，是一著大臭棋。

　　依照毛澤東的戰略構想，是派粟裕率領十萬人馬，跨越五個省區，行程近萬里路，去敵人窩裡建立新根據地。粟裕用自己的經驗一劃算：這十萬人馬邊走邊戰，邊戰邊走，走過五個省區後，就算平安地到了目的地，充其量能剩下五萬人，就是皇天保祐了。而蔣介石對付這五萬遠道而來的疲兵，根本用不著從大別山前線撤兵回防。廣東、福建兩省的駐軍已綽綽有餘了。這就顯而易見地表明，這一戰略構想，根本沒法幫<劉鄧大軍>的忙。

　　粟裕認為毛澤東"犯臭"的另一個原因，是壞了他自己一向的用兵原則。毛澤東向來主張集中優勢兵力打擊敵人。而眼下他卻要抽走華野的十萬主力。這樣一來華野被抽弱了。華野勢必從優勢轉化為劣勢。二則，這十萬人馬行程萬里，減為五萬人馬，進入敵後又沒有後勤保証，很難在敵人的包圍圈裡應戰，這好比一個人吃了瀉藥，拉了三天稀，再去同人摔跤一樣。毛澤東此次用兵，同兵理相悖。犯了<疲兵求戰>的大忌。與他毛澤東本人的一慣主張，幾成嘲諷。

粟裕肯定地認為，是毛澤東吃錯了藥，才會發如此之高燒。他是把自己的腦袋砍下來，供在神案上，求神佛保祐他的腦袋，能牢牢地長在肩膀上。這都是一樣地糊塗到了不能再糊塗的地步。做為一名職業軍人，上了戰場，永遠求勝。粟裕是個標準的軍人，凡戰求勝。在同毛澤東的爭執中，他也照舊求勝。他坐在那裡，一動不動地在想，一旦毛澤東看不見自己的大漏勺，仍然固執地走自己的大臭棋，他自己該如何去力爭，去說服，去扭轉，去爭取勝利。

陳粟二人正在各想心腹事，身後傳來了一陣雜亂的腳步聲。毛澤東等人接踵步入會議室。會議又要開始了。

粟裕的兩隻眼，如同長在了毛澤東的臉上一般，耳朵，則移位到了毛澤東的嘴唇上了。他實在想從毛澤東的一笑一怒之中，甚至是每一條細細的皺紋，那難以察覺到的輕輕抖動中，得知自己最為渴望的答案。

毛澤東坐下後，一抬頭，就朝粟裕這邊望了過來。毛、粟二人的目光，對了個正正當當。誰也不想偏開。就那麼盯盯地對望著，僵持著，再僵持……一秒，二秒，三秒……

毛澤東先開了口。他問道："粟裕同志，你考慮得怎麼樣了？還是堅持你自己的意見，不想南下嗎？

毛澤東這一問，似乎是在室內播下了冰霜寒雪，令室內的空氣一下子降到了攝氏零下四十幾度，彷彿進了北冰洋一般。整個會場都凍僵了。

毛澤東這簡單的一問，似乎每個字母，每個音符，不是涌入了人們的耳朵，而是堵塞了與會者的鼻孔和喉管。沒人肯喘口大氣，即使憋得喉嚨發癢，發乾，發痛，真想好好咳嗽一大聲，卻全忍住了。

人們屏氣凝神，靜靜地等待著。屋裡靜悄悄。人們能聽到自己的心，在"呼、呼"地跳動聲。

一個人的命運即將被決定。一個決定生與死的答案即將被宣告。似乎死神已在人們的頭頂上飛舞……

與會者無人不知，無人不曉，違抗了毛澤東的心意，會有什麼苦果子等著自己。就連他自己的老婆，為了他的身體健康，想改改他吃肥肉的壞習慣，想讓他遲睡幾分鐘試試新毛衣，他都會產生離婚的念頭。

　　毛澤東是個不容他人冒犯的人。哪怕是十分微不足道的冒犯。在這一點上他极像斯大林。

　　聽到毛澤東在問自己，粟裕霍地一下子站了起來。他站直了身子，像名儀仗兵式地挺著胸脯，直截了當地,毫不含渾地回答道："報告主席，我個人意見，還是暫緩南下！目前應當集中優勢兵力，在中原地區大量殲滅敵人。把蔣介石的主力殲滅在長江以北地區，早日迎來新中國的誕生！"

　　這是一個戰士的聲音！

　　這是一名軍人的風采！

　　這一刻,絕不遜於戰場上，刑場上,永彪青史的那一瞬間！

　　這一刻的每一個字,都會載入史冊,寫入軍史和戰史。

　　與會的人，或是用關注的目光，或是用欽佩的眼神,或是用憐憫的眼色，或是用嘲諷的眼光,齊齊地盯視著這個瘦小的軍人。

　　陳毅的眼睛亮了。 那雙眼睛亮得感人。他緊緊攥著雙拳。沒人能知道，他在心底喊了多少個 <好> 字。他太了解粟裕了。他知道粟裕一定會這般回答。對此，他深信不疑。他甚至可以懷疑自己，而對粟裕，則是絕不動搖地相信。十幾年後，當彭德懷稟承毛澤東旨意，批判粟裕 "祗抓軍事,不抓政治",並免去了粟裕的總參謀長職務後，他，也祗有他陳毅,才敢，才會，才能,找上彭德懷的家門，對彭德懷說了一句:"石穿兄，你整了一個大好

人！你會後悔一輩子！兩輩子！十輩子！你永遠不會寬恕你自己！"陳毅說完, 扭頭便走。彭德懷連連喊了他十幾聲。陳毅沒有回頭。那一刻，也如今日一樣。他緊緊攥著雙拳，兩眼在噴火。

　　"好！"就在這時，毛澤東大大地提高了嗓門,唱了一個<好>字,嚇了眾人一大跳,不知這個<好>字做何解釋。這 <好>，是好個什麼？是誰好？是說他毛澤東自己的主意好呢,還是說粟裕的回答好呢？

　　這正是：

摯 友 不 在 酒 飯 香，

道 同 方 能 心 脈 通。

馳 騁 疆 場 得 良 友，

不 慕 神 仙 樂 一 生。

欲知後事如何。請看下回分解。

# 第 七 十 二 回

## 智 粟 裕 義 薄 雲 天

## 病 林 彪 稱 雄 東 北

　　話說毛澤東大大地喝了一個 <好">字之後， 四周環視了一圈，對粟裕打了個手勢， 請他坐下，然後說道："粟裕同志的堅定，讓我在最後一分鐘下了決心：我們暫緩南下,留在中原作戰, 打它幾個勝仗, 實現殲滅敵人主力於長江以北的新戰略！"

　　聽毛澤東這麼一說,粟裕的眼睛莫名其妙地濕潤了許多。

　　陳毅把那雙老拳重重地敲在桌面上。

　　會場裡的人齊齊喘了一口粗氣。

　　"哈哈……哈哈……為個啥事這麼緊張呀？ 哈哈,哈哈……"毛澤東縱聲大笑不已。他笑罷， 接著說道："我們等著粟裕同志打幾個大勝仗！粟裕同志答應我們, 要在中原地區唱幾台大戲。這下子我們可有好戲看了！哈哈， 哈哈……"毛澤東又是仰天大笑一番。

　　" 主席今天是太高興了。我們大家也同樣地高興。粟裕同志,你要繼續努力！ 陳毅同志, 你們要共同努力！早日迎來新中國的誕生！"周恩來笑呵呵地說道。

　　"後生可畏！"朱德不無感慨地說,"有了好消息, 要早點通知我們！"

　　與會的人跟著毛澤東紛紛站起身來。

　　毛澤東臨出門時，一把握住粟裕的手， 用力抖了抖， 說道："粟裕呀， 你今天中午別走了。到我那兒吃午飯。今天正巧我叫他們燒了道紅燒肉！"毛澤東當著眾人的面,高聲大氣地說道。眾人聽後一愣： 這又是一項記錄！ 在他們中間， 難得有誰分享過毛澤東的紅燒肉。

　　"主席， 做啥不把我也一道請了喲！我們四川人也是蠻喜歡吃辣子紅燒肉的喲！"陳毅十分高興他甩著四川長調湊熱鬧， 造氣氛。

　　"你還想吃我的紅燒肉？你還欠我一頓喜酒哪！什麼時候,把你那位大學生夫人帶上來,讓我們開開眼嘛！"眾人齊聲大笑,"咱們約定, 粟裕打了勝仗， 我們大家一道去鹽城,上你家, 讓張茜亮亮手藝， 燒道好菜給我們吃！你可不許賴賬！"毛澤東這麼一說 ， 陳毅樂得合不攏嘴，連聲應道："好，好，好！一言為定！ 哈哈……"

"我可是蘇北人。你可不許胡弄人！ 讓張茜赶緊拜師學藝。我們大家要吃道地的淮揚風味菜！"周恩來湊趣加起哄，大聲說道。

"哎喲喲，仲弘兄，這下子可有大麻煩了！要你大大破費了！"朱德笑著說道。

"冇得關係喲！粟裕打了勝仗，這飯費全讓蔣介石付了……"陳毅一語未了，毛澤東領頭笑了起來。

在毛澤東的住處，毛、粟二人邊吃邊聊著。

"粟裕同志，再把黨中央的一個新決定通知你。這會兒，大概少奇同志也正同陳毅同志一道吃飯，一道談話。黨中央要調陳毅同志去主持中原局的工作。華東野戰軍的工作，由你來負責。免去陳毅同志的司令員和政委職務。由你出任司令員兼政委。你身上的擔子重了。祝你成功！"

粟裕猛然間聽毛澤東這麼一說，心中感到十分意外。粟裕本是個大聰明人。他想，自己抗命不受罰反而有賞。那麼，受罰的這一板子，自然就全打到陳毅的屁股上去了。他沒再遲豫，果斷地說道："報告主席，華野目前离不開陳毅同志。他在華野的威望比我高多了。下命令，做調動，催後勤和向地方上籌款子籌民伕，還得靠他。打大仗更是少不得他。"

毛澤東聽後，考慮了一陣子，說道："你說得有道理。但是，中央定了，也不能朝令夕改呀！"毛澤東固然是要堅持自己的決定，可又覺得粟裕的話也是大實話。 毛澤東喜歡聽老實話，最恨別人騙他。故此，他的語氣較緩和，也顯得有些犯難，甚至還有點討教的味道。

毛、蔣爭雄，毛氏獲勝。毛澤東比蔣介石最為高明，而又至為關鍵的一著，是對手下人的管教方法。蔣介石墨守陳規，對部下採用重獎嚴罰，排斥異己，討好自家人等老辦法。毛澤東則以政治攻心，萬事有商量，合理地聽取部下那些正确的，不傷及自己，甚至有利於自己的意見和建議。 這就讓他由一個腦袋變成了幾個，幾十個，乃至上百個。智慧的力量是無窮的，能頂百萬雄兵。

粟裕聽了毛澤東的話後，想了想，說道："報告主席，可不可以依舊讓陳毅同志去中原局工作，但是仍然保留他在華野的領導職務。兩下裡兼管，兩頭都不耽誤……"

"哈哈……哈哈……"毛澤東聽粟裕這麼一說，不待聽完，把筷子一放，紅燒肉也不吃了，放聲大笑上了。他笑夠了，才說："人家都說你心眼多。今天算是眼見了。你哪裡來的這麼多鬼點子？蔣介石不吃你的敗仗，鬼才信嘍！哈哈……哈哈……"

毛澤東又說又笑，把粟裕弄了個大紅臉。粟裕一口飯含在嘴裡，嚥也不是，不嚥也不是。

"好！聽你的！陳毅照去中原局。但是保留他在＜華野＞的職務。你來任代司令員兼代政委。看來，我毛澤東先頭是惹不起那個彭大將軍。現在，又惹不起你這位粟大將軍了。我又讓了一步。你該滿意了吧？哈哈……"

如此以來粟裕成了＜華野＞實際上的一把手。陳毅留住了原來的職務。雖然是掛個虛名，但保住了面子，也為他後來能評上元帥軍銜，創下了必要和重要的條件。自然囉，毛澤東想給陳毅的一板子，也被粟裕給擋住了。陳毅沒有白白交上粟裕這個朋友。粟裕智而義，義薄雲天。

一九四八年夏天，粟裕發起了＜豫東戰役＞，同中央軍在開封地區大戰一場。在這場血戰當中，＜華野＞傷亡了三、四萬人，但卻殲滅了中央軍十二萬人，佔足了大便宜，一下子解脫了＜劉鄧大軍＞在大別山區的困境，並從此改變了中原戰場的局勢，中共軍隊可以同國民黨中央軍平起平坐了，也為淮海大血戰創下和準備了前提條件。

聞知此訊，毛澤東開心得要死。他那顆久久懸在嗓子眼的心，終於可以放回到心坎上去了。

毛澤東當初派＜劉鄧大軍＞孤軍深入大別山區的戰略意圖，是在蔣介石的心臟地區插上一把尖刀，造成兵臨南京城下的態勢，從而牽制蔣介石對延安的進剿。蔣介石一見劉鄧大軍到了自己的眼皮子底下，就調動大別山周邊的百萬部隊，連續進攻劉鄧大軍的十萬人馬。劉鄧大軍日夜苦戰，四處逃竄，根本無法立足紮根，更別提危脅南京了。

最不利於劉鄧大軍紮根大別山區的是，大別山區地窮人稀，糧食十分匱乏，兵源難以補充。＜劉鄧大軍＞一天難得一餐。一餐也僅能吃個半飽。餓得士兵紛紛開小差逃走。逃兵現象是中共軍隊創建以來最為嚴重的。若再不有所改變，兵全餓跑了，根本不用蔣介石來打了。

毛澤東意識到自己犯下了一樁孤軍深入，指揮嚴重失當的大錯誤。若＜劉鄧大軍＞重蹈西路軍的覆轍的話，那麼他在黨內、軍內的地位則岌岌可危了。一旦算總賬，新舊帳一併算計，真就是毛澤東的地球末日了。於是，他想再孤注一擲一次，借用粟裕的個人能力，南渡長江開創新局面，以緩解大別山方面的頹勢。當然這又是一樁沒有多少把握的冒險行動。

<豫東戰役>挽救了劉鄧大軍，部隊可以下山採糧和招兵了，有了個睡安穩覺的棲身之地了。

<豫東戰役>挽救了毛澤東。毛澤東躲過了地球末日。他焉能不喜上眉梢，放聲大笑上三聲,乃至十聲八聲。那紅燒肉是照吃不誤。不過,補了腦，也是照舊出昏招。

常言道,喜難成雙，禍不單行。毛澤東去了一憂，卻添了兩件新愁。

一愁要記在斯大林頭上。

當中共在全國獲勝已漸露苗頭之後，毛澤東就開始考慮，即將建立的國家的雛型了。中共不同於蘇共,也不同於東歐各國共產黨和工人黨,中共不是一個以工人為主體的政黨。其黨員以農民出身的人佔了絕對的多數　。其黨的中央委員會是個多方面出身的人的聯合體。這就決定了中國未來的政體不可能是 <工人階級專政>。最多也祇能是<無產階級專政">。但這卻是斯大林所不能接受的。這也就意味著斯大林和東歐各國不會承認毛澤東新成立的國家和政府。如此一來,問題就大了。

在毛澤東尚未走出去這麼遠時,斯大林就已經聲言："中共不是真正意義上的共產黨。"林彪接管東北時，斯大林根本沒把中共當成兄弟黨看待,連友軍也不算,僅僅是其外交平衡術上的一張紙牌而已。這也意味著毛澤東的死對頭王明來個死灰復燃將是百分之百的可能。故而, 在國內戰爭勝利後， 隨之而來的不是金光大道和鶯歌燕舞， 而是荊天棘地,危機四伏的羊腸小道和暴風驟雨。

毛澤東認為很有必要去面見斯大林和向斯大林做詳細解釋。 於是， 毛澤東命令外事官員同斯大林聯係自己去訪問莫斯科。他自己東渡黃河， 住在河北省阜平縣城南莊，靜待斯大林的通知。他一等再等,卻不見斯大林的消息。就在這功夫,他差一點被炸死。毛澤東明白,這是斯大林不買他的賬。毛澤東卻依舊等下去。面見斯大林是太重要了！

"主席，你的出國服裝做好了。剛從石家莊送來。你試一試！" 勤務員捧著一包呢料服裝,送到毛澤東面前。

"哎喲，好快！你們的衣服也做好了吧？" 他話剛一說完,衛士長小李穿著一身嶄新的呢料軍服進了屋。小李挺著胸，邁著正步,很神氣地走了幾步,逗得毛澤東拍手叫好："誰說我們是土包子？人靠衣服馬靠鞍。小李穿上呢子服，不也像個將軍嗎？"

"主席這一說,我才想起來。書記處翻譯師哲同志讓我捎話給你,說我們這些陪你去蘇聯的警衛、秘書、勤務、醫生、司機, 都得有個軍銜,配上肩章。他說,蘇聯人最講究這一套了。凡是件事,全講等級,還得對等。"

"對頭!主席,你得封咱小李一個少校副官。那他可就更神氣了!走路該學兔子蹦了!"一名衛士開小李的玩笑。

"少校可不幹!我毛澤東的衛士長, 最小也得是個上校。蔣介石的衛士長,有的都是少將!小李, 你找秘書起草個電報,發給總司令和彭老總,請他們辦一下。我們這次去莫斯科,事關重大。要好好裝扮一下,叫他兵是兵,將是將。這是國威!我聽先頭去東北接收日本人的軍火倉庫的部隊講, 蘇聯兵看不大起我們。嫌惡我們衣服又破又舊又髒。見了中央軍, 一看, 哎呀呀, 全是美國貨!就打算把倉庫送給蔣介石。你講講, 這有多混蛋!這回去莫斯科, 要找回來!叫他斯大林開開眼!我們比他們建國時, 可好多了!哈哈!"毛澤東認真地說道。

過了二十來天, 斯大林有了回話。電文上沒有幾句話, 中心意思是說, 毛澤東不必親自去莫斯科,派個代表就行了。電文雖短,語氣上卻盡是命令的味道。斯大林就能如此不客氣地回絕毛澤東對他的朝拜, 擺足了主子的架式。

毛澤東已經估計到了斯大林不會太好說話。他絕沒想到,斯大林連面也不見。這就表明, 斯大林根本不接受毛澤東的建國構想, 一切免談。

毛澤東一怒之下,連代表也不派了。他知道, 代表去了,祇會挨斯大林一頓臭罵。不派代表去莫斯科,也是表明, 我毛澤東不吃你那一套。弄僵了, 看你還怎麼玩你的外交牌?

毛澤東跟斯大林較上了勁兒。可是自己心裡真如打翻了五味瓶一般, 酸甜苦辣鹹麻香,什麼滋味都有了。這些滋味混合在一起,凝成了一個<愁>字。

毛澤東還有第二愁。這第二愁是林彪送給他的。

自打四平街一戰失利後,林彪就病倒了。說他裝病,那是委屈了林彪。他身體確實不好,是帶病工作的。他不上班, 大夫準開病假條。

林彪躺在床上養病 , 心裡卻是不分晝夜地捉摸四平街失利的煩心事。他是咋捉摸, 咋憋氣;越合計,越窩火。他打心眼裡往外地覺得,四平街一仗,損了他多年掙來的"常勝將軍"的名頭。再看看人家粟裕, 就覺得自已更是冤出了大天, 替毛澤東揹了黑鍋。人家粟裕那仗越打越漂亮，盡打"神仙仗"，大口大口地吞掉中央軍，一口就是十幾萬！他羨慕得眼睛發紅，都跟得了紅眼病似的。

毛澤東對林彪的病，心如明鏡一般。他知道有身病，也有心病。他勸又不好勸，是自己惹了他。發火訓他又沒個名堂。林娃娃一上來了孩子脾氣，那是打罵全不管用。打哭了，還得自己去哄。最好的辦法，是把他冷在一邊，沒人理他。等他靜下來，自己覺得太淡了，自己就消了火。可是，毛澤東等不得，他還急著打下天下來呀！不等吧，林彪就請病假，人家有病，能不准假嗎？毛澤東心裡火極了。一個人，自己心裡有火，卻還得憋著火，耐心地等待別人消火，個中滋味，絕非人人都體驗過的，然而，想上一想，也夠難受的了。那才叫愁人愁個死！

林彪的脾氣真叫毛澤東摸準了。過了一個多月，林彪一連報上來幾個作戰方案。毛澤東一一照准。林彪打了幾場勝仗。自一九四七年底到一九四八年春末，在不到九十天的時間裡，共殲滅了中央軍十五萬人，攻克了四平街、吉林市、營口市等十八座中小城市和大型集鎮，把在東北地區的中央軍擠壓到了長春、瀋陽、錦州等少數幾個大城市裡。可以毫不誇張地講，半個東北已姓了毛。

毛澤東喜不勝收。他又是親筆寫社論，又是發電報祝賀。他甚至做出了一件令政治局委員和書記處書記全都瞠目結舌的舉動，就是他擅自改組中共中央東北分局，任命林彪為書記，羅榮桓、高崗、陳雲為副書記。當時，在東北的政治局委員有六個人，而林彪、羅榮桓二人都不是政治局委員，僅僅是<七大>剛剛選上的中央委員。高崗、陳雲兩位政治局委員卻排在他們後面當副手。人人皆知這是毛澤東在哄林彪這個大娃娃。東北人卻都稱林彪是<東北王>。

政治家吃驚之後認識到，有槍就是草頭王。誰有軍隊，誰是老大。槍終究要指揮黨。至於文章裡說，黨指揮槍。那是因為有了槍的人當上了黨的一把手，反正自己領導自己，怎麼說都可以，就不妨謙虛一下了。

毛澤東還改組了中共中央軍委東北分會。林彪任主席。羅榮桓任副主席。然後，毛澤東又把東北軍區和東北野戰軍分開，卻又讓林、羅同時出任兩個新單位的正、副職。

毛澤東如此封賞林彪，其用心可謂司馬昭之心了：毛澤東在哄著林彪盡快打下東北，進而取得天下。

這正是：

南 用 粟 裕，

北 用 林 彪。

馳 騁 沙 場，

軍 旅 雙 驕。

欲知後事如何，請看下回分解。

# 第七十三回

## 攻錦州異見叢生

## 戰東北電報如山

　　話說林彪成了無冕＜東北王＞之時，正是他兵強馬壯，戰將如雲之日。東北野戰軍簡稱＜東野＞，後又稱為第四野戰軍，簡稱＜四野＞。其主力部隊已達七十多萬人，地方部隊也有三十五萬人，總兵力超過一百萬人。在東北戰場上，中共軍隊總人數超過了中央軍。這在國內幾個戰場上亦是唯一的。可以說，解放全東北已進入了倒計時階段。然而，如何佔領全東北，在具體打法上如何入局，毛澤東和林彪二人卻各持己見，意見相左，甚難統一。爭執的焦點在於，一人主張先攻錦州，另一人則說，還是先打長春為好。

　　毛澤東主張先打錦州。他認為，從戰略佈局上看，攻下了錦州，可以堵死東北中央軍撤往關內的退路，從而避免東北中央軍會加強關內中央軍的作戰能力。或者是說，毛澤東希望林彪能用自己的強勢，把在東北的中央軍就地殲滅，別把東北中央軍轟到關內去，給林彪自己省了事，給別的戰區的中共部隊添加麻煩和造成壓力，甚至形成難以預測的惡果。毛澤東稱自己的打法為＜關門打狗＞。

　　林彪主張先打長春。其理由在他回覆毛澤東的電報上說："如果我軍攻打錦州，所遇敵人較長春強大。"他又說，"如打錦州，長春的敵軍殺向瀋陽，打通瀋陽長春之間的通道，形成一道防線。"不難看出，林彪的理由不大服人。

　　由於四平街失利，毛澤東嘴頭上硬不起來。林彪的理由又難以挑剔。毛澤東祗好同意林彪先打長春。

　　林彪於五月底組織了兩個縱隊攻打長春。這是試攻。這一試，試出了問題。發現長春是枚硬釘子。試攻部隊發現，長春郊區修建了大批永久性和半永久工事。試攻部隊的偵察科抓獲了幾名中央軍的軍官一審訊，得知長春市內的防禦工事，更要勝過郊區一籌，更是堅固難攻。

　　長春市是偽滿州國的首都，名曰＜新京＞。日軍在城裡修建了大量的水泥鋼筋加鋼板的永久性防禦工事，中央軍沾了日本人的光並且又加修加固了一番。這種防守系統，絕不是＜東野＞的土辦法土裝備能攻破的。

　　林彪得知這些情報後，攻打長春的信心頓失而處於兩難之中。首先，是他自己堅決要求打長春的。理由又是因為長春是塊軟豆腐。其次，認了錯後自己就得依順毛澤東的心意去打錦州。林彪人聰明。腦子一轉就有了辦法：對長春實施 長困久圍 。誰也不能說久圍是不打。既然在圍攻長春，也就用不著去打錦州了。林彪對自己的高招十分欣賞，十分滿意。

　　毛澤東對林彪的長困久圍是十二萬分的不欣賞，不滿意。他絕不能眼看著林彪一不打長春，二不打錦州，手握百萬雄兵，乾坐著吃閑飯。毛澤東決定修理一番林娃娃了。雖說是四平街失利後，毛澤東嘴頭有些硬不起來，但妙人自有妙辦法。毛澤東早已在林彪身邊佈下了一枚"棋子"，專等事急無奈之時使用的。這枚"棋子"當然是個大活人了，名字叫做羅榮桓。

　　羅榮桓是毛澤東〈秋收起義〉時的老部下。起義失利後，羅榮桓跟隨毛澤東上了井崗山。他在歷次政治風波中一向是堅定地支持毛澤東。林彪剛一入主東北時，毛澤東把他從山東軍區調至東北，任林彪的副手。毛澤東常對別人說："羅榮桓這個人原則性強，能團結人，是個好同志。"原則性強"是緊跟毛澤東不鬆步的代用詞。一九六三年羅榮桓因腎病去世後，毛澤東寫了一首詩懷念他。詩的末尾兩句是：君今不幸离人世，國有疑難可問誰？從這十四個字中，可以想見毛澤東對羅榮桓是何等地倚重了。

　　毛澤東給羅榮桓下了秘密指示。羅榮桓接到密令後，羅榮桓以副政委的名義，要求召開東北局常委和東北軍委常委聯席會議，討論如何貫徹黨中央和中央軍委，對東北工作的一系列指示。這可是叫林彪把羅榮桓恨死了。恨歸恨，可又不能不召開這個會議。否則，羅榮桓往上一告，鬧到中央，弄頂"反對黨中央"的大帽子戴上，自己可就慘了。

　　此時，林彪再聰明也沒什麼用了。林彪電告毛澤東："．．．．．仍以南下的好，不宜勉強地和被動地攻擊長春．．．．．．"。

　　毛澤東見此電報後，不僅沒有責怪林彪，反倒是用安撫的口吻覆電林彪："．．．．．．既然打不下長春，那就立即停手，改為南線作戰．．．．．"過了幾天，他又致電林彪，"．．．．．．望盡快著手，攻佔錦州和唐山，關死進關的大門，形成關門打狗的態勢．．．．．"毛澤東喜歡林娃娃，也很會哄弄小娃娃。他以為這一逼一撫，林娃娃就會乖乖地去執行他的戰略意圖了。

　　毛澤東成竹在胸，自己先就調兵遣將一番。他命令晉察冀軍區楊成武部往北開拔，向綏遠一線出擊，欲在錦州西南方向上，阻擋京津地區的中央軍傅作義部北進出關。毛澤東又急電林彪，命令林彪撥出東野的一、二、六這三個縱隊交給楊成武統一指揮，使南側的保障更為牢固和安全，以便林彪安心地攻城。一番忙活後，毛澤東就認定萬事俱備，祇欠林彪這股子東風了。他自己則要登上城門觀山景了。

不料，林彪一見電報叫他撥兵心中十分不快，立即犯了娃娃脾氣。林彪給毛澤東覆電稱，目前糧草難以在短時間裡籌足。雨具等物品更難採購。總之，他一時間裡不能準確地確定下來攻擊錦州的時間。

毛澤東火了。他決心在娃娃的屁股上拍幾下子了。他免去林彪東野政委一職，由羅榮桓接任政委。當年，政委有權最後決定部隊的作戰行動，是手持上方寶劍的欽差監軍。這是給林彪亮了一張黃牌，予以警告。接著，他又發出了有名的＜八月十二日電報＞，亦即後來成為林彪一貫反對毛澤東的歷史罪証的那封電報。在這封電報上，毛澤東聲色俱厲地狠批了林彪一通。

然而，那些了解毛澤東和林彪私交隱情的人，會不禁反問："這是真事嗎？毛澤東真地對林彪火了嗎？林彪真地那麼不樂意打錦州嗎？

毛蔣爭鋒中三大戰役：＜遼瀋＞、＜平津＞、＜准海＞起了決定性作用。

毛澤東贏得了三大戰役的勝利，就基本上埋葬了蔣氏王朝。

這三次大血戰，短者打了十五天。長者也僅有二十天。幾近相同。但其籌劃的時間則相差甚多 。＜准海戰役＞籌劃了四十天。＜平津戰役＞籌劃了五十天。 ＜遼瀋戰役＞足足籌劃了兩百天。也就是說 ， 毛、林二人打嘴仗，整整打了七個月 。 毛澤東給林彪的電報是七十七份。中央軍委和總參謀部給＜東野＞各部門的電報有一百多份。再加上互相回復的電報以及辦公電報。這些電報匯集在一起完全能印成厚厚一本書。文化人一用形容詞，就叫成了＜文山＞。

再想想看，在這七個月二百天裡，毛澤東就沒有那麼一天，甚至是那麼一小會兒的功夫，心緒不寧或思維反常，而同林彪鬧翻並大加懲戒嗎？同樣，在如此之久的嘴巴官司中，林彪就沒那麼三、五分鐘，突然心情舒暢，幡然悔悟，當上幾秒鐘好乖乖、好寶寶、好娃娃嗎？就沒那麼一次打電報用錯了詞，把反對寫成贊同，聽從了毛澤東的軍令嗎？

若想用一句話把事情講個明白，那就是毛、林二人均對打錦州，心中沒有底。誰也沒有絕對地把握。毛澤東沒有絕對把握打贏。林彪沒有絕對把握打不贏。再用另一句話表示，毛、林二人是在用電報來來往往地討論問題。因為身份地位不同，一個人以上司的口吻，另一個人用娃娃的語氣，互相交換看法而已。旁觀者是在看一場永遠看不明白的熱鬧。

林彪了解毛澤東，比他人研究毛澤東，那是通透得多去了。他最知道，在<遼瀋戰役>中，毛澤東需要的不是<聽話>二字，而是<勝利>二字。毛澤東追求的不是形式，也不是過程，而是結果。毛澤東十分心切地盼望新中國早日誕生。但是，唯有勝利才能催產這個＂大嬰兒＂早日降臨神州。而聽話是聽不來的。對這一點，毛澤東知，林彪知。別的人，就很難說了。

除此而外，林彪尚知己。他知道他的百萬大軍，不久以前還是手握鋤頭，肩挑大糞的農民，沒有任何軍事訓練，況且又缺槍少彈，面對大城市，如錦州的高城厚牆，長春的鋼筋水泥工事，是一籌莫展，沒有半招可施。

林彪還知彼。他知道，駐守在瀋陽和錦州之間的中央軍廖躍湘兵團中有三支蔣介石的王牌軍，即新一軍、新六軍和青年軍二〇七師。在四平街一戰中，林彪已吃過他們的苦頭，吃了虧，再不加小心，下次吃些什麼，那祇有閻王爺能說清楚了。

毛澤東亦知。他知的不是敵情，而是林彪的性格和為人。他知道林彪用兵一向是謹慎為上。沒有想好的事，想明白的事，林彪決不會去幹的。他可以把腦袋想疼，想成了病，但一定要想明白。毛澤東更知道，身在現場的林彪比自己更了解具體情況。因此林彪會根據實況想出破敵的辦法。毛澤東一再二，再二三地催促林彪，不是催他蠻幹、傻幹，而是催他快想，快些想個明白。這也就免不了電報常來常往，以致紙厚如山了。

簡言之，林彪耍娃娃脾氣，是毛澤東允許他耍的。林彪也知道毛澤東不討厭他耍娃娃脾氣，否則，憑著林彪的聰明勁兒，打死他，他也不敢去幹這種會＂耍＂掉腦袋的娃娃脾氣。

毛澤東的<八・一二電報>不祇是發給林彪一個人的。東北局常委，軍委會常委，<東野>主要負責人，均人手一份，因而全都知道毛主席火了，<一〇一>要有麻煩了。一〇一是林彪在東北打仗時的代號。羅榮桓的代號是一〇二。

一〇二手持毛澤東的電報稿，一天到晚，三番五次地去見林彪。林彪卻像個無事人一樣。他一不著急，二不上火，三不檢討，四不照辦。他整天價嘴嚼炒黃豆粒，面對牆上的軍用地圖，反來複去看個沒完沒了。

　　林彪一生沒有什麼太特殊的愛好和興趣。他的衣食穿戴十分簡樸，人稱苦行僧。他的作息時間也十分有規律。準時起床，準時用餐，準時入眠。他把運動和工作合二而一。看地圖是工作。在屋子裡來回踱步是運動健身。他把自己一個人關在屋子裡，從屋子長的一端，走到另一端。在另一端的牆上掛著一張很大的軍用地圖。他走到軍用地圖前，從口袋裡掏出一粒炒黃豆粒放進嘴裡。走著，嚼著，嚼著，走著。到了另一端頭，轉過身子，嚥下豆泥，再放進嘴裡一粒，又不緊不慢地向另一端走去。每個來回，不差半步，也絕不會多吃一粒豆子。因此，可以說，林彪僅有兩個愛好：一、踱步；二、吃炒黃豆粒。他女兒的小名就叫<豆豆>，林豆豆。

　　林彪看地圖不同一般。地圖上標明的大小城鎮的名字、山川河流的走向、山洞橋樑的位置，以及彼此間的距离，他會一一記在腦子裡。有時，比參謀們記得還準确還多一些。打起仗來，他會幾天幾夜不睡，對著地圖繼續看個仔細。他的電話一向是直接打到團裡、營裡，了解到情況後再逐一標記到地圖上。他從來都是親手標記。因此他很了解前沿陣地的情況。如果非要在林彪這單調得要命的生活規律中找尋到一星半點變化的話，那就是他踱步踱累了，嚼黃豆粒嚼累了，就叫警衛員把椅子搬到地圖前，他倒坐在椅子上，下巴卡在椅背上，繼續看地圖。再看累了，就叫警衛員拿來一盒火柴。他熟練地划燃一根火柴，看著火柴木桿燃燒。火柴熄滅了，冒出一串白煙，他就立刻把火柴桿湊近鼻前，猛地吸上一口。然後扔掉火柴桿，再划上一根，直到一盒火柴全部划光燃盡。

　　林彪看罷毛澤東的電報，照舊看地圖，照舊踱步，照舊吃炒黃豆粒。祗是他看得更專注更認真了些。他要看清楚蔣介石，蔣介石的部下，如何調動部隊，特別是在唐山、山海關、秦皇島一線如何排兵佈陣。林彪堅信，中央軍再笨，不會連一個人也沒有看出來，錦州是整個東北戰場的死穴。這個死穴一旦被<東野>點住，中央軍將全局盡輸，徹底玩完。

　　林彪最為擔心的是，中央軍以這個死穴為誘餌，引<東野>上當。<東野>一開打錦州，中央軍從關內關外兩個方向，來個南北快速包圍，包了<東野>的餃子，那就慘了。林彪懂。毛澤東也懂。毛澤東是催。林彪是等。林彪在等中央軍移動過程中出現的漏洞。軍事上叫做等待戰機。古代成語稱為<恃機待戰>。做生意的人稱為<持幣待購>，踢足球的人叫做<揀漏>。掏錢包的小偷稱為<空子>。說法不同，全是一個意思。這也都同樣地表明，這需要時間，需要等待。能否鐵下心來等待，是軍事內行和外行，是軍事家和政客的分界線。

　　羅榮桓等不及了,就去找參謀長劉亞樓,要他先自製定出攻打錦州的作戰方案。一旦林彪想通了，想南下打錦州了,方案是現成的。

　　就在羅、劉二人正忙活得歡時，林彪下達了命令。蕭勁光的縱隊留下來,繼續圍困長春。其餘各縱隊要在十分秘密的情況下，向錦州地區移動。劉亞樓用上了繳獲的火車，頭一次用火車運兵參戰。＜東野＞參戰部隊在極短的時間裡,全部運抵錦州一帶隱蔽起來。

　　林彪從雙城上了火車。 火車先向北開，直抵哈爾濱。 報紙均報導林、羅二位首長要在哈爾濱召開東北局工作會議並接見與會代表等等。到了夜裡, 火車駛离哈爾濱,先向東南方向奔赴牡丹江, 跑了幾站路, 又掉轉車頭, 經昂昂溪市, 一直向南急駛, 穿過雙遼市, 抵達遼寧省的彰武縣。在彰武林彪建立了前線指揮所。

　　羅榮桓見此， 大喜過望。他忙給毛澤東發了加急電報。 毛澤東更是萬分欣喜。不料,就在這個節骨眼上， 林彪又來了個一百八十度大倒退。林彪給毛澤東發了電報， 說是, 還是回兵打長春為好。

　　毛澤東見此電報， 氣得不知說句什麼才好。想罵娘， 都氣忘了娘是女的， 還是男的。他定下心來， 想想就算申斥林彪一頓,也是瞎子點燈白費臘。給林彪一個處份吧,又拿什麼做理由呢？何況他心中的火氣偏偏又不是全對著林彪去的。這真真叫他好生煩惱。


　　這正是：


戰 機 難 尋 偏 得 尋 ，

勝 利 難 等 卻 需 等 。

勝 負 原 非 天 所 定 ，

偶 然 一 念 分 伯 仲 。

　　欲知後事如何， 請看下回分解。

# 第 七 十 四 回

## 君 臣 樂 喜 得 東 北

## 抗 軍 令 功 蓋 三 軍

話說林彪到達彰武縣之後，突然接到新情報，說是中央軍的三個師在葫蘆島市登陸，有向山海關方向移動的跡相。這個情報令林彪大吃一驚。他原本就懷疑蔣介石可能會利用錦州這個死穴引自己上鉤，包東野的餃子。這下子果然被他料中了。

林彪當即電告毛澤東當前打錦州面臨的風險和他個人主張回兵打長春為好。

與此同時，毛澤東接到了令其極為反感的斯大林辟發出的強硬暗示。斯大林要求他立即全面停火，同蔣介石分治中國並聯手對抗日本，以確保蘇聯遠東的安全。

毛澤東當然不肯當半壁江山之主。他一再思量後決定立即打響遼瀋戰役，看看斯大林在生米做成熟飯後，又能奈我何？倘若真地惹惱了斯大林的話，自己則把責任全推在林彪頭上去。於是他就一反常規，以中央軍委名義，下達了<關於遼瀋戰役作戰方案>。按以往的正常規矩，是由下級單位向中央軍委報送作戰方案，再由中央軍委審查複核後批准下級單位執行。這一次，毛澤東叫人把東野以前報送的各種作戰資料和電報上述及的作戰內容，歸納梳理一番之後，做了些修改推敲，就不管林彪做何想法，簽上自己的大名，做為中央軍委的命令，以大家長的口吻，吩咐林娃娃去辦理。根本不顧規矩不規矩，林彪願意不願意了。

方案倒也一般。林彪也沒什麼可挑剔的。令林彪皺眉頭的是毛澤東這一不尋常的做法的本身。林彪畢竟是毛澤東的親信，對毛澤東的話，特別是大事或關鍵時刻的話，那是要聽
的。林彪三思之後，盡管要冒巨大的軍事風險，還是決定執行為妙，至少要裝出很聽話的樣子，是很服從毛澤東這位大家長的吩咐的。前頭說過，此時的林彪已不是單純的軍人了，他的一隻腳已邁入政壇。林彪把自己的指揮所又向前移動了三十里地，設在錦州北面翠岩山下公牛屯，一個姓金的寡婦家裡。

林彪叫參謀掛好軍用地圖，就踱著方步，嚼著炒黃豆粒，開始看地圖。他一住下，轉眼間十幾天過去了。林彪見葫蘆島、秦皇島、山

海關方向不但沒再增加部隊，先頭抵達葫蘆島的 中央軍反倒是乘坐美國軍用運輸艦去了營口。林彪深深地來了個大呼吸。

十月九日，林彪下達了總攻擊錦州的命令。東北野戰軍的二十五萬主力部隊，九百門各種型號的和口徑的大炮,對錦州城發了威。一場慘烈的大拼殺,在遼西大地上瞬間展開。血流如注，屍積如山。濃濃的硝煙把戰士們的臉薰得如同非州黑人一般。彈片把整潔的軍服撕扯成了乞丐裝。日夜苦戰，官兵將士們的眼睛熬成了赤紅的火眼金睛。過度疲勞使得大腦麻木了,祗知道機械般地衝殺和死守。已經全然忘記了死神就在他們身後獰笑,群鬼就在他們頭頂上盤旋。吞噬生命的惡魔飛來舞去,把一具又一具年輕的魂靈,帶往太空深處那極為遙遠的天國去了，扔下了一大片渾身上下滿是彈孔和血污的軀殼。槍一響，血一流,人就會失去理智，就會開始肆意地作踐從父母那兒得來的血肉之軀。

這就是戰爭。戰爭是人間大舞台上，最為殘忍的死亡演出。錦州戰役是東北大地上最殘酷的一戰。

<遼瀋戰役>在錦州地區打了十五個晝夜，後來又在其它城市和地區零零星星地打了一些小仗，總計五十五天，東北全境解放。

毛澤東龍顏大悅,欣喜滿心頭。他同林彪的二百天爭執，終於劃上了一個令他萬分滿意的句號，也給斯大林的逼迫劃上了一個大大的驚嘆號。

林彪本人對這場近七個月的爭執，根本就沒放在心上。他更沒把這些看成是自己的罪証。他是以一個軍事家的角度在指揮一場他想取得勝利的戰爭。將在外,君命有所不受。是古訓,亦是古往今來領兵作戰者的一大權益。他自己手下的諸多虎將在外邊領兵作戰時,也是各自行事,並非句句都聽他的。甚而屢屢抗命，和他對著幹的,也大有人在。

這些信奉"君命有所不受"的刺頭,卻往往給林彪帶來意外的驚喜。每逢這種時候，林彪都是眉開眼笑地罵上幾句。罵過了,該記功的記功,該提官的提官。一切都十分正常。

林彪不愛罵人。罵人是件稀罕事。一旦他罵誰,不是嫌惡誰,而是喜歡上了誰。用東北人的眼光去看,罵誰，是不跟誰見外，是近乎或是親近的表示。其理由則是 "打是親,罵是愛,不打不罵見了外"。東北大地上的人,叫那冰天雪地一凍，腦袋瓜子就是比別省市的人冷靜清醒,看法也格外地新鮮。因此,在<東野>的官兵將士的心目中,林彪的罵，是種殊榮，高於軍功章。

　　在＜東野＞能有資格挨林彪罵的人不多。挨過多次罵的更是廖若晨星。卻有一人，名叫鐘偉，是時不時地就得叫林彪罵他幾句，真能把＜東野＞官兵羨慕死成團上旅的大活人。

　　林彪手下有三支王牌主力師。鐘偉是其中之一的五師師長。在東北戰場上，鐘偉的名氣絲毫不遜於林彪。

　　林彪罵鐘偉的話是有固定格式的。省去髒水髒字眼兒，剩下的是："這個滑頭，淨打霸王仗！"

　　滑頭，是那些心眼兒多，主意多，鬼點子多，甚至歪門斜道多，又讓人難以抓住把柄，難以處置的人共有的綽號。霸王，是那些腿粗腰粗拳頭大，盛氣凌人的蠻橫者的畫像。這兩者如何能扯到一處，聯係到一起去呢？別人不能。或者是說，很少有人能做到這一點。而鐘偉則是這很少人中的當然成員之一。滑頭加霸王是鐘偉的一大專利，是他的專長。

　　＜遼瀋戰役＞前，林彪先打了十幾場小仗，掩飾部隊的調動和打錦州的戰略目的。也是對錦州的四周圍地帶進行'大掃除'，拔除通道上的障礙。

　　林彪給五師鐘偉的任務是在調兵山一帶，把中央軍整編二十三師擠出該地區。林彪對他說，赶跑就算他完成任務。

　　整編二十三師是支川軍隊伍，是支擅打死仗，人見人愁的兵油子部隊。老兵佔八成以上。這樣的部隊一旦打紅了眼，較上了勁兒，那是比較難打的。

　　兩軍接火之後，打了三天三夜，不分勝負，各有一個多團的傷亡。三千多具屍體擺在雙方的前沿陣地上，叫人看了心裡發冷。打到後來，分不清誰在守，誰在攻。戰況慘烈，十分罕見。

　　林彪極為討厭這種死纏爛打的打法。他決定放棄這一仗。林彪下達了死命令，命令五師天黑以後立即撤出陣地，向北轉移。

　　鐘偉接到命令後，那個窩火勁兒就甭提了。損失了這麼多的人馬，卻一點便宜沒佔著，真讓鐘偉委屈死了。自打鐘偉領兵作戰以來，這還是頭一回。林彪下的是死命令。鐘偉祗能遵照執行。看看天色漸漸轉黑，鐘偉命令參謀長組織撤退。

　　鐘偉已經三天三夜沒有合眼了。到了這功夫，那眼皮子是說什麼也睜不開了。他在戰壕裡找了塊乾爽些的地方，一仰歪便睡著了。鐘偉在睡夢中猛然聽到了槍聲。軍人有個習慣。一聽槍響，不管什麼大覺，就算是吃了安眠藥，也能一下子醒過來。

　　鐘偉側耳一聽，立即覺得不大對頭。這槍聲有大問題！如果敵人偷襲，就不會隔著老遠便開槍。這槍聲怎麼還時疏時密呢？怪事！真怪透了！

　　"不好！敵人要跑！"他喊了一嗓子，霍地跳了起來，急忙命令參謀長叫回已經撤走的部隊，重組隊型，分六路追擊逃敵。他自己率領一個連，充當急先鋒。

　　"師長，林總可是下的死命令！"

　　"我知道！"

　　"師長，你怎麼知道敵人要撤退？"

　　"你沒聽見那槍是朝天上放的嗎？"鐘偉又睏又乏，沒好氣地嚷道。

　　"老鐘，還是照一〇一的命令辦吧！一〇一不是答應我們打錦州時，讓我們打主攻嗎？仗，有的打！"師政委試圖勸阻他。

　　"甭說那些！這麼好的機會，哪能放過？過了這個村，就沒有這個店了！這個便宜不能白白放走！我說了算！"

　　鐘偉把全師號兵集中起來，站在高處，對準二十三師那邊，一齊吹響了衝鋒號。六路大兵，勢如猛虎下山崗，直奔二十三師撲了過去。

　　已經撤出工事的中央軍正聚在村裡，各自挨家挨戶找水喝，找飯吃，沒有半點戰鬥準備。他們剛才放的排子槍，是想施<詐敵之計>，騙五師進入陣地防守，以便自己能多搶些時間撤走，就老兵油子們來說，是想要耍滑頭戲弄一下五師官兵。沒成想，弄巧成拙，被老滑頭給識破了。用兵之人皆知，氣可鼓，而不可洩。二十三師想玩花樣，被鐘偉識破，已先洩了一半的底氣。又被五師突然追擊，頓時懵頭轉向，士氣盡失。鬥志全無的老兵油子們，立即顯出了自己的本性。他們爭先恐後各顧自己地逃命了。這下子更是弄亂了自家人的陣腳。於是，兵不服官，官不顧兵，開始了生死大逃亡。

　　五師官兵一見對頭星活冤家大潰逃，立即上來了精神頭，越追越勇，越勇越追，一下子追出去四十多里地。二十三師全軍覆亡。其師長在亂軍之中喪命。鐘偉則吉星高照，鴻運當頭，來了個人走時氣馬走膘。中央軍的一個獨立旅奉命趕來增援二十三師。還未趕到二十三師的駐地，就見二十三師官兵落潮般退了下來。沒待旅長發令，獨立旅的官兵，有樣學樣，好漢不吃眼前虧，掉轉頭來，領著二十三師大逃亡。鐘偉順手牽羊，白揀了半個旅。

　　林彪聽完參謀處長蘇靜的報告後，難得一見地笑了。他命令政治部給五師記集體大功一次，給鐘偉記特等功一次。政治部主任不解地問道："鐘偉抗命。不處份他，就便宜了他個活霸王了！怎麼還記他的功？"

林彪立馬變了臉。他想了想，冷冷地說道："你懂什麼？"這話說得政治部主任十分尷尬，一聲不響地走開了。

<遼瀋戰役>後期，林彪給鐘偉打電話，調他擔任新成立的十二縱隊的副司令員，由正師職晉級副軍職。若換上別人，肯定會說："感謝組織信任，一定完成任務！"

鐘偉一聽，想也沒想，頂門就是一句："我不去！"

"為什麼？"林彪不動聲色地問道。

"我不幹那有職無權的副手。一個副軍長，說啥,啥不算。是個空架子。我若幹,就幹正的，當一把手！打仗得我說了算！"這話可真夠勁了。 就算在國民黨裡，人人爭官搶官做,怕也沒誰敢如此坦率地直言不諱,實話實說，不留半點遮掩，說出心裡話。鐘偉就敢。他就這麼霸王！

若換了別的上司,準會大罵鐘偉狂妄。 即便不罵，也得狠狠地批評鐘偉幾句，或者乾脆不調他去幹了，免了他的晉昇。林彪不這麼幹。他依然聲色如常，緩慢地說 道："那好吧,你任十二縱隊的司令員，讓原來選定的那個人給你當副手。這回行了吧？"

"不行！軍政委也得換人！"鐘偉依然在霸王。

"換誰？"

"換副政委袁昇平來幹。他懂得打仗。"

"就按你的辦！你把五師交了,赶緊去辦手續。"林彪掛死了電話。鐘偉吐了吐舌頭。

鐘偉當上十二縱司令員後不久，林彪接到毛澤東的電報，命令<東野>派出六個師卡住瀋陽通往營口的交通要道,堵死瀋陽的中央軍，免得逃竄到營口,乘船從海上逃進關內。林彪命令鐘偉帶上十二縱,另加三個獨立師,乘火車直奔開原縣,然後急行軍，插到營口的北面去,切斷瀋陽和營口的交通。

鐘偉趕到火車站一看，三台機車壞了一對半。再一細打聽,通往開原的鐵路被中央軍炸壞了三十多公里, 半個月內難以修好。 鐘偉連半個請示電話也免了。他立即命令部隊急行軍, 一晝夜二百二十里地, 準時趕到了開原。

林彪知情後對參謀長劉亞樓說，如果部隊指揮員都能像鐘偉,咱們就省事多了。

"我可怕他。若是全像他，就亂了套。軍人以服從命令為天職。鐘偉就會抗命。"

　　″你以為人人都敢抗命？抗命，那得有真本事！″林彪不屑一顧地說道。

　　鐘偉剛剛离開開原，又接到了林彪的命令，讓他卡住巨流河通往瀋陽的道路，全面封鎖這個地區，防止瀋陽的中央軍經巨流河向關內逃跑。

　　兩道命令擺在了鐘偉面前。

　　一道命令是毛澤東的。要他封住瀋陽通往營口的交通。另一道命令是林彪的。要他守住巨流河大橋，堵住瀋陽通往關內的道路。用鐘偉自己的話來說，就是：″叫我一個鍋裡，同時炒出兩樣菜。哪樣菜都得第一個出鍋。鬼才會炒！若是孫悟空來了。他非得把鍋砸了不可！″

　　鐘偉想了想，乾脆一道命令也不聽。還是聽他鐘偉自己的。

　　正巧在這功夫，他的老部隊五師的一個團，在團長張峰帶領下，路經鐘偉的駐地。張峰順路看望老領導。這位張峰後來當了三十九軍軍長，也是一位擅打大仗的虎將。

　　″你上哪兒去？″鐘偉問張峰。

　　″去海城。打營口中央軍的狙擊。真沒勁！″

　　″甭去了！″

　　″林總有命令。″

　　″我的偵察科長去海城看過了。一個中央軍也見不到。你去守空城？有個屁用！″

　　″……″

　　″別愁！″鐘偉貼在張峰耳朵上說起了悄悄話。

　　″什麼？″張峰瞪大了眼珠子。

　　″甭不明白！誰個聽講當兵的不找仗打的？那還叫當兵的？″


　　這正是：


虎　將　添　奇　謀，

叱　吒　不　可　擋。

一　旦　生　霸　氣　，

軍　令　也　敢　抗　。

　　欲知後事如何，請看下回分解。

# 第 七 十 五 回

## 違 二 旨 偷 襲 瀋 陽

## 抗 三 命 大 戰 德 惠

話說鐘偉見了張峰的面，大發了一番牢騷："兩道命令，一個叫我去堵營口，一個叫我守住巨流河。這不是叫我一個鍋裡同時炒兩樣菜嗎？誰會炒？鬼才會炒！若是孫悟空來了準會把鍋砸了！"講完此話，他貼在張峰的耳邊悄悄建議道："我看，咱們去打瀋陽，把中央軍堵在窩裡，讓中央軍哪也去不成！這主意好吧？"

主意是好主意。可這主意太大了。把張峰嚇了一大跳。因為兩道命令的來頭太大了。就算當年當時毛澤東尚未進駐紫禁城，登上金鑾殿，坐上盤龍椅，躋身帝王之位，可是他已經集中共各項大權於一身，位列一號，是未加冕的紅色天子。他的命令就是紅色聖旨，無人敢不聽不從。林彪也非等閑之輩，東北人稱他為〈東北王〉。土皇上是也。土皇上的命令，算做土聖旨，半點也不過份。面對二聖旨，鐘偉就敢抗一抗。霸王不霸王？真是膽大包天！

嚇了張峰一大跳的另一個理由是瀋陽城尚有二十萬中央軍。鐘偉的部隊加上張峰的一個團，充其量僅有二萬人。二萬人去堵二十萬人。是否有些天方夜譚？太霸王了！

膽大包天也好，天方夜譚也罷，霸王鐘偉拉上張峰就急急火火地直奔瀋陽市去了。

瀋陽，神州古都之一。曾是清王朝入關前的首都。此時是中央軍東北剿匪總司令部所在地。剿總總司令衛立煌一接到共軍正在攻擊瀋陽郊區蘇家屯區的情報後，腦袋瓜子立刻暈菜：此時此刻該是他選擇後半生之路的關鍵時候了。衛立煌，一八九七年生於安徽合肥。辛亥革命時，他加入新軍，當了孫中山的衛士，後晉昇為營長。抗日戰爭時任中國遠征軍司令。他不是黃埔生，也不是浙江人。蔣介石又用他又不信任他。解放戰爭中，蔣介石三番兩次修理他，蔣介石的嫡系部隊根本不買他的賬。一氣之下，他就混日子，無心軍務。他見共軍兵臨城下，無心戀戰，祇求自保了。

鐘偉是從瀋陽郊區的蘇家屯開打的。

蘇家屯火車站是東北各線火車在東南西北各個方向上的中轉總樞鈕。蘇家屯若是為共軍佔領了，猶如被扼住了東北地區交通運輸的喉頭。 近幾天衛立煌正奉蔣介石之命令組織瀋陽及周邊地區的駐軍做撤退之事。衛立煌見到共軍兵臨城下立即命令參謀長暫停撤退之事，迅速組織部隊守城。

衛立煌做出的這一決定，正違背了蔣介石的命令，幫了鐘偉的大忙，把中央軍全留在窩裡了。鐘偉連抗兩道聖旨，把毛澤東和林彪的戰略意圖化成了現實。因此，這一戰例上了軍史和軍事教科書。鐘偉名登東北解放史，領有光輝的一頁。

蘇家屯槍聲一響，猶如在一大鍋燒得滾開的熱油中，潑上了一瓢涼水，一下子炸了鍋一般。瀋陽城裡郊區亂得一塌糊塗。將無鬥志，兵無鬥心，民無安意，人們把一副心腸頭腦全用在了如何走避戰亂之禍，保住全家性命之上了。黎民百姓一聽見城南渾河對岸槍聲陣陣，炮聲隆隆，更不知如何是好了。三十六計走為上。

一場自發的生死大逃亡爆發了。自清初到民國幾百年間裡製造的，還能對付著用上一陣子的，形形色色五花八門的運輸工具，全都一齊擁上了公路，便道和鄉間小土路，把能走人過車的通道堵塞得水洩不通。那是孩子哭，老婆叫，老頭老太太亂吵吵。男子漢大老爺們欲哭無淚，心如火燎一般。人們祗恨爹娘少生了兩條腿，祗恨自己背上沒法按上兩隻翅膀，能快些逃離戰場。

火車一不通車，公路一不暢通 飛機票的價錢就真地飛上了天，比平時高出了近二、三十倍都不止，也還難以買到手。一隻金元寶換不到一個自行車車輪子。

衛立煌見勢頭不妙，請示蔣介石，說是自己要當面聆聽總裁的指示，誓死保衛瀋陽。他要求蔣介石派飛機來接他去南京，早去早歸。

衛立煌一走，市裡更亂套了。軍心全散架了。前沿陣地上的守軍成連成營地開小差。師、旅、團長們帶上家屬，乘上美製軍用大卡車和美製吉普車，躲開大路小道，在田野間飛馳，向關內逃亡。

瀋陽成了不設防的城市。 徒有二十萬大兵，卻鮮有抵抗。中央軍官兵見了共軍，立即乖乖舉手投降。鐘偉輕易地拿下了瀋陽城。

林彪得知鐘偉偷襲瀋陽成功，急令一、二、三、六共計四個縱隊火速奔赴瀋陽，不是打仗，而是接受俘虜兵。瀋陽市內的大街小巷裡擠滿了俘虜兵。槍支彈藥扔得到處都是。小孩子們揀到了槍支子彈後，就玩起了真刀真槍的兒童遊戲。街面上不分晝夜，隨時可以

聽見槍聲、手榴彈爆炸聲，誤傷和自傷了不少孩子和大人。

由於俘虜兵有飯吃，不少逃亡在外的中央軍官兵，轉了一大陣子又回到市內俘虜兵收容站，自願加入俘虜兵行列，除了混口飯吃，還可以領到遣散費回家鄉。俘虜兵多到攆都攆不走的地步。<東野>各部隊趁機挑選新兵。二十萬中央軍俘虜的絕大部份人成了解放戰士。

林彪樂得合不上嘴,逢人便說："這個滑頭,淨打霸王仗！"不過,這一次卻沒有給鐘偉記功，盡管這一仗戰績最佳。林彪把情況如實地上報毛澤東，由毛澤東自己抓主意獎懲鐘偉。毛澤東自然又先是一番龍顏大悅。然後,他問秘書："聽講鐘偉是個小個頭,矮得出奇。你們見過他嗎？"眾人搖了搖頭。對鐘偉拿下瀋陽，毛澤東僅此一句話。

　鐘偉抗命立奇功，自己看得比毛、林二位還要淡些 。他說："當兵的就得找仗打！ 不打仗,算個什麼兵？"他終生如此認為 。一九四七年,在三下江南的戰鬥中,他打的靠山屯一仗是此話的最好佐証。這一仗,還不祇是抗命,而是反客為主,他竟然掉轉頭來,"命令"上了林彪， 要林彪按自己的意思指揮作戰。

林彪發動<三下江南戰役>是為了解救陳雲的部隊在臨江的困境。林彪擬長途奔襲吉林省德惠縣大房身鎮的中央軍,殲滅其一兩個師,迫使臨江之敵回援大房身,從而給臨江減壓。

鐘偉奉命率領五師日夜兼程趕往大房身參戰。他帶著部隊進入德惠縣朝陽川北部地區時，隱隱約約地聽見靠山屯一帶有槍聲。若是換上別人,肯定會自管走自己的路,以免耽誤腳程。可是鐘偉不同。他是個找仗打的兵。他一聽見槍聲，就覺得這槍聲好蹊蹺。他得管管。他命令部隊停下休息，叫偵察科長帶上騎兵連前去摸情況。

偵察科長沒用多大功夫就抓回來幾名俘虜 。 原來這是中央軍整編八十八師正在集結,準備向大房身移勤，也是去會戰的。

鐘偉心頭一動。他想,早晚得同八十八師打一仗，何不趁他正在移動中,沒有工事做依托，打他一個冷不防,準賺大便宜。然而五師的其它幾位師首長， 沒有一個人同意他的想法。他們全都認為,第一位的任務是執行林彪的命令， 到了大房身再去碰這般敵人。

鐘偉堅持說， 若是真讓這股敵人到了大房身， 進入了陣地， 就沒有現在這麼好打了。他又說,敵我兩支部隊順著同一方向,走同一條路,在途中勢不可免會交岔相遇,那時就由不得自己了,非打遭遇戰不可。一旦敵人先動了手，自己被動應戰，仗就難打了。

眾人見他說得挺有道理，又見他執意要去打,再說這也算是個遭遇戰了,就順水推舟依了鐘偉，去打這場路上揀來的一仗。

　　整編八十八師是支廣西部隊，以廣西兵為主。雖屬雜牌軍，卻很有些名堂。第一，他是蔣介石出了雙份糧餉高價僱來的。重賞之下，打起仗來自然捨得拼命。第二，李宗仁和白崇禧二人把自己一手調教出來的部隊放在東北戰場上，原意是打幾場勝仗，給蔣介石開開眼的。用東北話說，是想顯白顯白自己。碰上這種部隊，跟它明打明鬥，實在難有便宜好賺。鐘偉決定偷襲。

　　鐘偉帶著前衛營，趁著夜色，悄悄地摸到了姜家屯。姜家屯四周圍是一人多高的土圍牆。村民修土圍牆是防土匪用的。中央軍沾了光，當成了防禦工事。

　　初春的東北到了夜裡，依舊凍得人伸不出手來。八十八師的哨兵懷抱大槍，縮著脖子，靠在避風的角落裡，凍得直打哆嗦。哨兵猛地聽見土圍牆的根底下有響動，就哆囉哆嗦地用廣西話問了一句："什麼人？"

　　鐘偉是湖南人，就撞著嗓子，學說廣西話："家裡人！"

　　就這一句廣西話值了大價錢，廣西兵以為他鄉異地遇上了家鄉客。連口令也不問了，在五師戰士往牆頭上爬時，還主動伸手往上拽，邊拽邊說："這個鬼東北，天太凍了，凍死個鬼喲……〞當槍口逼住他時，他才明白，鬼東北還有鬼廣西佬，騙了他這個鬼東西。

　　在不到一個小時的戰鬥中，姜家屯的一營中央軍死了一百，被俘二百。鐘偉初戰得手。

　　五師的另一路人馬趕到距姜家屯三里地的王家屯時，被鬼精鬼靈的廣西兵發覺了，
兩軍開打。一打打了四個多小時。中央軍抗不住了，就向靠山屯退卻。五師一路追了上去，進了靠山屯，發現屯子東頭，在一處專門釀造高粱燒酒的燒鍋大院裡，藏有近千名中央軍。

　　鐘偉趕來一看，發現這股中央軍無半點驚慌失措的樣子，火力佈置嚴密又合理。鐘偉認為這是整編八十八師的師部指揮機關，腦子一轉悠，又來了新主意。鐘偉吩咐部下說："先別急著打！等我把部隊佈置好，大家一齊打。打早了，把敵人嚇跑了，就不好辦了。這可是條"大魚"！我要用它去釣更大的"大魚"！"

　　鐘偉把自己圍住了八十八師師部和一個團的情況報告了林彪，要求批准他殲滅這股敵人後，再去大房身。

　　林彪覆電，催他加速前往大房身，主攻王牌軍新一軍的一個主力團。

　　鐘偉看完電報，放下不理，依舊張羅自己的"釣魚"大事。

　　一個小時後，林彪又來了第二個電報。

鐘偉看也沒看一眼,就吩咐秘書收起放好別弄丟了。

林彪根本就沒把這千把敵人放在眼裡。他想的是盡快解了臨江之危。

鐘偉認為"大魚" 一旦上鉤,就有大戲看了。他憑著自己的直覺覺得,這條"大魚"有斤有兩, 很有吃頭。不吃就太可惜。

兩個小時後, 林彪的第三封電報又來了。電報上僅有一句話:"立即東進堵敵退路"。這八個字裡充滿了威嚴。字裡行間盡顯警告之意 。甚至像是指著鐘偉的鼻尖罵道:"你小子敢不執行命令, 放跑了敵人, 槍斃你!"

林彪的三封電報自然是三道軍令。軍令如山。換了別人, 一封電報就足夠用了。真若攤上了三封電報 ,怕是會一頭飛進大房身。

其它幾位師首長再也不想屈從鐘偉了。他們一齊要求鐘偉執行林彪的命令。

鐘偉不予理睬,依然故我。

就在此時, 中央軍八十八師的主力團和八十七師全師人馬,雙雙齊頭併進,從農安縣城和德惠縣城方向, 快速向靠山屯八十八師師部靠攏。

鐘偉張開"大網"靜靜地等待。可是他的同事卻同他展開了激烈地鬥爭, 要他立即執行林彪的命令。他火了。他高聲嚷道:" 我是師長! 我說了算! 就在這裡打! 打錯了, 砍腦殼, 挨槍斃, 我擔著!"、

<東野>參謀部把中央軍的兩個師已經入了鐘偉的"網"的情報,報告了林彪。林彪憑著自己的特殊的軍事嗅覺, 嗅到了勝利的氣味。他明智地斷定,戰場局面變了,交戰中心已由原來的大房身轉移到靠山屯了。林彪立即下達了新的作戰命令, 命令已在大房身的部隊,留下一支小部隊監視大房身敵人的動態, 其餘人馬向靠山屯開拔,鼎力配合鐘偉, 全殲八十八師和八十七師。

林彪覆電鐘偉:"要把援敵全部放進靠山屯這個大口袋裡。你師不必東進。 "

鐘偉樂壞了。他抗了林彪三道軍令, 沒有東進半步。他祗給林彪下了一道"命令", 林彪就把各縱隊調到他這裡來了。 更有趣的是,他把戰場搬了個家。還算好, 沒出德惠縣。要不,連<德惠戰役>的名字也得改了。

"警衛員, 給我弄盆雪吃吃!我它奶奶的一天沒喝口水了,你們也不勸勸......"警衛員剛把白雪端進屋,他就左一把右一把地猛往嘴裡塞。誰能想得出來,林彪那三道命令在他心裡燃起了多大的心火?

　　兩軍交火後，戰況十分激烈。打了一天,沒分勝負。天黑以後,雙方的槍聲漸漸停了下來,各自進餐休息。鐘偉就著白雪,啃著凍成了冰疙瘩的玉米面窩窩頭。他啃著啃著，心裡一動：我們嫌涼嫌硬，那廣西兵更怕冷。若是半夜裡去偷襲一下，肯定有便宜。他急忙下命令，立即就寢，半夜十二點整，發起攻擊。

　　這正是：

膽 大 需 智 高 ，

智 高 計 方 巧 。

巧 計 助 膽 壯 ，

戰 場 任 逍 遙 。

　　欲知後事如何,請看下回分解。

# 第 七 十 六 回

## 智 高 最 為 上 峰 嫌

## 口 直 更 惹 明 主 棄


　　話說靠山屯一役，林彪大獲全勝，殲敵一個半師，迫使臨江的中央軍回援，解了臨江之困。在慶功大會上，林彪說："……要敢於打沒有命令的勝仗，就像鐘偉在靠山屯一樣！"

　　如果翻一翻鐘偉的老賬,他的抗命不僅是"歷史悠久",而且"佳作"頗多。

　　鐘偉，湖南平江人,生於一九一一年十月十日。他出生的那一年，正巧爆發了<辛亥革命>。鐘偉的姐姐回顧說："……那天，我和妹妹打草回家,看見媽媽床頭上多了個布包包。妹妹搶著過去看稀罕。她看了一眼,就大聲嚷道：'媽媽，你從哪兒揀得來這個沒長毛的小貓咪呀？瞧瞧，還不會睜眼睛哪！媽媽聽後，苦笑了一下。我們正跟媽媽說話,那隻"小貓咪"竟然哼哼起來。媽媽就解開了布包包。妹妹伸頭一看，又嚷嚷道：哎喲喲,還會尿床哪！好臭呀！姐姐快來看，是個帶把的！"妹妹把我和媽媽說笑了。我看見弟弟長得太弱了,真不知道他能不能活得下來……"

　　鐘偉活下來了。但是他的身體又瘦又弱又小。鄰里街坊,大人孩子,全喊他<小個子>。

　　一九二八年夏天的一天,平江城裡槍聲大做。藏在鐘偉家裡的中共地下黨負責人老袁叫鐘偉裝做進城買東西的樣子,去看看城裡出了什麼事。鐘偉以為是城裡有錢人家辦喜事大放鞭炮。他就一溜小跑去城裡看熱鬧。他進城一看,街上沒了人影，心裡納悶不已。他循著"鞭炮聲"走進一條小巷子，正碰上兩支部隊在拼刺刀。鐘偉看見腸子外流,血水四濺,嚇得尿濕了褲子。"媽呀"一聲扭頭便跑。進了家門，全身仍哆嗦個不停。那年，他已經十七毛歲了，長得仍像個小兒童。

　　<平江起義>後, 他被地下黨送去參加了紅軍 。 他從此開始了軍旅生涯 。頭一次打仗前,他緊張極了。連長下命令衝鋒時,他腿軟得站不起來。班長照準他屁股,狠狠踢了一腳。他疼得一咬牙,才就勁站了起來。當他看見一個白軍要朝排長身上捅刺刀時， 鐘偉一

急,舉槍就射,一槍把那名白軍給撂倒了。他太沒力氣了,沒握緊槍
身,叫槍托後座力撞痛了肩頭,差點沒哭鼻子。班長朝他大吼一
聲。他一哆嗦,就忘了疼,跟著排長猛向前衝。因為他衝鋒勇敢,
又打死了兩名白軍,戰後被提拔為副班長。

鐘偉個頭矮小,但心眼靈活。衝鋒時,他再一哈腰,敵人很難發
現他。他充分利用自己的"優勢",打仗時衝在最前頭,又屢屢擊斃敵
人,多次立功,頻被提拔。成立新四軍五支隊時他已當上了團長,獨
自領兵打仗了。

五支隊司令員兼政委李先念最看鐘偉不順眼,經常尅他,訓他,
整他,鬥爭他。鐘偉本人也是頂頂看不上李先念。兩人是勢如水火,
格格不入。李先念罵鐘偉:"兒格老子鐘偉,搗蛋骨頭!你再違抗
命令,老子斃了你!"鐘偉不敢當面頂嘴回罵,就在背後給李先念起
了許多極為難聽的外號,講李先念的怪話。後來,他實在忍不下去
了,就揀了個機會,帶上老婆孩子,拉著全團人馬,徑自去了蘇北茅
山根據地,投到三支隊黃克誠的名下。正當李先念發出通緝令抓捕
他時,新四軍戰報上登出了一條消息,說旅長鐘偉巧設埋伏陣,殲滅
日軍三百人,偽軍八百人。李先念看過報紙,罵了一通娘,也就沒
再跟鐘偉一般見識。 此事不了了之。

鐘偉拉隊伍自尋領導,在新四軍的軍史上也算創下了一項記
錄。當了"逃兵",還官昇一級,鐘偉亦是全軍唯一一人。

三支隊攻打淮陰縣城時,部隊多次受挫,傷亡很慘重。支隊副司令
員劉震把鐘偉找了去。鐘偉圍著縣城看了一圈後,對劉震說:"這事
容易!怎麼不早點請我來?"

劉震聽他這麼一說,差點沒把鼻子氣歪了,心想,人家講你鐘
偉張狂,真是半點不差,就說:"既然容易,限你三天攻下淮陰。敢
立軍令狀嗎?"劉震想修理鐘偉。不期,鐘偉"嘿嘿"一笑,滿不在
乎地說道:"三天?打個上海倒用得上!明天吃晚飯時,我在淮陰
城裡等你一齊吃晚飯。不過,我 可是沒有錢,得你掏腰包了。嘿
嘿……"

第二天,天一亮,淮陰城守敵發現,城外多了一些比自己這邊城
牆還高一截子的碉樓。原來,鐘偉利用夜色做掩護,連夜把城外的
舊碉樓加高了許多,能高出城牆牆頭一人還有餘。天光大亮以後,
新四軍戰士在新碉樓頂上,居高臨下,猛烈射擊,壓得城牆上的守
軍,又躲又藏,根本無法還手。守軍被迫冒著彈雨往牆垛子上堆砂
包。正值此時,祗聽得一聲震天動地般巨響。城牆被炸塌了。守軍

被震昏了。新四軍三支隊的攻城部隊趁勢從炸塌了的豁口處湧入城內。

部隊佔了淮陰城，看看錶，還不到吃午飯的時候，离那頓軍令狀晚飯還早著哪！

如果說這就叫快，那鐘偉就吃了虧。

一九四七年年底，鐘偉率五師攻打號稱 <遼西走廊>的彰武縣城時，鐘偉把縣城四面圍住，八面進攻，各支部隊同時衝鋒，猛打快進，僅用了五分鐘就拿下了該座遼西名城。

五分鐘！守軍見了五師官兵命令他們繳槍時，還以為是自己人在鬧著玩，開玩笑，說什麼也不肯舉手投降，嘴裡直勁嚷嚷："打仗的時候，怎麼能開這種玩笑？！......"

五分鐘！林彪聽了也不信。戰報上白紙黑字，用頭號大鉛字印出<五分鐘>三個大字時，林彪仍然不大相信。他問道："滑頭鐘偉，他是怎麼打的？參謀長，你去查查！ 五分鐘？撒泡尿也來不及！活見鬼，又是霸王仗！"這件事傳到了毛澤東的耳裡時，毛澤東正在吃午飯。他告訴江青：' 我們有些記者就怕寫得不熱鬧，鬧不出大新聞。我打了半輩子的仗，還沒聽講蔣家人馬這麼不濟。吹牛皮的事，萬萬信不得喲！' 他講完又是一口大肥肉進嘴。江青剛要順勢附合幾句，討討他的歡心，可是一見毛澤東嘴角上肥油直滴，就一低頭，閉上了口。

鐘偉打仗，鬼怪精靈，花樣翻新，層出不窮，怪招子比比皆是，叫人拍案叫絕不迭。老同志開他的玩笑說："鐘偉，你個頭矮，全是叫心眼壓的！快把心眼扔些出去，或許能再長高一寸半寸的！"

到了東北以後，他見天寒地凍時，地面上的雪一化一凍，道路全成了"冰道"。人走在上面，稍不留神，一滑一個跟斗。可是，東北的孩子們都在冰面上玩，專玩這個滑溜勁兒。又是蹓冰，又是玩冰車等等。小孩子坐在冰車上，後面的人猛地用力一推，冰車就會自己滑出去很遠。老鄉們也用馬拉大型冰車，土名叫做<爬篱>，在雪面冰面上，借著滑溜勁兒，運輸貨物。鐘偉見了，覺得新奇，腦子裡發癢了。他一捉摸就用在攻城上了。每逢冬天攻城，他事先叫民兵在夜裡打好冰道。攻城時，在爬篱上推上砂包，砂包後面坐人架上機槍。一聲令下，就有戰士在爬篱後面猛推快跑，臨近城牆時一鬆手，爬篱借助慣性，眨眼間就滑到敵人鼻子底下了。快捷好用。戰士戲稱"冰坦克"。

遼瀋戰役後期，每仗之後，戰俘都有萬人之多。站在一起，真如人海一般。那些中高級軍官換上士兵服裝，混在大群人裡，企圖僥倖過關。把這些高級軍官找出來，是件麻煩事。有一次，戰後清查俘虜時，發現少了一名軍長。屍體堆裡翻了幾遍，也沒找到軍長的屍身。根據情報，這名軍長並未逃走。鐘偉眉頭一皺，計上心來 。他說：＂把俘虜全帶到村外那個大空場上。看我找他！＂

　　一萬多名俘虜排成了八行縱隊，圍著空場邊緣跑大圈。跑了一圈就有人跑不動了。又跑了一圈，又有人跑不動了。三圈之後，鐘偉把所有跑不動的人，重又編成三路縱隊，再來跑圈。鐘偉又在三、五橫排處，派上二名戰士，手持皮腰帶，連喊帶嚇唬，轟趕那些跑不動的人，跑得再快些。半圈之後，多半數人跪坐在地上，躺倒在地上，賴著不動了。

　　鐘偉又把這些人排成一列橫隊。他喊＂一、二＂，逼著這些人來個百米競賽。沒跑出去十幾步，好多人摔了跟斗。

　　到這功夫，鐘偉走了過去，說道：＂先生們，你們跑熱了，脫了上衣涼快一下嘛。快脫！＂一脫外衣，露出了馬腳。其中三、五人的身上，多穿了一件小背心。背心上縫滿了金條和小元寶，足有幾十斤重。

　　＂誰是軍長？站出來！＂鐘偉對著這三、五人厲聲喝問道。

　　一個年齡不算大 ，長得很帥氣，穿著黃金背心的中年人，祗好低著頭，走了出來。他正是要找的那位軍長。再讓他去指認，高級軍官全找了出來。

　　打此以後，各部隊都仿傚鐘偉舉辦＜俘虜運動會＂＞，跑步查高官，一跑現原形 ，一找一個準。

　　＜俘虜運動會＞的另一意外收獲，是令中央軍官兵親眼目睹了長官們的貪婪。 他們覺悟之後 ，紛紛加入了＜東野＞。為此，羅榮桓政委專門表揚了鐘偉會做政治思想工作。

　　林彪聽說了鐘偉給俘虜辦運動會的事後，都笑噲了：＂……別說了，哈哈……別說了……快別說了……那個滑頭，哈哈……什麼壞點子都有！哈哈…… 沒他幹不出來的事，哈哈……哈哈……＂ 林彪極少這麼笑過。

　　的确，沒有鐘偉幹不出的事。

　　＜東野＞當時共有十四個縱隊 。十四位縱隊司令員都想把自己的縱隊，搞成王牌縱隊。一旦打下了大中型城市，那軍火庫、藥品庫、物資庫全成了＂寶貝＂，誰都想要，誰都想多弄一些，但是，誰也不是鐘偉的對手。

　　每次發起總攻前,鐘偉叫宣傳隊寫好許多張封條。封條上寫明日期和部隊番號,再蓋上公章。 一攻進城區， 打到哪裡，鐘偉的封條就貼到哪裡， 即使是兄弟部隊攻克的地段， 他也派人去貼封條。那時的部隊和戰士都最守紀律。 一見有了封條， 就不再動手了。好東西全進了鐘偉的部隊。他在五師，五師最富有最講究最神氣。他到了十二縱後，一支最後成立的縱隊，打了三、五仗後，成了新富翁。

司令員們有了意見，就向林彪告鐘偉的狀。林彪淡淡地說道："若是我，我就不來告小狀。人家有証據。你們有什麼？我看，你們私下裡找找鐘偉。那個滑頭，頂頂聽不得好話！告狀多了，吃苦頭的還是你們。"

司令員們聽從了林彪的勸告，主動上門拜訪鐘偉。又是賠禮，又是道謙，一通好話哄得鐘偉祗會傻笑。鐘偉一看，自己"搶"了人家的東西，還賺了個道謙，就不好意思起來了。東西自然是痛痛快快地"物歸原主"。甚至還要添多一點。

鐘偉的故事太多了。不同的人，不同的角度，往往一個故事，會有許多個版本。老戰士
愛講。新兵愛聽。老將軍們一回想起那烽火連天的歲月，說的往往不是自己，而是鐘偉。

鐘偉是一代軍人的代表。他幹下的那些事，可以頌揚，也可以褒貶，可以引人發笑，也可以引人長嘆不已，又往往引人爭論不休。也正是在爭論中，才能見到一個軍人的風采。鐘偉當過兵，也當過將軍。從他做的事上看，他就是個普普通通的軍人，但卻讓人難以忘記。

鐘偉在戰場上八面威風。但他是在下了戰場之後，才為自己立起了永恆的豐碑。那是一九五九年，<廬山會議>過後不久的事。

<廬山會議>上，彭德懷、黃克誠、張聞天(洛甫)、周小舟四人為民請命，批評了毛澤東而被定為反黨集團，遭罷官免職。會後，軍隊裡又召開軍委擴大會議，肅清彭、黃二人在軍界的影響。

會上，軍界的知名人士發言很不踴躍，更沒人做檢舉揭發。偶爾有發言的，也是念報紙表個態，全是應付場面。實際上看，是用這種方式，影射毛澤東整彭、黃二人整錯了。毛澤東知情後大為光火。他急令延長會期，並用擴大會議規模的辦法，把他自己的親信、門徒、打手加嘍囉，硬是塞進了會場。原有與會人員一百四十人。猛增到一千零六十一人，還有列席者五百零八人。

<廬山會議>期間鐘偉正在國外訪問。歸國後赶上了擴大規模的軍委擴大會議。他是北京軍區參謀長，正兵團級，是會議的當然代表。鐘偉上會之前，北京軍區司令員楊勇和鐘偉的老鄉、海軍副政委蘇振華先後找到他，出於關心和愛護，同他打招呼："不想說，就表個態，想說就說幾句。注意！千萬別頂牛！"他們二位都知道，彭德懷和黃克誠是鐘偉的老領導。鐘偉又極為尊重這兩位老領導。

會議開到第三天，毛澤東的愛將、空軍副政委吳法憲放了一炮，說黃克誠在<長征>途中,曾下令殺死了一軍團一位團長。另一位很知名的大首長,揭發黃克誠在蘇北時貪污了三千兩黃金。鐘偉越聽越氣。槍斃那名臨陣脫逃的團長時,他當時在場。 中央軍委和一軍團司法部長兼保衛部長羅瑞卿也在現場。這根本不是黃克誠下的命令，而槍斃逃兵也合法合理。至於三千兩黃金,更是胡扯。當時,整個三支隊也從未有過三千兩黃金。

休會時,楊勇和蘇振華以及另一些好心人,紛紛走到他跟前,或是扯扯他的衣袖,或是輕輕碰一下他的肩頭,再擠擠眼。意思很明白,讓他沉住氣, 別頂牛, 真相遲早會澄清。

會議又開始了。他頭一個站起來, 朗朗高聲說出了真相。他發言完畢後五分鐘, 被叫出了會場。毛澤東授意, 林彪批准, 鐘偉被逮捕。 鐘偉不服。 他站在會場外面的長廊上,朝著會場大聲喊道:"毛主席！你別上他們的當！你要警惕壞人呀！" 自此, 他悄然消失了。

逮捕鐘偉後, 軍委請示毛主席如何處份鐘偉。毛澤東看過請示報告後,問林彪:"就是那個小個子鐘偉？" 林彪點了點頭。毛澤東在報告上劃了個圈。林彪緊跟著劃了個小圈,活像個句號。

多少年後,鐘偉去世了。他的追悼會完全是個奇跡。

鐘偉長期被軟禁。他被罷官又比較早。因此,認識他的人,知道他的人,已經很少了。追悼會主持人祗通知到了十幾位親友, 還特意安排了一個軍事部門派人來捧場。 會場定了個小間告別室。

不成想, 消息神奇般地傳了出去。赶來同他告別的人,接踵而至。告別隊伍由單列變成了雙行, 由院子裡排到了院子外面,又順著大街排了出去......火葬場的職工放下了手頭工作, 偷偷地載上黑紗和白花, 加入了告別隊伍。這對他們來說, 絕對是空前的。參加完其它追悼會的人, 也都匆匆忙忙趕過來, 排上大隊向 "永不投降的將軍"告別......人越來越多了......路過八寶山的私家車、出租車,公司車,甚至公共汽車紛紛停下來打聽,是哪一位中央大首長的追悼會招來這麼多的人。打聽明白了, 祗要有可能, 就默默地排到了隊尾......

當局見此, 忙派出大批警察。警察之多, 超過國家領導人葬禮的規格。

鐘偉在最後時刻, 在當權者心中佈下了一個 "驚嘆號" 。

多少年後, 黃克誠被平反了。說起鐘偉時, 他熱淚泉涌:"那個時候, 他不該說話！該保留下來！正直的人, 不多了......他太珍貴了！......全會場, 祗有他一個人不投降！不講假話,不做檢查......"

　　一位當年會場親臨者，言之鑿鑿地証實：鐘偉當年在走廊上大喊的是：毛主席你錯了！你犯了一個天大的錯誤！！！

　　　　這正是：

槍　聲　送　君　入　紅　塵　，

無　懼　戰　亂　抖　精　神　。

計　多　心　赤　骨　更　硬　，

戰　士　風　彩　照　世　人　。

欲知後事如何，請看下回分解。

# 第 七 十 七 回

## 顧 全 局 甘 被 圍 殲

## 保 自 全 罵 名 千 年

　　話說<遼瀋戰役>後，東北全境易主。蔣氏王朝已露出下世的模樣了。無可奈何之下，蔣介石重兵佈防徐州蚌埠一線，意欲守住中原，穩固江南。

　　自古就有逐鹿中原之說。 中原大地是英雄豪傑展示自己的才略和膽氣的好場所，也是年青俊傑後生們揚名立腕的大好舞台。

　　濟南一戰，粟裕率部殲滅了中央軍王躍武部十餘萬人之後，心中猶感不足，似乎這仍不能酬報毛澤東允許他江北殲敵的厚愛。粟裕左思右想， 一時間竟也拿不出什麼好辦法來。這一想就是小半個月過去了。忽一日， 他突然萌生了殲滅黃百韜兵團的主意。他的本能似乎在悄悄地告訴他，這一仗肯定是場好戲，而且， 這好戲後頭還有更好的大戲。

　　粟裕之所以敢如此大膽地去去往好裡想， 是因為他的實力猛增， 有了大本錢。此時的<華野>也亦改稱第三野戰軍， 簡稱<三野>，握有雄兵四十二萬人。黃百韜兵團僅有十多萬人。粟裕不用借兵， 用自己的人馬就可以將其圍而殲之。

　　黃百韜兵團原本是<濟南戰役>時，蔣介石派往濟南的三支援兵之一。這三支援兵在向濟南開拔時，深怕自己被打了埋伏， 故而行軍時處處求穩，以致行軍速度過慢， 尚未走到濟南， 濟南城池已被攻破。三支援兵立即掉轉馬頭， 快速後撤。先頭由於黃百韜兵團比另外兩支兵團走得快了一些。此刻後撤時， <黃兵團> 變成了"尾巴"，孤零零地落在了後面。僅此，"黃兵團" 就被粟裕看中了，決定切掉這條"尾巴"。在動手的過程中， 再進一步看看蔣介石是捨，還是援。捨，有捨的打法；援,有應對援的招數。 粟裕打黃百韜是進退自如, 穩操勝券。粟裕按程序上報毛澤東。毛澤東自然是照准照辦。

　　粟裕兵馬一動。蔣介石就收到了情報。他立即電告黃百韜早做防范。

　　黃百韜聞訊後，心中百般矛盾。如果加速撤往徐州市， 則必招致共軍尾追,也勢必害苦了徐州方面。若是停下來固守抵抗, 則兵力單薄。黃百韜對另外兩支兵團能否陪他迎敵，根本不抱指望。退亦憂，留亦愁。黃百韜愁得不知如何是好。

黃百韜乍入軍伍，曾是北洋軍閥江西都督李純的傳令兵。後轉到張宗昌麾下。北伐時期他率部投到蔣介石帳下。內戰爆發後撥歸第三戰區顧祝同指揮，黃百韜任職第三戰區參謀長。接著，顧祝同推荐他任二十五軍軍長。他在軍長任上，赶上了粟裕發動的〈豫東戰役〉。戰役期間，他率部苦戰。他坐在坦克車裡，前往第一線指揮作戰，曾經一連八晝夜不下車，左衝右突，保全了自己的部隊，救援了被打散架子的七十二軍。盡管中央軍在整個〈豫東戰役〉中失利，黃百韜的二十五軍沒受什麼損失，還保留了七十二軍的骨架。回到南京後，蔣介石記他大功，親自給他戴上〈青天白日勳章〉，提昇為第七兵團中將司令官。這枚〈青天白日勳章〉可不一般。自打設立這一勳章之日起，一共祗發出去兩枚。第一枚獎給了蔣介石的夫人宋美齡。因為她對美國外交來往，頻頻立功，搞來了大批美援。在宋美齡過生日時，獲此殊榮。另一枚就獎給了黃百韜。蔣介石手下一級上將十幾人，卻無一人有份這最高殊榮。故而，此事在中央軍裡引起了轟動。黃百韜本人亦深為感動。

黃百韜看清粟裕用意後，思前想後，決定兵駐新安鎮，不再退卻。他知道，自己留下來，全無勝率，注定戰死。臨危之際，能拋開自己，顧全大局者，在整個國內戰爭中，在中央軍中甚為罕見。

黃百韜有了定見後，立即電告中央軍徐蚌戰區總指揮劉峙：
"……我第七兵團即將被共軍圍困，處於孤軍作戰態勢。希望總指揮能盡快調集兵力援助我兵團作戰。古語說，勝利則舉杯相慶，人人爭先。戰敗時應去死以相救，人人有責。依我之短見，此時此刻的中央軍，是辦不到了。我明知如此，尚欲求援助，全因此戰關係極大，是主力之間的決戰。這一戰關係整個大局的存亡。一旦我兵團覆亡，那麼整個徐州戰區，誰也走不了……"

從黃百韜這封幾近絕命書的軍情電報上，可以見到黃百韜忠心不二，苦心救主的忠義之心。黃百韜展示了一個職業軍人的風采。令他無可奈何的是，大勢已去，國將不國了。他祗能成為一代王朝的殉葬品。

粟裕首戰黃百韜，被人稱為〈小淮海戰役〉，或是〈淮海戰役〉的第一階段。中央軍稱這次會戰為〈徐蚌會戰〉的前哨戰。

粟裕先以三十萬人馬，三面進擊黃百韜的第七兵團，祗留一條後路沒有堵死。這是粟裕的巧計。此計叫做〈圍而不死，網開一面，縱敵潰逃，全力追殺〉。粟裕故意圍而不死，讓中央軍逃跑。敵人一逃，粟裕就追，一追追到徐州，那便宜就大了。但是，黃百韜不跑。

黃百韜不跑 。粟裕就追不成了。粟裕正在撓頭皮的時候，位於黃百韜兵團側翼的五十九軍和七十七軍的一個半師,在中央軍徐蚌戰區副總司令何將軍和張將軍帶領下，舉行了戰場起義。<黃兵團>的側翼瓦解了。粟裕趁機命令王建安帶領三個縱隊補了上去，這等於給黃百韜的肋骨插上了一把尖刀。黃百韜兵團立即癱瘓了，別說抵抗，連逃跑也成了不可能。

在此時，毛澤東也站出來湊熱鬧,想幫粟裕的忙。粟裕真是上上大吉了。

毛澤東從情報部門和俘虜供詞中得知，中央軍的要員們每天必定收聽延安的無線電廣播。這些黨國大員們認為延安方面的新聞消息，比南京方面報導的東西,要真實得多，能從延安的新聞中得知戰場上的真實動態和共軍的軍事動向。毛澤東決定利用中央軍大人物這一病態心理，同其開一開玩笑。毛澤東親手寫了一條戰地消息，標題是 <我各路大軍合圍徐州>。署名是<一戰地記者>。該報導在延安電臺連續滾動播放。

身在徐州的中央軍徐蚌戰區總司令、一級上將劉峙，外號 <老夫子> ，一收聽到這條新聞，全然忘記了兵書上說的<兵不厭詐>的名言，百分之百地信了實。劉峙立即決定絕不分兵去救援<黃兵團>，留下部隊防守徐州。毛澤東一條假新聞害苦了黃百韜。

劉峙雖然官至一級上將 ,但這軍衙的得來,卻不全是憑他的軍事才幹和戰功,而很大部份是靠著他對蔣介石的唯唯諾諾的侍奉態度。若論年齡，論軍齡，他都要比蔣介石長出十幾個年頭。然而，他見了蔣介石從來不敢坐下來。那是讓坐也不坐，祇會立正站著。他雙手垂直,哈腰彎背，一副十足的小聽差的模樣。他一說話,必先打立正。他一見蔣介石要說話，就趕忙兩手用力地緊貼褲線 ,兩腿併齊，緊緊地夾住卵子，半耳微側，似乎就怕落下一個字母半個音符似的。他一挨批評，就立即下跪 。他一檢討，就痛哭流涕 。蔣介石罵他一千個 娘希匹，他就能答出三千個"是,是,是！" 蔣介石最欣賞他這一套。蔣介石心裡明知他在裝樣子演大戲,可就覺得自己心裡舒坦,還真怕他停演了。有時,蔣介石被他的樣子弄得罵都罵不下去了,話也沒詞了,祇好揮揮手,讓他走人。劉峙自已也深知蔣介石愛吃這一口，也越演越有經驗，水平日益提高，一演幾十年不休息,哄得蔣介石以為他是 "忠貞不二"的老臣子。這也應了<不愛才子愛奴才>的那句老俗話了。

蔣介石得知<黃兵團>在碾莊被圍,而劉峙坐視不救,萬分惱火。他把劉峙罵了個昏天黑地,真如一佛昇天, 二佛出世。他隨後忙派杜聿明去協助這個 奴才上將。杜聿明一到,立即昇帳發兵，調邱清泉的第二兵團和李彌的第十三兵團，急忙前去碾莊"救火"。但是，事到此時,已是黃瓜菜早涼了。粟裕早在劉峙犯傻時，已搶先構筑了防禦工事。層層佈防，處處阻擊,搞得邱、李二兵團，打了幾天,衹前進了幾公里。兩兵團見救援無望，也來了個縮頭烏龜,撤回徐州保全自己了。 就在邱、李二兵團後撤之後，粟裕對<黃兵團>發起了總攻擊。 三十萬人馬從四面八方向碾莊一帶壓了上去。混戰了三天三夜之後，黃兵團再無還手之力,繳槍投降。打掃戰場後查明，俘虜了黃兵團總部和二十五軍軍部的高級軍官，找到了黃百韜專用美製吉普車，甚至找到了據說是黃百韜至愛的象牙廠將牌、紫銅火鍋和兩箱子軍用密碼本,就是找不到黃百韜本人。

於是,軍工科開始審訊俘虜。二十五軍全是廣東兵,講的是粵語。 北方幹部戰士沒人能聽懂。大家一起瞪了眼。正在此時,來了一位戰地記者採訪消息。他一張嘴,說的是南北混合味的國語。大伙全樂了。就抓他當翻譯官，鬧出了個中國人翻譯中國話給中國人聽的大新聞。這麼一翻譯，才搞清楚,黃百韜已同兩位軍長向大院上跑了。

一個<大院上>又把大伙弄糊塗了。大院再大，也衹能有院裡、院外。這個<上>可咋上法呢？原來,<大院上>是處地名。還有一處地名叫<大院下>,是南北相鄰的兩個小村子。當地人稱北為上,南為下。

副司令員王建安來了虎勁兒，帶上戰士跑步前往大院上。一到大院上，就下令分兵把口，把個大院上, 裡三層,外三層，圍了個嚴實。

王建安扯起大嗓門喊上了："黃百韜, 你被包圍了！赶快投降！留你一命！別給蔣該死 當炮灰了！"

村子裡沒什麼反應。

王建安接著又喊："黃百韜, 我數十個數！你若再不吭聲，我就開炮轟！"

村子裡還是沒有什麼響動。

王建安下令架起了步兵炮,自己數了十個數。數剛數完, 步兵炮便響了。傾刻間，被轟得火光四起, 瓦礫亂飛。打了幾炮，村裡沒有還擊。王建安一揮手,戰士們衝進村子裡，進行搜索。

炮轟時，黃百韜同兩位軍長以及參謀等人，正藏在被步兵炮擊中的那間民房裡。炮彈打中了屋頂。把房蓋正中間穿了個大窟窿。滿屋子煙火。盡是塵土飛揚。黃百韜又嗆又咳, 又烤，喘不上氣來。他從炸裂的牆垛子缺口處,向村外跑去。跑了一百來米,他跑不勵了。他坐在一棵大樹底下直喘氣。喘了一陣子,他無奈地說道:"想不到我黃百韜也有今日!"

"軍座,勝敗乃兵家常事……"

"不,不能這麼說!此次慘敗,全怪我用兵不精。對不住蔣總裁!"

"留得青山在,不怕沒柴燒。我們馬上就走。可以逃得出去!"

"不!"黃百韜搶過話頭說道,"我黃百韜祗有一條路了!我祗能殺身成仁,警誡後人來者!"他說罷此話,猛地拔出了手槍,舉向太陽穴。眾人一見,連忙向他撲了過去。

這正是:

大 勢 已 去 天 傾 斜,
幾 多 老 臣 肯 殉 國?
殺 身 成 仁 誰 心 痛?
孤 兒 寡 婦 淚 成 河!

欲知後事如何,請看下回分解。

# 第 七 十 八 回

## 獨 輪 車 車 小 功 大

## 陳 布 雷 雷 驚 官 場

　　話說黃百韜舉槍對準自己的太陽穴，眾人一擁向前搶救，卻已為時過晚。祇聽得沉悶的一響後，黃百韜腦袋右側被打了個血洞，滿臉濺得盡是鮮血。可是還沒有死。他張大了嘴巴,大口大口地吐著熱氣,全身痙攣,痛苦地抖動著,扭曲著……讓人見了,實在替他難受。楊軍長拔出手槍，跪在他面前，痛哭流涕，像似禱告般說道：" 軍座……小弟祇能下手了,也算咱老哥倆兄弟一場了……願你少受罪,早超生,來世托生個福地……"說完, 他在黃百韜左胸補了兩槍。一縷忠魂直向西天飄去……

　　到這時候 ,中共軍隊統一改稱<中國人民解放軍>。彭德懷的西北野戰軍稱為<第一野戰軍>,簡稱<一野> ; <劉鄧大軍>稱為<第二野戰軍>,簡稱<二野>, 人數僅有十二萬人 ; 陳毅、粟裕的<華東野戰軍>稱為<第三野戰軍>, 簡稱<三野>, 有四十八萬人 , 排老二 ; 人馬最多的是林彪的<東北野戰軍>, 有一百零八萬人,稱為<第四野戰軍>, 簡稱<四野>。

　　殲滅<黃兵團>後, 毛澤東準備召開<關於淮海戰役作戰方針>的中央工作會議。

　　這天, 毛澤東邀了劉少奇和周恩來一起商量會議議題。毛劉二人正聊著, 只見周恩來急步進來。

　　"報告主席剛才劉鄧二人到了西柏坡， 講他們有工作向主席請示"

　　"快請他們進來， 正好嘛， 打淮海也有他們一份。一道議一議。"

　　劉、鄧來見毛澤東是為請戰。

　　"打過豫東之後， 同志們心有不甘。都講, 蔣介石有什麼了不起喲！這些年在毛主席的指揮下， 我們在大別山取得了戰略上的勝利嘛。誰敢小看我們！"鄧小平侃侃而談。

　　毛澤默默地吸煙。他像是在想心事。他一聽鄧小平的開場白, 心頭不由一動。第一， 打豫東是粟裕那伙子人幹的。鄧小平這麼一講, 聽起來怎麼像是他們幹的？他又講是我指揮的， 怪事喲！第二， 鄧這個人平時還算本份嘛, 今天這是為何？

＇這些年來，我們在大別山打得是有些苦。為了一個戰略目標的完成，就是要吃些苦才對頭。我個人堅決舉毛主席的手，服從主席的指揮。＇聽到這裡，劉少奇和周恩來二人是一頭霧水。他們二人是不贊成挺進大別山的。但也從未表示出來一星半點的反對。他二人真不明白鄧小平要唱哪齣大戲。

＇我今天向主席要任務，就是讓大家看看嘛，我們是被打趴下了，還是壯實多了。＇

＇你們現在是多少人馬？＇劉少奇認真地問道。

＇十二萬多，不到十三萬。一半是打豫東後的新兵。＇劉伯承回答道。

＇人馬不多。有毛主席指揮，準打勝仗！＇鄧小平笑呵呵地補充了一句。＇你們看中了哪一個？"毛澤東吸了一口煙，關心地問道。＇黃維！＇＇黃維有十二萬人。你們是十二、三萬人。那扯不上兵力的優勢呀？主席一向主張....＇劉少奇話未完，鄧小平搶著說道：＇我們今天是向主席請示，聽聽主席的。＇毛澤東向桌沿上一按煙頭，未開口，先在心裡偷著笑了：你個鄧矮子跟我耍滑頭！你請客，偏要粟裕掏腰包！＇

＇你打算向粟裕借多少人？＇毛澤東直接把問題挑明了，笑呵呵地問道。＇主席，粟裕的部隊剛剛打完豫東，正在休整。再說，馬上＜淮海戰役＞就要開打了。怕是.... "劉少奇邊講邊看著毛澤東的臉色。

＇主席知道，我們大別山的部隊可是擦拳磨掌，想幹它一傢伙，提高一下士氣！主席稱我們是大軍，不打幾千個大勝仗，不好交待嘛。＇

毛澤東聽了此話，眉頭微微一皺。他太了解＜劉鄧大軍＞目前在大別山的窘境了，也聽到幾句別人對他冒險深入大別山的指責，甚至是等＜劉鄧大軍＞一旦失利，就同他秋後算帳埋怨話。此時此刻，鄧小平這幾句亂忽悠恰恰合上了他的心路。

＇淮海開打之前，要清理一下戰場環境，打黃維十分必要。＇毛澤東停頓了一下，看看諸位對他的話有何反應。＇粟裕就多等幾天好好休整一陣子。至於部隊嘛，請周公通知粟裕，調他二十萬用用。強調一下子，是我的主意。要精兵強將，不可馬虎。＇＇那粟裕的休整....劉少奇的話沒有講完，就聽鄧小平高聲嚷道:"謝謝主席! 打黃維是勝定了! "

"你倒是個巧嘴巴，學會打客套了，我們現在議一議打淮海的事。你們倆不要走嘛！這次還要仰仗你們倆位挑大樑的。"毛澤東的這後一句話，讓在座的人全都一愣。

幾天後，毛澤東下達命令給粟裕，要他全殲黃維。黃維哪是粟裕的對手。三下五除二，黃維的整個兵團報銷。黃維本人也"成仁"了。

又是幾天後，毛澤東下達了關於＜淮海戰役＞總前委組成的命令。總前委由劉伯承、鄧小平、陳毅、粟裕和譚震林組成。毛澤東又特別任命劉、鄧、陳三人為常委，決定軍中大小一切事務。

解放軍這次投入總兵力是六十萬人。其中＜三野＞為四十八萬人，佔百分之八十。＜二野＞十二萬人，其中一半是解放戰士和新入伍不久的農民戰士。不用解釋，這仗主要靠＜三野＞去打。

可是常委中的陳毅是早已被毛澤東剝奪了軍事指揮權的，此處僅僅是掛虛名。而＜三野＞的實際指揮員、代司令員兼代政委粟裕不在常委之列。粟裕能征慣戰，人稱常勝將軍，盡人皆知。有粟裕這樣的戰將卻不用，這是為什麼？莫非毛澤東想重溫土城慘敗的舊滋味？

聰明過人的毛澤東隨後火速發了個令人莫名其妙的補充電報："....不必事事請示，宜臨機自斷...."毛澤東在發表總前委的三人常委名單時，已授權三人決定軍中一切事務。這話肯定不是講給三常委聽的。大概也不會是講給一般指揮員聽的。挑明了講，是講給粟裕一個人聽的：你粟裕不是常委，但是，兵是你的、戰役構想是你想的、作戰方案是你擬定的。故而，你想怎麼打，就請自便了。不必事事找我老毛和別人，祗要打勝仗就行了。

這是何苦呢？毛澤東就這麼喜歡彎彎繞？

往小處想，毛澤東是讓粟裕去廝殺，而把功勞記在劉、鄧頭上，算是對他二人聽了他的錯誤指揮，去了大別山，吃了苦的一種補償，一塊大糖球。反正粟裕是不爭名利的人。

若往大處想，怕就不是這麼簡單了。

人人皆知，毛澤東是個城府極深的人，從來不幹賠錢的買賣，十個便宜佔全了，他還聲嘶力竭地大喊，他吃了天大的虧。而劉、鄧二人皆是高智商人群中的佼佼者。＜豫東戰役＞的最大受益者。解了長期圍困，脫了死亡險境，不放一槍一炮，不傷一兵一卒，卻同血戰一場的比＜三野＞並列"寇軍"。又被毛澤東狠狠地表揚了一番。這一次，又是粟裕去拼命，去搏殺。他們坐在大後方，連火藥味都不用去聞半鼻子，穩吃"大蜜桃"。他二人就不想上一秒鐘，是毛澤東就樂意他二人當天生的"吃桃派"，而粟裕命苦，天

生是個 ˇ種樹派 ˇ？劉、鄧二人不僅聰明，也肯動腦子。於是他倆，特別是鄧小平，就沒白沒黑地想開了。

粟裕也在大動腦筋。他先分析徐州戰場上的形勢：中央軍有七十二萬人；自己有四十八萬人，加上＜二野＞十二萬人，合計六十萬人。中央軍略有優勢。他又分析：中央軍連吃敗仗，對＜三野＞十分頭痛。幾次拼搏中，中央軍很不團結，互不買賬，互不支援。再加上士氣低落。這些看不見的弱點加在一起，不僅降低和削弱了戰鬥力，甚至是關鍵時候的致命點。兩軍交鋒，軍心為大，萬萬不可小視。粟裕越想，心氣越足。那千般計，萬般招，也就越多越巧。

然而，毛澤東的想法卻不盡相同。戰後總結時，他挖苦粟裕，ˇ粟裕硬是把一鍋夾生飯吃了下去。ˇ有人講，這怕是粟裕沒把毛主席的ˇ以多打少ˇ的打法奉為聖旨，惹主席生氣了。

這種判斷不無道理。當時淮海平原上集結了雙方的一百三十多萬大兵，一場空前的大決戰一觸即發。毛澤東卻決定先打＜平津戰役＞，理由是ˇ別嚇跑了北平的傅作義的中央軍＞。這種理由不大服人。這是ˇ聖裁ˇ，沒人敢去懷疑一二。

＜淮海戰役＞打了六十六天。雙方總傷亡接近四十萬人。解放軍傷亡十三萬四千人，比那＜二野＞總參戰人數還要多些　。

＜淮海戰役＞是毛、蔣二人爭鋒以來，最為殘酷的一場戰事。不僅雙方傷亡人數驚人，戰區之內的黎民百姓也最是苦不堪言。徐州地區沒有一個村莊能沒有房屋不被燒、不被炸的，沒有一個村子能沒有人不橫死於流彈或彈片的。出殯帶孝，天天可見。野狗吃死屍吃紅了眼，見了活人也伸出血紅的舌頭，叮住不放。到了開春，天氣轉暖，屍臭薰得人們掩鼻遮口，亦連連噁心不止。綠頭大蒼蠅成群結隊，個大群大，擾得人們不得清靜。

仗，總算打完了，劉、鄧二人也總算想明白了：毛澤東如此厚愛他們，又連聲挖苦粟裕是硬把一鍋夾生飯吃了下去，這只能有一種解釋：毛主席不想，不願意，甚至是不可能把打勝＜淮海戰役＞的蓋世天功記在粟裕頭上。這功勞太大了，是要載入史冊的！那麼，這功勞劃在誰的名下呢？

到了這功夫，劉鄧二人再也不用犧牲大腦的灰細胞了。他二人完全徹底地想清楚了。毛澤東一再二，再二三地給他們倆吃 "糖塊 "，喂 "水蜜桃 "，把他們的嘴巴抹得甜甜的，不就是為了換得，出自他二人之嘴的幾句 "甜言蜜語 " 嗎？於是乎，他二人，特別是鄧小平，在慶功會上、記者招待會上、報刊雜誌上、老熟人老部下見面之時，那是大講特講，大說特說．他們說道："淮海戰役是毛澤東同志親自策劃、親自組織、親自指揮的，表現了毛澤東同志的巨大軍事才能......"於是, <淮海戰役 >的功勞就全歸了毛澤東一個人。上面引用的話，是照抄實錄，絕非創作，有若干書刊報紙做証。自此，一提及<淮海戰役>，國人盡知毛澤東。無人知道粟裕。

鄧小平主政，又從毛澤東手上接了班，自吹自擂，<淮海戰役>是他鄧小平一手操辦的，連劉伯承也靠了邊,往後挪了，鄧大人的門徒爭著搶著捧臭硬要把<劉鄧大軍>改成<鄧劉大軍>。到此，鄧小平仍不滿足，他一心想把<劉鄧大軍>改成<鄧家大軍>。從而蓋世天功盡收鄧氏袋中，他本人也就成了從未指揮過戰陣的超級軍事家，也就文武全才了。於是乎,他用手上權力硬把劉伯承定性＇反黨反軍份子＇擬開除劉伯承的黨籍和軍籍。據說,這是黨內掌門人的特權和習慣做法。全黨全軍上下反映極為強烈。鄧小平充耳不聞。直到劉伯承去世前幾天，幾位有影響力的老帥老將聯名上書中央，鄧小平怕犯了眾怒，才取消錯誤定性，讓劉伯承穿上軍裝，以中共黨員身份辭世。至於粟裕就更不在話下了。

這仗剛一打完,蔣介石的<文膽>、智囊、心腹陳布雷先生自殺了。國統區瘋傳他是服了大量安眠藥自殺的。

國統區裡上上下下皆知，陳先生一生廉潔自律，兩袖清風。他從不眠花宿柳,亦不以權謀私,更是絕無貪污受賄的醜行。他專心公職，百分之百忠誠於蔣介石。

當年， 國民黨的<四大家族>大量發行金圓券,騙敢民間的外匯和銀圓時，他竟然上了當以愛國之心 ，把家中僅存的一點美圓換成了金圓券。沒過幾天，金圓券成了一堆廢紙。他的美圓進了貪官的腰包。蔣介石號召老百姓把黃金賣給政府時,他又帶頭交售黃金,換回來一大堆紙幣。幾天後,用這大堆紙幣連包草紙也買不回來。他又上了當。

"爸爸，靠你一個人廉潔,無濟於整個大局！"他女兒勸他。

"孩子,為父的， 一生中最大遺憾，就是從政。于今悔之晚矣！嗨......" 他長嘆了一聲。他請來理髮師父為自己修了儀容。他把自己用過的東西，擺放得整整齊齊。然後，他吃了大量安眠藥片,平靜也躺倒在床上....

陳先生是位文才。憑他的學識,可以成為文學家、教授或者作家等等,陳先生卻從了政。從政過程中，他見到了政府最不光彩的那一面。他斷定政府已經患上了不治之症。一屆政府,若是到了大官大貪,小官小貪,無官不貪,就算是老百姓,也整日盼著天上能掉下個大元寶,有了機會,就豁出性命狠狠撈它一把。到了這種時候， 肯定是國將不國了。覆亡,改朝換代,僅僅是個時間問題了。一旦有個風吹草動,便無法收拾了。陳先生正是看透了這一切,才徹底絕望了。

貪污,是亡國、亡黨、亡軍的先兆。

一個國家,一個朝代,一屆政府,一旦染上了這種病症,就如同人患上了癌症,是無藥可醫的。也許有那麼一天,人體癌症可以醫治了。但貪污之癌是絕症。

陳先生走了。他用生命的逝去,寫下了一首名叫自愛的生命之詩。他用生命的逝去,寫完了諸多文稿的最後一章叫做＜警世真言＞。

在＜淮海戰役＞期間還流傳著關於獨輪車的故事。

在中原地區和山東半島上,在黃河和淮河流域的廣大原野上,獨輪車和扁擔是農民的主要運輸工具。中長途運輸主要靠獨輪車。獨輪車車體是一個＜山＞字型木架子,在底部正中按上一個木輪、鐵輪或是自行車輪,再加上兩個把手和一條肩帶就能用了。 推獨輪車要懂得訣竅。否則,一推就翻車。掌握了訣竅 , 獨輪車就成了心頭一寶：推東西又多又快又省力不論大路小路, 平地山道全能走。舊時,莊戶人家 ,幾乎家家戶戶都有獨輪車。有的人家, 有幾個壯勞動力, 就有幾架獨輪車。

毛澤東答應粟裕,在＜淮海戰役＞期間, "全力"保障後勤服務。毛澤東一轉手 , 就把這個任務交給了陳毅。陳毅只能接下任務, 還得裝出樂呵呵的樣子。粟裕只能站在旁邊傻笑。

陳毅打仗不大在行。但他是個少有的宣傳鼓動家和組織家。受命之後, 在一個月裡, 他從華北、華東和中原三個老解放區裡, 動員了一百六十多萬民工參加支前。一百六十多萬, 這個數目字,比國共兩軍交戰總人數還多三十幾萬。其中絕大多數人是人手一輛獨輪車。上百萬輛獨輪車一齊涌向淮海大戰的戰場。其景象蔚為壯觀,是古今戰場上一大奇觀。

過去, 一提到這件事,就歸結於政治思想工作,是人民群眾自發地要打倒蔣介石翻身求解放等等。然而,時間若能倒流,讓人們回到以前的現實中去,則會知道,是陳毅製定的和執行的一系列經濟政策,起了決定性的作用。

陳毅規定 , 出民工支前可以少交公糧。多出民工可以不交公糧。再更多地出民工可以賺到糧食。這項政策深受農民歡迎。當年,當地的農民僅靠幾畝薄田養家糊口。他們當中的絕大多數人既不會經商, 也沒機會外出打工。自然也就沒有任何額外的收入補貼家用。如今出民工,不僅自己每天有官飯吃, 還可以少交公糧, 等於賺到了糧食。舊社會，窮人當兵是為了混碗飯吃。此刻支前，不當兵又有飯吃還有糧食好賺，自然激發了廣大農民的積極性。於是，上百萬農民走出世居的小天地，從小村莊，從深山溝 ，從林間湖地，推著獨輪車，闖蕩新世界，到本世紀國內最大的一個戰場上，顯示顯示自己。

民工們說著笑著，流著汗水，滿懷著多賺幾斤糧食的希望，把軍糧，軍衣，武器送到淮海前線。他們又冒著槍林彈雨，救下傷員，再把他們送到大後方。仗打勝了，數不盡的戰利品，也是他們一車又一車地送回大後方。運氣來了，偶爾能揀得一些"寶貝"。例如，廢鋼盔、砲彈皮子、折彎的刺刀等等，帶回家，翻翻新，打製成小農具或切菜刀、鍋剷子等等。至於舊衣服、舊鞋、破帽子、爛軍裝，就更有用了。

部隊行軍一千里。他們推車走了一千里。有人說，是用獨輪車推垮了蔣家王朝。此說略有誇張的嫌疑，卻也反映了一部份事實和史實。

社會學家認為， ：得民心者得天下。經濟學家則認為：良好的經濟政策方能調動民眾的積極性，當這積極性化為生產力時，其能量難以估量。 大概，某位有識之士也正是看清了這一點，才把一架又破又舊的獨輪車，擺到軍事博物館的展臺上，又扎上了紅綾子，煞是好看，也時時給人以啟迪！！！


這正是：


布 雷 警 世 莫 貪 腐 。

車 輪 雖 小 道 理 深 。

貪 功 求 名 妄 耗 力 。

歷 史 方 是 鐵 証 人 。


欲知後事如何，請看下回分解。

# 第 七 十 九 回

## 扮 傻 瓜 巧 拒 和 談

## 費 心 智 苦 纏 特 使

　　話說林彪解放東北全境之後,奉毛澤東之命率八十萬精兵, 浩浩蕩蕩開進山海關內, 一舉攻克了天津,佔領了張家口、大同等地, 陳兵於北平城下。

　　率領四十萬中央軍守衛北平城的傅作義,, 猶如熱鍋底上的螞蟻一般。他想逃到綏遠老家去,卻被毛澤東先已料到堵住了退路, 令他絕了此望。他想抵抗, 但是, 一想到東北戰場上的近六十萬中央軍, 內含三支王牌軍 , 都不是<四野>的對手,自己手中這四十萬雜牌軍, 豈能是<四野>的對手？天津的陳長捷抵抗了,祇抵擋了三天兩夜,就全部完蛋了。他見過屠宰場上殺豬宰羊。那豬和羊一旦被四蹄綁牢, 再拼命掙扎, 也躲不過去那一刀。傅作義想想此時此刻的自己, 跟那上了屠宰臺的豬和羊, 怕也差不了多少了。擺在他面前的唯一生路,似乎祇有投降了。想到投降心猶不甘。正當他內心百般矛盾之際, 中共派人勸他起義, 另一方面又許下許多有利於他個人的條件, 令他不能不心動。俗話說,在人屋檐下, 豈敢不低頭？傅作義終於宣告起義。北平和平解放。這之後解放軍又取得<淮海戰役>的勝利。

　　經過<遼瀋>、<淮海>和<平津>三大戰役決戰後, 蔣介石的主力部隊喪失幾近。兵戈相爭, 他已無回天之力了,祇剩下"春夢"一場了。

　　毛澤東面對如此大好局面,怎能不心花怒放？不料, 一場來自莫斯科的西北風,卷來了一場傾盆大雨, 差點沒把他淋成落湯雞, 把他賞花的好心情, 吹得煙消雲散, 那朵朵紅花也被淋成了狗尾巴花,實在不招人去看了。毫無疑間, 興風作浪,給他添心病的又是斯大林。斯大林派特使米高揚飛到石家莊, 再轉車到達西柏坡村, 要面見毛澤東。

　　對米高揚突然到訪, 毛澤東的心情十分複雜。頭年秋天,<遼瀋戰役>打響之前,斯大林曾把蔣介石給蘇聯政府的一封信, 轉給了毛澤東。這是蔣介石以國民政府外交部名義寫給蘇聯政府外交部的正式外交信函。信中要點是請求蘇聯政府說服中共和毛澤東本人停止內戰。還說,國民黨願意坐下來,同中共進行和平談判。斯大林以郵差的身份，把蔣介石給自己的信，原封不動地轉給了毛澤東，沒有任何說明和建議，既沒有書面意見，也沒有口頭上的囑咐，有的，僅僅是一種暗示。斯大林能把此封寫給自己的信讓毛澤東去看，就暗示他斯大林本人支持蔣介石的和談要求，就暗含著要毛澤東遵照執行的意思。否則，斯大林完全可以把這封信壓下來，或是一退了之，根本不必讓毛澤東去看的。

在當時的東北戰場上，林彪手握百萬大兵，而中央軍不足六十萬人，勝負已是涇渭分明。蔣介石提出和談，完全是騙人的鬼把戲，他想爭取時間向東北運輸部隊或者把六十萬人運回關內，以圖來日東山再起。二者之中任何一項都對蔣介石極為有利。對此，做為政治家和軍事家的斯大林是心知肚明。故而斯大林支持和談就表明，他想保留中央軍的實力，使其能與中共和毛澤東相對抗，進而在中國大陸出現隔江分治，出現南北兩個中國的局面。斯大林的這一策略同他在抗日戰爭時期拉蔣壓毛的政策，是一脈相承的。

對此，毛澤東焉能不恨之入骨？

毛澤東恨歸恨，卻又拿斯大林萬般無奈。斯大林是東方陣營的主帥。毛澤東又是永遠得不到西方陣營的青睞。他已篤定要把自己拴在東方陣營的戰車上了。得罪了主帥，東方陣營也不會要他了。那功夫，他就真地成了姥姥不親，舅舅不愛的沒娘孩子了。若是蘇美聯手，借用國聯的名義，扶助蔣介石捲土重來，以後的事，是想也不敢想了，肯定是麻煩事又多又大。這正見毛澤東萬萬不願見到的局面。

毛澤東可以不怕黨內任何人，也可以不怕蔣介石，但說到斯大林本人以及他身後的東方陣營，毛澤東就不能不以一個政治家的眼光，去衡量一切了，去謹而慎之地行事了，就不祇是一個<怕>字能說得清楚了。

毛澤東思來想去，結論祇有一個，就是一個<忍>字：忍下一口窩囊氣，甘扮笑臉，去和這位實在不怎麼樣的"老大哥"去調情，去鬥心眼，去周旋。明白些說，就是勾心鬥角一番。眼下最好的辦法是裝傻。當然，看上去不大英雄。

毛澤東開始扮傻，一個政治上的大傻瓜，對斯大林的暗示毫無察覺，似乎天底下沒發生任何讓他有興趣的事，也似乎沒接到這封信一般。自己該幹什麼就照幹什麼。毛澤東頻頻催促林彪盡早開槍打起來，甚至不打錦州打長春也行，是想槍一響，就斷了斯大林和蔣介石關於和談的念頭。毛澤東自己也深知戰機尚未完全成熟。是斯大林逼得他心急如火燎眉毛一般。裝傻不是毛澤東的性格。他祇好去逼林彪了，又不能將一切真相告訴抹彪。林彪一無所知，就心安得地吃豆子，踱步看地圖。

林彪打響了攻佔錦州的第一槍，等於毛澤東用事實回答了斯大林的暗示。〈遼瀋戰役〉的勝利和東北全境的解放，無異於給斯大林劈面一個大耳光。就算到了這個地步，毛澤東仍然不敢同斯大林打開天窗說亮話，還得繼續扮傻瓜。毛澤東利用發表元旦獻辭的機會，親筆寫了一篇社論，題目叫〈將革命進行到底！〉這篇社論表面上是做自家人的思想工作，給全軍官兵鼓勁打氣，實際上是向斯大林和蔣介石表明，自己無意和談。這篇社論一小部份是說給官兵將士們聽的。更多的是說給黨內親蘇派聽的，是說給蔣介石聽的，更主要的是說給斯大林聽的。

一向擅長中學的毛澤東，在文章裡引用了一個古代希臘的寓言，即〈蛇與農夫〉。可以說，這是毛澤東專門講給斯大林一個人聽的。他怕斯大林這位洋大人，聽不懂中國的東西，專門奉上了一道"西餐"，以引起斯大林的足夠注意和理解。

毛澤東的扮傻和"西餐"終於"感動"了斯大林。斯大林命令駐華大使羅申全面搜集〈淮海戰役〉以及解放軍和中央軍的詳細情報，並對毛蔣爭雄的前景做出新的預測。

〈遼瀋戰役〉後，蔣介石見和談是沒指望了，就又心生一計。蔣介石在南京召見蘇聯駐華大使羅申，表示自己希望蘇聯方面能安排他本人訪問莫斯科，並能拜會斯大林。蔣介石這一招棋也確實夠屬害的了。倘若他訪蘇實現了，就徹底斷了毛澤東投身東方陣營的美夢。

斯大林回絕了蔣介石的訪蘇要求。

斯大林的回絕稍微平息了毛澤東對他的不滿。現在，米高揚主動找上門來了。毛澤東說不出自己是高興還是不高興。因為他不知道米高揚前來西柏坡的真實用意何在。他深怕中了斯大林的圈套，乾吃啞巴虧。可是心裡又在時時地湧動，指望莫斯科不全是多雪的寒冬，也能令他聞聞春天的氣息，給他一點好消息。

米高揚的隨員有兩人。一人是蘇聯駐中長鐵路管理局顧問格瓦廖夫；另一人是翻譯格瓦廖夫。因為他官小，年齡小，就稱他為小格瓦廖夫。

陪同毛澤東談判的中共大員是書記處全體成員：劉少奇、周恩來、朱德、任弼時和翻譯師哲。

雙方寒暄過後，米高揚呈上斯大林送給毛澤東的一塊呢料。這表明他米高揚不祗是蘇
共政治局委員，更是斯大林的私人代表，是位特使。

　　毛澤東笑了。這是他加入中共以來，頭一次見到蘇共高級領導人，一名政治局委員，而且又是斯大林的私人代表，政府的特使。毛澤東以為這下子有人來聽他講述自己的想法了。他太想讓斯大林知道自己的特殊想法了。若能讓斯大林對這些想法理解和支持，那時的中國才能真正姓毛。於是，毛澤東侃侃而談，用盡了全部心智，超級發揮自己的口才，企盼先打動這位特使，再由他去打動斯大林。

　　毛澤東說累了。可是他仍在不停地說下去。米高揚像尊石佛般坐在那兒，連頭也不點一下。毛澤東說得太累了。他也似乎是故意停頓一下，給米高揚留足插話或表態的時間。米高揚仍是老和尚入定一般，穩坐不動，根本就沒有張張嘴的些微表示。毛澤東有些奈不住了。

　　"去年，我準備去莫斯科，向斯大林同志當面請教。現在你來了。你是斯大林同志的代表。請你多多指教！談談你的看法嘛！"毛澤東提出了自己的要求。

　　"斯大林同志派我來華，是為了全面傾聽中國同志的想法。我祗帶來了耳朵。我無權發表最終意見。請你們諒解。"

　　中華民族有個傳世習俗，叫做<客氣>，南方人稱為<客套>，東北人稱為<虛話>。毛澤東聽了米高揚的話，認為他是在同自己客氣。於是，毛澤東就不再客氣了，他讓書記處四位輪番轟炸，從不同的側面，不同的角度，解釋毛澤東的建國構想和模式。又於是，在四位書記講完之後，毛澤東又把自己和四位書記講過的話，不厭其煩地再重頭講了一遍。

　　毛澤東熟讀歷史，也熟讀野史和演義小說等類似歷史的東西。因而，他知道，江山打下來之後，就必然出現論功行賞排座次的問題，也就不可避免地發生爭功邀功的矛盾。勿庸贅言，也會有人站出來同他毛澤東分權爭權，甚至取而代之。這些問題，是他近一年來日夜思考的主要問題。由於中國內戰時間長，武將軍功高，他們手握重兵，卻又不擅長管理國家。建國後，這些武將對毛澤東危脅最大。歷朝歷代，皇帝一登基，先殺功臣，重點是武將。杯酒奪兵權的事，屢見不鮮。建國前，毛澤東面對的第一道難題，是如何治服武將，使其能乖乖聽命，不出來惹是生非，以致內哄，走上李自成的老路。對此，毛澤東在米脂城時已經想好了，就是重新創造出一套新理論，讓這批頭腦原本就比較簡單的武將們，根本鬧不懂，想不明白，壓根摸不著邊兒。主意肯定是好主意。但是有一點較為棘手，那就是這套新理論必須蓋上共產國際或斯大林的"御印"。那麼，斯大林肯借"御印"出來嗎？斯大林也明白，他的〝御印〞往毛澤東的新理論上一蓋，毛澤東就成了〝創造性地發展了馬列主義〞。斯大林有這麼寬厚，讓毛澤東同他肩併肩地發展馬列主義嗎？斯大林成了關鍵。關鍵就在斯大林一個人身上。斯大林一搖頭，毛澤東就全砸鍋。這也正是毛澤東這位紅色山大王能奈住自己的綠林好漢般的性子,而對斯大林百依百順的根本原因。若非用得著他斯大林，憑毛澤東的個性，就是不在斯大林身上捅上幾個血窟窿，也得把他罵個一佛出世,二佛昇天，將那黑狗血摻上白狗血,淋他一頭一身。

毛澤東奈住性子說了又說, 催了又催, 米高揚就是不肯點一下頭。米高揚一張口就說自己祗帶了〝耳朵〞來, 〝嘴巴〞留在了莫斯科。

毛澤東急了。毛澤東要發脾氣了。

好在劉少奇和任弼時二人曾在蘇聯留過學。他倆很了解斯大林的為人,更知道蘇共高級幹部是人人都怕斯大林。若米高揚說自己祗帶了〝耳朵〞來,那就肯定是斯大林把他的〝嘴巴〞割下來,鎖在自己的保險柜裡了。於是，他二人加上周恩來、朱德好一番勸說,百般地編筐編簍打圓場,讓毛澤東信不信也得先忍下一口氣了。毛澤東見如此苦纏,也攞不開米高揚的嘴巴,也祗好不再纏下去了。

〝那好吧！既然你祗帶了耳朵來，我就先借給你一張嘴巴，嚐嚐我們中國人的飯菜！開飯！開飯！〞毛澤東好聲沒好氣地說道。

毛澤東一聲令下,桌面上擺好了糖醋魚塊、紅燒雞柳、軟炸里脊、樟茶鴨子，還特意上了豬排、牛排和沙拉子等西餐菜食。西柏坡的生活水準已不是延安的窮酸相了。

米高揚等三位遠客一見桌面上,擺放好了杏花村汾酒和宣化紅葡萄酒,連連用剛剛學會的唯一一個中文單字，大聲嚷道：〝好！好！好！〞

賓主互相敬酒後，遠方客人就動了真格的。他仁不用勸, 小盅換大碗，汾酒摻紅酒,紅酒加白酒, 跟這兩瓶子酒玩上了老命。

俄羅斯人不光有酒膽，也真有些酒量，就是不大講究酒德。三杯一下肚，就會忘記一切。甚至於能忘了自己是媽媽生的，還是爸爸養的。即使在外交場合，也會被酒精燒得分不出東西南北來。

五大書記中,唯有周恩來是有酒膽加酒量的。其它四個人祗能舔舔酒盅的盅沿,意思意思就夠了量。可是這一回,四位均破了天荒。每人喝光了自己敬的那一盅,又喝光了客人回敬的那一盅。瞬時間，祗見劉少奇、朱德和任弼時三人, 全成了關雲長的弟弟, 個個棗紅著臉,一直紅到脖子根底下。毛澤東平時連酒盅也不去舔一下,真地做到了滴酒不沾。此時, 兩盅烈酒一下喉管,頓覺那五臟六腑起了天火,火勢上躥,拱得腦門子發脹,兩眼冒金花,心中的火氣又多了幾分。

米高揚等三人可不理會這些，見周恩來能喝，就一齊把"槍口"對準了周恩來，借著給周恩來勸酒，自己大灌黃湯。

一瓶空了。又開一瓶。那個<好>字說了成百上千遍。

這四位喝得熱火朝天。那四位呆呆地紅著臉坐在一旁，成了"觀眾"。毛澤東的臉子不大好看了。周恩來喝多了些,也忽視了一點。蘇聯人慣於誰能喝, 誰就多喝。不喝也不硬勸。毛澤東越坐越不是味。他是第一主人, 豈能當陪客？祗見他朝服務員招了招手。他這一招手, 令遠方客人大大地出了一回醜。

這正是 :

各 懷 心 腹 事，

同 床 夢 相 異 。

政 壇 演 員 多，

最 難 尋 知 己 。

欲知後事如何, 請看下回分解。

# 第 八 十 回

## 施 故 技 威 攝 遠 客

## 展 慧 眼 知 能 識 人

　　話說毛澤東見米高揚等人同周恩來拼酒,拼得熱火朝天,將他冷在一邊,就朝服務員招了招手,把服務員叫過來,對他低語了幾句。服務員領命去後不久即回,端上來兩大盤子辣椒。一盤子是烤得有些焦糊的青辣椒;另一盤子是炸焦的乾紅辣椒。冷眼望上去,有紅有綠,油亮亮的,十分好看。

　　"米高揚同志, 來嚐嚐這個!斯大林同志是格魯吉亞人,愛吃辣椒。季米特洛夫同志是保加利亞人, 也喜歡吃辣東西。這辣椒可不簡單哇!它有革命性。越辣越革命。革命者不怕辣, 都愛吃辣椒。今天你得多吃些革命者專有的食品。哈哈!"毛澤東闡述完了他的<辣椒革命論>,就用筷子夾起一根紅辣椒, 放在米高揚的碟子裡,讓他嚐一嚐"革命者專有的食品",向斯大林同志和季米特洛夫同志學習看齊。

　　米高揚赶緊表示感謝。他用兩根手指揑住油炸乾紅辣椒的粗端, 用牙咬了一小口,慢慢地嚼了起來。他剛嚼了幾下,就忙用餐巾掩住嘴巴,把吃進嘴裡的辣椒全吐在餐巾裡。吐淨之後,他又是哈氣,又是擦舌頭,滿臉痛苦不堪的樣子,淚水不由自主地流了出來。米高揚苦著個臉,連連搖頭,嘴裡嘟嚕了一大串俄語。

　　"哈哈......哈哈......"毛澤東看見他這副樣子, 十分開心,不由得哈哈大笑起來。笑罷,他伸出大手,一下子抓起兩根紅辣椒,放進嘴裡,大口大口地嚼了起來。他嚼得是那麼地香甜, 那麼地起勁,叫人看見了,真是羨慕死了。不知道他是在吃什麼絕世佳餚美味。他吃光這兩根,又抓起烤焦的青辣椒,一下子三根塞進嘴裡,一頓大嚼特嚼,嚼得"咯吱咯吱"作響,那真叫有滋有味,美不可言,不吃兩口,連下輩子都會十分後悔。

　　翻譯小格瓦廖夫見毛澤東吃得那麼誘人,忍不住伸手揀了一根小小的烤青辣椒。他以為綠色的會比紅色的味道要淡一些。不料,他剛嚼了兩下子,就嚼不下去了,全吐在了地上。就這兩口青辣椒辣得他又是咳嗽,又是吐口水,又是大口大口地喝菜湯。那鼻涕眼淚弄得滿臉都是。

〝哈哈⋯⋯哈哈⋯⋯〞毛澤東為自己的惡作劇得意地大笑不已。周恩來忙叫服務員去端洗臉水和拿毛巾來。

毛澤東笑夠了，又似無事人一般，一根接一根，一口接一口，吃光了青的吃紅的，兩大盤子辣椒，吃了個盤子見底。"好吃！很好吃！我一天不吃都不行！"毛澤東說完，十分得意地去瞅了瞅遠方來的客人。客人們驚訝地瞪大了眼珠子，半張著嘴巴，望向他，連酒也忘喝了。那位顧問忙著在小本子上寫什麼。相信在莫斯科格勃烏，即後來世界聞名的克格勃的總部，關於毛澤東的檔案裡，會加多一條毛澤東能大量吃辣椒的記載。

"請轉告斯大林同志，淮海大戰時，忙得我連吃飯都顧不上吃了。可是，辣椒不能少。越吃多辣椒，就越能打勝仗。這是一條經驗。蔣介石不吃辣椒，他就輸了，哈哈！"那位顧問寫得更快了，生怕漏記下一個字母。他寫完了，又小心異異地用草紙包起來米高揚和小格瓦廖夫吃剩下的，一紅一綠兩根半截子辣椒，放進衣袋裡。他這個動作引得在座的人，全都哈哈大笑。

這時，服務員端上來用特號長盤子盛著的，足有一尺半長的紅燒黃河大鯉魚。周恩來忙請客人趁熱下筷子。

"這是活的大魚嗎？是不是活魚？"翻譯小格瓦廖夫用生硬的中國話，好奇地問道。

"是的。這是戰士們今天早晨才從河裡撈到的。很新鮮！"周恩來做了解釋。

"告訴他！"毛澤東很不高興地對師哲說，"我毛澤東從來不吃死魚！我到了蘇聯，誰給我死魚吃，我全扔到街上去！你要全部翻譯給他聽！"當師哲翻譯完之後，三位客人面面相覷，不知說句什麼才好。那位顧問又忙著全記到小本子上了。

"上飯！上飯！"毛澤東大喝一聲。服務員忙把米飯、饅頭以及特意烤製的小白麵包端上了桌面。

米高揚一見這場面，這情景，心裡一驚，不免要想，怎麼這位毛澤東的脾氣跟斯大林的脾氣，居然會如此相似。就連在餐桌上的表現，也如同一個人一樣。在任何場合，他倆永遠是第一人。不容他人稍有強過自己的地方。即使是一盅酒，一句話。他們倆都不允許別人對他們有些微的猜疑和不敬，即或出於好奇心而發出的一句問話。兩位永遠正確的強者，今後可就要更多地打交道了。

朱德和任弼時把米高揚等三人送到了石家莊機場。

毛澤東一回到住地，剛看了幾頁電報，就大聲喊道："小李，小李，你來一下！"

"哎，來了！"小李嘴裡答應著,連忙跑步進了屋,"主席,我正給他們講你整了那些大鼻子的事哪。好叫人高興！"

"他們能喝幾口酒，就瞧不起別人。自以為天下第一了。我偏要叫他們嚐一嚐苦頭，哈哈....."

"主席,你一下子吃了那麼多的辣傢伙，受得了嗎？要不要叫個大夫來解解辣勁？"小李是河北人,不大敢吃辣椒。他擔心地問道。

"不用！這回的辣子不算辣。<長征>時，我教訓張國燾那回,吃了一大盤子朝天小尖辣椒，真叫辣！辣得牙床子都麻木了。大便時，肛門都燙得發疼。真遭了大罪！"

"啊！"小李聽後,驚叫了一聲。

"你去請周恩來和劉少奇到我這兒來一下。我有些事找他們......"毛澤東想找他二人佈置些建國前要辦的事情。

毛澤東富有天才般的軍事才能,也同樣地具有超群的識人和用人的眼光。在戰爭中,他選用了彭德懷、林彪、粟裕等一群有個性的戰將，為他贏得了軍事上的巨大勝利。一九四二年在延安整風時以及同王明爭權鬥爭時，他又選中了康生、劉少奇、陳伯達一批文臣,既把王明打翻在地,也把全黨整得人人嗦舌，個個心驚，徹底臣服於毛澤東。

建國前夕，有許多事情要做。需要一個或幾個具有特殊才能的人，去辦理這些前人從未經手過的新事、雜事，甚至是一團亂麻般的瑣碎事。他原本是想用林彪去籌辦開國大典的。

林彪在<平型關大戰>後,被閻錫山的兵開槍誤傷,去了蘇聯養傷。傷癒返回延安,就被毛澤東派去同王明、周恩來一道在武漢的中共長江局工作。毛澤東一是叫他監視王明，摸摸斯大林都向王明交了些什麼底。二是叫他跟著周恩來多見見白區各界名流聞人，開開眼界,長些見識。林彪跟著周恩來跑了一大陣子，回到了延安。他一張嘴,叫毛澤東大為失望。毛澤東對他這一段時間的工作,給了十分肯定的評價：全白跑了。因為林彪張嘴閉口全是誇讚周恩來如何能幹一類的話，完全是一副被周恩來降服了的學子心態和情感。毛澤東拿他這個 "娃娃"實在沒辦法。

稍後，毛澤東又從羅榮桓和聶榮臻處得知,林彪祇對排兵佈陣打仗有興趣。別的事,諸如訓練、管理、後勤等事,一概不管不問。就算兩名戰士在他眼皮子底下動手打架,他就能像沒看見一般,不問半句，扭頭便走。故而，戰士們深知,林彪是個油瓶子倒了也不去扶一把的人,人人都敢在林彪面前打打鬧鬧，吵吵罵罵，嘻嘻哈哈,說說笑笑,就像林彪根本不在場一樣。

　　無奈之下，毛澤東祇好另選他人。他看中了一個人。卻又不大放心這個人。此人便是周恩來。

　　毛澤東同周恩來打交道比較晚。是蔣介石第四次進剿江西紅區以前，周恩來等中央大員大批進入瑞金以後，他同周恩來的接觸才多了起來。這些接觸是以時任中共中央軍事部長，後改稱中央軍委主席，和中共中央局書記的周恩來，狠狠地修理毛澤東為主要內容的。中共黨史和軍史上都說，毛澤東在此段時間裡，受到王明路線的打擊和迫害。實際上是忠實地執行了王明路線的周恩來直接地整苦了毛澤東，並奪了毛澤東的黨政軍一切大權。毛澤東恨王明，更恨直接整他的周恩來。

　　紅軍第五次反圍剿失利，特別是湘江大血戰，使周恩來猛醒，轉而站在了毛澤東的一邊。<遵義會議>上，周恩來投出了至為關鍵的一票，令毛澤東重掌了軍權。<長征>路上，他對毛澤東唯命是從，十分服貼。在同張國燾的爭權鬥爭中，周恩來能讓出紅軍總政委一職，令毛澤東對他產生了好感，認定周恩來是個不貪權，識大體、甘忍讓、自受苦，頗多美德的人。最為重要的是，周恩來是位無意於王座的人。

　　對於周恩來的才能，毛澤東早有耳聞。在陝北轉戰了一年，更有了實際了解。更重要的是，在此一年裡，周恩來本人是時時處處表現了自己的無比忠誠，令毛澤東對他刮目相看。

　　然而，周恩來的資歷、人望、社會關係、黨內地位，非同一般，絕非他人可比。黨內軍內有一大批文臣武將崇拜他。他有一張由黨內、軍內各個層面編織而成的"網"。這張"網"可以吞噬一切。毛澤東知其厲害，不去招惹它。幾十年後，毛澤東都這麼認為。

　　毛澤東一方面怕這張"網"，另一方面，在建國的重要時刻，他又想借用一下這張"網"。這也正是毛澤東的不凡之處。

　　毛澤東正在想周恩來的心思，周恩來便笑呵呵地走進了他的屋門。

　　"主席，今天惹你不高興了！沒辦法！這些蘇聯人，一見了酒，就把別的全忘光了。"周恩來不顯山不露水地表示了謙意。

　　"那兩口辣子，也會讓他們記一陣子！說不定，斯大林還會給他們一頓更辣的，哈哈！"

　　"我覺得斯大林會接受我們的觀點。蔣介石那邊，已經沒什麼讓他們好指望的了。"

　　"我更擔心的是我們自己的同志，怕……"毛澤東說到此處，劉少奇進了屋，彼此打過招呼後，毛澤東接著往下說："打了這麼多年的仗，新中國一成立，交椅卻讓別人坐了，怕是有人心裡不舒服呀……"

　　"我建議，來一場教育運動。"劉少奇獻上了一計。毛澤東瞅了瞅周恩來。周恩來說道："仗，還在打。開國前的事，又這麼多。我們打下了這麼多的大中城市，馬上又要拿下南京和上海。正是百廢待興，百事待舉的時候，找點時間很難哪！"

　　"我同意這個看法。說輕了沒用。搞大了，時間又不允許。但是，說，還是要說上一下子嘛。〈三國演義〉上都講過嘛，老黃忠是個降將，諸葛亮不還是用他做兵馬大元帥嗎？有些事，我們做不了，人家就行嘛！誰能替代傅作義？誰能不放一槍就拿下北平城？誰能把古城保護得這麼好？誰都不能！"

　　"主席，我想，七屆二中全會早開一些為好。你再給大家講一講嘍。"劉少奇又出了一計。

　　"對頭！要早開 七屆二中全會嘛， 少奇同志就抓一下這項工作。你還要重點想想斯大林那邊的問題。實在有必要，你就去一下莫斯科。我擔心米高揚酒喝多了一點，會貪污了我 的觀點。那就嚴重了！"

　　"那個顧問不一般。我見他記得挺詳細。此人怕是大有來頭。"周恩來說道。

　　"恩來同志，你要多想想開國的事。開國要有個大典。可不能馬虎。讓人家看不起。你看，可不可以？"

　　"做些具體工作，我還是能勝任的。我會盡量把工作做得讓主席放心。"

　　"那就好嘛，一言為定！"就這麼兩句話，周恩來鐵定成了新國家的總理、毛澤東一生的大管家。不客氣地講，也是實事求是地講，周恩來的後半生，全在侍奉毛澤東一個人。

　　米高揚一走，毛澤東又來了一招絕活。他以〈某權威人士〉的名義，在報紙上發表了一條消息。消息說的是戰爭罪犯問題。該權威人士稱，全國各地各階層人士近日紛紛提出內戰中戰爭責任者名單。這位權威人士匯集了一下名單，竟然有幾十人之多。其中名列首席戰犯的就是蔣介石。在眾多戰犯中，祗有一名女性，就是蔣介石的夫人宋美齡。 這份名單一出臺，就等於向全國全世界，特別是向斯大林，闡明了中共的立場，即和平談判已無任何可能了。

　　這條消息一播發，全國頓時一片嘩然。老百姓感興趣的是，都有誰上了名單，圖個熱鬧看。上了名單的人，無不擔憂自己未來的下場。

　　消息傳到了莫斯科。斯大林明白，這是對米高揚訪問西柏坡的非正式答覆。但他沒脾氣好發。斯大林心中更明白了，這是毛澤東在繼續玩他自己的扮傻瓜遊戲。

　　戰爭名單在蔣介石集團內部,震動最為強烈。蔣介石威望一落千丈。

　　美國人對蔣介石的看法也產生了分歧,甚至動搖。美國駐華大使司徒雷登對蔣介石全然失去了信心。他向新任國務卿馬歇爾建議:" 應勸告蔣介石退休。讓位子給其它有前途的政治領袖。"

　　這正是:

爾　虞　我　詐　是　外　交　,

吃　根　辣　椒　藏　玄　機　。

該　裝　傻　時　全　糊　塗　,

反　正　大　家　全　演　戲　。


欲知後事如何, 請看下回分解。

# 第八十一回

## 領袖凡心說婚嫁

## 鬢白志得回舊京

話說這天下午,衛士小李看看鐘錶已過四點鐘了,該是叫醒毛澤東起床了。他輕手輕腳走進毛澤東的臥室。他朝床上望了望, 見毛澤東仍在一動不動地睡著,就打算退出屋去,讓他再多睡一會兒。毛澤東入睡實在不容易。他剛一轉身, 就聽見毛澤東在低聲喚他。他急忙轉身, 快步走到床前, 準備侍奉毛澤東起床。

"小李, 同你打個商量。"毛澤東悠然自得地吸著起床後第一支"神仙煙",緩緩地說道:"咱倆還得續約半年!你再陪陪我。等我進了北平城, 你再下部隊,行嗎?"毛澤東說罷, 依戀不捨地瞅著小李。

小李一聲沒響。他沒料到, 毛澤東起床後頭一件事吸煙, 這二一件事就是說上了自己的工作問題。當他一聽說黨中央機關和毛澤東等中央領導人要搬到北平城辦公時, 他就拿定了主意去找毛澤東,說說自己的工作問題。可是心裡又很矛盾。他實在捨不离開已經習慣了的這一切。毛澤東信任自己。工作上萬事遂心。更要緊地是,他和女勤務員小韓十分要好。兩人事事都說得來。他一天不見小韓的面, 心裡老覺得像是缺少點什麼似的。因此, 雖說拿定了主意,卻又沒有勇氣找毛澤東說個透亮。

毛澤東主動找他續約,卻令他不由自主地想起當初定約的事。

在撤離延安前兩個月的時候, 汪東興找到時任警衛副排長的小李,通知他,要調他去毛澤東身邊擔任貼身衛士。小李表示不願意去。但是,汪東興說,這是上級決定的,下級必須服從上級的命令。閻排長也勸他去。小李祇好一肚子不高興地去見毛澤東。

毛澤東一見小李滿臉了高興的樣子, 眉頭一皺,臉子一變,直截了當地問道:"怎麼, 不高興上我這兒來?"

"是的。"小李乾脆利落地回答道。

"啊?!" 毛澤東一下子愣了。他萬萬沒想到小李會如此這般地回答他。在當年, 還沒有哪一個下屬敢當著他的面,逆著他的心意實話實說, 就甭說個副排長了。

毛澤東默默地略一思索,又直截了當地問道:"為什麼?"

　　"你這個人太戀舊了。"小李回答地仍舊乾脆利落,毫不含渾。

　　"嗯？！說下去,說下去！"

　　"你的舊衣服、舊鞋,甚至舊襪子都不讓扔掉。舊書舊報舊像片,全都保存得好好的。我想,等我幹久了,你會不捨得放我走……你看看,跟我一起參軍的村裡幾個人,年齡彷彿大小,可是人家都打過好多次仗了。有的立了大功,有的提了幹部,還有人當上了副團長。你說說,將來回到村子時,人家問到我,我哪有臉面見人哪……這不,父親又來了信,問我幹得咋樣,昇沒昇個官啥的。我一接到家裡來信,心裡就犯愁,不知該咋回信……"

　　"嗯……嗯……有道理。沒想到你人小,還蠻有腦子。又挺肯動腦子。把我也研究了一通。給我當衛士,不能說是件沒面子的工作,可就是地位太低了。就算當上個衛士長,也祇是個連級營級幹部。不過,這不是我的錯。是早先定下來的規矩。這件事讓你不好見人了。你說得不是沒有道理。說說看,你家裡除了父親,還有些什麼人呀？"

　　"母親。還有一個妹妹。"

　　"你父親在信上罵你沒出息,不上進,對吧？"

　　"對著哪！你咋知道的？你也沒看信！" 大概是小李太緊張了,把自己剛才告訴毛澤東的話,全忘光了。

　　"我父親就是這樣子管教我的。 他老是盼著我, 能昇成個大官, 能發點大財, 能興家立業, 能名聲顯赫。聽我父親講, 我爺爺管教他更是嚴屬十分。我父親對我還算寬容。他主張以身作則,做出樣子讓我跟著學。他老是罵我學得不好！"

　　"我父親他自己又種地,又跑出去做小買賣。成年不歇一天。有病也強挺著幹。他整天就想賺錢的事。我娘就不這樣！她老是給叫化子飯吃,借糧給掀不開鍋的窮親戚們……"

　　"你娘信佛吧？"

　　"信！那是太信了！主席, 這事你也能知道？我娘把我給管結實了！小時候,我不樂意也得成天陪她上香叩頭拜佛爺。那頭叩得真沒法數, 不知叩了多少個……"

　　"那咱倆小時候太一樣了！ 我母親也是個心腸很慈善的老人家。 她是什麼神都信。見了菩薩就叩頭。她的心太善了……為此,她長年吃齋,不動暈腥。她為人也好……嗨……！"毛澤東一說到母親,似乎時間一下子又回到他小的時候了, 又讓他回到了母親臉前。哪往事就一椿椿,一幕幕浮現在自己的眼前。"小李,俗話說,君子一言,駟馬難追。你先在我這裡幹上半年, 等我找到了人, 就放你下部隊, 行嗎？"

小李點了點頭，就留在了毛澤東的身邊。

半年以後，倒是毛澤東對這擋子事記得比小李更清楚。毛澤東準時找小李談他的工作問題。祇不過不是解約讓他下部隊，而是讓小李再續約一年。當時，正在轉戰陝北，跟在毛澤東身邊也是整天行軍打仗，和在大部隊裡沒什麼差別。小李欣然同意繼續留下來。毛澤東提拔他當了副衛士長。

三大戰役之後，小李就想找毛澤東談談自己的事。沒成想毛澤東自己倒是先提了出來。

"主席，工作上的事，我想……我想再跟你簽個新約。你說行嗎？"

"新約？說說看，新約是個啥樣子？"

"我想，主席乍一進北平城，肯定會更忙了。睡覺也更困難了。在這個時候換上個新手，他不清楚主席的習慣，怕是會讓主席吃苦頭。苦了身子，也苦了工作。我想，我留下來，接著幹下去，比較合適。再說，跟了主席這麼些日子，也有點戀舊了。我真想跟著主席幹上一輩子！"

"啊！"毛澤東驚喜地叫了一聲。隨後，他默默地點了點頭，溫和地說道："小李，你想得有道理。對頭！不過，不能留你在我身邊幹一輩子。等我們有了軍校，就送你去念書。有可能，再下下工廠、農村，好好武裝一下自己，幹些大事！"

毛澤東說著，想著，趿拉著鞋，在屋子裡踱起了方步。他似乎是在構筑小李的人生未來的藍圖。小李聽著聽著，心裡熱乎乎地翻滾著，眼眶子在不知不覺中已經濕潤了許多。

"瞧瞧你，好沒出息！咱們還沒分手，你倒是先揮淚如雨了！真像個小姑娘！哎，對了，小李，說到姑娘，你還沒談對象吧？你也不小了，是時候了！"

"還沒哪！誰能看上我這樣的……"

"哎喲喲，這就不對頭了！你沒去找，你咋知道人家看沒看中你呀？"

小李沒吭氣。

"那個嫂姆小韓好像跟你挺投合。我見你們倆常常在一起拉家常，對吧？你印象如何？"

"人家文化比我高。長相也比我強……"

"哎呀呀，你這沒出息的勁頭又上來了！你去試一試嘛！"

"怎麼試？"

"先寫寫信嘛。給她寫封信，談談工作什麼的，什麼都行……"

"成天見面,有話都當面說了,還用寫信⋯⋯寫信⋯⋯"

"你真是個傻小子！愛情場上的新兵！這寫信本身就不一般嘛⋯⋯ 這叫投石問路！小韓一見到你的信，心裡就不能不想,為啥天天見面， 小李還給我寫信呀？哈哈，明白了嗎？ 傻小子！"

"嘿嘿⋯⋯⋯⋯嘿嘿⋯⋯⋯⋯明白了⋯⋯⋯⋯不過，我字醜，文化低,老愛寫錯字白字⋯⋯⋯⋯怕讓她笑話我⋯⋯⋯⋯"

"你先寫。我來幫助你改正錯白字。頭一次,別太長了。有個意思就行。試一下子嘛！有了情況，隨時向我匯報！哈哈⋯⋯⋯⋯"

"哈哈⋯⋯⋯⋯"小李也笑了,"哎,對了！主席， 小韓昨天叫江青同志給批評哭了,正好勸一勸⋯⋯⋯⋯"

"江青又欺侮人了？"毛澤東聽小李一提江青的事,站在屋子當中,大聲喝問道。

"也不是⋯⋯⋯⋯也不算⋯⋯⋯⋯反正⋯⋯⋯⋯"

"你們要敢於鬥爭！我這個人歷來主張與天鬥,與地鬥,不如與人鬥,更是其樂無窮！與自己的老婆鬥,也其樂無窮！你不鬥她,她就鬥你。你要記住,江青再鬥你,你就鬥她！看看她敢再胡來！"

"我可不敢！"

"別太沒出息了！你去鬥,鬥她幾次,我不批評你。我讓她寫檢討。"

後來， 小李實在忍無可忍時， 跟江青吵了幾次嘴,毛澤東都強逼著江青寫檢討。如此一鬧騰,江青對小李的態度大為收斂。待小李小韓成婚後,江青再沒欺侮過小韓。江青心裡十分明白， 與其說是毛澤東主持公道， 倒不如說是毛澤東在逼她主動提出離婚。離婚是江青最不願意的事。於是,她祇好管管自己了,祇好寫檢討了， 反正大家都是在"演戲"。從她看中毛澤東,追求毛澤東開始， 她不就一直在演戲嗎？她跟別的演員不一樣。她是專業"業餘演員"或是業餘的"專業演員"。她的演技全在一個<忍>字上。而酬金是中國第一夫人的名頭。<夫妻>二字,早已名存實亡。若是下輩子毛澤東能主動給她江青寫信,她會去查查詞典,看看夫妻二字做何解釋。這輩子是用不著白耽誤功夫了。

就在毛澤東和小李談話後不久， 中共中央機關和中央領導人，由一個汽車團護送,經河北省前往北平市。

這支車隊包括十一輛吉普車和十七輛軍用大卡車。<長征>時,紅軍有句動人的口號,叫做"讓革命騎馬前進！"當年， 馬是速度快的代名詞。現如今鳥槍換炮了。汽車代替了馬匹。革命要按上輪子了。讓革命乘上汽車前進！毛澤東一進北平城， 就要開朝立國了。

他頭上那頂<匪>字帽，將拋給蔣介石戴上了，一頂鮮紅的王冠將非毛澤東莫屬了。中國有句盡人皆知的成語：<成者王侯敗者賊>，是毛蔣爭雄二十八年後，最為逼真地寫照。毛澤東企盼了二十八會的那一刻，"乘著汽車"到來了。

那是一個風和日麗的早晨。一個大吉大利的好日子。剛剛吃過早飯，黨中央各位領導人笑容滿面地匯聚到了村頭。他們清一色地穿著臃腫而厚實的灰土布棉大衣、棉褲、棉布鞋。脖子上圍著粗羊毛織成的大圍巾。人們之間略有不同之處，就是他們的帽子。那是每個人從不同的渠道搞到的各式各樣的戰利品，真稱得上是五花八門了。有日本軍官的東洋皮帽，有中央軍高官的羔羊皮高筒帽，還有從蘇聯弄來的黑毛黑皮帶耳皮帽子，甚至包括山西商人舊時戴的瓜皮棉帽。

人們太高興了。誰也不去注意這些差異以及把自己打扮成了什麼怪模樣。

"今天是進京趕考的日子。你們打算考個啥樣子嘛？"毛澤東樂呵呵地同大家打招呼。

"應當考個合格。絕不會退回來！"周恩來心有靈犀，機敏地搶著答道。

"希望大家考好！千萬不能學李自成！千萬不能退回來！一旦考砸了，歷史就要無情地打我們的屁股了！"毛澤東笑著說道。但是他笑得連自己都覺得不大自信。他說的是別學李自成，心裡卻在嘀咕：你們可別學習李自成的部將們呀！別鬧內哄呀！一鬧內哄就全砸鍋了！歷史它祗打我毛澤東一個人的屁股呀！

毛澤東帶領中直機關要進北平城的消息，不脛而走，迅速傳遍全黨全軍。人人歡笑議論，說些玩笑話，三句离不開毛主席要登金鑾殿坐龍椅了。

"知道嗎？咱毛主席要進北平城了！"

"你小子要當心了！今後見了毛主席那可是要三跪九拜一哆嗦！赶緊去學吧！"

"別光說我！你再稀里馬虎地，興許就鬧個推出午門斬首，那可不得了呀！"

"那我就喊：同志哥，我是井崗山上的人！刀下留人呀！哈哈……"

……

毛澤東和江青坐在第二輛吉普車上。毛澤東昨夜沒睡好。他已經習慣白天睡覺了。可是現在卻一點睡意也沒有。汽車越是顛簸搖晃，毛澤東倒是越清醒，越發不想睡了。他同秘書侃上了大山，說的全是他近幾天日思夜想的李自成身上的事。

"……以前有個叫馬世奇的人說過，治張獻忠容易。治李自成難。什麼緣故呢？張獻忠亂殺人，失了民心。李自成很高明，他特別會收攏人心。老百姓有個歌謠說李自成的好處：盼闖王，迎闖王，闖王來了不納糧。可惜得很，李自成進京後就驕傲了，失了民心，失敗了。我們不能學李自成！不能幹自家人窩裡鬥，爭權位的蠢事！……"

"主席在七屆二中全會上的報告太……"秘書正說著，一個抱著小娃娃的婦女，搶著看車隊，站得太靠前了些，頭一輛吉普車上有名戰士用槍指著那位婦女大聲喊叫喝斥，。毛澤東打斷了秘書的話頭，大聲喊起來："別這樣嘛！你嚇壞她了！"毛澤東皺著眉頭，不大高興了。

隨後，他叫司機放慢了車速。等車子開到那位婦女跟前時，毛澤東伸出大手，朝那位婦女揮動，笑著對那位婦女說："娃娃長得好俊呀！"他看見婦女笑了，才算放了心。他對祕書說："在小事上要注意自己。像這位婦女，她沒見過汽車，才爭著來看熱鬧的嘛。不要嚇唬她！不能讓群眾怕你。一旦人民群眾怕了你，你就和人民群眾疏遠了。套句老話，民心不可侮！千萬要記住。"
以後，他曾多次重複一句古話：水可載舟，亦可覆舟。

毛澤東進北平城這一年，剛好五十六歲。他的兩鬢已經出現了絲絲白髮。江青勸他拔一拔或是染一染。他全拒絕了。

五十六，剛好是兩個二十八。在毛澤東的一生中，<二十八>這個數字，同他身歷的許多大事，暗含著某種神秘的聯係。一九二一年中共成立時，當年他正好是二十八歲。與會代表的平均年齡是二十八歲。同年，他與楊開慧結婚。二十八讓他來了個小登科。毛澤東的名字三個字的筆劃相加，正是二十八劃。因此，他的一個筆名就叫<二十八劃生>。一九二八年是朱毛會師的年份。一九二八年也是他第二次小登科，同賀子珍同了居。毛澤東從一九二一年到一九四九年，整整奮鬥了二十八年，得到了一個天下。

<二十八>這個數字給他帶來了好運。反面也是有的。在黨內令他吃盡了苦頭的王明小集團，又叫<二十八個純粹的布爾什維克>，其成員正好是二十八個人。如若細查，在他身上還可以找到幾個<二十八>。

最令人難解的是，毛澤東親自給中南海警衛部隊起的編號代號是 <八三四一部隊>。毛澤東活了八十三歲。從遵義會議算起，

他主政四十一年。莫非冥冥之中，真有某種安排？莫非天外真有某種神秘的力量在影響著，包括毛澤東在內的人類的舉止行動？

　　這正是：

　　　　　　蟻民心純淨，

　　　　　　載舟亦覆舟。

　　　　　　冥冥玄機大，

　　　　　　正道貫宇宙。

欲知後事如何，請看下回分解。

# 第 八 十 二 回

## 假 戲 假 唱 假 成 真

## 真 打 真 殺 真 摻 假

話說毛澤東當年率領中直機關進抵北平城時,先乘汽車走了幾日,最後一日到了京南人稱<天下第一州>的涿州火車站,換乘火車,穿過前門火車站,直抵清華園火車站。此時,天光已經大亮。

毛澤東隨同眾人入住頤和園。眾人旅途勞頓,紛紛入睡。毛澤東睡不著。一個人在園中漫步。他想找位老太監聊聊天。可是,找了一大圈,不見一人身影。向哨兵一打聽,方知保衛部門早已淨了園子。毛澤東對此做法十分不滿意。

待眾人起床後,他命令衛士長小李先期前往香山的雙清別墅,按他自己的生活習慣佈置一番。

這香山一帶,風景宜人,安靜清新,是避暑療養的好去處。不成想,毛澤東一住進去,卻無病變有病,不想療養,也得躺倒在床好好養病了。毛澤東犯了牙疼病,是他的老病。毛澤東牙不好,偏又極愛吃辣子。因此,每當春冬相交之時,陽氣上昇,心火上躥,況且北方天氣乾燥,牙疼的老病就頻頻發作。這次發做不同以往。來勢猛,疼得凶,已經折魔他三天四夜了。半邊臉已腫得見了亮。冷眼一看,像是嘴裡含了一個大核桃。

平時,他吃過兩次安眠藥,就能入睡。可是這會兒,連服三次也不頂用。他實在睏極了,剛一合眼,略不小心,輕輕一碰,就又疼醒了。疼得他大氣也不敢出一下。連想咳嗽一聲,想清清嗓子眼,也不敢。一連四夜沒敢合眼,更是加重了心裡的火氣。心裡火大,不免心煩,心煩牙疼,疼上加煩,見了什麼都不順眼,見誰跟誰發脾氣。嚇得江青一天到晚躲著她,不叫不露面。別人就更甭提了。

這一天,快要吃晚飯了。周恩來估計毛澤東已經起了床,就拿上一封電報,喜孜孜地快步去見毛澤東。他一進院門,看見江青正在院東頭,自己住的那間屋子門前,打太極拳。江青東一拳,西一掌,比劃得挺來勁兒。

"嚇,好功夫!"周恩來贊了一句。

"噓!"江青忙停下招式,把兩根手指按在嘴唇上,示意周恩來別高聲說話。

　　"啊！主席……"周恩來剛又說了兩個字,就赶緊收了聲,走近江青，小聲問道："主席還沒起床？"

　　"還沒睡哪！他牙疼。好幾天都沒睡了。"

　　"這麼嚴重！怪我！早來看看好了。這幾天文件實在太多了。那大夫來過了嗎？"

　　"來了。早來了。天天守著他。他根本不聽大夫的。不吃藥也不打針。　大夫也想不出別的法子了。

　　"等主席痊癒了，你叫通訊員找我。我先走了……"自從撤出延安後,周恩來一直兼任代總參謀長職務，主持軍務。

　　"有急事？"

　　"蔣介石下野了……" 周恩來話聲尚未落地，就聽見毛澤東隔著窗戶， 在自已房間裡嗡聲嗡氣地嚷道："是恩來嗎？進來一下！"

　　周恩來和江青對看了一眼。江青撇了撇嘴。周恩來硬著頭皮進了屋子。

　　他一進屋，看見毛澤東墊著三個大枕頭，仰面躺在床上,臉色黃黃的，一頭亂髮，幾根稀疏的又細又軟的唇鬚，顯得人更沒有了精神頭。大夫端著藥。小李捧著水。似乎在等，又像是在勸。

　　"有好……"毛澤東剛一張嘴, 又疼得他倒吸了好幾口冷氣,身子連動也沒敢動一下。

　　"報告主常，蔣介石今天中午正式宣佈下野！副總統李宗仁任代總統。"

　　"好！好哇！這個老獨夫！老民賊！也有……"毛澤東興奮得眼睛發了亮，不由大聲嚷了起來。可是牙又疼了。

　　他不顧牙疼了。一挺腰,翻身下了地。他趿拉著鞋，急步走近周恩來，扯過電報，一目十行地看了起來。

　　"蔣介石還發表了一個公告,要求重開和平談判。他還……"周恩來又補充說道。

　　"什麼？和談？"毛澤東邊看電報， 嘴裡邊嘟嘟囔囔。

　　"千萬千萬不能和談！我還等著打過長江去，立上幾功哪！主席……" 小李著了急,急急忙忙搶著說道。

　　"蔣介石這時候想和平談判？那不是跟給死人打針吃藥一回事嗎！虧他想得出來？"大夫哈著腰收拾藥箱子,順嘴插了一句。

　　" 噢？大夫，你是說……你是說……先別走,先別走！ 依你看……"毛澤東手捂腮幫子,吃力地說道。

　　"主席，我在想, 蔣介石的兵全打光了,祗剩下投降了。就像人快要嚥氣了,才想到要去運動， 鍛練身體。這個時候搞和談, 不是白日做夢娶媳婦嗎？長江南岸大片地盤,哪能白白送給他！"大夫東一鎚子，西一鎯頭地談上了政治。

"看看,大夫不簡單哪！又會看病,又懂政治,全才嘛,哈,"毛澤東剛笑出一個音符,就疼得忙用雙手去捂腮幫子。

"主席過獎了！我哪有這水平！"

"我看大夫說得對！蔣介石是想撈取戰場上撈不到的東西。妄想！"小李又插了一句。

"嚇！好厲害呀,小李子！俗話說,名師出高徒。常在主席身邊工作, 水平就是長得快！小李子也快成政治家了, 哈哈......"周恩來湊趣地開小李的玩笑。

"哈哈......哈哈......" 聽見周恩來這麼一捧一逗, 樂得毛澤東忘了牙疼,縱聲大笑, 又順口侃道:"這叫跟著剃頭的,會削冬瓜皮！哈哈......"說也奇怪, 毛澤東如此大笑, 那牙居然不疼了。他自然不大敢信這是真事。他先用手輕輕地拍了拍腮幫子, 又試著張大了嘴。真地不疼了！他索性亮開嗓門, 故意大聲地嚷個痛快:"他蔣介石把我毛澤東, 當成了三歲娃娃。他昏了頭！恩來, 你自己看見了, 我們的大夫、戰士, 全能看穿他的鬼把戲。他能得逞嗎？跟我唱這齣假戲,那是太可笑了！他自己倒是像個三歲娃娃！哈哈......小心尿濕了褲頭, 叫宋美齡打他的屁蛋！哈哈......哈哈......" 毛澤東大笑了個飽。

"蔣介石一慣擅於玩下野的鬼把戲。先前的兩次下野, 兩次複出, 搞掉了黨內的政治對手。他的下野是放煙幕彈。在煙幕後面藏殺機。一旦時機成熟就搞東山再起。大家都有了認識。"周恩來認真地分析道,"不過嘛,他把和談這個球,踢到了我們這邊來,全國都在看我們如何接他的球, 我們就不能不向全國, 全世界做出交待！蔣介石想用和平談判刁難我們, 其用心也夠歹毒的了。"

"嗯,對頭！是個新問題。要想想嘍。"毛澤東眉頭一凝,動上了心機。

"主席, 這還用想？跟他蔣介石有什麼好客氣的！告訴他, 不跟他談！全國老百姓誰不明白他的老把戲？......"小李正說得起勁,劉少奇、朱德二人相偕推門進了屋。他二人一聽小李的最後一句話,心裡就明白了屋裡的人在談論什麼事。

"對頭！小李說得對頭！不能上他的當！"劉少奇搶先說道, "我們剛一宣佈他老蔣是頭號戰犯,李宗仁是二號戰犯,他就用和平談判的幌子,想拉我們坐下來同他們這些戰犯談判,讓天下人看我們的笑話。這是大陰謀！"

"主席，你看看，有了這天大的好消息，你又該大忙特忙了。赶緊吃藥消了炎，好去工作嘛！"大夫很機伶，瞅著毛澤東這會兒心情大好，想趁機來個見縫插針，勸動毛澤東把藥吃了。

"好，好……"毛澤東正思索著什麼，大夫的話也沒大在意聽個清楚，就下意識地胡亂答應著，順手把藥片接了過去。他把藥片接到手中才低頭細看。一見是藥片，他就一把扯住大夫的手，又還了回去。

"哎呀呀，大夫，你自己瞧瞧，我的牙不疼了。還吃什麼藥？浪費，太浪費了！"

"不疼了？！真地？！"大夫根本不信他的話，以為他推辭不吃藥。

"真地！一點都不疼了！"毛澤東用手拍了拍紅腫著的腮幫子，認認真真地說道："我早就對你們說過，藥醫不死病，死病無藥醫嘛。你們看見了，我忍了三天。在這三天裡，身體內部的抵抗力，提高了上去，戰勝了病菌，取得了勝利。這藥嘛，凡藥都有三分毒。輕易吃不得喲！"

"不吃藥，可以打針嘛。打針見效快多了。"劉少奇對毛澤東的生活習慣不太了解，就信口插了一句。小李和大夫想攔擋一下，已經來不及了。毛澤東一向最怕打針。他是在農村長大的。鄉下人認為，人病得快要死了才打針搶救。反過來看，打針就意味著人病得很重了，病得快死了。因此，毛澤東一生了病，就先問大夫："我這回是不是要見馬克思去了？"大夫當然是說不會了。那麼，毛澤東是無論如何也不肯讓大夫給他打針的。這會兒，一聽見劉少奇說道〈打針〉二字，他的臉色猛地一下子變了，就像小孩子聽見大夫說到打針時一模一樣，差點就要哭鼻子了。

"打針？為什麼打針？要死的人才打針！"毛澤東提高了嗓門反駁道，"這會兒你給蔣介石打針去吧！是不是，大夫？"

"給他打針，怕也活不成了。還是省下錢來，買副棺材吧！"大夫逗了一句，眾人全樂了。毛澤東樂得最歡快。就像小孩子打完針，正在哭鼻子時，猛見大人遞給一塊糖，含著淚花哈哈大笑的樣子差不多少。

"請少奇同志快說說，還有什麼高見？"周恩來赶緊扭轉話題。

"我看這是個大陰謀！蔣介石想隔江分治，把中國一分為二！"劉少奇一針見血地說道。

"他想搞個南北朝！"毛澤東接過小李手中的白開水，一飲而盡。大夫和小李見此，默默地退了出去。

毛澤東喝過水後，又頻頻用手去按壓腮幫子，嘴上卻嚷嚷："他想得倒美！小李，給我倒杯熱茶，燙些不要緊！"

"潤之兄，蔣介石很會耍滑頭。我們同他打了這麼些年的仗，還不清楚他？他什麼時候討了便宜去？ 一個重慶談判，讓我們討了他的大便宜！這一回嘛，他想演下台的假戲，要他小心一些了。別弄個以假成真，賠了夫人又折兵。那麼可就叫他吃大了！"朱德款款而談，說得毛澤東心裡美滋滋的。

"玉階兄說得對頭！ 這回嘛，他又要談，還演個假下台的戲，唱上一段假和平的小調給大家聽聽，假戲假唱，假來假去，他就不怕把自己的小夫人輸給我們？他是折了兵再賠夫人，哈哈……哈哈……"毛澤東太高興了，似乎真地把個宋美齡贏到了手一般。眾人陪他也笑了個盡興。

毛澤東接過小李端來的熱茶，吹著熱氣，小口小口地吸溜著喝。

" 主席，大伙托我……" 小李貼在毛澤東耳旁小聲低語道，" 大伙都囑咐你，千萬別和談！要活捉蔣介石和他老婆，看看那宋美齡用牛奶洗澡，洗成個啥模樣了！"

"活捉？ 捉個活的蔣介石？還捉個活的宋美齡？看看她牛奶洗澡洗得白不白？是啊是，得捉活的，否則大伙不答應。"毛澤東裝出正兒八經的樣子，跟小李順嘴胡扯。他這功夫心情好極了，完全夠得上心花怒放的標準了。

"可不是嘛！抓他個活的！裝在鐵籠子裡，拉他遊街！給大伙解解氣！"小李把毛澤東的話當了真，又出了新主意。他這一說，把幾位大首長笑得前仰後合。這些曾被蔣介石通緝並出重金購買其項上人頭的大首長們，這會兒是一句話，一個字，一個不是主意的主意，甚至是壞主意，惡作劇，全能惹得他們無道理地開心大笑一場。

"潤之兄，依我看，我們要加快渡江作戰了。"大伙笑飽了，朱德慢悠悠地說道："長江裡的水，一到四月， 就會猛漲。水一漲，江面變寬了，浪也大了。我們的船又多是小木船。渡江時會大大地困難了。那對蔣介石是太有利了。四月不渡江， 就得拖到八、九月了。時間拖久了， 蔣介石會趁機加修工事，增強江防力量。蔣介石搞和談，也是為了搶時間嘛！"

朱德一說，毛澤東不笑了。

"這更清楚了！下野也好，和談也好，就是想在時間上佔我們的便宜！"劉少奇忿忿然地說道。

　　"小李，你的主意是想搞他蔣介石、宋美齡的活人展覽會，是吧？我看，搞不成了！他們一上街，一人一口唾沫，會把他倆淹死的！我有個好主意。你見過貓捉老鼠嗎？"

　　"沒見過！我們河北鄉下都是到了夜裡，人們都睡著了，貓才去捉老鼠。"

　　"我見過！那貓捉住了老鼠，先不忙著吃牠，而是耍弄牠。貓放老鼠先溜出去半步遠近，再捉回來，捉了再放，放了再捉，直到把老鼠玩得半死不活了，才一口吞掉！"

　　"啊！"小李感到又新奇又刺激。

　　"那麼我再問問你，是談還是不談？"

　　"這……這……"機伶的小李已經明白了毛澤東的心意，故意不去捅破，就吱吱唔唔地亂哼哼。

　　"依我說，跟他談！"毛澤東回答了自己的問題。

　　"談歸談，打是真傢伙！玉階兄說得對頭，一定要在四月渡江。就先定在四月中旬以前，務必開始渡江作戰！ 絕不能拖到八、九月去！ 這事就由玉階兄做主，要在四月初就下達渡江作戰的命令！"朱德點了點頭。

　　"跟他談的事，由恩來主持。你們兩人，一個打，一個談。打的真打，談嘛，也不能說是假談。我們提出的每一條都是真傢伙。祗是別人在旁邊看了，會說，哇呀呀 ，不得了，人家老蔣吃不消你那幾條，是在逗人玩嘛！這就對了！我們要像貓捉老鼠一樣，捉捉放放，最後一口吞掉。真打真殺為主。真打真殺也添點假嘛，加點五香粉嘛！跟他和談一下子嘛！跟他蔣介石好好唱上一齣大戲！假戲假唱誰不會？不服嗎？那咱們就比試一番好了！"

　　周恩來沒十分明白毛澤東的意思，正想再細問幾句時，毛澤東又自顧自地說了下去："你給他訂下幾條，也別太多。有個六、七條，或者七、八條就足夠了。一條一條去談。頭一條，就是必須懲罰戰犯。單這一條，蔣介石，李宗仁，都會反對。他倆一定會抗爭一陣子。這時，再拋出第二條 。讓他交出軍隊。這也是要他命的一條。 他們倆誰也不會接受這一條。接著第三條，第四條，條條往他心頭上捅刀子。看他談不談，簽不簽字？他不談，他不簽字，他就失了理。我們就完全有理由吃掉他！蔣介石跟我們玩花招，耍滑頭。我們就應他一個以假對假，假談真打，誰也不吃虧！叫他蔣介石看看，真打真殺裡，我們也有幾手假活，比他高明多了！哈哈！"

　　"太高了！這貓捉老鼠真叫絕了！又跟主席學了一招！"周恩來樂呵呵地說道。

　　代總統李宗仁收到中共和談八項條款後，立即傻了眼。這根本不是和平協議書,而是 投降書。一旦簽了字，就等於拱手讓出全中國，自己乖乖地進大獄，根本不存在劃江為界的可能性。李宗仁祇好把這<八條>照轉蔣介石。蔣介石立即表示，"誰簽字誰是叛徒"。蔣介石要求李宗仁先談全面停戰。毛澤東告訴李宗仁這根本不可能。和談沒開場，先就泡了湯。

　　四月二十一日,朱德發佈向全國進軍的命令。

　　四月二十二日,解放軍百萬雄師分為三路,一擁而過長江。

　　四月二十三日佔領南京。在國民黨總統府上空飄揚了二十二年的那面十二景星旗,從旗杆上降了下來。一面紅旗昇了上去。神州大陸,自此易主,全姓了毛。

　　不久,上海、杭州、廣州、南寧等各大城市,相繼解放。

　　蔣介石假下野變成了真下台。他退出總統府原本是演戲。豈料,弄假成真,一去不複返,成了四下裡流落的蔣匪，最後去了臺灣島,佔山為王，成了白色山大王或是蔣島主。

　　歷朝歷代，皇帝的龍椅是不可以讓別人去坐上一坐的。他人坐了，暗示著將要改朝換代了。這是不祥之兆。蔣介石不相信這一套。結果, 假讓成了真讓, 吃了天字第一號的大虧。後悔晚矣！


　　這正是：


江 山 易 幟 有 新 主 ，

轉 換 人 間 論 桑 田 。

不 識 正 道 擅 演 戲 ，

長 江 堪 比 烏 江 邊 。

　　欲知後事如何,請看下回分解。

# 第 八 十 三 回

## 煞 費 苦 心 撫 名 流

## 龍 顏 一 怒 出 冤 民

　　話說毛澤東進了北平城的第二天，便和朱德一道在西郊機場檢閱了入城部隊，又在下午接見了來自地參加＜首屆政治協商會議＞和開國大典的各界代表以及知名人士。

　　毛澤東一行人馬進京是極其秘密的。一路上全是夜裡來夜裡去，白天睡大覺，誰人也不見。毛澤東最擔心北平城裡的安全問題。北平是座和平解放的大城市。城裡留下了大量的散兵游勇和舊政府的官吏憲警，以及前朝遺老遺少。据估計，有二十萬人之多。其中自然夾雜著派遣的間諜和潛伏下來的特務人員。後來查明，單是特務竟有兩千人，其中高級特務十幾人 。在這種情況下，保衛部門不敢稍有疏忽。毛澤東一向自由自在慣了，是頭無韁繩的野馬，沒人能管得了他的行止。於是書記處開會決定，中直機關和中央首長暫緩進城裡居住和辦公，先在香山停上一段日子。

　　香山一帶的老鄉全知道，住在他們這裡的解放軍部隊叫＜勞動大學＞，簡稱＜勞大＞。＜勞大＞進駐香山以後，從香山來往城裡的小汽車 、大卡車不知增加了多少倍 ，真算得上是 車水馬龍了。

　　老百姓裡也有見多識廣的聰明人。他們就挺納悶的。這北平城裡的大學太多了。單那名牌大學也不是一個巴掌就能數得過來的。可也沒見到哪家大學有這等氣派。教授們再多，也得在教室裡上課才是，哪有功夫整天坐車玩的。此大學非比一般，比眼見過的官府還有威風，還要氣派。他們心存了疑問後，就處處上心了。

　　不是事的事，也得過它幾遍腦子了。＜勞大＞二字，一天要念叨好幾回。這北京人用京腔京調一念叨，＜勞大＞二字一轉音就成了 ＜老大＞ 二字了。在共產黨和解放軍裡，誰人有資格自稱老大？論單位一定是黨中央。論軍隊一定是總司令部。論個人肯定是毛澤東了。於是，一傳十，十傳百，北平城裡盡人皆知黨中央和毛主席住在香山。保衛部門何曾想到，一個名稱的簡化，竟然誤打誤撞把天下第一機密給曝光了，洩了底。真是天下無奇不有。

　　無奈之下，書記處開會決定中央機關和毛澤東搬家。保衛部門看中了＜中南海＞。中南海不是海。北京城北有五處巨型大水坑，也可以叫大水塘，連個小湖泊也不夠格，卻深受缺河少湖的京城百姓喜愛，就把它們往大裡叫，稱為海，分別是<前海>、<後海>、<北海>、<中海>、<南海>。這後三海一直為清朝皇家佔用，是處宮廷禁地。南海和中海緊緊相連，沒有自然分野。人們習慣地統稱之<中南海>。海的西沿建滿了皇家庭院。清末光緒皇帝就被軟禁在這裡。

黨中央辦公廳和中央軍委派人進到中南海裡面細細一看，祇見中南海內，自打清帝遜位以後，整整三十五個年頭沒有打掃過了。湖裡，汙泥惡臭，水草叢生，幾成沼澤地了。院子裡，灰塵遮牆，垃圾蓋地，屋瓦殘破，門窗脫落。台階上野草茂密，無處下腳走人。滿樹烏鴉巢穴，白色鳥糞淋得樹下地面如同抹上一層白灰一般。老鼠四躥，根本不怕人。目測了一下，若是掏清湖底，掃淨庭院，清潔門樓，打掃乾淨住室，修理好門窗，換上新瓦不漏雨，做到能住人的地步，沒有三個月的功夫，是絕對辦不到的。於是，中央軍委調來兩個汽車團和一個步兵師，日夜搶運，天天加班，喊著口號，互相比賽，大幹加苦幹，足足幹了兩個半月加十六天，清除垃圾幾十萬噸。單是天安門城樓上的鴿子糞就有幾百噸。舖在城樓地面上足有四、五尺厚。

毛澤東真想住進中南海，那兒离東單王府井、廠橋琉璃廠等熱鬧場所的古舊書舖近多了，他太想好好去逛一逛了，碰碰運氣，買本好書。

可是，他沒有這麼好的運氣。周恩來給他準備好的文件，實在太多了。他祇好留在香山，埋頭鑽研批閱這堆文件了。

周恩來住持匯編成的首屆政協代表名單、新政府內閣名單以及相關的人事資料，釘成厚厚的幾大本書。周恩來自己戲稱這是<天書>。毛澤東捧著<天書>，日夜苦思，百般捉摸，是選用這一位，還是棄用那一位。他整天關在屋子裡，在<天書>上同各界認識不認識的名流聞人打開了交道。這讓他十分為難。

第一難，來自原本已預料到的黨內和軍內。自從一傳出召開首屆政協的消息，並要求各單位推選代表時，問題就來了。當時流傳的一首順口溜，最能集中地概括和反映這些問題。說的是："老革命不如新革命；早革命不如晚革命；晚革命不如不革命；不革命不如反革命"。另有一首打油詩說得更為直截了當。詩中說："槍桿子打天下，筆桿子坐天下，沒有兩桿子，靠著名頭吃天下"。區區幾句，卻反映了內部的不滿、敵對和抗爭的情緒。這就不能不令毛澤東絞盡腦汁地去平衡，去安撫，去協調，去緩和各個方面的紛爭，給會議的召開減少一些麻煩事。

　　第二難，出在特邀代表身上。為增加首屆政協代表面的廣度和寬度，周恩來派錢之光和潘漢年去香港拉攏各界知名人士。錢之光提議在香港開辦一間貿易公司打掩護。公司擬取名〈華潤公司〉。毛澤東一見此名，心中十分受用，知道有人在拍自己的馬屁，立即照准。

　　這間華潤公司，就是今日名揚海內外商界，貿易額居港澳地區之首的華潤集團有限公司之始祖。當初，它是一分錢生意也不做的。它祇管租用蘇聯輪船，把在香港居住的政治名流偷偷摸摸地運到大連市，再換乘火車轉抵北平，出席會議。

　　其實，用不著偷偷摸摸。英國人對華潤公司的一舉一動了如指掌，心知肚明。祇是英國人不想招惹中共，就睜一眼，閉一眼，甚至兩眼全睜著，也全當什麼都沒看見。可是，那些政治名流卻以為，自己是在冒著生命危險，去幹掉腦袋的勾當，白白地自己嚇了自己一場。他們當時若是能動動腦子想上一秒鐘，就能明白，就憑著他們自己的那點偷渡伎倆，在英國老牌間諜面前是何等的業餘。若英國人想抓，怕是有十個，能抓到十點一個。錢之光先後運送了四批，計六百餘人。

　　這六百餘人皆以為自己上會當代表是板上釘釘的事了。可是，並非如此。他們的代表名額僅有七十五人。這就給毛澤東出了道大難題：人家是遠道而來，又是自己特別邀請的，如今不讓人家當代表上會呢？若是……

　　毛澤東動了十二萬份的腦筋，折殺了數十億隻大腦皮層的灰細胞，最後，一咬牙，定下了大名單，卻留下了幾多怨恨，幾多煩惱，幾多遺憾，幾多嘆息……個人的落選，且不去說他了。單那民族代表，就落下了一個滿族，一個曾經立國治邦的皇裔顯貴民族。會上雖有滿族人氏當了代表，但那都是以個人身份，從其它層面上入選的。五十六個民族，唯獨少了一個滿族。舊京滿人，皆為嘆息。誤以為是毛澤東，乃至共產黨，還記掛著大清王朝留下來的舊仇宿怨，在輕視他們這個曾出過八旗敗類和慈禧老太婆的昔日皇族。

　　正當毛澤東忙得暈頭轉向，心急氣燥之時，已任中央警衛局局長的汪東興，急匆匆地走進了毛澤東的辦公室，神色不安地對他說道："報告主席，給傅作義留下的那個團要反水！"

　　"啊！"毛澤東吃了一驚。他不是怕。一個團成不了大事。他是憂。此時此刻，出了此類麻煩事，不論鎮壓與否，都會給首屆政協和開國大典，抹上一道陰影。其影響就太壞了。

　　當初，傅作義在起義談判時，要求留下一個團充當自己的衛隊。這是傅作義死給自己撐門面的怪念頭。四十萬人馬全投降了，留下一千人頂個屁用？然而,人就是那麼地怪。當了乞丐,還不肯拿起要飯的碗,拄起打狗的棍子。傅作義一提要求,中共代表當即表示同意,並且滿口答應, 對這一團官兵依例供餉, 準時不拖欠等等。傅作義自然又放心,又寬慰,也全信了實。解放軍入城後,這一個團換上了解放軍的服裝,駐紮在翠微路上一所軍營裡。

　　乍一進城,人們各忙各的去了。早已把這一個團的事,忘到九宵雲外去了。兩個月過去了。不見分文軍餉下發。這團人馬不同解放軍官兵。他們有家有口住在城裡。上有父母, 下有兒女,都等著當月的軍餉過日子。這兩個月是動用了積蓄,才對付過來的。看看到了第三個月的月頭上了,仍不見發餉的動靜,官兵上下均心生不滿了。有人伸頭張羅鬧餉。在舊軍隊裡鬧餉是常事。再加上,這個團是傅作義的親信部隊,平日裡飛揚跋扈慣了。如今歸順解放軍後,不准嫖賭吸毒,還要講究<三大紀律八項注意>。本就心存不滿。經常聚在一起發牢騷,講怪話。一見有人伸頭鬧餉, 便想趁機大鬧一場。

　　頭一回鬧餉祇有兩個營參加,總共八、九百人。他們沒有帶槍,從翠微路出發後直奔香山。走到半路上被汪東興給攔住了。汪東興滿口答應立即補舊餉發新餉, 並且保証三、五日內定準發放。這兩個營回了營區。

　　事後,汪東興立即向有關部門打了招呼。有關部門根本沒把這事當事辦。他們從心眼裡也沒看得起這群起義兵。一周以後。又是那兩個營鬧餉。這一回, 他們帶上武器, 準備硬闖香山,找毛澤東評理。汪東興見事要鬧大,自己又虧了理,沒臉再去勸說。再說,這一次帶了武器,更是不能等閒視之了。於是汪東興命令警衛部隊立即進入了哨卡陣地,準備武力勸阻上山。

　　警衛香山的是二〇七師。這個師是由各部隊選拔出來的幹部戰士組成的。自延安時候起, 就是中央警衛部隊。進京後改番號為<八三四一部隊>。是專門警衛毛澤東的御林軍, 其戰鬥力可謂一等一的強手了。鬧餉的這八、九百人一進山, 就被這個師重重包圍。鬧餉的這群大兵們沒事時能著哪, 這時一見黑乎乎的槍口全沖著自己, 那槍又全都是重機槍,後頭還有小鋼炮, 全傻了眼。明知不是對手,哪能逞強吃這眼前虧。誰都知道, 死了就活不過來了。於是,這伙子人掉轉頭就走。怎麼來的, 又怎麼回去了。

　　回到營區後,他們又來了能耐。吵的吵,罵的罵, 把解放軍派來的政工幹部全部轟走。這時有人趁機煽風點火,添油加醋, 說是要回綏遠混飯吃。營裡完全亂了套。兵變的味道越來越濃了。

　　毛澤東聽完汪東興的報告，立即火了。他清楚,責任在自己的部下不按協議辦事。然而,世人會把責任記在他毛澤東的頭上，會說是他毛澤東賴餉。毛澤東焉能夠吃得下這天大的冤屈？況且他毛澤東自幼就是個慣會賴別人賬的高手。他自己從不認錯。遇上這種事，他自然就會怨恨起義兵跟他毛澤東過不去，是要趁首屆政協和開國大典之際找自己的麻煩,搞臭自己。他最耽心的是,這件事傳揚出去,特別是傳進會場裡去。如果代表們知道了真像,就算他毛澤東能說得天花亂墜，死人也會活轉過來 ， 怕也沒人敢和他再打交道辦事了。那時,人們會加倍地嘲笑他毛澤東言而無信、過河拆橋、翻臉不認人等等。還沒登上金鑾殿,坐上龍椅的毛澤東可丟不起這個面子。

　　瞬時間， 毛澤東由驚轉怒,由怒轉恨。恨從心頭起,惡向膽邊生。無毒不丈夫！毛澤東再也不去想那些公理道理誰有理了。他唯一的心思是把消息捂住。捂個嚴嚴實實， 就像根本沒有這事一樣。

　　"怎麼搞的？頭一次鬧事就該處理！你沒看過＜三國演義＞嗎？魏延頭有反骨， 諸葛亮不聽他人勸阻， 依舊重用他。結果吃了他的大虧。有反骨的人,留不得！鬧事就說明， 他們有了反心,長了反骨,要立即鎮壓！"毛澤東惡恨恨地教訓汪東興。

　　"我以為通知了後勤部,發了餉,就沒事了。誰知道後勤部……"

　　"發餉、補餉是一碼事。鬧餉又是一碼事 。這兩個營專揀開會前鬧事， 一定有階級敵人作怪！無風不起浪嘛！這是跟我毛澤東過不去！是沖著我來的！"

　　"……"汪東興想說句什麼， 又嚥了回去。大概是他聽毛澤東已經這麼說了, 就不敢再另說什麼別的了。他乾動了幾下嘴皮子。

　　"要查！這支部隊不能再留了！"

　　"這是協議上……"

　　"協議又怎麼樣？協議上沒允許他們鬧餉！有了意見可以反映上來。一鬧餉， 性質就變了。你通知聶榮臻,連夜處理掉！"

　　"是！"

　　"要特別告訴聶榮臻， 處理得要秘密！不放一個人出營區！不得傳出任何消息！處理完了,再通知傅作義。"

　　"那……那……那對傅作義怎麼說？"

　　"告訴他， 有兩個營要嘩變， 帶槍上了香山， 威脅到我的安全。性質十分嚴重。來不及先打招呼了。"

　　"聽說那天有人開了槍。不知道是我們的哨兵,還是那兩個營先開的槍。"

　　"不管是誰開的槍，賬要記在鬧事人的頭上！你再讓聶榮臻從沒鬧事的那個營裡，抽出一個連,派到傳作義身邊當警衛。卡賓槍改換手槍。住得離香山越遠越好。"

　　"是！"

　　"若有不服的,就秘密處決！敢找我毛澤東晦氣的，我就饒不了他！"

　　這八、九百人一文錢也沒鬧到手,反倒是揹上了黑鍋。兩個營的番號被取消了。官兵一起進了政治學校學習。以後化整為零，分編到其它部隊去了。九百人一散伙,猶如一口氣消失在空氣中了。

　　傳作義聞知此事後,又惱火，又後悔，又後怕,連夜打電話給周恩來，表示深刻檢討。

　　"毛主席說了，這不關你的事。你不用檢討。毛主席祗是講,不要對外人說這些煩心事了。毛主席還讓我征求一下你的意見,在新政府裡,你想做些什麼事？"

　　"先謝謝毛主席不殺之恩。我傳某實在無能無德，無半點技能可以報國。我聽說花園口被炸後,老百姓深受黃河水害。我有一種罪惡感。如果可以,我就去修黃河吧！"

　　"搞水利？這個想法太好了！你先考慮一下治理黃河的班底。我想主席會批准的。"

　　毛澤東聽了周恩來的匯報後,不由哈哈大笑起來，說道："一個老軍閥,要去治理黃河。太妙了！我建議你，任命他當水利部長。再派一個黨內讓他信得過的人,去幫他一把。太妙了！哈哈……"

　　毛澤東還沒笑個暢快，汪東興又給他送上一份天津市公安局的絕密情報,說是京城盜俠<燕子李三>的徒孫，擬進京刺殺毛澤東。


　　這正是：


協　議　是　廢　紙　,

承　諾　騙　傻　子　。

君　王　耍　無　賴　,

自　古　比　比　是　。

　　欲知後事如何,請看下回分解。

# 第 八 十 四 回

## 崔 鐸 挾 技 闖 京 城

## 科 長 巧 思 擒 刺 客

　　話說毛澤東人不知鬼不覺地解決了鬧餉的九百名起義官兵,其手段既毒辣又隱密,令人膽寒。

　　俗話說, 福無雙至, 禍不單行。毛澤東在首屆政協開幕之前, 成功地除去了一塊心頭大病, 另一件煩心事又接踵而至。天津市公安局的絕密情報著,著實嚇了毛澤東一大跳。而這一次的煩心事又著實很麻煩。有人指名道姓,直沖著他毛澤東而來,要殺掉他毛澤東。要殺他的人, 又非一般等閑之輩可比。正是那盜俠< 燕子李三>的後人。毛澤東的膽子真就 不算小了。但他絲毫不敢輕視來者。毛澤東青年時代多次到過北平, 而且還住過一段日子。那時,北平城裡經常能聽見有人在講燕子李三的故事。毛澤東愛聽故事。李三的故事也更沒少聽。當年他對李三是又敬佩又嘆服,甚至有些神追魄隨,仰慕不已。不料如今這李三的後人偏偏找到自己頭上來了。

　　李三是清朝末年京城裡鼎鼎有名的一位俠盜。李三為人爽直,行事仗義, 專偷貪官污吏, 又最愛扶貧救苦。顯貴富賈一提到李三的名字, 那是又恨又怕。老百姓卻把李三當成救星, 是他們心中的活菩薩。故而, 婦孺老幼, 對李三的故事傳播最廣, 人人愛講, 個個
愛聽。

　　李三自幼得高人親傳,練得一身絕技。他的輕功已練得非常人所能為, 穿房越脊,攀牆登高,真比猿猴靈巧三分,如同燕子一般。故, 人贈俠名<燕子>。李三最拿手的旱地拔蔥是一招硬輕功, 也是上等的氣功。祇見他兩腿微曲,腰身一矬,向上一躍, 就能平地直直地向上躍起近兩米來高。有一次,他正藏在前門箭樓上養傷,卻被官兵偵知。一千多官兵把前門一帶圍了個密密麻麻, 層層疊疊, 真是水潑不進,針插不入。單等此次拿下李三,綁往菜市口的法場,斬首示眾。不料, 眾官兵涌到箭樓頂上最高一層時,卻見李三一個旋風腿加上一個鷂子翻身,就從十幾丈高的箭樓頂上躍下。那李三在空中連續旋轉翻滾,直向一處豪宅的旗杆木斗上撲去。他在木斗上輕輕一蹬,稍一借力,就穩穩落到遠處平房的屋脊上。幾個縱跳,瞬時

間，人已消失得無影無蹤了。眾官兵尚在蹺首觀看，驚嘆不已，還沒省過神來。

李三的另一絕技是飛刀。他手持十二柄尖刀。那尖刀，薄背窄刃雙面開有血槽。飛刀不發則已，一發必定是見血封喉。尚無人吃了李三的飛刀，能活過一個時辰的。抓捕他的官兵，最忌諱他的飛刀。說那是追魂刀，是閻王爺的催命鬼符。

李三的化妝技巧亦十分到家。他化過妝後，追抓他的名捕頭，走到他的跟前也認不出他來。當然啦，一旦認出來，吃飛刀的時候也到了。就是這樣的一位英雄，卻因迷戀上了一名青樓煙花女子，而誤入官兵的陷阱，被清廷鷹犬抓住，處了死刑。

李三平時不收徒弟。其門人絕少。在他名揚京城之後，救了一名孤兒，就收為義子。這才有了唯一一名徒弟。此人名叫段雲鵬。段雲鵬十分聰明伶俐，喜歡學習武功，深受李三喜愛。李三一古腦兒將自己的全身絕技，一點不留地悉數傳給了段雲鵬。李三受刑後，段雲鵬被李三的朋友送到天津躲藏。段雲鵬更加苦練武功。成年後他立誓為義父恩師報仇雪恨。他在京津河北一帶，不知殺了多少惡紳劣官和清廷鷹犬。孫文成立反清的同盟會時，他立即參加了同盟會，後來轉入了國民黨。以後的十幾年裡，成為國民政府國防部和保密局的老臣兼頭號殺手。中共及其它黨派無黨派知名人士，都有人冤死在他的飛刀之下。

段雲鵬跟李三是一個脾氣，極少收徒。他凡事講究一個<緣>字。有一天，他在街頭散步，見到一群嬉戲打鬧的孩子中間，有一個鬼頭鬼腦的小男孩十分入眼。他靠近這群孩子，伸手去摸這個小男孩的頭頂，想近乎近乎。不料那個小男孩一打量他，竟然高聲嚷叫："我認識你！我認識你！" 段雲鵬大吃一驚。他平日極少出門。就是住在同一棟樓裡的鄰居甚至在同一個部門辦公的同事，也有許多人不認識他。怎麼這個小孩子，今天突然會說認識自己呢？段雲鵬蹲下身子，拉住小男孩的手，親切地問道："小鬼頭，你騙人！咱爺倆可是從沒在一個飯鍋裡撈勺子，你上哪兒會認識你大爺我？"

"就認識！就認識！你才騙人哪！你敢情忘了，我一連兩天做夢都夢見了你！你想耍賴皮？你還在夢裡教我打拳，教我蹦到房頂上去哪！敢不認賬？羞不羞？" 小男孩認真地說道。

段雲鵬更為驚訝了。小男孩竟然說到了武功，而且是他段雲鵬的本門武功。

"我還夢見你一揚手，就把天上飛的鴿子打了下來。打得準極了！比二子他大哥的彈弓射得還準。你肯定能鎮住他！"

段雲鵬聽了小男孩的這番話後，自己心裡那個震驚勁兒，就甭說有多麼老大了。 這可絕不是小孩子拿他打鈑。天津人嘴上全有功夫。小孩子也肯定是差不了多少。可就是找來一萬個一等一的<衛嘴子>,許他一萬塊現大洋,他也說不出來自己的飛刀絕技的半根毛來。段雲鵬強按心頭的震驚,更加親切地對小男孩說："你樂意跟大爺學兩手,壓過二子他大哥嗎？"

"敢情！太樂意了！今白天碰不上你,咱倆肯定今天晚上夢裡見了！我準會央求你的。我最會央求人了。一求一個準！哈哈……"

這個小男孩叫崔鐸，就是這次進京刺殺毛澤東的人。

崔鐸無爹無娘，跟著姑姑過日子。段雲鵬一說自己的心意，姑父滿口答應，姑姑猶豫起來，不大放心。段雲鵬讓自己手下軍統和中統的弟子們去崔鐸家一打保票,姑姑就讓段雲鵬把小崔鐸領走了。

一轉眼，十幾年過去了。崔鐸全面繼承了燕子李三的絕世武功。他在段雲鵬的調教下又添了一手絕活。他手使雙槍,彈無虛發，彈彈飲血,槍槍奪命。看看他打下的飛鳥，全沒眼睛：子彈都是從眼睛那裡穿過去的。

崔鐸的武功練成不久,就趕上了天津的解放。

這天,段雲鵬把崔鐸叫了去。

"孩子,你也老大不小了。嘛事都懂得了。咱爺倆常念叨,是國民黨推翻了滿清驑韃子,給你師爺報了血海深仇！國民黨跟咱們是一伙的。咱們不能忘恩負義,眼瞅著共產黨毀了國民黨！練武的人就講究這個<義>字。要不,就沒法子在江湖上混日子！"

"大爹,我聽你老的！你老咋吆喝，我就咋翻跟斗。就算是白刀子進,紅刀子出,換上一萬刀，你老的小鐸子也不會皺一皺眉頭,哼上半聲！"

" 好了嘛！有你這話攔著，大爹我就得好好替你打算打算！你眼下的功夫是沒的說了,就缺個揚名立腕的機會。我也著急。這回毛澤東進了北平城, 是個好機會。你去宰了他,一夜之間， 全國聞名， 天下第一是沒別人的份了！"

"真地？！可是夠老棒的！"

"孩子,你想想看， 蔣總裁四百萬人打不過他。你一刀結果了他。你等於幾百萬？天下誰敢不服你,姥姥！"

"大爹,我這立馬就進趟北平城,你老就等著瞧好吧！"

　　"七月一日，毛澤東要在北平先農壇開大會講話。就選這一天動手！"

　　崔鐸刺殺毛澤東的事原本十分機密。然而，國民黨的特務活動，屢屢失利，搞得中統和軍統的大頭目們實在顏面無光。這次崔鐸出馬，眾人皆以為必定是馬到成功。於是，眾官爭功，各自吹噓。他們亂誇海口事小，字裡行間，隻言片語，把崔鐸的事帶了出來，就闖下了天大的禍，捅下了地大的漏子。這人世間的事，原本就十分複雜。有朋友就有仇敵。段雲鵬橫行一方，獨霸津門武壇，焉能夠獨善其身，沒有恩恩怨怨？沒有半個仇人？就算是沒有仇人，身邊也少不了忌賢妒能之鼠輩。武林中一向更是如此。一個武功不及段雲鵬，又不服氣他的人，聞知此項絕密情報後，就向天津市公安局做了密告揭發。此人欲借共產黨的手，除掉這津門武林老小雙煞，解解自己心中惡氣。

　　天津市公安局接到密報，深知事關重大，不敢專擅獨行，立即上報黨中央。

　　毛澤東掐指一算，到那七月一日，僅餘下半個月份時間了，自然是叫苦不迭，著了大急。

　　毛澤東立即把黨中央社會工作部部長李克農、正在籌組中央軍委公安部並任部長的羅瑞卿和副部長楊奇清叫了來，向他們交待了破案任務。會後，羅瑞卿代表中央一轉手把任務交給了北京市公安局。當時，市公安局亦是正在籌組之中，部門機構尚未健全。況且，他們接下保衛<七·一大會>這個任務時，已感到人手不夠，十分吃力了。此時又殺出一個程咬金來，又全無具體破案線索，真是叫苦連天了。無奈之下，局長把這燙手的熱山竽一轉手交給了上任僅一個星期的偵察處處長李國祥。李國祥有樣學樣，一轉手把這苦差事交給了剛剛調來的偵察科科長曹純之，並限令曹科長於六月二十五日前破案。

　　曹科長接到任務後，帶上科裡人員乘車從中南海到先農壇，沿著毛澤東專車走的路線跑了一趟，頓感任務是太棘手難辦了。在這段幾公里長的地段上，人多、房子密、路口多、小胡口多。就算把全局現有警力全部派出來，也守衛不過來。況且馬路兩旁的高屋樓房一座挨著一座。若是刺客藏在樓頂上開槍，誰也沒辦法控制。總不會調集幾萬名解放軍戰士在所有樓房頂上全佈上崗哨吧？

　　曹科長最為頭痛的是線索太少了，而刺客又僅為一人．這就更難捉住對方的破綻。偵察工作簡直無從下手。

　　曹科長就已知情況和現有條件，向上級提出了兩套工作方案：
一、調勤全部警力在全市廣泛調查和搜捕責任區內可疑人員。二、
建議中央屆時封閉通往會場的全程道路。再派
出三輛轎車做為毛主席的專車。在行進過程中，三輛轎車可以互相
超車換位，頻頻變換行車順序，以此迷惑刺客。

　　毛澤東看過這兩個方案後，眉頭凝成了一塊死肉疙瘩。撒網捕
魚，可以捕到魚，也可能捕不到魚。若是茫茫大海中，祇有一條魚。
這就全靠運氣了。比瞎貓碰上死老鼠還要運氣才行。而崔鐸不是
魚，是個本領高強的飛賊。焉能捕到？他認為第一個方案有應付差
事，推卸責任的嫌疑。第二個方案是躲過初一，躲不過十五的權宜之
計。就算是他毛澤東途中不吃槍，到了會場又怎麼辦？回到住處又
如何防范？總之，兩套方案中沒有一套方案是可以抓到刺客的有效
方案？這豈能不令毛澤東發愁？他下令速速召集辦案人員到他的辦
公室開會。

　　羅瑞卿率領眾人進了辦公室，見毛澤東坐在辦公桌後面，連頭
也沒抬一下，心知，今天肯定沒有好果子吃了。眾人輕移腳步，一聲
不響地坐在了會議桌後面，等著挨訓挨罵。人人心裡都有一塊千斤
重石壓在那兒。

　　毛澤東一見眾人如此神態，想了想，就輕輕笑上了。他笑著走
到會議桌的端頭坐下，手舉香煙，環視眾人，一付寬鬆瀟灑的樣子，
朗聲說道："人家要的是我毛澤東的腦袋，又不要你們的，你們緊張
什麼呀？"

　　眾人聞聽此話，更不敢抬頭了。

　　"那位小伙子，你也怕要我的腦袋？"小伙子叫曹純之。

　　曹純之當年也就二十出頭，是位名副其實的小伙子。他聽見毛
澤東點了自己的名字，就不好意思地抬起了頭，勉強地咧嘴一笑。

　　"這個方案是你想出來的嗎？我看不大高明喲。是一副被動
挨打的樣子。同你們今天這副垂頭喪氣的樣子差不多喲。"

　　眾人抬起頭來，互相瞅了瞅，啞然一笑。

　　"小伙子可是姓曹？噢，對頭！是曹操的後代。你得向你的老
祖先學習一下子了！要學會用頭腦！你平時幹什麼工作？"

　　"報告主席，我剛調來不久。主要任務是維持社會治安，抓抓
流氓小偷，還……"

　　"抓小偷？小偷可不好抓喲！抓了幾個？"

　　"我們科，人手少，全出動，也抓不了多少。我想了個法子。
在一個地段，抓一個小偷並教育好他，再放他出去做眼線。這樣一

來，每天可以收到大量情報。我們想抓幾個，就抓幾個，想什麼時候抓，就什麼時候抓。"

　　"好！羅部長，你瞧瞧，曹操的後人就是不一般喲！這下子，城裡的小偷可就難過了！哈哈......"毛澤東一笑，眾人也祗好陪他笑了。

　　"小伙子，你為什麼不把抓小偷的辦法推廣一下喲，去抓李三的徒孫呢？"

　　"啊？"曹科長剎那間彷彿受到了某種啟示。他問道："主席是說，也到窩裡去掏？ 對,太對了！我們用多人去防範他一個人,是件白挨累不討好的事。若能到窩裡去掏,就好了。"

　　"看看，我們幾個臭皮匠,就成了一個諸葛亮嘛！小伙子現在的思路就對頭了！要再想想，到哪一個窩裡去掏？"

　　"他是武林中人，我們就到武術界去摸情況！"

　　"這個情報是天津武術圈裡先透出來的。天津方面可以再去工作一下。"楊奇清說道。

　　" 對頭！你們要馬上行動！時間不多了！ 我毛澤東要拜托諸位了。給我留下這個吃飯的傢伙 ， 多吃幾次涮羊肉，成不成哇？"眾人笑了，紛紛起立向毛澤東告辭。

　　在武術圈裡廣泛調查了兩天後,有了收獲。天津那個武林中人進一步說，崔鐸先前多次去過北平,都是住在前門附近一間綢緞店的店主家裡。 他和店主還沾些親戚。崔鐸穿的綢衣綢褲，全是這個親戚所送。北平的一位武林名宿也說,他見過崔鐸幾面,都是在前門附近的飯館裡飲茶用餐時碰見的。聽崔鐸的口氣，他就住在附近。

　　曹科長連夜下令,對前門附近的綢緞店及其倉庫進行排查。一忙,忙了三天。查到一處<聚隆祥綢緞莊>最為可疑。附近住戶對民警說，這家店舖是當年李三住過的地方。解放前夕店主已去了臺灣。店舖關張好久了。一直沒人住。這間店舖的地址是：前門外大街甲六十九號。

　　這個情報讓曹科長又驚又喜。他認為,越是沒人住的地方，也越是崔鐸這樣的飛賊最喜歡的藏身之處。崔鐸武藝高強,穿房越脊是他的拿手絕活。他用不著走門。於是,曹科長調動警力,把甲六十九號裡三層外三層地圍了個嚴實。暗崗暗哨,日夜監視。

　　一連監視了兩天兩夜，沒有發現任何跡像証明崔鐸住在這裡。時間越來越近七月一日了。曹科長有點沉不住氣了。他的嘴上急得長滿了水泡。一連三頓飯沒吃，半點餓的感覺也沒有。睏得他頭都大了,可是合上眼,硬是睡不著。接他班的成副科長是左說右勸,才好歹拉他去街邊小吃店裡喝碗豆漿嚼幾口油餅。

兩人一進豆漿店,就覺得氣氛不對勁兒。平日裡,這前門天橋一帶的老百姓見了穿軍裝的人,都格外地親熱。就算不認識,也都紛紛點頭打招呼,表示個近乎勁兒。今天,誰都不瞧他們一眼。曹科長剛往桌子邊上一坐下,原先坐在那張桌子裡頭的一位老大媽,鼻子哼了一聲,立馬站起身來,挪到最裡頭的桌子坐下了。見此,曹科長心頭不由一動,連問自己, 這是為什麼?

曹科長想了又想。服務員把豆漿油餅端到他面前時, 他猛地想明白了。他對服務員謙意地一笑,說道:"對不起, 不吃了!剛想起來, 有件急事馬上就得辦。實在對不起!"話一說完, 扯牢成副科長的衣袖, 就出了店門。

"你,你怎麼了……" 成副科長不解地問他。

"撤!全部撤走!暗崗暗哨也全撤!"

"什麼?"

"你敬服不敬服李三?"

"這還用問?老北京人哪有不敬服他的!"

"有人要抓李三,你報不報信?"

"啊!"

" 老百姓哪知道李三的徒孫是特務殺手。他們一準兒像保護李三一樣保護他的後人。有人通風報信,你能抓到崔鐸?"

"說得有理……"

等成副科長省過味來, 曹科長附在他耳朵上,輕聲說了幾句,喜得成副科長照準他的胸脯子就是一拳,說道:"你快夠上個小曹操了!毛主席肯定會批准小曹操同志的鬼主意!"

"我現在又擔心不批,又擔心批了抓不著。你說這人咋就……"

"哎呀呀,小曹操同志還會婆婆媽媽呀!走, 快走!現在真得和時間賽跑了!"

"毛主席說,他想留下腦袋, 多吃幾回涮羊肉。我這會兒一想到涮羊肉, 直流哈拉子!看來, 腦袋還真是留著點有用……"


這正是:


亦　盜　亦　俠　難　上　難　,

罕有盜俠是李三。

市井小民最景仰，

深巷樹下常誇贊。


欲知後事如何，請看下回分解。

# 第 八 十 五 回

## 初 登 皇 城 立 新 朝

## 興 國 安 邦 留 遺 憾

　　話說曹、成二位科長從小吃店出來後，立即向局、部領導匯報了自己的想法。他們堅信崔鐸躲藏在<聚隆祥綢緞莊>裡。雖然尚未掌握任何直接証據。他們還認為，由於群眾不明真象給他通風報信後,他可能已經換了地方躲藏。因此,他們建議暫時撤崗撤哨，騙過通風報信者,讓他再去給崔鐸報信。崔鐸本人則一定認為,撤伏後的地方是更安全的地方。他一準會再次潛回<聚隆祥綢緞莊>藏身。曹科長建議在六月二十三日或二十四日的後半夜，突然圍住聚隆祥綢緞莊,極有可能擒獲崔鐸。

　　毛澤東見到曹、成二科長的意見後，立即批覆同意，並建議把包圍時間改到二十八日或二十九日。毛澤東認為這兩天,崔鐸一定會到綢緞莊去過夜。

　　六月二十八日凌晨三點鐘 ,曹科長指揮近千名解放軍戰士，從四面八方包圍了聚隆祥綢緞莊。這批戰士都是從部隊裡挑選出來的。其中多人是神槍手，更有近百人練過幾天武術。他們一靠近綢緞莊,立即躍身登上四周的房頂,佔據了制高點。附近的胡同路口,牆角拐彎,全派上雙人雙崗把守。

　　曹科長一聲令下,幾十隻強光軍用手電筒的光柱,一齊射向聚隆祥綢緞莊這座中西結合式二層小樓的所有門窗。

　　"崔鐸！你被包圍了！快快投降！我也是習武的人，你投降了，可以饒你不死！"曹科長伏在屋脊背後，高聲喊話勸降。

　　院子裡，二層小樓裡,一片寂靜。

　　十幾分鐘過去了。

　　半個小時過去了。

　　突然,曹科長在手電燈光的閃爍下，看見窗框的一個側邊上,多出了一道微微的弧形暗影。那道弧形太小了，太難以被人注意到了。可是，被曹科長看見了。他心裡有了底。

　　"崔鐸！你就藏在一樓東側第三個窗戶旁邊！我早看見你了！限你三分鐘內繳械投降。否則，我們就不客氣了！投彈手，準備投彈！"

　　曹科長說完此話後沒多大功夫，就見樓東側的一個窗子被人用竹杆從裡面慢慢地推開了。隨後，"呼、呼"兩聲扔出來兩把手槍，砸在院子裡的青石板地上，滑出去好遠。

　　一名戰士從院牆上縱身跳了下去，要去撿槍。他還未站穩身子，就從屋裡射出一粒子彈。那戰士哼也未哼一聲，就倒下去了。

　　曹科長火了，大喝一聲："投彈！"說時遲，那時快，十幾枚汽油彈、手榴彈、煙幕彈，一齊扔進屋子裡。瞬時間，整個一層樓火光四起，濃煙瀰漫。

　　"注意二樓！"曹科長又喊道，"輕重機槍開火！封死所有窗口！"曹科長的用意很明確，用火力把崔鐸悶在屋裡，不燒死，也得嗆昏過去。這樣可以減少自己人的傷亡。

　　輕、重機槍一齊歡叫上了。窗玻璃被打得粉碎。"唏哩嘩啦"響個不停。轉時間，沒有一扇窗子還能剩下木窗框子了，全叫子彈打飛了。

　　"投彈手準備！目標，二樓！"曹科長大喊大叫地指揮戰鬥。他剛剛喊完，就看見二樓屋頂的小天窗，被一股大力撞開。一個黑影躥向夜空。那個黑影在空中急速地旋轉，欲向鄰近的電線杆子撲去。這時，所有的火力全部灑向這個黑影。猛地，黑影不轉了，垂直地，重重地墜向地面，如同一隻二百來斤的大麻包，狠狠地砸在青石路面上。

　　"打中了！打中了！"

　　"快衝呀！抓活的！"

　　戰士們衝到黑影跟前時，崔鐸早已嚥了氣。

　　時隔一年。段雲鵬從臺灣經香港潛回大陸時，在廣州被捕。＜文革＞前死於獄中。從此，燕子李三和他的曠世絕技成了歷史名詞。＜燕子功＞在李三這一脈上成了絕傳。

　　崔鐸被除。毛澤東放心大膽地出席了＜七·一大會＞。但在大會之後不久，政治局表決後決定，為了毛澤東同志的個人人身安全，毛澤東同志的一切外出行動均由中央保衛局決定，個人不得隨意外出。也就是說，他從此要被軟禁在中南海裡邊了。毛澤東竭力反對這一決定。但是，單拳難敵眾手，少數必須服從多數，不行也得行了。

　　毛澤東一向不甘於受他人擺佈的,最好天馬行空,隨意行事。他剛住進中南海時,就曾趁警衛不嚴,一個人從中南海西大門溜了出去,跨過府右街,順著太僕寺街、靈境胡同一直奔西走,要去逛逛西單。在靈境胡同西口,中央組織部門前,被逛街的群眾認了出來。老百姓同他又是問好,又是握手,還有人高喊"萬歲"。這令毛澤東十分開心。圍觀的人,是越聚越多。直到把西單一帶的交通全部堵塞。不知是民警,還是中組部門衛,把電話打到了中南海。來了三百多名衛士,才替他解了圍。衛士們向他訴苦,懇求他以後再別溜號了。他卻洋洋得意地哈哈大笑一通。

　　時隔不久他又溜號去乘有軌電車,卻忘了帶錢,也不懂得怎麼買車票。他還去逛過東四古舊書店。這兩次私訪全被群眾認了出來,鬧了個天翻地覆,不亦樂乎。

　　保衛部門對他再三規勸央告,中央領導人再三提意見,毛澤東全沒放在心上,甚至認為這是妨礙他的自由。他一如往昔,照舊溜號,照舊天馬行空,獨來獨往。書記處才不得不給他立下了規矩。

　　崔鐸的事出來以後,就算沒有書記處的規定,毛澤東自己的心裡也有些怕怕的了。他很清楚,這次破案的偶然因素太多了。以後,未見得還有這麼大的便宜事了。從此,他收起了玩心,沉迷於後宮深院,不再輕出一步中南海。

　　中南海的警衛也日見森嚴,可達歷朝歷代之最。一道紅牆把毛澤東隔在了另一方天地裡了。毛澤東不再直接 與民同樂,親眼目睹老百姓的日常生活了,而那裡面的一切也成為舉國最高機密,甚至達到神秘的程度。

　　時間飛逝。轉眼之間到了一九四九年十月一日。這天下午三點鐘,毛澤東率領文武百官"一步一步踏著那近百級磚階,登上了皇城南端的天安門城樓。毛澤東抬頭看見八只巨大無比的紅彤彤的細紗大燈籠時,開心地笑了。

　　他一問才知道,今日大典的設計造型以及氛圍創意,全是日本藝術家的主意。八根紅柱、八盞紅燈、紅門紅牆、紅旗紅地毯。以紅為主調,把喜慶吉祥的兆頭,紅色中國的政治象徵,表現得淋漓盡致。

　　"日本⋯⋯日本人⋯⋯"毛澤東嘴裡自言自語地念叨著,心裡在想著逝去的舊事。一場抗日戰爭,他趁機擴大隊伍,最終得了一個天下。到了慶賀大典之時,又是日本人來幫襯一把,莫非在冥冥之中,是諸位神靈派日本人,紅太陽昇起的那一方土地上的異邦之人,來助自己一臂之力吧?他對太陽產生了無可名狀的好感。

　　毛澤東用自己濃重的湖南鄉音，宣佈了新國家和新政府的成立。這一刻，他太興奮了，本來就高亢激越的聲音，更是提高了一兩個音階。但是，毛澤東萬萬沒有想到，就在這一刻裡，就在這一聲中，他鑄下了自己一生中三大缺憾中的兩項。

　　首先，他輕易地改了國名，造成了他死不承認，卻又事實上存在的兩個國家或兩個政府。

　　中華民國是孫文先生創立的。是一個反封建反帝國主義的人民共和國。但是，當年的共產黨領導人，包括毛澤東，乃至全黨全軍上上下下，都把她看成是蔣介石的國家。殊不知蔣介石政府僅僅是這個國家的一屆政府，蔣介石本人是一任總統而已。毛澤東是用武力，而不是用大選，推翻了一屆政府，趕一任總統下台。毛澤東從來沒聲稱要推翻一個反封反帝的人民共和國，再重建另一個同樣性質的國家。

　　從漢語單字表面看上去，是改了國名。若細細捉摸一下字義，兩個名字沒什麼不同，祗差在多了或少了幾個漢字而已。若用英語一翻譯竟是同一個詞組。僅僅是翻譯家們為了區分兩個不同的單位，在字母的排列上，花了許多的功夫。如果毛澤東不加多這幾個漢字，把文言文改成白話文，他自己就是理所當然的聯合國常任理事國，不必為了此事糾纏二十多年了。

　　現在人們都明白了，世界上祗有一個中國，兩個政府，一個政府在臺上，是正統的政府；另一個在臺下，是非正統的政府。若是當年如此辦理，根本不用毛澤東自己動手動嘴，世界各國會一起把<匪>的帽子扣在蔣介石頭上了。這豈不快哉？

　　到了晚年毛澤東方才明白，當初是自己跟自己誤會了一場，自己跟自己開了個天大的玩笑。他費力地推翻一個反封反帝的人民共和國，再建立另一個反封反帝的人民共和國，如同脫褲子放屁一樣的荒唐。悔之晚矣。為了彌補這一缺憾，毛澤東命令每逢國慶節時，都要把孫文先生的畫像立在天安門廣場的正中央，既是對孫先生的一種謙意，也是自悔了。

　　毛澤東的另一缺憾，是他宣佈的<一邊倒>立國外交政策。

　　毛澤東出身私塾館，古漢語水平甚高，但在數理化和外國語方面是一竅不通。他從未出國留學或旅遊考察，令他對外部世界基本一無所知。故而在外交方面是個門外漢。毛澤東一生一世都沉迷在一個<門>字上，卻不知道那<門>的另一面是<交>。同外國人的<交>全稱為<外交>。他以為同外國人吃吃飯，照照像，握握手，就算是外交了。往大裡說，同外國人一結盟一簽友好條約，就是外交了。

直到晚年他才明白，外交是戰爭的繼續，是不流血的戰爭，是<鬥>的另一種方式。直到到他晚年也才明白，在國際社會裡,朋友的朋友,不一定是朋友；敵人的敵人,不一定是敵人。國與國之間,不存在永久的朋友，也不存在永久的敵人。祗存在相互利用。<朋友>一詞是外交上助興的酒水,讓人們多些歡樂的氣氛而已。

建國之初，身置兩大國之間的中國，在外交上實際是處於最有利的地位。完全可以大耍外交手腕,把兩大國玩弄於股掌之間。猶如打撲克牌一般,時而打蘇聯牌，時而打美國牌。毛澤東的<一邊倒>等於扔光其它牌,祗剩一張牌。在外交上,一張牌等於沒有牌。事實正是如此。中國在東方集團名為老二,但在盟主蘇聯面前,根本不存在大哥和小弟的關係，而是主子和僕人的關係。不論是排行第幾的僕人,全是盟主的小聽差小嘍囉,焉有外交可言？

毛澤東 <一邊倒">外交政策的理論基礎是在他自己的文章<論人民民主專政> 一文中講的,"第三條道路是沒有的"。這個說法無須一駁。事實是最好的駁斥。到了晚年，毛澤東同蘇聯決裂，同美國對著幹。他自稱是第三世界國家。偏偏第三世界各國又不認可。第二世界各國對他無半點好感,他對第二世界也看不順眼,兩者之間,諸事免談。算算看,毛澤東是走在第幾條路上？外交場上不存在黑與白或是紅與白絕然對立的國與國之間的關係。國際社會原本就是個多元化世界。為了本身利益,隨時可以同任何人結盟或者脫盟,無半點義氣好講。毛澤東走在第四條道路上時才明白,歐州古老的俗語說得太對了。 那句俗語說：條條道路通羅馬。外交場上的路比人的頭髮還多，豈止兩條、三條、四條？幾邊倒都不成，何有一邊倒？

毛澤東不擅長外交，卻擅長政治。有人稱他 <天下第一政客>。是否第一，很難斷言。但毛澤東幹的幾件小事，確屬不凡。不論參加何種評比，當列前茅，有望奪冠。

其一、毛澤東給自己立了一條座佑銘，稱之曰：與天鬥，其樂無窮；與地鬥，其樂無窮；與人鬥，其樂無窮。頭兩句是文學上的比興，其目的是要更加突出最後一句。毛澤東一生中確也把與人鬥放在了首位,甚至專門從事與人鬥的活動。他從國內鬥到了國外,從黨內鬥到了黨外，從社會鬥到了家裡,鬥完了大人鬥小孩,連幼兒園裡還在尿褲子的小朋友也不肯放過，全是他的紅幼兵。他時時刻刻鼓動全黨全軍全國人民去敢於鬥爭。他主政掌權以後,大規模的政治運動，是一個接一個地搞,把人們搞得全成了小公雞。你啄我,我啄他,大家成年整月地互相啄來啄去,啄個沒完沒了,啄得一個個少皮沒毛,瘸腿歪脖子，成天啃窩頭，還啃不飽。就在小公雞們喈群架時，他則牢坐王位，敢稱紅太陽。那鬥的真實目的，深遠的用心,也就昭然若揭了。這一招,夠不夠冠軍？

其二、毛澤東提出了一句口號<為人民服務>。這句口號光輝耀目。若是人人都能做到七成,則天下太平,其樂融融了。毛澤東的一把手位置就穩如泰山了。若毛澤東真把心用在這五個字上,深信國人會舉雙手,甚至連雙腳也舉起來,選他永當紅太陽。毛澤東一死,現實生活馬上變成了<為人民幣服務>,同<有錢能使鬼推磨">成了一副對聯。有人用電腦測算了一下,單要去掉這個<幣>字，就得有幾十輩子人,重上幾十回井崗山，也不一定準成。這在時間上同"共產主義一定要實現"同樣遙遠。雖然遠了點，也得深信不疑。其欺騙性厲害不厲害？說它厲害到家了，怕是沒人敢舉腳反對的。

其三、毛澤東發動了一場偶像崇拜運動<向雷鋒同志學習>。雷鋒本人，是一名好軍人,無可非議。向他學習也是應當的。問題在於毛澤東發起這場運動的用心。有人就此創作了一齣活報劇如下：

甲問："向雷鋒同志學習什麼？他好在哪裡？"

毛澤東答道：" 雷鋒好就好在肯讀我的書上 ！ 你們向他學習，就去使勁地讀我的書吧！"

甲又問："那你乾脆就號召我們讀你的書好了,幹嘛還拐彎抹角用雷鋒當說詞呀？"

毛澤東紅著臉說:"那太不好意思了！哪有人會厚著面皮,明目張膽地去號召大家去讀自己的書呀？人家該罵臭不要臉了！"

活報劇是杜撰出來的 。 但它卻是毛澤東真正用心的寫照。 毛澤東樹立了一個偶像雷鋒。全國人民又要崇拜雷鋒， 又要讀毛澤東的書。雷鋒是表面上的偶像。毛澤東是人民心中的偶像。就此,全國開始了新<造神運動>。毛澤東上了神壇。一個肉體凡胎的大活人,轉眼之間就成了神佛。這種法術不評冠軍,自己都饒不了自己。就算這輩子一馬虎就饒了,那下輩子也得補上,不饒自己一回。

第四、是一首詞。詞名<沁園春·雪> 此詞文學水平極高。然而毛澤東寫這首詞可不單是為了顯示自己的文才。他在詞中盡貶各朝名君聖皇之時， 暗中把自己捧為中國五千年第一帝， 眾皇帝之首。這也是暗示自己是共和旗下新皇帝， 共產主義旗下赤色皇帝。他主政後,對待老戰友、老部下的一舉一動,一言一行都滲著皇帝味。旁人就更甭提了。當了一陣子皇帝後， 又不高興了。索性當起了紅太陽。這輪紅太陽不同於自然界那輪朝昇暮落的太陽。紅太陽是永遠不落的,是二十四小時照明的。自古至今,在中國史上,在世界史上,在地球上,在太陽系裡,敢當永遠不落的紅太陽,唯有毛澤東一人。憑著這一點,這第四條可以直接從工廠把冠軍獎杯搬回家。亞軍季軍裁判長等等早已嚇昏了。

其五、這是一篇政論文章。題目是<論人民民主專政>。就其本質來講,不是文章,是殺人的命令。這篇文章是階級鬥爭理論的姊妹篇。毛澤東主政期間,死在專政論和鬥爭論刀下的中國人總人數比第一次世界大戰和第二次世界大戰陣亡者總人數還略多一些。單是一場文化大革命,十年內鬥,被批判鬥爭的人達三千萬,冤死的有四百二十萬人。三年解放戰爭,國共雙方陣亡人數不超百萬。一場文革死的人等於打了四場解放戰爭,半場多二次世界大戰。這樣的文章誰人敢不捧它當冠軍!投反對票的人,要當心自己被專政,被捅刀子!

五個單項冠軍相加就是總冠軍了。祗不過讓人覺得這種冠軍最好斷子絕孫方好一些。


這正是:


治 國 安 民 豈 止 刀 ?

盲 目 崇 拜 是 絕 招 !

自 登 神 壇 稱 太 陽 ,

軍 民 跪 拜 自 彎 腰 。


欲知後事如何,請看下回分解。

# 第八十六回

## 涉險首赴莫斯科

## 壽星隆重待遠客

　　話說毛澤東立國後立即決定，自己將於十二月份北上莫斯科，拜會斯大林。中央政府對外宣稱此行目的有二。目的之一是為了慶賀斯大林的七十誕辰。目的之二是為了搞好兩國關係，最好能簽上一紙 "<中蘇友好互助同盟條約>以取代抗戰勝利後，蔣介石同斯大林簽定的<中蘇友好同盟條約>，借此顯示自己的正統地位。這也正是毛澤東<一邊倒>外交政策的目的之一。為了這件事，劉少奇曾於建國前秘密訪問過莫斯科。諸事細節已同斯大林談妥。毛澤東此去是一槌定音，完成書面簽字儀式。毛澤東也想 了卻自己多年的心願，補上從未出國和從未訪蘇，而被留蘇派蔑視，視為非正統的遺憾。

　　毛澤東真是煞費苦心著意準備此行。單在禮品問題上就廣納眾家之言，備上了一份厚禮。這份厚禮在國人眼中，實在是平常又平常，不足為奇，總共值不了幾個錢。但在外國人的眼中，特別是在蘇聯人心目中，卻很是貴重了。

　　毛澤東準備了五千斤山東大白菜和五千斤青蘿蔔。老百姓給這種青蘿蔔起了個不大雅致的名字，叫做<踔倒驢>。此外還有五千斤山東周村產的大蔥。這種蔥每一根足足三尺多長，少說也有二斤重，根部比個雞蛋略細一些。在中國，這三樣東西一向是莊戶人家和城市平頭百姓人家的日常桌上餐，秋冬兩季的當家業，确實平常。但是，想當年，在國外，其身價就非同尋常了。

　　單說那山東大白菜，在日本被稱為<膠菜>，在香港被叫做<芽菜>。菜店老板除掉大白菜外圈的青幫子後，用根紅繩小心紮好，吊掛在店舖顯眼處，作為時令菜、招牌菜作宣傳用的。其價格自然不會便宜了。這可不是家家戶戶老百姓，輕易就去買棵回家解饞的。香港菜市場上，芽菜價格比較便宜些。可是菜攤上全是用刀把整棵白菜切成兩半甚至四半論斤賣。很少有人整棵地買。其斤貴亦可見一斑。在國外沒誰像東北人家用大鍋成鍋地熬，敞開肚皮大碗大碗地"造"，可勁地"造"。在莫斯科，就算在高檔飯店裡，亦非每一位富人都敢隨隨便便地就去點中國大白菜佐餐。終生沒吃過一口山東大白菜的俄羅斯人比比皆是。能飽飽耳福就挺滿足了。毛澤東一送就是五千斤。可真樂壞了斯大林。

　　斯大林，乃至所有的俄羅斯人以及北歐人，都喜歡杯中物。他們喝酒不用太多的下酒菜。常常是切上半枚蔥頭下酒。喝一口酒，聞一聞蔥頭。一瓶酒下肚。那半枚蔥頭仍然原模原樣沒咬一口，又被還給了內當家的，拿回廚房，做頓洋蔥湯，供全家人享用。

　　俄羅斯人見了周村產的蔥，更是珍惜得不得了，連切開也不捨得。手捏整根的蔥，不停地用鼻子聞著，就能喝下半瓶子近九十度的烈酒，並認為今天的下酒菜，實在很豐盛了。

　　到了八十年代，蘇聯船員到了中國北方各港口，也還是成麻袋地購買中國蔥和西紅柿。由先也可想見三十年前，即五十年代前後，毛澤東送的這些蔬菜，對蘇聯人來說，焉能不是厚禮？

　　蘇聯黨政軍負責人，大小官員一見此禮單，人人心花怒放，都盼著能有自己的一份，帶回家中，讓全家人高興一場。

　　對於毛澤東訪問蘇聯，最不開心的人就是蔣介石了。毛澤東一到莫斯科就意味著，他同斯大林乃至整個東方陣營的關係徹底告吹。他手上的外交牌就祇剩下一張了，或者是說，一張也沒有了。他實在不情願見到，毛澤東和斯大林簽約碰杯的場面出現。

　　於是，蔣介石嚴令國防部保密局局長毛人鳳，採取一切必要的和可能的措施，破壞掉毛澤東門這次訪蘇活動，最好能炸掉毛澤東乘坐的那趟專列，甚至炸死毛澤東。毛人鳳領命後立即行動。

　　當時，北京方面的各級公安部門剛剛組建完畢，業務尚未正常運轉。中共中央軍委公安部兼任國務院公安部部長，楊奇清兼任副部長。他們倆上任沒幾日，中央軍委反特偵聽局截獲了發自臺灣的密碼電報。破譯後，內容是毛人鳳命令潛伏在東北地區和北京的特務，破壞毛澤東訪問蘇聯。毛人鳳要求他們製造第二次＜皇姑屯事件＞。

　　毛澤東所乘專列要穿越河北省、天津市和東北三省以及內蒙古的北部地區。關內這段路，沿途的社會秩序比較好，安全系數很高。東北三省解放一年有餘，雖說戰場上取得了勝利，廣大農村基層政權，尚是空白一片，絕大部份地區沒有進行＜土改＞。大小股土匪活動猖獗。潛伏特務到處都是。在大中城市及沿線的各火車站和鐵路管理局裡，更是魚龍混雜，，良莠難辨。這些情況對毛人鳳來說是十分有利的。

　　毛澤東接到此項情報後，一陣思索，大筆一揮，將破案任務批給了剛上任的首任政務院總理周恩來。由他負責這趟專列的安全，保証出訪成功。

　　周恩來接到任務後，十分犯難。其一、毛澤東死不肯乘坐飛機。他一定要坐火車。其二、一定要在斯大林七十壽誕慶壽大會臨近前二、三日抵達。其三、情報上祇知道敵人有暗殺毛澤東的目的外，其餘均一無所知。且不說在茫茫的一個大東北，單是在一個北京城裡，想找到這些特務也如大海撈針一般困難。最叫周恩來頭大的是，這是他上任後的第一椿要案。假若破不了此案，給毛澤東造成麻煩，他這紅色宰相也就快下野了。

周恩來略一定心，就找來羅瑞卿、楊奇清和代總參謀長聶榮臻、鐵道部長藤代遠，把任務佈置給他們。幾個人商量了一上午，也沒能找到一個積極可行的防范辦法。最後一致決定，由聶榮臻調動十萬部隊，在訪蘇前的兩到三個月裡，對東北全境的鐵路兩側二百公里范圍內，對土匪進行大清剿，盡可能的全部殲滅或趕跑大小股匪。同時，派駐三萬解放軍在鐵道線兩側駐防，做到每公里范圍內，至少有五個巡邏小組同時雙向巡察，並在所有河流橋樑處和隧道進出口處，派兵日夜看守。鐵道部征調三列火車，改裝成專列，以備同時啟用。同時還決定，三組專列同時進站。在小車站上經常變換行車順序，以此迷惑敵人。專列代號為<九〇〇二>。專列進站時，任何人不得靠近專列停靠和路經的站台。各鐵路局還要進行內部人事調整。凡是有疑點的人一律調出。

以上這些措施可謂已經十分嚴密了。古代帝王出巡，也祇是在所經路面上撒些黃土，灑灑水，做些防塵和擺譜的瑣事。但這已被歷史學家和革命家指責為奢侈已極，荒淫無道等等，罵了個狗血淋頭 。但是若同革命領袖相比，那些古代帝王會自嘆不如，真乃小巫見大巫，也真地要"還看今朝"了。

周恩來把這些防范措施，逐一向毛澤東做了匯報。毛澤東聽後一語未發，皺著眉頭，專注地吸著香煙。即將陪同毛澤東訪問蘇聯，並負責全程保衛任務的中央警衛局局長汪東興，先就不大高興了。他不滿地問道："看來，對敵特的行動，是一點主動措施也沒有了？祇有乾等著挨炸了？"

"不，不能這麼說！公安部和中央軍委公安部正在全面地開展工作。"周恩來謙意地一笑，淡淡地說道。他也實在說不出更多的東西了。

"光等著挨炸可不成！主席，是否可以改乘飛機？坐飛機雖然不能直航，中途要換兩次飛機，有點折騰人，得受些罪……"汪東興又像是征詢毛澤東的意見，又像似自言自語，叨叨咕咕地說道。

"不，就乘火車！恩來，我想起一個人，叫小曹……"

"主席說的是曹純之科長吧？我們已經啟用了他。把他調到公安部擔任偵察科科長。正準備由他偵破此案。"周恩來滴水不漏地回答道。

"好！這個人有些能力。限他在我回國之前偵破此案！"

"主席，為什麼要在你回國之前才破案？可以提前嘛。越早越安全嘛！"汪東興不解地問道。

"時間太短了，也是難為他。"毛澤東吐了一大口濃煙，接著又狠狠地吸了一大口。毛澤東吸煙，從來不往肚子裡頭嚥。他祗讓煙霧在口腔裡，稍稍停留一下就吐了出來。他的滿嘴牙被煙油子薰得黑黑的，像是刷上了一層黑油漆，黑亮黑亮的。他見汪東興仍在眼巴巴地望向自己，就又接著說道："我們出發的時間可以保密。敵特無法掌握我們出發的時間表，就難以下手。但是，我們回來嘛，蘇聯人一登報紙，電臺一廣播，敵特就可以準確地算出來，我們何時經過何地了，危險就加大了。恩來，你一定要在我們回國之前，偵破此案！"毛澤東毫不含渾地說道。

"一定！一定！"周恩來絕不講價地滿口應承道。

一九四九年十二日六日，毛澤東的專列從北京出發了。這是他有生以來第一次出國。他又高興，又神往，又疑慮重重。不知此一去，都有些什麼在等著他。

專列穿過華北大平原，出了山海關，駛經東北大地，直抵滿州里國境線。毛澤東一行人下了專列，換乘蘇聯政府派來的專列，經過西伯利亞的冰天雪地，掠過貝加爾湖，翻越烏拉爾山，進入歐州大陸，又是一陣急駛。整整跑了十天。於十二月十六日中午十二點整，抵達莫斯科火車站。毛澤東一下火車，克里姆林宮伊萬大帝鐘樓的那口巨大的鐘王，便敲出悠悠揚揚的鐘聲，宣示對遠方客人的歡迎。

歡迎隊伍是按蘇聯外交部最間迎賓規格安排的。除了斯大林本人外，其它蘇共政治局成員和外交部正副部長全部到齊。

毛澤東被安排在斯大林住過的一所別墅裡，是位於近郊區的孔策沃花園別墅。

當天下午五點鐘，蘇聯外交部派車來接毛澤東和隨行人員，前往克里姆林宮，會見斯大林。臨上車前，毛澤東突然臨時變了主意，祗帶書記處翻譯師哲一人前往，留下了所有的隨行人員。他們全愣了。不知毛澤東這麼做是何緣故，又不好發問，也不敢去問。

毛澤東於五點五十七分來到斯大林辦公室門前。他下車進了大廳剛走了幾步，就聽見大廳牆上的自鳴鐘，鼓響了六點鐘。那扇原本緊緊關閉著的辦公室大門，猛地被推開了，斯大林率領全體政治局委員，站在門口的一側，一字排開，歡迎毛澤東。

　　斯大林是從來不站在門口歡迎任何客人的。這就如同毛澤東永遠坐在辦公桌後面接見自己的部下一樣。今天斯大林首次打破了自己的慣例。

　　斯大林見到毛澤東咧嘴一笑。然後，他又一次破例地先伸出了手，去同毛澤東握手。毛澤東早已聽王稼祥等人說起過，斯大林總是要等拜訪問的人，先伸出了手以後，他才會伸出手去，輕輕地一握。那已是很有面子的事了。被他握過手的人，則會終生引以為榮。毛澤東一見斯大林先伸出了手，自然是又驚又喜，就搶前一步，伸出雙手，緊緊握住了斯大林的手。他握得又緊又久。斯大林也搭上了他的另一隻手。

　　"你好！"斯大林說道。

　　"你好！"毛澤東赶忙回問道。這是兩人第一次見面後，說出的第一句話。

　　"我們十分歡迎你的到訪！"

　　"謝謝！"

　　說到這裡，斯大林不說話了。他兩眼一動不動地端詳著毛澤東那張被其自稱為大中華面孔的臉。他把毛澤東看得好不自在。斯大林根本不去理會這些，依舊打量個沒完沒了，他喜歡按自己的意思行事。

　　毛澤東慢慢地沉下了臉。他故意地仰了仰臉，讓斯大林看個飽。毛澤東喜歡挑戰，一般總是搶攻。他也習慣應戰，能當守門員。此時此刻，他似乎找到了被罰點球的感覺。

　　"你很年輕嘛！滿面紅光，身體很健康嘛！"斯大林打量夠了脫口說道。他的口氣完全是長輩和上司的口吻。

　　"你也是很健康嘛！"毛澤東把斯大林的後半句話，原封不動地退還給了斯大林，也把他們二人彼此之間的關係墓本上拉平。

　　斯大林聽後，哈哈一笑，轉過半邊身子，把蘇共政治局委員們逐一介紹給毛澤東相識。介紹完畢，斯大林就習慣地往記者們照像用的平台前面一站，又朝毛澤東招了招手，示意毛澤東站在他的身旁。政治局委員們十分熟練地，依自己的政治地位，找到了自己的照像位置。

　　就在閃光燈閃亮之前那一剎那間，快門就要按下去的十萬分之一秒時，斯大林老練地，又似乎漫不經心地往前邁了半步。毛澤東一愣，以為像片要照壞了，就順手拉了斯大林一把，要他站回來重照。不料，斯大林沖他咧了咧嘴，神秘地一笑，伸手示意毛澤東，坐在長條型談判桌的中國一側。

　　毛澤東心中留下了一個大問號。

第二天<真理報>的攝影記者送來了放大後的照片。毛澤東這才疑點頓釋。原來，斯大林身裁中等偏矮，比毛澤東低了大半個頭。快門按下之前，他邁出了半步，就離鏡頭近了些。照出來的斯大林，就差不多同毛澤東一般高了。毛澤東吃了個啞巴虧。但他牢牢記在心上了。下次再照像時，他定要討回這個公道來。

　　"很好！好得很！你們取得了偉大的勝利。你對中國人民的貢獻很大。你是中國人民的好兒子！我真誠地祝願你永遠成功！祝願你們今後取得更大的勝利！永遠前進！"

　　斯大林說了這麼一大堆好話後，滿以為他的好話能換回更多更熱烈的恭維話，甚至是討好拍馬屁的話。斯大林一向喜歡別人恭維自己。尤其是在自己的七十大壽之際，他更想聽聽別人，特別是神秘的中國的革命領導人，會當著政治局委員們的面，如何歌頌自己的。而這位領導人本身又曾經為多人所指責，其神秘程度甚至超過自己的國家。

　　斯大林的期望落了空。他的算盤打錯了。他太不了解毛澤東的為人了。毛澤東一張口令他十分尷尬。


　　這正是：


壽 星 佬 最 愛 吉 利 話 ，

王 中 王 更 喜 人 恭 維 。

湖 南 騾 慣 揚 逆 耳 聲 ，

山 大 王 做 事 常 出 軌 。

欲知後事如何，請看下回分解。

# 第八十七回

## 話友誼屢生枝節

## 玩權謀無分輸贏


　　話說斯大林在自己的壽誕之際，破例地講了毛澤東一大堆好話。不料，毛澤東卻認為這是斯大林多年來,首次對自己做出了一個較為公正的評價。這些公正的評價立刻喚醒了潛伏在他血管裡的,那些受不得任何委屈的叛逆因子。

　　剛才，在門口，在他被仔細端詳打量時,這些因子已經睜了睜眼睛，抬起了頭。此刻,則全然睡醒了。毛澤東多年來隱藏著的不滿和憤怒,就在這外交場合下，這談論友誼的熱烈氣氛中，突然迸發了。毛澤東聽完斯大林的恭維話後,搖了搖頭,完全不用任何外交辭令，直率地說道："不！這不全面！我還受到過打擊和排斥！我是個長期受到某些人冷遇和排斥的人。我有話沒處去講！連見見面都不肯！就算說了，你們誰也不愛聽......"

　　毛澤東不懂外交。外交方面那些繁瑣的機械的僵硬的外交禮儀，乃至規定和紀律，根本無法約束他這個和尚打傘,無法無天已成了習慣的人。毛澤東一頓重炮,把原本充滿友誼的氣氛，"轟"得昏天黑地，"炸"得亂七八糟，似乎一股寒流襲進了百花盛開的仲春初夏,吹落了翠綠的嫩芽嫩葉和綻開的鮮花，攪得周天寒徹，一派淒涼。斯大林辦公室裡立即緊張起來。

　　人們臉上的笑容不見了。歡聲笑語沒有了。蘇方大員們繃著臉兒,惡狠狠地瞪視著毛澤東。斯大林板起了老臉,擰緊了眉頭,憋著火氣,再次認真地端詳和打量這個來自中國山溝裡的紅色山大王。

　　翻譯師哲嚇得呆住了。他心裡一個勁地後悔，自己不該如實地，一字不落地翻譯出去毛澤東的這番,滿是牢騷的原話。他在蘇聯，就在莫斯科,多年學習、工作和生活過。他太了解斯大林了。他知道，這會惹翻斯大林的。後果將是災難性的。他以一種特別而又複雜的眼神瞅向毛澤東。他想用眼神告訴毛澤東,盡量把話說得含蓄些，禮貌些，點到即止,讓對方自己去猜。扼要地講，就是要外交一些。其實他心裡是想直截了當地告訴毛澤東,在這種彬彬有禮的外交場合上，實在不會外交辭令，就多說吉利話、拜年話、好聽的話，甚至是違心的話、假話。

毛澤東覺得師哲的眼神有些怪怪的，就狠狠地白了師哲一眼球，又自顧自地用那濃重的，含有紅辣椒味道的湖南口音，接著講道："反對過我的人很多。國內有人。國外也有人。這些人好厲害喲！當然啦，有些人是非不明，黑白不辨！到現在，也照樣黑白不辨！是非不明！……"毛澤東說完，又以命令的口吻告訴師哲，不許漏掉一個字，要全部翻譯出去。

斯大林十分尷尬。他心裡明白，毛澤東是在說王明等人用他斯大林的大牌子，壓制了毛澤東那段舊事。但是，斯大林認為自己沒有什麼不對的。做事過程中打擊、壓制或者損害到了任何人，包括毛澤東在內，也沒有什麼可非議的。也就是說，用不著向誰道謙。一切都正確。過去，現在和將來，都是正確的。至於毛澤東覺得自己很委屈，那是他自己的事。即使明明白白地擺著，是他斯大林錯了，那也一向都是別人向他斯大林道謙。這就叫斯大林作風！

斯大林打心眼裡往外討厭毛澤東的這一番話。然而，毛澤東鬥倒了王明，又打敗了蔣介石，取得了最終的勝利。這是事實，這也是歷史。他斯大林也得接受下來，這是沒話說的。但是，乍一見面，毛澤東就直通通地全攤了出來，讓他沒有些許的思想準備，難以作答，讓他覺得反感。斯大林在國內從未碰到過類似的情況。毛澤東的"偷襲"，真地把他搞得措手不及，甚至有些狼狽。

沉默。無言的沉默。無奈的沉默。面面相覷的沉默。誰都想打破它。偏偏無人又無法能打破這一沉默。

經驗老到的斯大林平靜了一下自己，用不容他人置辯的口氣武斷地說道："勝利者不受審判！勝利分清了是非！要既往不咎嘛！勝利就是一切！不要譴責失敗者。這是公理！"斯大林根本不想去安慰一下向他訴苦的人。就更甭說道謙了。

毛澤東怨恨地瞅了瞅斯大林。他早就估計到自己討不回來公道，才臨時決定把自己的隨行人員留在了別墅裡等他，免得在部下面前丟了面子。

一場嘴巴官司暫告結束。難分勝負。但是，雙方心裡對自己的對手，都有了新認識，也各自心中有了數。於是，斯大林帶頭乾笑了幾聲。毛澤東違心地陪著苦笑了幾下子。其它人互相瞅了瞅，也祗得不明不白地乾笑了幾嗓子。在乾笑聲中，斯、毛二人就天南地北、海闊天空地侃起了上下五千年的稀罕事。

在兩個多小時的時間裡，蘇聯方面祗有斯大林一個人在高談闊論。其它人彷彿祗長了耳朵似的。突然，斯大林一轉話頭，滿面正經地問道毛澤東："你來一次不容易。那麼,我們這次應當做些什麼事呢？你有些什麼具體想法和打算？"

　　"怕是要搞個什麼東西吧？這個東西應當是,既好看,又好吃。"毛澤東回答道。他在此時此刻,突然用上了外交辭令。祗不過這是中國官場上,上司們,大首長們的專用辭令,是獨家用語,是叫下級官員挖空心思,絞盡腦汁去猜的官場謎語,以顯示上司們大首長們之高明,之幽默,之富於哲理, 可以稱為<內交辭令>。外國人是無法理解和領會的。自然囉,歐州人不習慣,也沒見識過這種彎彎繞。在場的人, 包括無所不能的斯大林在內, 誰也沒弄明白這究竟是個什麼怪東西。師哲是半路歸國的僑民,也祗能是,半猜半懂,半明白,半不明白。他在翻譯過程中盡可能地做些解釋。他說,<好看>,是做樣子給全世界看的；<好吃>,是有具體的實惠。蘇聯人仍然搞不懂,什麼"怪東西"能做到這一點。是動物？還是植物？還是新發明的化工新產品？眾位政治局大員目瞪口呆,互相張望。斯大林不甘心,這世界上還有他老人家能不明白的事, 他自己就執著地追問毛澤東。毛澤東偏偏不肯解釋個通透,笑呵呵地吸自己的煙,望著蘇聯人的傻樣子, 心裡偷著樂, 算是對斯大林在門口不禮貌端詳自己的報復。

　　雙方又僵住了。

　　"我想叫周恩來總理來一趟。讓他去辦。'這話看似平常, 暗下裡卻把斯大林降格同毛澤東手下的政府總理平級了。

　　"為什麼？如果我們兩人還不能確定下來,為什麼又叫他來？"斯大林一聽就火了。他是官場上的老油子,焉能聽不出此話背後的含意？斯大林明確表示不同意毛澤東的意見。

　　雙方又頂上了牛。,

　　兩位老大都用自己的那一套去叫對方適應自己, 從而給對方降降級。這種會談沒法不頂牛,沒法不僵成一塊死肉疙瘩。

　　蘇聯外交部的官員找毛澤東的下屬談判,摸底牌,想搞清毛澤東的心思和真實用意。斯大林親自給師哲打電話,想弄明白"又好看,又好吃'倒底是個什麼怪物？無奈師哲也不懂。特別是毛澤東已表態這事非由周恩來去辦不可了, 師哲哪敢再多解釋強充大頭蝦？,

　　祝壽大會之後, 毛澤東被冷落在一旁了。不用深想, 這是斯大林在給毛澤東一點顏色看看, 進行一番<再教育>。

　　一天天過去了。蘇聯方面沒有任何跡像表示同意周恩來到莫斯科參加談判。

　　就在這當兒, 英國路透社發出一條消息, 說是毛澤東在莫斯科被軟禁了。

斯大林見事情已經鬧成了國際事端,引起了國際輿論的關注，他就找來了曾長期在蘇留學和工作，又自己較熟悉的王稼祥。當時，中蘇雙方已談妥由王稼祥擔任駐蘇大使。王傢祥是毛澤東訪蘇代表團主要成員之一。他對毛澤東訪蘇目的自然是一清二楚。

王稼祥一邁進斯大林的辦公室的門坎，就看見斯大林背著一隻手，在慢慢地踱步，嘴裡叼著分分鐘不離口的洋煙斗。

他一見到王稼祥，連個問候話也沒有，就更不用提讓座請茶了，就像對待自己的下屬一般，張口就是：'今天我們倆要好好地談談。就我們兩個人。你都見到了。'於是，王稼祥祗好竹筒倒豆粒，一粒不留。

'報告斯大林同志，<好看的>，就是你同劉少奇同志談妥的<中蘇友好互助同盟條約>。<好吃的>就是毛澤東同志請你把沙俄政府吞掉的中國領土全部退還給中國，給毛澤東同志，在全國人民面前一點面子。第二件事就是，中國黨想從俄共退出來，今後不再是俄共中國支部，成為獨立的中國共產黨。就是這些，斯大林同志。'王稼祥一口氣交了底。

'哈哈！哈哈！'斯大林聽完此一番<好吃的>，不由大笑起來。'確實好吃！我也想吃！我想吃一點中國同朝鮮接壤的那一小片土地。中國一半，我們一半。一旦朝鮮半島發生戰爭，我就用這條通道出兵朝鮮，同帝國主義份子打上一仗。王稼祥同志，這可是無產階級革命的需要，是世界革命的需要！'王稼祥一聽此話，乾張嘴，吐不出半個字來。'當然，我不會佔你們的便宜，你們也別想！沙俄拿走你們的領土，已是歷史。我們誰也無改變歷史。歷史就是歷史。祗要毛澤東同志能同意，我們也會同意中國獨立，同意你們的政綱和承認新中國是唯一的合法政府，還會勸說東歐各國同我們一道幹。就是這些。

王稼祥向毛澤東一匯報，毛澤東比他還吃驚。可是一想到新中國，一想到黨的獨立，他就祗剩下破口大罵了：'老酒鬼！比強盜還強盜！....'罵完了，他祗好留下買路錢。同時他也明白了：洋牌<山大王>比他還狠。

斯大林拿到了領土，心中十分高興。他把蘇聯在華間諜搞到的有關劉少奇、周恩來、高崗等人的黑材料交給了毛澤東。弄得毛澤東如墜十里霧中，不明白斯大林想幹什麼。

世人皆知：俄國人佔了誰的便宜，隨後就回送一點小恩小惠小禮物，討好一番。這是民族習俗。斯大林也不例外。

　　斯大林讓毛澤東不明白的，還不止這一件事。有一天，毛澤東問師哲：＂為什麼我稱斯大林為同志，而你翻譯過來的，斯大林對我的稱呼，卻全是先生呢？在俄語裡，同志和先生是同一個單詞嗎？＂

　　＂不，不是同一個單詞！可是，斯大林就是那麼說的。我是如實翻譯的。＂

　　＂那麼這樣吧，下一次，你找個機會問問他，為什麼稱呼我先生？＂

　　＂那……那不太好吧？沒人會這麼去問斯大林的……＂

　　＂我就要問！不鬥不行！要敢於鬥爭！＂

　　在下一次會談時，師哲抓住一次翻譯的末尾時刻，以個人身份，直率地問了斯大林這個問題。師哲一下子把斯大林給問住了。看樣子，在斯大林心目中，毛澤東就是先生，而不是同志。

　　然而，斯大林畢竟是斯大林。他先愣了幾秒鐘。然後，他莫名其妙地哈哈大笑，又轉過去半邊身子，朝著他的下屬們說道：＂對，是同志！應該稱同志！從現在開始，馬上改稱同志。毛澤東同志！哈哈……＂他這麼一側身，一問詢，一大笑，就把責任全部推給了他的下屬，也把毛澤東打出的棉砂掌輕易地躲了過去。既然斯大林無任何責任，那也就用不著向誰道歉認錯了。

　　＂毛澤東同志，我們繼續吧！哈哈……＂

　　毛澤東無言以對，有氣還得往肺子裡裝，有火還得往心底深藏，此刻，他祇能輕輕地咧嘴一笑。三十年後，人們才從美國國會公佈過期機密文件時，解開了這道謎。

　　經斯大林特許，一個月後，周恩來到達莫斯科。雙方一接觸到實際問題，又屢生枝節。

　　蘇聯方面提出，不允許第三國公民到中國東北地區進行任何活動。其目的是防止美國人進入東北。蘇聯方面還提出，蘇聯專家到中國工作時犯了罪，不受中國法律制裁。這都是不尊重中國政府主權的無理要求。毛澤東自然不肯寫在友好條約上讓世人取笑自已。

　　在外蒙古問題上，毛澤東提出雙方共同發表一個聲明，承認外蒙古獨立。斯大林堅決不肯。斯大林認為蘇聯已同蔣介石政府辦妥了這個問題，用不著再去同另一個政府去翻歷史老賬。按照國際慣例，一屆政府應當繼承前一屆政府的承諾。毛澤東則認為自己是一個新國家，不是新舊交接的兩個政府。毛澤東討厭給蔣介石當＂二奶＂，吃他的＂剩菜剩飯＂。

　　雙方又頂了牛。

　　湊巧，美國新任國務卿艾奇遜做了題為＜美國的亞州政策＞的講演。內中提到了蘇聯、外蒙古和中國東北地區等問題。為了對付美國人，斯大林和毛澤東找到了共同語言，暫時互相讓步，決定由各自政府發表聲明反駁艾奇遜。

蘇聯和外蒙古均以外交部的名義發表了聲明。中國則以外交部新聞署署長胡喬木的個
人名義發表了一個聲明。斯大林大為不滿。他說："必須以政府名義發表聲明！以個人名義是無效的！"

"我們一向這麼幹！一九四九年反駁他們的<白皮書>,就是這麼幹的！"

"不行！要依循國際慣例！"

"我們習慣這麼幹！"

毛、斯二人互不相讓,吵得臉紅脖子粗。毛澤東离開克里姆林宮時還怒氣衝天。

周恩來見事不妙，忙派王稼祥和師哲二人出面,同蘇聯外交部官員頻頻接談,才使此事不了了之。雙方談判又能繼續下去了。但談判地點改在了孔策沃花園別墅進行。毛澤東習慣夜間工作。這也正合斯大林的習慣。於是，全部談判改在夜裡進行。斯大林有吃長晏的愛好。一頓飯能吃四、五個小時。前頓飯剛撤下桌一、兩個小時後，就開始第二頓飯。會談祗好改在餐廳的飯桌上進行。邊吃邊談。邊談邊吃。

斯大林喜歡用烈性白酒摻上格魯吉亞紅葡萄酒混合著喝。毛澤東突萌好奇心，便悄聲問道蘇方翻譯費德林內中緣故。　"這很難解釋。也不好解釋。可能是習慣吧。這得問問他自己。"費德林悄聲回答道。

"這不禮貌吧？"毛澤東很外交地問道。

"你們倆在那裡秘密地交談些什麼？要背著誰？"斯大林十分威嚴地發了話。

費德林嚇壞了。他戰戰兢兢地回答道："是這麼回事，斯大林同志。毛澤東同志想知道,你為什麼把白酒摻上紅酒混著喝,而別人為什麼不這麼做呢？就是這些，斯大林同志。"

"那你為什麼不先問問我？"

"請原諒，斯大林同志。毛澤東同志不讓我問。他說這不禮貌。"

"那麼，你覺得，在這裡，應該聽誰的？"斯大林說到這裡,才把他的個人習慣做了一番解釋。費德林則已是大汗滿頭了。

有一次,會談中間,斯大林突然沖著中方代表團的陳伯達說道:"哦，陳伯達同志，我讀過你寫的<人民公敵蔣介石>這本書。"

懂俄語的陳伯達一聽這話,立馬高興起來了。他直接用俄語向斯大林致以感謝,並問侯了斯大林。斯大林也高興了,就舉起酒杯同陳伯達碰杯。陳伯達更來了勁頭,就接著和斯大林聊了起來。兩人越聊越高興,也順勢頻頻舉杯助興。毛澤東被冷在一邊了。

第二天,毛澤東的秘書通知陳伯達:"主席說了,下面的會談,你不要參加了。"

陳伯達一聽這話,馬上就要翻了白眼,額頭上的汗珠子順頰而下。他知道自己闖下了大禍。他躲到尚未正式掛牌的大使館裡去看書看報。當天夜裡,他又被毛澤東叫了去。

"……為什麼沒得到我的同意,擅自去大使館? 你的工作崗位在哪裡?你幹什麼來了?有沒有組織觀念了?……" 毛澤東把陳伯達訓得渾身冒臭汗。陳伯達不住聲地連連承認錯誤,一個勁地檢討自己。最後他又交上了一份厚達十幾頁的書面檢查,才算過關。

有一天,談判快要結束的時候,師哲見毛、斯二人頂得太僵了,就沒話找話,同斯大林瞎搭訕,借以緩和一下氣氛。他問道斯大林:"斯大林同志,你答應過,要嚐嚐我們中國的酒水飯菜。這話還做數嗎?"

"當然啦!我在等侯你們的邀請。"

師哲的問話,也不是隨隨便便亂問的。毛澤東一到莫斯科,便決定晏請斯大林吃頓中國飯。他通知王稼祥做了準備。大使館已經請好了中國廚師,借來了餐具,買好了茅臺酒和中國特色菜,包括中國北京烤鴨、涮火鍋專用羊肉片等等。

正在氣頭上的毛澤東,見師哲同斯大林聊閑天,覺得不順眼,就怒沖沖地問師哲:"你們在談什麼事?"

"說了說主席想請他吃飯的事。"

"把話收回來!不請他了!"

師哲一聽,愣了。周恩來、王稼祥等人全傻了。眾人一看毛澤東的臉色,想勸不敢張
嘴。斯大林嘛事不覺,越發地上了勁兒。他興高采烈地問道:"師哲同志,請問一下毛澤東同志,他打算請我喝什麼酒呀?"

這下子,師哲是徹底傻到家了,不知道是翻譯過去,還是不翻譯過去。不翻譯肯定是不行的。偷工減料吧,又沒法子 "偷" ,沒法子 "減" 。就這麼一句話 。一 "偷" 一 "減" 就全沒了。可是,翻又如何翻呢?

這正是：

哪壺不開提哪壺，

苦煞中間傳話人。

話不投機翻白眼，

友誼盡做臭大糞。

欲知後事如何，請看下回分解。

# 第 八 十 八 回

## 尋 蹤 覓 跡 巧 破 案

## 烽 火 處 處 爭 霸 權

話說師哲在斯大林的追問下，正在犯難之際，略通俄語的周恩來急中生智，搶先對毛澤東說："斯大林同志從他部下那裡,得知主席擅吃辣椒。他們格魯吉亞人不大服氣,很想同主席交流切磋一下。"

"好, 好得很！我毛澤東捨命陪君子。告訴他, 我請他吃飯！"毛澤東頓生教訓斯大林的念頭。

"師哲同志, 請你告訴斯大林同志, "周恩來又插了一句, "我們帶來了茅臺酒和煙臺紅葡萄酒。毛主席想同他喝美酒吃辣子,來個中蘇會戰紅辣椒！"

斯大林一聽此話, 不由得哈哈大笑起來。

"我早已知道毛澤東同志的厲害了。我見過柯瓦廖夫同志帶回來的紀念品。好吧, 一言為定, 我們餐桌上見！"斯大林毫不示弱地表示應戰。

十四日晚上九點多鐘, 在鄰近克里姆林宮的米特勒勃爾大飯店, 中國代表團舉行了盛大的雞尾酒會。毛澤東、周恩來、王稼祥夫婦站在飯店大門口迎接客人。

"我一般是不到外面吃飯的。"斯大林微笑著說道。此話一點不假。這一次是斯大林主政以來多少年間, 頭一次走出克里姆林宮, 參加一個來訪國家的晏請。因而, 駐莫斯科的各國記者紛紛趕來採訪。莫斯科市的大小官員平時根本見不到斯大林, 也趁此機會來見見自己的領袖的風采。整個大旅社, 樓上樓下, 院裡院外, 甚至連警戒線外, 全都站滿了客人和圍觀者。斯大林給足了毛澤東面子。

"你年紀大了。如果身體堅持不下來, 參加一下子開幕式就可以了。"毛澤東根本不領斯大林這個情, 以年齡上勝利者的姿態, 說出了這句令斯大林瞠目結舌的話來。

"我要陪你吃到最後！我在莫斯科也少有機會吃到好辣椒。我聽說湖南的, 並不是最好的。好品質的辣椒出產在更遠的雲南和四川那邊。是一種小小的尖辣椒, 對吧？"斯大林話裡有話, 還了毛澤東一"拳頭"。

"哈哈，若是斯大林同志喜歡，我用飛機多給你送些來嚐嚐嘛！"

"謝謝！"

這間飯店貴賓室和外大廳之間，隔有一道玻璃門 。 在斯大林同毛澤東大戰紅辣椒時， 無人不想湊到玻璃門口看個仔細，瞧足熱鬧。就連各國大使也不顧外交禮節，拼命往貴賓室裡擠。那扇玻璃門快要被擠碎了。周恩來祇好叫服務員把玻璃門打開，放一些人進去。

毛澤東雖然能吃辣椒，但不能喝酒。斯大林辣椒吃得少些，但他是一口烈酒，一口辣椒，辣對辣，辣上加辣，實屬不凡之輩。可以說，兩人從鬥嘴到鬥辣，打了個平手，難分伯仲。這天的英雄當屬周恩來。他居然不看講話稿，把三千多字的祝酒辭，說得一字不落,一句不錯。這一點倒成了次日各報的大新聞。

斯大林講話時,也沒用講話稿。他的頭一句話,就在大廳裡扔下了一枚"炸彈"："今天,很遺憾，南斯拉夫的使節沒能到會。我不歡迎他們。中國客人也不歡迎他們！我們都討厭鐵托這樣的人！......"事後,蘇聯新聞機構轉發這段講話時,語氣略有緩和。世界各國報紙異口同聲地評論說 ， 斯大林於中國人的晏會上大罵鐵托，頗有殺雞給猴看的味道。毛澤東是何等聰明之人,焉用外國人提醒？但他面色平靜自若,似乎什麼也沒察覺到， 一門心思津津有味地,十分香甜地品味自己鐘愛的紅辣椒,並且勸說其它人也來嚐嚐這道獨特的美味佳餚。

兩位老大見面,有諸多不快，不快歸不快， 為了各自的利益,中蘇雙方如期簽署了＜中蘇友好互助同盟條約＞以及其它一些不能示人的條約。毛澤東於二月二十七日离開了莫斯科。前後近三個月。

毛澤東一踏上回程列車的車廂踏板， 就問周恩來："那件案子破了嗎？"

"正在偵破。主席放心好了。一定破案！"

毛澤東一聲沒吭,沉著臉進了自己的專用車廂。周恩來赶緊再發電報,催促公安部加速偵破此案。因為十天後毛澤東的專列將抵達國邊城滿州里。

實際上， 從毛澤東离京那天起，公安部就在日夜奮戰偵察此案，無奈線索太少，而沒有什麼進展。此時已在公安部工作的曹純之,真是絞盡了腦汁， 分分秒秒都在捉摸,這件案子該從何處入手。

這天,他一進辦公室就看見每人的辦公桌子上,都放有一本新出版的＜政治經濟學＞。這是部裡發下來供大家政治學習時用的。

　　″又發書了！耶嚇，還是本〈政治經濟學〉！不過，咱文化淺，怕是看不懂......″

　　″科長，以後的日子富裕了，不會理財可不成！″同室女科員跟他開玩笑。

　　″就這幾十塊錢還用理？不到半個月就全光了！我倒是應該學學借款學！″曹純之也喜歡說說笑笑。

　　″哼！那可不見得！你得先學學獎金學！破了案，立大功，得重獎，獎金能少得了？快準備請客吧！咱們東來順涮鍋子了！″

　　″科長，你說人家蔣介石那邊，這下子會賞給那個狗特務多少錢？″一位男科員問道。

　　″啊？！″曹純之低低地驚叫了一聲。男科員的問話讓他心裡一動。他忙追問了一句：″你是說，那個特務會有一大筆錢，是吧？″

　　″先發給的叫經費、活動費。事成了，就發獎金。還興許是美金哪！報紙上說，蔣介石現在全發美金！″男科員認真地說道。

　　″啊？！″曹純之又是一驚，心裡卻在想，″對！就從這兒入手！查美金！這美金可不是哪個人都有的！″他主意拿定，一拍大腿站起身，三步併作兩步走，去見楊副部長。楊奇清聽完他的分析後，認為挺有道理，立即下令全北京的涉外銀行一齊查賬。重點查最近這三個月內匯入的或存入的個人賬戶上的大宗現款，特別是美圓。

　　一連查了三天。沒查到一點線索。楊奇清安撫曹純之說：″小曹，別灰心嘛！你的思路對頭。北京實在查不到，可以在外地試試嘛！″

　　″外地？外地......″

　　″比如天津哪，石家莊哪，等等。离北京都很近。有沒有可能存在......″

　　″對！我先去趟天津！當天就能打個來回。″

　　不成想，在天津果真查到了一筆新近匯到的四千美圓的現金。這在當年可是很大的一筆大錢了。按曹科長當年的薪水計算，夠一名科長掙它一輩子的。曹純之順著這條線索找到了一名女人。再從這個女人身上順藤摸瓜，找到了一名叫計旭的男人。計旭不是天津人，家住北京市內。北京市公安局從解放前夕國民黨開辦的〈特務訓練班〉的花名冊上，查到了一名叫計兆祥的人。

　　曹純之從監獄裡提審了被逮捕的特務訓練班的成員，讓他秘密去辨認，計兆祥和計旭是否是同一個人。經過細密安排，被捕的特務一見計旭的面，就認定他是老同學計兆祥。

曹純之立即組織人馬跟蹤計旭。湊巧得很，計旭偏偏在自己被盯上了的時候搬家。計旭把家從鼓樓前帽兒胡同內豆角胡同三十三號搬到了緊鄰中南海和天安門廣場的南池子磁器庫南巷七號（現改為五號）院內。他在搬家的當天晚上就發送了無線電報。市公安局的偵聽車一直追聽到計旭新家的大門口。

楊奇清收到周恩來的催促電報後，立即下令逮捕了計兆祥，並對計宅進行了搜查。曹純之從屋子頂棚上找到了一台美製ＳＳＴ——１——Ｅ型二十五瓦收發報機、一支美製手槍和一本寫在<古文觀止>上的密碼本。通過計兆祥的口供，抓捕了準備在哈爾濱火車站和長春十四號鐵道橋搞爆炸的兩名高級潛伏特務。這樁謀殺毛澤東的案件徹底破案。計旭本人於五〇年六月二日被槍決處死。

毛澤東的專列駛入了滿州里車站。先期返國的代表團成員以及東北局第一書記高崗等大員親往滿州里車站迎接。毛、高二人相見甚歡。高崗用十二萬分的熱情，讓毛澤東在東北過上了半個月的帝王生活。他對高崗更為寵愛十分了。

毛澤東於月底回到了北京。先期返京的周恩來和越南總統胡志明正在焦急地等他。

胡志明是越南共產黨主席兼國家總統。由於法國出兵干涉越南內戰，胡志明的軍隊被赶到越南北部與中國廣西省接壤的邊界山區藏身。去年九月胡志明曾經請求中共給予支援，派兵幫忙打法國人。毛澤東祗答應派出軍事顧問團。韋國清率團去了越南。越共軍隊素質太差，連戰連敗，被法國兵追得四散逃命。胡志明這次去莫斯科，給斯大林賀壽的主要目的是請蘇共派兵支援。斯大林一口拒絕了。

胡志明在莫斯科見到了毛澤東後，先向毛澤東訴苦受了斯大林的氣，然後再次要求毛澤東拉兄弟一把。毛澤東躊躇再三，始終沒有點頭。毛、胡二人同車駛往滿州里，聊了一路。到達滿州里，胡志明一人飛回北京。

胡志明沒有回廣西，而是等候毛澤東，準備繼續泡蘑菇，再談派兵大事。

毛澤東對派兵入越一事有些犯難，一時舉棋不定。

不料，越怕什麼，就越來什麼。毛澤東前腳進了北京城，後腳就跟來了金日成。金日成是北朝鮮勞動黨總書記兼政府首相，此次進京找毛澤東也是商討用兵大事。

金日成，一九一二年生人。祖籍朝鮮平安南道大同郡萬景台。他很小的時候便跟隨父母來到白頭山中國一側的吉林省延邊地區討生活。他於吉林省毓文中學畢業後，加入了<中國社會主義青年團

>。一九三一年加入中共。他在中國開始了自己的革命生涯。抗日戰爭爆發後，他組織朝鮮族群眾加入東北抗日聯軍。他曾任職團長、旅長。到一九四五年抗日戰爭勝利時他已是林彪手下的一名師長了。朝鮮光復後經斯大林和毛澤東共同批准，他率領東北野戰軍中的朝鮮族幹部戰士，以及願意跟隨他去朝鮮的漢族幹部戰士，共計三萬多人，在蘇聯紅軍伴同下佔領了朝鮮半島北半部份和平壤市，成立了朝鮮民主主義共和國，俗稱北朝鮮。金日成組建了勞動黨，自任總書記。後又在新政府裡兼任首相和人民軍總司令。由於他是在中國長大的，念書的，又長期在中國軍隊裡作戰，他的中國話說得很地道，滿嘴東北腔。他自己吹牛說，他的漢語水平比朝鮮語水平高多了。

"主席，你好！"金日成一見毛澤東，先是立正，舉手敬了軍禮之後，才伸手同毛澤東握手，完全是下屬晉見首長的樣子。

"哈哈......" 毛澤東一見金日成的這副舉動，不由放聲地大笑，朗聲說道："你是首相了嘛！金首相！很不了得啲！"

"我永遠是毛主席的學生，小學生！"金日成謙遜地說道，"李承晚集團最近一直嚷嚷，要打到平壤。其實是這小子瞎詐唬！這個壞傢伙沒什麼了不起的。全靠他的美國乾爹。是個龜兒子！"

"哈哈......說得好！你的力量怎麼樣？"

"比他強多了！人多兵多武器好！我們全是戰場上打出來的！他不是對手！來他兩個三個李承晚不夠我一打的！主席支持我一傢伙，三個月內拿下濟州島，解放全朝鮮！把李承晚轟下太平洋喂王八！這可不是瞎扇乎！"

"哈哈......"毛主席大笑不已。

"主席，你過去說過，對反動派絕不能講客氣。我們不能學偽君子的那一套，搞什麼動口不動手。我想先下手！"

"哈哈，好個金首相，說得對頭！要有點造反精神！先下手為強，後下手遭殃嘛！我調三個兵團放在鴨綠江邊，給你當後盾。你放手去幹好了。這三個兵團先叫它<邊防部隊>。"

"太謝謝主席了！"

金日成回到平壤後，立即對南韓發動了進攻。他一下子把南韓的軍隊趕到了朝鮮半島南端一個很小的地區裡。舉眼望去，隔海可見濟州島了。

豈料，美國政府決定出兵干涉。美國以聯合國名義，組織了十六個國家的部隊，稱為<聯合國軍>，登陸朝鮮半島。半島上的軍事形勢驟變。金日成節節敗退。一直退到鴨綠江邊。

　　金日成又來北京見毛澤東。毛澤東立即同斯大林進行了聯係。斯大林立即同意中蘇聯手參戰。但蘇聯祗提供武器裝備和空軍。兵員由中國負責。毛澤東見斯大林如此仗義，也就二話不說,立馬對金日成說：＂中蘇聯軍將在日內出兵朝鮮。＂

　　毛澤東剛一送走金日成，蘇聯駐華大使就約見周恩來，說是斯大林改變了主意，希望再進一步地靜觀事態發展,故而決定延緩出兵時間。

　　＂奶奶的！龜兒子！王八蛋！＂毛澤東上了斯大林的當,氣得頭昏腦脹,索性破口大罵起來：＂白酒摻紅酒喝的老王八蛋！不是個好東西！＂

　　＂主席，還得想想辦法才行……＂劉少奇、周恩來、朱德等人都這麼勸他。

　　＂總不能剛對金日成表了態，馬上就變臉！蘇聯人做得出來。中國人做不出來！這些洋鬼子,都是鬼娘養的！＂

　　＂主席，是不是先把蘇方意見透給金日成。然後， 我去趟莫斯科，摸摸斯大林的底牌,再拿主意。＂周恩來建議道。

　　＂看來,也祗好如此了。你到了莫斯科後，我倆每天聯係一次。有了結果立即回來。如果那個老酒鬼不肯見你，你就大鬧莫斯科！這個人，我已領略了。不來硬的，他就當你是他兒子！＂毛澤東越說越來火, 索性口不擇詞地歡罵上了。毛澤東最喜歡<引蛇出洞>去騙別人,卻又最恨別人騙自己。這回，在國際大舞臺上， 在跨國興兵征討的大事上,他被斯大林狠狠地騙了一次，這豈能讓他不火冒三丈？不跳腳罵娘？

　　周恩來不敢稍有耽擱，立即飛赴莫斯科。

　　毛澤東亦不敢再有遲豫， 他發電報召來昔日戰陣上的一群虎將,枕戈以待,祗等周恩來那邊的動靜了。

　　毛澤東把諸事佈置就緒,本待靜下心來,將養一番。不料, 那心火卻趁勢上躥，直攻頭腦，把個毛澤東好好地大病了一場。


　　這正是：


　　　　　　頂 牛 又 握 手 ，

　　　　　　辣 子 對 烈 酒 。

　　　　　　友 好 喊 得 響 ，

喊 完 全 喂 狗 。


欲知後事如何，請看下回分解。

# 第 八 十 九 回

## 東 方 紅 頌 大 救 星

## 國 際 歌 斥 救 世 主

　　話說毛澤東送走周恩來之後,足足三天三夜無法成眠。安眠藥服了又服,也不頂用。國產的,進口的,全用過了,全都無效。院長、大夫加上著名老專家,全都應召齊齊趕了來。萬般細心診斷, 就是拿不出醫治辦法。

　　此時此刻的毛澤東, 一門心思全扣在了斯大林身上。睜眼閉眼全是斯大林那張老臉在他眼前晃動。他居然被這隻老狐狸給騙了!他從未吃過這麼大的虧!他成年累月地在外打雁,如今,卻為雁啄瞎了眼睛。能不氣惱嗎?氣極引發極大的心火,憋在體內,堵住了<任、督二脈> , 亂了心神, 五經八脈幾乎失控。安能正常地起臥入眠?

　　毛澤東身子躺在床上,心卻放在了莫斯科。他在莫斯科時經歷過的往事,又一件接一件地在他的腦海裡"放電影"。他在莫斯科的三個月裡, 親眼見到了斯大林因年事日高,自已又不善保養自己, 而益發老態龍鐘的樣子。雖然斯大林身穿大元帥服,顯得挺威武,可是一舉手,一投足,就處處盡顯老邁不堪,已逼下世的模樣了。斯大林貪戀杯中之物,更是雪上加霜,餘炭過風了。其壽祿實難言久了。毛澤東確信斯大林時代快要到頭了。自己握有年齡優勢, 勝利非己莫屬。

　　毛澤東在莫斯科期間, 親眼目睹了蘇共政治局委員們以及其它大小官員對斯大林的唯唯諾諾的樣子。斯大林批評了費德林兩句,就嚇得他滿頭冒汗珠子。看上去, 無半點同志模樣, 全是斯大林的僕從。斯大林煞是威風凜凜。但是, 毛澤東並不羨慕, 而是覺得斯大林的管教辦法很一般。

　　在延安<整風>前後, 毛澤東曾用過一系列政治運動的高壓手段逼迫幹部們"洗腦"、"換腦"。好比用大力把一條鋼絲彎變了型, 得到了一個自己喜歡的新型狀。不過, 他發現手一松, 壓力取消了, 鋼絲又恢復了原狀。也就是說, 洗了的腦又是原來那個腦了。如何不用壓力, 不用斯大林的硬辦法, 就叫鋼絲自動變型呢?

　　此時，中共內部有人帶頭喊毛主席萬歲了。捧毛澤東為紅色新皇上了。但是毛澤東知道，這沒有多少用處。在中國，老皇上已被打倒了多少個了。皇上位子不是很保靠的。那什麼辦法最保靠呢？

　　活該毛澤東大走狗頭運。想吃熱乎屎，就有人給他拉上一泡。陝北一位農民業餘歌手，借助陝北民歌老調<信天遊>中的<芝麻油>小調，順嘴唱出了一首新民歌<東方紅>。歌詞中說："……中國出了個毛澤東,他為人民謀幸福,他是人民大救星……"（芝麻油原詞為：芝麻油，白菜心，要吃豆角嘛，抽筋筋。三天不見想死個人，呼兒嗨喲，哎呀呀，.我的三哥哥。）

　　在中國人心目中，救星可是不得了的。人們在萬般無奈的時後，甚至已經絕了望，心裡全在企盼著救星的出現。生命已經全然無望了，就盼著天上能下凡一位神仙來救命。神仙是救星。法場上要砍頭時,就盼著金鑾殿上的皇帝老兒大發慈悲,下道聖旨，刀下留人。這時,皇帝老兒是救星。一個月的工資，沒到月頭上全花光了，沒飯吃了,就盼著走在路上揀個大錢包。這功夫，財神爺是救星。把錢包說成救星，有點太實用主義了。到了現代,誰發錢誰發紅包，誰就是救星。救星是神、皇、人的最高混合物。對此,外國人的看法,基本相同。祇是翻譯家們為了中外有別,故意把外國人的救星一詞譯成<救世主>，帶點洋味兒。

　　由於編曲<東方紅>的歌手出身不大好，是個小學教師，故未引起人們注意。正巧此時勞動模範、老貧農、著名民歌手李有源在一次大會上演唱了<東方紅>後，全解放區處處傳唱。這一唱，唱紅了<東方紅>，引起一時哄動。中共宣傳部則強行把作者改為李有源,管這叫一紅到底。

　　毛澤東成了救星,成了中國人民的救世主，在人們心中登上了九五至尊寶座。毛澤東知道這是人們自己給自己洗了腦。毛澤東成了神、皇、人的至高無上的混合體。一曲<東方紅>把毛澤東捧上了神壇。

　　毛澤東躺在床上睡不著。可是他每每想到<東方紅>，心裡就如灌滿了上等蜜糖似的。舒服之後,他又想起了另一首令他不舒服的歌。

　　在莫斯科,毛澤東總共出席了三場大型群眾集會和一場祝壽大會。每逢這種大場面,與會人員都用俄語高唱一首歌。毛澤東被這首歌的旋律和氣勢深深打動、震撼和感動。毛澤東不會唱歌。一輩子沒唱過一次歌。他也不懂俄文。一句也聽不懂。他就去問陳伯達。可惜,陳伯達也是一位大歌盲。但他知道，這首歌的歌名叫做<國際

歌>。再問別的，他就祇會亂搖腦袋了。師哲告訴毛澤東，<國際歌>是全世界共產黨人的黨歌。每逢黨的大會或大型政治活動，會前會後，開幕閉幕，那是非唱不可的。由於這首歌雄壯感人，鼓舞士氣，激發鬥志，在電影中，戲劇舞臺上，共產黨人臨刑就義之前，革命戰士彈藥打光，英勇捐軀之時，也會高奏<國際歌>。故而，<國際歌>是革命者的歌曲。在中國蘇區一時沒能流行開來，那是因為戰事頻繁，四處流躥。根本沒時間去學去唱。也是因為紅軍戰士多來自農民，文化太低，對洋歌不感興趣。還有一點，留蘇派當中，首長多，歌盲多。沒人沒心思沒本事去傳播這首革命之歌。

　　毛澤東托王稼祥找來了這首歌的中文歌詞。毛澤東讀罷歌詞，心裡就不大喜歡這首歌
了。他特別討厭其中的兩句歌詞。即"......從來就沒有什麼救世主，也不靠神仙皇帝！"他很不理解，馬克思、恩格斯、列寧，乃至斯大林，怎麼就沒有一個人去修改一下歌詞中的這兩句詞呢？特別是斯大林，豈能無動於衷呢？難道斯大林真地不明白，這會削弱和降低，乃至動搖對他的崇拜嗎？

　　毛澤東在莫斯科時，沒說什麼。他甚至認為，這是轉譯，或者翻譯過程中的文字水平問題。原歌詞是法國人創作的。到了俄國，譯成俄文後再轉譯成中文，其間大有失準失誤的可能。從建國初期，直至文革結束，這期間毛澤東多次下令中央宣傳部和國務院文化部兩大系統，組織高級專家重譯<國際歌>。譯了幾次，仍舊是那兩句歌詞。於是，毛澤東一律不予通過，強令重譯。可惜沒人懂得毛澤東的心思。此事不了了之。

　　於是乎，在中共的大會上，開幕式上大唱<東方紅>，閉幕式上高唱<國際歌>。前頭頌揚了"大救星"，後面就大造"救世主"的反。原本上是勢如水火，格格不入的東西，卻在中共的會場上溶為一體，十分和諧地共存著。而針鋒相對的，截然不同的兩種政治觀點，卻為全黨同志統統接納。唱的人不以為然地唱。反正大家都唱，自己隨大流，不會有大錯。聽的人多數不動腦子，是聽聽音樂哄自己高興。明白道理的，少之又少。況且怕禍從天降，就明哲保身為第一了。如此這般，一唱就是幾十年。既無爭議，也無異議。直到毛澤東逝世，方才做罷。

　　毛澤東最明白個中奧妙。他沒有禁唱<國際歌>。他用重譯代禁。重譯不成，就裝傻裝糊塗。他甚至還期望能利用一下<國際歌>，喚起群眾的國際主義精神，參軍出國打仗。自己方能夠爭霸於世界，稱雄於環球。

　　毛澤東躺在床上實在睡不著覺，就索性閉上眼睛，胡思亂想個盡興。

　　想著，想著，毛澤東突然想起了胡志明。在莫斯科時，胡志明百般乞求斯大林。斯大林置之不理。胡志明轉而求助毛澤東。毛澤東以內戰剛結束，無能為力而拒絕了。這會兒，他一想起胡志明，突然心有所動，產生了一種嶄新的念頭。他想，斯大林一旦蹬腿翹了辮子，自己接下了盟主寶座，立即產生眾位小兄弟，是否服膺自己的問題。如果在胡志明和金日成十分危難之際，自己去拉他們一把，展示一下自己的義氣，不僅胡、金二人，其它小兄弟，肯定會心服自己的"見義勇為"，會舉自己的手。想到這些，毛澤東甚至有些暗暗慶幸，斯大林不插手越南和北朝鮮的事了。這是在國際舞臺上展示自己的大好機會！他慶幸自己同車把胡志明拉回了北京，住在自己家裡。他更叫彩金日成主動南犯韓國，挑起了國際事端。現下，他尚未登壇稱主，已有兩家小兄弟臣服於自己。真是好兆頭！是蒼天助我！毛澤東越想越高興，然而三天三夜沒睡了。睏勁不讓他再高興下去了。一聲巨鼾把毛澤東送到黃粱國去了。室內頓時鼾聲如雷。眾位守護人員鬆了一口大氣，紛紛散去。

　　朱德得此消息，仍不大放心，想探個究竟。他也想順便探望住在毛澤東家裡的胡志明。不要因為毛澤東生病，冷落了大好人胡志明。

　　自從一九四九年九月起，至今，祗有三位外國人住進過中南海。一位是印尼總統蘇加諾。這是應蘇加諾自己強烈要求才安排進去的。另一位是蘇聯國家主席伏羅希洛夫。這是回報蘇聯政府安排毛澤東住進了斯大林的別墅。第三位就是三人之中第一個住進中南海的胡志明。他不祗住進了中南海，而且是住進了毛澤東的家：菊香書屋。他同毛澤東同起同臥，三餐兩茶同桌共食共飲。毛澤東吩咐廚房，不加多一道待客的菜，不改動任何一天的食譜，如同自己家人一樣。國內國外獲此殊榮者，胡志明是唯一之人。

　　胡志明比毛澤東長三歲。朱德又比胡志明長四歲。胡志明生在越南，長在中國，念書和從事革命活動，都是在中國起步的。他參加過反清的〈同盟會〉和中共領導的〈廣州起義〉。他還參加過孫文主持的〈北伐戰爭〉。故而，他和國共兩黨的元老和主要負責人，國民黨中如孫文、廖仲愷、蔣介石、胡漢民，汪精衛等，中共的陳獨秀、李大釗、毛澤東、周恩來、朱德、張國燾、葉劍英、葉挺、聶榮臻等人都十分熟悉。若論資排輩的話，在國民黨和共產黨裡正當權的許多領導人，全要排在他的下首。一九二一年他在法國加入了法共。在法國期間他結識了朱德、周恩來、陳毅、鄧小平、蔡和森等人，還參加了他們的革命活動。胡志明不單講得一口流列地道的漢語，而且會講廣西、廣東、上海等地的方言土語，是位名符其實的中國通。他為人友好，生活極為儉樸。身為越南總統，祇有一身黑布單衣單褲、兩條內褲和一雙布涼鞋。除此而外，一無所有。他終生未娶。傳說革命成功後僅有一名小女友陪他度其餘生，但沒有生育。在中共領導人中，尚無人不承認他是位信得過的好兄長。

趁著毛澤東鼾然大睡，朱德與胡志明品茗長談，互述往事。胡志明信誓旦旦地表示，如果中共肯出兵援救越共，他胡志明保証越共永世不忘中共和毛澤東的救命之恩，永同中國結盟，世世代代友好下去。

毛澤東睡醒之後，朱德向他轉達了胡志明的諾言。胡志明的諾言正巧合上了毛澤東的心思。毛澤東爽快地答應胡志明發兵助陣。他派陳賡、韋國清等名將率領廣西兵，裝扮成越共軍隊，入越作戰，首戰奠邊府大捷，隨之，連戰連勝，保住了越共。

且說周恩來在莫斯科見到了斯大林，而且還不止一次。斯大林十分坦率地道出了自己的難處。二次世界大戰中，蘇聯國力大傷，難以短時間內恢復元氣。單是人口的銳減，特別是青壯男子的減少，已使得蘇聯人不得不實際上中止了 <婚姻法>。一個男子甚至可以明娶暗納三、四個老婆。女人生孩子是越多越好。甚至可以評上<母親英雄>的稱號。 歐州人一向講究男女平等。可是到了此時的蘇聯，一旦誰家生了個男孩，則是親朋好友，街坊鄰里，齊齊趕來祝賀一番。此時蘇聯再興兵征討，兵源是個不可逾越的困難。蘇聯同美國叫陣，就有把戰火引到蘇聯本土的風險。蘇聯已無力承擔這一風險了。自然啦，斯大林不會去講自己已是年老體衰，沒有精力去指揮一場大戰了。這也是誰都能看得出來的。蘇聯<衛國戰爭>中期以後，就一直是朱可夫元帥在指揮整個戰事。黨務上則由貝利亞當家。到了戰爭結束後，斯大林已生大權旁落的感覺。清理家門，免生肘側之變，才是斯大林的急中之急，頭號大事，已顧不上他人的大事小事了，也包括入朝作戰。

斯大林另一難言之處，甚至是對外永不能言的苦衷，在於新對手是美國人。二次世界大戰期間，美國不僅沒有損傷，反而發了擴財，成了世界"老大"，實力強勁。斯大林不想拿自己這個"蛋"去碰美國這塊"石頭"。歐州人的傳統是不幹損害自己去為他人做嫁衣裳的傻事。這個傳統已有千年的歷史了，已溶化到血液中去了。斯大林也不例外。

　　周恩來也有收獲。斯大林同意中國出兵越南和北朝鮮。他將給
予道義上的支持。 這也就是說，斯大林在搞權力下放。毛澤東正缺
這個。在毛澤東看來，這是斯大林承認他是亞州的分盟主。分盟主
是昇為總盟主的第一級台階 。台階是一級級疊成的。沒有第一級，
永遠不會有第二級，更不會有頂峰。

　　這正是：

為　爭　霸　權　分　二　陣，

陣　中　群　小　再　爭　鋒。

人　心　僅　似　拳　頭　大，

爭　位　爭　權　鬥　一　生。


　　欲知後事如何，請看下回分解。

# 第 九 十 回

## 疑 心 驟 生 彭 替 林

## 鎮 服 群 臣 子 赴 朝

話說周恩來在莫斯科打電報告訴毛澤東，說是斯大林耍賴不肯出兵朝鮮，但他同意中國出兵朝鮮和越南，並將給予道義上的支持。毛澤東閱畢電報心頭大喜，一拍大腿，高聲嚷道："出兵，出兵！"

毛澤東立即吩咐秘書通知召開政治局擴大會議。會上，毛澤東介紹了出兵朝鮮的來龍去脈。不料各位大員異口同聲地反對出兵朝鮮。理由祇有一條：國內戰爭剛結束，我們比蘇聯更困難，更沒餘力幫助別人打仗了。毛澤東就擴大會議規模，把各大軍兵種主要負責人和各大軍區政委、司令員叫來上會，並特許他們有發言權。很遺憾，昔日的心腹虎將卻沒半個人發言支持毛澤東，反而婉言勸說毛澤東少管閑事。毛澤東真地成了孤家寡人。

毛澤東此時大權在握，可以為所欲為，征求各方面意見，僅僅是走個形式，表示一下民主而已。周恩來一下飛機，就進了會場。他傳達了斯大林的意見後，眾人紛紛舉手贊成出兵了。

大計既定。何人掛帥？

毛澤東想用的第一人是林彪。

第一，林彪是他的愛將忠臣，偏又能征慣戰。此時此刻，關鍵當口，豈能夠捨林而去選用他人？第二，林彪的主力部隊全在東北，緊貼朝鮮。祇要他老毛一聲全令下，部隊抬抬腿就跨過了鴨綠江。於是他心中有了安排：他把林彪手下的十三兵團改名為＜東北邊防軍＞，在正式發佈出兵消息前，悄悄地向中朝邊境移動。

毛澤東找來了林彪。林彪聞知由他掛帥出國征戰，心中大喜。驚喜之下又出了個主意：用十五兵團的鄧華替下十三兵團的黃永勝。林彪說鄧華的獨立作戰指揮能力強過黃永勝。毛澤東一聽立准。因為在＜平津戰役＞時鄧華修改了毛澤東的既定作戰指令，出了個先打天津後打塘沽的好主意，才沒使天津中央軍總指揮逃跑掉。在＜平津戰役＞結束後做戰後總結時，毛澤東曾多次表揚鄧華，誇他腦子好用。

　　林彪一回到家，立即派人去接鄧華。他們二人也是許久沒見面了。鄧華一見林彪先是一個標準的立正，然後是標準的敬禮，接著是響亮的報告聲：〝報告一○一首長，鄧華奉命前來報到！〞林彪一見鄧華這東北＜四野＞時候的老一套，那就別提有多高興了。林彪不會客氣，也不講究待客之道。一見鄧華，劈頭蓋臉地嚷嚷上了：〝我有件大好大好的好消息！主席命令我們上朝鮮打美國人！〞

　　〝怎麼？不是黃永勝跟你去嗎？〞鄧華這些老＜四野＞們早已傳開，是黃永勝帶十三兵團上朝鮮。這還是黃永勝他老婆嚷嚷出來的。

　　〝是我的主意換上了你去。你來指揮他的十三兵團。〞
　　〝太好了！太好了！謝謝首長！我又能跟你多學幾招！〞
　　〝美國人有什麼了不起？我打遍中國南北，就差跟外國人打一仗。〞
　　〝美國人碰上一○一，就得認倒霉！林總，我在總後招待所碰見了洪學智。他是奉葉司令命令來京出差的。他聽講你要上朝鮮，眼珠子都紅了。他埋怨自己在廣州混日子，上不了朝鮮。〞〝叫上他，一起去！洪麻子心裡長草長花，幹起活來是一把好手。他和高大麻子一起抓後勤，你就不用操心後勤供應了。〞
　　〝首長，是不是叫他回趟廣州向葉司令報告一聲，辦好調動手續，再去朝鮮？〞
　　〝不用！打仗的事比天大！用不著搞什麼鬼手續。我下個命令，讓他當你的副手就行了。總參順便打個招呼。你們倆明天去瀋陽，把過江的事盡快辦好。哈哈！去朝鮮了！要碰碰美國人了，哈哈！〞
　　誰也沒想到，林彪魯莽行事得罪了葉劍英，讓葉劍英十分惱怒。他連連給毛澤東寫密信，打小報告，無中生有，污諂林彪等三人，三位戰將先後中了葉的暗箭。
　　葉劍英深受毛澤東信任和寵愛。在十大元帥中列末位，在關鍵時候卻是毛澤東的首位謀臣。一生戎馬，無甚建樹，卻是毛澤東爭權鬥爭中的心頭至寶，位在康生之上。此刻受林彪小看，焉能忍下這口閑氣？林彪率領＜四野＞從北方打到南方。戰後一大批＜四野＞人留在了廣東。
　　葉劍英在密告信上講，這批四野舊將對林彪奉若神明，張口閉口全是誇讚林彪之辭，不買毛澤東的帳。葉劍英又講，林彪帶領這伙子人若是去了朝鮮，一旦有了建功之作為，怕是會擁兵自重，獨

擅一方，遠在朝鮮，中央鞭長莫及，豈不養虎飴患？這比大權旁
落，有過之而無不及了。

　　進京之後，毛澤東最為擔心的事，就是大權旁落，失去王位。
一聽葉劍英的誣告，心中大慟，疑心病原本就重的毛澤東，此刻就
不做二想了。

　　三思之後毛澤東找來了尚未離京的林彪。寒暄三言兩語之後，
轉上了正題。

　　"哎呀呀，你來看看這封信！我老毛算是觸霉頭觸到家了！"

　　林彪一愣，接過信粗粗一看，見是粟裕報告自己病重的事
情。"粟裕同志同我患的病一個樣子。不承想，他是越來越重了！"

　　"對你們二人的病，我是時時掛在心頭，真有點坐臥不安生
啊。進了北京，你也該好好去看看病囉。找找名醫嘛！你千萬不能
躺倒！你們都躺倒了，我老毛可真是大大觸霉頭了！"

　　林彪一聞此言，心中頓生不妙之感。聰明過人的林彪立即省悟
內中一定是有了什麼大問題了。否則，在出兵朝鮮的前夜，怎麼說
上了病情？

　　"是呀，是呀，謝謝主席的關心。我得找空去看看大夫了。"

　　"粟裕是個病人。你是個病人。怎麼我毛澤東的虎將全是病人
了？太不公平了！太不公平了！"林彪心中的問號又膨漲了好幾
倍，堵得他呼吸困難，張口結舌，不知如何去接毛澤東的下話，祗
好瞠目結舌地直勾勾地望著毛澤東。

　　毛澤東有了換下林彪的想法後，那又換上何人呢？毛澤東想用
的第二人是粟裕。

　　<淮海戰役>之後，粟裕在毛澤東心目中的地位直線上昇，排名
已不在彭德懷和林彪之下了。渡江作戰時，兵分三路，以東路最為
緊要。因為東路大軍過江之後，要接連拿下南京和上海市。南京是
蔣介石的首都，有重兵防守，自是十分難攻。上海是全國經濟貿易
金融輕紡工業的中心，國內第一大城市。蔣介石早已佈下精兵悍
將，意欲伏隅頑抗。蔣介石揚言，寧可把上海打成瓦礫堆,也不讓共
產黨佔了便宜。

　　毛澤東把東線交付給粟裕指揮。粟裕不辱重命,巧用戰將。武
將用的是在濟南戰役中起義的吳化文和他的三十五軍。吳化文受命
擔任主攻南京。他本是蔣介石的嫡系，曾在南京防區任過軍職,對南
京的防務十分熟悉,更對南京守軍的將佐了如指掌,可以說,不是朋友
就是同學，或是同僚，或是老上級，或是舊部下。於是，吳化文打
槍打炮打電話，多管齊下,城門自開。吳化文的三十五軍第一個衝
進南京城。樂壞了毛澤東。打足了蔣介石的耳光。

　　攻打上海時，粟裕用的是文將陳毅。粟裕為保全上海，把炮兵部隊全線後撤。他把自己的上司、擅作思想工作、人際關係又廣又好的陳毅推到了第一線，擔任主攻。陳毅發動上海地下黨組織大肆活動，策反中央軍陣前起義。陳毅自己亦找到了在中央軍裡的老同學、老熟人、老朋友等等，反覆勸說，言明利害，巧打攻心戰，搞得中央軍鬥志盡失，各保自身，紛紛陣前易幟，把個大上海完整地拿了下來。

　　粟裕攻城不打突破打攻心，自是創下了軍史上的一大奇跡。這豈能不讓毛澤東欣賞他？看重他？全國戰事平定後，毛澤東派粟裕鎮守福建，看牢蔣介石。毛澤東把一副重擔放在粟裕肩頭。

　　此次入朝作戰，對手是號稱天下無敵的美軍王牌部隊和聯合國十六國聯軍。毛澤東不敢輕率應之。

　　毛澤東決定用粟裕代替林彪。任命下達之前，他先給陳毅打了個電話，通通消息。陳毅告訴毛澤東，粟裕病倒了，正在住院治療。病是老病。還是頭疼得沒藥可治。下床走路已十分困難。林彪從香港買到一種震盪器。自己覺得好用就又買了一副送給粟裕。粟裕用上仍不頂事。

　　聞得此番言語，毛澤東不由得仰天長嘆了一聲。偏巧此時去上海出差返京向毛澤東報告工作情況的羅瑞卿，說自己在上海時順便看望了正在住院的粟裕。醫生反映病情很重。粟裕命秘書寫了封托羅瑞卿帶給毛澤東。那封信正是林彪剛剛讀過的。

　　正在林彪不知如何應付之時，毛澤東又自問自答地嘮叨上了。

　　“我老毛從不相信天命之說。可是一到了關鍵時刻，哪壺不開提哪壺！你說邪興不邪興？”

　　若是旁人，一個有如林彪一般忠於毛澤東的旁人，此刻立即會順口接上一句：”主席，你不必煩心！我雖然有病，就讓我去朝鮮好了！打遼瀋，下江南，我不也是拖著這病身子照舊完成主席交付的任務嘛！”可是此刻的林彪卻沒有這麼做。

　　<遼瀋戰役>後的林彪正從一個職業軍事家向政治家，或稱職業政客轉型。他聽了毛澤東那些又做作又言不由衷的言語之後，心知出了大變故。雖一時摸不清內中真情，卻知道毛澤東是不想讓自己去朝鮮了，要換人了！聰明過人的林彪，戰場上是好手，政壇上也不差，也有幾手絕活。他略一穩神，就細聲細氣地說上了：”主席，我這個身子是太不爭气了，讓你添煩了！我想，那朝鮮山高河多，地域狹窄，還真不适合我慣打的運動戰。主席，我倒想起一個

人來。他可是慣打強強對抗的拼命仗，正同洋鬼子好有一
拼 ⋯⋯"

"誰？哪個？快講講嘛！"毛澤東一聽，頓時連連追問。

"彭德懷！主席親自封的彭大將軍！哈哈 ⋯⋯"

"對！對頭！不過嘛 ⋯⋯ 他的部隊都在西北，動起來可大費
周折嘞！時間上不容許我們多拖延了！"毛澤東一聽林彪點出之人
正是自己心中的第三人選，又驚又喜，可是他卻掩住喜悅故意提出
問題。

"部隊嘛，還用＜四野＞的十三兵團。指揮還用鄧華。我出面
做做他們的工作，叮囑幾句。哪個小子敢不聽指揮，我斃了他！我
想沒人敢跟彭德懷添亂，敢去搞他的鬼！"

"對頭嘛！好得很！"毛澤東龍顏大喜。他就是想林彪說出
這些話的。從此，他對林彪更加寵愛了。似乎葉劍英的暗箭就跟沒
發過似的。林彪借坡下驢，奉旨裝病，躲到一旁大休特休，大養特
養，一直蝸居到大搞＜新造神運動＞前夕方才重新出山，在政壇上又
是一番大顯身手。

林彪推荐彭德懷掛帥出征。毛澤東點頭認可。一石二鳥。既免
去林彪之患，又使彭德懷遠離大西北老窩，真真去了大權旁落之
憂。對此毛澤東甚為滿意。

彭德懷是位惡仗指揮員，一向是猛打猛攻，死守惡拼。敵人全
知道他這一手硬活，也全怵他這三板斧。三年解放戰爭期間彭德懷
坐鎮大西北，無論是胡宗南，還是寧夏二馬 ，全沒敢從西北殺出來，
在毛澤東的後院放上一把火。大西北全境解放後，彭德懷打定主意
紮根大西北，渡過後半輩子。他說："會用武力打天下，祇能算是半個
英雄。把老百姓的日子弄好了，才是人民的好兒子！我彭德懷要爭
取當個好兒子！"

這一天，彭德懷正在主持中共中央西北局工作會議。他的衛士長
急匆匆地走到他身旁，伏在他肩後，輕聲說道："首長，中央軍委派來飛
機接你去北京。飛機已經到了。隨機同來的保衛處長說，是毛主席
有十萬火急的大事找你！"

"啊！"彭德懷心中一驚。他連帽子也沒戴，家也沒回，披著衣
服就去了機場。

彭德懷走進懷仁堂的院門口時，毛澤東笑呵呵地迎了出來。他
身後跟著劉少奇、周恩來、朱德等幾位中央軍委副主席。彭德懷心
中又是一驚，他還從未領受過這麼高規格的禮遇。

到了會上，彭德懷這才知道，是研究出兵朝鮮選帥的事情。一提到朝鮮，他環顧了一下會場，沒有看見林彪。坐在他身側的高崗悄聲對他說："準備好了嗎，彭大將軍？該你出馬了吧？"彭德懷沒有理睬他，祇是輕輕地嘿嘿了兩聲。他認為這是開玩笑。東北那邊是<四野>的兵。林彪是正選出征主帥。

突然，毛澤東點了彭德懷的名字：'彭老總，說說你的意見嘛！人家那邊飽受戰火。我們能站在江這邊，隔岸觀火嗎？我們共產黨人要不要有點國際主義精神？炮火打到我們的家門口上了，再有幾下子，就打到安東市了！我們不能不管一下子吧？"

"當然不能！我同意主席的話。這件事得管管才像個樣子嘛。"

"好哇！我們的彭老總答應我們，要管管了！哈哈......"

在第二天的會上，彭德懷一共祇說了兩句話："我是名黨員。我服從中央的決定嘛！我是名軍人。我服從命令。"

中午，毛澤東設家宴，專門為彭德懷洗塵接風。彭德懷心裡第三次吃驚。這更是百年不遇的新鮮事。一連三次受驚，快把彭大將軍嚇傻了。

彭德懷一進菊香書屋的裡院，碰上一位長相英俊的小伙子。小伙子沖他一笑後，親熱地喊道："彭叔叔！"彭德懷覺得這人好眼熟，卻是不敢相認。他心裡第四次吃驚。這是誰呀？

"彭叔叔，我是岸英！"

"啊？！是岸英！長這麼高了！叫我不敢認了！"彭德懷驚喜地大聲說道，"在延安你才十三、四歲，才這麼高！"彭德懷一比量，把毛岸英，以及站在旁邊的戰士全逗樂了。

"祇見孩子大，不覺自己老！岸英都成親了。你說，快不快呀？"毛澤東聞聲從屋子裡面趕了出來。

"好哇，岸英！想賴掉你彭叔叔的喜糖喜酒，是不是？這可不成！我要加罰！"

三個人說說笑笑進了餐廳。

"石穿兄，這回我可是要仰仗你了！"毛澤東又換上了戰爭年代裡，對彭德懷的稱呼，"出國作戰，還得請你來重披戰袍，領兵作戰，我才能放心！"彭德懷這回是第五次吃驚了。這兩天他真地是'擔驚受怕'了，原來根子在這裡。這兩天的會上毛澤東未露半點口風，由誰來掛帥的事。他個人也一直認定了是林彪的事了。彭德懷是頭一次聽說，由他自己率軍赴朝作戰。

"不是林彪去嗎？"

〞人家說　自己有病。這不，今天送來了醫生的証明書。幹這種苦差事，還得咱們倆搭班子。你說是吧？〞林彪拒跨鴨綠江的罪名，大概就是用這句話定下來的。

〞我在會上表了態。我服從命令。〞

〞那就好！咱們一言為定！蔣介石被我們打敗了。蔣介石畢竟是中國人。這回可是同洋鬼子，美國洋鬼子交手。都說美國人天下第一。我就不信那個邪！得讓他們嚐嚐小米加步槍的厲害。看看誰行？〞

〞美國人有什麼了不起的！不也是一條命嘛！死了還會活轉不成？〞彭德懷說道。

〞彭叔叔，你帶上我吧！打蔣介石我沒赶上。這回打美帝，別再落下我了！〞毛岸英動情地對彭德懷說道。

〞這個……這個嘛……〞毛澤東的兒子要上前線，可不是他彭德懷敢決定的。他吱吱唔唔不知如何回答是好。

毛澤東一生明娶了四房妻室：羅氏、楊開慧、賀子珍和江青。四房夫人中，羅氏早逝無後 。其餘三房夫人均有生育 。但是長大成人的，僅有二子兩女。楊開慧留下的長子岸英、次子岸青。賀子珍生的長女李敏。江青生的次女李訥。次子岸青在上海流浪時被打傷頭部，做下了病根。後送到莫斯科療養。因照料很差，病上加病，歸國時已成殘廢。他因病不得參與政治反而得以全身，為毛澤東留下單傳孫兒一人。

長子岸英生得一表人才，性格上繼承了父母傳承下來的一切。例如，倔強和執著。這種性格能使人在酷刑面前成為不懼生死的鋼鐵英雄，也能使人成為同志、同事、親友和妻子兒女面前的(強牛)死牛，萬人煩。也正是這種性格使得毛岸英十分任性，如無韁野馬一般。結果是一頓蛋炒飯要了他的性命。

前志願軍司令部作戰處副處長、司令部辦公室副主任楊迪在其著作《在志願軍司令部的歲月裡》，曾對毛岸英之死做了詳細述敘。簡略如下：司令部為避開美軍的白天轟炸，規定白天不准生火冒煙。有一天，金日成給彭德懷送來一小筐雞蛋。這在當時是價比萬金的禮物。對此，無人敢染指。毛岸英卻不買帳。他親自動手去做蛋炒飯解饞，又恰恰是在一個大白天，真地是恰如其父，徹底一個和尚打傘了。美軍飛機一見到黑煙直上，就準確無比地投下了大批炸彈，把個司令部炸了個底朝上。司令部人員傷亡累累，其中自然就有毛岸英。人死了，萬事皆空。誰也不想再去說他點什麼了。

可是有些人卻在心中默默地問自己："這種性格的人一旦繼了大統之位，天下會是何種情景？"

毛岸英在莫斯科大學畢業後被分配到中央軍委保密局工作。毛澤東視他為心頭寶，接班人，百般呵護，百般培養，自然也百般寵愛有加。

毛岸英要去朝鮮，叫彭德懷好不犯難。

"就帶上他！誰讓他是我毛澤東的兒子！他不帶頭誰帶頭？"毛澤東表了態。

"這⋯⋯真⋯⋯潤之兄，那子彈、炮彈，可不認人哪！潤之兄，這事得先放放⋯⋯"

彭德懷是炮筒子脾氣，不會說拐彎的話，"我建議先把岸英送進軍事學院去讀幾年書。仗，以後有得打。臺灣還沒解放嘛！岸英，你聽叔叔一句話，行嗎？"

"不！彭叔叔，我這回是去定了！我和小劉都商量過了。我先去。她過些日子再去。爸爸已經同意了。你就帶上我吧！"

毛岸英說的小劉是自己的新婚妻子，還祗有十七歲。若按婚姻法規定，尚未達到結婚登記年齡。一向任性慣了的毛岸英是根本不吃這一套，向父親打了聲招呼，父親哈哈一笑，又一點頭，婚姻法成了老百姓的專用物品。

彭德懷舉著筷子，眼巴巴地望著這父子二人。他那顆盛滿熱血的心，又沸騰了。他知道毛澤東僅有這麼一棵好苗了。江青新近去了莫斯科動了子宮腫瘤大手術，以後怕是不能再生育了。彭德懷決定不答應毛岸英的請求。

"彭司令員，我毛澤東以家長身份，送子參軍參戰。抗美援朝，保家衛國，是每個中國人的義務。請你收下我的兒子！來，我們乾下這盅酒！石穿兄，你是知道的，我是不大吃酒的。"說著，說著，毛澤東眼裡已含著淚花了。

彭德懷趕忙站起身來，雙手把小小的酒盅舉過了頭："主席，"他平時極少極少這麼稱呼毛澤東。如果不是岸英在場，他連＜潤之兄＞三個字也不用，張口閉口全是＜老毛＞二字，"為了朝鮮，你⋯⋯你⋯⋯我彭德懷沒得話好講！"他同毛澤東、毛岸英碰了杯，一口喝個淨光。他哪裡想得到，毛澤東送子上前線是有深遠考慮的：從此以後，中共內部無一人出聲反對出兵朝鮮了。

"主席，我明天就出發！"

"好！爽快人！來，先坐下。咱倆細說說。"毛澤東給彭德懷夾了塊紅燒肉，沉著地說

道；"我調四野的三隻虎給你！林彪同意給。這就有了三十八、三
十九、四十軍,再加上一支王牌軍四十二軍。和美國人打，要精兵
強將才行。乾脆把四野的砲兵全調給你。你自己知道，這是全軍最
好的了。你要什麼，我供什麼！這次調給你的鄧華、洪學智和解
方，都是有腦子的虎將。讓洪學智和高大麻子一起抓後勤好了。有
這兩個麻子抓後勤，你的日子會好過多了，哈哈......"

"爸爸，我見過高叔叔，人家不麻......"

"哈哈......哈哈......"毛澤東和彭德懷聽此一問，一齊大
笑起來了。

"俗話說,十個麻子九個騷。人家是在拐彎罵他騷韃子一個，哈
哈......"毛澤東給兒子稍加解釋。兒子仍不明白。毛澤東一見兒子的
傻樣子，不由得又笑上了。

彭德懷就要起身告辭時，秘書給毛澤東送來一份特急情報。毛
澤東留住彭德懷一同看看又出了什麼大事。


這正是：

父 爭 霸 業 兒 獻 身，

母 若 有 知 淚 滿 襟。

憨 直 德 懷 心 腸 熱，

不 諳 官 場 城 府 深。


欲知後事如何，請看下回分解。

# 第九十一回

## 中國揚威三八線

## 間諜謀轟天安門

話說彭德懷正準備告辭，毛澤東的秘書送來有關美軍第七艦隊駛入台灣海峽的情報。彭德懷問毛澤東："美國人想在福建那邊動手？"

"不排除這種可能性。石穿兄,看來美國人是想請你早日入朝了。朝鮮那邊打了起來,或許福建這邊會遲些日子開戰,或許乾脆不打了。單從這一點上看,入朝作戰确是保家衛國。"

"那好。我盡早入朝。明天我就去東北。"

"可以叫十三兵團的新領導班子，在瀋陽見你。我叫高崗陪你一道去瀋陽。我會同他打好招呼。抗美援朝的事,他得聽你的。"

就在彭德懷動身去瀋陽的路途上,毛澤東又收到了另外兩份情報。

一份情報講美國人拒絕了蔣介石派兵參加聯合國部隊的。按理說，蔣介石的中華民國是聯合國常任理事國之一，完全應該參加聯合國部隊。但是美國人擔心刺激中共搞對立而派兵入朝參戰，就拒絕了蔣介石。這令蔣介石很丟面子。蔣介石轉而要求美國派艦隊支持他在福建方面的戰事。為了安撫蔣介石和吸引中共分兵守衛福建這兩重目的，就滿足了蔣介石的要求，派出了第七艦隊。

沒成想，這點鬼把戲，被毛澤東看了個底透。毛澤東知道，若是蔣介石想在福建方面動手的話，根本不用第七艦隊介入。蔣介石的海軍力量比中共強多了。一九四九年底，解放軍二十八軍一部一萬多人進攻大、小金門島，因無海戰能力而全部覆亡。這是中共軍隊在解放戰爭中唯一一次大敗。故而被中共軍史稱為三大軍恥之一。現在,美國人派出第七艦隊,猶如畫蛇添足一般。毛澤東更無顧忌了。

另一份情報說，美國間諜準備國慶節時炮轟天安門城樓,炸死毛澤東。這令毛澤東怒火中燒，鐵心反美，一反到底。

這椿案子是從一名伊拉克籍女人身上引發的。這女人的英文名字叫克里斯蒂。她在東交民巷胡同開了一間燻魚店。一九五〇年九月十八日她去東單國際電訊郵局發了一封寄往日本的快信。信件厚厚的，又鼓又脹沉甸甸。收信人是日本東京日洲產業株式會社。市公安局國際處檢查時發現，信封裡裝有十張信紙。信文是用英文字母拼寫的日語。其中一張信紙上，繪有天安門城樓圖樣。圖上還畫著兩個箭頭。 一個箭頭指向天安門城樓的屋頂，旁邊寫著：〝到現在水還是達不到這裡〞。其它幾張信紙上也都是一些叫人莫名其妙的話。但是都關聯著＜天安門＞三個字。這讓人看過之後不能不生疑心。

這封信轉到了市公安局偵察處。 克里斯蒂立即被傳訊。她被要求解釋信中內容。克里斯蒂說，她本人對信的內容一無所知。她是受前美國駐華大使館的上校武官包瑞德先生的委托後，代其投遞了這封信。

毛澤東把周恩來和羅瑞卿找了去。

〝主席，敵人的用意和目的十分明顯，是要在國慶節鬧事。盡管案情尚未摸透，但我們不能不備。我建議，一方面力爭國慶節前破案。另一方面也要做轉移會場的準備。例如，改換個形式，在頤和園或中山公園，開成遊園會的樣子。〞

〝我同意你的第一點意見，一定在國慶節前破案。國慶大會照開。〞毛澤東表示了自己的態度，〝羅部長，這次你還得找曹科長，限他國慶節前破案！〞

〝主席的指示一定照辦！〞羅瑞卿說，〝但是，離國慶節僅有十天了。線索又少。現在僅有這麼兩個可疑人物，難以入手……〞

〝為什麼？到了這種時候，可疑就是罪証！怕燙就吃不了熱山竽！既然敵人跟我們不客氣，我們又何必像個小腳女人，用那羞答答的樣子走路？抓！全抓起來，日夜審訊！〞

〝主席，這些都是外國人……〞

〝外國人又怎麼樣？我們馬上就要同外國人開仗！而且是大仗！專打美國人！我就不信天會塌下來！就算塌下來，也有大個子頂著嘛！毛澤東氣沖牛斗地說道。

周恩來和羅瑞卿站起身來準備告辭。毛澤東擺了擺手，讓他們二人重又坐下：〝就要開仗了。國內大環境還不怎麼好。這一連串的幾件案子，全沖我一個人來的。看來，樹欲靜，而風不止！那些從戰場上漏網的，大大小小的反革命分子。不鎮壓一下子，他們就不舒服，羅長子，你去準備一下，先提出個方案來。一是要清剿土匪，二是要鎮壓反革命，三是要肅清內部的反革命。你不鬥他，他就鬥你！不殺人，就鞏固不了江山。這件事，請總理親自過問到底！〞

　　"主席說得很對。我立即著手去辦。"周恩來連聲答應。僅是這幾句話，在以後的幾年裡，外面在朝鮮流血。國內則不分城鄉，大開殺戒，流的血比國外還多。

　　且說彭德懷於十月九日傍晚時分，乘車跨過安東大鐵橋，駛抵北朝鮮的江城新義州市，踏上了古稱高句麗的異邦土地,會見了金日成。自此,<抗美援朝戰爭>拉開了大幕。從十月二十一日開始，在兩天兩夜的時間裡,二十七萬中國人民志願軍,分作三路，跨過了鴨綠江,正式入朝作戰。

　　在這場戰爭裡，一方是擁有最先進的常規武器,並握有絕對的作戰制空權和制海權，可稱之為"武裝到牙齒"的美軍及其十六國盟友的部隊。他們還打著聯合國的大旗，乃是出師有名，扶助弱者韓國的正義之師。而另一方則是剛從戰火硝煙中鑽出來，還沒還沒來得及回家探望父母老婆孩子的,一群農民出身的大兵。他們中間百分之九十五以上,都是斗大字不識半升的標準文盲。他們手中的武器全是從戰場上繳獲來的各種雜牌槍械火炮的大雜燴。他們的身份由中國人民解放軍改為中國人民志願軍,鬧成了一個似官非官,似民非民,半官半民的群眾團體。他們是來扶助弱者的，扶助被美國人趕到家門口的北朝鮮。

　　歷史過去半個多世紀了。人們看得更清楚了，這場戰爭的罪魁禍首是金日成和毛澤東。而毛澤東在戰爭結束三年後，不止一次講過，支持北朝鮮打仗是錯誤的。一九五六年九月二十三日，他對蘇聯外交部長米高揚講，禍根是斯大林,斯大林要負全責。這話可能是坦白交代，但不能抵消自身罪過。

　　雙方交手兩個半月之後,中方人員傷亡超過美方。美軍卻節節敗退,從鴨綠江邊一直退到北緯三十八度線以南。到了一九五一年初,中方又跨越三十八度線,攻佔了漢城。再以後,雙方你來我往,我退你進，終於以三十八線為界握手言和。

　　全世界的人一齊瞪圓了眼珠子看中國，重新估量中國人。他們不再稱中國人是醒獅了,而是換上了新概念、新認識。

　　倘若真地去戰場走上一圈,即使是走馬看花,也會發現,在高句麗土地上,中國人更多地是在顯示自己的人格、人格的魅力和魅力本身永恆的內涵。三葬羅盛教，可為其中之一斑。這或許是人類文明史上唯一的一次，在一名普通戰士去世後，被接連殯葬了三次，一次又比一次更為隆重，一次又比一次更加感人。

　　一九五二年一月二日，元旦剛剛過去一天。志願軍某部文化教員羅盛教路經一處大水洼。突然，在冰面上溜冰的一個朝鮮少年，不慎落入冰窟窿裡。 羅盛教立即跳入冰窟窿裡,救出了這名少年。他自己卻因全身凍僵而沉落水底, 壯烈犧牲。事跡平凡卻透著感人的崇高, 永恆的偉大,催人熱血沸騰,逼人淚水四濺……

當天夜裡, 戰友們撈上來他的遺體, 用白布包好,埋在小山腳下。在戰場上, 這已是力所能及的葬禮了。

次日清晨, 當太陽剛剛衝破東天灰蒙蒙的雲層時,一位朝鮮老漢帶領一群姑娘媳婦老頭子老太婆和孫男弟女們, 來到了小山腳下。他們挖出烈士的遺體, 把烈士殮入夜裡從鄰近村莊找來的一副紅松壽材裡, 把墳墓移到村莊東面,那座最高的山崗的陽坡上。他和她們挖了一個大墳坑,坑底舖滿了松枝松葉,落下靈柩, 填上淨土。他們一道堆起了一座方圓百里之內都罕見的大墳包。他們找來北方冬天甚為罕見的一束鮮花, 祭放在墳頂, 又拿出連孩子都捨不得給吃的蘋果, 擺在墳前祭奠羅盛教。 他們做了自己力所能及的一切。那名被救的男孩跪在墳前, 長跪不起,一次又一次地叩頭。村裡人一致通過, 他改為羅姓。

這件事,一天一夜之間傳遍了整個地區。<羅盛教>三個字成了朝鮮老鄉嘴上一個既親切又崇高的新名詞。這個新名詞意味著好人、好心腸、好榜樣、好……

又是一個清晨。駐紮在當地的朝鮮人民軍首長, 會同中國人民志願軍首長, 以及該地區聞訊趕來的數千名老齊聚墳前, 再次挖出羅盛教的棺木, 給他胸前佩上兩軍各自頒發的兩枚軍功章, 在遺體上覆蓋中朝兩軍軍旗。當場推選了十六位中朝軍民代表, 用繩子吊住棺木, 緩緩放入墓穴。中朝兩軍司號員吹響了送行號。數十支步槍、衝鋒槍、機槍朝天鳴放, 向羅盛教致以最後的敬意。前來祭奠的人, 一人一抔土, 一人一臉淚水, 堆起了高大的新墳頭。戰後,修了水泥墳包,立起了白色大理石墓碑。碑上用兩種文字, 寫下了一個永恒的名字：羅盛教之墓。

兩個國家、兩支軍隊、兩個民族用自己最為隆重的儀式三次安葬了羅盛教。

從此, 年年春天,當金達萊花盛開的季節,人們又來到這裡,在心中祭奠他。也從此,在朝鮮新出版的辭典裡多了一個新詞：羅盛教精神。

普通一兵邱少雲潛伏在敵軍陣地前面時,敵軍打出的燃燒彈,引燃了他身邊的乾草,又燒著了他的衣服。為了不驚動敵人和保護戰友, 他默默地忍受著火的燒灼,一動不動, 直到壯烈犧牲。戰後,戰友們抬起他的遺體時, 看見他兩手的手指深深地插入泥土中去。 不難想像,他曾忍受過何等的痛苦！為了別人,寧肯自己下地獄,赴火海！這就是中國兵！這就是中國人！

另一位普通一兵黃繼光為了減少戰友的犧牲,用自己的胸膛堵住敵人碉堡上的槍眼。真是一位無所畏懼的英雄！據普查像黃繼光這樣的英雄,單是在他所屬的十五軍一個軍裡就有五十位！！！黃繼光是一群英雄的集合詞。提到黃繼光,那是在稱謂一個英雄的群體。這個群體的大名,就叫中國兵！也叫中國英雄兒女！他們就敢主動地找死神一比高下。世界上,連死都不怕的人,是咱中國人！

上甘嶺是個僅有三點七平方公里表面積的小山包。美軍在二十四小時之內,向這個小山包發射了三十萬發炮彈。志願軍為了收回暫時被奪去的這處陣地,亦是每十二小時,再回敬十五萬發炮彈。兩軍反複爭奪,足足打了十五天。算下來,打在這座小山包上的炮彈,足可以疊起另一座小山包。戰後,人們在這座小山包上,找不到大過手指甲的石子。捧起這兒的山土,重如鐵砂。每抓土中摻有一半以上的碎彈皮、碎鐵粒。用儀器測量,這座小山包,在半個月的時間裡,被削低了整整三公尺,有一層樓房那麼高！

美軍和聯合國軍在這座小山包前,無法前進一步。美軍司令范佛里特將軍自嘆道:"這麼打下去,二十年後也到不了鴨綠江邊！"

軍人的風采,永遠是讓人讚美的榜樣。中國兵的風采是祖國母親的自豪和驕傲。

三十八度線原本是一個地理名詞。它卻因為中國人而揚名世界,成了一個和中國分不開的新詞語。中國人在這裡展示了一個民族的精神,威震四海！

歷史,歷史家們一涉及到三十八度線,就必然想到中國,想到中國人。


這正是：


為 救 蒼 生 捐 肉 身 ,

赴 湯 蹈 火 鬥 死 神 。

神 州 兒 女 情 最 濃 ,

精 雕 細 塑 中 華 魂 。

欲知後事如何，請看下回分解。

# 第 九 十 二 回

## 軍 事 外 交 隱 後 患

## 以 權 治 國 殺 二 貪

　　話說朝鮮戰爭打了三年多，雙方死傷總人數超過了三百多萬人，誰也征服不了誰。祗好坐下來和平談判。最終仍是以三十八度線為界，各自立國。半島上仍呈南北分裂的局面。金日成獨霸一方的夢想破滅了。毛澤東也沒佔著便宜。

　　戰後，一位美國將軍感慨地說道："美國在錯誤的時間裡，在錯誤的地點，打了一場錯誤的戰爭。" 這位美國將軍坦率地說出了自己對這場戰爭的看法，他一連用了三次<錯誤>這個單詞。而中國的政治家們是一次也不用的。中國的毛澤東也是政治家。他不僅自己不用<錯誤>這個單詞去評價，他自己發起的這場戰爭，而且也不允許別人用這個單詞去評价，他在國外發動的這一場戰爭和在越南的戰爭。若是有人敢用這個單詞去影射一下，他在國外進行的這兩場戰爭，那都是要惹他大動殺機的。毛澤東要稱霸全球，就必須打仗。故而在任何時間地點開仗都是正確的。

　　現代人越來越聰明了。他們已不單單是像那位美國將軍那樣，用 <錯誤>二字去評價戰爭。他們已經懂得戰爭是政治的延續這個大道理。戰爭是大權在握的政治家們，統治國家和世界的一種手段。歐州文人形容政治家管理世界的手段是，一手搖動橄欖枝，一手揮動狼牙棒。那狼牙棒就是戰爭的代用詞。橄欖枝是開仗前亮起的黃牌。亮了黃牌仍不听喝，接下去就是一狼牙棒。

　　毛澤東信仰槍桿子裡面出政權，是一個崇尚武力最後解決問題的人。毛澤東既然想當霸主就必然行使軍事外交路線，樂於參與境外戰爭。

　　雖然美國政壇實施兩黨競選執政的政體。兩黨中都有自己的鷹派人物。鷹派人物同毛澤東一樣，推崇強權政治，認為自己"胳膊粗，力氣大 "，就可以充當 "國際警察"。鷹派人物一旦執政，戰爭實在是難免之事。

　　故而，朝鮮戰爭之後，中美兩國又捲入了越南戰爭。

　　越南戰爭是二十世紀最為殘酷的區域性戰爭。 交戰雙方的死傷人數遠遠超過了朝鮮戰爭。越南戰爭期間，正當中國處於經濟危機之中，中國人民的日常生活最為困難的時候。國內一切食品、日用品均定量、限量憑票証供應。中國人處於半飢餓狀態。有的省份在春夏交界，青黃不接時，大批人被活活餓死。營養極差導致肝炎在國內大肆流行。浮腫成了通病。以致於沒浮腫的人成了珍稀動物。毛澤東利用手中的強權，大發淫威，強從國人嘴中摳出糧油肉菜,從國人身上扒下布疋棉絨,一車又一車,一船又一船地運往北越。中國人自己吃樹皮和野菜，節餘糧油食品支援越南"兄弟加戰友"。毛澤東以為自己确實表現出了救世主的架式之後，取得了勝利的朝鮮和越南，一定會成為忠誠的臣民,至少是個腑首聽命的小兄弟,自然也會感謝他這位救世主或大救星了。

歷史事實是，一切與毛澤東期盼的，截然相反。

當初待毛澤東如"老領導"、"老首長",乃至親生父親一般的金日成，先給毛老人家上了"第一課"。金日成不贊成毛澤東搞的<文化大革命>。金日成是正确的。暫且不去評說。單說"無限忠誠 " 於毛澤東的金日成，在與毛澤東發生歧見之後,是如何同毛澤東唱對臺戲的。

鴨綠江是中朝兩國的界河。一架大鐵橋飛架中朝兩岸。<文化大革命>期間，中國一側的江岸大堤上，用紅色油柒寫著每字足有三平方米見方的大紅字：反帝必反修！意思是說金日成衹反美帝還不夠革命。必須跟著毛澤東一起反對蘇聯修正主義和大搞文化大革命，才算是馬克思主義者。當然，這是毛澤東在用大標語教訓後進金日成。金日成立即做出回應。他叫人在正對著中方大標語的，朝鮮一側的鴨綠江江岸大堤上,樹起大鐵架子,架子上鑲著大木板子,寫上紅柒漢字,每個字有四平方米見方大小。站在中國江邊上看得清清楚楚。標語是：警惕當代教條主義！在共產黨的政治辭典裡,修正主義是右派、反革命的意思。教條主義是左傾冒險盲動、形左實右假革命真反動的意思。這兩種主義都是鐵帽子反革命，屬殺頭大罪。由此可見,毛澤東和金日成是如何地互相敵視。

要唱對臺戲,寫字罵陣沒有聲音,不夠刺激，更談不上精彩。朝鮮一側的大堤上架起了幾十個中國援助的軍用高音大喇叭，日夜播放被毛澤東和江青禁唱禁演的梅蘭芳、張君秋、馬連良、尚小雲等京劇藝術家的,所謂<封、資、修>京劇唱片。中國方面不甘示弱,決心唱贏對臺戲，立即從福建前線拆下原本用做策反臺灣軍政人員,隔海廣播用的高頻大喇叭。這些喇叭又高又大，往那一立，比大楊樹還高，全是喇叭王。這些大喇叭王安放在對準新義州的空地上,黑壓壓地一大片。二十四小時不停地用朝鮮語,播放中共的<九評>。有時中間插播<樣板戲>和革命歌曲。日子久了，朝鮮人學會了唱<樣板戲>。中國京劇迷們天天上江邊,假裝散步和釣魚,大過戲癮,聽梅蘭芳等老京劇藝術家唱個夠,一分錢也不用花。苦祗苦了江邊上的住戶。他們日夜不得安寧。毛澤東恨得咬碎了後槽牙。在他心中,此時的金日成小兔崽子比蔣介石加上張國燾,再加上王明還可惡。

到了冬天, 大家都嫌天太冷了。寫的沒人看了。唱的沒人聽了。不知是誰先挑起了頭,兩國士兵換上老百姓的衣服, 在冰面上開始了武鬥,先用木棍、鎬把,後用步槍、手槍。對臺戲演上了武打戲。祗是老百姓怕死, 沒人敢去看。雙方的報紙上都說自己方面吃了虧。吃虧就又接著打。一打打了半年多。當然, 誰也不覺得奇怪。親兄弟也動拳頭嘛。打死人也不是沒有的嘛。毛澤東從來不說為什麼親兄弟還動拳頭。直到去世, 他也不明白,軍事強權交不上異國朋友, 軍事外交更不能征服异邦臣民, "世界人民大救星"僅僅是馬屁精們哄弄主子的騙人話。<國際歌>上早都說明白了, 世上沒有救世主。

毛澤東的戰友、親信、繼承人鄧小平執政後, 越南人開始上第二課。昔日"戰友加兄弟", 一下子成了奪命死敵。雙方刀兵相見,大打出手。中國軍隊攻破越南軍隊的陣地之後,發現越南軍隊的防禦工事是用袋裝大米堆成的米袋子上印有中文<中國製造>。米已經年久霉爛。原來這是毛澤東的援越大米。中國人餓得浮腫患肝炎,大批農民餓死。 而毛澤東的"戰友加兄弟",卻早已把吃不了的大米,堆成朝向中國方向的防禦工事。在越南人心目中, 根本就沒把中共和毛澤東當成朋友, 更不是什麼兄弟, 而是視為同美國人、法國人同樣的敵人。越南人懂得,執行軍事外交的人,不僅會對美國人用兵, 有朝一日也會對越南人用兵。對這個道理, 美國人終於弄明白了, 主動退出了越南戰爭。法國人更聰明, 故而退出越南更早一些。鄧小平比法國人、美國人都聰明。他在被阿爾巴尼亞和非洲那些黑色<拉非克>接連上了第三課、第四課之後, 一怒之下,來了個連根拔, 撤消了專為 "戰友加兄弟"設立的對外經濟合作部和總參謀部軍事顧問局,中止了毛澤東式的對外援助活動。

令毛澤東怒氣沖天的炮轟天安門一案, 終被破案, 意大利神甫李安東、無業人員馬迪儒、日本商人山口隆一均被逮捕, 處以重刑。毛澤東並未消火。他指令周恩來和羅瑞卿在全國范圍內掀起了<鎮反>、<肅反>和<三反>、<五反>等一系列鎮壓活動。

<鎮反>是鎮壓現行反革命份子、歷史反革命份子和派遣特務、間諜的縮稱。

〈肅反〉是肅清隱藏在內部的反革命份子和蛻化變質份子的縮稱。

〈三反〉是在國家工作人員中反貪污、反浪費、反官僚主義的縮稱。

〈五反〉是在私有資本工商業者中間，反行賄、反偷稅漏稅、反盜竊國家資財、反偷工減料、反盜竊國家經濟情報的縮稱。

據當時還同中國處於"友好"之中的蘇聯廣播電台報導，　在一九四九年到一九五二年的四年期間，中國處死反革命份子二百八十萬人。當時的政務院副總理薄一波說："......在過去的三年半裡，我們清算了二百多萬土匪和反革命份子。......"法國外交官圭拉麥估計，從一九五一年初到一九五二年五月，至少有三百萬人被殺掉。各方面的數字相差不大。

這裡祇想指出，毛澤東是在用權力，而不是用法律治理國家。所殺之人皆死在毛澤東的專制強權之下，而不是依據國家法律量刑定罪。打個比方，以權治國猶如包拯包青天當年在開封府大堂問案一般。包公認為該殺，則一律處死。祇要冤苦百姓求殺，那包青天一準將犯人送到三口大鍘之下。封建制度下沒有法律。死活由審案人自己決定。這是皇權至上，權力治國。〈鎮反〉、〈肅反〉也走了這麼一條封建制度的路子。若走法律之路，三年時間肯定審不完三百萬人的案子。

〈三反〉、〈五反〉更是如此。運動中間有兩個人因被毛澤東欽定殺頭,而上了黨史,名揚全黨。其中一人叫劉青山,另外一人叫張子善。

劉青山，犯罪時擔任天津地委書記。　案發時，擔任中共石家莊市市委副書記。時年三十五歲。河北省深縣人氏。雇農出身。一九三一年的中共黨員。

張子善犯罪時，擔任天津專區專員。　案發時，擔任天津地委書記。時年三十七歲。河北省安國縣人氏。學生出身。一九三三年的中共黨員。

二人的犯罪事實是貪污糧款、救災款、民工河工款等等，折合現行人民幣一百五十四萬圓　。今天來看是個小數。但在當年,用現行人民幣一萬伍千圓就可買下進口小轎車一輛,所貪之款可買一百多輛小轎車。

運動中，中共華北局和河北省委發現劉、張二人經濟問題十分嚴重,決定開除二人的黨籍並撤消其公職。在判刑輕重上各級黨委負責人則意見相佐。有人主張槍斃；有人主張死緩；有人主張無期徒刑。主張輕判留其一命的人有兩個理由：一是所貪款項已基本追回,用掉甚少,造成的危害不大。二是兩人皆是老紅軍,有過戰功,負過傷,蹲過敵人的監獄受過刑。主張重判的人認為, 二人的職位已列高級幹部行列, 知法犯法, 罪加一等, 理當判得重些。公安局認為他二人認罪態度較好。被捕之後, 立即交待了全部犯罪事實。因而量刑時, 要把"坦白從寬"的政策考慮進去。反對減刑的人則認為, 他們之所以肯坦白, 是因為他們不認為自己在犯罪。他們認為自己位重職高, 權重功高, 貪點佔點不算犯罪, 坦白了也不會重判他們。因此,他們用不著抗拒隱瞞。這不能算是響應政策和受政策感化。

　　沒有統一的量刑准則,各自認識不同, 尺度不一, 自然是公說公有理, 婆說婆有理。各
執一詞, 互不相讓, 無法統一, 難下定論, 祗好上報中央, 聽憑"聖裁"。

　　毛澤東閱畢上報材料後, 心中十分惱火。

　　當時, 朝鮮戰場上正打得難分難解, 令他憂心忡忡。偏偏這時又有一些不法商人在軍需物資上大發黑心財。有人在軍糧裡摻砂子；有人把廢棉、女人用過的沾血棉, 當做消毒棉、等級棉賣給軍服廠,加工成軍衣軍被。自然得很, 這些壞人是用行賄手段拉攏高官和經手人, 共同幹下此等罪惡勾當。毛澤東認為這是"有人跟他過不去",要壞他的世界大計, 那無名火暗浮心頭, 殺人意涌向膽邊。更在此時, 劉少奇和周恩來二人找他討論農業合作化問題。三人意見大頂牛, 更惹得毛澤東胸悶氣堵, 看見什麼都不順眼。

　　這天毛澤東在院子裡散步消火氣。他剛走了幾步, 一眼看見小李和小韓正站在牆角底下悄聲爭執著什麼事。看樣子, 二人還挺別扭, 不像是鬧著玩。他生了好奇心, 朝他二人招了招手, 叫到自己面前來。

　　"主席,你來評評理, 看看我們哪個對？"小李先開了口。小韓低頭不語,玩弄著辮梢。

　　"啥子大事啲, 這麼正經？ 什麼？ 你說什麼？！你是說嗎啡？"毛澤東連連追問, 自己顯然吃了一驚。原來他二人是在爭論有關嗎啡的事。

　　"我們從報紙上看到的。報上說, 劉青山不是養病, 而是在家扎嗎啡。我不懂。小韓說, 嗎啡就是大煙土, 就是鴉片煙。我不信。我想找王大夫問問......" 小李嘮嘮叨叨地說了好一陣子。

　　"看看, 也會調查研究了！嗎啡是從鴉片中提煉出來的東西。能治病,也能害死人！"

"真地？！"小李很吃驚,"既然不好,劉青山還去扎它幹什麼？"

"所以才要殺他的頭嘛......"毛澤東語氣凝重地說道。

"對！就該殺！"小韓義憤地說道。

"我們支部的人全同意殺......"小李說道。

"支部上討論過了？大家都發了言？"

"其實,像這事還用討論個什麼勁的？你下令,殺他個王八蛋的狗頭！ 全黨肯定擁護。"小李說道。

"不一定！有人就不同意。天津市黃書記就不同意......"

"是那個黃敬？"小李說完,一扭頭朝江青住房瞅了一眼, 剛想再說句什麼, 一眼瞅見了小韓, 就猛地收住了嘴。

"複雜呀,複雜呀！......"毛澤東自言自語著朝辦公室踱了回去。

原來, 小李知道時任天津市委第一書記的黃敬, 正是江青的第一任丈夫。黃敬本名俞啟威,是大學畢業生。不僅有文化,也有一定的法律知識。他從法律角度全面地評判劉、張二人的犯罪事實、後果和現時表現,力主不殺劉、張二人。黃敬通過中共華北局第一書記薄一波,把自己的意見報告了毛澤東。

"劉、張二人在黃敬手下工作過吧？" 毛澤東問薄一波。

"是的。他們是老上下級了。" 薄一波如實地回答道。

"噢！一個山頭的,要念念舊情了。我的意見是殺一儆百。老百姓叫殺雞給猴看。特別是現在。不壓一下子,怕是不行了！"

"你告訴黃敬," 毛澤東想了一下子才說道,""劉、張二人是一定要殺的！正因為他們功勞大,地位高, 才非殺不可！影響大嘛！殺了他倆,可以嚇住幾百萬人, 幾千萬人不去犯罪。高級幹部也要有個怕頭才行！誰都不怕, 不就天下大亂了嗎？"一九五二年二月十日,劉、張二人在保定市被槍斃了。全黨頓時一片嘩然。毛澤東的以權治國也有了典型案例。

這正是：

帝　王　理　朝　講　權　治　,

民　主　治　國　倡　法　律　。

社　會　平　等　多　合　諧　,

罪　者　服　罪　少　冤　獄　。

欲知後事如何，請看下回分解。

# 第九十三回

## 信夫人是非顛倒

## 學昏君指鹿為馬

　　話說毛澤東親自處理了劉青山和張子善貪汙案後，又連連辦了幾樁震動全國的大案。此處選它三樁頂頂有名的大案說個詳細。頭一件大案得從兩部電影說起。

　　一九五〇年春天香港永華製片有限公司攝製的故事片＜清宮秘史＞，擬在北京上映。這部片子是講清朝末年光緒皇帝力主啟用維新人士變法的故事。母后慈禧反對變法。母子之爭，勢如水火，鬥得很是激烈。影片裡又穿插上了一段光緒皇帝和珍妃的愛情悲劇故事，很吸引觀眾。珍妃的扮演者是大陸當紅影星兼王牌歌后金嗓子周璇，故而更是叫座。按照文化部規定，任何影片在大陸公映之前，要由中央領導事先審看。於是，這部電影片子被拿到中南海小禮堂放映。

　　這功夫，毛澤東托秘書田家英剛從琉璃廠舊書店購得一部大字本＜二十四史＞。此書是清朝乾隆年間武英殿珍稀版本。毛澤東得此書如得至寶，日夜捧讀，愛不釋手。他想從歷代宮廷權爭內鬥之中，尋找可供自己治國理朝的經驗教訓。這部＜二十四史＞從購得之日起，一直到他謝世，他是苦讀不倦，長年如一，用叫人難以想像的專注埋頭乃至沉迷於這部古書中去。所以才有人說他少學馬列，多用＜二十四史＞治國。到頭來，仍是封建主義思想主宰神州政壇。

　　毛澤東原本就不大愛看電影，此刻又迷上了＜二十四史＞，就更不想去看這部電影了。劉少奇帶上中央大員和家屬工作人員一起去審查這部片子。電影故事內容基本符合歷史事實，主題思想立意正確，這部片子得到了劉少奇等人的首肯。中宣部和文化部下令放行，允許全國發行放映。

　　毛澤東不去看，江青也就沒跟著去看。毛澤東身邊的工作人員全去看了。他們看完電影回來之後，對周璇的演技贊不絕口。這下子可倒好，不知觸到了江青的哪根大筋，她突然高聲嚷叫上了："周璇有什麼了不起的！叫人家騙了又扔了，是個傻瓜加垃圾！以後少在家裡提她！"

　　眾人乍一聽，還以為是江青在吃醋。大家全知道她當年在上海演過電影。祗是名氣太小，根本沒法同周璇相比，是在妒嫉人家周璇。此刻見她火了，就紛紛收聲散去。其實，江青不單是吃醋的事。她這些日子心裡特別地煩燥。進北平城時，她剛三十五歲，比毛澤東小二十一歲。當年仗著自己年輕貌美，用個<色>字拴牢了毛澤東。進城後，一則毛澤東忙於龍廷要事，精力和時間被佔去了許多，對她疏忽了。二則她自己宮頸糜爛，引致宮頸瘤衍生，頻頻飛赴莫斯科診療。病情雖見好轉。醫生嚴囑，至少一年內，不得與丈夫同房。她被迫與毛澤東分室分居，各不相擾。少了此事，她更空閑了。她雖然掛名文化部電影藝術委員會委員，卻從不上班，祗是按月領工資。這是周恩來對她的照顧。在家務活上，她把自己的異母姐姐接來同住後，一切家務活統統由姐姐支派。粗活力氣活自有勤務人員去幹。　她清閑得都不知道什麼是清閑了。衛士們說她，除了喘氣不得不由她自己去喘之外，她實在沒事好做了。俗話說，久閑生是非。更何況她又是個惹是生非的祖宗。

　　且說當天，江青把眾人喝散之後，自己扭身回了睡房。她躺下後，翻來複去地"烙餅"也睡不著。她腦子裡也胡思亂想開了。她忽然想起來，自己也還是個電影藝術委員會委員，怎麼部裡和局裡都不來問問我，對這部電影的看法呢？她腦子一轉悠就生出了壞主意：既然你們瞧不起我，我就給你們使壞拆臺！她簡單打扮了一下，就去見毛澤東。

　　"主席，你身體還好吧？"江青輕手輕腳地走進毛澤東的臥房，倚在床頭上，用手輕輕地撫摸毛澤東的肩頭，故扮嬌聲，撒著嬌氣，十二萬分關心地問道。她見毛澤東無半點反應，就換上了嚴肅認真的口吻，悄聲說道："主席，我是來向你報告的......"

　　"哦......哦......"毛澤東不無震驚地放下手中的<二十四史>，半側轉頭，瞅了她一眼。

　　"小禮堂那邊在審查<清宮秘史>，不請你去，是不是眼裡太沒有你這個大主席了？"

　　"哦，叫我了。我沒空。一部電影，他們看了，也就行了。"

　　"主席，你可別大意喲。你不是常對我說，文藝戰線是上層建築、意識型態裡的第一火線嗎？我覺得不請你去，很有大權旁落的味道。不知我看得對不對？我沒想好，特來向主席報告。"

　　"啊？"毛澤東把書放在枕頭旁邊，挺身坐在床沿上，呆呆地想心事。

"主席，這些香港影片哪能合咱們的國情！肯定有問題！我看，一準不是小問題！"

毛澤東又側過頭去瞅了她一眼。

"劉少奇說它是愛國主義的。依我看，是百分之百的賣國主義！"

"啊！有這麼嚴重？你看過了？要好好想想再講嘛！要注意一下子影響嘍！"

"近來，我越來越覺得自己有些像主席了。總想鬥一鬥。不鬥不行！"

"啊？！"毛澤東第三次發出了驚詫的聲音，心裡卻是一片喜悅。他站起身來，趿拉著拖鞋走了幾步，慢吞吞地咕噥道："你的意見……"

"我要給中宣部、文化部提意見！"

"提意見當然可以了。先去打個招呼，看看人家的反應嘛。"

江青領得"上方寶劍"後，就強硬地逼迫中宣部長陸定一和文化部長周揚做檢查，並在報刊上批判<清宮秘史>。這叫陸，周二人犯了難：黨內二把手點了頭的事，哪好輕易地去批判？可是，毛澤東的夫人說了話，又不好不聽吧？於是，在<文藝報>上，以觀眾來信的辦法登了一篇批評<清宮秘史>的短文，算是交了差事。江青仍要糾纏下去。毛澤東認為已經放出了信號，警告過了劉少奇等人，先不必再鬧下去。江青祇好作罷。

沒過多久，上海崑崙影業公司出品的新片<武訓傳>拍攝完畢，準備上市公映。

<武訓傳>是部傳記故事片。主人公武訓出身貧寒，小時不曾上學識字。他給地主幹了一年活，卻受騙領不到工錢。於是，他發狠籌款辦義學，使窮孩子能念書認字，別再上當受騙。武訓賣掉自家僅有的三畝薄田，尚不能辦義學。他就去乞討。三十年裡，他不娶妻生子，居無定所，四處流浪，沿村乞討。為了幾個銅板，他表演吞瓦片、喝髒水、讓小孩子當馬騎。他受足了苦，終於攢下了兩千兩銀子，先後辦起了三所義學。當他聽見有的學生說，自己認字是為了日後當官時，他號啕大哭。他給學生們跪下，乞求他們將來別忘了窮人。清朝皇帝賞他穿黃馬褂。他裝瘋扮傻不去領賞。

做為一名文盲農民，為了辦教育，做到了自己力所能及的一切，為失學孩子服務，為窮哥們服務，造福鄉里，在任何朝代，他都應當受到尊敬。事實上，他也確為當地群眾尊敬和愛戴。

這部電影的編導是孫瑜。孫瑜是周恩來在<南開中學>的同班同學。孫瑜寫劇本時，正趕上首屆政協召開。在會上，孫瑜見到了周恩來，說起了自己的新劇本。周恩來鼓勵了老同學幾句，並談了談自己對武訓的看法和寫劇本時要注意的問題。因此，這部電影又打上了周恩來的烙印。

在中南海小禮堂審查＜武訓傳＞時，周恩來到了場。朱德和夫人也到了場。看完電影之後，朱德對孫瑜說："……很有些教育意義嘛！你搞得很好！……"這一回，江青也赶了來，一散場，她就急匆匆地走了。

江青回到豐澤園，直奔菊香書屋。她先不說電影內容，先把她知道的有關周恩來同孫瑜的老同學關係一事，有的沒的胡說了一大通，直說得毛澤東聽出了神，香煙燒疼了手指頭，才把煙頭扔到地上。

"主席，看樣子，這電影界要不姓毛了……"

毛澤東一聲不響，又點上了一支香煙。

"一部姓了劉。這一部又姓了周。連狗屁不通的老朱頭也敢品頭論足。怎麼就主席站在一旁看熱鬧，啥事也不管了呢？"

"胡說！誰說我不管了？去把片子調來！今晚上我要看一看。"

毛澤東看完＜武訓傳＞，就動筆寫了＜應當重視電影武訓傳的討論＞一文，以人民日報的社論名義發表出來。文章很長。中心意思是說，武訓不主張武裝鬥爭是錯誤的。按毛澤東的意見，清朝的武訓就應當帶兵上井崗山去找毛澤東入伙了。真若是那樣子，在世界共產黨人的排名中，馬克思就要退居老二了。毛澤東也該早生一百多年了。這種似是而非，指鹿為馬的批判，叫人啼笑皆非，幾乎無從爭辯。這就不僅僅是強詞奪理了，而是硬要從雞蛋裡找出一頭大象來！

毛澤東寫此長文，有其更複雜的政治目的。他在文章末尾寫道："……特別值得注意的是，一些自稱學得了馬列主義的共產黨員……一遇上像電影＜武訓傳＞……就喪失了批判的能力。這些人竟至於向這種反動思想投降。讓資產階級反動思想侵入了戰鬥的共產黨"。這是沖著周恩來打出的隔山炮。

毛澤東又在文中堅稱電影＜清宮秘史＞是部賣國主義影片。令人不解的是，一貫主張沒有調就沒有發言權的毛澤東一生一世從未看過電影＜清宮秘史＞一眼睛，祗是聽了也從未看過這部電影的江青信口胡說一通，就定了這部電影和劉少奇的賣國大罪。而且，一說起來振振有辭，橫加指責。豈非咄咄怪事一樁？

一向擅於自我批評的周恩來在生活會上做了很叫毛澤東信服的自我批評。

劉少奇閱畢該篇社論，心中明知這比指鹿為馬還指鹿為馬。卻不知何故，一向號召黨員為追求真理敢於獻出生命的劉少奇，竟然不爭不辯，不去說明真像，而是默默地吞下了這口"苦水"。當然，他想不到有了第一口，就有第二口，第三口．．．．直到嗆死。

毛澤東命令中宣部和文化部，聯合組成武訓歷史調查團，到山東省武訓的老家進行調查。調查團員共有十三人。其中有一名女人，叫李進，是江青的化名。江青不是團長，但是一切由她說了算。

經過江青的一番調查，武訓就由一位僅有三畝薄田，並賣掉了這三畝地的貧苦農民搖身一變，成了"為地主階級和反動政府服務的大流氓、大債主和大地主了"。以後，人們把這種顛倒黑白，任意改寫歷史的調研方式稱為<江青式調查>，是毛澤東的<興國式調查>的繼承和發展。毛澤東去世了。<興國式調查>沒有了。<江青式調查>也失去了蹤影。願它們永墜地獄，再別轉世投生了。

歷史被歪曲了。事實被混淆了。懼於強權的大員們祇會含淚承受冤枉。周恩來在政治局生活會上做了自我批評。孫瑜向文化部寫了書面檢查。<武訓傳>被勒令停演。自此，再沒有哪一位中央大首長有膽子敢去審查電影了。有了新影片，逢上毛澤東高興了，就去看看，不高興了或是忙著去看<二十四史>，則大手一揮，就算通過了。電影界徹底姓了毛。真地實現了"春來我不先開口，哪個蟲兒敢作聲"的願望。若有人敢說這還不算霸道的話，到了< 文革 >時期，這批被他批准的影片，又被毛澤東自己統統打倒，而罪名和責任卻全扣在了劉少奇頭上，這夠霸道了吧？ 又錯了不是！一旦曉得毛澤東對<紅樓夢研究>的批判，方能知道什麼才叫毛澤東式霸道！

<紅樓夢> 是中國古典文學中的經典名著。被國人譽為天下第一才子書。專業人士研究<紅樓夢>是各自立論，自成體系，進而誕生了<紅學>。毛澤東認為這一切"均不得要領"，對此前的紅樓夢研究一律封殺，全面否定。毛澤東自稱，他讀<紅樓夢>不下十幾遍了，他是從階級鬥爭角度去讀此書的。他認為一部<紅樓夢>寫盡了"封建社會內部的階級鬥爭"，是一部"階級鬥爭的專著"。他建議別人讀<紅樓夢>時必須 "以階級鬥爭為綱"。他曾建議武將許世友去讀<紅樓夢>，而且至少要讀上五遍才行。許世友買了一部<紅樓夢>就讀了起來。後來，別人問道他已經讀了幾遍了。他答道："六遍！" 問他書上寫的是什麼事。他說："全是階級鬥爭。比打仗還凶！"若再往下問，他不僅連紅樓十二釵是誰不知道，就連賈寶玉林

黛玉是什麼關係也搞不清楚。許世友讀〈紅樓夢〉是手指頭蘸唾沫，一頁一頁往下翻，大搞階級鬥爭。至於他是否翻足了五遍，則無人知曉。但許世友知道〈紅樓夢〉比打仗還凶，就趁了毛澤東的心，如了毛澤東的意，是緊跟毛主席幹革命了。

自從有了〈紅學〉以後，出了幾位著名的紅學專家。其中姣姣者有俞平伯、吳恩裕等人。批判〈武訓傳〉以後，〈山東大學〉兩名青年教師著文向俞平伯先生發起了挑戰，全面否定俞平伯先生的研究方法和成果，極力鼓吹毛主席的階級鬥爭研究方法。

這天，江青手持〈山東大學〉學報〈文史哲〉第九期，快步進了毛澤東的臥室，異常興奮地嚷道："找到了！我可算是找到了！"

"看過了嗎？"

"完全是你的方式！"

"那就好！那就好！這臺戲，還是你來唱！哈哈......"

這正是：

就 怕 天 下 無 事，

翻 動 口 舌 生 非。

偏 遇 混 世 魔 王，

天 下 冤 案 成 堆。

欲知後事如何，請看下回分解。

# 第 九 十 四 回

## 習 研 紅 樓 禍 上 身

## 良 言 進 諫 坐 牢 房

話說江青手拿<山東大學>的學報<文史哲>第九期走進毛澤東的臥室，又是報喜，又是自報功。原來這第九期上刊登了一篇文章。文章的題目是 ＜ 關於 ˮ紅樓夢簡論ˮ 及其它＞。書中所說 ＜紅樓夢簡論＞ 一書是著名紅學家俞平伯先生的紅學研究論文集，是一本學術性論文專著，在國人研究紅樓夢的層面裡影響很大，評價甚高。俞平伯先生用盡畢生心血平鑽研紅樓夢一書，成果喜人，貢獻甚大。

毛澤東一生博覽眾多歷史書籍。他也喜歡瀏覽歷史体裁的演義小說，但對言情小說向來是不屑一顧的。僅在晚年對<金瓶梅>大有興趣，並批準高級幹部可以閱讀。當年，他同羅小龍假扮乞丐周遊湘省時、曾在湘江邊上遇見了一位會看相算命的奇女子英英姑娘。英英姑娘預言毛澤東不會有圓滿的家庭生活和感情生活。在回長沙的船上,毛、羅二人又說起了此事。 毛澤東滿不在乎地說道：" 男子漢大丈夫要想天下大事，要做天下大事！哪有閑功夫卿卿我我，兒女情長！"羅小龍反駁道： " 你看＜紅樓夢＞上，賈寶玉和林黛玉兩人多好！哎呀呀，我若是能找個林黛玉做老婆，再當一回叫化子也行！"

"好沒出息！世上哪有那種美事！我根本就不相信！紅樓夢最是瞎編濫造, 欺騙天下有情人！ˮ

ˮ毛世兄這回是大錯特錯了！＜紅樓夢＞是天下第一才子書！嘻嘻！ "

"胡扯！將來我非把他變成......"

"變成什麼？你又有什麼好主意了？" 羅小龍急切地問道。毛澤東卻不回答，祇在凝眉思索不已。

進了延安以後，毛澤東身邊的秘書多了起來。這些秘書都是選了又選的文才筆杆子,個個寫得一手好文章。自然也都是文學愛好者。毛澤東時常看見他們捧讀＜紅樓夢＞,議論賈寶玉、林黛玉。毛澤東聽著很不入耳 ，以為大家是在嘲諷他和江青。那時，他正忙於鞏固" 王位"。有了殺心,也沒功夫動手。

　　進了北平城,情況大不一樣了。毛澤東大權在握,想辦什麼事,已到了隨心所欲的地步。可是內要安民,外有兩場戰爭,他還顧不上去修理曹雪芹。毛澤東沒功夫。江青有功夫。江青看<紅樓夢>是要看看在<紅樓夢>書中, 都寫了些什麼偷雞摸狗的荒唐事。江青進京後, 檢查出子宮病變, 頻頻飛往莫斯科求醫。對江青生病的事毛澤東一向是不聞不問, 毫不關心。

　　人一旦病了, 心理感情更脆弱, 就希望有個親人能來安撫兩句。江青正值三、四十歲女人感情成熟期, 這種要求更為強烈。故而晝夜時常一人啼哭。勤雜人員恨她,就暗下裡喊她林黛玉。江青聽見了,長嘆一聲:"我若真是林黛玉就死而無怨了!" 自然, 耳報神將江青此話原封不動地報告了毛澤東。毛澤東聽後大吃一驚:這曹雪芹把火燒到自家後院了!這可了得!有一天, 毛澤東又叫秘書田家英去琉璃廠找書。正巧江青在旁邊, 就插了一嘴:"幫我找套<紅樓夢>!要找皇帝看過的版本!"毛澤東一聽 ,心中更為吃驚:江青點明是皇帝看過的, 這是叫他毛澤東向賈寶玉學習了!毛澤東臉子一沉, 十分不悅地說道:" 看那個勞什子!那是階級鬥爭的專著嘛!是講階級鬥爭的嘛!"毛澤東當時分分鐘都在講階級鬥爭,此時, 順嘴來了一句。

　　"階級鬥爭?談情說愛也有階級鬥爭?"江青嘲弄地反問了一句, 認為是毛澤東騙她。

　　"我看<紅樓夢>,一向是從階級鬥爭的角度去看的。 那裡面寫盡了封建時代的殘酷的階級鬥爭!……"

　　"主席水平就是比我們高!我就沒看出來,連想都沒想過。"田家英說道。

　　聽田家英這麼一捧,毛澤東更來了勁兒, 對江青說:"給你一個任務,看五遍<紅樓夢>,寫出一篇階級鬥爭的論文!叫它又好看又好吃嘛, 哈哈!"

　　"家英,你先把主席的話記下來!我, 我, 我可上哪兒找人寫這篇文章呀!"

　　"前些日子,我在<動態>上看見一條消息, 記不清是那所大學了,不是北京的, 好像山東,好像是<山東大學>……"田家英思索著說道。

　　"太捧了!山東我最熟!"就此, 俞平伯先生沾了曹雪芹的光,被狠狠地整了下半輩子。

　　<紅樓夢>是清朝的禁書。曹雪芹是皇帝點名的欽犯 。毛澤東總不能明目張膽地同清朝皇帝穿一條褲子去整曹雪芹, 就去禁<紅樓

夢＞。毛澤東就打隔山炮，批判研究＜紅樓夢＞的方法，搞亂人們的視線，在＜紅樓夢＞裡大搞階級鬥爭，全面地，徹底地歪曲曹雪芹寫＜紅樓夢＞的宗旨。

毛澤東和江青密謀了一陣子之後，江青奉命去了人民日報社。總編輯鄧拓翻了翻＜文史哲＞後，淡然地說："人民日報是黨報，不是學術爭論的場所，不能轉載此文。江青聽他這麼一說，簡直氣炸了肺，猛地提高嗓門大聲喝道："這是毛主席交辦的！你想幹什麼？"

"這是有規定的。這個規定是毛主席親批的。不過嘛，若是能得到中宣部和文化部特別批准，可以在文藝報或者光明日報上轉載。那些報刊正是學術爭論的場所。"

"哼！等著瞧，你個鄧拓！"

江青祗好去中宣部見陸定一。陸定一很了解江青的為人。他就滿口應承去辦，行動上卻是一拖再拖。半年之後，先由文藝報，後又由光明日報轉載。不料，轉載之後引起了紅學界，乃至整個文藝理論界，對兩位青年教師的圍攻。反駁文章一篇接一篇地刊出。兩位青年教師反倒是成了被批判的靶子。

毛澤東坐不住了。

"反了！反了！讓他們轉載，一拖就是半年。可是唱反調就來了精神頭！ 主席，這可是沖著你來的！在延安，我就看出來，陸定一不是個好東西！偏你叫他當中宣部長。這下子可倒好，大權旁落了！"江青見自己越說，毛澤東的臉色就越難看，她就越發地起勁拱毛澤東的火氣。她正拱得起勁，毛澤東一擺手打斷了她。

"家英，你來一下！我想寫篇文章。你記一下。"家英，乃田家英。田家英是毛澤東的一號文字秘書。署名毛澤東的幾篇重要文章、講話稿和名言名句，均出自他的手筆。可稱毛氏文膽。

於是，毛澤東的"關於＜紅樓夢＞研究問題的信"出籠了。

在這封"信"裡，毛澤東坦言，他自己和江青從未看過清宮秘史這部電影。毛澤東卻定性這部電影是賣國主義影片。他給武訓傳定性為"取消階級鬥爭和武裝鬥爭"。他給所有反駁二位青年教師的人統統貼上"資產階級學術權威"的黑標籤，把這些人一杆子打到敵人堆裡去了。俞平伯先生揹上了"御封"的"反動學術權威"黑鍋，＜文革＞中被迫害致死。

一場普普通通的學術爭論，被毛澤東一攬和，就成了殺人的法場。到了這功夫，文人學子才明自，這是毛澤東繼＜延安文藝座談會上的講話＞之後，又一張向文化界出示的黃牌。文人學者紛紛放筆藏紙，去過城市隱士生活了。江青也白高興了：醫生懷疑她得了子宮癌。她嚇壞了，赶忙去莫斯科看病，做化療。

就在這當口，有人給毛澤東寫了一封三十萬字的長信，名為〈上訴書〉，向毛澤東求救求援。

寫長信的人叫胡風,本名張光人,祖籍湖北省人氏。胡風出身貧寒，青年時代就一心向往革命。北伐期間他加入了國民黨，在老家積極打土豪分田地。一九二七年,他對蔣介石屠殺中共黨員十分不滿，就寫文章批評蔣介石。蔣介石說胡風是打入國民黨的共產黨。蔣介石下令抓住胡風就地槍斃。在朋友資助下他逃到了日本。他在東京結識了日共作家小林多喜二，並由小林介紹加入了日共。小林多喜二被政府秘密處死之後，胡風被迫逃回上海。他在上海結識了魯迅,參加了左聯,擔任秘書長。胡風崇拜魯迅，成為魯迅的助手。他也為魯迅看重，是魯迅最喜歡的弟子之一。在魯迅同"右翼" 文人和"左翼" 朋友展開大論戰時，胡風全力維護和支持魯迅,也因而得罪了一大批中共地下黨在文化界的領導人。例如被魯迅罵為"四條漢子"的周揚等人。這些人建國後全當上了大首長。周揚成了中宣部常務副部長兼文化部長，是文壇掌門人。

胡風同所有文人一樣,犯有文人相輕的毛病。往往一言不合，便白眼相對。論爭時，他仿傚魯迅，常常把對方罵得狗血淋頭，靈魂出竅。胡風性格直爽，有話則講，有屁就放。這些可能是優點或特點，但在官揚上則是致命的弱點。解放前，他罵惱了當權者，一抓他,他就往外國跑。解放後,他祇能束手就擒。解放前,他看不上眼的論爭對手。解放後全成了他的頂頭上司。而他本人卻一如往昔半點不改。他不贊成毛澤東對〈清宮秘史〉和〈武訓傳〉的定性。他反對對俞平伯先生的批判和毛澤東的研究方法。於是他大會小會上同當局唱反調，寫文章批評當權者。周揚點名批評他。他就指名道姓地同周揚對罵。他把自己的意見匯集成長文,計三十萬字,欲寄給毛澤東給周揚等人"提提意見"。他的朋友對他說, 他的某些觀點同毛澤東相左,要開罪於毛澤東的。胡風卻說："怕什麼？我的對了,毛澤東也得聽聽我的。這次也順便給他提提意見。"

胡風三十萬言長信中的觀點,同毛澤東的文藝思想格格不入,真如針鋒對麥芒一般。

胡風認為中共文藝政策有如"五把刀子"架在文人頭上,令作家們無法寫作。

頭把刀子為：具有了完美無缺的共產主義世界觀，才能從事文藝創作。

二把刀子為：祇有思想改造才是寫作主題。

三把刀子為：祇有工農兵生活才算生活。其它生活不算生活。

四把刀子為：祇有過去的形式，才算是民族形式。 如果接受了國際革命文藝， 就算是拜倒在資產階級文藝面前。

五把刀子為：題裁有重要與否之分， 題裁能決定作品的價值。忠於藝術就是否決忠於現實。

他又說，"五把刀子"不是關鍵。關鍵是"那個隨心所欲地操縱著這五把刀子的宗派主義者"。在這裡，胡風還祇敢講到"宗派主義者"的地步。可能他是指死對頭周揚而言。但在毛澤東眼裡，這正是在說他毛澤東。這也正是毛澤東要堅決鎮壓的。

毛澤東把查辦胡風一案交付給了胡風的死對頭周揚，和公安部長羅瑞卿聯合去辦。從羅瑞卿接手此案本身就表明，毛澤東心裡早把此案定了性， 胡風是鐵杆反革命份子。

周揚以中宣部和文化部的名義， 發動全國批判 三十萬言書，以及胡風的所有著作和言論， 甚至包括胡風青年時代的和解放前的言論。

羅瑞卿下令公安部門去胡風的親友同事家中，搜集胡風的書信和言論， 並強行從胡風家中拿走了他的全部日記本。公安部門要從這些文字中間尋找胡風的反革命証據。

先定罪名，後按証據，是毛澤東辦案的一慣做法。胡風一案由毛澤東親自操刀， 則十分典型了。

胡風沒有畏俱，毫不退縮，不讓分寸。

文化名流中， 有不少人在當年被魯迅和胡風罵苦了。今日一見"皇上"要拿胡風開刀，就紛紛上陣，找舊賬立新功。郭沫若頭一個跳上陣來， 連寫幾篇長文批判胡風的"五把刀子"之說， 也是他第一個把思想批判上昇到政治批判。他真地好好出了一口惡氣。他拿魯迅沒法子可想，就整他的大弟子， 也算是＂父債子還＂。

就在毛澤東率領天兵天將大肆討伐胡風的時候 ，參加印尼萬隆亞非會議的中國代表團乘坐的飛機<克什米爾公主號>被臺灣特務炸毀。代表團十一人全部遇難。全國上下， 義憤填膺， 無比憤慨。毛澤東立即玩了個移花接木的把戲， 硬說這是胡風上書的國際政治背景，是蔣介石為胡風復仇， 硬把胡風和蔣介石綑綁在一起。如此一來， 胡風轉眼間晉級為蔣匪派遣特務、現行反革命份子了。這正合上了毛澤東經常說的一句話："不管是不是他幹的，有了事，要全記在他頭上！＂

　　胡風的昔日戰友舒蕪見機不妙，立即轉舵，殺了胡風一個回馬槍，把他二人在四十年代來往信件全部交給了公安部。兩部辦案人員從中巧加剪接，任意拼圖，創作出了一系列"罪証"。人民日報分三批公佈了這些"罪証"。其中第二批最為要害。毛澤東擔心人們看輕了第二批"罪証"，連夜親手加寫了〈按語〉。按語定性胡風為負有"推翻中華人民共和國和恢復國民黨統治任務"的大特務！ 胡風這個大特務也實在太厲害了。中共苦鬥了二十八年才完成的事，蔣介石四百萬大兵沒幹得了的事，他一個人就全包了！這得是個何等大的特務呀？蔣介石肯定是不行了。被他差點槍斃了的胡風就能行？胡風實在被毛澤東太高看了。 高看的目的是想要胡風的老命！

　　從三批材料公佈後，胡風由反黨集團變為反革命集團。人民日報通欄標題口號為：堅決肅清胡風集團一切暗藏的反革命份子！"

　　批判尚未結束，隔离審查業已開始，隨後就拘留逮捕。被批判的共二千一百多人。被隔离的六十二人。停職反省的七十三人。正式逮捕的九十二人。定為反革命集團份子的共七十八人，內含中共黨員三十二人。定為反革命集團骨幹的二十三人。三十年後，毛澤東歸了西，再去複查，全是吃了毛澤東冤枉官司的大好人。

　　胡風本人被關押十年以後，於一九六五年由北京市高級法院判處他有期徒刑十四年，剝奪政治權力六年。一九六九年改判為無期徒刑。後來搞清楚：當初判胡風十四年，毛澤東滿以為胡風在獄中活不過去十四年。不成想，胡風命大，就是不肯死。毛澤東一翻臉改判為無期徒刑。毛澤東死後，胡風活著走出了監獄大門。很遺憾，胡風沒能活到給他全面平反的那一天。胡風死後才得以平反。但在平反時羞羞答答地說，"把問題看過了頭，犯了擴大化的錯誤"。目的是想保住毛澤東一貫正確的面子。實際上是越保越漏怯，把全黨也拐了進去。

　　歷史永遠是歷史。歷史不是啞巴。任何判決、決定、定性等等，在歷史面前，錯了的就是錯了，怎麼掩飾也是無效的廢紙一張。這就是歷史的力量。


　　這正是：


焚 書 豈 能 盡 毀 書 ？
坑 儒 難 斷 學 子 根 。
胡 風 冤 案 嬴 政 笑 ，
恥 辱 柱 上 有 新 人 。

欲知後事如何,請看下回分解。

# 第九十五回

## 赤心虎膽鬥群諜

## 睿智善謀立奇功

　　話說毛澤東辦了胡風一案之後,心猶不甘,意猶未盡，於是又辦了一樁大案。這次被查辦的人是名符其實的自己人。故而知情者稱此案為<共和國第一大冤案>。

　　自古至今有了政治和軍事爭鋒之後， 間諜活動就成了不可或缺的一種制勝手段。不論國別,不分政體,亦不問社會制度,誰也少不了間諜。冷戰時代,間諜更是走紅。經過電影和電視的肆意渲染，更是增加了間諜的神秘色彩。間諜成了打不死、炸不爛、神出鬼沒、

無所不能的新俠客， 現代化的孫悟空。當然， 人盡皆知， 這是製片商玩把戲哄弄觀眾的鈔票。

　　那麼， 真正間諜是什麼樣呢？

　　<共和國第一大冤案>的主角,就是一位著名的中共間諜。他叫潘漢年。

　　潘漢年一九〇六年生於江蘇省宜興縣陸平村。潘家本是太湖岸畔世家大族、書香門第。其祖父死活不肯出仕做官， 喜歡在家過田園生活。潘家的家境這才日漸沒落。到了潘漢年出生時,潘家已淪為破落戶了。

　　中學時代,潘漢年已出落成為一個身健體碩、容貌俊秀的好後生。一九二五年,他初中畢業後,獨自一人去上海闖蕩世界。上海中華書局的老板一眼相中了他,委他做書局總經理助理。

　　一九二五年的上海， 政治風雲,洶湧澎湃。在大革命時代的急流漩渦中， 潘漢年加入了國民黨。不久之後， 發生了<五卅慘案>。潘漢年大為震驚。由此， 他對國民黨反感、失望和抵觸。就在這一年的年底,他秘密加入了中共。入黨之後,中共黨組織秘密派他去南昌， 以國民黨員身份， 幫助時任北伐軍政治部副主任的郭沫若， 主持宣傳工作。<南昌起義>失利後， 他又重返上海。中共安排他去籌組<左翼作家聯盟>。左翼作家有革命激情， 但也為人激進， 很易感情用事。自古文人相輕。在左翼作家的人群裡， 這句話要加多一個<更>字。潘漢年使出渾身解數， 終於把這群頭上長角,身上長刺的

過激文人,聚攏到一起，成立了<左聯>。這項工作的成功,令潘漢年在黨內的聲望陡增。

　　一九三一年春天,中共中央把他調到周恩來主持的<特科>工作，擔任情報工作方面的負責人。<特科>是中共的核心間諜機關。潘漢年由此開始了自己的特工生涯。出於工作上的需要,他有時會西裝筆挺,油頭粉面地打扮一番。再加上他天生英俊,稍微一裝扮,更是超群出眾了。偏巧有位上司要開開他的玩笑,給潘漢年的特工代號是<小開>。<小開>一詞在上海話裡是小老板、闊少爺、高級公子哥的意思。潘小開就被半開玩笑半正經地叫開了。

　　潘漢年表面上是國民黨員,骨子裡是中共地下黨員。他一會兒做人，一會兒又去扮鬼。由於工作任務需要，他甚至得同前清的遺老遺少打交道,拉關係，發揮這些人的"餘熱"。曾經在袁世凱稱帝時,被譽為<籌安會>六君子之一的楊度,就是經他工作,秘密加入了中共，負責在皇親國戚中間做抗戰工作。楊度秘密入黨一事，連中共中央副主席也不是人人皆知。由於如此保密,楊度被中共宣傳部門罵了下半輩子保皇黨、保皇份子。死後，繼續挨罵。直到周恩來去世前,他才向黨中央報告，說楊度是中共黨員，而且是名老黨員。

　　一九三三年，王明路線致使中共中央, 在上海的工作機關被破壞幾盡。潘漢年也呆不下去了。他隨同周恩來去了江西中央紅區,任職中共中央宣傳部副部長。實際上仍在主持特工工作，並曾多次奉周恩來的命令, 前往兩廣地區同各家軍閥做生意，倒賣大煙土,拉關係。後又陪同周恩來前去向各家軍閥借路，使得中央紅軍在長征中，得以順利通過兩廣地區。在中央紅軍大遷移中立了一大功。

　　<遵義會議>後，毛澤東派他前往莫斯科，說服斯大林和共產國際承認洛甫領銜的新黨中央，也就是請求斯大林放棄王明。任務是艱巨的。通往莫斯科的路途同樣地艱巨。潘漢年受命後化裝成走私大煙土的煙客。他自然就被紅軍給抓獲了，同其它煙客關進一間臨時充做監獄的大屋子裡。關押了幾日後,他出頭組織越獄,還盜回部份大煙土。憑著這些功績,他和煙客們攀上了交情。他在煙客的指引和幫助下，成功地越過貴州、廣西、湖南、和廣東四省的層層關卡和軍事禁區，順利到了香港。他在香港賣掉了大煙土，買上船票，到了上海。

　　一進上海，他搖身一變，又成了潘小開。他想辦法聯係上了宋慶齡。再通過宋慶齡使上海各界知道,朱毛紅軍還存在,還在征戰著。這個消息轟動了上海灘，迅速傳向全國。隨後陳雲到了上海。他立即陪同和保衛陳雲經海參威到了莫斯科。

潘漢年在莫斯科時，正值蔣介石大肆慶賀征剿江西和湖北兩大紅區，全面勝利的時候。蔣介石自認為紅軍已經崩潰，故而想取代紅軍同斯大林搭上關係。這麼一來，他就可以在蘇美之間滑頭一番了。蔣介石命令駐蘇武官鄧文儀少將頻頻同斯大林會見接談。斯大林趁機要求蔣介石不要再進攻紅軍，而是聯合紅軍打日本人。鄧文儀提出，由斯大林出面做中共的工作，交出紅軍，改編後併入蔣介石的中央軍。斯大林表示同意並指示陳雲聯絡洛甫。

當時，中央紅軍剛走出大草地，又同張國燾鬧了分裂，部隊已經沒多少人了，況且身疲力乏，缺糧少彈，幾乎喪失作戰能力。如果蔣介石此時出擊，或者西北馬家騎兵奔襲，中央紅軍十之八九會全軍覆亡。為此，洛甫接到斯大林的指令後，毛澤東立即鼓動洛甫表示願意同鄧文儀談判。毛澤東太需要一個喘息的機會了。談判時間拖得越久越好。

潘漢年受命同鄧文儀談判。潘漢年施展演戲的才華，同鄧文儀久談不果，又沒讓鄧文儀看出他在故意拖時間泡蘑菇。潘漢年為中央紅軍爭取到了寶貴的時間，挽救了紅軍，立下了奇功，也沒讓蔣介石和斯大林的如意算盤打出個九九八十一來，撥了半天算盤珠，結果是個零。潘漢年立功不記功，還得嚴格保密，連一點歷史痕跡都不許留下。間諜注定是無名英雄。

一九三六年暮春，潘漢年奉命返回陝北，轉往南京，準備同〈ＣＣ系〉特務頭子陳立夫、陳果夫兄弟二人搭上關係，洽談國共第二次合作的可能性。到了南京後，他通過自己在黑白兩道上的各種關係，同國民黨中宣部長張沖搭上了線。再由張沖搭橋，終於見到了二陳的特使、大特務曾養甫。潘漢年會談後立即返回延安，不僅匯報了交付的任務，而且匯報了在會談時摸到的其它重要情報。

毛澤東設下家宴為潘漢年接風。二人促膝長談。毛澤東破例讓江青做陪。 江青也為自己親睹中共第一特工，十分興奮，頻頻勸酒勸菜，捧茶續水，簡直破了天荒。衛士長小李是毛澤東最為信任的人之一了。他忙著接待潘漢年好一陣功夫。毛澤東居然沒讓他知道自己接待的是誰。小李祗覺得此人一定"不一般"，毛澤東太重視他了，為他破了毛澤東自己的規矩。平常誰連想想都不敢想想。小李聽見毛澤東人前人後地誇他"有一套"，就是想不出來是哪一套。

奉毛澤東的命令，潘漢年返回了南京，再去上海。在上海的〈滄州飯店〉潘漢年見到了陳立夫。他從陳立夫口中摸到了蔣介石的真實想法。他連夜趕回延安向毛澤東匯報。毛澤東樂得合不攏大嘴，當面誇他"抵得上一個方面軍"。

　　潘、陳見面之後不久，就爆發了〈西安事變〉。國民黨統治區內的大小報紙一致認為，是中共策反了張、楊二人，大搞兵諫，而牽線人就是潘漢年。

　　該次事變的內幕是天字第一號的絕密。其內情細節僅為當事的三五人所知。外人全是瞎猜。蔣介石扣押張學良大半輩子，好吃好喝地侍奉他，絕不殺他，祗是企盼張學良有一日能夠醒悟，道出事變的內幕，以期改寫歷史，還歷史一個公正。張學良深知，閉口不言，是他唯一的保命護身符。他一開口，死神立即就會找上他。瀋陽是他夢迴心系之地。他想也不敢想回瀋陽看看。他怕有人讓他永久性地閉上嘴，使事變內幕成為千古之謎。蔣介石不殺他，是為了內幕；有人想殺他，也是為了內幕。這就表明，內幕是存在的。牽線人是真有的。

　　且說〈西安事變〉之後，陳立夫立即聯絡潘漢年，請他去南京會談。陳、潘二人講好條件後，宋美齡、宋子文兄妹二人這才有膽敢去西安探望蔣介石。潘漢年至少是〈西安事變〉的重要角色之一。他在暗下裡奔走活動。周恩來在公開場合出頭露面。潘漢年清楚周恩來的一舉一動。而周恩來難知潘漢年的所做所為。因為指揮潘漢年的是毛澤東。毛澤東的政壇對手們，其中包括斯大林和蔣介石，都心裡明白，毛澤東在西安事變中做了手腳，卻都奈何不了毛澤東一根毫毛。因為潘漢年幹得太漂亮了，簡直是滴水不漏。毛澤東用對了一員大將。潘漢年是毛澤東的〈第五野戰軍〉。

　　〈西安事變〉後，潘漢年更忙了。他奔走於南京、上海、廣州、香港之間，主持統戰，成了"情報大王"。毛澤東每每接到他的情報後，常對秘書們感慨地說："潘部長的情報，又簡煉，又實用！"還說："一個潘漢年擋得半邊天。再多一個潘漢年，蔣介石垮台就快多了！"

　　一九三八年九月潘漢年回到了延安，出任中共中央社會工作部第一副部長，僅居康生之後。後來，康生、鄧發兩位部長先後下台，潘漢年的位子穩如泰山。李克農出任部長後，他依舊任第一副部長，主持部裡工作，是名副其實的特工掌門人。

　　身居清貧的延安，桃花運卻突如其來地降落到了潘漢年的頭上。在一個偶然的機會裡，他結識了投身延安革命的香港豪門千金董慧小姐。二人一見鐘情。天成其美，雙雙如願，結為終生伉儷。

　　婚後不久，潘漢年受命去上海出任中共華中局社會工作部長兼聯絡部長，執掌華中和華南地區的特工情報工作。就在此時，他接到了毛澤東的密令，命令他同汪精衛偽政權和日軍進行秘密談判。

在戰爭裡，交戰雙方都是明動刀槍，暗施間諜；又打又談，談了再打，打了再談。所施所為，實讓局外人難以猜到一星半點。在中日戰爭裡，三方交戰，中間還夾了個汪精衛偽政權。其中名堂想不多都不行。

蔣介石為了避開日軍的打擊鋒芒，就千方百計地誘使日軍去進攻八路軍和新四軍。為此，蔣介石一再二，再二三地同日軍進行秘密談判。蔣介石吃足了甜頭。毛澤東又何苦甘吃啞巴虧呢？以其人之道，還治其人之身，亦是兵家名言，更是毛澤東一向擅用的制敵取勝的法寶。他指示潘漢年找日軍和汪偽談判，不是為了談成什麼，而是純粹要給蔣介石製造些麻煩而已。

潘漢年先同汪偽政權的江蘇省省長李士群搭上了線。李士群曾是中共黨員。當過周恩來的警衛員。他被捕後叛變了。他先是加入了國民黨特工機構，後又投靠了汪精衛，成了一名更有甚於老牌反共魔王的新惡魔。由於他堅定地反共，一躍成為汪偽政權特工部門的一號人物。太平洋戰爭爆發後，李士群認為日軍同美軍開戰是自取滅亡。他又開始動搖了。他打算在中共、國民黨乃至美國人中間，尋找新主人。

潘漢年為了完成毛澤東交付的使命，硬著頭皮去見李士群。李士群把大量汪偽政權的絕密情報，送給潘漢年，並透露出自己重回中共的心思。後來，李士群索性將日軍作戰意圖一類特級極密情報也給了潘漢年。

毛澤東看到這些珍貴的情報，對潘漢年誇贊不已，不由地連聲嘆道："這樣的人才，太少了，太少了！"

這一天，李士群要求會見潘漢年。潘漢年以為又有新情報了，就急匆匆去見李士群。他一下車，就見李士群從一輛黑色小轎車裡鑽了出來，神秘地對潘漢年說道："汪要見你！"潘漢年大吃一驚，一下子沒了主意。


這正是：


閻　王　門　前　度　日　月，

槍　口　刀　頭　說　煎　熬。

命 換 情 報 主 子 喜，

雲 端 禍 降 誰 知 曉 ？

欲知後事如何，請看下回分解。

# 第 九 十 六 回

## 表 忠 心 身 陷 圄 圉

## 莫 須 有 陪 夫 坐 牢

　　話說潘漢年被李士群連勸帶推，勉強上了他的轎車去見汪精衛，自己心中卻不免暗暗叫苦。他确實身負打入敵人心臟的任務，而且是專門去做敵人上層人物的工作。在延安是毛澤東本人向他交待了這一任務。然而，真地去面見汪精衛，此事就非比尋常了。

　　汪精衛是頭號大漢奸。一旦此事不慎曝了光,讓世人知道了,中共居然同頭號大漢奸眉來眼去，不啻是天下第一號大醜聞了。他心裡知道，這種大事若能事先請示一下毛澤東為最妥。很遺憾，李士群不給他這個時間。他心裡又一想，毛澤東曾經多次對他說過，不入虎穴焉得虎子的話。還說過，不下巨網大鉤，就難釣得東海巨鰲大龜。他不去見敵人的頭號人物,又怎能夠說得動日軍興兵討蔣呢？

　　再說，眼下正是蔣、汪二人矛盾重重，鬧得天翻地覆、不可開交之際,是利用汪精衛攻擊蔣介石的最好時機,百年難逢,勿失良機。想到這些，潘漢年心裡踏實了許多。他一咬牙, 決定先去闖闖再說,或許……

　　按理說，同敵人背地裡打交道，沒有一件事是見得了人的。而這正是特工間諜在工作上的特殊之處。可以設想, 真若是說動了汪精衛悔過自新，卒部起義，反戈抗日,肯定是一件蓋世天功,真能名垂青史了。

　　可惜，潘漢年不走運。他剛和汪精衛談了個開頭，日本人就戰敗投降了。苦心撒下的巨網大鉤，祗好無功收繮了。

　　內戰打響之後，潘漢年奉命去香港做各界知名人士的反蔣工作。這期間，他策劃了上海海關、中央民航、全國海運輪船公司等多次起義, 為新政權保住了外匯、機構和幹部。他直接指揮錢之光偷運香港知名人士赴京參加首屆政協的活動。

　　上海解放後，他出任市委第三書記兼副市長,分管公安工作。在此任上他竟然說服了上海頭號大流氓、蔣介石的拜把子叩頭大哥、上海灘上黑社會的龍頭大哥兼祖師爺黃金榮不去臺灣,留在上海，認罪服罪,寫出了一紙<黃金榮自白書>,發表在上海的報紙上。此事轟動了大陸和港、澳、臺地區。一批原本訂妥機票的問題人,，紛紛退票不走了。 由於黃金榮承諾"放下屠刀"、"金盆洗手"、重新做人，他的徒子徒孫,以及其它幫派的地痞流氓，紛紛仿傚,有樣學樣,坦白自新，保証不再為非作歹。這樣子一來,在解放後一個極短的時間裡,上海的社會秩序變得井然有序。令國際上,包括蔣介石在內，都十分吃驚和不解。

戰爭年代裡,潘漢年是特工群裡的泰斗大腕級人物之一,是揮金如土的闊小開，一向過著豪華的日子。

解放後他突然轉換了角色，成了黎民百姓的父母官。潘漢年居然在一夜之間,一改昔日的形像和作風,幾乎像是換了另外一個人似的，怕是他自己照照鏡子,都不認識自己了。一身藍灰色中山裝, 見了人不笑不說話,遇上熟人搶著打招呼,待人接物，謙恭有禮。他身邊的解放軍幹部戰士,人人誇他是模范首長；新招來的勤雜工人,個個誇他是大好人。

潘漢年主管＜打非掃黃＞工作。這項工作對他來說， 是又熟悉,又陌生。先前自己就在這個圈子裡鬼混，扮人扮鬼；現在卻官封"鎮妖大將軍"， 統領"天兵天將"， 捉拿這些"妖魔鬼怪"。自然是輕車熟路， 手到擒來， 各項措施均能對症下藥，必中其要害。

舊中國時代， 近百年間， 上海是世界上著名的犯罪天堂、各國間諜的藏身竇窟。在潘小開的管理下,沒有多長時間,就頓時舊貌換新顏了。上海變得安安靜靜,服服貼貼。

人稱這是"滷水點豆腐,一物降一物"， 潘小開專治大上海。在解放後的幾座大城市裡,上海最先步入正規,亦成為全國最安全的城市之一。

一九五三年的春天,建國之後的黨內首次爭權鬥爭開始了。 這次爭鬥被稱為＜高崗饒漱石反黨集團事件＞。對於高崗其人其事,後面會做專門交待。此處先說潘漢年吃了饒漱石的牽連一事。

饒漱石當時任中共華東局第一書記兼上海市委第一書記，又兼華東軍政委員會主席。黨內分工， 他統管華東地區和上海市的社會治安工作， 是潘漢年的頂頭上司。饒漱石為人處事極為聰明.幾近滑頭世故,十分精通用人之道。他看中了潘漢年,就重用潘漢年。 受到了頂頭上司的青睞和重用， 潘漢年自然是對饒漱石百依百順， 恭敬有加。這在旁人眼裡就是搞"小圈子",就是死黨。

饒漱石出了大問題， 就依照黨內慣例和人們的世俗偏見，去審查饒漱石的親信,重點是死黨。潘漢年名列第一名。查來查去,沒有任何死黨方面的証據,全是工作上的聯系和關係。隔离審查很快就結束了。潘漢年恢複了原職工作。

他重新上班後不久,赶上了全國黨代會的召開。他是當選代表， 就急匆匆去北京開會。

在北京毛澤東召見了他，還請他到家中吃飯。這讓剛捱了整的潘漢年心中十分感動。席間，毛澤東幾次為他蒙冤受審查打抱不平，還狠狠地批評了陳毅幾句。這更讓潘漢年感動加激動了。毛澤東又一再提起他當年的功績，讓潘漢年想不昏昏然、飄飄然都不行了。換上別人怕是早已痛哭流涕，下跪叩頭，謝主隆恩了。人就是這種德行。即使再深明道理不怕好話恭維話的人，一遇上知心人提起自己的當年勇，無不立即繳械投降，恨不得把自己的心掏出來，交給知心人。潘漢年雖是魔窟中錘煉出來的鐵漢子，可他的心也還是肉長的，免不了兒女情長，恩恩怨怨這類肉體凡胎者常有的通病。此時的潘漢年在偉大領袖面前是如同三歲孩子一般了，而且是個對父母百依百順的好乖乖。

毛澤東誇獎得興起之時，順手從身旁的櫃臺上拿起一瓶茅台酒，斟滿了兩小盅，又先自舉起了酒盅。

"漢年，我平時素不貪戀這杯中之物。這瓶子酒打開有大半年了。今天又見到你這位大名鼎鼎的潘小開，不喝上一口，似乎就少了點什麼似的，叫人不大甘心嘛！來,乾上它一盅！我也算是陪上潘小開,瀟灑它一回了，哈哈！"

"主席，我是徒有虛名！我祗是主席手下的一名普通戰士。"

"來,再乾一盅！見了小開，要像個小開的樣子才像話嘛,哈哈......"毛澤東把第二盅酒一口乾光，仰面大笑，"哈哈......漢年，你身負大任，國家安全這方面的事，今後我還要仰仗你了。中央缺少這方面的人手。你的身子骨，可得好好保養哇！千萬不能再風花雪月了！搞垮了身子，得不償失！得不償失！哈哈......"

"不會的......不會的......"潘漢年像個小男孩，被毛澤東說了個大紅臉,不好意思起來。

"生活小節上,我不大追究同志的這些花花事。你放心好了！那個高大麻子,我原先就沒去管他的閑事嘛！放心好了，哈哈！"

毛澤東的這一番男人對男人的肺腑之言，男上司對男下級的關愛之情,讓潘漢年這個"花花公子"感激得五體投地,魂飛九天之外。他簡直不知道怎麼辦才好。他覺得若有半點不忠於毛澤東，心底有半點秘密瞞著毛澤東，都該天打五雷轟,千刀萬剮,死了喂王八。他突然鬼使神差地想起了自己會見汪精衛的那件舊事來。於是,他全無保留地講了這件事。

毛澤東側著耳朵聽他述說,兩眼盯著桌面上的小酒盅一眨不眨。

"你還同誰說過這件事？"毛澤東聽完後，嚴肅地問道。潘漢年果斷地搖搖頭,似乎宣誓般地說道："連我妻子也沒說過！"

"那就好！此事祇可你我二人知道！來,再乾它一盅！見了潘小開,就風流個夠！"毛澤東一仰脖子,又是一小盅，真地破了天荒。

潘漢年見毛澤東說話如此仗義,對自己的關愛如此之深，甚至為自己屢屢破例飲酒,心中頓時熱浪翻滾，眼裡一片漠渾,口中訥訥而言：〝主席，你．．．．．你,太．．．．．那個．．．．．．下回你到上海，阿拉，不,我．．．．．我阿拉．．．．．〞潘漢年一激動，語不成句,連〈我〉和〈阿拉〉也摻和到一塊去了，心裡不知說句什麼，做些什麼，才能顯示他對毛澤東的一片忠誠。

〝哈哈！下回我去上海，你給我找兩個美女不成？ 哈哈．．．．．．多謝了！漢年，你們這種工作，第一要管住自己的嘴巴！我要講的,是第一！〞

〝主席的話,一定記住！〞

潘漢年回到住地北京飯店，正睡得香甜，被公安部長羅瑞卿一個電話叫走了。在部長的辦公室裡，羅瑞卿宣佈要對他進行逮捕審查。

潘漢年被關進了功德林監獄。給了他一間單人囚室，約有十五個平方米。單人床竟然是當時市場上少見的沙發床。室內桌椅齊全,真像間辦公室。地面舖著羊毛地毯。牆角有坐式抽水馬桶和台式白瓷洗臉盆。房間有暖氣設備。天棚上裝有吊式大電扇。

毫不誇張地講，比他在北京飯店那間部長級幹部用房還要講究幾分。所差就在一扇門上。這裡的門永遠從外邊鎖死。鑰匙又裝在別人的口袋裡。牆則完全一樣。牆裡的他卻一夜之間失去了人身自由。從堂堂六品大員變成了階下囚徒,而且是欽犯。

親友、同事,乃至他的妻子,都以為他又去執行特殊任務了,誰也沒去深想他的〝失蹤〞。

沒過多久,董慧也被捕了。她也被關進了北京功德林監獄。沒有罪名。沒有刑期。她的罪名可能早被南宋奸相秦檜定好了，叫做〈莫須有〉。秦檜說,她是潘漢年的老婆，她坐牢的罪名就莫須有了。她是無罪陪夫坐牢。

八年之後，夫妻二人見面時才知道，八年來夫妻二人彼此相距，僅僅隔著三個房間四堵牆。兩扇永遠由別人關鎖的房門，令沒有任何罪名的夫妻二人八年不通音訊．．．．．．

潘漢年被捕後，國內開始了內部肅反運動。像潘漢年這樣的忠貞不二之臣，都可以被關進監獄，他人又能好得了？然而,潘漢年失去的僅僅是自由。別人失去的卻是生命。若是有什麼抱怨,也祇能見了閻王爺，向他老人家投訴了。

時間一天天，一月月，一年年地過去了。沒有人，沒有任何人找他，審他，宣判他。似乎世間的人，全把他給忘光了。他一天到晚，就是三餐一覺，很像動物園裡的珍禽異獸，祗是沒人來參觀而已。

八年之後，最高人民法院宣判他是內奸，判他十五年徒刑，剝奪政治權利終身，不得上訴。董慧仍然沒有罪名，沒有刑期，但得坐牢。她是陪夫隔牆坐牢。這自然也是唯有毛澤東才幹得出來的天下奇聞怪事。

一九六七年六月，〈文革〉正盛。潘漢年的刑期即將屆滿之時，突然改判為無期徒刑。獄卒送飯時說了一句："上頭說了，你改無期了。"潘漢年祗"啊"了一聲。他從功德林監獄搬到秦城監獄，住進了高級幹部專用囚室。

一九七五年夏天，他已年近七十了。他因病假釋出獄。第二年，毛澤東去世。潘漢年燃起了一線希望，要求黨中央給他平反。沒人理睬他。他徹底絕望了。

潘漢年在無人理睬中走完了自己的傳奇一生，享年七十一歲。

一位知道毛澤東隱密的人，永遠閉上了自己的嘴巴。一代名諜默默地、靜悄悄地、"捂著嘴巴"永辭人間。

兩年後，隔牆陪丈夫坐了半輩子監獄的董慧，也踏上了黃泉路，找她的小開相會去了。董慧生前最後一句話："老潘會復活的！"

董慧說準了。潘漢年夫妻二人雙雙閉上嘴巴以後，潘漢年被平反了。平反如同逮捕一樣地簡單。逮捕時無罪可判。平反時亦無罪可平。僅僅宣佈潘漢年是位好同志、好黨員、好幹部。抓他沒錯。關他沒錯。給他平反也是對的。整他、害他的毛澤東更沒錯，永遠一貫正確。錯的是……人為什麼要長一張嘴巴？長了嘴巴能吃飯就行了，為什麼還要說話？

董慧就更簡單了。連平反也省了。反正都是莫須有，乾脆莫須有到底了。

一個無限熱愛毛主席的人解釋說，說話祗准說毛澤東批准了的。否則，說忠心話也不行！

一個了解內情的人說，整潘漢年是天大的錯誤。潘漢年案是共和國第一大冤案。

一個愛動腦子的人說，潘漢年一表忠心就入了獄，以後誰還敢獻忠心了？

一個倔脾氣說，誰讓他去坦白了？若不坦白，官照做，照舊去抓別人！

　　一個愛聽故事的人說，以後還是當啞巴好，這全是嘴巴惹的禍！耳朵就是比嘴巴好！

　　俗話說，病從口入，禍從口出。潘漢年一案倒是挺能驗証這一點的。可是，若細細想一想，不也是有許多人全靠一張嘴巴而平步青雲，步步高陞，入爵拜相，位列三公嗎？高崗的走紅，又像是恰恰要証明這一點似的。

　　這正是：

<br>

不慕天仙女，

最美董慧心。

無罪陪夫住牢房，

遙指老毛一昏君！

<br>

　　欲知後事如何，請看下回分解。

# 第九十七回

## 爬天梯身敗名裂

## 耍滑頭在劫難逃

　　話說當年毛澤東訪蘇歸國，專列到達滿州里時，先期回國的高崗專門到滿州里接他。

　　毛澤東自從在陝北認識高崗之後，就打心眼裡喜歡上了高崗。這是因為二人氣味相投。一是二人都喜歡女人。一個<色>字讓二人親近了許多。二是高崗嘴上功夫好。高崗的嘴上功夫不同常人，自有特點。擅用"好馬快刀"的人多用吉利話、順耳話、恭維話、馬屁話去討上司的喜歡。高崗則一向用詞粗俗，葷的素的一起端。他的甜言蜜語都是用表面上不能入眼的穢物包裝起來的，好比北京王致和的臭豆腐，聞著臭，吃到嘴裡越品越好吃，甚至有股特殊的香勁兒。高崗的話也是"臭中香"。毛澤東自然也有他自己的粗俗的一面，盡管被他隱藏得非常深。這種不敢示人的粗俗，一旦碰上了"臭中香"就如同見了知己一般，真地臭味相投了。毛澤東愛聽高崗說話的原因也盡在此。

　　毛澤東看中誰，誰的烏紗帽便會大長尺寸。<七大>以前，高崗連中央委員也不是。<七大>上他成了政治局委員。到了東北僅居林彪之後。林彪率兵入關他接掌了東北一切大權。其頭銜有：中共中央東北局第一書記、東北軍政委員會主席、東北軍區司令員兼政委。黨政軍三權集一人之手。人們當面喊他高主席，背後說他是<東北王>。　拍馬屁者竟然在會上當著他的面高呼："高主席萬歲！"他聽後哈哈大笑，說道："我高大麻子可沒那個齊天洪福！"嘴上這麼說，心裡咋想的，就自己知道了。　建國後他又當上了國家副主席、中央軍委副主席，　國防委員會副主席。在高崗看來，這离齊天洪福還有一段距离，　還得"躍馬揚鞭馬蹄疾"一下子，還得和毛澤東近乎近乎才行。在別人看來，他真地紅得發了紫。

　　高崗陪著毛澤東巡視了東北三省。毛澤東真地是好好享受了一番帝王生活，心中自是十分高興。閑暇之時，　高崗就陪著毛澤東聊大天，瞎吹胡，哄他高興，套近乎。兩人幾乎是無話不說，無話不談。

　　"高大麻子,你小子真有兩手！東北搞得蠻不錯嘛！"毛澤東是真心誇獎高崗的。在高崗主政東北期間,他放手啟用和重用了一大批新老知識份子,從而迅速恢復了東北工農業生產,並有所發展。對南方戰事和以後的朝鮮戰爭都起了極大的支持作用。

　　"主席說笑了。我們這東北傻大黑粗，弄不出細活。不過，咱東北的大姑娘小媳婦倒是好模樣，好身段，一點不比南方的差，哈哈……"

　　"人家罵你麻子騷，你就是三句不离本行。把自己的招牌，成日裡掛在嘴上，是想招惹豬八戒給你做進門女婿吧？哈哈……"

　　" 主席是念遍了古書的人。古書上不是說，英雄難過美人關嘛！主席是大英雄。 我是小英雄。英雄愛美人。美人愛英雄,更愛大英雄。主席才是艷福齊天,沒人敢比！"

　　"英雄？哈哈……高大麻子是夠個英雄！敢想，敢說，還敢幹！哈哈……"毛澤東一語雙關地揶揄高崗，自己得意地大笑起來。

　　"耶赫,有毛主席表揚我敢幹，那咱就大幹,特幹,往死裡幹！哈哈！"

　　"哈哈！哈哈！哈哈….毛澤東笑歡了。

　　"說句大實話,天底下的人,誰敢同主席比！主席是真能幹！我們全是蠟做的銀槍頭，一熱就軟活！我這個麻臉大狗熊，更是熊到家了！再能幹,頂多再生幾窩小狗熊……"

　　"哈哈……哈哈……"高崗一語未了,把個毛澤東逗得笑瘋了。他笑著說："你,你,哈哈….你真是個有屁就放的大狗熊…..哈哈！高大麻子,說是說,笑歸笑，那鞍山、撫順、本溪，真得弄出些大名堂！我可是等著急用鋼鐵煤炭。你有熊勁，就使勁幹吧！往死裡幹，我也不管！哈哈……"又是一陣子狂笑。

　　"哈哈…… 主席放心好了！要鋼，要鐵，要煤,你說了算！主席出指標就行了！你說要多少，我就是把腦袋押上去，也得拿出來！"

　　"好！就缺你這句話嘞！我們黨內的人,若都能像你這個樣子,那還有什麼話好講！"

　　"搞建設,沒啥了不起的！這跟打仗一個屌樣！敢打敢衝敢拼命,加上個敢想敢幹敢往死裡幹,就行了！抓生產嘛,在我大麻子眼裡，真好比褲襠裡捏卵子！"

　　"哈哈……哈哈……"

　　"主席，不是俺麻子坑人！你下個令，我叫它，三個月小變樣，六個月大變樣，一年之後全變樣！變不了樣，你把我的麻臉踩平！"

　　"哈哈……哈哈……"毛澤東是越聽越愛聽，越聽越想樂。高崗的暈話裡透著一股豪氣和朝氣，讓他心裡十分受用。

　　"不是俺麻子專揀大個的老母牛去吹！搞東北，就是搞全國，也不能叫主席失望，認俺麻子是瘟包！我幹不好，主席一刀把俺劁了叫俺大麻子下半輩子當老公，俺不學半聲驢叫喚！"

　　"哈哈……好！哈哈……好！好！好！你先幹著東北。全國嘛，總得有個硬人去管管才好嘛。現在,我們的中央裡，就是缺少有魄力,有幹勁,有股子不要命勁頭的人,去抓國民經濟建設。依我看，你來幹個總理，也是蠻好嘛！"

　　高崗笑道：這我可幹不了！我沒那兩把刷子。"

　　毛澤東接著說："有些人，就是膽子小，小得很呀！東張張，西望望就怕掉下一片樹葉打破了頭！那可不得了囉！天下大亂了！我說,這是右傾。太右了！"

　　"這是小腳老爺們！"

　　"什麼？你講些什麼？""在俺東北管男人叫老爺們。纏小腳是女人家的事。沒人給老爺們纏小腳。可有些老爺們辦起事來怕三怕四，就像小腳女人走路一樣，一步三回頭，一步三寸半，扭著個屁蛋子亂顫悠...."

　　"哈哈！哈哈...."毛澤東差點笑嗆了，似乎眼見了小女人走路的樣子。他笑夠了，大聲嚷道："小腳女人！這個比喻比得好！要號召全黨大反小腳女人作風！全速前進才像個樣子嘛！這個比喻好得很！"

　　毛澤東返京後不久，就從全國各地抽調五名高級幹部進京工作，人稱<五馬進京>。這五人是高崗、饒漱石、鄧小平、薄一波和習仲勛。他們五人進京後，仍保留原職又兼任新職的祗有高崗一人。所以人們又稱這是<一馬(麻)當先>。此話似乎暗示，那四位有當陪客的嫌疑，是毛澤東旨在提拔重用高崗一人。高崗自然是由此更紅了。客觀規律常常是由紅變紫，由紫變黑。

　　高崗的新職位是國家計劃委員會主任。在中央政治局裡分管全國經濟工作。於是人稱高崗的計委是經濟小內閣。周恩來不再過問經濟上的事了。高崗進京把周恩來的工作架空了一半。

　　這一天，原任華東局第一書記兼上海市委第一書記、新任中央組織部部長的饒漱石，突然登門拜訪高崗。

　　饒漱石，一九〇三年生於江西臨川縣。一九二三年入團，一九二五年轉為正式中共黨員，是劉少奇的老部下。在劉少奇同王明的爭權鬥爭裡，他堅決支持劉少奇，故而深受劉少奇的器重。劉少奇步步高陞。他也跟著水漲船高。這一次他又在劉少奇的舉荐下，進京執掌黨內人事大權。

　　平日裡饒漱石給人的印象是個唯唯諾諾、膽小怕事的人。他說起話來一向是細聲細氣，用詞小心謹慎。同事和部下借助他的名字的江浙地方方言讀音，送他綽號<小書生>。不單是劉少奇，凡是接觸過他的人，都認為他辦事牢靠，是個可以信賴的人。其實，這是不了解饒漱石。

　　饒漱石頭腦極為聰明，且又十足的圓滑世故，辦起事來，一向講究四面討好，八面玲瓏。他最拿手的絕技是察言觀色，掌握政治動向。在多年的革命生涯中，他沒幹什麼大事和實事，沒立下什麼大功和奇功，全靠侍奉好了劉少奇而官運走紅。

　　劉少奇离開新四軍去黨中央工作時，就由他接掌新四軍。他探得陳毅在瑞金時曾經同毛澤東有過"過結"，鬧過矛盾，整過毛澤東。他深信毛澤東不會忘記和輕易地放過陳毅這個宿敵。他就時常地打陳毅的小報告，把陳毅整得好慘。陳毅到了延安參加<整風>，一整半年，差點過不了關。

　　後來，虧了粟裕不當一把手，爭當二把手，才保住了陳毅的華野軍職。否則，陳毅的一生肯定改寫。元帥大禮服肯定是穿在別人身上了。為此毛澤東重賞饒漱石：在<七大>上當上了中央委員。康生以政治局委員身份，爭當華東局第一書記，都被毛澤東一口否定了。

　　上海解放後，陳毅任上海市市長時，他又狠狠地踢了陳毅一腳。踢得陳毅是啞巴吃黃蓮，有苦說不出。

　　當時，正在籌組華東軍政委員會。按照慣例，應當由軍區司令員兼任軍政委員會主席一職。陳毅是軍區司令員，理當就任。討論人選時，陳毅祇是出於客氣，對毛澤東說了一句："我太忙了！找別人幹幹也是要得的......"毛澤東也沒去勉強他，就對饒、陳等人說："你們回去議一議，再報上來。"

　　散會出門時，饒漱石對陳毅說："你不幹。我來幹。不必客氣。"沒等陳毅回話，饒漱石轉身就走。陳毅忙召喚他，大聲喊道："議一議嘛！議一議嘛！"饒漱石裝作沒聽見，頭也不回地走掉了。

　　回到上海，饒漱石以華東局的名義，給黨中央和毛澤東打報告，說是經研究決定由饒漱石出任華東軍政委員會主席。他的這一任職，讓黨內外、軍內外、甚至民主人士，全都以為陳毅出了大麻煩，甚至是大問題，才免去了他理當就職的官位。逢見熟人打問此事時，陳毅祗是哈哈一笑，笑得讓人聽了難受。

　　這一次，饒漱石主動見高崗，因為他又抬起了腳，準備去踢另一個人了。

　　建國以後，毛澤東同劉少奇在土改政策和具體做法上意見相左，分歧較大。毛澤東又同劉少奇和周恩來在合作化問題上，三人各持己見，互不妥協，甚難統一意見。在政務院行政管理辦法上，例如發文程序上以及新稅制的實施范圍等具體工作上，毛澤東和周恩來、劉少奇也是各有各的說法，彼此相互矛盾，相互否定。

　　毛澤東唯恐大權旁，就以一副君臨天下的姿態，舍我其誰的架式，既不討論，也不打招呼，而是在大會小會上點名批評劉周二人。這在權爭不息的黨內，無疑是放出了一顆信號彈。懷有政治野心的後起之秀，就認為機會來了。就認為毛澤東要棄舊迎新了。

　　饒漱石知道高崗曾陪同毛澤東巡視東北，就猜測毛澤東一定會對高崗說些黨內爭權方面的知心話或是交底話。他又實在太想知道都是些什麼內容了。於是他就登門索要，想揀個大便宜。

　　"看你老兄滿面紅光，要走大紅運了！"饒漱石一張嘴就是一句恭維話。

　　"哪裡比得上你！沒把個陳毅活活氣死！"

　　"那是……那是中央……中央嘛……我不敢……"

　　"哎呀呀，怕個屌毛！佔了便宜還賣乖？小饒，你還真它奶奶的有一手！叫我高麻子看走了眼！硬把打虎好漢當成了武大郎了！佩服！佩服！"

　　"還望高主席多多指教！這一趟巡視東北，毛主席給你吃了不少偏飯吧？嘿嘿……"

　　"你倒是長了雙兔子耳朵，還不短哪！……"

　　饒漱石這一下子可就撓著了高崗的癢癢肉。高崗也就忍不住地炫耀起來毛澤東對他的誇獎，順便把劉、周等人貶了一番。機敏過人的小書生則認為這是毛澤東借高大麻子的嘴往外透透風。接著，他二人把毛澤東、陳毅、朱德、周恩來等人在江西紅區鬧矛盾的傳聞，添油加醋做了一番交流，又結合近個時期毛澤東的點名批評，逐一分析，枉加推測歸納，最後二人一致認為，劉、周兩位要大事不妙了。毛澤東想換班子了。

"我說，小饒，人家劉少奇過去可是拉幫過你。你能下得去手，捅他的刀子？"

"那全是謠傳！我是憑著自己的本事幹出來的！黨員得講原則。凡是反對毛主席的人，就是我的不共戴天的仇人。就算是娘親老子，我也不買帳！"

"好！有你這話，事就好說了。有機會我向主席匯報。有了準信，我再找你。"

"謝謝高主席關照！"

一九五三年六月，中共中央同時召開了兩個會議。一個是全國財政工作會議。薄一波就新稅制問題，代表政務院做了檢討。誰都知道，新稅制是周恩來主持制定的。這是周恩來挨了批評，借薄一波的嘴在做檢討。

另一個會是中央政治局擴大會議。會上毛澤東就一系列問題做了批評。他沒有公開點名。但是，到會的人個個心知肚明，這是在批評劉少奇和周恩來兩個人。隨後，劉、周二人各自做了自我檢討。

於是，饒漱石聞風而動，見風轉舵，在隨後召開的中央組織工作會議上，發起了對常務副部長安子文的批判。饒漱石和安子文是劉少奇在白區工作的"左膀右臂"。這是饒漱石向毛澤東宣告，自己同劉少奇徹底分道揚鑣了。

這年年底，毛澤東提出來，中央領導班子要分一線和二線兩套班子，以應對未來的世界大戰。高饒二人認為這是毛澤東在找藉口，開始棄舊迎新了。

他二人分頭去見陳雲、鄧小平、林彪等老熟人，並提出了自己心目中的中央領導班子名單。在他們二人的名單上，沒有劉少奇，也沒有周恩來。

陳雲和鄧小平就此事向毛澤東、劉少奇、周恩來，做了揭發匯報。劉、周二人急了，決心反擊高、饒二人的挑戰。他們倆聯合黨內、軍內的元老重臣董必武、朱德、謝覺哉以及實力派陳雲、鄧小平、薄一波和軍隊的元帥、大將等人齊向毛澤東告御狀。特別是當鄧小平抖落出了高、饒找他策反的一席原話後，大員們憤怒了，紛紛站到劉、周一邊，要求處份高、饒二人。

毛澤東一看勢頭不對。倘若這些人聯起手來反對任何人，都會把這個人搞個人仰馬翻。眼下，這些人不同意換下劉、周二人。若他硬要堅持撤換，祇會是搬起石頭砸自己的腳，後果不堪設想。他自己知道他還沒有實力做到"一人勝全黨"。他尚沒有可能一下子將劉、周二人同時扳倒。毛澤東決定"棄車馬保將帥"。他對自己

的 "大警衛員"羅瑞卿說："睡覺有兩種情況。一種是睡在床上。一種是睡在鼓裡。若不是其他同志向我反映高、饒的問題，我還蒙在鼓裡哪！"

毛澤東一打退堂鼓，劉、周二人就主持政治局會議，揭批高、饒反黨罪行。毛澤東不上會，也不見客。高崗鬧著見他。他死活不肯見高崗。他讓秘書轉告高崗，有問題和意見去找劉少奇和周恩來就行了。毛澤東說此話時，似乎沒睡在床上，又睡在鼓裡了，不知道劉周二人天天都在發動眾人圍攻高崗。高崗想躲尚來不及，何用去找？

高崗不服，不檢討，心裡也徹底明白了。他先是觸電自殺。被警衛員發現了，沒死成。一九五四年八月，他在北京東交民巷八號住所裡，服安眠藥自殺身亡。高崗死得很冤，是個冤死鬼。但是，他的死引不起人們的同情，甚至是憐憫，都覺得挺正常。鄧小平執政初期，高崗手下的＜五虎上將＞及一干人馬全部平反，恢復職務並得到重用。唯獨高崗一人紋絲不動。近些年他的夫人一再要求為丈夫平反，卻得不到高官們的任何支持。大概全嫌他太臭了在入品道德，生活作風上，實在是差極了。近百年來，在超級流氓群裡穩佔前三名。除了毛澤東沒人喜歡他！

饒漱石被捕後，一直關在功德林和秦城兩獄內。一九七五年死在秦城監獄中。至死未獲平反。

這正是：

官 場 原 本 風 險 多，

雲 中 常 降 無 妄 禍。

上 竄 下 跳 豈 有 好？

黃 泉 路 上 學 唸 佛。

欲知後事如何，請看下回分解。

# 第 九 十 八 回

## 不 讀 馬 列 講 馬 列

## 路 走 共 產 均 貧 富

話說在莫斯科時，毛澤東曾對蘇聯外交部長莫洛托夫說："馬克思的那本資本論實在太難啃了。我翻了幾頁，實在看不下去。"毛澤東說的是大實話。他是私塾出身，對洋文化一竅不通，看起洋書來是頭痛眼酸大腦發麻，也就沒了半點興趣。可是幹紅色革命，當紅色革命的領袖，又是一號人物，，豈能是馬列主義大文盲？或稱<馬列盲>？毛澤東聰明，自知不行，就另找幫手。於是他選中了兩個人。。一個叫劉少奇。劉少奇在莫斯科上過大學深造過，專攻馬克思的<資本論>。劉少奇又是毛澤東反王明的盟友。於是毛澤東超級提拔劉少奇為黨政軍的二把手,算是為自己的班底貼上了一道醒目的,馬列主義專家的鮮紅的標籤。

劉少奇，湖南寧鄉縣炭子沖人。距毛澤東的老家大約有百多公里的路程。他比毛澤東小五歲。一九二〇年入團，一九二一年冬天加入中共。

劉少奇生於一個世代書香門第的大地主家庭。他是從會走路時起，就受到充分的孔孟教育。他性格內向，少言寡語，遇事忍讓，遵守紀律，處處以禮待人，從不胡作非為。他家藏書甚多。他十分苦讀。為此，家裡人送他綽號<劉九書櫃>。這個<九>字有雙重含意。一是說他在兄弟姐妹中排行位九；二是他讀過的書太多了，有九個書櫃那麼多。除了讀孔孟類聖賢書之外，他把家中所藏各種雜書，如<水滸傳>、<西遊記>等等,逐一讀過。<辛亥革命>後，哥哥們又把一大批有革命新思想的書報雜誌，帶回家中。他又是一樣不落地來了個通讀。讀遍了新舊各類書籍報刊之後，他心裡多了一把衡量是非曲直的"尺子"，額頭上多了一隻觀察世界的"眼睛"。於是，他帶著自己的希望、追求、困惑，甚至一大堆問題，走出了炭子沖。劉少奇是被書中的道理引向了革命。

一九一七年劉少奇進入<湖南講武堂>學習軍事。一九二一年加入中共後自費進入莫斯科<東方勞動者共產主義大學>學習。一九二二年回國在<中國勞動者組合>書記處工作，專搞工人運動。也正是在這個時候，他被派往安源，協助毛澤東和李立三搞安源路礦大罷工。毛澤東很欣賞他。兩人關係十分相得。劉少奇的第一位夫人何寶珍，就是由楊開慧介紹成婚。毛澤東還替何寶珍改名<何葆貞>。何寶珍出身秀才之家，很有文才。婚後生下了二子一女。她於一九三三年在上海被捕。於一九三四年被殺害。劉少奇很是鐘情這位夫人。以後幾次婚姻均不遂意。直到娶了王光美才算稱心。

劉少奇在白區工作時受王明處處排擠，無奈之下於一九三五年進了江西紅區，不久即隨中央紅軍大遷移。在<遵義會議>上他鼎力支持毛澤東。到了延安後，他站在毛澤東一邊同王明展開鬥爭，幫助毛澤東鬥垮了王明。<皖南事變>後，他頂替了項英，主持新四軍的工作。他順從毛澤東的心意狠批項英，和"監軍"陳毅，把新四軍納入毛氏山頭，立了一功。一九四五年他在<七大>上做了<關於修改黨的章程的報告>。他在報告中，把王稼祥提出的<毛澤東的思想>改為<毛澤東思想>，並在做出詳細的解釋和說明後，倡議將毛澤東思想做為全黨<唯一的正統思想>。他還進一步提出了"毛澤東同志把馬克思列寧主義普遍真理，同中國革命實踐相結合"的說法。這一提法頗有溜鬚拍馬說假話的嫌疑。經劉少奇這麼一吹胡，自此以後毛澤東成了馬列主義解釋權的唯一享有人，再無任何人在馬列主義理論上敢同毛澤東叫板了。毛澤東成了中共的最高、最權威的精神領袖，真地是說一不二，金口玉牙了。這也是毛澤東登上神壇，大搞神化和盲目崇拜的一大步。為此劉少奇獲得了毛澤東的重賞，坐穩了黨的二把手的席位，僅列毛澤東一人之後。溜鬚拍馬比廝殺立功有用多了。

劉少奇具有許多他人所不及的長處，但也同樣地具有若干致命的短處。他同古今御用文人一樣，愛媚主，善鑽營，時不時地說些口不對心的假話、善意的謊話等等。他居然能把一個根本不讀馬列主義著作，捧著二十四史治國的人，吹噓成馬列主義理論家，還敢脹著膽子說他"把馬克思列寧主義普遍真理同中國革命實踐相結合"了，實實在在太過份，太出格，太荒唐了。劉少奇的這一失當，成為世人和後人的笑柄，也為他自己釀造了一杯由他自己去飲乾的"毒酒"。劉少奇的悲劇是從他走紅的那一刻開始的。

毛澤東進京後，以二十四史為鑒，連發三樁大案，又搞了<鎮反>、<肅反>等一系列的鎮壓運動，使得全國上下，一片啞然，昔日的同事和戰友無不乖乖臣服。毛澤東見到王座牢固，群臣歸順，百姓斂聲，再無煩心之事了，就也想仿傚一下上古明君，做些為民謀福，鴻示隆恩的千古事了。湊巧此時，山西省委送上來一份報告，恭請聖裁。

原來是山西省委書記賴若愚的一份關於農村合作化問題的報告，他聲稱,在老解放區,貧下中農土改以後分到了土地，家庭生活水平明顯好轉。其中百分之七十的農戶上昇為新中農或富農。為了阻止產生大批新富農乃至新地主，山西省委擬在山西農村大搞合作化,用合作的形式，從農民手上收回土改時已經分給農民的土地。

顯而易見，賴若愚的思想十分左傾。但這也不是他一個人才有這種看法和想法。這是中國幾千年傳下來的<均貧富>觀念在作怪。秦朝末年，陳勝吳廣造反時，就用了<均貧富>作為口號,號召農民參加起義反對秦始皇。明朝末年李自成造反時,是<闖王來了不納糧>。紅軍造反時則<打土豪，分田地>.....<均貧富>的核心是<不患貧,不患寡,患不均>。也就是說，不怕窮，不怕分得的東西少，就怕不平均。要窮，大家一道窮。沒吃的大家一起餓肚子。這為大家所接受。但是，不可以讓某些人或某個人，先吃一口,多吃一口，更不能允許一個人或者一部份人先富裕起來。這是幾千年來在人們頭腦裡、血管裡的"法律"。

在毛澤東的觀念裡或者思想意識的深處,亦即他要搞的共產主義，就是人人有活幹,人人有飯吃，人人有好日子過。但這一切的實現，必須是人人一齊開始吃，人人一齊過好日子。形象些說,就是毛澤東一吹口哨，大家一齊抬腿，邁步，口喊著一二、一，整整齊齊地跨入共產主義，百分之百地體現出一個<均>字來。早抬腿的,早邁步的，搶跑的,沒喊一二、一的......統統都是資產階級，都是階級敵人，都是老右傾，都是......都是要鎮壓的，都得退回去，重新抬腿邁步。很顯然，這同馬克思講的共產主義完全不是一碼事。

毛澤東閱畢賴若愚的報告之後,當天夜裡就把劉少奇、周恩來和主管山西的華北局第一書薄一波找了來，討論這件事。劉少奇等三人異口同聲地反對賴若愚的觀點和做法。劉少奇在蘇聯念大學時,曾去過早期的俄國的集體農莊參觀學過，也還參加過勞動,很了解集體農莊管理混亂和莊員們沒有勞動積極性，幹活時偷賴、溜號、泡病號、粗心大意等等情況。劉少奇對搞合作化或是辦集體農莊持否定態度。劉少奇有如此態度，在相當大的程度上，是受了自己的農業顧問、中央農村工作部部長、農業經濟專家鄧子恢的影響。

鄧子恢,福建龍岩人。一九二六年加入中共。一九一六年中學畢業後去日本留學。兩年後歸國。曾經參加過<五四運動>。一九二七年大革命失敗後，回到龍岩家鄉專搞農民運動。一九三三年他在江西紅區時，擔任瑞金中央政府經濟部部長。紅軍大遷移後，他擔任閩西南軍政委員會副主席兼財政部長。抗戰時期，他擔任新四軍政治部副主任，主管財經界統戰工作。解放戰爭時期，先後擔任大軍區和大行政區的農村工作部部長。建國後，劉少奇舉荐他出任中南軍政委員會副主席兼農村工作部部長。他長期在農村搞經濟工作，他對農民和農村經濟有比較完整的了解和認識。

鄧子恢這個人雖系知識分子出身，但是在他身上幾乎找不到半點知識分子的特點。他更不擅長政客們玩弄的那一套。用農村話說他，他是個標準的倔頭。他可以倔到牛都怵他的地步。祗要是他認為對的事，他從不管你是誰，即便是頂頭上司，他照舊硬頂硬扛，堅持己見，一倔到底，絕不低頭。

鄧子恢堅決反對山西省委的觀點 。他認為翻身後富裕的農民，不是新中農或者新富農。革命的目的就是要使農民富裕起來。越革命，農民越窮。這種革命是失敗的。建國了，有了自己的政權。這個政權要努力使農民致富。這不是製造富農。他還講過，把翻身富裕後的農民同舊富農混為一談，是不懂得馬克思主義基本經濟原理的表現。鄧子恢預言，再過上幾年，新富裕的農民比老地主更富有。鄧子恢警告說，過早地走集體化道路，會挫傷農民的生產積極性。取得政權就立即收回土地，會破壞已經成型的生產關係，是反馬克思經濟原則的行為。

"胡說！純粹在胡說八道 ！" 毛澤東聽完劉少奇對鄧子恢觀點的轉述後，看到鄧子恢的觀點同他自己的理解認識截然相反，而自己也被戴上了反馬克思的大帽子，不由勃然大怒，苦於自己不讀馬列，不懂馬列，不知從何反駁，就厲聲喝道："這明明是革命的嘛，是走向共產主義的嘛，怎麼到了他鄧子恢那裡，反倒是成了反馬克思主義的了？我不能同意？我要站在山西省委一邊。你們進了城，有些驕傲自滿了，要學李自成了！"毛澤東猛地話峰一轉，把一頂不亞於<反馬克思主義>的鐵帽子就扣在劉少奇等人的頭上了。自然，沒有半點証據，甚至連邊都不沾半點。神經稍微正常一點的人，都不會把這兩件事聯係在一起。

"主席，我們查閱了資本論，在第一卷，第十二章裡就是講......" 劉少奇确實查閱了資本論，也真地找到了論據。

"不要講了！你們知道我很忙嘛，沒功夫去啃那種大厚本本。我不是多次同你們打過招呼了嘛，要大反本本主義！不要一有事，就把本本捧上了天！上了天，也不行！再說，我這裡也有一位懂得馬列主義的大秀才。我毛澤東是騙不倒的！"

毛澤東口封的 "馬列主義的大秀才" 叫陳伯達。他是毛澤東為自己物色到的第二位貼馬列主義紅色標籤的標籤手。

陳伯達是福建惠安人。原名陳聲訓。念私塾館時被先生改名陳建湘。在莫斯科留學時,他看了電影<斯巴達克思>,很受感動,給自己取了個筆名<巴達>。為了更像個中國名字,便又改做<伯達>。他畢業於集美中學。後考入上海大學中文系。一九二五年加入國民黨。一九二七年加入中共。入黨後被選送莫斯科進修。於是,就像毛澤東說那樣,成了馬列主義的大秀才。他研讀過馬克思、恩格斯、列寧和斯大林的許多著作。他對古漢語和古代哲學也都有一定的研究。一句話,是個中外混血兒式的學者。他到延安後,被分配在馬列學院當教員。在一次討論孫文哲學思想的座談會上,他的發言引起了毛澤東的重視。幾次接觸後,在古漢語上的相通引發了兩人的共鳴,兩人談古論今,有了共同的語言和興趣。

毛澤東之所以選中他調來當自己的秘書,原因多多。主要原因有兩條。其一是毛澤東看中了陳伯達的為人。

陳伯達個頭矮矮的,胖胖的,一張圓滾滾的、黑乎乎的臉上,最引人注目的是兩隻高度近視的蛤蟆眼,加上超千度的厚厚的近視鏡片。這種外貌給人的印象是他老實厚道,甚至有些迂腐窩囊。其實不然。他極為聰明加精明,且十分風流。他為人處世十分圓滑,極擅察言觀色,和窺測政治動向。而吹吹拍拍,順風撫柳,見風轉舵,裝聾作啞乃至落井下石等下流手段,無所不精,是他的看家絕技。最緊要的,是他心甘情願地出賣自己。對他來說,說謊話、傳蜚語、造謠言、撥是非等等無恥勾當,是小菜一碟,張口就來,根本不用回家去取就算被當面拆穿,他也不會臉紅一下,有半點不安。別人的怒氣,還沒消完,他的看家技巧就又登台亮相了。毛澤東最中意他這一套。因為做主子必須得有奴才侍奉.還得有"狗"跟在身邊。陳伯達的這些看家技倆使他極為像隻乖乖的中國良種哈巴狗,甚至比哈巴狗還哈巴狗。但是,吃過陳伯達苦頭的人可不這麼認為。在他們眼中,陳伯達是隻吃人不吐骨頭渣的惡狼。有人說,如果把康生比做毛澤東手上用強權殺人用的鬼頭刀,陳伯達則是毛澤東另一隻手上的用理論殺人的追命棍。一刀一棍,不知替毛澤東冤殺了多少無辜蟻民。

毛澤東選中陳伯達的原因之二,是讓他用其所學,把自己的一言一行,一紙一書,全貼上馬列主義紅標籤,用馬列主義的大紅紙,精心地包裝起來,以便他"把馬克思列寧主義的普遍真理同中國革命實踐相結合"。

於是在農業經濟問題的辯論舞臺上，出現了一個有趣的戰局。毛澤東對劉少奇；陳伯達對鄧子恢。從側面看去，兩個湖南騾子帶著兩個福建佬倌子，捉對廝殺，大練空手道。

這正是：

為均貧富常鬥爭，

錯把富裕當富農。

不讀不懂扮內行，

狂貼標籤搞冒充。

欲知後事如何，請看下回分解。

# 第九十九回

## 老右傾三抗三拒

## 柯老怪妖言惑上

　　話說毛澤東把劉少奇等三人訓了一通之後，就叫陳伯達去找馬克思的話是怎麼講的。陳伯達一查，馬克思的話與毛澤東的觀點大相徑庭，絕對沒辦法往毛澤東的觀點上貼馬克思的紅標識。

　　陳伯達腦子一轉悠，就有了壞主意，玩上了偷樑換柱、移花接木的鬼把戲。他找出了一大堆斯大林在不同時期關於蘇聯集體農莊的講話，送給劉少奇去看。陳伯達以馬列主義權威的口吻，對劉少奇說："你們不學習蘇聯的先進經驗，阻礙中國革命前進，是徹頭徹尾的反馬克思主義行為……"

　　劉少奇並不怕他信口開河，亂扣帽子，自己的觀點是從〈資本論〉上查出來的。然而，斯大林違背了馬克思主義原理的窗戶紙，是萬萬捅不得的，萬萬不能捅破的，誰也沒膽子去說斯大林違反了馬克思主義。在當年反對斯大林也是殺頭大罪。

　　劉少奇不傻，他知道陳伯達就等他說點有關斯大林的什麼錯話、壞話，然後大做文章。劉少奇原本就慣於忍讓，此刻又礙於同毛澤東的相互關係，他更覺得沒必要同提拔自己的毛澤東去臉紅脖子粗一番了。既然斯大林這麼說過，毛澤東也這麼認為，自己又何苦去牛不喝水強按頭呢？劉少奇違心地同意了山西省委的意見。但是劉少奇認為自己的意見是正確的，就不做檢討，心中憋著一口氣。

　　毛澤東見此，心知此事未算完了，也知道陳伯達弄鬼才鎮住了劉少奇。但他從不認輸服輸，自己錯了也要別人向自己做檢討。他就繼續發動攻勢。

　　一九五一年九月，他以黨中央主席身份指示陳伯達召開了全國首屆農業互助組合作社會議。會上通過了一個決議草案。這個決議草案的中心思想和核心內容，全是毛澤東個人一系列想法的表述。祗是由陳伯達逐一貼上了馬列主義，其實是斯大林的紅標簽，以示正宗和正確，他人不得反對。

　　毛澤東自己心中發虛。他十分清楚，馬列主義不是軍事機密，人人可以去查。於是，他讓陳伯達發文強調，該草案可以討論修訂，故廣泛征求各方面的意見。在原則問題上，毛澤東從來沒有這麼謙虛過。

建國初期，人們剛從戰場上走下來，還是挺敢說話的。老解放區的群眾幹部對這個草案意見紛紛。鄉土作家趙樹理幽默地開玩笑你就不怕老百姓罵你陳伯達是還鄉團團長？ 毛主席分給土地，你全收回去！你是怕天下不大亂？怕餓不死個大活人？" 毛澤東聽了陳伯達的口頭匯報後，忿恨滿胸膛，連聲怒罵道："老右傾！老右傾想造反了！"

正在此時，鄧子恢受劉少奇委托，在中南地區工會籌備會上，做了關於新工會工作方針的報告。鄧子恢說，全國解放後，工廠的領導和工人已不是對立關係了。工人不要鬧事了。工人要支持廠領導的工作。同時，廠領導要愛護工人。新的勞資雙方要團結，不要鬥爭......毛澤東得知後，立即批評鄧子恢取消階級鬥爭，息事寧人等等。毛澤東赶忙把時任中宣部副部長的陳伯達派去插手工會籌備工作。

陳伯達一沒幹過工會工作，二非本職所為，三非毛澤東的私人代表。陳伯達腦子一轉悠，就聲稱自己是毛主席的政治秘書，來搞調查研究的。言外之意，他是"欽差大臣"。陳伯達下車伊始，就哇里哇啦地講了起來。無奈他的普通話講得太差了，連主持會議的鄧子恢也聽不懂。聽報告的人以為他在講俄語，就紛紛遞條子要求他改講中國話。陳伯達祗好改說閩南話。聽眾仍然聽不懂。鄧子恢是閩南人，就替他翻譯成普通話，讓大家聽個明白。鄧子恢翻著翻著就翻譯不下去了。他認為陳伯達是在胡說八道。於是，兩個閩南人就在主席臺上，對著麥克風，用閩南話爭辯起來。臺下的聽眾更鬧不清楚，他倆在講哪一國外語了，熙熙攘攘，亂成一團。陳伯達的講話祗得夭折了。

陳伯達回到北京向毛澤東訴苦，說是鄧子恢故意捉弄他。毛澤東氣得橫眉豎目，連聲罵道："這個鄧子恢一貫老右傾！在歷史上就是個右傾！是個十足的老右傾！"自此，鄧子恢戴上了 <老右傾> 這頂帽子。以致於，官場上的人，可能不認識鄧子恢，甚至連面也沒照過，但是人人都知道黨內有個鐵帽子老右傾。<文革>中,被批鬥遊街的人，胸前要掛個大牌子，上面寫明他的名字和罪名。鄧子恢胸前的牌子上永遠祗有三個大字：老右傾，連名字也省了。翻遍刑法也找不到，<老右傾>是犯了何種大罪的罪名。但這是毛澤東御封的，就非比尋常了。

一九五三年二月成立中共中央農村工作部時,劉少奇和周恩來二人聯名保舉鄧子恢出任部長。毛澤東表示同意，但同時提出調陳伯達出任副部長。三個人心裡都明白，新成立的這個部，就是三人的新戰場。

　　對於黨內高層爭權鬥爭早已看慣了並積存豐富應對經驗的各級黨政軍大員們，站在一旁看了個一清二楚。他們三思之後，開始"站隊"，站到自己認為會獲勝的那一方去。

　　支持毛澤東和陳伯達的人，在本省市本地區全力促進農業合作化，大辦互助組、初級合作社等等。山西省在賴若愚主持下，幹得最歡，搞出了許多模范、典型和經驗。山西農民不歡迎合作化。賴若愚就採用行政命令手段，甚至公安專政手段，強制實行合作化。因此，在合作化過程中，山西省死人最多。

　　全國各省市紛紛仿傚山西省，強制農民走合作化道路。　農民就搶著賣地、賣耕畜、殺豬宰羊、伐樹毀林。以致於春旱無人抗，秋澇無人搶。田間地裡，任其荒蕪。秋後，全國糧食減產。公糧任務和賣餘糧計劃全部泡了湯。

　　對此，毛澤東不知所以然了。他可以狠訓劉少奇和周恩來，可以肆意臭罵鄧子恢，可是五億農民不聽他那一套，地裡硬是不長糧食，他就沒脾氣了。他祗好下令放緩合作化進度，調整有關政策。

　　劉少奇一見有機可乘，就授意鄧子恢對全國的合作社和互助組進行大整頓，發下了一個叫做<河北省大名縣委對發展農業生產合作社所犯盲目冒進錯誤的檢討>的中央文件。此文件批評的是一個縣，但在全國亮了黃牌，敲了警鐘，踩了急剎車。劉少奇又以黨中央的名義，發出了標題為　<中央關於縮減農業增產和互助合作發展的五年計劃數字給各大區的指示>的一份紅頭文件。這份文件真地是沖著毛澤東去的，給陳伯達的過激行為立了一塊<禁止通行>的規矩牌。

　　到了一九五六年的夏天，全國范圍內的冒進傾向有了明顯的緩解，受到了一定的扼制。劉少奇和鄧子恢到處奔波講話，要求以互助組為中心，以自願為原則，因勢利導地發展農業合作化。農民舒了一口氣，下地幹活了，秋收有了希望。

　　毛澤東不服輸。他趁鄧子恢出國訪問之機，命令中央農村工作部兩名副部長陳伯達和廖魯言，倉促地召開了<第三次全國農業互助合作會議>。在會上，陳、廖二人發出了互助合作的急進令，衝垮了劉少奇和鄧子恢剛插上去的<禁止通行>的規矩牌。會議下達了各省市發展農業生產合作社的具體數字。這是硬指標，強制性攤派，必須完成。毛澤東以為，自己一咬牙，下達死命令，陳伯達一貼馬列主義紅標簽，就完成了"馬列主義普遍真理同中國革命實踐相結合"，全國農村也一定會鶯歌燕舞了。然而，此急進令一傳下去，全國農村一片混亂，農民又蒙受了一場大災難，叫苦連天。

與會的高官大員們帶著被強制攤派的數字任務，回到本省區後再層層強制攤派下去。省委壓地委，地委壓縣委，縣委壓鄉委，鄉委壓村支部，村支部壓老百姓。誰不入社，就改家庭成份，定為新富農或新地主，然後就專政鎮壓。改了成份，扣上了地主富農帽子後仍不入社，就強行拉走耕畜和農具，夜裡派民兵挖走地界石。……如此一來，農民祗能束手就擒了。到了一九五四年夏天，全國合作社已達二十二萬個。毛澤東仍嫌少。他要求到一九五五年搞到六十萬個。然而，各級黨委實在是心有餘而力不足了。到了一九五五年年底祗達到四十八萬個。

毛澤東對此很不滿意，口口聲聲要大反右傾。劉少奇噘起了嘴巴。他知道，再一大搞，秋後又是一個大減產。周恩來眼睜睜地生悶氣：發展合作社，他管不著。全國軍民要糧吃，就全來找他要。

鄧子恢成天提意見，甚至發牢騷講怪話。可是，上面的毛澤東不去聽，不愛聽，根本不聽。下面的老百姓想聽愛聽，卻聽不見。陳伯達忙歡了。他拉上宮廷作家、御用詩人，拽上記者和攝影師，全國農村到處竄，又寫文章又照相，大小報刊一齊叫好。似乎中國農村的一條腿，已經邁入了共產主義天堂，剩下的祗是再把嘴巴撐大些，褲腰帶換上大號的，就可以"頓頓南瓜粥，想吃多少吃多少了"，過上幸福生活了。

然而，農村開始了更大規模地 <殺光、吃光、賣光>的<新三光政策>。殺光豬、牛、羊、雞、鴨、鵝等等一切農家牲畜。煮熟後，全家人一齊下筷子吃光。能賣出去的全都賣光。拉磨拉碾子用的小毛驢，賣給飯館下了湯鍋。剛生下的小豬崽，賣給燒烤店烤了乳豬。壯勞動力吃飽了不下地，喝足了不幹農活，不積肥，不修水利，不購置也不檢修農具，連磨磨鐮刀也懶得去磨。農民徹底沒了積極性。

到了這種地步，毛澤東仍不認輸。他下令繼續擴社。基層領導幹部被他逼急了，就下狠手整老百姓。不入社，就鬥爭，就遊街，就上刑。農民成了當年的土豪劣紳。當年打土豪鬥劣紳，是為了分得其土地。現如今，共產黨打農民，鬥爭農民，是為了收回分給農民的土地。真地是顛倒過去的世界，又倒顛過來了。

到了秋天，糧食大幅減產。

　　各級領導為了完成公糧任務和餘糧收購任務，就強征強收強購，挨家挨戶地搜索查翻，甚至綁人抓人，拷打逼要糧食。同當年的日本鬼子進村搶糧食一模一樣。看起來，歷史還是會重演的。

　　農民的種子被搶走了。老人的養命糧被搶走了。農民群眾就奔走相告，紛紛傳說："共產黨變臉了！"、"共產黨現原型了！"、"毛澤東比蔣介石更不講理！"、"到了共產，還不共死！"......這些老百姓的真心話，通過各種渠道，通過各種方式，逐一傳進了北京城，傳進了中南海，傳進了豐澤園的菊香書屋。毛澤東驚呆了。他久久說不出話來。他太懂得了。二十四史上多處講到這是民變的先兆，是亡天下的前奏和序曲。他知道自已闖下了大禍，又不知道如何收場。

　　毛澤東一向是 "祗管拉屎，不管擦屁股" 。三十六計，走為上。他雙手一甩，走人！他拉上另一個禍頭子陳伯達去了杭州劉莊別墅區，搞共和國第一部憲法去了。

　　鄧子恢憋不住了。他以個人身份"上書"政務院為民請命，轉述了億萬農民的心裡話。留京主持黨中央日常工作的劉少奇和周恩來一咬牙，一跺腳，同意了鄧子恢的建議。從一九五五年一月到三月，鄧子恢連下五道緊急指示，砍掉了三十萬個不成熟的合作社，給一輛駛近懸崖邊的大卡車，踩了一腳急剎車。

　　<一屆人大>結束後，毛澤東接見了鄧子恢，感謝他的通力合作，並同意他的整頓和鞏固互助組合作社的合作化方針。毛澤東自已還歸納出<三字經>。叫做<一停二縮三發>。鄧子恢很受鼓舞，以為毛澤東真地接受了自己的觀點。殊不知，人家毛澤東是要用<三字經>，把踩住急剎車的功勞，劃歸自己的名下。

　　鄧子恢到處講話，大反合作化過程中的急躁冒進情緒。他說："......冒進情緒不反掉，今年不冒進了，明年還得冒進......〃這些話自然傳進了毛澤東的耳朵裡，惹得他又皺眉頭又咬牙，心裡大罵老右傾。此時毛澤東正在上海。毛澤東正同上海市委第一書記柯慶施談工作。柯慶施瞪大眼珠子，用木棍支起了耳朵，煞費苦心地捉摸毛澤東的真實想法。

　　柯慶施，原名柯尚惠，又名柯怪君、柯敬史等等十幾個名字。他這個人的名字又多又怪。他的這些怪名字，倒也能反映出他的性格和為人。他的同事叫他<柯老怪>。他居然樂呵呵地答應，還說："不怪，能幹革命？不怪，幹不好革命！我要怪它一輩子！別忘了，我的大名就叫柯怪君！" 他是安徽歙縣人。一九二〇年入團。一九二二年轉為正式黨員。他曾留學莫斯科。歸國後一直在白區從事地下工作。

長期的地下工作使他養成了察言觀色和言行不一的怪脾氣。當他滿面笑容祝你生意興隆，財源滾滾之時，心裡卻正在捉摸，怎麼給你一刀子，讓你哼也不哼一下就嚥氣。

他是老黨員，對黨內鬥爭是再清楚不過的了。他對毛澤東同周恩來和劉少奇的微妙的人事關係了如指掌。對這幾年間農業合作化的幾上幾下，反反複複的來龍去脈，是知根知底。

他不支持老上級劉少奇。他站在了毛澤東一邊。他認為劉少奇鬥不倒毛澤東，不是毛澤東的對手。身為上海市委一把手，他忠誠地按毛澤東的指令行事。為此，他也深受毛澤東的信賴。

柯慶施搜集了許多鄧子恢的言論，並如數交給了毛澤東。他對毛澤東說：''我看，黨內至少有三分之一的高中級幹部，在反映中農的情緒，不贊成搞社會主義。''

這原本是一句毫不科學，脫离實際，絕無依據，無中生有的廢話。不成想，正扣中了毛澤東的疑心病。毛澤東聞此一語，如石破天驚。他早就懷疑有人在下面跟他搞鬼，壞了他的宏偉大業，而不是他的主意不好。

他返京後，接連三次召見了鄧子恢，要求鄧子恢加快速度大搞農業生產合作社，快速發展農業合作化。鄧子恢三次據理爭辯，毫不讓步。

''你那一百萬的目標太消極了！是中農思想在作怪嘛。至少要搞到一百三十萬個！''毛澤東在第二次召見鄧子恢時直截了當地說道。

''不行！主席，我們吃過苦頭了。一百萬已不算少了。''

''你的思想要用大砲轟！''此次談話用了五個多小時。毛澤東沒能說服鄧子恢。

在第三次談話時，毛澤東仍不能說服鄧子恢後，毛澤東對陳伯達說：''我看，冒進是馬克思主義的！反冒進是右傾機會主義！老夫子，你看如何？''

''對，對！我早先在馬克思的書上，看到過這種提法。我回去找一找。肯定找得到！我看，主席的話，比馬克思還馬克思！''陳伯達叮著毛澤東的臉，喟喟地說道。


這正是：


忠言逆耳無心聽，

曲意奉承樂盈盈。
自古聖上皆如此，
豈肯納賢救蒼生。

欲知後事如何，請看下回分解。

# 第 一 百 回

## 齊鳴放放者遭殃

## 搞陽謀謀陰無陽

　　話說毛澤東好似火燒屁股般地，對農業進行了合作化改造後，又對手工業和工商業進行了改造。手工業改造是辦成集體社。對工商業改造則是辦成公私合營企業。毛澤東認為這三大改造完成後，中國就進入了社會主義社會。不論是從經濟學原理去看，還是實踐証明，三大改造阻礙了生產力的發展，犯了重大錯誤。

　　三大改造前，在大中型城市裡，一條三、五里地長的大街上，至少可以找到三、五處裁縫店、修車鋪、修錶店、五金行、玻璃店等生活服務店舖。很方便老百姓。

　　改造後，這些店舖攤點高度集中了。又多集中在偏僻背靜之處。為的是廠房寬敞，租金便宜。老百姓可就苦了。找上大半個鐘點不一定能找到新店址。

　　原先就近服務，生意很紅火。現在店新門面大人手多，但是門庭冷落顧客稀。因為有了社會主義鐵飯碗之後，職工店員幹不幹活，，幹好幹壞，店裡賺錢賠錢，全能按月發工資。於是，原先熱情的服務變成了臉子冷，態度橫，拖活、拒收活的現象，是屢見不鮮。 這種店舖服務是人見人頭痛，誰也不願意去這種地方去花錢買氣受。若不是實在逼急了，誰都不去上門找氣生。

　　如此一來，過上一段日子，單位虧錢虧多了，銀行不願貸款了，工資發不出來了。當年不准企業宣佈破產，也不准許職工自找職業。於是，這些地方開著門，卻沒人上班，或是掛上一塊木板，寫上<內部整頓>或<內部裝修>字樣，處於實際上的關門停業狀態。老百姓想受氣都沒地方了。想找個服務店舖成了老大難。

　　政府見群眾意見太多了，就實行對這些企業財政補貼的特殊政策，讓這些店舖勉強開業。國家卻揹上了一大經濟負擔。

　　昔日走街串巷，沿街叫賣，甚至是下鄉走寨，送貨上門的小爐匠、磨刀師傅、傘匠、理髮挑子、修鞋車子、賣針頭線腦的貨郎擔子、賣燒雞薰蛋的提盒師傅、冬天賣糖葫蘆的小販以反其它營生的百工師傅，統統不見了。民間手工藝人和他們的傳統名牌貨也沒了蹤跡。北方的王麻子和南方的張小泉刀剪不見賣的了。一場社會主義改造，把中國有上百年歷史的民間傳統,來了個腰斬斷尾，令其斷子絕孫了。

公私合營後，私方業主的利潤和權限都有損失,經營的積極性幾乎全部喪失。世界馳名的北京〈全聚德烤鴨店〉，公私合營後改名〈北京烤鴨店〉。名字改了。店風全變了。烤鴨的味道也差遠去了。鴨子烤得生熟不匀，甚至焦糊難聞。佐餐用的蔥絲又老又硬似乾草。甜面醬色黑湯稀，又苦又鹹，難以下嚥。私營那功夫，樣樣考究。鴨子飼養準是一百天。飼料是用小米面加綠豆面。烘烤用的木柴一定是桃木、梨木等果樹木柴。烤出來的鴨子有水果香味，百吃不厭，不吃想得慌。

公私一合營，北京城裡的〈白水羊頭〉、〈烤肉季〉、〈灌腸陳〉、〈小腸陳〉……自明清兩朝,乃至民國年間的小吃佳餚全退出了市場。偶爾見到老店舖〈砂鍋居〉、〈餛飩侯〉在營業，進去一吃，全和大食堂弄出來的東西一個味兒。

一切都成了歷史和回憶，全成了爺爺奶奶嘴裡的故事。北京如此，全國各地大同小異。

全國所有的大中型城市，就更別說小縣城了，一到天黑,大街上祗剩下稀稀落落昏黃的路燈。所有店舖,不論大小,一律準時下班關店，人若去晚一分鐘，就什麼東西也買不到了。原本熱鬧歡快的街市變得冷冷清清，破敗不堪。

偶爾有家商店開了一個小窗戶做夜間售貨窗口，全國的報紙電台一齊來採訪報導，紛紛宣傳，這就是社會主義的優越性的體現。有個灰色笑話：三歲孩子問他爺爺，是不是到了共產主義社會的時侯，晚上就得坐飛機上月亮去買水果糖。

三大改造給老百姓造成種種困擾：農業合作化導致農作物減產。人民肚子吃不飽，甚至餓死人；手工業改造沒了服務業，日常生活難處多；公私合營鬧得雙方都不滿意，賺錢變賠本。三大改造導致人民對社會主義極為反感，對中共喪失信心和信任。怨懟的火山已傳出沉悶的轟鳴聲。

正當此時，斯大林於五六年去世。蘇聯先後由馬林科夫和赫魯曉夫上臺執政。

赫魯曉夫，個頭不高，微胖敦實，圓臉禿頂。笑嘻嘻的面孔上，十分惹眼地長著一隻圓鼻頭，給人一種幽默而又帶點滑稽的印象。在這個人的內心，卻是汪洋大海一般的深沉。他頭腦靈活，敢說敢為，敢於承擔歷史責任。

　　一九五六年二月,蘇共＜二十二大＞要閉幕的那天, 赫魯曉夫撇開到會的各國共產黨、工人黨代表團，做了一個秘密報告。

　　三個月後，美國中央情報局弄到了這份秘密報告原文，並公諸於世。全世界、東方陣營、中共高層和毛澤東，無不震驚。

　　赫魯曉夫揭露斯大林搞個人盲目崇拜和肅反擴大化的嚴重惡果。赫魯曉夫披露，斯大林在肅反中殺害了大批無辜的同志和人民。蘇共十七大選出的中央委員和候補委員一百三十九人,被斯大林處死了其中的八十三人,佔近六成。在蘇聯紅軍高級將領中，五名元帥被他處死了三名。十五名兵種元帥被他處死了十三名。八十五名軍長被他處死五十七名。一百九十五名師長處死了一百一十名。這些處死都沒用審訊，也沒有罪名。斯大林叫誰死，誰就得死。他是人間活著的閻王爺。至於反對派、普通幹部和群眾，他連下命令也省了，由他的徒子徒孫隨意處死。斯大林是紅色法西斯。

　　赫魯曉夫的報告得到了全黨的一致擁護。

　　東方陣營鬆動了。波蘭、匈牙利最先覺醒了。工人群眾走向街頭同政府抗爭。

　　中國一些大城市,近萬名工人走上街頭，罷工請願。近萬名大學生發起了三十多起罷課。農村開始了退社風潮。京郊農民進京請願.... 抗爭的風暴正在崛起。

　　社會上謠言滿天飛。傳得最廣最凶的是：″毛澤東犯了心臟病！″、″朱德害上了肺氣腫！″、″劉少奇得了肺結核，是三期！″......

　　當年，在老百姓眼中，這些病全是絕症。也就是說，老百姓盼著毛澤東等人，也能盡快地追隨斯大林下地獄去鬧革命。

　　毛澤東自己比誰心裡都更明白，世人正在燒香拜佛，祝他早日蹬腿翹辮子。

　　他也知道這是他的三大改造惹怒了民心民意。禍是自己闖下的，怨不得別人。可是，毛澤東是個從不認錯說軟話的、從不服輸的人。特別是眼下,一認錯服輸就得下臺，就得從抓＜ＡＢ團＞算起,清他的老賬。那他毛澤東可就比斯大林慘多了。

　　毛澤東又睡不著了。這回可不止三天三夜。但是有現代醫療技術保駕，他受了些罪後又龍體康寧了。

　　毛澤東大覺醒來之後，長嘆一聲：″不搞引蛇出洞，怕是不成了！″

　　毛澤東在天津市發表了講話。他說：″......現在階級鬥爭基本結束了......″又說：″要正確處理人民內部矛盾！......″

　　一九五六年年底,在＜八屆二中全會＞上, 毛澤東又宣佈:" 我們準備明年開展＜整風運動＞。整頓＜三風＞。一整主觀主義；二整宗派主義；三整官僚主義。"

　　一九五七年春天, 毛澤東提出＜百花齊放,百家爭鳴＞的雙百方針, 鼓勵和提倡說心裡話、大膽地講老實話。

　　到了當年的四月,在下達的整風文件裡,毛澤東提出:"......放手鼓勵批評, 堅定實行＜知無不言, 言無不盡；言者無罪, 聞者足戒；有則改之, 無則加勉＞的原則。

　　沒過幾天, 他邀請各民主黨派負責人,和無黨派民主人士代表舉行座談會。會上,他說:"......這次整風, 非黨員自願參加,自由退出......有意見就說。黨內黨外,打成一片。

　　五月三日,毛澤東在接見外國某軍事代表團時, 說道:"......沒有社會壓力,整風就不會見效......共產黨可以批評。人民政府可以批評。要使公開批評成為好習慣。言者無罪！批評內容可以見報.."

　　毛澤東通過自己的這些民主說辭, 給人造成一種印象:毛澤東要廣開言路, 當個兼聽則明的"聖君"了。這自然讓人膽子長了尺寸, 舌頭頓感發癢起來。

　　於是,中央統戰部緊緊跟上, 一個接一個地舉辦座談會, 請黨外人士提寶貴意見。如有人不肯提寶貴意見, 就大做特做其思想工作, 務必使其大開其口。毛澤東及其部下的誠懇態度, 真是令人好不感動, 直覺得自己若是不提兩條意見, 都有點不大好意思了。

　　周恩來做了費孝通的工作。費孝通在會上第一個發了言。費孝通的發言第二天見了報。由此, 人人開口, 暢所欲言。天天見報,人人知名,心裡好不舒暢, 都說毛澤東聖明。

　　俗話說,上行下效。地方黨政大員見中央和毛澤東如此開明,也紛紛仿傚。到了墓層, 更是熱鬧。熱鬧到了不提意見就是不愛黨,不愛國的地步。黨員找群眾做思想工作時, 開口頭一句準是:"你想不想火線入黨？赶快提意見吧！這叫火線立功！"或者是說:"你我平日裡關係不錯嘛！怎麼到了這關鍵時刻, 不給我提意見了？這是害我！"一來二去, 各單位都立了自己的目標。每人每天一條意見, 必須達漂。

　　在中共的政治運動中有一條傳家法寶, 稱為典型開路, 發動群眾。"引蛇出洞"也不例外。

　　北京市小胡同多, 舉世聞名。中共佔領北京後, 把這些小胡同的居民編為若干居民組, 指定一名或兩名六十上下無工作的老大媽擔任組長。每位老大媽手下各有幾名要好的老姐妹幫助工作, 偶爾

﹁混入﹂老大爺。這些人全是義工，無任何薪酬或優待。社會上稱她們是老積極，警察稱她們是老便衣、老情報等等。

老城牆胡同第八居民組的王大媽，是老積極中的姣姣者，工作勤快態度好，又特別﹁腰折子﹂多，外省人稱鬼點子多、鬼主意多、心眼擅算計。文人稱為智囊。運動當前，王大媽當仁不讓，意見提的多，又受領導器重，是街道居委會樹立的新典型。

這天傍天黑時分，王大媽正在煎韭菜合子，做晚飯。她猛地聽到一陣急匆匆的腳步聲，接著就是一個大嗓門嚷嚷：﹁哎喲喂，我一進胡同口就聞到了韭菜香味，這哈拉子就憋不住了。你打算饞死個誰們，那可是不用償命喲！﹂

﹁哎喲喂，是劉姐！你不在家整飯。滿胡同踢門坎。就算老劉大兄弟不生你的氣，我都看不過眼去，我可是有意見．．．．﹂

﹁哈哈！有意見！太好了！我今天早上一起床右眼皮子一勁兒跳。不知好事落誰身上！你這一條意見，我今天達標了，哈哈！﹂

﹁我還沒達標哪！快給我來一條！﹂隨著話聲派出所民警小李推自行車進了院子。

﹁喲赫，這意見能頂人民幣用了咋地？瞧瞧你們，歡搶上了？﹂老王大哥端著小茶壺，笑呵呵地從裡屋走了出來。眾人還沒搭上話，就聽大門外一個女孩在喊叫：﹁奶奶！奶奶！你咋整的呀？就怨你！全怨你！﹂全家人的心頭肉、孫女小平抹著眼淚進了院。爺爺、奶奶一見，搶步上前，詢問原委。原來小平老師佈置每人一條意見，小平光顧著跳皮筋給忘了，吃了老師批評。﹁老師當堂宣佈我不能入少先隊了！哇哇哇哇！﹂

小平這邊還沒哄好，客人又上門了。是老王大哥的徒弟、現任車間主任小趙，也是因為提意見沒達標，想跟師父求助。﹁哎呀外，就這！我當是天上叫誰們捅了個窟窿呢！小平，你頭幾天告訴我，你們老師嫌張大寶字醜，斜了他一眼。就提這個算一條，準能入隊。﹂小平一聽，笑了，摟著奶奶脖子使勁親吻。

﹁師母，就就手，幫幫我了！﹂

﹁還有我！我們派出所這回露怯了！誰敢給我們提意見呀？上煙，遞笑臉，全沒用！我們所長偏偏叮上我了。明天死活保証兩條意見！還得當典型！提意見的典型！我的娘呀，能嚇死個誰！這比抓倆小偷還難！"

"學學我，就講你們所長老是拿斜眼瞅你．．．．"

"去去！一邊玩去！我們所長是女的，還沒有對象．．．．"這一解釋，弄得滿屋子哄堂大笑。

〝你講過你們所長有胃病，是吧？〞王大媽又來了主意。

〝哪又能咋樣？這又不是評先進，表揚他帶病工作？〞

〝傻小子，就會拼命！帶病上班就不能提意見了？你就講，所長不注意自己的健康是對黨的不負責，所長的身體是黨的....〞王大媽話沒完，屋裡人齊聲叫好。

起初,意見在會上說說就行了。但人多,有人搶不上槽頭。於是可以寫小字報。小字報多了，支部書記看不過來。於是又可以寫大字報。又於是，走廊兩側的牆上，樓道拐角的壁上,食堂和會議室的四壁上,貼滿了用舊報紙寫出的大字報。牆上貼不下了，就扯起晾衣繩、舊電線和鐵絲，把大字報吊掛起來。

大字報多。看大字報的人更多。上班的不上班了。賣貨的不賣貨了。看大字報是第一任務。寫大字報,看大字報,成了時尚,成了流行。一個人往繩子上掛自己的大字報時，會有幾個認識不認識的人，往大字報上簽署自己的名字。若細問一下，他們連大字報還沒看完。似乎簽上了名字，就跟上了時代的步伐，符合了運動的要求，就是擁護毛主席了。

大鳴大放之聲，響徹神州大地。大字報,小字報,舖天蓋地而來。意見越提越多,已是天文數字。意見內容日逞兩極分化。

在基層為了趕任務，意見的內容越來越庸俗。什麼〝你那天斜眼看了我老婆一眼，你懷著什麼狼子野心？〞；什麼"你發言時，好擠古眼睛，肯定在捉摸撒謊！"等等，等等。

在上層,意見內容尖銳到了政權問題。有人提出共產黨應與民主黨派輪流坐莊，要同西方國家一樣，實行政黨民主制度。有人講:"肅反是對人類道德的進攻，對人類心靈的摧殘。"還有人說:"全國范圍內，不論單位大小，都由中共主政，是不是普天之下，莫非黨土思想？"......

所有的大字報小字報，沒有一張是點名批評毛澤東的。人們都熟知黨內慣例，即一把手發起整風，都是為了整自己的政治對手。人們估計毛澤東這回是要整劉少奇或是周恩來一類的大高幹。於是，有人脹著膽子在發言中點了劉、周等大員的名字。有反就有保。有的是明攻。有的是影射。第一個發言的費孝通對周恩來的批評，則是假批評，真保他，大罵冒進派，無意中狠踢了毛澤東一腳。他不知道毛澤東是冒進派的總頭子。

到了五月，一切突變。

統戰部部長李維漢向毛澤東匯報情況時講有知名人士認為，黨外對中共的批評，是姑嫂吵架。"毛澤東立即反駁道："不對！不是姑嫂，是敵我！"參加匯報的大小官員，以及在場的工作人員和服務人員，無不嘩然。提意見怎麼成了敵我鬥爭？

五月，總是沾滿了血腥味。五月中旬毛澤東寫出〈事情正在起變化〉一文。他初露殺機。此文祇限黨的核心領導層傳閱。文中說："最近這個時期，在民主黨派中和高等學校裡，右派表現得最堅決最猖狂。……我們還要他們猖狂一個時期，讓他們走到頂點。……人們說,是釣魚，或者說，誘敵深入，聚而殲之。現在大批的魚，自己已浮到水面上來了，並不要去釣。……"毛澤東在此文中第一次使用了運動中特有專用名詞〈右派〉二字。提意見的人全是〈右派〉。毛澤東還指示， "黨員暫不發言"。他說："在幾個星期裡，不要批駁。使右派份子在人民面前暴露其反動面目。"

主持黨中央日常工作的劉少奇和總書記鄧小平,順著毛澤東的心意， 發出文件,要求黨員"暫時忍奈， 等待時機"。

五月下旬,毛澤東發出了反擊信號。他在團中央＜三代會＞上說："…… 一切离開社會主義的言論行動是完全錯誤的。……"他說這句話時,一位小個子團中央領導人站在他身後,為他鼓掌。三十多年後,又正是這位小個子給了毛澤東一個"大耳光",說他抓右派全抓錯了。這位小個子叫胡耀邦。他為全國右派份子平了反。

六月六日， 毛澤東寫出 ＜中央關於加緊進行整風的指示＞。文中說："……各級組織按照本單位的人數， 在運動中,按左中右標準,排一下隊， 使自己心中有數。祇要時機一到， 即動員左派反擊右派份子。……"

六月八日,毛澤東又寫了＜關於組織力量準備反擊右派份子進攻的指示＞。這是毛澤東引蛇出洞成功後,下達的捕殺令。於是,全黨一齊下手抓右派份子。 當天人民日報發表了毛澤東的文章＜這是為什麼？＞做為社論。這哪裡是什麼社論呀！ 這是閻王爺的"索命符"！

＜反右運動＞正式揭幕。 ＜整風運動＞完成了引蛇出洞的戰略任務後， 也就壽終正寢了。

毛澤東自稱反右是他的＜陽謀＞。陽謀和陰謀本是一家人, 或一個人的兩個名字。毛澤東覺得自己的陰謀比普通陰謀高明了許多。一般人耍陰謀時， 面皮薄， 心中有鬼， 總是鬼鬼祟祟地 ， 偷偷摸摸地去幹無恥勾當。毛澤東的大中華面孔則皮膚較厚,就敢大模大樣地去幹騙盡天下人的罪惡勾當,半點也不面紅。 故稱陽謀。

六月二十六日中共中央＜關於打擊、孤立資產階級右派份子的指示＞中指出："對右派份子的數量不要估計不足……右派劃得太少， 是右的表現， 是危險的……"

　　三天後,毛澤東說,他估計全國約四千人左右。七月九日他改嘴說有八千多人。七月十七日,他在青島寫了＜一九五七年夏季的形勢＞一文,把＜反右運動＞推向高峰。

　　這正是:

　　　　　　　謊　騙　天　下　太　陰　損　,

　　　　　　　從　此　共　黨　失　民　心　。

　　　　　　　怒　火　萬　般　心　中　藏　,

　　　　　　　化　做　家　訓　傳　兒　孫　。


　　欲知後事如何，請看下回分解。

# 第 一 百 零 一 回

## 中 招 落 馬 赴 煉 獄

## 挑 戰 聖 上 驚 國 人

話說毛澤東掀起了全國規模的<反右運動>,全黨動手大抓右派份子。人們不由要問，什麼人夠格當右派份子呢？毛澤東祗說過,凡是有人的地方，一定存在著左、中、右。但毛澤東自己也叫不準什麼樣的人才算是右派份子。全國該抓多少人方算達標。

一起初，他說要抓四千人，馬上又改嘴說要抓八千人。<八屆三中>全會上，他說已經抓了六萬二,並估計到年底,可以抓足十五萬也就差不多了。到了一九五八年四月漢口會議上，他說已經抓了三十萬。 時隔不久,他又講，所抓右派已經達到四十萬人。一九五九年黨中央下文說是共計抓了四十五萬人。直到開十一屆三中全會時才弄準確，全國共抓了五十五萬二千八百七十七人。這個數字有零有整，看上去夠精確的了。其實大有水份，也有遺漏。（作者註：請閱後記第一條,，實為三百一十八萬人！！！）

如此之多的右派份子,比世界上一個小國家的總人口還多，是如何抓出來的呢？ 是憑著毛澤東的一句話。他說："在知識分子成堆的地方，右派可佔百分之十左右, 其它地方可佔百分之五左右。有些地方,如中小學校和工廠、商業部門幹部之中， 可以為百分之一。"他又說："黨內整風,但抓右派應以黨外為重點。黨內亦要抓右派,約為百分之一、二、三。"全國各部門各單位就以這個毫無科學依據，順嘴喊出來的比例,大抓右派份子。

在上層,那些在座談會上發過言,登過報的， 是禿子頭上的蝨子，明擺著的右派份子。用毛澤東的話說， 這些人不用他騙，自己就蹦了出來。

有些右派份子卻對自己受到的處罰感到不滿,倒不是因為上了當，受了騙,而是覺得啼笑皆非， 真乃滑天下之大稽。<中國民盟>有兩位副主席 。一位是交通部部長章伯鈞；另一位是林業部部長羅隆基。這二人一向不團結。工作不合拍。觀點上相對立。雖然多年同為副主席， 兩人卻是見面從不講話。 在民盟裡是典型的同事冤家。這一次， 毛澤東把他兩人定為<章羅反黨聯盟>， 硬是把他二人綑綁在一起， 以示右派份子是何等地有組織、有計劃地猖狂向共產黨進攻。從而也証明了他的陽謀是被逼出來的。章、羅二人把頭髮想黑了也想不明白，這聯盟是怎麼盟出來的。章伯鈞有生第一次給羅隆基打了個電話，說是咱倆再不團結也不行了,人家毛澤東都說咱倆結盟了。羅隆基恨恨地說道："說我右派就右派好了，幹嗎還得同你結盟！"

　　<中共中央章羅反黨聯盟專案組>為毛澤東的定性搜羅証據。查來查去，沒查到任何証據。反倒是找到了一大堆二人死頂牛的不團結事例。於是，毛澤東自我解嘲說："章、羅是思想上的聯盟。"不知老毛是用何種儀器能測量出思想上的聯盟的。如果就憑嘴巴一張一合就能穩測量出來的話 ， 那麼人民會說毛澤東也早已與秦始皇結成<秦毛反民聯盟>了。真要小心笑掉大槽牙！

　　到了墓層，因為機構健全單位小,又有大字報小字報和發言記綠做依據，那是一抓一個準，說誰是，誰就跑不了。於是，有怨的報怨，有仇的報仇。無怨無仇的就看領導的喜惡了。凡是以往曾和上級領導、頂頭上司,乃至一個小組長,有過過結的人，犯過牛脖子的人，沒誰能逃過當右派的命運。然而，抓來抓去，仍然完不成上級分配的抓右派份子的定額任務。

　　有的單位部門就抽籤或抓鬮，來決定誰是右派份子。抓到了黑運鬮，誰也別埋怨。有一個單位，定額任務抓二個右派份子。一個人敲定後，另一名額難產了。全單位坐下開會,討論誰來"頂缸"另一個名額。開了四個小時，整整一上午,也沒結果。大家全被尿憋得面紅耳赤，坐在椅子上亂哆嗦，也不敢起身去上廁所。全科室的人,你瞅瞅我,我瞧瞧他，人人心裡全明白，誰出去上廁所，肯定就定誰是右派。

　　到了第五個小時，一個六十多歲的老頭子，實在不想尿褲子丟了老臉，就起身去了廁所。他一走，剩下的人一齊舉手表決他頂另一個名額，然後，"轟"地一下，擠出房門，賽跑般衝向廁所。 結果，老頭子腿腳慢，先走後到，反被別人搶了先。他是一泡尿憋出來的右派份子。

　　另一個單位，全科的人什麼招法都想全了，也難得出統一意見，找出最後一個定額的人選。科長祗好給局長打電話，如實匯報情況。局長一聽急了。五分鐘前他剛被市領導臭罵了一通,嫌他抓右派份子太"右傾"。局長就在電話上說："全局就差你們科了！既然如此,那就先填上你的名字，充充數，等落實了人，再把名字改過來。"結果，科長的名字一報上 去，市領導立即就批了下來。科長万般埋怨，局長万般解釋，全沒有用。他是冒名頂替的右派份子。

有所中學的高三男生，文章寫得好。反右期間,,他的一篇作文抨擊了社會上和學校裡的一些不良現象或是黑暗面。老師出於欣賞他的文字水平，將其作文列為范文，在本年級各班傳閱。不成想，抓右派時，作文成了罪証，師生二人成了大小雙右派。

某省地區行署有名機要通信員，當年不足十六歲，卻已入了圍，是個重點培養的"苗子",有一天，上級命令他去五十里地外一處農場送份特急文件。他急急忙忙地趕路，準時到達農場。場長拆開文件一看，就不讓他走了。

他就莫名其妙地留在農場參加勞動。農場的伙食比機關的好，還不要錢。他頓頓吃個"肚兒圓"。因他表現好，還提了個小組長。後來又娶妻生了兒女。還年年評上先進或是模范。如此一晃三十年過去了。全國平反右派時，他才知道，自己當年被定了右派份子。當年他送的文件，就是他的定性文件 。他被平反了,也不知道自己犯了哪條罪，更說不清楚右派是個啥怪物。

後來查明，本單位見他年幼不懂事,就抓他的傻瓜,拿來充數。他是充數用的傻瓜右派。幸好，人們知道他是無辜的，沒人把他當成敵人看，一如同志對待。這是又冤枉又幸運的右派份子。

某市一所重點高級中學的語文教研組,各位老師均寫得一手好毛筆字。其它教研組的老師都來找他們幫忙抄寫大字報。他們十分忙碌。為了完成自己的任務，在抄完別人的文章後，就順手簽了自己的名字。抓右派時，全組二十二人被一網打盡。這是集體右派份子。也可稱為書法右派。

抓右派抓得無奇不有，令人拍案叫絕。

前面說到過的費孝通,是實在太熱愛共產黨了。卻因為不了解黨內上層爭權鬥爭的內幕，抱錯了粗腿 ,拜錯了佛爺,誤罵毛澤東,當上了欽定全國第三號大右派。他是熱愛共產黨，反而被定為反對共產黨的紅心右派份子。

定為右派份子，自是受批判，挨鬥爭，體罰遊街掃廁所 ，遍吃苦頭。 有一位老人沒被定上右派份子的罪名，所挨的批判鬥爭卻非他人可比。老人家絕不低頭屈服，頻頻叫板毛澤東，挑戰當今紅朝聖上 。這位老人就是馬寅初教授。

馬寅初時任<北京大學>校長。 他是著名的一代學術泰斗。 他對法學、經濟學 、人文社會學都有較深的研究，也都取得了為人稱道的成果。他為人耿直，一身傲骨，不畏權勢。在他眼裡，祗認真理，祗認科學。

早在解放前， 他於一九四二年就任<重慶大學>法學院院長時 ，就曾經公開地批評過蔣介石、孔祥熙 、宋子文、陳果夫和陳立夫四大家族。為此惱羞成怒的蔣介石把他軟禁在歌樂山，長達兩年零四個月，時刻面臨被暗殺或者乾脆被判死刑挨槍斃的極端危險中。馬寅初依然故我，不為所動。為國人敬服贊許。

馬寅初研究中國人口問題，是從一九五三年開始的。當年六月，全國進行了首次人口普查。查明中國人口已達六億之多，人口自然增長率高達千分之二十。這在世界上名列第一。這是一個危險的信號。但是並未引起國人，特別是中央領導人的注意和重視。馬寅初卻十分重視。在一九五四、五五、五六連續三年裡，他三次去浙江省調查研究，並寫成題目為<控制人口與科學研究>的提案。在一九五七年的最高國務會議上，馬寅初發表了自己在人口方面的意見。他說："……我估算了一下,如以現在這個千分之二十推算,十五年後，將達八億人口。五十年後，達十六億人口……不得了！一定要實行計劃生育！……否則,就會出問題。……"

周恩來支持他的觀點。毛澤東當即打斷了他的發言，說道："人口可不可以有計劃,祇是一種設想而已。馬寅初今天講得好哇。從前他的意見,百花齊放沒放出來。今天算是暢所欲言了。" 毛澤東的這句話已把馬寅初往右派份子的大堆裡轟了。

馬寅初是學者。似乎他沒聽出毛澤東的話裡，已暗藏著殺機。他甚至沒去查查檔案資料。人家毛澤東早在一九四九年就已經對人口問題做了闡述。一九四九年九月，毛澤東在<唯心歷史觀的破>"一文中，明明白白地寫道:"中國人口眾多是一件極大的好事。再增加多少倍人口也完全有辦法。這辦法就是生產。西方資產階級經濟學家，如像馬爾薩斯者所謂食物增加趕不上人口增加的一套謬論，不但被馬克思主義者早已從理論上駁斥得乾乾淨淨,而且已被革命後的蘇聯和中國解放區的事實所完全駁倒。"

毛澤東認為自己已經對人口問題下了定論。這已是一個禁區，他人莫入。不論是誰，若想討論人口問題，必須以他毛澤東的定論為準繩。

馬寅初的親友和學生紛紛勸他依順毛澤東的觀點，或者乾脆停止研究這個問題。 馬寅初一口拒絕了。他說："我祇知道真理,不知道別人是誰，又都說了些什麼。我祇認科學,不認權力。我這麼大年紀了，搞了一輩子科研，現在卻要去媚主，講謊話，那太無恥了！那不是我馬寅初！"

一九五七年六月，正是<反右運動>的高峰時刻。馬寅初把自己的研究成果 ，匯集成一篇書面材料,提交給<人大四次>會議。七月五日又在 <人民日報>上全文發表了自己的這份材料。他幾乎不曾去想過，毛澤東已對他進行了批評或是已經提出了警告。 他也不去想想,若他再幹下去，就意味著，是在不加掩飾地，明目張膽地向毛澤東叫板了。這是挑戰毛澤東。而且是在＜反右運動＞中。這也太膽大包天了。

馬寅初的文章一經見報，舉國震驚。

馬寅初的這篇文章被稱為＜新人口論＞。其立論，不論是當時，是今天，還是明天，乃至數十年，數百年以後，都是無懈可擊的，是完全正確的。他有三條建議：一是發展生產；二是控制人口；三是提高人口質量。這些正是今天執行的國策。馬寅初以嚴謹的科學理論推翻了蘇聯人口專家制造的，又為毛澤東所信奉的，所謂人口不斷增長是社會主義人口規律這一天大的誤區。

十月,陳伯達奉毛澤東之命,指示＜人民日報＞組織人手和文章，開始批判＜新人口論＞。陳伯達又指示＜北京大學＞黨委把馬寅初定為大右派份子。李維漢得知這個消息後，心知馬寅初在國外影響甚大，特別是在臺灣，非常人可比，就去請示周恩來。周恩來說："他是我國著名經濟學家。國內外都有影響。他還曾受到過蔣介石的迫害。不能把他劃成右派份子。"

馬寅初雖然沒被戴上右派份子的帽子，他卻是毛澤東心中頭號、特號大右派。

一九五八年五月，＜八大二次＞全會不點名地批判＜新人口論＞。六月一日,中共黨刊＜紅旗＞雜誌創刊。毛澤東在創刊號上發表文章＜介紹一個合作社＞。文中，他點名道姓地批判討伐馬寅初。陳伯達在北大六十年校慶大會上，當著馬寅初的面，用他那令人難懂的普通話說："馬老要檢查！"他在講話中給馬寅初定性為反黨反社會主義。七月一日，康生到＜北京大學＞做報告。他斜視著坐在主席臺上的馬寅初，對臺下師生說："聽說你們北大出了個＜新人口論＞,作者也姓馬。這是哪家的馬呀？是馬克思的馬嗎？是馬爾薩斯的馬嗎？我看是馬爾薩斯的馬！"

毛澤東的鬼頭刀和索命棍,雙雙朝馬寅初殺了過去。各報刊的批判文章，如落葉，似雪花，在陰沈沈的天空中狂飛亂舞。到了一九五九年，對＜新人口論＞的批判更是熱火朝天了。

這年冬天,馬寅初在＜新建設＞雜誌上發表了＜重申我的請求＞一文。文中說："我雖年近八十,明知寡不敵眾，自當單身匹馬出來應戰,直到戰死為止。絕不向以力壓服,不以理說服的那種批判者投降！"

康生見到此文，立即指示北大黨委："他的問題已不是學術問題了。而是藉學術之名，搞右派進攻。要對他揭發批判！把大字報貼到他家門口去！他的校長也不能做了。"康生下令後,大字報一直貼到馬寅初的床頭上。

當年，全國軍民一齊批判馬寅初，其中絕大多數人根本不知道馬寅初都講了什麼。甚至有不在少數的人連馬寅初是中國人還是外國人，是男是女，也一無所知。

馬寅初的親友勸他："你檢討幾句，也就過去了。"親友們明白，毛澤東此刻正在等待什麼。

"不！這個檢討不能寫！"他又說:"為了國家，為了真理，不怕撤職、坐牢，更不怕死！"

本來,馬寅初可以幫助毛澤東，消掉他平生三大憾事中的一件。毛澤東去世前認為一生有三件遺憾事:一是改了國名,鬧出來兩個中國;二是超前簡化了漢字,壞了秦始皇以來的統一，一家中國人用上了兩種漢字;三是沒把計劃生育定為國策，將來總會有人滿為患之日，到那時人們將會千秋万載地罵他毛澤東。毛澤東是懷著深深的遺憾踏上了黃泉路的。

時至今日，歷經多年計劃生育後中國出現了老年人比例偏高、男孩比例大過女孩、'超生遊擊隊'四處流竄的怪現象。於是，指責計劃生育的輿論浮泛起來。似乎要為毛澤東翻案。細細追究，一是廣大民眾，特別是農民群眾，對計劃生育不理解和迫於生活難處，而抵制計劃生育。二是政府對計劃生育不重視，祇做表面文章，生育政策過於簡單，甚至粗糙不堪，若能科學化，實際化，政策化多一些，情況就會大不一樣了。

中國必須計劃生育。

這正是:

　　不　懼　蔣　介　石，
　　不　懼　毛　澤　東。
　　長　眼　認　真　理，
　　活　著　為　鬥　爭！

欲知後事如何，請看下回分解。

# 第一百零二回

## 耍蠻逞能少實力

## 謊話遍地戲領袖

　　話說一九五七年是蘇聯十月革命四十週年。　赫魯曉夫決定借慶典的機會，順便召開世界共產黨和工人黨領導人會議，使得自己的新盟主地位得到確認。於是，毛澤東第二次訪問莫斯科。毛澤東此次前去莫斯科，卻是一心一意想同赫魯曉夫比試一番，看看誰更像新盟主。

　　赫魯曉夫主動對毛澤東表示友好。　他把莫斯科的最好住所——沙皇寢宮安排給毛澤東住。赫魯曉夫又嚴令下屬，一切均按照毛澤東的生活習慣調整佈置。　於是搬走了沙皇用過的龍床，換上了比普通雙人床要大上許多的特製湖南木板大床。通知廚房，在水池子裡養了一大群活魚。又從中國大使館要了許多"好品質"的乾辣椒。在衛生間裡撤掉現代盥洗用具，鋪上厚厚的砂土，放上一把尖頭大鐵鍬，給毛澤東大便時挖坑專用，省得他從北京坐飛機專門帶過來了。這足以稱得上是曲意奉承了。

　　做為回報，毛澤東在開幕式的賀辭裡，代表中共正式表態，支持赫魯曉夫揭露斯大林法西斯暴行和支持他擊敗馬林科夫、莫洛托夫反黨聯盟。這是赫魯曉夫所企盼的。看上去，雙方很是互讓，友好。

　　赫魯曉夫用自己的友好，換得了巨大的政治利益，正在洋洋得意之時，毛澤東突然給了他一記"大耳光"。各黨領導人發言時，都是走到臺上去，朗讀事先已為蘇聯方面同意了的發言稿。毛澤東則不然。他坐在臺下自己的座位上，表演即席發言。他把事先經中蘇雙方確認了的發言稿，扔給了秘書，又叫人搬來麥克風，想開辦自由講壇。

　　這不僅僅是破壞了會場規矩和對主人的不尊重，而是對新盟主的蔑視，是給赫魯曉夫的難堪，是件很出格很越軌的事情。會場為之嘩然，各黨代表團議論群起。中共代表團的團員和工作人員頓感臉上發燙，手足無措。蘇方大小官員紛紛上前勸說。毛澤東面不改色，執意不從。

　　赫魯曉夫忍了。

　　赫魯曉夫之所以肯容忍毛澤東的越軌行為，是因為在他的心目中，中國黨是東方集團的老二。一旦老二承認了他的新盟主地位，那麼老三、老四及以下的各位 小弟弟也就會紛紛點頭舉手了。 赫魯曉夫想借毛澤東的一臂之力，而不是他為人窩囊，更不是他怕了誰。政治家們總是把<利用>二字，放在國際關係、黨際關係及一切外交手腕的首位。

　　毛澤東也是想在<利用>二字上大做文章。他是想用刁難赫魯曉夫，給他出難題，讓他難堪,反襯出自己才具備當"老大"的素質和氣質。他像個中國官場上的大首長,大腹便便地往那一坐，千請萬請不動窩，這叫官威！這叫官派！在赫魯曉夫面前敢耍威風敢玩派頭，還不是天生的老大嗎？毛澤東是在用另一種方式，"利用"赫魯曉夫。

　　權術永遠是權術。當盟主要靠實力。是否精通權術僅僅起個輔助作用。

　　論實力，蘇聯的綜合國力，是中國無法相比的。 當赫魯曉夫在會上宣佈，蘇聯將在十五年之內赶超美國時，會場上一片驚嘆，頓時掌聲如雷，歡呼四起。這句大有吹牛嫌疑的口號，為赫魯曉夫這位新盟主長了不少彩。

　　毛澤東一看慌了神。自己豈能輸了空喊口號這一陣？赴會前，毛澤東曾經召開了政治局擴大會議，研究過如何提出一個遠景發展規劃，用設想中的天文數字給全國人民打氣鼓勁。會上各說短長,意見不一，均不吻合毛澤東的心意。

　　此時此刻毛澤東頓時雄心陡起,氣壯膽脹，拋開原本已為它人質疑的，規劃中的數字，大喝一聲，提出了中國要在十五年內赶上英國的口號。這個口號也贏得了熱烈的掌聲。為慶典大會增加了光彩和氣氛。

　　毛澤東疏忽了,赶上英國這個口號本身，已排在赶超美國的後面。他用口號承認了自己是"老二"，人家蘇聯仍是老大。赫魯曉夫穩當新盟主。在口號大戰中，無疑赫魯曉夫領先贏了一陣。看來，赫魯曉夫這人在無刀宰牛場是幹過幾天的。肺活量相當可觀。

　　口號是無形的較量。但它卻是公開的承諾。盡管赫、毛二人提出的口號，是明顯地不科學、不實際，但是卻能讓小弟弟們振奮和服從領導。

　　散會退場時，與會各黨負責人，真如小弟弟一般，站立不走，靜待赫、毛二人相跟著离場後，才紛紛出門。儼然如下屬對上司般恭敬。見此情景,毛澤東真有點自我陶醉了,飄飄然了。

眼下已是坐亞望冠了。僅距東方集團的盟主寶座，一步之遙。那頭小名叫野心的怪物，再也收不住籠頭了。

在返回北京的飛機上，毛澤東一分鐘沒停地在想，中國的綜合國力可不可以在三到五年之內赶上或者超過蘇聯。特別是他從中國駐蘇大使館情報官員那兒得知，蘇聯官方公佈的經濟數字裡充滿了"水份"之後，他就越發覺得中國能赶上蘇聯，他本人取代赫魯曉夫的希望甚大，是可以實現的。

於是，他的體內、血液中、神經系統裡，甚至每粒細胞核裡，都塞滿了發展經濟的念頭。這個念頭使他猛然覺得自己乘坐的噴氣式客機，也飛得慢了些，簡直是太慢了。

毛澤東決心回國後大幹一場。可是他知道，國內有些人的想法與他的心思相悖，妨礙他的手腳，使他難以隨心所欲，為所欲為。這就是自一九五六年以來，以周恩來為代表的反冒進派。

周恩來是國務院總理，每天都要面對實際和現實，不敢胡來。故而被毛澤東視為自己蠻幹的活障礙、絆腳石。

毛澤東躊躇滿志地回了北京，接連召開了中共＜八屆三中＞全會、＜杭州會議＞、＜南寧會議＞、＜成都會議＞、＜漢口會議＞和＜八大二次＞會議。這一系列會議全部以批判反冒進為中心議題。在這些會上，毛澤東明确地提出"今後不要再提＜反冒進＞這個名詞了。這是政治問題！"

在＜南寧會議＞上，毛澤東拿出柯慶施在上海黨代會上的報告稿＜乘風破浪，加速建設社會主義新上海＞，叫周恩來看。他當著全體與會者的面，大聲地問周恩來："柯老的文章很好！上海一百萬工人，是無產階級集中的地方，才能產生這篇文章。恩來同志，你是總理，你寫得出來，寫不出來？"

周恩來微笑著回答說："我寫不出來。"

毛澤東緊逼不鬆手，又氣勢洶洶地說道："你不是反冒進嗎？我是反反冒進的！"毛澤東言罷，意猶未盡，滿臉怒氣地說道："這次右派的進攻，把一些同志抛到和右派差不多的邊緣，祇剩下了五十米。"與會者面色如紙，不知毛澤東的下一句是什麼，該點到哪一個倒霉鬼的名字了。周恩來強扮笑臉，無一字相對。毛澤東進而又胡說："冒進是馬克思主義的！反冒進是右傾保守主義，是機會主義！是非馬克思主義！"

高壓臨頭。周恩來和另外幾位，持同樣的反冒進觀點的副總理，便在每一次會議上，檢討自己的促退思想。他們連續檢討了多次，亦難過關。毛澤東執意不肯放他們一馬。

　　正在這功夫，＜人民日報＞寫了一篇社論送給周恩來審查。文中用了＜躍進＞二字。周恩來看後，想了想，信手將＜躍進＞二字改為＜大躍進＞三字。社論刊出後，毛澤東大聲讚道："這是個偉大的發明！這個口號剿奪了反冒進的口號！"他又寫了條批語："建議把博士頭銜贈給發明＜大躍進＞這個偉大口號的那一位(或者幾位)科學家。"

　　陳伯達聞知此消息後，趕忙對毛澤東說，是他一念所為。毛澤東的另一位政治秘書田家英見此心中不憤，便打抱不平，對毛澤東說出了真相。毛澤東聽罷，祗輕輕地"噢"了一聲。就此才算解放了周恩來及其追隨者。

　　陳伯達知情後慌了神，深怕毛澤東追究他貪天功為己有和欺君罔上之大罪，便連寫數篇論述大躍進的文章登在＜人民日報＞上，以求立功贖罪。＜大躍進＞這三個字進一步廣為人知，進入了人民的生活中去，登上了政治舞臺。這三個字就成了一段時間內的治國方針。黨中央又進一步由這三個字引伸出：＜鼓足幹勁,力爭上游，多快好省地建設社會主義＞的總路線，一下子把全國全黨捲進了"左傾"風暴中去，把個好端端的神州，弄得餓殍四野，白骨處處。本是樂土人間，卻比地獄深淵。

　　經過毛澤東如此這般地大反反冒進，冒進又改名為＜大躍進＞之後，一場鬧劇在中國開場了。"第一幕"是農業大躍進。

　　當年，一有了什麼新鮮事，報紙記者編輯們就高喊放了＜衛星＞。衛星本來是指蘇聯和美國向宇宙發射的人造地球衛星。在＜大躍進＞中被轉意為創造了最高新記錄。

　　每值秋冬相交之際，深翻地是農村必做的農活之一。為的是疏鬆土壤,保持水份，凍死害蟲。

　　在＜八大二次＞全會上，毛澤東表揚了河南省長葛縣深翻地一尺半後，各省市就開始了深翻地大競賽。

　　東北地區天氣冷得早。一入了冬，地皮全凍透了。地就沒法翻了。可是為了參加翻地大賽，農民奉命堆上柴禾，點火把地皮烤化了，再去深翻。最大一顆翻地衛星，翻了十二市尺，折合四公尺。這麼一翻,生土全翻了上來。第二年根本不長莊稼。第二年春天播下種子，秋天顆粒無收。地裡連野草都長不高。因為生土不含養份。農民說，生土一旦翻了上來，至少兩年不能種莊稼。

　　毛澤東大力推廣他主持製定的農業八字憲法。八字中有個＜密＞字，即密植。全國就放起了＜密植＞衛星。密到每畝地撒下的種子多達三、四百斤，比某些地區的每畝產量還高一些。到了秋天一看，滿地一片亂草秸。

毛澤東說要＜破除迷信，解放思想＞。 於是乎，一批接一批的"發明"、"創新"迅速問世。

廣東省新會縣創新了水稻和高粱的雜交。 陝西省西安市雁塔區把棉花嫁接到椿樹上。陝西省薄城縣用公雞孵小雞。 訣竅是給公雞去勢。再用酒把公雞灌醉。好處是母雞有時間多下蛋。西北農學院六位學生創新出無耳無尾豬。方法是割掉豬耳和豬尾。好處是一天長膘十九斤。山西省洪洞縣發明了小麥同谷子嫁接。嫁接後，小麥粒可以長成石榴那麼大。

這全是吹牛皮放大炮，是純粹的謊言。東北老鄉叫它瞎吹，意思是，睜著眼都不敢如此去吹 。倘若睜著眼都不敢如此去吹，可以想像那是何種吹法了。但在講究政治第一的社會裡，祗要上邊喜歡，特別是一把手喜歡，人們就敢把謊言嫁接到牛皮上去，俗稱奉旨吹牛皮。中國古時侯，在中原地區牛皮最大。倘若今日則可說成吹象皮、吹駱駝皮、吹鯨魚皮等等了。實在難以想像，奉迎拍馬加上皇上的旨意，真不知去吹什麼怪物是好。

種地最終還得看產量。產量衛量就一個接一個地上了天。

六月十二日，新華通訊社報導，河南省遂平縣小麥畝產量三千五百三十斤，放了衛星。十六日又報導，湖北省谷城縣為畝產量四千三百五十三斤。二十一日，河南省輝縣四千五百三十五斤。七月十二日，距新華通訊社首次報導放衛星整整一個月後，河南省遂平縣居然把畝搞到七千三百二十斤。有人測試過，單是把這七千三百二十斤麥粒，平攤在一畝地上的話，厚度可達五、六公分。真不知道這畝地是小麥田，還是小麥倉庫。

俗話說，不是不報，是時候不到。吹足了牛皮，就該餓肚皮了。一九六〇年餓死人最多的省份就有河南省。

小麥衛星正放得歡實，水稻衛星又騰空而起。最大一顆衛星是廣西容縣，畝量水稻十三萬四千四百三十四斤。把這一畝地建成平房式糧倉，不一定能裝得下這十幾萬斤水稻。看樣子江南水的人吃大米吃多了，就是比吃小麥長大的北國同胞身體好，喘口氣就能吹死頭大牯牛。

接著放衛星的農作物有： 玉米、高粱、大麥、青稞、大豆、芝麻、油菜籽 ......

。從塞外到江南，從東海之濱直到喜馬拉雅山，人人都在深呼吸。做的是肺部運動，練成的卻是膽量。毛澤東喜歡什麼，他們就脹著膽子歡吹什麼。誰也不想自己像周恩來和幾位副總理那樣，常挨批評常檢討。

再說，這種數字遊戲又不是什麼高科技。根本難不住誰。既然毛主席喜歡報大數，那就零蛋猛往上加。反正劃圈圈又不是重體力勞動，累不壞人。〈人民日報〉、〈新華通訊社〉的總編記者們，原本就怕不出新聞。新聞嘛，自然是越奇越吸引人。牛腦袋能長在馬脖子上才夠刺激，一粒大豆能比月亮還大一圈，才是一號新聞。至於是真是假，自己信不信，那是另外一碼事了。

　　毛澤東的武漢老友李達，原任中共〈一大〉政治局常委兼宣傳主任， 時任〈武漢大學〉校長。他手持〈人民日報〉刊載的山東壽張縣委的文章，標題是〈人有多大膽，地有多大產〉，見到毛澤東劈面一句問道："潤之，這句話通不通？"兩人自然爭執起來了。李達告辭時說："你腦子發熱，達到了三十九度高燒，下面就會四十度、四十一度、四十二度。這樣，中國人民就要有大災大難了！"

　　毛澤東根本聽不進去。河北省徐水縣委書記張國宗對毛澤東匯報說，全縣秋後可打十一億斤糧食。毛澤東問他："你們全縣三十萬人。這麼多糧食吃不完，怎麼辦？"張國宗答道："光想生產了，沒想出路。"

　　"依我的意見嘛，"毛澤東認認真真地說道："我看你們一天可以吃五頓飯！"

　　"還是主席水平高，看得遠！"張國宗臉不紅，心不跳地回答道。

　　這段對話不是相聲，而是實況錄音。

　　毛澤東需要這樣的數字，自然就相信這樣的數字。他太想赶超蘇聯當上新盟主了。 他從報紙上讀到這樣的數字，看到一張張大豐收的照片時，他興奮，他陶醉，他昏昏然。 如果說他還擔心什麼的話，那是擔心記者們受了反冒進思潮的影響，把數字說小了，把發明創新的新奇事說少了。於是，他決定還是自己親自下去走一遭，親眼看看大躍進的豐碩成果。

　　河北省徐水縣請毛澤東參觀用紅布條條綑紮成的〈棉花樹〉，保証畝產五千斤。還告訴毛澤東每畝地施肥五萬四千斤。晚上架上電燈給〈棉花樹〉補充陽光。其實，祗要一伸手，解開紅布條條，就會看清楚，這是把棉枝子一枝枝用紅布條條綑紮上去的。他毛澤東一走人，就全燒掉的。毛澤東不伸手。他太相信這一切了。

　　河南省請他看了，連夜從其它地塊裡搬在一起的小麥堆，並告訴他，為了豐產，他們殺了兩頭大黃牛，煮成牛肉濃湯，灌到地裡。小麥喝了牛肉濃湯，就像人一樣有了勁頭，準保豐產。毛澤東一高興也忘了算一算，一畝地小麥再豐產，換來的人民幣，能不能換回這兩頭大黃牛。他若再問一句："那牛肉濃湯味道如何？鹹不鹹？"

就準會解開社隊幹部借口給小麥施肥而宰殺耕牛，給自己解饞的大冤案。為小麥伸了冤。

在河南省商丘縣，他親眼看見了多穗高粱。祗是他沒看見縣長叫人把十幾株高粱的穗子砍下來，往一株高粱杆上綑紮的過程。這種簡單小把戲，連一年級小學生不教都會。但是就能騙倒偉大領袖。邪不邪門？

各省市大員深怕自己入了反冒進的另冊，就脹著膽子扯彌天大謊。然而，謊話越大,毛澤東越相信，心裡越發高興。大員們也就放了心，想怎麼吹就怎麼吹了，恨不能一口氣把天吹破，弄個冒進派的帽子戴戴。

毛澤東巡視大江南北以後，真叫心花怒放極了。他認為全國都在鶯歌燕舞了。他膽子更壯了，氣也更粗了。在山東看了三天假戲之後，脫口贊道："人民公社好！"他開始號召全國大辦<人民公社>，要從社會主義跨入共產主義，跑到蘇聯的前邊去。於是，全國刮起了十二級狂風，大辦人民公社。

頭一個跟上浪頭的是河南省遂平嵯岈山鄉。他們不祗辦起了<人民公社>,還創立了公社憲法。毛澤東立即派陳伯達連夜趕到嵯岈山，幫助加工和完善這部人民公社憲法。隨後這部憲法全文刊登在<紅旗>雜誌上。

河北省徐水縣一慣弄虛作假,專擅冒進。這回也不甘心落在河南省遂平縣後面。一個月後,就編出<關於人民公社實行供給制的試行草案>。徐水人民公社取消幹部、工人、職員的工資，取消農民的按勞分配，統一改發級別不同，從八圓到二圓的津貼。全縣老百姓實行"十五包"：吃飯、穿衣、住房、鞋、襪、毛巾、肥皂、燈油、火柴、烤火費、洗澡費、理髮、看電影、醫療、喪葬,全部由公社包下來。徐水縣委認為,這還不夠共產主義。索性連吃飯館也不收錢了。不料，不到一個月，全縣飯館統統被吃光倒閉了。九月份、十月份發了津貼後，到了十一月份就沒錢可發了。縣政府從銀行借了五百五十萬圓，又追加信貸九十萬圓。最後連商業流動資金七百萬圓也全用上發了津貼。搞得縣百貨公司和全縣供銷社全部關門停業。鬧到最後，徐水人民公社祗剩下了一塊木招牌。社員們罵聲震天，怨聲載道，被迫扛著棍，挎著筐，拖兒帶女，各奔生路去了。

毛澤東聽完匯報後,心猶不甘服輸，悻悻地說道："徐水是急急忙忙往前闖。"他不肯用<冒進>二字。徐水之錯在於<闖>了。若是<冒進>或者<大躍進>就有錢發了，就不會散伙了。

　　關於人民公社的壞消息接踵而至，卻喚不醒陶醉在鶯歌燕舞之中的毛澤東。他連連下令鋼鐵元帥昇帳，要快馬加鞭趕上英國。不免又是一場磨難。


　　這正是：


吹 牛 難 飽 肚 友，

胡 來 祗 能 害 己。

暴 君 鬧 妖 造 孽，

蟻 民 束 手 待 斃。

　　欲知後事如何，請看下回分解。

# 第 一 百 零 三 回

## 言 真 相 直 諫 昏 君

## 護 名 位 橫 眉 忠 臣


　　話說毛澤東下定決心，要使中國的鋼鐵產量達到一千一百萬噸，超過英國的年產量。他認為這就算赶上了英國。

　　這一天他把重工業部部長叫到他的辦公室，聽他訓話。「你們重工業部右傾保守力量很頑固！你這個人還算好，還是能聽中央的。我講過多次了，鋼鐵生產要有個大躍進！不躍它一下子是不成的，我們要想盡一切辦法超過英國。鋼鐵產量生產要全面控制起來！不能講民主，要專政！」王部長一聽此話，心裡猛地一驚：這鋼鐵生產要專政，莫非為了鋼鐵還得殺人不成？毛澤東又高聲嚷

道：〝國務院有人不聽我的。還好，重工業部還算聽話。今後，鋼鐵的事由你來管。你也聽我的嘛....〞

這次訓話幾天後，中共中央召開了五八年北戴河中央工作會議。毛澤東在會上做了長篇講話。其中三點內容震動了整個會場。

一是：鋼鐵生產不能講民主。馬克思要與秦始皇結合起來。要專政！

二是：中央鋼鐵的頭子是王部長。與會人員一聽到這話，心裡畫起了問號。王部長是周恩來的屬下。他怎麼能反過來去領導周恩來呢？他僅是一名國務院的部長，他怎麼能代表黨中央呢？細細一想，恍然大悟。這是叫周恩來靠邊站，老毛親自出馬了。

三是：大收廢舊鋼鐵。全社會一齊動手來當〝破爛王〞。毛澤東再三強調：〝上海一下子收了十多萬噸廢鋼鐵。我看不通車的膠東線可以拆掉煉鐵。不通車的，不使用的，一律拆，全拆！〞

王鶴壽得令後，立即對全國各省市實行鋼鐵專政。廣西沒有鋼鐵生產基礎。在上一個五年計劃期間，五年裡僅僅生產了生鐵一萬七千噸。純粹是手工作坊為了打製馬蹄掌釘和修補鐵鍋等用具才用小鐵匠爐搞了一點點。這次的任務是在四個月裡生產生鐵二十萬噸。生鐵二十萬噸。真真嚇死個大活人！比廣西稍略強一點的山西省要在四個月之內，完成生鐵六十八萬噸和粗鋼五十五萬噸。這不是硬逼著山西省省長帶領全山西人民去硬搶硬偷嗎？

毛澤東一聲吼，王部長就下了重手。<鋼鐵元帥>就如此這般地前拉後推，連扯帶拽，又舉屁股又抬腿地昇帳了。元帥兵馬驟增。當年年底竟達九千萬人在大煉鋼鐵！這比世界中型國家人口數還多。這叫<人海戰術>。在這個人海裡大煉鋼鐵的工人，小者七、八歲，正唸小學；長者六、七十歲，正在養老院養生。偶爾還有九十歲的老壽星到場助興，人稱其<老黃忠>。

沒有標準高爐、平爐，各省市群眾就自己動手大修大建了一大群土高爐和小高爐。這群煉鐵煉鋼爐高者不過三幾公尺，小者爐膛容積不足一個立方米。活像北方冬天取暖用的大型煤球爐子。群眾沒見過高爐和平爐是個什麼樣子，全憑自己去想像著修建。聰明了發揮了自己的才智，把新的、舊的、廢棄的磚窯、瓦窯、瓷窯全部改建成了煉鐵爐。就連日軍和中央軍留下的堡樓和炮樓也被發掘出來，修修改改之後，全成了煉鐵爐子。學校、機關、商店、倉庫、運動場、大操場、曠野地、場院，全建滿了五花八門、奇形怪狀、大小不一、叫不出製式、點火就冒煙的煉鐵爐子。其數量之多真可以與天上的星星相比；其種類之繁雜幾乎達到沒有兩個是重樣的。外交部為了讓外國人也見識一下中國人大煉鋼鐵的戰鬥場面，就在後院裡修建了一大群大大小小的土高爐。遠看黑煙遮天，近看日軍炮樓一片。翻譯官面孔燻得黑又亮，人人敢比包青天。外國人想笑不能笑，連聲誇讚：〝好好好，真好看！〞

　　缺少煉鐵專用焦炭，就用老百姓日常用的取暖煤。找不到取暖煤，就燒木頭。雜木燒光了。就砍伐果樹。再不夠了，就拆廟拆祠堂燒房木。有些地方還刨挖無主荒墳，連骨頭帶棺木一起燒。

　　缺乏高品位標準礦石，就用低品位礦石，甚至廢礦石礦渣子名礦洞土。一句話，沾上鐵字邊的，就敢拿來煉鐵。至於能否煉出鐵來，煉出來的是否是鐵，那是沒人在意的。因為誰都怕秦始皇和紅色專政。

　　俗話說,上行則下效。毛澤東能扒鐵道煉鋼。基層領導人就敢征收老百姓家中的鐵鍋鐵盆、傢俱上的鐵製飾件、門扣門環門插關......凡是沾上"鐵"字邊的東西，全拆下來，全砸碎了,用來煉鐵。似乎有了鋼鐵，以後的日子就不用過了似的......

　　接著，大放煉鋼鐵的衛星就到來了。第一顆衛星是河南省新鄉放的。他們自稱生產了一百零二萬噸生鐵。周恩來聽說後，叫自己的秘書去核實一下。秘書說："生產一百萬噸生鐵，單是礦石、焦炭、生石灰石等原料，就要用上千萬噸的運力。再來它十個八個新鄉也做不到！" 周恩來仍然囑他前去看看再說。

　　秘書帶回來一塊"生鐵"樣品。這塊樣品滿身是蜂窩眼，像個黑麻子,頂多能叫個海棉鐵，跟礦石是近親。周恩來留下這塊〝寶石〞以為紀念。他打電話給河南省委一位緊跟份子說："請你們別放這種衛星了！"可是沒人肯聽他的。全國生產了一大堆鐵疙瘩黑麻子。

　　一切為鋼鐵元帥讓路，致使農村大批壯勞動力去煉鐵了，成熟了的莊稼缺人收割，大量糧食爛在地裡。一九五八年本來是個風調雨順的大好年景，理應豐收，實際卻是大減產。

　　一位老紅軍給彭德懷寄了一首詩。詩曰：谷撒地,禾葉枯，青壯煉鐵去。收禾童與姑。來年日子怎麼過？請為人民鼓嚨胡！(注：鼓嚨胡，湖南方言。意思是說話。)

　　列車一旦開足了馬力,很難一下子剎住車。<大躍進>又持續了兩年。到了一九六〇年，種下的病根發作了，欠的"債"到了償還期。儲下的糧吃光了。新糧爛在地裡了。人若沒糧吃會如何呢？

老百姓把怒火全撒在公社食堂上。他們給大食堂編了個順口溜："一進食堂門,稀飯一大盆。盆裡有個碗,碗裡有個人。"。稀粥多半是水了。大食堂的稀粥更是稀薄。薄到可以照清人影當鏡子用了。遺憾的是,如此稀薄的粥,在空空蕩蕩的大盆裡, 也僅有一小碗。不久, 怕是連這一小碗稀粥也要沒有了......果然, 有人餓死了。許多地方餓死了人。全國普遍發生浮腫病。

這些壞消息傳進了北京城和中南海。毛澤東根本不相信。他認為這是階級敵人在搞鬼。不久,更多的壞消息傳了過來。餓死人的數字,任誰聽了都會嚇一大跳。毛澤東仍不相信。他決定查明真相, 對造謠生事者嚴懲。他派自己的秘書下去調查。他托回家探親的警衛戰士順路替他摸摸情況。反饋回來的消息令他瞠目結舌。

衛星放得又高又多的河南省,僅在一九五九年冬天到一九六〇年春天的兩季裡,平陽縣餓死人八萬多。新蔡縣餓死人近十萬。在當年, 這兩個縣也就各有三、四十萬人左右。最早建立人民公社的遂平縣嵯岈山鄉, 整個公社餓死四千人。個別大隊餓死人佔三分之一。

一九五九年到一九六一年, 全國非正常死亡人口數約四千萬人。這裡面含有交通事故及自殺等人口死亡數, 暫且扣去一半。用老百姓的話直截了當地說,就是至少餓死了二千萬人。另據國務院權威人士說, 三年大躍進,經濟損失高達一千二百億圓,耽誤了八年時間。或者是說, 倒退了八年。大躍進是百分之百的大躍退。

毛澤東又開始睡不著覺了。他心裡比任何人都清楚, 他犯的錯誤是極端嚴重的。若用黨內政治術語表述, 他是犯下了嚴重的路線性、方向性、全局性政治錯誤。這種錯誤可以導致任何人下臺。毛澤東不想下臺。哪又如何保自己呢？

毛澤東筑起的第一道防線,叫做"九個指頭和一個指頭的關係"。簡言之, 工作中成績是主要的。誰敢否認這一點, 誰就是階級敵人。第二道防線是" 無產階級專政下的階級鬥爭學說"。意思是說, 凡是反對毛澤東, 就是反對中共, 就是反對無產階級, 就鎮壓。

毛澤東還玩了一個小花招：他主動辭掉國家主席一職。這有兩重意思。第一, 向國人認錯, 自己罰了自己。第二,讓劉少奇當上國家主席後, 劉會知恩圖報, 在前面替他遮掩一陣子, 無形中少了一個對手。劉少奇就更不會同周恩來結盟追究冒進問題了。這是退一職得二利。

　　毛澤東滿以為自已有了"二防線一退位"就會穩住政局，護住寶座，萬事大吉了。不料,半路上殺么出了個程咬金，劈面就是三板斧，叫他又驚又恨，好生惱火。這位程咬金便是他御封的彭大將軍彭德懷。

　　在一九五九年春天的上海會議上，彭德懷放了一炮。他說："......<大躍進>的政策,從根本上講是錯了！要採取措施改過來。如果不改，人民就會不相信你的共產主義了！"

　　"德懷同志！"毛澤東急急忙忙地打斷了彭德懷的話頭,"你是管軍隊的嘛！不要干涉那麼多！別人怎麼看？你說的問題，僅僅是下面同志貫徹不利,是枝節問題，是<九個指頭和一個指頭的關係>問題！"

　　彭德懷一聽"九個指頭和一個指頭"的話語，赶忙搶回話頭,急忙聲明："主席，我沒別的意思！我是個臭嘴媳婦，免不了有失公婆的歡心。請主席海涵！"

　　回到北京後，彭德懷就忙著平息西藏叛亂和出訪歐州。他的心上卻始終抹不掉，他親眼見到的<大躍進>帶來的災難性後果，給他留下的那片陰影。

　　七月份，他接到通知去江西省廬山開政治局擴大會議。他對總參謀長黃克誠說："我最近很忙。你去參加吧！"黃克誠建議他，還是去一下為好。他就答應下來自已去廬山。

　　過了幾天，他又突然對秘書說："你給中央辦公廳打個電話，替我請個假。我不去廬山開會了。"不知是他想到了什麼。

　　第二天,毛澤東親自給彭德懷打來電話，要他一定參加。他祗好遵命了。

　　毛澤東這次上廬山是做了充足準備的。第一,把"九個指頭和一個指頭的關係"寫成中央文件。第二，強迫某些省市領導人做執行中央指示不力的檢討，替他分擔責任。

　　他也還有另一手準備。倘若有人正面跟他過不去，他就再玩一次引蛇出洞。毛澤東心中也早瞄準了周恩來。周恩來早在一九五六年就反冒進並挨了整，吃足了苦頭。眼下，周恩來最有理由頭一個站出來叫陣。

　　在< 上海會議>上，毛澤東送給周恩來一本<海瑞傳>。他又在會上大講學習海瑞精神。可是周恩來識得他的引蛇出洞絕技，死活不上當，不當活海瑞。

　　上了廬山後，本該毛澤東親自主持會議，可是他不主持，也不讓二把手劉少奇主持，而是把周恩來推上前臺，給他表演的機會。周恩來是何等聰明之人，始終不越"楚河漢界"半步。

　　蛇不出洞。毛澤東沒了招。心灰之餘，他突然心生異念，就托付江西省副省長夫婦下山把賀子珍接來相見。毛、賀二人相會，卻把個來客擋在了門外。彭德懷想找毛澤東談心，當面說清自己對他的意見。彭德懷知道，賀子珍難得見著毛澤東一面。他本人又對賀子珍十分友好和同情，就決定不進屋去打擾他們倆了。若是換了別的女人，他肯定會推門而入，大呼一聲："老毛，我有正經事……"彭德懷返回住處，提筆開寫<致主席的信>。七月十四日下午，會議就要閉幕之前，彭德懷把<致主席的信>交給了毛澤東。

　　毛澤東仔細地看了兩遍寫給自己的信後，提筆把<致主席的信>改名為<意見書>，並在信上批示道："這是<彭德懷同志的意見書>，請印發給大會全體人員討論。"然後，他又通知周恩來延長會期。

　　中共有個慣例。下級有了思想問題可以找上司<交心>或曰<亮活思想>，黨內稱之為<思想匯報>。上司對思想匯報要絕對地保密。這同教徒向神父懺悔差不多少。上司還不能以任何理由抓思想匯報的小辮子，更不能打棍子。在高級幹部層裡，大家見面不大方便，則以信書代替當面匯報。

　　全國解放後，因一部份書信內容涉及公務，需要公開，則必須征得寫信人本人的同意。例如，林彪和毛澤東在紅軍時期常常互通的信件，有的信件欲收入<毛澤東選集>，則應林彪要求刪去了稱謂姓名和開頭一部份內容，定名為<星星之火，可以燎原>。

　　毛澤東熟知這一慣例。但他對彭德懷給他的信卻壞了定規，並大做手腳。說他流氓，大家都說要加多<超級>二字，才夠準确。

　　彭德懷知情後立即去找毛澤東評理。他在飯廳門口堵住了毛澤東。

　　"老毛，為嘛子把我給你個人的思想匯報信，卻當成文件印發下去了？冇得道理講！"

　　毛澤東被問住了。他略加思索，淡然答道："你又沒講不可以印發嗎？"對這明目張膽地強詞奪理，彭德懷氣得乾蠕動嘴唇講不出話來。毛澤東接著又說道："怎麼？怕個啥子嘛？有意見就不要怕討論！怕討論，提意見做什麼用場？"毛澤東略施偷天換日的小計，轉移了話題，拒不回答彭德懷的質問，卻把思想匯報偷換成了提意見。彭德懷沒料到毛澤東竟然耍賴皮。彭德懷二話不講，一扭身走開了。毛澤東沖著他的背影，陰險地冷冷一笑。

毛澤東立即調兵遣將，命令秘書急電召喚林彪、彭真、安子文、薄一波和黃克誠等人上山赴會。毛澤東清楚，彭、安、薄等三人一向同彭德懷不合，動則爭吵，私怨很深。在<華北會議>上他們幾個人就曾經吵翻了天。毛澤東又密令羅瑞卿和汪東興，密切監視彭德懷及其身邊工作人員的一舉一動。

就在這功天江青風風火火地上了廬山。原來是康生告訴她毛澤東把賀子珍接上了山。毛澤東一接到江青正往廬山來的情報後，立即用花言巧語把賀子珍哄下了山，讓江青捉姦不成，撲了個空。

江青雖然沒能捉姦成雙，仍是纏住毛澤東不依不饒，要討個說法。毛澤東怕她死纏自己誤了大事，就把拉人圍攻彭德懷的任務交給了她。江青就和柯慶施攜手，串連各方大員，羅織罪名，惡鬥彭德懷。

毛澤東自己晝夜找大員們談話，封官許願，收買走卒。談話中，毛澤東處處暗示，彭德懷在歷史上就同王明一起反對他等等。史實証明，毛澤東正確時，彭德懷都支持他。就是被毛澤東視為罪証的<致主席的信>中，也無半點污蔑和攻訐之處。故而毛澤東無法以信中內容為口實發難彭德懷。

彭德懷的信分為兩大部份，共約四千字。第一部份肯定了<總路線>是正確的。第二部份才講到了毛澤東的錯誤。一點是浮誇風泛濫。另一點是小資產階級狂熱成災，促成左的錯誤。這兩點完全符合實際情況。

毛澤東一切佈置就緒，卻不下令發起"總攻"。他是在等待 。等待他心目中的那另一個人有所動作，哪怕是些微的表示。

毛澤東曾多次說過："有人說我搞陰謀。我不搞陰謀。我專搞<陽謀>，專搞<引蛇出洞>，專門<釣魚>，而且是大魚、小魚一起釣，特別要釣吃人的鯊魚！"毛澤東坦言，陽謀的核心是引蛇出洞，即大耍騙術。

在毛澤東的眼中，從政治份量上看，彭德懷還不夠斤兩，不是吃人的鯊魚。若從反冒進的根子上看，他同周恩來早早晚晚是要清賬的。他等待的就正是周恩來。他希望周恩來能自己跳出來，讓他來個一鍋端，絕了後患。

毛澤東等待的"鯊魚"一直不肯咬鉤。另一條"小魚"卻上了鉤。一星期後，張聞天，即洛甫，在華東組發表了長達三個多小時的發言。

這下子，毛澤東反倒是犯難了。雖然又鉤到了一名反對派，但這名反對派在黨內，一向以忠直敢言聞名，受到廣泛的稱贊。張聞天不爭權，扶植毛澤東上臺的讓賢之舉，黨內黨外，更是人人皆知。若是整了張聞天，就會在歷史上留下"誅殺忠臣，堵塞言路"的罵名。熟讀史書的毛澤東不想自己在歷史上遺臭萬年。

毛澤東決定為自己洗刷一番。他在會上一口氣講了四個小時。毛澤東口才好，能言善辯，沒理攬三分，很會耍賴皮。在娉娉煙霧之後，在口沫四濺聲中，似乎當年湘江舟上的無賴學子，又在現醜了。當年是為了兩個銅板，而今則為了一座江山。

毛澤東在大會上把彭德懷、張聞天臭罵了個夠。散了會，他又找彭德懷談心。這是給彭德懷機會向他毛澤東服軟認錯。彭德懷一見毛澤東火就上來了，高聲嚷道："在延安你操了我四十天娘。我操你二十天娘不行？"

第二天，劉少奇在會上傳達毛澤東的指示："繼續批判彭、張反黨集團，劃清界限。不僅對事，也要對人！彭德懷與我長期以來是三分合作，七分不合作。要聯係彭德懷歷史上的錯誤進行批判。"

毛澤東找彭德懷的老部下黃克誠談話，讓黃克誠揭發彭德懷。不想黃克誠不僅不揭發彭德懷，還批評毛澤東當年打四平街戰役是錯誤的。第二天黃克誠又頂風上，在大會上公開支持彭德懷。毛澤東怒火萬丈，就把黃克誠和另一名支持彭德懷的周小舟，一起定為反黨集團份子。

毛澤東見已鉤到了四條"小魚"，而"鯊魚"死活不肯咬鉤，也祇好收鉤了。

一封信，竟然又是恥辱柱，又是千古豐碑。它把兩個命運相連的人，一個釘在恥辱柱上，又為另一個人立起了永垂青史的豐碑。

一封信寫入了歷史，告訴人們真理的價值。

一封信讓國人心慟，畫出了赤子的丹心譜。

一封信將傳示後來人！

這正是：


自 古 皇 家 多 流 氓 ，

超級惡棍亦罕見。

自誇陽謀是法寶，

不如大糞能肥田。

欲知後事如何，請看下回分解。


# 第一百零四回

## 佞臣暴斃生疑心
## 出氣大會響警鐘


話說＜廬山會議＞閉幕後，＜總路線＞繼續貫徹，＜三面紅旗＞仍然飄揚，中國人餓著肚皮繼續赶超英國。"左"風越刮越烈。

毛澤東下令人民公社要大辦食堂，要求農村百分之八十的人口進大食堂吃飯。於是，新一輪吃光喝光分光的＜三光風＞重又刮了起來，其勢頭之猛，是前幾次無法比擬的。這次三光風真地是在把廣大民眾推向死亡的邊緣，也是把人民公社推向崩潰的深淵。

安徽省鳳陽縣某大隊組織了＜挖潛專業隊＞，家家查，戶戶搜，尋找農民私藏的糧食。挖潛專業隊隊員人手一根長鐵棍。棍頭磨得又尖又亮，酷似扎槍槍頭。他們進了屋子就東搗西戳，捅得滿處是洞洞，尋找埋在地下和夾牆裡面的糧食。

找到了糧食。拿到大食堂裡，大家一頓吃個淨光，撐得肚皮圓鼓鼓的。中國農村裡，一向是糠菜半年糧。每餐飯是糧菜混合著吃。像這樣一頓全部吃糧食，撐個半死，以後的日子怎麼過？群眾不滿鬧意見。幹部罵群眾："什麼是你的？都共產了！知道不知道，你的東西祇有一口牙了！不吃是傻瓜！"

如此這般，窮日子當富日子過。原本不多的糧食，沒用幾天全吃光了。"左"風刮得最歡實的河南省信陽地區，在一九六〇年春天八十天裡沒有一粒糧食可吃。農民被迫逃荒要飯。政府派出軍警強行攔截。不准外出當乞丐，外出討飯是給省政府臉上抹黑，給社會主義臉上抹黑，給毛主席臉上抹黑。農民祇能活活餓死。

從一九六○年起，七億國人一起挨餓了。一餓餓了三年。

因為營養過剩得的疾病，會是各式各樣的，互不相同。因饑餓致死的人，全都一模一樣，天下相同。沒人敢用筆去描述活人被餓死的慘狀。四千萬這個數字很能說清一切了，也給人們畫出了畢加索式的油畫畫面。有興趣的人可以翻開世界地圖。相信找不出來幾個人口超過四千萬的國家。

國民經濟在一步步地惡化。天災亦頻頻降臨。不是南澇，就是北旱。不澇不旱的地方就下冰雹、鬧蝗蟲⋯⋯愛好文學的人不無感概地念道："屋漏偏逢連天雨，船破又遇狂風浪⋯⋯"

就在此時，蘇聯突然單方面撤走全部援華專家，停建全部援華工程項目。國內到處是半截子工程。全國一片破敗景象。顯得"屋"更破了，"船"更糟爛不堪了⋯⋯

對於毛澤東來說，此等悽慘景象的本身，就是挑戰，就是討伐，就是宣判⋯⋯這是無言的〈致主席的信〉或是〈意見書〉。毛澤東全無睡意了。他像一隻嗅到對手逼近自己的野獸，全身繃緊，二目圓睜，張嘴呲牙，等待廝殺。

他把自己的第二道防線前移，把防守改為主動進攻。毛澤東在所有的公開場合講話時，在所有的面世文章中，大講特講階級鬥爭和無產階級專政。他聲嘶力竭地叫嚷："當前，我國存在著相當嚴重的階級鬥爭！"他告訴自己的親信和走卒："階級鬥爭一抓就靈！"於是，報紙上、銀幕上、舞臺上、一切宣傳喉舌，也都扯破喉嚨地叫喊："狼來了！狼來了！"似乎想像中的階級敵人就躲在你身後，正要給你一刀似的。叫你不心驚肉跳，不渾身毛孔大張都不行。於是，形形色色的刑事犯罪份子，都被冠以階級敵人的鐵帽子。毛澤東鎮壓這些刑事犯，目的在於給老百姓示警，企圖阻嚇人民對毛澤東及其路線的議論和否定。老百姓全明白，這是殺雞嚇唬猴。

然而，嘴巴吃不到東西時，就有功夫亂嘮叨了。嘴巴很聰明。明裡可以不講，但不保証暗裡不罵。肚子是個壞傢伙。沒有食物填滿它時，它就鼓動嘴巴使勁地罵娘。一罵就罵個不停。上可罵天，下可罵地。罵遍了活人罵死人。俗話說得好，背地後裡罵皇上。這皇帝老兒嘛，不論新舊紅白，是個嘛顏色，祇要做了對不起老百姓的事，全是找罵！到了一九六二年，背地後裡的小罵，竟然在北京城裡的數千人大會上，變成了不吐髒字的公開大罵。

一九六二年初春，北京城裡正是乍暖還寒時節。沙塵暴不時把個皇都舊京，刮得一片天昏地暗，塵砂飛揚，讓你喘口氣都不敢使勁張大了嘴巴。中共中央在這裡召開了中央各部委機關、省、市、地、縣五級幹部大會。在京的各大廠礦企業和軍隊代表也出席了大會。到會人員達七千人之多。俗稱<七千人大會>。

主角是劉少奇。他在報告中提出，前面的工作中取得了十二條成績，有四點錯誤，以及十六點經驗教訓。誰都看得出來，劉少奇是在為毛澤東的錯誤路線文過飾非，塗脂抹粉，把重大的政治路線錯誤輕描淡寫為一般工作失誤。劉少奇又厲聲斥責廣大基層領導幹部，對黨中央的正確路線執行不力，才鑄成黨中央工作上的四點錯誤。

劉少奇的胡言亂語激怒了會場上的基層領導幹部。他們先是交頭接耳，議論紛紛，進而發牢騷講怪話，再接下去就又是寫條子遞條子，提出問題，要求當場回答。劉少奇對這些條子不予理睬。基層領導幹部中的一些人就火了，索性站在座位上大聲朗讀條子。他周圍的幹部就鼓掌叫好。此起彼落，朗讀條子的越來越多。劉少奇的報告講話不時地被打斷。這在以前從未有過。

散會以後，代表們邊退場邊議論。說什麼的都有。自然少不了國罵"三字經"。罵聲朗朗，不堪入耳，惹人火起，越罵越火。乾脆指名道姓地亂罵上了。這麼多司局級幹部聚在一起罵中央首長，在中共黨史上是一項記錄。十分難得一見。

這讓毛澤東心裡的火氣直沖雲霄，令他不由自主地回想起了三十多年前，在江西，在閩西，在贛南挨整的一幕幕場景。他長長地嘆了一口氣，殺心陡然浮上了心頭。可是，七千人黑壓壓一大片，總不能全罷官免職吧？再說，處份也不一定能有效果。廬山上處份了四個人，也沒嚇倒誰。那又該怎麼辦呢？毛澤東無奈之下，自我解嘲說："白天出氣，晚上看戲。兩乾一稀，大家滿意。"這次大會就此又有個小名，叫<出氣大會>。

在廣大基層領導幹部的巨大壓力下，或者說是鼓勵下，劉少奇脹大了膽子，突破了"九個指頭和一個指頭的關係"這一禁區，說道："......恐怕是七個指頭和三個指頭的關係。......有些地區，還不止三個指頭。......農民說是<三分天災，七分人禍>。你不承認，人家就不服你嘛！全國有一部份地區，缺點和錯誤是主要的，成績不是主要的。......"

毛澤東坐在主席臺上，默不作聲。他想，若是劉少奇在廬山上這麼一講，那就......

劉少奇報告結束後，毛澤東以一把手的口吻對先前的錯誤承擔了領導責任，羞羞答答地做了很不像樣子的自我批評。會場上不滿情緒到了高峰。交頭接耳的議論聲，大得如同扯著嗓子喊，就怕主席臺上的毛澤東聽不清楚。對於毛澤東來說，這儼然一口巨鐘在他心室轟鳴。這可怎麼辦呢？

到了一九六三年，國家情況更困難了。全國民眾的怨恨不想而知了。毛澤東的對策卻仍在"難產"之中。

"小李子，你來一下嘛！"毛澤東一進菊香書屋的書房門，就怒沖沖地嚷了一嗓子。

"來了來了！"小李子笑嘻嘻地，連嚷帶跳地進了屋，沖著毛澤東神秘地一笑，俯在毛澤東耳邊悄聲說道："主席，我托人弄來了……"

"噢？"毛澤東疑惑不解地瞪視著小李子。

"紅燒肉……"小李子更壓低了嗓門說道。

"啊？！"毛澤東驚喜地叫了一聲，然後像三歲孩子見了糖果一般，滿臉全是笑了。

原來，自一九五五年毛澤東犯了一次心臟病以後，醫生講，以後他不能再吃大肥肉了。政治局決定在他的餐飲食譜上永久地取消紅燒肉，改吃清蒸魚。毛澤東本人也不急於去見馬克思，祗好忍了委屈。

三年困難時期找個炒肉片都是難事。北京城裡每人每月一市斤肉，上哪兒去找紅燒肉解饞？說是補腦也不行。小李子侍奉毛澤東這麼些年了，真地成了毛澤東肚子裡的蛔蟲。〈七千人大會〉期間，他聽見毛澤東嚷嚷自己腦子不好用了，就猜到毛澤東是想紅燒肉了。特別是當他看到，毛澤東面對亂烘烘的會場，卻滿臉無可奈何的樣子，他更确信毛澤東是該補補腦子了。更主要地是小李看見國民經濟如此糟糕，這哪像是當年打仗時的毛澤東幹的事呀？小李子確信毛澤東的腦子，吃魚吃壞了，缺了油腥，腦子上了銹，不好用了。

他就上北京飯店港澳同胞專用餐廳，走了"後門"，弄來一碗紅燒肉。

"開飯，開飯！"毛澤東迫不及待地盼咐小李，"小李，這條秘密渠道可得保護好！"

"怕是鬧不了幾回！"小李如實坦白道。一是政治局知道了，他得有苦頭吃；二是港澳餐廳也管得挺嚴。不好老去為難戰友。

"主席，這回是湊巧趕上人家開生活會，要學習雷鋒了，才通融了一回。"

"雷鋒？啥個子雷鋒嘛？"

"就是頭些日子總政他們讓我們學習的那個瀋陽軍區的小戰士！也是你們湖南人！"

"噢！"毛澤東想了想，似乎在文件上看見過這擋子事。

一九六三年，瀋陽軍區出了一名好戰士，叫雷鋒。雷鋒既能幹好本職工作，又肯主動幫助別人。不幸在車禍中犧牲。瀋陽軍區號召戰士們向雷鋒學習。總政治部也在推廣這件事，並報告了毛澤東，請他做進一步指示。毛澤東正為國民經濟和自身處境犯難，也沒大重視這件事。

"主席，你說說，若是大家伙都像雷鋒那樣該有多好！記得去年開大會時，會場上亂嚷嚷，還算是些高幹哪……"

"啊？！你是說，若是像雷鋒一個樣子，就沒人鬧事了？"

"那還用說！我家那個小子多淘氣！誰能管得了？老師一講雷鋒的故事，現在天天放了學就回家幫他媽掃地。還幫我打洗腳水，搶著做好事……"

"啊！！！"毛澤東眼睛見了亮光。

"介紹雷鋒事跡的那篇文章上說，雷鋒最愛讀你寫的〈為人民服務〉和〈紀念白求恩〉。我那個小子和他姐姐把我和他娘的全分了，拿去上學了。弄得我政治學習時沒得用了……"

"啊！！！！！！"毛澤東又是大大地叫了一聲。沒等小李子再說什麼，他一轉身走到案桌前，大筆一揮，題詞道："向雷鋒同志學習！"

毛澤東的這碗紅燒肉吃得他又解了嘴饞又解了心煩。是他吃過的紅燒肉中頂好頂好的一頓。他一邊咋舌頭，品味道，一邊讚道："北京飯店的紅燒肉名不虛傳，絕世佳餚，絕世佳餚！"

中央大員們緊隨其後，紛紛題詞。

林彪見此，凝眉苦思，想了好一陣子，題了三句話："讀毛主席的書，聽毛主席的話，做毛主席的好戰士"。林彪真真是政治天才。他似乎長著一雙具有特異功能的眼睛，一下子就看穿了毛澤東題詞的用心所在。

他用三句話，詮解了〈向雷鋒同志學習〉根本上要學習什麼。全國十億人口，唯有林彪一人，一猜中的，猜到了毛澤東的心裡去。

接著，林彪又提出"部隊工作要突出政治，首先要突出毛主席著作的學習"。毛澤東馬上回應他，提出了〈全國向解放軍學習〉和〈全國大學解放軍〉。以後又說〈工業學大慶，農業學大寨，全國學解放軍〉。

向解放軍學習什麼？當然是學習解放軍〈突出毛主席著作的學習〉。

　　到了此時, 從中央大員到普通群眾, 方才恍然大悟, 毛澤東用學習雷鋒, 繞了一個小圈,,讓大家讀他毛澤東的書 。 毛澤東又利用學習解放軍, 直截了當地讓大家讀他毛澤東的書。

　　這樣, 毛澤東在林彪的幫助下, 自己造了個神臺, 把自己供奉上去, 又帶領眾人去朝拜自己。

　　一場比<大躍進>為害更大的<新造神運動>, 在中華大地上魔幻般地漫延開來, 掀起了上上下下, 老老幼幼, 對毛澤東的盲目崇拜。 更大的災難正在前面等待著苦難深重的中華民族。

　　這時, 從四川傳來一個消息, 說是柯慶施在成都因病突然死亡。

　　毛澤東一想, 不大對頭。 一個月前, 柯慶施密報中共西南局負責人李井泉、廖志高、黃新廷等人對林彪搞學習毛主席著作和背誦毛主席語錄冷嘲熱諷。柯慶施又要求派他本人前往成都查明真相。怎麼會一去就死了呢？

　　毛澤東指令康生和謝富治速去成都查明真相。不成想, 康、謝二人一到成都, 柯慶施的屍身已經火化過了。毛澤東的疑心更重了。他問康生："是誰批准火化的？"康生說："是劉少奇、周恩來和鄧小平。" 毛澤東一聽, 心裡大慟。


　　　這正是：


造 個 神 台 供 自 己，

塗 上 紅 漆 蓋 臉 皮。

為 掌 王 權 下 三 濫，

無 賴 群 中 不 稀 奇。


　　　欲知後事如何,請看下回分解。

# 第一百零五回

## 大 字 報 信 口 雌 黃

## 紅 衛 兵 造 反 亂 華

　　話說毛澤東得知柯慶施的屍身被火化後，心中疑竇叢生。康生說到的三個人中，就有兩人是他的"心病"。剩下的那個鄧小平，原本是他的舊臣愛將，卻自＜廬山會議＞以後，與他日漸疏遠。開會時，離他遠遠一坐，不叫不吭聲。鄧小平本來耳朵就有些背。近個時期，則索性裝聾作啞了。

　　而在處理黨政諸般大事上，鄧小平對劉、周二人是越跟越緊，真可謂亦步亦趨了。最近，他又借口"調整"，步步在毛澤東的貓尾巴上。事後，又偏偏找他毛澤東匯報。教毛澤東又氣又惱，又奈何不了他。毛澤東不住嘴地批評他。他是虛心接受，半點不改。毛澤東決心找個機會，好生修理他一番，進行"再教育"，有了效果再起用他。

　　毛澤東心中是日夜掂量劉、周二人的。周恩來滑得使他無從下手。一時三刻實難扳倒他。而劉少奇則比較容易治服。此人與軍隊沒有什麼瓜葛。部下是白區那伙子舊臣，文人多，入過監獄的多。也就是說，小尾巴多，容易捉小腳。

　　但是，也有難處。劉少奇是自己一手提拔上來的。自己再去扳倒他，面皮往何處放？以後還有人敢跟自己嗎？

　　可是劉少奇對自己的威脅最大。劉少奇已是二把手了。他的照片已在報紙上同自己平起平坐了。近些年劉少奇的聲望驟增，買他賬的高級幹部越來越多。他的一本＜論共產黨員修養＞出版後，黨內人人捧讀，齊聲叫好。這些大高幹也對自己那厚厚四大本＜毛澤東選集＞叫過好，搶購過，拿回家往書架子上一擺，十分整齊好看。連翻翻都不伸手。一想到這些，就更覺得，不論是劉少奇這個人，還是＜論共產黨員修養＞這本書，都是大禍根！此書非禁不可！禁書就得先禁人。禁人祇能六親不認，祇能用鐵血手段。為保皇位，必須搞掉劉少奇！至於整周恩來則在稍晚些時尋找机會。

　　毛澤東深知同文人鬥，就要在"文"字上下功夫。也就是說，要在理論上，在政策提法上等方方面面，攪它個翻江倒海，天翻地覆，讓那些愛摳字眼，愛鑽牛角尖的書呆子們，永世摸不著頭腦，找不著北。反正一扯上理論的邊，那是一萬年也糾纏不清孰是孰非的爛攤子事。誰有槍桿子，誰就對。

毛澤東"踢"劉少奇的第一腳，就是否定劉少奇主持的<四清運動>。否定的辦法就是翻來覆去地在理論提法上同劉少奇糾纏個沒完沒了。一天一個怪提法，讓劉九書櫃把國家圖書館吞進肚子裡，也別想弄明白是個啥道理。

<四清運動>又稱<社會主義教育運動>。簡稱<四清>或<社教>。是從一九六三年五月份搞起的。四清是指清賬目、清倉庫、清財物、清工分。四清的一系列政策都是毛澤東主持審定的。劉少奇是貫徹執行者。

劉少奇執行得很認真。他派妻子王光美下鄉蹲點，抓經驗。王光美到了桃園大隊認真貫徹了毛澤東的階級鬥爭理論，大搞階級鬥爭，抓了一大堆"階級敵人"，把大隊和小隊的農民幹部整得叫苦連天，頻喊冤枉。黨中央稱王光美的經驗為< 桃園經驗>，擬在全國推廣。

毛澤東並不欣賞<桃園經驗>。清來清去，王光美清的全是跟著毛澤東搞浮誇，辦大食堂搞貪污，搞多吃多佔的那伙子人。老百姓最恨這些人。他們也是借著清這伙子人，出出心中對毛澤東的火氣。可以說，這是農村的<出氣大會>。毛澤東一合計，不能這麼往下搞了。把這伙子"良民"全搞趴下了，以後怎麼冒進？再說，毛澤東的本意是要把劉少奇折騰暈乎。

就在一九六五年一月，劉少奇再次當選國家主席後不久 毛澤東動手了。他否定劉少奇提出的四清與四不清是一對矛盾的提法，指責劉少奇混淆了兩種不同性質的矛盾。毛澤東特別強調，< 四清運動>的重點是打擊"黨內走資本主義道路的當權派"，而不是跟著他搞浮誇、弄虛做假、大冒進的那伙子人。

這下子，劉少奇懵了。全黨懵了。全中國人懵了。連蔣介石也整個的懵了。除了毛澤東自己以外，沒有不懵的大活人。

懵就懵在由無產階級的菁華份子組成的共產黨核心層裡，竟然藏有大批"走資本主義道路的當權派"，而這些人又多是大叛徒、大特務、大內奸、大工賊，又是十分堅定地走資本主義道路。

人們不禁要問：這樣的黨還能算是共產黨嗎？

人們也不禁要問毛澤東：你這個一把手怎麼把個好端端的黨，帶成這個樣子？你幹什麼去了？"

人家蔣介石也要問毛澤東："都是我的人，幹嗎擁護你？替你做事？"

　　關在監獄裡等著挨槍斃的政治反革命份子也要問毛澤東："我講的反動言論比你差多了,就吃槍斃。你老毛該吃點什麼？"

　　毛澤東的這一怪論在政治上反動透頂，荒唐至極，叫<劉九書櫃>用常情常理根本沒法反駁。他既不會也沒實力跟毛澤東胡攪蠻纏。剛剛第二次當選國家主席後，劉少奇更不想招惹是非。他主動做了檢查,否定了<前十條>,製定了新的<後十條>。毛澤東仍說不行。劉少奇重又自我檢討,重又製定了<二十三條>，把毛澤東近個時期的言論全部硬塞了進去,是篇不折不扣的，如假包換的毛澤東言論集。因為每句話彼此間互不關聯,祇好一句話算一條,湊了二十三條。毛澤東拿過來一看,實在不好意思否定自已,祇好畫了紅圈圈。

　　<四清運動>又搞了差不多有大半年,毛澤東認為該捉弄一番劉少奇這隻"大老鼠"了,在同中央各大局第一書記開會時，突然間間道："如果中央出了修正主義，你們怎麼辦？"眾人被問傻了。劉少奇根本沒想到這是影射自己。他以二把手的身份忙去解釋："這是主席告戒我們,要提高革命警惕性。是主席站得高，看得遠，......"各位大員們卻不這麼理解。他們忙著互相端詳，又把眼光望向主席臺，努力地觀察，用眼光詢問："誰是那個修正主義？"他們沒用等太久，也就四個月，就有了答案。

　　早在<上海會議>時，毛澤東就號召大家學習海瑞精神，以便引蛇出洞。到了盧山上他下令複印<海瑞傳>,再次提倡學習海瑞精神。北京市委第一書記彭真想緊跟毛澤東,就佈置副市長、歷史學家吳唅寫了文章, 並改編成現代歷史京劇<海瑞罷官>。

　　<盧山會議>一結束，江青請求毛澤東批准以批判海瑞為題，不點名地批判彭德懷，也想在全國<批彭>之前，搶個頭功。毛澤東沒有應允。

　　江青沒有死心。她去上海找柯慶施幫忙。柯慶施趁機把自己的親信、市委宣傳部長張春橋介紹給了江青。江、張二人一見面，就立即認出來改了名字的對方。原來兩人在三十年代就相識交好。張春橋又順便把自己的"小兄弟"、筆杆子姚文元介紹給了江青。姚文元之父又恰恰是江青當年演電影時，寫捧場文章的作者。三人相見，祇恨太晚。以後，又續加了一個小馬仔，叫王洪文。這四個人被世人稱為<四人幫>，曾紅極一時。恰恰在這當兒,柯慶施去成都，不料竟一去踏上了黃泉路。江青自嘆運氣太差，祇好另做打算。

　　在此期間，毛澤東宣佈成立<中央文化革命領導小組>彭真任組長。陸定一、康生、周揚、吳冷西任組員，共計五人,又稱<五人小組>。 除了毛澤東自己，沒人知道小組的任務是什麼。多年以後，人們才明白，這是為康生重出江湖搭橋舖路。看樣子，毛澤東的"鬼頭刀"想飲血了。

康生一上任。江青就去找他出謀劃策。康生對她說："你向主席報告時，一定要點明吳晗的〈海瑞罷官〉是彭真的主意。彭真是劉少奇的人。就說劉少奇支持彭真寫這個戲。核心要害是罷官。用海瑞比喻彭德懷。劉少奇在廬山上不說話。這會兒用罷官譏諷主席。"

自然，這全是無中生有的鬼話。但是，康生如此這般地胡說八道一番，卻正好暗合了毛澤東的心意毛澤東立即叫江青組織人手，寫文章批判〈海瑞罷官〉。江青再下上海灘。

一九六五年十一月十日，上海〈文匯報〉登載了，署名姚文元的文章：評新編歷史劇〈海瑞罷官〉。中國就此拉開了〈無產階級文化大革命〉的大幕。

姚文發表後，全國報界一灘死水，了無漣漪。江青要求中宣部長陸定一下令全國報紙轉載。陸定一冷冰冰地回了一句："這不關你的事。中央自有意見。"江青掉頭去了〈北京日報社〉。〈北京日報〉負責人打電話問上海〈文匯報〉的老熟人。人家不冷不熱地回了一句："上邊讓登的。"〈北京日報〉負責人乾脆挑明了問道："是毛主席嗎？"答曰："無可奉告。"

彭真得知上述情況後坐不住了。他頓感大禍臨頭了。

三月，毛澤東在杭州劉莊別墅兩次單獨召見了康生。一次召見了康生、江青和姚文元三個人。召見時，毛澤東對他們說："北京市委、中宣部包庇壞人，不支持左派。"又說："北京市委針插不入，水潑不進，要解散市委。"還說："中宣部是閻王殿。要打倒閻王殿，解放小鬼⋯⋯吳晗、翦伯贊是學閥，上面有包庇他們的大黨閥。"毛澤東上面所說，項項都是殺頭大罪，卻連半點証據也沒有。

四月，毛澤東在杭州召開中央常委擴大會議批判彭真。毛澤東說："彭真的本質隱藏了三十年。"隨後他宣佈撤消經他本人同意了的〈二月提綱〉，同時撤消五人小組，另成立了中央文化革命領導小組。組長是陳伯達，顧問康生，副組長江青、王任重、劉志堅、張春橋，以及組員七人，其中包括姚文元。不久之後開踢。逐一將副組長王任重、劉志堅及六名組員踢出文革小組。組裡剩下的全是自家人。江青是毛澤東的老婆。陳伯達是他的追命棍。康生是他的鬼頭刀。再加上鬼軍師張春橋和鬼筆判官姚文元。瞎子也能看得出來，毛澤東是要大砍大殺一番了。

五月，毛澤東在人民大會堂河北廳召開了政治局擴大會議。他宣佈，書記處四位書記彭真、羅瑞卿、陸定一、楊尚昆是反黨集團。這麼一來，書記處成了沒有書記的空架子。這為文革小組取代書記處舖平了道路。毛澤東用自家人取代書記處，就等於他一人把常委會和政治局架空了，做到了一人說了算，一人勝全黨。

毛澤東密囑陳伯達起草了<五·一六>通知。在政治局擴大會議上，當陳伯達念到"赫魯曉夫式人物正睡在我們身旁"這一句時，毛澤東側過頭去問劉少奇："你怎麼辦？"劉少奇認認真真地回答道："打倒！"毛澤東在玩貓捉老鼠，玩夠了再吃的低級動物遊戲。

會後，康生立即指揮他老婆曹軼歐去<北京大學>，鼓動法律系主任向北京市委叫陣。她碰了壁。她又去找哲學系黨總支書記聶元梓。兩個臭婆娘一拍即合。

聶元梓於五月二十五日貼出題目為<宋碩、陸平、彭珮雲在文化革命中究竟幹了些什麼？>的大字報。一石激起千層浪。這張胡說八道的大字報，在全校引起強烈的反響。眾多師生群起而攻之。又駁斥又批判，又揭醜。搞得聶元梓十分狼狽。萬般無奈之下，她高聲狂喊："你們知道什麼？過幾天你們就全知道了！"有人對康生反映聶元梓名聲太臭，生活問題很多時，康生氣急敗壞地嚷叫："就是王八蛋也要支持！"康生向毛澤東遞上了聶元梓大字報底稿。毛澤東大喜不已，正合心意。他在底稿上大筆一揮批示道："此文可以由新華社全文廣播，在全國各報刊發表十分必要。"

六日一日，中央人民廣播電臺廣播了聶元梓等七人署名的那張大字報，並稱它是"第一張馬列主義的大字報"。自然，這是根本不知馬列主義是何物的毛澤東御封的。

六月二日，人民日報發表社論：<歡呼北大第一張大字報>。北京大學一下子亂了營。北京市的學校、機關、工廠、部隊都有人去北大 參觀大字報。接著，全國各地的中小學師生也紛紛乘車乘船趕到北大，或"取經"，或看熱鬧。粗略估計，兩個月內的參觀者足有二百二十多萬人次。北大校園被踩成了硬殼地，簡直可以當打谷場用了。

參觀者回到本單位後，有樣學樣，想給誰貼大字報，就寫上一張，胡扯一通，然後羅織罪名，戴上政治帽子，貼到外面去，並自稱這是革命行動 。剎那間，信口雌黃成了馬列主義，似乎馬列主義就是亂扣政治帽子講假話，誰講得最荒唐，誰就真姓了馬。

舊報紙用光之後，單位就動用一切費用去商店買紙。抓住什麼紙，就買什麼紙。連糊窗戶紙也不落下。走在街上，到處是臭墨味、漿糊霉變的酸臭味。揀廢紙的拾荒人每天可以揀到廢大字報、大標語紙達三、四百斤。很是發了一筆小財。

正當大字報漫天飛舞時，又殺出一支叫<紅衛兵>的學生組織。

　　原來是, 清華大學附屬中學高二年級班幹部改選時。發生了分歧,分成了幾派。班主任和校領導支持了一派, 壓制了其它派的同學。受壓制的這八、九名同學,也都是年歲在十四到十五之間的一群小孩子。他們心中不服氣, 就常聚在一起發牢騷, 講怪話, 搞起了"小圈子"。 幾經磋商後, 決定寫出意見, 貼在班級牆上。他們擔心真名外露被老師報複, 就用了一個集體筆名<紅衛兵>。他們參觀了聶元梓的大字報後,寫了一張表示支持的大字報,再次用了<紅衛兵>這個筆名。 參觀大字報者誤以為這是一個新生的革命組織, 忙在<紅衛兵>三字下面寫上自己的名字。 回到本單位後,就以<紅衛兵>身份行事。 一個筆名被誤解為一個組織, 並真地成了組織。於是,北京市的校園裡, 一下子誕生了一大批紅衛兵組織,進而漫延到全國各地。紅衛兵就此登上文革舞臺。

　　劉少奇派工作組進駐北大、清華兩校時, 清華附中另有幾名學生以紅衛兵名義寫了三篇論述革命造反有理的文章。工作組要處份他們。他們被迫說出真相。原來, 他們在人民日報上讀到了一篇題為<漢弗萊的哀嘆>的國際時事評論。內中引用了毛澤東的一句語錄 : "馬克思主義的道理千頭萬緒, 歸根結底, 就是一句話, 造反有理。" 幾個小孩子就以這句狗屁不通的發神經語錄為依据, 做起了文章。這篇文章使紅衛兵有了造反"許可証"。

　　誰也沒料到, 一個筆名, 一句狗屁不通的語錄, 把中華大地鬧得天翻地覆, 為害十年, 殃及幾代人。

　　在歷史上, 特別是現代史上, 一向是學生運動衝擊政府。毛澤東長袖善舞, 利用紅衛兵,衝擊政壇對手, 護住帝位, 贏得天下, 真是奇跡!

　　毛澤東站在天安門城樓上, 檢閱紅衛兵時, 有個叫宋彬彬的女孩子, 向他獻上紅衛兵的袖標。毛澤東對她說 : "不要文質彬彬, 要武嘛!"於是, 女孩子改名<宋要武>。文化大革命改名<武化大革命>。學生們放下紙和筆, 拿起刀和槍, 在校園裡擺下了戰場, 真打真殺起來。隨後又殺向社會……

　　這正是 :


煽 動 學 子 亂 中 華,<br>
無 端 造 反 害 百 姓。<br>
毀 壞 千 年 古 文 化,<br>
國 人 齊 罵 老 畜 牲!

欲知後事如何，請看下回分解。

# 第一百零六回

## 喪 天 良 大 興 武 鬥

## 滅 人 性 濫 施 割 喉

　　話說毛澤東躲在杭州劉莊別墅，遙控北京，指揮他的親信和走卒，把北京的高等院校和中學校鬧得無法上課。外地的高校和中學師生借口"取經"，攔截火車，大批湧向北京。這些"毛主席的客人"坐火車、汽車、輪船，不用買票。住宿不交房費，吃飯不花錢。學生如此胡來，卻被毛澤東稱為＜革命大串聯＞，給予支持。全國頓時混亂不堪。

　　劉、鄧二人出面主持召開了政治局擴大會議，決定向北京的高等院校和中學校派駐工作組，整頓秩序，穩定局面。會上又依循以往的慣例，製定出八項要求。例如，大字報不要上街、內外有別等等。會後，他二人飛赴杭州向毛澤東匯報請示。

　　"希望主席能盡早回京主持工作。"劉少奇誠懇地說道。

　　" 我暫時先不回去好！你們一同商量著辦嘛。不要怕出問題！天塌不了！有了事要多 多商量嘛。運動中出些問題，也是正常的！"

　　"主席水平高嘛！我們遇到了問題，特別是新問題，就失去了方向。"鄧小平顯得更是誠懇。

　　"沒什麼了不起的嘛！學游泳就得多喝幾口水。多喝幾口水，有什麼了不起？對你們的報告，我沒什麼特別意見。工作組可以派，也可以不派。要看具體情況。你們就多辛苦一些了，哈哈！"

　　劉、鄧二人一走，毛澤東仰面大笑起來。他身邊的工作人員和服務人員全知道，一定是毛主席又得了大便宜，贏了什麼人。

　　工作組一進學校門口，就遇到了猛烈的對抗。校園裡原本十分混亂的局面，更加不堪了。觀點對立的兩派群眾演化成了水火不相容的兩大派組織。黨員也一分為二，各入一派。黨支部癱瘓。黨委控制失靈。學生完全失控。

　　北大以聶元梓為頭頭的一派，甩開工作組，擅自揪鬥陸平等四十多名所謂黑幫份子。其中包括兩名反對派的學生。黑幫份子頭戴高紙帽，臉上塗墨水，脖子掛木牌。批判鬥爭時，又罰跪，又揪頭髮，拳打腳踢，站在凳子上扮噴氣式飛機等等。鬥爭後，剪掉頭髮，叫"剃鬼頭"，然後遊街示眾。真比當年這些黑幫份子鬥爭土豪劣紳、惡霸地主時，更加凶狠十分。

工作組出面制止這種無政府狀態和非人道主義的野蠻行為。劉、鄧二人支持工作組的這一正確做法，並指出聶元梓才是牛鬼蛇神，該當法辦。

這時候，毛澤東秘密指令陳伯達和康生一齊從後臺跳到前臺，赤裸裸地上陣了，說是劉、鄧鎮壓了革命群眾，要求撤走工作組。劉、鄧二人堅決拒撤。劉少奇派夫人王光美化裝去〈清華大學〉看大字報和了解實際情況。

這天下午王光美剛到清華看大字報。突然一隊紅衛兵從大樓後涌了過來。他們擁著一副擔架，高喊："打倒工作組！"、"工作組滾出清華！"....王光美凝目細看：擔架上的人蓋著大棉被，像是重病人。

王光美正在訥悶之際，隊伍已到身前。紅衛兵的口號喊得更歡了。一位女生走到王光美面前，哭叫著嚷道："你們看見了，工作組迫害他，他被逼絕食抗議。他快餓死了！工作組不撤，他肯定餓死！"王光美嚇了一跳：要出人命了！人命關天哪！又一位大個頭男生衝到王光美面前，甩著南方腔嚷叫："你們當官的，怎麼當的！死了人，找你們負責！...."

王光美又嚇了一跳：他怎麼知道....這時貼身警衛員架住王光美的左臂就走，"不對勁！他們好像知道...."

王光美剛剛走遠，聶元梓從隊伍後面走出來。她對著擔架上的"病人"說道："小蒯，快出來吧！這天蒙床大棉被，真受罪！"小蒯應聲從擔架上跳起身來，笑道："聶主任，我表演得怎麼樣？還成吧？""棒極了！我跟康老一匯報，記你個頭功！"

陳伯達和康生透風聲給聶元梓，鼓動他們以假絕食等手段驅逐工作組。聶元梓、蒯大富等人就合演造反鬧劇。

在中央政治局會議上，政治局委員也分成了兩大派。劉、鄧同康、陳公開論爭。康生指責劉、鄧二人鎮壓群眾運動。劉少奇同他爭吵起來。陳伯達跳起來，指著劉少奇的鼻子破口大罵。氣得鄧小平把水杯子摔在地上，高聲嚷道；"我們全撤！全撤！由你們搞搞看！看看你們怎麼辦？"

毛澤東指揮康、陳二人把劉，鄧戲耍得差不多了，覺得該下嘴吃掉了，就悄無聲息地潛回北京城。

劉少奇一聞此訊，主即去了豐澤園。他在大門口就被警衛攔住了，說毛主席正在接見康生和陳伯達。劉少奇心裡好生難過，長嘆一聲，打道回府。他苦等了幾日。音訊全無。又過了兩日，毛澤東才把他叫了過去。聽劉少奇匯報時，毛澤東盡是"嗯嗯啊啊"地亂吱唔。劉少奇一出豐澤園的大門口，再也忍不住了，兩行老淚，簌然而下。

半個月後，毛澤東主持召開了情況匯報會。康生、江青、陳伯達搶著發言。劉、鄧二人剛想說上兩句加以解釋時，毛澤東突扮怒色，裝出憤憤不平的樣子，喝乎道："回到北京後，感到很難過。有人在鎮壓學生運動。誰才鎮壓學生？祇有北洋軍閥！鎮壓學生運動的人，都沒有好下場！"

劉少奇愣住了，徹底傻眼了。鄧小平用自己背得近乎聾了的雙耳，卻聽了個一清二楚。他緊緊閉上了嘴巴，連聲冤枉都懶得去喊。他早年挨過整，有了經驗。劉少奇仍在發書生氣，不知趣地一再解釋，再三再四地聲言，自己的所做所為是事先得到毛澤東首肯的。毛澤東沉著個老臉，似聽似不聽地呆呆坐著喘閑氣。直等到劉少奇說累了，實在不想再往下說了時，毛澤東大手一揮，懶洋洋地說了聲："散會……"他未做半聲回覆。劉少奇連站起來的勁也沒有了。

毛、劉相爭，是一邊倒的爭鬥。劉少奇走紅是靠了"好馬快刀"。他的二把手和國家主席頭銜都是毛澤東賞賜給他的。毛澤東想收回去時，他無半點實力討價還價。毛澤東之所以拿他當老鼠耍著玩，是想在全黨全軍全民面前，顯示自己的戰無不勝，讓自己這尊肉身凡胎的紅太陽更加光輝燦爛一些。

六天後，毛澤東重又召開政治局擴大會議。會上，他批評劉、鄧二人派工作組鎮壓學生運動。謊稱他本人一向反對派工作組，絕不會同意派工作組，更不知道北京城還有派工作組這碼子事。他給劉、鄧派工作組定性為，犯了"方向路線性"錯誤。

劉少奇靠邊站了。

鄧小平再一次陪綁了。他像隻千年老龜，每逢有人敲他的背殼時，他就及時地把頭縮回殼裡。有頭就有命。毛澤東敲了他一下，他就縮在家看閑書養身體，避難了。在老人政壇上，身體好，長壽，是取得最後勝利的最佳手段。

打倒劉、鄧二人後，毛澤東號召學生走向社會，橫掃<四舊>。學生是些天真無知的青少年，根本不懂爭權內鬥那一套。十六、七歲的年齡又正是無是生非，沒事找樂子的歲月。他們一闖入社會，就不知天高地厚地亂來。祖國數百年、幾千年的,歷經風雨和戰火，僥倖存留下來的國寶盡毀他們手中。

他們還施行什麼"紅色恐佈"，肆意地在街頭抓人、打人、殺人。這是毛澤東用孩子的手,摀住世人的嘴,免得人們對自己的胡作非為有半點指責批評。

毛澤東最高明的一招是<大串聯>。這一招把北京學生對他的盲目崇拜，通過串聯，撒向全國,是他的<新造神運動>的重要一步。

<大串聯>開始之後，對毛澤東的盲目崇拜在全國漫延開來,迅速瘋狂起來。<忠>字舞、<忠>字包、<忠>字窗花、<忠>字像章、毛澤東塑像、<紅海洋>等等，一系列盲目崇拜活動，在全國像瘋一般散播開。人們每天三次在毛澤東的像前，做<三忠於>、<四無限>、<早請示>、<晚匯報>。有了思想問題，要在他的像前請罪。一如外國洋教徒在教堂裡祈禱一般。也如同古代佛教徒跪在神像前面燒香叩頭一樣。

搞毛澤東塑像時，農村沒錢，農民就用黃泥手捏。由於沒技巧,又是初搞頭一回。沒誰能看得出來，他們捏製出來的尺半高泥人,在何處像毛澤東。但是，農民自己相信這就是毛主席的聖像。他們把聖像供奉在用土磚坯搭建的二尺來高的土廟裡。這種小廟，村頭村尾，一片接一片，比解放以前的土地爺廟，要多千倍萬倍。農民跪在這些小泥人前面，又是叩頭，又是請罪，又是鬥私批修。看上去,很不像個樣子。但是，沒人敢說半個<不>字。就在這種又荒唐又認真,令人啼笑皆非的亂糟糟中，一尊新神、自我神化後的毛澤東，在人們心中扎了根。

當神比當皇帝更過癮。皇帝可以打倒推翻。神是永存的。皇帝加神就等於"紅太陽"。那就既有實權，又萬年太平了。這正是毛澤東所企盼的。他一點也不反對盲目崇拜。

偌大一個中國，也有明白人。盡管這種人少之又少，少得可憐。

在遼寧省，在瀋陽市，在< 新造神運動> 的一個重要的分神壇上,在大刮"左"風"的一個重要的旋風眼上,一位長相漂亮,氣質高雅的中年女子，向毛澤東叫板了。她叫張志新。

張志新，一九五四年加入中共。她於中國人民大學畢業後留校任教。不久,隨同丈夫調到瀋陽市,在中共遼寧省委宣傳部理論研究室工作。

一九六九年八月，正是<文革>中期。< 新造神運動> 剛剛誕生了一尊新神。 林彪因好馬快刀被指定為接班人。

　　東北大地的盲目崇拜，已走在全國狂熱浪潮中的前列，幾近瘋狂。在瀋陽市毛澤東像章已做得像洗臉盆那麼大小，已經無法別在胸前了，要用鐵鏈掛在脖子上才成。家裡的小像章多得要別在床單上，掛在牆上。有些人家有幾床單小像章。瀋陽市每天毀掉一架噴氣式戰鬥機，用其精鋁製造毛澤東像章。

　　人們真地昏了，瘋了！就在這時，張志新在黨員生活會上說："……過去，封建時代講忠。現在搞這個幹什麼？再過幾十年後，人們看我們現在，同黨的領袖的關係，就像我們現在看從前的人，信神信鬼一樣不可理解……"

　　會場炸了！人們驚呆了！隨後，像精神病人發病般嘶叫著狂喊："打倒張志新！"、"張志新反對毛主席罪該萬死！"……黨員們喊著口號撲到她面前，扭她的胳膊，按她的頭，逼她彎腰，低頭認罪。在扭打掙扎中，她大聲嚷道："無論誰都不能例外！"、"對誰也不能搞個人崇拜！"……

　　在當年，任誰也不敢想像，這一真理之聲，居然發自中共的宣傳機構。毛澤東設置這個部門，是讓他們去吹噓自己的，去替他蒙騙老百姓的，是為造神搞盲目崇拜用的。其部長陸定一僅僅因為吹噓不力，就被打倒了。而此時此刻的張志新，竟然反對毛澤東當神！

　　這一聲音迅即傳到了中南海，震撼了"游泳池"的一池清水。毛澤東為了游泳方便，就搬到他自已專用的游泳池旁邊的房子居住，把游泳池當成了家。

　　毛澤東正在遊水。他一聽秘書的報告，立即火冒萬丈，叫秘書給林彪打電話。林彪一聽，那是火冒千萬丈，魂魄嚇得飛出九天之外：這張志新存心不讓他接班了。他把電話撥到瀋陽軍區，把自己的老部下罵了個一佛出世，二佛昇天，都忘了自己姓什麼。

　　張志新被關進了<牛棚>。當年，把階級敵人統稱為牛鬼蛇神。又據此引伸，把關押牛鬼蛇神的地方，稱為<牛棚>。張志新在牛棚裡寫了自已的意見書。此時，她把發言時用的<誰>字，直截了當地換上了<毛主席>三個字。原文節選照抄如下："……我認為，在社會主義革命和社會主義建設階段中，毛主席也有錯誤。集中表現于<大躍進>以來……他使革命和建設出現了問題、缺點和錯誤。集中反映在三年困難時期的一些問題上，也就是三面紅旗上。……毛主席在<大躍進>以來，熱多了，科學態度相對地弱了；謙虛少了，民主作風弱了。加上外在的"左"傾錯誤者的嚴重促進作用，具體地說，我認為林副主席是這段歷史時期中促進毛主席<左傾>路線發展的主要成員，是影響<左傾>錯誤不能及時糾正的主要阻力......"張志新還說了許多話。十年以後，二十年以後，乃至以後的以後，人們對她說過的話，依然頻頻點頭，贊賞她認識問題本質的能力和水平，而不僅僅是她的勇氣。在當年,誰敢這麼想想，都會自視有罪。張志新敢去想，是她認清了本質，知道真理何在。真理給了她勇氣。

張志新也是一個肉體凡胎。強大的政治壓力，難熬的肉體折磨，令她幾乎窒息了。她決定自殺。不期，被看守人員發現了。審訊她的人想利用這一點迫使她投降。

"張志新，你身為黨員，知道不知道，自殺是叛徒行為？"

"知道。我錯了。那是不對頭的。"

"好！你在意見書上的觀點，是不是也不對頭哇？"

"這些觀點,我認為是應當允許存在的。應在今後的革命實踐中去証實！"張志新可以承認自己的過失。她也敢於堅持真理。後來，審訊她的人發現她同丈夫感情不和,有過婚外戀。在當年的中國,這對一名女黨員女幹部來說,是見不得人的致命弱點。在中國政壇上也一向是以生活問題搞臭對手。中國老百姓又最吃這一套。審訊她的人決定以生活作風問題做為致命的一擊，迫她投降。

"張志新，組織上已經查明,你生活作風上有很多大問題！你若能認識錯誤，組織上考慮到你是個黨員，是自己人，可以不曝光,不外傳，不洩露，嚴格保密......"

"我對不起黨組織的教育,有負黨員標準。我承認我犯了錯誤。請組織處份我。我的觀點不能改。正確的東西若改了,那是更大的錯誤！"

一個女子，不怕言己醜，敢捨身捨名譽捍衛真理，堅持真理,世間能有幾人？

一九六九年八月，張志新正式被捕入獄。一九七〇年八月被判無期徒刑。在獄中，他嚐遍了殺人犯也沒受到過的酷刑、虐待和凌辱。

十二月二十五日,是她入黨十五週年紀念日。她寫了一首歌詞"迎新",自己譜上了曲子,輕聲漫唱。為此,她慘遭毒打。打昏後,慘遭獄卒輪姦.....監獄管理局卻上報,張志新不服從改造，死不認錯。省革委會擬改判她死刑。省革委會主任陳錫聯說："留個活口,當反面教員。不殺為好。"仍維時原判。

一九七三年十一月，張志新等犯人被押到批判林彪的大會會場，讓他們受教育。

大會一開始，張志新就站了起來，大聲喊道："中共極左路線的總根子是毛澤東！"會場頓時嘩然。張志新又遭一頓毒打。

　　時任毛澤東聯絡員的自己親姪子毛遠新，還兼任著遼寧省委副書記、省革委會副主任和瀋陽軍區副政委，是遼瀋大地的太上皇。他說："判無期以後，一直相當反動，看來是死心塌地了。"眾嘍囉一見主子如此發了話，就齊聲喊殺。毛遠新又說道："在服刑期間，還這麼囂張！多活一天，多搞一天反革命。殺了算了！"

　　一九七五年二月二十七日，遼寧省高級法院給瀋陽市中級法院下達命令，要求立即執行張志新死刑。三月六日，監獄一位負責人上報，說張志新已精神失常，可否緩期執行。三月十九日，上級機關批覆："緩期執行意見不考慮。她的假像，本質不變。仍按省委指示執 行。"張志新的病人待遇也被無理取消了。

　　四月四日，張志新在瀋陽市被殺害。

　　在現場的人看見：……幾個壯漢把張志新按倒在地上，在她頸背墊上一塊磚頭，不麻醉，用普通刀子割斷了張志新的喉管。張志新痛苦地掙扎，扭動。她瞪大了眼睛，脹紅了臉。她還想說些什麼，喊些什麼……雙唇在顫動……血順著脖子肆意流淌……一名女看守慘叫一聲，昏倒在地上……

　　張志新無聲地走了……

　　一位女強者發出的真理之聲，卻永遠在神州大地，無垠的蒼穹中迴響，迴響……

　　在此之後，又有三十多名反對毛澤東的政治犯被先割喉後槍斃，以阻止他們臨刑前呼喊打倒毛澤東的口號。

　　聲音能消失。而真理不會！


　　　　這正是：


　　　　　　星　辰　日　月　煥　光　華，

　　　　　　誰　播　真　理　遍　天　涯？

　　　　　　無　聲　更　勝　有　聲　時，

　　　　　　女　兒　鮮　血　做　紅　花。


　　欲知後事如何，請看下回分解。

# 第一百零七回

## 冤魂縷縷漫長空

## 忠骨根根化黃塵

話說中華奇女子張志新被害之時，也正是中共一班老臣，，被毛澤東在生死薄上打上紅勾，將他們送下地獄之時。

首當其沖的便是劉少奇。劉少奇在工作組問題上，被毛澤東要了一個賴著，硬把他打成鎮壓學生運動的元凶，扣上了路線錯誤的鐵帽子。這頂帽子一戴上，劉少奇的政治生命首先告終。

一九六六年年底，陳伯達、江青、張春橋在中央文革小組會上，提出 "打倒三反份子劉少奇"的新口號。一九六七年年初，劉少奇向毛澤東遞交了辭去國家主席頭銜和黨內外一切工作職務的報告，要求放他回湖南老家種地。毛澤東根本不予置理。江青就鼓動紅衛兵衝擊中南海，要求揪鬥劉少奇。周恩來出面干涉。江青祗好作罷，下令收兵。其實，這是毛澤東讓周、江二人給劉少奇表演的雙簧，警告劉少奇，祗要他敢擅自离開中南海一步，就要他的老命。另一方面，毛澤東指示汪東興調動中南海院裡的"造反派"，在劉少奇的住地福祿居，貼滿大字報，對劉少奇的私生活任意污蔑造謠，肆意糟塌作踐劉少奇的人格，令劉少奇在精神上痛苦萬分。

毛澤東覺得這還便宜了劉少奇，他就又要玩<貓戲老鼠>的遊戲。

有一天，毛澤東派秘書接劉少奇去毛澤東的臨時住地，<人民大會堂>浙江廳。

"哎呀呀，你這個老傢伙，你也不來看看我，把我全忘光了吧？那可不得了哇！" 毛澤東一見劉少奇的面，十分熱情地開著玩笑。

"哪裡，哪裡．．．．我，我...劉少奇被這熱情融化了，話也不知從何答起了，就結結巴巴胡亂應對，兩眼卻不由自主地紅了，濕濕了。

"哎呀呀，這是做啥子嘞？真地是老鄉見老鄉，兩眼淚汪汪了！哈哈！咱們來它一個雨過天晴好了。小李，把湖南送來的雨前茶，給劉主席泡上一碗！你嚐嚐，這可是咱們湖南的名茶嘞！"

劉少奇手捧熱茶，聽到老毛還稱呼他劉主席，心裡真是五味雜陳。"主席，我犯了錯誤．．．．"

　　＂不，不！今天不談這個！哪個人不犯錯誤？死人才不犯錯誤！＂＂不，不，我是想講，一切錯誤全記在我的帳上。我下邊的那些人，就請主席抬抬手，別責怪他們了..＂

　　＂看看你，這是為個啥子喲！＂毛澤東嘻嘻哈哈地又講又笑，淺淺地吸了一口煙，立即吐出去，又淡淡地寬解劉少奇道：＂運動中整了一些人，這沒什麼。來日方長嘛！你可得好好休息，養好身子骨！有功夫了，多讀書嘛，哈哈！我這是孔夫子門前賣三字經喲，哪個人讀書能勝過你！五十年代我就講過：三天不學習，赶不上劉少奇！哈哈！你要多養身子，健康第一喲！＂

　　告辭時，毛澤東又再三叮囑他，好好地靜休靜養。這些話讓劉少奇從心底往外發熱。比三伏天還熱。

　　四天後，服務人員把福祿居的電話全部拆掉，拿走電話機，真地讓劉少奇＂安靜＂了。祗是他本人實在已無心讀點書了。

　　幾天後，中央文革小組的宣傳喉舌兩報一刊載文批判劉少奇的種種＂罪行＂，首次公開宣稱劉少奇是＂中國的赫魯曉夫＂、＂黨內頭號走資本主義道路的當權派＂。

　　劉少奇又來了傻勁。他忙給毛澤東寫信解釋自己不是赫魯曉夫，也不想走資本主義道路。此信一去，杳無音訊。

　　幾天以後，中共中央下達了毛澤東親自簽發的紅頭文件，正式通知全黨全軍全國人民，劉少奇确實是 "中國的赫魯曉夫"和"黨內頭號走資本主義道路的當權派"。

　　當天晚上，中南海院裡的假 "造反派"，呼著口號，衝進福祿居，宣佈對劉少奇實行紅色專政。也自這一天起，撤走了福祿居的全部工作人員和服務人員 。劉少奇和王光美祗好自己去燒飯、洗衣服和打掃衛生 。劉少奇還得改變夜間工作的習慣 ，隨時接受造反派的鬥爭和批判。

　　第二天，汪東興代表黨中央要求劉少奇寫出對造反派的書面檢討。從此，中南海大院裡天天輪番揪鬥劉少奇。批鬥會上，祗要劉少奇一說出事情真相，造反派和警衛人員就用<毛主席語錄>那本小紅冊子抽打他的頭和臉。

　　四月八日，江青下令王光美去<清華大學>低頭認罪。此前，王光美以特嫌罪名被單獨關押起來了。

　　四月十日，毛澤東派江青在<清華大學>院裡，組織了三萬人開大會批鬥王光美。王光美被強制穿上她昔日訪問東南亞時穿過的旗袍，高跟鞋，脖子上掛著一大串用乒乓球做成的大項鏈。學生們又用口紅把王光美的臉塗抹得左一道子右一道子。王光美的胳膊被反扭著，逼她認罪。王光美吃了數不清的拳頭，卻不肯承認一項罪名。

　　江青穿著一身新軍裝，紅星帽徽紅領章，神氣活現地坐在主席台正中央。她是代表毛澤東來表演一場，黨的一把手的老婆如何鬥爭黨的二把手的老婆，這場舉世無雙，史無前例的紅朝宮廷大戲的。軍裝對旗袍，似乎這就能體現出兩條路線的對立似的。很遺憾，江青她在三十年代的舊上海，天天都在穿旗袍，也似乎她根本不懂，旗袍是中華民族女性的國服。王光美穿著國服挨鬥，倒是更能顯現出中華民族女性一向不屈服邪惡的光輝傳統。

　　鬥了王光美，自認為出了劉少奇的醜的毛澤東又下令江青再鬥劉少奇。

　　七月。江青調動了一百多個紅衛兵組織，共計五十萬人包圍了中南海。他們架起高音大喇叭，不分晝夜，肆意謾罵劉少奇。沒人去提醒毛澤東，那劉少奇可是他一手提拔上來的二把手，是他老毛自己的親密戰友哇！難道真就不懂，這罵聲中能少得了自己的那一份嗎？

　　俗話說，不幸之中，常有小幸。武漢軍區扣押了中央文革小組成員時，毛澤東正在武漢。他疑慮叢生，完全顧不得劉少奇了，劉少奇暫時可以偷生了。

　　解決了武漢問題後，毛澤東下令逮捕了曾在劉少奇家裡工作了十八年的老廚師，拿此威逼曾在劉少奇家工作過的服務過的幹部戰士，讓他們揭發劉少奇。

　　汪東興落井下石，火上加油，下令把福祿居前中後三個院子用磚頭砌死隔開。劉少奇住前院。孩子們住中院。王光美以軟禁隔離狀態住在後院。全家人徹底分居。磚牆砌得高高的，以防止孩子們同父母隔牆說話。這才稱得上紅色霸道！昔日，在中南海裡面，慈禧老太婆關押光緒皇帝的那一幕，今又重演。僅僅是慈禧皇太后換成了毛澤東；李蓮英改成了汪東興。看來歷史還是會重演的。

　　八月。北京的一個熱浪逼人的月份。年逾七十的耄耋老人，被打得鼻青臉腫，兩腿不能站立，鞋子被打丟了。腳上只剩下一只襪子了。劉少奇實在忍受不下去了，想抗爭一下，想講講道，他向戰士們出示<中華人民共和國憲法>小冊子，這惹來更多更重的大拳頭。劉少奇又給毛澤東寫信，責問他，為什麼不遵守自己製定的憲法？

　　毛澤東讀罷信後，哈哈大笑："憲法？他還相信憲法？哈哈……告訴戰士們，千萬別把憲法打壞了！打的是人嘛，要愛護憲法嘛！"

　　九月。劉少奇腰間的皮帶被沒收。汪東興說,這是怕他上吊自殺,是黨中央和毛主席對他的愛護。自此, 國家的象徵、中華人民共和國主席,中共二把手、毛澤東昔日最親密的戰友,祗好每天用一隻手,拎著自己的褲子了。

　　此時的劉少奇全身极為虛弱。下床, 穿衣, 食飯均十分困難。去趙僅有三十米遠的食堂打飯, 來回要走五十多分鐘。後來,他一步也走不動了,整日臥床了。這才有人替他打飯。一次打來許多飯,吃到後兩天, 飯已餿了。就這樣,還怕他跑到蘇修美帝台灣那邊去, 晚上睡覺時, 把他的兩腳綁到床柱上......

　　　　一九六八年十月,毛澤東接到醫生的情報,說是劉少奇已經病危。毛澤東覺得"老鼠"已經被自己玩得差不多了, 該是一口吞掉了。死了, 臭了, 味道太差了。他主持了<八屆二中>全會,批准<中共中央劉少奇專案組>的<關於叛徒、工賊、內奸劉少奇罪行的審查報告>, 宣佈撤消劉少奇黨內外一切職務並永遠開除出黨。毛澤東要讓劉少奇死前, 知道自己的頭銜是什麼, 以便去向馬克思報到。劉少奇聽到對自己的判決時, 想哼一下也沒力氣了。

　　一九六九年十月十七日, 生命垂危的劉少奇被抬上了飛機, 送到河南省開封市郊一處小院裡。十一月十二日, 劉少奇逝世, 終於走完了自己的共產主義之路。兩天後 ,屍體被火化。骨灰盒上的名字是<劉衛黃>。職業是無業遊民。毛澤東真是太客氣了, 太寬宏大量了。竟然還讓劉少奇帶著祖姓去見馬克思。

　　<九大>以後, 林彪批准判處王光美死刑, 立即執行。毛澤東見到批文後說道 : "刀下留人。要做活証據。" 毛澤東還想在王光美身上繼續玩一番"貓捉老鼠"。王光美幸保一命。

　　一個逆來順受的人, 默默地离開了這個世界。一位剛直不阿的鐵漢子仍在魔掌中苦撐苦熬。他就是彭德懷。廬山會議後, 他搬出了中南海的永福堂, 住到京西掛甲屯的吳家花園。彭德懷憋著一口氣,在住家周圍種糧食。他要親自試一試 ,看看一畝地能否打上十幾萬斤糧食。他站在西郊農田地裡,跟毛澤東繼續叫板。

　　到了一九六二年, 又有大批人被餓死。他又憋不住了, 就又寫了一份意見書, 長達八萬字。

　　"你這個傢伙, 幾年也不寫一封信。一寫就是八萬字, 想把別人累花眼睛嗎? 哈哈......"毛澤東找來彭德懷, 見面時十分親熱, 滿口玩笑話, "不過, 我們這次不吵架。你吵我也不還嘴。我有一件工作。要找個人去幹。不知道你想不想去幹它一場?"

　　原來, 毛澤東建議彭德懷去四川建設大後方生產基地,以防備蘇聯突然發動戰爭。當地人們稱這種基地為<大三線>和<小三線>。彭德懷一聽是跟打仗有關係的事, 主即點頭同意。雖然職務很低,他也不計較。結果又中了毛澤東的調虎離山之計：第一, 彭德懷不再種地, 跟他叫板, 惹他心煩了。第二, 彭德懷离開京城之後, 他再整治彭德懷就更隨心所欲了。

　　果然, 到了一九六六年年底,江青派紅衛兵去四川秘密抓彭德懷, 關在北京西郊一所軍營裡。連周恩來都被瞞過了。

　　一九六七年元旦這天, 彭德懷寫信給毛澤東,說自己已被抓回北京。在信尾, 他寫道："向你最後一次敬禮！祝你萬壽無疆！"若是別人寫了這些話, 實屬平常一般。但這可是湖南騾子寫的, 就掩不住其中的辣味了,顯示了寧折不彎的倔勁。若換句話說, 這是另一種方式叫陣 ,！讓毛澤東一想起彭德懷這兩句話, 心裡就很是別扭, 啥時想, 啥時別扭。一輩子不痛快。

　　七月。北京城裡酷熱難奈。康生、陳伯達二人向< 北京航空學院紅旗紅衛兵戰鬥隊>, 傳達了"聖旨"。對彭德懷的非人折磨開始了。僅是一次批判會, 年過七旬的彭德懷就被打趴下七次。頭被打破了。胸部被打腫了,導致胸腔內部發炎,呼吸發生困難。經醫生檢查, 兩根肋骨被打折。過了十幾天, 江青親自出場, 組織了十萬人的批彭大會。張聞天陪鬥。

　　批鬥會上, 問一句, 頂一句；問十句, 頂十句。彭德懷被打得躺在地上, 站不起來了。彭德懷嘴上卻死不服軟。錚錚鐵骨, 愈老愈硬。遊街時, 他和張聞天被五花大綁,背後插上箭標,猶如要被砍頭的犯人一般。

　　經過天安門時, 兩名壯漢, 一左一右夾緊他, 強按他的頭, 要他向掛在城樓上的毛澤東像低頭認罪。彭德懷死活就是不肯。這時又涌上來幾個人, 一起猛按他的頭, 把他的頭一直壓到腳面子上。七十老人無法力敵,可是嘴裡仍在嚷叫："不！不！不！......"

　　一九七〇年九月, 專案組奉毛澤東旨意建議政治局重新處份彭德懷"永遠開除出黨,判處無期徒刑"。林彪簽字：同意。

　　無休止的揪鬥加上野蠻的歐打, 彭德懷的身體垮了下來。病魔趁虛而入。一九七三年春天診斷彭德懷患了直腸癌。動了大手術後, 把他關在一間沒有窗戶的倉庫庫房裡, 且疏忽用藥和護理。一九七四年夏天, 癌擴散致全身。他全身劇烈疼痛。醫生看不下眼去了,要給他打止痛針。他拒絕了。他說："不打毛澤東的針！不喝毛澤東的水！不吃毛澤東的米....."

"當年十一月二十九日，他也走完了自己的共產主義革命之路。

王洪文指示，要秘密火化。火化後骨灰盒運回了成都。盒上寫著：姓名：王川，年齡：卅二歲。毛澤東極擅拆字說字。<川>者，頂天立地的三根擎天大柱。<王>者，　就人人自明了。

彭德懷是 <廬山會議>的挨批者。在會上，賀龍突然跳出來狠批彭德懷。這同賀龍平時的為人行止极不相符，大為反常。

賀龍不是毛澤東山頭上的人。毛澤東很防著他這條 "龍"。賀龍的部隊到達延安後，經過幾次整編，全分散到別的大部隊去了。

建國後，他見劉伯承交出兵權去辦軍事院校，自己主動要求去管體育。如此一來，毛、賀相安無事。

廬山上，毛澤東要他去整彭德懷。他照辦了。事後，毛澤東卻犯了疑心病：原來賀龍並非像他給人的印象那樣，不是個忠厚老實之人。毛澤東進而又想，他平時的不吭聲，全是扮傻了，是另有圖謀！毛澤東這麼一想，賀龍就黑運當頭了。

坐在家裡整天研究毛澤東的康生，就在這節骨眼上，接連打了幾個賀龍的小報告。他胡說賀龍在衛戍區裡擴軍一個團。他又胡說賀龍給體委發下去七百支半自動步槍等等。毛澤東心中有病，明知康生是滿嘴裡跑火車，卻把假的當成真的辦。
於是，賀龍被抄家，被揪鬥。賀龍找了周恩來。周恩來把他藏在了西郊。林彪聞訊，立即派兵將賀龍的藏身處，團團包圍起來。

賀龍患有嚴重糖尿病。此時，他每天僅有兩杯水。病情迅速惡化。有一天下大雨時，他去接雨水解渴，不慎摔倒，摔斷了腰脊椎骨。他從此臥床不起。在彌留階段，他口中仍不停地呻吟："……水……水……"可是，沒人給他一口水。

賀龍尚清醒時 曾對前來探望他的妻子說："千不該萬不該，我不該替他去整彭德懷！"此話晚了些。但能表明，賀龍确實是位厚道忠直的老實人 。老實人也會做錯事，幹壞事。但是，這種人一旦認識到了，會立即承認自己錯了。也正為此，才受人尊重。

　　這正是：


忠 骨 忠 心 為 忠 臣，

忠 臣 冤 死 是 舊 聞。

苦 盼 報 國 捐 薄 力，

無奈龍廷坐昏君。

欲知後事如何，請看下回分解。

# 第一百零八回

## 貶伯達文革壽淺

## 滅林彪舉國驚心

　　話說到了一九六八年，文革已搞了兩年。毛澤東要辦的諸般大事,均已遂心如願。但是，他心頭卻有兩道暗影，時不時地搖晃幾下，令他睡不安穩。這兩道暗影是兩個"娃娃"。

　　頭一個"娃娃"是紅衛兵。紅衛兵原本是他自己，利用這群天真無知的毛孩子，鬧亂天下，取勝於政敵的一種工具。不料，這群娃娃一旦造反成了精，就如孫悟空一般，沒人能鎮服得了啦。

　　運動乍一開始，紅衛兵進入社會破<四舊>時，亂打亂砸，殺人無算。單單北京火車站進出站通道裡，每天都橫七豎八地躺滿了被他們肆意打死的地主富農份子等階級敵人。北京城公安局出於治安需要，統計過一九六六年八月到九月的一個月內，市區內被打死一千七百多人，抄家三萬三千六百多戶。郊區大興縣一周之內，被紅衛兵殺掉的五類份子（地主、富農、反革命、壞分子、右派份子）有三百二十五人。其中長者八十歲；幼者僅出生三十八天。有個村子，二十二戶人家被殺絕了根。

　　對娃娃們如此胡作非為，毛澤東一點也不嫌他們討煩。他想利用他們,就默許他們胡作非為。毛澤東還替他們開脫，說道："幹革命總要有犧牲嘛"、"學費總要交一點點了"。 他嚴令軍警不得干涉鎮壓。

　　紅衛兵分成兩大派，大打出手時，他亦不管。他甚至鼓動紅衛兵們打得熱鬧一些更好。他說："不要文質彬彬,要武嘛！"那時,他正需要天下大亂。

　　再到後來，鐵路阻斷，港口停運，田無人種，糧庫斷供,工廠關閉，發不出工資....國民經濟已到了崩潰的邊緣。此時，政敵業已殲滅,造神大功告成。他就覺得"娃娃"們有些不大像樣子了。

　　他一翻<二十四史>,書上說："官逼民反"。老百姓造反全是官府逼出來的。<逼>的核心是<食>。餓肚子終歸要造反的。因為"民以食為天"。他對紅衛兵的不滿化為反感。是這群娃娃要壞他的天下。他一想到沒糧食吃了,就怪罪紅衛兵亂闖亂串聯了。他的反感又轉為怒氣，怒氣漸漸就衝天而起了。他要管管這群娃娃了。

　　他派出＜毛澤東思想工人宣傳隊＞以工作組身份去管教這群"娃娃"。可是, "娃娃"已成了氣候, 變得六親不認了, 更不把工作組當成一棵蔥, 一哄而上, 竟然把工宣隊隊員給打死了。這下子, 毛澤東是又震驚, 又憤怒, 万恨一齊湧向膽邊。

　　毛澤東在林彪等一眾親信, 打手們的陪同下, 召見北京高等院校紅衛兵中的五大領袖。毛澤東滿臉怒氣地走進了接見大廳。五大領袖和助手們熱烈地鼓掌, 又手舉＜毛主席語錄＞小紅冊子, 高呼＜毛主席萬萬歲!＞, 林彪等人隨聲附合, 一時間也十分熱鬧。毛澤東依舊緊繃著老臉, 理也不理。在張玉鳳的攙扶下, 他吃力地坐在大沙發上, 又讓張玉鳳使勁助了一把力, 他才靠在沙發背上, 隨後怒目掃視著五大領袖及其助手們。

　　"你們這些頭頭怎麼搞的嘛, 文革搞了一大陣子, 還敢胡來? 打架, 放火。我講了多少遍了, 要搞鬥批改嘛你們就是不聽! 抓革命, 促生產, 也不聽! 有些小頭頭還另立眉目, 搞自己那一套鬼名堂講到這裡, 他連聲咳嗽起來。張玉鳳赶緊送上一杯熱茶。五大領袖和林彪等人一時間還沒反應過來, 靜等著毛澤東接著罵下去。因為誰都聽得出來, 毛老人家今天風頭不對。他張口閉口全是頭頭呀, 小頭頭呀什麼的。全中國人都懂, ＜頭頭＞二字是舊中國時, 土匪強盜之間的互相稱謂, 不是個好叫法。這種叫法弄得五大領袖提心吊膽: 造反兩年多, 怎麼連個＜同志＞都混不上手? 全都成了＜頭頭＞! 大概要上威虎山了! 有一位大頭頭見毛澤東緩過氣來了, 就搶著發言: 〝報告主席, 我們紅衛兵堅決聽毛主席指揮現在有股右傾思潮阻凝文革向前發展, 以搞生產為名, 打著紅旗反紅旗, 妄圖中止文革, 這是不能允許的....〞

　　毛澤東一聽此話, 火冒三丈, 心想: 好你個小兔崽子, 跟我唱反調, 還要教訓我! 他手一哆嗦, 茶杯摔落地板上了。毛澤東尖起嗓門大喊大叫: 〝文革兩年了, 你們一不鬥,
二不批, 三不改。你們在搞武鬥! 關鍵在分兩派。......"毛澤東似乎忘了, 這可全是他叫幹的。毛澤東越嚷越激動, 手哆嗦得厲害上了, 嘴唇子上下亂顫: "......大打, 打它十年……八年……地球還是照樣轉動....." 在場的人全懵了。這五大領袖和助手們, 乃至林彪、陳伯達、江青等親信大員們, 全不明白毛澤東想表達個啥意思。老人家已經氣糊塗了, 口不擇言, 信口開河, 自己管不住自己的舌頭, 隨便胡說亂侃了。醫生忙遞給他一杯茶水。他喝了幾口, 緩了緩神, 又接著說: "現在輪到你們娃娃犯錯誤的時候了! 不要腦

子膨脹，全身鬧浮腫病！哪個頭頭再破壞交通、放火、打解放軍、不聽勸告……"毛澤東說著說著，聲音哽塞了，語不成聲了。服務員忙遞茶杯給他。他又把茶杯掉到地上。醫生趕緊搶前幾步和服務員一道，扶他坐好，給他捶背捋胸口。忙活了一陣子後，他才喘上來幾口大氣，又尖起嗓門，甩著湖南土腔嚷道："我再說一遍，如果再破壞交通、放火、打解放軍，不聽勸告，誰就是國民黨！就是土匪！就殲滅！……"嚷完，讓服務員扶起他，攙著他，回了後屋，既不告辭，也不回頭，把五大領袖和林彪等人冷在了會場上。

五大領袖癱坐在沙發上，一動也不想動了。北航〈紅旗戰鬥隊〉的總司令，就是奉江青之命令去四川抓彭德懷的那個人，自言自語，又似通知另外四位總司令，也似下結論，說道："完了，全完了！紅衛兵完了……"他心裡十分明白：他自己同全國的紅衛兵一起就要被"卸磨殺驢"了。

紅衛兵知道自己完了，就各忙自己的後事：沒鬥完的，加緊去鬥；沒打服的，接著打；想上告的，照舊攔火車進北京城告御狀；正在旅遊串聯的，就又談戀愛又生孩子。 於是乎，〈文革〉中增加了一派〈鴛鴦蝴蝶派〉。這一派的隊伍日益壯大，兵馬驟增，並且團結得很，以組建新家庭的方式，徹底實現了大聯合。〈紅衛兵運動〉也就以此告終。

〈文革〉期間累積了五屆初中、高中和大學畢業生。工廠無法招工。他們連自己的工資都不發出來了。周恩來去見毛澤東討論五屆畢業生的出路。二人一時無計可施。

毛澤東思考多日，突然心生一計：號召紅衛兵上山下向貧下中農學習，接受貧下中農的再教育。一則把這群"娃娃"趕離〈文革〉，進而宣佈〈文革〉勝利結束。二則讓他們去修理地球，自己賺碗飯吃，解決了就業難的問題，可以在世界上繼續吹噓"中國不存在失業問題"。三則緩解城市供糧日逞困難的窘境。

卸磨殺驢已是高招。卸磨不殺驢，也不賣驢，讓驢自找草料填飽肚皮，再接著拉磨，實屬高招中的高招。有人更為高明，是公驢，就叫牠去配種，賺些外快。是母驢，就叫牠生頭小毛驢，或養或賣，這足可稱為聖手妙招了。若和毛澤東相比，就差多了。

那紅衛兵造反助他保權稱帝，又大造紅神讓他成了活神仙加"紅太陽"，又去種地解決了國民經濟大難題，還能對外吹牛社會主義無失業人口。被他收拾得哭都哭不出聲的"娃娃"們，還得向他請罪，表忠心，高喊"毛主席萬萬歲！祝他萬壽無疆。數數看，毛澤東這一招多麼高明，可謂絕招之王。

毛澤東正為自己高招連生，不得不自己十分佩服自己的時候，康生赶來報告軍情，說道："報告主席，那個林娃娃越發紅火了！外地反映，辦公室裡都挂上了他的相片。軍隊裡那更……"康生嘴上的林娃娃自然是林彪了。這娃娃的叫法還是起自毛澤東。

一九六六年<文革>乍起之時，中宣部部長陸定一的夫人叫嚴慰冰，揭露林彪夫人葉群有生活作風問題，還揭露葉群虐待林彪前妻所生的女兒。這些揭露全是用匿名信寫的。林彪走紅後，公安部加緊偵破。終於查明是嚴慰冰所為。此時，又恰巧赶上毛澤東要除掉陸定一。於是毛、林聯手打倒了陸定一，逮捕了嚴氏三姐妹。此案定為<反革命陰謀報複>。林彪意猶未盡。他給政治局寫了一封信。信中四條內容：一、葉群同我結婚時是純洁的處女。婚後一貫正派。二、葉群與王實味、ＸＸＸ、根本沒有戀愛過。三、老虎、豆豆，是我與葉群的親生子女。四、嚴慰冰的反革命信所談一切，全系造謠。政治局委員們閱畢此信，心裡笑翻了天。毛澤東回到游泳池住地，把此信交給張玉鳳等人傳看。他自己越想越笑，笑得抽煙抽嗆了好幾次。他連聲嘆道："真是娃娃！長不大的娃娃！"後來，他問康生："這種心態，是男人的不成熟，還是性變態？"康生說："是幼稚！不懂事。自己惹笑話……"毛澤東哈哈大笑道："娃娃脾氣嘛，就好，就好！娃娃都直率得很。想吃糖就說要吃糖。想尿褲子就尿褲子。好得很！這個林娃娃……"這下子，政治局裡的人全知道了林娃娃。

到了一九六九年，全國各地，不分大人小孩，人手一本<毛主席語錄>。翻開語錄本第一頁是毛主席像。第二頁就是林彪題詞。當年，大會小會座談會，居民組開個會，少先隊員過隊日，就連坐火車乘輪船，全得先來一遍<三忠於>、<四無限>。第一項是<敬祝毛主席萬壽無疆>。緊跟著的第二項肯定是<敬祝林副主席身體健康>。在所有的官樣文章裡，若是頭一段裡引用了毛主席語錄，那麼第二段頭一句準是林彪說過的話。林彪是毛澤東的接班人。就是不寫進黨章裡，也早已刻在人們的心上了。若是從個人的切身利益出發，新主要比舊主更為實惠。新主執政會更長久些。而毛澤東的時代快劃上句號了。

世人太看重林彪了。這正是毛澤東所不能忍受的，不能允許的。他不嚥氣，就不容忍任何人睥睨王座一眼。半眼也不行！想想都不行！事實已經証明，毛澤東的接班人是等死的代名詞或同義詞。

一九六八年以後，毛澤東的健康狀況日見衰弱。雖然還沒到民間說的"一天不如一天，一陣不如一陣,一功夫不如一功夫" 的糟糕份上， 卻也已老態龍鐘,兩目無神, 抬腿吃力 ,舉步維艱了。國人每每在電視屏幕上見到他這副樣子出來會見外賓時， 紛紛議論：" 都這個模樣了,在家歇著多好！"、"還萬壽無疆哪！也不怕讓外國人笑話？"據說這副模樣還是上鏡頭之前化過妝的， 塗了胭脂的。毛澤東自己說話時,已經常常提到<死>字了。他自己業已感到死神在他身前身後徘徊了。人一想到死, 心況都會驟變。先前喜歡的,眼下卻不順眼了。過去愛聽的,現在逆耳了。當年喊他"不落的紅太陽"、"萬壽無疆"、"最、最 、最、"時, 他又喜歡又需要。眼下卻想, 天下哪有不死的人？哪有不落的太陽？這是扯謊！什麼話能一句頂一萬句？這是騙人！什麼"最最最"？一年級小學生都知道, 這麼亂用詞, 老師準給零分！

康生點了一句， 毛澤東的疑心病發展到了疑心狂了。

一九七〇年夏天， 毛澤東又上廬山。他的新陽謀要在這裡出洞。毛澤東對外人說， 這次開會是為<四屆人大>做準備， 討論誰來接任國家主席一職。

林彪清楚劉少奇倒臺的原因和內幕。他堅信毛澤東搶回這個位子是留給他自己坐的。礙於面子， 毛澤東一定要演戲給大伙看。毛澤東一向是自己坐轎子讓別人去抬。於是， 林彪大講天才， 吹捧毛澤東是 "幾千年才出一個的天才 "。他想把 < 新造神運動>再登高一個臺階。

林彪一如既往地猛吹猛拍毛澤東， 哪裡知道,毛澤東已準備修理他了。他將成為劉少奇第二了。毛澤東先是同林彪遞過話去：一、不再設國家主席的位子。二、自己不當國家主席。林彪認為這是毛澤東在演戲而已， 沒放在心上。毛澤東打發陳伯達去通知林彪,要按毛澤東的意思去辦。不料， 在第二天的大會發言時， 陳伯達自己竟然同林彪唱上同一個調子。更叫毛澤東大吃一驚的是， 陳伯達居然提議林彪出任國家主席。陳伯達看也不看毛澤東的臉色成了個什麼顏色， 自己依然十分專注地引經論典, 言之鑿鑿地論述一個國家不能沒有國家主席。還說， 由林彪這個二把手出任國家主席符合中共以往慣例。

陳伯達破天荒地說了點正確的意見， 卻也百分之一百零一地同毛澤東唱上了對臺戲。這真把毛澤東氣了個發昏第十三章。

毛澤東派人一調查 , 陳伯達同林彪的來往多多。他推斷陳伯達是想改換門庭投靠威虎山,已成了林彪的人了。頓時,除此二人之心鐵定。他改變原定計劃,先拿陳伯達祭刀。

第二天,毛澤東在大會上一頓激烈的抨擊， 把從延安時代起,就跟著他幹盡壞事的陳伯達定為反黨份子。這根追命棍一斷兩截， 文革組長的位子空了，＜文革＞的命也就長不了了。＜文革＞成了兔子尾巴。

　　林彪不是個怕事的人。再說,他根本不認為自己有什麼錯處,而是毛澤東變了心，連自己的鐵杆忠臣陳伯達也幹掉了。特別是一想到,建國以來，許多重臣虎將，相繼慘死，其中多人又曾是毛澤東先前的寵臣愛將。他覺得毛澤東是個翻臉不認人的偽君子，是個不仁不義之人。林彪一下子變了。

　　林彪失去了昔日政治上的狂熱，變得沉默寡言，快快不快了。他的情緒影響了全家人。

　　葉群原本是個風流成性，向不安份的禍頭子。她知情後,背著林彪找林彪昔日部下通情況說委屈和發牢騷。缺乏政治鬥爭經驗的葉群,壓根兒就不曾想過，林彪一下廬山，林彪及其家人,乃至工作人員的一舉一動,全部落入毛澤東佈置好的監視網中去了。林家的部份工作人員，原本就是"監視網"上的高級特工。

　　林彪的兒子林立果, 乳名老虎，年輕氣盛，更不知政治泥潭的深淺。 他長在林彪這麼一個家庭環境裡，是個吃不得半點委屈的公子哥,也是個目空一切的傲世狂人。他知情後 ,同自己的一班酒肉朋友， 大罵毛澤東這個糟老頭子過河拆橋，並且信誓旦旦地說， 一定親手宰了毛澤東。

　　這一切， 通過"監視網"， 滴水不漏地灌進了毛澤東的耳朵眼裡。

　　一天深夜。毛澤東找來了周恩來。

　　"周公，我要去南方休息幾天。這邊的事,你多辛苦了！"毛澤東用上了戰爭年代的舊稱謂。這令周恩來心頭不由大吃一驚,心知有了什麼大的變故， 難斷禍福。＜文革＞以來， 這已是少見難得的召見了， 而且還這麼"親近"。 周恩來心裡怕怕的。他心裡反複捉摸，毛澤東又要唱哪一齣大戲呢？

　　"東興， 你把那件文物交給總理。這可是稀世之寶！哈哈......"周恩來從汪東興手裡接過一張公文用箋。他粗略一看， 就忍不住先笑了。原來， 這是林彪關於葉群是處女的聲明。周恩來一笑。毛、汪二人也跟著笑了起來。

　　"這......這......主席， 是不是辦個手續， 把它燒了？"周恩來試探毛澤東的心意。

　　"不！千萬莫......"

　　"這是要娃娃脾氣。主席是知道的。"

　　"周公這次又錯了！人家不是娃娃了！他想當國家主席！他連陳伯達都拉了過去！ 現今,祇剩下你我兩個老傢伙了。我是拉不動的。你也拉不動！他祇能當個劉少奇第二了！"

　　"啊！"周恩來心裡暗暗地叫了一聲。他明白老毛這是要收拾林彪了。

　　" 周公， 我不在時， 留下東興幫你一把。我是要看看， 我們這些老骨頭， 是不是真地派不上用場了？咳咳......咳咳......"

　　周恩來趕緊應承下來。他深知毛澤東的厲害。他旁無選擇， 祇能屈從,甘當幫凶。更何況他本人亦厭惡嫌恨林彪這個人。這同他幫助老毛整掉劉少奇幾乎一模一樣。他似乎已經明白了， 可又拿捏不準。但他確信， 林彪就要倒大霉了。

　　一九七一年九月十三日零時三十二分， 從山海關機場起飛了一架編號為二五六號的專機。這架專機於十三日一時五十五分自中蒙邊境四一四號界樁上空進入外蒙古後， 在溫都爾漢地區墜毀 。經查確認， 機上有林彪、葉群、林立果和六名隨行人員遇難 。史稱此為<九·一三事件>。<九·一三事件>震動了全中國和整個地球 。中共中央<五十四號文件>為其定性為"林彪叛國外逃"。

　　<五十四號文件>對<九·一三事件>的前因後果,來龍去脈和叛逃過程做了詳盡的描述。由於誰也沒見著， 無從論起真假。但是， 閱罷文件， 卻留下幾處小小的疑點。

　　一、飛機墜毀是出於迫降。事後查明， 油箱內尚餘兩噸半燃油， 完全可以再飛二十分鐘， 到達溫都爾漢機場。肯定不是油料問題。文件上說， 飛機起飛時， 刮上了運油車。誰都知道， 飛機是精密飛行器。出了一點小毛病， 就會立即發生大問題。那是半點也拖延不得的。否則， 就是無任何毛病或是沒有影響正常飛行的毛病。不缺油料， 又沒毛病， 為何要迫降？

　　二、文件上說， 起飛後， 先向南飛了十幾分鐘後， 又回到機場上空繞了兩個圈子， 再折向北飛。文件上又說， 周恩來知道林彪起飛時， 就下令全國機場一律關閉並熄燈滅火。還說， 周恩來曾命令空軍向機上發電報歡迎林彪回來。但是， 機場關了， 降落指示燈熄滅了， 讓飛機如何降落？飛機繞了兩個圈子， 是否出於無法降落才無奈地向北飛去？

　　三、依林彪的脾氣、行事習慣、 在家中說一不二的家長地位， 他怎麼會讓智力、經驗、關係網皆不如自己的妻兒兩人指揮他搞政變， 去搞謀殺， 又搞外逃,而自己卻像個木偶似地任由妻兒隨意擺佈呢？這太不像林彪了！

　　四、事隔幾年後，國內新華社主編的＜參攷消息＞，於一九九二年四月十七日轉載了法國世界報的報導。俄羅斯新任駐華大使羅高壽，在一九七一年時任蘇聯駐蒙古大使。 他說，出事以後，他在現場未發現子彈殼，卻發現"飛機左翼根處有一個直徑四十多厘米的大洞。周圍有不規則的鋁刺。刺尖有的朝裡，有的朝外。如內部爆炸，刺尖會朝外。如導彈打的，刺尖應全部朝裡。為何刺尖又朝裡又朝外？若飛机迫降，應在飛機腹部受創，為何會在机翼根處弄出個大圓洞呢？

　　乍一聽到林彪之死的消息時， 人們都以為自己的耳朵， 或是念文件的人的嘴巴， 出了毛病。＜文革＞以來， 人們已有成見：誰都可能反對毛澤東，唯獨林彪不會。誰會捨棄接班去當反對者？豈不太傻了！

　　林彪之死引起了世人眾多猜疑和推測， 眾說紛紜。 無耐無有証据。嚷嚷了一陣子也就紛紛息聲了。 盡人皆知， 世上每日都有凶殺刑事案件發生， 甚至是驚世謀殺案。名偵探在沒有現場， 沒有蛛絲馬跡般線索時， 往往破案的第一步就是排查， 排查被害人死後， 誰是第一受益人， 第二受益人 …… 案件往往由此破案。政治案件亦是如此。林彪死了， 誰最受益？眾所皆知，他當時正同毛澤東怒目相對！

　　一位老革命老幹部說， 處理林彪不能用慣用的政治鬥爭、路線鬥爭的手段。因為林彪的政治觀點同毛澤東的政治觀點別無二緻，批判林彪的政治觀點， 不就等於毛澤東自己脫光了衣服， 光著屁股在天安門廣場上跳舞嗎？恐怕連城樓上的畫像也得閉上眼睛。林彪祗能這麼去死， 去結束他和毛澤東的爭權鬥爭。

　　如果說， 林彪是被毛澤東用極隱密手法殺害的， 是個大冤死鬼。那麼，為什麼在毛澤東死後乃至死亡多年之後， 仍沒人為林彪伸冤翻案呢？ 一是知情人太少太少了。而僅有的這幾個存世之人，又是老毛的死黨的死黨。他們這幾個人是死不吐口的， 一旦吐口，把自己也捎帶進去了。二是林彪害人太狠了， 政治對頭太多了，厭惡他的人就更無法統計了。這些恨他的厭惡他的人巴不得讓他永世捎著冤鍋， 萬劫跪在地獄裡，豈肯查清案情， 替他鳴冤叫屈？即或有些肯叫真的人，有些好事之人，想幫幫林彪的忙，卻無能力。忙活了一陣子，也是白忙活。故，林彪一案成了一個謎底人人盡知的千古之謎。愛看熱鬧的吃瓜群眾也祗好再多幾分遺憾了。縱觀上下幾千年，歷史上的千古之謎也大多如此。林彪害人助紂，最終害了自己， 倒是世人要汲取的教訓。

當年，當時，街面上流傳著幾種版本的同一個故事。

故事如下：

一位山村農民聽完<五十四號文件>傳達後，回到了家裡。

"開什麼會？"妻子問道。

"林彪改名字。"

"改成個啥？"

"林賊。"

"哎喲，這名字難聽死了！"

"還說他摔了三岔骨（三叉戟的誤聽）。"

"哎喲喲，那他可咋過日子呀？"

"跟他兒子輪流過（林立果的諧音）。"

"他有那麼多的兒子呀？"

"他的老婆一群（葉群的諧音）。"

"那......那可是得改改名字了。"

更有甚者，排出了毛澤東時代五大拍馬高手，俗稱<五大名拍>：一、劉少奇；二、林彪；三、陳伯達；四、郭沫若；五、雷鋒日記的匿名作者。這<五大名拍>硬是把毛澤東捧上了神壇，愚弄了幾代中國人。

林彪鑄造了毛澤東神話，把毛澤東捧為人間真神，一顆永遠不落的紅太陽。林彪的消亡自然標誌著毛澤東神話的破產。毛澤東消滅了林彪的肉體，同時消滅了關於自己的神話，搞了一場政治自殺，為自己的統治時代劃上了一個句號。故而林彪一死，毛澤東立即顯得大為蒼老衰弱。他沒什麼再可指望的了。

林彪的故事給二把手們，想攀龍附鳳，名垂青史的人好好地上了一課。


這正是：


沙 場 拼 搏 功 高，

害 人 難 得 善 終。

一 旦 閻 王 上 門，

唯 餘 千 載 罵 名 。

欲知後事如何, 請看下回分解。

# 第 一 百 零 九 回

## 不 死 鳥 三 落 三 起

## 聯 絡 員 權 傾 朝 野

話說林彪死後, 舉國上下, 一片震驚, 一片討伐聲。

若是真能鑽進人們心裡看看, 就會發現大多數人是在做戲。對於中共政壇上的鬥爭, 人們看多了, 看慣了。似乎還能從中找到某種規律, 例如接班人是接不上班的, 二把手遲早要被一把手幹掉等等。人們甚至開玩笑說："我可不當你的二把手！"

若說人們還有點興趣的話, 那就是他們正支起了耳朵, 睜大了眼睛, 在中央高層裡尋找誰是下一個垮臺者。在大會小會上批判林彪時, 人們就大罵一通, 把對<文革>的不滿, 對毛澤東的不滿, 全記在林彪的頭上, 大玩指桑罵槐遊戲。說者有所指, 聽者全明白。誰也不去捅破, 而是一起罵個盡興。

因為, 此時此刻的中國經濟已面臨全面破產的邊緣。老百姓的日子實在太窮苦了。吃糧有定量, 數量不足吃不飽；穿衣有定量, 有了褲子沒了襪, 孩子穿齊了, 父母祇好等下一年再說了。吃肉每人每月半市斤。吃糖每人每月三市兩。母親生了孩子, 一次發給二市斤, 那是特別優待。吃油各省市不一樣。最多者每人每月半市斤。東北三省則為三市兩。瀋陽市有齣評劇 < 陳三兩爬堂 >, 很有名氣。瀋陽軍區司令員兼遼寧省革委會主任陳錫聯沾了這齣戲的光, 得了個綽號叫<陳三兩>。他一上北京開會, 老百姓就說："陳三兩又去爬堂了！"。當時, 一切生活用品全部憑票供應。五花八門的票証, 弄得人們常常用錯。以上說的, 全是城鎮居民的情況。農村人口連這個也沒有。

舊社會還有八月十五殺豬過中秋節, 讓孩子吃塊月餅, 過春節大年三十誰家不吃頓餃子。<文革>一破"四舊"這些全省了。就是不破"四舊"，也照樣沒豬可殺，沒餃子下鍋。一年到頭聞不到肉味的貧下中農，是太多太多了，是太正常了。

全國老百姓患浮腫病、肝炎病的人，比三年困難時期還多。古書上常用〈面如菜色〉四個字，形容人的病相和窮苦相。到這會兒，誰不面如菜色，那肯定是來自港、澳、臺的同胞或海外華僑。面色再好些的，定是高級飯店的廚師，或者是食堂的炊事員。

面對如此劣境，誰能滿意？就連毛澤東本人也不心花怒放了，也不鶯歌燕舞了。他更衰老了。面部肌肉鬆弛下墜。兩眼渾濁無神。說話很難讓人聽清聽懂。起坐走路，全得讓兩名服務員架著了。為了証明他還"萬壽無疆"，祇好坐在沙發上見外賓、出鏡頭了。先前中央開大會時，一奏〈東方紅〉，他就揮著手走到主席臺就座。現在，先用輪椅把他推送到主席臺，服務員架著他坐好後，才徐徐拉開大幕。唱片〈東方紅〉也放了長假，入了倉庫。

林彪一死，中央大員人人自危。林彪都可以倒臺，別人又算什麼？他們嘴裡高呼"萬壽無疆"時，讓人老覺得他們是在喊"萬死無救"。

康生稍稍地搬出了釣魚臺國賓館，回到自己原來住了好久的鼓樓跟前的小石橋老宅院。他日夜提心吊膽，無法成眠，自己跟自己沒完沒了地瞎嘮叨。他知道毛澤東的秘密和隱私，實在太多了。多到不滅口都不行的地步。

在毛澤東的三大信臣中，林彪死了。陳伯達入獄了。他成了頭號目標。每逢想到這一點，他就嘮叨得更歡了。醫生不敢說他得了神經病，祇說他有些老年綜合症。一是怕康生惱羞成怒殺人洩憤；二是怕毛澤東生了疑心，指責自己為康生打掩護。自古御醫難當。康生彌留之際，揭發江青和張春橋在歷史上有變節行為，是叛徒。毛澤東氣恨地說："老糊塗蟲！神經錯亂！信不得！信不得！你們不要信！"

康生臨死前的揭發，讓毛澤東的疑心病更重了，對誰也信不著了。他接見葉劍英、李先念、譚震林等老幹部時，仿傚斯大林，裝模做樣地指著葉劍英對大伙說："以後你們別說他〈二月逆流〉了！是林彪害苦了我！我也得檢討！"接著毛澤東就演了一齣〈今古奇觀〉，為了封死武裝暴亂，他把全國八大軍區司令，來了個崗位互調，祇准司令光杆走人，不准帶走一兵一卒，包括秘書司機和警衛員。這赤裸裸地告訴國人，他是任誰也信不過了。

毛澤東的這一措施無疑是招大臭棋。他讓八位司令知道自己是不被信任的人。這是毛澤東又給自己釀了一杯眾叛親離的苦酒，徹底擊毀了自己的〈新造神運動〉。

一九七二年一月六日，陳毅去世。毛澤東清清楚楚地知道，會有許多人為這位清風亮節的大好人前去送別。特別是那批新近才解放的文武群臣，會借此機會亮相述舊，自然也會觸景生情，破口大罵一場。

毛澤東不想躺在床上挨罵，就做戲般地在睡衣外面罩上大衣，飛車趕到八寶山。拜祭亡者後，他拉著陳夫人張茜的手說道："陳毅同志是一個好人，是一個好同志。陳毅是立了功的。"他又環指著周恩來、葉劍英等人說："要是林彪陰謀搞成了，是要把我們這些老人都搞掉的！"他看了看眾人的表情後，突然說道："天下不是他林彪一個人打下來的，還有劉鄧嘛！<劉鄧大軍>挺進大別山，搞了個<淮海大戰>，解決了蔣介石......"毛澤東說到這裡，收住了嘴，向眾人揮了揮手，告辭了。他吃力地抬腿上車，試了幾次也沒能邁進車門。張玉鳳和衛士長赶忙上前，又是抬腿，又是推身子，總算把他"裝"上了車。

毛澤東走後，機警過人的周恩來便把陳毅的孩子們，叫到跟前，讓他們把毛澤東說鄧小平的那段話，盡量多地傳播出去。不久，這話傳進了原三五九旅旅長、時任副總理的王震耳朵眼裡。

一向慣於看風使舵，緊跟毛澤東的王震，立即飛赴江西南昌市。由於林彪一案，省革委會主任已換成鄧小平的老部下。王震順利地見到了鄧小平，把毛澤東的話轉告了他。鄧小平三思之後，便給毛澤東寫了封信。時隔幾天，又寫了封長信，做了檢討，並表示自己"永不翻案"。

毛澤東收到這兩次信後，指令印發全黨全民討論。毛澤東原本就相信自己能把鄧小平修理好。鄧小平認錯並且保証永不翻案，完全吻合他的預想。毛澤東希望自己死後，能出現江青或者毛遠新坐江山，擔任中共中央主席，鄧小平任政府總理治理天下的新格局。若能如願，自己苦苦經營的<文革>，將會彪秉千秋，毛家始皇帝的龍椅自己也就坐定了。

鄧小平，一九〇四年，出生於四川省廣安縣安協興場牌坊村。原名鄧先聖，學名鄧希賢，曾化名鄧斌，自名鄧小平。家庭富裕。他從幼年起就受到了良好的教育。十六歲那年，他隨同叔父去法國留學。勤工儉學時，為了多賺些錢，他就去幹掃馬糞的髒活。一九二二年由周恩來介紹，他加入了在法國創立的<中國少年共產黨>。一九二四年下半年全黨併入中共。他亦自動轉入了中共。一九二六年初他從法國經德國到了莫斯科。他先是在<東方大學>，後在<中山大學>讀書。

一九二七年春天鄧小平奉調回國。武漢〈八．七會議〉後，才正式使用〈鄧小平〉這個名字。在武漢的〈八·七會議〉上，他堅定地支持毛澤東的武裝奪取政權的主張。毛澤東也對這位小個子印象又深又佳。。一九三一年他被調到中央紅區任瑞金縣委書記。不久後昇任瑞金中心縣委書記。這時，正是王明得勢之時。鄧小平同毛澤東的小弟毛澤覃等四人，聯手抵制王明路線。結果被王明定為"江西的羅明路線"。羅明因贊同毛澤東的主張而被王明定罪殺害。鄧小平被罷官免職，首次被打落馬下，妻子也离了婚。毛澤東最喜歡毛澤覃。鄧小平沾了毛澤覃的光，被毛澤東看做自家人。

鄧小平真是個幸運兒。剛被處份，就遇到了在莫斯科結識的王稼祥和在百色起義的同事賀昌。王稼祥時任中央紅軍政治部主任，賀昌任副主任、代主任，兩人權勢極大。賀昌提議調鄧小平到政治部工作。王稼祥找博古替鄧小平說情。在莫斯科時博古就認識和了解鄧小平。於是鄧小平 被王稼祥和賀昌調到中央紅軍政治部，任代理秘書長，重又起飛。鄧小平因此才得以長征並列席了遵義會議。而同他一道受處份的其他三人，卻被留在白區，"送給" 敵人殺掉。王稼祥病重，無法工作。賀昌主持政治部。鄧小平深受二人的信任，自然會放開手腳大膽工作，展示了自己的才能。到了延安以後，毛澤東掌了實權。他又蒙受毛澤東的提攜，出任八路軍政治部副主任。一九三八年出任一二九師政委。組建〈劉鄧大軍〉時，出任政委。〈淮海戰役〉時，出任總前委書記。不難看出，鄧小平官運走紅，是毛澤東著意栽培的結果。

建國後，鄧小平更是受到毛澤東的青睞，青雲直上。五馬進京時，他是其中一馬。他先是出任國務院副總理，隨後出任黨中央書記處總書記。中共〈八大〉以後，在黨內排名老六。黨內黨外，無人敢小視這個小個子。

總書記一職是黨政軍三方面具體工作的交匯點。不論毛澤東在上面如何瞎指揮，到了鄧小平這裡，必須按照實際情況，實事求是地去處理。無形中，鄧小平同劉少奇、周恩來有了共同語言。〈大躍進〉開始後，毛澤東發覺鄧小平緊跟劉、周二人，簡直是"亦步亦趨"。〈廬山會議〉後，毛澤東感到鄧小平在有意地疏遠自己。毛澤東絕不容忍自己提攜上來的人，敢對自己有半點不忠。他決心找個機會修理鄧小平。毛澤東把劉鄧硬綁到一起時，他心裡明明白白，不存在什麼劉鄧路線，鄧小平也不是劉少奇的人，而是自己要教訓鄧小平一下子。

鄧小平被打倒之後，沒有似劉少奇那樣被揪鬥歐打。他被送到江西南昌市郊的新建縣，住在南昌步兵學校的將軍樓裡。這兒是步校校長的住地。雖然生活水平不比中南海,但亦非尋常百姓可及可比。三餐一宿,皆有水準。更無生命安全之憂。後來又特許他接來子女同住。這些都是劉少奇、彭德懷、賀龍等必除之人所根本沒有的。毛澤東不止一次地對外說道:"劉、鄧不一樣。不是一樣的矛盾。"鄧小平知道,自己遲早會被召回京城。他就不申訴,不喊冤,默默地等待。

一九七三年三月,周恩來主持政治局會議, 討論了鄧小平寫給毛澤東的檢討書和毛澤東的批示。會議一致通過恢複鄧小平的國務院副總理職務。月底,鄧小平全家回到了北京城。四月中旬, 在人民大會堂正式亮相。他第二次起飛。

到了一九七四年, 毛澤東的身體更加糟了。他對探望他的親朋說:" 离去馬克思那兒報到的日子越來越近了......" 會見外賓時,已經不起身迎客了。他說的話, 翻譯人員要從他的口型猜測是什麼意思。實在不成時, 他就在紙上寫上一兩個字。筆劃彎彎曲曲像是蚯蚓在爬行, 同樣難以辨認。每次會見過程中間, 服務員都要多次用毛巾去擦他嘴角流下來的口水。再到後來, 就發表了永不會客的聲明, 並改用發表<最新指示>的辦法, 表明他仍在"萬壽無疆"。

毛澤東的身體越糟,就越發"惦念"周恩來。他時時"關心"周恩來的一舉一動,一言一行,甚至連謠言也會當真。有一天,一個親戚對他說:" 我總感到周總理對文革是貌合神離。造反派點火到哪裡, 他就去哪裡滅火。造反派要打倒誰,他就保護誰。嘴頭支持文革,實際上,分庭抗禮。"

這是一個微不足道的小狀。 罪名也不算太大。但是, 它卻引燃了久已蓄藏在毛澤東心底的火種。毛澤東順口回應道:" 該是批周公的時候了!" 於是, 全國掀起了<批林批孔批周公">的浪潮。

老百姓搞不明白,為何大罵死了三千多年的周公。漸漸地在社會上傳開了,要批判的是<長征>中的那位周公。報紙上也轉彎抹角地宣揚,現在的總理相當於古時候的宰相。宰相可稱之為公。沒用多久,社會上又沸沸揚揚地傳開了,周總理已經病重住院了。這一傳聞得到了官方的証實。

鄧小平開始全面承擔起國務院的工作。鄧小平複出後,祇抓生產和生活。而運動似乎與他毫不相干。

毛澤東自打足不出戶以後, 就把親侄毛遠新叫來做自己的聯絡員。 這可是一人之下, 億萬人之上的職務。任何人, 包括周恩來、鄧小平、江青、張春橋在內, 若是想向毛澤東匯報工作, 先得找毛遠新說個清楚, 再由毛遠新去向毛澤東報告, 和帶回來見與不見的通知。

絕大多數時候，毛遠新帶回來的是不見和指示。沒人知道，這些指示是真是假，真中有多少水份，假的又假到什麼地步。毛遠新成了實際上的二把手了，叫一把手也可以。歷朝歷代的皇太子在繼位之前，從未曾有人有過這麼大的權力。斯大林獨斷專行，夠個"沙皇"了，也還沒橫行到這種地步。考慮到接班人統統廢掉，毛遠新又如此大權在握，老百姓也好，中央大員也好，全在議論毛遠新要接位了，毛澤東要做毛始皇了。

毛遠新在遼寧省委副書記的任上，曾經發現了一名考場上敢交白卷的"英雄"。他借著傳達毛澤東的指示的機會，讓鄧小平在全國教育領域裡推廣<白卷英雄>的事跡,為他毛遠新自己立座功勞牌坊。鄧小平一翻白眼,冷冰冰地說道："這算哪一路子英雄喲？哪個娃兒子不會嘛！你不推廣，娃娃們還搶著幹，偷偷地幹。一推廣，全成了文盲，冇得救了！" 鄧小平的這番話搞得毛遠新又窩火又下不了臺，心裡記下了老鄧一筆秋後賬，並死心塌地投靠了江青，找幫手狠整鄧小平。

林彪死後，江青從毛澤東口中探得口風，未來天下似乎就由她掌管了。她高興之餘，就忙歡了。她開始為當紅色武則天在做準備了。她先是四處宣揚自己受了林彪的迫害。說她給林彪照像是被逼迫的。她一直同林彪對著幹。照相時，她故意不讓林彪戴帽子，照了他個大禿頭，又像蔣介石，又像赫魯曉夫。

她還連連創造ˋ珍聞ˋ。一會兒發現了文冠果，一會兒設計出江青裙。御用文人便大做文章，胡說文冠果暗示" 文官立國"，下一任中央一把手將由文官，亦即文革首長出任。江青裙是傳承了武則天登基當女皇穿的裙子式樣。差點走了嘴，說江青登基時就穿江青裙。

政治局開會時，江青更為活躍了，時時顯出她才是會場中心。她頻頻給鄧小平出主意，提建議。鄧小平卻是推做耳背，一概沒聽見。恨得江青咬碎了大槽牙。江青知道，自己出面告鄧小平的狀，毛澤東一準不信。鬼頭軍師張春橋就出壞水，讓她唆使毛遠新去告鄧小平的黑心狀。

毛遠新對毛澤東說："今年以來,覺得有股風。主要是沖著文革來的。一是對文革怎麼看？是九個指頭，還是一個指頭？三七開，還 是倒三七？……現在不講批林批孔，連劉少奇也不批了……"毛澤東據此認為小個子要翻案了。

正在此時，<清華大學>黨委副書記劉冰寫信，狀告毛澤東的親信打手遲群和謝靜宜。 鄧小平同意劉冰告狀並將此信轉呈毛澤東。

毛澤東見了此信，大為光火，嘟嘟囔囔地說：" 這是沖著我來
的......"

　　毛澤東立即下令政治局在京召開打招呼會。 毛遠新在會上傳
達了毛澤東關於聲討翻案風的最新最高指示。這是對鄧小平示警。

　　鄧小平卻似無事人一般 。散會後， 立即去看望病已垂危的周
恩來， 居然不通過毛遠新去請示一下毛澤東。

　　毛遠新將這一情報火速報告毛澤東。此時， 毛澤東突然病重，
正靠著先進的現代醫療設備和藥品針劑延續生命。堅信人快死了才
打針的毛澤東， 已經乖乖地讓護士給他打針了。他聽完毛遠新的密
報， 又閉上眼， 去打自家的瞌睡了。

　　毛老人家從七十年代初就在返來复去地讀那本 ＜ 笑林廣記
＞， 在古代笑話中找點歡樂。此時此刻又從湖南找來播音員， 返來
复去地用鄉音朗讀＜ 恨賦 ＞、＜ 枯樹賦 ＞、＜別賦 ＞ …… 他知道
自己已如一株枯樹， 該是倒下去的時候了 ……


　　　這正是：


心 有 千 般 毒 計 ，

無 奈 人 老 乏 力 。

閉 眼 難 再 睜 眼 ，

流 水 落 花 東 去 。

　　欲知後事如何， 請看下回分解

# 第一百一十回

## 清 明 節 萬 眾 報 春

## 除 四 害 曲 終 戲 散

　　話說毛澤東此時雙目已經失明,癱在床上, 心力已十分不濟了。但他腦子一點不亂。他整日閉目靜思, 為諸般心事所纏, 為萬千心思所苦。

　　最近一段日子裡, 他一直在想鄧小平的事。

　　從理智上講, 毛澤東清楚鄧小平沒有爭搶王位的野心和實力。以個人喜惡而言,他喜歡鄧小平能像周恩來一樣, 遇事從不硬頂硬扛, 挨了批評就檢討, 吃得下委屈。更令毛澤東中意的是, 鄧小平不講謊話, 是個老實人。

　　毛澤東一生最喜歡玩引蛇出洞去騙人。但又最為忌恨別人騙自己。進了北京城, 入住中南海, 與紅塵世界隔離, 他極想知道外部世界的真實情況, 就越發看重別人是講真話, 還是說假話。

　　特別是他讀<二十四史>時, 看到君王被臣子欺騙耍弄, 心裡很不是滋味。他極為贊成歷代君王把欺君定為斬首大罪, 甚至是誅殺全家。可是為了王位, 為了造神, 他又主動要求部下去搞浮誇, 搞盲目崇拜。部下賣命地去幹了, 他得到了好處, 外表上論功行賞, 內心裡卻鄙視這種人。一旦用夠了這種人, 他會毫不顧惜地將其棄之、捨之、殺之。

　　同樣,他看重的老實人, 一旦危及到他的王位,他照樣重懲嚴辦, 甚至不擇手段,不講道義。對鄧小平,毛澤東真是千載難逢的網開一面。祇是修理他為自己所用, 而不是除掉他。

　　毛澤東想了許久。他找來毛遠新、陳錫聯和汪東興三人, 委托他們集體代表自己去找鄧小平談話。隨後, 他單獨向毛遠新交底, 談話的重點是鄧小平對十七年和<文革>的態度。

　　陳錫聯是鄧小平的老部下。兩人私交又甚好。毛澤東叫他去, 是為了有事好商量, 別頂了牛。汪東興和毛遠新是毛澤東的心腹用臣, 卻又擔心他倆受了別人干擾, 帶不回來真實情況。到了薄暮之年, 能讓毛澤東信得過的人, 實在是鳳毛麟角了。

　　十一月初,開始了三對一的談話。毛遠新自抬身價, 搶在陳、汪二人之前, 直通通地將自己對毛澤東告黑狀時說過的那番詁, 又全盤端了上來，祇是在語氣上已經換上教訓老鄧的口吻了。陳、汪二人一聲不響地坐在一旁觀山景。

鄧小平凝神屏氣地聽著，一口接一口地狂吸香煙。吸足了煙，他緩緩地開了口。他所答非所問地談了自己的一系列想法："……我是一慣緊跟毛主席的。我的過去和現在，毛主席都清楚。我認為，以毛主席為首的黨中央不會做出修正主義的事情來。更不會走資本主義道路。"

他停了停又接著說道："我是從今年三月主持工作的。是什麼路線，可以考慮嘛。上我的賬，要從<九號文件>算起。全國的形勢，是好一點，還是壞一點，可以想想嘛！"

最後，他特別聲明："昨天晚上，我問了主席，這一段的工作方針、政策怎麼樣？主席說，對頭！遠新同志也都聽到了嘛，談話的時候，遠新同志也是在場的嘛。！"三人無言以對。談話草草收場。

毛澤東不死心。他又指示毛遠新，除了原先的三人外，再增加四個人，開個小會，對文革做個決議。

無疑，鄧小平在這種專題會議上，無法迴避文革問題。這是強逼鄧小平對<文革>正面表態。毛澤東給毛遠新定了調子：<文革>犯了兩個錯誤。一、打倒一切。二、全面內戰。要三七開。三分錯誤，七分成績。

到了會上，沒有發生爭議。鄧小平同意毛澤東定的調子。

於是，又召開了第二次會議。並把張春橋從上海叫到北京。毛澤東得寸進尺，要強逼鄧小平對十七年正面表態，讓張春橋對鄧小平實施再教育。鄧小平繼續玩答非所問的老把戲，拒不正面接觸十七年。他一不扯謊，二不硬頂。眾人拿他無可奈何。

經過一段時間的再教育後，毛澤東決定召開政治局會議，由鄧小平主持，做出一個決議全面肯定<文革>，自然也就全面否定了十七年。這是再教育的期中考試，看看鄧小平是幡然悔悟，還是白卷英雄。

鄧小平的性格是柔中有剛。到了這時候，<剛>的一面就露出來了。他拒絕主持會議。他說："由我主持寫這個決議，不大適宜。我是桃花園中人，不知有漢，無論魏晉！"

毛澤東火了。他下令<批鄧>。全國開始反擊右傾翻案風。初期，沒有公開點鄧小平的名字。批判逐步昇級後，就是一片打倒鄧小平的討伐聲了。

　　鄧小平穩坐釣魚船，不為批判所動，依然故我地去探望正在醫院被搶救的周恩來。周恩來有氣沒力地問鄧小平："態度會不會變？"鄧小平答道："永遠不會。"

　　正當批鄧的調子越批越高時，康生死了。康生臨死之前揭發江青和張春橋是叛徒。毛澤東嘴上罵他，心裡的想法可就難講了。這一干擾，拖了處份鄧小平的後腿。

　　一九七六年一月八日，周恩來病逝。毛澤東去了一大心病。

　　周恩來一生為人處事圓滑，慣於變通行事。這種性格讓他不大得罪人。在人緣關係上，口碑甚好。他本人的私生活算是很能自持了，很是潔身自愛了。國人看重這些。對他十分尊重。聯合國為他降了半旗。當然，這是聯合國對各國領導人去世時的一種禮節。可是中國的老百姓卻誤認為這是全世界人民對周恩來的崇敬。故而，對周恩來更加愛戴，對迫害周恩來的人更加痛恨，以致埋下仇根。

　　此時的中國人似乎也變了。人們對政治運動失去了興趣。傳達中央紅頭文件時，文件沒念完，人已快走光了。可是，聽到周恩來逝世的消息時，人們私下裡議論時的激越、憤慨，是甚為罕見的。多數人為周恩來抱不平。

　　周恩來的去世，令毛澤東百感交集。他修理了周恩來大半輩子，難說降服了他，也更沒

能將他扳倒。他是毛澤東一生中最無可奈何的人。

　　眼下，同他一道打江山的人，快走光了。周恩來似乎是去陰曹地府為他打前站去了，繼續給他當"大管家"。想到這一點，後脊樑就冷嗖嗖的。偏偏中辦的人又傻乎乎地，一再來問他出不出席周恩來的追悼會。他幾次都是搖頭拒絕了。他雙目失明，腿腳癱瘓，行動十分困難。他不想讓國人看到"萬壽無疆"就是這副怪樣子。他心裡也忌諱同死人告別。有些老年人頭一天去跟死者告別，第二天自己就躺在那兒，讓別人跟自己告別了。越是要死的人，越怕提到死字。這種心態，不是常人可以理解的。

　　毛澤東不參加追悼會，出於實際困難。眾嘍囉打手卻以平時毛澤東對周恩來的冷言冷語為依據，誤以為這是毛澤東的政治表態，要同周恩來劃清界限。他們就破壞慣例，降低發喪規格。江青下令"低調處理喪事"、"不准戴黑紗、不准送花圈、不准設靈堂、不准開追悼會、不准掛周恩來遺像……"

　　更有甚者，江青嚴令各文藝團體照常演出。這就十分出格了。在北京市民心裡，這是欺侮死人，是要遭報應的。在老北京，就連地痞流氓也沒人敢在死人靈棚跟前要歡的。

　　追悼會上，江青面對電視轉播鏡頭，不僅不脫帽，還故作姿態，東張西望，活像一個看雜耍瞧熱鬧的大傻姑娘似的。這更激怒了一向看重禮節的老北京人。

　　北京城是講究舊禮數的大城市之一。在北京人眼裡，人死了，就得一了百了，就得"抬抬手讓人家過去"，就得以禮相待，"活人哪能跟死人叫勁".....電視轉播還沒完事，京城地面上的老爺子、老大媽就開了"京罵"，那罵聲比喊萬歲聲的感情真實多了。民憤在罵聲中爆發。

　　靈車駛往火化場的時間，原本是嚴格保密的。可是，北京市民卻準時準點，略有提前，站滿了十里長安大街兩側的人行道，自覺自願地給周恩來送行。人人臂戴黑紗；個個胸前佩著白花。

　　建國以來，長安大街曾多次站滿了人。那全是出官差。這一回是在官府的高壓之下，逆著江青的"五不准"，自覺自願聚在這裡的。

　　紗黑。花白。淚熱。風寒。靈車緩緩....任誰看了，那悲哀，那傷痛，都會自心田浮起。而此刻，又加多了某種反叛……

　　批鄧的鑼鼓終於敲響了。

　　政治局裡天天開會批判鄧小平。鄧小平根本不買賬。　他一改原先見了批評就檢討的老習慣，也來了些"造反精神"。鬥了三、五個回合之後，鄧小平乾脆撂挑子了，向毛澤東遞了辭呈。這下子可好，不用打，鄧小平自己先躺倒了。

　　此時，毛澤東的健康狀況更為惡化。有一天，他昏了過去。心臟沒了跳動。　醫生搶救了二十幾個小時，才硬把他從地獄大門口拉了出來。

　　反擊右傾翻案風的浪潮，一浪超過一浪。　在江青的指揮下，凡是支持過鄧小平的，凡是鄧小平用過的人，不問有罪沒罪，不管有錯沒錯，統統一律打倒。江青自己更成了萬人恨。

　　若是從表面上看。這同〈文革〉初期很是相像。但若細細地察看，則會發現，此時的罷官揪鬥，已經百分之百地是官辦的了。批鬥會上的群眾，或是應付官差，或是圖個熱鬧看。他們連舉拳頭喊口號的興趣都沒有了。主持人把擴音器的音量調到最高，一個人在哪兒練嗓門。

　　人們的抵制簡直是花樣百出。有個老幹部被迫代表本單位在大會上發言批鄧。他高聲大氣地嚷叫："……鄧小平的詭計是十分毒辣的！"忽然沒了下詞兒。他想了一想，又嚷道："是十分辣毒的！"這一嗓子引得會場上轟堂大笑。在笑聲中他又嚷道："是毒毒辣辣的！"這下子連主持人也憋不住笑了，邊笑邊叫他下台去。

老人家一邊往台下走，一邊嚷道：＂是辣辣毒毒的！＂人們笑瘋了。從此老爺子的新外號為<辣毒處處長>。

批鬥會常常是在冷場、空場情況下，提前結束了。

在街面上，在公共汽車裡，在走廊上，在公共廁所裡，則是另一種場景。有關當局和高官的黑色幽默、灰色笑話、紅色小道消息，卻廣為流傳，十分火爆。這些小廣播的內容，一天一個樣，真叫花樣翻新，精彩絕倫。人人愛聽，人人愛講；聽了又去講，講了再去聽；十分投入，十分盡力。人們對官方喉舌"兩報一刊"的報導，反倒視為扯謊，說瞎話蒙人了。被當局嚴查、嚴辦、嚴禁的反動標語，不時地出現在街頭巷尾和房前屋後的牆壁上。居然無人去報案，也無人去毀掉，任其張揚，隨意觀看。警察也不愛理睬這些今天反動，明天革命的糊塗官司。

上海有個單位寫了一幅，用方紙塊聯成的大標語<堅決要求張春橋當總理！>，貼在外灘大街上顯眼處。沒過幾分鐘，竟然在眾目睽睽之下，有人就敢去做手腳，移動了幾張紙塊，大標語的意思完全變了，成了<張春橋堅決要求當總理！>。過往行人誰看了誰笑，無不拍手稱絕。警察看了，一不抓生事者，二不去撕標語，反倒是淡淡地說道："當總理是好事嘛。誰都可以要求選自己嘛。"圍觀者聽了更是哄堂大笑，為警察的妙語解釋拍手叫絕。

<文革>當年，上海灘是"四人幫"的大本營，無人敢對"四人幫"的主將張春橋稍加不敬。捧張的臭腳，略有不妥，都是殺頭大罪。到了此時，竟然公開嘲諷。可以想像，<文革>在人們心中的位置到了何種境況。似乎吹口氣就能將其熄滅。毛澤東建成的無產階級專政大廈似乎就在這小廣播之中，在人們的會心的嘲笑聲中，一點點地傾斜了......

三月八日是官定的<婦女節>。就在這天，吉林省境內落下了一場舉世罕見的隕石雨。最大一塊重三千五百四十斤。毛澤東略懂一些天象易理。他知情後心中大震：天降如此凶兆，必有大難臨頭。

<清明節>是中國人傳統的掃墓祭奠亡魂的大日子。每年陽曆四月四日或五日，就是<清明節>。一九七六年的<清明節>尚未到來，人們卻是一片忙碌，開始追念活動了。

三月十九日，北京市朝陽區牛坊小學的孩子們在老師帶領下，第一個把花圈敬獻於天安門廣場正中央的人民英雄紀念碑前。上面寫道：獻給好總理周恩來爺爺。就此，一場無比雄偉的，群眾自發的<反惡運動>拉開了大幕。

三月二十四日，南京群眾把獻給周恩來的花圈，抬進了雨花臺。南京民眾支持<反惡運動>。反對<文革>，反對江青和張春橋的大標語，貼滿了石頭城的大街小巷，貼在了駛往北京、上海，以及全國各地的火車車廂上和貨車車皮上。

江青急急忙忙下令鎮壓。不成想，鎮壓尚未開始，杭州、鄭州、西安、太原、福州等大城市相繼開始了<反惡運動>。

北京城鬧得更歡了。天安門廣場成了運動中心。人如潮涌。從市區，從郊外，從小胡同，從小村莊，一齊匯入號稱世界第一的大廣場。人，一天比一天多了起來。花圈的個頭，一天比一天大了起來。花圈的款式更為新穎。質料更為講究。裝飾得更氣魄了。

貼在花圈上的獻辭，言詞用語日漸犀利，目標日漸明確集中，已經影射到具體人的身上了。廣場四周的柏樹圍牆上，拴滿了白紙花。松樹上系掛著白布孝條和黑紗。漢白玉碑座護欄上貼滿了小字報和標語。觀看的人實在太多太多了。後面擠不上去的人，就請前邊的人給念一念。起先，靠著嗓門大使勁喊。稍後用紙板捲成喇叭管。再後就用上了電池擴聲器。

廣場上東一攤，西一伙，佈滿了朗誦會、演講會、聲討會……先頭，多用影射、諧音字，暗透心曲。一來二去，就換上了真名實姓。由於江青、張春橋、王洪文、姚文元四個人的名字聯在一起太長了，群眾就簡化了一下，稱他們是<四人幫>。不期，竟然誤打誤撞地同毛澤東對他們的稱呼法巧合上了，成了一個特定的新詞。

群眾白天送花圈。軍警夜裡把花圈當做垃圾運走。對此，群眾強烈不滿。工人就用三角鐵燒焊成足有二層樓房那麼高，重達幾公噸的鋼鐵大花圈，並且焊接在廣場的路燈柱子上，以示抗議。

臨近<清明節>的前兩三天裡，幾乎每天都有近百萬人聚集在廣場上和周邊的大街小巷裡。廣場周圍幾公里內嚴重塞車，根本無法疏通。司機們乾脆把大馬路當成了停車場，自己下車參加<反惡活動>去了。

四月四日是丙辰龍年<清明節>。在這一天，廣場上的人已經超過兩百萬。在號稱十里的長安大街上，東起東單路口，西至西單路口，北至王府井北口的八面槽地區，南至前門、崇文門一帶，遠離廣場三、五里路，就人擠人，擠得挪不動窩了。可是，人流仍在朝向天安門廣場涌動。一寸一寸地蹭動。祇要濟身人流中一步，就很難向後退出去了。人流勝過錢塘潮，個個都是弄潮兒。反惡的情緒比狂濤惡浪更是洶湧千倍萬倍。

　　廣場中心的<反惡活動>達到了頂峰。那首著名的戰鬥詩章<欲悲聞鬼叫，我哭豺狼笑,灑淚祭雄傑，揚眉劍出鞘>，就是在這會兒誕生的。

　　江青、張春橋、毛遠新到毛澤東床頭前告黑心狀，說是鄧小平在幕後指揮，才鬧得這麼兇。這是鄧小平捧出總理去世做文章，用死人壓活人，矛頭沖著毛主席來的⋯⋯毛澤東心中有數，自然不信這些低水平的鬼話胡。但是毛澤東同意鎮壓，要嚴厲鎮壓，表面上不動用軍警，用工人民兵打前鋒，讓群眾鬥群眾，免了自己鎮壓群眾運動的罪名。賬要記在鄧小平頭上。毛澤東從來不幹自己揹黑鍋的活。有了黑鍋則由打手們去揹。

　　四月四日晚上，血腥鎮壓開始了。軍警換上了工作服,扮作工人民兵,手持棍棒、鎬頭把、鐵棍子，從廣場西側人民大會堂後院躥了出來，衝向手無寸草的"反惡"群眾。數千名軍警頭戴鋼盔，手端步槍刺刀保護這些"受迫害的工人民兵"。這些"工人民兵"就肆無忌憚地把棍棒揮向人頭狠擊⋯⋯廣場石板地面上灑落一串串血滴,躺倒一位又一位被擊昏擊傷的無辜群眾。軍用大卡車把他們拉到拘留所ˋ包紮搶救ˊ，戴上ˋ手銬ˊ治療。

　　凌晨時刻，汪東興急急忙忙地趕到游泳池，向毛澤東報告，說江青正和政治局委員們開會，研究如何抓捕鄧小平，待形成事實後，再向毛澤東報告。毛澤東對江青瞞著自己行事很不高興。他命令汪東興想個辦法先把鄧小平藏起來，讓江青抓不著。汪東興就把鄧小平夫婦從寬街的家裡搬到東交民巷十七號院內隱藏起來。

　　四月五日，全國報刊一齊刊登<天安門事件真相>一文。文中說："⋯⋯有個小平頭領著⋯⋯"以此影射鄧小平。再到後來，索性就講<天安門事件>是鄧小平一手策劃的反革命事件。

　　實際上，鄧小平是在<清明節>前三天去過<北京飯店>高級幹部專用理髮室，理了理自己的小平頭。事件前後，就再未沾上廣場半寸土地。

　　四月七日，毛澤東提議，政治局通過，撤消鄧小平黨內外一切職務，但保留黨藉。鄧小平第三次被打落下馬。

　　龍年，在歷史上一向是多災多禍之年。老一輩人都認為龍年不吉祥。

　　七月六日，朱德去世。

　　毛澤東聞訊後，不停嘴地嘟囔："前些天還好好的，怎麼說走就走了？⋯⋯"他心裡犯了嘀咕：ˋ朱毛，朱毛，沒有了豬(朱)，哪兒長毛呀？＂朱毛早成一體,甚至是一個詞。其中一半已經存了檔,入了盒。那另一半……

七月二十八日,唐山市發生了里氏七點八級大地震。三十多萬人遇難。毛澤東驚呆了。他無語無聲地躺在床上，一動不動，漫無邊際地思索……似乎這三十萬民工是去陰曹地府,為他修建游泳池去了……似乎周恩來正笑咪咪地說,那邊是可以冒進的…… 又似乎朱德正在招手邀他去會師……

九月九日，零時六分，半眠狀態的毛澤東突發自主呼吸完全消失。零時十分，心跳停止。他終於走完了自己的八十三個春夏秋冬。

毛澤東去世二十七天後，江青等<四人幫>被逮捕入獄問罪。一時間，舉國歡騰。酒類脫銷。螃蟹旺市。市人爭購，偏又點明買那三公一母。最可憐的是那母螃蟹。雖然肉膏鮮美，卻得不到誇獎。反倒是沾了江青的光，惹了一場臭罵。


這正是：


有 生 惡 鬥 爭 霸 主，
一 魂 散 盡 萬 事 休。
地 獄 門 口 鬧 群 鬼，
哭 天 搶 地 論 冤 仇。


又過了些許時日，鄧小平第三次起飛，主政神州，大搞<改革開放>，用行動否定了毛澤東，給中國來了個一百八十度大轉彎，徹底給自己＂永不翻案＂！故事頗多。不過，那將是另一本書的故事了。

二〇〇一年春節初七,動筆寫就提綱於干諾道高樂花園
二〇〇二年夏夜於北京動筆，時停時續，用時頗多
二〇〇六年一月起於加州聖荷西市打成光碟
二〇一三年二月起於舊金山市再校訂二〇一七年底定稿

# 後　　記

　　在我把這本書定稿並打印之時，在靠近聖荷西市西側的庫珀梯諾圖書館看到一本香港雜誌，稱去年中共檔案解密宣佈，一九五八年定性右派份子為三百一十七萬八千四百七十人，而不是中共<十一屆三中全會>宣佈的五十五萬多人。若用香港人的習慣用語表達我當時的心情，那是大跌眼鏡了！水份之大，令我瞠目結舌，簡直不辨東南西北了。

　　我寫的是歷史體裁的文藝小說，並非政論文，用不著跟數字較勁。況且我在引用這些數字時，已經聲明僅供參攷或曰是個參考數。相信讀者也不會在這方面跟我叫真。然而，過於認真的性格卻令我心中忐忑不安。最終決定寫篇後記，把我看到的解密數字轉述出來，供讀者參考。請注意，是參考！

　　如下：

　　（一）、一九五八年五月三日中共中央政治局擴大會議上宣佈：定性右派集團二萬二千零七十一個，右傾集團一萬七千四百三十三個，反黨集團四千一百二十七個，右派份子三百一十七萬八千四百七十人。"中右"一百四十三萬七千五百六十二人。其中；黨員右派份子二十七萬八千九百二十三人，高等院校右派份子三萬六千二十八人，學生右派份子二萬零七百四十五人。運動中非正常死亡四千一百一十七人。

　　（二）、一九五九年至一九六二年全國非正常死亡情況。

　　一九五九年十七個省級地區餓死五百二十二萬人，其中城市九十五萬八千人。

　　一九六〇年二十八個省級地區餓死一千一百五十五萬人，其中城市二百七十二萬人。

　　一九六一年全國餓死一千三百二十七萬人，其中城市二百一十一萬七千人。

　　一九六二年全國餓死七百五十一萬八千人，其中城市一百零七萬八千人。

　　一九五九年人口增長率為負百分之二點四；一九六〇年為負百分之四點七；一九六一年為負百分之五點二；一九六二年為負百分之三點八。其中河北省、河南省、山西省、甘肅省、貴州省、安徽省、青海省等七省人口下降百分之十至十二點五。全國有十二個縣餓死人超過一百萬人。

（三）、一九五九年至一九六一年全國糧食、鋼年度實際產量情況。

一九五九年計劃產鋼一千八百萬噸，後調低為一千三百萬噸，實際一千一百二十二萬噸。糧食總產量五千一百三十億斤。

一九六０年計劃產鋼一千八百四十萬噸，後提昇為二千二百萬噸，實際一千三百五十萬噸。糧食總產量二千七百三十億斤。

一九六一年計劃產鋼一千八百萬噸，後調低為一千一百萬噸，實際九百三十二萬噸。糧食總產量三千三百億斤。

（四）、在“土地改革運動“中定地主份子三百八十六萬六千人、富農份子一千五百一十二萬三千人。鎮壓地主份子十萬七千七百人。非正常死亡七萬八千六百人。

在”鎮反運動“中，逮捕一百三十萬人，鎮壓四十一萬六千人。

在”三反五反“中，逮捕十八萬多人，非正常死亡和傷殘十三萬多人。

在“肅反運動“中，逮捕二十一萬多人，鎮壓二萬多人，非正常死亡五萬多人。

以上僅供參考，若再有變化，此“後記“立即作廢。

作者於二〇〇六年 聖荷西市

# 附　　　錄

　　（一）　　楊開慧，一九二八年十月寫成<< 偶志 >>一詩。如下：天陰起溯(朔)風，濃寒入肌膚。念茲遠行人，平波突起伏。足疾可否痊？塞衣是否備？孤眠( 誰 )愛護？是否亦凄苦？書信不可通，欲問無 （ 人語 ）。恨無雙飛翮，飛去見茲人。茲人不得見，（ 惘 ）恨無已時。

（二）　毛澤東寫給丁玲的詩 ： 壁上紅旗飄落照，西風漫捲孤城。保安人物一時新。洞中開晏會，招待出牢人。纖筆一枝誰與似？三千毛瑟精兵。陳圖開向隴山東。昨天文小姐，今日武將軍。

（三）　周恩來身邊的女人 ： 初戀，張若銘。再戀，王一知、熊輝、德國女佣人陶芬比蘭。終娶鄧穎超。鄧母楊振德，長沙富商之女。二十五歲嫁廣西南宁鎮台鄧庭忠為續弦，生穎超。父鄧庭忠，河南光山人。因罪發配新疆亡於異域。


後記續

# 毛澤東的十八條特別語錄

一、"上學太累" ─────要允許學生上課看小說，要允許學生上課打磕睡，要愛護學生身體。教員要少講，要讓學生多看。我看你講的這個學生，將來可能有所做為。他就敢星期六不參加會，也敢星期天不按時返校。回去以後，你就告訴這學生，八、九點鐘回校還太早，可以十一點、十二點再回去。（和王海蓉同志的談１９６４，０６，０４。）

二、"不要考試"────── 不要考試，考試幹什麼？一樣不考才好呢！對於考試一概廢除，搞個絕對化。（召見首都紅代會負責人的談話。（１９６８，０７。２８。）

三、'要考試就這樣考'─────考試可以交頭接耳，甚至冒名頂替。冒名頂替的也不過是照人家的抄一遍我不會，你寫了，我抄了一遍。也可以有些心得。可以試點。要搞得活一些，不要搞得太死。（春節談話紀要。１９６４，０２，１３。）＜毛澤東思想萬一九六九年八月版第４６０頁）

四、'沒辦法就交白卷'──────從前我在學校裡是不守規矩的。祇是以不被開除為原則的。考試嘛，五、六十分以上，八十分以下，七十分為准。好幾門學科我是不搞的。要搞有時沒辦法。有的考試我就交白卷。考幾何我就畫一個雞蛋。這不是幾何嗎？因為是一筆，交卷最快。（召見首都紅代會負責人的談話１９６８，０７，２８。）

五，'武鬥好'─────武鬥有兩個好處：第一是打了仗有作戰經驗。第二個好處是暴露了壞人。再鬥十年，地球照樣轉動。天也不會掉下來。（同第四）

六，'打起來我就高興'─────我才不怕打，一聽打仗我就高興，北京算什麼打？無非冷兵器。開了幾槍。四川才算打。雙方都有幾萬人，有槍有砲，聽講還有無線電。（同第四）

七，＇打仗靠流氓＇—————勇敢份子也要利用一下子嘛！我
們開始打仗，靠那些流氓份子。他們不怕死。有一個時期軍隊要清
洗流氓份子，我就不贊成。（中央工作座談會紀要１９６４，１
２，０２。）

八，＇綠林大學畢業＇————— 去搞階級鬥爭，那是大學，
可以學到很多東西。什麼＜北大＞、＜人大＞，還是那個大學好！
我就是綠林大學的。在那裡學到了點東西。（關於哲學問題的講
話。１９６４，０８，１８。＜毛澤東思想萬歲＞一九六九八月版
第５４９頁）

九，＇沒有就去搶＇————— 有一回哥老會搶了我家。我
說，搶得好。人家沒有嘛。（同第八）

十，＇階級鬥爭＇—————＜紅樓夢＞我看了五遍，也沒有受
影響。我是把它當歷史讀的，＜紅樓夢＞裡階級鬥爭很激烈，有好
幾十條人命。（同第八）

十一，＇登報我就走＇—————假如辦十件事，九件是壞的，
都登在報上，一定滅亡。那我就走，到農村去。率領農民推翻政
府。你解放軍不跟我走，我就找紅軍去。（在廬山會議上的講話１
９５９，０７，２３。）

十二，＇超過秦始皇＇—————秦始皇算什麼？他只坑了四百
六十個儒，我們坑了四萬六千個儒。我們鎮反，還沒有殺掉一些反
革命份子嗎？我與民主人士辯論過，你罵我們秦始皇，不對，我們
超過秦始皇一百倍，罵我們是秦始皇，是獨裁者，我們一貫承認，
可惜的是，你們說得不夠，往往要我們加以補充。（大笑）（在八
大二次會議上的講話１９５８，０５，０５。）

十三，＇學文科的最差＇—————中國的知識份子有幾種。工
程技術人員接受社會主義要好一些，學理科的其次，學文科的最
差。（關於板田文章的談話１９６４，０８，２４。）

十四，＇操娘＇————　一九五九年第一次廬山會議本來是搞工作的，後來出了彭德懷，說你操了我四十天娘，讓我操你娘二十天行不行？這一操就被攪亂了，工作受影響。
（在八屆十中全會上的講話１９６２，０９，２４。＜毛澤東思想萬＞一九六九年八月版，第４３５頁）

十五，＇皇軍＇————我曾經跟日本朋友談過。他們說，很對不起，日本皇軍侵略了中國。我說，不，沒有你們皇軍侵略大半個中國，中國人民就不能團結起來對付你們，中國共產黨就奪取不了政權！（接見日本社會黨人士佐佐木更三、黑田壽男、細迫兼光的談話１９６４，０７，１０。）

十六，＇屁股＇————國民經濟的兩個拳頭，一個屁股，基礎工業是一個拳頭，國防工業是一個拳頭，農業是屁股，穩產高產是相對的。去年河北大雨是老天爺下的，沒有辦法。天老爺真難當，下多了不是，下少了也不是。（在計委領導小組匯報時的一些插話。１９６４，０５，１１。）

十七，＇屁有香臭＇————屁有香臭。不能說蘇聯的屁都是香的。現在人家說臭，我們也跟著說臭。凡是适用的都要學。資本主義好的也要學（在中央政治局擴大會議上的講話。１９５６，０４。＜毛澤東思想萬＞一九六九年八月版第三十七頁）
事前要有準備，小會他神氣大，大會他沒辦法。你要大民主，我就照你的辦。有屁讓他放，不放對我不利，放出來大家鑑別香臭。（在省、市委書記會議上的插話、匯集。（來源同上，第七十五頁）
上邊放的屁不全是香的。這裡也有對立。有香也有臭。一定要嗅一嗅。（來源同上）

十八，＇拉屎拉尿＇————人同自然界作鬥爭，也有交換。如人吃東西，吸空氣，但要拉屎拉尿，新陳代謝。大魚吃小魚，小魚吃大魚的屎。重工業部門之間也要等價換。遠陸造機器要原料，就是糧食，機器就是他拉的屎。（在鄭州會議上的講話１９５９，０３，０５。來源同上第三百零五頁）